全球能源转型背景下的
中国能源革命

国务院发展研究中心
壳牌国际有限公司　著

CHINA'S
ENERGY REVOLUTION IN THE CONTEXT
OF THE GLOBAL ENERGY TRANSITION

中国发展出版社
CHINA DEVELOPMENT PRESS

图书在版编目（CIP）数据

全球能源转型背景下的中国能源革命/国务院发展研究中心，壳牌国际有限公司著.—北京：中国发展出版社，2018.12

ISBN 978-7-5177-0946-6

Ⅰ.①全… Ⅱ.①国…②壳… Ⅲ.①能源发展—研究—中国 Ⅳ.①F426.2

中国版本图书馆CIP数据核字（2018）第296042号

书　　　名：全球能源转型背景下的中国能源革命
著作责任者：国务院发展研究中心　壳牌国际有限公司
出 版 发 行：中国发展出版社
　　　　　　（北京市西城区百万庄大街16号8层　100037）
标 准 书 号：ISBN 978-7-5177-0946-6
经 销 者：各地新华书店
印 刷 者：河北鑫兆源印刷有限公司
开　　　本：787mm×1092mm　1/16
印　　　张：51
字　　　数：934千字
版　　　次：2019年3月第1版
印　　　次：2019年3月第1次印刷
定　　　价：268.00元

联 系 电 话：（010）68990630　68990692
购 书 热 线：（010）68990682　68990686
网 络 订 购：http://zgfzcbs.tmall.com//
网 购 电 话：（010）88333349　68990639
本 社 网 址：http://www.develpress.com.cn
电 子 邮 件：370118561@qq.com

全球能源转型背景下的中国能源革命战略研究

课题研究团队
Acknowledgements

总负责人 Project Chair

李　伟　国务院发展研究中心主任、研究员

范伯登（Ben van Beurden）　荷兰皇家壳牌首席执行官

执行负责人 Project Executive

隆国强　国务院发展研究中心副主任、研究员

魏思乐（Maarten Wetselaar）　壳牌全球执行委员会成员、一体化天然气
与新能源总裁

张新胜　壳牌集团执行副总裁、中国集团主席

西蒙·亨利（Simon Henry）　原壳牌集团首席财务官

课题顾问 Project Core Advisor

徐匡迪　第十届全国政协副主席、中国工程院原院长、院士

陈清泰　国务院发展研究中心原党组书记、副主任

傅成玉　中国石油化工集团公司原董事长

王家祥　中国海油集团公司原副总经理、党组成员

黄维和　中国石油股份有限公司副总裁、工程院院士

翟光明　中国石油咨询中心原主任、工程院院士

徐　林　中美绿色基金董事长、国家发展改革委城市和小城镇改革发展中
心原主任

核心专家 Project Review Expert Panel

安丰全　国家能源局国际司副司长

史　丹　中国社会科学院工经所书记

李俊峰　国家应对气候变化战略研究和国际合作中心原主任

孙金华　国家电力投资集团中央研究院副院长

赵连增　中国石油规划总院副院长

蒋丽萍　国网能源研究院副院长

吴国干　中国石油咨询中心副主任

课题组组长 Project Sponsor

赵昌文　国务院发展研究中心产业部部长、研究员

杰瑞米·本森（Jeremy Bentham）　壳牌全球商业环境副总裁

课题协调人 Project Team Leads

杨建龙　国务院发展研究中心产业部副部长、研究员

玛丽卡·伊诗瓦然（Mallika Ishwaran）　壳牌国际业务环境部高级经济师

石耀东　国务院发展研究中心产业部副部长、研究员

王　岭　壳牌中国政府事务部总经理

国务院发展研究中心课题组成员 DRC Project Team Member

许召元　国务院发展研究中心产业部研究室主任、研究员

王晓明　国务院发展研究中心产业部研究室原主任、研究员

魏际刚　国务院发展研究中心产业部研究室主任、研究员

宋紫峰　国务院发展研究中心产业部研究室主任、研究员

郭焦峰　国务院发展研究中心资环所所长助理

洪　涛　国务院发展研究中心资环所研究室主任、研究员

陈健鹏　国务院发展研究中心资环所研究室主任、研究员

周健奇　国务院发展研究中心企业所研究室主任、副研究员

李维明　国务院发展研究中心资环所研究室副主任、副研究员

周　毅　国务院发展研究中心产业部助理研究员

李继峰　国家信息中心经济预测部政策仿真实验室副主任、副研究员

曾　鸣　华北电力大学教授

刘小丽　国家发改委能源所研究员

石书德　国网能源研究院有限公司管理咨询研究所副所长

杨　光　国家发展和改革委员会能源研究所副研究员

刘　颖　中国科学院大学经济与管理学院副教授

段宏波　中国科学院大学经济与管理学院助理教授

姬　强　中国科学院科技战略咨询研究院副研究员

莫建雷　中国科学院科技战略咨询研究院助理研究员

陈金晓　中国社会科学院数量经济技术经济研究所助理研究员

刘　冰　上海中旖能源科技有限公司董事长

张文强　上海中旖能源科技有限公司物联网事业部经理

李振宇　中国石油天然气股份有限公司石油化工研究院高级工程师

邢　璐　中国石油化工集团有限公司

张　钧　国网能源研究院有限公司

黄碧斌　国网能源研究院有限公司

屠俊明　中国旅游集团有限公司〔香港中旅（集团）有限公司〕战略投资和
　　　　企业管理部

康晓文　国家发展和改革委员会能源研究所

黄阳华　中国社会科学院工业经济研究所副研究员

顾　琳　新华社瞭望智库研究员

蒙奕铭　中国社会科学院研究生院博士研究生

冯宇佳　清华大学经管学院博士研究生

樊静丽　中国矿业大学（北京）能源与矿业学院副教授

吴　璘　国家能源技术经济研究院博士后

王雨晴　华北电力大学博士研究生

隆竹寒　华北电力大学硕士研究生

壳牌课题组成员 Shell Project Team Member

王　威　壳牌中国政府事务与业务支持副总裁

安格斯（Angus Gillespie）　壳牌全球碳业务副总裁

聂上游　壳牌国际业务开发经理

王云石　加洲大学戴维斯分校教授

马丁·海（Martin Haigh）　壳牌国际战略能源组高级能源顾问

耐卓尔·狄更斯（Nigel Dickens）　壳牌新能源业务商业经理

皮特·瓦伯（Peter Webb）　壳牌国际政府事务顾问-国际机构关系

谷　静　壳牌中国煤气化业务开发技术总经理

任先芳　壳牌中国天然气业务战略总监

苏　武　壳牌中国上游新业务发展总经理

袁　苑　壳牌中国一体化天然气业务推广主任

付　啸　壳牌技术与项目集团化学研究工程师

卡梅隆·赫本（Cameron Hepburn）　Vivid Economics Ltd 项目总监

托马斯·尼尔森（Thomas Nielsen）　Vivid Economics Ltd 项目经理

飞利浦·格莱德维尔（Philip Gradwell）　Vivid Economics Ltd 项目经理

罗伯·贝利（Rob Bailey）　英国皇家国际事务研究所能源资源环境组组长

菲利克斯·普莱斯顿（Felix Preston）　英国皇家国际事务研究所项目官员

丹尼尔·奎根（Daniel Quiggin）　英国皇家国际事务研究所能源资源环境组研究员

陈肇楠（Tobias Chen）　壳牌中国能源转型战略经理

序 一

2014年6月，习近平主席在中央财经领导小组会议上首次提出中国必须推动能源消费、供给、技术、体制四个方面的革命，全方位加强国际合作的战略思想，为中国能源改革发展指明了方向。为进一步借鉴国际能源转型的经验，深化对中国能源发展转型规律的认识，更好地为重大能源战略提供咨询建议，国务院发展研究中心和壳牌国际在长期合作的基础上，于2015年底开展了"全球能源转型背景下的中国能源革命"联合研究。

这项研究的核心是探讨如何通过深化体制机制与创新政策体系改革，发挥政府、行业、企业和居民等各方积极性，共同推动中国能源革命。研究认为，未来中国要参考全球能源转型经验，着力构建和完善现代化、高质量的能源体系，并以此为提高居民生活水平、实现制造强国目标、建设美丽生态环境、促进中国经济发展服务。概括地说，就是要以高质量能源服务高质量发展。

研究认为，高质量能源体系应具有三方面的特征：一是清洁低碳。能源的生产、转化、传输和消费的全生命周期都应是低污染、低排放的，应尽可能减少由能源生产和消费引起的各种污染物和二氧化碳排放。二是经济高效。中国尚未完成工业化，仍处于制造业价值链升级的关键时期，能源成本是生产和流通成本的重要组成部分，能源价格应该具有国际竞争优势，能够增强制造业的竞争力。三是安全可靠。能源体系应该保障在各种自然灾害或地缘政治等内外部条件变化下的基本稳定供应，在可再生能源占比不断提高的情况下，还应具有足够的技术适应性和调节能力。

构建现代化、高质量的能源体系，需要从供给侧结构性改革和完善体制机制两个维度着手，系统推进全方位的能源革命。

从供给侧来说，要把握以下四方面的关系：一是统筹煤炭去产能和煤炭高效清洁利用。考虑未来大气污染治理和控制温室气体排放的要求，必须坚持执行煤炭去产能的政策，煤炭在能源结构中的比重也会持续下降。但也要看到，煤炭在较长一段时期内仍将是我国的主体能源，必须坚持推进煤炭高效清洁利用。二是统筹化石能源和可再生能源的协调发展。由于技术进步和商业模式创新，可再生能源成本快速下降，在能源结构中占比显著上升，未来空间很大。但能源转型是一个渐进的过程，在今后一个时期内，化石能源尚难很快退出历史舞台，而且可再生能源的发展还必须依赖化石能源的支持。三是要统筹集中式和分布式能源系统发展。集中式能源供应是长期以来形成的主流模式，但随着能源需求模式的转变，要相应加大分布式能源的发展，逐步朝着"宜集中则集中，宜分散就分散"的现代能源供应体系转变。四是统筹天然气发展和能源结构调整。短期内，光伏、风电等可再生能源的发展还有不少制约因素，天然气仍然有着很大的发展潜力。中国要争取到"十三五"末期天然气占一次能源消费的比重达到10%，到2030年，达到15%，成为继煤炭和石油之后的第三大主力能源。

体制机制创新是推动能源革命的制度保障。要坚定不移推进能源体制改革，还原能源商品属性，构建有效竞争的市场结构和市场体系；要加强监管，加强政策激励，着力推进能源的清洁低碳、经济高效和安全可靠转型；此外，要构建对外开放新体制，着力提升中国参与全球能源合作和能源治理的水平。

随着中国经济发展进入新时代，特别是各项能源技术进步和商业模式日新月异，如何推动能源革命也是一个需要不断探索的永恒课题。本项研究只是关于中国能源革命的阶段性成果，今后仍需要持续不断的深化。虽然国内外数十位专家参与了此项工作，但问题在所难免，对于文中内容的不当之处，请读者朋友们批评指正。

李　伟

国务院发展研究中心主任、研究员

序 二

荷兰皇家壳牌集团很荣幸能与中国国务院发展研究中心（DRC）合作完成本报告。事实上，这是我们合作完成的关于中国能源体系的第三份报告。对此，我和整个壳牌公司深感自豪。壳牌和国务院发展研究中心的合作始终秉持着相互尊重、相互理解的原则。

壳牌与国务院发展研究中心的能源合作始于2011年，大家看到的这份报告是该合作迄今为止的最大成果。该合作完美融合了国务院发展研究中心对中国能源体系和需要解决的能源发展挑战的深刻理解，以及壳牌在能源市场、监管机制和能源需求驱动因素方面的国际经验和知识。

在第一份报告中，国务院发展研究中心和壳牌从整体审视了中国的能源体系。第二份报告侧重天然气在促进中国能源结构多元化中发挥的作用。本报告则在世界能源体系不断变化的背景下探讨了中国的能源革命。

中国能源格局的变化不容忽视——中国生产的风力发电机占全球总量的40%；中国生产的太阳能板占全球总量的四分之三；中国的电动汽车保有量和氢燃料汽车保有量各占全球总量的一半左右。

清洁能源和可再生能源在中国能源体系中的作用正在迅速扩大。到2020年，风电装机规模将比2015年翻一番，太阳能发电装机规模将比2015年翻两番。中国政府建立全国性碳定价机制的举措是中国迈向清洁能源新时代的又一信号。

满足日益增长的能源需求的同时尽可能减少环境危害是中国目前面临的挑战，当然也是世界面临的挑战。

联合国的相关数据显示，世界人口仍在不断增长。据预计，到2050年，世界人口将从目前的75亿增长至98亿。其中，10亿左右人口目前仍未实现通电，他们正在探索如何提高生活水平。很多生活水平得以改善的人们将通过消费更多能源实现更美好生活。因此，我们预计全球能源需求仍将持续增长。

可信的远景分析表明，如果要实现《巴黎协定》的目标，世界各国必须到2070年左右停止向大气中排放额外的温室气体，同时需要开发更多更清洁能源。世界各国要实现这一目标仍任重道远。

习近平主席在十九大报告中指出，中国的目标是建设生活更美好的"新时代"。这与《巴黎协定》的目标遥相呼应。就中国的能源体系而言，这意味着加大清洁能源开发利用力度，同时改善大气质量和减少温室气体排放；意味着为消费者提供负担得起的可靠能源，保障能源供应安全。

本报告表达了如下主要观点：这是中国完全可以实现的目标，尽管实现这一目标确实需要建立本文提出的新思维。本报告提出了中国实现这一目标的建议路径。值得注意的是，这些建议之所以可能实现是因为中国已经采取的能源体系转型举措。

该报告借鉴了正在经历能源转型国家的经验教训，采纳行之有效的经验，规避失败的转型道路。

该报告还指出建立一个充分发挥政府和市场作用的机制。其中，政府只负责提供方向性和政策性干预措施，让市场体系的内驱力充分发挥作用，提高效率。

研究表明，中国有机会建立统一、高效、灵活的电力市场。电气化趋势的发展促使可再生能源发电能满足越来越多的能源需求。因此，电气化可能是实现低碳能源体系转型的关键一环，前提是发电来源日益零碳化。

当然，在未来一段时间内，煤炭可能仍是中国能源结构中不可或缺的一部分。该报告表明，能源体系改革的目标是去低效、保优质。最终，煤炭在中国能源体系中的重要性预计将会下降，而诸如可再生能源和天然气等其他清洁能源的重要性将上升。该报告接着探讨了深化石油天然气改革，促进投资和能源行业发展。同时，该报告着眼矿权制度、天然气管网和价格改革，以及行业监管。

该报告建议成立新的监管机构，强化配套能源法律法规体系，进一步深化了国务院发展研究中心-壳牌合作第二份报告中提出的建议。

该研究还探讨了如何充分利用国家碳市场规划，指明了中国能源体系的互联程度，以及与现有行动相比，协调发展理念可以如何发挥更大影响力。最后，该报告着眼于中国通过在塑造全球能源治理中发挥日益积极作用可以抓住的机遇，提出了中国作为国际社会的一分子可以如何帮助应对全球能源挑战：提升中国的话语权。

提升中国的话语权是正确的选择。中国能源格局的变化令人印象深刻，同时该报告中提出的变革有助于中国实现其能源目标。世界各国理应注意到这一点，也应该注意到如果政府和企业间的合作能够像国务院发展研究中心和壳牌自2011年所开展的合作一样高效，可以取得什么样的成果。期待我们的合作未来可以取得更多成果。

范伯登
荷兰皇家壳牌集团首席执行官

目录 Contents

高质量能源支撑高质量发展：新时代的中国能源革命

专题一　中国能源供给革命研究

专题二　中国能源消费革命研究

专题三　中国能源技术革命研究

专题四　中国能源体制机制革命

专题五　中国的能源国际合作与全球能源治理

高质量能源支撑高质量发展：
新时代的中国能源革命

  总报告国务院发展研究中心方面负责人为产业部许召元，参与人为国务院发展研究中心产业部周毅，壳牌方面负责人为Mallika Ishwaran（玛丽卡·伊诗瓦然）。

2014 年6月，习近平总书记在中央财经领导小组工作会议提出，面对能源供需格局新变化、国际能源发展新趋势，为了保障国家能源安全，必须推动能源生产和消费革命。2016年12月，中国政府印发了《能源生产和消费革命战略（2016—2030）》，对推动能源革命的具体任务进行了规划。2017年10月，中国共产党十九大报告指出，中国特色社会主义进入了新时代，中国经济已由高速增长阶段转向高质量发展阶段，必须坚持质量第一、效益优先，以供给侧结构性改革为主线，推动经济发展质量变革、效率变革、动力变革。新时代为中国进一步深化研究能源革命提出了新背景和新要求。从世界经验看，各国在发展过程中都曾经历了能源转型，但不同国家所走过的道路不尽相同。从全球能源体系整体看，当前的全球能源转型——即向更环保的可持续能源的转变，与其他历史时期的能源转型之间也有显著区别。中国需要充分了解各国促进能源转型的经验，顺应当前全球能源转型的最新趋势，结合国内经济社会和生态发展的新变化，以及能源技术蓬勃发展的情况，对进一步推动中国能源革命进行深入研究。

一、全球能源转型：历史经验与最新趋势

能源体系是一个包括能源生产、转化、传输、消费和管理体制的综合系统。能源转型是能源体系发生的一种长期的、结构式的改变，是指能源体系有了全新的组成部分，或旧的模式发生了根本性的变化。能源体系一直是在不断变化之中的。比如，迄今为止，中国和印度的能源体系都以价格相对较低的能源为主；法国的核能转型产生于20世纪70年代石油危机后对能源安全的需求；德国在21世纪的第一个十年的能源转型源于对清洁能源的渴望。另外，当新的终端用途要求新的能源形式时，如电动汽车发展使交通运输对石油的需求转为对电的需求，也会发生能源转型。

（一）能源需求随着经济发展而转型

各国随着经济发展都普遍经历了能源转型。从人均能源消费水平的角度看，各国

能源需求水平可大致分为三类（图1）。第一类是人均收入低于 5000 美元的国家（按购买力平价（Purchase Power Parity，PPP）计算）。它们的经济发展水平较低，人均能源消耗量也很低（图1中人均收入>0和人均收入>2500美元两条线）。第二类是人均收入水平在5000至1.5万美元的国家。这些国家随着工业化进程的推进，能源需求也加速增长，这主要是因为工业化、城市化发展和大规模基础设施建设的能源强度较高（图1中人均收入>4000美元和人均收入>1万美元两条线）。第三类是人均收入水平超过 1.5 万美元的国家。这些国家完成了工业化后，能源需求的增长速度就会开始减慢。

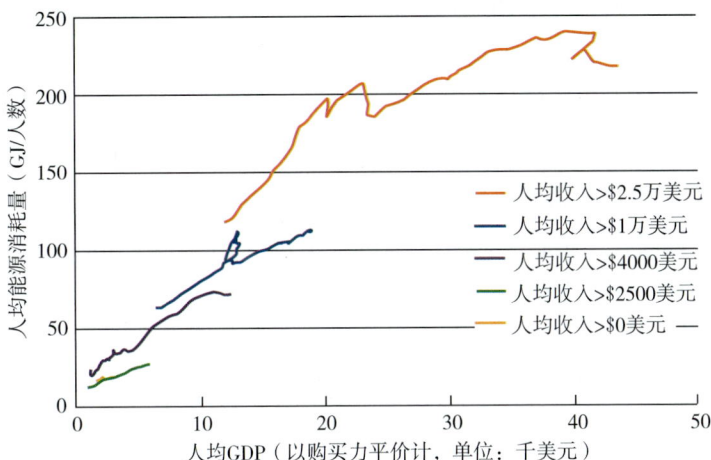

图1　各国在发展中经历能源转型

注：数据显示的是该分组中的国家自 1960 年以来人均能耗水平和人均国内生产总值（GDP）；分组标准是依据各国 2015 年的人均 GDP 水平。

数据来源：壳牌国际公司。

虽然总体趋势如此，但国别经验显示，不同国家可以遵循非常不同的能源需求轨迹。

美国和加拿大是高收入、高能耗的典型代表。如图2所示，在 20世纪60年代至80年代末之间，美国和加拿大的人均能源消耗量迅速增长，在此期间，两国的人均收入也翻了一番。高增长高能耗的模式是高耗能产业快速增长和居民高能源消费模式的共同结果。一方面，因为人口密度低，交通运输的能源使用量偏高，另外，美国和加拿大在经济高速发展时能源效率并没有同步提升。不过，自20世纪80年代后期以来，虽然收入依然在增加，但能耗水平基本同前期持平。

与美国和加拿大相比，日本和主要欧洲国家的能耗水平随收入增长的提升速度要更慢一些。这些国家的人均收入水平与美国和加拿大类似，但人均能耗水平仅为两国的一半左右。除了轻工业占比更高、交通运输的需求较少外，这些国家普遍更多地采取了提升能源使用效率的措施（通常是受政策驱动的）。在这一类经济体中，西班牙和意大利的人均能耗水平更低，这是因为服务业在这两国的经济中占的比重更大而高能耗产业的占比更低。同时，相对于其他同类国家，两国的气候条件较好，在制冷和制热方面的需求也较少。

澳大利亚、韩国和瑞典的数据说明高能耗行业比重高的国家，能耗水平一般也较高。在图2中，一组是能耗水平高的美国和加拿大，另一组是能耗水平低的日本和主要欧洲国家，而澳大利亚、韩国和瑞典正好处于这两类国家之间。这是因为虽然这三国有着大量的高能耗产业，但它们的能源使用效率却高于美国和加拿大。基于丰富的国内资源，澳大利亚建立起了高能耗的工业体系，主要是有色金属、钢铁、采矿和化学工业。同时，由于人口密度低、国土面积大，澳大利亚的人均交通运输能耗也很高；韩国的能源禀赋较差，但制造业比重较高；瑞典的情况比较特殊，该国拥有大量的高能耗造纸工业，同时在建筑制热方面也有很大的能源需求，从而增加了能耗水平。

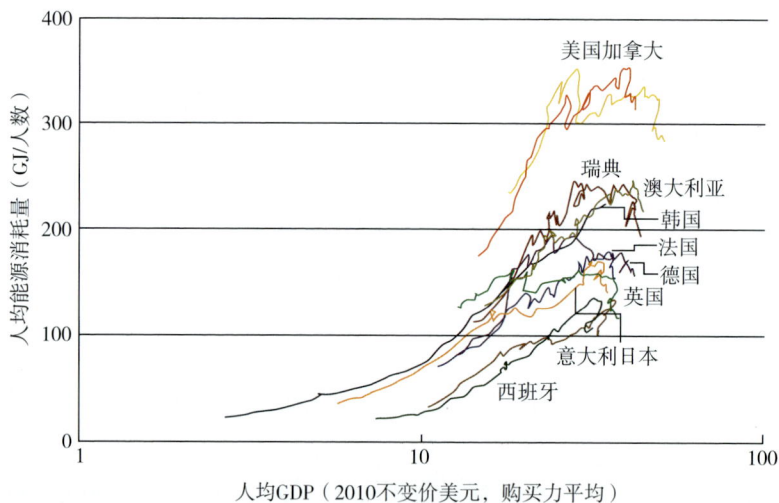

图2 不同国家的能源转型道路

注：数据范围是1960年到2015年；请注意 X 轴用了对数坐标。

数据来源：Vivid Economics，基于国际能源署的数据。

（二）技术进步和需求转变都能促进能源转型

全球能源体系已经出现过多次供给侧转型。自1800年以来已经发生了三次全球性的能源转型（图3）。第一次是因为工业革命而兴起的煤炭需求增长，第二次是因为大规模交通运输而兴起的石油需求攀升，第三次则是因为电气化而兴起的天然气、水电与核能爆发式增长。近年来，随着能提供清洁且可持续能源的可再生新能源的出现，第四次能源转型已经开始。

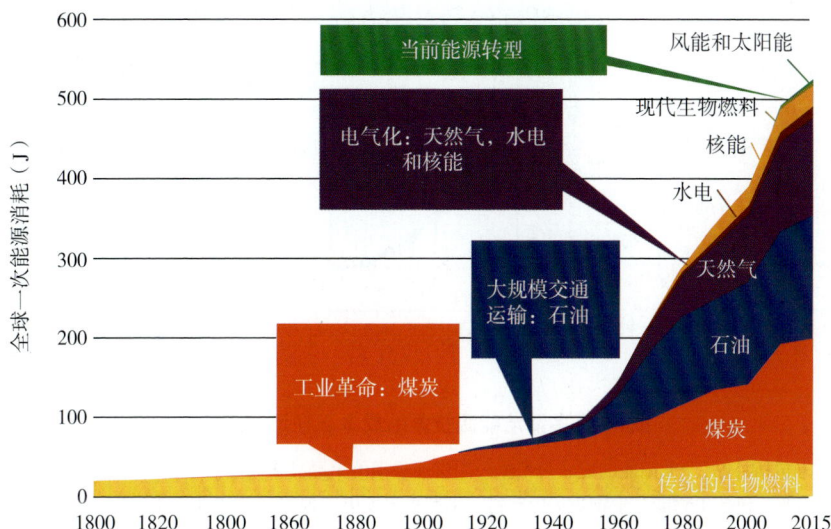

图3　1800年以来已经发生了若干次全球能源转型

数据来源：Vivid Economics，根据 Vaclav Smil 所著《能源转型：全球和国家视角》（Energy Transitions：Global and National Perspectives）中的数据。

从历史经验看，社会对能源体系的需求提升和技术进步都能促进全球能源转型。例如，19世纪随着英国和欧洲等国工业化的需要，能源供应出现了从传统生物燃料向煤炭的转型；20世纪70年代石油危机后，社会对提升能源供应的安全性有了新的要求，这刺激了从石油到天然气和核能动力的转型；21世纪以来，社会对清洁能源的需要也正在促进能源转型。另外，当能源技术发生重要变化，新的能源载体具有足够的灵活性，能提供一系列更为复杂的服务和最终用途时，也会发生能源转型。比如，电力在建筑物和工业生产中的需求快速增长，低成本和技术化、信息化的变化，也会引发能源转型。

（三）能源技术正在经历重要变化

近年来，新能源技术和信息技术正在快速发展，并对能源的生产和消费产生着重大的影响。

1.清洁能源技术的成本迅速下降

自21世纪初期以来，风能和太阳能等可再生能源技术的成本已经降低了一半以上，在运输和电力部门中都有着应用潜力的锂离子电池成本也有了类似的降低（图4）。

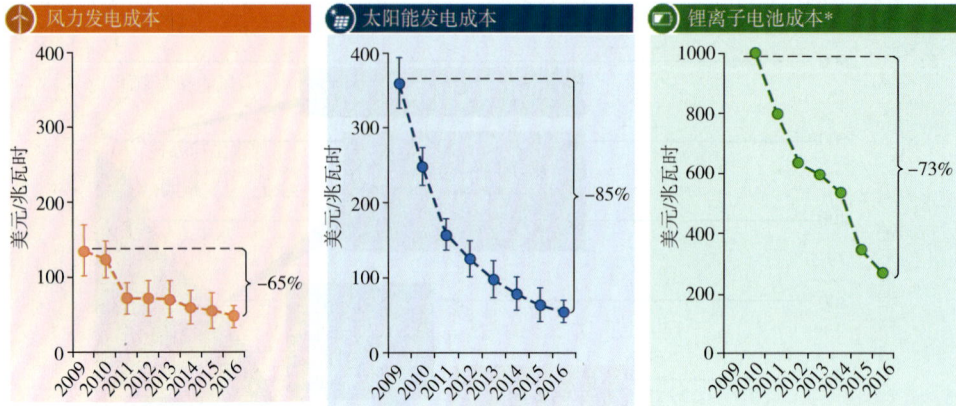

图4　许多清洁能源技术的成本正在迅速下降

注：成本未包括补贴，*太阳能的成本是根据公用事业规模的单晶硅太阳能发电板的安装情况计算而出的。

注：* "其他"包括生物能、生物质/废弃物、小型水力发电、地热和海洋潮汐能。法兰克福财经管理大学–联合国环境规划署合作中心 Frankfurt School–UNEP（2017）。

数据来源：风能和太阳能的成本数据来源于 Lazard（2016），**电池的成本数据来源于"彭博新能源财经"（2017）。

2. 新型信息和通信技术在能源体系中得到越来越多的运用，信息化和数字化技术对能源系统产生多方面重要影响

首先，增加了在用电需求响应方面的潜力。根据国际能源署（International Energy Agency，IEA）的预测，数字化进程可能在 2015 年至 2040 年间将全球用电需求响应潜力从 3900TWh 增加到 6900TWh，增幅达 77%。这种需求响应水平可以为电力系统带来约 185 GW 的富余容量，并可在新建发电设施以及输配电方面累计节省 2700 亿美元的投资（以 2016 年不变价美元计算）。

其次，数字化进程还使电力系统在应用可再生能源方面获得更大的弹性。例如，国际能源署估计通过数字化改造和需求侧响应等技术可以将风电和太阳能光伏发电总量的废弃（弃风弃光）限制在 1.6% 以内，到 2040 年的弃风弃光总量比 2015 年减少 79%，还可使电力系统在 2040 年前后每年容纳 67 TWh 的新增可再生能源，并减少约 3000 万吨的 CO_2 排放。

再次，数字化进程还能为提升交通运输领域的电气化水平提供支持。电动汽车的智能充电可以大大减少供电能力需求。有了智能充电给电网提供的额外弹性，2040 年前对电网的投资就能减少 1000 亿至 2800 亿美元（均为 2016 年时的美元价值）。

最后，数字化进程也可能对制造业的能源使用和消耗方式产生影响。工业4.0——

制造业自动化和数据交换的趋势，将会对能源需求产生重大影响。如图5所示，以美国的商用飞机制造为例，3D 打印的应用不仅可能减少制造过程中的能源使用量，同时还由于生产出更轻量的部件，从而显著减少飞机使用过程中的能源消耗。

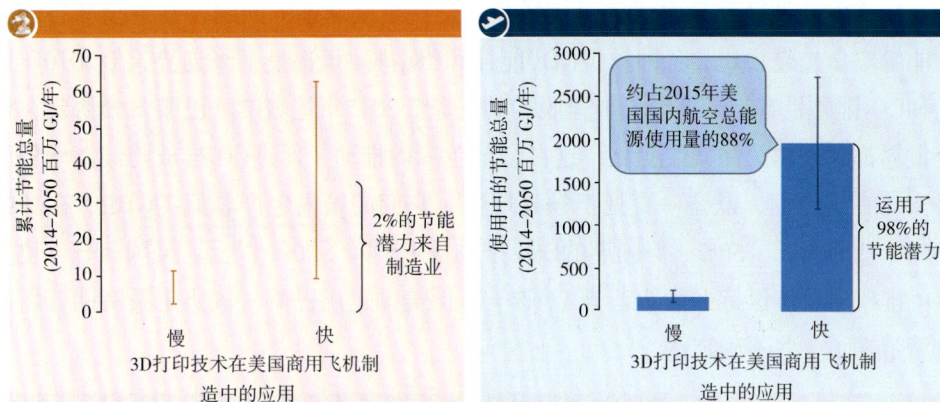

图5 工业4.0对能源需求有重大影响

注：以上数据仅基于美国商用飞机制造中的 3D 打印案例。

数据来源：Huang et al.（2016）。

（四）新一轮全球能源转型的主要特征

在经历了一段时期的相对稳定之后，现在的全球能源体系正在经历着一次重大转型。1985年前，因为油价波动、新探明的油气资源、新的能源载体网络以及如核能之类的新技术的出现，"七国集团"（西方七个工业化国家）的能源体系发生了显著的改变。但过去30年来，全球能源体系保持了相对稳定的状态，"七国集团"的能源结构没有发生显著的变化（图6）。但在未来30 年间，预计数字化与新技术、低碳化与更严格的环保要求、新的经济活动形式都将使能源体系发生转型。

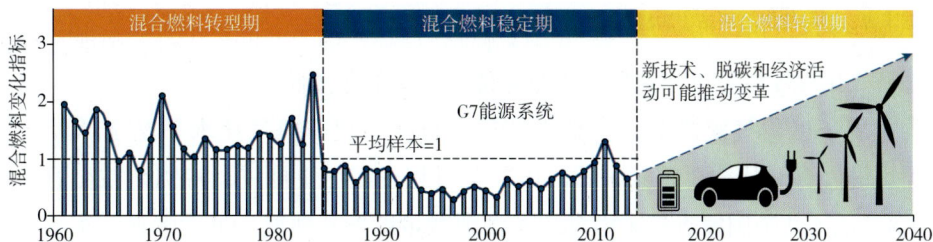

图6 七国集团成员国的能源体系变化

注：有关能源结构变化指标的信息，请参见技术工作流报告《能源革命技术的成功应用》（Successful application of technology for energy revolutions）。

数据来源：Vivid Economics。

1.清洁低碳是新一轮全球能源转型的主要方向

当前各国对气候变化和环境保护都前所未有的重视，消费者对更为清洁的能源服务的需求日益增加，形成了全球能源清洁低碳转型的强劲动力。

与以前的能源转型动力相比，气候变化是一个全球性的问题，需要全球各国的参与才能解决。迄今为止，各国单位GDP能耗和CO_2排放量都呈下降趋势，但2010年以来能耗和CO_2排放量有与经济增长加速脱钩的迹象。2015年签署的《巴黎气候协定》标志着全世界都越来越关注气候变化，这在全球范围内推动了促进CO_2排放与经济增长脱钩的努力。在这方面，欧盟一直处于领先地位，它们的国内生产总值（GDP）在1990年至2015年期间增长了50%，但同期的CO_2排放量则下降了20%以上。美国和日本也实现了CO_2排放量总体保持平稳的态势（图7），但美国退出巴黎气候协定及特朗普新的能源政策带来了一些不确定性。

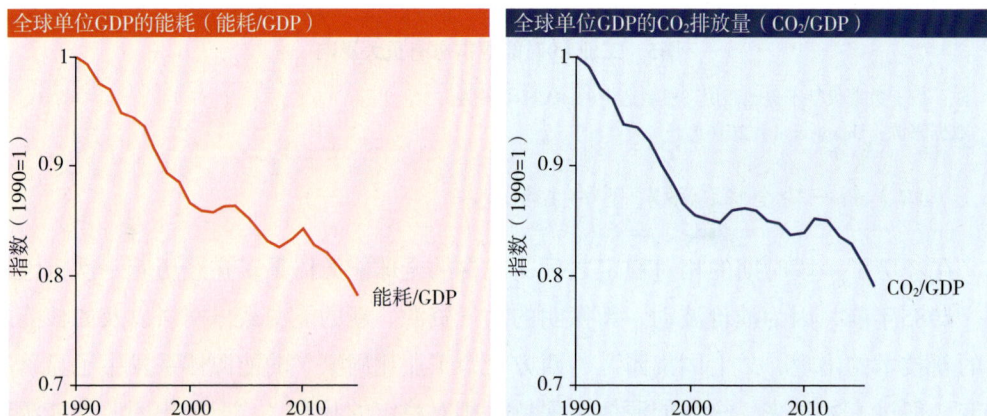

图7　全球范围内单位GDP能耗和CO_2排放量都在下降

注：国内生产总值（GDP）的数据按 2010 年的美元价值进行折算，CO_2 排放量仅指与能源相关的 CO_2 排放量。

数据来源：国际能源署网站（2017）和世界银行（2017）。

2.电气化程度显著提升是新一轮全球能源转型的重要特点

要实现《巴黎气候协定》所确立的远大目标，提升电气化水平是全球经济脱碳的一项关键因素。从主要国家来看，电气化过程正在加快推进，特别是在交通运输领域。图8显示了几个国家近年来电动汽车注册数量的增长情况。虽然电动汽车的份额目前很小（除了一些北欧国家），但这仍然是一块重要的增长领域。

经济结构升级也正带动电气化水平提升。随着全球如中国等发展中国家更多地向服务型经济转变，以及消费者希望获得更加清洁和更为灵活的能源类型（比如天然气

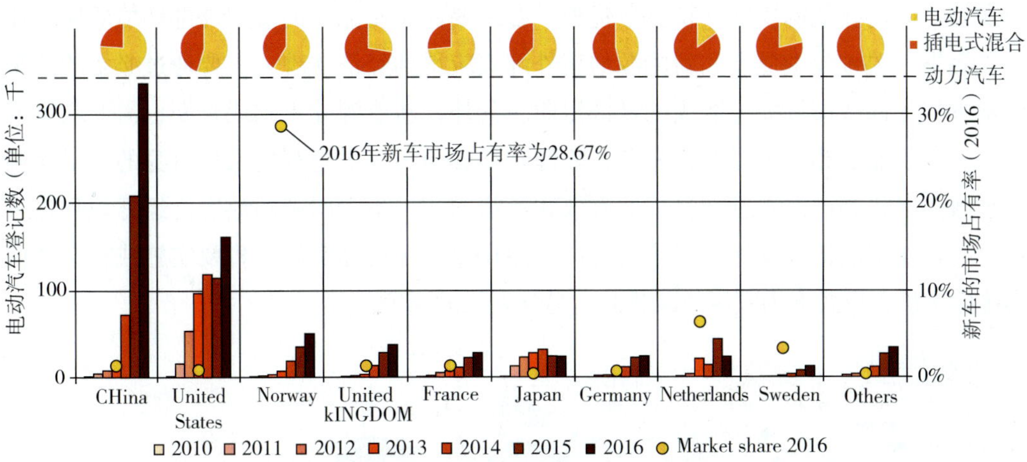

图8 交通运输领域电气化过程正在加速推进

数据来源：国际能源署，《全球性电动汽车展望》（Global EV Outlook），2017。

和电力），电气化水平正稳步上升。在本轮能源转型的过程中，这种趋势已经变得愈来愈明显，像中国和巴西等新兴经济体就在人均收入水平较低的情况下实现了更高程度的电气化水平，并且这一趋势还将不断增强。

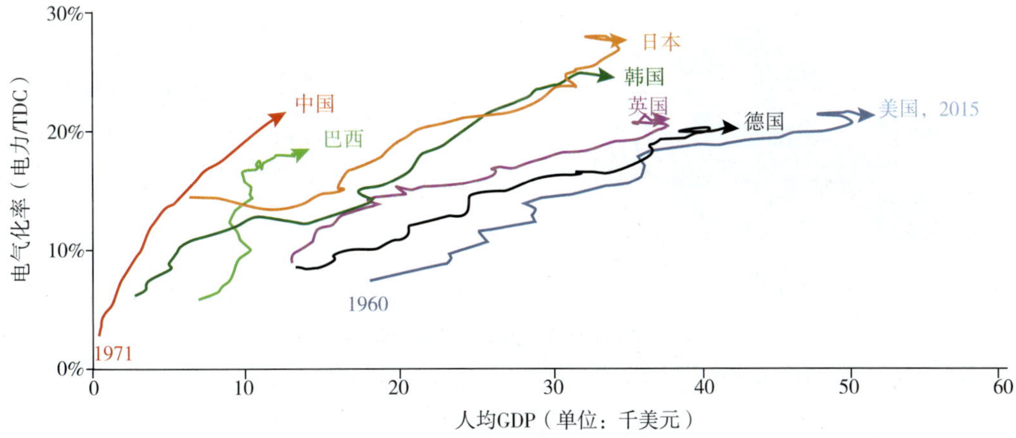

图9 电气化率随着收入增加而提升

注：除中国外，各国的数据范围是从 1960 年至 2015 年；中国的数据范围则是从 1971 年至 2015 年。
数据来源：Vivid Economics，基于国际能源署的数据。

3.政策在本轮能源转型中具有更加重要的作用

虽然政策因素在之前的能源转型中发挥了重要的作用，但是本轮能源转型所面临的政策挑战尤为艰巨。这是由于新一轮能源转型的核心是促进清洁和可再生能源大力发展，而这些能源要能获得竞争优势，必须要使化石能源的负向外部环境效应（如空气污染、碳排放）成本和新能源的正外部效应得到经济体现，需要通过必要的政策干预来纠正这些市场失灵造成的经济扭曲。另外，新能源导入和成长期也需要政策的支持。由于能源体系本身非常复杂，能源转型必须要有效地利用市场自身的力量来推动创新并寻找到能实现预期目标的有效和灵活方式。不少国家的政府已经意识到这一点，并正在采取措施确保纠正市场失灵。图10给出了已经实施、将要实施或正在考虑实施碳定价（形式上为碳税或碳排放交易计划）的国家。

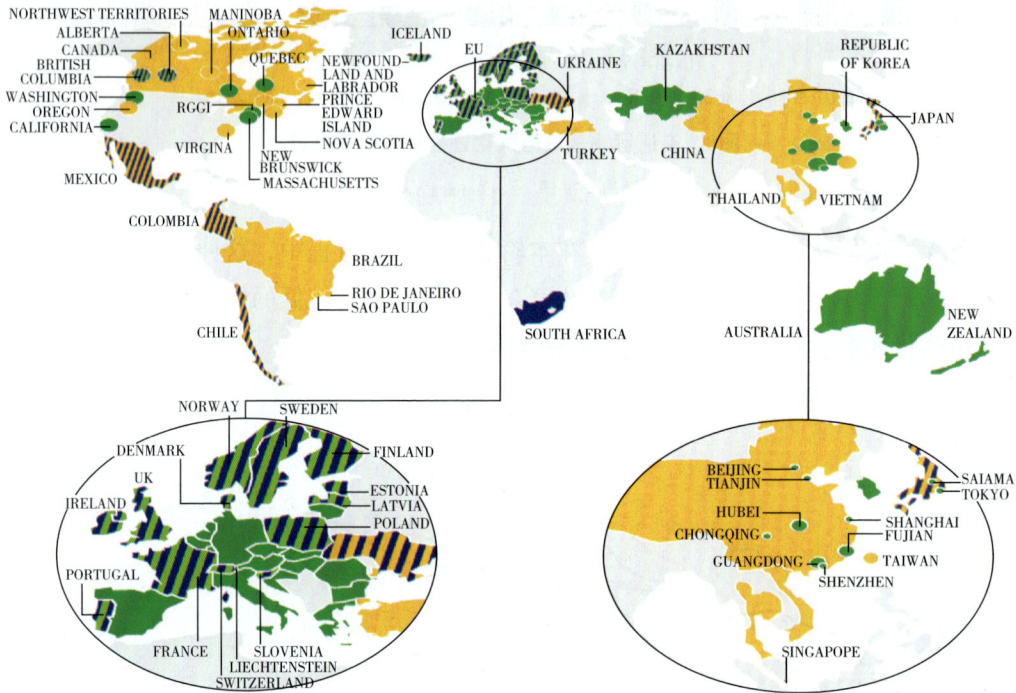

图10　碳定价正在全球范围内加速推行

数据来源：《碳定价现状与趋势》（State and Trends of Carbon Pricing），世界银行，2017。

（五）发展中国家和新兴经济体面临实现跨越式发展的新机遇

从国际经验看，各国在经济发展中都会遵循能源需求转型的普遍趋势，但每个国家的转型道路却可能大相径庭，具体取决于经济结构、能源使用效率的提升、消费模式、人口密度和气候条件等多个变量。

中国、巴西、马来西亚这样的国家正处在十字路口，它们的能源转型道路有可能不同于世界其他国家。当前，这些国家在能源发展道路上都面临抉择，到底是像美国一样成为高人均能耗的国家，像韩国一样成为中等人均能耗的国家，还是成为像西班牙一样低人均能耗的国家。实际上，除了以上的选项之外，这些国家还可以通过政策组合，在能源体系方面实现跳跃式发展，也就是在达到高人均收入的同时实现能耗更低、更清洁的能源消费模式。

通过利用先进技术，并对他国的政策和制度设计进行学习和改进，发展中经济体和新兴经济体可以比高收入国家更早地达到人均能耗和温室气体排放的峰值，峰值水平也可以更低（如图11所示）。这样，发展程度中国家有可能为其国民提供更加先进的能源服务，而不会产生先进经济体经历过的负面环境问题，并在服务日益增长的全球市场中获得后发优势。

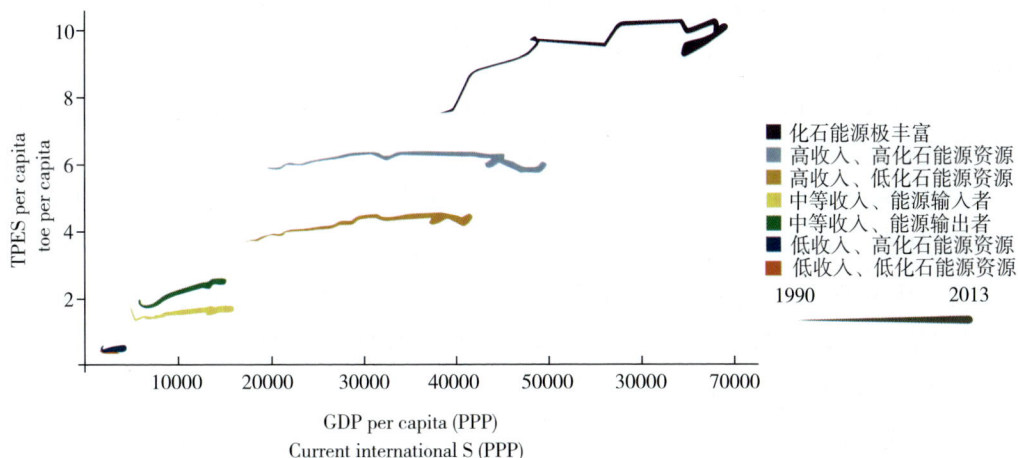

图11 中低收入国家可以跨越高收入国家在能源消耗方面的历史模式

数据来源：Vivid Economics，基于世界银行和世界资源研究所（WRI）的数据。

二、从数量增长到质量跨越：中国能源革命的目标与思路

（一）中国能源革命的目标：实现能源质量跨越

2015年，中国"十三五"规划提出，要推动低碳循环发展。推进能源革命，加快能源技术创新，建设清洁低碳、安全高效的现代能源体系。2017年，中国共产党十九大报告中提出，中国经济已由高速增长阶段转向高质量发展阶段，必须把发展经济的着力点放在实体经济上，把提高供给体系质量作为主攻方向，显著增强中国经济质量优势。高质量能源体系既是供给体系的重要部分，也是能源革命的最核心目标。

1.什么是高质量能源体系的内涵

结合"十三五"规划和十九大报告,以及《中国制造2025》等重要发展战略的要求,中国的高质量能源体系至少应具有以下三个特点。

一是清洁低碳。所谓清洁,是指能源的生产、转化、传输和消费的全生命周期都是低污染的,要尽可能减少由能源生产和消费引起的各种污染物排放。所谓低碳,也是清洁的一个重要内容。虽然二氧化碳本身不属于污染气体,但对环境有重要影响,而且中国政府已经就碳排放向国际社会做出了庄严承诺,能源体系是碳排放的最主要部分,低碳无疑构成了高质量能源体系的重要特征。

二是经济高效。所谓经济,是指能源价格应该具有国际竞争力,特别是制造业部门的能源成本应能与全球制造强国,特别是美国、日本和德国相竞争。当前中国正处于建设制造强国的关键时期,能源成本是实体经济成本的重要组成部分,高质量能源体系应该能够提供具有价格可竞争性的能源供应。所谓高效,是指能源的生产、转化、传输和消费各环节都应该充分利用现有技术,做到节约高效。

三是安全可靠。所谓安全,是指能源供应来源多样化,对经济发展能提供保障程度高的供应,并能有效应对在各种自然灾害或地缘政治等内外部条件变化下的基本稳定供应。所谓可靠,是指在当前可再性能源占比不断提高的情况下,能源系统应该能够有足够的适应和调节能力,为国民经济提供持续稳定的能源供应。

2.能源革命的主要目标

（1）清洁低碳化发展

污染物排放方面,预计中国主要污染物在"十三五"期间将基本达峰,环境质量将有进一步提升。根据国务院发展研究中心的相关研究,中国主要大气污染物叠加总量的峰值极有可能出现在2016—2020年,其中可吸入颗粒物（PM10）排放总量自20世纪90年代以来处于下降态势;二氧化硫排放量在2006年出现拐点,此后进入稳定的下降通道;氮氧化物排放量在2012年首次出现有统计数据以来的下降,预判氮氧化物排放量已进入平台期,并呈下降趋势。据此,可初步判断"常规"的大气污染物排放已出现转折。水污染物方面,多数水污染物排放量已达到峰值,预判主要水污染物叠加总量的峰值极有可能出现在2016—2020年,随后进入"平台期",进而缓慢下降。

二氧化碳排放方面,需要通过更多努力达到2030年达峰排放的目标。《能源生产和消费革命战略（2016—2030）》提出,到2020年,中国单位国内生产总值二氧化碳排放比2015年下降18%,到2030,单位国内生产总值二氧化碳排放比2005年下降60%～65%。本课题的研究发现,要实现碳强度下降的目标,还需要逐步推进包括碳定价和非化石能源补贴等多方面政策措施并取得实效。

能源结构方面，清洁能源比重显著增加。《能源生产和消费革命战略（2016—2030）》提出，到2020年，中国非化石能源占比达到15%，到2030年，进一步提高到20%左右。本课题的研究发现，在积极推动能源革命的推荐情景下，到2020年非化石能源占比有望达到15.7%，2030年有望达到22.5%，2050年有望超过40%。

（2）经济高效发展

单位国内生产总值能耗将持续降低。《能源生产和消费革命战略（2016—2030）》提出，到2020年，单位GDP能源消耗量要比2015年下降15%，到2030年，单位国内生产总值能耗（现价）达到目前世界平均水平，到2050年，能源消费总量基本稳定。

本研究发现，在积极推动能源革命的推荐情景下，到2020年，单位GDP能源消耗量会比2015年下降19.7%，可望超过《能源生产和消费革命战略（2016—2030）》中下降15%的目标。2030年能源强度相对于2020年将进一步下降35.1%，2050年比2030年下降54.1%。

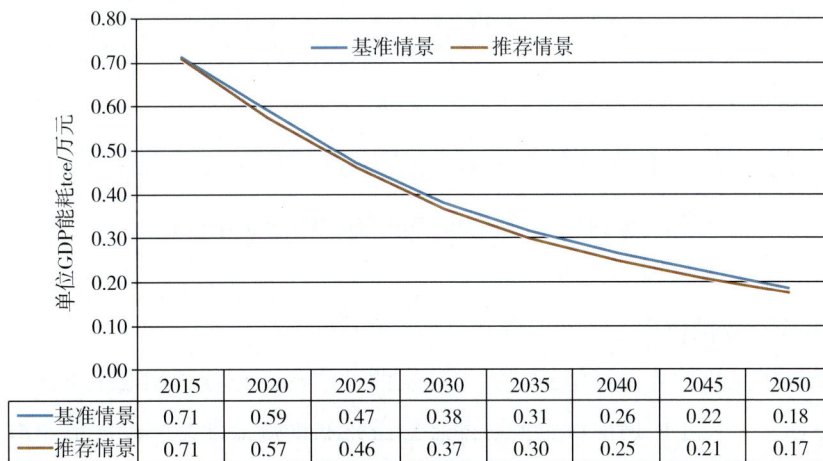

	2015	2020	2025	2030	2035	2040	2045	2050
基准情景	0.71	0.59	0.47	0.38	0.31	0.26	0.22	0.18
推荐情景	0.71	0.57	0.46	0.37	0.30	0.25	0.21	0.17

图12　两种情景下中国单位GDP能耗的发展路径

数据来源：本课题组研究成果。

单位GDP能源成本要有显著降低。单位GDP能源成本是指单位GDP中所消耗的能源价值量，该指标综合反映了能源消费的数量和价格水平。单位GDP能源消耗量体现了能源消费的效率，但没有考虑能源价格因素。实际上，能源价格对经济社会发展有重要影响。一方面，能源价格水平影响整个经济社会节约能源的积极性，另一方面，能源价格高低是影响实体经济成本的重要方面，从提高国际竞争力的角度看，要着力推动单位GDP能源成本明显下降。

从历史数据看，中国单位GDP能源成本已经经历了一个先增加后下降的倒U型变化。20世纪90年代以后，单位GDP能源成本急剧上升，从1990年的0.1提高到2005年的0.18，提高了80%，并在2005年前后达到了峰值，到2012年已经下降到0.12。

与美国、日本和韩国等国相比，中国目前的单位GDP能源成本与韩国相当，但显著高于美国和日本。2011年，韩国单位GDP能源成本为0.18，中国略低于韩国。但日本仅为0.09，美国仅为0.08，中国高于美国和日本约66%，特别是2011年以后，美国单位GDP能源成本大幅度下降，2016年已经减少到0.04，仅是中国的30%左右。

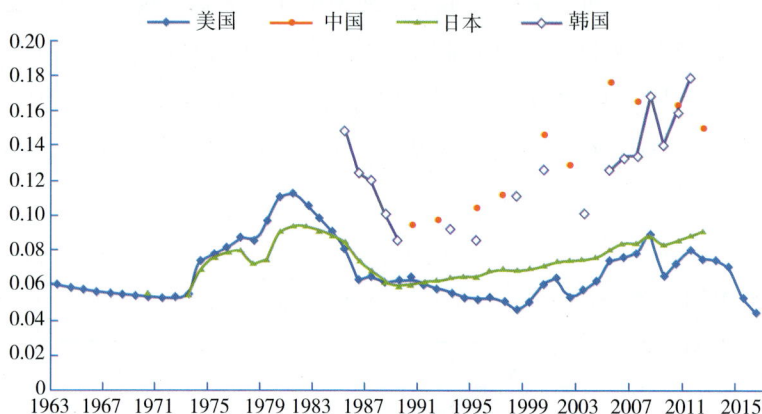

图13　中国和几个重点国家的单位GDP能源成本对比

资料来源：课题组根据各国投入产出表计算。

（3）安全可靠的供应

能源供应多元化。要继续坚持"大力开发两种资源，充分利用两个市场"的基本方针。一方面，立足于国内能源资源，要加快各种新能源和非常规能源的发展，在提高清洁利用水平的同时，总体上降低煤炭消费比重；另一方面，要抓住经济全球化机遇，积极参与和开发国际能源资源，进一步推进能源供应的多元化，特别是石油和天然气的进口中，要进一步加大除中东以外其他地区的进口，以分散进口的风险，提高油气供应安全性。

能源系统可靠化。推进"互联网+"智慧能源发展，到2025年，初步建成能源互联网产业体系。建设智能风电场、智能光伏电站等设施、煤油气的开采加工及利用全链条智能化体系，以及基于互联网的智慧运行云平台，实现能源的智能化生产。推动在集中式新能源发电基地配置适当规模的储能电站，实现储能系统与新能源、电网的协调优化运行。建设以智能终端和能源灵活交易为主要特征的智能家居、智能楼宇、智能小区和智能工厂，支撑智慧城市建设。加强电力需求侧管理，普及智能化用能监测和诊断技术，加快工业企业能源管理中心建设，建设基于互联网的信息化服务平台。

（二）推动能源革命要充分发挥五方面驱动力

推动能源革命需要深入了解能源革命的动力，并对这些动力加以引导和强化。通过对二十国集团（G20）成员国自20世纪70年代以来的历次能源转型的分析，能源转型的驱动力主要存在于四个支柱及一项合作这五个方面。通常来说，必须要同时具备几种驱动力，转型才能拥有足够的动能，虽然这几种驱动力也许都已存在，但是每一种往往都可能会不够强大，以至于无法启动这一系统性的变革。以 G20 成员国70年代后发生的最近一次能源转型为例，作用最大的驱动力是经济增长、对能源安全性的担忧、新的市场激励或动荡等，而新技术则在其中起到了支持作用。G20 成员国近期的几次能源转型都主要发生在能源价值链的上游或中游部分，而最终用户所面对的能源结构则保持了相对固定。

图14　能源革命的驱动力：四个支柱一项合作

资料来源：Vivid Economics。

来自供给的驱动力。在历史上，当地能源资源的富余（或不足）是转型的一个基本驱动力。最重大的转型也更可能发生在最极端的情况下，不是资源非常丰富，就是资源极度匮乏。在本轮能源转型中，技术的进步让非常规与可再生能源不断变得具有竞争性，甚至导致许多传统上缺乏化石能源资源地区的能源供给能力也显著增强。

来自需求的驱动力。经济的高速增长往往伴随着产业结构的改变，通常是转向高附加值的经济活动，这些经济活动更倾向于由天然气和电力构成的新型能源结构。另外，收入的增长使得消费者对能源服务有了新的需求：他们往往会要求更为清洁、更为便捷的燃料。能源需求的转变已经成为能源转型的一项重要驱动因素，特别是近几年更低成本的新能源快速发展，进一步促进了转型。其他需求例如对能源安全的需要也是重要驱动力，例如，1970年代的石油危机和2011年的福岛核危机增加了人们对能源安全的需求，导致世界多国发生了许多重大的能源转型事件。

来自技术的驱动力。很多资本密集型的技术（比如核电）需要很大的投入才能成功研发，但一旦实现并投入使用，就会因为规模效应而对能源体系带来变革性的影响。从各国的经验来看，政府实施的资本密集型技术项目是保证能源体系具备某些特性（比如安全性）的一种常用手段。此外，与那些需要新建支持网络的技术相比，可以在现有网络上"即插即用"以及不需要能源体系中的其他部分协同的技术，更有可能获得成功，而这类技术对能源转型的贡献也更多。

来自市场的驱动力。指提供投资和分配资源的一套激励机制，包括政府对市场进行监管和对外部效应进行定价的作用。能源市场的自由化和改革会促进新技术的快速采用，特别是在能源技术发生改变时高效的市场机制更加重要。另外，政策也可以成为变革的助推剂。向更高效机制（以实现变革成本的最低化为重点）的转变也能够推动转型。

来自国际合作的驱动力。一个国家参与国际能源贸易程度的增加也会引发能源革命。目前能源传输技术已经成熟，只需进行必要的投资就可以实现更大程度的能源贸易。例如，新建的天然气管道或者液化天然气基础设施可以增加天然气的贸易。其他一些新技术和新基础设施，也可能增加国际合作，并对将来的发展产生变革性的影响。例如，超高压输电就可能实现两国间长距离的电力交易。

（三）加快能源转型还需要发挥四种增强器的作用

当有了转型发生的驱动力之后，积极的反馈回路可以加快转型的速度或扩大转型的规模。对历次能源转型进行的回顾可以得出这样的结论：转型的驱动力可以为转型的发生创造必要的条件并为变革的出现提供动能，但需要积极的反馈（或者说增强器）对这些驱动力进行加强，能源转型才能真正发生。政策制定者们常常也能够对这些增强器施加直接的影响。利用好这样的积极反馈回路，政策制定者们就能对转型的速度和规模施加影响。如图15所示，一共有四种增强器。

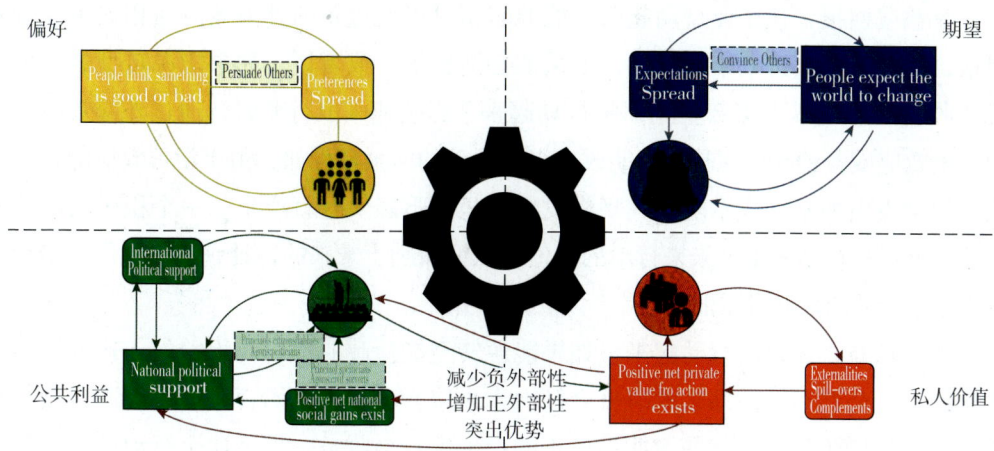

图15　转型的四种增强器共同作用示意图

数据来源：Vivid Economics。

偏好，让社会行动起来。如果人们愿意相信能源转型是一件好事，那么就会对其偏好产生影响，从而加快能源转型的速度，加深能源转型的程度。其中的原因是非常简单的，因为当一些人认为某件事是好的（或坏的）时，其他人也可能或者受到影响，或者会被说服，从而造成偏好——某事是件好事（或坏事）的价值判断——的进一步传播。随着这样一种价值的传播，就创造了一个积极的反馈回路——即受到影响或者被说服的效果使偏好进一步传播，而偏好的传播使下一次行动变得更加容易。在过去的能源转型中，关于社会应当做什么或不应当做什么的价值偏好起到了重要的作用。例如，日本和法国把核电作为技术先进型社会的一种指标，而德国的反核运动则把核能视为环境威胁。

期望，让消费者行动起来。期望也是增强器。随着越来越多的人期望转型的发生，他们就将会像这种转型真的发生一样来行动。与偏好一样，当人们期望世界发生变化时，他们就会说服别人，让别人也期望发生这种改变。而且，当人们期待变化时，他们会采取相应的行动，这可以进一步说服他人也期待变化。这也创造了一个积极的反馈循环——即消费者们采取符合他们期望的行动，从而进一步说服他人采取行动。期望和偏好之间的区别在于期望描述了可能发生的事情，而偏好则是关于应该发生什么的看法。例如，一个人即使对某事没有偏好也可能会期望发生这件事情。在之前的能源转型中，消费者的期望已经成为一个重要的增强因素，因为他们会选择和购买那些他们期望会在未来最好地服务他们的产品。例如，在本轮转型过程中，消费者购买电动汽车的原因可能是出于对未来气候政策和法规的期待。

17

收益或回报，让企业行动起来。能源转型可以通过正的外溢效应为相关企业带来回报，从而鼓励其进一步的行动。如果能创造价值，或者说，如果能源转型的行为获得的收益大于成本，那么企业都将行动起来。当企业采取行动时，通过外部效应、正的溢出效应或各种政策性补贴就能改变未来行动的回报。例如，由于学习效应的积极影响，风力发电的平均成本随着大规模发展而显著下降。这就产生了一个积极的反馈循环——即通过行动来增加未来行动的价值，从而鼓励了未来的行动，进而更进一步地增加了未来行动的价值或回报。

公共利益，让政府行动起来。如果能源转型能让政府部门获得益处，或者取得最大化的社会公共利益，那么政府就会倾向于采取行动。具体而言，如果能源转型行动能为社会创造价值，也就是说能提供正的净国家社会收益，那么这个行动就会获得更加广泛的支持。此外，国际上的政治支持也可以改变国内的政治支持。例如，《巴黎协定》或国际能源署分别影响了很多国家对气候行动和能源安全的政治支持。

能源转型中私人价值和公共利益之间有着强烈的积极反馈循环。如图16所示，私人价值和社会价值紧密相连，如果私人行为（指企业特别是私人企业的个体行为）能产生正面的外部效应（如减少碳排放）或者负面的外部效应（如污染），那么，采取政府行为往往可以增加净私人价值，从而在公共行为和私人行为之间形成进一步的反馈循环——一个良性和强化的循环。

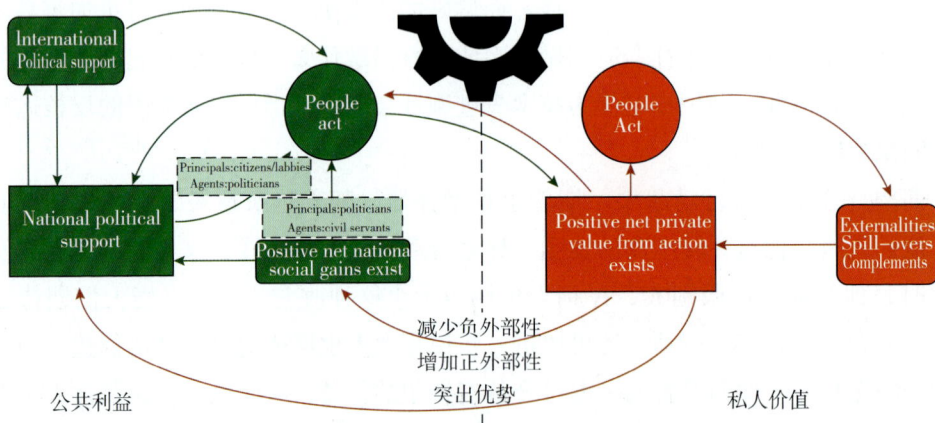

图16 能源转型中私人价值和公共利益的正反馈循环

数据来源：Vivid Economics。

正是由于上述这四种增强器的共同作用，才加速了全球能源转型的过程和变革的规模。如图15所示，社会偏好、消费者期望、企业的私人价值、公共利益中都包含了若干正的反馈循环，而这些循环则可增强行为动机。此外，这四种增强器是共同作用的。例如，如果社会偏好造成消费者的期望会导致人们以某种方式行事（例如要求低碳能源以及相关产品和服务），这可能会增加某些投资的吸引力，并促使企业采取行动来满足这一需求。反过来，这又可能为政府推动能源转型的行动创造政治条件和支持。

（四）有效发挥能源转型的驱动力和增强器都离不开政策的推动

与以前的转型相比，本轮能源转型更为复杂，各种外部性也更强。例如，本轮能源转型中不尽相同的、分散化的电力行业所带来的日益增加的复杂性意味着需要多个市场来对发电量、装机容量和电网弹性进行量化，而并网机制和监管法规的设计旨在调整整个电力价值链的激励机制，并支持更为复杂和灵活的系统。

在这种情况下，政策在支持转型驱动因素方面有着至关重要的作用。例如，政策有助于将需求转向清洁、更高效的能源最终用途，支持更清洁的能源结构，发展高效的市场机制，激励清洁和高效技术方面的创新，并利用国际能源合作与治理来支持国内的能源转型。

政策还为增强器提供动能，从而加速实现转型。如图17所示，鉴于当前转型的政策导向性，要推动消费者（以及更广泛的社会）行为的转变以及鼓励企业采取行动投资新的低碳技术，政府就必须采取行动纠正环境市场失灵。例如，可以提供补贴或其他政策工具来改善企业的风险收益结构。

对清洁高效能源的偏好通过例如智能响应的基础设施，低成本的创新产品等得以传播

设定对转型的期望，如通过长期政策目标及实现途径米维持政策的确定性和可信性

投资于转型所需的公共品，例如：战略基础设施的协调、投资、城市规划、解决环境市场失灵

制定政策框架，支持私人价值，例如通过定价环境外部性，创新支持，有效的监管框架等

图17 政策在加速能源转型中也起着关键作用

数据来源：壳牌国际公司。

总之，政策在能源转型中有着关键作用。在能源转型发生时，除了给增强器提供动能，政策在保持社会偏好、消费者预期、私人价值以及公共利益等的变革速度和规

模方面也起着重要作用。

三、多措并举：推进中国能源革命的路线图

（一）按照节约优先的理念促进能源消费效率的持续提高

1.进一步优化产业结构，降低高耗能产业比重

随着中国经济发展进入工业化后期，产业结构存在进一步升级的内在动力，辅之以政策引导，可以实现更加清洁化、更加环境友好的产业结构。

首先，从三大需求结构看，投资比重逐步下降，消费比重稳步上升，未来经济发展动力正在从生产扩张型向消费拉动型转变，并推动产业结构加速调整。

其次，从用能结构看，也有很大的调整空间。

一是随着机械化程度趋于饱和，农业现代化逐步转向以生物科技水平和信息化提升为主，有望实现农业单位增加值能耗水平进一步下降。

图18 中国未来农业终端用能走势展望

数据来源：课题组研究成果。

二是随着工业内部产业结构优化调整以及生产工艺的变化，工业能源消费效率将显著提高。从"十三五"开始，钢铁、水泥、玻璃、电解铝、合成氨等高耗能产品的总量已经开始达峰并可能下降。

三是建筑用能有望平稳增长。参照发达国家的经验，中国建筑面积达峰时，城市

人均住宅建筑面积应在40平方米左右，人均公共建筑面积应在20平方米左右。根据未来人口走势，中国的建筑面积峰值水平应控制在900亿平方米[①]左右，并且从保证房地产业平稳可持续发展的角度看，达峰时间应在2040年左右。但随着节能建筑发展，单位建筑能耗水平显著降低，中国建筑用能总量有望保持平稳增长。

四是服务业耗能预计将持续增长。服务业耗能会随着整个行业规模的扩张而增加，但也受到商业建筑面积总量的约束。基于对第三产业增加值和商业建筑面积的预测，服务业终端用能将持续增长，2035年达到3.5亿吨标煤，2050年预计达到4.7亿吨标煤。

五是居民生活终端用能将持续增长，但可保持在显著低于发达国家的水平。随着居民生活品质不断提高，未来居民生活终端用能将持续增长，预计2035年达到5.2亿吨标煤，2050年达到6.6亿吨标煤。

2.发挥新技术、新工艺和新产品的节能作用

进一步推动绿色建筑与低碳建筑的发展。中国建筑能耗占国家总能耗将近一半，与发达国家相差甚远。国家相关部委也出台了《"十二五"绿色建筑和绿色生态城区发展规划》等一系列规划文件。要进一步完善绿色建筑体系和标准、加强绿色建筑技术研发以及绿色建筑全生命周期管理。当前绿色建筑的技术创新重点是建筑照明和建筑采暖环节。高能效绿色照明技术是几乎所有国家建筑物温室气体减排最有效的措施之一。根据发改委发布的《中国逐步淘汰白炽灯路线图》，2016年10月1日起，禁止进口和销售15瓦及以上普通照明白炽灯。如果将在用白炽灯全部替换为节能灯，年可节电480亿千瓦时，相当于减少二氧化碳排放4800万吨。预计，到2020年，中国累计新增城镇住房面积将超过50亿平方米，新增的北方供热采暖耗能约1.25亿吨，如果全部采用可再生能源供热，这部分耗能的CO_2减排量将达到3.75亿吨。

提高煤炭集中燃烧比例，加强煤炭热电联节约能源。目前，中国煤炭集中燃烧比例仅占全部耗煤量的48%，而美国99%的煤炭用于发电，未配套建设污染物治理装置的散煤燃烧设施数量极其庞大，具有很大的节能减排潜力。未来中国需采取多项措施大幅提高煤炭集中燃烧比例，减少燃煤造成的污染物排放，提高煤炭热电转化效率。

3.实施碳定价政策，促进能源消费效率提升

碳定价政策可以提高化石能源消费价格，具有显著的节约能源效果。据测算，碳

[①] 中国2015年建筑面积存量已经接近600亿平方米，其中城镇居民住宅面积176亿平方米，农村居民住房面积276亿平方米，城镇商业建筑面积140亿平方米。

定价将对未来能源消费总量趋势产生显著的负面影响，随着初始碳定价水平的提高，能源消费总量减少。具体来看，2030年，30USD/tC、60USD/tC和90USD/tC的政策情景下，能源消费总量分别比无碳税情景降低7.4%、14.0%和19.4%。而且，碳定价政策的效果将随时间推移而逐渐显著。

（二）以推动散煤替代和电气化发展为重点促进能源消费清洁化

1.积极推进以气代煤和以电代煤

2015年中国散煤消费仍有6.17亿吨。主要分布在煤炭开采（1.2亿吨）、居民生活（9300万吨）、化工（9000万吨）等行业，同时还有2.6亿吨分散在食品制造、纺织服装等轻工和装备制造业和服务行业中。今后，替代中国居民采暖散煤主要是推动集中供暖（燃气锅炉、地热采暖或余热回收利用），对于没法实现集中供暖的区域则加强以电代煤、以气代煤（壁挂炉）。对于工商业的散煤替代，主要是关停小的燃煤锅炉，改为燃气锅炉、余热回收利用或者其他集约型供热方式。按照已经出台的《能源生产消费革命战略（2016—2030）》，未来到2020年有超过35%的散煤被替代，到2030年实现70%左右的替代，这样，散煤消费量在2020年降至4亿吨，2030年降至1.8亿吨左右，2050年减少至6000万吨。

2.加快电动汽车发展，促进能源消费清洁化

在推荐情景下，中国电动汽车保有量在2020年达到300万辆，2030年达到8000万辆，2050年达到2.7亿辆。但是，从目前的产业发展势头来看，电动汽车加速发展的可能性也是存在的。

一是全球正在掀起电动汽车研究与开发的热潮。围绕电池、自动驾驶，配套的充电设置等重点技术的研发以及各种租赁、共享的商业模式和金融服务的探索都如雨后春笋般，有望加速电动汽车在当前的发展势头。

二是随着人工智能技术的发展，"自动驾驶+电动汽车"有望成为未来出行工具的标配。将车从"代步工具"拓展为"移动之家"，带来出行新体验，有望在中长期实现车辆从传统汽车向电动汽车的加速转换。

三是由于电动汽车既是交通工具，又可作为分布式电能储能装置。随着储能规模的扩大，在智能电网技术支持下，可实现可再生能源发电装机的充分利用，支持可再生能源的长期发展。

为此，我们在推荐情景的基础上，进一步提出加速发展的情景，探讨该情景下的交通用能需求及对中国能源供应结构的影响。电动汽车发展情景设置如下：

表1　　　　　　　　　　　　两种电动汽车发展情景假设

情景	年份	2020	2030	2050
推荐情景	保有量（万辆）	524	8300	27000
	占比（%）	1.9	18.4	50.0
加速情景	保有量（万辆）	524	20000	50000
	占比（%）	2.0	44	93
汽车保有量（万辆，含燃油车和电动车）		27223	45000	54000

数据来源：课题组成果。

假设汽车保有量不改变，新增的电动汽车主要替代柴油车和汽油车，不改变天然气车的数量，据此测算加速情景下的汽车耗能需求。如图19所示，2030年的汽油、柴油消费量有望比推荐情景下降1亿吨，2050年下降1.3亿吨，同时电力需求在2030年比推荐情景增加2000亿千瓦时，2050年增加3400亿千瓦时。

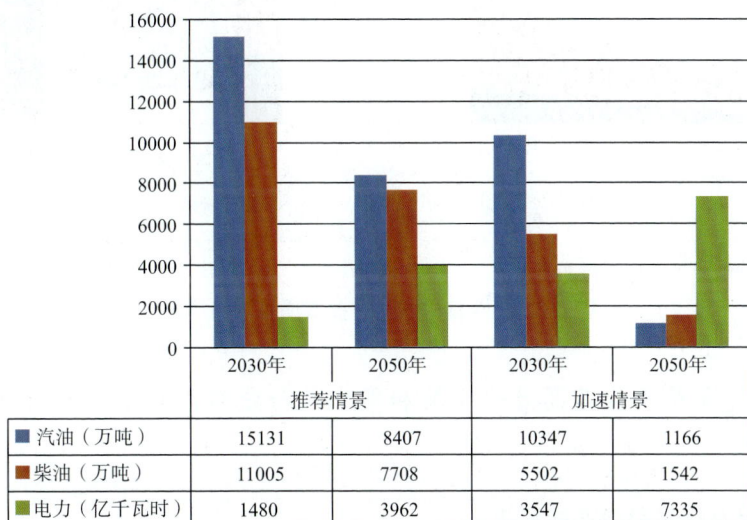

	推荐情景 2030年	推荐情景 2050年	加速情景 2030年	加速情景 2050年
汽油（万吨）	15131	8407	10347	1166
柴油（万吨）	11005	7708	5502	1542
电力（亿千瓦时）	1480	3962	3547	7335

图19　两种电动汽车情景下中国的车用能源需求总量

3.通过去碳化加速电气化覆盖率

2014年，中国电能占终端能源需求近1/4，电气化覆盖率与许多经合组织国家相当。随着社会经济的发展，消费者对更高质量能量形式的需求增加，技术与结构性变革驱动进一步改变。历史经验表明，由于收入效应可使2030年的电气化覆盖率相比2015年提高5.5%，由于技术进步因素可使电气化覆盖率提高6.4%，而经济结构性变革将使电气化下降2.6%，综合考虑这几个因素，中国的电气化覆盖率将从目前的23%增长至2050年的32%。

去碳化将进一步驱动电气化进程，其中加快交通运输领域的电动车发展，可使全社会的电气化率提高5%～10%，而建筑工程去碳化可使电气化覆盖率提高2.5%～5%，工业去碳化再提高0.5%，这样在去碳化驱动因素作用下，到2050年中国总体电气化覆盖率有望达到40%以上的水平（图20）。

通过清洁能源的快速发展与煤炭的清洁利用，在终端能源供给结构中，电力占比将由2015年的22%逐步提高到2030年的30%，2050年进一步提高到40%左右，实现电气化覆盖率的显著提升。

图20　中国电气化覆盖率增长潜力

资料来源：Coppright af shal Intermational。

（三）建立传统能源高效化发展和集中式与分布式相结合的清洁能源生产方式

1.着力提高煤炭科学产能比重

当前和今后相当一段时间内，以煤炭为主的传统能源仍将是中国的主体能源，为满足能源供给革命要求，其生产方式需向安全生产、高效开发、生态优先的方向发展。具体而言，在一次能源开采阶段，煤炭生产将由粗放开发向集约绿色方式转变；在二次能源转换阶段，以燃煤发电机组超低排放改造为重点，推进煤炭由高排放利用向低排放利用的清洁高效方式转变。

根据中国各煤炭赋存区的地质条件、资源赋存状况、水资源条件、生态环境条件，保持现有1/3达到科学产能标准的矿井，改造1/3未达标矿井，逐步淘汰1/3落后和不可改造产能，实现科学产能标准的矿井所占比重逐年上升。

2. 保持石油供给能力稳定发展

虽然电动汽车的发展能够显著降低未来石油需求，但是在推荐情景下，中国石油需求的峰值仍在6.5亿吨以上，相应的石油加工能力峰值在7.2亿吨，即使到2050年也需要6.5亿吨左右。目前，中国石油加工能力已经接近峰值，因此未来需要坚持控总量和调结构，加快推进从炼油向化工方向的转变。

3. 大力强化天然气供给能力

未来中国天然气需求有望持续快速增长，为了确保散煤替代所需要的天然气需求能够得到满足，需要天然气供应能力较目前有显著增长。预计2020年需要的国内供应能力达到2600亿立方米，2030年达到4500亿立方米，2050年提高到4900亿立方米[①]。因此，仍需要持续加大力度开展中国常规气、致密气、页岩气、煤层气的勘探、开发，推动天然气水和物的开采技术研究，为天然气稳定供应奠定基础。

4. 统筹发展以可再生能源为主的清洁能源

中国的清洁能源资源与负荷呈现东西逆向分布的特点，在能源供给革命推动下，为促进清洁能源建设与消纳，东西部清洁能源需协同发展，其生产方式将由以集中式为主逐步向集中式大规模外送与分布式就地消纳结合方向转变。一方面，贯彻"源-网-荷-储"协调思想，以多能互补、多基地协同为关键手段，统筹规划西部大规模集中式可再生能源基地与外送通道建设。另一方面，鼓励中东部地区发展小型风机、光伏发电、天然气冷热电三联供、地源热泵等分布式能源，同时完善配套微电网与配电网建设，促进清洁能源的就地或近距离消纳。

（四）逐步形成以电力为转换中心的能源供给结构

在终端能源供给结构中，电力占比将由2015年的22%逐步提高到2030年的30%，2050年进一步提高到38%左右。以电力为中心的终端能源供给结构主要依靠各类清洁发电技术的快速发展与煤炭的清洁利用。

1. 加快以风电、太阳能、生物质能为主的可再生能源以及核电高比例发展

通过对未来的电力供应结构进行优化设计，课题组推荐清洁能源发展的路径图如下。

一是风电和光伏的比重争取从2015年的4.9%逐步上升到2030年的15%左右，到2050年超过1/4。

---

① 国务院发展研究中心2015年出版《中国天然气发展战略研究》中提出，2020年天然气产量要达到2700亿立方米，2030年要达到4700亿立方米，本研究的数据根据最新发展略有调整。

二是稳步提高天然气发电比重，从2015年的3%提高到2030年的9%，2050年维持在10%左右。

三是保持水电电量持续增加。但由于其他电源发展较快，水电容量占比可能逐步下降，从2015年的17%下降到2030年的14%，但到2050年前仍将保持在13.5%左右。

总体来看，除了煤电、油电之外的清洁电力占比从2015年的30%将逐步提高到2020年的近40%（38%），并于2030年超过50%（达到52%），2050年，非化石能源发电装机占比将提高到70%以上，电量占比提高到66%。

从中期来看，煤炭作为一次能源的消耗总量变化不大，但其在终端能源供应中的比例显著降低，能源供给革命将推进煤炭由直接利用转换为以电为主的二次能源，以实现煤炭的高效清洁利用。

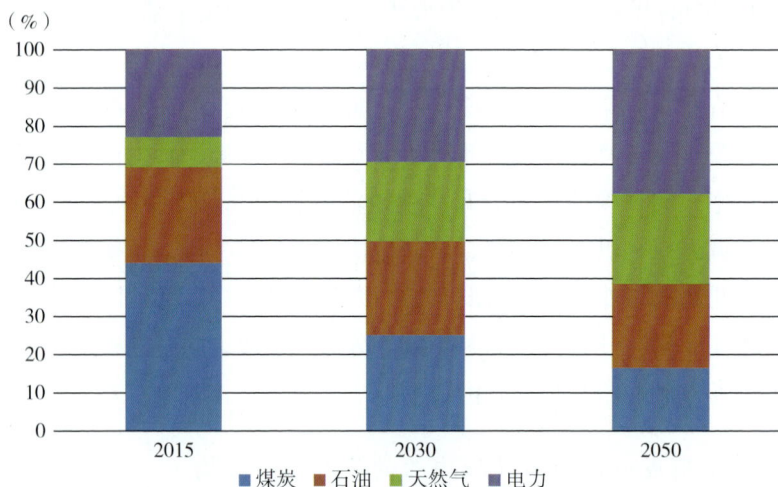

图21　推荐情景中中国终端能源结构变化趋势

数据来源：课题组成果。

2.鼓励非化石能源逐步取代石油、煤炭成为第一大能源

煤炭消费量大幅降低，2050年煤炭消费占比仅为27%；石油消费量先增后降，消费占比保持在16%左右；天然气作为清洁能源中期发展迅速，2030年消费占比达15%，此后基本保持稳定；非化石能源大幅增加，2030年，非化石能源消费比重达到20%以上，取代石油成为第二大能源，2050年，非化石能源消费比重达到40%以上，取代煤炭成为第一大能源。

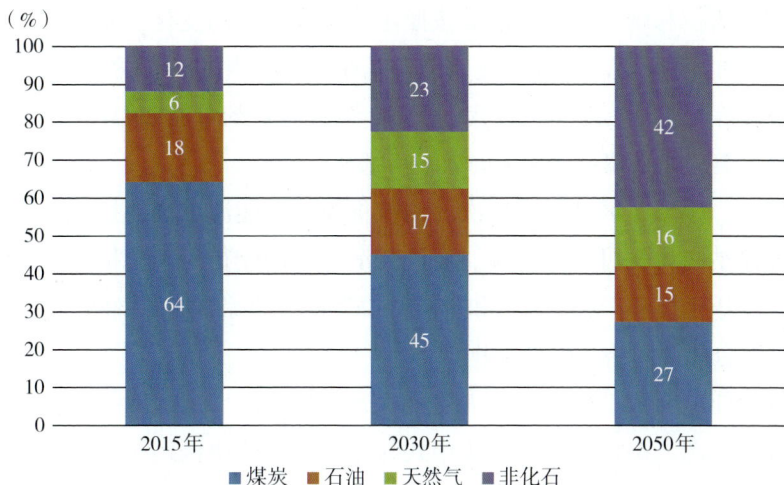

图22　推荐情景中中国一次能源供给结构变化趋势

数据来源：课题组成果。

（五）构建"互联网+"智慧能源系统

"互联网+"智慧能源有望促使能源生产与供应模式更加多元化，实现储能设备以及可控负荷之间的协调优化控制，更好地利用广域网内分布式电源的时空互补性，以及储能设备与需求侧可控资源之间的系统调节能力，做到"横向源—网互补，纵向源—网—荷—储协调控制"，从而平抑分布式可再生能源间歇特性对局部电网的冲击，为分布式可再生能源的大规模接入提供可行路径，真正实现清洁能源比重大幅增加①。

1.推进能源消费智能化

鼓励建设以智能终端和能源灵活交易为主要特征的智能家居、智能楼宇、智能小区和智能工厂，支撑智慧城市建设，发挥智能化带来的家居能源消费节约作用。

发展能源互联网的智能终端高级量测系统及其配套设备，实现电能、热力、制冷等能源消费的实时计量、信息交互与主动控制。丰富智能终端高级量测系统的实施功能，促进水、气、热、电的远程自动集采集抄，实现多表合一。规范智能终端高级量测系统的组网结构与信息接口，实现和用户之间安全、可靠、快速的双向通信。

加强电力需求侧管理，普及智能化用能监测和诊断技术，加快工业企业能源管理中心建设，建设基于互联网的信息化服务平台。让企业能够对各生产工艺中的能源消

① 高世楫、郭焦锋等：《能源互联网助推中国能源转型与体制创新》，中国发展出版社2017年版。

耗状况，进行监控和统计分析，能够按照生产操作参数的变化，及时对水、电、气、燃料等进行智能化调度，实现企业内能源从采购到使用的全过程实时监控、适时调整、自动报警等功能，实现能源智慧化管理，发挥企业的节能潜力。

2.构建各类用能终端灵活融入的微平衡系统

建设家庭、园区、区域不同层次的用能主体参与能源市场的接入设施和信息服务平台。建设接纳高比例可再生能源、促进灵活互动用能行为和支持分布式能源交易，以多能融合、开放共享、双向通信和智能调控为特征的综合能源微网。

3.推进综合能源网络基础设施建设

建设以智能电网为基础，与热力管网、天然气管网、交通网络等多种类型网络互联互通，多种能源形态协同转化、集中式与分布式能源协调运行的综合能源网络。加强统筹规划，在新城区、新园区以及大气污染严重的重点区域率先布局，确保综合能源网络结构合理、运行高效。建设高灵活性的柔性能源网络，保证能源传输的灵活可控和安全稳定。

4.积极推进"互联网+"智慧能源发展

2017～2020年，实行分布式发电和储能的大规模普及利用，各种分布式电源可实行灵活接入；基于互联网技术的多能源交易系统开始上线应用；多种能源网络互通互联、多能互补的能源试点示范将逐步建立。

2021～2025年，多元化能源间的智能调度逐步实现，分布式发电和储能系统在用户侧得到普及性发展；城市智能多元化能源网建成，可根据用能需求对不同来源的能量进行科学调度。

2026～2030年，全国范围推广建设新能源微网，并形成多元化能源互补的非化石能源互联网络，形成开放共享的能源互联网生态环境，能源综合效率明显改善。

2030年之后，可再生能源利用全面覆盖农业、工业、交通、商业、居民等终端用能领域，支持可再生能源健康快速发展的产业生态环境不断完善，可再生能源进入发展快车道。

（六）着力促进能源技术发展，以技术创新全面支撑能源革命

1.继续推进智能电网建设

智能电网是实现能源生产、消费、技术和体制革命的重要手段，是发展能源互联网的重要基础。2016年4月，国家发改委、国家能源局发布《能源技术革命创新行动计

划（2016—2030年）》[①]与《能源技术革命重点创新行动路线图》[②]，提出发展智能电网输变电及用户端设备。

发展智能电网，一是继续推进目前仍然依赖于国外的关键基础技术和核心装备的突破，尤其在直流、电力电子、可再生能源发电等产业中的关键技术和设备。二是要抓紧制定智能电网的行业和国家标准体系，以标准支撑智能电网的建设。

2.持续促进新能源技术发展

在风能产业技术方面，要重点在空气动力学计算、流场分析、载荷计算等基础能力，以及大型风电机组设计、风机轴承、主控系统、变桨系统等高端技术上实现突破，着力解决风电基础理论研究薄弱和关键设备的"非中国芯"问题。

在光伏发电技术方面，在IBC（全背电极接触）技术、HIT（异质结）技术、PERC（钝化发射极背面接触）技术、MWT（金属穿孔卷绕）技术、双面电池技术等高效电池技术方面，需要重点突破，带动光伏转换效率显著 提高。

针对光热发电、海洋能发电等近中期具有一定潜力的新能源技术类型，组织开展或继续建设一批示范项目，快速积累规划、设计、施工、运营和管理方面的经验，为政策研究、产业技术发展、提高国际竞争力和降低成本奠定基础。

3.对储能技术发展加大支持力度

储能技术将是引爆电力革命的关键技术，也是各争夺的技术占制高点。当前，我国弃风、弃光、弃水、限核问题严重，每年超过1000亿度电白白浪费。储能是把不稳定的能源供给和能源消费融合在一起的重要手段。从技术方向看，物理储能、化学储能、氢能及燃料电池、储热技术将在竞争中获得发展，并最终竞争胜出一到两种技术。

4.把核能放在能源发展的重要位置

核能对于我国的能源发展不可或缺，是我国战略必争的能源支柱之一。要进一步加大科研投入，提升核科技基础能力，建立科学决策互动机制，赢得民众对核能的战略认同，促进我国核电安全发展。

5.使非常规天然气发展成为新增天然气的主体

通过加大科技联合攻关和对外合作，引进、消化、吸收、创新先进技术，掌握适应我国非常规油气资源特点的勘探开发生产技术，加快形成具有中国特色关键技术与装备体系，并实现规模化应用。重点发展致密气、页岩气、天然气水合物等非常规天然气。

---

① 国家发展改革委、国家能源局，《能源技术革命创新行动计划（2016—2030年）》，2016年，第6页。
② 国家发展改革委、国家能源局，《能源技术革命重点创新行动路线图》，2016年，第67-69页。

（七）在改善全球能源治理中提高中国能源安全

1.深度参与现有国际能源治理机构的合作与改革

确保能源安全符合各国利益。由于中国全球影响力的不断提升，应尽早深度参与到全球能源治理体系中，推动改变由发达国家主导的全球能源治理格局，使其更加具有广泛的代表性，更大程度地反映发展中国家和新兴国家的利益，推动构建全球能源命运共同体。中国应实施集"多层次的国际能源合作对象、多渠道的国际能源合作形式、多元化的国际能源合作方式、多领域的国际能源合作内容、多任务的国际能源合作进程"等为一体的国际能源合作战略，以顺应全球能源格局的变化，并满足自身发展的需要。在促进全球能源向清洁、低碳、经济、高效、安全、可靠方向的转型过程中，推动中国能源体系的高质量发展。

2.寻求G20支持协调全球能源治理和气候治理机制，加快能源转型

推动G20将能源转型提到更加重要的位置，通过做出一系列关于安全、长期低碳化的声明和承诺，以及共同努力提高NDC目标，为向低碳、安全能源未来转型达成共识。推动设立长期的G20能源部长级会议系列，并通过在相关国际组织中设立能源秘书处构建机构能力。

3.降低投资伙伴国家的风险，提高中国能源安全

过去十年，中国的"走出去"战略增加了海外能源行业的直接投资。未来十年，"一带一路"倡议会进一步促进中国资本流向能源资源和基础设施领域，提升新技术和基础设施价值链。确保投资伙伴国家实现良好的能源行业治理是十分必要的。这将有助于降低这些国家不稳定和投资不足的风险，从而加强中国的能源安全。中国可以与伙伴国家合作，支持他们完成转型，特别是通过提供中国的低碳技术。

大力加强中国与"一带一路"沿线国家的深度能源合作。中国在与"一带一路"沿线国家开展关于低碳、安全、能源转型的合作方面发挥着独特作用。应该在清洁能源技术领域创建外商直接投资和能源基础设施建设框架。同时，中国可与其他国家合作，加强能源行业投资治理和透明度。

中国对"一带一路"沿线国家投资的方式，是衡量中国致力于确保本国和帮助国际伙伴实现绿色可持续增长承诺的重要因素。借鉴以往经验，通过坚持高标准社会和环境治理和开发适当的风险管理工具，最大限度降低与东道国的投资争议风险和资产风险。

4.加强全球电力合作

要实现供电安全或者确保可再生能源发电比重较大的电力系统保持平衡，同时减少弃风、弃光现象，其中一个主要解决方案在于，通过互联电网增加电力贸易。作为区域最大的可再生能源和电动汽车电池制造国和最大的可再生能源发电国，中国可以在合作和治理改革中发挥带头作用，促进电力并网。

中国及其区域合作伙伴应该统一国家电力市场，通过互联线路有效进行电力贸易。避免资产搁置和确保未来实现大量可再生能源发电和高需求区域互联，需要制定区域规划，避免并入和断网。随着电力市场互联程度日益提高，各区域加强监管可以有效降低网络攻击风险。

电网互联和平衡提供了出口多余电力和降低电力成本的机会，中国可从中受益：区域电力贸易可为消费者节省成本，减少中国及其伙伴国家的容量裕度要求。能源互联合作可以在伙伴国家之间建立互信，创造更广泛的利益。

就电力市场改革和容量协调、调度和平衡（CDB）而言，区域电力市场改革阶段差异和统一改革的政治意愿可能很难克服，电力市场改革可以采取分步方式，以便每个伙伴国家切实享受到渐进式改革的利益。

四、系统构建高质量能源体系：促进能源革命的政策建议

（一）通过加强顶层设计全面推进中国能源体制革命

按照以高质量能源支撑高质量发展的战略目标，以及使市场在资源配置中发挥决定性作用，更好发挥政府作用的要求，创建一个面向全球化的市场机制有效、宏观调控有度、微观主体有活力的现代能源体制和一个清洁低碳、经济高效、安全可靠的现代能源体系。

1.战略目标

完善的市场体系。着力构建一个统一开放、竞争有序的现代能源市场体系，打破市场垄断，消除市场分割，形成以特大型能源企业为骨干、众多不同所有制和不同规模能源产输销企业合作并存、公平竞争的市场竞争格局，以切实解决当前由于市场主体地位不平等、无序竞争带来的资源错配等问题。

健全的价格机制。竞争性环节市场价格由市场决定，具有自然垄断性质的管输等环节价格主要由政府监管，创建真实反映市场供求关系、资源稀缺程度及对环境影响

程度的价格机制和财税体系，以切实解决当前价格形成机制不合理等问题。

规范的政府管理。在进一步厘清政府和市场的边界基础上，结合新一轮政府机构改革，促进将行业发展战略、总体规划、法律法规、重大政策、能源储备与应急等职能向高级别的能源管理机构集中，做到"法无授权不可为、法无禁止即可为、法定职责必须为"，以切实解决当前缺乏统一、独立的高层级能源管理机构等问题。

有效的市场监管。建成统一、独立、专业化的监管机构，形成权责明确、公平公正、透明高效、监管有力的现代能源监管体系，以切实解决当前"政监合一"、监管职能分散、监管职能缺失以及监管人员和力量严重不足等问题。

完备的法制体系。形成以"能源法"为核心，以电力、煤炭、石油天然气等部门法为支撑，门类齐全、结构严谨、配套衔接、有机统一，能够保障国家能源安全和可持续发展的能源法律法规标准体系，以切实解决当前缺乏统一立法指导思想和基本原则以及法律体系中不协调、不一致、体系性不强等问题。

2.战略重点

构建现代能源市场体系。分离自然垄断业务和竞争性业务，完善市场准入，鼓励各类投资主体有序进入能源产业的各个领域。建立健全能源市场基本交易制度，分步建立全国统一市场与多个区域市场相互衔接，规则统一、功能互补、多层级协同的现代能源市场体系。建立调度、交易独立的电力系统运营机构，实施输电网与配电网业务和资产的有效分离。推进油气管网产权独立以及管道运输服务和销售业务的完全分离，全面强制推行管网等基础设施第三方公平准入。加快培育能源互联网、泛能网和综合能源服务市场，构建集中式能源、分布式能源以及储能设备、负载设备无差别对等互联的能源系统。

重塑能源市场价格机制。按照"准确核定成本、科学确定利润、严格进行监管"的思路，建立健全以"准许成本+合理收益"为核心的约束与激励相结合的垄断行业定价制度，合理降低垄断行业价格。放开竞争性环节市场价格，形成由市场决定的价格机制。实施"管住中间，放开两端"的电力价格机制，建立完善独立、基于绩效的激励性输电和配电价格体系。研究制定输配电成本和价格信息公开办法以及分电压等级成本核算、归集、分配办法。放开成品油以及天然气价格，由市场竞争形成，除配气管网外，其他油气管道等基础设施收费逐步实现市场化。建立完善对生活困难人群和一些公益性行业的定向补贴和救助机制。消除价格的交叉补贴现象。

完善能源管理体制。结合新一轮政府机构改革，组建并完善国有自然资源资产管理和自然生态监管机构，统一行使全民所有自然资源资产所有者职责。厘清政府和市场的边界，制定完善的"权力清单、负面清单、责任清单"，有效落实规划，明确审核条件和标准，规范简化审批程序，继续取消和下放行政审批事项。着力解决可再生能源消纳问题，将跨省跨区输送纳入国家能源战略制定的长期跨地区送受电计划中，发电计划完全放开，保证各地区按风电、光伏发电最低保障收购年利用小时数安排新能源发电；健全调峰和备用辅助服务市场机制，充分激励火电灵活性改造和调峰/储能电源的建设。

健全能源监管体系。推动"政监分离"改革，设立独立、统一、专业化的监管机构，健全中央和省两级、垂直的监管组织体系。明确监管责任，主要负责经济性监管，加强社会性监管，确保以管网为核心的网络型基础设施等自然垄断环节的公平竞争。加强监管能力建设，创新监管方式，提高监管效能，维护公平公正的市场秩序。

加快现代能源法制体系建设。制定"能源法"，明确能源领域其他法律法规的制定和修订的基本依据。修订《电力法》，研究制定"石油天然气法"，尽快完善《煤炭法》，明确电力、煤炭、石油和天然气战略规划的制定、实施、评估、监督和调整依据。实施好《节约能源法》《可再生能源法》，建立和完善统一监管机制、协调机制、综合决策机制和社会参与机制。研究制定"能源监管条例"，制定和完善能源监管规则、规定、方法、程序。

（二）构建一个全国统一的、充满活力的碳市场

中国已经提出计划在2018年启动全国统一碳市场，将覆盖钢铁、电力、化工、建材、造纸和有色金属等重点行业。根据目前各试点的碳市场进展情况看，主要面临几个方面的挑战：一是电价市场化等问题制约碳市场有效运行，中国尚未建立起"主要由市场决定电力价格"的新机制，电价管制限制了电力部门挖掘低成本减排的潜力。二是碳排放监管能力难以支撑碳市场建设，碳排放权的交易从检测审批到交易结算，还没有统一的结算标准，缺乏有效监督。三是碳交易产品的交易机制还不健全，国内项目与国际碳交易市场的隔绝状态，对于未来的全国碳市场来说，到底是在一家交易所集中交易，还是在统一规则下由多家交易所分散交易，目前尚存争议。四是碳市场的流动性还需进一步提高，试点碳市场普遍存在流动性较差，成交量和成交额双低的问题。

要解决这些挑战，重点需要做好以下几个方面的工作。

1.完善法律法规体系，加强监管能力建设

应严格履行相关立法程序，健全碳交易法律体系，特别是结合试点经验完善全国碳交易权市场制度设计。在国家发改委正式出台《全国碳排放交易管理办法》的基础上，进一步完善对碳排放权交易参与方的权利义务、交易方式、交易规则、纠纷解决机制、违规处罚方式和力度及纳管企业属地的法律授权等做出明确规定。

此外，还应建立碳排放权交易市场监管机制，成立专门的监管部门，对碳排放权交易市场主体进行监管。探索建立碳交易市场风险综合监管体系，避免非法经营，维护正常的碳排放权交易秩序。构建政府、服务机构、交易平台、企业多元主体的法律监管机制。政府在发挥其监管作用的同时，要注意避免对市场的直接掌控和命令，应通过宏观政策规划和监督，促进市场发挥主导作用[1]。

2.妥善协调总量设置和配额结构

碳交易配额的初始分配是碳市场的核心要件，要根据各地区温室气体排放、经济增长、产业结构、能源结构、控排企业纳入情况等因素确定地区配额总量，并预留部分配额用于有偿分配、市场调节和重大项目建设。

首先，总量的设计要综合考虑经济增长、技术进步和减排目标，按照"总量刚性、结构柔性；存量从紧、增量先进"的原则，充分考虑经济波动和技术进步的不确定性，设计事后调整机制。

其次，要充分考虑行业的减排成本、减排潜力、竞争力、碳泄露等差异，设计不同的行业控排系数。

最后，设计3~5年的交易周期，事前确定配额总量及调节措施，结合配额的储存机制，有利于市场的长期预期、有利于企业进行配额的跨期管理、降低履约成本。

3.建立统一的交易平台和定价机制

统一的碳交易市场平台，包括监管、交易、辅助体系等，针对目前各大交易市场存在的交易规则、交易流程以及价格调控各方面的不一致，应该完善定价机制。

初始碳排放权的拍卖可以较好实现碳排放权分配的公平性和有效性，政府可以规定最低限价，企业通过竞标方式获得初始碳排放权，考虑到中国企业的实际情况，中国建立碳交易一级市场初始排放权拍卖的定价机制要经历一个过程，应从部分免费排放到逐步扩大碳排放权拍卖的份额。

---

① 刘惠萍、宋艳："启动全国碳排放权交易市场的难点与对策研究"[J]. 载于《经济纵横》，2017（01）：第40-45页。

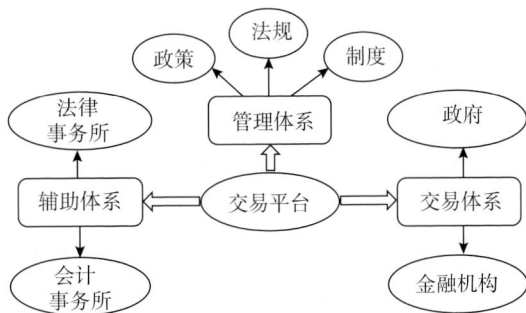

图23　中国碳交易市场平台体系

（三）建设统一高效灵活的电力市场

1.电力市场改革的目标

从市场范围来看，设计全国统一电力市场，使资源在全国范围内自由流动，逐步推进省市场之间的深度融合，用市场机制打破省间的交易壁垒。丰富跨省区交易的品种，增加市场交易主体；建立促进清洁能源跨省区消纳的市场机制，逐步引入跨省区调峰等辅助服务市场机制，加大清洁能源跨省区交易电量。通过耦合或融合的方式扩大电力市场覆盖范围，降低电力市场中发电企业的集中度。发展差价合同、中长期合同、期货等多种电力产品，规避电价波动风险，保证各参与市场竞争机组的稳定收益部分。

2.建立高效定价机制

取消对价格的管制。循序渐进地取消对价格的管制，价格改革可在上游开始，并发展到下游，首先针对原料燃料，然后依次针对发电、入网和零售环节。

制定不同输电系统之间的协调贸易方案。利用价格来确定不同省份与区域输电系统之间的互连流向，从而传递有关哪些省份或区域可能从新投资中获益的信号。价格可刺激低成本的电厂应对需求。

实施分时定价。分时定价让电力用户和灵活资源能够应对发电成本和需求的变动。分时定价也可循序渐进地实施，从一些规模较大的电力用户（例如，有灵活生产计划的工业设施）开始，最后对智能家用电器予以实施。

3.循序开展市场验证

开展小规模试验。开展小规模试验有助于在竞争条件下获得新的输电投资、新输电资产的替代性非电网资产、配套服务等。采用竞争性招标或拍卖来开展这些试验。这些试验可提供概念验证与经验，以及创新的、具有成本效益的解决方案。采购试验应以公开、透明的方式推进。

循序渐进地引入市场采购。如果竞争性采购试验取得成功，则可扩大规模，并在恰当情况下，在每个输电系统中，循序渐进地引入大范围的市场采购。市场采购有助于揭示有关多种技术发电的相对成本及优势的信息。

4.优化电力管理体制

电力管理体制包括强化市场采购角色，以及采用监管下的TSO模式或者ISO模式。国际经验尚未表明监管下的TSO模式或ISO模式中哪个更优，因此，重要的是尽早采取一种优质的体制模式，而非从中选择较优的一个。

（四）改革完善新能源补贴政策

1.碳定价政策和新能源补贴政策搭配使用可以取得更好的效果

本研究的模拟发现，碳定价政策的实施将对未来能源消费总量趋势产生显著的影响，随着初始碳定价水平的提高，能源消费总量减少。而且碳定价政策的效果在短期内即可显现出来，并且随时间逐渐显著。

与碳定价政策相比，可再生能源补贴的引入会增加未来的能源消费总量，并随着补贴水平的提高而提高。补贴政策对能源消费总量的影响程度不如碳定价政策的显著。而综合包括碳定价和可再生能源补贴的混合政策下，能源消费总量高于纯碳税情景，但低于补贴政策情景。

由此我们可以得到一个重要的启示：如果政府担心未来碳定价的引入可能对能源消费产生重大的负面冲击，可在引入碳定价政策的同时引入非化石能源补贴政策，从而在减少化石能源消费的同时增加非化石能源消费，保证能源消费控制的平稳。

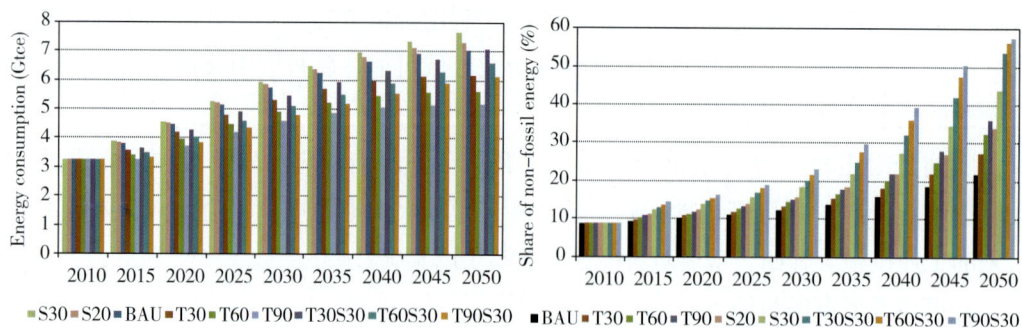

图24 碳定价和非化石能源补贴对能源消费总量和结构的影响

说明：BAU表示无碳定价，也无补贴的基准情景，T90、T60、T30分别表示90USD/tC、60USD/tC和30USD/Tc的三种碳定价，S30和S20分别表示20%和30%的非化石能源价格补贴。

2.继续完善实行非化石能源补贴政策

对于能源结构而言，随着碳定价政策和非化石能源补贴政策的引入，非化石能源比例都会得到提高。但相比较而言，非化石能源补贴对于能源结构调整的效果要比碳定价更加显著，这可能主要是因为非化石能源技术在无政策支持条件下成本下降是比较缓慢的，虽然碳定价政策抑制了化石能源的消费，但如果没有实施非化石能源补贴以降低非化石能源消费的直接成本，在现实中得到大规模的利用仍然比较困难，能源消费结构额调整仍然比较缓慢。

在混合政策情景下，一方面化石能源消费得到抑制，一方面非化石能源得到支持，在两种政策的共同作用下，能源结构调整非常显著。模型分析显示，在30美元/吨碳定价和30%的补贴政策组成的混合政策情景下，2050年，非化石能源的比例将可能提高到50%，充分显示了混合政策机制在推动未来能源转型及能源革命中的有效性和必要性。

（五）构建油气管理运营新体制

按照党中央、国务院《关于深化石油天然气体制改革的若干意见》的总体要求，推进石油天然气全产业链市场化改革，争取在2030年前后建成公平竞争、开放有序、有法可依、监管有效的现代油气市场体系。

1.改革油气矿权管理体制，促进矿权市场建设

改革油气勘探开发专营体制，有序放开矿权市场。在坚持矿权一级管理的前提下，矿权管理由登记制改为招标制，从目前"申请在先"改为"竞争性出让"。在高风险区可采用邀请招标、公开招标、勘查方案或勘查投入、合资合作等方式无偿出让勘探权，在已探明或风险程度较低的区域，应当采取"综合评价"方式有偿出让矿业权。

制定合理的矿权持有成本，理顺资源收益关系。针对不同地域、不同矿种、不同勘探阶段的油气资源地区，制定不同的最低勘查投入标准。特别是提升第一年、第二年的最低勘查投入标准，适当提高第三年的最低勘查投入标准。

建立退出补偿机制，加快矿权流转和储量转让制度，提高资源利用效率。企业退出的探矿权，应由国家或其他申请登记的企业对前期持证企业的投入给予一定的补偿。

改革对外合作经营权，提高国内油气生产能力。取消三大国有油气企业陆上对外合作专营权，允许其他企业在国家监管下自主决定对外合作相关事宜。稳步推进海上合作经营权的放开。

2.加快推动天然气管网体制改革，构建独立多元的油气基础设施市场体系

分步实施，有序推进管道独立。近中期各类管道运输企业，按照财务独立、法律独立和产权独立的步骤依次加快推进"管网分离""网销分离"和"储运分离"，保障第三方公平开放，提高管网利用率。

完善法规、强化监管，保障公平准入。尽快完善《油气管网设施公平开放监管办法》和《天然气基础设施建设与运行管理办法》，制定《天然气基础设施公平开放实施细则》，对基础设施运营企业如何保障独立运行、公平公正地为所有用户提供管道运输等各种服务、对接入标准制订和信息公开、违反公平开放的法律责任等提出了具体要求。

逐步放开限制，促进多元投资。逐步放开社会资本进入管网建设领域的限制，让更多的社会资金有动力进入管道建设和运营领域。

加强输配价格监审，降低输配成本。按照"管住中间、放开两头"的总体思路，建立健全以"准许成本+合理收益"为核心、约束与激励相结合的定价制度，准确核定独立的输气成本和配气价格。

制定相关标准和规划，实现管网互联互通。政府应结合原油、天然气、成品油等油气管道特性，对相应管道的投资、建设、运营、收费等标准进行统筹设计，编制并动态完善管网布局和建设的控制性规划。

3.完善油气定价机制，逐步放开油气价格

进一步完善成品油价格机制，逐步放开国内成品油价格，由市场供需关系来决定价格。

逐步放开天然气价格。近期，一是开展探索推进天然气终端销售价格放开试点工作。二是建立可中断气价、峰谷气价等激励性价格政策。三是择机理顺居民用气与非居民用气价格关系，消除居民用气与工业、商业用气的交叉补贴现象。同时，完善对生活困难群体和一些公益性行业的定向补贴和救助机制。

中远期，在上游经营主体多元化、基础设施第三方公平接入实现和天然气交易中心价格基本能反映市场供需关系后，全面放开气源和销售价格，由市场供需关系确定价格。

4.规范政府管理，创建有效油气监管体系

推动"政监分离"改革，设立独立、统一、专业化的监管机构，健全中央和省两级、垂直的监管组织体系。可考虑在人大系统设立独立的能源集中监管体系，明确监

管责任，主要负责经济性监管，加强社会性监管，确保以管网为核心的网络型基础设施等自然垄断环节的公平竞争。提高政府监管效能，将监管重点放到市场准入、交易行为、垄断环节、税收缴纳、价格成本、安全环保等环节和活动，综合运用法律、行政、规范、公众等手段协同监管。

5.完善国家能源应急体制，提高石油战略储备能力

加快国家在能源应急和战略储备管理上的法律法规建设，提高应对能源突发事件和安全保障的统一协调和指挥能力，加强能源应急物资保障体系建设，完善战略储备动用及收储、监管、后评估、信息化、资金管理等相关制度，在建立合理的储备价格机制上，提高社会资本进入商业储备领域的积极性。

（六）深化煤炭体制改革

1.优化煤炭宏观管理部门机构设置

政府在煤炭行业宏观管理上应突出引导和服务职能。抓住本轮"深化党和国家机构改革"的有利时机，重组政府宏观调控管理部门，优化职能配置，强化政府部门对煤炭等能源行业的宏观战略、对煤炭市场的监测预测预警和依法监管职能，减少对微观主体的行政干预。

2.完善监管制度体系

一是煤炭流通监管制度建设应与集中有分、央地协同、强化自律的监管体制相适应，可由多个部门、不同层级、不同主体共同参与，包括综合监管部门和其他政府部门、中央政府和地方政府、行政主体和协会主体等，同样也要发挥社会主体的创新积极性。

二是监管制度要做到对煤炭市场的多领域覆盖，除了煤质监管，还应考虑商流、物流、资金流和信息流的监管。

三是多领域监管的方式是"有限监管"，而非"全能监管"，是在不同专业领域中选择关键性的环节实施重点突出的高效监管，例如质量标准监管、环境保护监管、合同履约率监管、信用监管、风险监管、流量与流向监管以及煤矿安全生产监管等。

四是煤矿安全生产监管还要与国有资本管理体制改革相匹配，利用好信息化、智能化手段，考虑公司治理的边界问题，减轻股东和出资人的行政管理负担。

3.构建市场信息网络

一是支持煤炭流通智能化发展，实现煤炭物流和加工环节的可视、煤炭市场重要信息的可集以及监管制度体系重要指标的可评。

二是将行业智能化发展与煤炭综合物流园区建设和煤炭市场体系建设相结合，在不同的流通节点建立集中化的数据实时采集点。

三是突破行政管理的条块壁垒，设计好调控平台的数据接口，实现不同主管部门、地方政府部门的数据汇总。

四是与煤炭行业协会和大数据企业合作，打造煤炭市场信息网络的智能大脑，用大数据提升煤炭流通监管的市场化水平。

4.着力深化国有煤炭企业改革

抓住煤炭行业供给侧结构性改革和国有资本管理体制改革的政策契机，加速煤炭行业存量资本的"瘦身健体"，去除煤炭和非煤领域的各类低效产能。同时，促进资本的双向流动，在退的同时适度进，优化煤炭行业内部结构，提升煤炭企业运行质量，以改革促进创新和转型。将退出低效存量与债转股政策相结合，建立低效资产处置平台，推动低效资产打包并优化重组，用好"去产能"的金融政策，借力国有资本投资管理体制改革以及混合所有制改革，多渠道、市场化拓展金融资本的退出。

（七）加快推进国有能源企业改革创新

1.以提升投资效率为重点，加快推进新一轮国有能源企业改革

明确政府作为国有资本出资人的职责，不介入管理具体的企业资产经营，实现由"管企业"向"管资本"的转变，利用资本的可流动性不断优化国有资本布局，提高国有资本回报。在国有资本管理体制改革的大制度框架下，国有能源企业要加快组建国有资本投资运营公司、建立与新的管理体制相适应的现代企业制度和内部机制、开展混合所有制改革等一系列改革。

2.以提升竞争力为核心，促进国有能源企业做强做优

国有能源企业做强做优是保障国家能源安全和社会稳定的现实需求和社会责任，要充分利用好现有产业基础，重点解决好历史负担重、债务利息偏高、资源运营能力不强、利润率较低等问题，优化国有能源企业的业务、人员、资产、资本等内部结构，强化管理、运营、投资等内部能力，不断提高全球竞争力。

3.以解决主要矛盾为抓手，实现若干重点领域的改革突破

一是消除国有资本对无效、低效能源资产的退出制度。国有能源企业可以通过国有资本退出的方式"止损"，实现"瘦身健体"。中央、地方、企业和社会多方协同发力，解决好"人向何处去""债该如何还"和"资产难保值"问题。

二是加快电力体制改革和石油天然气体制改革的实质性步伐。打破现有利益格局

对传统企业的影响，构建充满活力的统一市场体系，加强能源市场监管能力建设，提高能源安全供应的保障能力。

三是提高国有能源企业投资管理能力。发挥好国有资本的投资职能，提高国有能源企业的智力储备，特别是具备丰富资本投资经验的人力资源，优化内部管理体系，深入推进激励机制改革，释放国有能源企业的活力。

四是深化混合所有制改革。鉴于能源领域的战略重要性，国有控股将会长期存在，但要在不同层次、不同方式上实现国有与民营的投资开放与资本联合，更重要的是实现不同治理机制之间的相互融合。

（八）全面提升中国参与全球能源治理的水平

1.制定战略，深度参与目前国际能源治理机构的合作与改革

坚持遵守多边规范和国际规则、与国际社会共同面对机遇和挑战，积极、包容地参与全球能源治理符合中国的利益。

一是做好顶层设计，制订进一步参与全球能源治理的全面战略与路线图，研判不同情景下中国参与全球能源治理的成本收益与风险，明确参与方式与路径，改进完善参与措施、形成配套支撑体系。

二是积极响应国际社会对中国进一步参与全球能源治理的期待，如IEA的石油应急响应机制、改善统计数据质量等，并结合自身的能源战略，承担相应的国际责任。

三是建立应对国际能源问题的内部会商机制，在重大的国际问题上达成一致意见，由被授权部门进行国际会商，更有力地表达中国的观点。

四是制定参与主权国家的国际能源会议和活动清单，明确名称与时间、性质与内容、参会部门及官员级别、参加目的。

五是国家能源政策发布常态化、透明化，定期连续发布国家能源白皮书，重点宣传中国国内能源政策与能源对外关系。

六是做好应对可能导致能源安全问题（如战争等）情况下的"托底"和应急制度安排（如战略石油储备等）。

2.练好内功，进一步加强中国参与全球能源治理的能力建设

提升能源治理现代化的能力是中国进一步参与全球能源治理的必要条件。

一是主动塑造国际能源议题的能力，尤其是代表新兴经济体和发展中国家的关键议题（"软实力"）。

二是熟练运用国际能源规则的能力，尤其是熟悉国际能源贸易与金融投资的法律

与国际规则。

三是优化国内能源治理与能源外交的现代化政府架构，尤其是国内能源管理体制改革与国际能源合作机制。

四是增强国际化能源治理人力资源培养与储备。

五是增强能源企业参与国际能源市场活动、全面服务于国际能源市场的能力（"硬实力"）。

六是积极借助非官方力量和国际力量，构建讨论平台，加强参与全球能源治理的研究和能力建设。

3.互相开放，培养对国际能源市场可保常态能源安全的信念

未来的全球能源治理将面对中国与世界程度更深的互相开放这一趋势。应增进国际能源市场可保常态下能源安全的认知，培养健康市场。

一是国际能源市场可以确保常态化能源安全已成为全球共识且概率正越来越大。能源（主要是油气）对外依存度已不再是衡量能源安全的刚性标尺，在全球化与互相开放、全球能源转型与中国能源革命的未来，能源紧缺或将不像以前那样形势严峻，通过国际市场采购的能源商品或许性价比比国内生产更高。

二是在特定领域加强对中国能源资源的开放程度，这不仅涉及能源开发也涉及投资和贸易。界定国际合作的领域，提高开放程度，吸收国外的能源开发经验和先进技术，利用外资促进国内能源市场竞争力和活力的提升，实现能源开发的双赢。中国进一步融入全球能源市场，为全球能源安全与中国能源安全及东亚区域能源安全作出更大贡献。

专题一
中国能源供给革命研究

本专题国务院发展研究中心方面的负责人为产业部的王晓明，国际方面的负责人为聂上游、UC Davis 的王云石教授，参与人为国务院发展研究中心的郭焦峰，上海中旖能源科技有限公司的刘冰、张文强，国网能源研究院有限公司管理咨询研究所的石书德，国家发展和改革委员会能源研究所的杨光，国家信息中心的李继峰，华北电力大学的曾鸣、王雨晴、隆竹寒，清华大学的冯宇佳。

一、能源供给革命的定义及其影响

1.能源革命的内涵

（1）能源革命的定义

随着人类生产能力和生产方式的快速发展，能源领域相应发生了重大变革；同时，能源革命也为人类社会的发展提供重要的物质基础和动力，促进了人类社会的发展与文明。不同研究机构及学者对能源革命的定义不尽相同，"能源生产方式的革命"的要义，是坚持和加快一次能源向低碳转型，加速提高核能、可再生能源和天然气等清洁、低碳的能源在一次能源中的比率[①]。能源革命的核心是提高效率与效益，生态环境约束必须成为能源发展、投资建设的实质性"红线"，实现清洁低碳能源经济[②]。从能源结构制度变迁的角度，可将能源革命定义为原有主导能源开发利用成本过高，综合效益不符合当前经济、社会、环境要求，迫使能源利用开发方式创新，新的主导能源替代原有主导能源，从而引发围绕主导能源构成的能源结构和能源产业发生根本性变革的革命过程[③]。

《能源革命辨析》中分析得出，能源革命的一般概念可概括为：在人类能源开发和利用过程中所发生的能源系统的演替过程，以及在此过程中出现的一系列重大变革。进一步来说，就是在原有的能源系统不能适应人类社会经济发展的情况下，客观上需要以一种新的能源系统取代原有能源系统，从而引发能源生产和能源消费方式的根本性变革，这些根本变革的具体表现包括了资源形态、技术手段、管理体制和人们的认识等方面出现的一系列显著的变化。与社会革命和政治革命不同，能源革命是一个渐进式的变化过程。进一步给出新一轮能源革命的概念，即：新一轮的能源革命是在当前人口、资源、环境之间矛盾不断激化下的背景下，以具有高效、清洁、低碳和智能化为主要特征的能源系统取代传统能源系统的过程。新一轮能源革命将以一种全

[①] 华贲："城镇化是能源革命的主战场"，载于《中外能源》，2013年第4期，2013-03-22。

[②] 周大地：《能源革命的核心是提高效率和效益》。

[③] 韩兴旺："浅议能源革命的内涵"，载于《公民与法》，2014年第12期。

新的"科学用能"模式，代替传统的、粗放的能源利用模式，最终将把人类社会推向高效、清洁、低碳和智能化的能源时代[①]。

2013年6月13日，习近平总书记在中央财经领导小组第六次会议时明确提出，我国能源安全发展的"四个革命、一个合作"战略思想，即：推动能源消费革命，抑制不合理能源消费；推动能源供给革命，建立多元供应体系；推动能源技术革命，带动产业升级；推动能源体制革命，打通能源发展快车道；全方位加强国际合作，实现开放条件下能源安全。我国能源安全发展战略思想的提出，明确了无论在何种能源革命的定义下，能源革命都是能源供给发展、能源需求变化、能源技术进步、能源体制创新及全球能源格局深刻变化的五位一体。

2.能源供给革命的定义及内涵

在全球气候变化的严峻形势下，能源供给革命是保障国家能源安全、加速能源转型、满足能源需求的重大举措，是实现能源革命的重要基础和支撑。关于能源供给革命的定义，[②]有学者提出，能源供给革命是指满足能源需求的前提下改变能源结构，发展清洁能源，形成多元化的能源供应体系，保障国家能源安全，形成能源供给的低碳化、清洁化、多元化、稳定化和智能化。推动能源供给革命是加快能源转型，积极应对全球气候变化、提高能效、保障国家能源安全的重大举措。中国能源生产革命是加快优化能源结构，改变以煤为主的能源供给结构，不断降低煤炭消费总量和煤炭占一次能源消费的比重，构筑以高效、清洁、低碳、多元为特征的现代能源供给体系。理解能源供给革命的内涵，需要把握以下三个方面。

（1）能源供给革命是革命

"革命"决定了能源供给革命是由重大变革引发实物从旧质向新质的飞跃。可以引起能源供给革命的重大变革有很多，如技术进步、资源禀赋变动、环境约束、国际形势的重大变化等。能源供给革命中的旧质指以煤炭、石油为主的高碳、高污染的能源供给结构，新质指低碳化、清洁化、多元化、稳定化和智能化的能源供给。对于能源供给革命的具体方向，每个国家的实际情况差异会很大，如我国的能源资源禀赋是多煤、少油、缺气，可再生能源发展虽取得了阶段性进展，但经济合理性远不如化石能源。因此我国在将能源供给革命的着力点放在非煤的同时，短期内也要重视煤炭清洁高效利用，建立多元供给体系是我国能源供给革命的"新质"。

---

① 任东明："能源革命辨析"，载于《中国能源报》，2013年12月19日。

② 应光伟、郭焦锋、武旭："中国能源供给革命迫切需要加快发展气体清洁能源"，载于《中国经济时报》，2015年8月17日。

"革命"决定了能源供给会发生根本性变革。能源供给革命不会是短时间内实现的一蹴而就的变动，而是在一定的时间跨度内进行的涉及政治、经济、环境、科技等全社会多领域的重大系统变革。在重大系统变革中，清洁能源技术成本快速下降是革命性最基础的部分。因此能源供给革命过程中，把握各因素的影响、平衡各方面的利弊十分重要。

（2）能源供给革命是供给侧的重大变革

能源供给革命可以调整不合理的供给结构，提高能源供给结构的有效性和灵活性；扩大优质能源供给，以更好地适应能源需求，同时对消费结构的调整和升级起到引导作用；供给结构的优化为能源技术进步和制度创新扫清障碍，推动能源革命的进程。因此，能源供给革命是能源革命的重要支撑，是能源革命稳步进行的重要基石。

同时，能源供给革命同样需要能源消费革命、能源技术革命、能源体制革命的支持。能源消费革命为供给革命指明了方向，能源技术进步对能源供给革命起推动作用，能源体制创新为能源供给革命提供制度保障。

（3）应对气候变化、满足能源需求、保障能源安全

能源供给革命最直接的作用就是在应对全球气候变化的前提下，满足能源需求，改善人们的生活。能源供给革命的核心在于以高碳能源低碳发展、黑色能源绿色发展为原则，在提升传统能源的清洁供应的同时，大力发展可再生能源，使供给结构更加有效的契合能源需求结构，更加灵活的适应需求结构的变化。

能源供给革命服务于能源安全。在全球气候变暖及大气质量严重污染的现实下，我国将近70%的能源由煤炭提供，我国也就成为煤烟型污染最为严重的地区，世界第一大温室气体排放国，减排的国际压力也越来越大。而今大国间油气资源的争夺越来越激烈，在国际市场上获取资源的难度也越来越大。我国石油进口量激增，每年近80%的石油进口来自中东地区和北非地区，进口石油运输路线比较单一，加之我国石油战略储备能力缺乏，对突发事件的应变能力较差，应急反应机制不健全，长期依赖国际石油资源风险很大。因此，能源供给革命一定要立足本国国情，服务于保障能源安全。

3.能源供给革命在中国国情下的具体含义

习近平总书记在中央财经领导小组第六次会议上提出能源供给革命的具体要求，即：推动能源供给革命，建立多元供给体系，立足国内多元供给保安全，大力推动煤炭清洁高效利用，着力发展非煤能源，形成煤、油、气、核、新能源、可再生能源多

轮驱动的能源供应体系，同步加强能源输配网络和储备设施建设。

能源供给革命的具体要求十分符合我国国情。目前我国化石能源市场产能过剩、能源结构调整较慢、可再生能源供给不足，加之环保制约加强，能源供给结构问题严重。因此，化解煤炭行业过剩产能、调整和优化能源供给结构、大力发展清洁能源成为目前能源供给革命的首要任务。

（二）能源供给革命的标志性特征及促进因素

1.能源供给革命的标志性特征

（1）一次能源结构变化特征

第一，化石能源。化石能源主要包括煤炭、石油和天然气。煤炭的开采利用已经进入较为成熟的阶段，但由于煤炭在开采和使用过程中产生较高污染，随着能源供给革命的推进，煤炭供给量在未来能源总量中的占比将大幅减少。在煤炭未来的开发中，要全面升级煤炭清洁开采技术，实行科学高效开采，并加强安全投入；在煤炭利用中，坚持煤炭绿色开采，实现煤炭资源经济高效、安全开发。

国内常规石油和天然气的探明储量有限，非常规油气资源潜力很大，但由于勘探技术等的限制，利用程度很低。因此能源供给革命要转向非常规、深海、深层油气资源，强化技术创新，加速推动页岩气勘探开发和煤层气勘探开发，推进低成本、清洁绿色开发战略。

第二，非化石能源。非化石能源包括可再生能源和核电。在能源供给革命中，水电遵循更高的环境保护标准，在严守生态保护红线的前提下，按计划推进水电基地的建设；风电要建立适应大规模能源并网需要的电力运行管理机制，完善设备质量管理体系，建立产业优胜劣汰机制，有序地进行配套建设；大力推进西北荒漠化地区的太阳能基地建设，推广东中部地区屋顶并网系统，形成多种太阳能技术补充发展；加大非粮生物液体燃料的技术研发力度，在多行业实现生物液体燃料对石油燃料的规模替代；太阳能、生物质能及地热能的技术发展成熟，在热利用方面得到大规模推广和普及。需要注意的是，风能、太阳能的发展速度应该与能源转型变革的速度相匹配，防止产能过剩。

核电继续加大东部沿海核电站的投入，大幅提高核电装机容量，打造核电技术的国产品牌，形成全球核电发展的产业中心。

（2）二次能源转换特征

第一，一次能源向二次能源转化。能源供给革命促使化石能源和非化石能源转化为电力的比重上升，发电能源占能源消费总量的比重将持续上升，非化石能源消费比重提高，电力供应结构实现清洁化、高效化。其中，第三产业用电和生活用电占比提升，第二产业用电占比逐步下降。燃气发电和清洁能源的电力装机比重提高，非化石能源消费电量比重增长。

第二，集中式与分布式结合。由于能源资源供给和能源需求呈逆向分布的基本特点，我国一直采用集中式开发利用的能源供给模式，在未来较长的一段时期内，集中式能源在我国能源系统中仍占有主导地位。分布式能源系统单机功率很小，发电效率远低于集中式能源系统。但分布式能源系统综合利用效率高、灵活、环保等特点，使其成为解决环境污染、能源供给短缺的重要途径之一。因此发展分布式能源是实现能源供给革命不可或缺的战略，是我国未来能源系统的重要部分。集中式能源系统与分布式能源系统有机结合既保证了能源供给的稳定性，又实现了能源利用效能的最大化，是优化我国能源结构的有效途径。

2.能源供给革命的促进因素

（1）国际能源供需态势总体宽松

目前，全球能源需求增速总体减缓，受到美国页岩气革命的影响，部分美洲国家开发新的油气资源，石油依存度显著下降。供需的宽松势态为能源供给多元化提供良好的发展空间，可再生能源在全球能源发展中占比越来越大，多元化发展已成为不可阻挡之势。

（2）我国能源供给革命的条件成熟

国务院总理李克强在出席第十届夏季达沃斯论坛开幕式时表示，我国目前正处于新旧动能接续转换、经济转型升级的关键时期。这个时期，我国经济发展面临着结构性矛盾、地区和行业走势下行压力大等问题，但实质上是困难与机遇并存，且机遇大于困难。在能源行业，我国不断推进"互联网+"行动，能源互联网将能源行业与互联网融合，促发能源科技创新，催生出更多新形态，为能源供给注入新活力。在可再生能源发展成熟之前，由于清洁性优势，天然气开发成为我国重点推进的工作之一。我国天然气探明储量高位增长，海域天然气水合物勘探取得重大突破，随着科技创新和技术进步，天然气具有替代部分煤炭和石油的潜质。

（3）环保约束推进能源供给革命

环保部环境规划院副院长兼总工程师王金南指出，目前我国几乎所有与大气污染物有关的指标的排放，包括二氧化碳，在全世界都是第一。我们也可以切身感觉到，近年来国内雾霾大面积持续肆虐，整治力度不断加大但效果却不尽人意。环境保护的压力不仅来自国内，针对全球变暖及其他大气污染问题，我国在内的《联合国气候变化框架公约》近200个缔约方在巴黎气候变化大会上达成《巴黎协定》，并在2016年12月生效。大气污染与能源供给密不可分，面对前所未有的环保压力，环境保护可以通过"倒逼机制"推动能源供给向清洁型能源方向发展，促进能源供给革命的加速发生。

（三）能源供给革命的判定

随着能源技术的提高、资源禀赋改变、环境约束的变化及国际态势的不断发展，能源供给的方式及生产结构也在随时发生变化。能源生产由煤炭时代向其他低碳能源时代过渡，能源构成比例变化成为能源供给革命的重要判断依据。然而，能源供给革命并不是瞬间完成的，而是在特定的历史条件及影响因素下发生，并对发生地域的能源供给方式产生重大影响的过程，是在一定时间跨度上发生的深远变革。判定能源供给在特定历史条件下能源构成比例变化、时间跨度及影响能否确定为能源供给革命，主要依照国际上已经发生能源供给革命国家的经验，即英国、法国、日本、德国的能源供给革命历程。

1.能源构成比例的变化

英国的能源供给革命缘起于20世纪60年代北海油田的发现。1973年英国开始对北海油田进行钻探，当年煤炭在能源生产中占比为84%，石油及石油制品的进口总额高达16亿美元，而石油消费量占总能源消费比重为44.2%。1975年后英国北海油田大规模生产，石油和天然气在能源生产及消费中的比例迅速提升，煤炭的构成比重不断下降。1983年英国一举成为世界上十大采油国之一，成为世界上重要的石油和天然气出口国。在总体能源需求保持稳定期间，天然气在能源结构中的占比迅速提高，成为替代煤炭的主要能源。

根据能源构成比例变化，日本的能源供给革命可以清晰地划分为三个阶段。第一阶段是电力行业经历的一次能源供给转型，表现为石油生产比例增加和煤炭比例的减少；1973年第一次石油危机爆发，推动能源由石油向天然气及核能的转型，从而进入能源供给革命的第二阶段，其中天然气从1.6%上升至19.2%，核电从0.6%上升至11.8%。在此期间，煤炭供给由于成本降低及高效设备的使用而增加，从16.9%上升至22.6%。由于2011年福岛核灾难的发生，日本可能开始了第三次转型—淘汰核能。

能源转型前，法国能源构成中石油和煤炭的比例很高。由于第一次石油危机，1974年法国总理的皮埃尔·梅斯梅尔宣布了一项宏大的核电发展计划——梅斯梅尔计划，该计划直接推动了13座1000MW核电站在两年内相继开工，不仅彻底改变了法国的电力结构，并且成为全球核电大国和核电技术强国。目前核能发电占法国总发电量的75%，大大提高了法国能源自主率。

自2000年开始，德国颁布了《可再生能源法案》，成为从化石能源向可再生能源转型的先驱者。德国主要能源供给为煤炭及核能，德国能源署前署长、中德可再生能源合作中心德方主任斯蒂芬–科勒先生表示，德国能源转型的目标主要是退出核能和2050年基本退出化石能源。2000年以来，尤其在2010年能源转型补贴计划开始实施后，核能在德国能源供给构成中下降最为显著。在2011年福岛核事故发生后，德国政府作出了永久放弃核电的决定，重点发展风电和光伏发电为德国未来低碳能源系统的基础。据斯蒂芬–科勒先生介绍，2000年德国所用能源中5%来自可再生能源，且绝大部分来自水能，截至2016年底，可再生能源占比已高达33%，光伏呈现出爆炸式发展，包括风能、太阳能、生物质能等在内的可再生能源电力满足了德国30%的电力需求。

2.能源供给革命的时间跨度

英国天然气革命从1968年发现北海油田开始至今，主要分为两个阶段。第一阶段发生在1968年至1990年，天然气的供应量迅猛增加，主要用于居民消耗和工业消耗，发电消耗的占比很小。随着1991年在北海海岸探测到了足够用15年的大型天然气田，英国能源供给革命进入了第二阶段。英国政府进一步加大天然气在电力发电中的比例，天然气的发电消耗量远超工业消耗量。

日本的能源供给革命开始于1960年，目前正在进行第三次能源转型。第一次能源转型为1960年至1973年发生的石油替代煤炭，由于第一次石油危机的发生，1973年至2011年发生了第二次能源转型，即石油向天然气和核能的转型，这个阶段是我们主要研究的阶段。第三次能源转型主要发生在2011年福岛核灾难后至今，日本可能开始逐步减少对核能的依赖，淘汰核能。

同样由于爆发第一次石油危机，法国1974年开始转型到核能发电，核能发电量一直处于稳定增长的势头。2017年6月，法国环境与能源部长（Nicolas Hulot）表明，法国政府计划关闭部分核反应堆。此举意在将核能在法国发电量中的占比从目前的75%减少至50%，具体时间并不明确。

2000年，德国能源供给开始向可再生能源转型。2010年9月，德国联邦经济和技术部在《能源方案》报告中，阐述了德国中长期能源发展思路，明确了到2050年实现"能源转型"的发展目标。

3.能源供给革命的路径选择

英国在本国资源禀赋匮乏时发现了北海油田，第一次石油危机更是加速了英国对北海油田的开采与钻探，实现了天然气供给革命，因此英国的能源供给革命由资源类冲击所致。

法国和日本由于第一次石油危机的爆发，油价飞涨不断推高燃油发电的成本，国内石油匮乏且消费量大，被迫进行能源革命。受到资源禀赋的约束，法国本土几乎没有石油、煤炭、天然气等资源，而铀矿相对丰富，最终决定全面转向核电。同样，日本决定用天然气和核能代替石油。

出于对化石燃料燃烧对空气的污染及能源供给安全等问题的考虑，德国率先提出从高碳能源结构向低碳能源结构转型。向可再生能源转型这一发展方向是未来能源供给革命的共同趋势。

（四）能源供给革命的路径

1.能源供给革命的目标

综合以上国家能源供给革命历程的分析，英国、法国和日本由于本国资源禀赋的约束，在第一次石油危机前后寻求能源转型的突破口，目的是减少能源供给短缺对本国经济发展和能源安全的影响。德国的能源供给革命发生时间较晚，除了经济发展和能源安全因素，同时将化石燃料的环境污染问题考虑在内，于是决定将能源供给革命的方向指向可再生能源。

由此我们可以看出，已经发生的能源供给革命以经济发展、能源安全及环境保护为目标，这三大目标同样适用于我国的能源供给革命。首先，经济发展是永恒的目标。我国存在着人口过多、收入差距大、地区发展不平衡等迫切需要解决的问题，能源供给革命不仅可以满足人们的能源需求，而且可以创造很多高科技低耗能的工业部门，带来新的就业机会。因此，未来能源系统可以一定程度上增加就业机会、减少收入差距、缓解地区发展不平衡，从而实现支撑经济繁荣的目标。其次，减少国际进口和能源依赖是所有能源消费国的一项重要战略目标。能源供给革命可以减少我国对其他国家的能源依赖，减少潜在的供应风险，更大程度的保证我国的能源安全。最后，我国国内目前面临着严重的雾霾和空气污染问题，这些问题与落后的能源供给体系有着密切的关系。加之国际上的环保压力，环境保护无疑成为我国能源供给革命的又一目标。

近年来，随着我国经济步入新常态，能源也开始进入新常态。中国能源已经经历了数量增长的阶段，转入一个新阶段，这与十九大提出中国特色社会主义进入新时代以及中国经济发展进入新阶段是完全一致的。新业态、新企业、新项目的大量涌现和能源结构技术创新与应用的加速，初步改变了经济发展、能源安全、环境保护的制约关系，取而代之的是三者互相融合、相互促进的趋势占主导。

2. 中国能源供给革命的情景设置

我国能源供给革命的情景设置主要从四个方面着手，首先根据"中国梦"战略目标设定未来我国到2050年的经济社会发展情景，展望2020年、2030年、2050年的经济社会发展和能源服务需求。其次，根据中国《能源生产和消费革命战略（2016—2030）》的要求，对终端能源需求进行展望，分析我国未来终端能源发展的推荐路径情景。再次，对散煤替代高、中、低三个情景和电动汽车替代推荐情景和极限情景对能源供给结构影响进行敏感性研究。最后，基于对终端能源需求的综合研究，对我国未来一次能源供给进行展望，给出能源供给革命路径的推荐情景。

3. 对中国能源供给革命的展望及情景分析

与情景设置一致，首先通过对我国未来人口、建筑面积增长、主要工业产品的走势进行分析，对未来至2050年的经济社会发展、能源服务需求进行展望。再分别对农业、工业级建筑业终端、交通运输部门、服务业及居民生活的能源消耗量进行预测，从而推算未来终端能源需求总量。而后通过对散煤替代和电动汽车发展的多情景分析，推测至2050年电力及天然气消费量和车用能源需求总量。

展望经济社会发展和能源服务需求可以得出，我国人口峰值在2030年前到达，老龄人口数量逐年增加，未来劳动力供给呈绝对下降的趋势。预测我国建筑面积2040年达峰，峰值约为920亿平方米，房地产行业快速扩张期已经结束，未来房地产行业对经济的拉动作用将持续减弱。我国汽车进入快速发展阶段，预计2030年后增长放缓，逐步进入饱和阶段。钢铁产量随着未来年均建造面积持续下降，废钢回收比例将逐步提高。有色金属行业耗能在2030年前持续增长，新型建材逐步代替传统建材。到2030年之前，我国基本实现"共同富裕"，避开中等收入陷阱；2030年国内生产总值超过美国成为世界第一经济大国；2050年，我国经济发展从生产扩张型向消费拉动型转变，推动产业结构加速调整，国内生产总值达到并超越届时中等发达国家水平。

从终端用能结构来看，我国农业用散煤将被替代殆尽，燃油机械也将被电气化农机和生物质燃料替代，电力和可再生能源的利用规模逐步扩大；工业及建筑业总体终端用能峰值有望在2025～2030年达到，此后有望稳步回落。钢铁行业主流工艺技术逐步转向长流程好短流程并重，煤炭能源占比显著下降，天然气和电力热力占比大幅上升。交通运输仍以汽油、柴油、煤油为最主要能源，电能、天然气及生物质燃料替代比例显著上升，交通运输用能将持续增长至2030年，此后缓慢下降。预计服务业终端用能将持续增长，伴随服务业升级以及散煤替代行动，未来煤炭占比迅速下降。居民生活电力需求与服务业电力需求基本一致。总的来看，我国终端能源需求在2030～2050年都处于峰值期，农业终端用能在2020年左右进入峰值，工业及建筑业终端用能在2025～2030年达到峰值，交通运输终端用能的峰值在2030～2040年间，而服务业和居民生活用能在2050年前不会达到峰值；未来煤炭和石油占比逐步下降，而电力和热力的直接消耗量显著上升。

根据替代程度的不同，我们将散煤替代设定为高、中、低三种替代方案，分别计算三种方案下散煤消费量、电力及天然气的消费量。电动汽车行业的路径研究，通过假设推荐情景和加速发展的极限情景，得出两种情境下汽油、柴油、电力的车用能源需求总量。

在推荐情景的终端用能中，电力占终端用能的比例稳步上升。而与推荐情景相比，由于用电和气的效率比直接燃用煤、油的效率更高，散煤替代和电动汽车替代都会使得终端能源需求总量有所下降，但不会出现大幅下降。更快的散煤替代虽然会导致天然气、电力的需求增加，但总体压力不大。相比之下，电动汽车快速发展对终端用电的需求量有较为明显的增长，从能源供给的角度看，需要电力系统能够有充足的备用或更好的需求侧管理手段应对未来电动汽车发展的不确定性。

把推荐情景下的电力需求根据负荷曲线区分为峰荷及辅助服务、腰荷、基荷以及分布式四部分，对未来的电力供应结构进行优化设计，分析得出除了煤电、油电之外的清洁电力占比逐步提高，其中风电和光伏的比重提高较快，核电比重稳步提高，天然气发电比重2050年维持在10%左右；水电电量虽然持续增加，但占比逐步下降。

在终端能源需求推荐情景及相应的发电结构下，未来我国一次能源总量会持续增加。其中，煤炭和石油需求陆续达峰，此后有望持续下降，非煤比重有望在2050年进一步提高到73%；石油比重上升，此后也会随电动汽车替代规模迅速扩大而逐步下降；与此同时，清洁能源逐渐成为满足能源供应的主要力量。全社会电气化水平的提高使得发电能源占比持续上升。

（五）能源供给革命的影响

根据上述情景设置中的推荐情景，主要分析能源供给革命对能源供给模式、产业与产能转换、投资及就业四个方面的影响。

（1）能源革命对能源供给模式的影响，主要通过能源生产方式转变和能源供给技术进步，改变能源供给结构，从而进一步保障国家能源安全。其中，能源生产方式由原有的集中式能源供给转变为集中式与分布式能源供给有机结合，提高能源利用效率，促进清洁能源建设与消纳；能源供给技术进步主要体现在能源互联网的发展及应用，能源互联网是横向"多能互补"和纵向"源、网、荷、储、用"的结合，是集中式电网与分布式能源网络的结合，具有电气化、低碳化和智能化的基本特征。在能源互联网技术的支撑下，需求响应通过"倒逼机制"，加速推动能源供给侧变革，转换能源部门发展方式，提高能源管理水平，成为能源供给革命的关键手段。在推荐情景下，短期内我国能源进口率还将继续上升，但随着可再生能源、核电等技术的完备，从长期看，我国能源对外依存度将有所减少。

（2）能源供给革命影响能源结构变化趋势，对产业发展趋势和产能转换方向具有引导作用。我国在短期内能源供给仍然以煤炭为主，因此煤炭的低碳化和清洁化是煤炭行业发展的明确方向。石油和天然气产业重点推进技术创新，加速发展非常规化开采，实现油气开采的绿色化。大力发展清洁能源行业，加大能源技术创新投入，降低成本，提高能源利用效率。产能转换方向同样按照经济高效、清洁、绿色的原则，以清洁能源代替化石能源，以清洁能源代替煤电，提高电能在终端能源消费占比。

（3）能源供给革命将能源行业的投资引向化石能源清洁利用和清洁能源产业领域；建立多元供给体系的能源战略，需要多种投资主体的参与，进而推动未来能源投资领域多元化发展。

（4）能源供给革命的推进将使劳动力结构性失衡矛盾更加突出，形成高素质人才就业机会增加、传统能源行业的失业现象。具体到地域来说，能源供给革命使依赖传统能源产业的省份产生较多的失业，对着力发展新能源行业的省份影响并不大。因此，能源供给革命对就业的影响同样可以倒逼一些省份进行能源转型，减少发展经济、解决就业对传统能源行业的过分依赖，使区域能源行业及经济更加健康稳定的发展。

二、国际能源供给革命的先例、现状和前景

（一）转型中的能源企业——应对未来趋势

1.综述

石油与天然气行业中的战略与组织结构是历史市场状况塑造的结果，在未来十几年，市场状况可能发生改变。一直以来，需求与价格双双增长的趋势构成石油与天然气市场的一大特点。该趋势导致企业纷纷聚焦于一些需要进行密集协调的大型项目，

因此，由多层监督构成的金字塔型的组织结构已成为行业规范。然而，石油与天然气面临大规模结构转型，可能导致行业的组织与战略结构在未来受到影响。具体而言，有两大趋势可能会触发改变。第一个趋势是石油与天然气价格出现结构性下跌的可能性日益增大。这是因为技术与政策因素的共同作用，导致供给增加、需求收缩。具体而言，水平钻井和水力压裂技术的普及和气候政策导致供给增加，而另一方面，总体能源效率的改进抑制了需求。第二个趋势是能源市场遭受技术冲击的范围变广的可能性日益增大。数字化以及与去碳化相关的一系列创新将日益改变人类生产和消费能源的方式，最终将使现有市场面临改变。

石油与天然气企业已开始调整其战略与组织结构，但到目前为止效果不大。石油与天然气行业目前存在两大战略主题。第一个主题是，一些石油与天然气企业（包括挪威国油、道达尔和壳牌）为实现其业务组合的多元化，已开始投资于太阳能和风能等可再生能源技术。第二个主题是，能源企业纷纷将油气投资对象从传统的大型风险项目转向一些规模较小的、能随市场状况的变动而调整规模的灵活项目，例如，页岩气井项目。这些战略改变伴随着组织结构的调整。这些新型小规模投资更多地依赖于反复试错、敏捷的本地团队和快速的协调。鉴于此，英国石油和埃克森等石油与天然气企业开始采用较扁平的组织结构，以便实现更大的本地自主性。

然而，石油与天然气企业正处在漫长转型的开端，因而需要学习一些面临更长期结构化转型的可比行业的对策。邮政与电力行业就是典型的例子，因为这些行业和石油与天然气行业一样，属于由大型国有企业占主导的、受严格监管的资本密集型行业。而且，它们曾面临的结构性转型与石油与天然气行业预期将面临的类似。与价格结构性下跌类似，邮政行业在过去十几年遭遇了信件数量下降的不利趋势，为适应该趋势，该行业的企业已纷纷调整各自的组织结构与战略。类似地，电力公用事业行业可视为相对于石油与天然气行业的领跑者，因为该行业已长期遭受由越来越具有价格优势的可再生能源形成的大规模技术冲击。这些相似性使得邮政与电力企业成为探索石油与天然气行业未来战略与组织变革的有用案例。

邮政与电力企业的案例表明，企业各自动机及所处背景的不同，致使它们在面对同一结构性转型时，采取多种不同但理性的对策。一些企业——例如US Post和RWE（德国莱茵集团）约在2004年为应对结构性转型而做出的改变甚少，而其他一些企业——例如，Deutsche Post（德国邮政集团）和DONG Energy（丹麦东能源公司）则进行了全面的改革或多元化调整。如果业主注重于既有服务的安全性和近期利润，则汽油做出的战略改变一般较少。以US Post和RWE为例，在21世纪初，这些企业的战略重点在于收获旧有资产的短期价值。又如Royal Mail（英国皇家邮政）等企业，其利益相关者重视长期盈利能力但受到法规、利益冲突或资金有限的限制，其企业战略的重点在于实现简化并将能源转向于新的业务能力。最后，如果业主寻求业务扩展并且具备相关能力和充足资金，则其战略转型相比一些较迟采取对策或转型面临某些抵抗的企业而言更为积极。例如，Deutsche Post和DONG Energy都尽早采取了对策，并利用旧有资产的租金，分别为各自向国际化物流和海上风电的战略转型提供资金。相比之下，RWE和Innogy（英诺吉）等较迟采取对策的企业由于资金限制而不得不减慢各自的战略转型速度。

组织结构的改变需要与所采取的战略与业务模式一致。在我们分析的所有案例中，企业在开始时均采用具有相对层级性的、自上而下的组织结构。如果企业的战略重点仍然在于传统业务模式——以US Post和RWE（约在2004年）为例，则其组织结构的改变仅限于提高主要结构的有效性。如果新业务的增长是主要重点，则所有企业都会首先确保新业务与旧业务之间保持一定程度的分隔，以便发展新业务的充分自主性。如果新业务的基本特点与传统业务类似（例如，Royal Mail和DONG Energy），则组织结构改变的重点在于调整现有结构的方向，以及在一定程度上使层级性结构扁平化，而非彻底地向水平化组织结构转变。相比之下，要实现全新的产品或服务模式，需要进行深入地组织结构转变。在Deutsche Post从一家德国邮递公司转型为一家国际化物流公司的同时，该企业也完成了其组织模式的转变。尤其是，它将战略重心从生产者转向消费者，并围绕一系列由跨领域服务分部支持的、具有相对自主性的部门，构建其组织结构。近期，Innogy从RWE拆分出来，此举也导致了一场更彻底地、向关注于消费者的业务部门自主性的转型，以便根据业绩结果、敏捷地调整对各部门的投资。

动机和背景还有可能决定中国石油与天然气企业如何应对价格下跌与新技术的冲击。通过分析邮政与电力行业的案例，我们根据企业采取的潜在战略对策，将这些企业分为四种典型类别：

- 注重供应安全的收割型企业：此类企业将确保供应安全或近期就业率，并收获旧有资产在转型期产生的价值。然而，正如US post的案例，这些企业面临因周围市场变化而发生规模显著收缩的风险。

- 受限制的缝隙市场增长型企业：此类企业渴望实现增长，但法规或资金等限制因素阻止其跨越传统石油与天然气企业业务领域。其战略重点在于简化核心职能部门并实现在化工产品等缝隙市场的增长。

- 分而治之型企业：鉴于内部激励机制发生偏向的潜在可能性，此类企业拆分为两部分，一部分重点负责收获旧有油气资产产生的价值，以保障近期供应安全、股利的发放或就业率，另一部分则重点负责通过开发新技术或拓展能源行业多元化范围，实现长期增长。

- 积极转变的多元化企业：相比于上列类型的企业，此类企业最迅速地采用新的能源服务模式来促进变革，并逐渐变卖其盈利能力最低的旧有资产，为其转型提供资金支持。此类企业有可能实现长期增长，但其面临的风险也更大，而且，其供应安全性、就业率及盈利能力的结果都是不确定的。

不同类型的石油与天然气企业在制定各自的应对战略时，将需要考虑到一些不同的组织结构因素。注重供应安全的收割型企业将可能保持自上而下的组织结构，并保留对重大决策的中央控制。相比之下，受限制的增长型企业将不得不依靠敏捷的分散式部门来高效地争夺缝隙市场。这些企业的中央职能部门将关注于投资组合优化以及资产管理和组织效率。面临新旧业务部门之间重大内部吞并情形的企业可能成为分而治之型企业。正如Royal Mail和DONG Energy，这些企业将进行战略与运营上的拆分，但可作为一个企业集团来进行管理，以保留既有的组织优势。最后，积极转变的多元化企业将可能采用更高水平的、围绕能源服务（而非生产）构建的组织结构。与Deutsche Post类似，这些企业的组织结构将可能是由一系列相对自主的部门组成的扁平结构，此外，由一些服务分部发挥整个集团的协力效应，为这些部门提供支持。

动机和背景并非一成不变，其受到利益相关者的控制，因此，中国政府能够塑造其石油与天然气行业的战略与组织结构的转变。作为中国国有企业的所有者，中国政府能够促使驱动战略与组织结构变革的动机发生改变。政府可通过减少固定储备指标来解除供应安全要求、通过减少本地政策监管来最大程度减少对保留非生产职工的激励，并通过对管理人员采用更长期KPI机制，缓解近期盈利能力动机。此外，作为监管者和主要利益相关者，中国政府还可影响石油与天然气企业应对价格结构性下跌和技术冲击的背景。例如，中国政府可通过公共部门与私营部门合作研发计划来支持产能开发、通过取消自然垄断来减少监管限制，并通过明确允许将旧有资产的租金尽快投向新投资项目的政策来最大程度减少资金约束。邮政与电力行业案例为我们提供的一条主要教训在于，对于企业的战略与组织结构转变，政府在设置其决定条件方面，发挥着关键作用。因此，政策制定者若能认识到这一点，将能够直接或间接塑造中国石油与天然气行业的未来。

2.石油与天然气行业的未来趋势

石油与天然气行业面临的一些新趋势可能致使企业内部业务战略与组织结构的转

变。随着新能源的发现、技术与政治冲击已改变市场的基本特征，石油与天然气行业不断地面临一些带来新挑战和新机遇的趋势。例如，中国在20世纪六七十年代新建立的一批强大的国有石油企业迫使许多跨国企业将业务模式转变为关注于偏远地区的大型项目。由于技术与去碳化的进步——已开始影响能源市场，并且将随着时间的推移而变得更加普遍，未来似乎将要发生更大的改变。为应对这些趋势，石油与天然气企业已在考虑改变其战略与组织结构模式，并且在未来将需要不断地予以调整。

本报告针对石油与天然气行业面临的两个主要趋势：①石油与天然气价格的结构性下跌；②越来越多的颠覆性技术的出现。价格结构性下跌的趋势导致利润率降低，并导致高成本的供应失去竞争力。例如，随着新发现的页岩能源促使供给继续增加，并且，在致力减少化石燃料使用量的去碳化政策背景下，此效应可能加强。此外，石油与天然气行业还面临一些技术冲击的影响，包括由数字化的普及带来的冲击，以及低碳技术研发资金流的增长带来的冲击。这些冲击可能导致能源行业内部价值发生迅速转移，因此，石油与天然气企业若要利用新价值方面的机会并避免贬值方面的风险，就必须具备更强的多元化能力。为此，这些石油与天然气企业需要研究这些价值转移对其业务战略的广泛影响，以及对其未来内部组织结构转变的启示。

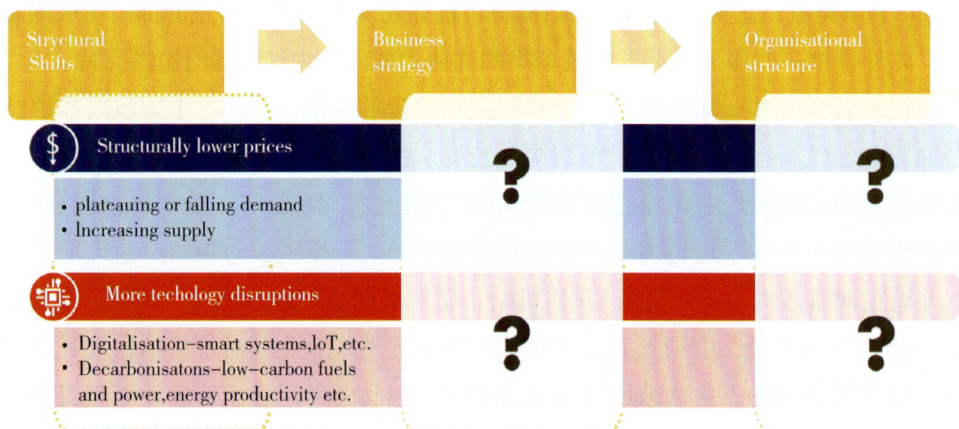

图1 结构性转型将导致石油与天然气企业的业务战略与组织结构发生改变

企业将需要了解这些趋势意味着什么，以及如何最好应对并实现成功。石油与天然气行业目前面临的趋势与其他行业已经历并应对的趋势之间可能存在某些相似之处。本报告旨在利用从跨行业对策中学到的要点，更透彻地了解石油与天然气企业为应对价格结构性下跌和日益增多的技术冲击而可能采取的一系列战略与组织结构对策，以及将对这些对策产生影响的因素。

（1）当前的战略

石油与天然气行业当前的战略与组织结构由历史市场状况塑造而成。近年来采取的主要战略一直是开发和管理涉及大量可采能源的"大型项目"：2005年，有60%的石油产量来自储量超过5亿桶可采能源的特大油田。这种对数量的关注一直受需求增长与价格总体（若波动）增长的历史趋势的驱动（见图2）。鉴于这些趋势，对于石油与天然气企业而言，替代率一直具有重要意义，因而将重点放在累积储备方面，而对于从这些储备中开采能源的成本，则担忧较少。

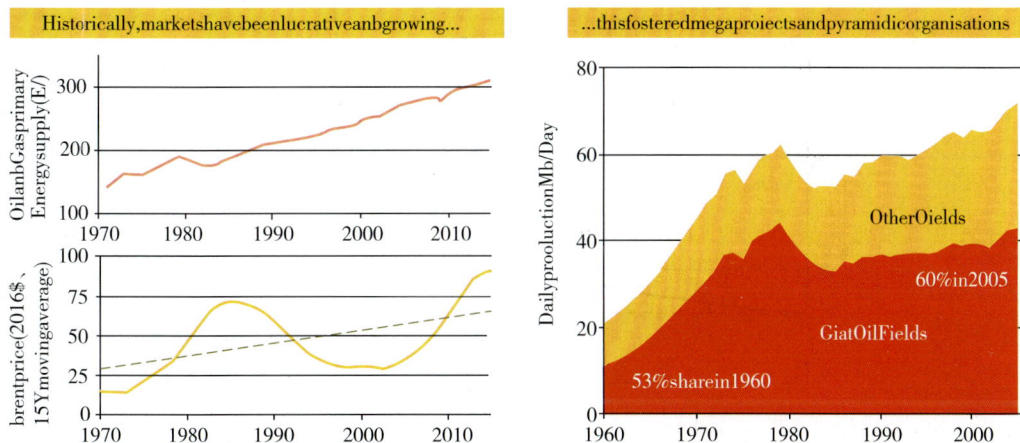

图2 大型项目及相应金字塔型结构是历史趋势激励的结果

注：特大油田是指可采石油储量超过5亿桶的油田。
资料来源：国际能源署（IEA）、英国石油公司（BP）、Robelius（2007年）。

为有效地部署大规模的复杂项目，需要进行密集地协调，这一点促使企业纷纷采用由多层监督构成的、层级性较高的金字塔型组织结构。这些"大型项目"对技术的要求较高，并且通常涉及复杂的多方关系，以及较高的商业与环境风险。鉴于这些特点，必须采用能实现严格监督的金字塔型结构，以确保项目的所有方面均在控制范围内，并确保这些方面之间达到协调。

（2）价格结构性下跌

非传统能源供应量的增长和需求的持平，使得价格可能长期保持下跌。近年来，随着钻探技术（例如，水力压裂和水平钻井）取得进步，一些新的石油与天然气资源变得可用。这一点导致全球供给曲线向外伸展，对价格形成下行压力，并且还可能持续，因为这些技术已在全球范围内得到普及。同时，由于经济增长与能源消费量不再挂钩，需求水平可能持平，甚至会因去碳化而下降（从2000年到2014年，欧洲经合组织国家GDP已提高22%，而同期终端能源消费量下降了5%），未来的结果可能是，石油与天然气行业面临价格结构性下跌和利润率降低。

图3反映了上述经济逻辑——供给曲线的外扩和需求曲线的收缩可能导致生产者剩余大幅减少，该降幅以红色区域的原始生产者剩余与蓝色区域的新生产者剩余之间的面积差表示。全球石油与天然气供给曲线在较高数量水平时的坡度则突显了这一效应——需求的小幅下降可能导致价格和生产者剩余迅速下降

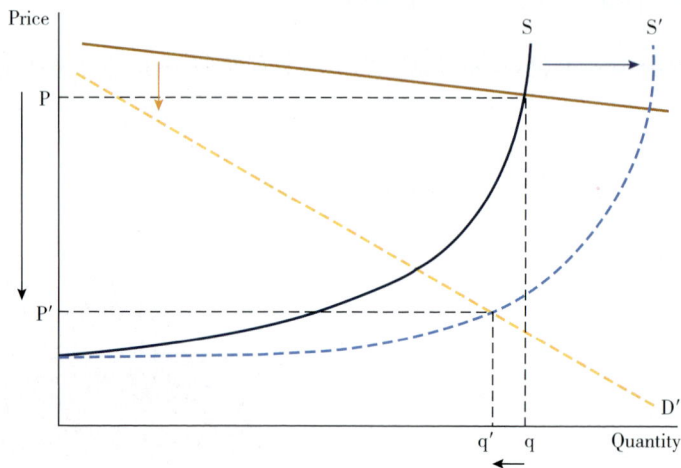

图3　石油与天然气行业的趋势将可能导致生产商利润率大幅下降

资料来源：Vivid Economics。

近年来，石油与天然气的价格已出现急剧下跌，证明了出现价格结构性下跌趋势的可能性。该趋势已经出现。自2015年开始，由于美国油页岩资源促成供过于求的局面，并将价格压低至2005年之前的水平，石油价格一直保持在50美元/桶左右。图4中2014年第四季度期间及之后的股价反映了该趋势对石油与天然气企业产生的总体影响。从2014年到2016年，石油与天然气行业的五大企业的平均股价下跌30%以上，并且尚未完全恢复至初始水平。

随着技术的进步，新发现的成本相对较低的供应源的可用性越来越高，促使相应能源产量超出预测水平。如图5所示，新技术逆转了产量的持续下降态势，并使其远超出历史预期。美国能源信息管理局在2002年和2012年《年度能源展望》中对石油产量的预测未能全面地预测到新的压裂法将对日益紧张（因为传统石油产量持续下降）的石油供应产生的影响。实际结果是，从2008年的谷值到2015年的峰值，石油产量几乎翻番。

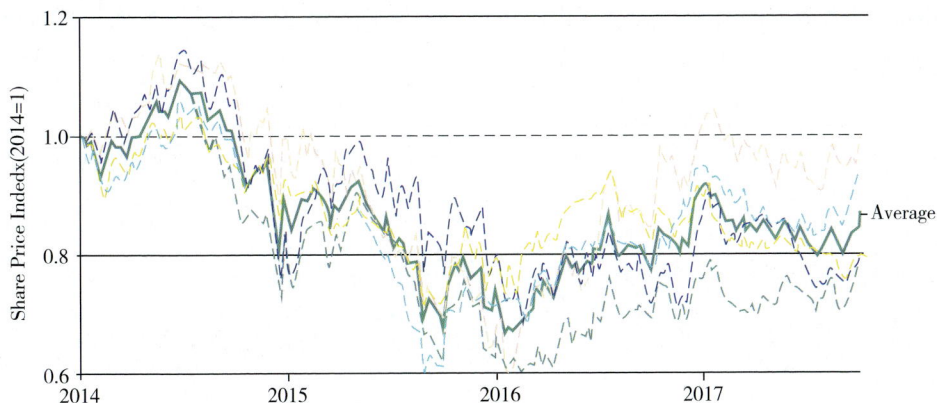

图4 2014年石油价格下跌，与此同时，大型石油企业的股价急剧下降

资料来源：英国石油公司（BP）、谷歌财经。

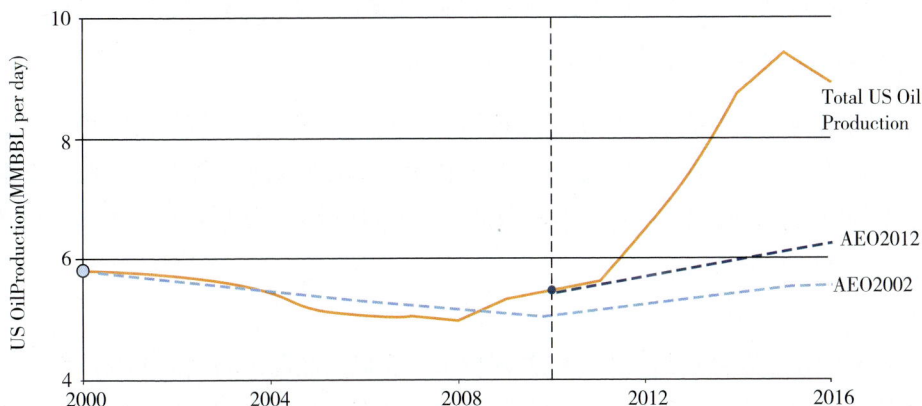

图5 新出现的致密油来源将美国石油总产量推高至超出预测的水平

注：美国石油总产量包括传统石油和致密油。
资料来源：美国能源信息管理局（EIA）。

低碳转型将导致化石燃料需求减少，从而随着时间的推移，促进低碳替代能源需求的增长。近年来，去碳化成为能源行业一项日趋重要的首要任务，并且从《巴黎协定》之签署可见，去碳化目前已获得广泛支持。因此，世界各国纷纷制定了关于淘汰化石燃料和促进低碳能源的政策。下图图6反映了体现世界公布的去碳化政策的参考情景和2℃情景（2DS，即假设有额外政策将全球变暖限制在2℃以内）下的石油与天然气一次能源需求的潜在路径。在参考情景中，石油与天然气需求增长，但若按计划实施额外政策将全球变暖限制在2℃以内，则石油与天然气需求在未来预期出现急剧下降。

这种因去碳化造成的石油与天然气需求的减少将可能导致价格下跌，从而促成价格结构性下跌。

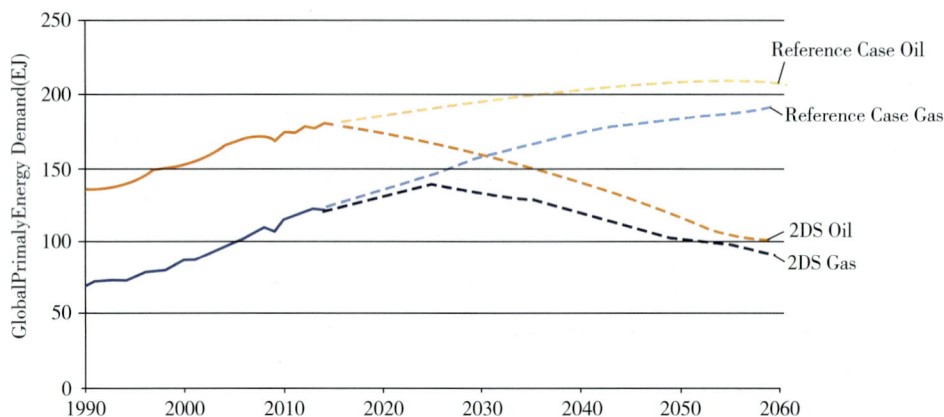

图6　在IEA的2℃情景（2DS）中，石油与天然气一次能源需求急剧下降，对石油与天然气行业构成挑战

资料来源：国际能源署（IEA）《能源技术展望》（2017年）。

在价格结构性下跌的未来，关于是否剥离旧业务或拓展新领域的决定将变得更加重要。石油与天然气企业面临主要经营领域利润率下降的风险。因此，为保持未来利润而寻求剥离或拓展战略，可能是有价值的。第3章探讨了一些潜在战略方案，以及一些促成不同类型对策的因素。

（3）颠覆性技术

在数字化和去碳化的驱动下，颠覆性技术正在促使能源市场价值来源发生转移。数字化是指自动收集大量数据并对这些数据应用计算能力，以便做出决策，数字化在其他（非能源）行业的应用已驱动多领域的迅速发展。石油与天然气行业已在部署利用远程遥感器的"大数据"分析，并且能源系统的其他领域存在通过能实现动态、自动化能源体系的"智能"技术来实现数字化的巨大潜在空间。去碳化政策促进了研发开支的增长（图7）并提高了市场对能源体系各领域新型创新成果的长期价值的预期，进而促成了与发电（例如，风能和太阳能）、石油与天然气开采（浮式液化天然气（例如，LNG）和针对石油与天然气开采的先进地震分析）以及能源需求（例如，电动汽车和智能家居及需求侧响应）相关的重大进步。

颠覆性技术为石油与天然气行业带来了机遇和风险。这些技术的影响无论是边际性的还是革命性的，都将在石油与天然气企业中造成反响。例如，钻井上的实时传感器可用于收集大量高质量的地质数据，以便进行更具成本效益的开采。智能电网能够更有效地协调分散式的可变发电并最大限度降低风电弃用率，从而既能提高可再生能源的效率，又能减少对化石燃料峰值负荷机组的需求，以实现能源体系的平衡。碳捕集与存储（CCS）成本的降低可促进电力与工业低碳领域大规模使用天然气。

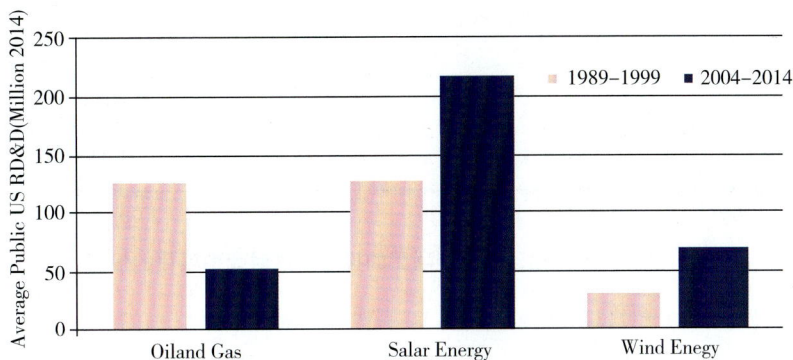

图7　研发重点转向新领域，导致出现颠覆性技术的潜在可能性增大

资料来源：经济合作与发展组织（OECD）。

（4）初步对策

石油与天然气企业已开始调整战略，开始转向小型项目和投资于可再生能源。价格结构性下跌与技术冲击趋势已开始显现并开始影响石油与天然气行业，促使其采取初步对策。一些大型企业已开始将可再生能源纳入各自的业务组合，以期争夺这个在更广泛的政策激励和不断改进的可再生能源技术推动下迅速增长的市场——例如，挪威国油和道达尔近期做出了对可再生能源的投资。如图8所示，过去以来对"大型项目"的关注也出现了转移。自2009年以来，对小型领域的投资持续增长，并且预期在未来继续保持增长，因为在石油与天然气价格下跌的未来，灵活的页岩项目及其较低的开采成本将变得越来越重要。

这些战略上的转变还导致了组织结构上的调整——随着企业实施的页岩项目的增多，此影响已比较明显。成功的页岩项目依赖于一种与大型项目截然不同的方案。相比于大型项目，页岩项目的规模较小，复杂性低得多，但需要反复试错和多次迭代才能确保成功。此类项目更适合利用扁平化的组织结构、敏捷的本地团队，以及业务开发与勘探分部之间的迅速协调。鉴于此，一些大型企业意图将其页岩业务的运营离出来，并将其作为拥有自主权的分支，从而保留使其获得成功的扁平化结构而非对该结构进行整合。这只是一种案例，但在未来，石油与天然气企业预期将面临类似性质的、规模可能更大的情景。

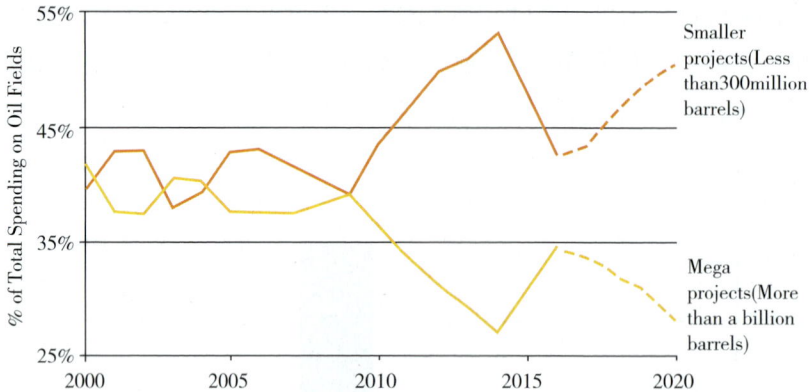

图8　自2009年开始，对小型项目的投资超过对大型项目的投资

资料来源：挪威雷斯塔能源公司（Rystad Energy）、彭博（Bloomberg）。

3.针对其他行业对策的案例研究

（1）简介

石油与天然气行业普遍面临的结构性转型并非罕见——其他一些行业已遭遇并应对类似的转型。21世纪初，随着信件数量的持续下降，邮政行业遭遇了需求的结构性下降。信件数量是邮政企业的重要价值来源，该需求的下降对邮政企业的财务业绩产生的严重影响。发电共用事业企业也曾面临颠覆性技术的冲击，例如，可再生能源发电成本在优惠政策支持下的持续下降，导致其传统资产的盈利能力和寿命受到影响。

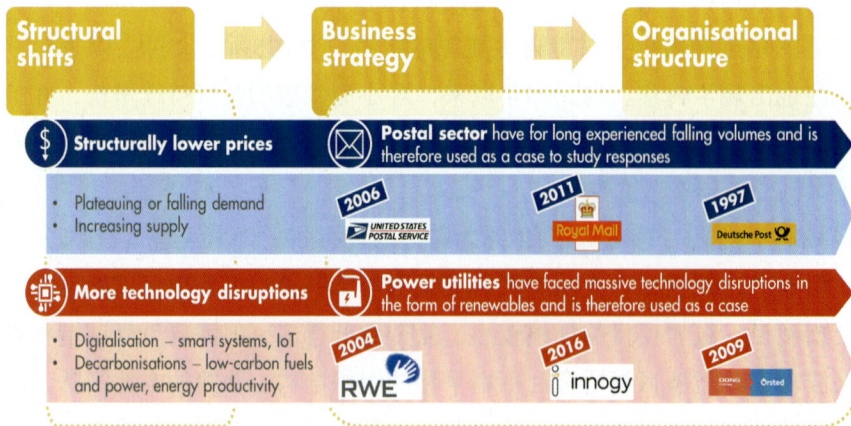

图9　我们分析了可比行业中的典型对策，以了解石油与天然气行业可能如何改变

资料来源：Vivid Economics。

图9反映了我们为开展案例分析而采取的角度：结构性转型可能导致业务战略的改

变，进而激励组织结构的改变。在邮政与电力公用事业行业，价格下跌和技术冲击增多的趋势已导致该行业发生彻底的结构性转型。为应对这些趋势，该行业的企业纷纷采用了一系列业务战略，并且，大多企业随后不得不调整组织结构来促进新战略的实施。我们分析了每个企业在具体时点的对策，以便更好地了解企业在为应对类似行业范围趋势而采用不同战略时受到的影响因素。

这些案例反映了石油与天然气行业如何应对这些趋势，以及不同的对策可能产生哪些结果。对其他遭遇类似价格与技术趋势的行业进行研究，有助于引导石油与天然气企业的未来战略与组织结构决策。这些案例研究有助于（尤其是当我们在没有明确的占优战略来应对这些结构性转型之时）了解不同类型对策的潜在结果以及激励这些对策的因素。

（2）动机与背景的形成

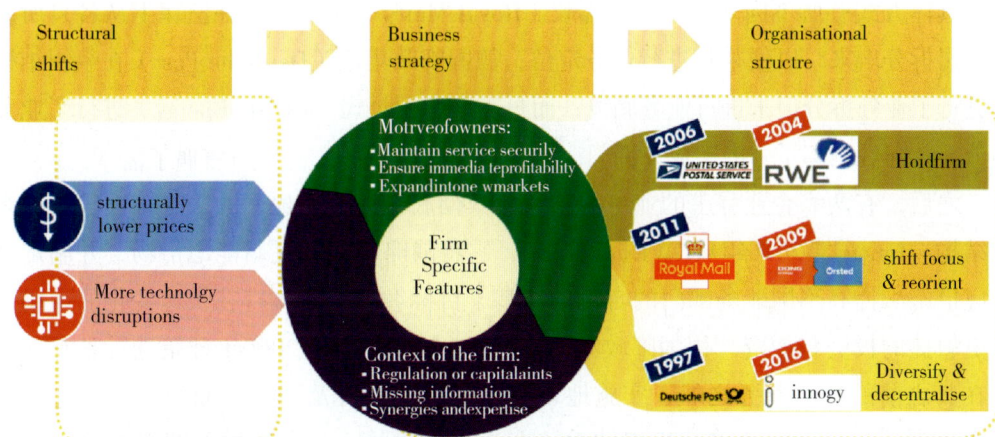

图10 结构性转型导致业务战略的转变，进而导致组织结构的转变——但具体改变取决于企业动机和背景

资料来源：Vivid Economics。

这些案例表明，企业各自动机及所处背景的不同，致使它们在面对同一结构性转型时，采取多种不同但理性的对策。不同企业若面临不同的决策因素——即业主的动机和企业所处的背景，则可能采取不同的理性战略对策。例如，即使两家企业的动机和总体目标相同，但这两家企业面临的不同监管环境可能迫使它们选择不同的战略来应对这些趋势。企业的动机来自其业主，在广义上包括对保持服务与就业率安全性的期望、现金流的时间偏好（对当前利润设置的权重相比于对未来利润设置的权重），以及在企业的风险偏好下，企业是否适合扩展新的价值领域。企业所处的背景是指对企业实施不同战略的能力存在影响的运营状况——包括其面临的监管、内部或外部资金约束，以及当前业务领域与未来风险项目之间的潜在协力效应。

我们对每个行业中三家企业的不同对策进行了分析。了解企业的动机和背景，有助于更全面地了解每个企业对策的结果，并得出不同对策之间的更深入的相似点，以便石油与天然气行业予以借鉴。

两家企业的对策相对最少，并且继续将重点放在通过现有的组织结构模式来改善现有业务。对于上述行业范围的趋势，美国邮政管理局（USPS）在业务战略与组织结构方面采取的对策最少，或者也可谓采取了"坚守"方针。该企业一直通过在信件业务领域的持续垄断获得保护，但也被禁止进入新兴非邮政市场。德国莱茵集团（RWE）是公用事业行业中与之平行的案例，该企业仍然将重点放在传统资产而非可再生能源。

我们分析的其他四个案例均选择在组织结构上将"旧"业务与"新"业务分开，尽管具体方式有所不同。英国皇家邮政（Royal Mail）和Innogy均在法律上从各自所属的公司拆分出来，以便重新进行业务定位；德国邮政集团（Deutsche Post）在组织结构上进行了业务拆分但未进行业务剥离；而丹麦东能源公司（DONG Energy）进行了业务拆分，并随后剥离了"旧"业务部门。

之后，有两家企业寻求的业务战略致使其彻底转向于更扁平的、层级性较低的组织结构。Innogy于2016年从RWE拆分出来，它将战略重点放在新能源市场，并制定了相应措施来提高不同业务部门的自主性（基于目标客户）和支持在快速变化的市场进行更敏捷的投资与撤资。德国邮政集团（Deutsche Post）自2000年开始进行私有化，并在其之前的核心业务之外，实施地理范围和产品销售及开发方面的多元化。为支持实现多元化，该企业将其组织结构转变为由分散的、自主性的分部组成的扁平化结构。

其他两家企业则采取了截然不同的业务战略，两者均寻求转变但并未彻底转变组织结构。Royal Mail于2013年被拆分出来并完成私有化，以便更加专注于具有竞争力的邮件与包裹服务；同时采取了一系列措施来减少其组织结构的层级、降低运营成本，并将企业文化与流程转向客户服务。DONG Energy的业务战略转变则更加极端，该企业完全剥离了其石油与天然气勘探资产，以便专注于海上风电业务。虽然该战略还伴随着组织文化与职责划分方面的多项转变，但尚未使该企业达到Innogy和DP的多元化与分散化程度。

表1阐释了每个案例的角色动机及背景，以及所属的对策类别。对于结构性转型，同一行业内面临相同转型的不同企业根据各自不同的动机和背景，选择采用了不同的

战略。当然，这一点导致了一系列不同的结果和组织结构转变。具有不同动机与背景的石油与天然气企业可从这些案例中吸取经验，以便更好地引导其未来对策。

（3）案例研究经验教训总结——邮政行业

表1　　　　　　　　动机与背景的差异可能导致组织结构与战略对策的差异

FIRM	MOTIVE	CONTEXT	STRATEGIC RESPONSE	ORGANISATIONAL STRUCTURE
2006 UNITED STATES POSTAL SERVICE	**Keep service security** The owner (government) put strong emphasis on maintaining a cheap universal service	**Tightly restricted to current model** Strong profits in early 2000s and 2006 postal act which prevented diversification	**Hold firm** Did not expand into new business areas, but rather focussed on efficiency of existing model through a steady decline	**Hierarchical and lean** Still under control of Congress, with clear top-down decision-making but lean management structure
2011 Royal Mail	**Return to profits** Facing declining letter volumes, the owner (government) sought to reduce its liability	**Capital constraint** Losses from 2008-2011, large pension liabilities and service obligation limited ability to diversify	**Reorient core business** Post offices separated out, intense cost-cutting and reduction in number of mail centres, and focus on customer service restored profitability	**Division and delayering** The formation of separate companies for distinct business models, and a delayering of mail service to focus on customer
1997 Deutsche Post	**Expand market opportunities** Regulation increased competition in domestic post motivating a search for new value areas	**Ability to invest** Large cash flows from conventional business allowed internal financing of new investments	**Diversify** Aggressive programme of acquisitions, geographically and into new logistic services such as freight and parcels	**Adaptive, Cross-Cutting** Service focused divisions with decentralised responsibilities, matrix functions for synergies on core capabilities

资料来源：Vivid Economics。

第一，USPS（美国邮政管理局）。美国政府的重点任务是保证USPS（美国邮政管理局）提供服务安全性。此动机，以及限制USPS仅可在其核心业务领域经营的法规，意味着，对于信件需求量下降的趋势，其业务战略仍保持不变，并保持层级化结构。

■ 背景：在USPS实现了多年的强劲收益之后，美国政府颁布了2006年《邮政责任法案》。该法案阻止USPS拓展至非邮政领域，因为考虑到，使用垄断利润进行交叉补贴可能导致不公平竞争和市场扭曲。然而，该法案颁布的时机不太合宜，因为邮件数量从2006年开始下降。

■ 动机：保持服务安全性的动机导致美国国会之后对一些削减成本的措施予以否决，例如，结束周六邮递服务和关闭业务量最少（尽管明显节省成本）的邮局。职工福利也得到了比盈利能力更高的重视，USPS不得不为其未来员工的养老金预先融资518亿美元。此外，USPS的邮寄价格也受到监管，低于欧洲所有大型邮政企业的邮寄价格，这对USPS的未来利润率造成压力。

■ 战略对策：这些上述因素共同导致USPS并未对信件需求量结构性下降趋势采用明确的战略对策。USPS仍继续在其核心业务领域内经营，并且信件需求量的下降和包裹业务的激烈竞争继续对其利润率造成压力。USPS实施了诸如减少雇员人数等基本的成本削减措施，但不足以抵消其核心领域价值的下降。然而，供应安全性得以保持，并且邮寄价格保持在低位。

■ 组织结构：USPS仍然是一个由政府控制和监管的垄断企业，其组织结构是至上而下的层级化结构。尽管专注于一个收益不断下降的市场，但这种多层级结构有助于实现对运营的严格监控和推动统一的运营改善，从而实现较高的效率水平（USPS每个邮递部门的职工人数是Duetsche Post的一半）。

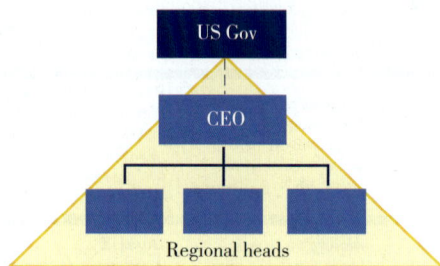

图11　USPS仍受政府控制，并采用自上而下的区域性结构，该结构有助于促进大规模运营的效率

资料来源：Vivid　Economics。

第二，Royal Mail（英国皇家邮政）。2011年，Royal Mail的资产负债表反映其处于资不抵债状况，对此，英国政府的动机是恢复Royal Mail的盈利能力。这涉及将Royal Mail的邮政服务部门与其邮政基础设施部门相分离并对将其私有化，以便削减成本、减少组织结构层级和构建客户导向的服务文化，从而恢复Royal Mail服务部门的盈利能力。尽管Royal Mail一直在探索其他市场，但其核心领域以外的增长受到资金约束。

■ 动机：由于Royal Mail经历了从2008年到2011年这四年的税前损失，致使英国政府背负日益沉重的负债，该政府将重点放在恢复Royal Mail的盈利能力上。自2004年开始，Royal Mail不得不应对信件需求量不断下降、2006年失去在信件邮递领域的垄断地位，以及近年来在包裹邮递领域面临欧洲其他邮政运营商激烈竞争的趋势。

■ 背景：连续四年的亏损造成该企业内部面临资金约束，并且，该企业利用公共基金进行投资的丑闻使其雪上加霜。作为一家政府所有的企业，Royal Mail受到严格监管，因而难以就合同进行重新谈判或者调整服务。该企业承担了公众服务的义务，进一步限制了其在信件邮递核心业务以外拓展新业务的潜在空间，此外，该企业的养老金计划在金融危机期间产生了大量负债，促使该企业陷入资不抵债的状况。

■ **战略对策**：该企业的对策是将Royal Mail的服务部门与其公有制邮局相分离并对将其私有化。政府不得不承担Royal Mail的养老金债务，使其恢复偿付能力并实现私有化。这使得Royal Mail能重新定位其核心业务，仅专注于向客户交付的服务，并实施密集削减成本的措施，导致又一个分拣中心被关闭，并且将私有化后的雇员人数减少了10%。尽管该企业在2011年至2017年的收益增长幅度不大，但这些措施成功地恢复了该企业在核心业务领域的盈利能力。然而，Royal Mail尚无能力实现显著的多元化，并且，成本削减不可能成为创造利润的长期战略。Royal Mail已开始投资于其他地理区域和物流服务，由于受到资金储备较低的约束，这些投资的规模较小，并且，由于依赖于外部融资，导致其无法大规模收购其在21世纪初接管的同类企业Deutsche Post。

■ **组织结构**：服务部门与基础设施部门的分离，有助于实施更明确的业务模式。邮局部门仍保留公有制，可确保其作为所有邮政企业的网络基础设施、避免投资浪费和自然垄断的形成。调整后以服务为重心的Royal Mail能够利用其不太严格的监管环境来实施有针对性的成本削减与投资。为此，Royal Mail聘请了一名在公营–私营转型方面拥有丰富经验的CEO，负责改革其监管背景并最终提高该企业的盈利能力。

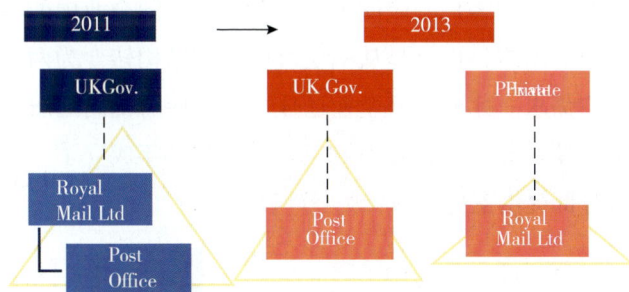

图12 **Royal-Mail与邮局部门相分离并实施私有化，以帮助密集削减成本**

资料来源：Vivid Economics。

第三，Deutsche Post（德国邮政集团）。在国内市场明显将要因法规变更而受到威胁时，Deutsche Post开始了一项大规模的收购项目，以实现业务的多元化。由于把握了有利的时机，并且有传统业务带来的大量现金流，该企业得以为其收购项目提供资金。此外，该企业还建立了客户导向的分部，提高了这些分部的自主性，同时表现出组织结构上的灵活性，以最大程度发挥其不断扩张的业务领域的协力效应。

■ 动机：根据欧盟指令，德国于1997年通过了新法律，以促进其国内邮政市场的竞争，这使德国成为欧洲邮政市场自由化的引领者。当时，国内邮政业务收益占Deutsche Post总收益的75%以上。受此刺激，Deutsche Post开始在地理区域上和物流服务层面扩展新的价值领域，以确保在国内竞争不可避免地加剧趋势下，保持自己的利润水平。

■ 背景：Deutsche Post利用了有利的时机，因为其转型是受法规而非信件数量下降的刺激。因此，其仍具有所需的大量内部现金流来开展大规模收购。该企业在2001年的私有化也让其能够自由地实施激进的战略。

■ 战略对策：Deutsche Post实施了多个大规模的收购项目，使其转变为一个大型全球化物流企业。Deutsche Post于20世纪90年代进行了一些小规模的收购（Danzas、Air Express International），在2001年实施私有化之后，分别于2002年和2005年大规模收购DHL和Excel，共花费80多亿美元。DHL擅长于国际快递业务并拥有一套遍布美国和欧洲的成熟邮政网络，而收购Excel则让Deutsche Post成为供应侧物流的主要参与者。然而，这种激进的战略面临一些固有的风险——Deutsche Post于2009年中止了其在美国的国内快递服务，并因此产生了39亿美元的重组成本。

■ 组织结构：Deutsche Post的组织结构表现出灵活性，因为其成功地提高了分部的自主性及其各自的客户响应能力。新收购的不同企业中的类似分部被合并，以建立更高效的网络，也就是从三层级的管理结构转变为两个层级，从而更迅速地响应客户需求。此外，该企业还成立了一些跨部门的服务分部，以最大程度发挥其多个新业务领域的协力效应。并于2006年成立了一个全球服务部门，负责为所有分部提供支持。

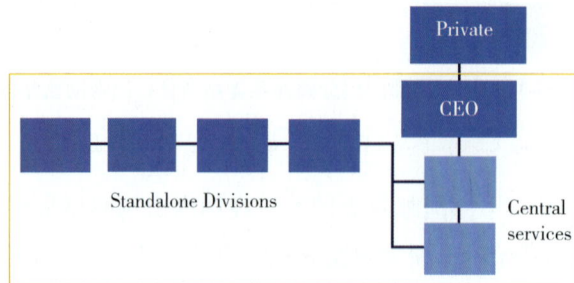

图13　Deutsche　Post采用了一种扁平化的结构和中央服务分部，以最大程度发挥协力效应

资料来源：Vivid Economics。

（4）案例研究经验教训总结——公用事业行业

表2　　　　　　　　不同公用事业企业对类似趋势采取的对策各有不同

FIRM	MOTIVE	CONTEXT	STRATEGIC RESPONSE	ORGANISATIONAL STRUCTURE
2004 RWE	**Harvest rents** Legacy assets provided high returns which made it difficult to justify alternative investments	**Monopoly culture** History of being a regional monopoly had made management less adaptive to change	**Hold firm** Little investment in alternative generation technologies while legacy assets were maintained and upgraded	**Little or no change** Assets and organisational structure largely remained the same up until the separation of Innogy.
2016 innogy	**Pursue growth** Innogy split out from RWE with a mandate to invest in grid & infrastructure, retail and renewables	**Clear green trend** Anti-nuclear laws and general German policy fostered wide trust in renewable energy	**Diversify** Innogy pursues renewable and grid opportunities in Europe and further abroad, while pursuing access to new finance	**Division and divisions** Split from "dirty" business as a separate entity, removing issues of cannibalisation, and enabling a more agile portfolio of holdings
2009 DONG Ørsted	**Pursue growth** Subsidies created rents in offshore wind while conventional generation became less profitable	**Skill and certainty** Demand certainty and excising offshore E&P expertise limited barriers to new investment	**Transformation** DONG (now Ørsted) moved steadily to completely shift its business from oil and natural gas to offshore wind	**Organic revamping** Wind was initially added as a separate division under the CEO which then grew drawing on, and transforming existing organization

资料来源：Vivid Economics。

第一，RWE（德国莱茵集团）。2004年，RWE（德国莱茵集团）拥有大量褐煤、煤炭与核资产，这些资产成本低、回报高，并且在一些主要的股东行政分区提供了就业机会。尽管德国于2004年出台了旨在促进可再生能源行业发展的新法规，但RWE仍坚守其原有业务并计划增加其褐煤发电容量。因此，RWE仍采用一种集中式的组织结构，以便更好地关注于管理这些集中化的大规模资产。

■ 动机：2004年，德国可再生能源发电容量客观，但似乎不太可能取代褐煤与核能发电提供的成本极低并已实现高回报的基载电力。此外，德国市政拥有RWE的24%，并且依赖于褐煤和煤炭资产为本地带来的就业机会。褐煤发电行业提供的就业机会也成为一项政治工具，导致许多政客纷纷支持使用褐煤并保护褐煤在德国能源体系中的角色，从而进一步阻碍了该企业向其他技术的拓展。

■ 背景：RWE已投资于改善和扩展其传统资产基础，以便将资本锁定在一些寿命较长的资产。RWE之前的垄断型企业身份也促成了一种无为和风险厌恶的文化，并且RWE历来的大规模现金流和股利也进一步加重了这种文化，并且投资者并未准备好就此做出任何妥协。

■ 战略对策：2004年至2010年，RWE并未大幅扩张其可再生能源发电容量，而是继续专注于旧资产。2004年，RWE认为德国"处在一个长期投资周期的开端"，并计划将一些旧的发电站更换为效率更高的发电站，而不是拆分为多个采用不同发电方式的分支。根据该企业2004年的年报，新出台的可再生能源法规被视为RWE不得不面临的一项经济负担，而非某种机遇。因此，2005年，RWE宣布其计划花费35亿欧元实施两项关于新安装3.6GW优化褐煤发电容量的项目。这两个项目在RWE有史以来规划的最大项目之列。然而，由于可再生能源发电容量以前所未有的速度扩增，RWE被迫采用一种"收割者"的心态，即期望从该企业的将逐渐从德国电力体系淘汰出局的大规模旧资产基础中获得尽可能多的价值。

- 组织结构：RWE继续通过其集中式的管理结构来监控其多个业务领域组成的企业集团。对于其传统的大规模资产，此结构有助于实施高效的管理，但约束了新型能源领域的自主性、灵活性和组织发展，而且提高了投资和增长的难度。

第二，Innogy（英诺吉）。2016年，Innogy（英诺吉）从RWE中分离出来，但仍大部分归RWE所有。该企业保留了RWE的"绿色"资产及其网络和零售业务。此结构调整的动机在于，让Innogy能够在不受RWE旧资产造成的不断增长的负债或利益冲突的约束下，寻求可再生能源及其他市场的增长机会。通过从RWE拆分出来，Innogy能够自由地吸引投资机会并采取一种以能源服务为核心的组织结构，从而更好地服务于其新开发的市场。

- 动机：Innogy从RWE中拆分出来，以便追逐增长机会。RWE总体上难以应对其面临的转型，并由于资金约束而缺乏灵活性，因而不得不投资于旧资产。

- 背景：在德国可再生能源政策的刺激下，德国可再生能源普及率达到前所未有的水平，使德国能源体系的状况发生了彻底的改变——很明显，德国未来发展是大规模可再生能源发电的趋势。此外，2011年的福岛核事故已导致核能发电被暂停，并导致政府加大对作为替代性清洁能源的可再生能源发电的支持。

- 战略对策：Innogy成功地将自身在市场中定位为高度创新型企业，并在国际范围内寻求可再生能源业务机会，吸引长期投资形式的融资——假若其仍然与RWE的旧资产（主要是中短期投资）相捆绑，将无法获得这些长期投资。

- 组织结构：Innogy从RWE中分离出来，并作为RWE部分所有的一个子公司，与RWE的不断贬值的旧资产基础不再有任何关联，但其75%的股份仍归RWE所有。这让Innogy能够自由地寻求新的能源服务战略并对其组织结构做出相应的调整。Innogy按照能源价值链的不同层级来调整其结构，以适应终端客户而非生产的需求。此外，Innogy还为其部门赋予了更大的自主权（使组织层级扁平化），同时还采取了"投资组合"式方法，根据不同部门的相对成功级别来扩大或缩减各自的投资规模。

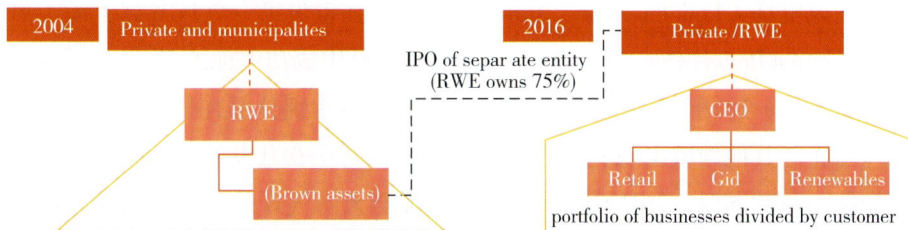

图14 Innogy从RWE拆分出来之后，便开始采用一种客户导向的结构，将价值链领域作为其各个分部的业务重点

资料来源：Vivid Economics。

第三，DONG Energy（丹麦东能源公司）/Orsted。DONG Energy（现名：Orsted）大部分归丹麦政府所有。在政策刺激下，该企业致力开发海上风电技术并使海上风电作为家用清洁能源的可靠来源，以抵消传统发电业务利润下降的趋势，并寻求开发一个具有增长潜力的新市场。

由于具备海上石油与天然气开采领域的专长，以及试点海上风电场方面的经验，该企业拥有将其业务重点从石油与天然气彻底转向海上风电的绝佳条件。为适应这一全新的业务领域，DONG Energy必须调整其组织结构：首先成立了一个海上风电分部，由CEO负责将其开发成该企业的核心部门。

- 动机：丹麦拥有丰富的海上风电储量，并且长期以来一直通过有力的国内补贴政策来促进风能发电的发展。随着北欧电力交易市场电价的下降，以及电力需求的波动，导致火力发电收益减少，因而导致这些风力发电补贴及其稳定的收益变得更具有吸引力。

- 背景：DONG Energy 具备各项必要的能力来推动海上风电市场的发展。该企业可轻松借鉴其在海上石油与天然气领域的专长，而且在2006年与Elsam合并的过程中获得了大量开发海上风电场的经验，这些条件缓解了该企业面临的风险和投资障碍。

- 战略对策：DONG Energy成功地将其主要重点领域从石油与天然气生产彻底转向海上风电。21世纪初，DONG Energy完成了丹麦的多项中型规模的试点项目，并开始寻求更大的业务机会——于2009年与西门子达成了关于供应1.8GW风机的协议。这项交易的庞大规模促使相应生产与部署形成规模经济，并标志着DONG Energy开始致力成为海上风电技术引领者。自2009年以来，DONG

Energy一直参与建造丹麦最大的海上风电场（Anholt，0.4GW）和世界最大的海上风电场（London Array，0.64GW），并在世界第一大1GW以上海上风电场（Hornsea Project One，1.2GW）建造项目招标中成功中标。

- 组织结构：DONG Energy成立了一个海上风电特别分部并将其交给CEO管理，以防止与其他领域出现利益冲突，并确保针对正在开发的业务领域设定恰当的指标。与此同时，DONG能够将其在石油与天然气开采项目中建立的现有组织结构和能力，相应地应用于海上风电项目，尤其是勘探、建造和资产管理。随着海上风电分部的扩展，以及传统资产的剥离，该企业形成了一个更加整合的、关注于绿色业务增长的组织结构，以及一种利用共享职能专长的一体化方针。因此，该企业（截至目前）更强调于一体化与专注化优势，而非自主性和多元化。

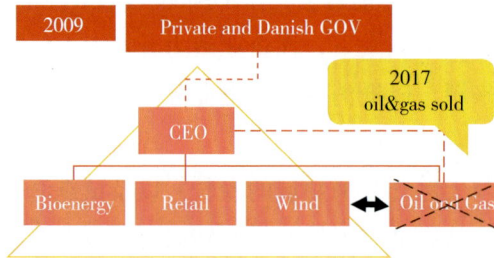

图15　DONG重新调整了其现有的组织结构并将其应用于海上风电领域

资料来源：Vivid Economics。

4.结语和对中国的启示

石油与天然气行业同时面临价格结构性下跌和技术冲击增多的趋势，使该行业众多企业的长期业务战略和传统层级化组织结构面临挑战。

针对邮政与电力公用事业行业的案例研究表明，不同动机（利益相关者最重视的结果）和背景（对这些结果的实现构成约束的运营条件）的企业所采取的对策各有不同：

- 微小转变仍然是一种方案——如果利益相关者看重现有服务的安全性和近期利润，则企业的业务战略重点在于收割现有业务模型的价值，组织结构的转变在于精简现有结构（USPS）。

- 将旧业务与新业务相分离——如果利益相关者看重长期盈利能力，但受到法规、利益冲突或资金的约束（Royal Mail、RWE（2004年）和DONG、业务战略），则企业的业务战略重点在于简化资源并将其投向新能力，组织结构的转变首先在于将旧业务与新业务相分离。

■ 为适应趋势而改革——如果企业寻求新机遇并且具备相关能力和充足资金（Deutsche Post、DONG和Innogy，2016年之后），则其战略转型相比一些较迟采取对策或者转型面临某些抵抗的企业而言更为积极（Royal Mail和RWE，2004年）。

组织结构的转变需要与业务模式一致。如果新业务与旧业务类似（Royal Mail和Dong），则组织结构的转变更多地在于更新而非彻底重组；而全新产品或服务模式（Deutsche Post和Innogy）涉及深远的转变。

政府可能起到塑造企业动机和背景的作用，以帮助引导相应结果的实现，并且应当考虑到当前政策鼓励哪些类型的对策。通过设定影响战略与组织结构转变的条件，政府能够确定石油与天然气行业的未来角色。当前政策正在设定企业的动机和背景，这些动机和背景将鼓励企业在未来采取特定对策，而这些对策可能与政府预想的不一致。因此，需要考虑到这些动机及背景如何影响未来对策，以及政府可采取哪些方案来影响这些因素。

（1）石油与天然气企业的典型对策

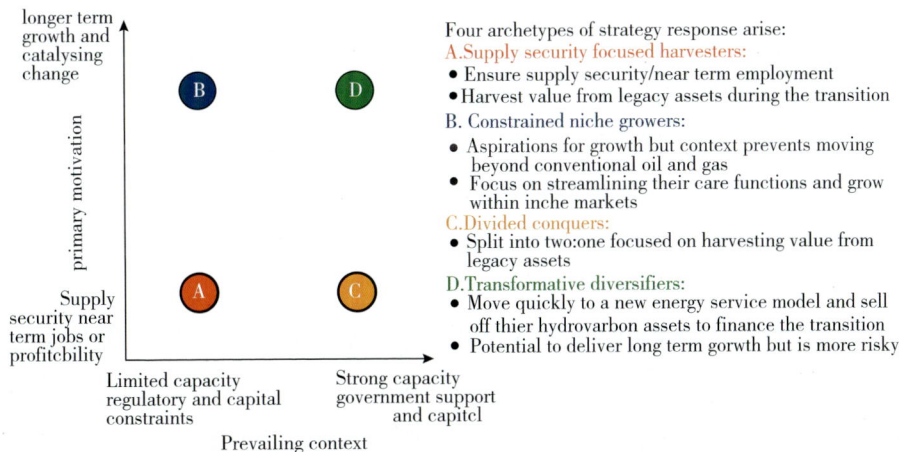

图16　动机和背景将决定中国石油与天然气企业如何从战略上应对价格下跌和新技术冲击

资料来源：Vivid Economics。

对于普遍的未来趋势，并不存在占主导性的或者通用的对策——每个企业的动机及其所处的背景将决定该企业采取何种类型的战略与组织结构对策。图16反映了石油与天然气企业可能面临的动机与背景的范围。这些因素的不同决定了企业所采取的对策的不同，而不同的对策又涉及不同的组织结构调整。

当企业的战略重点在于确保安全性，并且存在约束性限制时，企业通常会维持旧资产并"收割"其价值，并接受这些旧资产在不断变化的市场中不断衰退的角色。此类企业将需要维护其旧资产，以确保达到供应安全/短期就业率指标，但考虑到所处的限制性背景，无法实施多元化。在此情况下，最佳对策可以是采取"收割"心态，尽可能多地利用旧资产在转型期间产生的价值，同时接受这些旧资产的价值将随市场的变化而大幅下降的事实。此战略通过一种自上而下的方式来实施，以保持集中控制。在处理少量高价值旧资产时，集中控制更为高效。一些帮助实现资产管理和组织结构效率的中央职能也将有助于最大程度提高"收割"收益。

RWE和USPS在较小程度上采取了此战略。RWE保持了大量褐煤和核电容量，并通过这些资产获得其能够获得的收益，同时保持其层级化结构。USPS可能未表现出明显的"收割"价值的迹象，但该企业明显受到服务安全性承诺的约束，这种约束阻碍了该企业采取其他对策。

当企业的战略重点也在于确保安全性，但所处背景不太严格，则企业可选择进行业务拆分，以便提供期望的服务安全性，同时寻求其他领域的增长机会。当安全性和短期收益被给予高度重视时，则不可避免地需要在一定程度上继续使用旧资产，因为毕竟无法通过拓展新的风险项目来即时实现这些目标。然而，当普遍背景的限制性不太高时，企业应当考虑采用一种"分而治之"的战略，将企业分为若干明显不同的部分，一个部分负责实现近期供应安全性、股利或就业率指标，另一个则可自由地寻求多元化，以实现长期增长，而不受现有旧资产需求的阻碍。组织结构上，企业需要对这两个不同部分之间予以明确地拆分，并谨慎地将现有的组织结构优势应用于相应的业务领域。

出于上述原因，Innogy从RWE中拆分出来。尽管到2011年，褐煤与核能发电收益明显呈现关联性下降，但RWE仍继续维持这些业务，以保持短期现金流，并试图尽可能夺地收回这些资产的沉没投资。作为一个单独的子公司，Innogy不受任何旧资产的负担，并且可自由地实施创新和投资于正在增长的可再生能源市场。

即使企业的主要动机是实现长期增长，但约束性的背景也可能阻碍企业抛弃其传统资产——在此类情景中，理性的对策是专注于实现核心领域的效率和在缝隙市场的扩张。当监管或资金约束较严格时，企业可能无法抛弃旧资产或有效地投资于新领域。在此情景中，为驱动增长，企业可将重点放在简化其核心职能，以最大程度提高效率和利润率，或者致力在小规模的缝隙市场中实现增长（如果较低的资金投资仍足以产生可观的回报）。此类战略需要一些分散的、更敏捷的市场部门来实施，以便迅速响应不同缝隙市场中通常不断变化的、独特的客观环境，并确保核心业务尽可能地保持其相关性和精简化。为确保所有业务领域的统一和有效实施中央职能，业务组合优化也是一项重要步骤。

2013年，在经历了多年的亏损之后，Royal Mail发现自身处于此情景，即受到严重的资金约束，但该企业仍寻求实现长期利润和增长。因此，该企业开始实施一项密集削减成本的计划，使其恢复了盈利能力，尽管收益增长较少，并开始向其他物流领域和地理区域进行小规模投资，以在潜在长期增长市场中取得一个初步的立足点。

如果企业的动机在于实现长期增长并且其所处背景不具有限制性，则可采取变革性战略，尽管同时面临较大风险。当主要动机在于实现长期增长时，则投资于新领域成为一项首要战略，因为随着价格的结构性下跌和技术冲击的增多，旧资产将大幅贬值。面临此情况的企业可寻求积极实施多元化并转向新兴市场，或者引入新技术。然而，这些极端的改变往往也伴随一些固有风险，使得供应安全性、就业率指标和盈利能力的结果变得不确定。为有效实施此战略，企业应当寻求采用一种扁平化的组织结构，并提高分支的自主性，以确保更迅速地响应不同业务领域的需求。此外，务必要增强集团中的各项核心能力——尤其是在当前业务元素可能提供在新领域的竞争优势时，以便尽可能地、最大程度地发挥协力效应。

例如，Deutsche Post和DONG Energy就是为保持长期利润而经历极端变革的案例。Deutsche Post利用其大量内部现金流，大笔投资于其他物流领域，并采取了灵活的组织结构，以最大程度发挥其迅速扩张的业务领域中的协力效应。DONG Energy将其核心业务从石油与天然气转向海上风电。在一贯的风电补贴的激励下，该企业实施了分支自主性，以便其海上风电分部免于与该企业其他分部相竞争，并为其设定了达到成熟期之前的增长指标（而非利润指标）。

（2）调整方案

政府可通过调节企业的动机和背景来塑造企业的未来对策。尽管可选择的战略与组织结构对策是分散的，并且在企业层面实施，但政府可能会予以干预并通过设定一些影响对策的条件来引导未来对策的方向。这可以通过明显的方式来完成，例如，为国有企业设定不同的指标，或者在更广泛的层面进行，例如，调整将影响所有企业的政策。为引导石油与天然气行业在行业开始出现价格结构性下跌和技术冲击增多时，采取政府预期其采取的对策，这些调整将起到非常重要的作用。

国有石油与天然气企业为应对行业普遍趋势而采取的未来对策可能受到各自被设定的当前目标的限制。政府可明确地、直接地设定一些大部分归政府所有的企业的动机，并且应当认识到，如果没有正确的动机，相应类型的未来对策将不会出现。例如，某家国有石油企业若仍受到实现固定储备指标之义务的约束，则无法变革其业务模式或者转向可再生能源领域，例如，DONG Energy就是此案例。在我们分析的案例中，USPS应对其面临的需求结构性下降的能力明显受到政府所有者对服务安全性的唯一关注的限制。类似地，就业率目标和短期盈利能力指标鼓励企业继续使用旧资产并阻碍其实施大规模多元化。例如，RWE就面临此问题——就业率和股利要求意味着，RWE仍需要将重点放在旧资产而非投资于新领域。

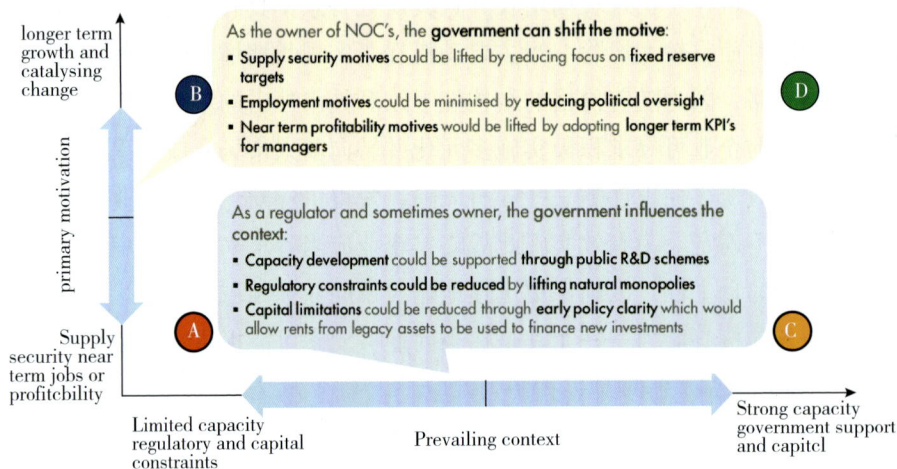

As the owner of NOC's, the **government can shift the motive**:
- **Supply security motives** could be lifted by reducing focus on **fixed reserve targets**
- **Employment motives** could be minimised by **reducing political oversight**
- **Near term profitability motives** would be lifted by adopting **longer term KPI's for managers**

As a regulator and sometimes owner, the government influences the context:
- **Capacity development** could be supported **through public R&D schemes**
- **Regulatory constraints** could be reduced by **lifting natural monopolies**
- **Capital limitations** could be reduced through **early policy clarity** which would allow rents from legacy assets to be used to finance new investments

longer term growth and catalysing change

primary motivation

Supply security near term jobs or profitcbility

Limited capacity regulatory and capital constraints

Prevailing context

Strong capacity government support and capitcl

图17 动机和背景并非一成不变，而是受利益相关者的控制——因此，中国政府可能塑造企业采取的对策

资料来源：Vivid Economics。

政府还可能通过变更相关政策，总体上地调节所有企业的背景。作为监管者，政府能够影响所有企业面临的背景。用于支持新技术或新产能开发的公共基金或研发基金可减小企业在尝试进入新业务领域时面临的不确定性。丹麦政府强有力的风电补贴是鼓励DONG Energy在火力发电收益出现波动时开发海上风电业务的关键。通过给予进入基础设施网络的更大权限来消除自然垄断，能帮助企业重新调整核心服务。在Royal Mail于2013年实施的私有化中，邮局部门从Royal Mail中拆分出来，并围绕其提供的邮政服务来实施管理。为提供企业所需的强烈信号，以便企业最优地规划其长期战略与组织结构对策，确保早期政策明确性是关键。Deutsche Post就是因这种明确性而获益的案例，因为该企业得以在其国内市场衰退之前，即仍拥有大量现金流可用于投资时，拓展新领域和地理区域。相比之下，Innogy——RWE的绿色发电子公司，于2016年即德国可再生能源革命导致RWE旧资产收益锐减之后，才从RWE中拆分出来。德国可再生能源政策的快速上报，阻碍了明确政策信号的形成，进而导致RWE继续使用旧资产和发生后续亏损。

附录　邮政企业：应对长期下降趋势

简介

自21世纪初开始，邮政行业面临两大全球趋势：随着电子通信的兴起，信件数量长期持续下降；以及同时发生的，因电子商务的兴起而造成的包裹数量的小幅增加。这两个趋势共同导致总数量下降约百分之一/年或百分之二/年（纽约时报，2011年10月，链接），全球收益增长仅1.6%，大幅低于整个经济体的平均收益增长率4.3%（麦肯锡，2015年9月：40）。邮政企业受到的影响与面临价格长期下跌趋势的石油与天然气企业明显相似。一些大型邮政企业因信件数量下降而遭受尤其沉重的打击，因为信件邮寄收益一直以来是这些企业的主要收益来源，它们在该业务领域一直占据垄断地位，并且大多是国有企业，承担着提供公众必需服务的义务。而且，邮政企业的收益与石油与天然气企业的收益也是相当的。

除了这两大全球趋势之外，一些国家还曾经历解除管制和竞争加剧情景，而另一些国家仍偏向于采取监管下的垄断模式。从1997年开始，欧盟委员会废除了欧洲国家对邮件业务的垄断。欧盟成员国被要求允许竞争对手与其国有邮政企业展开竞争，竞争范围起初限定在特定产品类别（例如，包裹），到2012年扩展至所有邮政服务（欧盟委员会，2012年1月：2）。相比之下，美国允许包裹和快信业务的竞争，但美国邮政管理局仍对平信持有法定垄断地位（USPS，2014年6月，链接）。

为应对主要业务领域价值下降的挑战，邮政企业采取了一系列对策——了解导致这些趋势的因素，有助于石油与天然气企业规划其自身的转型。每个邮政企业面临的各个决策因素及客观情形决定了这些企业应对信件数量"长期下降"趋势的方式。广义而言，针对"长期下降"趋势的对策可分为三个类别。

（1）无为：由于存在限制性的法规，不做任何组织结构的改变或剥离，仅对少数领域实施成本削减和效率改进。

（2）剥离和成本削减：通过剥离一些低效的、非核心的领域以及充分利用成本削减机会而获得大量效率增益。这通常通过私有化或重组——将邮件事业部与企业其他事业部（例如，养老金与邮局事业部）相分离来实施。

（3）多元化：除了将特定部分与核心业务相分离之外，大力拓展新地理区域和新业务线。

我们分析了三家企业的不同对策，每家企业采取的对策均属于不同的类别。通过在信件业务领域的持续垄断地位而获得保护（但也被禁止进入新兴非邮政市场），并且成本削减方案有限的USPS为应对行业普遍趋势而采取的对策最少或者称为"无为"对策。于2013年被解除捆绑并进行私有化的英国Royal Mail通过实施广泛的成本削减与现代化措施，显著改善了其近年来的财务业绩。从2000年开始进行私有化的德国Deutsche Post通过以更迅速、更深入的方式，对Royal Mail实施类似的措施，实现了在其之前的核心业务之外的、地理区域与产品方面的多元化，并因此实现了大幅增长。

邮政行业在所面临的趋势和企业自身特征方面与石油与天然气行业的相似点，使得邮政行业成为石油与天然气行业的绝佳学习案例。和石油与天然气行业类似，邮政行业有两种核心产品面临不同的趋势：一个面临需求长期下降的挑战（石油/信件），另一个则遇到需求增长（天然气/包裹）。此外，这两个行业在监管方面都曾面临或者正在面临较大的变化：解除管制和放开竞争（对于邮政行业），以及气候变化政策的增多（对于石油与天然气行业）。

大型邮政企业本身与大型石油与天然气企业也存在相似点：一般是国有企业、提供公众必需的服务，并且收益水平相当。这两个行业较高的资本水平和规模经济还意味着，数量上的小幅下降可能对总体盈利能力产生较大影响。这些相似点使得邮政行业成为石油与天然气行业的绝佳学习案例。

USPS："无为"案例

自2001年开始，USPS一直面临普通邮件数量稳步下降的趋势，并且从2006年开始，面临总体邮件数量的下降。图18反映了作为USPS主要收益来源的普通邮件的数量，于2001年达到峰值，并自此以后一路下跌。然而，大幅下降在2006年后才开始，目前已达到1981年以来的最低水平。相比之下，2006年之前，总体邮件数量呈现上升趋势，但自此以后出现急剧下降。包裹市场由FedEx和UPS等私有企业占主导，因为这些企业能够在市场中实现快速创新，并捕获盈利的递送路线，使得USPS在该行业主要增长市场中仅占据8%的份额。

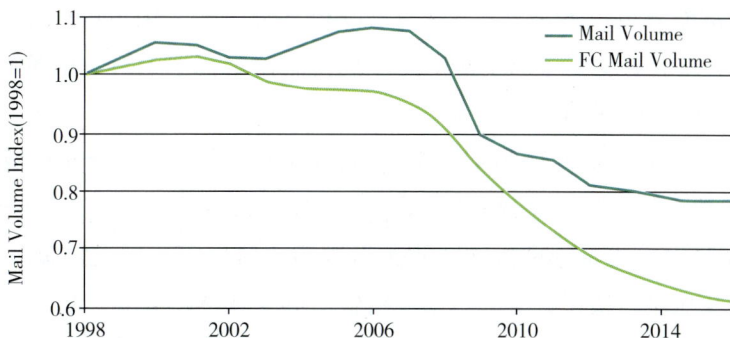

图18　尽管普通邮件数量从2001年开始一路下跌，但总体邮件数量直至2006年才出现持续下降

资料来源：Vivid Economics。

从2002年至2006年，总体邮件数量保持增长，USPS年累计利润达86亿美元。Given 鉴于普通邮件数量从2002年至2006年出现非常轻微的下降，以及总体邮件数量在2006年之前持续增长，因此，USPS在2006年之前取得的强劲财务业绩或许不足为奇。这些年的平均年利润为17亿美元，超过其在20世纪90年代末水平的两倍——1997年至1999年，平均每年7.26亿美元。

从2006年开始，USPS被迫进入"无为"模式，因为法规和国会阻止其采取成本削减和多元化措施来应对持续增长的损失。2006年《邮政责任加强法案》旨在对1971年开始实施的邮政监管进行现代化升级——重新评估邮政服务的定价，并为USPS进入非邮政服务领域设置更明确的障碍。鉴于USPS在非快信业务领域的垄断地位及其在2006年实现的庞大利润，美国国会担心USPS可能利用其在信件业务取得的垄断利润，为其进入新领域提供不公平的补贴。美国国会还对保持提供公众服务给予高度重视，以至于持续阻止USPS采取取消周六邮递服务等成本削减措施。当"长期下降"趋势在2007年之后完全来临时，由于采取的对策有限，USPS截至2016年的累计损失达106亿美元。

2006年，信件数量尚未明显下降，并且，由于USPS连续四年实现收益，该企业对信件数量和"无为"盈利的预期过于乐观。《邮政责任加强法案》出台的时机不太合宜，因为在其出台后，信件数量开始出现明显下降。2006年，有关"长期下降"潜在严重程度的预期似乎显然是不准确的。这导致该企业高估了采用"无为"战略的潜在收益。历史证据表明，当时出现了温和的"长期下降"趋势，并且，2009年做出的新预测才更准确地预测了近年来的下降趋势。因此，该企业当时并不具有充足的动机转向新战略。

2006年出台的邮政法案的结果是对多元化设置了较高的外部障碍，从而限制了企业可能采取的战略方案。2006年之后，对于USPS而言，多元化实际上已不再是一项可选择的方案——相应的禁令将该企业可采取的对策限定在"无为"和剥离范围内，因而受到USPS自身管理层的批评。

美国政府承诺保障公众服务的提供，并且严格禁止任何可能干扰或威胁到公众服务的行为。美国政府对服务安全性和雇员福利给予了高度重视，这促使USPS采用"无为"战略。在我们的决策因素内，该因素可视为决策因素中的一项额外的非货币因素。这导致美国国会否决了许多成本削减措施，迫使该企业采用"无为"战略。USPS运营的庞大邮政基础设施体系也要求保持规模经济的高效性——因为数量的小幅下降可能很快导致利润率的下降并造成大量亏损。

当"长期下降"趋势在2006年之后开始变得明确时，USPS不得不在其有限的对策空间内予以应对。鉴于该企业在进入新兴非邮政服务领域方面受到限制，并且面临一些擅长包裹和快递业务的私有企业的激烈竞争，USPS唯一能采取的对策，是启动一项成本削减和效率改善计划，以解决其主要市场的需求下降问题。

该企业实施了一些成本节省措施——主要是裁员（尽管强制性预缴的职工养老金与保障金款项给该企业带来一笔庞大的债务）。从2006年到2014年，USPS的全职雇员人数减少了30%，因为该企业寻求以效率增益来抵消信件数量的急剧下降。然而，相比于USPS在2007年至2016年期间每年不得不预缴的超过50亿美元的义务养老金而言，这些增益非常少。其他邮政企业为恢复偿债能力，大多将各自的养老金义务分离出去，而USPS则必须承担全部成本。2007年开始，一旦预缴款项从营业费用中分离出去，该企业的营业费用即会小幅但持续地降低（尽管递送点的数量不断增多）。

其他成本削减和剥离措施则被美国国会阻止，原因是为了避免公众服务受到潜在干扰。从2009年开始，USPS一致推行终止周六递送服务，但此计划于2013年被国会否决。同样地，一项关于关闭3600个业务最少邮局的计划也于2012年遭到否决。信件邮递价格也受到严格监管，这意味着另一条可能刺激收益的路径也被截断。2016年，该价格被调减5%，导致已被挤压的利润率遭到进一步削减。

结果是，USPS在过去十几年遭受大量累计损失：从2007年到2016年，损失共计106亿美元（不包括预缴养老金款项）。USPS的案例表明，如果法规阻止公有制企业为应对核心市场长期收益下降而做出调整，则企业可能遭受大量累计损失。图21反映了，由于成本削减方案受到限制，以及所产生的大量损失，营业费用无法减少。此外，该企业在寻求潜在增长机会方面受到法规、资金约束和文化的阻碍。然而，该企业仍兑现了其社会目标（例如，在几乎每个城镇保留一个邮局）和过去的承诺（例如，邮政职工的养老金和医疗福利）。

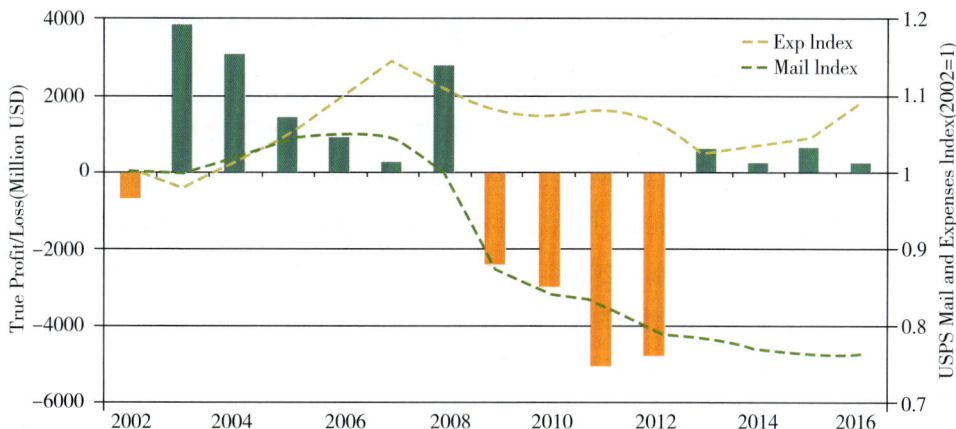

图19　自2006年，USPS遭受巨大损失和利润低迷，这说明了"无为"的危害

注：本图的利润/损失数据不包括USPS预缴的义务保障金；所有数据均已将2012年预缴的双倍款项与2012年和2011年缴纳的款项分开。

资料来源：Vivid Economics。

　　USPS案例与石油与天然气行业之间的明确相似点在于对保持安全性的潜在期望，若此期望阻止企业应对趋势，则可能导致大量损失。不难料想，为保持国内能源的安全性，国有石油与天然气企业无法减少化石燃料的生产或者在此之外拓展新的领域，正如USPS被迫采取"无为"战略的部分原因就在于，政府希望保护公众邮政服务。如果目标在于保护公众服务的安全性，则政策制定者应当意识到，企业遭受的损失很可能不断增加，因为普遍的趋势可能很快改变市场的格局。

　　如果安全性是首要目标，则稳妥的做法是，根据趋势的转变，定期调整政策。如果出台的政策对企业变革设置了障碍，那么这些政策将带来风险，并可能对受影响的企业造成严重损害。需要达到一种平衡，即让政策足够严格，足以确保达到恰当水平的安全性，但也足够灵活，以便企业在不利影响变得严重时，为应对趋势而采取对策。

　　"无为"战略在短期而言可能是恰当的战略，但长期而言，可能必须做出改变；建立独立的情景团队，有助于识别何时需要采取变革战略。情景团队不受任何特定业务部门的管辖，可就何时不再适合采用"无为"战略，提供客观的指导。鉴于价格结构性下跌趋势将逐渐成为主导趋势，则企业需要考虑长期的、替代"无为"的战略。采取恰当的时机来实施战略转型，将有助于实现更好的结果。

Royal Mail（英国皇家邮政）：采取剥离/成本削减战略的案例

在私有化之前，Royal Mail（英国皇家邮政）面临运营效率低、信件数量下降和财务业绩不佳的状况。英国信件数量自1990年开始稳步增长，并于2004年达到峰值。开始时的下降趋势较缓，但在2007年后，下降速度加快——2007年至2015年期间，信件送达数量年平均下降约5%。2007年至2008年期间，Royal Mail的营业利润率在西欧13大邮政企业中最低（Hooper 2008：11），并在2008年至2012年期间，每年均出现税前损失。与此同时，英国邮政市场自2006年1月开始开放，导致Royal Mail的市场份额稳步下降。最后，在金融危机出现后，随着养老金基金的资产价值下跌，Royal Mail陷入"资不抵债"状况——2011年，其资产负债表负债净额超过30亿英镑（Royal Mail年报，2011：31）。

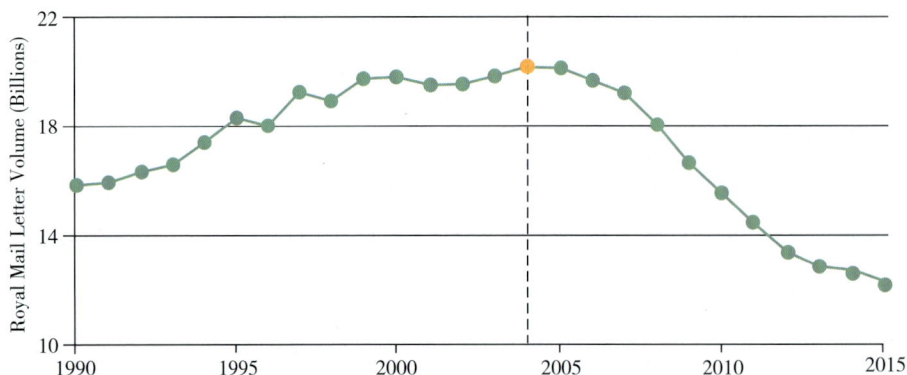

图20　信件数量于2004年达到峰值，但在2007年之后急剧下降

资料来源：Vivid Economics。

2011年，英国政府决定对Royal Mail的服务部门进行私有化，导致该企业于私有化之后采取强有力的成本削减举措以及有限的多元化战略。2011年，英国政府通过了允许Royal Mail归私人控制的法规，私有化于2013年实施。完成私有化之后，主要受国内邮递服务核心业务的效率增益的驱动，Royal Mail结束了连续五年的税前损失，恢复了利润水平——利润水平有所提高，但总收益并无明显增长。该企业采取了向国际市场的水平拓展以及向电子商务的垂直向上拓展，但这些多元化战略相对于其他战略而言力度较小。

其他欧洲国家的邮政服务私有化的正面案例，以及Royal Mail自2008年开始明显陷入的财务困境，激励了英国其他企业采取类似的行动。2011年，信件数量的下降已成为明显趋势，并且，Royal Mail的糟糕业绩表明，"无为"战略是不可持续的。欧洲早期的私有化案例反映了邮政企业可以如何转变运营模式和恢复利润水平，同时保持服务义务的履行。因此，由于信件数量的下降和低效问题，无为战略下能实现的收益预期较低，而根据欧洲类似战略的实际结果，剥离或多元化战略下能实现的收益预期较高。

然而，作为一家由政府控制的企业，2013年之前，Royal Mail受到严格监管，这对该企业的转变设置了较高的障碍，阻止了该企业采取行动。受政府控制意味着，Royal Mail要重新议定合同、获取民间资本、调整产品或进入新市场，都必须经过耗时的审批流程。因此，即使剥离和多元化战略的收益预期较高，由于无法有效地应对其财务业绩的恶化，Royal Mail连续多年（2013年之前）出现税前损失。私有化提供了一条降低变革成本和采取新战略的简单途径。

虽然英国政府也重视维持公众服务，但其对邮寄价格的管控比美国宽松得多。完成私有化之后，Royal Mail仍被指定为公众服务提供商，有义务以统一的价格，每周六天提供全国范围的服务。这意味着，该企业仍需要将大部分精力放在信件邮递核心服务方面，致使其在某种程度上回避变革。大规模的多元化战略本质上存在较高的风险，并可能对这一核心领域造成冲击。因此，Royal Mail的风险偏好使其更倾向于采取成本削减战略，而非大规模拓展新市场。

英国政府将历史性的邮局拆分为三个部分，并且仅对其中的服务部门实施私有化，邮局的网络仍属于公有。这三个部分是——Royal Mail的信件与包裹邮递事业（之后于2013年实施私有化）、邮局实体网络（仍属于公有），以及Royal Mail养老金计划的净负债（由政府接管，以恢复Royal Mail的偿债能力）。实际上，为实现私有化和降低变革成本，政府一次性地承担了相应成本。实施这种分拆的目的是让不同邮政服务提供商能共同使用邮局，避免基础设施支出方面的浪费。

在2013年实施私有化之后，Royal Mail的财务状况大幅改善——主要通过核心业务领域的剥离措施。虽然收益增速较缓——2011年至2017年期间的复合年增长率（CAGR）为1%，但利润水平增长显著，这表明该企业将重点放在效率增益，而非进入新市场。2011年至2016年期间，Royal Mail的职工总人数减少了9.7%，私有化之后，分拣中心的数量从57个减少为38个。结果是，该企业的国内信件与包裹核心业务的盈利能力大幅提升，从2011年的1.2亿英镑的营业损失（Royal Mail年报2010-11：2）逆转为2017年的4.11亿英镑的营业利润（Royal Mail年报2016-7：21）。

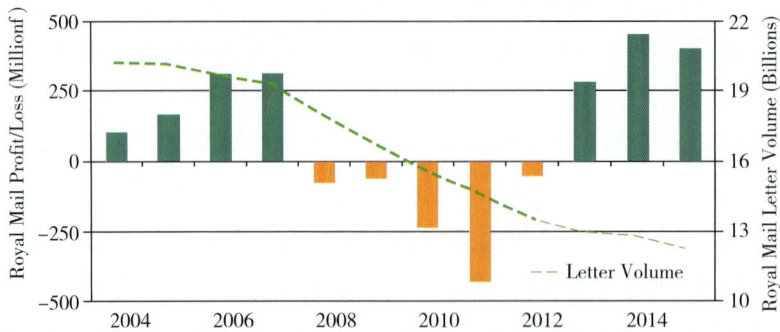

图21 尽管信件数量持续下降，但2013年的私有化导致Royal Mail恢复盈利能力

资料来源：Vivid Economics。

　　尽管短期内有效，但此剥离战略不太可能是实现利润增长的长期解决方案。剥离的短期影响显然是重大的，它使Royal Mail从亏损逆转为盈利（如图21所示）——主要因为其核心业务得到改善。然而，此领域的未来业绩尚不可知，因为信件数量继续保持长期下降趋势，预测信件数量的年下降幅度在4%至6%之间（Royal Mail年报 2016-7：2）。此外，包裹市场中来自外国运营商的激烈竞争导致"20%的产能过剩"，阻碍了Royal Mail在主要增长市场中站住脚跟。随着效率增益被用尽，进一步的利润增长将不得不来自利润增长一直不明显的包裹业务，或者来自Royal Mail小规模实施的、落后于一些更激进竞争对手的多元化。

　　Royal Mail已开始向电子商务和物流领域水平拓展，但在速度上被反方向的业务拓展所超过，这可能导致其利润率面临越来越大的压力。在价值链方面，Royal Mail（与Deutsche Post和法国的La Poste类似）正在向网站开发领域垂直拓展，数字营销和包裹收集点（《金融时报》，2016年5月，链接）。目前，Royal Mail似乎仅通过兼并方式来实现组织结构上的改进，而未曾宣布任何重大重组——例如，设立新的董事会职位或业务部门。Royal Mail未披露其电子商务相关收购的交易额，也未提供其收益预测，但根据私下预估，其未来两年的收益将仅增加1亿英镑。Amazon已开始建设内部邮递网络，旨在将其业务从电子商务拓展到基础包裹与物流业务（《金融时报》，2015年6月），因为相比之下，后者在2016年的收益达到15亿英镑（商业内幕网，2017年8月）。

　　Royal Mail收购了一些外国邮政运营商，实现了在其国内市场之外的多元化，但这些收购交易的规模也较小。在美国，该企业于2017年，以1300万美元收购了Postal Express，并于2016年，以9000万美元收购了Golden State Overnight（《金融时报》，

2017年4月）。在欧洲，Royal Mail于2016年，以7100万欧元收购了ASM Transporte Urgente of Spain（《金融时报》，2016年6月）。相比之下，Deutsche Post于2015年，以约20亿欧元收购了DHL（《经理人杂志》，2002年）或者以56亿欧元收购了Exel（Deutsche Post DHL新闻公告，2005年12月14日）的交易则属于不同量级。这些小规模收购的部分原因在于资金约束。采取更有节制的、无须大规模战略与组织结构转变的模块式方法的优点在于：风险和成本较低。Deutsche Post在向美国市场拓展以及之后退出美国国内邮递市场的过程中产生的39亿美元重组成本就映证了这一点（《金融时报》，2008年11月），但事实是，要想在新市场中取得稳固低位，必须做出强劲投资，而Royal Mail目前无法做到这一点。

政府有效地支付了一笔一次性经费，以便Royal Mail突破限制性垄断监管的约束，这笔经费对于Royal Mail恢复盈利水平而言至关重要。由于在私有化之前产生了大量变革成本，尽管长期下降趋势预期将持续，而且剥离或多元化预期将实现较高的收益，但除了"无为"战略外，Royal Mail无法寻求其他任何战略。政府承担了养老金负债，让私有化得以实施——事实证明，此做法是有益无害的。对于石油与天然气企业，政府在为企业承担负债之前，可能将剥离网络基础设施作为企业成为私有企业和获取民间资本市场以实现增长机会的条件。

在正确的监管环境和领导下，在不进行重大的顶层组织结构改变的情况下做到稳定核心业务和保持服务安全性是可能的。除了拆分出邮局部门和政府为其承担养老金赤字之外，Royal Mail在集团组织结构未发生重大重组的情况下实现了逆转。然而，如上所述，这一逆转集中于Royal Mail的核心业务，企业的长期增长前景尚不确定。

Deutsche Post（德国邮政集团）：采取变革性战略的案例

Deutsche Post（德国邮政集团）从90年代末期（时间上早于邮件数量出现下降趋势之时）开始实施向其他全国化市场和物流服务领域进行拓展的战略。德国邮件数量出现下降趋势的时间晚于美国和英国，于2008年达到峰值，到2015年仅下降了13%。相比之下，美国和英国邮件数量相对于各自峰值的下降幅度分别达到38%和42%。当邮件数量开始明显下降时，Deutsche Post已完成向不同地理区域和市场的拓展——因此，持续下降趋势对Deutsche Post的收益和盈利的总体影响最小。

自2001年以来，Deutsche Post完成了多次大规模收购，并且在国内邮件数量出现下降的趋势下，实现了稳定的利润水平。这些大规模收购包括2002年收购DHL和2005年收购Exel，但该企业从1998年便开始实施小规模收购形式的全球多元化战略。最终结果是，Deutsche Post在不断增长的市场中以及在不断发展的专业技能方面领先占据了市场地位，促使其通过广泛的风险项目实现了强劲的收益增长（从2001年到2015年增长了68%），使得信件数量下降的影响并不显著，如图23所示。

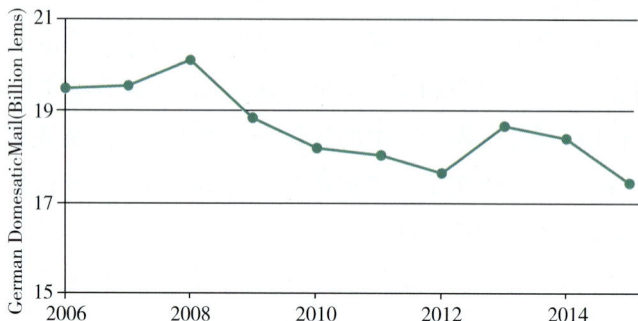

图22　德国邮政市场邮件数量的下降趋势在2008年晚些时候开始出现

资料来源：Vivid Economics。

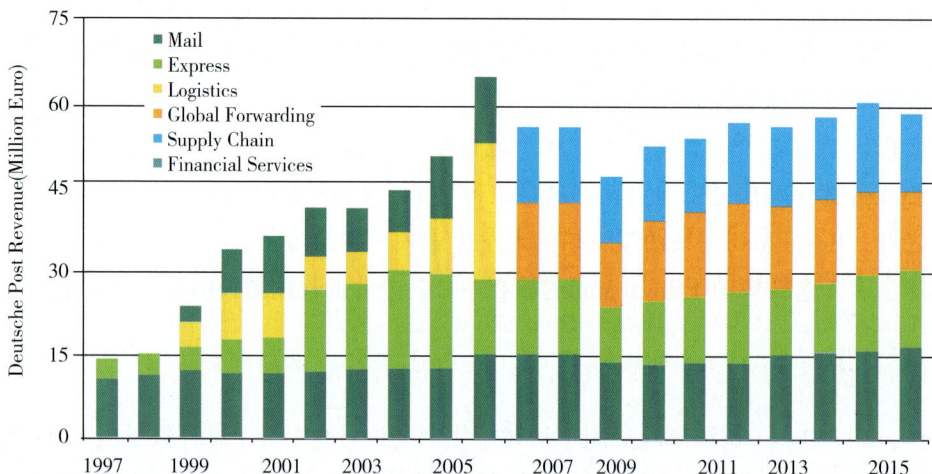

图23　自21世纪初开始，Deutsche Post的收益一直来自多个领域，尽管国内信件数量下降，但其总收益未出现明显下降

资料来源：Vivid Economics。

Deutsche Post的多元化动机被1997年旨在促进国内邮件领域竞争的邮政改革所触发。根据欧盟指令，德国于1997年通过了一些旨在保证邮政服务质量和促进更自由竞争的新法律，使得德国成为欧洲邮政市场自由化运动的领跑者。因此，Deutsche Post预期其未来在国内邮政市场的份额将下降——1997年，Deutsche Post的收益份额超过

75%。Deutsche Post选择的对策是通过多元化，发展成为一家全球化的物流企业，提供全系列服务——鉴于欧洲及国外的快运、快递与包裹市场的快速发展，以及企业客户对拥有提供全套物理服务的一站式提供商的需求，该战略预期将产生较高收益。

大量现金流和私有化让该企业得以在内部障碍最少的条件下开展多元化活动。早在长期下降趋势开始影响利润率之前（其2000年邮件业务利润约为20亿欧元），Deutsche Post就已开始实施多元化战略，这让该企业能够在内部融资支持下寻求多元化，而不必筹措外部资金。私有化通过简化决策流程而进一步促进了该企业的多元化战略的实施，让该企业能够以快得多的速度开展收购。该企业在1989年，以及在从德国统一到1997年期间实施的系统化重组，也为该企业提供了吸收和容纳新资产方面的宝贵经验。

德国有关提供公众服务的法规更灵活，最大程度减少了多元化面临的外部障碍。尽管Deutsche Post一直以来负担着提供公众服务的义务，并享有一些排他性权利，但自2008年开始，市场已完全自由化，德国不再正式指定某个企业提供公众服务。在解除了这一压力后，Deutsche Post得以自由地继续开拓探索国际市场和创造新产品，实际上也是以业务方式提供公众服务。

Deutsche Post之所以在20世纪90年代采取私有化路径，是受到组织结构的低效引起的损失和欧盟指令所触发，而并非为了应对信件数量的下跌。1989年之前，Deutsche Bundepost这家由国家控股的企业控制了所有邮政与电信服务。该企业其管辖机构的官僚结构，这种结构并不适用于以市场为导向的企业，因而造成了流程烦琐、无记账、无一致性营销与销售战略的局面，进而造成严重损失，仅1990年一年的赤字就达到3.2亿欧元。1989年进行的第一轮邮政改革分离出了一些不同的服务部门，并按照企业组织机构，对其进行重组，并很快扭转了其命运。当关于开放邮政市场的欧盟指令出台时，德国计划对Deutsche Post实施私有化，并于2000年予以实施。

1997年，由于国内市场显然将面临日益激烈的竞争，Deutsche Post声明了它致力成为一家全球化物流企业的目标。1997年出台的《德国邮政法》载明了关于促进德国邮政市场竞争的规定。该法案的主要政策之一，是于2002年（于2001年决定推迟6年）取消Deutsche Post对部分邮政产品的排他性经营许可（https：//www.boeckler.de/pdf/wsi_pj_piq_sekpost.pdf）。因此，Deutsche Post在此时开始实施其全球化战略（"……成为全球第一的市场参与者"），不仅是为了避开逐渐紧缩的国内市场，也是为了尽早在欧洲及全球迅速增长的快运、快递和包裹业务市场中占据地位。为实现这一转型，该企业在开始时进行了一些小规模的收购并新增了国际服务，但直到2001年才开始进行大规模的收购活动。

在私有化之后，Deutsche Post启动了一项通过收购和剥离自身非核心业务来实施的密集多元化计划。私有化让Deutsche Post能够自由地利用其强劲的内部现金流来寻求大规模的收购。在2002年的私有化后仅一年，Deutsche Post即以24亿欧元，完全收购了美国快递物流公司DHL（Spiegel，2005年9月）；并于2005年，以56亿欧元收购了总部位于英国的物流公司Exel（Deutsche Post DHL新闻公告，2005年12月14日，链接）。这些收购让Deutsche Post得以在新市场站住脚跟，并从一家以邮件业务为核心的企业转变为一家全球化的、提供全套服务的物流企业。从2004年到2010年，Deutsche Post实施了超过80亿欧元的剥离——主要是出售Postbank，以便为进一步收购筹措资金。

近年来，Deutsche Post将重点放在创新上——成立了创新论坛，并在DHL内部设立了一个专门负责相关事宜的部门。2010年，Deutsche Post推出了"电子信函"（电子邮件）业务，并将其作为一种取代实物信件的数字化方案，但由于尚未公布使用率数据，其受欢迎程度难以确定。近期的创新包括无人机递送（目前正在完成第三轮测试）、电动邮递车和实时供应链管理系统。作为创新论坛的DHL创新中心则旨在鼓励客户与合作伙伴之间合作开发新产品和服务。

总体而言，Deutsche Post通过多元化战略（尽管存在固有的风险），成功地摆脱了自身对国内信件邮递市场的依赖。Deutsche Post实现了非凡的转变——不仅经受住了原核心产品需求下降的打击，而且成功地转型为不断增长的物流市场中的一家领先的全球化物流企业。然而，这种迅速多元化战略并非没有缺点：如此迅速地进入新市场，可能引起严重损失。然而，此缺点应当视为此类激进战略的一个特点。2009年，Deutsche Post中止了美国区的国内快递业务，并因此产生了39亿美元的重组成本。

1.中国的电力网络方案

（1）概览

中国当前的电力网络方案为其100%的广大分散人口提供了获得电网供电的机会。1990年，89%的人口可获得供电；到2014年，100%的家庭均接入电网。同期，人均电力用电量增长了八倍，从511千瓦时/人增长至4047千瓦时/人，达到经合组织国家平均人均电力用电量8004千瓦时/人的一半。这一电网覆盖率与用电量的巨大增长是通过世界最大、最可靠的电力网络之一来实现的。

中国拥有丰富的能源储备（例如，水电和煤炭）来满足其迅速增长的电力需求，但这些储备离大型需求中心较远。能源和需求中心在地理上不均衡的分布限制了电力体系应对电力供需失衡的灵活性，而且还要求对远程输电网络做出大量投资。

中国输电体系的组织结构基于行政层级，并由各省份的电力网络组成，区域与全国范围的整合有限。具体规划、投资与运营主要在各省份层面协调开展，少数协调在全国范围的电力网络层面进行。中国电力行业的体制框架十分复杂。如图24所示。

电力网络的规划遵循自上而下的流程。NDRC按每五年的规划周期，制定总体电力网络投资计划，然后由各省级政府和地方NDRC分支基于总体计划，确定各自行政区域的具体计划。中国国家电网公司（State Grid Corporation）投资于不同区域之间的电网互联项目，而区域电网企业投资于不同省份之间的电网互连项目。省级电网企业主要负责各自省份内的主干输电网络。而这些电网企业在各市县的子公司则负责配电网络。

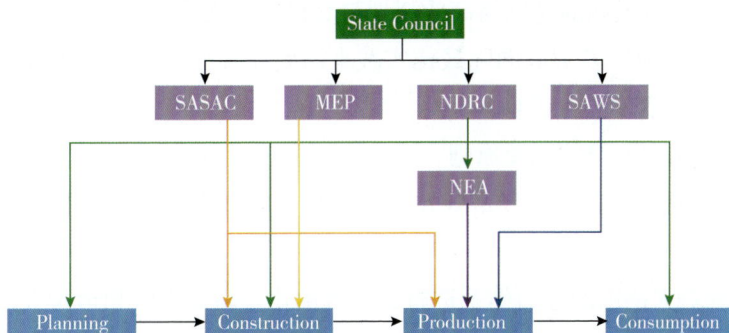

图24　中国电力行业的体制框架由多个组织机构组成，这些组织机构的职责范围存在重叠

注：环境保护部（MEP）、国家开发和改革委员会（NDRC）、国家安全生产监督管理总局（SAWS）、国家能源局（NEA）、国家资产监督管理委员会（SASAC）。

资料来源：Pollitt、Yang和Chen，2017年。

电力定价遵循类似的自上而下的流程。监管机构负责设定电力批售与零售价格，然后由各省级政府根据各自的政策与经济发展目标，在该价格的基础上进行调整。

中国在探寻其电力行业重组与市场化的替代性方案。近年来，中国已将深圳的输电定价改革试点项目扩展到全国范围，并将其扩展到跨区域的输电线路。2014年，NDRC在深圳启动了一项试点项目，以便为在中国广泛应用基于业绩的监管而积累经验。该试点项目旨在激励电网企业降低各自的成本。电网企业的获准成本和利润以及总收益上限得到确定。在深圳的试点项目取得成功后，NDRC决定将改革项目逐步扩展到其他省份，进而扩展至全国范围。

（2）中国电力网络方案的成效

中国当前的电力网络方案实现了一套庞大而稳定的电网和较高的供电覆盖率，但这套电网在地理位置上是分散的，并且在实施高度集中的管理。由于中国监管机构并非独立的机构，中央与地方层级的规划与定价决策可能受到政策目标的影响。这种自上而下的规划方法，以及省级与区域电网企业之间缺乏协调，可能导致做出低效的投资决策，并导致发电与输电投资之间无法进行良好的协调。这种投资模式会导致发电量出现囤积，即供电量充足，但因输电容量有限而无法输送至电力稀有区域。因此，虽然中国拥有庞大的可再生能源（例如，太阳能和风能）发电容量，但有大量可再生能源正在缩减，导致总体电力成本和碳排放量增加。

向低碳化和去中心化电力体系的转型有可能加剧这些低效性，并造成新的挑战。随着中国经济与能源行业去碳化的发展，以可承受的成本来保持电网的高水平盈利能力将变得越来越难。此外，电力资源的去中心化要求电网企业在智能功能方面做出大量投资，并且对基础设施的跨网络高效规划与交付造成挑战。

因此，如同其他许多采取国际最佳实践来高效配置电力网络的国家一样，中国可能从其电力网络方案改革中获益。

2.高效配置电力网络的主要原则

为实现自由化电力市场的经济效益，国际最佳实践提供了一套高效配置电力网络的原则。

（1）继续对大范围的电力体系进行完全自由化。高效投资和运营大范围的电力系统是高效配置电力网络的必要条件。这就要求对适合开展竞争的行业（燃料生产、发电、零售行业）实施自由化、利用市场获取关键服务（容量、平衡），以及对外部效应（例如空气污染和碳排放）进行定价。

（2）将动机与公共政策目标相统一。通过控制电力网络企业的垄断行为和确保价格反映相应成本，使电力网络提供商的动机与提供可靠且可负担的电力供应目标一致：

- 改革电力网络机构。电力网络企业的垄断属于自然垄断，不存在通过竞争性市场进行配置的范围。因此，务必要确保其动机与公共政策目标一致。垄断企业存在减少新基础设施投资和收取高于成本之价格的动机。国有企业可能存在优先实现短期政治目标（而非长期公共政策目标）的动机。这些动机可通过对电力网络实施机构改革来缓解。一种方案是通过由独立监管机构实施基于业绩的监管，转变电力网络企业的动机。另一种方案是通过成立一个独立系统运营商（ISO），将电力网络的运营与所有权相分离。英国和欧洲大部分国家目前采用了基于业绩的监管方式，而美国则在其输电系统（例如，在PJM（美国东北部输电系统）、加利福尼亚州和纽约州输电系统）中采用ISO模式。

- 考虑采用区域定价。高效的电力网络投资与运营需要利用有关电力网络拥塞的信息。如果实施了区域（节点或分区）定价，则有助于揭示网络拥塞成本。美国多个州、阿根廷、智利、爱尔兰、新西兰、俄罗斯和新加坡采用了节点定价，而多数欧洲国家和澳大利亚则采用了分区定价。然而，区域定价有利也有弊。重要的是，一旦在电力网络用户中完全实施了分时定价，则区域定价是最有效的。

（3）采取进一步措施来迎接去碳化体系的挑战。能源需求电气化以及电器效率的改进，将加剧未来输电容量需求的数量和位置的不确定性。只要提供了充分的投资激励，蓄电等灵活的资源和需求对策可取代新电力网络投资。

- 为输电规模的可再生能源发电指定战略分区，以减小规划与投资的不确定性。可再生能源的来源可能距离需求中心较远，因此需要在输电方面做出大规模的投资。发电量和发电位置的不确定性可通过分区来缓解。

- 确保有可得的收益来鼓励采用灵活资源提供全套系统服务。去碳化所需的灵活资源将促进多种系统服务（例如平衡响应和频率响应）的发展，但如果这些服务不存在对应的市场，则可能出现投资不足的情况。西部的多个电力市场成为需求缩减市场，让灵活资源得以实现收益。

（4）通过投资于去中心化资源的协调及其控制、平衡、安全与数据流，准备开发去碳化电力系统及其相关数字化。

- 协调对去中心化资源的投资。独立开发商若缺乏对其他开发商之计划的了解，可能做出与其他开发商类似的投资，从而造成过度投资或者（若开发商厌恶风险）投资不足。这两种情形都将造成低效的结果，因此，我们需要对此类问题进行协调。解决方案包括，为多边资源规划和当前获许可资源的公布制定正式流程（例如，西班牙和爱尔兰输配电系统运营商采用的相应流程）。

- 确定如何控制去中心化资源。虽然如今的配电网络大部分属于被动式，但主动式配电网络能够适应分布式资源。随着电力系统变得越来越主动和复杂，单个系统运营商可开始依赖于虚拟电厂等中间商以及配电系统运营商等合作伙伴，来协调系统平衡。之后，可采用具有新的计算要求、管理规则和机构特点的新控制系统，以反映新的运营脆弱性。

- 平衡数据透明度与安全性。随着信息通信技术（ICT）基础设施的扩张，来自电力系统的数据量不断增多。数据系统需要自身的基础设施，以便公众使用，从而促进竞争和优化运营。与此同时，数据在不同资源中的分布也会带来网络攻击和隐私泄漏等新的风险，需要通过充分的协议来解决。

3.高效电力网络方案的路线图

本节将为中国电力网络方案的开发，提供相关路线图建议，以便中国同时对其电力系统开展大规模投资、市场改革和去碳化。这些建议基于有关未来方案的国际最佳实践及前瞻思维，见第5节和第6节。

该路线图基于下列指导原则：

- 强大的市场需要强大的政府。基于市场的解决方案有可能确定和实现具有成本效益的投资和电力系统的运营。然而，如果有强大的政府积极地确保企业动机与公共政策目标的一致，则市场和自然垄断的电力网络都将从中获益。可通过划分角色（分拆）或严格监管来保证电力网络企业动机的一致性。

- 体制框架可逐步制定。批售制度改革具有挑战性和冲击性。在开始时，可通过对当前实践进行小范围的改变和实施小规模的试点项目来获得充分的概念验证，从而建立对大范围改革的共识。

该路线图反映了下列信息：

（1）立即行动

- 继续实施市场自由化计划。国务院发展研究中心（DRC）与壳牌的第一期联合研究得出了关于电力市场自由化计划的建议；与之一致的是，中国的十三五规划旨在改善电力体系，让市场在资源分配中起主导作用。务必要继续实施市场自由化计划，以实现更先进、更高效的电力体系。

- 理性制定投资规划。明确界定可靠性和经济效率的衡量指标，有助于电力网络规划者识别高效投资。与此同时，采用受益者付费原则，可鼓励做出可提高生产效率的投资，避免转移国家资源来刺激区域发电量。在全国和区域层面结合采用这些方法，将促进发电服务的互连与共享。

- 对投资进行协调。采用一个通用的投资框架，以便协调发电规划与电力网络投资，从而治理战略决策和市场企业。例如，该框架可大规模可再生能源发电分区以及小规模分布式发电等替代模式的角色。

- 实施智能系统架构。为实现可负担的去碳化，智能的分布式资源至关重要。在建设分布式资源之前，可首先制定用于管理这些资源的系统架构。系统架构至少包括：智能电表的部署（以便在配电网络引入针对电力用户的分时定价）、上游信息与通信架构，以及用于开发智能电网技术解决方案的研发架构。

（2）转向高效定价

- 取消对价格的管制。对于决策制定者而言，反映成本的定价是高效投资与运营的信号。可循序渐进地取消对价格的管制，即根据前期改革是否取得成功，确定是否实施进一步价格改革。价格改革可在上游开始，并发展到下游，首先针对于原料燃料，然后依次针对发电、入网和零售。如果在取消管制之前，批售价格上涨至零售价格以上，则还需要规定保护零售商的措施。

■ 制定不同输电系统之间的和谐贸易方案。利用价格来确定不同省份与区域输电系统之间的互连流向，从而传递有关哪些省份或区域可能从新投资中获益的信号。价格可刺激低成本的电厂应对需求。

■ 实施分时定价。分时定价让电力用户和灵活资源能够应对发电成本和需求的变动。分时定价也可循序渐进地实施，从一些规模较大的电力用户（例如，有灵活生产计划的工业设施）开始，最后对智能家用电器予以实施。

■ 考虑区域定价。类似地，区域定价也是高效投资与运营的信号，但其有利也有弊，见第5.3节。中国可考虑在实施了分时定价之后，采取区域定价。换言之，在需求峰值被拉低时，立即传递地理网络限制的信号。分区定价是统一定价与完全节点定价之间的一个潜在中间步骤。

■ 保护终端用户。取消对零售电力的管制，可能导致零售商采取寻租行为，进而推高用电价格。当电力用户不乐意转换供应商或者因某种原因导致竞争无效时，可能出现此情形。在取消对零售电力价格管制的同时，可制定关于保护电力用户的政策。

（3）开始市场验证

■ 开展小规模试验。开展小规模试验有助于在竞争条件下获得新的输电投资、新输电资产的替代性非电网资产、配套服务等。采用竞争性招标或拍卖来开展这些试验。这些试验可提供概念验证与经验，以及创新的、具有成本效益的解决方案。为取得成功，采购试验必须是公开的、透明的。

■ 循序渐进地引入市场采购。如果竞争性采购试验取得成功，则可扩大规模，并在恰当情况下，在每个输电系统中，循序渐进地引入大范围的市场采购。市场采购有助于揭示有关多种技术发电的相对成本及优势的信息。

（4）做出体制方面的选择

■ 建立输电网络的体制。方案包括，保持现状、强化市场采购角色，以及采用监管下的TSO模式或者ISO模式。国际经验尚未表明监管下的TSO模式或ISO模式中哪个更优，因此，重要的是尽早采取一种优质的体制模式，而非从中选择较优的一个。

■ 为去中心化资源选择一种控制模式。在一开始，当资源的数量较少时，输电系统运营商或许能够直接控制这些资源。然而，随着资源数量的增多，以及分时与区域定价变得越来越复杂，当单个运营商模式的计算、商业与合同能力可能超出范围时，可能需要采取新的控制模式。

4.电力网络简介

电力网络用于通过高压输电网络与低压配电网络的组合，将电力从发电厂输送给电力用户。系统运营商负责始终在可用网络容量的限制范围内平衡电力网络上的供给与需求。

电力网络行业属于自然垄断，即使在自由化的电力市场背景下，也可能受到监管。通过用自由竞争来取代政府管控市场，电力市场自由化可能导致更高效的电力系统。然而，为纠正市场失灵，政府干预仍然是必要的。尤其是，电力网络属于自然垄断行业，为确保高效投资和运营决策及定价，可能受到监管。

（1）基本概念

电力网络用于输送电力，以降低成本。首先，发电厂通常具有规模经济的特点，因此，为给公众提供电力，建造少量大型发电厂比建造大量小型发电厂的成本更低。其次，发电厂可能离需求源较远（例如，由于环境限制）。再次，当发电模式和需求因地理位置而异时，电力网络可减少重复发电投资。

为降低损失和单位成本，大部分电力网络由高压输电网络与低压配电网络组合而成。当电力以高压输送时，损失较低，当以低压输送时，损失较高。为最大程度减少损失，电力网络使用高压输电系统长途输送电力，并使用低压配电系统将电力交付给大部分终端电力用户。图25是传统电力网络的图解。

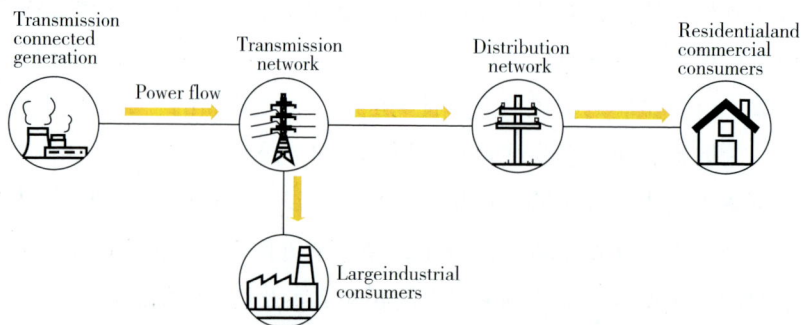

图25　电力网络用于将电力从发电厂输送给终端用户

资料来源：Vivid Economics。

输电网络通常是网状网络，而配电网络则是辐射状网络。网状网络是由不同连支组成的复杂网络，其中，多条路径连接不同节点。网状网络的复原能力较强：多个连支提供冗余，因此，如果单个连接失效，其他路径仍保持完好。这种冗余会提高电力网络的成本。此外，通过网状网络的电力潮流向受物理规律的约束，因而难以预测。因此，网状网络的运营十分复杂，对计算要求极高。辐射状网络则是由不同连支组成的简单网络，其中，单条路径连接不同节点。辐射状电力网络的复原力较弱，但复杂度和成本较低。

系统运营商需要始终平衡电力网络上的供给与需求。电力网络的电压和频率需要保持在精确的限值以内，以防止设备损坏和停电。因此，电力系统的安全性就在于保持稳定的电压和频率。虽然发电厂和电力用户可就通过电力网络输送的电力进行私下交易，但系统安全性平等地惠及每一个人。系统运营商负责在发电厂和电力用户之间做好安排，调节发电量或用电量，从而稳定电力网络。

输电与配电连支的容量有限，可能导致拥塞。如果某个节点的需求超过了为该节点供应电力的连支的容量，则会发生拥塞。由于需求是可变的，因此，投资建立充分的容量来满足所有时间的峰值需求通常并非高效的做法。容量的效率水平较低，会造成一定程度的冗余。系统运营商通过平衡电力网络中的发电量与电力用户需求来应对这种拥塞。

系统运营商通常采用两种方式来平衡供需。在中心调度系统中，系统运营商观察电力网络中的潜在发电量和用电量，并对发电与用电模式进行优化，使其保持在电力网络限制以内。在双边交易系统中，系统运营商观察电力网络中的合同发电量与用电量，并识别网络拥塞区域。然后，系统运营商会裁减一些造成拥塞的发电厂，并安排不太拥塞线路上的其他发电厂来提供缺少的发电量。文本框1提供了系统平衡的简化案例。

电力系统供需平衡。图26反映了一个对存在电力网络限制的电力系统进行供需平衡的简单案例。在此案例中，系统运营商需要对通过一条容量有限的输电线路互连的两市电力系统进行平衡。以绿色、蓝色和紫色标识的数字代表系统运营商面临的平衡问题的输入。以红色标识的数字代表输电量。

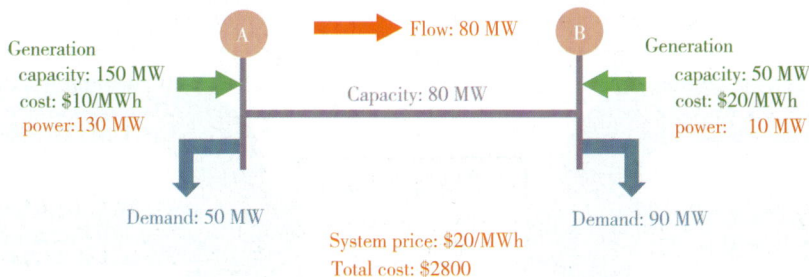

图26 电力网络限制下的系统平衡案例图解

资料来源：Vivid Economics。

在A市，发电厂可生产至多150兆瓦的电量，发电成本为10美元/兆瓦时，电力用户需求为50兆瓦。在B市，发电厂的容量是50兆瓦，发电成本是20美元/兆瓦时，电力用户需求为90兆瓦，超过了当地的发电厂容量。两市的电力用户需求都是稳定的，不随价格而变动。A市与B市之间的互联能承载至多80兆瓦的电量。

为最大限度降低系统总成本，系统运营商首先利用A市的廉价发电。A市的发电厂在满足当地需求后（50兆瓦），向B市导出80兆瓦（共计130兆瓦）。由于互连容量已达上限，需要使用B市的发电成本较高的发电厂满足当地剩余需求（10兆瓦）。因此，系统电价等于B市发电厂的成本（20美元/兆瓦时），总成本为2800美元（140兆瓦x 20美元/兆瓦时）。

（2）自由化电力系统中的电力网络

电力市场自由化基于有力的经济学原理：竞争会最大程度提高效率，从而增加总体福利。因此，许多国家均已逐渐对各自的电力市场实施了自由化，从而减少了政府干预、促进了竞争。自由化于1990年开始在英国实施，1991年延伸至挪威、智利、阿根廷、新西兰和澳大利亚，并于1994年开始在美国（从加利福尼亚州开始）普及。欧洲委员会于1996年公布了旨在鼓励欧洲更多国家实施自由化的指令。

电力市场自由化意味着，竞争性市场的发展涉及需要政府最大程度减少对市场中技术和价格的管控。批售电力、容量和平衡服务之采购方面均形成了竞争性市场。一直以来，电力市场自由化均通过将发电和零售与输配电自然垄断相拆分来实现。类似地，尤其在供应链的竞争性环节中，通常会发生私有化过程。

然而，市场失灵情形仍可能发生，需要政府干预予以纠正。如图27中的归纳，这些措施包括：坚挺的碳价格，以激励低碳发电和减少需求；稳定、可预测且可靠的政策环境，以降低政策风险和低碳投资的资金成本；以及对电力网络自然垄断企业的监管。

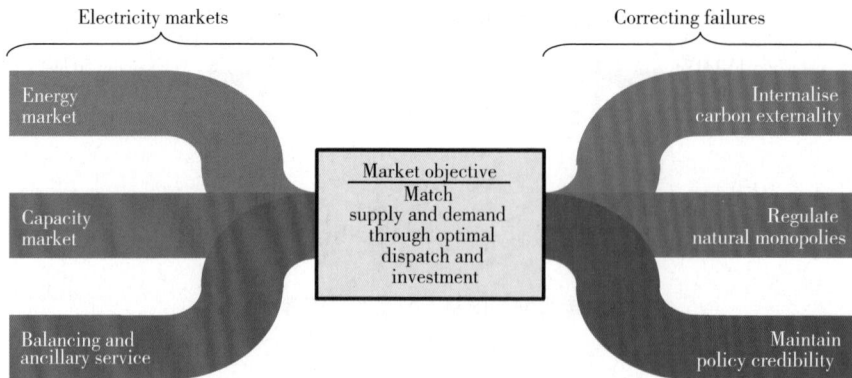

图27　电力市场的目标是提供服务，以便平衡供需，同时纠正市场失灵

资料来源：Vivid Economics。

4.电力网络配置中的挑战

随着电力系统的去碳化和去中心化，电力网络服务提供商面临挑战。随着电力系统的去碳化和去中心化，规划、交付、运营和成本回收方面将不断出现新的挑战。

（1）网络配置的挑战

高效配置的挑战涵盖规划、交付、运营和成本回收方面。电力网络的规划与交付方面的挑战因未来电力需求不确定以及电力网络投资与独立发电厂之间难以协调而产生。运营方面的挑战则因电力网络的容量限制、电力系统的复杂性和电力潮流的不可预测性而产生。成本回收方面的挑战因电力网络的自然垄断特点以及难以通过传统监管来缓解垄断行为而产生。

1）规划与交付

电力网络的规划与交付面临未来电力需求不确定和电力网络投资与独立发电厂之间难以协调的挑战。首先，未来需求的数量和位置是不确定的，取决于人口增长、聚落形态的变化、工业结构的变化、技术与经济增长情况。电力网络规划者需要判断何种情况下必须部署电力网络资产。其次，虽然垂直整合的公用事业单位同时进行发电与电力网络投资的规划，但在自由化电力系统中，发电与电力网络投资分别由不同的机构来完成。假如没有协调，发电厂可能面临其收益因电力网络拥塞而减少的风险，电力网络可能面临发电厂资产利用不足的风险。

2）运营

电力系统的平衡因系统复杂性和电力潮流的不可预测性而面临挑战。由于存在众多发电设施与用电负荷，以及存在网络限制，因此，要得出每个来源的最优产量和用电量水平，需要进行复杂的计算。此外，由于电力网络遵循的物理规律，通过电力网络的准确电力潮流取决于每个发电厂的发电量和每个用户的用电量，而无法提前预测。

3）成本收回

电力网络属于自然垄断行业。系统运营商的职责之一在于，征收费用，并将其支付给电力网络所有者。为此，需要设计能收回电力网络所有者的资本、运营与维护成本的电价，并将这些成本转移给电力网络用户。如果电力网络运营商同时也是网络所有者，则属于垄断运营，可能存在减少网络基础设施投资和向电力用户收取过高电价的动机。

为有效缓解垄断行为，需要采取创新的方案。电力网络具有资本成本高和规模经济的特点。因此，电力网络属于自然垄断行业，由单个网络服务于一片既定区域。缓解自然垄断中的垄断行为的传统方法是监管。然而，对于当前网络成本以及这些成本如何随生产效率的提高而降低，监管机构掌握的信息并不完善。根据监管类型的不同，电力网络企业可能存在夸大成本或过度投资的动机。

（2）未来变化：去碳化和去中心化

电力系统正在实施去碳化和去中心化，电力网络的高效配置需要考虑到这些因素。如图28中的归纳，电力系统主要特点的潜在变化可归为两大趋势：电力和广泛能源系统的去碳化；以及系统资源的去中心化。下文依次阐述了这些变化及其对电网高效配置之挑战的影响。

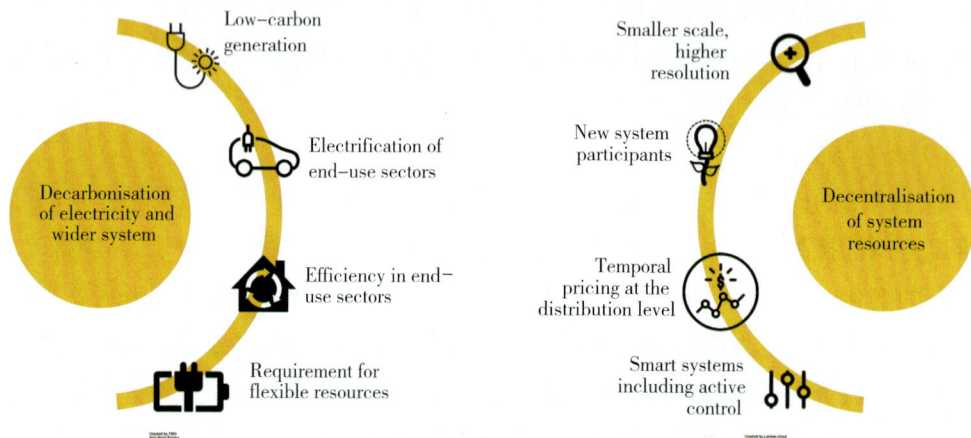

图28　未来电网将由去碳化和去中心化这两大趋势塑造

资料来源：Vivid Economics。

1）去碳化

电力系统去碳化和广泛能源系统的相关变化，涉及发电技术的转变和电力需求模式的深远变革。发电技术将从化石能源发电转向低碳发电——即利用碳捕集与封存、核能、生物燃料和可再生能源进行发电。电力需求将受到终端使用行业（尤其是供暖与交通运输业）电气化导致的需求增长，以及电器效率提升导致的需求下降的影响。随着低碳灵活资源（蓄电和需求侧响应）的出现，需求曲线也将发生转变，以平衡核能和可再生能源等相对不灵活资源的发电量曲线。

这些改变可能加剧电力网络基础设施规划与交付方面的挑战。鉴于终端使用行业电气化水平的不确定性，以及电器效率的改进，未来的需求量将更加难以预测。另一个不确定性因素在于，低碳灵活资源将在何种程度上拉低峰值需求，进而拉低电力网络的相应容量水平。

低碳灵活资源可替代新电力网络投资，并可降低电力网络总成本。然而，由于这些资源提供了不同的系统服务（平衡、频率响应、网络拥塞缓解），如果这些资源提供的各项服务没有对应的市场，则可能出现灵活资源投资不足的情况。

2）去中心化

去中心化涉及电力资源从输电系统向配电系统的转移。去中心化的电力资源涵盖发电、需求响应和蓄能三个方面。去中心化的发电包括风能和太阳能发电——越来越多地与配电网络（包括家庭层面）相连。需求响应是指根据系统状况，灵活运营电力设备；电动车有望大幅提高需求响应的潜力，因为它们能在发电量较高、需求较低时进行充电。去中心化的蓄能也可能增长，甚至在家庭层面也具有增长潜力。

为释放去中心化电力资源，需要转向智能电网。智能电网的特点包括：可控制的电力资源（发电厂、蓄能、电器）在整个电力系统中占主导地位、用户能够表示对使用其设备的偏好、制定运营标准以便协调运营资源、充分开发信息通信技术（ICT，具体而言是指通信带宽、数据存储和计算能力），以及恰当的数据安全性和隐私协议。

去中心化会加剧规划、交付与运营方面的挑战：

- 输电系统和众多配电系统之间可能出现协调问题。在当前的电力系统中，大部分新投资都出现在输电系统，因为投资者可获取有关输电系统当前与计划资源的充分信息来做出新的投资决策。然而，配电网络通常没有充足的可用信息，因此，资源向配电网络的转移将造成协调问题，投资者将难以明确了解系统需求，投资的后续潜在回报也不确定。结果可能是过度投资、投资不足、糟糕的技术组合，或者资源的空间分布情况不佳。

- 去中心化系统的平衡将大幅提高计算需求。要优化整个电力系统的运营，必须确定系统中每个来源的最优发电量和用电量水平。由于在从输电系统的少数大型资源，到所有配电系统的所有资源中，可控资源的数量将增多，因此，这一优化计算的计算需求将增加。如果计算技术无法满足这些计算需求，则必须采取中级水平的控制，并且仅可实施部分优化。

最后，去中心化还将要求有效地管控数据隐私和网络安全风险。去中心化将伴随信息通信技术（ICT）在所有分布式资源中的大幅扩展，并且将带来数据隐私与网络安全风险。为此，可开发和实施相应协议来管理数据使用情况和管控这些风险。

5. 用于应对当前挑战的电力网络方案

需要采取最佳实践方案来确保电力网络的高效配置。第4节介绍了高效电网配置中的一些挑战，以及随着电力系统的去碳化和去中心化，这些挑战将如何加剧。自开发自由化电力市场以来的国际经验为用于应对电力网络高效配置之挑战的电力网络方案中的最佳实践提供了有力的证据基础。当前最佳实践方案也为用于应对去碳化和去中心化带来的未来挑战的新方案提供了基础，如第6节所述。当前的最佳实践方案包括：

- 一套旨在将激励与公共政策目标相统一的体制模式：需要建立一套体制模式，用于缓解垄断行为，以及向电力网络提供针对相应网络基础设施投资的激励，以及高效运营这些基础设施的激励。

- 输电系统的战略规划：确定新输电投资的风险预测是一个复杂的过程，需要进行战略规划。

- 恰当水平的区域定价：为高效地投资并运营电力网络，必须了解当前的电力网络拥塞情况。

- 贸易商投资机制：相比于单个所有者的电力网络，有贸易商参与的电力网络可能获得更充足的投资。

（1）一套用于将激励与公共政策目标相统一的体制模式

需要建立一套体制模式，用于缓解垄断行为，以及向电力网络提供对相应网络基础设施投资的激励，以及对高效运营这些基础设施的激励。有两种体制模式能建立有效的机制：采用基于业绩之监管的输电系统运营商（TSO）模式，以及独立系统运营商（ISO）模式。图29反映了这两种模式之间的主要区别：TSO既拥有又运营输电系统，因而需要予以严格监管，而ISO是与电力网络所有资源所有权完全分离的系统运营商。此外，还存在一些中间模式，例如，系统运营商和输电系统所有者是在法律上相互独立的公司，但由同一家母公司所有。

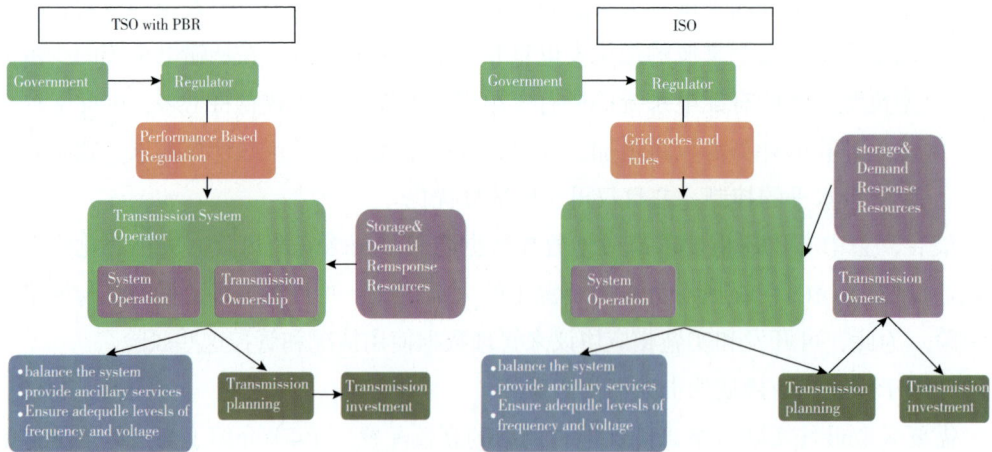

图29 输电系统运营商（TSO）模式和独立系统运营商（ISO）模式是系统所有权与运营的两种主要的替代性体制模式

资料来源：Vivid Economics。

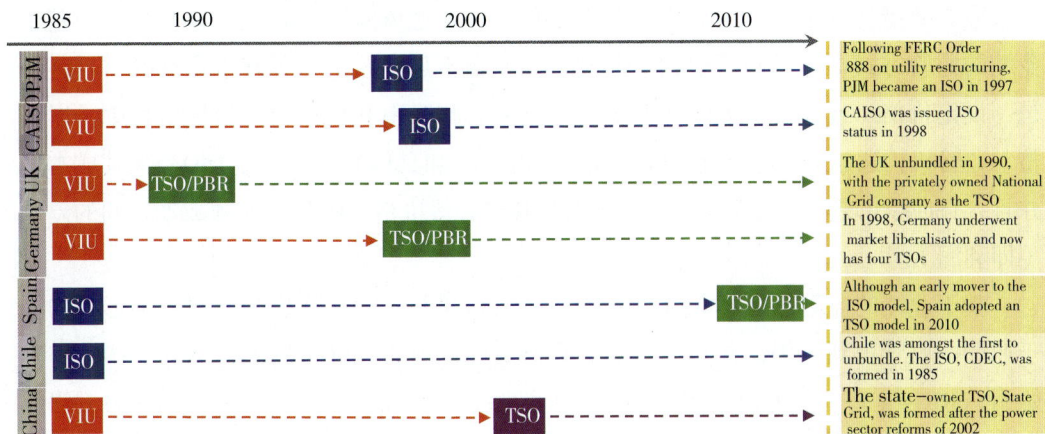

图30 多个国家在各自电力市场实现自由化之后，转向TSO和ISO模式

备注：垂直整合公用事业单位（VIU）、独立系统运营商（ISO）、输电系统运营商（TSO）、基于业绩之监管下的输电系统运营商（TSO/PBR）。

资料来源：（Chawla和Pollitt，2013）。

如图30所示，大多数电力系统已从自由化之前的垂直整合的垄断型公用事业模式，转变为如今的上述体制模式之一。1985年，智利成为首个采用ISO模式的国家。英国于1990年从垂直整合模式转向基于业绩之监管下的TSO模式，德国于1998年予以效仿。根据美国联邦能源管理委员会（FERC，即美国的电力监管机构）的命令，美国的宾夕法尼亚州、新泽西州和马里兰州（PJM）区域，以及加利福尼亚州ISO（CAISO）于20世纪90年代末，从垂直整合式结构转向ISO模式。

1）基于业绩之监管下的TSO模式

输电系统运营商（TSO）是一种既拥有又运营输电系统的实体，因而存在垄断行为的动机。TSO拥有电力网络的所有资产，并且还负责规划、部署和运营电力系统。TSO模式在大多数欧洲国家非常普遍。

为使TSO的动机与公共政策目标一致，需要采取基于业绩的监管。TSO难以监管的原因在于，其拥有的有关自身成本的信息比监管机构掌握的相关信息更准确。这一点可能导致两个问题之一。如果监管机构试图通过设定价格上限（即价格管制）来阻止垄断行为，则需要预估TSO为收回其成本而需要设定的价格水平。这样，TSO会出现夸大自身成本的动机，以取得超出其实际成本的价格上限——此问题称为"逆向选择"。在此情况下，TSO可减少投资，并继续设定较高价格。如果监管机构试图通过向TSO补偿其成本外加受监管的回报（服务成本管制）来阻止垄断行为，则TSO就不会出现采取必要措施减少成本的动机，此问题称为"道德风险"。相比于这些方法，基于业绩的监管方式则寻求同时解决垄断利润和投资不足问题。一种基于业绩的监管范例是，设定价格（或收益）上限，并每年根据通货膨胀率和生产效率目标增长率予以调整。监管机构通过对TSO的历史账簿开展基准分析和具体研究，限制TSO夸大其成本。并且，TSO会出现降低其成本的动机，因为其将获得价格上限与其实际成本之间的差额（即利润）。

基于业绩的监管仍在不断改进，目前尚未出现公认的最优机制。有多种形式的基于业绩的监管得到应用，并且，这些监管形式还在不断改进。例如，英国于1992年开始引入RPI-X（"零售价格指数减X"）机制，该机制最终于2013年被RIIO（"收益＝激励＋创新＋发电量"）机制取代，如下所述。基于业绩的监管中的一大挑战在于，其信息负担较重。监管机构必须审查TSO的账簿和业务计划，并开展基准分析。

英国实施的基于业绩的监管

英国于1992年对电力网络引入基于业绩的监管，即RPI-X机制，并最终于2013年，用更复杂的RIIO机制取代了该机制：

- RPI-X机制。英国电力市场监管机构——天然气电力市场办公室（Ofgem）及其前身在2013年之前一直实施RPI-X机制。根据该机制，Ofgem通过开展成本预测来确定TSO为收回其成本而必须达到的基础收益。基于这一基础收益，Ofgem设定了一个价格上限，并每年根据统计基准分析得出的零售物价指数（RPI）和假定的生产效率目标增长率予以调整。在五年价格管制周期结束时，Ofgem重新设定价格上限，以确保TSO的节支效益传递到终端电力用户。在RPI-X机制中，TSO存在降低其成本的动机，因为其能够获得价格上限与其自身实际成本之间的差额（即利润），如图31所示。然而，RPI-X机制并未达到充分激励服务质量或创新的目的。因为在该机制下，TSO可通过降低服务质量来节省成本，并且，对于开发投资周期较长、长期而言可节省成本的新技术（例如智能电表），五年的价格管制周期未能给予充分激励。

RIIO机制。2013年，为解决RPI-X机制存在的问题，Ofgem引入了RIIO（收益＝激励＋创新＋发电量）机制。RIIO机制保留了RPI-X机制中的有效元素（例如，确定基础收益），并添加了广泛的创新与发电量指标。RIIO机制通过更充分地利用方案分析和情景规划，来确定发电量引导的业务计划产生的基础收益。在其业务计划中，企业对不同情景下用于实现长期发电量之方案的成本及利益相比较，并评估继续实施这些方案的价值。此外，经济和名誉上的激励强化了激励结构。Ofgem对达到发电量指标的企业给予奖励，并对未达到该指标的企业给予处罚。名誉激励不包括经济元素，但会影响Ofgem在后续审查期间对基础收益的评估。更长的八年管制周期可鼓励TSO关注于长期投资（例如，智能电表）。相比于RPI-X，RIIO提供了更广泛的业绩激励，但缺点是复杂性较高、透明度较低（Ofgem，2010年；Jenkins，2011年）。

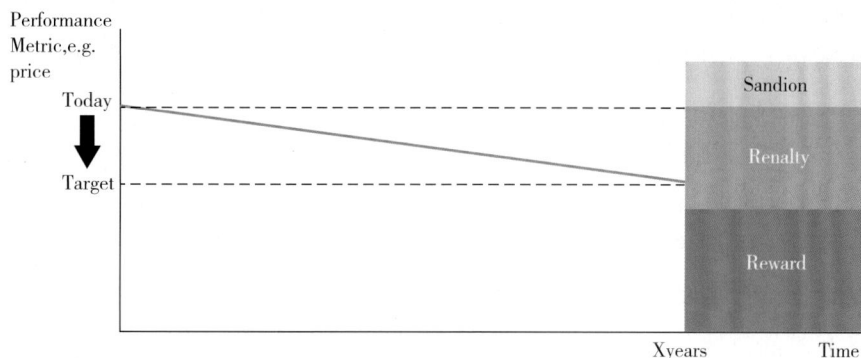

图31　在RPI-X机制中，TSO采取措施降低其成本，因为其可从节支中获得收益

资料来源：Vivid Economics。

2）独立系统运营商

独立系统运营商（ISO）是与电力网络所有资源的所有权完全分离的系统运营商。ISO负责承担所有系统运营职能，包括按照电力网络的物理特点，在发电厂和电力用户中分配电力网络容量；进行剩余电力平衡，以确保电力被输送到最需要的地区；以及保持电力系统的稳定性。在ISO模式中，输电网络资源被一个或多个输电系统所有者（TO）拥有。ISO向发电厂及/或电力用户收取输电系统的使用费，并将这些费用支付给TO。通常，ISO还负责规划新的输电系统投资——要求TO开展这些投资，或者组织竞争性招标来促进投资的实现。ISO通常是非营利性实体。

将运营与所有权相分离，消除了系统运营商收取垄断价格的动机。ISO可能是非营利性组织，或者可能从系统运营收益中赚取利润。由于ISO赚取的利润并非由输电系统使用费收益或者输电系统投资成本决定，因而不存在收取较高电费（高于其为收回输电网络投资成本所需收取的电费）或者减少对输电网络资产之投资的动机。因此，与TSO不同的是，ISO无需受到基于业绩的监管。

ISO的职能可通过其授权来规定，其行为可通过一系列规则来约束。该授权可要求ISO最大限度地减少为达到既定可靠性标准而需要产生的总成本。该规则可约束——输电系统规划与投资流程、向新系统资源提供电网连接、电力网络新资产的竞争性招标的管理、电力网络使用费的征收，以及电力系统中的市场支配力的监控。

然而，最好能建立一套激励ISO的机制。要制定一套规则来完美地激励管理层遵守ISO的授权，换言之，要鼓励ISO实施输电系统的规划、投资和运营，以保持电力供应的可靠性与电力网络的经济效率之间可能达到的最佳平衡，是不太可能的。对ISO施加经济处罚，可能是一种不良的激励机制，因为相对于系统运营业绩不佳产生的福利损失，ISO的收益可能较少。因此，可能需要采用经过精心设计的管理层激励。

ISO模式在北美洲和南美洲十分普遍。智利、阿根廷和秘鲁是ISO模式的早期采用者。美国有大量ISO，每个ISO负责一片输电网络。

（2）输电系统的战略规划

新输电网络投资的设计是一个复杂的过程，需要进行战略规划。具体挑战包括：未来需求的数量及地点的不确定性、发电与网络投资者面临的协调问题，以及大量潜在的输电网络投资。这些挑战可通过战略规划来缓解。战略规划的主要特点包括：

- 界定新输电投资的目标。当明确界定了新投资的目标时，输电规划更有效。这些目标包括：可靠性（供应安全性和充分性）和经济效率（单位发电量总成本的减少）。界定这些标准，有助于衡量新输电基础设施的效益。

- 预估和比较每项拟定投资的效益。成本效益分析是辨识拟定投资能否达到投资目标的一项重要的规划工具。可靠性和经济效率可通过电力系统建模来评估，多种情景的建模有助于辨识哪些不确定的基础设施投资失败的代价最小。区域定价（若可采用，见第5.3节）可提供拥塞成本的明确信号，并且可证明电力网络投资的经济效益。

- 咨询所有利益相关者。由于投资成本由电力网络用户承担，因此，用户的动机是确保仅开发最有价值电力网络基础设施。通过咨询利益相关者，可获得来自发电厂、电力用户（市政、电力用户权益团图）和相连输配电系统的意见，以便开展成本效益分析。

（3）恰当水平的区域定价

要实现电力网络的高效投资，必须了解目前的电力网络拥塞情况。能显著缓解电力网络拥塞压力的新电力网络投资是尤其有价值的。

许多电力系统都运营一套统一输电定价系统，该定价系统无法提供电力网络拥塞的信号。在统一定价系统中，无论拥塞程度如何，每个电力网络连接的电力价格都是相同的，因此无法反映是否需要投资开发能缓解拥塞的解决方案——例如，新电力网络投资、发电，或者替代新输电资产的非网络资产（例如，蓄电和需求侧响应）。虽然原则上，系统运营商可通过针对不同地点收取不同的输电费用，来发出这种投资需求，但如果电力价格并不提供网络拥塞的信号，则这些费用的费率是难以确定的。此外，统一定价会造成再调度成本——即当发现电力网络出现拥塞时，需要对一些原定负责发电的发电厂给予产量缩减的补偿。

节点定价有助于提供电力网络拥塞信号。节点定价（或区域边际定价）是一种在给定电力网络中某个连接（节点）的电力需求、输电限制和本地发电方案的条件下，反映在该节点处供应额外电力之成本的价格机制。当不存在网络拥塞时，总体需求在成本最低条件下得到满足，并且所有节点的电力价格都是相同的。当发生网络拥塞时，电力需求在成本较高的本地发电而非成本较低的其他节点发电的条件下得到满足，因而导致拥塞节点处的价格上升。因此，节点定价可反映是否需要投资开发能缓解拥塞的解决方案，例如，新电力网络投资、新增本地供应，以及替代新输电资产的非网络资产（例如，蓄电和需求侧响应）。下面简要阐述了节点定价。

节点定价。图32反映了一个对采用节点定价的电力系统进行供需平衡的简单案例。在此案例中，系统运营商需要对通过一条容量有限的输电线路互连的、采用节点定价的两市电力系统进行平衡。以绿色、蓝色和紫色标识的数字代表系统运营商面临的平衡问题的输入。以红色标识的数字代表输电量。

在A市，发电厂可生产至多150兆瓦的电量。发电成本为10美元/兆瓦时。电力用户需求为50兆瓦。在B市，发电厂的容量是50兆瓦。发电成本是20美元/兆瓦时。电力用户需求为90兆瓦，超过了当地的发电厂容量。两市的电力用户需求都是无价格弹性的，不随价格而变动。A市与B市之间的互连能承载至多80兆瓦的电量。

为最大限度降低系统总成本，系统运营商首先利用A市的廉价发电。A市的发电厂在满足当地需求（50兆瓦）后——这正是为何A市节点价格等于本地发电成本（10美元/千瓦时）的原因，向B市导出80兆瓦。由于互连容量已达上限，需要使用B市的发电成本较高的发电厂满足当地剩余需求（10兆瓦）。因此，B市节点价格等于本地发电成本（20美元/兆瓦时）。总成本为1500美元（=140兆瓦×10美元/兆瓦时+10兆瓦×20美元/兆瓦时）。

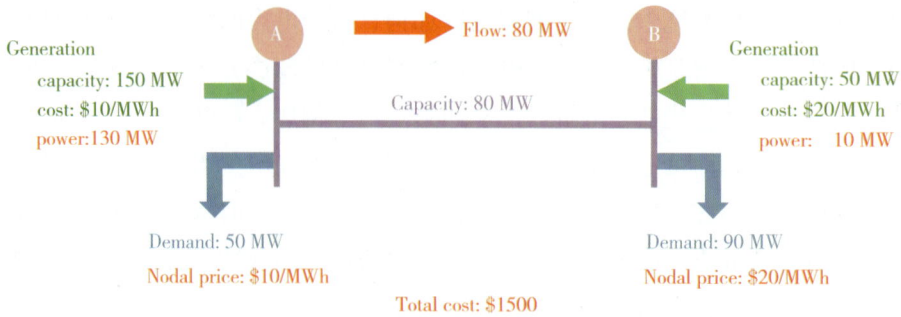

图32　节点定价可反映在给定节点供应额外电力的成本。

资料来源：Vivid Economics。

然而，节点定价有利也有弊。首先，将电力市场细分成较小的本地市场，会提高每个节点供应不足之发电厂的集中度，因此可能导致电力系统易受市场支配力的影响。某些作者对此观点提出质疑，并认为，电力网络架构是市场支配力的主要驱动因素，而非定价机制。节点定价也可能降低长期合约（例如，输电网络的经济权利和差价合约）中的流动性。美国通过将节点价格纳入交易中心价格的平均计算中，以便向市场参与者提供流动性，从而解决此问题（NEPP，2015年）。

分区定价——另一种形式的区域定价，可提供统一定价与节点定价之间的有用妥协。分区定价可通过将节点聚合成分区，来解决大量节点带来的复杂性问题。与节点定价中的调度类似，系统运营商首先根据不同分区之间的输电限制来调度发电量。如果某个分区中的输电线路出现拥塞，则系统运营商必须重新调度该分区的发电量，以缓解拥塞情况。因此，在提供电力网络拥塞信号方面，分区定价可实现节点定价的一些优点，但无法完全消除与统一定价相关的再调度成本。

一旦完成实施了分时定价，则可考虑采用区域定价。采取广泛的变革，以通过蓄电和需求响应来提高电力系统的灵活性，有望降低需求量和发电量峰值，从而自动减少电力网络拥塞（相对于非灵活的电力系统）。为使这些变革充分发挥效果，必须在所有系统资源（包括终端用户）中充分实施分时定价。

（4）贸易商投资机制

贸易商投资者进入电力网络，有可能带来比单个所有者的电力网络更充足的投资。贸易商输电投资者是输电项目的第三方开发商。如果实施了区域定价，则当新输电连支的使用费收益超过投资成本时，贸易商输电投资者会出现投资开发新输电连支的动机。因此，原则上，贸易商竞争有可能通过投资于现任所有者不愿意投资的领域，提高输电基础设施的充足性。如果电力网络的现任所有者是不受监管的垄断企业或者未受到合格监管的TSO，则可能出现此情况。

贸易商模式的其他具有吸引力的特点还在于，该模式能够在规划流程中，向新输电资产中加入非电力网络资产、为电力用户降低风险，并最大程度减少投资成本。在自由化的电力市场中，潜在贸易商投资者可以投资于新输电容量，或者进入发电市场，向原本由某个拥塞的输电连支供电的节点提供本地发电量。投资风险从受监管的输电资产所有者和电力用户转移至贸易商。由于贸易商是节支的受益者，建造成本也可最大限度的降低。

然而，单靠贸易商投资并不足以确保电力网络的总体充足性，因而从反面强调了精心设计的体制模式的重要性。输电投资具有规模经济效应，大规模容量投资相比小型投资的相对成本溢价较小。由于大规模的容量投资能以较少的额外成本带来显著的额外利益，因而在社会角度被认为是可取的；然而，由于这些额外利益体现在降低的区域价格中（因为拥塞率降低），因而对于私人投资者而言不太具有吸引力。在此情景中，贸易商往往会减少对新电力网络容量的投资。或者，在ISO体制模式下，ISO还可通过规划新电力网络容量，以及通过竞争性招标流程以最低成本实现新投资，来确保电力网络的总体充足性。

美国、澳大利亚和阿根廷已实施贸易商输电投资模式。在美国，贸易商投资模式得到联邦能源管理委员会（FERC）第1000号命令的推崇，近年来，有一些项目正在进行或者已完成。几乎所有贸易商主导的投资均针对"互连"——即不同电力网络之间的连支。在此情况下，贸易商减轻了不同系统运营商之间的协调与成本分配问题。

6. 用于应对未来调整的电力网络方案

本节将探讨用于应对未来去碳化和去中心化转型的新方案。这些方案包括：

- 战略发电分区：战略发电分区可协调输电与发电资产的投资，并将远程可再生能源与一些较大的人口中心相连接。

- 灵活服务市场：蓄电和需求响应等灵活资源可替代新电力网络投资，并提供一系列不同的系统服务。每种系统服务的一些简单市场会反过来回馈这些灵活资源并避免投资不足。

- 去中心化资源的控制体系：目前的配电网络大部分是被动式配电，但为了适应分布式资源，需要转变为主动式配电。分布式资源会增加电力系统的复杂度。如果电力系统过于复杂，以至于单个系统运营商无法予以平衡，则将需要采用一套资源控制层级结构，由虚拟电厂和配电系统运营商等中间层级与输电系统运营商交互。该资源控制层级结构可反映计算需求、体制特点和运营脆弱性。

■ 协调去中心化资源的投资：对发电与蓄电资源的投资应当符合整个电力系统的需求。去中心化的电力系统可能无法向投资者提供有关系统需求的充分信息，因而投资低效风险。采用协调投资方式可缓解这一风险。

■ 有关系统状况及资源的公开数据：需要让市场参与者在一定程度上获取市场信息，才能促进公平竞争环境的形成。数据交换可作为高效运作的能源系统的一部分，但需要确保其安全性和可获取性。

■ 适应未来创新：电力网络的创新包括新电力网络结构和点对点电力贸易，这些创新将带来巨大利益。可通过试点项目和早期筹资来推动实施这些创新。

（1）战略发电分区

发电系统和广泛能源系统的去碳化加剧了电力网络基础设施规划与交付的挑战。新输电投资的能力将难以确定，因为随着终端使用行业电气化和电器效率的改进，电力总需求的不确定性增大，并且，随着灵活资源导致发电量与用电量曲线更平滑，峰值需求的不确定性也增大。发电集中化（即与输电网络相连接）程度将难以预测。

在许多国家，可再生能源位于远离大型人口中心的地点，因而需要大规模的输电投资。例如，在英国，大部分电力需求位于英格兰南部，而大部分陆地风电资源位于苏格兰，大部分海上风电资源则位于北海。

在自由化电力系统中，发电与网络投资的投资者面临协调问题。虽然在自由化的电力市场中，垂直整合的公用事业单位能够同时规划发电与网络投资，但发电投资与电力网络投资分别由不同的机构开展。这一点导致了协调问题的出现，即发电投资者面临其收益可能因网络投资不足而减少的风险，而电力网络投资者则面临发电厂对其新投资利用不足的风险，因而可能进一步导致投资不足的问题。

此协调问题可通过战略发电分区来缓解。如果战略决策是利用远离大规模人口中心的大量可再生能源，则发电投资者可能获得投资于该能源的激励。为此，必须由具有充分权限决定输电与发电投资地点的政府部门等机构制定一项总体战略规划。此外，还必须建立一套可靠的长期制度，开发电力网络连接，降低发电厂的搁浅资产风险。例如，在英国，英国水域内有九个不同规模的海上风电场分区被指定为用于开发33 GW潜在海上风电发电容量的分区。相关海床权利的法定所有者——Crown Estate（皇冠地产）让可再生能源开发者为获得开发这些分区内海上风电场的排他性权利而进行竞标。然后，由电力网络战略小组——一个聚集电力网络主要利益相关者（包括Crown Estate）的高层论坛，根据未来发电量的预期位置，确定为满足未来需求而需要哪些主要输电投资。图33显示了通过此流程确定的一些区域。

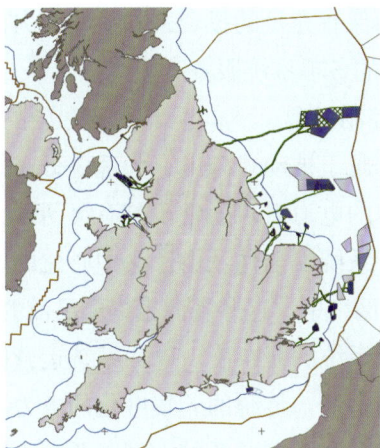

图33　英国被指定用于开发可再生能源发电容量的海上风电场分区

资料来源：The Crown Estate，2017。

（2）灵活服务市场

去碳化需要用到一些灵活的资源，例如，蓄电和需求响应，这些灵活资源可提供用于替代新输电资产的非电力网络资产。电力网络属于成本高昂、寿命较长的资产，相应投资在发电量与需求量的未来空间与时间变化曲线不确定的状况下做出。使蓄电和需求响应等灵活资源能够在可能情况下替代新电力网络投资，或者将新电力网络投资推迟到发电量与需求量的未来曲线更清晰之时，将变得越来越重要。如第5.3节所述，节点定价可提供非电力网络资产的区域信号。

灵活资源可提供一系列系统服务，并可就每种服务而获得回馈。除了替代或推迟新电力网络投资之外，灵活资源提供的服务还包括电力系统平衡和系统稳定性。为提供平衡服务，蓄电可将多余电量保存到被需要之时，需要响应则可将需求转移至发电之时。为提供系统稳定性，蓄电和需求响应可调节系统电压和频率。为了让灵活资源按能够实现最大利益数量进行部署，相应机制将根据这些资源提供的系统服务，对其给予回馈。

这些系统服务对应的一组简单市场可分配现有的灵活资源并发出投资需求的信号。蓄电与需求响应已在主动参与多个批售市场的供需平衡。然而，系统稳定性市场通常开发不足，以至于灵活资源无法充分参与其中。系统服务的采购机制一般将这些服务视为过去一直提供这些服务的火力发电厂的资产，因而这些机制通常未对一些新的低碳灵活资源开放。近年来，相关机构试图建立适用于灵活资源的采购机制，但结果造成一套复杂的、由多种相互不一致的机制组成的混杂制度。例如，在大不列颠，某些蓄电设施可提供一种称为"增强型频率响应"的短期辅助服务，但这些设施被禁止参与电力容量机制。为确保有充足的投资来提供非电力网络资产，需要有一组简单的市场来回馈灵活资源提供的各项系统服务。

（3）去中心化资源的控制模型

目前的配电网络大部分属于被动式配电，为适应分布式资源，需要转变为主动式配电网络。由于配电网络中的电力需求通常不具有灵活性，输电系统中的发电厂可根据需求灵活的运营，并保持系统安全性。由于去中心化的电力资源（分布式发电、蓄电和需求响应）部署在配电网络中，这些资源也需要灵活的运营。

分布式资源提高了电力系统的复杂度。电力系统运营的优化涉及找到电力系统中每个来源的最优发电量与用电量。传统的、集中化的电力系统通常包括少量与输电网络相连的大型发电厂、供应商和需求灵活的大型工业电力用户。然而，去中心化的电力系统将包括大量分散的小型资源。待优化的资源的数量可能按几百万的倍数增加。

如果资源受控制时的时间分辨率提高，则计算需求也将相应地增加。例如，从每小时转变为实时（每秒）处理所有调度与用电操作，会将最优系统平衡的计算需求提高3600倍。

如果电力系统过于复杂，以至于单个系统运营商无法予以平衡，则将需要采用一套资源控制层级结构。去中心化电力系统的完全优化将产生庞大的计算需求。如果计算技术无法满足这些需要，则将采用分布式系统控制。

虚拟电厂与配电系统运营商在资源协调层级结构中发挥作用。虚拟电厂（VPP）也称为聚合商，可协调（聚合）去中心化的资源，并对这些资源进行单独协调，以便让输电层面的系统运营商处理净发电量（或用电量）。如果电力系统较复杂，则可能需要采取两层以上的资源协调，例如，由一些VPP协调其下面层级的小型VPP的活动。配电系统运营商是负责直接（或通过中间VPP）协调给定配电系统中所有资源的VPP。

层级式资源控制方式仅可提供对电力系统的空间优化。为对整个电力系统进行优化，必须由单个优化代理了解每个系统资源的需求与供给曲线。如果没有任何单个代理了解所有这些信息，则仅可进行空间优化，因为可得信息对应的资源组不得不单独进行优化。必须通过不同资源组之间的市场来协调其运营，以平衡整个系统。然而，在去中心化市场中的价格发现过程在多个迭代交易中随时间而发生的同时，电力系统的供给与需求曲线会实时变化。因此，多个层级的资源协调之间的市场仅可提供对电力系统的空间优化。

必须做出关于如何协调分布式资源的决定——有多种可能性。下文探讨了四种可能的运营配电系统层级的分布式系统资源的模式，并且图11对这些模式做了阐述。这些模式包括：

- 整体系统运营商。此模式仅涉及一个控制层级。TSO负责对整个电力系统进行受限制的调度。换言之，TSO负责输电与配电系统层面的所有系统资源之间的、成本最低的调度，同时需要考虑到这两个网络层面的容量限制。在此模式中，配电网络运营商仍负责各自当前的、对配电网络进行基本规划和运营的简单职能。

- 整体系统运营商与配电系统运营商。此模式包括两个控制层级。首先，TSO对整个电力系统进行经济调度，包括对输电系统进行受限制的调度。换言之，TSO负责输电与配电系统层面的所有系统资源之间的、成本最低的调度，但仅考虑输电网络层面的容量限制。其次，配电系统运营商（DSO）根据配电网络层面的容量限制，对分布式资源的运营进行调节。

- 虚拟电厂与配电系统运营商。此模式涉及三个控制层级。首先，虚拟电厂向输电层面的系统运营商提供其所运营资源的发电或需求缩减的贸易报价曲线。其次，输电层面的系统运营商负责对输电系统进行受约束的调度。第三，配电系统运营商（DSO）根据配电网络层面的容量限制，对分布式资源的运营予以调整。

- 配电系统运营商。此模式涉及两个控制层级。首先，配电系统运营商作为配电层面的唯一VPP，负责控制配电层面的所有系统资源，并对整个配电系统进行受限制的调度。DSO向输电层面的系统运营商提供其所运营资源的发电与需求的竞价或报价曲线。其次，输电层面的运营商负责对输电系统进行受限制的调度。

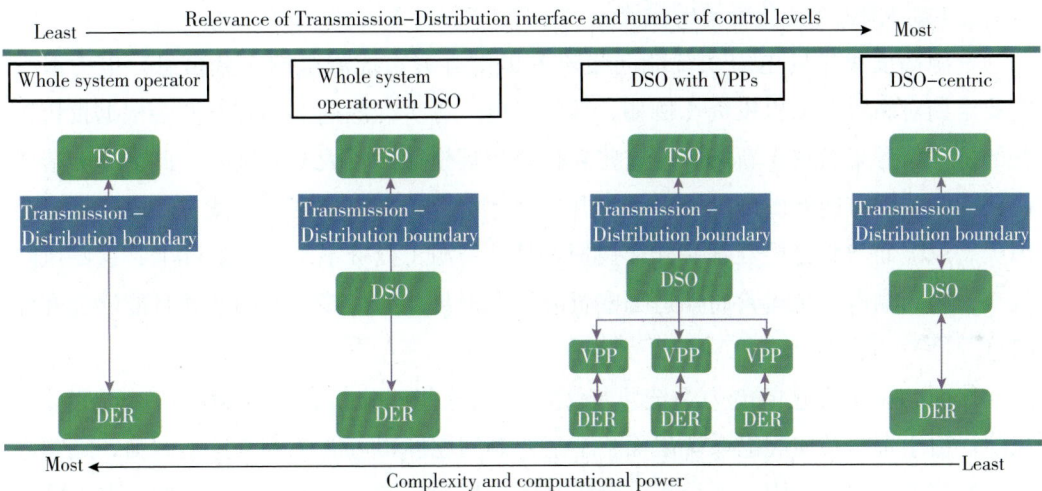

图34　多种可能的运营分布式能源的模式

备注：TSO：输电系统运营商，DSO：配电系统运营商，DER：分布式能源，VPP：虚拟电厂。
资料来源：Vivid Economics。

此决定的主要标准是每种模式的计算要求、机构特点和运营脆弱性。如上所述，对于计算要求较高或者计算技术改进不大的系统，将需要采用较多层级的资源协调模式，而对于计算需求较低或者计算技术得到大幅改进的系统，将需要采用较少层级的资源协调模式，并且，对于计算技术得到充分开发的系统，将需要采用整体系统运营商模式。此外，还需要考虑到对具体机构特点的偏好。例如，整体系统运营商与配电系统运营商模式涉及通过单个运营商来协调资源。电力用户可能存在（或没有）对价格、服务质量和隐私的担忧。如果存在这些担忧，电力用户可能偏向于由多个VPP控制资源的模式，让这些VPP争相满足客户的需求。最后，面对信息通信技术（ICT）故障（例如，网络攻击造成的故障），这些模式可能存在不同程度的脆弱性。

在信息通信技术（ICT）能力得到充分开发之前，可能一直需要采用层级式资源控制方式。虽然短期来看，分布式资源数量相对较少的电力系统的优化或许能够由单个运营商完成，但一旦部署了充分数量的分布式资源，相应的优化工作量可能十分庞大，单个运营商可能无法完成。为确保在计算技术的改进速度未能跟上计算要求的提升速度时，能适应分布式资源数量的增长，可在早期即建立控制层级结构。即使计算技术提升到整个分布式系统可由单个运营商优化的程度，系统控制在时间分辨率上的提高（例如，从每半小时处理到实时处理）将造成计算需求的大幅度增加。仅当计算技术的改进足以满足整个分布式系统的实时优化要求时，从层级式控制方式转向整体系统运营商模式才是可行的。

（4）协调去中心化资源的投资

资源高度集中的电力系统能向投资者提供有关系统需求的充分信息。电力系统需要定期对新资源做出投资（例如，新的发电厂等）。理论上，开发商会根据批售市场的价格信号来投资于新资源。这些新投资的规模通常较大。原则上，此情形会造成协调问题，即可能有多个投资者计划开发类似资源（投资过度），或者，投资者可能因厌恶风险而与其他投资者一样未投资于某个资源（投资不足）。实际上，这些风险很小，因为输电系统运营商知道哪些资源开发不足并等待接入电网，并且能够公开此信息。

然而，去中心化的电力系统可能无法提供这些充分信息，因而面临投资低效的风险。由于资源转向配电系统层面，上述协调问题同样可能产生。这是因为，除非采用了恰当的规程，否则，不会有哪个单独的市场参与者完全了解系统的所有电力网络中有哪些资源投资不足并等待计入电网。因此，同样会产生投资低效的结果：投资过度、投资不足、技术组合不佳或者资源的空间分布不佳。

投资低效风险可通过协调规划新资产的方式来缓解。如图35所示，这一点可通过正式的资源规划与决策流程，或者通过提供相关信息的方式来实现：

- 西班牙和爱尔兰引入了由输配电层面的系统运营商实施的正式资源规划与决策流程。这些流程包括，与TSO和DSO进行正式协调，并共同规划基础设施与发电投资。例如，在西班牙，一些地区管理机构建立了"评估委员会"。在这些委员会中，管理机构、TSO、DSO和开发商协调处理投资计划与入网请求。TSO和DSO共同分析和审批投资计划。这样，TSO和DSO可最大限度地降低电力网络开发和项目成本以及项目风险。爱尔兰采用了集体处理方式，即首先批量收集开发商的投资计划，然后将其提交给TSO和DSO审议。之后，TSO或DSO对其系统最适合采用的计划进行处理。此方式可协调输配电系统的开发，并高效分配稀有容量（Eurelectric，2013年）。

- 另一种方式是提供充分的信息。例如，通过强制要求投资者向一个关于投资规划与入网许可申请的公开数据库进行注册，可让投资者了解未来资源管线，并根据预期系统要求来评估潜在投资。

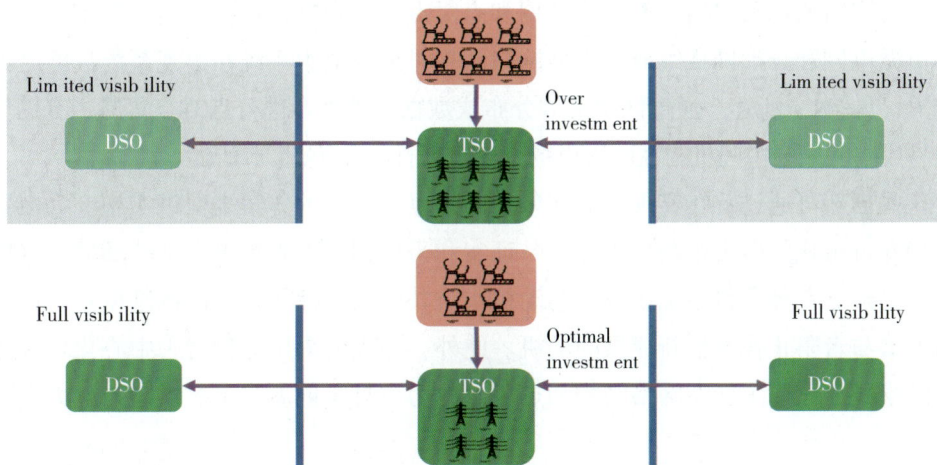

图35　协调式方法可确保对电力系统资源进行高效投资

备注：TSO：输电系统运营商，DSO：配电系统运营商。
资料来源：Vivid Economics。

（5）有关系统状况及资源的公开数据

随着信息通信技术（ICT）基础设施的开发，可用的数据及信息的数量正在扩增。建筑物中的智能电表可跟踪每秒钟的能源消费曲线，因而可作为有关能源消费与用户行为的新信息来源。在电网中，传感器和广域网可监测电网的可靠性，从而提供有关电网状况的实时信息。

需要让市场参与者在一定程度上获取市场信息，才能促进公平竞争环境的形成。例如，欧洲能源监管委员会（CEER）已发现，可获得的信息有限，是新市场参与者进入市场时面临的一大障碍（欧洲能源监管委员会，2016年）。在未来，能否获得有关分布式资源和网络状况的信息，也可能变得越来越重要。这些信息也可能为系统平衡的新机会提供基础，因为新的参与者可能进入市场并寻找更高效的平衡解决方案。

数据交换可作为未来高效运作的能源网络的一部分，但需要予以谨慎管理，以缓解数据可被访问时面临的风险。数据交换是对有关客户用电模式、可用的分布式资源、本地电价和电网状况的安全存储。这些数据的可用性带来了隐私风险，因而需要达到可访问性与保护之间的平衡。为采用数据交换，必须做出恰当的机构安排。例如，如果参与电力系统服务市场的DSO负责提供数据服务，则会为自身给予优先权限。长远来看，ICT的开发可能导致由集中式管理机构运营数据这一模式变得不再必要，在电力贸易转向点对点层面的背景下，尤其如此。

（6）适应未来创新

电力网络的创新包括新型网络结构和点对点电力贸易，这些创新可能带来巨大效益。由微电网和分形网格组成的新型网络结构可提高电力系统在出现系统故障时的复原能力，见第1）所述。通过区块链等分布式数据管理平台进行点对点贸易，有助于降低交易成本和减轻中间机构在电力市场中的重要性，见第2）节所述。

这些创新可通过旨在实现目前和未来高效电力网络的方案来促进实施。大多数实现了彻底自由化的电力市场均为开发、证实和采用创新成果提供了支持环境。具体而言，需要建立一种能将系统运营商的动机与公共政策目标相统一的体制模式，以消除目前的参与者阻止普及创新成果的动机。此外，还需要采用一种对去中心化资源进行控制的模式，以便为新型网络结构和点对点电力贸易等创新成果提供参与电力市场的机会。

随着时间的推移，上述及其他创新成果可能驱动或促成一些较大的转变，从而引发电力系统的重大重组。有必要对新技术和业务模式进行监视，以便恰当地调整政策和监管，从而实现价值和解决风险。

1）新型电力网络架构

微电网和分形电网属于创新型电力网络架构。这两种新型网络架构均具有相比传统配电网络的辐射状连支更高的复原能力。微电网可通过发电冗余配置实现复原能力，而分形电网可通过网络基础设施来实现复原能力。

微电网是一种由发电源和需求源组成的、部分自给自足型的小规模电力网络。微电网可与本地配电网络相连接，并根据系统状况，导入或导出电力，也可与配电网络断开连接，并作为一个孤岛运营。由于微电网可在一定程度上满足其自身的需求，因此，面对大范围系统故障，例如，因网络攻击造成的故障，微电网具有更高的复原能力。相比于辐射状网络，并且非常适合用于医疗、军事设施或数据存储等重要领域。由于微电网是自给自足的，因此，其所需的现场发电量多于传统电网。在微电网中部署现场发电，可能导致大范围电力系统中的发电资产的总数量增多，这意味着在一定程度上会造成资产冗余程度和成本的提高。原则上，如果发电装机容量充足，并且仅服务于孤岛时的基本荷载，则可缓解冗余。微电网可聚合其虚拟电厂（PPP）等资源，以协调电力贸易与大范围电力系统。这种聚合可通过中央控制器，或者可能通过各个微电网资源之间的点对点通信（无须中央控制器）来完成。图36显示了具有上述部分特点的微电网的结构。

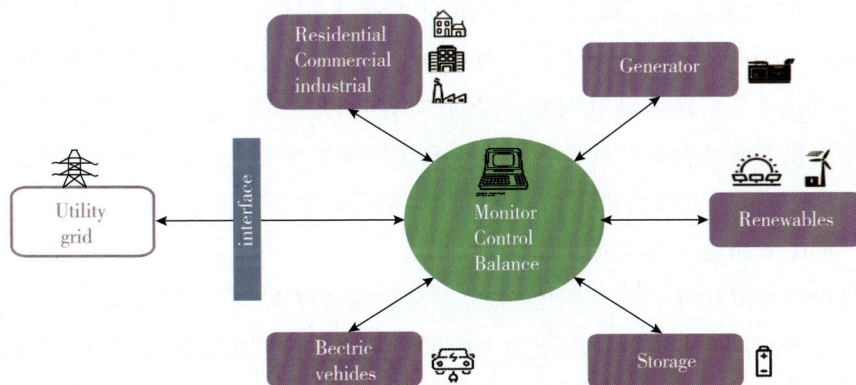

图36 微电网包含发电和灵活资源以及电力需求资源

资料来源：Vivid Economics。

分形电网是目前尚处于概念阶段的一种电力网络结构。分形电网集辐射状网络的经济性（冗余度最低）与网状网络的复原能力（节点通过多个连支来连接）于一体。分形电网通过采用一种分形或递归模式——即多个具有相同结构的连支组以"母子"关系连接在一起，来实现这些特性。如果单个连支出现故障，并不妨碍不同节点之间的电力潮流，并且，这种分形架构可适应能在大范围系统故障时成为孤岛的微电网。分型电网的支持者声称，城市中大部分空间区域均已建立分形结构，因此，在城市中建立分型电网系统是比较容易的。目前已有多个分型电网示范项目。例如，CleanSpark的分型电网项目已建立一种将不同的微电网以母子关系相连接的联合结构。分型电网中的微电网可与其他微电网共享其发电和服务，以削减峰值需求，从而提高整个系统或孤岛本身的可靠性，以便独立地管理其发电量和荷载。此外，加利福尼亚州彭德尔顿军营的分形电网示范项目和Nreca的敏捷分形电网项目也是母子关系的微电网的案例。

2）点对点电力贸易

点对点电力贸易让小规模发电、蓄电和需求资源的所有者都能参与电力市场。目前，电力贸易在发电厂与大型电力供应商之间开展。如第6.3节所述，虚拟电厂也可能进入电力市场。此外，点对点电力贸易的发展可能促进小规模发电、蓄电和需求资源的所有者参与电力贸易。点对点电力贸易目前正在通过一些小规模的微电网试点项目来开展。例如，纽约布鲁克林的微电网项目将发电厂、配电线路、电池及荷载源相连接，并通过区块链分布式记账来跟踪贸易及电力潮流。

如果点对点贸易得到普及，中间机构在运营电力系统方面的重要性将降低。Shioshansi等评论者认为，区块链可自动地使大量分布式资源主动参与，以至于不再需要虚拟电厂等中间机构。在未来，点对点电力贸易可能不仅发生在微电网内部，还发生在配电网络（并可能在输电网络）层面的不同资源之间。理论上，充分的自动化效应有可能降低系统运营商在配电甚至输电系统层面的重要性，但系统运营商在管理网络限制和维护系统安全性方面的核心作用仍可能保持下去。

7. 不同国家和地区的案例研究

本部分将介绍针对中国、美国及独立系统运营商PJM、英国、德国和澳大利亚五个国家的六个电力网络方案的案例研究。中国的案例反映了在复杂的体制方案和有限利用基础设施投资战略规划的情况下，为高效配置电力网络基础设施而面临的挑战。相比之下，美国的案例反映的是在中央监管机构的监督下完成自由化过程的广大区域范围内同时采用多个独立输电系统的案例。作为美国大型独立系统运营商之一的PJM被视为先进电力网络方案的引领者。大不列颠的电力传输网络由三个相互独立的输电企业拥有，其中一个（National Grid）同时也是整个系统的系统运营商；作为TSO，National Grid受到创新型的、基于业绩的监管（尽管英国目前正在转向ISO模式）。与美国相同，德国也同时采用了多个输电系统，这些输电系统既参与德国国内的大范围输电规划，有参与和其他欧洲系统运营商共同进行的大范围输电规划。澳大利亚拥有发达的系统服务市场，促进了蓄电的提供，并让蓄电成为未来替代新输电投资的灵活资源。本部分各节分别探讨了各个案例的体制方案、输电规划与交付流程、区域定价的实施程度，以及为应对去碳化和去中心化的未来挑战而取得的最新进展。

（1）中国

1）体制方案

中国电力行业的自由化经历了三个显著不同的阶段。在自由化过程开始之前，发电、输电和电力零售业务由中国电力部拥有并运营。首先，在1985年，为解决严重的电力不足，发电市场向民间投资开放。其次，1996年，电力部被撤销，建立了国有企业，并且由国家经济贸易委员会接管了电力部的监管职能。因此，电力业务与政府职能相分离。第三，在2002年，发电业务与输电及零售业务相分离，成立了两家电网企业——国家电网公司和中国南方电网；并且成立了国家电力监管委员会（SERC）。中国电力改革以自由化电力市场为模范，旨在建设有竞争力的批售市场和受监管的电网电价。

在经历了十几年相对有限的改革后，中国目前正在实施新阶段的改革。负责领导电力行业自由化的SERC被合并到隶属于国家发展和改革委员会（NDRC）的国家能源局中。作为中国国务院管辖下的主要规划机构，NDRC负责制定中国的经济与社会发展政策。输电与电力零售业务仍保持垂直整合。价格和电网电价仍然受中央监管。2015年，中国共产党中央委员会和中国国务院做出了关于致力实施电力市场改革并引入竞争性批售与电力市场的承诺。

中国电力行业的体制框架十分复杂。有多个机构对电力行业的管辖权限相互重叠，并且缺乏一种机制来协调这些机构的行动。所有对电力行业具有管辖权限的机构均受中央政府的监管。

中国输电系统由一系列部分互连的各省份输电系统，以及区域层面的进一步互连组成。国家电网公司和中国南方电网负责区域之间的互连，而地区电网企业则负责控制各省份之间的互连，各省份电网企业则负责管理各省省内的输电网络。

中国输电网络在各省份层面上运营。由各个电力调度与贸易中心负责制定发电时间安排并管理各省份层面输电网络的拥塞问题。这些中心由相应的电网企业运营。2002年的改革计划将各省份市场聚合成六大区域市场，但具体仍在实施中。各省份的电网企业则负责计划年度和月度发电量并管理配套服务。发电量的计划由各省级政府根据运营时数的分配（而非根据优先顺序）来确定，因此，如果替代性能源发电厂按照计划在可再生能源发电量较高时运营，则会造成可再生能源发电量大幅缩减。2015年，可再生能源发电量被缩减的数量共计占中国电力总需求量的1.6%。图37显示了中国电力行业在改革前和改革后的结构。

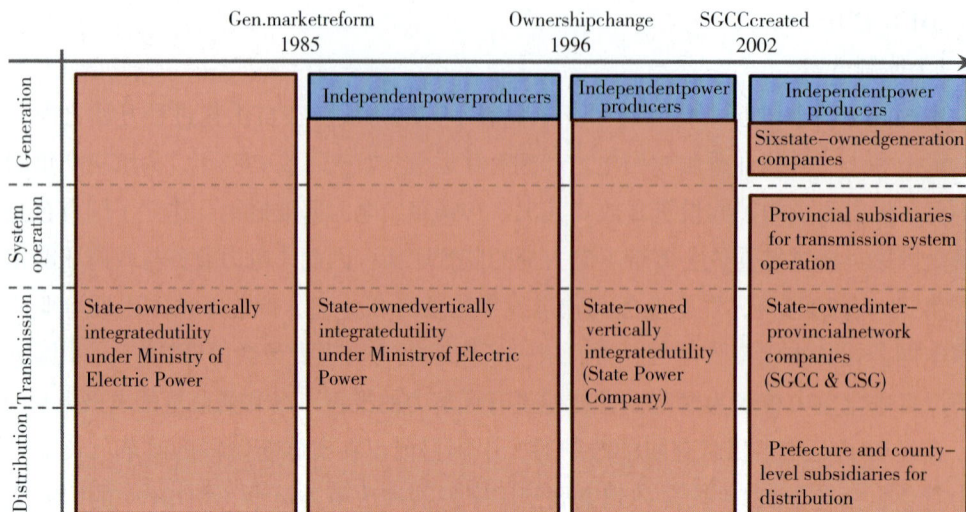

图37　中国电力体系的结构

备注：国有企业以红色标识，私有企业以蓝色标识；SGCC是中国国家电网公司的缩写，CSG是中国南方电网公司的缩写。

资料来源：Vivid Economics。

2）输电投资

电力网络的规划遵循自上而下的流程。NDRC的五年计划确定了电力网络投资的总体计划。这些计划旨在驱动经济增长，而非达到可靠性或经济效率指标。各省级政府和地方NDRC分支根据各自管辖的地区，在这些总体投资计划的基础上做出相应调整，但通常无须咨询利益相关者。

与电网企业的多层级结构一致，输电网络的投资也遵循多层级结构。国家电网公司和中国南方电网投资于不同区域之间的互连，而区域电网企业则投资于不同省份之间的互连，各省份的电网企业则负责各省份内的输电网络。跨多个区域的输电网络的建设需要多个区域的电网企业的参与。无贸易商参与输电投资。

3）区域定价的实施程度

中国未采用区域定价，并且未设定输电网络拥塞情况下的价格。监管机构、NDRC和国家电力监管委员会设定了电力批售价格和零售价格。各省级政府根据各自的地方政策及经济发展目标，在中央设定的价格基础上做相应调整。

4）电力网络现代化方案

中国未制定具体规程来确保在输电规划与投资决策中充分考虑到替代新输电资产的非电力网络资产，但蓄电的投资在不断增长。中国政府开展了电池蓄能试点项目并对私营电池蓄能项目的投资给予补贴。根据彭博新能源经济资讯，中国约有180兆瓦的电池蓄能容量正在开发中。政府的金太阳计划旨在对太阳能光伏板和电池蓄能方面的投资给予补贴。

5）方案概览

表3   中国电力网络方案概览

Country / region	Institutional arrangements	Transmission planning and delivery	Network pricing	Modernising network arrangements
China	**Institutional model:** • Transmission System Operators (TSOs) • State-owned inter-provincial network companies (SGCC and CSG) • Provincial subsidiaries of these companies own and operate each network as TSOs	**Planning:** • The NDRC sets out five year national investment plans to drive economic growth • Provincial governments and regional NDRC branches then adapt national plan targets to their territories **Delivery:** • Provincial grid owners are responsible for delivery in their province • Interconnection between provinces is delivered by reginal grid companies • SGCC and CSG invest in interconnection between regions **Investment regime:** • Currently, merchant transmission investment is not possible	• No locational pricing on the grid • NDRC and SERC set central wholesale and retail power prices • Provincial governments can amend centrally set prices	**Readiness for decarbonisation** • Under current network arrangements, planning processes do not incentivise non-network alternatives to new transmission assets • However, investment in storage is rising and the central government runs pilot projects and provides subsidies for storage, for instance, Golden Sun programme

备注：SGCC是中国国家电网公司的缩写；CSG是中国南方电网公司的缩写。

资料来源：Vivid Economics。

（2）美国

美国输电网络是由互连的区域输电网络组成的、覆盖广阔地理区域的输电网络的典型。美国输电网络被划分为多个区域性输电网络，其中每个网络分别采用了不同的体制模式和方案。图38显示了美国的区域输电网络的划分情况。虽然其中一些区域电网采用了先进的模式，并且与相邻的区域电网互连，但其他区域电网仍是孤立的电网，并且仍保持发电与零售的垂直整合。此外，有五个交替的现代电网（东部、西部、魁北克、阿拉斯加和德克萨斯的互连电网）覆盖美国和加拿大，将不同的区域输电网络及各自区域内的公用事业单位连接在一起。高压输电线路实现了这些互连电网的互连，让电力在这些电网之间流动。

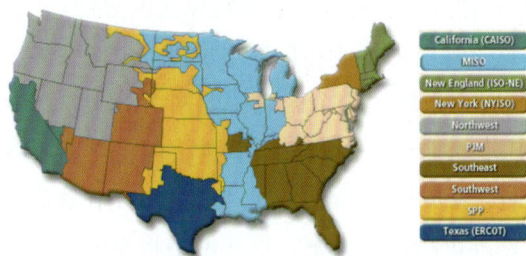

图38 美国输电网络被划分为多个区域性输电网络

资料来源：美国联邦能源管理委员会（FERC），2017年。

1）体制方案

两个联邦监管机构——联邦能源管理委员会（FERC）和北美电力可靠性协会（NERC）负责监管美国输电网络。FERC负责监管各州之间的商业电力传输与批售、审查输电项目的选址申请，以及通过设定标准来确保各州间的输电系统的可靠性。NERC在FERC的监管下，负责制定可靠性标准和确保电力系统整体的可靠性和安全性。

在美国电力行业自由化之前，垂直整合的公用事业单位拥有并运营其领域的发电、输电和电力零售业务。这些公用事业单位在覆盖某个或多个州的、不相通的区域性输电网络中运营。在20世纪60年代美国东北部出现大面积停电后，NERC开始推行相邻输电网络的互连，以便交换电力，从而提高整个输电系统的可靠性。

1992年的《能源政策法案》为美国电力行业自由化奠定了基础。该法案为独立发电厂打开了电力市场，并向FERC授予对所有批售电力交易进行监管的权力。

FERC颁布了多项命令并为美国电力行业提出了一份标准市场设计方案。FERC推行采用ISO/区域输电机构（RTO）模式，将发电、输电和电力零售业务与输电网络相分离。根据这份标准市场设计方案，ISO/RTO负责确保向所有发电厂开放输电网络、管理竞争性批售现货市场，以及利用区域定价来控制拥塞。ISO和RTO承担类似的职责，并且实际上，两者在法律界定上的区别非常小。FERC提议对未采用其标准市场设计方案的输电资产所有者和运营商行使管辖权。许多实体对FERC的方案提出质疑。反对者称，单一的标准无法适应不同区域输电网络的需求，并要求采取自愿选择区域模式的方针，而非FERC推行的强制性方针。在FERC的提议与商业实体的意见交流期间，一些电价较高的区域输电网络（例如，中西部独立输电系统运营商（MISO）和西南部电力联营体（SPP））根据各自的需求对FERC的标准市场设计方案做了相应调整，并自愿地引入了ISO。在出现这些自愿性的区域调整之后，FERC放弃了强制推行其标准市场设计方案的尝试，并开始寻求自愿性采取区域模式的方针。

对于FERC推行的竞争性电力行业和标准市场设计方案，各个区域输电网络的响应不尽相同。目前，美国电力系统由十个区域输电网络组成。其中三个（东南部、西南部和西北部）仍保持其传统垂直整合的公用事业结构，并直接服务于客户。其余网络（加利福尼亚州、MISO、新英格兰、纽约州、PJM、SPP和德克萨斯州）实施了市场自由化并采用了FERC的标准市场设计方案。这些网络将发电和电力零售与输电网络相分离，并引入了发电与电力零售业务的竞争。ISO负责运营输电网络和规划输电部署。图39显示了FERC的标准市场设计的演变过程中的主要步骤。

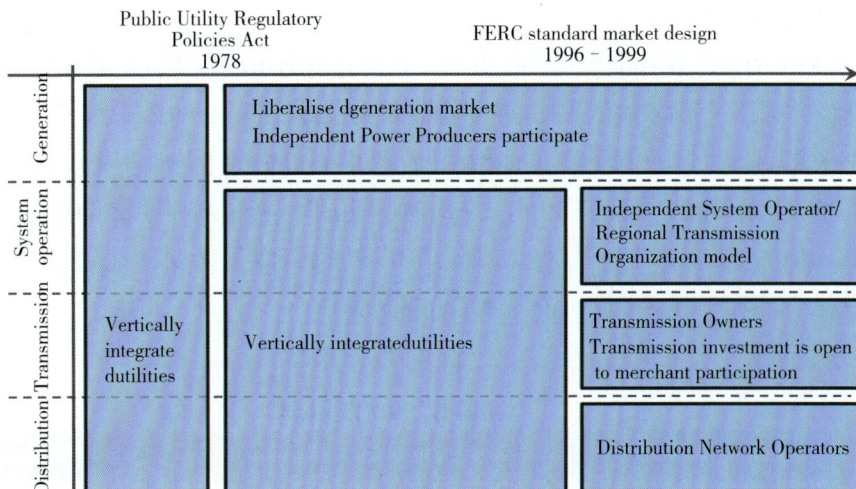

图39　FERC标准市场设计方案的结构

备注：国有企业以红色标识，私有企业以蓝色标识。
资料来源：Vivid Economics。

2）输电投资

所有ISO均须通过咨询利益相关者，评估输电充分性。典型的ISO需要定期审查当前及计划输电资产的充分性，并以长远的眼光，辨识可靠性问题并应对公共政策需求。ISO还需要组织开展利益相关者会议，以征询利益相关者——例如，发电厂、输电资产所有者、零售商、终端客户及其他意向者（公开征询）的意见。NERC负责监管规划流程。

对于输电投资和贸易商参与输电投资，不同的ISO和RTO采用了不同的方针。一些ISO——例如，纽约州ISO会辨识投资需求，然后由输电资产所有者和贸易商提出相应解决方案并开展必要的规划和投资。一些ISO——例如，加利福尼亚州ISO和PJM会负责辨识投资需求并开展新输电投资的规划，以应对这些需求，然后由输电资产所有者和（某些情况下）商业开发商竞争输电投资的实际方面，土地权、运营和成本。加利福尼亚州的输电系统向贸易商投资者开放，而PJM尽管明文支持贸易商参与投资，但贸易商投资活动极少。

为提高区域输电网络的可靠性和增加不同区域输电网络之间的交易量，ISO/RTO需要协调其网络规划与投资。相邻ISO/RTO组成规划委员会来制定各个区域的计划。此外，通过互连，为委员会成员提供一个合作平台，并协调制定互连范围的输电计划和开发输电投资。然而，这些合作尝试局限于互连层面，而未试图优化全国性整体输电网络。

3）区域定价的实施程度

根据FERC的命令和标准市场设计方案，自由化电力市场以不同的精细程度采用了区域定价，并采用了不同的方法来解决节点定价的弱点。例如，PJM采用了一套精细程度较高的节点定价机制，但将节点价格纳入交易中心价格的平均计算中，以便为长期合约缔约方提供流动性。相比于PJM，CAISO则采用了一套精细程度较低的节点定价机制。CAISO认为，较高的精细程度会增加成本并增加系统的复杂度，而无法提供相当的效益予以补偿。第5.3节详细探讨了区域定价的利弊。

4）方案概览

表4　　　　　　　　　　　　　　　美国电力网络方案概览

Country / region	Institutional arrangements	Transmission planning and delivery	Network pricing
United States	**Institutional model:** - FERC proposed best practice is the RTO model, which is functionally similar to the ISO model - RTO model has been adopted by seven out of ten interconnection regions - However, the Southeast, Southwest and Northwest pools retain traditional vertically integrated utility structure	**Planning:** - In PJM and CAISO, the SO directly plans investment projects, while in regions such as NYISO, TOs or merchants plan and propose transmission solutions - All ISOs review current and planned TO investments for suitability against reliability and public policy needs - Upstream and downstream stakeholders are consulted during the review process, with NERC as the regulator **Delivery:** - In CAISO and PJM, the SO issues tenders for planned investment, with TOs and merchants competing for delivery - TOs and merchants propose and deliver their own solutions in NYISO **Investment regime:** - Merchants may undertake investment, although experiences have largely been limited to interconnection	- Following FERC orders, liberalised markets adopted nodal pricing - However, ISOs apply this at different resolutions - PJM has highly granular prices, but aggregates to hub prices to ensure liquidity - Nodal prices in CAISO are less granular than in PJM

备注：FERC是联邦能源管理委员会的缩写；CAISO是加利福尼亚州独立系统运营商的缩写；NYISO是纽约州独立系统运营商的缩写；RTO是区域输电机构的缩写；ISO是独立系统运营商的缩写。

资料来源：Vivid Economics。

（3）PJM

PJM是美国的一个区域输电机构。PJM（即宾夕法尼亚州—新泽西州—马里兰州联营体）运营东部互连（Eastern Interconnection）电网的一部分，东部互连电网服务于特拉华州、伊利诺斯州、印第安纳州、肯塔基州、马里兰州、密歇根州、新泽西州、北卡罗来纳州、俄亥俄州、宾夕法尼亚州、田纳西州、弗吉尼亚州、西弗吉尼亚州和哥伦比亚特区的所有或部分区域。PJM运营82000多英里的输电线路，并协调1373个发电源（发电容量共计176569兆瓦）。约6500万人口居住在PJM区域。在PJM区域，有20个输电资产所有者服务于各自的输电分区。

1）体制方案

1927年，三个垂直整合的公用事业单位将其系统互连，目的是通过共享发电资源和建立世界最大的电力联营体PJM，实现利益和效率。该联营体负责开展最不受成本约束的调度，为联营体成员降低成本。之后，又有一些公用事业单位加入了该联营体，使其覆盖区域得到了扩展。在20世纪90年代开始之前，PJM一直由其成员轮流运营。

20世纪90年代，在美国电力市场实施自由化并且FERC颁布关于推行标准市场设计方案的命令之后，PJM开始从联营体转型为ISO。1993年，PJM成员共同创建了ISO PJM互连协会，该协会负责运营PJM联营体。1997年，PJM开放了其首个基于竞价的电力市场，并提供了基础交易平台。该年晚些时候，FERC指定PJM为美国的首个ISO。2002年，按照FERC的标准市场设计方案，PJM成为RTO，负责运营多州输电网络。表5显示了PJM市场结构随时间的变化。

表5 PJM电力系统的结构

	Public Utility Regulatory Policies Act 1978		ISO formed 1993
Generation		Liberalised generation market Asset owners include vertically integrated utilities	Liberalised generation market Over 200 generation asset owners including vertically integrated utilities
System operation	Continuing Power Pool PJM system operated in turn by one of the member utilities	Continuing Power Pool PJM system operated in turn by one of the member utilities	Independent System Operator / Regional Transmission Organization PJM Interconnection (ISO status in 1997, RTO status in 2002)
Transmission			Transmission Owners Over 20 companies involved in transmission asset ownership
Distribution			Distribution Network Operators 48 companies at the borough, municipality, and city level

备注：国有企业以红色标识，私有企业以蓝色标识。

资料来源：Vivid Economics。

2）输电投资

为确保输电网络未来的充分性，PJM开展了一项名为"区域输电网络扩展规划"（RTEP）的规划。在RTEP规划中，PJM通过一些情景来分析输电网络在15年期间内的充分性情况。RTEP负责界定输电项目的需求和利益，但输电项目的审批由项目所在的成员国负责。在利益相关者会议中，PJM就初步确定的输电投资，与PJM成员、发电厂、输电资产所有者、零售商、终端客户及其他意向者进行了公开协商和讨论。

为制定适合整个系统的最佳计划，PJM将其规划流程与相邻系统运营商的规划流程进行了协调。PJM的相邻系统运营商包括Midcontinent独立系统运营商（MISO）、ISO-新英格兰和纽约州ISO。这种协调性的规划流程旨在确保在相连系统中建立高效的新发电与输电线路。

为维护输电资产所有者的可靠性标准，PJM要求实施必要的输电网络升级与扩展项目。根据PJM的治理规则，这些项目的成本由相应的输电资产所有者承担。贸易商也可寻求PJM区域中的互连业务机会。贸易商的互连申请须符合严格的规则和规程。PJM需要首先完成可行性与系统影响研究，然后对该申请进行审批。

3）区域定价层面

1998年，为解决输电网络拥塞造成的低效问题，PJM将分区定价改为节点定价。分区定价并未考虑分区内的输电限制，也就是说，市场参与者并未将分区内的输电限制内部化。因此，在PJM区域，输电拥塞价格被低估，并且广泛的、未考虑网络限制的双边合约产生了大量发电缩减与再调度成本。在节点定价机制中，需要采集约2000个节点的价格，同时考虑到不同节点之间的输电限制，并最大程度降低了效率（经济合作与发展组织，1999年）。为提供套期工具的流动性，PJM将给定区域的节点价格纳入交易中心价格的平均计算中。

4）电力网络现代化方案

PJM尚未制定具体的规程来确保在新输电规划与投资决策中充分考虑到替代新输电资产的非电力网络资产。尽管如此，PJM仍在积极鼓励灵活资源提供系统服务。PJM向零售客户提供了日前与实时响应紧急荷载的方案。虚拟电厂——在PJM中俗称为发电缩减服务提供商（CSP），作为零售客户与PJM之间的中间商。CSP可帮助零售客户在高价期间减少其需求。PJM还负责运营可靠性定价模式容量市场。需求响应资源和能源效率资源都可通过CSP参与这些市场，并分别为减少其需求和采用高效措施而收费。需求资源还可参与PJM的同步备用、调节与日前计划备用市场。

5）方案概览

表6　　　　　　　　　　　　　　　　　PJM电力网络概览

Country / region	Institutional arrangements	Transmission planning and delivery	Network pricing	Modernising network arrangements
Pennsylvania, New Jersey, Maryland (and other areas within the Eastern Interconnection)	**Institutional model:** • PJM is the ISO / RTO for all or part of 13 US states and the District of Columbia	**Planning:** • PJM carries out a Regional Transmission Expansion Planning process to ensure the network meets future requirements • Review and approval decisions for projects are made by member states, following broad stakeholder involvement **Delivery:** • PJM mandates TOs to perform transmission upgrade and extension projects for security of supply **Investment regime:** • Merchants may invest in interconnection assets, although they are subject to strict regulatory oversight by PJM • PJM coordinates projects with RTOs in its region to ensure efficient Eastern Interconnection is efficiently coordinated, this includes NEISO, NYISO and MISO	• PJM has high resolution nodal pricing, with around 2,000 nodes in its operational area • To ensure markets remain liquid, PJM averages nodal prices into lower resolution hub prices	**Readiness for decarbonisation** • There is no specific procedure to ensure non-network solutions are considered • However, PJM does operate a reliability pricing capacity market which provides payments for load reduction • PJM currently has DSR capacity of around 10GW **Readiness for decentralisation** • High resolution nodal pricing provides investment incentives for distributed resources

备注：NEISO是新英格兰ISO的缩写；NYISO是纽约州ISO的缩写；MISO是Midcontinent ISO的缩写；RTO是区域输电机构的缩写；ISO是独立系统运营商的缩写；DSR是需求侧响应的缩写。

资料来源：Vivid Economics。

（4）大不列颠

大不列颠拥有英国两个电力系统中较大的一个。另一个较小的电力系统是北爱尔兰电力系统，与爱尔兰共和国相连，由北爱尔兰电力公司（Northern Ireland Electricity）拥有，并由爱尔兰电力系统运营商EirGrid运营，构成该岛的唯一电力市场的一部分。

1）体制方案

在市场改革之前，垂直整合的英国中央电力局（CEGB）是英格兰和威尔士的发电与输电服务的法定垄断提供商。CEGB受到服务成本管制，其运营特点在于资本成本高、生产效率增长率低，以及资产回报低（Pollitt和Newbery，1997年）。配电网络由十二家区域垄断企业运营，构成"区域电力委员会"。

1990年，CEGB实施了私有化，并拆分为多个发电企业和一个输电企业——英国国家电网公司。根据1989年颁布的《电力法案》，英国成立了电力管制办公室（Offer）和电力供应主管机构（DGES），以监管国家电网公司对输电网络的垄断情况和区域电力企业对配电网络的垄断情况，并设定价格上限并定期予以调整。DGES还制定了发电行业竞争规则，并要求发电厂参与批售市场中的电力销售竞争。

如今，国家电网公司成为大不列颠的输电系统运营商（TSO），并且是英格兰和威尔士的唯一陆地输电资产所有者，也是整个大不列颠区域的电力系统运营商。大不列颠有三个陆地输电所有者（TO）：英格兰和威尔士的国家电网电力传输公司（National Grid Electricity Transmission），以及苏格兰的苏格兰电力输送公司（Scottish Power Transmission）和苏格兰水电公司（Scottish Hydro Electric Transmission）。按照欧洲委员会关于业务分离的指令，海上输电资产由独立的海上输电资产所有者（OFTO）所有，负责这些项目的运营商通过电力行业监管机构——天然气电力市场办公室（OFGEM）开展的竞标流程选出。表7显示了英国电力系统的主要部分在1990年自由化之前和之后的结构。

表7　　　　　　　　　　　　大不列颠电力系统的结构

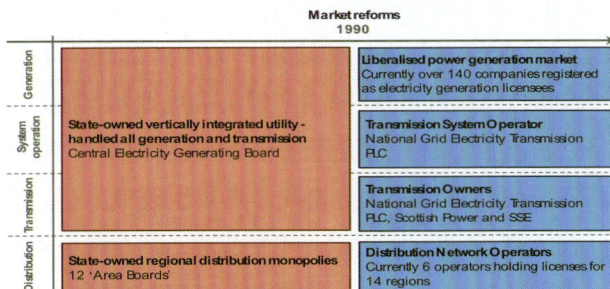

备注：国有企业以红色标识，私有企业以蓝色标识。

资料来源：Vivid Economics。

英国国家电网公司作为输电资产所有者（TO）和系统运营商（SO）而开展的运营受到OFGEM基于业绩的监管。这些职能须适用多个相互独立的激励机制。输电资产所有权通过定期价格调整（目前每八年开展一次）来监管。完成私有化之后，这种监管形式演变为RPI-X（"零售价格指数减X"）框架，之后又被RIIO框架取代（见文本框2所述）。针对系统运营商的监管每两年调整一次，并且旨在激励高效平衡、提供数据和建模。

除了承担系统运营商的核心职能之外，英国国家电网公司也是英国政府通过电力市场改革实施去碳化政策的实施机构。作为系统运营商，该企业负有促进陆地输电市场竞争的义务，并作为新市场方案（例如，容量机制和差价合约等）的实施机构。容量机制是指英国的容量市场，用于提供供应安全性。差价合约是指上网电价合约，用于为新订约的低碳发电提供价格支持。

输电网络的体制模式逐渐转向独立系统运营商（ISO）模式。2017年8月，OFGEM和英国国家电网公司确认，将国家电网公司的系统运营商业务分拆到该公司的一个在法律上单独的公司中。此分拆将从2019年开始实施，并且将使英国电网的结构更趋近于ISO模式（见第0节所述）。此次分拆的原因在于，系统运营商承担了更重要的规划与实施任务，并且输电资产所有者与系统运营商未来职能之间的利益冲突风险增大。作为系统运营商，英国国家电网公司是EMR的实施机构，并且，根据OFGEM的新型整合输电规划与监管（ITPR）框架，其有义务辨识、计划和推荐输电投资项目，以便进行电力网络方案评估（NOA）。去中心化的基本趋势也进一步加深了此次分拆的必要性，使得系统运营商更有必要协调输配电系统之规划与运营。

2）输电网络投资

过去以来，英国陆地输电网络的规划、开发和监管一直由受监管的垄断输电资产所有者实施。在未来，大不列颠的输电规划将在OFGEM的整合输电规划与监管（ITPR）模式下实施。根据该框架，系统运营商的新职责是通过电力网络方案评估流程（NOA），推荐输电投资项目。然而，最终的实施决策权仍在输电资产所有者手中。

英国国家电网公司目前拥有英格兰和威尔士的所有陆地输电资产，其投资受到OFGEM的价格管制机制的监管。该企业一直全权负责规划和实施该区域的投资，并在偶尔情况下协调苏格兰输电资源所有者实施具有全国影响力的大型项目。随着OFGEM建立了陆地输电项目竞争性招标框架，此模式必将发生改变，但迄今为止，尚未出现该企业以外实体的任何大规模的输电投资。过去以来，针对输电资产所有者收益的监管所采用的监管资产价值（RAV）方法一直倾向于支持基于资本支出的解决方案，而对输电资产所有者提交创新性的非资产密集型解决方案（因为将面临更严格的监管审查）的激励不大（Strbac和Pollitt，2013年）。OFGEM的RIIO监管模式基于结果的框架旨在解决这些问题。

在英国实现去碳化的进程中，高效的海上输电至关重要——预计2030年之前的相应投资需求在80到200亿英镑之间，甚至还可能超过陆地投资需求。为满足此需求，OFGEM建立了一套新的海上输电投资机制。由风电场开发商计划并建造海上输电资产，项目完成后，根据欧盟的业务分拆指令，这些开发商有义务剥离这些资产。之后，就这些海上资产的所有权和运营权（即海上输电许可）开展竞争性拍卖。海上输电许可被分配给海上输电资源所有者（OFTO），这些海上输电资源所有者必须是独立于陆地输电资产所有者和海上风电开发商的实体。OFGEM之所以做出这种不允许将国家电网公司对陆地输电的垄断扩展到海上资产的决策，是希望促进竞争和实现更高效的结果。英国国家电网公司的子公司可参与海上输电招标和拍卖，但与该企业现有的TSO业务相分离，以避免通过其作为系统运营商的优势地位获得不公平的得利。

英国输电网络与欧洲大陆和爱尔兰输电网络的互连大部分由国家电网公司及一些海外合作伙伴所有。这些资产主要受欧盟委员会关于确定运营与利益模式的指令的管辖。由于互连资产不被归为需求或发电资源，因而不在输电网络上网电价范围内。这一点可能造成次优的选址信号，以及互连资产与陆地输电规划及投资之间缺乏协调。

3）区域定价的实施程度

输电费——即输电网络系统使用费（TNUoS），旨在通过反映输电资产所有者为服务于电网用户而产生的额外成本，向电网用户提供高效的经济信号。虽然英格兰和威尔士未实施PJM及其他区域采用的全面节点定价，但TNUoS费用中包含区域要素，可反映电网中不同地点的用户所受成本影响的差异。

TNUoS费用中包含的因地点而异的要素旨在反映为连接输电网络中的不同地点而产生的投资、维护与运营成本。该费用源自一种荷载流量投资成本相关定价（DCLF ICRP）传输模型。TNUoS费用中还包含一个不因地点而异的要素，或者称为剩余要素，用于收回历史投资成本。

TNUoS定价机制因存在高度成本社会化而遭到批评——约75%的系统成本从固定的余量费用中收回（Strbac、Pollitt、Konstantinidis和Green，2014年）。高度的成本社会化会造成低效的选址信号，因为发电厂面临的TNUoS费用并未充分反映向其提供输电服务的成本。

4）电力网络现代化方案

2017年7月，Ofgem公布了一份旨在实现更智能、更灵活的能源系统的未来行动计划（Ofgem，2017年）。在该计划中，Ofgem载明了关于促进蓄电和需求相应资源参与电力系统的目标：

- 促进蓄电资源的参与。Ofgem承诺对蓄电资源面临的网络收费进行审查，因为这些资源目前同时作为发电厂和电力用户被收取网络费和平衡费（尽管其发挥了降低新网络投资需求的作用）。Ofgem还承诺在基本法规中对蓄电予以界定，以明确其在电力系统和规划机制中的监管地位。

- 促进需求响应资源的参与。为解决需求侧响应（DSR）提供商反映的市场规则阻碍其参与容量市场和配套服务市场的问题，Ofgem承诺允许容量市场与配套服务收益之间的叠加；并承诺对平衡机制进行改革（余量平衡采购机制），以便虚拟电厂直接参与其中，并促进更多对余量平衡的需求侧响应。

与这些改革目标一致的是，英国国家电网公司也承诺对灵活资源的采购流程进行改革。2017年6月，英国国家电网公司公布了其"系统需求与产品战略"，以应对在大不列颠电力市场部署灵活资源的过程中面临的主要挑战（英国国家电网公司，2017年）：

- 英国国家电网公司发现，产品数量、产品规格缺乏透明度，以及产品参数评估标准不明确，是灵活资源部署过程中面临的主要挑战。首先，为系统服务提供的产品种类繁多（提供商可从20多种不同的产品中进行选择，每种产品的技术要求和深度分销情况各不相同）。其次，产品规格缺乏透明度，因为产品规格因具体系统状况而异，而系统状况本身是多种基本状况之间相互作用的结果。第三，评估标准不明确，因为系统运营商未指明其采购之产品的主要参数（例如，合同期限长短或交付速度）对其而言的重要性和价值；此外，市场相互重叠，即能解决同一系统问题的产品有多种，但每种产品的采购流程各有不同。

- 英国国家电网公司承诺通过理性化、标准化和改进，简化系统服务产品。该企业承诺采取三项行动。首先，进行评估调整，减少所采购的产品套件、去除目前不再需要的或者被新产品取代的产品，以及尽可能地提供基于市场的采购。其次，对每个服务市场中的产品进行标准化，并确定标准化参数，例如，合同期限（例如，一个月、六个月、一年、两年）和备用能源的交付速度（例如，2分钟、5分钟、10分钟和20分钟）。第三，对所采购的产品进行改进，使其更适应提供服务之资产的技术功能和经济特点。

除了这些改革之外，英国能源网络行业正在规划为实现智能电网而必须实施的必要改革。英国能源网络所有者和运营商的行业机构——能源网络协会启动了一项开放网络项目，该项目旨在对电力网络的运营进行改革，以支持智能电网的实现。开放电力网络项目的目标包括：为TSO和DSO开发有关连接、规划、共享TSO/DSO服务与运营的改进流程，以及提供关于对从DNO向DSO的必要转型（包括其对现有机构能力的影响）的具体看法。

5）方案概览

表8   大不列颠电力网络方案概览

Country / region	Institutional arrangements	Transmission planning and delivery	Network pricing	Modernising network arrangements
Great Britain	**Institutional model:** ■ National Grid (NG) is TSO in England & Wales (sole TO) and ISO in Scotland (where two other firms are TOs) ■ Ofgem regulates TOs through RIIO PBR scheme, which incentivises wider set of outcomes than conventional regulation ■ Great Britain is moving towards the ISO model **Additional SO functions:** ■ NG is a delivery body for low-carbon capacity	**Planning:** ■ Planning is currently carried out separately by each TO, but in the future NG will plan investments as the SO ■ NG is part of ENTSO-E, which coordinates planning across European TSOs **Delivery:** ■ NG develops and operates new onshore assets; offshore assets are developed by generators and divested (OFTO regime) **Investment regime:** ■ Merchant involvement to date has been limited ■ However, Ofgem is developing a competitive tendering framework which will include a larger role for merchants ■ Interconnectors co-owned by NG and overseas partners	■ No nodal or zonal pricing ■ TNUoS charges have a small locational component ■ Wholesale electricity prices are updated on half-hourly basis	**Readiness for decarbonisation** ■ Strategic generation zones ensure coordinated investment in offshore generation and supporting onshore network ■ Reforms underway to reward flexible resources for system services **Readiness for decentralisation** ■ ENA, the industry body for network owners & operators, set up Open Networks project to support the DNO to DSO transition and better coordinate TSO and DSOs

备注：NG是英国国家电网公司的缩写；RIIO是指"收益= 激励+创新+ 结果"；PBR是基于业绩的监管的缩写；Ofgem是英国天然气电力市场办公室（英国的监管机构）的缩写；TNUoS费用是指输电网络服务使用费；ENA是英国能源网络协会的缩写。

资料来源：Vivid Economics。

（5）德国

1）体制方案

在实施自由化之前，德国电力市场的特点是在三个层面存在区域性垄断。在超区域层面，有八家能源供应企业活跃于各自所在的区域——发电量共计占德国总发电量的约80%。其中四家是从发电到零售的垂直整合型企业，而其他四家是仅发电与输电的整合型企业。这些企业还向区域性能源供应企业提供电力。在区域层面，约有80家区域性能源供应企业生产电力——发电量共计占德国总发电量的10%，负责管理配电网络并向中断电力用户或市政公用事业单位提供电力。在地方层面，约有900个市政公用事业单位——发电量共计占德国总发电量的10%，负责管理市政配电网络和向终端电力用户提供电力。

从20世纪90年代末开始，德国电力行业经历了一次结构性变革。电力市场实施了自由化，发电、输电、配电与电力零售业务被分离。到1998年，德国电力市场已实现完全自由化。区域垄断被废除，发电厂获得了向其他区域的终端电力用户提供电力的权限。21世纪中期末，在欧盟颁布电力市场指令后，德国对其电力行业的发电、输电、配电与电力零售业务进行了分离，但允许实施不同程度的分离。供应链的不同层级可在法律上或职能上完全分离，导致出现一种复杂的异质性结构。输电与发电业务的分离发生在2005年，而配电与电力零售业务的分离发生在2007年。

德国输电网络目前由四个不同的输电系统组成，这四个输电系统分别采用了不同的体制模式。其中两个输电系统基于TSO模式——其中，TenneT和50Hertz这两家企业分别拥有并运营各自的输电网络。其他两个输电系统则保留了一定程度的垂直整合，其中的发电企业RWE和EnBW继续拥有输电资产，但受到旨在缓解利益冲突的监管。

德国约有900家配电运营商服务于20000个市政体。在这些配电运营商中，有四家曾是超区域层面的垂直整合型能源供应企业，还有一些区域性企业以及约700个属于市政体所有的公用事业单位。市政体所有的公用事业单位一般是从发电到电力零售业务的垂直整合型公用事业单位。

在全国层面，联邦电网机构（Bundesnetzagentur）负责对德国电力行业进行监管，此外，还承担了多项职责。该机构负责监督电力行业的竞争、垂直整合型企业的业务分离，以及输配电网络的非歧视性准入。联邦电网机构还负责监管输配电系统运营商收取的费用。自2009年，TSO受到激励性管制——设定了上网电价上限，但也提供了对提高效率和降低成本的激励。在州层面，有11个州的监管机构强制实施联邦电网机构制定的法规，而其余5个州将各自的所有监管职责授予联邦电网机构。覆盖客户人数超过100000人或者覆盖一个以上州的电网也受到联邦电网机构的监管。表9显示了德国电力行业在自由化和业务分离之前及之后的结构。

表9   德国电力系统的结构

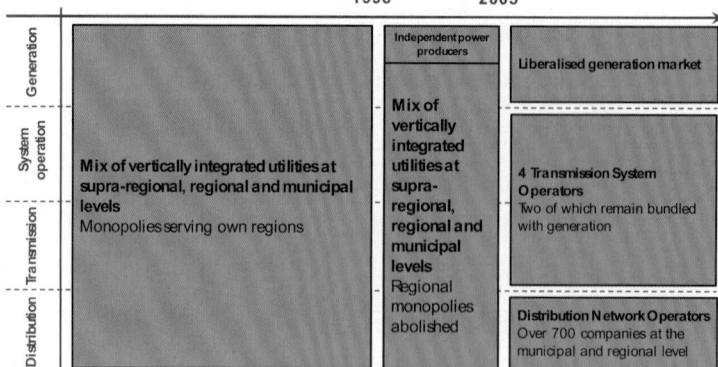

备注：德国电力系统的所有细分部分均同时包含私有企业和公有企业（以灰色标识）。
资料来源：Vivid Economics。

2）输电投资

TSO同时负责输电规划与投资。针对未来十几年德国电力市场在不同情景下的发展情况，TSO拟定了一份框架。在联邦电网机构审核并批准了该框架之后，TSO按照该框架，对其输电投资进行了界定，并制定了一份电力网络发展计划。如果投资项目的地点仅在一个州，则须提交给该州的政府进行审批。如果投资项目涉及不止一个州，则由联邦电力机构做出最终的审批决定。

TSO负责协调相互之间、与欧洲其他国家的TSO之间，以及与电力交换机构之间的运营与输电规划流程，以便高效地利用既有的发电与输电容量。欧洲各TSO参与了区域安全协调倡议（RSCI），以协调相互之间的电力系统的运营。区域安全协调倡议由TSO自愿开发，是不具有实时系统运营功能的服务提供工具。用于协调安全性分析、中短期充分性预测、容量计算和断供规划。TSO使用RSCI提供的服务，利用其中的数据并结合全国性因素，进行最终的决策。目前，相邻的TSO合作开发区域性RSCI，但这些RSCI需要在一个欧洲范围的中央验证平台上工作。欧洲TSO将各自计划的能源交换数据提交给这个唯一的中央平台，由该平台对这些数据进行比较，并协调各TSO的行动。

TSO对输电资产进行投资。贸易商则通过财团，对将德国电网与其邻国电网相连接的互连网络进行投资。

3）区域定价的实施程度

德国未采用区域定价或输电，因而面临再调度成本的增长。联邦电网机构报告，2014年，TSO干预发电和进行再调度的天数为330天。干预电量为5197吉瓦时，干预成本为1.867亿欧元。再调度成本被转移给终端电力用户。2015年，干预成本增长至4.025亿欧元。

TSO收取的输电费用不包含任何时间性（使用时间）或区域性的组成部分。

4）电力网络现代化方案

间歇性可再生能源在德国的发电能源结构中的占比不断提高。德国的目标是引入灵活的非电力网络服务，以便高效地保持可再生能源的间歇性，从而提高其电力行业和供应安全性的可靠性。

TSO可为电力零售终端用户提供需求缩减拍卖。TSO可与终端电力用户签订相应合同，规定在出现需求峰值时立即缩减该用户的需求。对于需求被缩减的终端电力用户，TSO向其支付补偿费。补偿费的金额在每周举行的拍卖中设定。这些拍卖针对用电量较高的大中型工业终端用户，但居民用户也可通过聚合商参与拍卖。

德国实施了多项电池蓄能试点项目和公共集资。例如，Younicos公司在什末林市（Schwering）建造了一个电池园，以便通过频率调节和整合风能，协助配电电网的运营。类似地，ENERCON公司向能源结构完全是可再生能源的菲利德海姆村（Feldheim）提供主要控制服务。此外，自2013年开始，德国政府通过给予补贴来激励采用电池蓄能和太阳能光伏板。

5）方案概览

表10　　　　　　　　　　　　　　　德国电力网络方案概览

Country / region	Institutional arrangements	Transmission planning and delivery		Network pricing	Modernising network arrangements
Germany	**Institutional model:** • Germany has four transmission networks • Two of these are operated by TSOs • The other two are vertically integrated, with the generation companies RWE and EnBW owning transmission assets	**Planning:** • TSOs are responsible for setting out transmission development frameworks which are then reviewed by the federal network agency • TSOs then define network investment plans in line with these frameworks • Depending on project scope, state governments or the federal network agency then provide final approval for projects • German TSOs are part of ENTSO-E which coordinates network development and planning across European TSOs **Delivery:** • TSOs are responsible for delivering their own projects **Investment regime:** • The four German TSOs coordinate their system operation and planning • There is no merchant transmission investment in Germany		• Uniform pricing	**Readiness for decarbonisation** • TSOs run auctions for demand curtailment services • These auctions are tailored towards medium- to large-sized industrial customers, with high consumption • Residential end users can participate indirectly through aggregators • Several pilot projects and government funding for storage

备注：ENTSO-E是欧洲互联电网组织的缩写。

资料来源：Vivid Economics。

（6）澳大利亚

1）体制方案

在市场改革之前，澳大利亚的电力市场中包括垂直整合的国有垄断企业。例如，维多利亚州电力委员会和新南威尔士州电力委员会。州政府指定政府官员组成了若干委员会，负责这些企业的运营。此结构在澳大利亚其他受监管的行业也存在，特点是生产效率增长率低、业绩低效。

澳大利亚电力行业于20世纪90年代经历了市场改革，现有的垂直整合型公用事业单位实施了业务分离并转向私有制。20世纪90年代初，垂直整合型垄断企业拆分为发电、输电、配电和电力零售部分。20世纪90年代末，发电与电力零售业务大部分完成了私有化，一些输电和配电企业相继效仿。澳大利亚国家电力市场（NEM）于1998年开始运营，成为澳大利亚首个电力批售现货市场。为促进新型电力联营体的形成，澳大利亚在实施市场改革的同时，还对互连容量领域做出了大量投资，使得NEM成为世界上最长的互连系统之一。

NEM覆盖澳大利亚的5个州——昆士兰州、新南威尔士州、南澳大利亚州、维多利亚州和塔斯马尼亚，构成澳大利亚总发电容量的89%。澳大利亚能源市场运营商（AEMO）即是ISO，除了承担一些传统的系统运营商职能之外，AEMO还作为国家输电规划机构，负责公布一份长期输电计划，即《国家输电网络发展计划》（NTNDP），以及区域需求预测报告。此外，AEMO还直接负责维多利亚州的输电规划。输电服务由输电网络服务提供商（TSNP）提供，各州有各自的输电服务提供商，其中既包括州政府所有的企业，也包括私有企业。澳大利亚有13个大型配电网络，每个网络分别是各自被指定区域的垄断提供商。电力市场受澳大利亚能源监管机构（AER）的监管。表11显示了澳大利亚电力行业在NEM成立之前及之后的结构。

表11　　　　　　　　　　　　澳大利亚电力系统的结构

NEM formed
1998

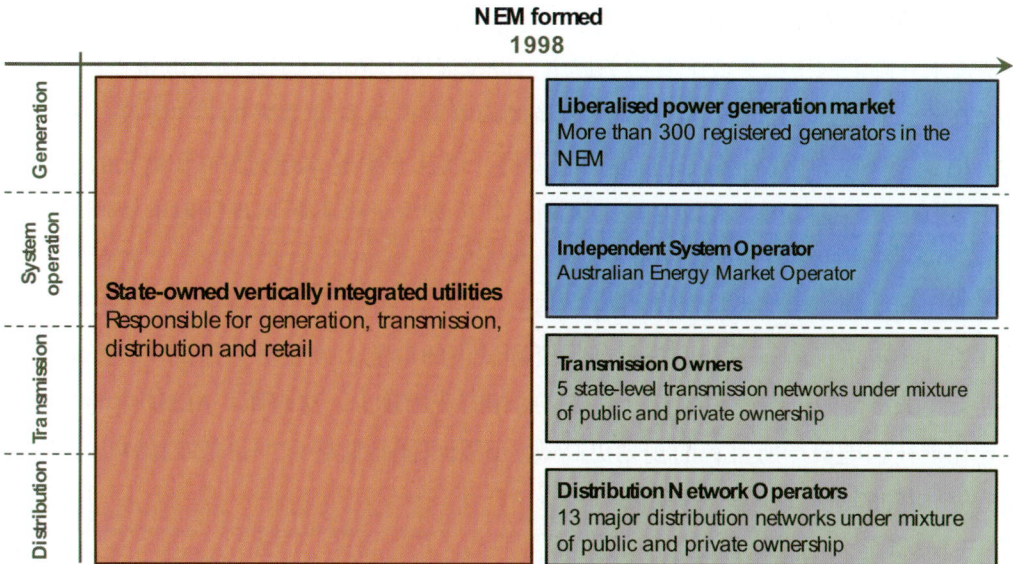

	State-owned vertically integrated utilities Responsible for generation, transmission, distribution and retail	
Generation		Liberalised power generation market More than 300 registered generators in the NEM
System operation		Independent System Operator Australian Energy Market Operator
Transmission		Transmission Owners 5 state-level transmission networks under mixture of public and private ownership
Distribution		Distribution Network Operators 13 major distribution networks under mixture of public and private ownership

备注：国有企业以红色标识，私有企业以蓝色标识，同时包含私有和公有企业的类别以灰色标识。
资料来源：Vivid Economics。

2）输电规划

AEMO负责开展维多利亚州的输电规划，其他州的输电资产所有者负责其各自的投资规划。输电资产所有者须公布《年度规划报告》（APR），该报告须详述对未来五年计划的电力网络投资的分析。输电资产所有者必须考虑到AEMO制定的《国家输电网络发展计划》，否则可能面临经济处罚。输电资产所有者须确保其计划与其网络中配电企业的计划协调一致。虽然输电资产所有者有义务考虑到《国家输电网络发展计划》，但仍可自主做出最终规划决策。

《国家输电网络发展计划》载明了AEMO对未来20年全国输电规划的战略愿景。与输电资产所有者一样，AEMO在编制其国家输电发展计划时，也必须考虑到近期的《年度规划报告》。《国家输电网络发展计划》旨在提供对投资规划的长期关注，并向输电资产所有者告知未来可能的进展，而不在于影响个人投资决策。整个规划流程的目的，是在AEMO、输电资产所有者和配电企业之间建立一个正反馈循环，从而实现更协调、更高效的输电规划（Strbac和Pollitt，2013年）。

在考虑大规模新输电投资时，输电资产所有者必须进行成本效益分析，即输电监管投资测试（RIT-T）。在该测试过程中，输电资产所有者必须在利益相关者的帮助下，编制一份完整的电力网络与非电力网络投资解决方案清单，并选出预期回报最高的解决方案。需要考虑的成本类别包括：建造及提供其他资产的成本、运营与维护成本，以及监管合规成本。效益类别包括：提高调度效率、提高供应安全性、减少其他投资需求、降低网络损失或配套服务成本，以及促进达到可再生能源发电量指标。

在此过程中，AEMO仅负责监督，确保输电资产所有者遵守RIT-T协议。该规程仅适用于涉及电力网络增强而非维护的项目，以及方案成本超过500万澳元的情形。在维多利亚州，AEMO直接参与输电规划，并负责为一些不影响现任输电资产所有者（AusNet）资产的项目开展竞争性招标。

澳大利亚能源市场委员会（AEMC）建议增强AEMO在制定国家输电发展计划，以及在监督输电资产所有者开展规划与投资测试中的角色。该委员会还发现，维多利亚州拥有类似水平的可靠性和服务，但支付的相应费用较少，这表明，AEMO主导的投资规划比现任输电资产所有者的规划更高效。原因可能是监管资产价值（RAV）方法可能造成利益冲突和"镀金"的动机。

3）区域定价的实施程度

NEM采用了全面节点定价与分区定价相结合的模式，在该模式中，每个连接点的价格相对于一个普通的区域参考节点的价格进行确定。每个电力网络连接点的现货价格的计算方法是：区域参考节点的价格乘以一个系数（该系数考虑到与该连接点相关的区域内损失）。在此系统中，一般情况下，负荷离区域参考节点越远，损失越高，因而供应成本也越高。当容量限制不具有约束力时，各区域的价格仅因网络损失而异。相比之下，当发生拥塞时，不同区域价格的差异将取决于每个区域的边际发电成本。

每个参考节点的现货价格按调度价格的时间加权平均值计算，并且每30分钟更新一次。调度价格通过每个节点的中央调度来确定，每五分钟更新一次。

4）电力网络现代化方案

自2001年起，澳大利亚制定了一系列基于市场的频率控制方案，称为"频率控制配套服务"（FCAS）。FCAS提供了八个单独的频率控制实时现货市场。这些服务被视为高度发达的服务：基于市场并且具有标准化的参数。例如，用于提高或降低频率的产品按响应时间分为6秒、60秒和5分钟等多种规格。这与英国等其他国家的配套服务市场形成了鲜明的对比。如第7.4节所述，产品没有标准化的参数，并且并非对所有技术的提供商全面开放。

汽车制造商及能源公司Tesla目前正在南澳大利亚建造世界上最大的蓄电设施。该项目将开始试提供FCAS中的频率响应。在此之前，南澳大利亚发生了一次大规模的电力系统故障，该区域超过800000个客户遭遇停电；经调查，系统中的大量可再生能源发电量造成的缺乏惯性，是这次系统故障的主要原因。

- 2016年，南澳大利亚经历了一场灾难性的停电事故，在该事故中，该区域超过800000个客户遭遇停电。在这次系统故障中，狂风破坏了输电线路，导致顺序错误和电压下降。因此出现了互连网络故障，导致南澳大利亚电网与NEM中的其余电网断开连接，成为孤岛，系统无法平衡，最终造成供电中断。

- 经调查，系统中的大量可再生能源发电量造成的缺乏惯性，是这次系统故障的主要原因。南澳大利亚的风力发电量较高，2016年，其超过40%的发电量来自于风力发电。过去以来，化石燃料火电厂在应对此类事故中发挥重要作用，因为其同步发电机可提供实时频率响应。风机缺乏这些功能，因而提高了在单个资产发生损失时导致整个电力网络发生故障的风险。

- 为应对这些问题，Tesla正在南澳大利亚开发公用事业规模的蓄电设施。Tesla签订了一份关于建造容量达100兆瓦电池设施的合同，该设施将能够在发生停电时，向30000户家庭供电。该电池设施的建造资金来自南澳大利亚1.5亿美元的可再生能源技术基金，该基金旨在用支持可再生能源项目。该电池设施将与100兆瓦的Hornsdale 2风电场位于同一地点，以便在网络发生故障时，该电池设施和风电场能共同提供快速响应，立即转换风电容量，并帮助满足需求峰值时间段的需求。试提供FCAS中频率响应的过程将与澳大利亚能源市场运营商共同开展。

5）方案概览

表12 澳大利亚电力网络方案概览

Country / region	Institutional arrangements	Transmission planning and delivery	Network pricing	Modernising network arrangements
Australia (National Electricity Market - NEM)	**Institutional model:** • AEMO is the ISO	**Planning:** • TOs are responsible for investment planning, except in Victoria (AEMO) • AEMO sets out annual NTNDPs detailing long-term network needs • TOs publish APRs detailing plans over a five year horizon • TOs and AEMO must take each others' plans into account, creating a feedback loop leading to coordinated national plans **Delivery:** • TOs are responsible for delivery of assets outside of Victoria, and can use tendering processes for third-party delivery • In Victoria, AEMO runs competitive tenders for projects which do not affect the asset of the incumbent TO, AusNet **Investment regime:** • TOs must engage stakeholders when optioneering for solutions • TOs required to perform cost-benefit analysis (RIT-T) for potential solutions • Third parties may participate in the delivery of assets	• Pricing in NEM is a hybrid between nodal and zonal pricing • Each state has a reference node price • Connection point prices include locational adjustments based on network losses	**Readiness for decarbonisation** • RIT-T process for transmission planning is designed to consider both network and non-network investment solutions • World's largest battery facility due to begin frequency response trials in conjunction with AEMO

备注：AEMO是澳大利亚能源市场运营商的缩写；NTNDP是澳大利亚国家输电网络发展计划的缩写；RIT-T是输电监管投资测试的缩写；NEM是澳大利亚国家电力市场的缩写。

资料来源：Vivid Economics。

三、中国能源供给革命的促进因素、实现条件及发展路径

人类的文明进步史也是一部能源供应变革史。煤炭、石油、天然气等化石能源驱动了过去人类的工业化、现代化。但两个多世纪工业化以后，以化石能源为主体的能源系统所产生的环境污染与温室气体排放问题日显突出，环境治理和应对气候变化成为人类面临的巨大挑战，促使全球能源向绿色、低碳转型。近年来的页岩革命和新能源技术革命，催生煤炭全面向油、气等低碳能源转型；技术进步和市场扩张，正加快全球由化石能源向太阳能和风能等零碳的可再生能源转型。人类正进入由"高碳"向"低碳"、由"低密度"向"高密度"、由"黑色"向"绿色"的能源大转型的新时代。

（一）能源发展呈现新特征，是供给革命的重要现实基础

2012年以来，我国经济发展进入新常态，呈现换挡减速、结构优化、动力转换三大特点。适应新常态、把握新常态、引领新常态，是当前和今后一个时期的大逻辑。伴随经济新常态，能源发展呈现出需求总量低速增长、增长动力逐步转换、新业态初现、品种结构持续优化、供给侧改革初见成效五个方面新特征。

1.能源需求低速增长

随着我国经济发展进入新常态，能源消费换挡减速趋势明显。21世纪以来，我国能

源消费总量从2000年的14.7亿吨标准煤增长到2015年的43.0亿吨标准煤，以年均7.42%的能源消费增速支撑了9.60%的经济增长。其中2006～2010年均增长6.65%，比2001～2005年均增速低5.55个百分点，2011～2015年均增长3.58%，比2006～2010年均增速低3.07个百分点。2016年能源消费总量43.6亿吨标准煤，同比增长仅1.4%。总体而言，当前能源低速增长是与经济换挡减速、产业结构积极调整和各行业节能减排持续推进相匹配的，是我国能源进入新常态的首要特征，也是未来推动能源供给革命的重要现实基础。

2.能源增长的动力从"二产"向"三产"及居民生活转变

从发展动力看，拉动能源消费的传统产业动力减弱，新的增长动力逐渐显现。以电力消费为例，随着第三产业蓬勃发展、城镇化及居民用电水平提高，"十二五"时期第三产业和城乡居民生活用电年均增速分别高于同期第二产业增速4.8个和2.4个百分点，2016年第三产业和城乡居民生活用电同比分别增长11.2%和10.8%，远远大于第二产业用电增速（2.9%），分别拉动全社会用电量增长1.4个和1.4个百分点。显示出拉动用电增长的主要动力正在持续从高耗能产业向第三产业和生活用电转换。

3.以"互联网+"智慧能源为代表的能源新业态逐步萌芽

当前，能源技术与信息技术、互联网技术融合，推动的新一代能源革命正在徐徐拉开大幕，"互联网+"智慧能源产业的快速发展，可望很快进入彻底改变人类能源生产和使用方式的新纪元。

"互联网+"智慧能源有望促使能源生产与供应模式更加多元化，并同时催生新的商业模式。任何品种能源的生产和供应将从原来的单一化供应模式向多元化转变，相应的倒逼传统煤炭和电力公司、石油和天然气公司纷纷向掌握多种能源资源、根据用户需求灵活提供多种能源服务的综合能源供应商转变。各种"互联网+"智慧能源技术可实现储能设备以及可控负荷之间的协调优化控制，通过建立分布式可再生能源与用户之间、各局部能源网络之间的信息互联，更好地利用广域网内分布式电源的时空互补性，以及储能设备与需求侧可控资源之间的系统调节能力，做到"横向源-网互补，纵向源-网-荷-储协调控制"，从而平抑分布式可再生能源间歇特性对局部电网的冲击，为分布式可再生能源的大规模接入提供可行路径，真正实现清洁能源比重大幅增加[①]。

在"互联网+"智慧能源产业的发展中，以纯电动汽车为代表的新能源车快速发展最引人注目。一方面，电动汽车可显著推进交通运输系统的电气化转型，是能够真正撼动经济社会发展过程中"石油依赖"的根本路径；另一方面，电动汽车也是能够将交通运输业与能源互联网全面对接，通过远程控制、无人驾驶等人工智能技术构建新型现代

---

① 高世楫、郭焦锋等：《能源互联网助推中国能源转型与体制创新》，中国发展出版社2017年版。

化智慧交通系统的必由之路。截至2016年，全国电动汽车保有量超过100万辆，累计建成公共充电桩超过15万个，私人充电桩总数超过20万个。未来发展前景十分广阔。

4.清洁能源加快发展，能源结构持续优化

全球能源转型委员会（ETC）[1]指出，全球能源正在推进清洁电气化发展。一是加快非化石能源发电等清洁电源的投资建设；二是依托能源互联网、智慧能源等新技术创新，形成分布式与集中式相容的新型电力供应体系，提高生产生活中的电气化水平。三是推进利用生物质能、氢能对传统化石燃料进行替代，以及CCUS的技术研发和应用推广，促进工业及交通领域非电能源应用的脱碳化。

目前我国能源发展处于油气替代煤炭、非化石能源替代化石能源的同步替代期。2016年煤炭占全国能源消费总量的比重为62.0%，比2000年下降6.5个百分点；天然气和非化石能源消费比重分别为6.4%和13.3%，比2000年提高4.2和6个百分点。尤其是2013年以来能源消费减速、市场供需宽松，为能源结构优化提供了契机。2016年煤炭消费比重比2013年下降5.4个百分点；非化石能源和天然气消费比重比2013年分别提高3.1个和1.1个百分点。

表13　　　　　　　　　2000～2015年能源消费总量及结构

年份	能源消费总量		能源消费结构（%）			
	总量	增速（%）	煤炭	石油	天然气	非化石
2000	14.70	4.55	68.5	22.0	2.2	7.3
2001	15.55	5.84	68.0	21.2	2.4	8.4
2002	16.96	9.02	68.5	21.0	2.3	8.2
2003	19.71	16.22	70.2	20.1	2.3	7.4
2004	23.03	16.84	70.2	19.9	2.3	7.6
2005	26.14	13.50	72.4	17.8	2.4	7.4
2006	28.65	9.60	72.4	17.5	2.7	7.4
2007	31.14	8.72	72.5	17.0	3.0	7.5
2008	32.06	2.94	71.5	16.7	3.4	8.4
2009	33.61	4.84	71.6	16.4	3.5	8.5
2010	36.06	7.30	69.2	17.4	4.0	9.4
2011	38.70	7.32	70.2	16.8	4.6	8.4
2012	40.21	3.90	68.5	17.0	4.8	9.7
2013	41.69	3.67	67.4	17.1	5.3	10.2
2014	42.58	2.13	65.6	17.4	5.7	11.3
2015	43.00	0.99	63.7	18.3	5.9	12.1
2016	43.60	1.4	62.0	18.3	6.4	13.3

数据来源：《中国统计年鉴2017》。

---

[1]　The Energy Transitions Commission，2017，Better energy，Great Prosperity，achievable pathways to low-carbon energy system[R].

5.能源领域供给侧改革初见实效

经济进入新常态以来，基于传统能源供需模式快速发展的能源行业出现了不适应，区域性、结构性的产能过剩现象凸现。为此国家大力推动以能源领域供给侧改革，2016年取得了一系列初步成果：一是全年完成了2.5亿吨的煤炭去产能任务；二是电力装机结构清洁化趋势显著，超过2亿千瓦的煤电机组实施了节能改造，超过1亿千瓦的煤电机组实施了超低排放改造，非化石能源发电装机比重36.1%；三是积极推进清洁能源替代，在居民采暖、生产制造领域推广或试点电采暖、工业电锅炉（窑炉）等，在内蒙古、河北、吉林等省区大力推进各类可再生能源清洁供热示范工程；四是出台了《加快推进天然气利用的意见》，促进天然气产业上中下游快速协调发展。

不过改造传统能源系统，实现清洁低碳、安全高效的现代能源体系目标仍亟待解决一些深层次的矛盾和问题。一是煤炭产能总体过剩的问题仍无法根本解决。2016年的去产能措施尚未根本改变煤炭市场供大于求的局面，未来三至五年去产能仍将是煤炭行业发展的主线。二是电力需求增速放缓与新能源发电装机较快增长的矛盾凸现，由于调峰能力增加尚需时日，2017年可再生能源消纳仍十分困难，弃风弃光弃水问题难以从根本上化解。三是随着"十二五"后期开工建设的煤电机组集中投产，预计2017年煤电装机利用小时数有可能降至4100小时左右。同时，随着煤炭价格回归合理区间，煤电全行业亏损风险加大。四是天然气作为清洁能源的发展仍受到"太贵"的影响，天然气终端用气价格市场化仍面临重重困难，对促进下游用气持续快速增长不利。

（二）推进能源供给革命存在五方面促进因素

1.国际能源需求供需总体宽松，供应结构呈现多元化

根据BP、EIA等权威能源机构的预测结果，全球能源需求总体上呈现持续慢速增长态势。2020年全球能源需求总量将达到146亿吨油当量，增速将从2010年的2.0%左右下降到2020年的1.3%左右，到2030年增速将进一步下降至1.0%左右，总量达到154亿吨油当量。

同时，随着页岩油、页岩气等非常规油气的兴起，能源供应日趋多极化、多元化。受到美国页岩气革命影响，美国、加拿大、巴西和委内瑞拉等美洲国家丰富的油气资源得以开发利用。随着非常规油气的开发日趋成熟和壮大，美洲地区有望成为"第二个中东"。

根据EIA的测算，2015年美国石油对外依存度已经下降到了24.0%，而在2005年，美国石油的对外依存度还高达60.3%，美国很有可能在2020年以后成为石油的净出口

国；而据BP的保守预测，美国也将在2030年成为石油的净出口国。另外，据IEA预测数据，到2030年加拿大的石油产量将达到30百万～60百万桶/日，依托油砂等非常规油气和大面积陆上及海域的常规油气，加拿大可能成为新的能源超级大国。

而可再生能源作为一种更加清洁的能源，将在能源供应多元化发展中扮演愈来愈重要的角色。IEA的预测认为到2035年可再生能源发电（包括水电）占全球发电量增长的一半，它在全球发电总量中的占比将增加至31%，成为电力行业最主要的电源。综上所述，能源供应向多元化方向发展是大势所趋。

2. 中国经济有望保持稳定发展是能源供给的坚实基础

毋庸讳言，未来我国经济社会发展的确面临着前所未有的困难和挑战，诸如，劳动年龄人口绝对量下降，老龄化问题日益显现，传统产业和低附加值生产环节的产能严重过剩，粗放式发展产生的生态环境问题逐渐暴露，以创新为驱动力的新增长动力尚未形成，等等。但与此同时，也应该客观地看到，我国的发展依然有着巨大的潜力和韧性，城镇化远未完成，欠发达地区与发达地区间存在明显的发展差距。这意味着，在当前和未来相当长的时期内，投资和消费都有很大的增长空间。我国产业体系完备、人力资源丰富、创新能力正在增强，有支撑未来发展的雄厚基础和良好条件。

2015年10月，党的十八届五中全会通过了《中共中央关于制定国民经济和社会发展第十三个五年规划的建议》，确立了"创新、协调、绿色、开放、共享"五大发展理念。跟随新发展理念的指导，我国未来经济结构调整、经济转型有望不断取得新进展，将在新的发展平台上实行稳定、持续的中高速增长，确保到本世纪中叶实现中华民族伟大复兴的"中国梦"发展战略目标不会变，按照达到届时中等发达国家水平测算，我国到2050年人均GDP将接近4万美元（折算到2015年价格水平计算）[1]，是2015年的5倍左右。作为未来经济社会发展的战略要求，这必然作为推进能源生产消费革命的前置条件，也是能源供给革命的坚实基础。

3. 应对气候变化和保护环境是推动能源供给革命的根本动力

根据政府间气候变化专门委员会（IPCC）第五次评估报告（AR5）（IPCC，2014），1951～2012年全球平均地表温度上升0.72℃，升温速度几乎是1880年以来的两倍（IPCC，2014）。全球变暖已经成为不争的科学事实。在此背景下，2015年各国达成了《巴黎协定》，正式确定了2100年全球温升控制在明显低于2度且尽可能争取1.5度的奋斗目标。我国也相应提出了二氧化碳排放2030年左右达到峰值并争取尽早达峰、单位国内生产总值（GDP）二氧化碳排放比2005年下降60%～65%等应对气候变化行动

---

① 国家信息中心，2016年，内部研究报告。

目标。另一方面，长期经济粗放型发展也导致国内环境质量显著变差。2013年国家出台《大气污染防治行动计划》，国内雾霾治理也进入了集中攻关期，关闭小型燃煤工业锅炉、使用电力或燃气替代散煤供暖和直燃、大力发展电动汽车替代燃油汽车、实施油品质量升级行动等有效降低空气污染物排放的措施正在全面推广。

应对气候变化的长远压力和中近期治理大气雾霾的压力将共同倒逼能源行业加紧推进供给革命，实现能源系统的清洁低碳，并逐步走上可持续发展道路。

虽然实施天然气、电力替代煤炭、石油等化石能源，是我国实现节能减排和结构优化的重要途径，但目前天然气替代受价格、输气管网等体制机制因素制约，电力替代也面临成本、基础设施、关键技术等因素制约。因此"十三五"及中长期亟须坚持系统优化，提高能源协调发展水平。

4.能源科技创新进入活跃期，是实现供给革命的重要支撑

当前以能源互联网为代表的新业态迅速发展，推动整个能源科技创新进入活跃期。能源互联网着眼能源产业全局和长远发展需求，以智能化为基础促进能源和信息的深度融合，推动能源互联网新技术、新模式和新业态发展，成为能源产业焕发活力的新动能，将有力支撑和推进能源生产消费革命战略的稳步实施。

已有研究表明，2030年前我国互联网+智慧能源大致将实行三步走战略。

2017～2020年，实行分布式发电和储能的大规模普及利用，各种分布式电源可实行灵活接入；基于互联网技术的多能源交易系统开始上线应用；多种能源网络互通互联、多能互补的能源试点示范将逐步建立，能源互联网技术实现多点开花。2021～2025年，多元化能源间的智能调度逐步实现，分布式发电和储能系统在用户侧得到普及性发展；城市智能多元化能源网建成，可根据用能需求对不同来源的能量进行科学调度。2026～2030年，全国范围推广建设新能源微网，并形成多元化能源互补的非化石能源互联网络，支持非化石能源实现占一次能源20%的发展目标。形成开放共享的能源互联网生态环境，能源综合效率明显改善。2030年之后，依托能源互联网产业的自主发展，可再生能源利用全面覆盖农业、工业、交通、商业、居民等终端用能领域，支持可再生能源健康快速发展的产业生态环境不断完善，可再生能源进入发展快车道。

5.我国天然气资源勘探开发逐步进入高潮期，把天然气培育成主体能源正在成为共识

据全国油气资源动态评价（2015）结果，全国常规天然气（含致密气）地质资源量90.3万亿立方米，可采资源量50.1万亿立方米。埋深4500米以浅页岩气地质资源量121.8万亿立方米，可采资源量21.8万亿立方米。全国埋深2000米以浅煤层气地质资源

量30.1万亿立方米，可采资源量12.5万亿立方米。

截至2016年底，全国累计探明常规天然气（含致密气）[①]地质储量11.7万亿立方米，剩余可采储量5.2万亿立方米；累计探明煤层气地质储量6928.3亿立方米，剩余可采储量3344.0亿立方米；累计探明页岩气地质储量5441.3亿立方米，剩余可采储量1224.1亿立方米。目前，中国天然气资源转化程度和探明储量采出程度均较低，其中常规气的资源探明率13.0%，煤层气2.3%，页岩气仅有0.4%，通过科技创新、技术进步，未来可释放较大的资源潜力。此外，我国近海海域天然气水合物勘查取得重大成果，2017年试采成功，资源潜力巨大（天然气白皮书2017）。

天然气是最清洁的化石能源，在非化石能源成熟之前，天然气是替代煤炭和石油，降低用能污染排放和温室气体排放的最佳选择，在非化石能源成熟后，天然气作为灵活能源仍将具有广泛的应用空间。因此，随着各种非常规天然气资源探明程度的不断增加，把天然气培育称为继煤炭、石油之后的新的主体能源具有重要意义和可行性，是推进能源供给革命的重要内容之一。

（三）能源供给革命战略路径的情景分析

1.情景设置

（1）能源供给革命战略路径的设置要遵循目标导向原则

国家《能源生产和消费革命战略（2016—2030）》对未来15年能源发展作出了明确的战略部署。本研究要在充分解读的基础上，以实现该战略部署为目标，研究我国能源供给革命战略路径。因此本研究并非简单开展多情景预测，而要突出目标导向的原则：一是关于中长期经济社会发展路径必须满足十九大报告提出建设社会主义现代化强国的发展目标；二是必须严守温室气体排放控制目标和大气治理目标。三是保障能源供应安全。

（2）新形势下的能源供给革命战略路径有望统筹经济、安全和环保三个目标

在《中国中长期能源发展战略研究》[②]中，针对未来影响中国能源发展的主要驱动因素进行了归纳，包括经济发展、能源安全和环境保护，并通过平衡以上三个方面的目标提出了优化的能源发展路径。在传统经济结构和能源体系架构中，这三个方面的相互制约大于相互融合：经济保持快速发展意味着能耗的增加，在能源结构变化不大的情况下，化石能源总量的增长意味着环境污染的增加，同时石油、天然气需求的

---

① 这里的"常规天然气"是特指气层气，不含溶解气。
② 国务院发展研究中心、壳牌国际有限公司，2013。

增加又意味着能源供应安全风险的提高；强调环境优先，往往是以经济增长放缓为代价；强调安全优先，也主要通过放缓经济增长，缩减需求来实现。

不过，随着经济进入新常态，能源新技术、新业态的涌现，经济发展、能源安全和环境保护三者之间相互融合的趋势显著增强。从经济发展的角度看，以房地产、高耗能行业为代表的传统增长动能逐步减退，未来经济增长需要的新动能主要来自高新产业和服务业发展，产业结构优化调整使得经济增长与能源需求之间的刚性耦合逐步松动。不过随着能源需求增量主要来自三产和居民生活，也在能源清洁性、供应灵活性等方面提出了更高要求，形成了经济越发达，能源清洁性要求越高、能源供需灵活适配要求越高的新挑战。

从能源安全的角度看，随着国家已经明确了将电动汽车作为未来公路交通运输工具的主流发展方向，新能源汽车及上下游产业呈现快速发展态势，在培育经济增长新动能的同时，对传统汽油车、柴油车的替代势头可能超乎已有想象，使得交通用能有望以更快速度从以油为主向以电为主转变，传统上一直担心的石油进口供应风险有望得到逐步缓解，同时也有利于支持国内可再生能源发电的消纳，可谓一举三得。另一方面，国内页岩气的快速发展以及天然气水合物试采成功表明国内天然气供应气源多元化发展顺利，国内供应能力的逐步增强可有力支撑当前对煤炭分散利用的大规模替代，也使得利用国际低价高质天然气资源的能力显著提升，同样是一举多得。

从环境保护的角度看，雾霾治理行动中，国家大力推进的煤改气、煤改电、关闭小煤炉，在降低燃煤污染的同时，也为可再生能源发电、地热资源和天然气利用腾出市场空间，促进清洁能源发展，同时为能源互联网技术的使用创造机会，鼓励创新、促进新业态发展。

（3）能源供给革命战略路径情景设置

根据以上分析，本研究中情景研究如下：

第一，参照"十九大"战略目标设定未来我国到2050年的经济社会发展情景，对未来2020、2030、2035.2050年的经济总量、产业结构、重点产业发展轨迹进行展望，并作为能源供给路径分析的外生输入变量。

第二，依据中国经济社会发展走势展望，根据中国《能源生产和消费革命战略（2016—2030）》的要求，给出我国未来终端能源发展的推荐路径情景。

第三，针对散煤治理和电动汽车发展对终端用能的影响开展敏感性分析。目前，大气雾霾治理的进程是影响我国能源供给发展路径的最大不确定因素。从能源系统来看，大气治理工作中散煤替代和电动汽车替代是两个主要选项。这两方面工作的推进情况将直接影响到未来的能源供给结构。为此，本文分别对其进行分析，并利用所构建的能源系统分析模型就这两方面工作对能源结构的影响进行敏感性研究。其中，散煤替代包括按照高、中、低三个情景；电动汽车发展包括推荐情景和极限情景两个情景。

第四，基于对终端能源需求的综合研究，按照低碳发展要求优化电源结构，给出我国未来一次能源供给展望，得出能源供给革命战略实施路径推荐情景。

2.经济社会发展和能源服务需求展望

"十九大"提出了我国未来发展的战略目标，按照目标导向的战略研究逻辑，重点开展实现路径分析。关于我国未来中长期宏观经济发展研究方面，O'Neill和Stupnytska（2009）通过计算，认为中国GDP增长率在2011~2020年、2021~2030年、2031~2040年和2041~2050年分别为7.9%、5.7%、4.4%和3.6%。Li和Lou（2016）在实施"供给侧结构性改革"下经济增长较快的情景中，认为中国潜在经济增长率在"十三五"和"十四五"期间的平均增长率分别为6.5%和5.8%。肖林（2016）认为从现在到2050年，中国长周期经济增长将逐步趋缓，并向世界平均经济增速收敛，到2050年可能回归至3%~4%增速水平。本文以这些研究为基础，强化了对人口走势、增长动力、重点行业的发展判断，并使用SICGE模型开展结构化预测，确保宏观经济走势、需求结构变化和产业结构变化的一致性，同时为能源-环境系统分析模型提供输入变量。

（1）我国人口走势判断

人口计生委的最新结果[①]显示我国人口将在2030年之前达峰，峰值水平在14.5亿人口，较联合国2015年的预测结果高出了3000万人口。另一方面，我国老龄人口数量增加，预计2050年65岁及以上的人口规模达到3.5亿，是2015年的2.4倍，占比从11%提高到25%。与老龄化趋势相应，未来劳动力供给将呈现绝对下降，2050年为8.3亿，较2015年下降1.7亿（图40）。人口走势和老龄化是我国未来经济发展的重要前提条件。

（2）我国未来建筑面积增长走势判断

已有研究（住房和城乡建设部标准定额研究所，2016）表明，我国2015年建筑面积存量已经接近600亿平方米，其中城镇居民住宅面积176亿平方米，农村居民住房面积276亿平方米，城镇商业建筑面积140亿平方米。根据发达国家的经验（如图41所示），我国建筑面积达峰时，城市人均住宅建筑面积（与发达国家人均使用面积之间有0.8的折算系数）应在40平方米左右，人均公共建筑面积应在20平方米左右；从保证房地产业平稳可持续发展的角度看，我们建议达峰时间推迟到2040年左右，按照届时的

[①] http://www.nhfpc.gov.cn/xcs/s3574/201510/b03bbb9da18044c299f673f0b84eeab1.shtml.

人口规模，建筑面积峰值水平约为920亿平方米（如图41所示）。根据此路径，我国房地产业快速扩张期已经结束，年实际建造面积将从"十三五"年均32亿平方米下降到"十四五""十五五"的23亿、17亿平方米，房地产业对经济的拉动作用将持续减弱。

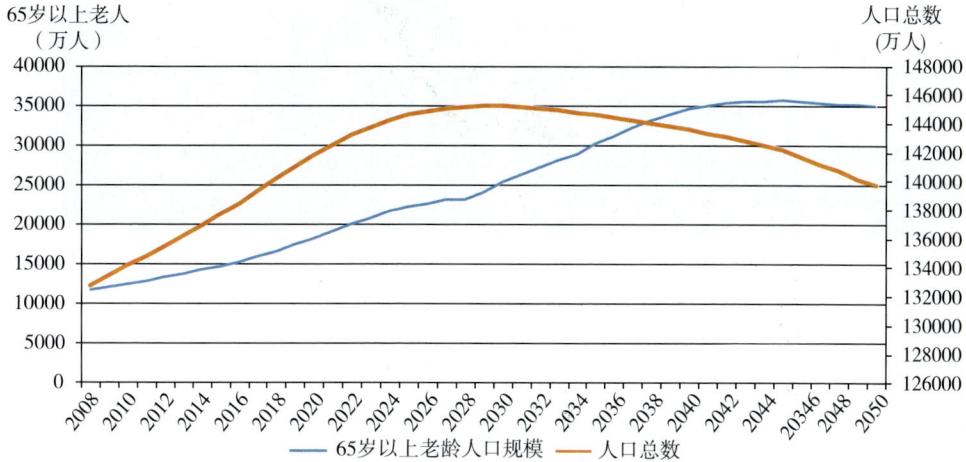

图40　我国人口走势及老龄人口走势预测

数据来源：基于人口计生委的预测结果外延得到。

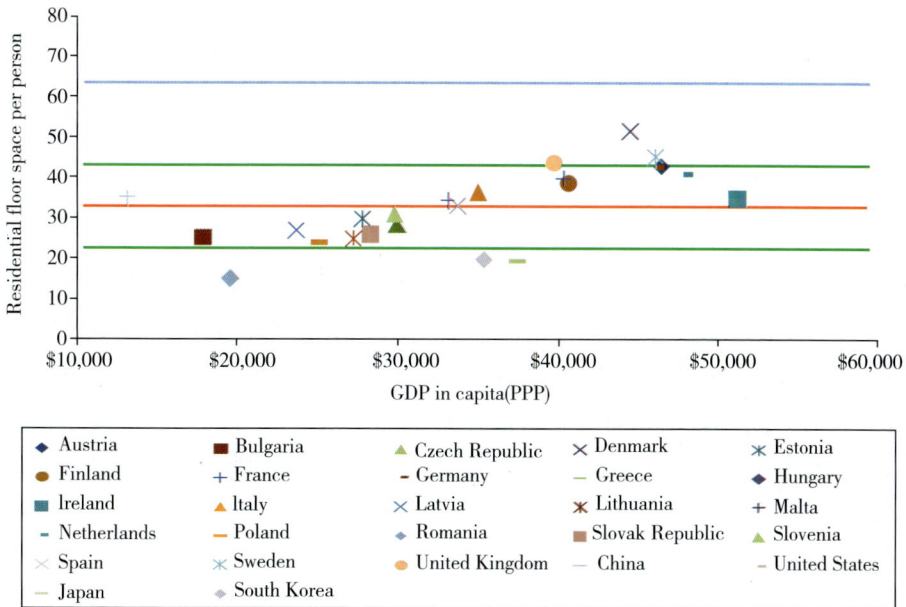

图41　世界主要国家人均住宅面积比较

数据来源：住建部标准定额研究所。

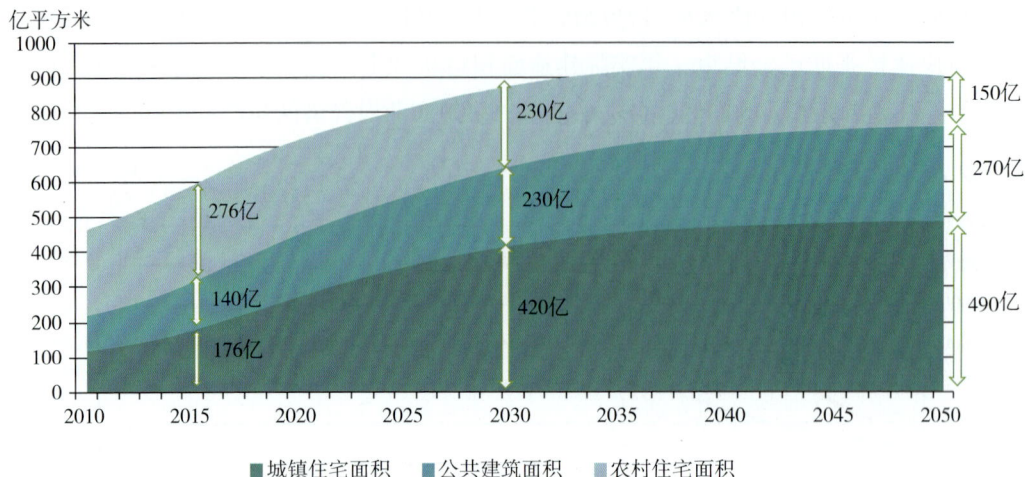

图42 我国未来建筑面积预测

数据来源：住建部标准定额研究所。

（3）主要工业产品走势判断

1）汽车保有量有望持续增加

从发达国家经验来看，汽车消费随着人均GDP的增长而呈现缓慢增长、井喷和饱和三个阶段的规律。当前我国人均GDP已经超过8000美元，从近年乘用车保有量的增长状况来看，我国汽车发展已经进入快速发展阶段，且有望持续到2035年，此后逐步进入饱和阶段，增长显著放缓。预计我国汽车保有量在2050年左右达到千人汽车保有量350辆，届时汽车保有量将超过5亿辆。

2）钢铁产量预计持续下降

我国目前超过50%的粗钢用于建筑行业，随着未来年均建造面积持续下降，粗钢需求也将逐步走低，预计2020年粗钢需求量逐步下降得到7.3亿吨，2030年降至6.0亿吨，2040年后将逐步稳定在2亿～2.5亿吨，主要满足机械设备、家用电器和汽车制造等。另一方面，随着我国钢材蓄积量的逐步增加，废钢回收的比例将逐步提高，预计到2025年有望达到20%，2030年达到25%，参考发达国家情况，到2050年有望达到40%～70%。

3）有色金属耗能在2030年前仍然保持稳定增长

有色金属作为重要的基础原材料工业，广泛用于能源、运输设备制造、机械、电子、航空航天等装备制造行业，未来随着《中国制造2025》行动计划的深入推进，预计在2030年以前，有色金属行业仍将保持3%左右的增速，带动能耗持续增加。2030

年之后，随着有色金属蓄积量的增加，矿石冶炼逐渐被废金属再生取代，能耗大幅降低。

4）传统建材需求逐步下降，新型建材市场需求广阔

随着需求多元化和低碳经济的发展，传统建材发展空间逐步变小，水泥、墙体材料等需求量在"十三五"时期就将见顶，此后持续负增长，预计水泥产量将从2015年的23.5亿吨逐步下降到2030年的18亿吨，2050年进一步降至10亿吨，以满足公共基础设施和建筑的维护与重建需求。另一方面，2040年之前随着建筑面积的不断增大，每年的维护装修面积将不断增加，对玻璃、陶瓷以及各种新型材料的使用需求还将持续增长。

（4）我国未来到2050年的经济发展走势判断

党的十九大胜利召开，提出了到2035年基本实现社会主义现代化、到2050年建成社会主义现代化强国的战略目标。与过去提出的"到本世纪中叶基本实现现代化"奋斗目标相比，这次目标提前了15年，一方面说明过去发展的成就巨大，超出了预期；另一方面表明未来发展的潜力仍然巨大，长期向好的态势没有改变。根据这样的两阶段发展，2035年国内生产总值达到210万亿元（2015年价），超过美国成为世界第一经济大国。人均GDP超过2万美元，步入高收入国家行列。2050年，人均国内生产总值达到4万美元左右，达到并超越届时中等发达国家水平，GDP总量占世界的比重达到20%以上。

未来到2050年，随着最终需求结构不断优化调整，投资比重逐步下降，消费比重稳步上升，我国未来经济发展从生产扩张型向消费拉动型转变，并推动产业结构加速调整，二产比重持续下降，三产比重则从2015年的50.2%上升到2030年的57%（2015年价，下同），2035年达到58%，2050年上升到70%左右。工业内部，装备制造和轻工的比重从2015年的46%上升到2030年的58%、2035年的61%，到2050年预计达到65%。

3.《能源生产和消费革命战略》的终端能源需求展望

参照国家公布的《能源生产和消费革命战略（2016—2030）》，我们基于前述的经济社会发展判断，对未来到2050年的终端能源需求的发展路径进行了展望。需要说明的是这并不是BAU情景，而是充分考虑各行业节能潜力、用能结构清洁化要求以及经济可行等条件下，给出的综合方案。能源供给革命应该是以满足该终端能源需求为前提的。

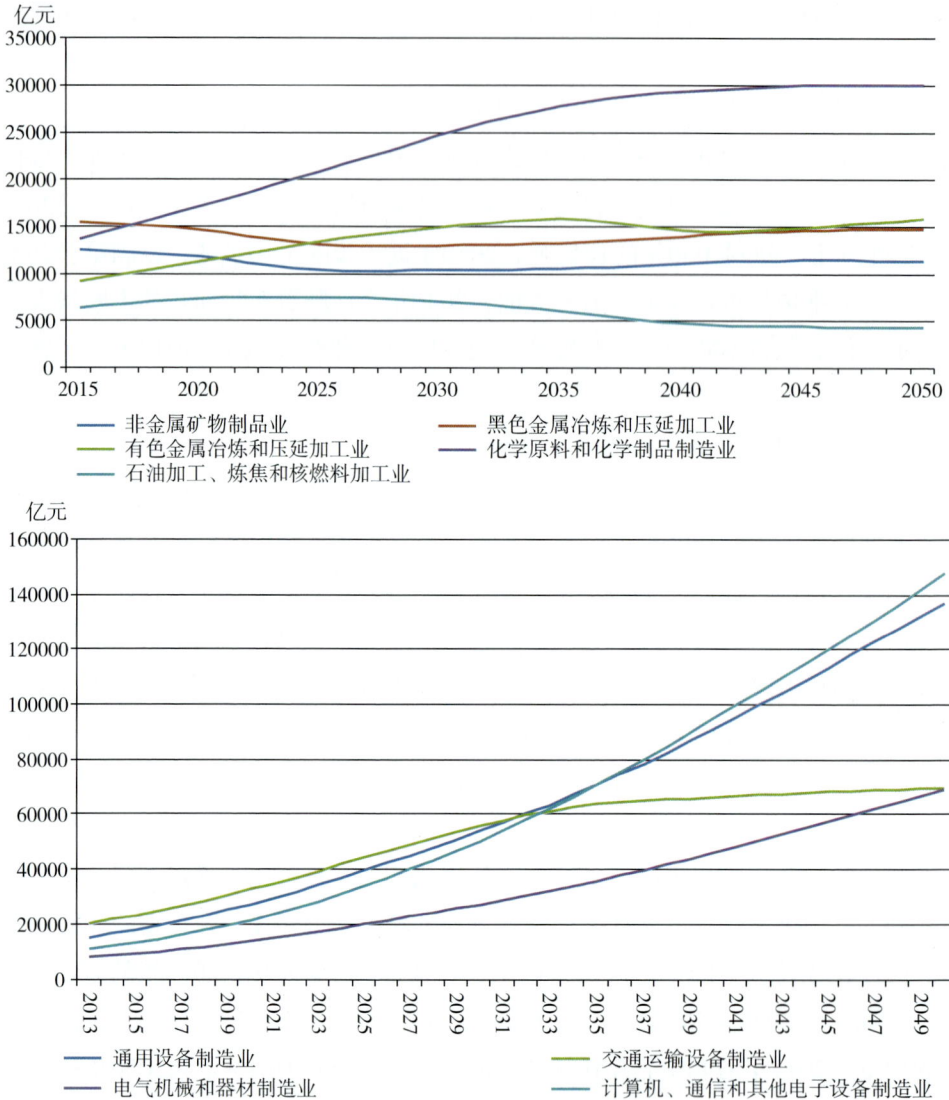

图43 我国未来主要制造业走势预测

（1）农业

农业是低能耗部门，2015年终端耗能中只占2%，万元增加值能耗仅有0.1吨标煤。我国农业增长长期基本稳定，未来影响我国农业耗能走势的主要因素是农业现代化发展方向。2005年以来我国农业现代化主要表现为农业机械化水平不断提高，2015年农用机械总动力达到11.2亿千瓦，较2005年翻了一番。农机规模的扩大带来能耗增长，过去10年单位增加值能耗累计下降17%。未来，随着机械化程度趋于饱和，农业现代化逐步转向以生物科技水平和信息化提升为主，有望实现农业单位增加值能耗水平进一步下降。据此判断："十三五"时期，农机总规模还将持续扩大，终端用能总量还将继续增加，到2020年接近6600万吨标煤，此后，随着农机效率不断提升，生物技术和信息化技术农业节能效果逐步显现，终端用能有望逐步下降，2030年降至5100万吨标煤，2035年将至4300万吨标煤，2050年进一步减少到3600万吨标煤。

从终端用能结构来看，农业用散煤将被替代殆尽，燃油机械也将被电气化农机和生物质燃料替代，电力和可再生能源的利用规模逐步扩大，二者之和占比从2015年的28%扩大到2030年的54%和2050年的87%。

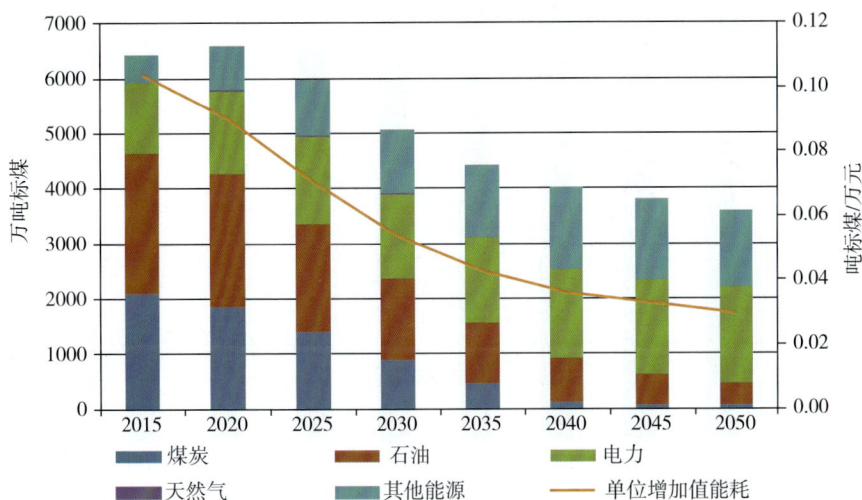

图44　我国未来农业终端用能走势展望

（2）工业及建筑业终端耗能

2015年工业及建筑业消耗了终端用能中88%的煤炭、36%的石油、55%的天然气和71%的电和热。基于对传统高耗能产品，包括钢铁、水泥、玻璃、电解铝、合成氨、乙烯、甲醇等未来走势的判断，以及《中国制造2025》对我国未来产业发展方向的谋划，我们对未来的工业及建筑终端用能进行了自下而上的分析。结果如下图所示：我国工业及建筑业总体终端用能有望在2025～2030年达到峰值，约为22亿～23亿吨标煤，略高于目前水平，此后有望稳步回落，2035年降至22亿吨标煤，2050年降到19亿吨标煤的水平。工业和建筑业的增加值能耗则呈现稳步下降的态势，2050年有望比2015年下降80%。

根据情景假设，未来随着废钢蓄积量的增加，钢铁行业主流工艺技术将从以长流程（以铁矿石和焦炭为起点的炼钢工艺）为主，逐步转向长流程和短流程（以废钢为起点的电炉炼钢工艺）并重，我们假设到2050年短流程炼钢占比逐步提高到60%。另外工业燃煤小锅炉、小窑炉的替代行动将推动工业散煤被显著替代。而随着人们生活水平提高，对化工产品需求的持续增加有望成为煤炭和石油需求的唯一亮点。综合来看，未来煤炭占比显著下降，从2015年的55%逐步下降到2030年的45%，到2050年降至29%，仅为5.7亿吨标煤，较2015年减少6.1亿吨标煤。相应的天然气、电力热力的占比则从2015年的32%上升到2050年的55%。

图45 我国未来工业及建筑业终端用能走势展望

（3）交通运输部门

交通运输用能不仅是交通运输行业用能，还包括居民生活、批发零售和一般公共服务业里的大部分汽油和柴油。另外工业和建筑业里使用的部分汽油也需要纳入其中。未来随着汽车进入家庭和航空出行普及，交通出行需求将持续增长，同时随着燃油经济性的提高和公共交通的普及，交通出行的单耗有望持续下降。通过分别预测汽车保有量以及公路、铁路、水路、航空的周转量和单耗，预测未来的能源需求，主要结果如下：2030年之前，虽然人口增长和汽车进入家庭的大趋势，交通运输用能仍将持续增长，预计2035年达到峰值水平在7亿吨标煤左右，此后会缓慢下降，但到了2050年仍有6.4亿吨标煤的终端需求。其中，汽油、柴油、煤油为主的油品燃料仍然是最主要的能源，2050年仍有4.1亿吨标煤的需求量，但占比从2015年的87%逐步下降到65%，而电能、天然气及生物质燃料替代比例显著上升，到2050年达到2亿吨标煤，占比达到35%。根据我国电动汽车中长期发展目标（中国汽车工程学会，2016），预计电动汽车保有量在2020年达到300万辆，2030年达到8000万辆，2050年在2.7亿辆左右，占届时汽车总保有量的比重在50%以上，并预计年消耗电量达到4000亿千瓦时。

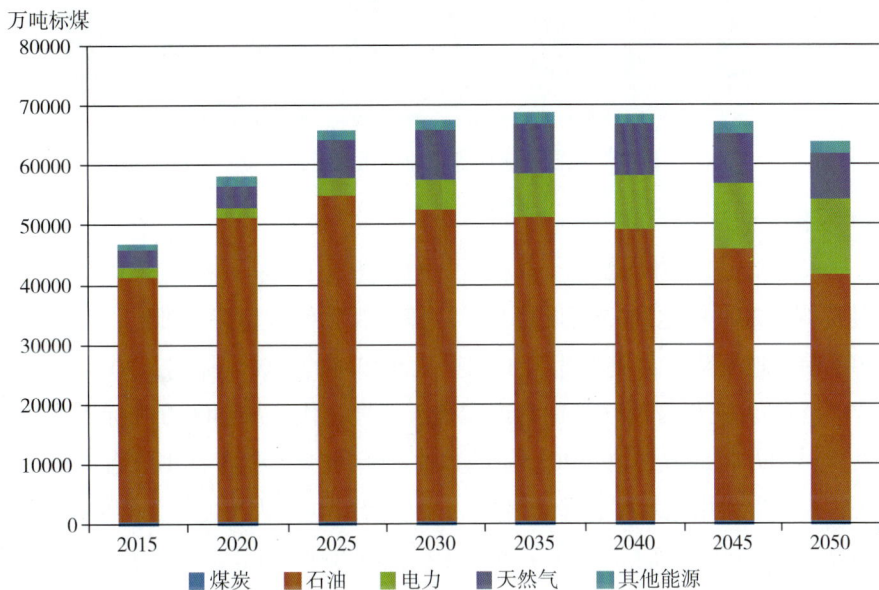

图46　我国未来交通运输部门终端用能走势展望

（4）服务业（不包括交通运输业）

发展服务业是我国优化产业结构、实现增长动力转换的重要方向。服务业耗能会随着整个行业规模的扩张而增加，但也受到商业建筑面积总量的约束。基于前面对第三产业增加值的预测和商业建筑面积的预测，预计服务业终端用能将持续增长，2035年达到3.5亿吨标煤，2050年预计达到4.7亿吨标煤。伴随服务业升级以及散煤替代行动，未来煤炭占比迅速下降，2030年降至2%。随着服务业的发展和升级，参照世界各国的经验，服务业电力需求和居民生活电力需求基本一致。以此设定了我国未来服务业用电需求总量，预计到2050年达到2.4万亿千瓦时，在服务业终端能源的比重稳步提高，2050年占比达到82%。随着以天然气为主要能源的分布式供能系统的发展，未来大型建筑的天然气需求有望稳步增加，2050年服务业用气规模达到7500万吨标煤，占比达到16%。

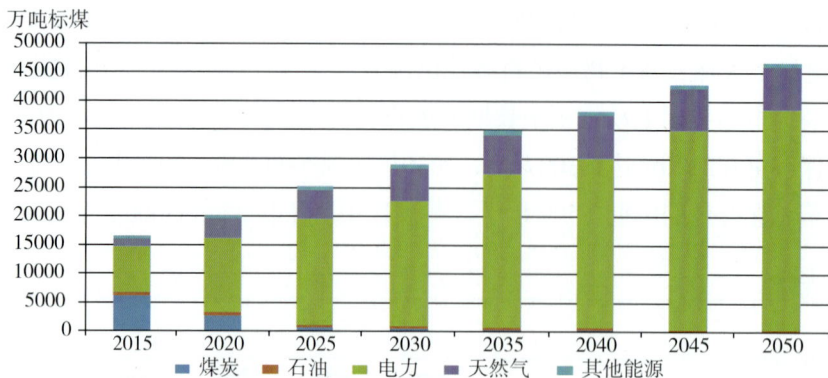

万吨标煤

图47 我国未来服务业终端用能走势展望

（5）居民生活

随着居民生活品质不断提高，未来居民生活终端用能将持续增长，预计2035年达到5.2亿吨标煤，2050年达到6.6亿吨标煤。随着散煤替代行动持续推进，使得煤炭消费量在2030年前迅速下降，占终端用能的比重从2015年的23%下降到2030年的4%，2050年进一步降至1%。液化石油气等也将逐步被天然气替代，从4400万吨标煤连续下降，2050年只有1400万吨，占比也从2015年的14%下降到2%。参考日本、台湾地区等国国家和地区的人均生活用电水平，未来我国人均生活用电将从2015年人均540千瓦时逐步增加到2030年的1100千瓦时，2050年进一步提高到2000千瓦时。电力热力需求在终端能源的比重从2015年的40%提高到2050年的69%。2050年天然气消费量达到1.2亿吨标煤，占比达到17%。

（6）终端能源需求总量

汇总农业、工业及建筑业、交通运输、服务业和居民生活等五个方面的终端能源需求，我国未来能源需求有如下特点：①我国终端能源需求在2030～2050年都处于峰值期，峰值水平在38亿吨标煤以内，峰值出现在2040年左右；②农业终端用能在2020年左右进入峰值，工业及建筑业终端用能在2025～2030年达到峰值，交通运输终端用能的峰值在2030～2040年间，而服务业和居民生活用能在2050年前不会达到峰值；③从终端能源结构来看，未来煤炭和石油占比逐步下降，从2015年的42%和24%到2050年分别下降到15%和20%，从数量上看，2050年终端用煤和油分别为5.8和7.4亿吨标煤，较2015年分别减少7.6亿吨标煤和0.2亿吨标煤。而电力和热力的直接消耗量显著上升，从2015年的8.1亿吨标煤持续增加到2050年的16.1亿吨标煤，增长近一倍，占比也从26%提高到43%。其中电力需求有望在2020年达到7万亿千瓦时，占终端用能的比重达到25.6%；2030年达到9万亿千瓦时，占比达到30%；2050年达到11.7万亿千瓦时，占比达到38%。

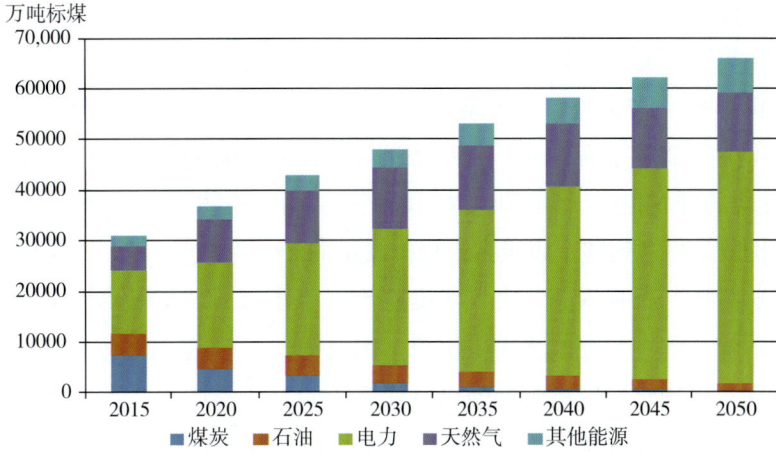

图48　我国未来居民生活终端用能走势展望

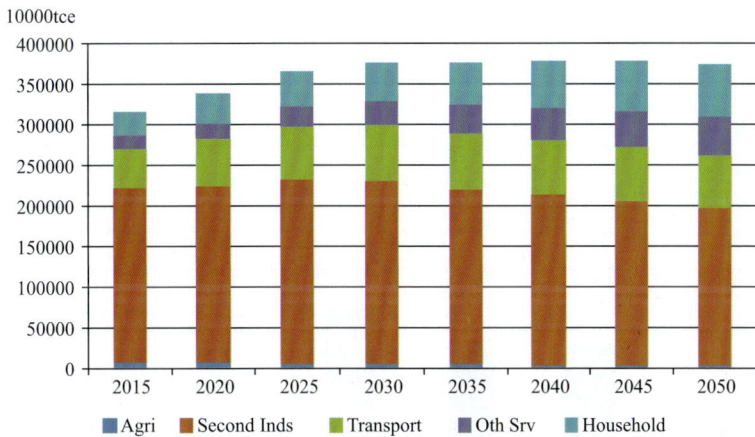

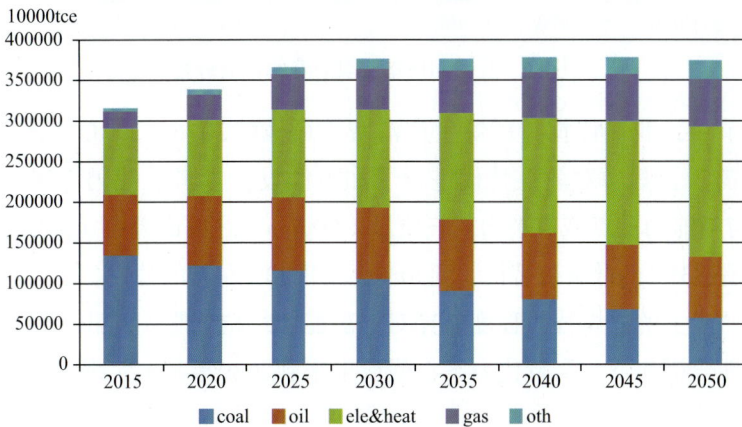

图49　我国未来终端用能总的走势展望

155

4.散煤替代的多情景分析

基于2016年能源统计年鉴的数据，初步测算2015年我国散煤消费仍有6.17亿吨。主要分布在煤炭开采（1.2亿吨）、居民生活（9300万吨）、化工（9000万吨）等行业，同时还有2.6亿吨分散在食品制造、纺织服装等轻工和装备制造业和服务行业中。考虑到1吨散煤燃烧的排放相当于5~10吨电厂燃煤排放的污染物[①]，目前的散煤使用产生的大气污染物排放量可占到整个煤炭污染物排放量的50%~70%。因此散煤替代是当前大气治理的首选举措。根据国家《大气污染防治行动计划》以及相关地方政策，我国的居民采暖的散煤治理主要是改为集中供暖（燃气锅炉、地热采暖或余热回收利用），对于没法实现集中供暖的区域则加强以电代煤（如空气源热泵、地源热泵、可再生能源发电等）、以气代煤（壁挂炉）。对于工商业的散煤替代，主要是关停小的燃煤锅炉，改为燃气锅炉、余热回收利用或者其他集约型供热方式。综合来看，以气代煤和电代煤是主要途径。

万吨

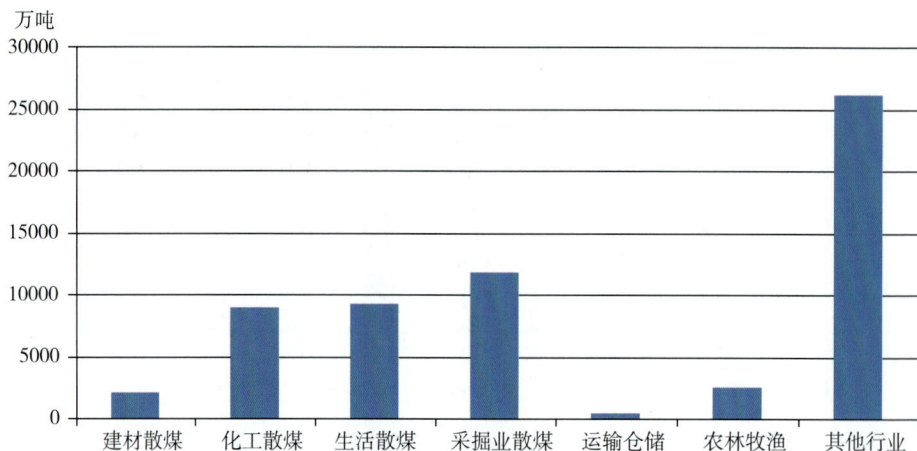

图50 我国2015年散煤消费的行业分布

在上一节中，我们依据《能源生产消费革命战略2016—2030》给出了各类用户的终端用能需求，其中对散煤替代进行了如下假设：参考了我国空气质量二级标准（35ppm）与当前的重点城市平均空气质量（50ppm）之间的差距（30%），假设未来到2020年有超过35%的散煤被替代，到2030年实现70%左右的替代。

为了进一步了解散煤替代程度差异对一次能源结构的影响，我们通过情景假设对此进行敏感性分析如下：高替代方案，假设未来到2030年基本实现散煤完全替代，相

[①] http://www.chinanews.com/ny/2016/10-21/8038629.shtml.

应路径设置为到2020年有超过50%的散煤被替代，2030年实现90%以上的替代；低替代方案，假设2017年之后没有额外政策，呈惯性发展态势，相应路径设置为到2020年有20%的散煤被替代，到2030年实现50%的替代。

将高、低两个情景和战略路径下的中情景放在一起考察三个情景的散煤消费量，如下图所示，中情景下，散煤消费量在2020年降至4亿吨，2030年降至1.8亿吨左右，2050年减少至6000万吨；高替代情景下，2020年散煤降至3亿吨，2030年降至6000万吨，按照基本完全替代的假设，2050年仅剩1000万吨；低替代情景下，2020年散煤仍有5亿吨，2030年降至3亿吨，2050年仍有2亿吨左右。

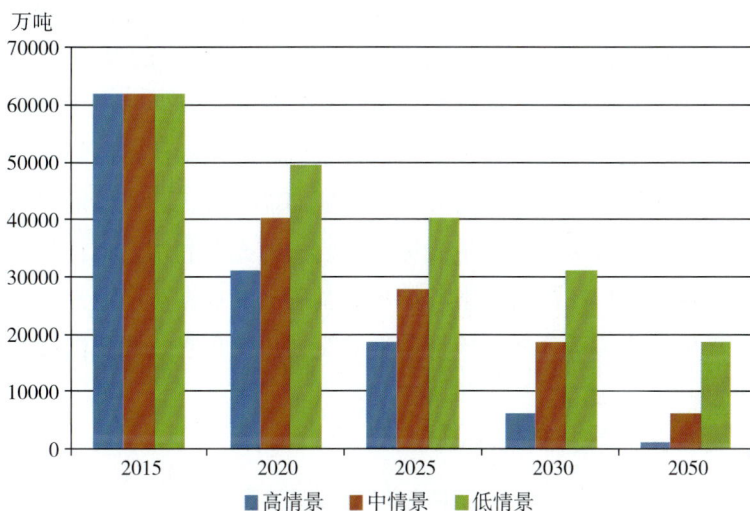

图51　我国三种散煤替代情景下的散煤需求总量

假设散煤替代中天然气和电代煤各占50%，其中燃气锅炉的效率按照90%计算，电代煤采暖的能效比假设为3.2，分别计算出三个情景下的替代散煤所需的天然气、耗电量如下表14所示。

表14　　　　　　　　　　三种散煤替代情景下所需的电力及天然气消费

			2020	2025	2030	2050
低替代情景	天然气	亿立方米	239.6	419.3	599.0	838.6
	电	亿千瓦时	793.7	1389.0	1984.3	2778.0
中替代情景	天然气	亿立方米	419.3	658.9	838.6	1078.2
	电	亿千瓦时	1389.0	2182.7	2778.0	3571.7
高替代情景	天然气	亿立方米	599.0	838.6	1078.2	1178.6
	电	亿千瓦时	1984.3	2778.0	3571.7	3904.3

5.电动汽车发展的多情景分析

电动汽车发展对我国意义重大，一是可有效降低交通运输领域的化石能源消耗，减少环境污染和二氧化碳排放；二是可缓解石油供需压力，有望降低我国石油进口依存度，提高能源安全；三是作为战略性新兴产业之一，有望接替传统汽车产业，成为未来经济发展的支柱产业。在前述的3.3.3节中，《能源生产消费革命战略》情景下，我国电动汽车保有量在2020年达到300万辆，2030年达到8000万辆，2050年达到2.7亿辆。但是从目前的产业发展势头来看，电动汽车加速发展的可能性也不容忽视：一是全球正在掀起电动汽车研究与开发的热潮，围绕电池、自动驾驶，配套的充电设置等重点技术的研发以及各种租赁、共享的商业模式和金融服务的探索都如雨后春笋般，有望加速电动汽车在当前的发展势头；二是随着人工智能技术的发展，"自动驾驶+电动汽车"有望成为未来出行工具的标配，将车从"代步工具"拓展为"移动之家"，带来出行新体验，有望在中长期实现车辆从传统汽车向电动汽车的加速转换；三是由于电动汽车既是交通工具，又可作为分布式电能储能装置，随着储能规模的扩大，在智能电网技术支持下，可实现可再生能源发电装机的充分利用，支持我国可再生能源的长期发展。为此，我们在该现有推荐情景的基础上，根据对产业专家的咨询，设置了一个加速发展的极限情景，探讨该情景下的交通用能需求及对我国能源供应结构的影响。

电动汽车发展情景设置如下表15所示：

表15 两种电动汽车发展情景假设

		2020	2030	2050
汽车保有量		27223	45000	54000
推荐情景	保有量（万辆）	524	8300.0	27000.0
	占比（%）	1.9	18.4	50.0
极限情景	保有量（万辆）	524	20000	50000
	占比（%）	2	44	93

假设汽车保有量不改变，新增的电动汽车主要替代柴油车和汽油车，不改变天然气车的数量。据此测算极限情景下的汽车耗能需求，如下图所示，2030年的汽油、柴油消费量有望比推荐情景下降1亿吨，2050年下降1.3亿吨，同时电力需求在2030年比推荐情景增加2000亿千瓦时，2050年增加3400亿千瓦时。

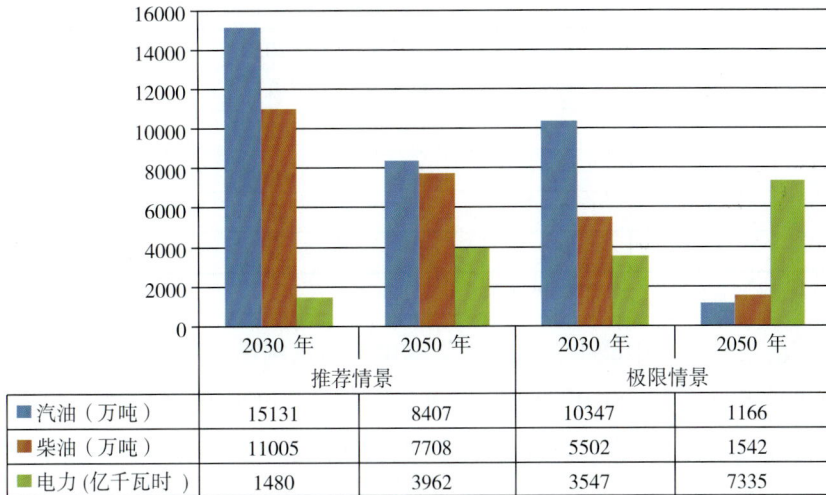

	2030 年	2050 年	2030 年	2050 年
	推荐情景		极限情景	
汽油（万吨）	15131	8407	10347	1166
柴油（万吨）	11005	7708	5502	1542
电力（亿千瓦时）	1480	3962	3547	7335

图52　我国两种电动汽车情景下的车用能源需求总量

6.我国能源供给革命战略路径分析

（1）终端能源需求总量与结构

综合前面对我国终端能源需求的分析，将推荐情景、散煤替代情景和电动汽车发展情景结合起来，我国未来终端能源需求多情景预测结果如下表所示。

表16　　　　　　　　我国未来终端能源需求的多情景比较（亿吨标煤）

		2015	2020	2030	2035	2050
推荐情景	煤炭	13.6	11.5	9.6	8.4	6.3
	石油	7.7	9.0	9.4	9.1	8.4
	天然气	2.5	4.6	8.0	8.6	9.0
	电力	7.0	8.6	11.2	12.3	14.4
	合计	30.7	33.7	38.2	38.5	38.0
散煤高替代情景	煤炭	13.6	10.8	8.7	8.0	5.9
	石油	7.7	9.0	9.4	9.1	8.4
	天然气	2.5	4.9	8.4	8.6	9.1
	电力	7.0	8.7	11.3	12.4	14.4
	合计	30.7	33.4	37.7	38.3	37.8
散煤低替代情景	煤炭	13.6	12.2	10.5	9.3	7.1
	石油	7.7	9.0	9.4	9.1	8.4
	天然气	2.5	4.4	7.7	8.5	8.6
	电力	7.0	8.6	11.1	12.3	14.3
	合计	30.7	34.1	38.6	39.2	38.5

续表

		2015	2020	2030	2035	2050
电动汽车极限情景	煤炭	13.6	11.5	9.6	8.4	6.3
	石油	7.7	9.0	7.9	7.2	6.5
	天然气	2.5	4.6	8.0	8.6	9.0
	电力	7.0	8.6	11.4	12.7	14.8
	合计	30.7	33.7	37.0	37.0	36.5

注：热力需求包含在煤炭、天然气及电力消费中。

在推荐情景的终端用能中，电力占终端用能的比例稳步上升，从2015年的23%逐步上升到2020年的26%、2030年的29%、2035年的32%和2050年的38%。包括电力和天然气在内的清洁终端用能占比从2015年的30%提高到2030年的50%，2035年的54%，到2050年进一步提高到62%。

与推荐情景相比，由于用电和气的效率比直接燃用煤、油的效率更高，散煤替代和电动汽车替代都会使得终端能源需求总量有所下降，但不会出现大幅下降，即使到2050年最大降幅也不会超过4%。

更快的散煤替代虽然会导致天然气、电力的需求增加，但总体压力不大。高情景下使得2030年的天然气和电力需求比推荐情景高240亿立方米和800亿千瓦时。这些增量近占届时终端用气的4%和终端用电的0.9%，因此对天然气及电力供应的总体压力并不大。但考虑到冬季供暖的季节性和区域性，不应忽视气代煤和电代煤引起的区域性和高峰时段的供需紧张问题。

相比之下，电动汽车快速发展对终端用电的需求量有较为明显的增长，2050年可使得电力需求量比推荐情景下高3400亿千瓦时，使得用电需求总量从11.7万亿千瓦时增加到12万亿千瓦时，其占终端用能的比重有望提高到40.5%，比推荐情景下的2050年占比高出2.7个百分点。从能源供给的角度看，需要电力系统能够有充足的备用或更好的需求侧管理手段应对未来电动汽车发展的不确定性。

（2）电力供应分析

把推荐情景下的电力需求根据负荷曲线区分为峰荷及辅助服务、腰荷、基荷以及分布式四部分，对未来的电力供应结构进行优化设计。主要遵循如下原则：①非化石电源优先调度，但风电不能承担峰荷出力；②气电主要以调峰和参与分布式能源站建设为主；③煤电作为整个电力供应体系的最后保障，会逐步向灵活电源过渡。

结果如下表所示：除了煤电、油电之外的清洁电力占比从2015年的30%将逐步提高到2020年的近40%（38%），并于2030年超过50%（达到52%），2050年进一步提高到80%左右。其中风电和光伏的比重有望从2015年的4.9%逐步上升到2030年的15%左右，到2050年超过1/4；核电比重稳步提高，从2015年的3%逐步提高到2030年超过10%，到2050年超过20%；天然气发电比重有望从2015年的3%提高到2030年的9%，2050年维持在10%左右；水电电量虽然持续增加，但占比逐步下降，从2015年的17%下降到2030年的14%，到2050年进一步下降到13.5%左右。

在装机发展方面，煤电装机在2020年达到11亿千瓦之后，会经历一段时间的平台期，预计2030年后会随着退役机组的增加而逐步下降，预计到2050年仍有8亿千瓦；煤电平均发电小时数将从2015年的4400小时左右逐步下降，预计2020～2030年都将维持在4000小时左右，2050年会进一步下降到3000小时。水电规模在2020年达到3亿千瓦（不考虑抽水蓄能）之后，开发速度有所放缓，预计到2030年达到3.5亿千瓦，2050年达到4.5亿千瓦。未来，我国的气电、核电、风电及光伏都将处于快速发展期，2030年分别达到2.2亿、1.36亿、4.2亿和4亿千瓦，需要每年新增装机分别为1000万、700万、1900万和2400万千瓦，2050年进一步提高到3.4亿、3.5亿、10亿和10亿千瓦，需要每年新增装机600万、1000万、3000万和3000万千瓦。

表17　　　　　　　　　推荐情景下的各类电源发电量（亿千瓦时）

	2015	2020	2030	2035	2050
水电	9918	10500	12900	13700	15800
煤电	40061	43800	44000	41000	24700
油电	50	50	50	50	50
气电	1958	3900	8400	10000	12400
核电	1964	4100	9800	14000	25000
风电	2231	4600	7800	10000	17200
太阳能	559	2000	5200	7000	13300
生物质能	474	1000	2200	3000	5900
其他	201	550	850	1000	3050
合计	57416	70500	91200	99750	117400

表18　　　　　　　　　推荐情景下的各类电源装机规模（万千瓦）

	2015	2020	2030	2040	2050
水电	29666	29900	35500	38000	45500
煤电	88419	110000	110000	110000	80000
油电	600	600	600	600	600
气电	6637	11000	22000	27000	34000
核电	2608	5800	13600	19700	35000
风电	12934	24700	42000	56000	100000

续表

	2015	2020	2030	2040	2050
太阳能	4318	14600	40000	55000	100000
生物质能	1000	1800	4600	6000	12000
合计	146174	198400	268300	313300	407100
有效装机	116678	150708	184677	205000	224565

散煤替代和电动汽车加快发展的情景下，需要我国可再生能源发电进一步加快发展。以电动汽车极限发展情景为例计算，2050年需要额外增加的3400亿千瓦时电量，虽只需要届时的8亿千瓦煤电装机多发电425小时，但这与发展电动汽车促进可再生能源发展的目标相悖。因此，假设不改变煤电、天然气电装机规模、发电小时的情况下，未来电动汽车的发展，需要2050年额外增加光伏装机2.6亿千瓦或者1.9亿的风电。

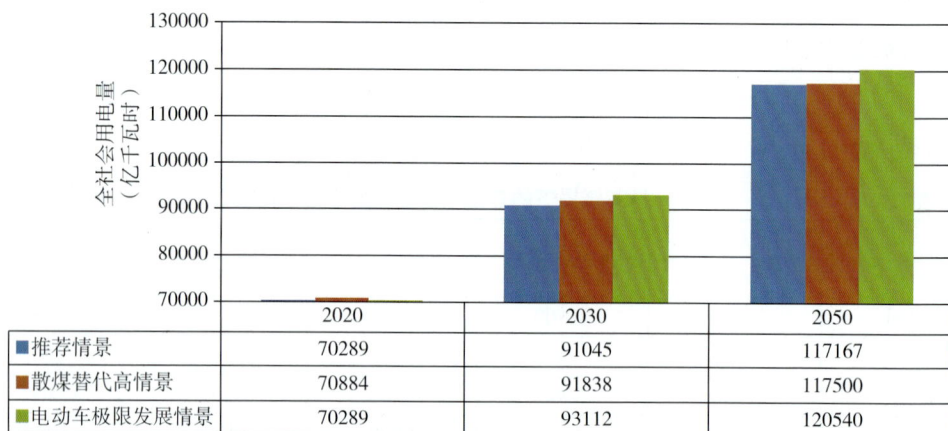

	2020	2030	2050
■推荐情景	70289	91045	117167
■散煤替代高情景	70884	91838	117500
■电动车极限发展情景	70289	93112	120540

图53　我国多情景下的全社会用电量走势

（3）一次能源供需总量与结构

在终端能源需求推荐情景及相应的发电结构下，我国的一次能源总量和一次能源结构如下表所示。未来我国一次能源总量会持续增加，2020年接近48亿吨标煤，2030年接近54亿吨标煤，2035年达到55亿吨标煤，2050年前接近58亿吨标煤，并维持在该水平。其中，煤炭和石油需求陆续达峰，煤炭在2020年之前处于平台期，此后有望持续下降，非煤比重有望从2015年的35.7%逐步升高到2030年的55%，2035年达到60%，2050年进一步提高到73%；石油在2030年之前处于平台期，此后也会随电动汽车替代规模迅速扩大而逐步下降；与此同时，清洁能源逐渐成为满足能源供应的主要力量。非化石能源比重有望从2015年的11.8%逐步扩大到2030年的22.5%，2035年达到28%，到2050年超过40%。此外，全社会电气化水平的提高使得发电能源占比持续上升，从2015

年的40.9%逐步增加到2030年的48.5%，2035年超过50%，到2050年提高到54.8%。

表19		2015	2020	2030	2035	2050
推荐情景下的一次能源需求总量						
一次能源总量（亿吨标煤）	煤炭	27.5	26.7	24.3	22.3	15.7
	石油	7.7	9.0	9.4	9.1	8.4
	天然气	2.5	4.6	8.0	8.6	9.0
	非化石	5.1	7.5	12.1	15.4	24.2
合计		42.8	47.8	53.8	55.5	57.3
非煤比重（%）		35.7	44.2	54.8	59.9	72.6
非化石能源比重（%）		11.8	15.7	22.5	27.8	42.3
发电用一次能源占比（%）	亿吨标煤	17.5	21.0	26.1	28.3	31.4
	40.9	44.1	48.5	51.0	54.8	

注：根据目前我国一次能源的计算方法，非化石能源发电计入一次能源时，按照发电煤耗进行折算。

分情景比较来看，与推荐情景相比，2030年散煤替代可降低一次能源消费总量0.3亿吨标煤，电动汽车加速发展可降低0.9亿吨；2050年散煤替代可降低0.1亿吨标煤，电动汽车发展可降低1亿吨。同时随着两个情景下的非化石电力比重的提高，非化石能源占比也将有所提高，其中散煤替代情景下非化石能源占比有望提高到43%；电动汽车加速发展下的非化石能源占比提高到45%。

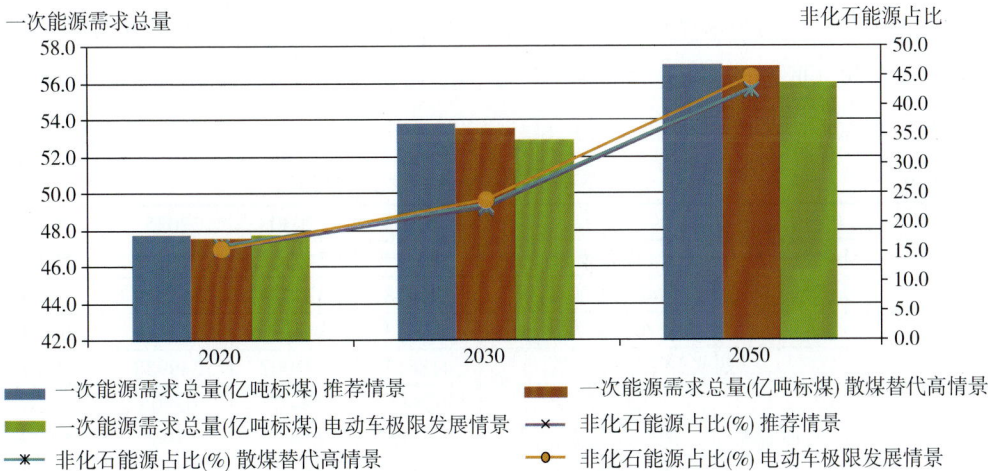

图54　我国多情景下的一次能源消费量及非化石比重走势

（4）分品种化石能源供给能力分析

进一步考察不同情景下的分品种能源供给总量，如下表20所示：

163

1）煤炭供给

未来各情景下的煤炭需求均呈现明显下降态势，2030年煤炭需求仍在35亿吨，2050年在22亿吨；按此需求计算，到2030年的供给量应该在38亿吨，2050年在24亿吨；按照年进口量在2亿吨计算，国内产能在2030年应有36亿吨，2050年22亿吨。与目前超过50亿吨产能相比，未来我国煤炭行业的主要工作仍然是稳步去产能，与此同时应加强煤炭开采的安全性和生产效率。

2）石油供给

虽然电动汽车的发展能够显著降低未来石油需求，但是在推荐情景下，我国石油需求的峰值仍在6.5亿吨以上，相应的石油加工能力峰值在7.2亿吨，即使到2050年也需要6.5亿吨左右。目前我国石油加工能力已经接近峰值，因此未来需要坚持控总量和调结构，尤其是增加化工产品的炼制能力，加快推进从炼油向化工方向的转变。

3）天然气供给

2016年我国国内天然气产量1369亿立方米，常规天然气年产量1230亿立方米；页岩气79亿立方米；煤层气地面抽采量约44亿立方米；进口天然气721亿立方米，占总消费量的35.0%。未来我国天然气需求有望持续快速增长，为了确保散煤替代所需要的天然气需求能够得到满足，需要天然气供应能力较目前有显著增长。假设未来我国进口依存度始终控制在35%左右，预计2020年需要的供应能力达到2600亿立方米，2030年达到4500亿立方米，2050年提高到4900亿立方米。因此仍需要持续加大力度开展我国常规气、致密气、页岩气、煤层气的勘探、开发，推动天然气水和物开采的技术研究，为天然气稳定供应奠定基础。

表20   我国未来化石能源需求及产能展望

			2020	2030	2035	2050
煤炭（万吨）	煤炭需求	推荐情景	380743	347183	318126	221036
		散煤替代高情景	371478	334829	312949	215859
		电动车极限发展情景	380743	347183	318126	221036
	煤炭开采能力		418817	381902	349938	243140
石油（万吨）	石油需求	推荐情景	62842	65477	63965	58576
		散煤替代高情景	62842	65477	63965	58576
		电动车极限发展情景	62842	55191	50558	45169
	炼化供应能力		69126	72025	70361	64434
天然气（亿立方米）	天然气需求	推荐情景	3476	6048	6483	6730
		散煤替代高情景	3656	6288	6583	6831
		电动车极限发展情景	3476	6048	6483	6730
	国内开采能力		2614	4496	4707	4884

四、中国能源供给革命之一次能源结构变化特征

（一）化石能源供给特点

1.煤炭：安全绿色高效

长期以来，煤炭一直是我国能源的主体，煤炭产量占我国一次能源生产总量70%以上，煤炭发电量占我国电力生产总量的70%以上。但是，长时间高强度的煤炭资源粗放式开发已产生严重的生态破坏和环境污染问题，主要煤炭产区可持续发展面临严峻的挑战。另一方面，尽管我国需求即将达到峰值，甚至部分区域煤炭消费量呈现下降的态势，但长期来看，煤炭仍将是我国主要的基础能源。因此，如果没有煤炭生产革命，能源革命就将成为一句空话。

从煤炭供应角度来看，推动能源供应革命，主要方向是推动煤炭安全经济绿色高效开发。一是要在生态环境承载力范围内开采煤炭资源，按合理的科学产能开发；二是实现生态和环境保护型生产；三是实现煤炭开发的资源综合利用；四是实现煤炭安全生产。

（1）煤炭产能得到有效控制

世界能源发展大的趋势是低碳化、无碳化，长时间高强度的煤炭资源粗放式开发利用已产生严重的生态破坏、环境污染和气候变化问题，主要煤炭产区可持续发展面临严峻的挑战。因此，减少煤炭利用是历史的必然，煤炭减量开发也成为历史的必然，我国煤炭生产革命的最根本思路是尽可能减少煤炭产量。未来，我国煤炭产能将得到有效控制，2020年和2030年分别控制在45亿吨和42亿吨以内。

（2）科学产能比重显著提升

要解决煤炭开发利用产生的生态环境问题，需要根据我国各煤炭赋存区的不同条件，在生态环境承载力范围内开采煤炭，源头上实现煤炭科学生产。根据我国各煤炭赋存区的地质条件、资源赋存状况、水资源条件、生态环境条件，保持现有1/3达到科学产能标准的矿井，改造1/3未达标矿井，逐步淘汰1/3落后和不可改造产能，实现科学产能标准的矿井所占比重逐年上升。到2020年，形成安全高效清洁的科学产能35亿吨，科学产能占总生产能力超过80%。到2030年，形成安全高效清洁的科学产能42亿吨，科学产能占比100%。到2050年，煤炭产量进一步下降，科学产能占比100%。

（3）矿井机械化、智能化水平大幅提升，逐步实现超低生态损害、近零伤亡

到2020年，所有采煤塌陷的土地复垦率超过80%，新增采煤塌陷的土地复垦率超过90%，超过发达国家当前的水平；全国煤矿采煤机械化程度达到90%；煤矿瓦斯利

用率达到85%；矿井水利用率达到100%；现堆存及产生的煤矸石综合利用率达90%；煤矿伴生矿物和有益元素利用率达到70%；全国原煤入洗率达到90%；煤炭开采百万吨死亡率降小于0.03，接近发达国家当前水平，重特大事故数小于5起，死亡人数小于100人。

到2030年，全国采煤已塌陷的土地要求全部复垦，土地复垦率为100%，实现生态环保开采；全国煤矿采煤机械化程度接近100%，其中大型矿井和中型矿井的采煤机械化程度达均达到100%；煤矿瓦斯利用率达到100%；矿井水利用率达到100%；现堆存及当年产生的煤矸石综合利用率达100%；煤矿伴生矿物和有益元素利用率达到100%；全国原煤入洗率做到100%；煤炭开采百万吨死亡率降小于0.02，居国际先进水平，年死亡人数不超过60人。

到2050年，采煤机械化、智能化、井下无人化程度均达到100%，炭开采百万吨死亡率降小于0.01，煤矿生产无重特大事故，全面实现近零生态损害和近零伤亡的安全绿色开采。

（4）新模式不断出现，煤炭资源城市成功转型

新的商业模式不断涌现。为了实现转型发展，煤炭行业开始跨领域融合，煤炭与电力企业的兼并重组将成为新的趋势，通过重组实现优势互补，推动产业转型升级。

传统煤炭企业和煤炭资源城市成功转型。一方面，机械化、智能化水平的提升，将迅速减少煤炭工人数量，尤其是井下作业的煤炭职工。另一方面，一批基础条件好、工作力度大、改革创新举措实的煤炭资源城市实现转型发展，主导产业协调发展，基础设施配套完善，社会事业整体推进，打造成为现代化、可持续发展、环境优美、宜居宜业的综合性区域中心城市。

2.石油和天然气：由以常规资源为主转向常规与非常规资源并重，由以陆上资源为主转向陆上与海上资源并举，由以中浅层资源为主转向中浅层与深层超深层资源并行

加强国内油气资源勘探开发，努力增强国内油气资源的保障能力是维护国家能源安全的战略选择。经过长期高强度开发，国内陆上常规原油和天然气产量增长潜力有限。我国非常规油气资源十分丰富，其中非常规石油可采资源190亿～220亿吨，非常规天然气资源可采储量近40万亿立方米。我国深海油气资源动用程度依然较低。近几年，我国深层超深层油气勘探不断取得突破。为此，我国油气勘探开发战略必须做出重大调整，由以常规资源为主转向常规与非常规资源并重，由以陆上资源为主转向陆上与海上资源并举，由以中浅层资源为主转向中浅层与深层超深层资源并行，确保国

内原油产量保持稳定，天然气产量翻两番。到2030年非常规原油产量达到5000万吨，占比达到20%；天然气产量翻两番，其中非常规天然气（含致密气）产量占比提升至2/3。海上油气当量突破1亿吨。油气总体对外依存度降至40%～45%。

（1）非常规油气成为油气增产上储的主力军

致密油气成为常规油气的有效补充。其中，以鄂尔多斯、四川和塔里木盆地为重点，致密气中低品位、难动用储量尽早实现规模开发。到2030年，致密油气产量分别达到5000万吨和1000亿立方米。

页岩气勘探开发进一步加速。地震解释、随钻测量、旋转导向、压裂监测等勘探开发关键技术和设备实现突破，储层改造、水平井钻完井技术和井下微地震技术不断完善，南方海相富有机质页岩地层和北方湖相、海陆交互相的富有机质泥岩层的勘探与开发全面突破。到2030年，实现千亿立方米的页岩气产量规模。

煤层气产量进一步增长。煤层气储层工程和动态评价技术、欠平衡钻井技术、压裂增产及排采技术、低浓度煤矿瓦斯安全集输与利用技术等实现突破，煤层气开采由储层优质区转向深部煤层气及复杂地层。到2030年我国煤层气产量达到500亿立方米左右。

（2）深层与深海油气成为常规油气资源的接替

随着一系列勘探开发技术和设备的不断突破，储层埋深大于3500米的深层油气资源、以及500米水深以上的深海油气资源开发难题有效解决，深层与深海油气资源实现大规模开发。针对陆上深层油气资源，深层地质目标识别难、地温高、压力大、岩性复杂等问题得以解决，深层碳酸盐岩、碎屑岩和火山岩等类型储层的油气资源开发技术实现突破，塔里木、四川、鄂尔多斯、渤海湾、松辽、准噶尔盆地的深层油气资源实现大规模开发。对于海洋油气，海底钻井、海底采油、海底工艺处理、海底管道输送等深海作业技术全面突破，半潜式钻井和生产平台、水下生产系统等装备研制取得成功，东海、南海、黄海油气资源勘探开发进程加速。

（3）开发方式向清洁绿色开发转变

油气田开发前，做到总体规划、优化布局、整体开发，实现油气和废物的集中收集、处理处置，油田占地面积减少和油气损失下降。开发技术方面，多分支井、水平井、小孔钻井、空气钻井等钻井技术得到广泛应用，油气田建设过程中产生的废物量有效控制。环境标准和管理方面，无毒、微毒油气田化学剂使用比例大幅提升，落地原油及时回收，回收率力争达到100%，井液循环率达到95%以上。钻井过程产生的废水全部回用，酸化残液、压裂残液和返排液全部回收利用或进行无害化处置。油气田退役后，钻井平台实现完全生态恢复。页岩气开发过程中的潜在环境风险问题得到高度重视，全过程监管制度不断完善，做到环境友好性开发。

（二）非化石能源供给特点

1.水电：在生态保护红线的前提下，实现装机规模不断增长

大型水电基地建设不断推进，水电装机规模不断增长。2020年前，金沙江中下游、雅砻江、大渡河、澜沧江中下游、黄河上游等流域的大型水电基地建设步伐加快，2020年水电开发总规模3.7亿千瓦，水电在我国清洁低碳发电结构中的比率超过50%。2030年前，水电开发重点在金沙江上游、澜沧江上游、怒江等流域，2020～2030年新增建成常规水电项目8000万～1亿千瓦，2030年达到4.0亿～4.5亿千瓦。2030年以后，实现雅鲁藏布江及怒江水电基地的有效开发。

生态和移民等问题得以妥善解决。水电开发与生态保护兼顾，将受影响物种的种类和数量控制到最低，过鱼措施充分论证、有效落实，珍稀动植物和古树名木得到保护。征用土地补偿制度不断完善，水电移民得到合理补偿，集中安置、分散安置等多种安置方式相结合，实现水电移民的安置、就业问题的妥善处理。

2.可再生能源：高比例发展

（1）风电：海陆并重，协调有序发展

2020年前，风电建设以陆上为主、近海风电为辅，"三北"、东部沿海和中低风速地区风电开发加快发展。到2020年，风电累计装机达到2.5亿千瓦，占电力总装机的12%，风电电量满足6.5%的电力需求，风电的成本与常规电力（煤电）持平。

2020至2030年，风电开发实现陆海并重发展，每年新增装机接近2000万千瓦。到2030年，风电的累计装机超过4亿千瓦，在全国发电量中的比例达到8.6%，在电源结构中的比例扩大至15%左右。

2030至2050年，临近负荷中心地区的海上风电取得全面突破。到2050年，风电的累计装机超过10亿千瓦，在全国发电量中的比例达到14.6%，在电源结构中的比例扩大至25%左右。

（2）太阳能发电：多种方式并进，因地制宜发展

在西部和北部的甘肃、青海、新疆等太阳能资源丰富的荒漠化地区，太阳能发电以基地式建设为主；在东中部地区的大中型城市，与建筑结合的分布式光伏发电快速发展，屋顶并网系统得以推广；在太阳能日照条件好、可利用土地面积广、水资源丰富地区，开展光热发电项目的示范，各类太阳能发电技术互为补充、共同发展。到

2020年，光伏发电装机容量达到1.4亿千瓦，到2030年，光伏发电装机容量达到4亿千瓦，2050年，达到10亿千瓦。

通过发展太阳能发电，加快解决电力普遍服务和扶贫问题。利用光伏发电，推动大电网无法延伸地区用电和缺电问题得以解决。在贫困地区发展"光伏扶贫"，实现光伏发电的造血功能。

（3）生物液体燃料：规模替代石油燃料

在重型道路交通、航空和航运部门，非粮生物燃料逐步实现商业化和大规模利用。近中期，非粮生物液体燃料的生产成本大幅下降，到2020年达到1000万吨的生产规模。随着纤维素乙醇、藻类等第二、三代生物质技术的突破，生物质液体燃料将逐渐实现对重型道路交通、航空和航运交通部门中汽、柴、煤油的规模化替代。到2030年和2050年，交通部门生物液体燃料产用量分别达到2000万吨和6000万吨，替代各种石油燃料约5000万吨。

（4）可再生热利用：全面普及

太阳能热利用在居民和工商业领域的热水供应、供暖和制冷方面发挥重要作用。到2020年，全面普及太阳能热水系统，使得太阳能热利用运行保有量达到8亿平方米，年替代化石能源0.87亿吨标准煤。2020～2030年，太阳能供暖和制冷技术成熟普及，在居民和工商业领域的热水供应、供暖和制冷方面发挥重要作用。太阳能热利用运行保有量达到12亿平方米，实现年替代化石能源1.2亿吨标准煤。2030～2050年，太阳能中、高温应用技术得到推广，太阳能实现在热水供应、供暖、制冷和中高温商业和工业应用方面均得到大规模发展。太阳能热利用运行保有量达到14亿平方米，现年替代化石能源1.5亿吨标准煤。

生物质能热利用：在农村和城镇推广沼气和成型燃料，在终端能源消耗中主要提供炊事和锅炉等的热能需求。2030年前，沼气提纯技术基本成熟，工业化生产沼气产业初具规模；集约化农林生物质致密成型燃料在适宜地区有较大规模的发展，实现年产3000万吨成型燃料；地热集中供暖在华北、东北南部、华东、西南等地区成为主要的供暖方式，地源热泵在长江中下游地区和长江以南地区等夏热冬冷地区和有供暖需求的夏热冬暖地区得到大规模应用。2030～2050年，沼气技术广泛应用在城市和农村，实现年沼气产气量500亿立方米；生物质成型燃料生产设备的稳定性和使用寿命大幅度提高，各类应用市场得到全面开发，在适宜地区大规模发展。地热能热利用技术发展成熟，地热能应用在我国得到全面推广，全国利用地热能的供暖和制冷面积将达到10亿平方米，年利用量可替代6000万吨标准煤。

3.核电：安全发展、大比例替代

（1）以三代压水堆技术为依托，核电装机容量大幅度提升

三代压水堆核电技术是成熟、安全的技术，是当前国际上在建核电站的主流技术，也是我国核电发展的主流技术。未来，将以三代压水堆技术为依托，继续加大东部沿海核电站建设和投入，做好中部地区厂址保护工作，建成东中部核电带。到2020年建成核电装机5800万千瓦、在建核电3000万千瓦，核电量占全国发电总量的5%以上；争取到2030年建成核电装机1.2亿~1.5亿千瓦、在建3000万千瓦能力，核电发电量占全国发电总量的10%以上；到2050年，力争建成核电3.5亿千瓦，核电发电量占全国发电总量的20%以上，成为电力工业的支柱之一。

（2）我国成为世界核电发展的产业中心

伴随东中部地区核电建设步伐，国产化装备制造能力和工程建设能力将大幅提升。同时，CAP1400和华龙一号项目国内示范工程将成为未来核电技术"走出去"的国产品牌。到2020年，我国初步形成技术和装备出口全球框架布局；到2030年，核电技术和装备出口成为我国产业在国际竞争力的重要体现，形成我国在全球核电装备制造技术的产业中心地位。

（3）形成决策清醒、公众理性的全社会发展氛围

核电接受性问题已成为关系核电发展的重要制约因素。未来，在决策层面，决策机制将更加科学，发展战略和规划将坚决落实，决策流程将更加规范，核电发展战略决心将更加明确。在法律层面，相关法律法规将不断完善，重大活动有法可依、有规可查。在宣传方面，正面宣传和导向作用将更加突显，信息更加公开，公众核电接受度不断提升。

（三）潜在能源生产技术供给特点

1.天然气水合物：天然气资源的战略接替，尽早实现商业化开发

我国天然气水合物资源丰富，全国估算储量总计83.7万亿方，丰富的极地冻土带砂岩和海底砂岩天然气水合物资源，主要集中在南海海区和青藏高原冻土带。但从技术和环境风险来看，天然气水合物的规模开采技术尚未成型，同时存在甲烷泄露、海底地质滑坡等环境和安全风险。

目前，我国已取得天然气水合物开发的突破性进展，世界最先进的半潜式钻井平台——"蓝鲸一号"已投入生产，20项关键技术创新实现突破，并在全球首次实现泥质粉砂型可燃冰的安全可控试采，这说明我国天然气水合物开发已处于世界领先地

位。过去20年，北美通过水平钻井和水力压裂技术的广泛应用引领了世界页岩油气革命。未来，我国也将依托不断发展的技术和装备，力争在2030年左右率先实现商业性开采，在天然气水合物勘探开发领域形成较强的国际竞争力。未来，应继续加强基础理论研究，在水合物勘探目标预测评价技术、钻井及井筒工业技术、井网布置技术、高效开采和复合开采技术、开采环境影响评价、安全控制技术等方面取得突破，形成天然气水合物勘探开发配套技术系列。加快推进天然气水合物的资源调查和区带优选，用10年左右时间完成资源普查和开发研究，2030年后进入商业性开采，力争在天然气水合物勘探开发领域形成较强的国际竞争力，引领新一轮世界油气生产革命。

2.先进核能技术：研究探索第四代、核聚变等先进技术

研究发展第四代安全反应堆，接力未来核电供应革命。进一步推动第四代安全反应堆从实验走向工程实际，尽快完成高温气冷堆示范工程验证和产业配套建设；近期实现出口温度达到700~950℃、远期实现达到1000℃以上，努力争取在2025年完成关键技术的性能研究，2030年完成系统示范。同时，对于小型堆设计研发和市场开发，争取2020年前加速设计及相关认证等过程，2020年后能够广泛应用于浮动核电站、海军舰艇动力装置或中子源、边远地区供电、居民和工业供暖供热、海上石油开采、海水淡化等领域。三是按照实验快堆–示范快堆–商用高增殖快堆的即定快堆发展战略路径，争取到2025年前建成我国示范快堆项目，2030年前建成商用大型高增殖示范快堆项目。

探索核聚变反应堆等先进核能技术，推动核电深远革命。基础研究方面，重点关注核聚变堆、超高温气冷堆、超临界水堆、钍基熔盐堆、行波堆等先进核能技术的基础研究与概念设计工作。同时，在国内有计划、有组织地开展必要的基础性、关键性技术的长期研发及示范研究，为2030年后技术成熟应用打下基础。

3.海洋能：超前部署

海洋能是海洋中的各种物理或化学过程中产生的能量，主要来源于太阳能辐射及天体间的引力变化。海洋能可分为潮汐能、波浪能、潮流能和温差能，蕴藏的能量可以提供相当于全球当前能源消耗的两倍，具有可再生、资源量大和对环境不利影响小的优点，同时也存在不够稳定、能量密度较小、运行环境较为恶劣、开发利用经济性差等劣势。

我国海岸线广阔，海洋中蕴藏大量能源。海洋能发电技术仍处于研究试验阶段。核心是研发海洋能的利用技术，将海洋能转变为可靠、便于利用的电力等能源。随着海洋能利用技术的突破，海洋能有望在未来成为能源供应体系的重要组成部分。

4.空间太阳能：积极探索

太阳能是人类开发利用的绝大部分能源的最初来源。太阳能主要以电磁波的形式向宇宙空间辐射，其中能到达地球的仅占太阳辐射能总量的二十二亿分之一。如果能够将太空中的太阳能充分利用起来，人类几乎可以掌握取之不尽、用之不竭的能源。与地球上的太阳能利用方式相比，空间太阳能利用有许多优点，可以实现24小时不间断发电，可利用的太阳能更多更广，能量可以传送到不同的地面接收站，更好地满足不同各地区、各类用户的用能需求。

空间太阳能利用尚处于设想探索阶段，建设空间太阳能电站是一项巨大的工程，面临巨大挑战。需要开发大规模的太空运载技术，太阳能电池板需要采用特殊材料制造，对空间太阳能发电站的设备可靠性及在轨维护技术的要求高，还需防范其他飞行器及太空垃圾可能带来的危害等。

随着人类向太空探索步伐的加快、航天技术的不断发展，新能源、新材料等多个科技领域实现重大科技创新突破，利用空间太阳能或许不是科幻。一旦实现，将为人类更加充分地利用太阳能开辟一条崭新的途径。

五、中国能源供给革命之二次能源转换特征

（一）二次能源供给特点

1.电力

（1）"以电为中心"的能源开发特征日益凸显

经济的不断发展驱动终端能源消费水平的不断增长，改变终端能源消费的结构，电能等优质能源将逐步替代高污染不可再生的化石能源。根据BP2035世界能源展望，世界经济将继续电气化，全球新增能源消费在2015～2035期间近三分之二用于发电。以电为中心的能源开发特征，同样在我国未来能源体系中将进一步凸显。电气化水平在我国逐步提高，主要有三个方面的因素：一是煤炭、天然气转化为电力比重上升；二是非化石能源主要转化为电力使用，可以说电是非化石能源最主要的最终利用形式；三是电能替代较快发展。预计我国终端能源中电力占比将从2015年的20%，上升到2020年的25%以上和2030年的32%以上，预计到2050年将超过50%。

以电代煤、以电代油、电从远方来成为未来电力供应发展的重要趋向。在工业、农业、建筑业、居民生活等领域加快推广以电代煤，将工业锅炉、工业煤窑炉、居民

取暖厨炊等用煤改为用电，减少直燃煤，缩小散煤应用范围，煤炭转化为电力的比重将大幅提高。电动汽车、电气化轨道交通、农业电力灌溉等将会大力发展，通过以交通运输方面的石油消耗用电能替代为主体，减少对石油的依赖。以输电替代输煤，依托发展特高压输电，把西部、北部的火电、风电、太阳能发电和西南水电远距离、大规模输送到东中部，实现电力大规模远距离输送和大范围优化配置，促进能源结构优化，控制东中部火电建设规模和污染排放，减轻东部地区雾霾。

（2）煤电清洁高效利用水平显著提升

煤电发电装机和发电量比重持续下降。综合考虑中国经济社会发展水平、能源资源禀赋等因素，结合能源革命的要求，中国电力和煤电仍有较大的发展空间。预计到2020年和2030年，电力装机将达到约20亿千瓦和31.7亿千瓦；发电量将达到8.5万亿千瓦时、12万亿千瓦时。其中，煤电装机将分别达到11亿千瓦、14.5亿千瓦，分别比2014年增长33%、76%。2020年、2030年煤电装机比重将由2014年的60.7%分别下降至55%、46%，发电量比重分别下降至66%、56%。

煤电发电效率水平进一步提高。通过全面实施燃煤电厂节能及超低排放升级改造，淘汰关停落后产能和不符合相关强制性标准要求的燃煤机组，显著降低煤电平均供电煤耗水平。根据《煤电节能减排升级与改造行动计划（2014—2020年）》，全国新建燃煤发电机组平均供电煤耗将要低于300克标准煤/千瓦时；到2020年，现役燃煤发电机组改造后平均供电煤耗低于310克/千瓦时，其中现役60万千瓦及以上机组（除空冷机组外）改造后平均供电煤耗低于300克/千瓦时。

煤电污染物和温室气体排放水平逐步降低。推进清洁生产，减少碳排放强度，控制煤电大气污染、水污染，减少烟尘、二氧化硫、淡氧化物及废水的排放，是煤电发展的关键制约因素。煤电污染物"源头减排、过程控制、末端治理"相结合的全过程治理，使得常规大气污染物不再是煤电发展的约束性因素。到2030年左右，每千瓦时烟尘、二氧化硫、氮氧化物会进一步降低到0.04克、0.15克、0.2克左右甚至更低。我国确定了2030年左右二氧化碳排放达到峰值且将努力早日达峰的目标，碳减排将成为煤电发展最大障碍，碳捕获、利用与封存CCUS的大规模应用将成为控制温室气体排放重要途径选择。

煤电技术装备水平将会显著提升。我国将进一步加大对煤电节能减排重大关键技术和设备研发支持力度，通过引进与自主开发相结合，掌握最先进的燃煤发电除尘、脱硫、脱硝和节能、节水、节地等技术。采用先进的燃煤发电技术，采用超超临界等最先进的发电技术，建设高效、超低排放煤电机组，进一步提高能效，减少排放。采用整体煤气化联合循环IGCC，把洁净的煤气化技术与高校的燃气——蒸汽联合循环发电系统结合起来，实现煤炭的多维度梯级利用，其应用过程相互耦合，实现能量流、物质流等总体优化。碳捕集与封存（CCS）技术的技术研发力度将会加大。

（3）分布式发电促进能源就地消纳

分布式光伏发电。分布式光伏将可能成为分布式可再生能源的主力军。国家相关文件已经明确突出了分布式光伏的发展目标。《能源发展"十三五"规划》明确指出，在光伏发电2020年1.1亿千瓦以上的目标中，分布式光伏占6000万千瓦，超过集中式电站的4500万千瓦。预计2020年，分布式光伏装机量站光伏装机量将达到56%。《太阳能发展"十三五"规划》提出，到2020年建成100个分布式光伏应用示范区，园区内80%的新建建筑屋顶、50%的已有建筑屋顶安装光伏发电。

分布式天然气发电。分布式天然气发电作为高效的能源利用方式，已成为我国能源战略的关键一环。《电力发展"十三五"规划》提出，有序发展天然气发电，大力推进分布式气电建设，重点发展热电冷多联供，将分布式天然气发电纳入国家级能源发展战略。"十三五"期间，全国气电新增投产5000万千瓦，2020年达到1.1亿千瓦以上，其中热电冷多联供1500万千瓦。《天然气发展"十三五"规划》提出，鼓励发展天然气分布式能源等高效利用项目，有序发展天然气调峰电站，因地制宜发展热电联产。

分布式风力发电。《风电"十三五"规划》提出，积极探索适合分布式风电的市场资源组织形式、盈利模式与经营管理模式，推动风电的分布式发展和应用，探索微电网形式的风电资源利用方式 推进风光储互补的新能源微电网建设。中小型风电具有独特优势和较大的发展前景，除三北地区具有优质风资源外，我国其他地区也广泛分布着可被利用的风资源，但不具备发展大型风电的条件，却是发展中小型风电的沃土。同时，分散式的中小型风电具有就近入网、就地消纳，不需要电网的远距离输送等优势，尤其是在东部电力负荷中心区域，就近建设一些小规模风电，缓解用电压力。

2.冷热

（1）供热市场需求持续增长

根据《可再生能源供热市场和政策研究》报告的预测，2020年供热市场总需求约16.69亿吨标准煤，2030年约22.40亿吨标准煤。2030年供热市场需求比2020年约增长5.7亿吨标准煤，增长了34%。供热市场主要有四种需求，包括民用热水、建筑供暖、建筑制冷和工业热力。其中，建筑供暖和建筑制冷市场份额总和在2020和2030年均超过70%。

民用热水。2020年民用热水供应需耗能约1.52亿吨标准煤，2030年建筑热水供应需耗能约1.89亿吨标准煤。其中，住宅2020年热水供应需耗能约1.45亿吨标准煤，2030年热水供应需耗能约1.78亿吨标准煤；公共建筑热水供应需耗能约0.07亿吨标准煤，2030年热水供应需耗能约0.11亿吨标准煤。民用热水市场是可再生能源供热的主要应用领域，太阳能热水、地热能、生物质能等供热技术的应用主要集中于民用热水瓶市场。

建筑供暖。2020年和2030年建筑供暖热力需求量分别达到6.31亿吨标准煤和7.94亿吨标准煤，是最大的、最重要的供热市场，在总热力市场中的比例分别为38%和36%。其中，严寒和寒冷地区的农村建筑供暖需求航大，占建筑供暖总需求的40%～45%，目前农村地区的建筑供暖主要依靠散煤，供暖炉效率低、污染大，可再生能源供热是其可行的清洁能源替代技术。

建筑制冷。2020年和2030年建筑制冷总需求6.12亿吨标准煤和9.03亿吨标准煤。建筑制冷需求量与建筑供暖需求量基本相当。在建筑制冷市场中，目前和未来电空调制冷是最主要的制冷技术，只有部分建筑制冷需求是通过热能来提供。从可再生能源制冷技术看，地源、水源热泵制冷技术是成熟的，太阳能空调预计到2020年可实现技术成果，这些技术可满足一定的制冷市场需求。

工业热水。根据规模以上工业热力及工业小锅炉热力需求分析，预测到2020年，工业热力需求量约2.74亿吨标准煤，到2030年工业热力需求量约3.55亿吨标准煤。工业领域对热水的温度和压力等要求较高，生物质锅炉能够替代煤锅炉提供工业热水，其他可再生能源供热技术需与常规能源供热技术联合运行，满足工业热水和热力需求，可通过预热、伴热等形式替代化石能源，提供清洁能源的比例。

（2）可再生能源供热市场前景广阔

从可再生能源现有供热方式来看，主要分为太阳能、生物质能、地热能的直接供热（可再生能源电力间接供热不计入可再生能源供热总量中）。到2020年可再生能源供热潜力可达18.39亿吨标准煤，2030年可达35.87亿吨标准煤。特别是太阳能和地热能的资源潜力非常巨大。从可再生能源资源角度，可再生能源供热还有很多的发展潜力和空间，能够为供热市场提供更高比例的清洁、低碳能源供应。

太阳能供热潜力。根据《太阳能利用"十三五"发展规划（征求意见稿）》，2020年太阳能热利用集热面积保有量达到8亿平方米。按照吨标准煤/平方米计算，2020年太阳能热利用替代能源折算标煤9600万吨。随着太阳能中高温技术的进一步成熟，太阳能供热市场范围进一步扩大，预测2021～2030年太阳能热利用集热面积仍按"十三五"增长速度，到2030年太阳能热利用集热面积保有量将达12亿平方米，替代能源折标煤约1.44亿吨。

生物质能供热潜力。未来农林剩余物的应用将逐渐从生物质直燃发电转向生物质热电联产、生物质供热等，生物质能供热将以分布式生物质成型燃亮锅炉供热为主，特别在工业燃煤锅炉改造替代领域短期内将迎来快速发展。根据《中国生物质产业发展路线图2050年》，2020年我国农林生物质直燃发电量装机容量约500万千瓦，2030年装机容量约800万千瓦，折标煤分别为420万吨、896万吨[①]。2020年生物质成型燃料锅炉供热600拍焦，供热市场替代常规能源折标煤2050万吨；2030年生物质成型燃料锅炉供热1000拍焦，供热市场替代常规能源折标煤3420万吨。综上，2020年生物质供热潜力2470万吨标煤，2030年生物质供热潜力4316万吨标煤。

地热能供热潜力。我国地热资源分布具有明显的规律性和地带性。结合目前地热能开发现状及技术发展趋势，未来地热能供热主要考虑分布广泛的浅层地热能，在北方寒冷地区、夏热冬冷地区及夏热冬暖地区均可开发利用。2016～2020年，地热供暖面积按年均增长12%预计，则2020年，地热供暖面积近9亿平方米，替代常规能源折合标准煤1320万吨。2021～2030年，地热供暖面积按年均增长15%预计，则2030年，地热供暖面积近36亿平方米，替代常规能源折合标准煤5350万吨。

3. 成品油

（1）成品油市场化进程加快推进

未来成品油市场化进程将加快，随着而来的政策环境将有较大变化。一是成品油进出口权放开；二是放开成品油定价权，政府将通过税收调节市场；三是发展混合所有制经济，鼓励和吸引社会资本参与油气行业的上、中、下游，市场竞争主体将更加多元化；四是加快研究并推出成品油期货。这些政策的出台主要基于成品油市场环境和供需的变化，整体思路首先是满足整个炼油工业需要，进一步放开进出口资质将惠及下游用户，并有利于原油成品油市场有序发展。预计2030年之前成品油市场将实现完全市场化，最快2020年实现。

（2）汽油需求增速逐步放缓

我国汽柴油消费主要用于机动车，汽车保有量直接决定汽柴油消费走势。根据中国石油石油化工研究院的研究预测，2020年前汽车保有量将以年均12%左右的速度快速增长；2015年、2020年和2030年将分别达到1.73亿辆、2.66亿辆和3亿辆左右。汽油消费增速将随之降低，加上摩托车已经达到峰值开始下降，预计未来汽油消费增速将

---

① 按2020年、2030年我国农林生物质发电总规模的60%、80%均实施热电联产测算，2020年、2030年生物质热电联产装机规模将达到300万千瓦、640万千瓦，按年运行6000小时、150天采暖估算。

逐步放缓，2020年达到1.22亿吨，2030年1.52亿吨。但电动汽车的发展使汽油更早出现了峰值，2050年电动汽车保有量占乘用车保有量的比例将超过三分之一。

（3）柴油需求将进入平台期

我国作为发展中国家，经济总量和能源消费仍在不断上升，而我国城镇化进程也晚于工业化，未来城镇化将会成为我国柴油消费增长的主要推动力，柴油消费还有增长的空间，尚未达到消费峰值。根据中国科学院科技战略咨询研究院张海玲等学者的预测，在惯性消费高情景下[①]，受汽车和石化工业发展规律影响，柴油消费峰值推至2020~2025年，但绝对量提高至1.74亿吨，且替代能源发展缓慢，2025年后柴油消费开始缓慢下降。在能源革命低情景下[②]，经济社会发展顺利，产业结构优化调整，汽车燃油经济性提高，替代燃料快速发展，2015~2020年柴油消费峰值将达1.70亿吨，2020年以后，汽车保有量增速明显放缓、各种替代能源加快发展，我国柴油消费下降速度将有所加快。

（4）煤油需求保持快速增长

人均收入的提高将转化为更多的航空出行需求，商务货邮也将快速发展，预计航空运输用油还将进一步加速，2016~2020年年均增长9.2%，2020年航煤消费量将达到4000万吨。之后将有所放缓，但仍保持较快增长，2025和2030年将分别达到5300万吨和6400万吨。货运需求也随着客运需求增加，但2030年之后将货运周转量将比客运周转量的比例之比逐渐降低。客运平均运距将随着国际航线比例的上升而增加，预计将从目前的1669公里增加到2050年的1900公里。货运距离将从3312公里增加到4200公里。航程的增加将有利于平均油耗的下降，再加上飞机燃油经济性的提高，单位周转量的油耗将持续下降。综合来看，航煤将从2030年的6400万吨增加到2040年的7200万吨，之后处于平台期。

（5）液化气需求受工业需求带动

近年来，工业领域的消费增加是液化气消费快速增长的主要原因。未来受天然气替代影响，民用天然气需求增长放缓，其中农村地区民用液化气仍有较大上升空间。工业用气占液化气需求比重不断提高；由于交通用液化气相较于汽油具有较好的经济性，未来仍然保持增长。预测2020年和2030年液化气终端需求量分别达4400万吨和

[①]　经济和人口增速较快，社会发展着力于经济发展和收入提高，生活方式趋于消费主义，随着石油供应安全与环境问题日益突出，石油利用效率逐渐提高，千人商用车保有量饱和值设为400辆。

[②]　人口增长持续稳健，经济发展动力源源不断，增长方式成功转变，国内石油利用效率进一步提高。公共交通和轨道交通增多，千人汽车保有量饱和值设为350辆。

5000万吨。在2030年之后，由于天然气替代以及农村用气量增长放缓，民用气需求基本进入小幅下降的平台期，乐观估计2030年PDH装置产能即达到饱和。由于目前尚无法判断新技术新装置的应用，因此预计2030年后，化工用液化气基本保持稳定。

4. 氢能

氢能已经纳入我国能源战略，成为我国优化能源消费结构和保障国家能源供应安全的战略选择。我国氢源资源丰富多样，包括化石燃料制氢、可再生能源制氢及工业副产气制氢等；水电解制氢及变压吸附提纯氢等制氢技术与装备发展成熟；氢安全技术发展紧跟国际先进水平，高压氢气瓶和储罐技术已取得重大突破；氢能加注基础设施发展滞后于美国、日本及德国等发达国家，但近几年来呈现快速递增趋势；氢能与燃料电池技术标准体系构建完成，积极与国际接轨，标准对氢能产业发展的引领作用逐步显现。

（1）氢能产业将出现爆发式增长

据《中国氢能产业基础设施发展蓝皮书》的路线图规划，到2020年，我国氢能产业基础设施发展将取得重大突破。其中，以能源形式利用的氢气产能规模将达到720亿立方米；加氢站数量达到100座；燃料电池车辆达到10000辆；氢能轨道交通车辆达到50列；行业总产值达到3000亿元。到2030年，氢能产业将成为我国新的经济增长点和新能源战略的重要组成部分，产业产值将突破10000亿元；加氢站数量达到1000座，燃料电池车辆保有量达到200万辆，高压氢气长输管道建设里程达到3000千米，氢能产业基础设施技术标准体系完善程度迫近发达国家水平，氢能与燃料电池检验检测技术发展及服务平台建设形成对氢能产业发展的有效支撑。

在未来三到五年时间内，即2020年左右，氢能产业会取得突飞猛进的发展。氢具有来源广泛、大规模稳定储存、持续供应、远距离运输、快速补充等特点，在未来车用能源中，氢燃料与电力将并存互补，共同支撑新能源汽车产业发展。各地也正积极推动燃料电池发展。2017年9月，上海发布《上海市燃料电池汽车发展规划》，规划到2020年，上海将聚集超过100家燃料电池汽车相关企业，于2025年建成50座加氢站，到2030年实现燃料电池汽车技术和制造总体达到国外同等水平，上海燃料电池汽车全产业链年产值突破3000亿元。

（2）煤制氢加碳捕捉技术将成为主流制氢路线

我国煤炭资源丰富且相对廉价，煤制氢很有可能成为我国规模化制氢的主要途径。但煤制氢工艺过程二氧化碳排放水平高，所以需要引入二氧化碳捕捉技术（CCS），以降低碳排放。目前，二氧化碳捕捉技术（CCS）主要应用于火电和化工生产中。据美国环境保护局的统计数据，二氧化碳捕捉技术（CCS）的应用可以减少火电厂80%～90%的二氧化碳排放量。国内神华集团也早在2009年就在鄂尔多斯建设二氧化碳捕集和封存项目，近期神华集团已经在鄂尔多斯成功示范30万吨二氧化碳封存技术。随着二氧化碳捕捉技术（CCS）的逐步成熟，煤制氢加二氧化碳捕捉技术的制氢工艺路线也会日益清晰，将为我国氢能经济中长期发展提供充足的氢气资源。

（二）二次能源基础设施的供给模式

能源基础设施是我国能源转型的中心环节，也是能源供给方式发生重大变革的关键领域。随着能源系统与网络信息系统深度融合，以互联网思维和能源互联网技术改造传统电力系统，我国能源系统将逐渐呈现集中分布并举、"源-网-荷-储"协调互动、各类能源综合利用的可靠能源供应模式，逐渐发展成为新一代绿色低碳、安全高效的智慧能源系统。

1.综合特征

（1）集中式与分布式有机结合

我国电力能源供应未来将呈现集中式的智能大电网与分布式的低碳能源网络并存特点，形成集中式能源供应和分布式就地能源利用相结合的能源供给模式。能源的集中式开发利用一直以来都是我国能源供给的主要模式，在实现资源优化配置、提高能源利用效率方面具有独特优势，对于推动我国能源系统和经济社会发展发挥了重要作用。但是，由于分布式能源在传输损耗、利用效率、环境保护等方面具有天然优势，能源供给模式由集中式为主向集中式与分布式并存转型，是我国未来能源系统的发展趋势，也是实现我国能源系统结构优化和清洁化目标的必由之路。

集中式的智能大电网在未来较长一段时期仍然是推动我国能源电力资源大范围优化配置的中心平台。从电力的商业化供应开始，人们一直在推动和发展大型集中式发电设施，并通过输配电网络将其与终端用户相连。得益于规模经济效益和系统互联带来的可靠性，集中式系统一直处于主流地位。我国能源资源和能源需求呈逆向分布的基本特点，更加要求构建智能大电网，支撑大范围优化配置能源资源。根据《能源发展战略行动计划（2014—2020年）》，推进建设的14个亿吨级大型煤炭基地和9个千万千瓦级大型煤电基地主要集中在北部偏西、西北和西南地区，建设的9个大型风电基地主要分布在"三北"地区，同时"三北"地区太阳能发电装机达到3700万kW，占总装机的37%。从我国能源资源特点和能源基地建设的布局情况看，发展远距离大容量输电技术，扩大西电东送规模，实施北电南送工程是未来较长一段时期大电网发展的重点。

分布式能源具备安全、清洁、利用效率高等优势，是我国未来能源系统的重要组成部分。发展分布式能源是实现产能和用能方式转变的一种新的发展趋势，已经上升为国家战略高度。分布式能源系统是由分布式、分散的、众多的低碳能源的生产者和消费者同时构成一个能源网络，能有效促进可再生能源开发利用和提高能源综合利用效率，将成为解决当今能源短缺和环境污染问题的有效途径之一。例如，太阳能墙、屋顶太阳能、太阳能汽车、太阳能道路，甚至是太阳能飞机，还有垃圾资源化、沼气站、地热站、储能站、小风电等，都属于各种各样不同的分布式能源，可以构成独立运行的微网。又如一个社区、一个单位、一个村镇的能源网络，也可以自下而上地与集中式的智能电网连接互动，利用智能感知技术和大数据技术高效管理，构成新型的能源网络。

分布式能源通过高效、灵活接入电网，实现电网运行"集中"与"分散"有机结合。分布式能源一般需要接入电网，依靠大电网为分布式能源和用户提供电量调剂余缺。在正常运行时，由电网为其提供电压频率支撑、系统备用等服务，发生故障或检修退出时，由电网继续为其用户提供可靠的电力服务，以满足电力用户的可靠供电要求。同时，分布式能源的大量接入将出现局部地区潮流返送输电网、双向潮流大幅变化等情况，进一步驱动电网的更广泛互联，实现全网范围内进行优化配置和保障电网安全运行。配电网和微电网/微能源网是分布式能源的接入主体，分布式能源的普遍接入使得网络能源流动具有多向性，对于网络保护和控制产生不利影响，通过发展主动配电网技术、智能微电网/能源网技术，保证分布式能源的全额消纳和安全稳定运行。

（2）平台化与服务化共生发展

通过先进信息网络技术和互联网发展理念在能源生产、运行、配置、消费等领域集成运用，催生新型的能源发展格局、生产消费关系和新型商业模式，带动整合经济社会转型发展。

能源基础设施的数字化和智能化发展，推动电网成为能源和信息资源的共享服务平台。智能电网将从单纯的电力传输网络向能源信息一体化基础设施扩展。首先，通过高度整合信息网络、能量网络和能源网络，以电力网络为枢纽平台，以可再生能源和分布式能源接入为重点，通过能源调节系统对可再生能源和分布式能源基础设施实施广域优化协调。首先，电网本身具有网络化优势以及电力通信网络所积累的信息通信资源，通过搭建面向社会的数据共享平台，构建电力数据共享模式，在社会生产生活的诸多相关领域共享利用，提升民生服务水平。

能源网与互联网融合发展，催生大量的新兴商业模式和能源服务主体。能源网与互联网的融合，将能源系统中分散化的用户、差异化的能源、多元化的商业主体紧密联系起来，扩大市场成员的交互范围与频度，降低交易成本。商业模式创新将首先在电力交易、新能源汽车等信息化基础良好、市场率先开放的领域取得突破，并不断延展到能源系统其他环节，衍生出基于大数据的用能咨询、能效产品销售、节能解决方案、O2O商业消费等增值服务。同时，产生一大批具有创新模式的能源服务企业，比如能源增值服务公司、能源资产服务公司、能源交易公司、设备与解决方案的电子商务公司等，进一步带动能源互联网整体产业发展。

（3）多能互补集成优化

多能协同推动能源体系由单一能源向多种能源有机整合、集成互补转变。改变原有能源系统"条块分割"的局面，从系统集成、优势互补、结构优化的角度，利用各种能源转换技术，推动多能互补集成优化，打破多种能量形式相互分割的藩篱，将能源系统中的电、热、冷、气、油、交通等各子系统在生产、传输、转化与利用等各个环节实现互补与优化，实现整个能源系统的互联、互通与互补。通过多能源系统协同规划建设，减少重复建设导致的浪费，提高整个能源系统的经济效益。

源端多能互补模式因地制宜，促进可再生能源大规模开发利用。采取大规模输电、储能、风光电制氢（甲烷），建立源端多能源互补网络和就地消纳等方式，平抑可再生能源波动性，促进可再生能源充分利用[①]。能源基地根据能源资源、土地资源、输电走廊和电网资源及其他配置资源情况，因地制宜确立合适的多能互补模式。比如，对水电和新能源并存的基地，实施水光、水风互补；对新能源和火电并存的基地，实施风光火及风光火蓄互补。通过不同能源基地各类多能互补方案的实施，提高可再生能源开发利用规模。

终端多能互补为用户提供多样化的用能选择，满足个性化的用能需求。面向终端用户电、热、冷、气等多种用能需求，互补利用传统能源和新能源，建设一体化集成供能基础设施，通过天然气热电冷三联供、分布式可再生能源和能源智能微网等方式，实现多能协同供应和能源综合梯级利用。通过推进用户侧多能互补，为用户提供高效智能的能源供应，也推动能源需求侧管理，提高能源综合效率。

---

① 周孝信："构建新一代能源系统"，载于《电气时代》，2017年第1期。

（4）"源-网-荷-储"协调互动

把能源供给侧与负荷侧和储能统一连起来，形成有机开放和协调互动的平台系统，将能源开发、能源输送、能源需求与使用等环节协调统一为一个有机整体，实现电力流、信息流及多种能源流的深度融合、双向互动，提高清洁能源在终端能源消费中的比重。

"源-网-荷-储"协调互动不局限于某一种能源，是整个能源系统的协调优化。其中，"源"包括石油、天然气、电力等多种能源资源；"网"包括石油管网、供热网、电网等多种资源网络；"荷"不仅包括电力负荷，还有用户的多种能源需求；"储"则主要指能源资源的多种仓储设施及储备方法。

通过多种能量转换技术及信息流、能量流交互技术，实现能源资源的开发利用和资源运输网络、能量传输网络之间的相互协调。首先是源网协调。将数量庞大、形式多样的电源进行灵活、高效的组合应用，实现新能源发电与电网的协调配合，同时提高电网运行的自主调节能力，降低可再生能源并网对电网安全稳定运行的影响。其次是网荷储互动。将需求侧资源视为与储能、供应侧资源相同的、可调控的资源，实现储能、需求侧资源与电网之间能量的多向交互，从而将储能、需求侧资源能够参与电网调控，引导需求侧主动追寻可再生能源出力波动，配合储能资源的有序（智能）充放电，增强电网运行的安全稳定性。

将用户的多种用能需求统一为一个整体，使电力需求侧管理进一步扩大化成为全能源领域的"综合用能管理"。把用户的综合用能需求和用户的储能设备等视为可调控的资源，实现用能需求、储能、能源供应三者之间的信息流和能量流集成，形成调控性较强的能源供需体系，从而提高整个能源系统的运营效率和安全稳定性。

2.未来电网

我国电力系统知名专家周孝信院士及其研究团队提出，从现在起到2050年将是中国电网由第二代向第三代转型的过渡期。第三代电网是对100多年来第一、二代电网的传承和发展，支持大规模新能源电力，大幅度降低大电网的安全风险，并广泛融合信息通信技术，是电网的可持续化、智能化发展阶段。电网发展的总体趋势将是朝向国家主干输电网与地方输配电网、微网相结合的发展模式，与分布式电源、储能装置、能源综合高效利用系统有机融合，成为灵活、高效的智能能源网络。

大电网和微电网相辅相成、有机结合。未来电网将是大电网与微电网的结合体，即超大型骨干网架和分布式微电网的结合体。未来我国电网"西电东送""北电南送"的输电模式不会改变，以水电、煤电、大规模风电和荒漠太阳能电力并重外送[①]。同时，就地利用资源的分布式发电和面向终端用户的区域电网和微型电网将会大量出现，充电汽车及其他储能装置等将大规模存在，未来配电系统可能划分为多个独立运行的控制区域，可接有不同规模的虚拟电厂和微电网等[②]。

交直流互联电网成为大电网主干架构的基本形态。特高压交流是同步电网，具有瞬时调剂的能力。特高压直流是点对点传输，具有传输功率大、输送距离长的优势。特高压直流、交流输电相互补充，"强交强直"的混搭模式将是未来特高压建设的发展方向。柔性直流及直流电网将是有效的补充，更适用于超远距离、更大容量、更高电压等级的输电方式，发挥技术经济性优势。随着可关断器件、直流电缆制造水平的不断提高，柔性直流输电将会成为直流电网中最主要的输电方式。

电网系统与先进信息网络技术高度融合。利用先进的信息通信技术、信息物理融合技术以及电力电子控制技术，推动电力系统从能源转化、配置、消费、调度等各个环节全面提升自动化、数字化和智能化水平，大幅提高电力系统的可控性和可观性。将人工智能技术广泛引入电力系统，以无处不在的传感和先进ICT技术为基础，以物联网、大数据、云计算、深度学习、区块链等为核心，应用于电力系统设备管理和系统控制、能量管理和交易等领域，提高新一代电力系统的安全、经济和可靠性。

融合多元能源、实现供需互动。未来电网将支持大量分布式可再生能源，实现智能化运行和一体化信息管理，成为能量流、信息流、业务流融合的能源互联网，为用户提供实时交易和自由选择，实现能源供需模式的科学平衡。为了满足能源互联网体系的需求，配电网应当提供分布式能源的即插即用、信息交互功能和能源管理功能。配网能够适应分布式能源和用户之间复杂的随机特性，实现多种能源的动态管理和优化，保证系统的可靠运行和经济利益最大化。

3.分布式能源

我国经济和能源系统的结构性转型，伴随着分布式能源成本的降低和能源系统的数字化转型，分布式能源发展面临广阔的发展前景。根据华南理工大学李立涅院士团队关于我国能源系统形态演变及分布式能源发展的研究成果，按照近期、中期和远期三个阶段来看，分布式能源具有如下发展路径：一是近期来看，至2020年，能源供给仍然以集中式为主，分布式能源作为重要补充得到快速发展，其中天然气冷热电联供系统得到普及，风能、光能等可再生能源开发利用由集中式向分布式转型。二是中期

---

① 周孝信 等："中国未来电网的发展模式和关键技术"，载于《中国电机工程学报》，2014年第25期。
② 马钊 等：未来配电系统形态及发展趋势"，载于《中国电机工程学报》，2015年第6期。

来看，至2030年，分布式能源在能源系统中的占比达到较高水平，风能、光能等分布式可再生能源得到普及，能源供给呈现多元化、共享化。三是远期来看，至2050年，分布式能源普遍存在，成为能源供给的主要力量，能源生产者和消费者可通过互联网化的能源交易平台实现自由交易。国际能源署在《中国分布式能源前景展望》中，提出了分布式能源的发展趋势，主要有体现客户诉求、能源服务化和业态互联网化三个方面。具体分析如下：

促进消费者直接参与能源系统。在分布式能源系统中，消费者对于能源消费装置拥有很大的选择权，包括电器、大部分的供热系统和汽车等。通过分布式能源，消费者有机会在不同层面参与进来，拥有自己的发电机、储能装置和智能设备，能源消费者日益成为能源系统中活跃的一部分，即消费者与生产者的结合体。越来越多的房屋拥有者，或大或小的企业主，以及诸如地方政府之类的机构，都可以参与到分布式能源解决方案中来，作为一种表达他们价值观的方式，无论是出于显示应对气候变化的决心，还是参与到最新的智能化趋势中。

集成多种能源资源提供创新性服务。通过将分布式能源系统、集成式能源系统、智能控制系统、信息管理系统、用户终端系统等进行深度集成，可以提供一系列的创新性服务。一是面向终端客户的能源优化服务。对终端用户的热、气、电等不同能源的生产与消费进行自动计量、记录、存储和读取，为优化客户的能源生产和消费模式提供信息基础。基于大数据技术，通过对用户的能源消费与生产记录进行数据挖掘、分析、诊断，深刻理解用户的能源消费模式和特点。二是面向能源系统的增值服务。大多数分布式能源系统都接入配电网，从而产生了与集中式能源系统的能源和信息交互。分布式能源可以为集中式能源系统提供增值服务，包括调峰、调频、系统备用和改善电能质量等。

分布式能源业态互联网化发展。通过信息和通信、云计算、大数据分析等创新性技术的发展，使得数字化渗透到能源系统的每一个部分，将能源系统的不同部分以智能化的方式联系起来。一是实现分布式能源之间的时间和空间耦合。通过对风光气等不同分布式能源发电时间的耦合，并结合需求侧响应和储能系统，将能源供给在时间轴上与能源需求耦合，降低能源供给和使用成本。二是分布式能源与集中式能源的时间和空间耦合。以储能系统和需求侧响应为支撑，结合虚拟电厂和智能微网等模式，分布式能源与集中式能源优化组合，实现能源系统的最优化。对于边远地区实施独立运行的能源岛项目，降低输配电网络建设成本。

4.储能

储能技术是未来能源结构转变和电力生产消费方式变革的战略性支撑技术，可以缓解高峰负荷供电需求，提高现有电网设备的利用率和电网的运行效果，具有广阔的发展前景。根据国际能源署（IEA）预计，到2050年全球储能装机将达到800GW以上，占电力总装机的比例将提高到10%～15%，市场规模将达数万亿美元。我国到2050年储能装机将达到200GW，市场规模将达2万亿元以上，我国对储能的需求巨大且迫切。在能源互联网背景下，电化学储能、储热、氢储能、电动汽车等储能技术或设备逐步大规模应用，将促进大规模集中式可再生能源、分布式发电及微电网等领域的快速发展。

支撑集中式可再生能源并网和高效利用。储能支撑可再生能源发电具备或接近常规电源的特性，使其成为可调度、可预测、可控制的电源。在大规模集中式可再生能源储能应用中，未来有两个方面的重要趋势：一是支持可再生能源发电本地应用向系统级应用发展。储能从平抑可再生能源输出功率波动、减少预测误差等本地应用，向系统级的应用发展，实现储能资源的共享，在规划和运行层面增强电网接纳可再生能源发电的能力。二是单点单类型储能向多点多类型储能的综合利用发展。随着储能向系统级的应用发展，对不同接入点多种形态的储能进行统筹控制和协调调度，并对储能在电网中的布点和选型进行优化，实现不同点多类型储能的综合利用。

储能促进分布式可再生能源发展。储能作为分布式可再生能源发电和智能微网的关键支撑技术，在基于可再生能源的分布式发电和微网系统中不可或缺。伴随清洁能源大量分散接入和终端用户双向互动，储能系统的作用已开始由简单的友好接入向以能源互联为导向过渡，并倾向于基于高效协同管理统一规划的方向发展。储能支撑多能源高效融合效应将日益显现，紧凑型、模块化、响应快是储能装置的发展方向。随着用电需求多样化，不同电压等级下交直流用户共存，通过储能实现终端用户供用电关系转换、用能设备的能量缓冲、灵活互动以及智能交互将是技术主流。

储能与电动汽车协同发展。未来电动汽车将作为重要的储能单元参与电网应用。电动汽车储能应用主要有两个方面，分别是二次电池储能应用和电动汽车本身作为储能单元储能应用。随着电动汽车渗透率的不断提升，二次电池的储能应用潜力将稳定在车载电池储能容量的15%左右，其储能应用潜力不容忽视。到2020年，电动汽车储能应用规模预计达到3.766GW/13.749GWh，其中二次电池储能容量2.1GW/10.4GWh[1]。未来电动汽车与电网的互动将不再是单向的，而是双向的，电动汽车可以向电网输入

---

① 孙威、李建林、王明旺 等：《储能系统商业运行模式及典型案例分析》，中国电力出版社2017年版。

能量，它作为分布式的储能资源，能够为电网提供多种辅助服务，协助消纳分布式新能源，提高电网运行的经济性和安全性。

云储能成为未来电力系统储能新的形态特征。根据康重庆等学者的研究，云储能是一种基于电网的储能服务，它使得用户可以随时、随地、按需使用电网级的共享储能资源池中的资源，可以显著地降低提供储能服务的成本。它是目前的"共享经济"模式在储能资源上的体现，很可能成为未来高比例可再生能源电力系统的新形态特征之一。云储能的储能实体可以是集中式的储能设施也可以是分布式的储能资源，集中式的储能设施和分布式的储能资源都由云储能提供商统一运营管理，云储能用户通过购买服务的方式获得分布式储能服务。

六、中国能源供给革命带来的影响

大力发展清洁能源，构建多元供应体系是能源供给革命的基本方向，也是能源革命的重要目标。多国实践表明，能源供给模式的改变需在政策支持下，以生产方式、供应技术的革新为驱动力，转变产业发展模式，优化配置投资与就业资源。本章将从能源供给模式、产业与产能转换、投资及就业四个方面，综合分析能源供给革命将带来的影响。

（一）能源供给模式

在能源供给革命的推动下，未来中国能源供给模式可描述为：建立多元供应体系，延续既往思路，推进煤炭清洁高效利用，着力发展非煤能源，形成煤、油、气、核、新能源、可再生能源多轮驱动的能源供应体系，同步加强能源输配网络和储能设施建设。供给模式的变化将主要体现在能源结构上，而其实现需要以能源生产方式转变与能源供给技术进步作为支持。

1.能源供给结构：逐步形成以非化石能源为重要来源、以电力为转换中心的能源供给结构

在能源供给革命推荐情景下，一次能源供给结构中化石能源占比逐年减少，非化石能源逐步取代石油、煤炭成为第一大能源。其中，煤炭消费量大幅降低，2050年煤炭消费占比仅为27%；石油消费量先增后降，消费占比保持在16%左右；天然气作为清洁能源中期发展迅速，2030年消费占比达15%，此后基本保持稳定；非化石能源大幅增加，2030年，非化石能源消费比重达到20%以上，取代石油成为第二大能源，2050年，非化石能源消费比重达到40%以上，取代煤炭成为第一大能源。

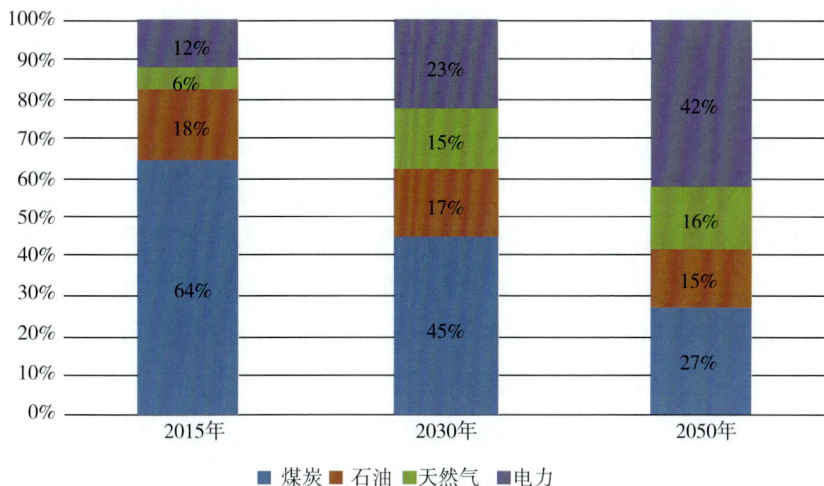

图55 推荐情景中中国一次能源供给结构变化趋势

在终端能源供给结构中，电力占比将由2015年的22%逐步提高到2030年的30%，2050年进一步提高到38%。以电力为中心的终端能源供给结构主要得益于清洁能源的快速发展与煤炭的清洁利用。一方面，以风电、太阳能、生物质能为主的可再生能源以及核电高比例发展，2030年，非化石能源发电装机占比将提高到50.5%，超越化石能源发电装机成为主力电源；2050年，非化石能源发电装机占比将提高到70%以上，电量占比提高到66%。另一方面，从中期来看，煤炭作为一次能源的消耗总量变化不大，但其在终端能源供应中的比例显著降低，同时煤电装机容量有所上升，说明能源供给革命推进了煤炭由直接利用转换为以电为主的二次能源，以实现煤炭的高效清洁利用。

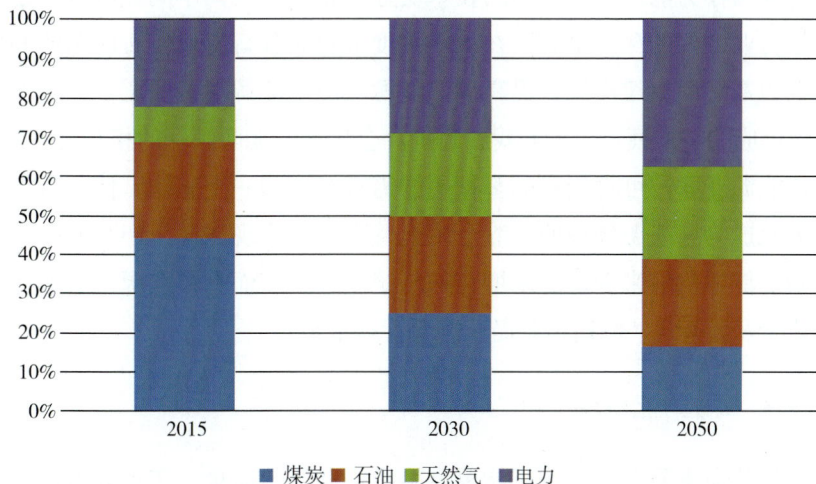

图56 推荐情景中中国终端能源结构变化趋势

2.能源生产方式：清洁能源生产集中式与分布式相结合，传统能源生产高效化发展

大力发展以可再生能源为主的清洁能源，提高清洁能源占比是能源供给革命的关键目标之一。中国的清洁能源资源与负荷呈现东西逆向分布的特点，在能源供给革命推动下，为促进清洁能源建设与消纳，东西部清洁能源需协同发展，其生产方式将由以集中式为主逐步向集中式大规模外送与分布式就地消纳结合方向转变。一方面，贯彻"源-网-荷-储"协调思想，以多能互补、多基地协同为关键手段，统筹规划西部大规模集中式可再生能源基地与外送通道建设。另一方面，鼓励中东部地区发展小型风机、光伏发电、天然气冷热电三联供、地源热泵等分布式能源，同时完善配套微电网与配电网建设，促进清洁能源的就地或近距离消纳。

当前和今后相当一段时间内，以煤炭为主的传统能源仍将是中国的主体能源，为满足能源供给革命要求，其生产方式需向安全生产、高效开发、生态优先的方向发展。具体而言，在一次能源开采阶段，煤炭生产将由粗放开发向集约绿色方式转变；在二次能源转换阶段，以燃煤发电机组超低排放改造为重点，推进煤炭由高排放利用向低排放利用的清洁高效方式转变。

3.能源供给技术：能源互联网与需求响应技术推动多能源优化供给

横向多种能源互联、互通、互补，纵向供给需求双侧协调配合是将能源供给革命落到实处的重要途径，而多种能源融合与"源-网-荷-储"协调优化的实现需要借助新型能源供给技术—能源互联网技术与需求响应技术。

能源互联网作为能源供给革命的技术支撑，将实现我国不同能源行业之间、能源行业与其他行业之间的深度融合，在最大程度上提高各行业对化石能源的利用效率，充分发挥电力系统的枢纽作用，提高清洁能源在终端能源消费的比重，进而改变我国能源消费和供应的基本模式，理顺我国经济社会发展与能源消费的相互关系。

同时，能源互联网可将用户的多种用能需求统一为一个整体，使电力需求侧管理进一步扩大化成为全能源领域的"综合用能管理"，实现能源生产与消费双向互动，改变依靠增加能源供应来满足需求增长的传统模式，从而倒逼能源供给侧变革，倒逼能源部门转变发展方式，倒逼企业提升能源管理水平。

（二）产业与产能转换

能源供给革命本质上就是改革能源供给结构和供给质量，实现能源供给从量到质的转变；核心在于以高碳能源低碳发展、黑色能源绿色发展为原则，依靠能源体制改革和能源技术创新双轮驱动，不断培育和催生新的能源形态，提升传统能源的绿色清洁供应能力。在当前能源消费增长减速换挡、结构优化步伐加快、发展动力开始转换的新常态下，中国能源产业发展方式要从粗放式发展向提质增效转变。

1.产业发展趋势

能源供给革命的目的是建立更为安全、高效、经济、清洁、低碳的能源生产与输送体系，为实现变革目标，煤炭、石油、天然气、可再生能源等各类产业也亟须转变发展模式，沿着绿色、高效、经济的方向发展。

（1）煤炭产业低碳化、高效化发展

从能源供给革命下能源结构变化趋势看，当前和今后相当一段时间，煤炭仍然是中国的主体能源。因此，努力实现煤炭的低碳化、清洁化高效利用，是其产业发展的必然趋势。煤炭产业发展方向具体包括四个方面：大力推进煤炭产业由资源驱动向创新驱动型转变；大力推进煤炭由燃料向燃料、原料并重方式转变；要大力推进煤炭产业由粗放开发向集约绿色方式转变；大力推进煤炭由高排放利用向低排放利用的清洁高效方式转变。

（2）石油、天然气产业非常规化、绿色化发展

中国陆上常规原油和天然气产量增长潜力有限，深海油气资源动用程度依然较低，非常规油气资源十分丰富。为此，石油、天然气产业开发战略必须做出重大调整，由以常规资源为主转向常规与非常规资源并重，由以陆上资源为主转向陆上与海上资源并举，由以中浅层资源为主转向中浅层与深层超深层资源并行，同时积极推进石油天然气清洁绿色开发。

（3）清洁能源产业低成本化、分散化发展

目前中国风能、太阳能、生物质能等能清洁能源发展尚处于初期阶段，成本较高，与传统能源相比不具有经济性的优势，其生存发展均依赖于国家政策支持与价格补贴。清洁能源高比例发展的能源供给革命的目标，为在市场竞争中取得优势、减轻国家财政压力，亟须加大清洁能源技术投入，重点降低清洁能源成本，同时为促进清洁能源有效利用，鼓励建设分布式清洁能源。

2.产能转换

大力推进清洁替代和电能替代（"两个替代"）是解决能源安全、环境污染、气候变化等诸多问题，实现能源供给革命的关键。一次能源开发环节清洁替代是在能源

开发上以清洁能源替代化石能源，走低碳绿色发展道路，实现化石能源为主向清洁能源为主转变。二次能源转换环节电能替代是在能源消费上实施以电代煤、以电代油，推广应用电锅炉、电采暖、电动交通等，提高电能在终端能源消费的比重，减少化石能源消耗和环境污染。

（1）一次能源产能转换—清洁替代

一次能源产能转换即在能源供给整体结构中以非化石能源替代化石能源，在化石能源供给结构中以天然气等清洁能源替代煤炭，在煤炭供给结构中实现清洁生产，加快煤炭由单一燃料向原料和燃料并重转变。在能源供给革命推动下，与2015年相比，2030年煤炭将淘汰产能115008万吨，至2050年进一步淘汰152638万吨产能，产能减少超过50%。化石能源中快速发展的天然气可弥补16%的煤炭淘汰产能，剩余退出产能与能源需求增长将均由非化石能源满足。

表21　　　　　　　　　　　　　**推荐情景下的化石能源产能变化**

类型	单位	2015年	2030年	2015~2030年新增	2050年	2030~2050年新增
煤炭	万吨	535100	420092	−115008	267454	−152638
石油	万吨	23622	25000	1378	25000	0
	折算为标煤	33746	35715	1969	35715	0
天然气	亿立方米	1399	3300	1901	4620	1320
	折算为标煤	18601	43890	25289	61446	17556
合计	万吨标煤	612467	527997	−84469	394235	−133762

（2）二次能源产能转换—电能替代

二次能源产能转换一方面，是在终端能源供应中实施以电代煤、以电代油，提高电能在终端能源消费的比重；另一方面，是在发电环节以天然气、风能、太阳能、水能、生物质能等清洁能源替代煤电，具体而言：在能源供给革命下，新建清洁火电机组，原有火电机组首先淘汰落后机组，其次部分通过"煤改气"，改造为燃气机组，剩余部分通过超低排放改造减少大气污染物的排放，实现煤炭的高效清洁利用，同时由于可再生能源的快速发展，火电将更多地承担起调峰电源的作用；其次，燃气机组主要用于供热，同时承担可再生能源发电的调峰服务；最后，遵循"集中式大规模外送与分布式就地消纳相结合"的原则，依托能源互联网等新形势，大力发展可再生能源。

表22　　　　　　　　推荐情景下的二次能源产能变化（单位：万千瓦）

类型		2015年	2030年	2015~2030年新增	2050年	2030~2050年新增
化石能源	煤电	88419	110000	21581	80000	−30000
	油电	600	600	0	600	0
	气电	6637	22000	15363	34000	12000
	合计	95656	132600	36944	114600	−18000
核电		2608	13600	10992	35000	21400
可再生能源	水电	29666	35500	5834	45500	10000
	风电	12934	42000	29066	100000	58000
	太阳能	4318	40000	35682	100000	60000
	生物质能	1000	4600	3600	12000	7400
	合计	47918	132600	84682	212000	79400
合计		146182	278800	132618	361600	82800

（三）投资

为实现能源供给结构调整、清洁能源高比例发展的变革目标，未来能源行业需在化石能源清洁利用与清洁能源产业投入大量资金，尤其是清洁能源发展投资。近年来，中国清洁能源产业投资一直以可再生能源开发为重点，随着能源供给革命的推进，清洁能源输送通道建设、技术研发与人才培养也亟须列为投资重点领域。同时，随着能源市场化水平的提高，能源行业投资主体也将趋于多元化，将由更多的社会资本参与到原有以国有资本为主的能源开发、通道建设与设备制造中。

1.投资重点领域多元化

在能源供给革命背景下，未来能源领域的投资重点为清洁能源开发利用与能源基础设施建设投资，具体包括一次能源开采投资、二次能源转换投资与能源输送网络投资。为达到推荐情景下能源供给结构目标，至2030年，一次能源开采工程需新增投资823.81亿元，电力装机需新增投资86073.48亿元，能源输送网络建设需新增投资22574.11亿元，能源领域新增投资共109471.4亿元。2030~2050年间，一次能源开采工程需新增投资353.69亿元，电力装机需新增投资121948.73亿元，能源输送网络建设需新增投资40573.07亿元，能源领域新增投资共162875.49亿元。从中长期看，能源供给革命将拉动能源领域投资总计272346.89亿元，其中风电、光伏等可再生能源开发利用投资占比最高。

表23　　　　　　　　　推荐情景下的能源领域新增产能与输送能力需求

领域	类型	单位	2015年	2015～2030年新增	2030～2050年新增
一次能源开采	石油	万吨	23621.62	1378.38	
	天然气	亿立方米	1398.54	1901.46	1030.40
二次能源转换	水电	万千瓦	29666	5834.00	7727.64
	煤电	万千瓦	88419	21581.00	
	气电	万千瓦	6637	15363.00	9470.61
	核电	万千瓦	2608	10992.00	17774.53
	风电	万千瓦	12934	29066.00	47828.06
	太阳能	万千瓦	4318	35682.00	49702.66
	生物质能	万千瓦	1000	3600.00	6153.93
能源输送网络	输电线路	万公里	60.91	65.72	174.37
	变电站	亿千伏安	33.66	73.12	340.79
	原油管道	万公里	2.1	1.27	0.91
	成品油管道	万公里	2.7	4.44	4.62
	天然气管道	万公里	6.4	19.61	35.82

表24　　　　　　　能源领域各类工程单位投资周期下降幅度（5年为1个周期）

领域	类型	2015～2030年单位投资降低比例	2030～2050年单位投资降低比例
一次能源开采	石油	2%	2%
	天然气	2%	2%
二次能源转换	水电	2%	2%
	煤电	2%	2%
	气电	2%	2%
	核电	5%	2%
	风电	5%	2%
	太阳能	10%	2%
	生物质能	10%	2%
能源输送网络	输电线路	2%	2%
	变电站	2%	2%
	原油管道	5%	2%
	成品油管道	5%	2%
	天然气管道	5%	2%

表25　　　　　　　　　　　　　　能源领域各类工程单位投资预测

领域	类型	单位	2015年	2030年	2050年
一次能源开采	石油	万元/万吨	2100	1977	
	天然气	万元/亿立方米	3000	2824	2604
二次能源转换	水电	万元/万千瓦	13000	12235	11286
	煤电	万元/万千瓦	3700	3482.	
	气电	万元/万千瓦	6500	6118	5643
	核电	万元/万千瓦	13500	11575	10676
	风电	万元/万千瓦	8000	6859	6327
	太阳能	万元/万千瓦	9000	6561	6052
	生物质能	万元/万千瓦	10000	7290	6724
能源输送网络	输电线路	万元/万公里	1080	1016	938
	变电站	万元/亿千伏安	2000	1882	1737
	原油管道	万元/万公里	10000000	8573750	7908154
	成品油管道	万元/万公里	10000000	8573750	7908154
	天然气管道	万元/万公里	10000000	8573750	7908154

表26　　　　　　　　　推荐情景下能源供给革命新增投资预测（单位：亿元）

领域	类型	2030年		2050年		2015～2050年新增投资
		新增投资	合计	新增投资	合计	
一次能源开采	石油	277.96	823.81	—	353.69	1177.5
	天然气	545.84		353.69		
二次能源转换	水电	7278.99	86073.48	11617.63	121948.73	208022.21
	煤电	7662.3		—		
	气电	9541.57		6962.39		
	核电	13164.42		23417.36		
	风电	20729.66		37628.19		
	太阳能	24869.42		37223.49		
	生物质能	2827.12		5099.68		
能源输送网络	输电线路	6.8	22574.11	20.12	40573.07	63147.18
	变电站	13.97		69.32		
	原油管道	1139.53		950.81		
	成品油管道	3968.92		4676.91		
	天然气管道	17444.89		34855.91		
总投资		109471.4		162875.49		272346.89

2.投资主体多样化

根据国务院发布的《能源生产和消费革命战略（2016—2030）》规定，中国要全面推进能源行政审批制度改革，完善负面清单，鼓励和引导各类市场主体依法平等参与负面清单以外的能源领域投资运营。

当前我国能源产业投资以国有资本为主，风电、光伏发电等可再生能源领域有部分社会资本参与，而大部分分布式可再生能源均由用户投资，因此在大力发展可再生能源、积极建设以分布式能源为基本要素的能源微网与能源互联网背景下，社会资本在能源开发投资中的占比将有所增加。

能源市场化水平的提高也将推动能源投资主体多样化，目前新一轮电力市场化改革已实现增量配售电业务放开，社会资本可参与增量配电网建设，同时在油气市场化改革背景下，现有非常规油气开采、油气管网、原油储备基地已向民企放开。随着未来能源领域进一步放开竞争性领域和环节，能源开发、通道建设与设备制造等方面的投资主体也将更加丰富。

（四）就业

当前中国能源供给侧改革采取的途径包括五个方面，即"去产能、去库存、去杠杆、降成本、补短板"总结起来就是"三去一补一降"。这五方面中，去产能这项举措将造成煤炭等传统能源产业大规模人员流出，带来严重的失业与就业安置问题。但同时能源供给革命中风电、光伏等清洁能源产业的高速发展亟须大量高素质人才，为能源行业创造了可观的就业机会。

因此，从总体上看，随着能源供给革命的深入推进，中国能源产业转型升级和科技进步对生产要素中的劳动力，特别是高素质劳动力需求显著上升，劳动力需求呈现出"一增一减"特征，即对劳动力质量需求持续增加，对劳动力数量需求逐渐减少，结构性失衡矛盾将更加突出，对就业产业结构、地区结构及供应结构产生较大的差异化影响。

1.就业产业结构

能源供给革命中的去产能显然对煤炭等传统能源行业就业将产生不利的影响，根据国务院要求，从2016年起的3～5年时间内，煤炭要退出产能5亿吨左右，需要分流的从业人员达50万人，占目前煤炭产业从业人数的10%左右，2015～2050年期间煤炭产业的就业总量相比于没有能源供给革命措施的情景将减少超过200万人。

但是从总体上看，能源供给革命并没有引起能源行业就业人员的大量退出，相反将带动更多的就业岗位，与2015年相比，2050年能源行业将新增超过600万个就业机会。这主要是由于作为能源供给革命中新旧能源供给模式的一个转换，以风能、太阳能、核能、生物质能为主的清洁能源产业将取得迅速发展，进而推动新能源技术开发、设备制造和安装、维护等行业产生一系列新增就业，预计至2030年，新能源行业将为全产业链创造400万个的新增就业岗位，至2050年将一步带来超过800万个新增就业机会，对消化和吸纳过剩行业职工发挥了就业稳定器和避震器的作用，例如由煤炭产业退出的知识专业技能不高的人员可进入清洁能源产业从事基础设施建设等工作。而节能技术研发和运用也将会大大推动技术层面和服务层面的就业，包括增加能源咨询公司、能源服务公司，形成新的就业岗位。

综上，区域性能源结构的调整将衍生新的就业机遇，能源供给革命尽管会对煤炭等传统能源产业会产生明显的负面影响，但是在能源行业内部则可实现就业结构的优化。

表27　　　　　　　　　　　推荐情景下的各能源产业规模与平均就业

类型		单位	2015年	2030年	2050年
煤炭	产量	万吨	375000	381902	243140
	平均就业	人/万吨	11.7	9.9	8.0
石油及天然气	产量	万吨标煤	48607	72368	88328
	平均就业	人/万吨标煤	16.93	14.4	11.5
火电	装机容量	万千瓦	95656	132600	114600
	平均就业	人/万千瓦	4.0	3.4	2.7
核电	装机容量	万千瓦	2608	13600	35000
	平均就业	人/万千瓦	40.0	34	27.2
可再生能源	装机容量	万千瓦	47918	122100	257500
	平均就业	人/万千瓦	64.1	54.5	43.6

注：考虑机械化因素，各产业平均就业每5年下降5%。

表28　　　　　　　　　推荐情景下能源供给革命就业预测（单位：万人）

类型	2015年	2030年	2015~2030年新增	2050年	2030~2050年新增	新增就业合计
煤炭	442.4	379.8	-62.6	193.4	-186.4	-249.0
石油及天然气	82.3	104.1	21.9	101.7	-2.5	19.4
火电	38.3	45.1	6.8	31.2	-13.9	-7.1
核电	10.4	46.2	35.8	95.2	49.0	84.8
可再生能源	307.3	665.5	358.3	1122.9	457.3	815.6
合计	880.7	1240.8	360.1	1544.4	303.5	663.7

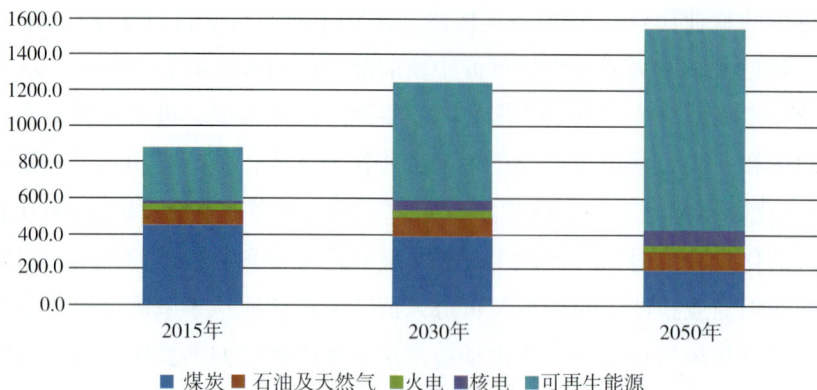

图57　推荐情景下能源领域就业趋势（单位：万人）

2.就业地区结构

从能源供给侧来说，中国能源产业既存在供应过剩，同时也存在有效供应不足的问题，主要表现为可再生能源供给、能源输送通道以及一些需求侧响应、节能服务、综合能源管理等新兴服务供给不足。因此，能源供给革命对具有不同能源产业结构及能源服务水平的省份的影响也存在较大差异。

对于新能源产业和能源服务业发展较好的省份，如浙江，能源供给革命对其就业结构影响不大，这是由于政府财政收入较高且新能源产业对就业人员有巨大的吸纳作用，去产能行业退出的大量就业人员可在省内解决。

对于以煤炭等传统能源产业为主的省份，如内蒙古、山西，能源供给革命对其就业结构影响较大。一方面去产能行业退出人员多，另一方面这些省份的新能源资源也较为丰富、已开发容量大，但同时也存在严重的弃风弃光问题，因此在能源供给革命背景下这些省份的新能源产业近期内发展空间有限，无法有效地发挥对去产能行业下岗人员的内部调剂和转化作用，对这些省份和地区的就业产生了严重地影响，就业减少和经济下滑形成了恶性循环，导致其高素质的年轻常住人口大量外流，其对未来经济发展的影响更为严峻。

3.就业供应结构

从就业供给结构看，中国能源行业的劳动力供给主要来源于第一产业转移出来的农民工、职业院校毕业生和高等学校大学毕业生。煤炭等一次能源开采环节吸纳农民工较多，在煤炭行业去产能的巨大压力下，农民工的就业将受到不利影响。相反，风电、光伏、核电等清洁能源的蓬勃发展对就业人员的素质提出了更高的要求，需要更多具有高水平专业知识与技术的人才，可吸纳更多的职业院校毕业生和高等学校大学毕业生。

职业院校毕业生相对于农民工来说具有较高的知识水平，相对于普通大学生来说具有较高的专业技能，因此在劳动力价格的性价比方面具有相对比较优势，因此其就业状况强于农民工和普通大学生，未来可更多参与到清洁能源设备制造和安装、维护等工作岗位。

相对于农民工的低工资要求以及职业学生的较高性价比，普通大学生虽然具有较好的素质和能力，在能源行业主要担任技术开发工作，但其供应量增长较快，2015年全国高校毕业生总数达到749万人，创下历史新高。此外，由于国内高校改革步伐相对滞后，与社会需求存在脱节，使得国内高校特别是数量众多的省内普通高校毕业生就业形势较为严峻。

七、中国能源革命之举措与政策调整

能源供给革命的低碳化、清洁化、高效化发展要求，推动调整能源供给结构，转变能源供给方式，建立能源多元化供应体系。能源供给革命的成功实现要求实施相关举措，促进一次能源的去产能及清洁化生产与二次能源的应用领域拓展。与此同时。能源供给革命带来的多元化投资需求需要政策建议予以合理引导，传统能源企业职工的就业问题需要政策建议予以合理解决。因此，本章将从一次能源供给革命重点举措、二次能源供给革命重点举措及能源供给侧投资引导与就业安置政策建议三个方面，研究中国能源供给革命之举措与政策调整。

（一）一次能源供给革命重点举措

能源的大量消耗与日益恶化的社会环境推动着能源供给革命的发展进程。一次能源供给革命的发展目标即实现清洁替代，大力淘汰落后产能，实现化石能源绿色生产；大力发展非化石能源，充分利用可再生资源；大力推广潜在能源生产技术，实现新型能源的勘探开发与利用。

1.化石能源供给革命重点举措

化石能源供给革命主要包括煤炭与石油和天然气的供给革命。对于煤炭而言，推动供给革命的主要方向是实现煤炭安全经济绿色高效的开发；对于石油和天然气而言，推动供给革命的主要趋势是常规与非常规资源并重，陆上与海上资源并举，中浅层与深层超深层资源并行。

（1）煤炭供给革命重点举措

1）在生态环境承载力范围内开采煤炭资源，按合理的科学产能开发。树立煤炭减量生产的理念，充分认识低碳化、无碳化的世界能源发展大势，促进煤炭按科学产能开发，基于资源与环境双因素，重新制定煤炭产业布局并调整产能。

2）实现生态和环境保护型生产。坚持煤炭资源绿色开采，大力推广保水开采、充填开采等新技术，减轻采空区土地塌陷，做到绿色开发；加大土地复垦工作力度，采用采空区生态恢复与治理技术，实现矿区生态修复、环境治理和土地复垦利用；大力推广煤炭提质加工技术，加大煤炭洗选能力建设。

3）实现煤炭开发的资源综合利用。大幅提高煤炭资源综合回收率、煤矸石综合利用率、矿井水综合利用率、煤层气采收率等，实现煤炭资源高效开发。可采用高效采煤技术，提升采煤机械化水平；采用煤与瓦斯共采、煤与地下水共采、煤与伴生资源共采技术，实现煤矿经济可持续开

（2）石油和天然气供给革命重点举措

1）突破非常规油气的勘探开发技术瓶颈。优先加快致密油气的勘探开发，重点突破超长水平井钻井技术和多级压裂技术；积极推动页岩气勘探开发，完善各类技术的集成；继续推动煤层气勘探开发，突破各种新兴技术，实现煤层气开采由储层优质区转向深部煤层气及复杂地层。

2）实现深层与深海油气规模开发。着力解决深层地质目标识别难、地温高、岩性复杂等问题，重点突破深层碳酸盐岩、碎屑岩和火山岩等类型储层的油气资源开发技术；加快海洋油气工程装备技术引进，加快半潜式钻井和生产平台、水下生产系统等装备研制，推进深海油气资源勘探开发。

3）推进石油天然气清洁绿色开发。总体规划油气田建设，减少占地和油气损失，实现油气和废物的集中收集、处理处置；开展油气田退役环境影响后评价，按照后评价结果进行生态恢复；强化油气集输过程的密封流程，减少烃类气体排放；加快建立环境影响评估制度和信息透明披露制度，加强全过程监管，做到环境友好性开发。

2.非化石能源供给革命重点举措

非化石能源供给革命主要包括可再生能源与核能的供给革命。对于可再生能源而言，推动供给革命的主要方向是保障可再生能源的高比例发展；对于核能而言，推动供给革命的主要趋势是安全发展核能、大比例替代化石能源。

（1）可再生能源供给革命重点举措

1）坚持生态保护，确保水电发展目标。在更高的环境保护标准和妥善解决移民问题的前提下，继续推进大型水电基地建设，实现未来水电的发展目标。

2）加强配套设施建设，协调有序发展风电。在风电发展初期以陆上风电为主、近

海风电为辅,重点建设"三北"、东部沿海和中低风速地区风电开发;在发展中期应坚持陆海并重发展,在后期实现负荷中心地区海上风电的全面突破。

3)多种方式并进,因地制宜发展太阳能。在全国西部和北部等太阳能资源丰富的荒漠化地区,推进太阳能发电基地建设;在东中部地区大中型城市鼓励建设与建筑结合的分布式光伏,推广屋顶并网系统;在太阳能日照条件好、可利用土地面积广、水资源丰富地区,开展光热发电项目的示范。努力形成各类太阳能发电技术互为补充、共同发展的格局。

4)推进生物液体燃料发展,规模替代石油燃料。近中期加大非粮生物液体燃料的技术研发力度,降低生物液体燃料的生产成本,随着纤维素乙醇、藻类等第二、三代生物质技术的突破,逐渐实现对重型道路交通、航空和航运交通部门中汽、柴、煤、油的规模化替代。

5)规模普及可再生热利用。在居民和工商业领域的热水供应、供暖和制冷方面,太阳能热利用可发挥重要作用;在农村和城镇的终端能源消耗中,推广沼气和成型燃料,实现炊事和锅炉等热能需求由生物质能热利用进行提供。

(2)核能供给革命重点举措

1)大幅度提高核电装机容量。采用三代压水堆技术,继续加大东部沿海核电站建设和投入;做好中部地区厂址保护工作,在"十三五"期间启动中部地区核电建设,打造东中部核电带。

2)努力成为世界核电发展的产业中心。推动国产化装备制造能力和工程建设能力加强,与东中部地区核电建设互相促进、互相带动发展。积极推动我国核技术、装备走出去,打造未来核电技术"走出去"的国产品牌。

3)形成清醒、理性的全社会发展氛围。建立科学的决策机制,制定长远发展战略和规划,坚定核电发展战略决心;加强相关立法、完善监管,规范决策流程,加大宣传、教育力度、增强信息公开与互动等,提升公众对核电发展信心,增强公众对核电的接受度。

(3)潜在能源生产技术推广重点举措

潜在能源生产技术的推广将为生产、生活提供更加丰富的能源来源,主要包括天然气水化合物的勘探开采技术、先进的核能技术以及海洋能利用技术。

1)推动天然气水化合物勘探开采技术研究

我国拥有丰富的极地冻土带砂岩和海底砂岩天然气水合物资源,应继续加强基础理论研究,形成天然气水合物勘探开发配套技术系列。加快推进天然气水合物的资源调查和区带优选，实施冻土区和海底水合物钻探及开采试验，尽早进入商业性开采，力争在天然气水合物勘探开发领域形成较强的国际竞争力。

2）探索研发更为先进的核能技术

以固有安全理念为指向，研究发展第四代安全反应堆，接力未来核电供应革命；加强国际合作和资金投入，研究探索核聚变反应堆等先进核能技术，推动核电深远革命。

3）超前部署海洋能

我国海岸线广阔，海洋中蕴藏大量能源，海洋能发电技术的核心是研发海洋能的利用技术，将海洋能转变为可靠、便于利用的电力等能源。随着海洋能利用技术的突破，海洋能有望在未来成为能源供应体系的重要组成部分。

（二）二次能源供给革命重点举措

能源供给革命凸显以电力为中心的能源供给特征，电能作为清洁、高效、便捷的二次能源，终端利用效率高，使用过程清洁、零排放，"以电代煤、以电代油、电从远方来、来的是清洁电"的电能替代战略是二次能源供给革命的重点目标。

1.推动集中式与分布式有机结合

能源的集中式开发利用一直以来都是我国能源供给的主要模式，在实现资源优化配置、提高能源利用效率方面具有独特优势，对于推动我国能源系统和经济社会发展可发挥重要作用。而由于分布式能源在传输损耗、利用效率、环境保护等方面具有天然优势，能源供给模式由集中式为主向集中式与分布式并存转型是我国未来能源系统的发展趋势，也是实现我国能源系统结构优化和清洁化目标的必由之路。

2.推进电能替代

推进电能替代包括以电代煤、以电代油、以电代气与以电代燃。通过电气设备的推广，减少化石能源的使用，一方面有利于节约社会资源，另一方面有助于减少废水、废渣与废气的排放，实现我国节能减排的战略国策。

3.推动实施需求侧响应

设计合理的价格及激励机制，配合分布式、储能、电动汽车等灵活的需求侧响应资源，推动用户实施需求侧响应，削减或转移用户的部分高峰负荷并降低峰谷差，减少系统对新增发电容量和输配电系统扩容的需求，提高现有系统设备的利用效率与系统运行的安全可靠性，同时节省土地、资金、人力等多种关键社会资源。

（三）能源供给侧投资引导与就业安置政策建议

一次能源供给革命的清洁替代与二次能源供给革命的电能替代有助于我国能源供给侧结构调整，实现能源生产清洁化发展。在多元化投资机会应运而生的同时，落后产能的淘汰退出、能源产业的高效生产将导致企业员工的失业问题。如何引导对发展清洁能源进行的合理投资以及如何帮助传统能源企业安置失业人员，是成功实现能源供给革命必须思考的问题。

1.能源供给侧投资引导政策建议

发展清洁能源是能源供给革命的重要任务之一，因而在能源供给侧投资引导时应以促进发展清洁能源为主。但清洁能源在近年来的发展中已暴露出不少问题，例如在清洁能源装机容量大幅增长的同时，弃风弃光现象却愈发严重，同时由于清洁能源发电的不稳定，导致其市场竞争力弱，市场化程度低。因此，为引导对清洁能源进行投资、促进清洁能源发展，有必要提出切实可行的政策建议。

（1）加强清洁能源科技研发的投资力度

以政府为主体，联合企业加大清洁能源科技研发的投资力度，政府为企业提供必要的政策支持。通过技术创新以降低生产成本是清洁能源发展的关键，加强对清洁能源新技术的研发，获得拥有自主知识产权的清洁能源技术和产品，形成内联外引与产学研结合的清洁能源技术创新与成果转化体系，助力清洁能源产业发展。

（2）鼓励配套设施与储能设备的投资建设

采用政策手段推动配套设施建设将有助于清洁能源的大力消纳，促进清洁能源的良性发展。同时，政府相关部门及时出台储能提供辅助服务的补偿费用，鼓励清洁能源电厂安装储能系统，联合输出优质的电能质量，更有利于清洁能源的并网消纳与资源的充分利用。

（3）实施环境相关的税收激励政策

征收环境税是推动清洁能源发展较为普遍的做法。一方面可实行"费改税"，将征收的排污费改为征收环境税，根据企业生产过程中排放的污染物征收污染税，提高企业排放的污染成本，从而抑制高能耗、高污染企业对传统能源的使用，降低能源消耗，同时间接助推清洁能源的使用，也有利于保护环境；另一方面，将征收的环境税一部分用作治污经费，一部分纳入清洁能源发展专项基金中，加大对清洁能源产品的研制和技术的开发。

（4）健全优先消纳政策

落实清洁能源优先上网、优先消纳对于促进清洁能源发展有着重要意义，建议将优先上网、优先消纳的政策落实到地方，由各地的能源规划部门开展调研，根据自身的电能消纳情况和调峰能力，确定清洁能源可优先通过竞价上网消纳的电量。

2.能源供给侧就业安置政策建议

能源供给革命在改善整体就业结构的同时也会造成一定规模的结构性失业与技术性失业问题，势必会对全国就业规模和就业形式等产生多重影响，因而有必要从企业层面安置就业人员与政府层面解决就业问题两方面提出相应的政策建议。

（1）企业层面安置就业人员的具体渠道

能源供给侧改革推动的去产能不可避免造成部分职工的失业问题，如何保持积极稳妥的态度、多渠道安置员工就业，分区域、分行业、逐步释放失业风险，是企业需要面对的问题。安置过剩产能企业职工工作主要从维护职工权益角度出发，从企业内部分流、转岗就业创业、内部退养、公益岗位兜底安置等方面对职工分流安置渠道进行拓宽；支持企业挖掘内部安置潜力，促进分流职工转岗就业创业，对单位新增岗位吸纳去产能分流人员的，给予企业吸纳就业扶持政策；对自主创业的，优先安排入驻各类创业孵化基地；对确实难以安置的就业困难人员，公益性岗位优先予以安置。

具体而言，在能源供给革命下，职工就业问题解决方式具体如下图所示。

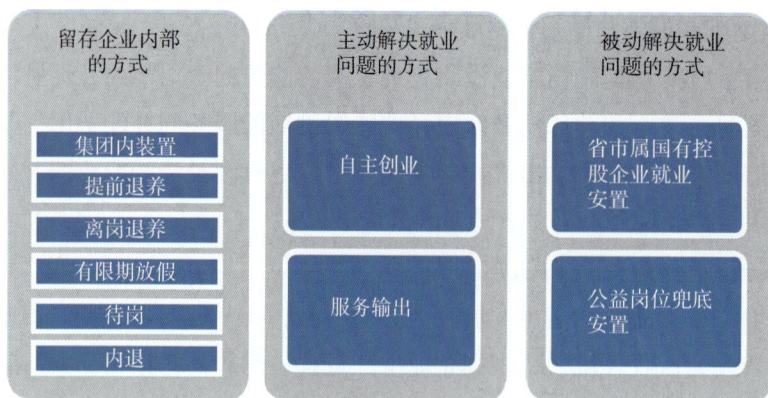

留存企业内部的方式	主动解决就业问题的方式	被动解决就业问题的方式
集团内装置 提前退养 离岗退养 有限期放假 待岗 内退	自主创业 服务输出	省市属国有控股企业就业安置 公益岗位兜底安置

图58　职工就业问题解决方式

（2）政府层面解决就业问题的政策建议

短期看，供给侧改革的深入推进不可避免地会对某些地区、某些产业以及特定人群就业产生不利影响；长期看，相对于总量供需失衡问题，就业市场的结构性失衡问题更为突出。在确保就业平稳有序的对策上，应从短期优化劳动力需求和长期改善劳动力供给两侧精准发力，同时完善政府公共就业服务和社会保障体系，提高劳动力供需匹配效率以及兜底保障。

1）短期优化劳动力需求

一是加快能源产业结构调整步伐，大力发展吸纳就业能力强的新兴业态。相对于二产而言，第三产业具有较强就业吸纳能力，要继续提高服务业特别是现代服务业和新兴产业的就业比重。

二是加快所有制结构调整，注重发展非公经济和中小微企业。当前，非公经济和中小微企业已成为吸纳就业主渠道，需制定落实相关支持政策，以促进更多中小微企业特别是科技型中小企业的发展。

2）长期改善劳动力供给

一是加快学科专业结构调整，有效引领和匹配社会需求。高校应当根据当前及未来经济社会发展需要，合理确定并动态调整学科门类和专业布局，加大相关人才的培养力度，发挥对产业的有效引领和支撑作用，从根本上改善并增加创新人才的有效供给。

二是加快教育结构调整，大力推进职业教育。应将职业教育纳入国家教育发展规划并优先发展，加大对职业技术院校的师资和设备投入，并积极引导学校同相关知名企业建立合作共赢关系，加大社会需要的技能型专业人才培养力度。

3）完善社会保障和公共就业服务体系

一是完善社会保障体系，强化政府兜底保障。应逐步加强商业性保险在医疗和养老中的比例，加大在省际的可携带性，降低劳动力省际转移成本，增进全国劳动力市场一体化，促进劳动力在不同就业状况的省际统筹和协调。

二是完善公共就业服务体系，提高供需匹配效率。调整和完善现行就业培训政策，着重提高培训质量，支持转岗和未来社会所需新技能的再就业培训，实现就业培训的制度化和常态化。

附件：

（一）美国2050年能源转型：趋势、挑战与目标

本文档概述了加州大学戴维斯分校为壳牌创建的以"美国2050年能源转型：趋

势、挑战与机遇"为主题的幻灯片演示文稿的内容，并作为该演示文稿的配套文档。本文档提供了关于美国2050年能源未来的最新研究报告，并得出有关美国能源体系走向以及政策可能如何改变这一未来的主要结论。该文稿还将美国的案例与中国联系起来，并总结了对于中国国情可能有用的经验教训。

本文档基于于一些重大报告，包括美国能源信息管理局（EIA，2017年）、美国能源部（DOE年，2016年）、国际能源署（IEA，2017年）和英国石油公司（BP，2017年）的报告，以及其他一些特定主题的报告。这些报告来源列于本文档末尾。

1.在编制本文档的过程中，我们的主要发现包括：

- 鉴于目前的趋势，2030年之后，美国的能源使用量将达到平稳水平，石油使用量和二氧化碳排放量将小幅下降；如果未出台任何重大的新政策，预计将不会出现大幅减少。

- 2030年之后，天然气使用量增长至与石油使用量相同的水平，成为美国使用量最大的能源之一；可再生能源使用量仍然远落后于此。

- 然而，到2040年，发电用可再生能源使用量大幅增长，几乎与天然气持平；两者的增长均伴随煤炭使用量的下降。

- 2020年之后，风能成为第一大发电用可再生能源（超过水能）；再过十年，太阳能将超过水能。

- 二氧化碳排放量总体上下降幅度不大，因为交通运输与发电排放量的下降因工业排放量的增长而被部分抵消。

- 石油使用量的大幅下降可能主要出现在轻型汽车效率和电动汽车领域，但直至2035年结束，电动汽车的减排效果预计一直不太明显。到2030年，效率改进的重要性将提高10倍。

以下数字反映了具体趋势。图59显示了EIA参考情景中的能源使用量预测。EIA预计，从目前到2040年，美国能源需求总量将大致持平，天然气和非水力可再生能源使用量的增长将抵消煤炭使用量的下降，核能、水电和石油的使用量仍将相当稳定。石油使用量并未下降与美国交通需求的持续增长有关，该增长勉强被该部门的能源效率改进与燃料转换效应所抵消。

在能源产量方面（图60），天然气产量将继续稳步增长并且价格保持低位，而石油产量将保持平稳（随着新产能的上线而免于下降）。到2040年，可再生能源产量的稳步增长将足以弥补煤炭产量的下降，但仍远低于石油和天然气的产量水平。

Renewableelectricitygeneration(Referencecase)
billionkilowatthours

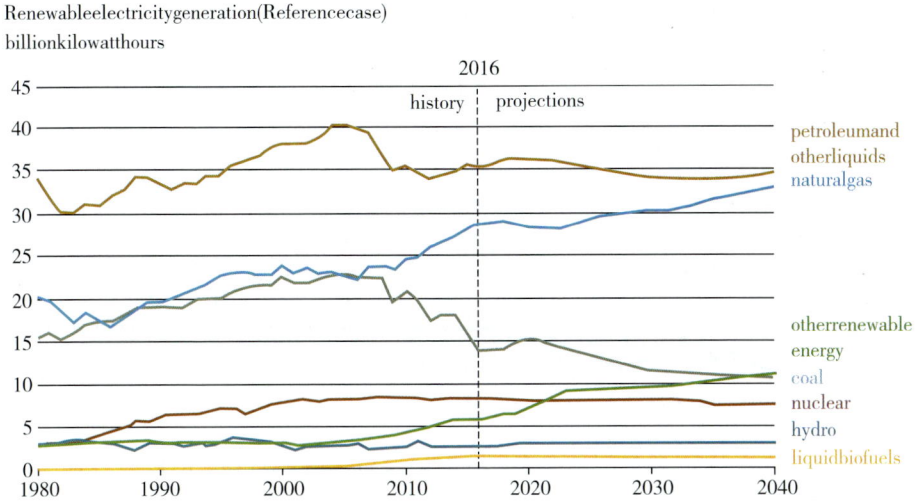

U.S.Energy Infonmation Administration　　#AEO2017 │ www.eia.gov/aeo ⑨

图59

Energy Production(Reference case)
quadirllion British thermal units

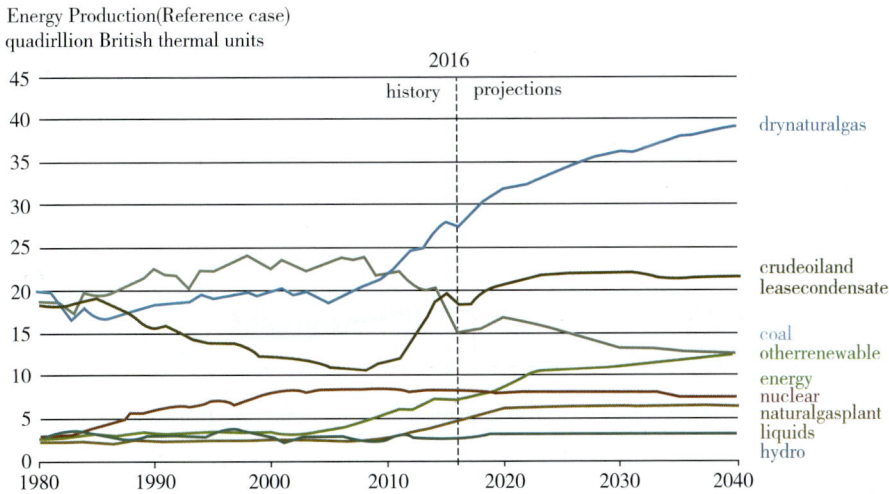

U.S.Energy Infonmation Administration　　#AEO2017 │ www.eia.gov/aeo ⑬

图60

　　在发电量方面，可再生能源（尤其是风能和太阳能）发电量预期将大幅增长（图61），到2020年，风能将超过水能，成为第一大发电能源。尽管风力发电量到2025年将进入平稳阶段，但在2040年之前，将一直居于首位。太阳能发电量将稳步增长，在该期间，公用事业电力销售量和终端用电量将快速增长。

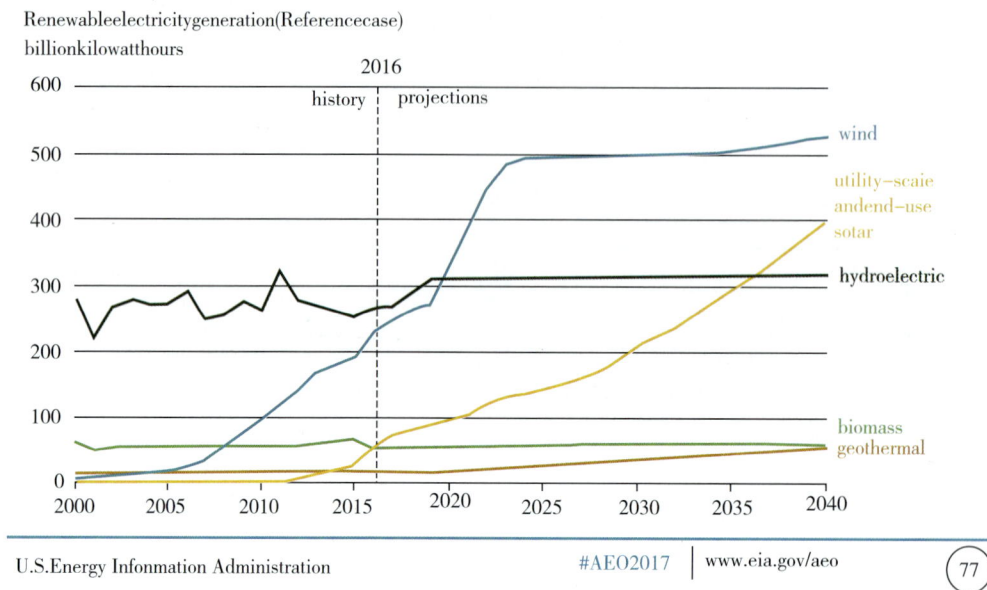

Renewableelectricitygeneration(Referencecase)
billionkilowatthours

600

500 ⎯⎯⎯⎯⎯⎯⎯⎯⎯⎯⎯⎯⎯⎯⎯⎯⎯ wind

2016
history | projections

400 ⎯⎯⎯⎯⎯⎯⎯⎯⎯⎯⎯⎯⎯⎯⎯ utility–scaie
andend–use
sotar

300 ⎯⎯⎯⎯⎯⎯⎯⎯⎯⎯⎯⎯⎯⎯ hydroelectric

200

100 ⎯⎯⎯⎯⎯⎯⎯⎯⎯⎯⎯⎯⎯

biomass
geothermal

0
2000 2005 2010 2015 2020 2025 2030 2035 2040

U.S.Energy Infonmation Administration   #AEO2017 | www.eia.gov/aeo   (77)

图61

即使是EIA的高油价情景和低经济增长情景等"补充情景"也表明，CO_2排放量在该期间的下降幅度相对较小（尽管考虑了奥巴马政府的"巴黎协议"计划）。

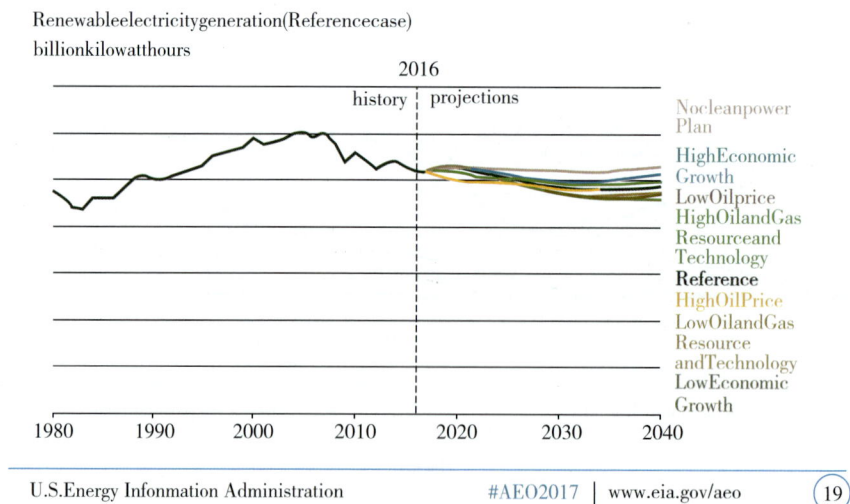

Renewableelectricitygeneration(Referencecase)
billionkilowatthours

2016
history | projections

Nocleanpower
Plan
HighEconomic
Growth
LowOilprice
HighOilandGas
Resourceand
Technology
Reference
HighOilPrice
LowOilandGas
Resource
andTechnology
LowEconomic
Growth

1980 1990 2000 2010 2020 2030 2040

U.S.Energy Infonmation Administration   #AEO2017 | www.eia.gov/aeo   (19)

图62

在奥巴马政府于2016年结束任期后，能源部立即公布了一套完全不同的未来愿景——"世纪中叶深层脱碳战略"。该战略旨在实现能源经济的普遍电气化转型，并通过可再生能源使用量的更快增长（相比于EIA参考情景），实现电力深度去碳化。该战略还包括显著提高交通运输效率和减缓需求增长速度，同时，将所用能源从石油转换为电力和生物燃料。结合其他部门的一些支持措施，该战略将为"到2050年，将CO_2排放量减少80%"的目标提供一条路径，但要实现该目标，还需要实施比目前更强有力的政策。

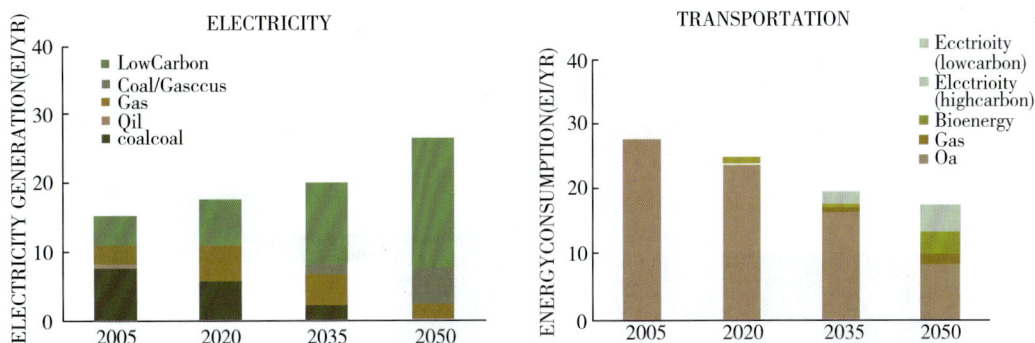

图63　能源部"世纪中叶战略"情景——电力与交通运输部门能源预测

2.美国与中国

我们在美国案例中发现的一些对于中国而言有意义的启示，包括：

- 美国页岩油（水力压裂）产量的增长导致美国国内石油供应的大幅增长和天然气价格的下跌，这两种情况在中国是不存在的
- 天然气和可再生能源发电量的增长（以及需求增速的放缓），促使煤炭使用量迅速下降，降速超出中国历来可能达到的水平
- 尽管可再生能源（光伏和风能）在美国迅速崛起，但其增长速度落后于中国，并且相应绝对值远远落后于中国；
- 美国电动汽车销售量的增长预计接近于中国（尽管中国最新通过的新能源汽车贷款政策将可能加速此增长）；在任何情况下，中国电动汽车市场的总体规模似乎大得多——中国政府宣布了到2025年，将电动汽车销售量在新车销售量中的占比提高至20%的宏伟目标。
- 美国二氧化碳排放量降幅不大，而中国二氧化碳排放量仍在上升；两国都需要"扭转"各自的减排趋势，实现真正的减排；对于两国而言，可再生能源的增长以及中国核电的增长，将起到关键作用。
- 石油需求量的大幅下降可能主要出现在轻型汽车效率和电动汽车领域，但直至

2035年结束，电动汽车的减排效果预计一直不太明显。到2030年，效率改进的重要性将提高10倍。

鉴于石油供给趋势，英国石油公司《2017年能源展望》预计，从目前到2040年，中国石油需求将大幅增长，美国石油供给将出现重大增长（图64）。

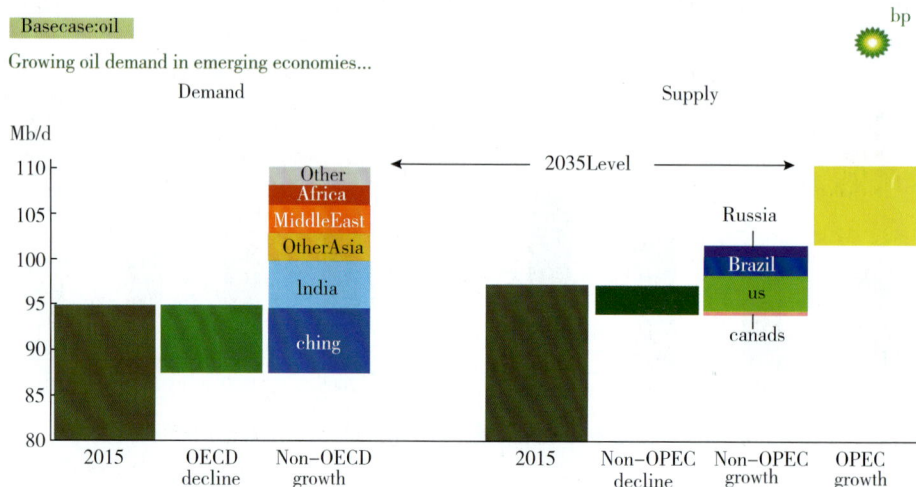

图64

英国石油公司还预计，到2040年，美国与中国的发电用可再生能源占比将出现非常近似的增长，但中国的绝对值水平（以及在全球总增长中的占比）比美国高得多。这一点反映了中国电力市场的快速增长。然而，在可再生能源在发电能源中的占比方面，欧盟将保持最高水平。

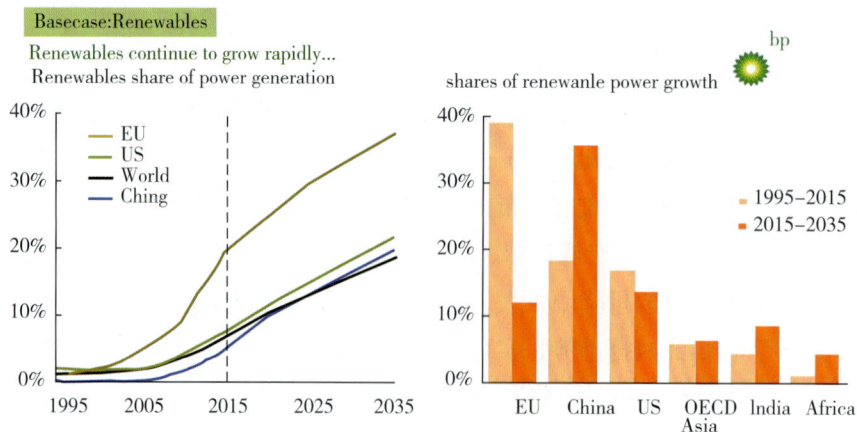

图65

英国石油公司估计，在北美洲（主要是美国）和中国，至少在许多情况下（图66），风力发电成本已低于煤炭发电成本；到2035年，太阳能和风能将成为美国和中国最廉价的发电能源。低成本将推动两国的这些可再生能源的增长，并最终导致两国煤炭发电量的下降。

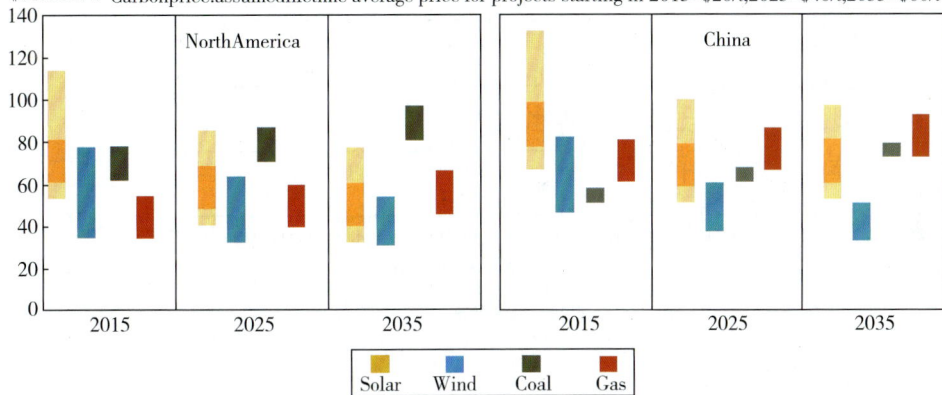

图66

在轻型汽车行业，美国和中国的电动汽车市场渗透率预计都将迅速增长。彭博社（2017年）预计，到2040年，美国和中国电动汽车在新车销量量中的占比将接近于50%（图67）。中国电动汽车销售量增长起步稍慢，但过去两年出现急速增长，并且预计将继续保持这种快速增长趋势。在美国和中国，新车型的上市、相关激励措施的出台，以及充电基础设施的普及，都将推动电动汽车销售量的增长。

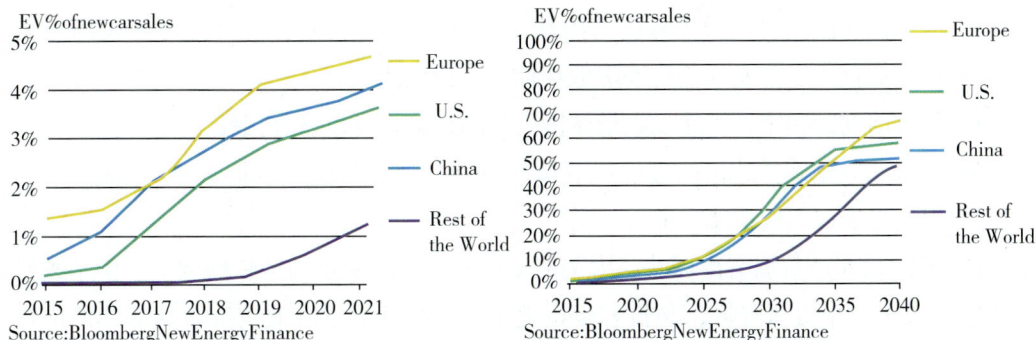

图67

209

国际能源署（IEA，2017年）预计，根据美国和中国各自在《巴黎协定》中做出的国际自主减排贡献（"NDC"）承诺，到2030年，美国的人均二氧化碳排放量将急剧下降，而中国的二氧化碳排放量将持平，但中国（以及大多数国家）的二氧化碳排放量起点比美国低得多，并且将一直低于美国（图68）。

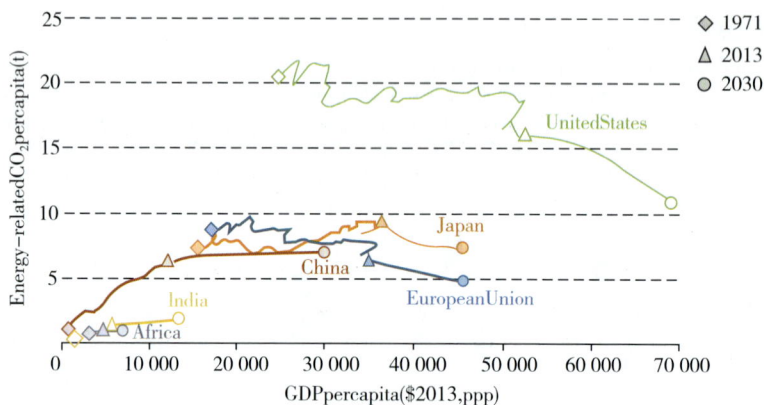

图68

3.技术发展趋势

报告中指明了美国及其他地区的一系列技术趋势，主要包括：

- 从2010年到2025年，太阳能光伏发电成本将下降50%，成为与天然气具有同等竞争力的发电能源；风力发电目前大多已具有竞争力。
- 水力压裂技术促成石油供应（及预计未来供应）的增长以及天然气成本的降低；预计未来至少十年依然保持此趋势。
- 致密油/页岩油产量从2020年至2025年将略有增长，2025年至2040年持平，但不会大幅下降。
- 电动汽车的增长在很大程度上由技术驱动；预计到2030年，高达30%的汽车销售量依赖于电池成本的持续降低和性能的持续改进。
- 从目前到2040年，核能发电量缓慢下降的趋势将难以显著扭转。
- 未来二氧化碳排放量的进一步下降，部分程度上依赖于光伏发电与风能的增长以及电池成本的持续降低。

图69所示的EIA数据突出反映了太阳能光伏成本的降低驱动增长的例子。由于光伏成本在过去十年中有所降低，装机容量迅速增长。虽然成本降低速度将放缓，但仍将促进美国光伏发电的快速增长。

Levelizedcostprojectionsbytechnoiogy,2022
2016dollarspermegawatthour

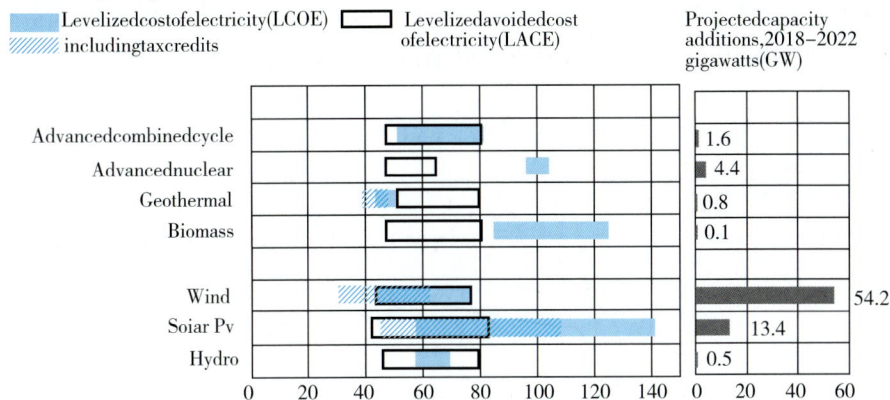

Levelizedcostofelectricity(LCOE)   Levelizedavoidedcost
includingtaxcredits   ofelectricity(LACE)

Projectedcapacity
additions,2018-2022
gigawatts(GW)

Advancedcombinedcycle	1.6
Advancednuclear	4.4
Geothermal	0.8
Biomass	0.1
Wind	54.2
Soiar Pv	13.4
Hydro	0.5

souIce:USEnelgyInformationAdministration,LevelizedCostand LevelizedAvoidedCostofNewGeneration ResourcesInthe Annual
EnergyOutlook2017
Note:Capacityadditionsincludeplannedandunplannedadditions

U.S.Energy Infonmation Administration   #AEO2017 | www.eia.gov/aeo   85

图69

    光伏技术的普及将在很大程度上由现场装机容量所推动，尤其是住宅应用。EIA预
计现场装机容量到2040年将达到100吉瓦（图70）。

Buildingssectoron-siteelectricgeneratingcapacity
gigawatts

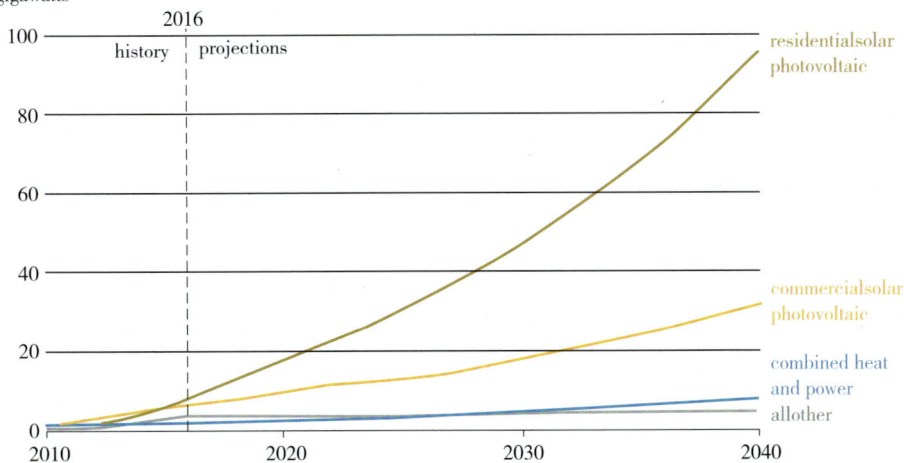

residentialsolar
photovoltaic

commercialsolar
photovoltaic

combined heat
and power
allother

U.S.Energy Infonmation Administration   #AEO2017 | www.eia.gov/aeo   113

图70

211

EIA预计，到2040年，美国电动汽车数量将接近200万辆，约占轻型汽车总销售量的10%（图71）。其他机构预计的水平更高（图71）。在任何情况下，电池的成本和性能以及充电基础设施的可用性，都可能决定电动汽车行业的发展潜力。

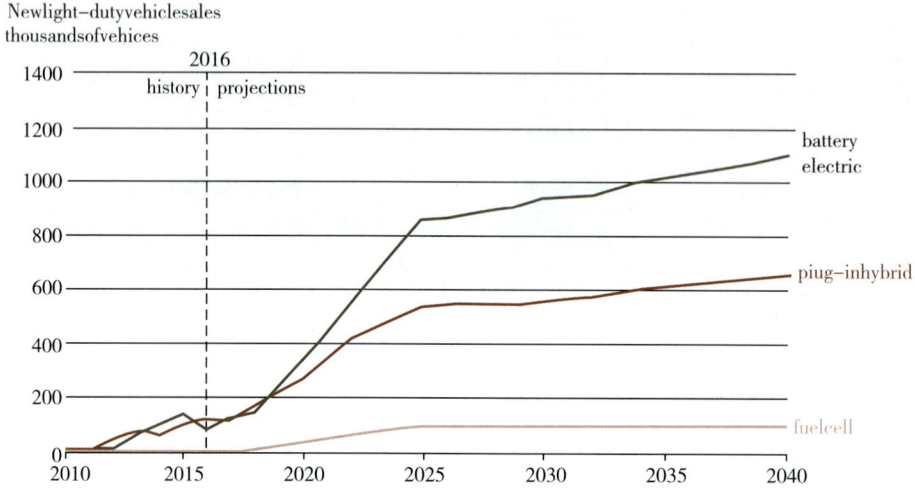

U.S.Energy Infonmation Administration　　#AEO2017 | www.eia.gov/aeo　　97

图71

大多数机构对电动汽车到2030年及之后的预测水平远高于EIA的预测，并在2016年到2017年出现了调高情况，这反映出，人们对电动汽车时代之到来所持的乐观预期在不断增强（图72。注意，图72显示的是存量，而图71显示的是销售量）。

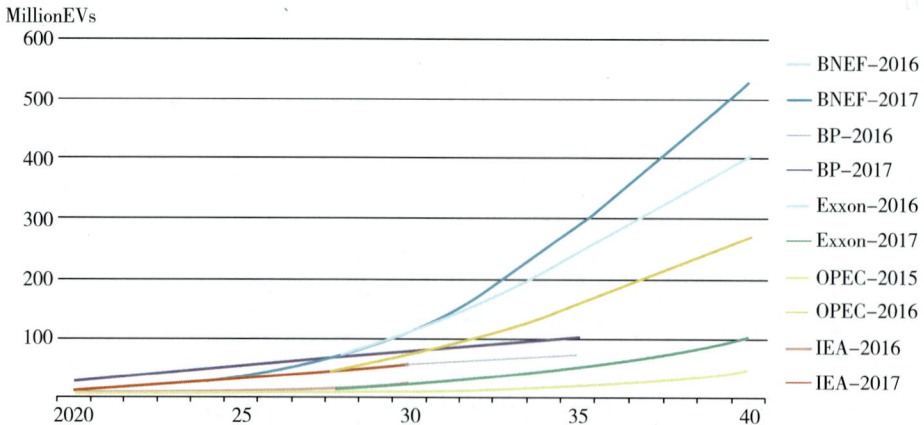

图72

（二）北欧国家能源供给革命经验教训

1.综述

供给革命从根本上改变了能源结构，以实现社会不断变化的目标。随着经济的发展和新能源服务或污染防治需求的增长，以及新能源的发现和新技术的出现，还有所面临的外部冲击，供给革命的势头可能进一步发展。供给革命涉及同时采用新燃料和放弃现有燃料，或者至少结束现有燃料供应的增长。为改善能源质量及获取渠道、满足日益增长的能源需求、推动新技术投资和维护能源安全，以及迫使实施从煤炭到天然气、核能和可再生能源等新能源的转型，中国能源体系的目标正变得越来越重要。

这些目标必须在与能源体系利益相关者合作的条件下才能实现。能源系统中的关键利益相关者，是最终为转型买单的消费者、实施转型的企业，以及靠转型谋生的能源工作者。政策制定者在规划供给革命时，必须考虑到这些利益相关者，因为可能需要与其展开合作，或者需要规避其异议。

在减少能源系统对环境的影响方面，北欧国家（尤其是丹麦和挪威）处于前沿地位。丹麦在独特之处在于，将庞大的可变风电能源整合到其电力系统中，同时保持了能源供给的安全性。挪威率先采用了电动汽车，并对其交通运输部门实施去碳化。作为能源转型领域的全球引领者，北欧国家丹麦和挪威的能源转型尽管规模相对较小，但为中国提供了有意义的经验教训。

针对丹麦和挪威这两个案例的研究使得之前针对德国、法国、日本和英国能源供给革命的报告得到了扩展。

（1）消费者

案例研究表明，如果消费者获得补贴，他们将参与能源转型（例如，挪威的案例）。如果消费者相信环境效益，他们甚至会为转型买单（例如，丹麦的案例）。然而，挪威电动汽车（EV）补贴以及为海上风电部署提供资金的丹麦能源税收体系遭遇了设计方面的问题，中国政策制定者可从中吸取教训。具体而言：

- 中国需要通过实施统一碳价格来统一碳成本，并通过支持绿色能源技术的研发来降低转型成本。丹麦能源税收体系和挪威电动汽车补贴都未能统一所有碳减排机会中的碳成本，并可能已导致斯堪的纳维亚地区能源转型总成本的增加，因为政策鼓励采用的是最昂贵的碳减排方案。挪威电动汽车补贴一直是一种昂贵的碳减排方法，该经济体的其他部门可能已实现其他成本较低的减排方法，或者通过投资于研发来降低电动汽车的成本。同样，丹麦的税收在不同能量形式和部门之间的分配并不均等。因此，行业未获得充分的动力来降低能源消费和碳排放。这些结果是不幸的，因为假如政策保持技术中立，并且所有部门和能量形式得到同等对待，类似的去碳化水平本可以较低的成本水平来实现。

- 中国需要进一步评估拟定能源政策的分配结果。丹麦和挪威的能源转型均产生了不曾预料的分配结果。挪威电动汽车补贴使城市居民通过免费停车和在交通堵塞期间使用公交专用道等实物补贴而获得比农村居民更大的福利。从环境效率的角度来看，这种结果非常好，因为城市空气污染问题更大。然而，该政策更偏向于富裕的居民，因为该群体往往居住在城市，因此，该政策可能造成贫富差距的扩大。同样，丹麦能源税在社会不同群体中的税负分配也不平等，最终造成由居民消费者和中小型企业为转型买单。该补贴政策虽保护了重工业，但给家庭能源账单带来重大压力，尤其是对一些贫困家庭构成严重打击。

（2）企业

丹麦和挪威的案例表明，企业可为能源转型提供资金并从中获利。在挪威和丹麦的能源转型中，国有石油企业（NOC）都是重要的组成部分。在挪威，挪威国家石油公司（Statoil）和一系列跨国石油企业（IOC）通过各自的石油税，为能源转型提供了资金。在丹麦，DONG Energy（丹麦东能源公司）已从一家传统的NOC基本转变成一家开发丹麦海上风电资源的绿色能源服务公司。为体现了这一转变，该企业于2017年10月，将其名称从"丹麦石油与天然气公司"改名为"Orsted"，以纪念丹麦科学家奥斯特（Orsted），同时表明不再经营石油与天然气业务。这两个案例均反映了企业（尤其是NOC）如何成为能源转型的重要部分。然而，斯堪的纳维亚地区的这些案例也突出反映了，要成功实现转型，必须具备一系列支持性条件。具体而言，中国可从中吸取两点教训：

- 中国需要制定可靠的、长期的能源转型战略，因为随着技术成本的下降，能源体系将逐渐走向非补贴型的体系。北欧国家拥有强大的机构体制并建立了广泛的公私合作关系，为挪威和丹麦的能源转型奠定了基础。为挪威能源转型提供资金的石油税收收入，是吸引国内石油与天然气勘探开发投资的结果。之所以能吸引这些投资，根本原因在于挪威建立了一套可靠的石油税收体系和政府与企业之间共担风险的机制。例如，挪威政府通过免税和扣除损失的能力，与石油和天然气企业共担勘探风险。同样，丹麦政府的海上风电补贴和研发支持政策也是长期的、可靠的。这使得开发商能够通过养老基金及其他私人投资者，降低部署成本并筹集投资资金。挪威和丹麦的案例均突出反映了包含政府与私营部门之间共担风险机制的可靠政策的重要性。

■ 中国需要对核能、风能、太阳能和水电能源等不同的能源进行整合，并对基础设施的开发实施公共监督，以降低系统整合成本。由政府提供系统集成和管线基础设施等公共产品一直是挪威和丹麦能源转型的重要条件。在挪威，石油税收入建立在一套受公共管理和监督的油气运输基础设施体系的基础上。同样，丹麦风电能源转型也依赖于基础设施改善和系统整合成本降低等公共措施。因此，正是由于与相邻电力市场进行了互连，并且传统发电厂在激励政策下提高了灵活性，充分的海上风电整合才有可能实现。这些公共举措降低了系统整合成本，让丹麦能源系统得以整合大量可再生能源。

（3）能源工作者

丹麦和挪威的能源转型产生了截然不同的就业率结果。在挪威，几乎找不到绿色制造业的就业机会，因为该国不存在本土汽车工业。相比之下，丹麦风电革命推动了丹麦风电产业的发展——如今已发展到国际竞争力水平，并且支持了大量绿色制造业就业机会的产生。斯堪的纳维亚地区的这些案例给中国提供了三条重要的启示：

■ 中国需要通过掌握先机来取得比较优势，并确保其能源工作者的平稳过渡。作为海上风电领域的先行者，丹麦取得了众多基础性的技术进步，并因此培育了一个快速增长的产业，让丹麦获得了巨大利益。因此，丹麦的这一转型为丹麦创造了绿色制造业的大量就业机会。相比之下，挪威的电动汽车转型并未实现类似的利益，因为挪威未发展自身的本土汽车工业。相反，它不得不进口汽车产品并发放高额补贴，因为在其开始转型时，电动汽车的成本尚未出现下降。

■ 中国需要将其可再生能源政策与区域发展战略相结合，以最大限度地增大能源工作者的获益。在丹麦，能源转型政策通过在一些贫穷的农村地区开发和部署风电资源，让这些地区获益。其他国家，例如英国和美国，也采用了类似的模式，因为风电资源往往离传统的经济活动中心较远。因此，许多可再生能源（例如，太阳能和风能）的空间依赖性可被看作一种优势，并纳入更广泛的区域发展战略中。

■ 中国需要为油气行业工作者提供再培训并建立教育中心，让能源转型工作者掌握所需的知识。丹麦的案例反映了如何有针对性的教育课程，对工作者进行再培训，将他们从石油与天然气的生产过渡到可再生能源产业中。埃斯比约港（Esbjerg）就是一个具体的例子。该港口曾是一个服务于丹麦在北海的石油与天然气生产的主要基地，但如今逐渐成为海上风电运营与维护基地。这也反映了如何将工作者从油气开发过渡到可再生能源的开发。

2.能源供给革命概览

（1）挪威

虽然挪威是世界最大的油气生产国之一，但它却在气候行动方面成为世界引领者。2014年，石油与天然气在挪威国内能源产量中占主导地位，约占挪威能源总产量的94%。然而，超过90%的石油与天然气产量被出口。相比之下，水力发电量满足了挪威国内大部分用电需求，使挪威成为世界上最清洁的能源体系之一。

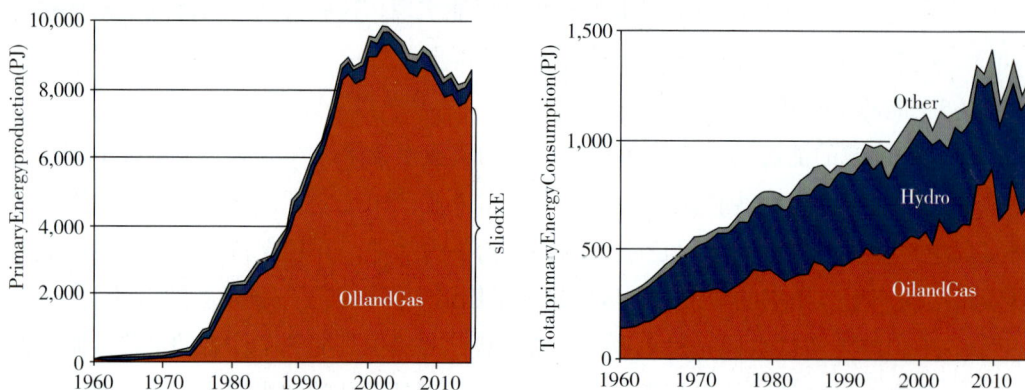

图73　挪威是世界最大的油气生产国之一，但因消费绿色能源而成为气候行动的引领者

资料来源：国际能源署，2016年。

为履行实现国内去碳化的承诺，挪威通过采用电动汽车，显著减少了交通运输部门的碳排放量。自2010年以来，挪威的客车每公里平均二氧化碳排放量下降了9%，而美国的这一排放量却略有增长。挪威交通运输部门碳排放量的下降，是使用水力发电的全电池驱动型电动汽车广泛普及的结果。挪威在全球范围内实现了最成功的电动汽车部署，2016年，其所有新车型的市场占有率达到28%左右。

政府对电动汽车的免税和实物补贴政策促进了电动汽车销售量的增长。挪威电动汽车享受免征进口税、一次性购置税和25%的销售增值税的优惠政策。此外，电动汽车使用者每年仅须缴纳较低的公路税，并享受免通行费、市政免费停车和使用公交车道等福利。这些补贴使电动汽车的成本与可比的内燃机汽车相比具有竞争力。然而，政府政策的代价越来越高，并且过度偏向于富裕的城市居民，因为这些实物补贴对该群体而言最有用。

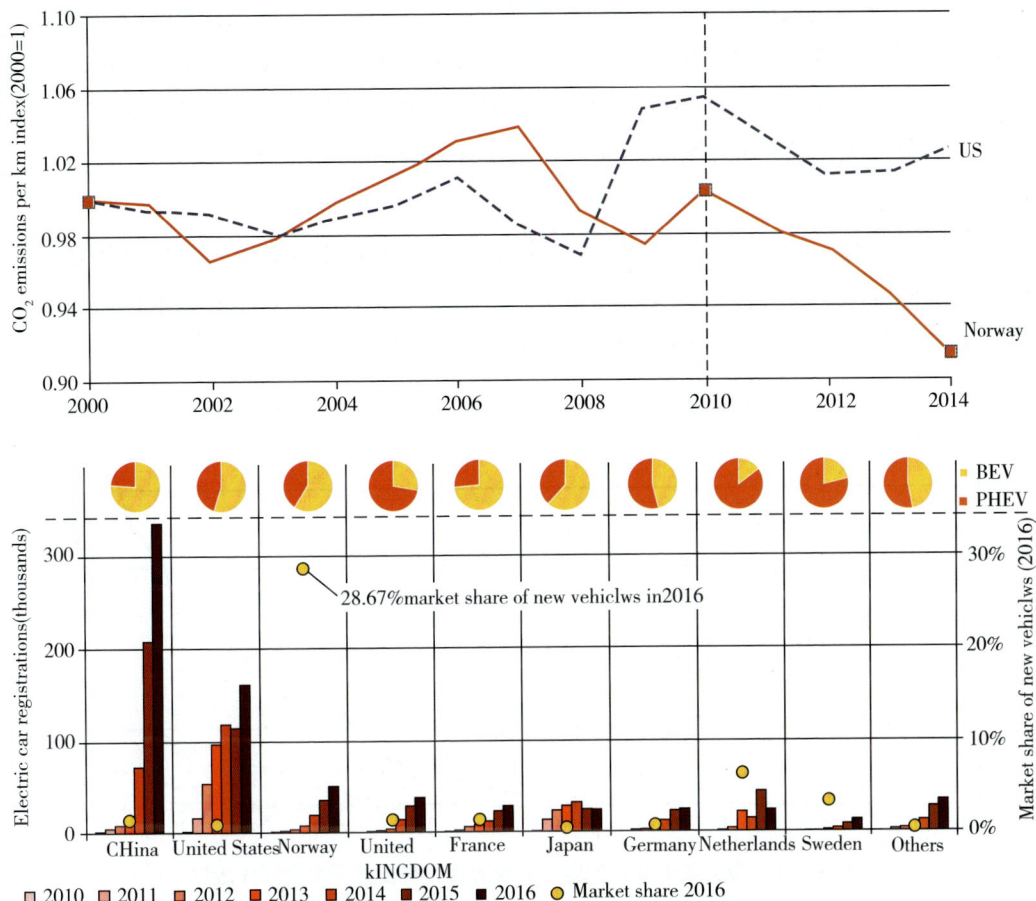

图74 挪威履行其国内去碳化承诺的最新例证，是其交通运输部门碳排放量的减少，此结果得益于全电池驱动型电动汽车的广泛普及

挪威电动汽车转型案例为中国提供了关于如何提高电动汽车市场渗透率的经验（但注意不要使用燃煤电力作为其驱动能源）。挪威电动汽车革命带来的主要经验包括：

■ 免税和实物补贴可提高电动汽车的普及率，但补贴代价高昂。如果中国在电动汽车成本如期下降后再采取补贴政策，则补贴代价可能较低。

■ 电动汽车补贴虽过度偏向于城市居民，但成功地减少了城市空气污染。中国可采用类似的措施来减少其城市地区的空气污染，但这些措施可能引起不平等问题。

■ 中立的税收体系、公共基础设施和研发支持共同吸引了投资者对挪威石油与天然气领域的投资，从而为电动汽车转型提供了资金。这种融资模式目前面临低油价的挑战。中国可能需要考虑采用可持续的途径为能源转型进行融资。

■ 由于汽车工业高度不发达，挪威的电动汽车转型未能创造制造业就业机会。中国更适合通过不断变化的汽车存量来实现供给侧的利益。

（2）丹麦

在开发海上风电并将其整合到电力系统方面，丹麦处于世界领先地位。2015年，风电用电量占丹麦国内总用电量的40%以上，如图75所示。丹麦风电容量相比1997年增长了五倍；2016年，丹麦风电总容量达到5227兆瓦。

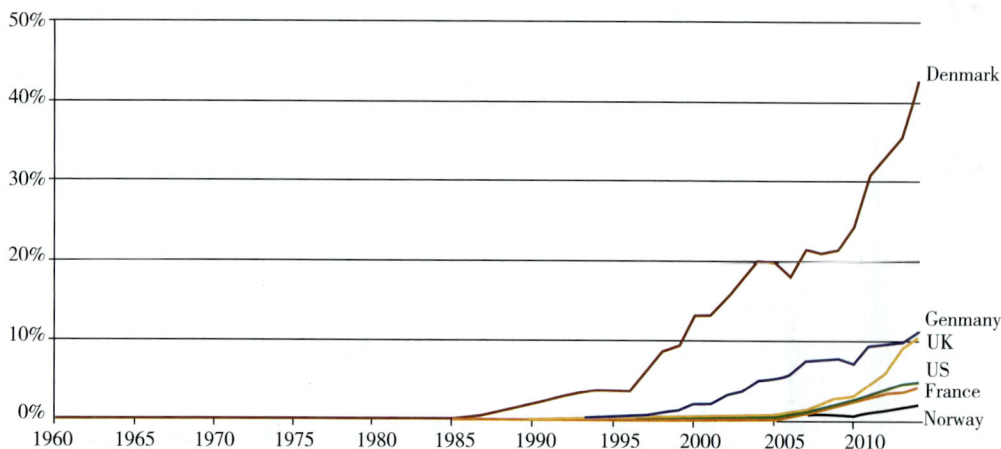

图75 在将海上风电整合到电力系统方面，丹麦处于世界领先地位

与邻国的互连为海上风电的广泛普及提供了基础，并维护了能源供应安全。按照北欧国家《2013年系统运营协议》，丹麦与挪威、瑞典和德国实施了电力网络互连。通过将自身的电力市场与邻国电力市场相整合，丹麦得以获取一些本来无法获取的能源。北方的挪威和瑞典分别拥有水电和核电系统，而南部的德国则拥有一个基于多种发电技术的大型电力市场。丹麦通过与这些市场互连而获益，因为这种互连可在风力不足时保障其供应安全性，并在风力发电量过多时，提供潜在电力缩减市场。因此，电网互连可帮助解决间歇性问题，并可将可变风电原本较高的系统整合成本限定在一定范围内。

此外，电网互连还减少了储能设施投资需求。储能，电池和液压泵储能等储能方式通常被认为是整合不可调度的可再生能源的重要方式。然而，通过与邻国实施互连，以及（更重要的）一系列发电技术，丹麦规避了储能设施的大量建造成本。

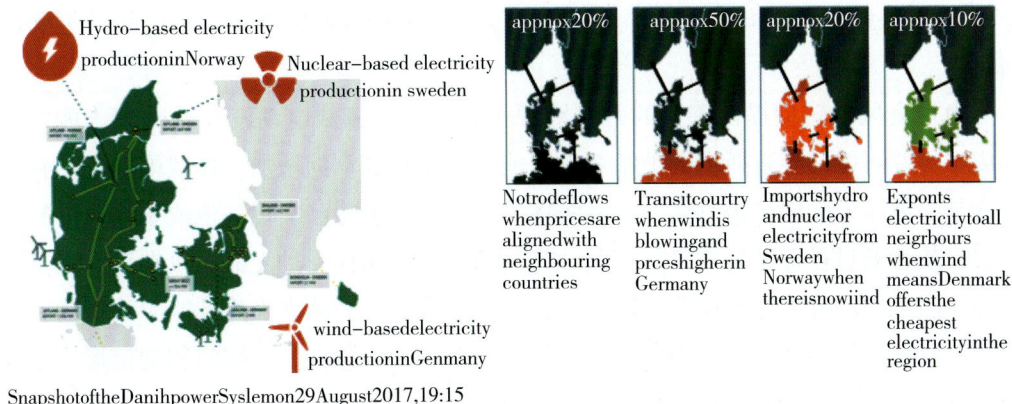

Snapshotofthe DanihpowerSyslemon29August2017,19:15

图76　与邻国的互连保障了能源供应的安全性，同时减少了储能设施的投资需求

丹麦的风电转型为中国提供了关于如何向提高风电在电力系统中的整合率，同时促进能源工作者的就业机会的经验教训。从丹麦的能源供给革命带来的主要经验包括：

- 丹麦的能源转型资金来自居民消费者和中小企业的税收，但重工业可享受免税。尽管这种税收制度在政治上是权宜之计，但从环境角度来看，这种制度是低效的，因为它未能统一碳成本。中国需要考虑更直接的碳定价，以最大程度减少能源转型成本。
- 丹麦的风电整合与部署是通过补贴、互连等举措以及关于提高传统电厂灵活度的政策来实现的。同样，中国需要通过国家内部的互连来整合不同的能源发电技术，从而为可再生能源补贴机制提供支持。
- 曾经是NOC的DONG ENERGY在丹麦风电转型中发挥了重要作用，中国的NOC可考虑是否予以效仿。
- 由于抢占了风电领域的先机，丹麦培育了一个具有全球竞争力的本土产业，为其农村地区提供了持续的、高附加值的就业机会。中国也存在类似的就业机会。

可通过有针对性的培训课程，对能源工作者进行再培训，以避免因化石燃料开采的转型而造成失业。

3.消费者

（1）概述

如果消费者获得补贴，他们将参与能源转型（例如，挪威的案例）。如果消费者相信环境效益，他们甚至会为转型买单（例如，丹麦的案例）。然而，挪威电动汽车（EV）补贴以及为海上风电部署提供资金的丹麦能源税收体系遭遇了设计方面的问题。

为丹麦风电转型提供资金的丹麦能源税收体系和挪威电动汽车补贴都未能统一碳成本，并可能已导致斯堪的纳维亚地区能源转型总成本的增加。挪威电动汽车补贴一直是一种昂贵的碳减排方法，该经济体的其他部门可能已实现其他成本较低的减排方法，或者通过投资于研发来降低电动汽车的成本。同样，丹麦的税收在不同能量形式和部门之间的分配并不均等。因此，行业未获得充分的动力来降低能源消费和碳排放。这些结果是不幸的，因为假如政策保持技术中立，并且所有部门和能量形式得到同等对待，类似的去碳化水平本可以较低的成本水平来实现。

丹麦和挪威的能源转型均产生了不曾预料的分配结果。挪威电动汽车补贴使城市居民通过免费停车和在交通堵塞期间使用公交专用道等实物补贴而获得比农村居民更大的福利。从环境效率的角度来看，这种结果非常好，因为城市空气污染问题更大。然而，该政策更偏向于富裕的居民，因为该群体往往居住在城市，因此，该政策可能造成贫富差距的扩大。同样，丹麦能源税在社会不同群体中的税负分配也不平等，最终造成由居民消费者和中小型企业为转型买单。该补贴政策虽保护了重工业，但给家庭能源账单带来重大压力，尤其是对一些贫困家庭构成严重打击。

（2）挪威

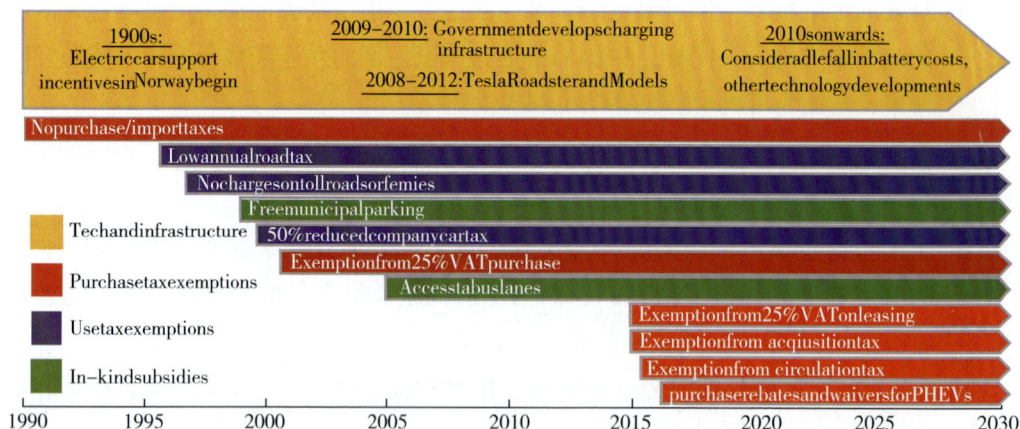

图77　技术进步和政府举措让电动汽车领域自20世纪90年代以来越来越具有吸引力

备注：挪威政府实体Transnova负责向私营部门和市政体提供EVSE公共基金，用于开发主干道路上每隔50公里（平均）的快速充电站。

对电动汽车给予的慷慨免税和实物补贴引发了挪威电动汽车需求的激增。自20世纪90年代初以来，挪威逐步实施了各种举措——免征购置税、免征使用税，以及实物补贴。挪威电动汽车享受免征进口税、一次性购置税和25%销售增值税的优惠政策。此外，电动汽车使用者每年仅须缴纳较低的公路税，并享受免通行费、免费市政停车和使用公交车道等福利。这一系列政策为电动汽车的普及开辟了道路。

技术进步和政府在电动汽车充电基础设施方面的举措，为挪威电动汽车的成功创造了条件。特斯拉Roadster和特斯拉S在2008年至2012年期间发布，标志着方便消费者使用的电动汽车的出现。与此同时，为减少电动功能的障碍，挪威政府创建了Transnova，以开发一套广泛的充电基础设施。Transnova是一个公共资助机构，负责向私营部门和市政体提供建造充电站的财政支持。之后，在2009年约600万美元的专项拨款的支持下，全国建成了约1800个标准充电站，并于2011年建成了70个快速充电站。私营部门与政府之间的合作为挪威电动汽车基础设施的建设奠定了坚实的基础。

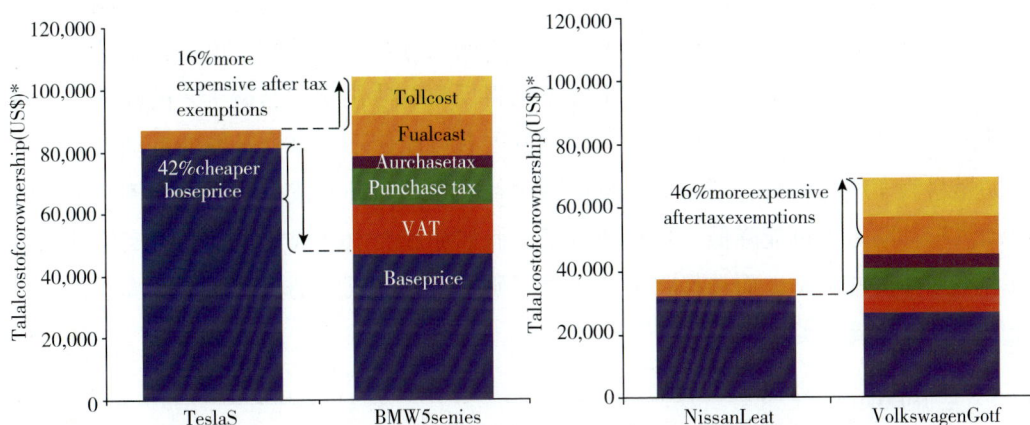

图78　挪威的政策使得电动汽车的价格与被课以重税传统型内燃机汽车相比具有竞争力。

备注：计算结果的假设条件包括：11.5年的使用寿命、每年行驶12000公里，以及每周五天使用收费公路。免费停车、公交车道使用权等实物补贴不计入成本计算中。

政府的慷慨免税意味着电动汽车的总拥有成本大幅低于可比的内燃机汽车的总成本。在挪威，汽车历来被征收重税，因此，免税对于电动汽车消费者而言是一项重大补贴。例如，将特斯拉S的总拥有成本与基础价格低42%的宝马5系列相比，在考虑了纳税因素后，宝马的总成本竟高出16%。此外，宝马整个使用寿命的燃料成本超过了特斯拉的两倍。小型电动汽车也存在相同的情况，而且其拥有成本差额更大。例如，基础价格较低的大众高尔夫在考虑了纳税因素后，拥有成本比日产风铃高46%。

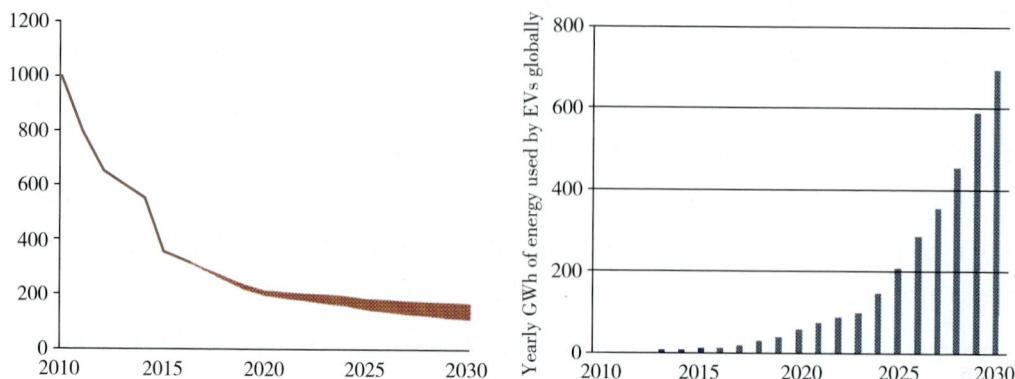

图79　电池成本的下降减少了对补贴的需求，并自然地导致电动汽车需求的增长，因为电池占电动汽车成本的三分之一

　　挪威电动汽车补贴政策的成本一直较高，但随着电动汽车电池技术的发展，该成本预期会下降。目前，电池成本占电动车成本的三分之一。然而，电池技术的新发展有望促使其成本大幅下降。成本的下降不仅将反映电池化学和制造工艺的改进，还将反映随行业发展而形成的规模经济。这些发展有可能使不再享受补贴的电动汽车与可比的燃料汽车相比仍具有竞争力，从而减少补贴需求和补贴成本。因此，挪威未来的电动汽车补贴需求可能降低。更重要的是，假如挪威在电池成本下降后再实施补贴，或者不选择实施补贴，而选择将资金投资于研发，以降低电动汽车的生产成本，或许能够以较低的成本实现转型。

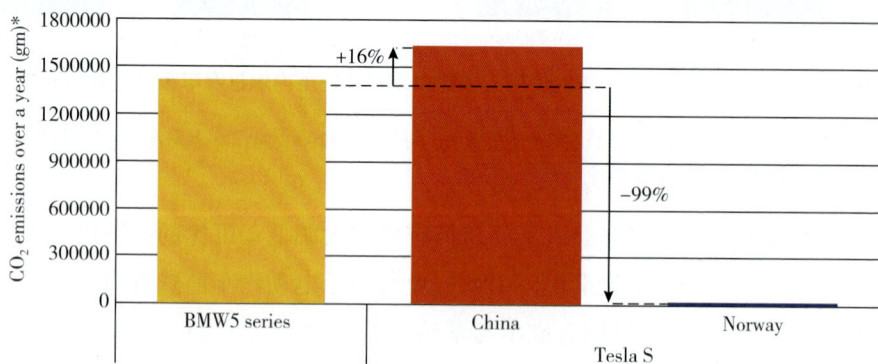

图80　电动汽车的普及导致挪威碳排放量的减少，因为挪威拥有一套基于水力发电技术的低碳电力系统

　　电动汽车在挪威的普及导致挪威碳排放量的减少，因为挪威拥有一套基于水力发电技术的低碳电力系统，但中国不一定将出现这种结果。在评估交通运输净排放量

时，一个重要问题是弄清为电动汽车提供动力之电力的来源。在挪威，一辆电动汽车——以特斯拉S为例，几乎是零排放，因为其所使用的电力来自挪威的低碳型水电厂。然而，同一款特斯拉S在中国的净排放量可能比同等的内燃机汽车高6%，因为中国的电力市场主要以燃煤为基础。因此，仅仅转变汽车技术是不够的，反而会导致中国交通运输部门碳排放量的增加。因此，为减少碳排放，中国必须同时对其发电系统实施去碳化。也就是说，中国交通运输行业的电气化仍有可能产生地方环境效益——例如，减少城市颗粒物污染等。

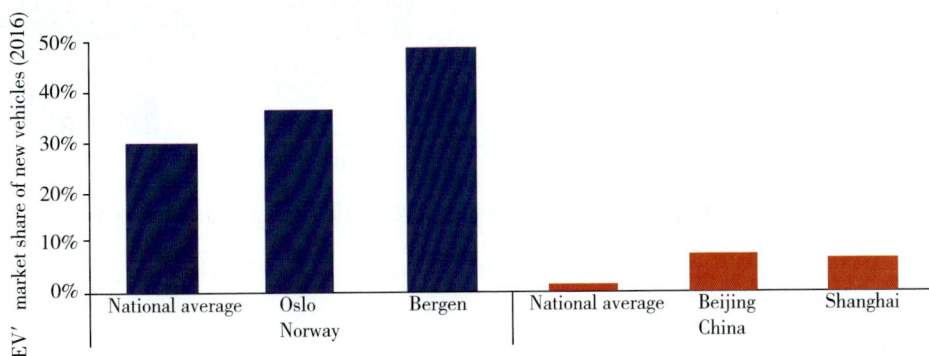

图81　挪威的政策更偏向于城市地区，因为电动汽车及其实物补贴对于城市居民更实用

资料来源：国际能源署，2017年。

尽管挪威的政策成功地促进了电动汽车的普及，但由于更偏向于城市居民，导致城市地区普及率高出平均水平。免费市政停车、免通行费和公交车道使用权等政策在城市地区更可行也更有用，因为城市地区一般较拥堵。因此，奥斯陆和卑尔根等城市的电动汽车普及率高于全国平均水平。这些城市的富裕水平也高于全国平均水平，因此，从社会角度来看，挪威的电动汽车政策是倒退的。也就是说，在空气污染问题更普遍的城市，电动汽车的健康效益也更大。由于中国面临着严重的空气污染和城市道路交通拥堵的问题，政策制定者可借鉴挪威的政策，以减少既有的问题。例如，通过公交车道使用权或免费停车等实物补贴，有效地提高上海和北京等主要城市的电动汽车需求。

（3）丹麦

丹麦进军海上风电领域，起因于公众对能源安全性的担忧，尤其是在1973年石油危机之后，希望降低对进口油气的依赖性。作为对策，丹麦政府开始征收较高的能源税，以减少对石油的依赖，并对有关替代性能源的公共研究提供资助。与邻国瑞典相比，丹麦迅速放弃将核能作为其未来能源系统的一部分。这主要是因为，激烈的反核运动（OOA）促使公众产生对核电安全的担忧。为安抚公众情绪，丹麦政府决定放弃核能，并将风能列入其未来能源规划。

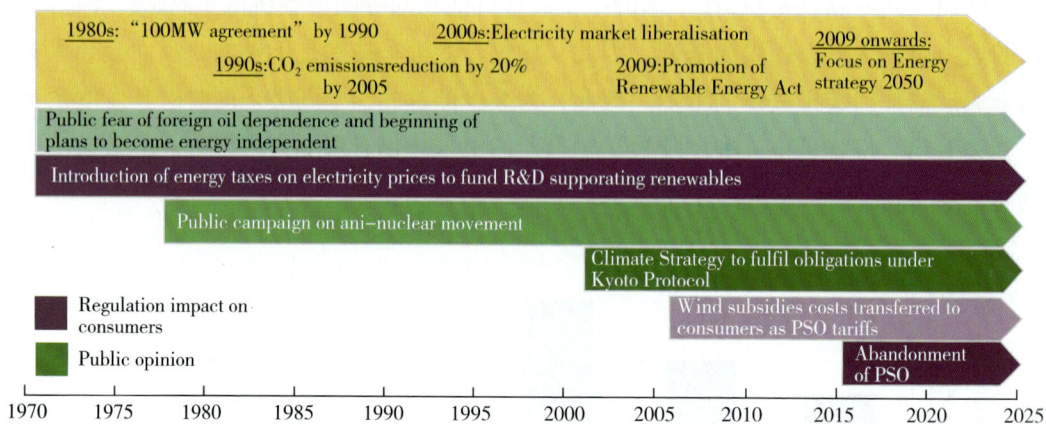

图82　丹麦风电转型的资金来自能源税收，又获得能源供给安全性和应对气候变化运动的支持

备注：公益性服务（PSO）税是一种对所有电力消费征收的税，该税收用于为风电补贴和热电联产厂（CHP）以及可再生能源部门的进一步研发提供资金。

来源：Vivid Economics。

　　丹麦风电转型的资金来自能源消费者税收。除了已在征收的较高能源税之外，丹麦还于2005年开始征收公益性服务（PSO）税，这是一种对所有电力消费征收的税，由丹麦气候、能源和建筑部拥有的一个名为Energienet.dk的独立企业负责征收。PSO税收被用于资助能源转型——包括可再生能源的开发、对去中心化热电联产厂的支持、能源效率及研发，以及与能源安全相关的其他费用。

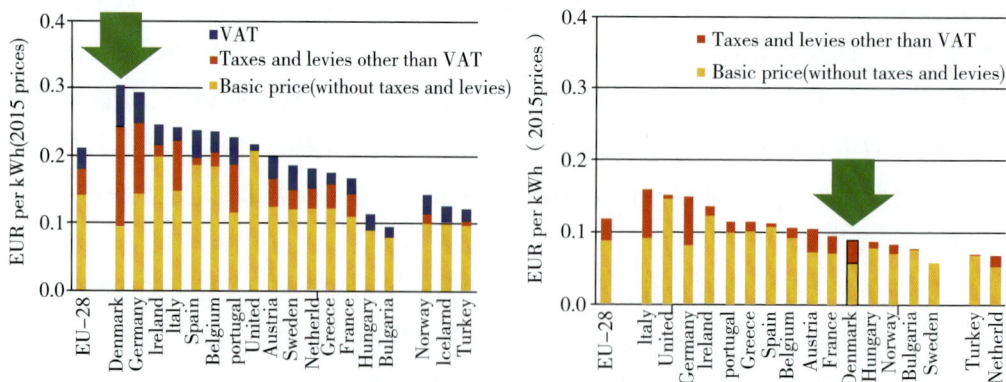

图83　税负不均衡，居民消费者和中小型企业须缴纳比工业消费者更高的税款

然而，税负分担不均衡，居民消费者和中小企业须缴纳的税款比工业消费者高得多。瑞典居民和中小企业被收取的电价在欧盟国家中最高。电力成本仅占总电价的30%左右，而能源税几乎是欧洲平均水平的三倍。相比之下，工业消费者未被征收受到同样高的能源税。这主要是因为政府希望确保能源密集型工业企业的全球竞争力。

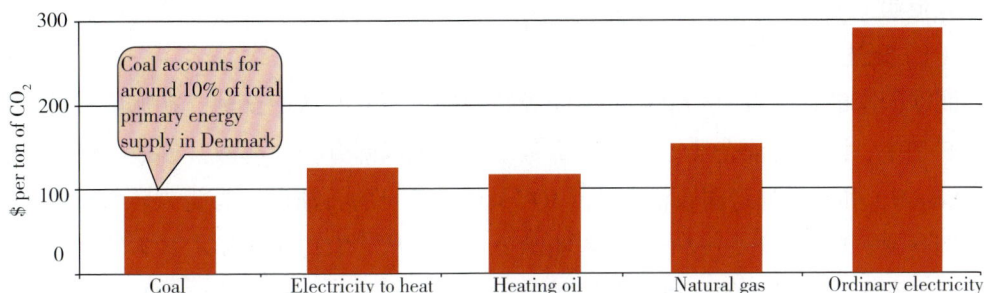

图84 能源税与各部门和能量形式的碳成本不一致

结果是造成税收体系的低效性，未能使各部门和能量形式的碳成本保持一致。到目前为止，在所有能量形式中，电力被征收的税是最多的，而天然气和煤炭被征收的税则较少。结果造成，能源税与能量形式的碳含量不一致，该税收制度未能符合"污染者付费"原则。此外，由于税负最轻的燃料主要用于高热工艺，工业企业未获得充分的激励来提高其能源效率，引致碳排放源的主要因素被从能源转型中排除。这可能意味着丹麦的能源转型成本高于其本应有的水平。

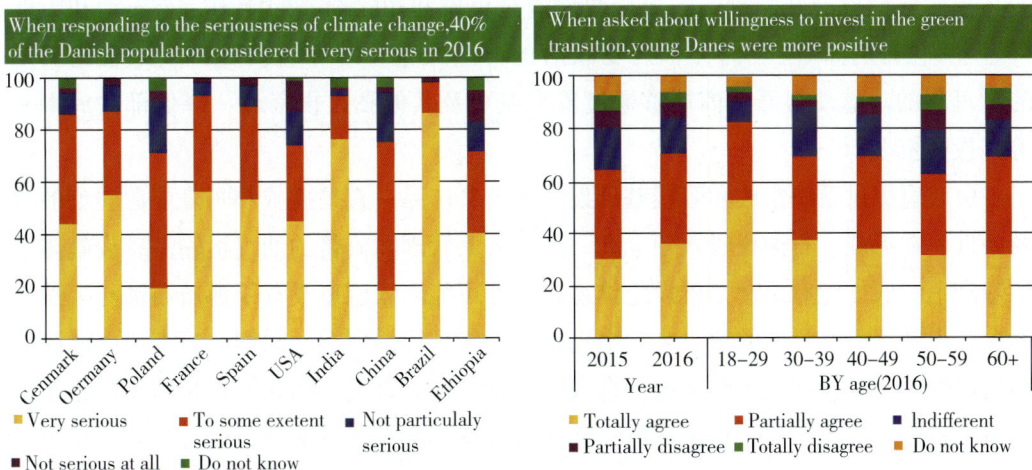

图85 尽管能源税昂贵且效率低下，公众参与过渡的意愿仍然很高

尽管能源税高昂且低效，但公众参与转型的意愿仍然很高。Concito于2016年开展的一项调查发现，丹麦人口认为气候变化的严重程度高于同类的其他许多国家。更重要的是，绝大多数丹麦人表示，愿意为转型到更清洁的能源系统而买单。2015年至2016年期间买单意愿的提高，反映出这种公众情绪正在增强。最后，应当指出的是，对于为国家能源转型贡献一己之力的问题，年轻群体总体上比老年群体更为积极。

4. 企业

（1）概述

北欧国家的案例表明，企业可为能源转型提供资金并从中获利。在挪威和丹麦的能源转型中，国有石油企业（NOC）都是重要的组成部分。在挪威，挪威国家石油公司（Statoil）和一系列跨国石油企业（IOC）通过各自的石油税，为能源转型提供了资金。在丹麦，DONG Energy（丹麦东能源公司）已从一家传统的NOC基本转变成一家开发丹麦海上风电资源的绿色能源服务公司。为体现了这一转变，该企业于2017年10月，将其名称从"丹麦石油与天然气公司"改名为"Orsted"，以纪念丹麦科学家奥斯特（Orsted），同时表明不再经营石油与天然气业务。这两个案例均反映了企业（尤其是NOC）如何成为能源转型的重要部分。然而，斯堪的纳维亚地区的这些案例也突出反映了，要成功实现转型，必须具备一系列支持性条件。

挪威和丹麦的案例都说明了包含风险共担机制的可靠政策的重要性。北欧国家拥有强大的机构体制并建立了广泛的公私合作关系，为挪威和丹麦的能源转型奠定了基础。例如，挪威石油税税收体系通过引入公私风险共担机制，成功地吸引了石油与天然气勘探与开发投资。挪威政府通过免税和扣除损失的能力，与石油和天然气企业共担勘探风险。同样，丹麦政府的海上风电补贴和研发支持政策也是长期的、可靠的。这使得开发商能够通过养老基金及其他私人投资者，降低部署成本并筹集投资资金。

由政府提供系统集成和管线基础设施等公共产品一直是挪威和丹麦能源转型的重要条件。在挪威，石油税收入建立在一套受公共管理和监督的油气运输基础设施体系的基础上。假如没有这套基础设施体系，企业可能不太愿意投资于挪威石油与天然气勘探，也就不会有足够的税收来为电动汽车的转型提供资金。同样，丹麦风电能源转型也依赖于基础设施改善和系统整合成本降低等公共措施。因此，正是由于与相邻电力市场进行了互连，并且传统发电厂在激励政策下提高了灵活性，充分的海上风电整合才有可能实现。这些公共举措降低了系统整合成本，让丹麦能源系统得以整合大量可再生能源。

（2）挪威

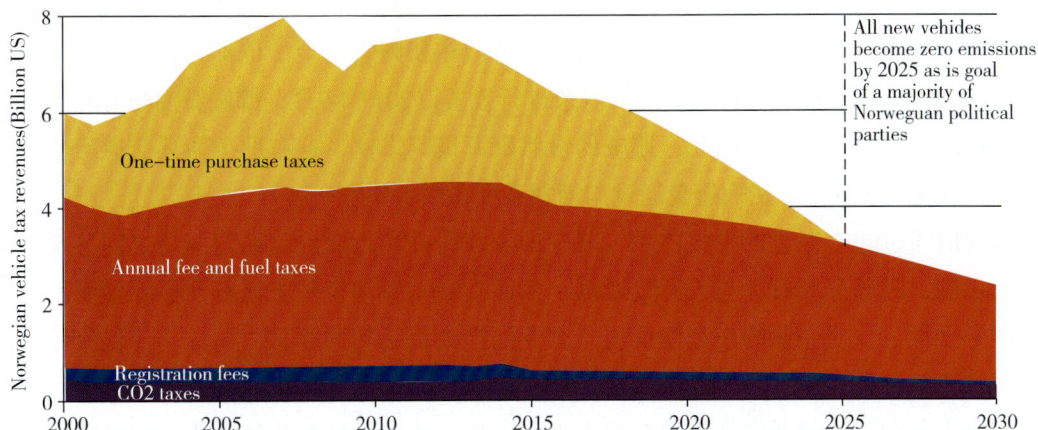

图86　电动汽车补贴代价较高，如果到2025年，所有新车型均实现零排放，汽车税收入将下降50%

　　政府的电动汽车补贴导致挪威汽车税收下降。车辆税包括一次性购置税、登记费、年度公路税和燃油及二氧化碳税，这些税平均占挪威所有税收的12%[①]。自实施电动汽车补贴开始以来，由于传统车辆销售额下降，这些税收一直在下降。这一趋势在未来仍将继续，因此，电动汽车政策的成功将有可能导致车辆税收入近乎消失，而车辆税收入是挪威政府收入的一个重要来源。例如，假设所有新车型到2025年都实现零排放，并且目前的补贴仍在实施，车辆税收入将可能减半。因此，电动汽车的补贴的代价正在不断提高，这将给政府收入带来压力。

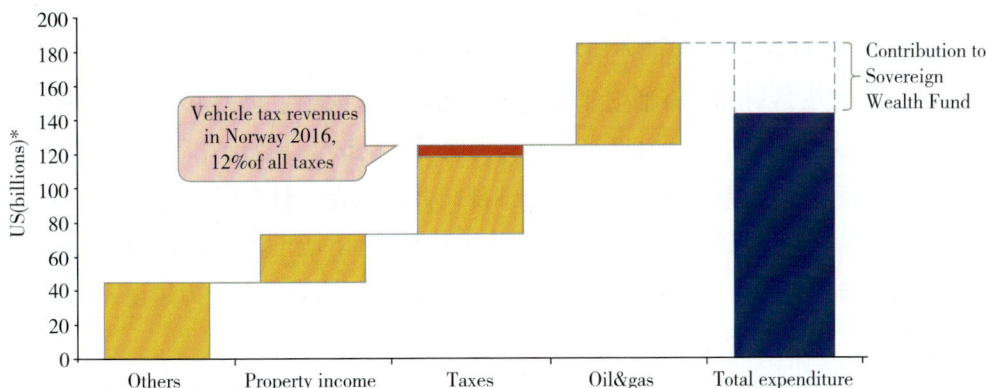

图87　石油与天然气收益为政府的高额支出提供了支持，减少了政府对税收的依赖

---

① 数字基于过去五年的平均收入（2012年至2016年）。

到目前为止，交通运输部门的电气化资金来自挪威石油与天然气生产的收益，这一点降低了政府对于提高税收和改革电动汽车政策的需求。政府总收入中，约30%来自石油与天然气，让政府产生了大量盈余。挪威主权财富基金（也称为石油基金）成立于1990年，用于将挪威石油部门的盈余进行投资。2017年9月，挪威石油与天然气人均GDP达到192307美元。因此，挪威的自然资源极其丰富，这有助于为其交通运输部门的去碳化提供资金，从而避免通过向消费者征税来筹集资金。

政府通过建立完善的税收体系，减少准入障碍并实行政府与私营部门之间共担风险的机制，鼓励开展石油与天然气勘探，从而发展了石油税基。该石油税收体系旨在实现中立性，仅对企业的净利润征税，企业的损失可结转并计息。而且，该税收体系还提供了一种勘探成本补偿机制，即如果某企业遭受损失，该企业有权申请立即退还勘探成本的税款，或者将损失结转至未来若干年。此外，该税收体系还具有灵活性，因为它允许不同领域之间进行合并。这意味着，勘探成本可冲销挪威大陆架其他地点的运营收入。

为对石油与天然气运输系统给予支持，政府为石油与天然气投资者提供了一套具有成本效益的基础设施。为避免企业在自然垄断下收取过高价格，挪威政府对其天然气运输系统实行严格监管。该系统中的大部分天然气基础设施由一家合资企业Gassled所有，同时，由国家全资所有的一家中立的独立运营商Gassco来确保所有企业获得平等的市场准入。Gassco的职责包括管理该系统的容量、协调和管理天然气流，以及按照《石油法案》的规定运行基础设施。相比之下，石油运输基础设施的监管较为宽松，因为这些基础设施在石油行业价值链中的占比较小。这些基础设施由业主独立所有，因此，对于受法规管辖的管线的使用权，业主与用户需要签订相应协议。

此外，研发支持对挪威石油工业的竞争力和创新也起到了至关重要的推动作用。石油工业部于2001年成立了"21世纪石油与天然气"论坛（OG21），该论坛将石油企业、研究机构和供应商聚集在一起，为石油部门共同议定一套全国联合战略。政府通过立法，或者通过挪威研究委员会的直接拨款（为PETROMAKS 2和DEMO 2000项目提供资助）来鼓励研发。PETROMAKS 2项目旨在促进长期研发和能力建设，而DEMO 2000项目旨在为石油工业中的试点与示范项目提供支持。

对挪威大型石油与天然气企业Statoil和IOC征收的资源租金构成了主权财富基金。Statoil成立于1972年，归国家全资所有，但于2001年被部分私有化。挪威政府目前从Statoil获得SDFI（国家直接经济利益）——挪威政府的一个投资组合。具体而言，挪威政府拥有一些石油油田和天然气气田、管线及海上设施的股权。政府分担其成本和投资，并从中获得相应收入份额，即SDFI。此外，挪威还从50多家参与挪威大陆架勘探、生产与基础设施部署的跨国企业获得税收。

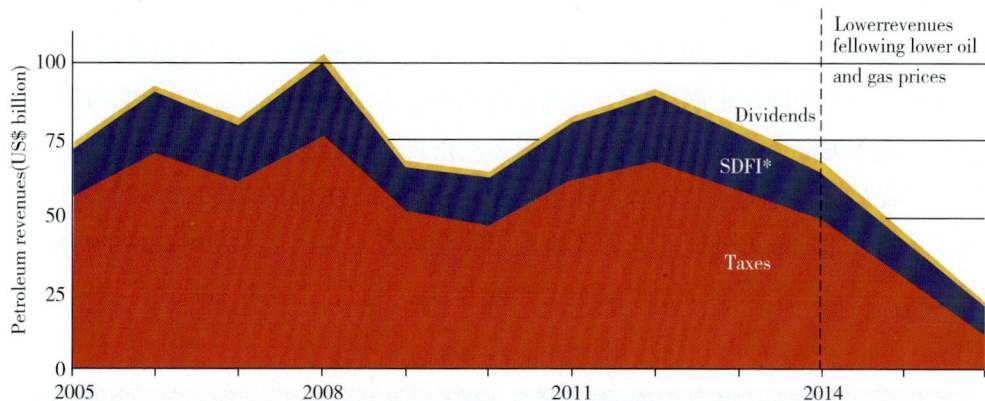

图88 资源租金主要通过对Statoil和IOC征税的方式收取

备注：国家直接经济利益（SDFI）是指挪威政府对挪威大陆架石油与天然气资源直接拥有的勘探与生产许可。

完善的税收体系、运作良好的基础设施和研发支持相结合，让挪威吸引了投资者对其石油与天然气生产的兴趣，从而利用税收收入来支持能源转型。然而，挪威的资源极其丰富，这种融资体系在其他国家可能不可行。

（3）丹麦

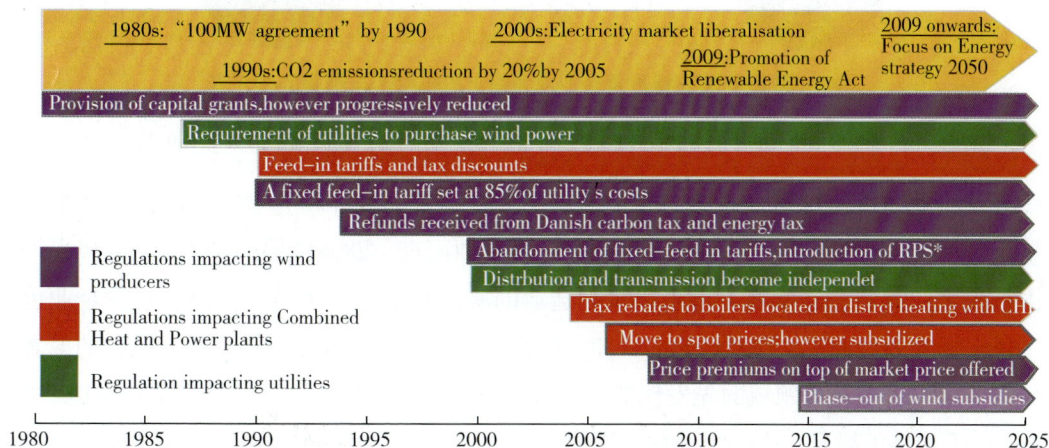

图89 政府补助及补贴为风电生产商提供了经济支持，促进了风电生产商的繁荣发展

备注：可再生能源配额标准涵盖：绿色电力市场的二氧化碳配额、可交易排放量配额和可再生能源证书。

资料来源：Vivid Economics。

政府的补助及补贴为风电生产商提供了所需的资金支持，让它们得以开发风能能源并将其整合到电力系统中。在风力开发早期阶段，丹麦政府为向风电生产商提供了资本补助，补助金额达到其装机成本的30%。随着风电设备成本效益的提高，补助政策逐步被取消。20世纪70年代，政策采取了一系列措施来支持风电项目前五年的运营。这些措施包括固定上网电价，也就是将风电电力的价格设定在公用事业单位的发电与配电成本的85%。风电项目还获得了二氧化碳税和能源税的退税。近年来，根据2009年《促进可再生能源法案》，风电生产商获得了市场价格以外的环境费，同时还获得了平衡成本的额外补偿。开发成本的下降意味着，相比于未获得补贴的传统化石燃料电厂，风电生产商即将获得成本上的竞争力。因此，丹麦政府希望尽快取消风电补贴。

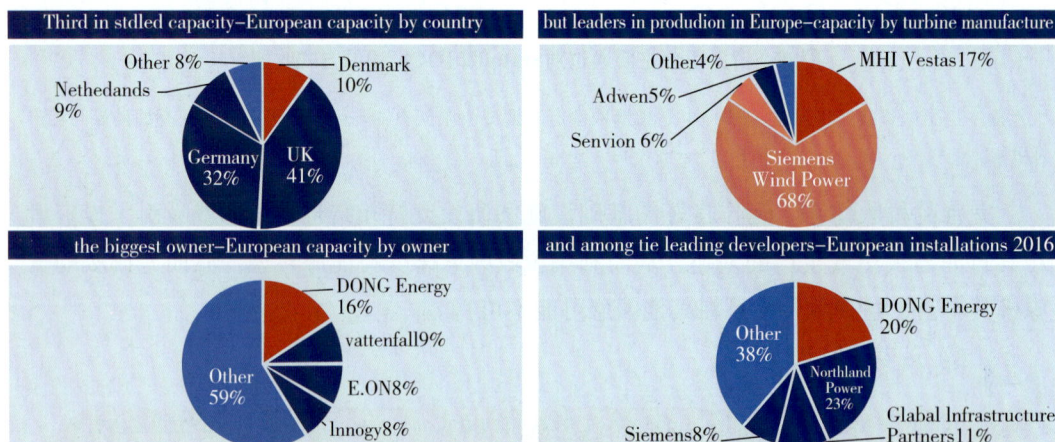

图90 政府补贴支持丹麦企业成为海上风机生产与部署的领先者

备注：西门子风电前身是丹麦公司Danregn，Senvion前身是丹麦公司Jacobs（均于2004年购得）。

政府的支持使丹麦企业成为海上风机制造与部署的世界领先者。在欧洲总风电容量中，仅10%来自丹麦，然而，无论整体还是单独而言，欧洲使用的90%以上的风机均由丹麦企业制造。这反映了丹麦风机制造业的实力和全球竞争力。此外，丹麦企业也是风电场的大型业主，DONG Energy拥有欧洲总装机容量的16%。丹麦海上风电的部署仍然体现了丹麦在该领域的先发优势。例如，欧洲几乎20%的风电装机容量均由DONG Energy于2016年部署。这些统计数字反映出，丹麦企业仍然在全球海上风电行业扮演主导角色。

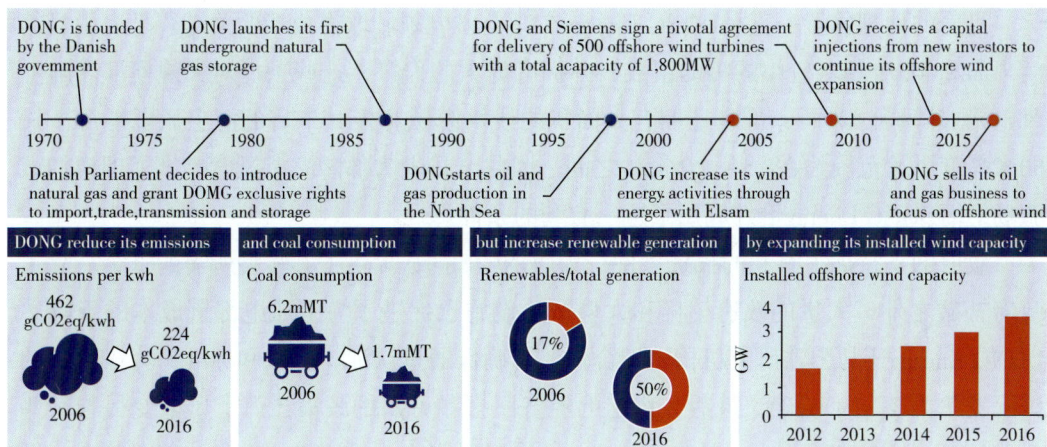

图91　DONG Energy反映了一家传统的NOC如何转变成一家可再生能源服务企业

关于传统的NOC如何转变成一家可再生能源服务企业，DONG Energy是一个典型的例子。2005年，DONG Energy致力于提供绿色、智能、可持续的能源。为实现从传统发电厂向绿色能源引领者的转变，DONG Energy于2010年签署了一份关于与风机制造商西门子合作交付500台总容量达1800兆瓦海上风机的重要协议。结果，相比于2006年，DONG Energy成功地将其碳排放量减少了50%以上，并将其可再生能源发电量提高了两倍多。此外，在过去十年里，DONG Energy的平均资本回报率（ROC）一直高于石油与天然气的平均ROC，如图91所示。DONG Energy于2016年出售了其剩余的北海石油与天然气业务，自此彻底放弃了传统油气生产，并于2017年10月更名为"Orsted"。

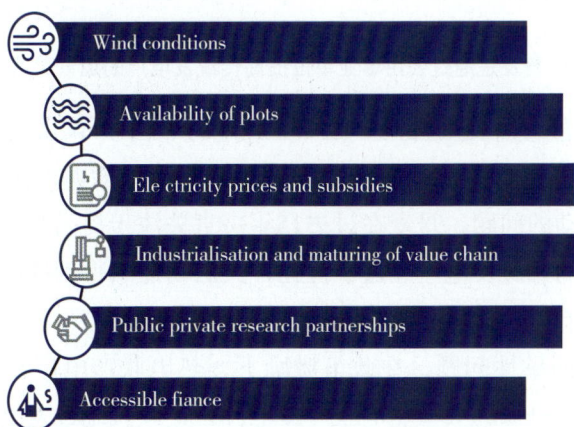

图92　政府的支持加上有利的地理和投资条件，让DONG Energy成功实现转型

资料来源：Vivid Economics。

231

　　丹麦的地理位置一直是DONG Energy在海上风电领域取得成功的关键。丹麦由日德兰半岛和443个相对较小的岛屿组成，并拥有庞大的人口，这些条件对大规模部署陆上风电构成障碍。然而，丹麦还拥有大面积的浅水海域和极其丰富的海上风电能源——50米高度风速范围约在8.5～9.0米/秒之间。因此，丹麦为部署海上风电提供了理想的试验场，而DONG Energy恰好利用了这一有利的条件。

　　政府的支持加上有利的投资条件，为DONG Energy提供了其转型所需的资金。除了政府补贴之外，大量的政府招标和大型试验设施也促进了海上风电部署成本的下降。DONG Energy还与公共研究机构密切合作，以确保通过认证、测试和标准，为该企业的国际竞争力奠定了基础。最后，稳定的经济回报和可靠的政策让海上风电变得与某些金融债券一样具有吸引力，让DONG Energy得以说服机构投资者（例如，养老基金等）以相对较低的成本资助其风电投资。

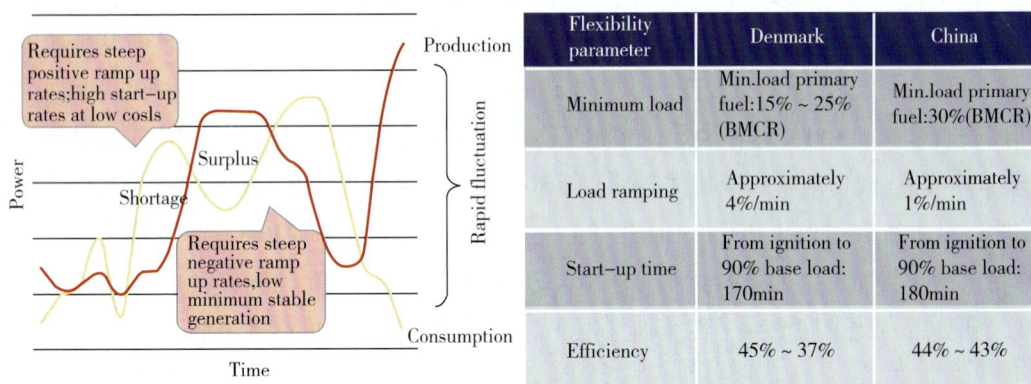

Flexibility parameter	Denmark	China
Minimum load	Min.load primary fuel:15%～25% (BMCR)	Min.load primary fuel:30%(BMCR)
Load ramping	Approximately 4%/min	Approximately 1%/min
Start−up time	From ignition to 90% base load: 170min	From ignition to 90% base load: 180min
Efficiency	45%～37%	44%～43%

图93　风电的普及是通过公用事业单位提高传统发电厂的运营灵活度来实现的

　　传统发电厂运营灵活度的提高，也帮助降低了将不可调度的风电电力整合到电力系统的成本。可变可再生能源发电面临的挑战在于该能源的不可预测性和不温度性。为解决负荷波动的问题，丹麦在过去15年一直关注于提高其传统发电厂的运营灵活度。最终，丹麦的燃煤发电厂经过了优化，其启动速率得到提高，最低负荷得到降低，并且提速率高于其他国家的类似设施。

　　为进一步解决间歇性问题，在政策激励下，热电联产电厂在风力充足且电价较低时，仅生产热能。丹麦的大型热电联产发电厂可让蒸汽绕过发电涡轮机，以便仅产生热量。为试图在风电发电量较高时增加入网风电，针对热电联产电厂的监管政策于2005年发生调整，新政策规定，向热电联产设施中的锅炉提供折扣。该政策激励了热电联产电厂在风电发电量较高时，仅生产热能，从而降低了系统整合成本。

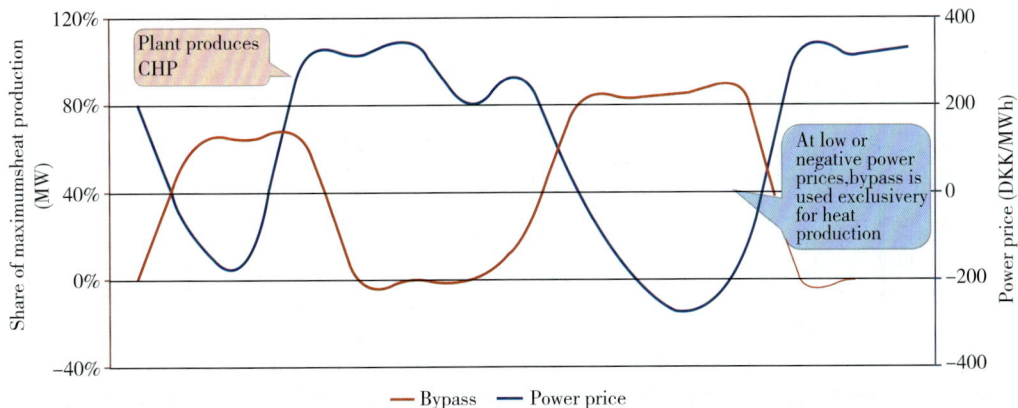

图94　在政策激励下，热电联产电厂在电价较低时，仅生产热能，从而为风电整合提供更大的灵活度

资料来源：Vivid Economics的图解。

5.能源工作者

（1）概述

丹麦和挪威的能源转型产生了截然不同的就业率结果。在挪威，几乎找不到绿色制造业的就业机会，因为该国不存在本土汽车工业。相比之下，丹麦风电革命推动了丹麦风电产业的发展——如今已发展到国际竞争力水平，并且支持了大量绿色制造业就业机会的产生。

能源转型让丹麦的一些贫穷农村地区通过开发风电能源而获益。其他国家，例如英国和美国，也采用了类似的模式，因为风电资源往往离传统的经济活动中心较远。因此，许多可再生能源（例如，太阳能和风能）的空间依赖性可被看作是一种优势，并纳入更广泛的区域发展战略中。

丹麦的案例反映了如何有针对性的教育课程，对工作者进行再培训，将他们从石油与天然气的生产过渡到可再生能源产业中。埃斯比约港（Esbjerg）就是一个具体的例子。该港口曾是一个服务于丹麦在北海的石油与天然气生产的主要基地，但如今逐渐成为海上风电运营与维护基地。这也反映了如何将工作者从油气开发过渡到可再生能源的开发。

（2）挪威

电动汽车需求的增长未能转化为挪威制造业的就业机会。由于本土汽车行业严重落后，挪威的几乎所有电动汽车都是从美国、中国和其他电动汽车制造国进口的。2016年，全球几乎43%的电动汽车产量来自中国制造商。中国有可能成为电动汽车供应领域的引领者。因此，相比于挪威，中国有可能通过变革交通运输部门的资本存量，为其能源工作者创造大量绿色就业机会。

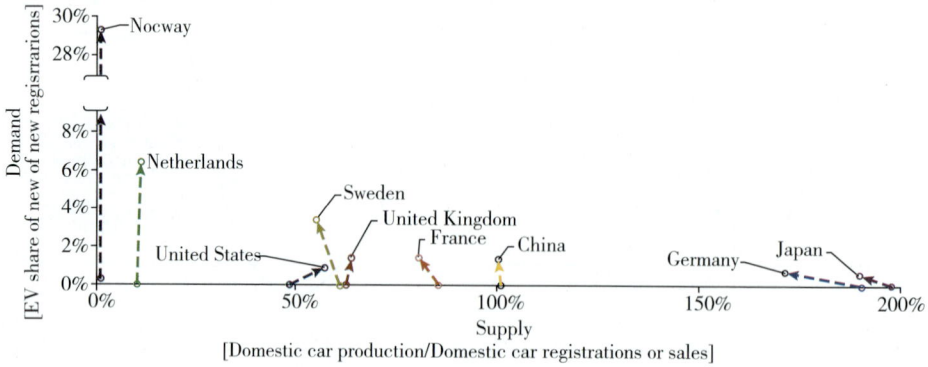

图95　电动汽车的需求并未转化为挪威的制造业就业机会，但中国可利用既有的汽车行业来创造就业机会

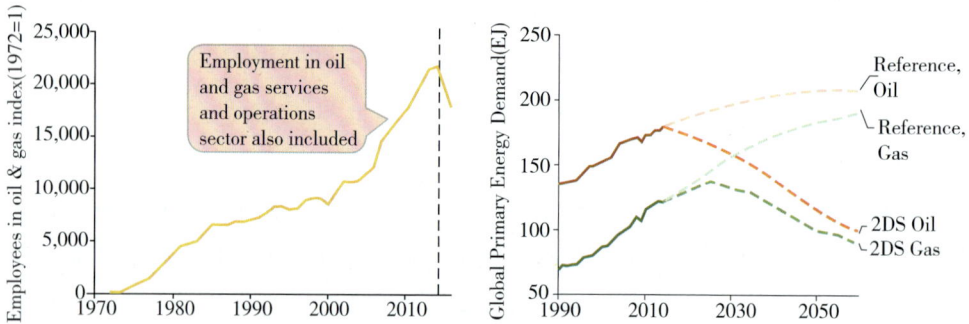

图96　石油与天然气行业就业率正在下降，并且预期将继续下降

缺乏绿色制造业就业机会将对挪威产生不利影响，因为近年来油价的下跌已导致挪威石油与天然气行业就业率下降。从历史上看，石油与天然气部门的就业率一直在增长。然而，全球市场和油价走势从根本上推动了挪威石油与天然气行业的就业率。近年来油价的下跌开始造成挪威石油部门服务与运营侧出现失业。随着全球气候政策和《巴黎协定》等倡议的实施，石油与天然气需求将减少，未来可能继续保持这一就业率下降趋势。因此，缺乏绿色制造业就业机会对于挪威经济发展而言可能是一个长期的挑战。

（3）丹麦

丹麦利用其在海上风电领域的先发优势，提高了其本土产业的全球竞争力，并创造了绿色制造业。丹麦的风电相关工具及服务的出口量占丹麦总出口量的7%左右。这是迄今为止在欧盟15国中，风电出口量在总出口量中的最大占比。此结果归功于丹麦在风电技术领域的先发优势，该优势让丹麦逐步获得了全球竞争力。因此，丹麦风电行业的就业人数显著增加。

风电行业的发展为丹麦创造了可持续的、高附加值的就业机会。自20世纪90年代以来，丹麦风电行业的就业率一直在大幅上升。这些就业机会不仅是绿色的，而且在生产率方面也具有较高的附加值。2016年，风电行业雇员人均总附加值（GVA）比全国平均水平高4个百分点。值得注意的是，丹麦的国家人均GVA水平已处于高位，因为斯堪的纳维亚地区的生产率水平普遍较高。

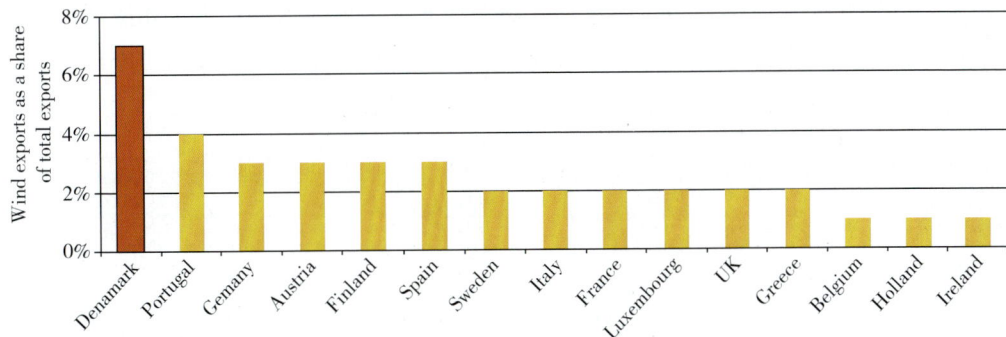

图97　丹麦利用其在海上风电领域的先发优势，培育了具有全球竞争力的本土风电产业，从而创造了更多就业机会

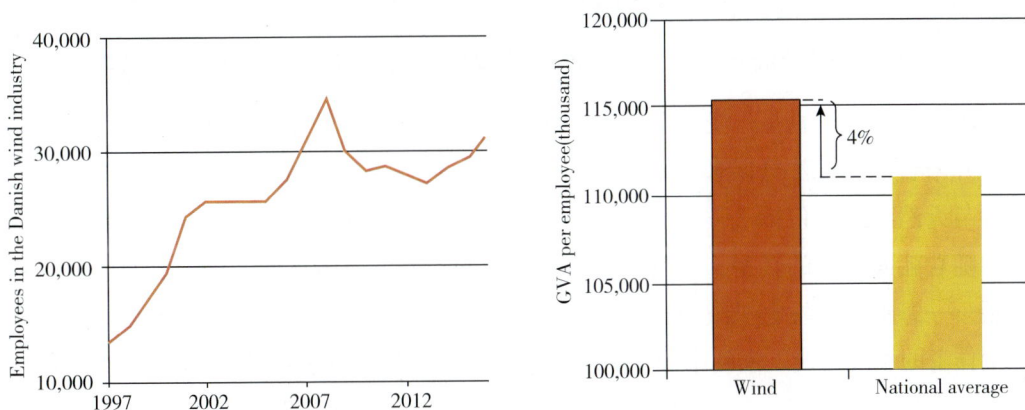

图98　风力能源的开发为丹麦人创造了可持续的、高附加值的就业机会

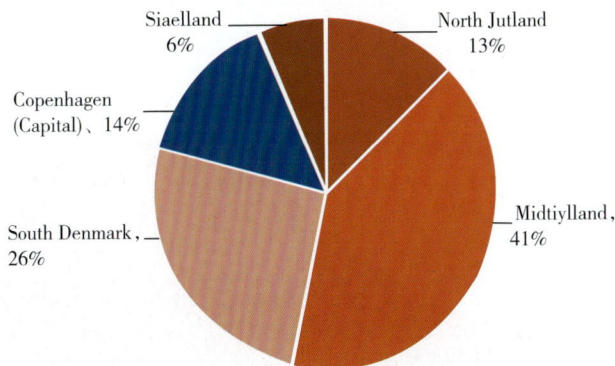

图99　风电行业就业机会集中在较贫穷的农村地区

风电行业的大部分就业机会集中在农村地区，并受到专项教育计划的支持。22%的丹麦人口居住在首都哥本哈根，然而，风电行业的大部分就业机会集中于这个经济中心之外。海上风电行业的发展为本不富裕的农村地区提供了新的就业机会和新的收入来源。这些新的就业机会与风电教育计划相补充，为就业人员提供了相应岗位所需的培训。位于丹麦南部丹麦风力发电研究院负责为风机业主和运营商提供定制课程，丹麦技术大学则负责提供针对风电技术的工程硕士课程。

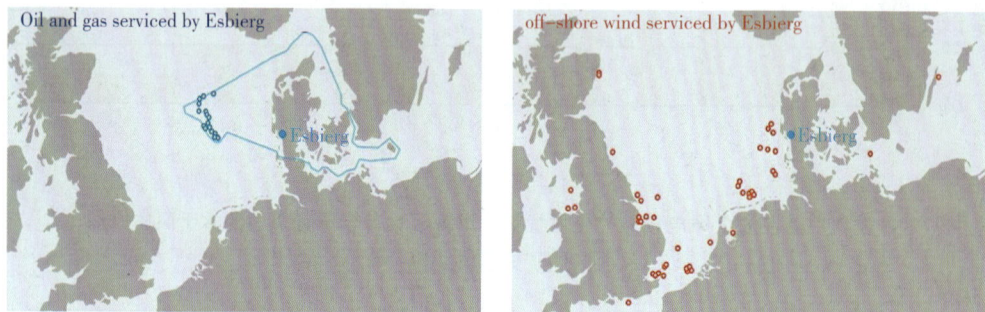

图100　埃斯比约港已知在积极探索传统能源系统与可再生能源系统之间的协力效应

埃斯比约港一直是丹麦海上能源行业发展的基石。自丹麦于20世纪70年代开始在北海开采石油和天然气以来，该港口一直是丹麦北海油气活动的主要基地。该港口的石油与天然气服务包括——运作和维护现有平台、开发新油气田、安全培训和设施退役。随着能源生产的转型，该港口逐渐转为服务于海上风电行业。该港口的风电服务包括——海上风力发电机组的预装配、运输和运营。该港口很好地反映了如何通过能源工作者的技能过渡，来利用传统能源服务与可再生能源服务之间的协力效应。

附录

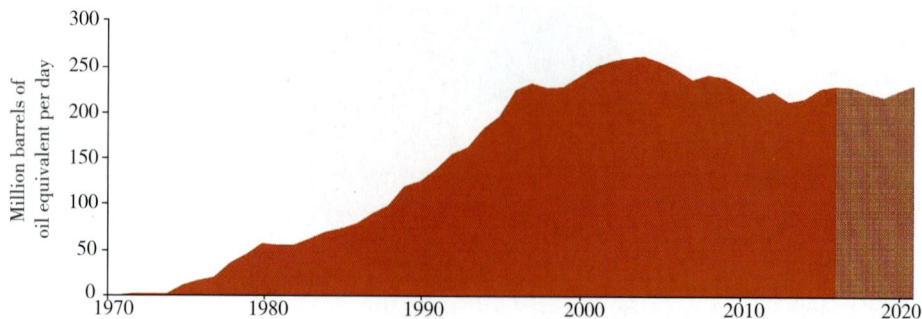

图101　挪威石油与天然气产量预计在2020年一直保持稳定，长期预测结果取决于气候变化

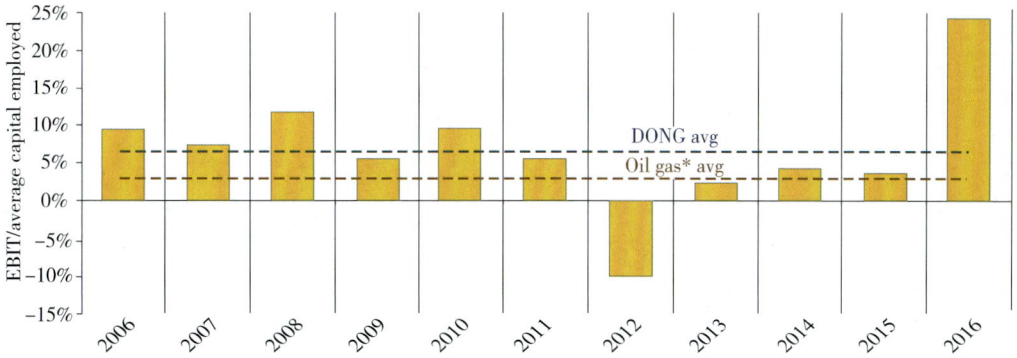

图102 过去10年，DONG Energy的平均已投资资本回报率（ROC）一直高于石油与天然气行业的平均ROC水平

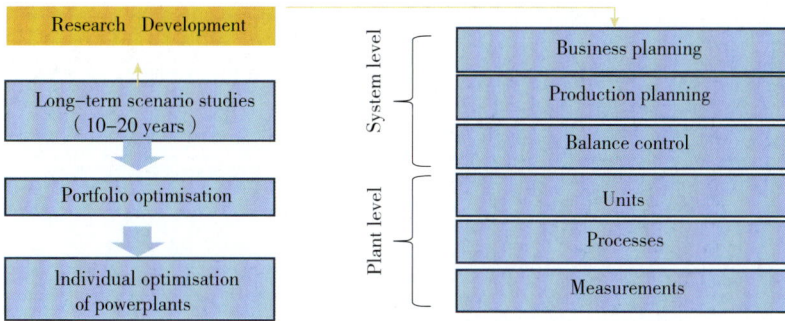

图103 丹麦20年来一直致力于提高传统发电厂的运营灵活度

资料来源：Vivid Economic。

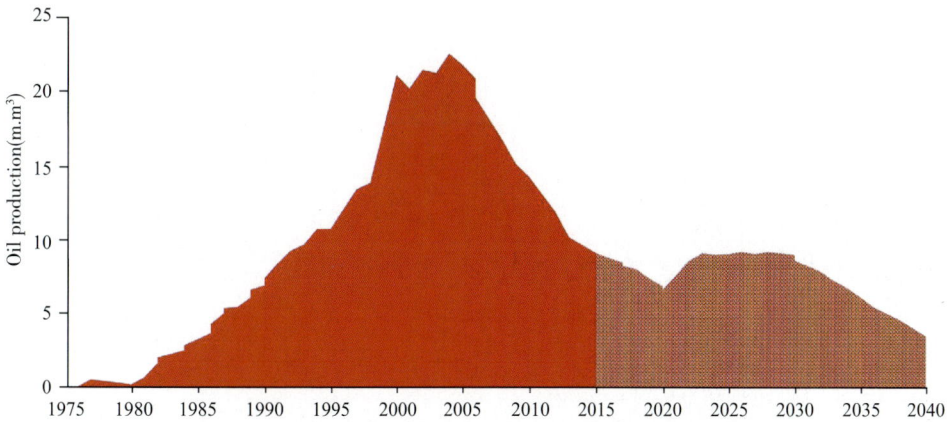

图104 丹麦石油产量预计在未来将进一步下降

专题二
中国能源消费革命研究

本专题国务院发展研究中心方面的负责人为产业部的宋紫峰，壳牌方面的负责人为Nigel Dickens（耐卓尔·狄更斯），参与人为Vivid Economics的Philip Gradwell（飞利浦·格莱德维尔）、Cameron Hepburn（卡梅隆·赫本），中国科学院的黄阳华，国家发展和改革委员会能源研究所的康晓文，国网能源研究院有限公司的黄碧斌，中国旅游集团有限公司的屠俊明，中国石油化工集团有限公司的邢璐，国网能源研究院有限公司的张钧。

一、从数量到质量：能源消费革命的国际经验

国际经验表明，中国下一轮能源革命的重点将在于能源的质量而非数量。中国自20世纪80年代以来的快速经济增长，得益于其能源系统规模的大幅扩张，但即使经济持续增长，能源需求在未来亦不太可能保持相同的增速。根据国际经验，人均能源消耗往往在较高收入水平时趋于稳定，如图1所示。在需求趋于稳定的同时，能源的使用方式以及所选择的燃料往往随经济增长而变化。如果中国采用与国际经验类似的模式，消费者的能源需求在数量上可能不再进一步增长，而可能会侧重于能源使用以及所选择燃料的质量。

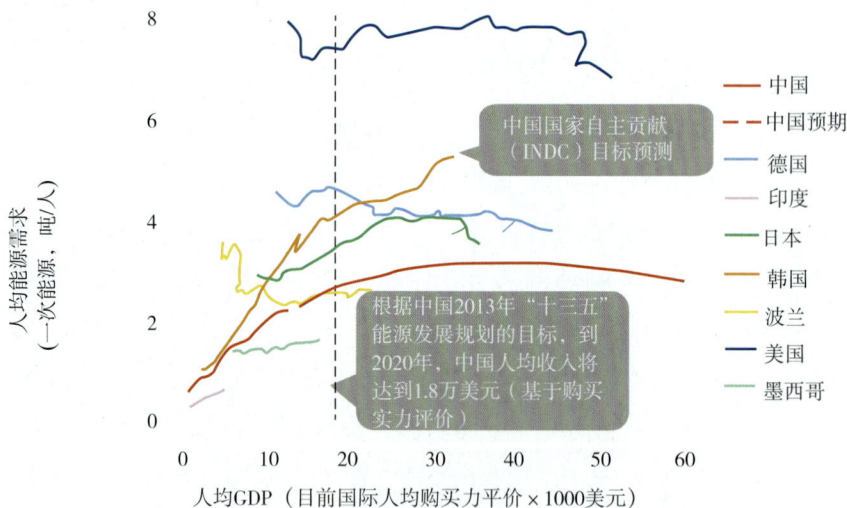

图1　达到"小康"收入后，能源需求在数量上无须增加

资料来源：IEA世界能源平衡表（2016）。

根据观察，能源需求在GDP水平较高的情况下趋于稳定，这可以通过能源使用方式的改变来解释。具体而言，这些模式可能源于能源服务需求（例如人均行驶公里数）的变化，以及能源转化为最终能源服务的转换效率的提高。为了说明这一点，有必要将GDP的能源强度分解成两方面：

第一，是经济的服务强度

这是外生（不可控）和内生（可控）因素之间复杂的相互作用的结果。随着社会富裕程度的提高，通常要求更多的能源服务，但多大程度则取决于其具体情境。例如，在给定的收入情况下，农村人口的行驶公里数往往高于城市人口。因此，如果发展伴随着城市化进程的加剧，那么即使经济增长，其服务强度还是可能下降。这个例子说明，通过影响相关内生因素，政策制定者能够引导服务需求，并最终引导能源需求的形成。但其他外生因素，例如地形布局、气候或文化等，亦可影响服务需求路径，但不受政策制定者的控制。鉴于此，识别影响能源服务需求的外生和内生因素具有重要意义，因为这可以帮助政策制定者更好地预测和引导能源需求跟随经济增长而发展。

第二，是能源的转换效率

主要取决于技术，而技术的发展对于特定国家的服务强度而言在很大程度上属于外生因素。通过将能源强度分解为服务强度和转换效率，可以将重点放在对服务需求的纯粹需求侧影响上，并避免将技术进步与不断变化的需求趋势混淆。但与此同时，燃料还有其具体的特性，与服务强度和转换效率无关，却是消费者需要的。尽管所有燃料都是能源的载体，但可根据"质量"的两个维度（清洁度和灵活性）进行区分。

经济增长使社会能够优先考虑清洁度和灵活性，从而形成转向高质量载体的趋势。在某些情况下（例如运输），这可能会带来转换效率的提升。如果对一次能源的这一趋势不予以足够重视，就有可能会扭曲能源需求，造成能源系统的不平衡。

如果未能在服务和载体方面考虑从数量到质量的转变，可能会出现预测错误，从而误导政策。美国年度能源展望（AEO）就给出了这类预测错误的一个很好的示例。20世纪90年代的预测不仅高估了未来的能源消耗水平，而且也高估了煤炭——一种污染严重的燃料——的使用。意识到收入与能源之间关系是非恒定的以及消费者对优质能源载体的偏好，会有助于减少这些错误，并作出更明智的决策。

国际经验表明，在不同的能源服务需求强度假设下，未来中国的能源需求区间可能介于国际经验值上浮25%和下浮33%的水平。假设能源转换技术不变，到2030年，按照传统能源服务需求模式，中国的能源需求将从现有水平提升75%，如图3所示。但如果采用国际经验中的低服务强度水平，较之常规轨迹，中国的能源消耗将可能减少33%。相比之下，如果采用国际经验中的高服务强度水平，则能源需求将可能进一步增加25%。这说明了能源服务需求在确定中国未来能源需求轨迹方面的重要作用，并凸显政策干预可能对能源消耗产生的影响。

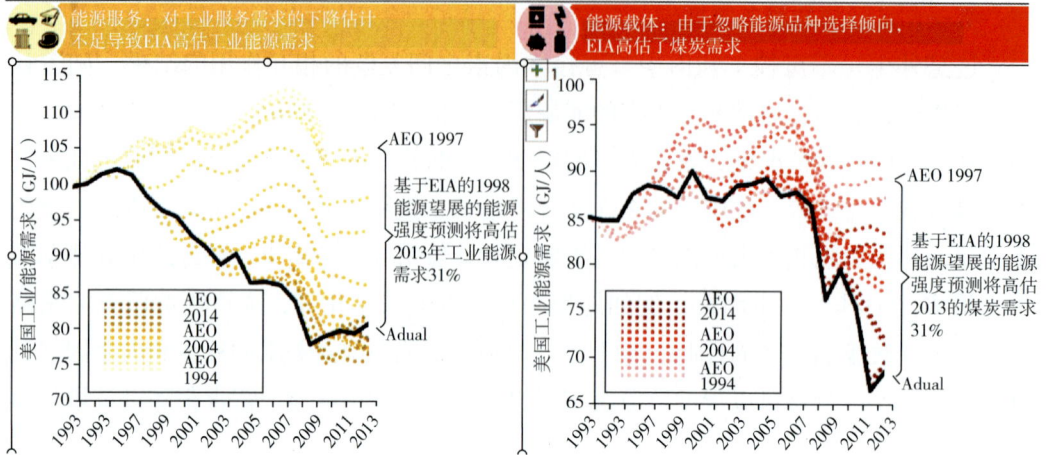

图2　美国能源需求预测

注：深色的线条代表在AEO后期版本中给出的预测。

资料来源：美国能源信息署的年度能源展望（1994～2014）。

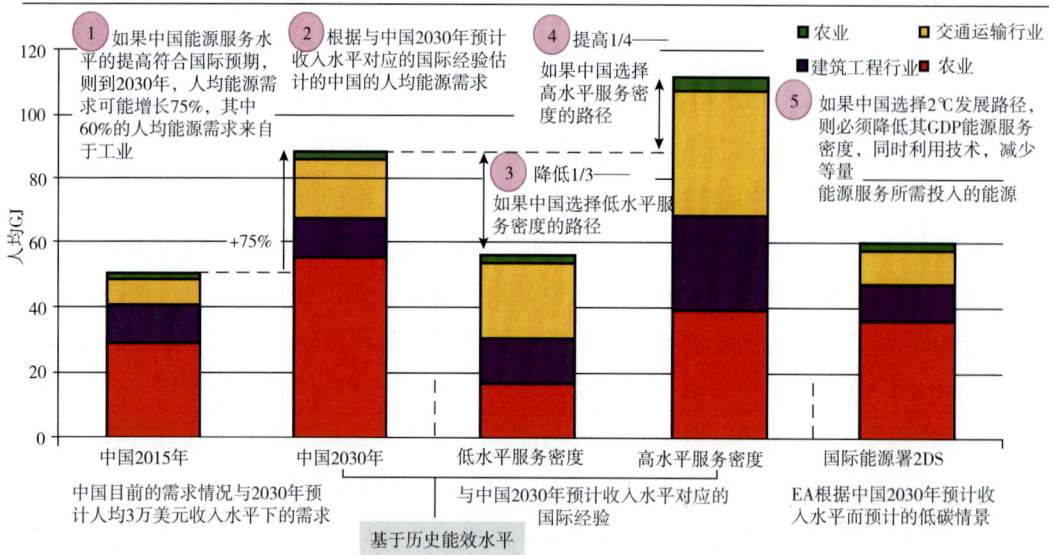

图3　中国2030年的能源需求变化

资料来源：Vivid Economics，IEA能源技术展望（2016）。

政策在影响能源服务需求水平方面具有重要作用，尤其是在中国未来经济发展阶段。政策选择可以改变的因素包括：人口密度对交通服务需求的影响；资本形成对工业服务需求的影响；收入不平衡对建筑服务需求的影响；以及城市化对农业能源服务的影响。正是这些因素使得高服务需求水平和低服务需求水平相对于2030收入水平对应的基准值的差异如此显著。同时这也凸现了当下政策的重要性，它将对长远能源需求路径有重大影响。

当清洁度和灵活性考虑一致时，例如在建筑行业，燃料结构的变化将很迅速。随着社会富裕程度提高，建筑行业已从煤炭和生物质能源迅速转向电力和天然气。原因在于，这些载体能够同时提供易用性，并且不会对当地造成污染。但在其他行业，清洁度和灵活性无法通过同一载体实现。例如，在运输领域，最清洁的燃料（电力、天然气）的续航里程远低于不清洁的燃料（石油），在"灵活性"方面的表现也更差。由于主导燃料缺位，载体结构保持相对恒定并可能持续，除非新技术消除了清洁度和灵活性之间的取舍问题，如图4所示。

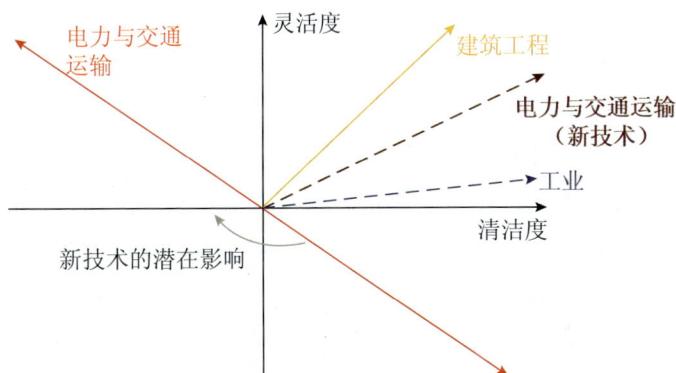

图4　并非所有行业都能同时提升能源载体的两个质量维度

资料来源：Vivid Economics。

- 在建筑领域，同时迅速提高能源载体的灵活性和清洁度是可能的；
- 在发电领域，采用天然气和核能可在提高清洁度的同时不降低灵活性，但可再生能源技术存在取舍问题；
- 在运输流域，基于现有技术，无法同时提高载体的灵活性和清洁度——未来技术可能会绕开这条线路，消除取舍问题；
- 在工业领域，载体的优先顺序因分行业而异——无法绘制单条具有代表性的线。

政策制定者应意识到这些模式转变，并设法引导建立一个准确匹配消费者需求、实现资源有效利用、并限制外部效应的能源系统。对能源需求趋势如何变化以及导致这些变化的因素缺乏认识，可能导致形成一个能源供应过剩、福利降低、受困于劣质燃料，并无法实现气候目标的低效能源系统。

在考虑国际经验的同时分析中国的具体情况，可以更清楚地认识潜在服务需求路径和政策选择。中国的服务需求水平今后可能经历结构性的变化，这不仅是因为其收入水平提高，而且还因为中国内部结构转型。历史经验将有助于明确对中国能源体系有益的政策选择可能性。

中国向新常态的转变，无论是在整个经济体还是区域范围内，都将对能源服务和能源需求轨迹产生重要影响。对于工业能源需求尤其如此。资本投资的减少以及从过去一直推动经济增长的重工业抽离，将大大降低工业能源服务需求（例如钢铁消耗），并可能使其收敛至与国际经验一致的水平。但中国致力于这种转变的努力还有待观察。即使没有制定具体的政策，随着经济更加以服务为导向并达到实物投资存量峰值，中国的一些地区也许会效仿上海的趋势，迎来工业能源需求的自然峰值。工业与以服务为导向的经济发展之间的平衡，以及各地区与其资本存量峰值的接近程度，将决定中国未来的钢铁消耗水平，并因此决定中国的工业能源需求水平。此外，在中国已经存在一定程度的城乡发展不平衡，而不平衡本身也是建筑能源服务需求的一个关键决定因素，尤其是在中国目前的收入水平下。未来不平衡的发展情况将反映到建筑能源需求中，这是政策制定者应该考虑和意识到的一个事实。

在建筑行业，住房面积较小以及城市化程度的日益提高，将可能推动向更优质能源载体的转变。中国城市人口密度高，且住房面积相对较小，这将可能提高建筑行业转向更清洁、更灵活燃料的意愿。特别是随着越来越多的农村地区实现城市化，能源获取渠道的拓宽，对高质量燃料（而非高数量燃料）的需求将会激增。政策制定者应确保其对能源载体供应网络的投资是与消费者未来需求而非当前收入水平相匹配，否则这种网络投资要么可能会限制消费者的选择要么会导致能源浪费风险。

（一）能源服务

我们将能源服务定义为消费者使用能源而形成的最终产出，例如光、钢铁或行驶公里数。通过分析这些服务的需求模式而非能源使用本身，可以将潜在的需求模式与效率的变化隔离开来。

对能源服务的需求可能因收入和结构性因素而异。一些结构性因素可能受到政策的影响，如资本投资和城市化，而其他结构性因素，如气候或文化，则是一个国家的固定禀赋。一般来说，对能源服务的需求随收入增加而增加，但这种关系不是固定的，有时甚至是相反的。

如果不考虑能源服务需求的结构性变化，对能源需求的预测就可能失误。不了解服务需求模式的变化以及这些变化的驱动因素，预测和基于这些预测的政策可能会很快失去参考意义。

基于对国际能源服务需求历史数据的分析，我们确定了一些共性的发展趋势、以及高低路径，并梳理出潜在的需求驱动因素。其目的在于揭示不同行业的能源服务需求随收入提高而产生的变化，需求水平区间的国际经验值，以及政策对未来需求结果的影响程度。

我们的方法包括以下几个步骤：

（1）收集关于能源服务需求水平、GDP和各种结构性因素的全球面板数据。

（2）将平均线绘制为：通过所有数据点（跨所有国家和所有时期）的三度最佳拟合线。

（3）将数据点以5000美元为单位进行收入分档（0～5000美元、5000～10000美元等）。

（4）将服务需求的高低路径确定为：跨各收入分档（以5000美元为单位）、通过服务需求水平上下四分位数的最佳拟合线。

（5）标明中国当前的数值（省份或城市）以及第三方对中国的2030年预测。

（6）探明对所观察到的服务需求变化具有解释性的驱动因素。

（7）将解释性驱动因素的高低水平线绘制为：跨各收入分档（以5000美元为单位）、通过组成驱动因素上下四分位数值的数据点的最佳拟合线。

根据国际经验数据分析显示，能源需求分为四个主要行业。我们对各个行业内的关键服务（作为整个行业的替代指标）进行分析。

运输：占全球最终能源需求的28%——不包括化学原料

■ 替代指标：公路客运和货运，占运输能源需求的77%（占总能源需求的22%）

工业：占全球最终能源需求的35%——不包括化学原料

■ 替代指标：钢铁生产，占工业能源需求的28%（占总能源需求的10%）

建筑：占全球最终能源需求的34%——不包括化学原料

■ 替代指标：光发射量是测量建筑能源服务的有效工具

农业：占全球最终能源需求的3%——不包括化学原料

■ 替代指标：牛肉、猪肉和家禽，占农业能源需求的约60%（占总能源需求的2%）

1. 运输部门

中国需要引入运输服务需求引导政策，以影响需求水平。目前，中国略高于国际经验的平均路径，不过各省份因发展速度和地理差异呈现较大程度的差异。根据国际经验，在达到较高收入水平后运输服务需求会进入相对稳定的发展平台。不过，我们的研究预计，如果不尽早制定指导性政策，有可能在2030年无法实现预期的节能减排目标。如图5所示。

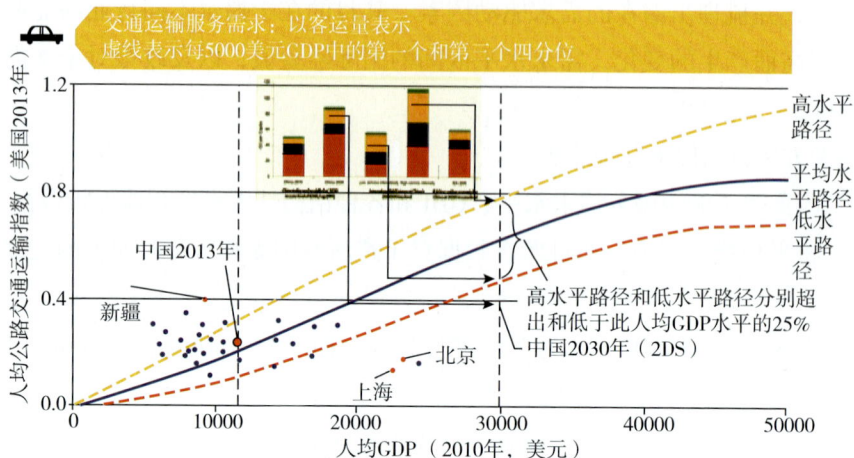

图5　中国道路交通模式的国际比较

资料来源：OECD、IEA、中国国家统计局、ETP。

　　人口密度是决定行驶公里数的关键驱动因素，因此城市规划可成为限制运输服务需求的一种方法。在国际经验中，如果收入水平相同，与人口较少的国家相比，人口密度较高的国家的道路行驶水平更低。这种模式在图6中可清楚地看到，以韩国和芬兰为例，尽管人均收入水平相当，但运输服务水平却相差甚远。如果中国希望限制运输服务需求的增长，可以通过增加人口密度和提高城市化程度来实现。鉴于中国目前的城市化模式（例如在上海和北京），这并非不合理的假设。

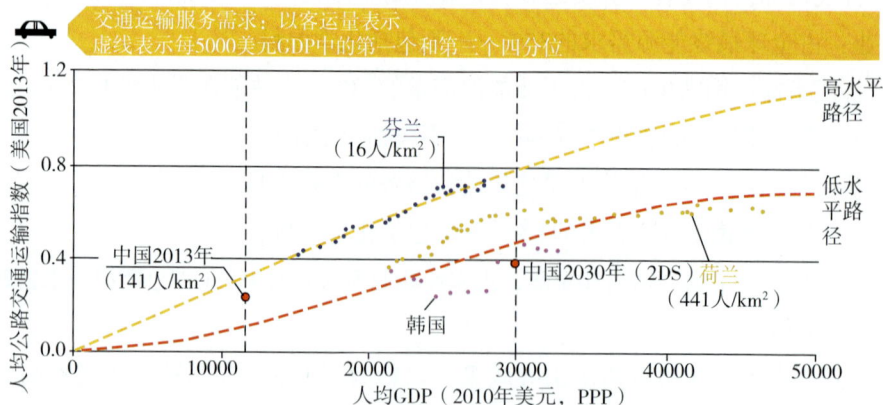

图6　增加人口密度可以降低运输服务需求

资料来源：OECD、IEA。

2.工业部门

中国的工业服务需求相对于国际经验来说非常高，但这一趋势未来是否持续有不确定性。中国目前的钢铁需求是国际经验中高路径的两倍。鉴于此，中国需要做出较大的改变才能向低路径靠近，即便不做出任何改变，中国在2030年将仍然处于国际经验中的高位。但是，近期有些地区（例如上海）的钢铁需求已经达到峰值，并开始下滑。如果其他省份跟随这种趋势，那么中国未来的钢铁需求可能会提前进入平稳期，到2030年与国际经验达成一致。

资本形成规模可解释人均GDP为3万美元时国际经验高低路径之间的差异。这说明中国的钢铁需求以及相关的能源消耗可能会随着固定资产投资的放缓而下降，特别是当资本存量达到饱和点时，这一过程可能自然发生。中国的基础设施已基本建成，因此在今后几年内进一步投资的需求可能会下降。如图7所示。

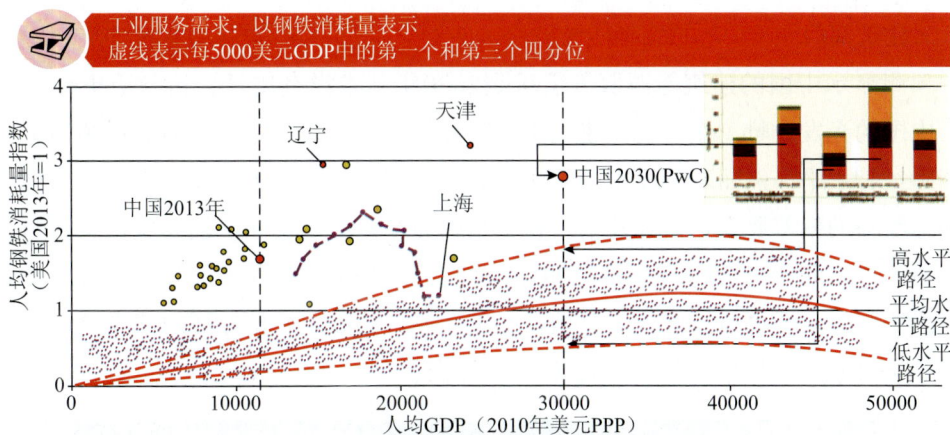

图7　中国钢铁需求超出了大多数国家的经验

注：省级钢铁消耗量根据固定资产投资总额分配。

资料来源：世界钢铁协会、IEA、中国国家统计局、PwC。

另一个重要考虑因素是：中国未来目标是维持其作为重工业产品出口大国地位还是向服务型经济转变。像中国一样，韩国的经济也是重型制造主导，目前是世界上人均钢铁消耗量最高的国家，如图8所示。但是，如果中国决定建立服务型经济，如同英国在20世纪90年代所做的那样，那么中国的工业服务需求将大幅减少。中国产业结构的转变因此可能对其未来的工业能源需求产生很大的影响。中国的一些地区有可能保留出口导向的重工业，而其他地区则可能走向服务型经济。这些发展方案之间的平衡，以及各地区距离各自资本存量峰值的远近，将决定中国未来的钢铁消耗水平，从而决定工业能源需求水平。

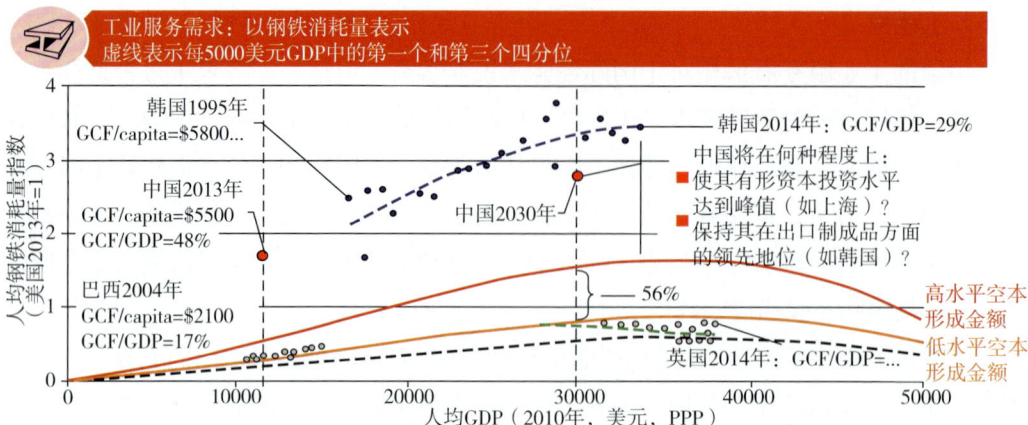

工业服务需求：以钢铁消耗量表示
虚线表示每5000美元GDP中的第一个和第三个四分位

图8　实物资本投资是中国工业能源需求轨迹的关键决定因素

注：GCF，资本形成总额 = 经济固定资产的总量变化。

资料来源：世界钢铁协会、IEA、世界银行。

3.建筑部门

预测显示中国的建筑能源服务需求到2030年基本没有增长，这与历史经验不符合。中国的光发射量（作为整体建筑能源服务的有效替代指标）预测值到2030年将低于国际经验水平。然而现阶段中国大多数城市的建筑用能和国际经验水平大体符合。和国际经验的偏差要么是因为效率，要么是因为经济活动发生了较大变化。例如，阿拉善的第二产业产出很高，导致人均GDP极高，但是由于收入大部分不在城市发生，建筑能源服务水平仍然很低。三亚相反。在三亚，旅游主导型经济的性质导致建筑能源服务与同等收入水平下的大多数国际经验不符。

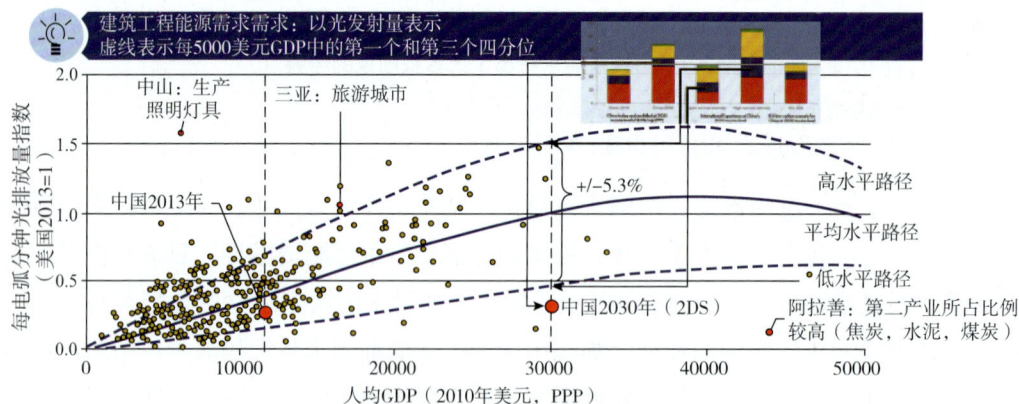

建筑工程能源需求需求：以光发射量表示
虚线表示每5000美元GDP中的第一个和第三个四分位

图9　中国的建筑能源服务需求与国际经验相符

注：光指数 = 每弧分平均光发射量/（人口密度）^0.5；中国2030，基于ETP照明能耗预测；大型石油生产国由于火炬而被排除在外。

资料来源：NOAA、IEA、SEDAC、北京城市实验室、Vivid Economics。

收入不平等可限制能源的获取，并导致在较高收入不平等在解释给定收入水平下高低服务路径之间的差异方面发挥着重要作用。在中国2013年的收入水平下尤其如此，收入不平等解释了建筑行业高低能源服务需求之间53%的差异。如果中国未来的发展伴随着收入平等的提升，那么其建筑能源服务需求水平将高于收入不平等情景下的需求。

4.农业部门

中国的农业服务需求与大多数国际经验相符，不管是现在还是未来，预计增长幅度非常小。农业服务中高路径与低路径之间的差异，主要归因于强烈的文化因素——在印度等素食国家，不太可能有高的肉类消费量，而在大多数南美国家，肉在饮食中所占比例高。尽管按绝对值计算，中国消耗了大量的肉类（占全球肉类消费的28%，全部猪肉消费的50%），但其人均消费量并未超出国际经验的高路径之外。联合国粮食及农业组织预计，截至2030年肉类消费量将不会大幅改变。这可能和肉类消费行为的导向有关，中国营养学会的公告可证实这一点[①]。

城市化使冷库供应链实现明显的规模经济，降低了肉类价格，并增加了肉类需求。推动城市化有助于市场需求集中化，从而支持大型冷库设施的固定资本支出。大型冷库设施可降低肉类生产商的运输成本。在较低的收入水平下，城市化的影响更明显：总体可支配收入较低时，肉类是奢侈品，价格差异可带来消费量的显著变化。在收入

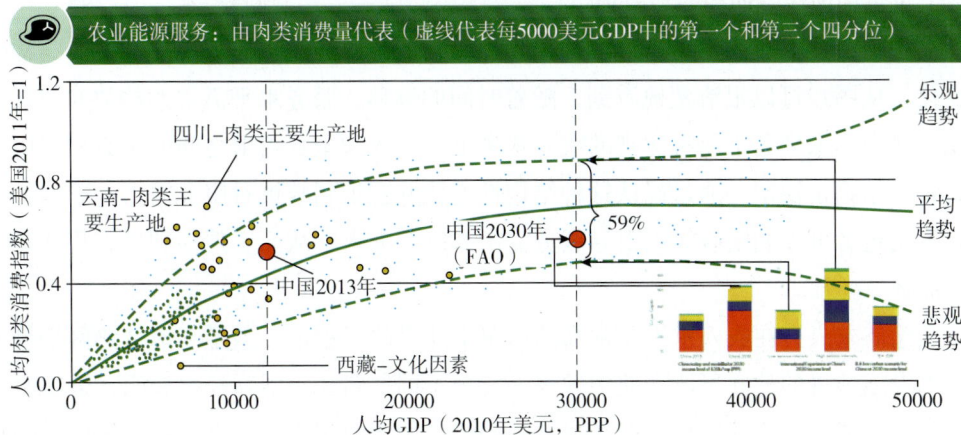

图10　中国肉类消费符合国际经验

注：省级肉类消费根据2011年消费量分配。

资料来源：FAO、IEA、中国国家统计局、NGOIC（2011）。

较高的情况下，肉类成为主要食物品种，对价格变动较不敏感。我们看到，当人均GDP为3万美元时，城市化高低水平之间的需求差异仅为高低需求路径之间差异的17%，而在中国当前的收入水平下则为39%。对于中国而言，一方面要了解城市化率在目前较高水平基础上进一步提高所造成的潜在影响，另一方面还需要了解收入增加对肉类消费态度的影响。

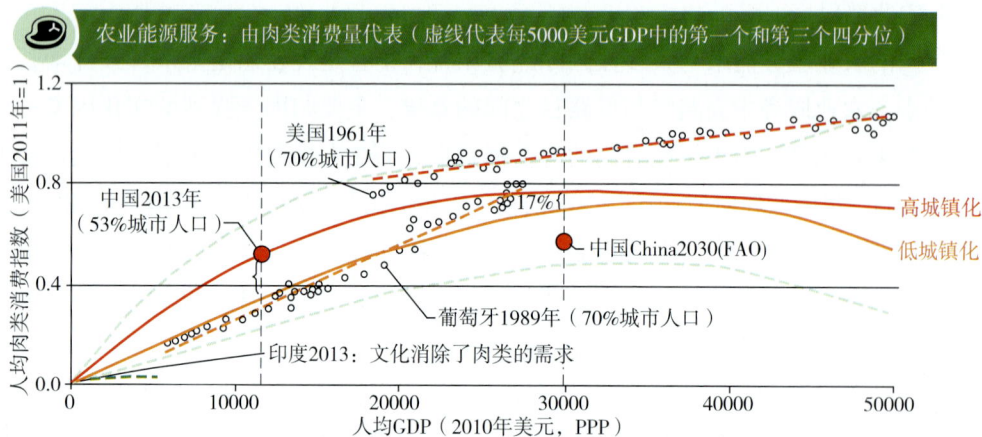

图11 城市化及其伴随的冷库供应链是肉类消费的关键驱动因素

资料来源：FAO、IEA、世界银行。

5.可供中国借鉴的经验与教训

在中国所处的收入水平下，根据国际经验，能源服务需求模式往往会发生结构性的变化。从图12可以很清楚地看到，随着时间的推移，服务水平需求的趋势并非保持不变：在中国未来若干年将达到的收入水平下，收入和服务需求之间的关系根据历史经验将开始趋于稳定。通过确认这种结构性变化并意识到政策对服务需求的影响，中国政策制定者可以制定政策来引导服务需求和能源需求，从而实现福利最大化并避免投资浪费。

运输需求只有在收入水平非常高的情况下才会趋于稳定，但是高速铁路网络等大型基础设施项目的建立可能会使中国走上完全不同的路径。国际经验表明，运输服务需求几乎与收入呈线性增长。但在将这一趋势应用于中国之前，有必要了解中国的独特性。中国是世界上高速铁路发展最快的国家。在2007年4月之前，原本还没有这项服务，但发展到今天，中国的高速铁路线路公里数已经超过了世界其他国家的总和。这样的基础设施发展水平会推动运输服务需求的上升，但也可能减少道路运输需求，从而提高该行业的能源效率。因此，当考虑在2摄氏度情景下采用什么服务需求路径时，有必要将中国的基础设施环境纳入考虑。此外，中国的历史经验表明，在短时间内大量部署基础设施投资可以促使服务需求的阶梯式变化发生。举例来说，中国已经修建了大量的机场，为能源密集的航空旅行的高速发展创造了可能。因此，对于中国未来的运输路径而言，国际经验也许并不是有效的预测参考因素。随着基础设施格局的变化，政策制定者应不断调整预期。

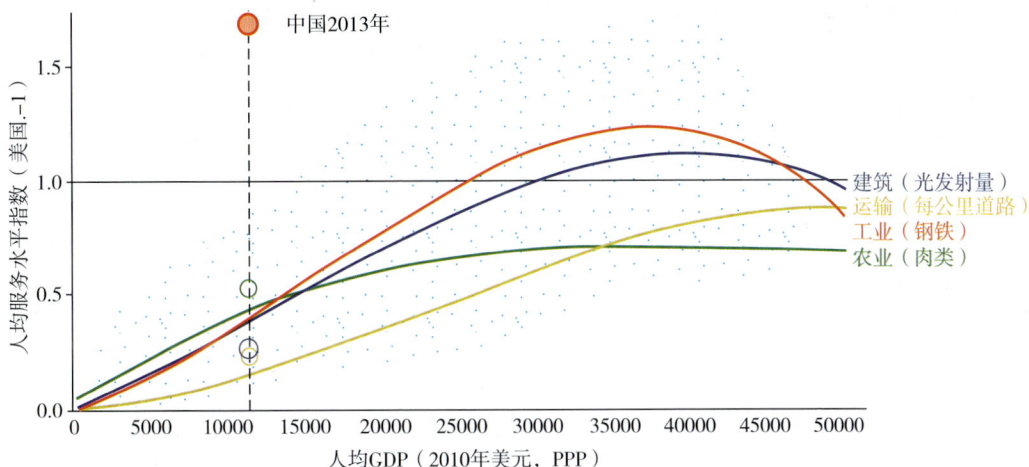

图12　对关键服务的需求随经济增长而不同

注：对于建筑、运输和工业领域，1等于美国2013年的人均服务水平；对于农业领域，1等于美国2011年的人均服务水平。P-km代表客公里数。

资料来源：IEA、NOAA、FAO、OECD、世界钢铁协会。

　　中国的工业能源需求相对于国际经验来说是非常高的，虽然新常态让我们对今后这一趋势是否会持续存疑。当前高水平的工业服务需求，在很大程度上归因于中国重型制造业和高水平固定资本积累的推动。但这种增长模式被广泛认为是不平衡和不可持续的。认识到这一点，转型侧重于将中国经济从重工业投资转向高附加值服务业。这表明工业服务需求的增长不会像以前那样持续下去。上海向服务型经济的转变及其这一转变导致相关服务需求的下降可供中国其他地区进行案例研究。但这一过程在全国范围内不会统一。一些地区有可能保留出口导向型重工业，而其他地区则可能转向服务型经济。这些发展路径之间的平衡，以及各地区与其资本存量峰值的接近程度，将决定中国未来的钢铁消耗水平，并因此决定工业能源需求水平。

　　由于户籍制度限制和社会服务支出水平较低，中国的城乡发展不太平衡，限制了建筑能源服务的需求。在新常态中强调更高质量的增长，在一定程度上涵盖了社会平等的考量。由于农村地区有更显著的福利和投资改善空间，其发展变化会更明显。这不仅会带来社会财富的增加，还可以减少经济发展不平等。建筑能源服务需求与发展平等之间的正相关的关系表明，中国建筑能源需求可能出现大幅上升，而这从其他方面考虑是无法预测到的。

农业能源服务需求将提前达到峰值，占总能源使用量的很小一部分。在中国当前的收入水平下，根据国际经验，伴随收入增长的肉类消费增长开始放缓。此外，农业用能在全球能源中比重很低。这些都使得这一领域不会在政策制定者的优先考虑范围内。然而，随着城市化进程的不断扩大及其推动的供应链日益成熟，农村地区肉类消费将可能增加，这需要相应的政策应对。对不同肉类的文化态度的转变，也可能推动整个能源系统发生意想不到的变化。牛肉消费目前仅占中国肉类消费的8%，其不断增长的需求量目前通过进口而非国内供应来满足。鉴于中国减少肉类消费以及减少畜牧业二氧化碳和甲烷排放量的目标，可能需要关注未来这个市场的供需双方将如何发展。

（二）能源载体

能源载体是指含有能量的燃料，可经由系统转化提供有用服务（例如光或热）或驱动物理过程（如驱动汽车）。常见的能源载体包括化石燃料、电力和生物燃料（例如木材）。

能量载体的"质量"可基于两个维度定义：

清洁度：在不产生局地污染物（通过PM10排放量来表示）的情况下提供能量的能力。

灵活性：能源载体所携带能量（焦耳）得以利用的便捷性和有效性。

国际经验表明，随着收入的增加，消费者不仅需要更多的能源，而且需要高质量的能源载体。虽然相对价格无疑对确定能源载体结构至关重要，但即使是拥有大量廉价、低质量燃料（如煤炭）的国家，在发展的同时也倾向于采用高质量的能源载体。这表明，随着收入的增加，消费者会优先考虑清洁度和灵活性等质量特征，并愿意为之买单。

对于一些行业而言，由于没有一种单一的载体可以同时实现质量两个维度的提升，因而载体的转型受到限制。而在单一载体可以同时实现清洁度和灵活性提升的行业，例如建筑行业的电力，转型就会迅速发生。相比之下，在所有载体都面临清洁度和灵活性之间取舍的部门，例如运输部门，改变是微不足道的。但同时应认识到，未来技术可能会消除现有的取舍关系，从而推动未来的能源载体转型。

本节在国际经验的基础上对不同部门如何转向高质量载体进行了阐述，并探讨了中国可能采取的潜在路径。分析表明，在中国消费者未来的收入水平下，相比于成本，清洁度和灵活性开始得到更多的关注。政策制定者必须了解这类载体的需求模式，因为有不少这样的载体供应成本会很高。如果消费者需求倾向于更清洁、更灵活的燃料，那么各国都应尽力摆脱不清洁、不灵活的载体结构。

我们对四个消费群体的国际能源载体发展模式进行了研究：运输、工业、建筑和发电。在每个群体中，采用一致的方法。

（1）收集不同行业能源载体的全球面板数据。

（2）对于每个行业，选择"灵活性"的适当定义，并针对各载体每焦耳能量确定清洁度和灵活性的固定系数。系数固定表明技术在不同时期和国家保持不变。

（3）观察并计算各行业、国家各个行业各个国家清洁度和灵活性的总体值，并标准化为样本平均值。

（4）将一个行业内的各质量维度平均线绘制为：通过所有数据点（跨所有国家和所有时期）的三度最佳拟合线。

（5）将数据以5000美元为单位分档，并标出各质量维度的上下四分位数据点。

（6）将高低路径最佳拟合线绘制为：跨各收入分档（以5000美元为单位）、通过能源载体质量的上下四分位数据点。

（7）标明中国当前的数值以及第三方对中国的2030年预测。

1.建筑部门

在建筑行业内，能源载体的灵活性以过量空气系数为替代指标。过量空气系数是指燃料有效燃烧所需的高于化学计量空气量比（燃料完全燃烧所需的绝对最小氧气量）的空气量，其作为将载体燃料转化为有用的能源服务（如供热）所需设备大小的替代指标。最灵活的载体是那些无须大型设备即可使用的载体，毕竟建筑内的空间有限。根据这一定义，电力是灵活的，而煤炭通常需要大量过量空气燃烧，以避免产生有害的一氧化碳，因而难以在建筑中使用。

在建筑行业，可以同时提高清洁度和灵活性，因此载体结构的变化已迅速发生。国际经验表明，随着收入的增加，建筑已快速转向电力和天然气。这是因为，电力和天然气在清洁度和灵活性方面优于其他可用的能量载体。在图13中，收入驱动载体质量两个维度的改进显而易见。在建筑领域向更高质量燃料的快速转型，比利时和英国是范例。

2.电力部门

电力部门的灵活性取决于不同发电方式的容量系数和传输基础设施成本。代表不同发电方式的时间和空间灵活性的复合系数，被用作电力部门载体灵活性的替代指标：

容量系数是指发电厂的实际产量相对于其全天候运行时潜在产量的比率，它体现了时间的灵活性，当装置在一段时间内无法持续地发电时，容量系数的值较低。因此，对于诸如太阳能和风能等可变的可再生能源而言，容量系数较低，而对于天然气发电这类技术，容量系数较高。为了体现在需要时拥有电力的价值，以可调度电力（在这里假定为天然气）的最低平准化成本（LCOE）对容量损失定价。系统成本代表了载体的空间灵活性，其替代指标是电力从发电机组转移至输电网的成本。可再生能源技术往往在系统成本方面表现较差，因为它们在空间上是分散的，并且可能需要大量的电网投资来配送电力。相比之下，大多数传统发电技术的系统成本较低。

在发电方面，可以在不影响灵活性的同时在清洁度上取得一些改善，但要在同时改进两个质量维度是不可能的。从图13可以看出，随着收入的增加，发电的清洁度呈现逐渐提高的趋势。这主要受天然气和核能机组推动——其污染物排放量仅是石油和煤炭发电的很小一部分。但清洁度的提高并不像我们在建筑行业看到的那样快速，因为转向更清洁的载体不具备类似的灵活性优势。尽管如此，也有非常快速完成转型的例外情况。法国在20世纪70年代实行梅斯梅尔计划（Messmer Plan），并迅速部署核能发电，实现了快速向更清洁能源的转变。

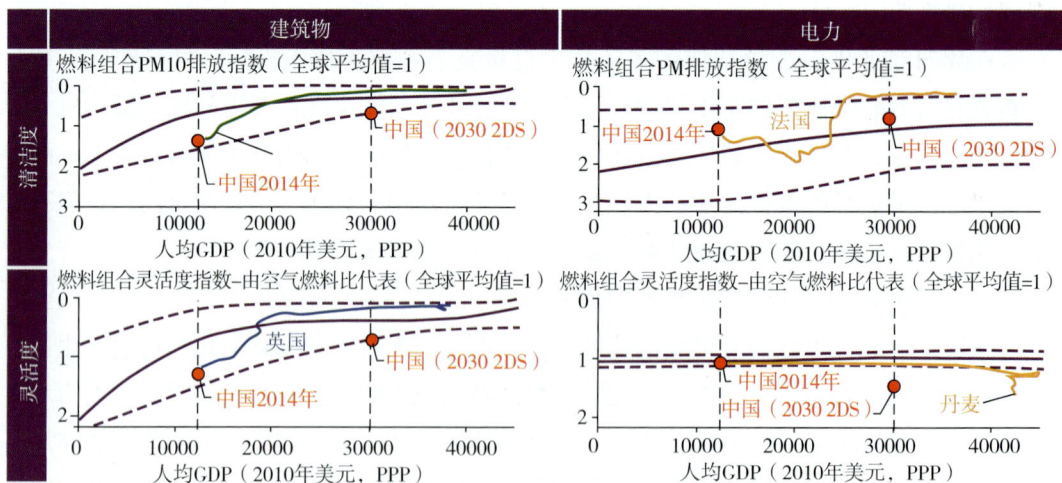

图13 当不存在权衡时，收入提高可推动燃油质量的提升

注：值越低，清洁度和灵活性越高——接近0表示改进。

资料来源：IEA、UK NAEI。

发电的灵活性与收入之间没有表现出任何明确的趋势，但如果可再生能源技术利用进一步普及或技术取得进步，这一情况可能会发生改变。国际经验表明，随着收入的增长，发电行业载体结构的灵活性将保持相对稳定。这主要是因为，大多数能源系统随着收入的增长仅单纯地扩大规模，而且各种传统技术的灵活性都差不多。但是，在大规模采用可再生能源的国家，灵活性出现骤降。丹麦的情况就是这样，

在1973年以后，丹麦的风力发电得到大幅度的普及。可再生能源的间歇性使得其并网成本高昂，因此灵活性系数较传统发电技术差了一个数量级。这凸显了清洁度和灵活性之间的取舍关系，这种取舍限制了可再生能源在全球范围内的使用。但是，如果电池技术进步，取舍得以消除，可再生能源发电的灵活性问题将得以解决，从而推动可再生能源的快速应用。反之，如果取舍仍然存在，而各国出于清洁性考虑转向可再生能源，那么随着收入的增加，灵活性可能开始呈现下降趋势，相关成本最终将转嫁到消费者一方。

3. 运输部门

在运输行业，清洁度和灵活性之间存在明显的取舍，从而阻碍燃料转型。自20世纪60年代以来，运输行业几乎没发生过燃料转型，石油继续在所有国家的运输能源使用中占据主导地位。尽管近期正在推动转向更清洁的能源载体，尤其是电力，但是现有清洁能源技术在灵活性上尚无法与石油匹敌。目前，即便是顶级的现代电动车，充电后的续航里程也只能达到350公里，而顶级的柴油车，加满油箱后的续航里程可超过1200公里。虽然电力相比任何其他载体具有更佳的转换效率，但电池的低能量密度使其灵活性只有柴油的十分之一，如图14所示。此外，充电站的数量相对加油站的不足也进一步限制了电动汽车的长途应用。在技术进步到不再需要在质量两个维度之间进行权衡之前，运输行业将可能继续以单一燃料为主。

由于不同的子行业出于不同的目的以不同的方式使用燃料，针对整个工业部门的灵活性难以界定。工业部门的灵活性系数是按计量方法推算的，采用固定效应回归模型，计算各子行业从煤炭转向其他能源载体（1%）获得的总附加值。但各工业子行业内部的流程范围，以及特定能源载体可同时用作原料和燃料，意味着很难为整个行业确定单一的优先顺序。

4. 钢铁行业

这是中国最大的工业子行业。这个行业中，电弧炉的应用在一定程度上提高了清洁度，且不影响灵活性。目前存在两种主要的钢铁制造形式：使用铁水作为原料的碱性氧气转炉；以及需要废钢的电弧炉。如果电力来自燃煤发电厂，要生产相同量的钢铁，电弧炉的煤炭消耗量仅为碱性氧气吹顶转炉炼钢法的五分之一——假设废钢没有

能源成本，而铁水需要使用焦炭进行提取。碱性氧气吹顶转炉炼钢法还会产生大量颗粒物污染，需要仔细收集和管理。对于初级钢铁生产，仍然存在清洁度和灵活性之间的权衡；而在回收钢的情况下，电力可以带来两个质量维度的改进。

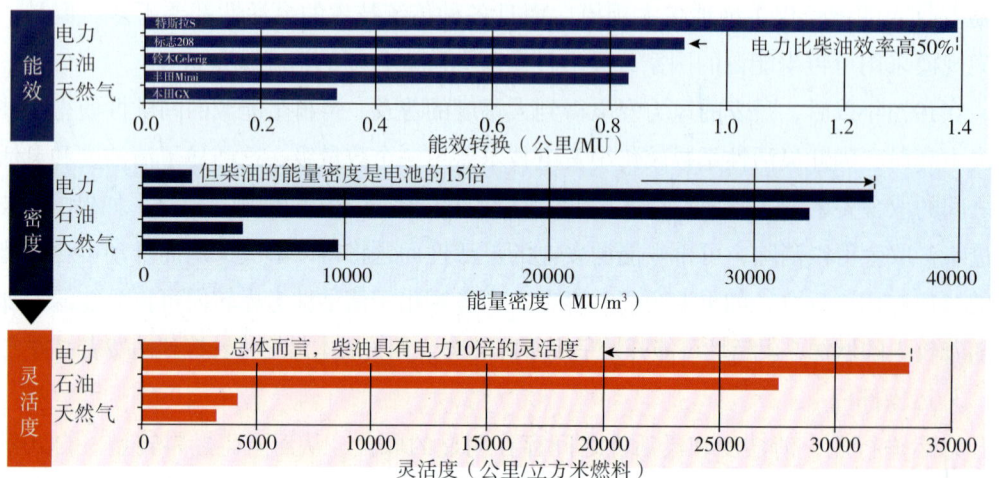

图14 电动运输的灵活度仍低于内燃机

资料来源：Next Green Car Ltd、伯明翰大学（燃料数据表）Staffell（2011）。

5.可供中国借鉴的经验与教训

国际经验表明，随着收入的增加，消费者转向高质量的能源载体，而未来技术的提高也可能进一步推动载体的转变。认识到这一点，就可以根据未来消费者的偏好调整能源系统，而不是将能源系统锁定在最终将减少福利的低质量载体上。但政策制定者应了解各行业特有的取舍问题，因为这可能导致基于需求驱动的能源载体转换的快慢。

中国目前靠近建筑行业两个质量维度的低路径，但由于其城市地区密度相对更高，其载体结构变化可能会比国际经验预期的速度更快。随着人口密度的增加，清洁度和灵活性在建筑行业变得更加重要。局部污染对整个地区存在负面外部效应，如果个人在一定程度上将这种污染外部效应内化，那么相比农村社区，人口高度集中的城市地区会更愿意为更为昂贵的清洁能源载体买单。此外，高成本的土地和相对较小的生活空间，如图15所示，将增加在密闭空间中更易于使用的灵活性高的燃料的价值。很难设想在未来的小城镇家庭中使用煤炭或木材供暖系统。因此，随着中国城镇化的进一步发展，建筑业中公众对更清洁、更灵活的能源载体的需求将可能增加，政策制定者应为此做好准备。

新建住房平均面积

美国：201m²

日本：95m²
中国：60m²
中国香港：45m²

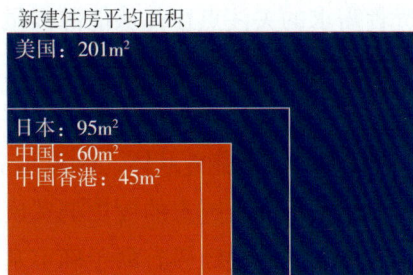

图15　中国新住宅的平均规模表明人口密度较高

中国的钢铁生产越来越倚重电力，其对电力系统的压力可能需要纳入规划。电弧炉的大型、动态负荷可能降低当地其他用户的电量品质。为此，发电厂应尽可能靠近电弧炉，以最大限度地减少诸如闪变等干扰。在钢铁制造业中，电力的应用近期发展很快，在2006～2014年期间翻了一番，目前占该行业能源消耗总量的18%。如果这种趋势继续下去，需要认真考虑如何调整电网以适应日益增长的电力需求。

中国的发电以煤为主，但随着太阳能发电装机容量和相关技术的提升，将可能建立起一个更清洁但灵活性更低的电力系统。在电力行业的清洁度方面，中国目前优于国际经验中的平均路径。水电占发电量的19%。尽管中国发电的73%目前是以煤炭为原料，但煤炭与一些国家采用重质燃料油进行发电相比，仍然是一种更清洁的载体。预计中国截至2030年将继续致力于提高清洁度，但是按照IEA的情景展望，这将付出灵活性的代价。

虽然中国大规模部署高速铁路，但道路车辆在运输能源消耗中仍然占据主导地位，而且几乎全部采用石油。在技术发展到可以放心地将替代燃料车辆用于长途运输前，运输行业不太可能出现任何剧烈的能源载体转变。虽然中国在2016年的全球电动汽车销量中占46%，该行业的发展仍然差强人意，仅占汽车销售总量的1.3%左右。

（四）结论

能源系统由能源需求驱动，而能源需求本身则由消费者需求驱动。为了确保政策的有效性，必须要认识到消费者需求的转变性质，并将其纳入考虑范畴。投资于不被需要的能源是对资源的滥用，而且会因为限制了未来消费者的选择而减少福利。

消费者需求是复杂的，不是简单地以最低成本获取最多能源数量。国际经验表明，收入的增加将改变能源服务消费者的需求，并允许他们为比现有燃料（例如煤炭）更清洁、更灵活的高质量载体买单。

随着收入的增加，消费者需求的关注点往往从能源数量转向能源质量，而中国可能在不久的将来会跨越这个拐点。从数量到质量的转变涉及服务需求的趋于稳定，但高质量燃料载体的使用量将上升。如果服务需求的驱动因素发生了很大的转变，或者技术发展推动在某行业内普遍转向高质量能源载体，能源体系就可能发生巨变。

因此，未来的能源需求不能基于一个国家的历史消费模式来预测，而应以国际经验为基础，同时兼顾当地实际情况。历史经验有助于确定基准趋势和一系列其他可能性，但不应被视为对未来准确预测的基础。特定地区情况如何自然演变或如何对新政策做出反应，将在很大程度上决定未来消费者的需求。例如，中国转向经济增长的新常态，将会减少能源密集型重工业的比重，并推进农村地区的城镇化进程。

但这些需求也可以通过政策来引导，以确保对资源和能源的有效利用或限制外部效应。经济结构和投资、人口密度、能源获取的平等性、清洁和灵活燃料的配套网络，以及推动能源质量普遍提高的配套技术，都可以改变消费者需求和偏好。推动能源服务需求有助于减轻长期的负面外部效应（例如气候变化），并且实现对资源的更有效利用，在提高效率的同时不危及福利。

经过通盘考虑能源服务需求趋势和向高品质燃料的转变，并利用政策引导需求，我们可以建立更加有效的能源体系。政策制定者应致力于设计一个能够满足未来消费者需求的能源系统，但同时应利用各种引导方式，避免不合理的能源消耗，实现气候目标和其他长远目标，并提高资源利用效率。

二、模型构建

（一）模型描述

本部分构建的能源–经济–排放（3E）系统集成模型是以新古典经济理论为基础的最优增长模型，同时也是遵循拉姆西法则的无穷生命周期代理（Infinite Lived Agent，ILA）模型（Duan等，2015）。它一方面遵循了传统自顶向下模型的投资、消费以及资本累计等刻画经济运行的模式，同时可以刻画更加丰富的技术内容，模型通过内嵌政策Logistic子模型来考察化石能源技术与多种新能源技术彼此间的交替演化（模型考察的技术对象除化石能源外，还包括核能、生物质能、水电、光伏太阳能、风能、地热能和海洋能等其他7种低碳/无碳能源），这使得其涵盖了更多自底向上的建模特征，继而便于研究各种无碳能源技术在减排背景下能源市场中的角色以及相应的减排贡献。丰富技术版块的另一优势是有助于我们将能源技术进步内生化，利用基于"干中学"

（Learning-by-Doing）的经验曲线方法来描述动态技术进步过程，这将大大减少技术外生所导致的模型结果的不确定性，从而增加计算结果的合理性。必须指出的是，本章构建的模型是一个区域单部门3E系统综合模型，除了能源部门外并不包括其他更多的产业结构划分，具体的模型架构和运行路线见图16。

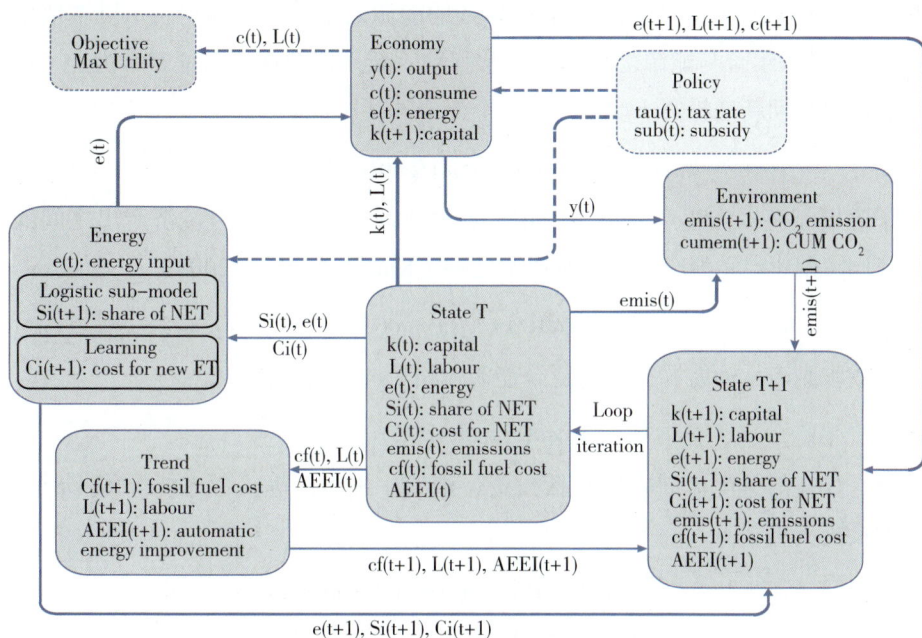

图16 最优增长3E系统集成模型框图

注：图中CUM表示累积碳排放，ET和NET分别代表能源技术和新能源技术。

模型假设存在一个具有前瞻性（forward-looking）中央计划人，它通过选择最优的投资、消费等决策变量路径来最大化全社会的福利（*Utility*，此处，福利主要通过人均消费（*c*来度量，因此，模型的目标函数可表示为：

$$Max \sum_t \left(L(t) \cdot \log\left(\frac{c(t)}{L(t)}\right) \prod_{v=0}^{t} \left(1+\sigma(v)\right)^{-1} \right) \tag{1}$$

其中*L*人口数，效用贴现因子通过时间偏好率*σ*度量，且

$$\sigma(t) = \sigma_0 \cdot e^{-d_\sigma \cdot t} \tag{2}$$

d_σ时间偏好率的年递减因子。

1.经济部门

模型的生产过程主要通过科布-道格拉斯（Cobb-Douglas）型的常弹性替代生产函

数（CES）来描述，投入因素包括资本（k_t）、劳动（L_t）以及能源（e_t），即：

$$y(t) = \left(\alpha(t)\left(k(t)^\gamma \cdot L(t)^{1-\gamma} \right)^\rho + \beta(t)e(t)^\rho \right)^{1/\rho} \tag{3}$$

其中，$y(t)$ 示产出，α 示资本与劳动力组合中的技术进步水平，β 画自动的能源技术进步水平，即包括所有非价格因素所导致的能源效率改进。$\gamma\rho$ 别表示资本值份额以及资本–劳动投入组合与能源之间的替代常弹性。新一期的资本存量表示为上一期资本贴现存量加上当期新增投资（i），

$$k(t+1) = (1-\delta)k(t) + i(t+1) \tag{4}$$

为了方模型将国内生产总值（GDP）表示便刻画能源投入与经济产出之间的双向关系，我们将GDP定义为产出与能源成本之差（Kumbaroglu等，2008）：

$$gdp(t) = y(t) - ec(t) \tag{5}$$

能源成本则表示为能源投入与复合能源价格（pe）的乘积，即：

$$ec(t) = e(t)pe(t) \tag{6}$$

此外，GDP的分配流向主要包括投资、消费、进出口等（考虑能源R&D时还包括总的研发投资支出）：

$$gdp(t) = i(t) + c(t) + x(t) - m(t) \tag{7}$$

其中，xm 别表示出口和进口。同时，根据中国历史进出口状况，模型还设定了出口占GDP的比重下限（θ_1）和进口占GDP比重的上限（θ_2），

$$x(t) \geqslant \theta_1 gdp(t) \tag{8}$$

$$m(t) \leqslant \theta_1 gdp(t) \tag{9}$$

2.能源部门

政策干预的多重Logistic曲线是本模型能源模块的核心部分。通过嵌入该模型，我们能够丰富传统能源–经济内生增长模型的技术细节，便于自底向上地研究多种能源技术间的替代演变以及碳税和可再生能源补贴等环境政策对经济、能源系统的影响。经典的Logistic模型可表示为：

$$\frac{ds_i(t)}{dt} = a_i s_i(t)\left(1 - \sum_i s_i(t) \right) \tag{10}$$

其中，s_i 能源技术在市场中的份额，a_i 替代参数。显然，上述模型中为无法考虑各种资源的潜力，同时也无法考虑政策激励对能源技术演变的影响。有鉴于此，该模型

被进一步改进为：

$$\frac{ds_i(t)}{dp_i(t)} = a_i s_i(t)\left(\hat{s}_i\left(1+s_i(t)-\sum_i s_i(t)\right)-s_i(t)\right) \tag{11}$$

且

$$p_i(t) = \frac{c_f(t)(1+\tau(t))}{c_i(t)(1-\eta_i(t))} \tag{12}$$

此时，模型左侧份额关于时间的变化修改为了份额关于相对价格p_i变化，且p_i示为参照技术（一般选择化石能源技术，例如煤炭为参照技术）与新能源技术的价格比值。通过这种方式，我们还引入了碳税从价税率τ可再生能源补贴率η_i政策变量，从而，该价格比值囊括了环境政策对相对价格变动的影响。显然，价格比值除了受到双方价格变化的影响之外，还受到碳税和补贴政策的影响，当碳税税率或者补贴率增加时，相对价格比值将变大，继而促进无碳新能源对传统化石能源的替代。同时，各种能源技术在市场中的潜力可通过参数$\hat{s}_i$表示。显然，$0 \leq s_i(t) \leq \hat{s}_i \leq 1$

有限差分方程常常比连续微分方程更加容易数值迭代求解，为此，在模型计算时，我们将（11）式差分为下列形式：

$$s_i(t+1) = s_i(t) + a_i s_i(t)\left(\hat{s}_i\left(1+s_i(t)-\sum_i s_i(t)\right)-s_i(t)\right)(p_i(t+1)-p_i(t)) \tag{13}$$

模型中的新能源成本主要通过"边做边学"的经验曲线来刻画，即各种技术的单位成本将随着其累计装机容量的增加而下降，即（Arrow，1962）：

$$c_i(t) = c_i(0)\left(\frac{kdg_i(t)}{kdg_i(0)}\right)^{-b_i} \tag{14}$$

式中c_i（0）初始能源成本，kdg_i第i技术的知识存量，在模型中一般通过累积装机容量的大小来表征，即新一期的知识存量将等于上一期的知识累积扣除知识过时因素之后与该种技术当期新增装机的和，

$$kdg_i(t+1) = (1-\psi)kdg_i(t) + s_i(t+1)e(t+1) \tag{15}$$

ψ知识折旧率（也称过时率）。（14）式中参数b_i学习指数，它与一般意义上学习率（lr_i）的关系如下：

$$1 - lr_i = 2^{-b_i} \tag{16}$$

而学习率一般定义为累积生产或者装机容量翻倍时成本下降的比率。另外，模型对化石能源价格变化的处理比较简单，假设未来化石能源的价格由于资源稀缺性以及能源进口不稳定等因素的增加而呈递增趋势，继而通过设定年均增长率的形式来外生给定。因此，我们可以以各种能源品种在一次能源消费中所占份额为比重进行加权来得到能源品的复合价格，即：

$$pe(t) = cf\left(1 - \sum_i s_i(t)\right)(1 + \tau(t)) + \sum_i s_i(t)c_i(t)(1 - \eta_i(t)) \qquad (17)$$

3. 排放模块

气候变化是全球性问题，区域碳排放对大气浓度和全球气温升高的影响存在诸多不确定性，且环境损失（尤其是非市场化损失）很难准确度量，因此，模型对传统综合评估模型（IAM）的环境板块进行了简化，仅考虑生产活动产生的人为二氧化碳排放以及考虑自然净排放因素的累积排放，不考虑排放所造成的温室效应对生产活动所产生的反馈影响。排放方程见式（18）：

$$emis(t) = \xi_f s_f e(t) + natem(t) \qquad (18)$$

其中$emis$（t）人为排放，即化石能源消费量与碳排放因子ξ_f乘积。s_f（t）化石能源的消费份额，且

$$s_f(t) = 1 - \sum_i s_i(t) \qquad (19)$$

$natem$（t）示中国所属陆地和海洋每年的自然排放量。从而，每年的累积碳排放$cumem$（t）表示为：

$$cumem(t+1) = (1 - sr)cumem(t) + emis(t+1) \qquad (20)$$

其中参数sr二氧化碳的自然沉降率。

（二）数据处理与参数估计

本部分构建的模型是一个中国单区域跨期动态优化模型，模型选取2010年为初始年份，每5年为一期，政策考察年限为2015年至2050年。根据国家统计局的最新数据，截至2010年底中国的总人口数为13.41亿（中国统计年鉴，2011）。同时，根据门可佩等人关于中国未来人口预测的研究以及综合世界银行（World Bank）对中国人口预测的结果，我们假定中国的人口峰值为14.7亿。其他关键的宏观经济初值和参数值见表1。

表1 主要宏观经济初值与关键参数值假设

名称	数值	来源
GDP（gdp）	40.12	中国统计年鉴2011，单位：万亿人民币
投资（i）	27.71	
消费（c）	13.33	
出口（x）	10.70	
进口（m）	9.47	
初始时间偏好率（σ）	0.03	参考DICE和RICE模型中关于世界平均水平的设定（Nordhaus，2007）
时间偏好年递减率（d_σ）	0.3%	
资本折旧率（δ）	5%	Nordhaus和Yang（1996），Gerlagh等（2004）和Pop（2004）设定为7%，Kumbaroglu等（2008）设定为3%，据此，我们假设每年的资本折旧率为5%
资本值份额（γ）	0.31	参考Nordhaus（2007），Gerlagh等（2004）
替代弹性（ρ）	0.40	
初始AEEI	0.70	参考DICE和RICE模型中关于世界平均水平的设定（Nordhaus，2007）
AEEI年递减率	0.2%	
出口占GDP下限（θ_1）	0.40	根据1995～2011年中国实际进、出口所占份额数据设定（中国统计年鉴，1995～2011）
进口占GDP上限（θ_2）	0.30	
碳排放因子（ζ^2）	0.645	IPCC《国家温室气体排放清单指南》核算法

模型除考虑煤炭、石油和天然气等化石能源外，还考察了生物质能、核能、水电、地热能、光伏太阳能、风能和海洋能等7种非化石能源。各种能源的基年消费量采用2011年统计年鉴关于发电煤耗法计算数据，详见表2。

初始能源成本是较难获取的数据。为便于模型量化考量，我们选取的成本均为各种能源单位利用的终端使用成本，单位为元RMB/吨标煤。化石能源成本是分别根据国内煤炭价格、国际原油价格和天然气进口价格平均得来，而新能源技术使用成本则随着装机规模、技术水平以及利用方式等的不同而差异很大，根据Anderson等（2003）和Gerlagh等（2004），以及中国能源与碳排放课题组（2009）发布的《2050年能源报告》中对各种可再生能源和新能源技术的成本波动幅度估计结果，我们综合给出各种能源的初始利用成本，如表2所示。

表2 初始技术份额、能源成本以及技术替代率与学习率

	能源技术份额（%）	初始成本（元/吨标煤）	技术替代能力系数	新能源技术进步率（%）
煤炭	66.32	2034.17	—	—
石油	19.1	3336.05	9.5	—
天然气	5.9	1505.29	9.0	—
水电	7.10	1627.34	7.5	0.970

续表

	能源技术份额（%）	初始成本（元/吨标煤）	技术替代能力系数	新能源技术进步率（%）
核电	0.73	4068.35	9.0	0.940
风电	0.19	4475.18	6.3	0.885
光伏	2.73E-4	16273.39	5.5	0.785
生物质	0.57	8136.70	4.3	0.920
海洋能	2.60E-5	9764.04	4.0	0.795
地热能	0.0797	8950.37	4.0	0.870

特别地，本模型中风能仅考虑电力用途，且不区分陆上风电与海上风电。光伏太阳能与海洋能也仅考虑电力用途，而生物质能与地热能则同时考虑了电力用能与非电力用能，且以非电力用途为主。此外，由于缺乏系统介绍可再生能源数据的官方资料，我们的数据多以中国能源统计年鉴（2011）、电力监管年度报告（2010）和WEC能源资源统计（2010）为基础估计而得。由于中国可再生能源消费在一次能源消费中的比重非常小，所以模型结果对这些初始数据并不敏感。

政策Logistic模型中的替代参数和技术学习率见表2。政策Logistic模型中的替代参数是影响能源间替代的关键参数。关于该参数取值，我们主要参考Anderson等（2003）。Anderson等重点对这一模型的非线性行为进行了探讨，且在二维方程组的情况下讨论了该替代参数与相对价格的分布方差间的关系，以及取值参考依据，模型的能源结构及技术间的替代关系如图17。学习率是表征新能源技术进步和成本演化的重要参数。McDonald和Schrattenholzer（2001）最早对多种能源技术的技术进步率进行了初步估计，随后，Kumbaroglu等（2008）、Rout等（2009）和Rubin等（2015）进一步对更新的研究估计进行了系统综述。总体而言，对于新发展的技术，其技术进步空间较大，因而相应的学习率也相应较高，可达到12.9%~18.7%；对于较为成熟的技术而言，其学习率略低，约为9.8%~12.9%；而对于发展基本完善的技术而言，其技术进步的空间相对较小，其学习率也最低，一般为7%左右。

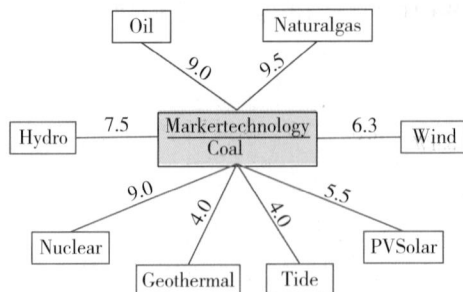

图17 能源结构与技术替代关系

（三）基线结果（Baseline results）

从模拟结果来看，中国未来经济将持续稳定增长，尽管增速逐步放缓。具体来看，2030年中国的经济总量将从2015年的8.7万亿美元增长到20.5万亿美元，到2050年，这一数值将接近2015年的5倍（图18）。但未来的经济增速很难保持当前的水平，事实上，相较于"十二五"期间接近8%的年均增速，"十三五"期间预期的年均经济增速将降至6.6%左右，而到2040年和2050年，这一数值将进一步降到4%和2.86%。

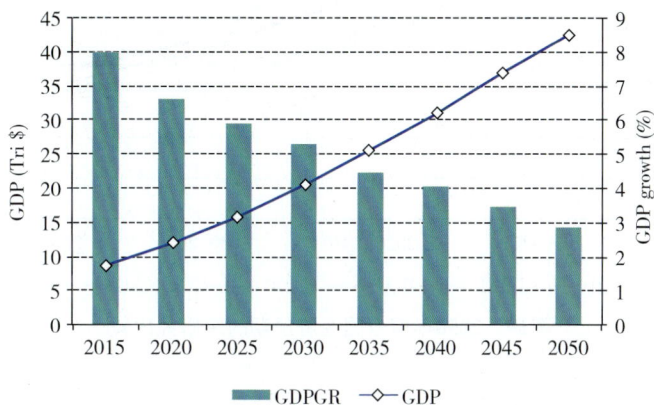

图18　基线情景下中国的宏观经济发展状况

为了验证本模型预估的经济发展状况的合理性，我们将相应的结果与当前具有代表性的研究机构对中国未来经济发展的预期进行对比，如图19。从图中可以看出，与各机构给出的经济增长预期相比，我们的结果处于相对居中的位置。特别地，发改委能源研究所对未来中国经济发展情势较为乐观，认为2020年之前，中国的宏观经济仍然有8%的稳定增长潜力，即使是2020～2030年，其预期的年均经济增速仍然高达7.1%（ERI，2009）；而劳伦斯伯克利国家实验室对2020年前中国经济增长形势也较为看好，认为相应的年均增速可达7.8%（Zhou等，2013）。相比较而言，IEA和清华大学给出的经济增长预期显著偏低，2030年前的年均GDP增速分别为5.5%和6.2%（IEA，2010）。实际上，清华大学在其研究报告中给出了乐观、中等和悲观三种情形下的经济增长预期，这里我们仅选取了中度情景进行对比（Tsinghua University，2014）。

图20描绘了基线情景下，中国未来的能源消费状况和碳排放预期。从一次能源需求（TPED）的动态轨迹来看，尽管未来能源需求的总量仍在相当长时期内保持增长态势，但增速已显著放缓。2020年的能源需求约为45.3亿吨标煤，到2040年，能源需求总量将较2015年翻倍，达到63.5亿吨标煤，这一结果与何建坤（2013）给出的研究结论相

一致。而从排放的结果来看，基线情景下中国未来的CO_2排放将在2040年左右达峰，峰值水平约为3.17 GtC（约合116亿吨CO_2）。由此可见，在无碳税或碳交易等减排政策干预下，中国政府承诺的2030年碳排放达峰目标很难如期达成。

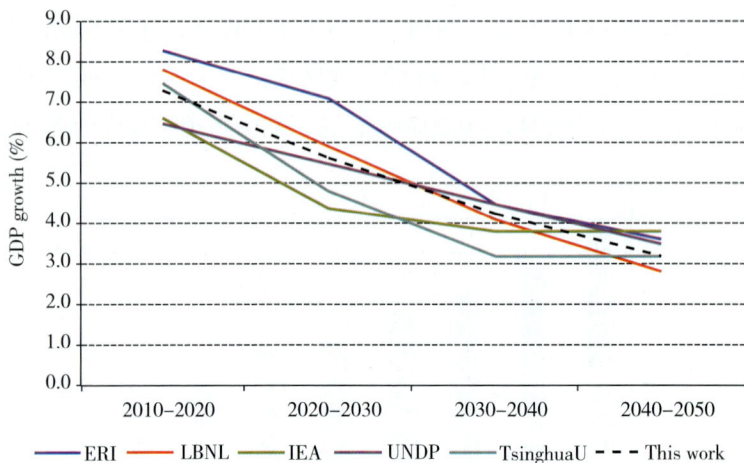

图19　2050年前中国经济预期的跨研究比较

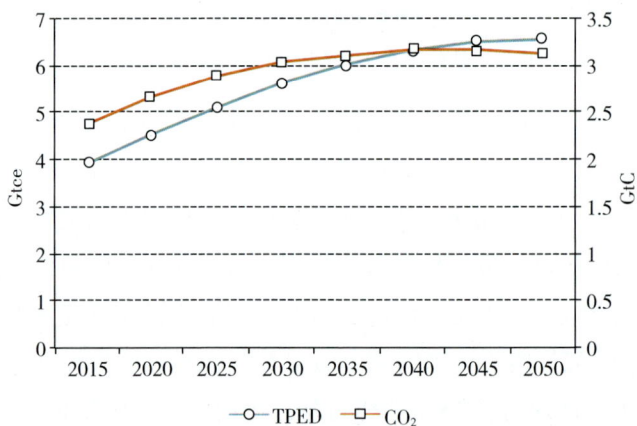

图20　基线情景下的能源需求与碳排放轨迹

（四）能源结构演变与非化石能源发展

由于未来传统能源的结构调整以及化石能源与新能源技术间的替代演变关系除了受技术发展内在规律的约束，还在很大程度上取决于激励政策的影响，故此，我们设计了三种针对非化石能源技术发展的激励政策情景（模型中主要通过能源补贴政策来实施），即保守情景（Conservative scenario）、适度情景（Moderate scenario）和乐观情景（Optimistic scenario）。本节我们将重点考察不同力度的激励政策情景下未来能源结构的动态演变趋势，特别是分析多重非化石能源技术的长期发展路径。

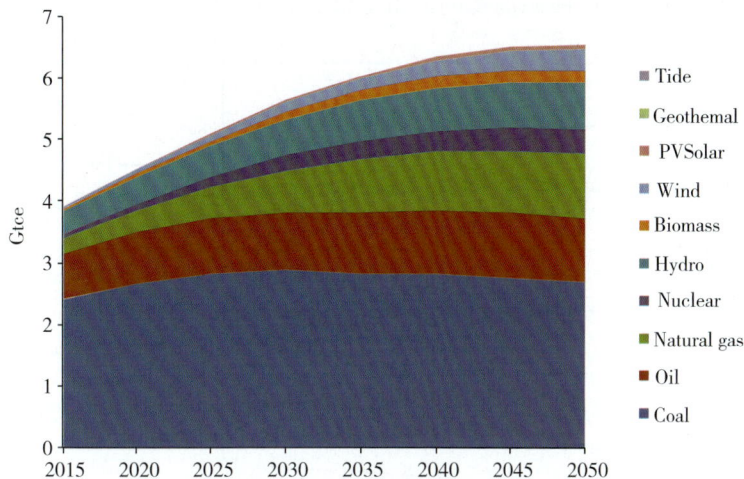

图21　适度情景下的能源结构

图21展示了适度情景下能源结构的动态演变趋势，以不同能源品种的需求量来表示。从图中不难看出，直到2050年，煤炭始终是能源消费的主力，尽管其在一次能源消费中的比重逐年递减。事实上，适度情景下，即使到2050年，煤炭占一次能源消费的比重依然高达41.2%。相较而言，石油的消费份额较为稳定，一方面，石油的资源储量决定了其未来增长的潜力十分有限，另一方面，经济发展对石油的依赖以及相关产业惯性也使得其消费份额并没有受到新能源发展过多的挤压，到2050年，相应的消费份额较2015年下降3.3%左右。此外，天然气的消费总量将呈现显著的增长，图中结果显示，将从2015年的2.6亿吨标煤增长至2030年的6.7亿吨，相应的消费份额也增至12%。

从非化石能源技术的发展状况来看，适度政策激励下，水电和核电依然在未来中国非化石能源消费中占充分的主导地位，到世纪中叶，其占一次能源消费的份额将分别为10.5%和4.1%（图22）。除此之外，备受期待的风电和光伏太阳能技术的发展也较为显著，特别是风电，2025年以后将呈现出快速的发展，到2050年，其消费量将达到3.49亿吨标煤，对应的消费份额为5.3%（图22）。从非化石能源总体发展情况看，适度情景下，非化石能源占一次能源消费的比重达到了20%，也即国家承诺的2030年非化石能源发展目标可以如期实现，到2050年，在风电、生物质和光伏太阳能技术的强势发展下，相应的份额将进一步增至27%。值得指出的是，非化石能源份额的快速增加依然主要得益于水电和核电等传统新能源技术的贡献，而非水可再生能源的整体贡献依然处在较低的水平，例如，到2050年，非水可再生能源的消费份额仅为15.2%，而非水非核的可再生能源占一次能源消费的比重更低，仅为9.4%。

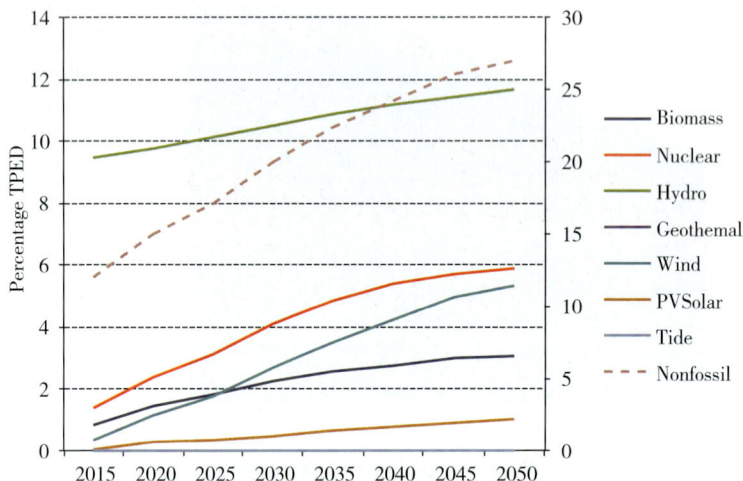

图22　适度情景下的能源技术份额路径

　　不同政策情景下，各主要能源技术的发展状况（以各种能源消费量占总TPED的份额演变状况来表征）如图23所示。从对政策的敏感度来看，风能和太阳能技术对激励政策的敏感度最高，这也暗示了两者在未来存在较大的发展空间和潜力。从结果上看，乐观情景下，风电的消费份额最高达8.6%，这一数值较保守情景高出近6.3%；类似的，乐观情景下光伏太阳能技术的发展十分显著，2030年其消费份额将接近0.75%，到2050年，这一数值进一步升至1.59%，而保守情景下相应的结果仅为0.51%，两者相差超过1%。在各种非化石能源技术的发展支撑下，非化石能源的总消费量得到快速增长，适度情景下，国家提出的2030年比重达到20%的目标可以如期完成，而乐观情景下，相应的数值将达到22%，到2050年，非化石能源比重较适度情景和保守情景分别增加约4%和8%，达到31.2%，这也与何建坤（2011）中的研究预期基本相符。在非化石能源技术的显著发展下，煤炭的消费份额得以不断挤压，尽管在保守和适度情景下，煤炭在2030年的消费份额依然在50%以上，但在乐观情景下，2030年的煤炭份额将降至49%，而到2050年，这一数值进一步降至40%以下，为37.1%，该结果也与当前关于煤炭消费份额中长期演变的主流观点相呼应。

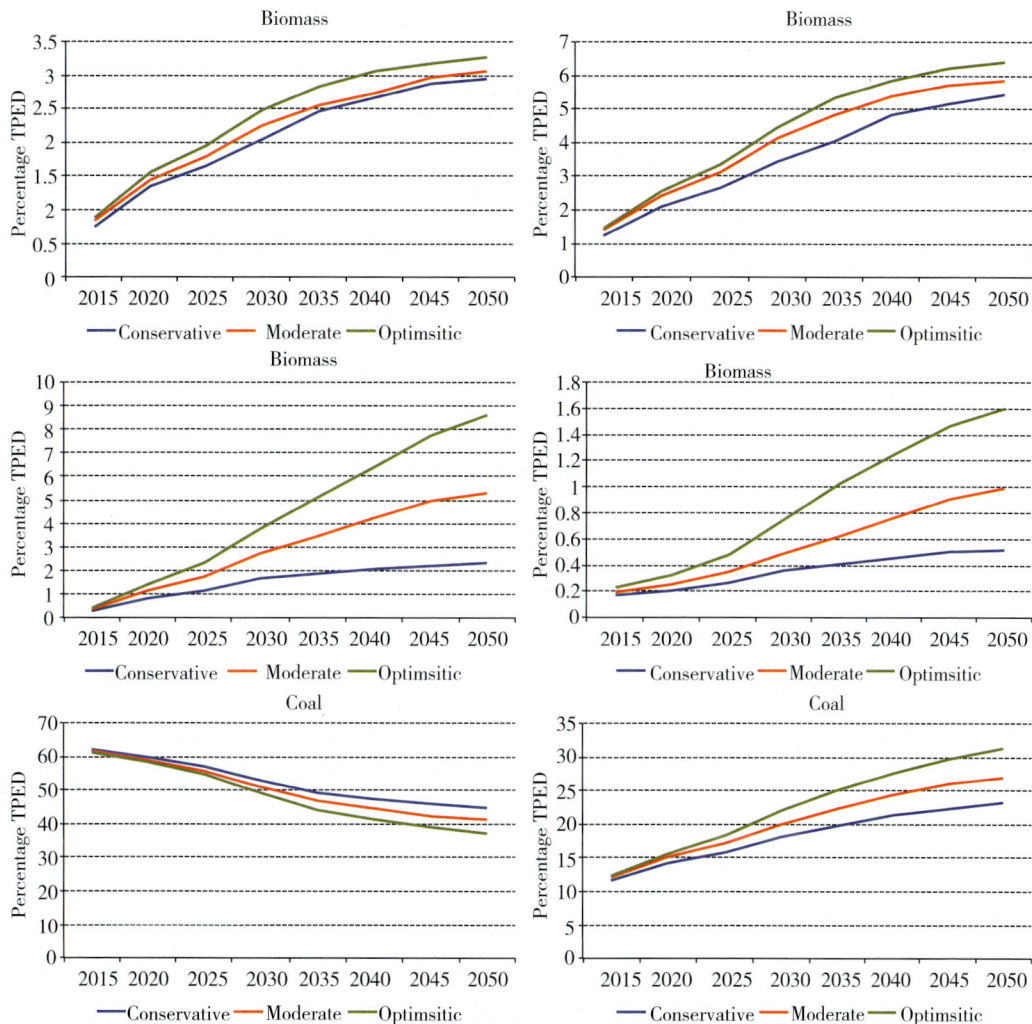

图23　不同政策激励对多重能源技术发展演变的影响

最后，我们简单分析下能源技术发展对未来碳排放路径的影响，如图24。显然，政策对技术的发展激励，最终也会对碳排放产生较为显著的影响。一方面，在乐观的技术发展情景下，会对碳排放轨迹产生整体拉低效果，即排放总量会下降，特别在技术发展较好的考察后期而言；另一方面，积极的技术发展还有助于排放尽早达峰。图9的结果显示，乐观情景下，尽管国家承诺的排放于2030年达峰的目标并未达成，但较保守和适度情景，碳排放达峰的时间将提前至2035年左右，且对应的峰值水平降至3.06 GtC（约合112亿吨CO_2）。

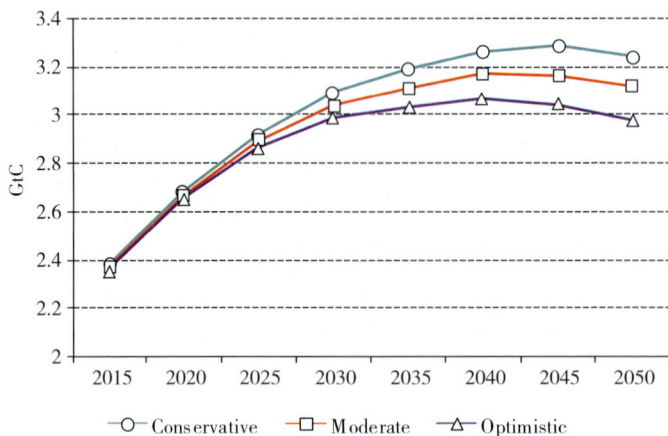

图24　非化石能源技术发展对碳排放路径的影响

（五）能源发展与气候变化：政策优化与选择

政策之于具体能源和减排目标的重要性已引起了国内外学者的广泛兴趣，特别是基于政策选择的情景分析以及相应的政策成本评估（Duan et al.，2013；张小锋和张斌，2016）。何建坤（2013）建立了我国CO_2排放如期的达峰的低碳情景指标体系，给出了实现碳排放达峰目标的两个必要条件。事实上，具体的政策情景包括诸多关键因素的设置，包括经济转型、能效改进、核电和可再生能源等非化石能源技术发展、碳捕获与封存（CCS）技术扩散，以及低碳生活方式的转变等，而在积极的组合政策作用下，我国能源活动相关的碳排放可以在2025年之前，甚至更早达到峰值（姜克隽等，2016）。总体上看，当前的减排努力程度不足以保证2030年碳排放达峰和非化石能源20%的发展目标的实现，未来进一步引入能效改进、可再生能源激励以及减碳等强化政策十分必要。

1.政策体系设计与基本假设

碳定价机制是国际上广为应用的应对碳减排挑战的政策手段，也是当前我国实现2030年排放达峰目标将重点依托的政策选项。一般而言，碳定价机制包括碳排放权交易和碳税两种，前者通过总量控制来实现，而后者则以价格调整为特征；而从理论上来看，均衡的碳交易市场价格与最优碳税水平是等同的，这意味着在一定的条件下碳税与碳排放交易在减排方面可以达到同等的政策效果。基于此，在本文的模型模拟过程中，碳排放的控制主要是通过内生碳税的引入来实现的。单纯的减碳政策对新能源技术发展的激励效果十分有限，尤其在中短期，此时，针对性补贴（从价）是促进新能源技术市场扩散必不可少的政策选择（Duan et al.，2013）。因此，我们将非化石能源补贴作为继碳税之后的第二类内生变量考虑到模型的优化过程中，以充分分析政策协调和优化对我国INDC目标达成的影响。

内生碳税路径的优化要求设定外生的排放总量限额（CAP），本文选择的排放限额主要以全球2℃温控目标下中国可能的排放空间分配方案为参考。具体来看，Raupach等（2014）给出了2℃温控目标下基于公平性、历史排放惯性以及混合原则的世界各主要国家和地区的排放空间分配方案；就代表性的祖父制原则而言，中国2050年前累积的排放空间约为1055.5亿吨碳，这一结果与丁仲礼等（2009）的估算结果基本一致。为此，我们将该估算值设定为外生的排放总量限额。

模型优化过程中我们假设碳税收入总是足以补偿补贴成本，而不同的政策组合选择则通过调整全模拟期（2010~2050年）累计碳税与补贴的比值来实现。在计算碳税和补贴的累计数值时，我们根据国际估算惯例，取贴现率为5%，同时也与本文模型的资本折旧率取值保持一致（Duan et al.，2013；Tavoni et al.，2014）。这里的累计碳税是对煤炭、石油和天然气三种化石能源征收的碳税的累计值之和，而累计补贴则通过加总CE3METL所考虑的7种非化石能源技术各自的补贴累计值得来。

2.INDC目标与政策优化分析

这里的政策优化结果主要涉及：政策优化选择对2030年碳排放达峰目标和非化石能源发展目标的影响，政策影响下两个目标达成过程中的协调关系，以及政策组合优化对宏观经济政策成本的影响等。

围绕碳排放达峰和非化石能源发展目标进行政策优化时，实施碳定价政策带来的税收收入远大于补贴非化石能源技术发展所需的支出，图25的结果显示，要实现碳排放于2030年达峰的目标，累计碳税与补贴的比值将大于4。一方面，模型对应现实的设置直接导致了碳定价政策收入大于补贴成本的结果，这意味着系统不需要调用碳定价收入以外的其他资金来填补补贴支出缺口；另一方面，累计碳定价收入与累计补贴支出的大比值与严格的排放控制目标（即2030年碳排放达峰目标）紧密相关。总体上看，碳定价政策较补贴政策力度越大，碳排放提早达峰的可能性也越大，例如：要使碳排放在2025年前后达峰，累积碳定价收入较累计补贴的比值将大于5.5。从图25还可以看出，高、底不同的政策组合力度下，碳排放2030年达峰的目标均可能实现，而其中的差异主要体现在不同的峰值水平上；一般而言，碳定价政策作用越强，相应的达峰峰值越小。例如：在碳税补贴比值为4.5和5.4时，碳排放均可在2030年左右达到峰值，但对应前者的峰值水平为103亿吨CO$_2$，而后者则不足100亿吨。因此，在实际讨论排放达峰目标的实现情况时，不仅要充分重视政策的优化和选择，还需关注具体峰值水平的差异。

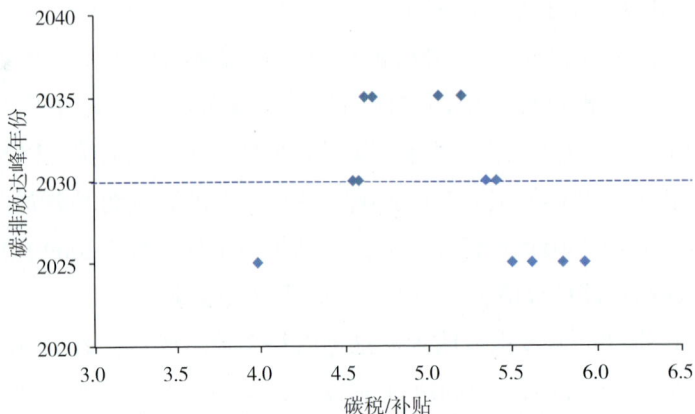

图25　政策优化选择与碳排放达峰目标间的关系

相比较而言，非化石能源发展受补贴政策的影响更为显著。研究表明，政策组合中补贴的作用力度越大，非化石能源技术发展速度越快；具体表现为，随着碳税/补贴比值的下降，非化石能源消费份额稳步提高（图26）。结果显示，当碳税/补贴比值高于5.5时，2030年我国的非化石能源占比普遍低于17%；而当该比值接近4.5时，可实现非化石能源占一次能源消费份额的比重大于或等于20%的目标。特别地，当补贴政策的作用进一步强化，累计碳税与补贴的比值低于4时，非化石能源的消费比例将高于22%。由此可见，要同时实现2030年碳排放达峰和非化石能源发展目标，我们应充分考虑碳定价和补贴政策的差异化作用，同时协调两个目标达成难度间的关系。

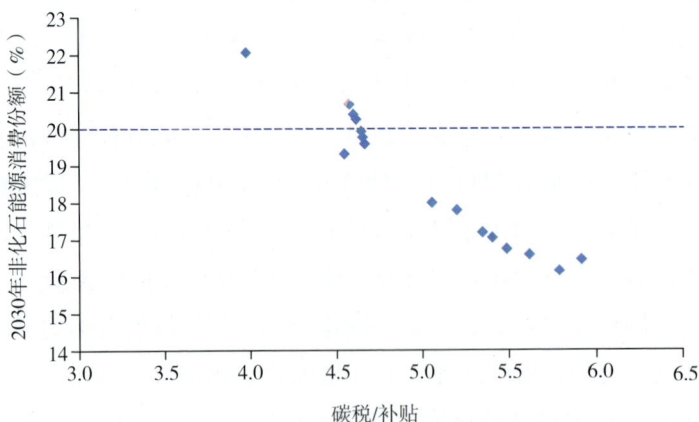

图26　政策优化选择与非化石能源发展目标间的关系

政策优化组合与选择的背景下，碳排放达峰目标与非化石能源发展目标间可能的关系如图27所示。具体而言，这种潜在关系可以从两个维度来分析：一方面，多数情况下这两个目标的实现过程是冲突的，即控排或达峰目标越宽松，非化石能源发展目标的达成可能性越大，反之亦然。这是由于宽松的控排目标降低了系统优化过程对碳定价的需求，继而提高了政策组合中补贴政策的作用力度，而补贴对非化石能源发展的激励效果更为显著。另一方面，碳排放达峰和非化石能源发展目标间也存在潜在的协同关系，这表现为在一定的政策组合作用下，两个目标可同时实现。特别地，当补贴政策的作用力度足够大时，其不仅可以促进非化石能源技术的显著发展，进而保证非化石能源比例目标的顺利达成，还可以在很大程度上替代碳定价政策的减排效力，促进碳排放路径尽早达峰。如图27的结果指出，当累计定价与补贴的比值低至3.9时，可使我国的CO_2排放达峰时间点提前至2025年前后，同时非化石能源消费比例超过22%。

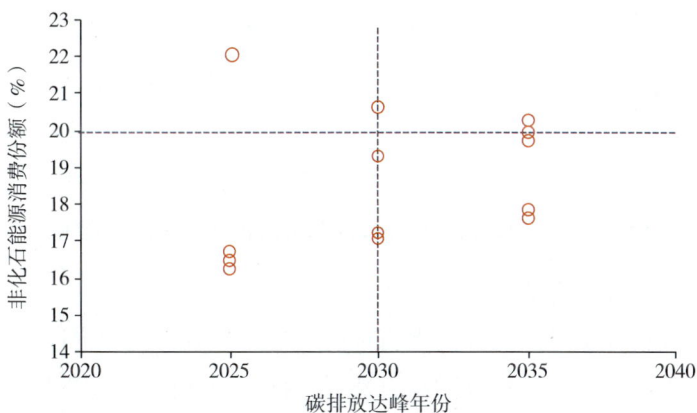

图27　碳排放达峰与非化石能源发展目标间的关系

3.政策选择与宏观经济成本分析

能源和气候政策的宏观经济成本与政策组合中碳定价政策的作用强度显著相关。如图28的结果所示，随着碳税/补贴比值的增加，累计政策成本显著提高（取贴现率为5%）。例如：当累计碳税与补贴的比值在5左右时，组合政策成本仅为GDP的0.19%，而当该比值接近6时，对应的累计政策成本升至0.77%。反过来，当政策组合中补贴的作用效果不断提升，也即碳税与补贴的比值不断缩减时，政策成本呈显著下降态势；特别地，当该比值低于某一门槛数值（比如4.7）时，碳定价与补贴的组合政策的实施不仅不会损害我国的宏观经济增长，还可能带来正的政策效益。图28的研究结果显示，当累计碳税与补贴的比值低至4.66时，组合政策的实施带来的相关正效益占到累计GDP的0.27%；而当该比值进一步降至4以下时，相应的政策收益高达0.75%。基于碳定价政策的CO_2减排主要是通过缩减化石能源消费量来实现的，而这势必会对能源驱动型经济增长产生负面影响，尤其是在当前化石能源严格主导总能源消费的背景下；而随着补贴政策的持续施行和相应激励效果的日趋显著，以风能、光伏太阳能为代表的可再生能源技术得以成熟和规模化发展，继而逐步替代传统化石能源技术支撑并驱动宏观经济的后续增长。

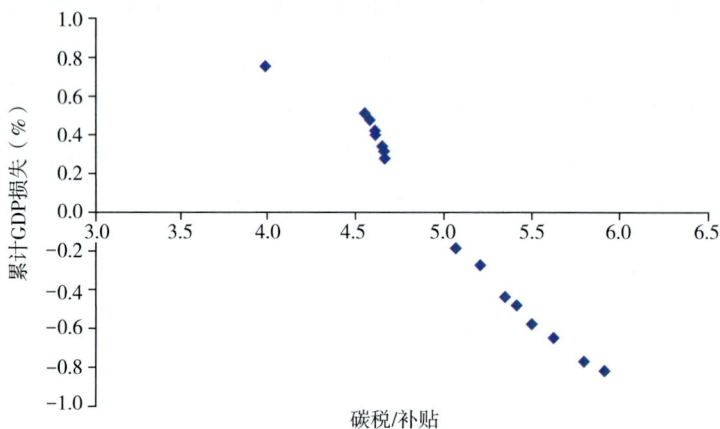

图28　能源与气候政策目标下政策选择对我国宏观经济的影响

4.政策选择的思考与建议

非化石能源发展和碳排放达峰两大目标的实现过程既存在冲突性，同时也体现出一定的协同性，取决于政策的优化和组合选择。排放控制目标越严格，碳排放路径如期达峰的可能性越大，同时组合政策中碳定价的作用越占优，而相应的非化石能源发展目标越难达成；当政策组合中补贴政策的作用效果足够显著时，非化石能源比例目标和碳排放达峰目标均可如期实现，且此时的政策成本最小。特别地，当减排政策设计得足够适宜时，经济完全可以在近零成本下实现既定的脱碳目标。

由此可见，为保证国家承诺的2030年非化石能源比例和碳排放达峰目标的顺利达成，政府在制定具体战略和政策时，一方面要充分考虑两个目标在实现过程中的潜在交互关系，另一方面还应重点研究组合政策的优化和选择，尤其对碳定价和针对性补贴政策所构成的多重组合而言。对目标间交互关系的认识有利于引导出最优的政策策略，而政策组合的优化和选择反过来又可以促进政策目标的顺利达成。显然，要同时实现碳排放达峰和非化石能源发展的双重目标，我们希望两者在达成过程中尽量减少或避免冲突性，而更多地体现出协同性，这实际上要求政府在制定配套政策时需朝两个具体的方向去努力：其一，在实施政策时尽量多打政策"组合拳"，而组合过程中以碳定价政策为主，补贴政策为辅；其二，不断优化政策的组合和选择，找到碳定价和补贴政策潜在最优的结合点，即保持两种政策主辅关系不变的情况下适时加大补贴政策的作用力度。因此，在风能、光伏太阳能等可再生能源技术远未实现大规模市场化发展之时，过早削减甚至取消技术补贴，而仅依靠碳定价政策来实现我国的能源和气候政策目标的做法显然是不合时宜的。事实上，只有充分优化碳定价和补贴的政策组合，充分发挥政策目标的协同性，才能一方面保证双重目标的如期达成，同时实现政策成本的最小化，甚至收获组合策略实施带来的可能的政策红利。

三、能源价格机制对我国中长期能源消费影响研究

（一）中长期化石能源价格演化趋势

1.煤炭市场

煤炭是中国最主要的一次能源，在整个能源消费结构中占据主导地位。如图29所示，虽然过去五年煤炭消费有所降低，而且绝对量在2015年出现下降趋势（−1.5%），但2015年煤炭消费量仍然达到1920.4Mtoe，占整个中国能源消费总量的63.7%。同时中国是世界上最大的煤炭消费国，2015年消费量占世界煤炭消费的50%。因此中国煤炭市场走势不仅受自身供需的影响，同时也将影响到国际煤炭市场价格走势。

根据中国当前及未来中长期经济发展新形势，未来中国煤炭市场的供给端与需求端都可能面临重大调整，政策因素对煤炭市场影响突出。从需求端看，当前中国经济发展处于重大转型期，经济增长由高速向中高速的新常态换挡，未来能源消费需求总量增长将随着经济增速的调整而放缓；另一方面，中国当前及短期和中期未来面临雾霾等环境问题治理的压力巨大，而2020年和中期未来2030年又同时面临能源结构调整目标的约束。因此从中长期来看，未来煤炭需求持续增长的空间有限。从供给端来看，严重过剩产能是当前中国经济运行中的主要矛盾，中国当前正在进行供给侧结构性改革其中非常重要的一方面是化解过剩产能，而煤炭行业是去产能的主要对象。在去产能的背景下，中国未来煤炭市场短期供给将会趋紧，短期煤炭价格有可能出现波动上升的趋势，这可以从2016年的煤炭价格上涨趋势得到印证：2016年尤其是最后一个季度，煤炭价格快速上涨，动力煤价格相对于年初增长一倍，焦煤价格增长接近两倍，焦炭价格增长三倍。

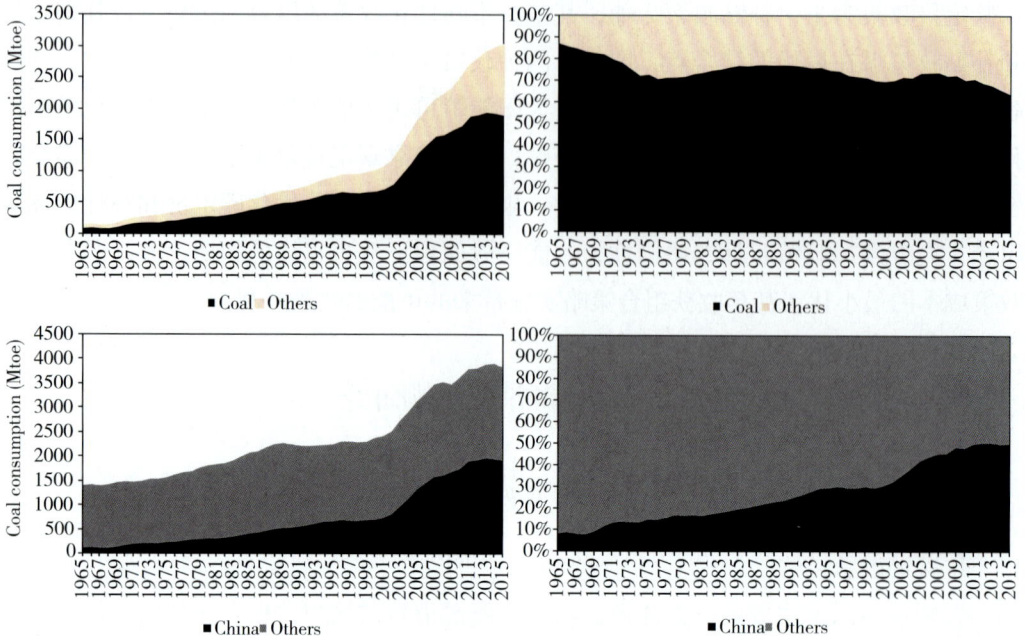

图29　中国煤炭消费总量演化趋势

综上，煤炭市场在经历了长达四年价格走低并持续低迷的阶段后（图30），短期及中期未来中国煤炭价格会随着去产能政策的进一步推进而出现波动上升的趋势；而从中长期来看，由于中国经济增速调整、环境问题约束以及其他替代能源的发展对需求增长的约束，煤炭价格出现大幅度的长期持续增长的可能性较小。

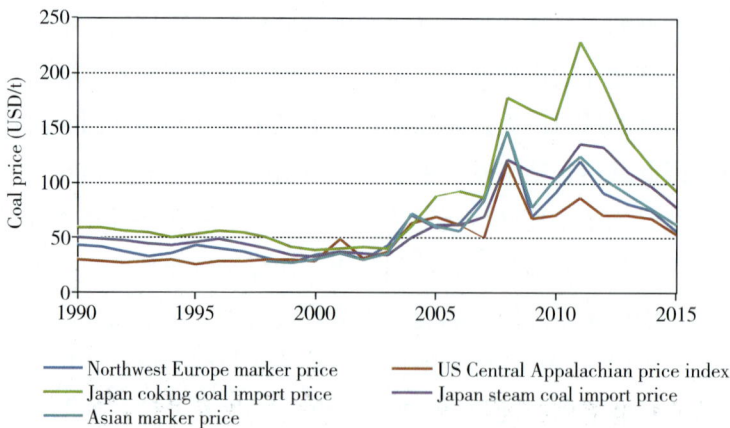

图30　世界主要国家或地区煤炭市场价格走势（BP，2016）

2.原油市场

由于近年来中国经济的快速增长，中国石油消费需求快速增长，从2000年的2.24亿吨增长到2015年的5.59亿吨，年均增长6.3%，目前石油消费量占世界总量的比重在13%左右，是世界第二大石油消费国（图31）。由于中国资源禀赋的限制，中国自身的石油产量难以满足中国快速经济增长的需要，随着石油消费量的增长，石油对外依存度逐年攀升，2015年中国石油净进口量3.28亿吨，对外依存度首次突破60%，达到60.6%（图31）。这一现实决定了中国未来的石油价格走势将与世界原油价格走势紧密关联。

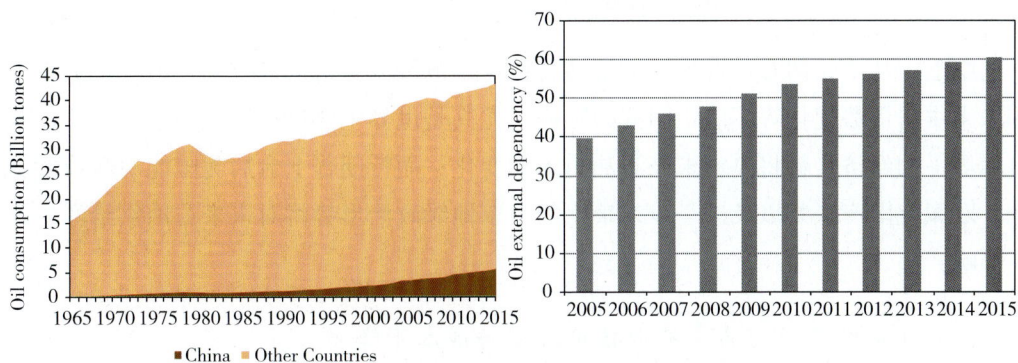

图31 中国石油消费量及石油对外依存度演化趋势

2000年以来世界原油价格迅速飙升，从30USD/bbl增长到2008年的100USD/bbl。2008年世界金融危机爆发后原油价格大幅跳水，最低到达60USD/bbl，之后迅速反弹，到2012达到高位110USD/bbl左右，并在 2013～2014年维持在高位震荡。进入2015年世界原油供需形势发生了深刻变化，原油价格短期暴跌（图32）。从供给角度看，一方面美国非常规油气开采技术（页岩油和页岩气）的突破大大提高了美国原油产量，使得美国成为目前世界上最大的石油生产国；另一方面欧佩克组织作为世界上最重要的石油供给方，其限产谈判的结果对于世界石油供给会产生重大影响，然而由于谈判各方基于自身利益考量，实质性的限产协议很难达成，产油国纷纷释放产能，大大增加了世界原油供给的预期。从需求角度看，2014年后中国的经济增速调整、欧洲经济复苏乏力以及日本经济刺激政策效果并不明显等使得世界石油需求的增长幅度大大低于预期。最后，美元走强进入升值周期，从中长期看利空国际油价。

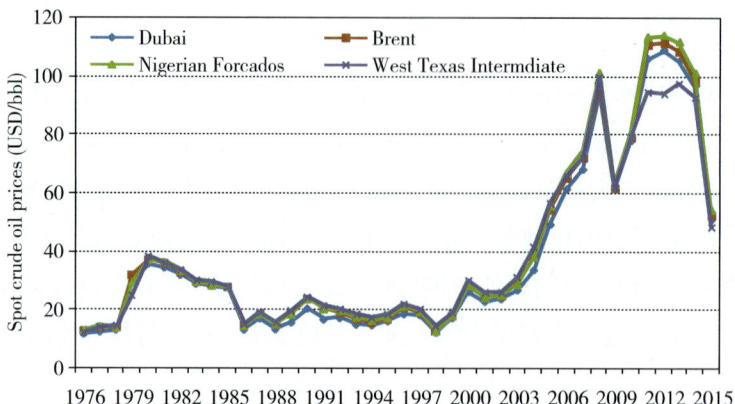

图32　世界主要国家地区原油现货价格

综上，从中长期看，世界原油价格将在一定范围内保持低位徘徊，但其走势将受到未来供需形势变化等不确定因素的影响，尤其是世界主要经济体（如中国、欧盟及日本等）的经济走势将决定未来石油需求的变化，而特朗普上台后美国能源政策的变化、欧佩克限产谈判以及进一步复杂化的中东地缘政治形势将对未来石油供给产生重要影响。

（二）新能源及可再生能源技术进步与成本下降

新能源及可再生能源相对于传统化石能源在污染物以及温室气体减排方面具有显著优势，同时能够增加能源供给多样性改善能源安全，因此其未来发展被世界各国给予厚望。过去二十年尤其是过去十年，全世界可再生能源发展取得了长足的进步，而太阳能和风能发展尤其突出，其装机容量分别达到2.30亿kW和4.35亿kW。而过去十年，中国的新能源发展更是取得举世瞩目的成就，风能和太阳能装机分别达到4.40亿kW和14.5亿kW，分别占世界装机容量的18.9%和33.3%，成为世界第一大风能装机国和太阳能装机国（图33）。

在不考虑其他外部条件影响因素的前提下，各种能源技术的成本演化是决定未来中长期能源消费量和不同能源相对竞争力及能源消费结构演变的基本因素。传统化石能源作为一种相对成熟的能源品种，其未来技术进步及成本降低潜力相对有限，然而可再生能源-尤其是风能和太阳能-作为新兴能源，相对于化石能源处于初期发展阶段，因此一般认为其技术进步潜力仍然十分巨大。而过去十年可再生能源的快速发展为其成本降低提供了条件，这可以从国际及国内过去十年的发展经验中看到。如图34所示，从风能和光伏发电成本的演化趋势可以看到，虽然由于投资成本、资源条件及其他

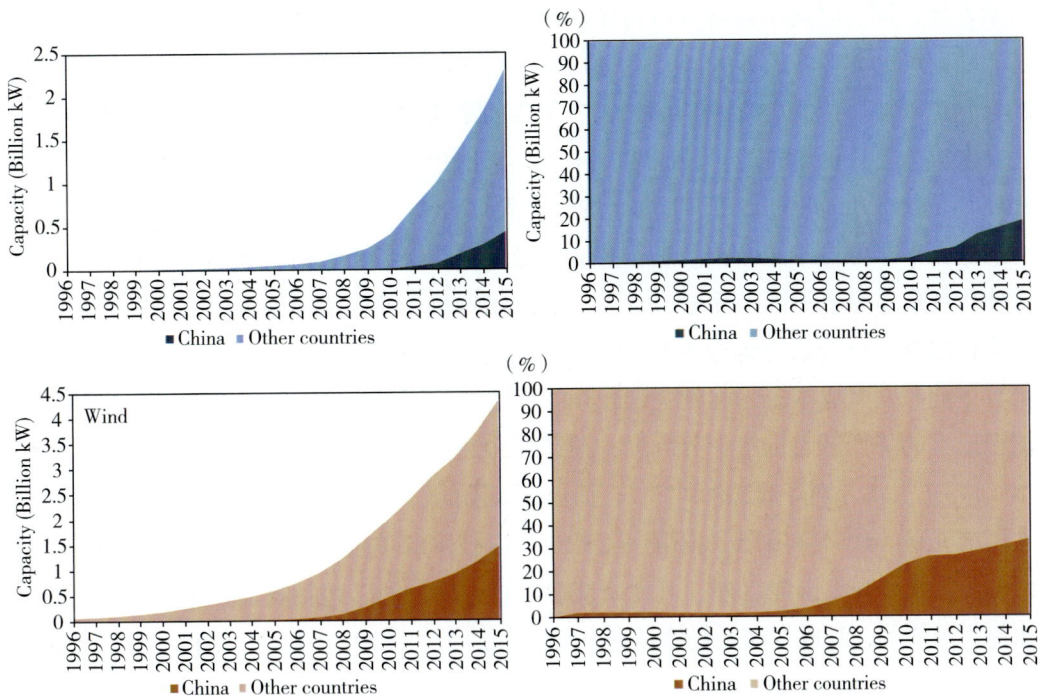

图33　中国及世界可再生能源装机发展路径

数据来源：BP，2016。

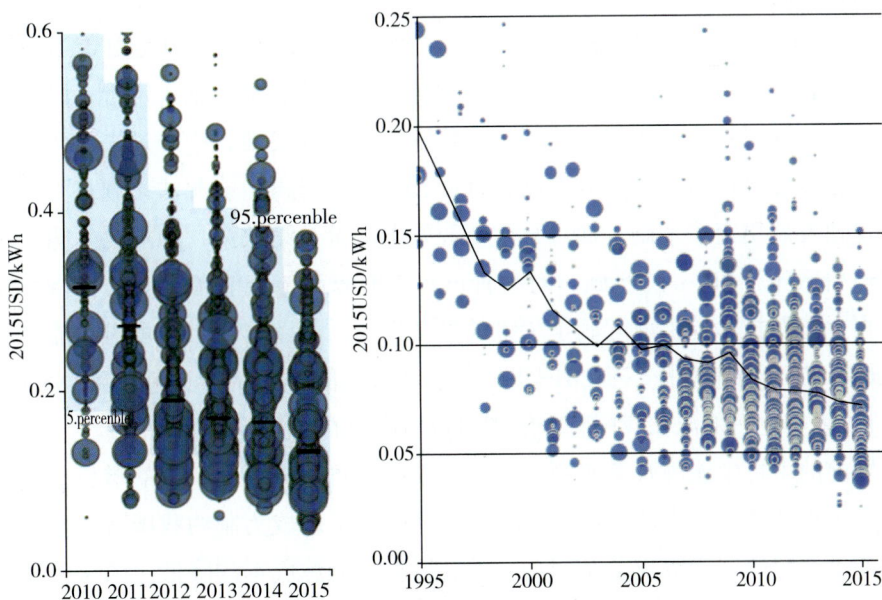

图34　光伏及风能发电成本（LCOE）演化

资料来源：IREA（2016）。

因素差异，同一时间不同地区可再生能源成本的差异十分显著，但是整体来看风能发电（陆上风电）平均成本从1995年的0.20USD/kWh下降到2005年的0.10USD/kWh，并在2015年进一步下降到0.07USD/kWh，二十年间平均成本下降了65%左右；而太阳能光伏发电成本下降更加显著，其成本（utility-scale PV）从2010年的0.31USD/kWh下降到2015年的0.13 USD/kWh，五年间平均成本下降了58%。

过去十年可再生能源技术进步及成本降低主要得益于装机容量增加导致的学习效应使投资成本显著下降，而未来可再生能源发电成本的降低潜力除了设备及组件成本的降低之外，改善系统运行效率、降低系统运营维护成本及财务成本等对于降低整体可再生能源发电成本也将起到关键作用。根据国际可再生能源署的分析，未来可再生能源成本的降低潜力仍然十分巨大，预计到2025年，陆上风电和海上风电单位发电成本（LCOE）将分别降低26%和35%，而单位太阳能发电成本（LCOE）降低幅度更大：太阳能光伏（PV）和聚光太阳能（CSP）发电技术的单位发电成本将分别降低43%和59%。除风能和太阳能以外，其他新能源及可再生能源，包括核能、生物质、地热、水能、潮汐等，其成本降低仍然具有一定潜力。

（三）影响能源价格走势的政策因素分析

1.可再生能源政策

尽管中国非化石能源发展在过去十年取得了长足的进步，但是由于当前的定价机制未能将化石能源使用的外部成本（资源耗竭及环境成本）纳入定价，因此可再生能源在成本方面仍然不具优势。为了支持可再生能源的发展，中国过去十年采取了多项政策措施以促进可再生能源的发展，其中2005年《可再生能源法》颁布为我国可再生能源迅速发展奠定了基础，而可再生能源发电电价补贴政策，即可再生能源发电标杆上网电价政策（FIT）的实施，对改善可再生能源和传统能源之间的价格竞争力，促进可再生能源技术的扩散起到了关键的推动作用。如图35所示，可再生能源的消费量自2005年以后快速增长，到2015年，风能和太阳能得消费量分别达到185.1TWh和39.2TWh，而非化石能源在我国整个能源消费结构中的比例达到12%左右。

在当前的可再生能源政策机制下，随着中国可再生能源消费量的增长，可再生能源补贴需求迅速增长，因此当前可再生能源补贴赤字已成为制约我国可再生能源可持续发展的重要障碍。为解决这个问题，随着可再生能源成本的降低，国家已经数次下调可再生能源上网电价水平（表3）；同时国家连续多次提高了可再生能源电价附加水平，由最初2006年的2厘/千瓦时调整为目前的1.9分/kWh（表4）。尽管如此可再生能源

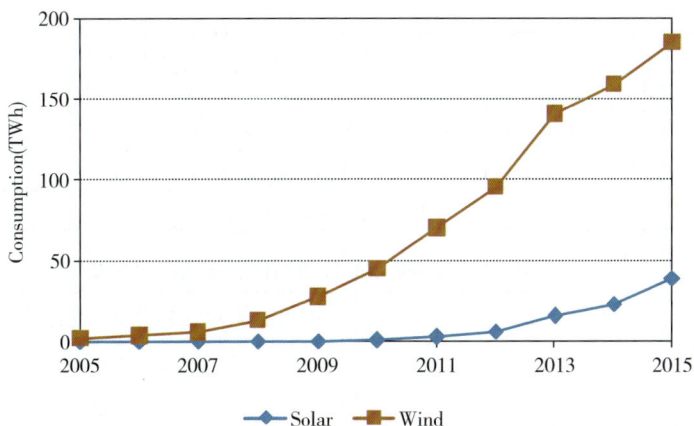

图35　中国主要可再生能源消费量演化趋势

补贴资金仍然远远不能满足现实的需求。到2016年底，可再生能源补贴资金累计缺口接近600多亿元，原有可再生能源补贴政策的可持续性面临挑战。因此中国当前及未来的可再生能源补贴政策将面临重要调整：一是未来进一步降低补贴水平直至取消补贴，而补贴政策的调整路径与未来可再生能源技术进步及成本演化趋势密切相关；二是未来的可再生能源配额交易机制和碳排放交易机制有可能为未来可再生能源发展助力，成为可再生能源补贴政策的重要补充机制。

另外，由于我国电力市场机制以及可再生能源技术自身特点等方面的因素，我国可再生能源弃风弃光问题依然较为严峻。例如，2015年我国弃风率和弃光率分别为15%和12.5%；由于近两年经济形势放缓以及电力需求增速下降，2016年上半年弃风率和弃光率更是分别达到38.9%和19.7%。弃风弃光大大降低了可再生能源投资的经济效益并削弱了可再生能源可持续发展的动力。因此解决弃风弃光问题是我国"十三五"期间乃至未来中长期可再生能源发展的重点。

表3　　　　　　　　　　　　中国光伏和风能上网电价水平调整

	Year	Power on-grid price（RMB/kWh）
Solar	2009	Golden sun program tender price（first batch）: 1.0928
	2010	Golden sun program tender price（second batch）: 0.7288-0.9907 on-grid power price: 1.15
	2011	1
	2012	1
	2013	0.9，0.95，1 for three categories
	2015	0.8，0.88，0.98 for three categories
	2017	0.65，0.75，0.85 for three categories

续表

Year	Power on–grid price（RMB/kWh）
Wind	2009	0.51，0.54，0.58，0.61 for fourcategories
	2014	0.49，0.52，0.56，0.61 for fourcategories
	2016	0.47，0.50，0.54，0.60 for fourcategories
	2018	0.40，0.45，0.49，0.57 for fourcategories

表4　　　　　　　　　　中国可再生能源电价附加征收标准历年调整

年份	可再生能源电价附加征收标准（RMB/kWh）
2006	0.002
2009	0.004
2012	0.008
2013	0.015
2016	0.019

2.碳定价政策

由于能源消费与温室气体排放之间的强耦合关系，气候政策将对包括中国未来能源消费总量以及能源消费结构在内的整个能源消费格局产生深远影响。2015年12月12日，《联合国气候变化框架公约》（UNFCCC）缔约方会议第二十一次大会在巴黎闭幕，全球195个缔约方国家通过了具有历史性的全球气候变化新协议——《巴黎协定》，成为历史上首个关于气候变化的全球性协定。协定指出，各方将加强对气候变化威胁的全球应对，确保全球平均气温较工业化前水平升高控制在2℃之内，并为把升温控制在1.5℃之内而努力。2016年11月4日，《巴黎协定》正式生效，这是继《京都议定书》后第二份有法律约束力的气候协议，为2020年后全球对气候变化行动奠定了制度基础。中国是世界上最大的温室气体排放国，对全球应对气候变化进程起到关键性的作用。作为负责任的发展中大国，中国为《巴黎协定》的通过及生效做出了积极的贡献。在《巴黎协定》框架下，中国提出了有雄心、有力度的国家自主贡献的目标（INDC）：到2030年左右，中国的二氧化碳排放将达到峰值，并争取尽早达峰；中国2030年单位GDP二氧化碳排放要比2005年下降60%～65%；2030年非化石能源在总能源当中的比例提升到20%左右；增加森林蓄积量和增加碳汇，到2030年，中国森林蓄积量比2005年增加45亿立方米。这是中国政府首次就自身碳排放总量提出目标，对推进全球应对气候变化具有重要的意义。

碳定价机制（碳市场或碳税）作为一种基于市场的温室气体减排政策工具，是应对气候变化领域的一项重大制度创新，由于其在成本有效性、环境有效性及政治可行性等方面的优势，近年被越来越多的国家和地区应用于各自的减排实践中。世界银行最新报告指出，截至2015年，世界上约40个国家和超过20个地区已采用或计划采用包括碳排放交易机制在内的碳定价工具，其将覆盖全球12%的碳排放，碳定价价值接近500亿美元，且范围及规模有进一步扩大的趋势。作为中国应对气候变化的关键举措，中国将在已有七个排放权交易试点基础上于2017年启动全国碳排放交易市场，届时包括石化、化工、建材、钢铁、有色、造纸、电力、航空等八大行业内的7000多家企业将被纳入碳交易体系，覆盖全国50亿吨左右的碳排放量，成为全球最大的碳排放权交易市场。随着制度不断完善，全国碳交易体系覆盖的行业、企业及碳排放量将进一步增加。

碳定价机制会通过影响化石能源的相对价格竞争力来影响未来化石能源的消费进而影响能源结构演化。对于以煤炭消费为主的中国而言，碳定价的实施对中国未来能源消费影响意义重大。即使中国未来通过清洁煤技术等使得雾霾等环境污染问题对煤炭等化石能源消费约束减弱，然而在目前以及中期未来，由于碳捕获与封存技术（CCS）发展面临的各种障碍，煤炭消费导致的二氧化碳排放仍然不能得到有效的末端处理。因此中国国家碳市场的建立有可能对未来中国化石能源尤其是煤炭消费形成强有力的约束，而这种约束的强弱与未来碳市场价格走势密切相关。

当前七个排放权交易试点市场价格走势和交易状况如图36和表5所示。由于在经济发展阶段、减排目标以及碳市场规则设计等方面的差异，七个碳试点价格水平具有较大的差异，从15元/tCO$_2$到60元/tCO$_2$不等；同时对于某些试点而言，碳市场价格波动显著，一定程度上反映了不同时期减排难度以及市场参与者对未来减排信息了解的差异。但总体来看，目前试点碳市场价格水平普遍偏低，对于企业减排行为的影响还不十分显著。同时可以预计，在全国碳市场启动初期（2017～2020），为给企业一定的时间学习、适应碳市场的相关规则，碳市场配额分配会相对宽松，碳价格起步水平不会过高。然而随着未来碳减排目标的提高以及碳市场制度的不断完善，碳价格水平将会不断提高，从而能够充分发挥碳价格的引导激励作用。根据相关研究（McKinsey，2009；Mo and Zhu，2014）以及发改委的估算，200～300元/tCO$_2$的碳价格才能对低碳技术发展以及我国未来经济低碳转型起到实质作用。因此预计2020年之后全国碳市场价格将会不断提升，以促进我国2030年碳排放达峰目标的顺利实现。

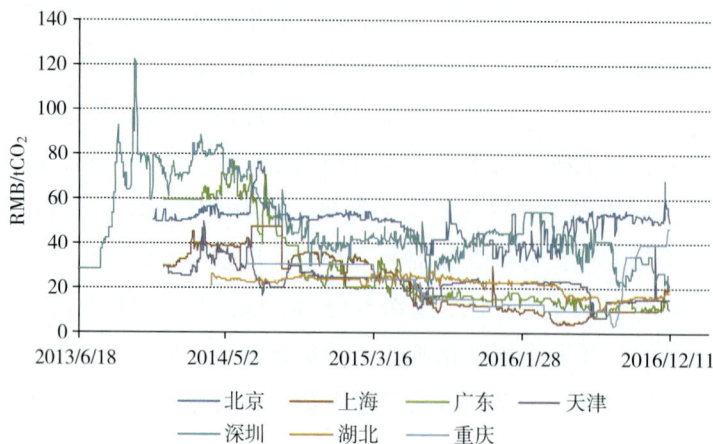

图36　中国试点碳市场价格走势

表5　　　　　　　　　　　　　　　　中国试点碳市场交易状况

	Starting time	Accumulated allowance volumes traded（million tons）	Accumulated trading volumes（million RMB）	Average price（RMB/tCO$_2$）
北京	2013.11.28	4.67	236.79	50.7045
上海	2013.11.26	7.6	150.58	19.81316
广东	2013.12.19	25.13	394.63	15.70354
天津	2013.12.26	2.42	39.86	16.47107
深圳	2013.06.18	17.76	587.22	33.06419
湖北	2014.04.02	34.05	730.52	21.45433
重庆	2014.06.19	0.42	7.48	17.80952

（四）价格机制对中长期能源消费的影响

1.未来化石能源价格对能源消费的影响

结合化石能源价格的历史价格走势和当前的化石能源市场现状，我们在中国能源–环境–经济系统模型中对未来的化石能源价格走势设定了高、中、低三种情景：在中等价格情景下，煤、油、气未来的价格年均增长率分别为2%，2.3%和1.7%，高价格情景下，三者价格的增长率为3%，低价格情景下三者价格增长率为1%，中长期价格演化趋势如图37所示。

表6　　　　　　　　　　　　　　未来化石能源价格情景设定

	Average annual increase rate（%）		
	HIGH	MED	LOW
Coal price	3	2	1
Oil price	3	2.3	1
Gas price	3	1.7	1

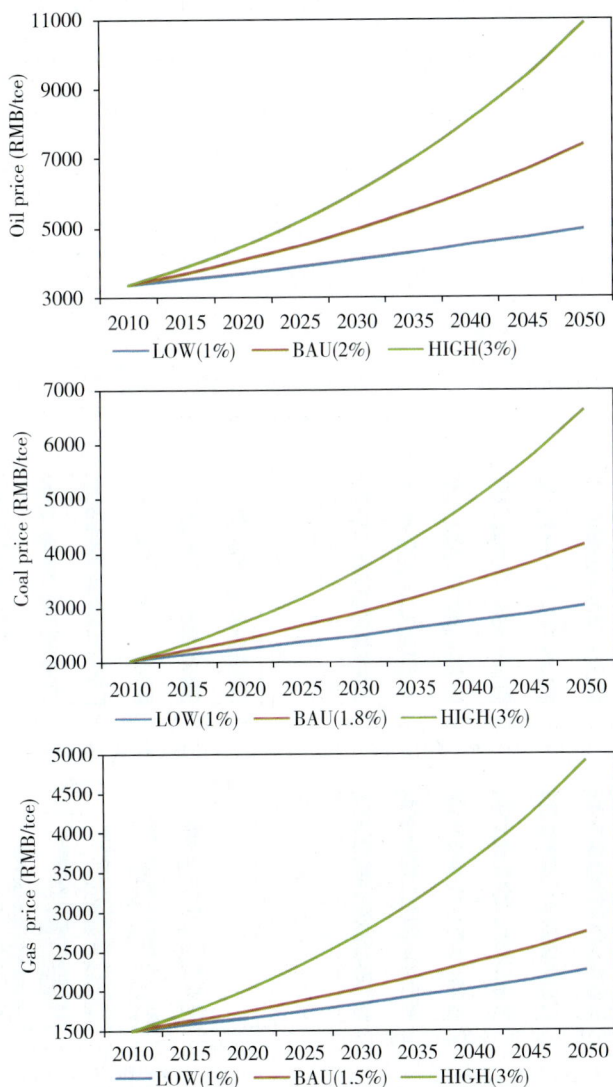

图37　未来化石能源价格演化趋势情景

在上述三种化石能源价格情景下我们得到了未来的能源消费总量及能源结构及能

源强度演化趋势，如图38所示。由图38可以看到，化石能源价格演化趋势对未来化石能源消费总量具有非常显著的影响，2030年基准价格情景下的能源消费量相对于2010年增长77%，在低价格情景下增长98%，而在高价格情景下，2030年消费量仅增长48%；到2050年，这种差异更加显著，高、中、低三种情景下的能源消费量分别是2010年能源消费量的1.67倍，2.16倍和2.65倍。高价格情景下，能源消费总量路径显著下移，达峰时间提前到2040年左右，之后能源消费总量保持基本平稳态势。

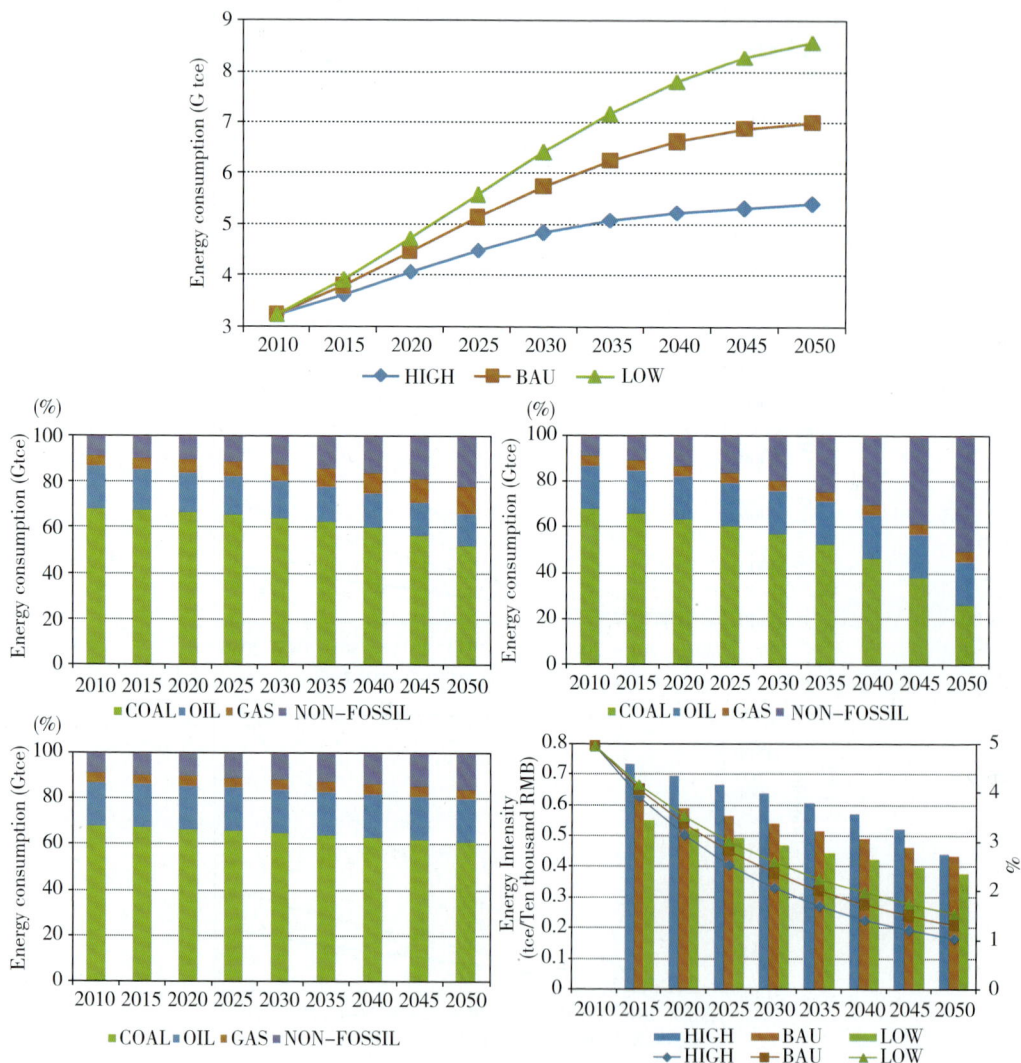

图38　不同化石能源价格路径下能源消费总量、能源消费结构及能源强度的演化

化石能源价格对于能源结构的影响同样十分显著，在基准情景下，非化石能源能源的比重将从2010年的8.6%增长到2030年的12.4%，到2050年仅达到21.9%，能源结构调整并不显著，而在低化石能源价格情景下非化石能源对化石能源的替代微乎其微，能源结构几乎不会发生显著调整；在高化石能源价格能源情景下，到2030年非化石能源的比例将达到19.7%，接近实现中国政府承诺的2030年自主贡献减排目标（INDC）中非化石能源的比例目标，到2050年非化石能源的比例将达到50.6%。因此，化石能源价格的演化趋势对于未来中国能源消费总量和能源结构都将产生显著的影响，减少对化石能源消费的补贴并维持较高的实际化石能源消费价格有助于中长期能源消费总量控制及能源结构的优化调整。

中国未来仍然有较大的能源强度降低潜力，在基准情景下2030年能源强度相对于2010年将降低51.8%，而2025~2030年期间的能源强度年均下降率在3.3%；高化石能源价格情景下2030年能源强度相对2010年下降58.2%；即使在低化石能源价格情景下，2030年能源强度也将下降46.8%，这主要得益于非价格因素导致的自发能源效率改进，如经济结构调整、能效技术进步以及因他因素。

2. 非化石能源技术进步对能源消费的影响

除化石能源价格以外，非化石能源技术进步及其成本演化有可能对未来能源消费产生重要影响。新能源及可再生能源的成本降低潜力与各种技术未来的技术进步率紧密相关。我们在以往相关研究工作基础上总结了各种技术的进步率，如表5所示。对同一类技术，不同研究估计的学习参数具有一定差异，而对于不同技术而言，技术学习潜力差异更加显著。总体来看，太阳能、风能、潮汐、地热等技术仍有较大学习潜力，而水能、核能生物质能的学习潜力相对较小。基于以往的这些研究分析，在我们的能源环境经济系统模型中我们设定了高（High）、中（BAU）、低（LOW）三种非化石能源技术进步情景：高技术进步情景代表未来非化石能源技术具有较大的学习潜力，未来随技术扩散成本降低幅度显著，反之则代表已技术相对成熟，学习及成本降低潜力较小。

表7　　　　　　　　　　　　　　非化石能源技术学习参数

	GEO	PVSOL	WIND	TIDE	BIO	NUC	HYD
HIGH	0.82	0.72	0.81	0.73	0.89	0.91	0.95
BAU	0.87	0.79	0.89	0.80	0.92	0.94	0.97
LOW	0.92	0.85	0.96	0.86	0.95	0.97	0.99
Sources	Rout etal., ubin et al.	McDonald et al., Rout et al., Rubin et al.	Rout et al., McDonald et al., Di et al.	Rout et al., Rubin et al.	Rout et al., McDonald et al., Rubin et al.	McDonald et al., Rout et al., Rubin et al.	McDonald et al., Rubin et al.

Note：learning parameter（technical progress rate）=1-learningrate=$-2^{-learning\ index}$.

　　图39展示了不同非化石能源技术进步情景下的能源能源消费总量和能源结构演化趋势。对于能源消费总量而言，在期初及短期未来三种情景下的能源消费变化基本同步，即使到中长期未来（2050年），三种情景下的差异逐渐显现，但这种差异仍然不显著。因此虽然未来可再生能源技术进步在未来存在较大不确定性，但模拟结果表明，即使在最乐观和最悲观的技术技术进步情景下，能源消费的差异并不显著，这表明其对未来能源消费的影响有限。原因可能有两点：一是由于技术惯性可再生能源的学习效应一般需要较长时间才能显现出来，因此短期内对能源消费的影响并不明显；二是因为我国当前非化石能源比例相对较低，即使非化石能源技术有较大进步，但是其对整个能源系统成本的影响相对较小，因而短期内并不能主导整个能源系统演化的总体演化趋势。

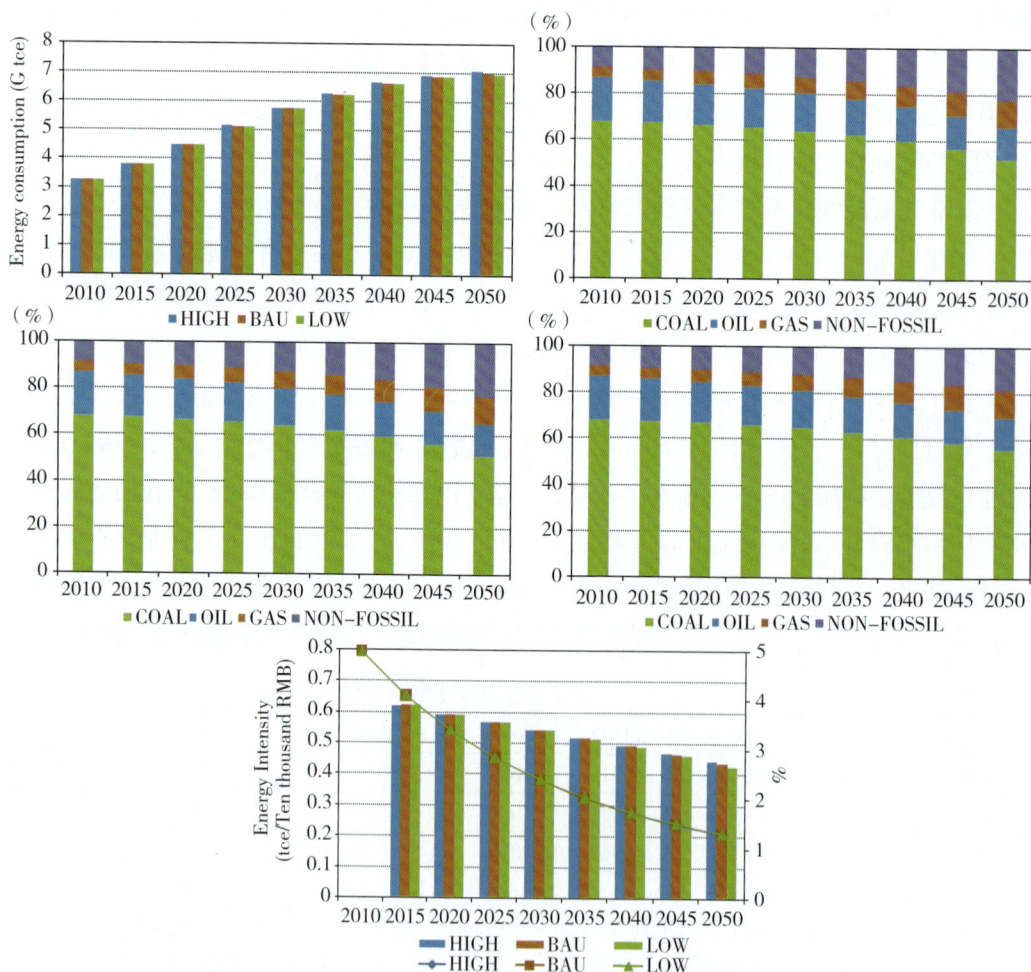

图39　不同非化石能源技术进步条件下能源消费总量、能源消费结构及能源强度的演化趋势

从能源结构演化趋势看，短期内不同技术进步情景下非化石能源比例的差异也不显著。2030年高、中、低三种技术进步情景下的非化石能源比例分别为12.5%、12.3%和11.8%，2050年三种情景下的非化石能源比例分别为23.1%、21.9%和18.2%，差异逐渐凸显，但仍然并不显著。同样由于上述非化石能源比例基数较小的原因，非化石能源对化石能源的替代效应在短期内并不显著，对能源结构的影响较小。对于能源强度，可以得到类似的结果。

综上可以判断，在没有任何外界政策引入的情况下，非化石能源自身的技术进步因素对于整个能源系统演化的影响需要较为漫长的时间才能显现，而短期内其效果非常有限。在当前节能减排和应对气候变化的背景下，引入额外的政策机制以对未来的能源系统演化进行调节是实现能源系统转型和能源革命目标的必然选择。

3.能源价格政策对能源消费的影响

通过上述分析结果可知，为了控制未来能源消费总量并调整能源结构，政策机制必不可少。为分析价格政策机制的影响，我们在能源环境经济模型中引入了两种影响真实能源价格的政策机制：碳排放定价（针对化石能源排放）和非化石能源补贴（针对非化石能源）。碳排放定价对化石能源的碳排放进行定价，使化石能源排放的负外部性成本内部化，从而降低了化石能源的价格竞争力，而非化石能源补贴则提高了非化石能源的相对价格竞争力。根据当前中国碳定价机制的现状和未来趋势，我们假设从2015年开始引入全国碳定价机制，并设定了高中低三种碳价格情景，分别为90USD/tC、60USD/tC和30USD/tC，同时假设碳价格在未来以5%的年均增长率提高。对于非化石能源补贴，根据中国当前可再生能源的补贴政策，我们设定了两种情景，分别为20%和30%的价格补贴，同时假设上述政策从2015年开始实施。在上述政策情境下，我们得到了未来的能源消费总量、能源结构和能源强度演化趋势，如图40所示。

首先，碳定价政策的实施将对未来能源消费总量趋势产生显著的负面影响，随着初始碳定价水平的提高，能源消费总量减少。具体来看，2030年，30USD/tC、60USD/tC和90USD/tC的政策情景下，能源消费总量分别为5.3Gtce、4.9Gtce和4.6Gtce，相对于无碳税情景（BAU）下的5.7Gtce，分别降低7.4%、14.0%和19.4%；2050年，30USD/tC、60USD/tC和90USD/tC的情景下，能源消费总量分别为6.2Gtce、5.6Gtce和5.2Gtce，相对于无碳税情景（BAU）下的7.0Gtce，分别降低11.9%、20.0%和25.8%。由此可知，碳定价政策的效果在短期内即可显现出来，并且随时间逐渐显著。与碳定价政策相比，可再生能源补贴的引入会增加未来的能源消费总量，并随着补贴水平的提高而提高。比较二者效果来看，补贴政策对能源消费总量的影响程度不如碳定价政策的显著。对于混合政策而言，能源消费总量高于纯碳税情景，但低于补贴政策情景。由此我们可以得到一个重要的启示：如果政策制定者担心未来碳定价的引入可能对能源消费产生重大的负面冲击，可在引入碳定价政策的同时引入非化石能源补贴政策，从而在减少化石能源消费的同时增加非化石能源消费，保证能源消费控制的平稳。

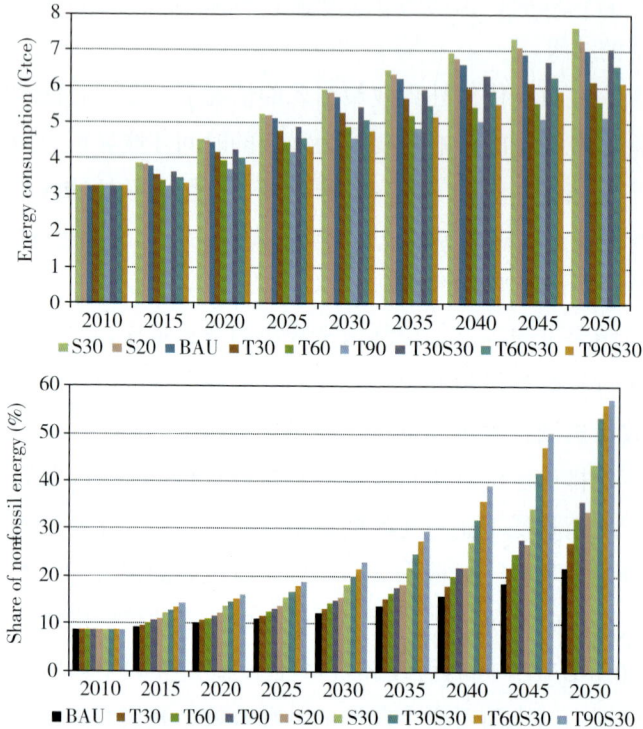

图40　碳定价和非化石能源补贴对能源消费总量和结构的影响

对于能源结构而言，随着碳定价政策和非化石能源补贴政策的引入，非化石能源比例都会得到提高。但相比较而言，非化石能源补贴对于能源结构调整的效果要比碳定价更加显著，这可能主要是因为非化石能源技术在无政策支持条件下成本下降是比较缓慢的，虽然碳定价政策抑制了化石能源的消费，但如果没有实施非化石能源补贴以降低非化石能源消费的直接成本，在现实中得到大规模的利用仍然比较困难，能源消费结构额调整仍然比较缓慢。同时我们进一步看到，在混合政策政策情景下，一方面化石能源消费得到抑制，一方面非化石能源得到支持，在两种政策的共同作用下，能源结构调整非常显著。由模拟结果可以看到，单一政策条件下，90USD/tC的碳定价和30%的补贴都不足以保证2030年非化石能源20%目标的实现，而在30USD/tC碳定价和30%的补贴政策下，2030年非化石能源20%目标几乎可以实现。在中长期2050年，混合政策情景下，非化石能源的比例可以进一步提高到50%。这一点进一步表明混合政策机制在推动未来能源转型及能源革命中的有效性和必要性。

4.我国国家自主贡献减排目标（INDC）分析

我国在国家自主贡献减排目标（INDC）中提出，到2030年碳排放强度下降60%～65%的量化目标。以此为参考，我们分别模拟了不同政策情景下中国未来碳排放强度的演化趋势，如图41所示。首先在基准情景下（BAU），即延续"十二五"之前提高能效的减排努力但不再进一步采取额外政策措施，中国未来的碳排放强度将会进一步下降，2030年相对于2005年将下降63.4%。由此可见，在延续当前已有的节能减排努力的情况下，中国在2030年将能够实现碳强度下降目标的下限，而如果要实现碳强度下降目标的上限（65%），仍然需要额外的减排努力。具体来说，在单独引进20%非化石能源价格补贴的情景下，2030年碳排放强度相对于2005年将进一步下降64.5%，而若将补贴水平进一步提高到30%，碳排放强度将下降65.3%，此时，碳排放强度下降目标的上限得以达成。对于碳定价政策，当碳价水平为30USD/tC时，碳排放强度在2030年的下降为66.7%，可以保证碳排放强度下降上限目标的实现。因此，碳定价政策对于未来碳强度的下降将起到更加显著的推动作用。

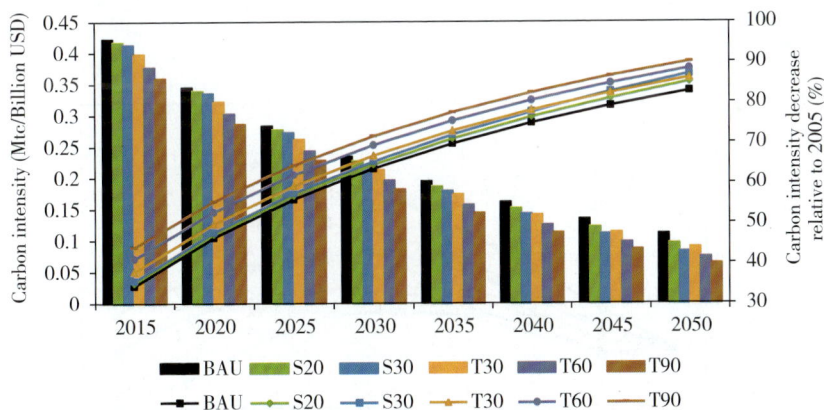

图41 不同政策情景下中国未来碳排放强度的动态演化趋势

2030年碳排放达峰是我国向联合国提交的INDC目标体系中的核心目标之一。为考察该目标的实现情况，我们模拟了在不同政策情景下未来的碳排放总量演化趋势，如图42所示。在没有引入任何额外政策的基准情景下（BAU），我国未来的碳排放增长将持续到2040年，之后开始缓慢下降。在单一碳定价情景下，随着碳价水平的提高，我国碳排放路径曲线逐步下移，初始碳价30USD/tC可使碳排放2035年达峰，之后五年处于平台期，2040年之后开始下降；当碳价水平为60USD/tC时，尽管排放达峰时间点未能显著提前，但依然引起了排放路径的显著调整：峰值水平相对于30USD/tC的情景明显下降，且整个排放路径明显下移，到2030年以及2050年的累计碳排放也明显下降。进一步提高碳价至90USD/tC，2030年附近碳排放基本达到峰值，并在此排放水平下一直持续到2035年附近，之后开始下降。

在碳定价和非化石能源补贴混合政策情景下，碳排放演化趋势与单一政策具有显著差异。首先是混合政策下，较低的碳价水平即可使碳排放尽早达峰。具体来说，30USD/tC的碳定价和30%的补贴水平下碳排放在2030年即可达峰，碳排放在此水平持续到2035年，之后碳排放开始下降。其次，混合政策情景下碳排放演化路径与单一碳价政策情景下的路径差异在短时间内差别不大，但在中长期这种差异将逐渐加大，表现为混合政策下的中长期碳排放显著低于单一碳价政策情景。因此补贴政策对碳排放路径的影响效果短期内比较有限，而只有在中长期内才能凸显出来。这是由可再生能源初期规模相对较小以及路径依赖效应造成的。

最后，通过比较不同政策情景下的碳排放路径可以得到：仅仅从实现2030年前碳排放达峰讲，未来我国碳排放的路径是多样的，表现在峰值不同，达峰之后的路径不同，以及从整体时间跨度看累计碳排放的不同，而选择什么样的达峰路径与我国未来政策选择密切相关。

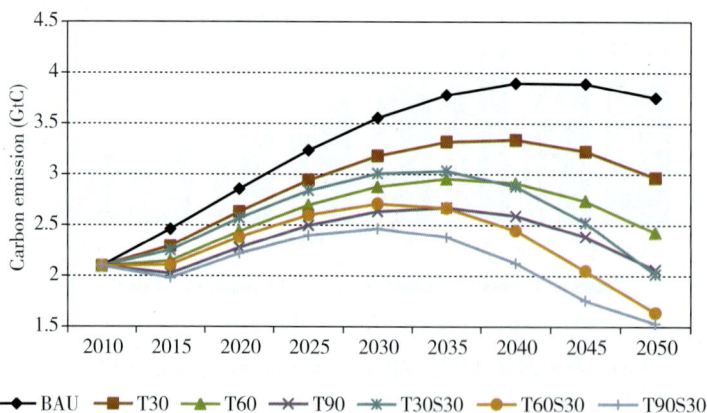

图42　不同政策情景下中国未来碳排放的动态演变路径

非化石能源比例目标是我国INDC目标体系的另一重要组成部分，我们得到了不同政策情景下中国未来非化石能源比例的演化趋势，如图43所示。对于能源结构而言，在没有碳定价和非化石能源补贴政策的BAU情景下，非化石能源结构演化趋势非常平稳，结构调整较为缓慢，即使到2045～2050年间，非化石能源的比例勉强达到20%。随着碳定价政策和非化石能源补贴政策的引入，非化石能源比例将得到不同程度的提高。通过比较单一政策下非化石能源比例的演化趋势可以发现，非化石能源补贴对于能源结构调整的影响效果要比碳定价更为显著。同时我们进一步看到，在混合政策情景下，一方面化石能源消费成本被碳定价推高，消费受到抑制，另一方面非化石能源直接消费成本被补贴政策降低，需求得到支持，在两种政策的共同作用下，能源结构调整更加显著。由模拟结果可以看到，单一的90USD/tC的碳定价或30%的补贴政策下，2030年非化石能源比例分别为15.2%和18.4%，二者都不足以保证2030年非化石能源比例20%目标的实现；而在30USD/tC碳定价和30%补贴的混合政策情景下，2030年非化石能源比例达到20.1%，可以保证既定目标的达成；而当碳价水平升至60和90USD/tC时，非化石能源比例会进一步提高，分别达到21.7%和23.1%。到2050年，单一政碳定价策情景下，非化石能源比例将达到30%左右，单一补贴政策情景下，该数值可达40%；而在混合政策情景下，非化石能源的比例可以进一步增长到50%以上，最高为57.6%，对应最严格的碳价和补贴组合情景。

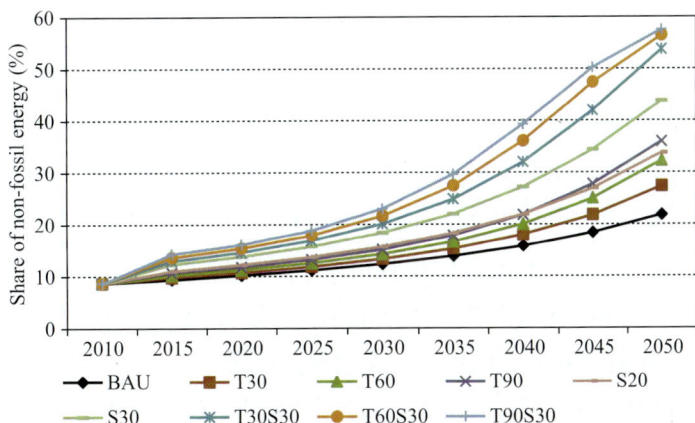

图43　不同政策情景下中国非化石能源发展趋势

5.三种政策目标的比较与协同关系分析

在分别对INDC三个政策目标进行讨论的基础上，我们对该系列目标进行综合分析，通过比较实现三种政策目标所需的政策努力来分析实现各政策目标的相对难易程度，以及三者间基于政策的协同关系。对于碳强度目标而言，不需要额外的政策努力即可实现2030年碳强度下降60%的政策目标，而若要使碳强度进一步下降65%，则需要额外的政策努力：例如较低碳定价情景（30USD/tC）或者30%补贴的单一政策。对于碳排放达峰目标而言，单一的补贴政策以及低碳价情景均不足以实现2030年达峰目标，只有较高的碳价（90USD/tC）或配之以补贴的混合政策的实施才能保证目标的如期达成。对于非化石能源发展而言，即使实施90USD/tC的高碳价政策或30%的从价高补贴政策，2030年非化石能源占一次能源消费的比重均低于20%的目标，只有在混合政策情景（例如：30USD/tC和30%补贴）下才可以基本保证既定目标的达成。因此，通过上述分析我们可以发现，实现碳强度目标所需的额外政策努力相对最小，容易实现，碳排放达峰目标次之，而实现非化石能源20%的发展目标需要更大的努力，相对最难实现。

四、信息化对能源消费方式的影响

（一）信息化的发展及其对能源消费的影响

20世纪90年代以来，信息技术的不断创新、信息产业的持续发展和信息网络的广泛普及推动着全球进入一个信息化的时代。随着信息技术的充分利用，信息资源的不断开发，信息交流和知识共享的日益扩大，信息化必然会对企业和居民的能源消费带来巨大变革。

1. 信息化的发展及演化

信息化是一个动态的进程。传统工业社会中，个体的创造力、企业和组织的效率以及产业和国家的竞争力都受到了一定的时空限制。在信息时代，技术创新带来了信息基础设施的不断完善，企业的生产和管理变得日益精细，尤其是近年来随着网民数量的激增和（移动）互联网的普及，用户的消费体验也越发不同。而当下，备受关注的大数据的应用预示着信息时代将进入一个崭新的阶段。

互联网时代到大数据时代的演化有一定的必然性。信息技术的不断发展造就了互联网的诞生，打破了生产、生活和交流的时空界限。首先，台式机和笔记本的出现使得计算机成为企业和人们工作、学习和生活中不可缺少的工具。而随着智能手机、平板电脑等移动终端的兴起，移动互联网进一步拓展了传统互联网，人们获取信息的渠道更为广泛，方式更为便捷。作为新一代信息技术的重要组成部分，物联网在智能交通、环境保护、政府工作、公共安全、灾害预报、智能家居、个人健康、照明管控、情报收集等诸多领域的应用更是大大加快了信息化的进程。这一系列变化随之而来的是数据的指数式增长，大数据时代应运而生。这就围绕个人以及组织的行为构建起了一个与物质世界相平行的数字世界信息以及对信息的分析和存储、依据信息进行预测的能力。这种能力将进一步重塑我们的生活、影响社会的生产和消费方式。

2.信息化对能源消费的影响

信息化对能源消费的影响是多方面的。

首先，信息化本身就会对能源消费产生影响。从互联网时代到大数据时代，随着大数据规模的不断扩张，数据中心存储规模不断扩大，大数据技术的快速发展本身就会引起更大的能源消耗，而高能耗也会在一定程度上制约大数据的快速发展。为了解绝大数据管理系统中软硬件带来的高能耗，可能需要考虑采用新型低功耗硬件以及引入可再生的新能源。

其次，新一代信息技术与能源技术的深度融合产生的影响也涉及各行各业，（移动）互联网、物联网、云计算、大数据、区块链等信息技术的创新升级将影响能源的使用效率和使用方式。进入大数据时代，信息技术和能源技术的融合使得智能电网、太阳能发电、分散式离网发电技术实现突破，形成能源互联网。通过对交通、电力、天然气等各系统与互联网信息系统的对接，能源互联网能把电、热、冷、气等多种能源形式在生产、输送、存储、消费等各个环节连接起来，可再生能源生产供应比重将逐步提高，并最终实现以可再生能源生产为主、信息驱动、和谐的能源供销生态环境。欧美一些主要发达国家的政府已开始关注和重点推动能源互联网的发展，如德国对于能源互联网的发展就十分积极，已经率先提出了"E-Energy"计划，力图打造新型能源网络，在整个能源供应体系中实现数字化互联及计算机控制和监测。而当颠覆式的区块链技术与能源互联网相结合的时候，将进一步推动能源互联网的建设，在能源领域的发、输、配、用、储等环节开发出更多的应用场景和商业模式，重塑能源消费形态。

（二）信息化对居民能源消费模式的影响

现阶段，中国主要的能源消费中居民能源消费占能源总消费的10%，是中国第二大类能源消费，其对居民生活、生态环境以及碳排放等的影响逐渐引起广泛的关注。随着居民消费水平特别是城镇居民消费水平不断提高，消费结构不断改善，能源需求将不断增强，信息化对居民能源消费模式的改变就至关重要。

1.居民能源消费方式的变革

互联网的普及使得居民的能源消费方式更加便捷。互联网时代下，人们足不出户也能进行能源消费，不论是用于家电、取暖等消费的燃料和电力消费等直接能源的消费还是居民日常生活中购买的非能源类产品间接产生的各类能源消耗都可以借助互联网的力量实时进行。

对居民来说，直接能源中的住宅能源消费来说，在互联网时代下，电气、煤气、天然气等都可以通过网络进行缴费，大大方便了人们的能源消费。在交通出行方面，滴滴出行等打车软件的出现也使得居民的出行更加便捷。而对于非能源类产品间接产生的各类能源消耗来说，电子商务的出现大大加快了各类产品的流通。随着电子商务的不断壮大以及经营产品的不断增加，如今，居民几乎足不出户就能便捷地享受到各类产品。

如果说这一阶段的信息化带来的还只是居民能源消费方式的便捷化，那么，信息化的进一步延伸——大数据时代的到来则使得居民的消费方式更加的智能化，不仅方便了居民能源消费，更能节约居民的能源消费，实现能源消费绿色化。

能源互联网的发展就是以实现可再生能源，尤其是分布式可再生能源的大规模利用和共享为核心的。而大数据分析与云存储技术就是实现能源互联网的重要支撑，能推动能源互联网快速发展。近年来，谷歌和阿里巴巴等大型企业都在试图进入智能楼宇/智能家居行业，并纷纷推出了基于大数据存储与分析的智能家居系统。因此可以预见，在未来几年里智能家居行业将迎来一个高速发展期。上述智能家居系统已经部分实现了家庭能量管理、环境信息及用户用电行为采集等功能。随着能源互联网的进一步构建和智能家居系统的进一步发展，不仅能解决传统能源网络运营中存在的如生产安排过剩、调度精确度较低、能源传输损耗大和新能源接入兼容性差等问题，从而达到优化能源配置、节约能源使用和保护生态环境的效果。通过能源需求和供给信息的获取，供能企业不仅能够合理实施调配策略，实现能源的高效流动，甚至能在居民能源消费信息获取的基础上进一步为居民提供个性化的能源消费。而居民也能够借助丰富的数据信息，对于自身的能源消费行为具有更加深刻的了解。由此可见，信息化将革命性地改变能源消费模式，居民消费智能化程度势必大幅度提升。

而在居民对能源的间接消费上，互联网催动的大数据时代的到来改变了人们从数据中获取有价值信息的理念。当互联网巨头们能从大数据中挖掘出更加准确、更加丰富的信息并有针对性地向个体居民进行精准投放时，居民的间接能源消费方式也已经不再是简单的便捷化所能描绘的。

2.居民能源消费角色的变革

如果说互联网的普及带来的是居民消费的便捷化，或者更确切地说，是居民用能方式的便捷化。那么在大数据时代下，这种单向的能源消费模式将产生变革。居民能源消费的角色将从传统的能源消费者角色裂变为能源的消费者和提供者的双重角色，也就是所谓的产销者。能源消费不再是能源企业主导下的单向消费模式，而是具有互动的双向反馈模式。

信息化不仅带来了能源消费实际层面的变革，同时也带来了能源运营与供给等方面思维上的变革。大数据时代下，包括传感器、高速网络、移动互联网、智能终端、云平台、大数据处理技术、地理系统技术等所构造的能源供给、传输和消费体系已经形成了一个新的信息驱动的、和谐的能源供销生态体系。在现有能源供销理念中，能源生产和能源消费被严格划分。能源传输企业（如国家电网）负责调节能源的供需，保持典型的生产—并网—消费模式，能源的供销呈现单向传输的思维。互联网思维加上大数据理念，使得消费者的概念不仅仅是最终消费者，还可能演化成产业链上的同盟和伙伴，而产业链上的成员也可能成为企业的潜在客户。按照这种思维，随着能源互联网的发展以及信息获取成本的降低，能源供应者和消费者都可以从互联网获取市场供需、原材料价格等市场信息，这为分散化交易提供了可能，资源优化配置将由集中式向分散式变化。加上售电侧的不断放开，能源供销生态体系中必然会出现更多交易主体。多元化交易主体与分散化用户、多样化的能源相结合也将迸发出各类新型商业生态。

能源消费网络中生产者和消费者的角色将越来越难以区分，各类售电公司，园区、楼宇甚至居民个体都可以挖掘自身的接口，参与到这一生态体系中，直接催生能源消费的双向甚至多向传输。在这样的情形下，居民在能源消费方面的主动性得到进一步加强。通过能源互联网，居民不仅可以在达到同等用能效果的情况下选择不同能源的消费，还能通过信息的分享建立最小范围的能源供需子网，降低能源使用成本，甚至还能根据能源价格和自身能源需求，建立恰当的供需模型，安排消费。从更广的范围来说，居民不仅受益于信息化给自身能源消费带来的影响，甚至能对整个能源生态体系的消费产生影响。例如，居民的电动汽车就是能源生态体系中的一个接口，除了作为交通工具，还可以同时充当储能设备以平衡能源波动。而在德国，还会在居民家庭安装的太阳能有多余的电力的时候进行电力回购。

由此可见，信息化已经并将继续变革居民的能源消费模式。信息化已经使得居民的能源消费日益便捷化和多样化。未来，随着（移动）互联网、物联网、云计算、大数据、区块链等信息技术的创新升级，居民能源消费方式将从便捷化演变为绿色化和智能化，居民的能源消费角色也将从被动的单向消费者变为更加主动的双向产销者。从用能到节能和产能，信息化将给居民能源消费模式带来无限可能。

（三）信息化对企业能源消耗方式的影响

信息化实践表明，以计算机和网络技术为代表的现代信息技术的广泛应用，能够极大地提高资本、技术、人力等生产要素的效率，能够节约消耗、降低成本、创新商务模式和促进企业转型，在很大程度上改变了生产和消费方式。

1.信息科技时代企业能源消耗方式的变革

信息科技时代是信息技术在企业的初步应用阶段。该阶段对企业能源消耗的影响主要体现在，通过能源管理信息系统提高能源利用效率和节约能源，侧重于提升单个企业业务效率。

随着能源资源的日趋紧张和能源需求量的日益增加，能源成本在企业操作成本中的比例逐步加大，为降低企业经营成本，提高综合竞争力，企业采取了许多措施来提高能源利用效率。然而，在企业信息化普及之前，由于我国经济增长方式粗放，管理水平低，信息软件应用程度不高，自动化低等问题，能源利用效率低下。其中，管理水平低是指与节能密切相关的计量、统计、考核制度不完善，信息化水平低，损失浪费严重。因此，企业迫切需要获得一种能源管控一体化的解决方案。而伴随着互联网发展起来的能源管理信息系统，极大地促进了能源管理的现代化，其在能源管理方面的日益成熟与广泛应用也为企业能源信息化管理和能效持续改进提供了有效途径。

能源管理信息系统（Energy Management Information System），是在能源和信息技术基础之上建立的，以企业经营管理业务和日常能耗数据作为基础，实现工业（冶金、电力、化工、热力等行业）和企事业单位水、电、气等能源消耗监测、分析、控制的一整套系统。利用该系统，企业能够根据生产计划，及时制定相应的能源采购和使用计划；能够对各生产工艺中的能源消耗状况，进行监控和统计分析；能够按照生产操作参数的变化，及时对水、电、气、燃料等进行调度；能够实现企业管理层对生产过程能源消耗趋势和能源利用水平的分析和全面监控；能够在能耗统计和监控的基础上寻找节能潜力、制定节能措施。中国石油规划总院陈衍飞表示，企业通过建立能效管理系统，能够对石油石化企业能源消耗状况进行全面监测、分析和评估，实现能源消耗过程信息化、可视化管理，优化企业生产工艺用能，有效提升企业能源效率管理水平。

对于传统的钢铁、有色、化工、建材等高耗能企业，能源管理信息系统显得尤为重要。在采用能源管理信息系统之前，企业采用人工记录数据的方法，非常容易出现能源数据不够完善和遗漏的问题。而数据作为节能的基础，他的不合格会导致很多问题的出现。一方面，企业虽然具有节能意识，但节能无方向，常常想到哪做到哪；另一方面，因为没有统一的思想作为指导，企业在发现市场上有某个新兴的节能技术之后，不管是否适合企业的具体实践，直接拉过来用。而企业通过采取能源管理信息系统，能够掌握能源消耗情况，找出本身薄弱点，对症下药，明确节能方向，提高能源利用效率。

2.数据科技时代企业能源消耗方式的变革

随着信息技术的飞速发展，互联网也不再只是一种技术工具和工作手段，它深刻地改变了我们的生活方式、生产方式和思维方式。在这个过程中，数据经历了从记录、分析到应用的衍变过程，并逐渐成为人类的第二母语，人类文明也从信息科技时代步入到数据科技时代。在该阶段，云计算、物联网、大数据、移动互联等信息技术在企业得到充分应用。该阶段对企业能源消耗的影响主要体现在，企业能源管理智慧化、节能信息化以及提升整个产业链的水平。

数据时代实现企业能源管理智慧化。利用互联网技术以及大数据、云计算功能，建立企业、设备能效标杆，预设能源消耗最佳方案和预警机制，通过能源消耗数据的分析比对，自动评判能效利用水平，生成能源消耗统计报表；实现企业内能源从采购到使用的全过程实时监控、适时调整、自动报警等功能，实现能源智慧化管理。作为能耗在线监测系统的企业端使用方，中国石油集团海洋工程有限公司对该系统的运行和作用有着切身的体会。公司负责人李鹏表示："通过能耗在线监测系统，能及时了解我们在行业内的能耗水平，从而有效控制能耗总量，搞好成本控制。在进行决策时，同时兼顾好经济效益与社会效益。"

数据时代实现企业节能信息化。在数据科技时代发展起来的智能控制系统，能够实现对企业能耗实施变频控制，实现提高企业对能源使用的灵活性，使其在需要的时间，需要的地方获得需要的能源量，实现精确用能。例如，在建筑节能领域，中央空调系统的耗能是整个大楼耗能的50%以上。随着建筑物规模增大、标准提高，大厦的机电设备的数量也急剧增加，这些设备分散在大厦的各个楼层和角落，采用分散管理，就地监测和操作将占用大量的人力资源。如果利用现代的计算机技术和网络系统，实现对所有机电设备的集中管理和自动监测，就能确保楼内所有机电设备的安全运行，可节省能耗约25%，节省人力约50%。

数据时代能够提升整个产业链水平。通过采集能耗信息，配合智能检测、数据显示、无线通信以及网络控制等多种信息技术，综合利用智能系统，信息化能够从整个行业全局视角实现企业间的能源调配，优化资源配置，提升产业链水平。例如对电力行业，在电力的发电环节，通过信息技术，优化燃料配置，使其充分燃烧；在输电环节，调度自动化系统能够提高调度的效率和水平，实现电力调度自动化与现代化；在配电环节，通过电能计量管理系统，对电能计量设备进行全生命周期管理，保证电网供电质量和运行效率；在售电环节，根据用电规律，分时段计费，缓解用电紧张的状况。

3.信息化能优化企业能源消耗结构

通过综合运用先进的电子电力技术，信息技术和智能管理技术，将大量由分布式能量采集装置，分布式能量储存装置和各种类型负载构成的新型电力网络、石油网络、天然气网络等能源节点互联起来，以实现能量双向流动的能量对等交换与共享网络，被称为能源互联网。通过建设能源互联网可以有效解决中国的能源消费和生产的地理错配问题，提高再生资源利用率，减少不必要传统资料的消耗，改善企业能源消耗结构。

能源互联网从根本上提高新能源发电效率。分布式能源单独运行时，其出力随机性、间歇性和波动性较大，当分布式能源接入目前的传统大电网体系时，电网的安全性和供电可靠性将会受到威胁。电网为保证输电线路的安全性，只能降低风电、光伏的上网电量，造成弃风、弃光现象严重。在能源互联网条件下，利用分布式和微网技术，新能源发电可实现就近消纳、余电上网，大幅度提升新能源利用效率。

能源互联网在智能储能方面也能发挥极大的作用。可再生能源发电有富余的时候，抽水蓄能电站和电动汽车可以储存多余的电力，智能家用电器，比如智能洗衣机、智能洗碗机、智能热水器等，也会及时开启消费多余电力，在电力需求攀升的时候，这些储能设施可以和智能用电器一起构成虚拟电站，通过释放所存储的电力以及减少智能电器的用电量来满足紧张的电力消费需求。

（四）信息化引领能源消费方式的变更趋势

我国目前存在着能源消耗效率低，能源利用结构不合理等问题。伴随着信息技术发展起来的能源互联网技术，具有广阔的发展前景，对我国能源消费方式的变更意义重大。其主要体现在能源互联网高度发展和能源交易方式从集中式走向分布式两个方面。

1.能源互联网的高度发展

一方面，快速且大规模开发建设的城镇、园区、高耗能企业、绿色建筑等急需能源互联网的发展。另一方面，我国现阶段存在着能源生产不可持续，能源使用效率低，能源行业内向保守等问题。在能源互联网的时代背景之下，通过风/光大数据全生命周期管理、多能互补和源荷互动，能够减少弃风/光、提高发电量和资产利用率；通过对用户的大数据分析、能源综合管理、需求响应、智慧家居等，与售电结合，显著提高能源利用效率。最终提高可再生能源比例，提高能源使用效率，促进能源体制改革。

2.能源交易方式从集中式走向分布式

随着能源互联网的发展，能源成为真正意义上的商品。华北电力大学能源与电力经济研究咨询中心主任曾鸣教授指出，电力作为一种电力作为一种特殊商品，社会各界都希望电力还原商品属性，走向市场。在能源互联网时代，传统的消费者成为生产者和消费者的共同体。消费者既可以通过自有的分布式可再生能源来发电，更重要的是还可以通过智慧能源解决方案，提供用户侧的负荷资源参与需求侧响应。消费者可以通过需求侧响应计划，积极地参与社区需求侧响应项目，还可以作为虚拟电厂成员加入虚拟电厂项目，同时还可以通过电动汽车、储能设施，返售电给电网。

五、传统化石能源消费结构变革的前景与路径选择

（一）煤炭

1.煤炭消费现状与发展趋势

据国土资源部网站公开数据，截至2014年底，中国煤炭资源探明储量15317亿吨，仅次于美国和俄罗斯。2015年，中国煤炭产量达37.5亿吨，占世界煤炭产量的47%，同比减少3.3%；中国煤炭消费量为39.65亿吨，同比下降3.7%，占世界煤炭消费量的50%。2015年煤炭在中国一次能源消费结构的比重达到64%，远高于30%的世界煤炭平均水平。

2014年，中国煤炭消费总量为41.16亿吨，主要领域消费量详见图44。

从2014年中国煤炭消费结构看，火力发电消费煤炭最多，为184525万吨，占总消费量的44.82%；其次是终端消费煤炭116044万吨，占28.19；第三是炼焦消费62894万吨，占比15.28%；此外，供热消费煤炭22445万吨，占比5.45%；炼油及煤化工消费煤炭2330万吨，占比0.57%；煤炭在洗选过程中损耗23375万吨，占比5.68%。

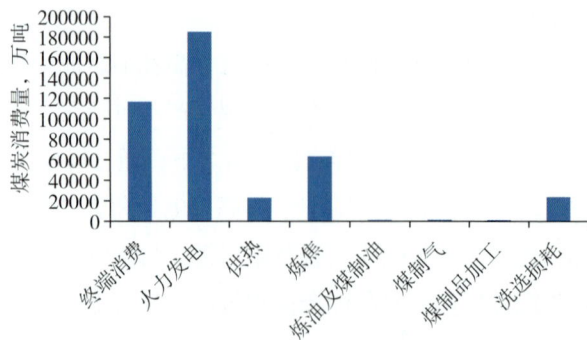

图44　2014年中国煤炭消费状况

数据来源：国家统计局网站。

2000～2015年中国煤炭消费量变化趋势如图45所示。由图45可以看出，近十几年来中国煤炭消费量逐年增长，2000年消费量只有13.57亿吨，2013年消费量达到42.44亿吨，年均增长9.5%；2014年降至41.16亿吨，2015年进一步降至39.65亿吨。由于中国经济增长减速，环境保护政策趋严，国家能源消费政策中已将控制煤炭消费总量作为调整一次能源消费结构的主要措施，未来中国煤炭消费量上升的可能性比较小，预计2020年消费量40.8亿吨，2030年回落至36亿吨。由此判断，中国煤炭消费在2013年或已达峰。

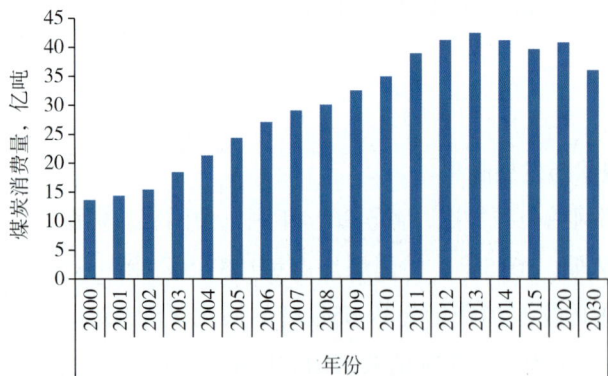

图45　中国煤炭消费量变化趋势及预测

数据来源：国家统计局网站。

未来，中国煤炭行业将围绕安全高效智能化开采、清洁高效集约化利用等组织开展技术攻关，建设示范工程，提升煤炭工业的可持续发展能力。"十三五"期间，中国把控制能源消费总量作为重要任务，其中煤炭作为控制总量的重点，煤炭的消费比重将降到60%以下，并将加快研究制定商品煤系列标准和煤炭清洁利用标准。

中国煤炭消费量居世界第一位，其他依次是美国、印度、欧盟、日本。2014年，中国煤炭消费占全球消费总量的50.6%，而美国占11.7%，印度占9.3%，欧盟占7.0%，日本占3.3%。据《BP世界能源统计年鉴》（2016）数据显示，2015年全球煤炭消费下降1.8%，远低于2.1%的10年期平均增幅，煤炭在全球一次能源消费量中的比重已降至29.2%，这是2005年以来的最低份额。2015年煤炭在中国一次能源消费结构的比重达到64%，远高于29.2%的世界平均水平。2015年，全球煤炭消费的净下降完全来自美国和中国，其中美国煤炭消费下降12.7%，中国下降1.5%。

2.煤炭消费面临的机遇

（1）煤炭清洁发电、热电联产发展空间巨大

中国电力消费需求旺盛，煤炭洁净发电前景广阔。煤炭洁净发电是最安全、经济、环保的利用方式。从国内外能源发展趋势来看，电力消费比重扩大是必然趋势，电能是近20年消费增长最快的能源品种。2010～2020年、2020～2030年期间中国电力需求年均增速分别为4.9%、2.3%。从人均用电情况看，中国在2013年人均用电量（3936千瓦时/人）超过世界平均水平（3293千瓦时/人），2014年人均用电量4047千瓦时/人，预计2030年人均用电量和人均生活用电量将达到约6200千瓦时/人、1400千瓦时/人，电力消费仍有较大提升空间。同时，与天然气发电、核电、风电等可再生能源发电相比，煤电更加安全和经济；而且通过近年来的持续技术创新，中国燃煤发电已能实现污染物近零排放。由此可见，煤炭作为中国的主体能源，用于洁净发电具有广阔的发展前景。

提高煤炭集中燃烧比例，煤炭热电联产势在必行。目前，中国煤炭集中燃烧比例仅占全部耗煤量的48%，未配套建设污染物治理装置的散煤燃烧设施数量极其庞大，是造成大气污染的关键因素。据行业专家测算，通过全面实施电能替代，2015年、2017年、2020年中国东中部地区PM2.5排放可比2010年分别降低12%、20%、28%左右。而美国99%的煤炭用于发电，可实现对燃煤排放的污染物集中治理。未来中国需采取多项措施大幅提高煤炭集中燃烧比例，减少燃煤造成的污染物排放。

（2）现代煤化工成为未来煤炭消费的主要突破口之一

现代煤化工包括煤制油、煤制烯烃、芳烃，煤制乙二醇、煤制天然气等。与传统煤化工比较，现代煤化工的优势加工过程要比传统煤化工更加科学、环保，其产品的品质及附加值更高。一方面，发展现代煤化工是对石油化工的有益补充，是发挥中国煤炭资源比较优势、降低石油对外依存度、保障中国能源安全的重要途径之一；另一方面，20世纪90年代以来，中国现代煤化工发展取得巨大进步，煤化工产业示范取得预期成果，产业已达到一定规模，已经从升级示范进入工业化生产和大规模产能扩张

时期，同时先进煤化工合成技术取得重大突破，国产化技术实现工业化，主要催化剂均实现国产化，为现代煤化工清洁高效发展奠定了基础。现代煤化工已成为当前中国煤企实现转型升级、实现清洁发展，提升经济效益的重要突破口之一。

3.煤炭消费路径优选

目前较为成熟的煤炭清洁高效利用方式有煤炭发电、煤制油品、煤制天然气。从能效比较看，"煤炭—电力—电动车"方案的总能效（28.6%）高于"煤炭—油品—燃油车"（19.2%）和"煤炭—天然气—燃气车"（13.3%）方案，分别是后两者的1.49倍、2.15倍。从不同车辆运营成本对比看，油品售价按7.72元/升、天然气按3.1元/标方、电价按0.68元/度分别测算，燃油大巴运营成本最高，为52.41万元/年，压缩天然气（CNG）大巴运营成本次之，为35.56万元/年，电动大巴运营成本最低，仅35.2万元/年。此外，随着中国天然气市场化步伐加快，价格逐年上涨将成为必然趋势。因此，"煤炭—电力—电动车"运营成本最具竞争力。从安全性方面比较，油品、天然气在存储、运输、使用等环节存在较大的安全隐患，而电力的生产、输配和使用都相对安全。因此，"煤炭—电力—电动车"方式安全性最高。

通过以上分析看出，煤转化为电能是最安全、经济、环保的利用方式。推动能源消费革命，促进能源发展方式转变，应坚持以煤炭为基础、以电力为中心，大力推动煤炭清洁高效转化利用战略和电能替代战略。同时，适当发展煤制油、煤制天然气、煤制烯烃等现代煤化工，为煤炭行业的转型升级创造条件。

大规模推广应用高效、超低排放煤电机组。一方面，加快推进煤电大基地大通道建设，重点建设亿吨级大型煤炭基地和千万千瓦级大型煤电基地，发展远距离大容量输电技术，扩大西电东送规模，实施北电南送工程。另一方面，允许企业按照超低排放的环保要求，继续在京津冀、长三角、珠三角等负荷中心建设一定规模的大型清洁燃煤发电机组。

大力发展热电（冷）联供机组。热电（冷）联供机组既可以实现能源的高效梯级利用，大幅提高煤炭利用效率和热电机组经济性，又可大量替代单纯用于供热的小型燃煤锅炉，对于降低污染排放具有积极意义。一方面，非电力行业应减少分散的煤炭燃烧，增加电力消费比重。严格控制钢铁、化工、建材等工业锅炉的煤炭消费量，所需二次能源由电厂集中供给。另一方面，在城镇集中供热区、工业园区等热（冷）负荷区大力发展热电（冷）联供机组。

经过多年发展，中国现代煤化工产业取得长足进步，主要体现在四个方面：一是自主煤气化技术得到广泛应用。国产气化炉投产100余台，包括多喷嘴对置式气化炉、航天炉、水冷壁水煤浆气化炉、SE粉煤气化炉（东方炉）、两段干煤粉加压气化炉。二是先进煤化工合成技术取得重大突破。国产煤直接液化工艺及催化剂、高/低温费托合成工艺及催化剂、甲醇制低碳烯烃工艺及催化剂、流化床甲醇制芳烃工艺及催化剂、草酸酯法煤制乙二醇工艺及催化剂、煤油共炼—浆态床加氢技术等国产化技术均实现工业化，主要催化剂均实现了国产化。三是大型空分、MTO反应器及煤化工主要泵阀等煤化工关键设备实现国产化。四是现代煤化工"三废"处理技术研发应用取得重大进步，煤化工企业废水基本实现近零排放。

现代煤化工产业的发展也存在诸如资源消耗量大尤其是水资源消耗量大、装置投资高、"三废"处理难度大、处理成本高、CO_2排放量大等瓶颈问题，尤其是近几年来国际原油价格大幅下跌对现代煤化工企业效益增长形成严重制约。在中国经济社会新常态下，资源节约与环保意识不断增强，政府对现代煤化工产业新政策更加趋严，煤化工准入门槛将进一步提高。当前中国现代煤化工的发展道路仍在探索之中，需要深入研究、稳步示范、慎重推广。

（二）石油

1.石油消费现状与发展趋势

中国石油剩余资源仍较为丰富，2015年新增探明地质储量11.18亿吨，连续9年超过10亿吨。截至2015年底，全国石油累计探明地质储量371.76亿吨，剩余经济可采储量25.69亿吨，储采比为11.9（数据来源：国土资源局）。石油产量连续六年稳产2亿吨，2015年为2.15亿吨，同比增长1.5%。石油消费量持续增长，2015年达5.50亿吨，同比提高6.1%，对外依存度达到60.6%。石油占中国一次能源消费结构的比重逐渐升高，2015年为18.1%，同比增加0.7%，远低于32.9%的世界平均水平。

从中国石油消费结构看，2014年，成品油中的汽油、煤油、柴油消费量分别为9776万吨、2335万吨、17165万吨，汽煤油分别较去年同比提高4.4%和7.9%，柴油仅增长14万吨。图46列出了近16年以来中国石油及其主要产品的生产与消费情况。从图中可以看出，中国石油的消费量增长迅速，相较于2000年，2015年增长了1.42倍，而产量仅提高了31.6%；主要成品油的产量逐年提高，特别是近6年以来，煤油的变化幅度最大，2015年较2010年增加1735万吨，年均增长率为11.31%，其次是汽油，年均增长率为8.52%，柴油的年均增长率仅提高了3.18%；成品油消费量也呈逐年增长的态势，从2010年以来，汽油、煤油、柴油的年均增长率分别为7.04%、5.76%、3.15%。石油消费量和产量的缺口越来越大，2015年，中国石油对外依存度达到60.6%，对石油供应的安全问题提出了挑战；在成品油方面，柴油产量仅略高于消费量，且二者之间的增速相当，2014年汽油和煤油的产量比消费量分别增长了12.83%、31.95%，这与中国当前消费柴汽比的变化趋势相一致，最高为2005年和2007年的2.26，下降到2014年的1.76。

图46　中国2000～2015年石油及主要成品油的生产与消费

数据来源：国家统计局。

　　从总量及增速看，中国自2000年以后工业化进程加快，汽车消费高速增长，带动石油消费保持快速上升，年均增速在5.6%以上，2009年后中国经济进入换挡期，受产业结构调整的影响，加之各种石油替代产品的发展，石油消费增速明显放缓，2010～2015年年均增速为3.9%，2015年达到5.44亿吨（如图47所示）。在经济增长进入中高速新常态，经济结构持续调整的大背景下，未来石油消费总量仍将继续增加，但消费强度增幅则会逐步降低，预计"十三五"期间中国石油消费需求年均增速将下降至2%左右；2020年后随着中国进入工业化后期，石油需求增速进一步放缓，达到6.1亿吨左右；2020～2030年间，年均增速下降至0.8%左右，2030年为6.6亿吨左右；石油消费总体呈"S"形增长，将迎来消费峰值，预计峰值将在2025～2030年间出现，约为6.7亿吨，之后将保持相对稳定，2035～2040年将出现下降态势。

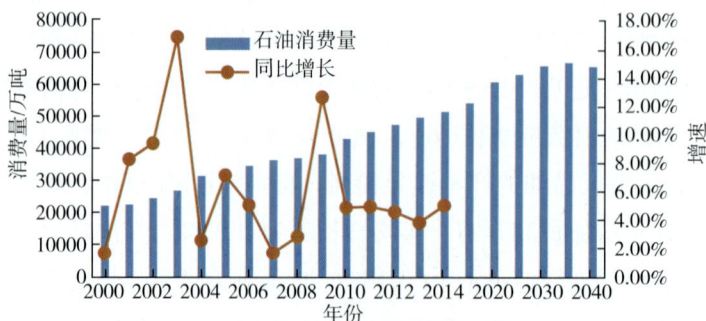

图47　中国石油消费量变化趋势

在预测期内，中国石油的消费需求存在一些不确定因素，特别是在替代燃料的发展方面，一旦电动汽车的技术在未来取得突破性进展，产业规模发展将超出想象，可能使石油的消费峰值提前到来。

从成品油消费需求看，随着中国汽车保有量的持续增长和航空运输业的迅速发展，中国交通运输用成品油总量将继续提高，至少在未来20～30年内石油作为交通运输燃料的主体地位不会改变。由于中国经济转型，柴油需求疲弱，将在2015～2020年期间达到阶段性饱和，消费量维持在1.7亿吨上下；伴随着汽车保有量的持续增加，汽油仍将维持较快增长，预计2030年汽油需求量将达到1.7亿吨左右；航空运输业的快速发展，将进一步刺激煤油的消费量，预计2020年、2030年分别增长到3600万吨、5800万吨；消费柴汽比逐年下降已是必然趋势，预计2020年将下降至1.3左右，2030年降至1.1左右。

据《BP世界能源统计年鉴》（2016）数据显示，2015年全球石油消费增长了9461万吨（1吨=7.33桶），同比上升了1.9%，远高于近10年1%的年均增长率，为1999年以来的首次增长；在全球一次能源消费量中的比重为32.9%，较去年增加了0.3%。中国作为仅次于美国的第二大石油消费国，2015年石油消费量占世界总量的12.9%；印度超越日本成为第三大石油消费国，达到2.07亿吨。消费增量方面，中国仍是石油消费需求增量最大的国家，为3834.2万吨，其次是印度，增量为1543.7万吨。同比增速来讲，印度是全球石油消费增速最快的国家，达到8.1%，比中国高出1.8%，远高于美国的1.6%、欧洲的1.5%，与此相反，日本成为全球降幅最大的国家，达到3.9%，减少了796.7万吨。

全球石油产量增速连续两年超过全球石油消费增速，达1.39亿吨，上升3.2%，是自2004年以来的最快增幅。伊拉克和沙特阿拉伯产量均升至历史最高值，促使欧佩克国家2015年石油产量增加了7967.3万吨，至19亿吨，超过了2012年创历史纪录。美国不仅是世界最大产油国而且是最大增幅国家，2015年增长了4979.5万吨。尽管中国石油产量仅占世界总产量的4.9%，但2015年仍较去年增加了1.5%。

2.石油消费面临的机遇

油品质量升级步伐加快。中国已从2014年起全面执行国IV汽油标准，从2015年起全面执行国IV柴油标准，北京、上海以及江苏、广东的部分地区等已提前实施国V标准，自2016年1月起中国在东部地区11个省市供应国V标准的车用汽柴油，2017年1月将在全国供应国V标准的车用汽柴油。国家能源局2016年6月发布国VI车用汽油和车用柴油标准的征求意见稿，预计国VI标准将从2020年1月1日起在全国范围内执行（北京市计划2019年底实施京VI标准）。随着国V、国VI标准全面实施的日益临近，油品质量升级已刻不容缓。然而，中国汽油池催化汽油比例偏高，汽油质量升级面临降烯烃和提高辛烷值的双重压力。炼油企业保证油品供应的压力越来越大，技术改造、结构调整以及技术成本投入进一步加大，盈利空间受到进一步挤压。

降低柴汽比迫在眉睫。2000年以后，中国固定投资持续保持高增长态势，对柴油的需求持续攀升，消费柴汽比持续上升，2005年和2007年达到历史高点2.26，与之相适应，中国炼油企业生产柴汽比多数偏高。然而，自2008年以来，消费柴汽比持续下降，到2014已降至1.76，柴油消费疲软加之汽油需求旺盛，未来消费柴汽比仍将持续下降，应对难度也将进一步加大。为此，中国炼油企业必须采取综合措施，加快流程和结构调整，才能提质增效，实现优化发展。

汽车节油潜力较大。中国努力提高车用燃油经济性标准，以进一步降低油耗，汽车燃料经济性指标已经大幅提升。从2005年7月开始实施乘用车燃料经济性标准，最开始采用单车燃料消耗量限值，升级到现行的车型限值与企业平均燃料消耗量（CAFC）实际值与目标值比值双重管理。2016年1月1日起正式实施的《乘用车燃料消耗量限值》和《乘用车燃料消耗量评价方法及指标》标准，规定新车平均燃料消耗量2020年下降到5L/100km。此外，《中国制造2025》明确将"节能与新能源汽车"作为重点发展领域，提出到2025年乘用车（含新能源乘用车）新车整体油耗降至4L/100km左右。2015年，中国乘用车平均燃料消耗量为7.97L/100km，要实现既定目标，节油潜力巨大。

3. 石油消费路径优选

油品质量升级路径优选。油品质量从国IV升级到国V，主要难度体现在硫含量从50μg/g降低到10μg/g，通过汽柴油加氢脱硫或吸附脱硫等方式可以有效解决，可以如期在2017年1月1日全面实施国V标准。而汽油质量从国V到国VI，主要难度体现在降烯烃的同时保持辛烷值不变，同时还要充分考虑到柴汽比降低、汽油需求不断增长的趋势。一是要突破大型烷基化成套技术。烷基化是国V升级到国VI的必然选择，应该加快固体酸烷基化、离子液体烷基化等成套技术的攻关，早日取得突破。二是以催化汽油为重点，通过催化裂化技术进步，提高汽油产率、降低烯烃、提升辛烷值、增产丙烯；通过催化轻汽油中烯烃异构化、醚化，实现在降低烯烃的同时提升辛烷值。三是加强炼化一体化优化，通过加氢裂化、催化重整等优化措施，增产高辛烷值汽油组分和低成本乙烯原料、芳烃原料。四是降低氢气成本，氢气成本在很大程度上决定了汽柴油的生产成本。

降低柴汽比路径优选。降低柴汽比最重要的途径是优化炼油装置、改进生产工艺，降低柴油产量并提高汽油产量，达到有针对性地降低生产柴汽比，例如，增加烷基化油、异构化油的生产以提高辛烷值、增加汽油产量；将催化柴油及循环油等劣质柴油转化为高辛烷值汽油组分和芳烃产品，减少柴油产量；对炼化一体化企业，减少直馏石脑油进乙烯，适当增加直馏柴油作乙烯原料，等等。此外，还可以通过增加柴油出口来释放柴油过剩产能，并在国家层面利用油品价格杠杆逐步调低生产柴汽比以及鼓励柴油销售等途径降低柴汽比。

对于千万吨炼油、百万吨乙烯一体化企业，由于柴汽比的降低以及成品油消费增速的趋缓，炼油从大量生产柴油、汽油将转向生产更多的高标号汽油、航空煤油和清洁柴油，以及更高比例的低成本化工原料，即炼油厂将从"燃料型"向"化工型"转变。这种变化趋势是长期的，需要在"十三五"期间加快结构调整步伐，让更多的低成本优质原料进入乙烯裂解装置。

汽车节能路径优选，就当前中国现状而言，汽车节能路径可分为技术和非技术两个层面：第一是技术方面，保证汽车质量，按照规范使用和维护机器，改变汽油机燃烧方式以提高能量转换效率。同时，在现有的燃烧方式下，通过改进供油系统、汽油机改气缸燃油喷射，提高汽油燃烧效率；通过改进点火系统，提高汽油机运转稳定性；通过减少发动机附件损失，合理使用配件，进行相应的改装等手段，实现汽车节能。此外，应大力发展混合动力汽车技术，高效汽油机、柴油机技术，高效载重汽车及发动机技术，轿车、轻型车的柴油化技术等先进的节能技术。第二是非技术方面，公路与交通设施的合理配套，车型及油品按需生产配置，运营的合理等等，都将极大地降低汽车的能耗。

（三）天然气

1.天然气消费现状与发展趋势

据国土资源部网站公开数据，截至2014年底，中国天然气资源探明储量4.9万亿立方米。从中国天然气供应看，2014年进口管道气为330亿立方米，占天然气进口总量的55.5%，以土库曼斯坦天然气资源为主，少量的从乌兹别克斯坦、哈萨克斯坦、缅甸等国家进口；进口LNG为1893万吨（合265亿立方米），占进口天然气总量的44.5%，主要来自澳大利亚、印度尼西亚、马来西亚、卡塔尔四国。

2014年，中国天然气表观消费量1868.9亿立方米，其中包括国产气1301.6亿立方米，进口天然气591.3亿立方米，出口天然气26.1亿立方米。从天然气消费结构看，工业天然气消费总量1221.3亿立方米，占消费总量的65%；生活消费天然气总量342.6亿立方米，占比18%；交通运输、仓储和邮政业天然气消费总量214.4亿立方米，占比12%；批发零售及住宿、餐饮业46.6亿立方米，占比3%；其他行业消费44亿立方米，占比2%。

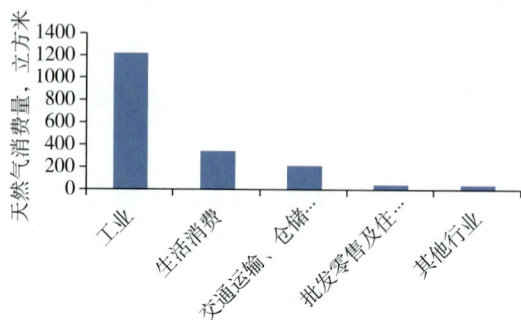

图48　2014年中国天然气消费情况

数据来源：国家统计局网站。

2005年中国天然气消费量467.4亿立方米，2010年消费量为1069.4亿立方米，2015年增至1920亿立方米。由于"十三五"期间中国碳减排与大气污染防治力度加大、城镇化发展加快，天然气消费需求仍将逐年增长。预计2020年天然气消费量达到2900亿立方米，"十三五"期间年均增长7.5%；2030年天然气消费量将达到4800立方米。预计中国天然气消费量占能源消费总量的比重将由2015年的5%增加到2030年的12%。分行业看，采掘业用气将筑顶回落，制造业用气继续增长并以煤改气为主，发电供热用气市场潜力巨大，未来可能大幅增长；交通用气增长主要来自CNG汽车和LNG汽车，居民生活用气则将保持刚性增长。近10年来中国天然气消费量变化趋势及预测见图49。

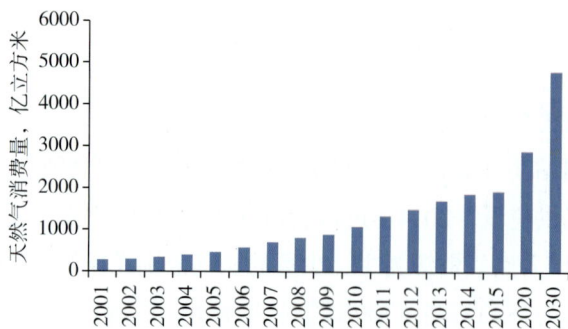

图49　中国天然气消费量变化趋势及预测

数据来源：国家统计局网站。

中国天然气消费总量位居世界前列，但人均天然气消费处于较低水平。2014年中国天然气消费量（1870亿立方米），仅为美国消费量（7594）的25%、俄罗斯消费量（4092）的46%，居世界第三位。2014年，中国人均天然气消费量137立方米/人，仅为美国人均消费量（2382立方米/人）的5.8%、俄罗斯人均消费量（2845立方米/人）的4.8%，也仅为世界平均人均消费量（467立方米/人）的29.3%。即使2030年中国天然气消费量达到4800亿立方米，人均消费量达到350立方米/人，也仅为2014年世界平均水平的75%。

2. 天然气消费面临的机遇

（1）交通用气有较大发展空间

天然气作为车用燃料，其与成品油相比，具有安全高效、清洁低碳、污染物排放量少等诸多优势，是交通用气的重要发展方向。2000~2014年，中国交通运输、仓储和邮政业天然气消费量从8.8亿立方米增至214.4亿立方米，年均增速高达25.6%，远高于同期该部门汽油和柴油的消费增速（分别为8.5%和9.5%），占天然气消费总量的比重从3.6%升至11.5%。

近年来中国天然气汽车得到迅速发展，交通用气增长主要来自CNG汽车和LNG汽车。2000年全国天然气汽车保有量仅有6000辆左右，2010年达到111万辆（其中CNG汽车110万辆，LNG汽车1万辆），2014年达到459.5万辆（其中CNG汽车441.1万辆，LNG汽车18.4万辆），首次超过伊朗成为世界最大天然气汽车国家，占全球天然气汽车总量的20%。2014年下半年以来，受国内经济增速下行、交通运输需求疲软、国际油价大幅下跌以及国内天然气价格保持高位等因素影响，中国天然气汽车市场受到很大冲击，天然气汽车发展明显减速。预计2020年之前国际油价有望上升到70美元/桶左右，加上中国防治大气污染力度加大，天然气汽车尤其是货物运输、城市公交天然气汽车仍将得到较快发展。预计2020年中国交通领域天然气需求将增至370亿m^3，2030年达到523亿m^3。

（2）天然气发电有上升空间

与燃煤发电相比，天然气发电具有能量转化效率高、燃气轮机占地面积小、起停速度快、调峰能力强、单机容量大、运行安全稳定、污染物及二氧化碳排放量低等优势。近年来，中国天然气发电有一定程度的发展。截至2015年底，中国天然气发电装机容量6637万千瓦，仅占总装机容量的4.4%，是世界平均水平的20%。由于燃气发电装备自主化水平较低、购置和养护成本高以及电力市场改革步伐缓慢、天然气价格较高等因素影响，中国天然气发电在经济上与煤电、水电、核电相比经济性不强，投运项目多数处于微利或亏损状态，在建和规划项目也大多持观望态度。2014年中国发电用气占比为14.1%，远低于美国（30.4%）、英国（3.8%）、德国（36%）、韩国

（44%）的水平。鉴于天然气发电在环保等方面所具有的优势，未来中国天然气发电仍具有上升空间。

（3）居民生活用气保持刚性增长

2000～2014年，中国天然气管道里程数从3.37万公里增至43.46万公里，年均增长18%，同时城市燃气管网建设也不断加快。随着中国长输天然气管道和城市燃气管网的快速发展，居民生活用气呈现爆发式增长。根据国家统计局发布的数据，2000～2014年中国居民生活用气量从32.3亿立方米增至342.6亿立方米，平均增速高达18.4%。若按照总人口计算，2000～2014年人均用气量从2.6立方米/人增至25立方米/人，城镇人均用气量则从7.0立方米/人增至45.7立方米/人。2015年底，中国大陆总人口约为13.74亿人，城镇常驻人口约为7.71亿人，占总人口比重56%。随着未来中国城镇化建设步伐进一步加快，2020年城镇化率将达到60%，2030年达到70%，居民用气人口和用气量也将呈刚性增长。预计2020年中国居民生活用气将增至480亿立方米，2030年达到620亿立方米，占天然气消费总量的比重将达到约13%。

3. 天然气消费路径优选

（1）天然气汽车发展路径优选

2010年至2015年，中国天然气汽车保有量从110万辆辆增加到约500万辆（其中LNG汽车约20万辆），年均增长率超过40%。到2020年，中国天然气汽车的保有量有望达到1050万～1100万辆，其中LNG汽车的保有量将达到40万～50万辆，占当年全国汽车保有量的5%以上，LNG加注站将达4500～5000座。

在全球应对气候变化和中国治理大气污染的双重压力下，天然气汽车在环保上有显著优势。从经济上来说，由于天然气价格比原油低，天然气相对于汽柴油具有明显的比较优势。低油价背景下，天然气作为交通燃料在运营费用上仍低于汽柴油。相对于电动汽车等其他新能源汽车，天然气汽车在整车技术成熟度、续航里程、安全性、冷启动等方面表现更加出色。按照中国汽车研究中心的实验结果，一方面，以城市出租车和家用轿车为代表的小型乘用车易于"油改气"，运营成本也较低。以北京市出租车日行驶350公里计算，比较CNG和汽油作为燃料时的经济效益（基于2016年3月时北京市的价格水平），CNG出租车的燃料成本仅为汽油车的45%；每天燃料成本节省85元，按年运营时间350天计算，每年可以节省燃料成本接近3万元。出租车改装仅仅需要几千元至1万元，采用CNG燃料汽车相对于汽油车大幅度降低了车辆的运营成本。另一方面，以大货车和城市公交车为代表的LNG汽车，续航里程长，适合重负荷的长途运输或商业运营。以LNG重卡为例，其初次购置费用比同马力柴油车高出8万～10万元，但鉴于等热值LNG价格仅为0号柴油价格的50%～70%，以一年行驶里程为15万公里计算，则一年可节约燃料费用近14万元，不到一年即可收回初次购置成本。

（2）天然气发电路径优选

目前中国天然气发电尚存在一些问题需要解决，国内主要燃气发电装备制造企业与国外企业合作中在关键技术方面存在壁垒，燃气发电核心技术未完全掌握，制约燃气发电产业发展。另外存在天然气供应与发电不协调、相关配套政策和有关标准不完善以及天然气发电面临气价不断上涨等问题。尤其是目前普遍看好的分布式和非常规天然气发电还处于起步示范阶段，关键零部件制造、系统集成还不够成熟，有关组织设计、施工安装、运行维护和安全管理等工作需要不断总结提高。

推动天然气发电的持续健康发展，首先要加大技术创新，全面掌握天然气发电装备制造等核心自主技术；同时必须打通电力与天然气行业管理体制的瓶颈约束，深化电力体制改革和天然气价格改革，切实发挥市场在资源配置中的决定性作用。总体而言，由于中国天然气价格及技术等因素的制约，未来天然气发电行业存在较大不确定性，但只要获得政府足够的支持与重视，并且燃气装备自主化取得突破，中国天然气发电行业仍有较大发展空间。

（四）加快新能源与传统化石能源的融合

因地制宜，促进能源消费多元化。中国地域辽阔，化石能源与太阳能、水能、风能、生物质能等各种新能源地域分布差异很大，尤其是东、中、西三大区域经济发展不平衡，其能源供给、消费需求情况千差万别，因此应该因地制宜，结合区域能源资源特点落实国家能源消费革命政策，促进能源消费多元化，在消费过程中坚持走资源节约、清洁高效、可持续发展之路。

完善融合发展体制机制，搭建能源消费柔性合作平台。目前传统能源与新能源发展基本上相互独立，缺乏将二者有机结合、充分发挥优势、产生协同效应的合作平台，例如光伏、风电远距离输送需要借助煤电输送主干电网，但因新能源电力成本较高、电力输出不稳定，加之电力体制和运行机制的制约，最终难以上网输送给下游用户。为此，需要尽快完善融合发展体制机制，搭建不同能源消费柔性合作平台，加快传统能源与新能源融合发展。

完善新能源补贴政策，推动新能源持续发展。尽管新能源替代化石能源需要较长时间，但从发展趋势看，未来化石能源消费占比逐渐降低、新能源消费占比不断上升是毋庸置疑的。通常情况下，新能源在发展初期，资金投入高、回报少、生产运营成本普遍较高，因此新能源的发展需要国家补贴政策扶持，待其技术成熟、成本降低至市场接受的程度时，才能完全融入能源市场。新能源补贴政策不可或缺，但补贴额度、补贴方式、补贴周期均应该适度、合理，能够激励技术创新与进步，推动新能源产业健康发展。

六、能源需求电气化

国际经验表明，历史上推动电气化的宏观驱动因素主要有三个：技术进步，收入增长和结构性变革。

技术进步是能源需求电气化的最重要的驱动因素，尤其是在建筑行业。假设历史技术趋势一直延续至未来，则到2050年，此驱动因素可促使中国电气化率提高6个百分点。

收入增长可促使中国到2050年电气化率提高超过5个百分点，因为消费者会倾向选择具备更高灵活性和清洁性的能量形式—电能。

结构性变革可影响电气化过程，向电力强度较低行业的转型意味着总体电气化率下降：交通运输业在中国能源终端使用量中占比的增加，预期将导致电气化覆盖率到2050年下降3个百分点。

未来，去碳化也将成为电气化的一个主要驱动因素，因为电力行业的去碳化更加容易推行，并且电能在终端用户中的用途也更广泛。去碳化将提高交通运输与建筑工程行业的电气化率，主要体现在电动汽车和电热泵的普及。但由于技术局限，工业的电气化将面临挑战。

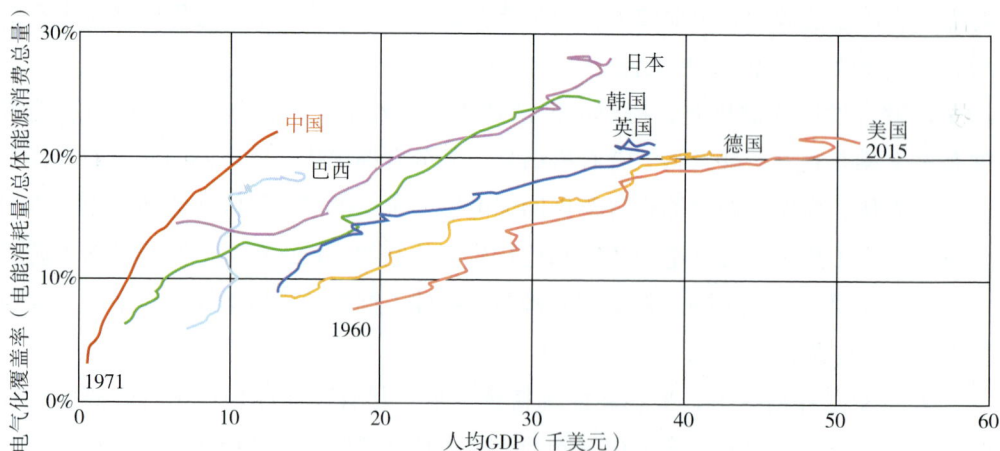

图50　电气化覆盖率随收入增长而提高，中国在短期内实现快速电气化

资料来源：IEA、WEB。

基于宏观经济驱动因素的历史经验，中国电气化率预期可从目前的23%提高至2050年的32%，根据未来去碳化趋势，可提高至40%~48%。但是，为实现较高的电气化率，政策制定者需要实施一系列政策，以跨越峰值负荷变动性加剧、电网落后、投资与行为方面的障碍及创新局限等挑战。

（一）电气化的宏观经济驱动因素

技术，收入和经济结构是电气化的主要宏观驱动因素。

技术效应：广泛的技术趋势可以导致电气化水平的提高。在收入水平相同的条件下，当今国家的电气化水平高于20世纪90年代的国家。其对中国2050年电气化水平贡献6个百分点。

收入效应：电气化水平随收入而提高。在相同期间，其他所有条件相同的情况下，收入水平较高的国家的电气化水平高于收入水平较低的国家。其对中国2050年电气化水平贡献5个百分点。

结构性变革：经济结构的差异导致电气化水平的不同。能源消费量较集中于电力强度高的行业（例如建筑工程行业）的国家的电气化水平较高。其对中国2050年电气化水平贡献是负3个百分点。

我们采用了一个固定效应（内部）模型评估这几大因素。该模型利用面板数据来考虑主体和时间的固定效应（Stock & Watson，2011）。例如，地质情况就是一种主体固定效应，它因国家而异，但并不因时间而异。技术进步导致的总体电气化是一种时间固定效应，因时间而异，但并不因国家而异。时间趋势图通过存储和测绘时间固定效应而生成。因此，该图反映了在控制收入与主体固定效应（例如，维度和地质情况等国家特定的因素）前提下的一段期间内的普遍电气化趋势。

技术进步包括，引入新的电力驱动型服务，以及从非电能源转向电能。将2015年与1960年的两个收入水平相同的经济体相比较，由于这55年的技术进步，前者的建筑工程业电气化率相比后者高出约18个百分点。相比建筑和工业，交通运输业过去的电气化技术进步较少，因而出现了不具有统计意义的时间效应。

假设自20世纪60年代开始的电气化历史趋势一直延续，基于对中国2050年GDP的预测（NDC），中国2050年电气化覆盖率将接近于部分发达国家的电气化覆盖率。但是各个部门的电气化水平有很大差异。

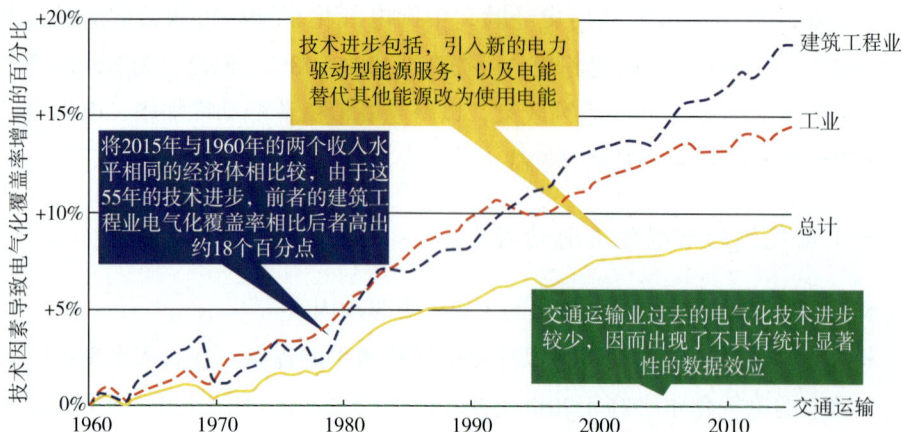

图51　技术进步一直是最重要的电气化驱动因素

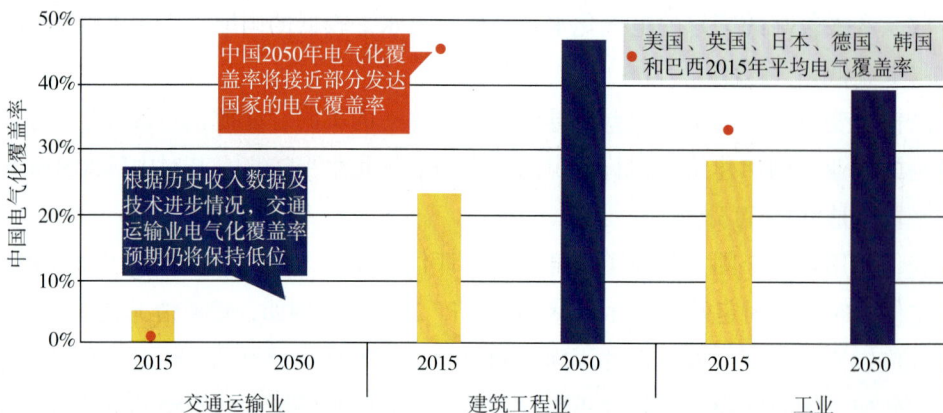

图52　不同行业的电能强度度各异，新技术的出现和收入水平的增长将扩大此差异

结构性变革可能使能源消费活动转向电能密集度较低的行业（例如，交通运输业），中国未来可能出现此情况。未来有不同发展途径，一种是韩国那样的工业比重偏高的经济结构，一种是英国那样的工业比重低的经济结构。这两种经济结构对应的电气化路径是不同的。

除了技术、收入和结构之外，还有一系列国家特定的特征决定了电气化潜能。这些因素包括城市化水平、重工业的比重、气候、资源禀赋等。比如，城镇化率高的和重工业为主的地区通常电气化水平会偏高。

在控制了技术进步和国家特定效应之后，收入对电气化覆盖率的效应显著减小。在控制了技术进步和国家特定效应的情况下，GDP从人均1.5万美元增长至人均4万美元，预期将导致电气化率提高约4个百分点，收入影响效应与未控制情景下相比几乎减半。

中国2015年	中国2050年 （IEA 2017 B2DS）	行业/服务业比重 （韩国，2015年）	服务导向经济 （英国，2015年）

终端能源需求占比

交通　建筑　工业

电气化覆盖率

| 23% | 45% | 基于其他经济模型得出的中国电气化覆盖率 | |
| | | 21% | 18% |

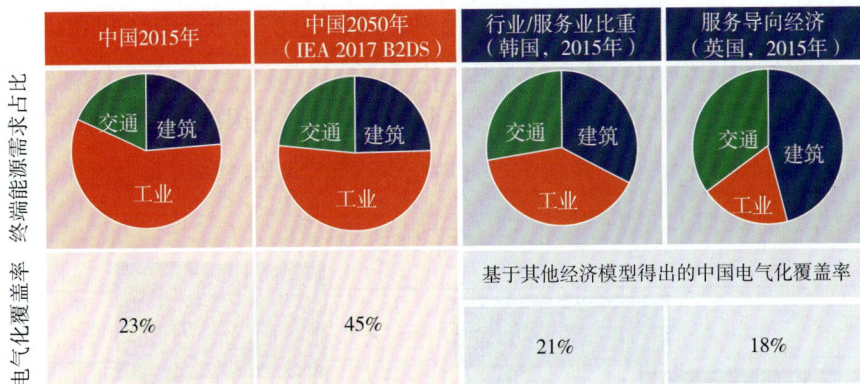

图53　结构性变革可能使能源消费活动转向电能密集度较低的行业

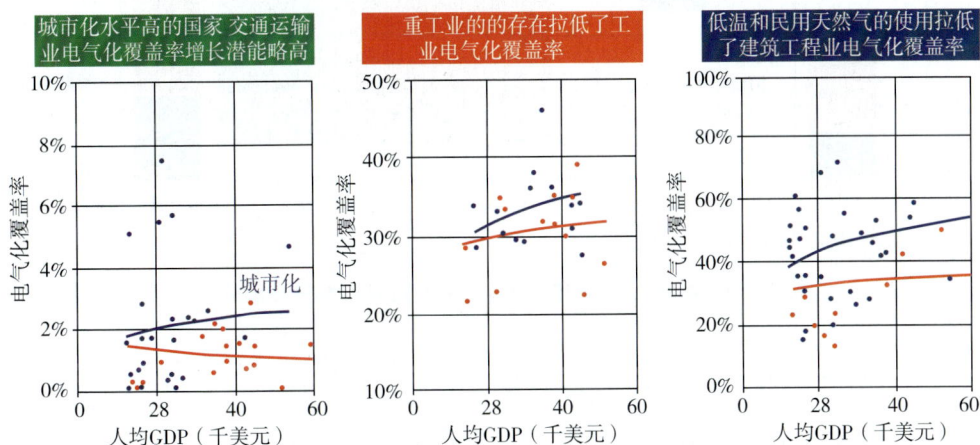

城市化水平高的国家 交通运输业电气化覆盖率增长潜能略高

重工业的的存在拉低了工业电气化覆盖率

低温和民用天然气的使用拉低了建筑工程业电气化覆盖率

图54　国家特定的特征也影响电气化增长潜能

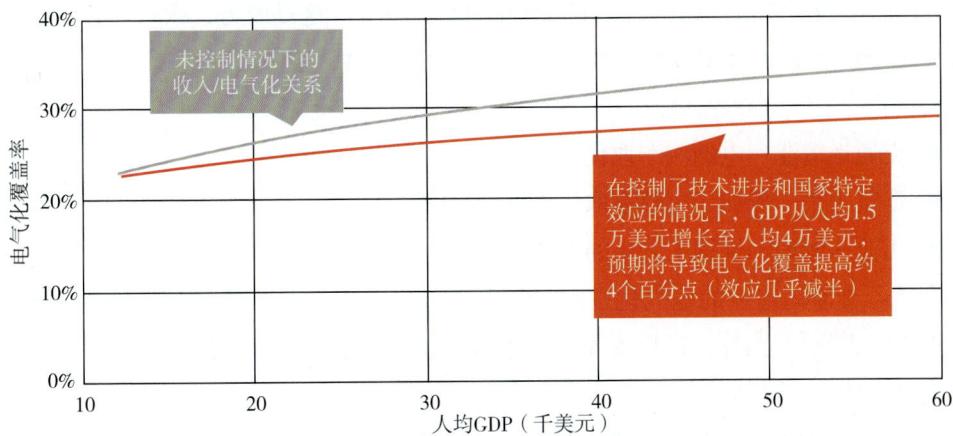

未控制情况下的收入/电气化关系

在控制了技术进步和国家特定效应的情况下，GDP从人均1.5万美元增长至人均4万美元，预期将导致电气化覆盖提高约4个百分点（效应几乎减半）

图55　收入对电气化率的影响

　　根据宏观经济驱动因素的国际历史经验，到2050年，中国电气化覆盖率可能从23%提高至32%。其中，收入增长导致电气化覆盖率提高5个百分点，技术进步再增加6个百分点。结构性变革导致电气化率减少3个百分点。这是因为交通运输业在终端用能占比（目前电气化水平最低）提高了7个百分点，而工业在终端用能中占比（目前电气化水平最高）下降了6个百分点。

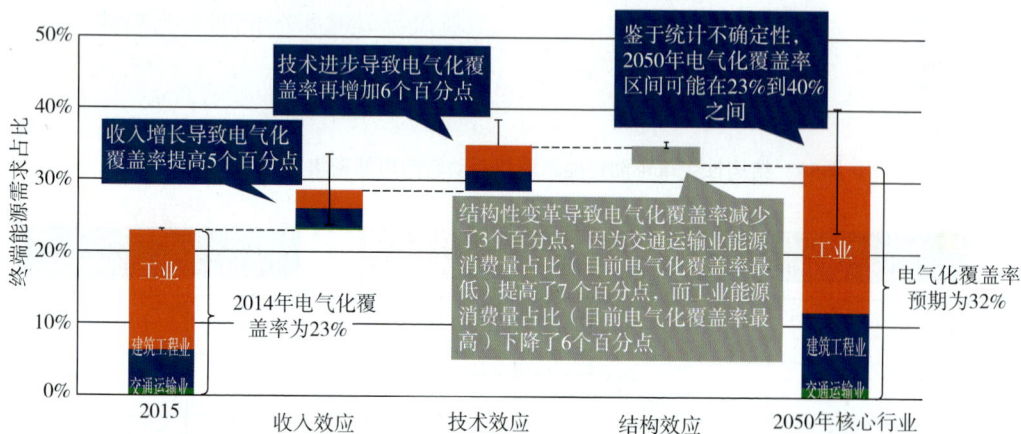

注：条形上的发布指示表示85%的信息之间。

图56　到2050年，中国电气化覆盖率可能从23%提高至32%

（二）电气化的去碳化驱动因素

　　去碳化将加速电气化进程，导致总体电气化率实现进一步的提高。例如，根据政府间气候变化专门委员会（IPCC）分析的低碳情景的中值，全球2050年电气化率将达到35%，而根据高碳情景的中值，电气化率将达到30%。这是因为，相对于其他形式的能源，电能的去碳化难度较低，并且在终端使用行业中，出现了一些取代传统设备的电动设备：

- 交通运输业—电动汽车取代内燃机汽车
- 建筑工程—例如，电热泵取代燃气/燃油锅炉
- 工业—例如，炼钢工艺中的电弧炉

　　交通：交通运输业的电气化空间最广阔。目前，经合组织国家交通运输业能源需求中电能的占比仅为1%。轻型汽车电气化的关键是基础设施，而货运与航空运输的电气化主要受到技术限制。

　　轻型汽车：对消费者而言成本较高，并且需要开发充电基础设施（尤其是高密

度城区中的快速充电站）。续航里程仍然是一大障碍。然而，这些约束在未来有望减轻。

重型汽车：要实现电气化，需要大量资本投资于悬链线车道（每公里200万美元），或者投资于昂贵的感应式充电基础设施，但其效率较低，并且需要对现有基础设施做出大幅改造。

高速铁路：仅限于特定的人口密度高的区域；也需要在电动列车和列车线路的基础设施上投入大量资本。运输方式转换和行为障碍也是发挥铁路电气化优势的关键。

船运：船运业电气化潜在空间有限，可能仅限于航程较短的沿海船运。

航空：航空运输电气化潜在空间有限，除非出现重大的技术突破。

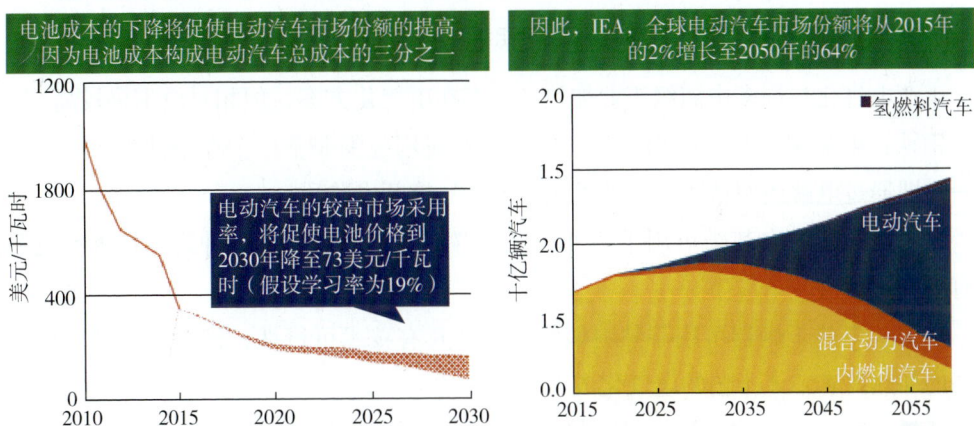

图57　IEA预计电动汽车的占比2050将超过60%

资料来源：IEA ETP，彭博新能源经济资讯（2017年）。

建筑：尽管面临成本障碍，但水加热和供暖的电气化增长潜力可观。

照明及电器：不存在电气化技术限制，在发达经济体中，两者均已完成电气化。

空调：电气化障碍较少，发达国家空调电气化覆盖率已达到75%。随着高温潮湿地区收入水平的增长，空调需求有望增加，因而电能需求有望增长。

烹饪：电烹饪有发展可能性，但是面临一些障碍。在农村地区，生物燃料占据烹饪能源使用量的绝大部分，而在其他地区，电气化率取决于燃气网络的渗透率。

水加热：主要的电气化技术是电热锅炉和电热泵。但较高的前期投资成本和燃气网络的竞争导致电气化水平较低。

供暖：有电气化方案，但进一步电气化面临较大障碍。热泵等技术受到地域、消费者态度、可用空间、建筑围护结构能效和较高前期转换成本的限制。

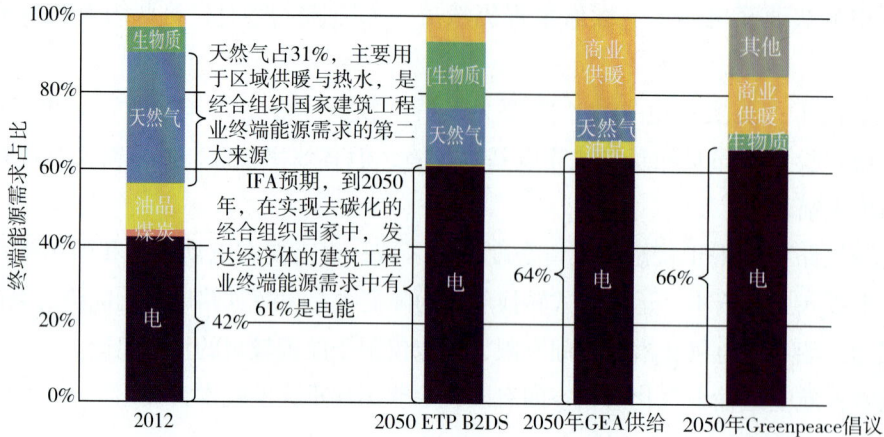

图58　多个去碳化情景表明，到2050年，经合组织国家有2/3的建筑工程业能源需求可实现电气化

工业电气化：许多中高级工业加热工艺存在电气化方案，但相对成本仍较高。

钢铁：电弧炉在废料制粗钢生产中的潜在应用范围非常广。在钢铁生产中，电积法——即通过电解还原铁矿石的技术仍然处于早期开发阶段。

化工与石化：电热炉可用于多种石化裂解工艺，但仍属于一种边际技术。电解制氨有技术可行性。

水泥：电热干燥器可用于熟料煅烧。虽然具有技术可行性，但由于熟料生产要求极高的加热要求，该工艺的电气化成本过高。

造纸：感应电炉或电弧炉等电热技术可用于中度加热纸浆和纸页干燥工艺。这些技术的成本竞争优势日益增强。

铝：电热干燥器可用于铝土矿还原工艺，但其技术可用性较低。在电弧炉中通过电热熔融来生产熔融铝氧化物的技术具有商业可行性，不过仍属于一种边际工艺。

总之：去碳化将通过电动汽车和热泵的普及促使交通运输业和建筑工程业电气化率提高，但工业的电气化方案仍然有限。

交通：

电池成本下降将促成电动汽车成本竞争优势的提高，进而驱动运输部门的电气化进程；

货运、船运和航空运输的电气化难度较大。

建筑：

在2050年去碳化情景中，全球建筑电气化率可能从不到四分之一增长至一半以上。

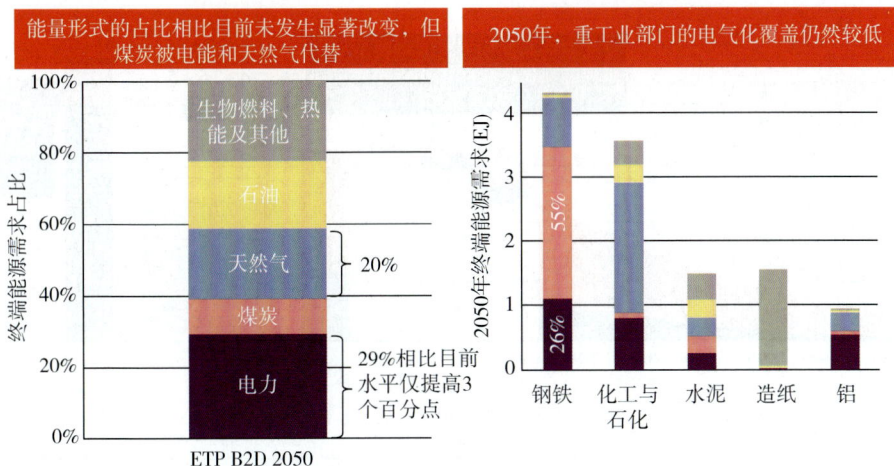

图59　在2050年IEA ETP 2℃情景中，经合组织国家工业能源需求的电气化覆盖率不到1/3

资料来源：IEA。

电气化的增长取决于电热泵和电热锅炉在供暖和热水领域的普及，以及能源消费行为改变（放弃化石燃料）。

工业：

工业的电气化空间有限；

电弧炉有望在炼钢生产中得到普及，但在全面部署之前，需要进一步研发；

然而，其他技术的电气化发展受限于技术障碍和资金回收周期过长。

（三）中国电气化潜力

在宏观经济驱动因素作用下，中国的电气化覆盖率到2050年可提高至32%；根据去碳化趋势，可提高至40% ~ 48%。

- 收入效应：+5.5%

- 技术：+6.4%

- 结构性变革：−2.6%

在宏观经济驱动因素作用下的总体电气化覆盖率：32.4%

- 交通运输去碳化：+5% ~ 10%

- 建筑工程去碳化：+2.5% ~ 5%

- 工业去碳化：不确定

叠加去碳化驱动因素作用后的总体电气化覆盖率：40% ~ 48%

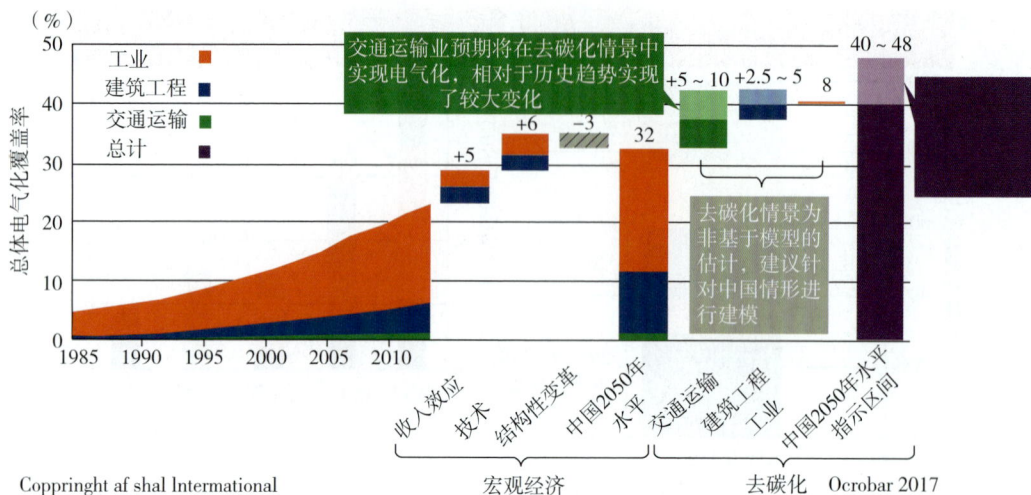

图60 在宏观经济驱动因素作用下，中国的电气化覆盖率到2050年可提高至32%；
叠加去碳化趋势，可提高至40%～48%

（四）限制和政策建议

政策制定者必须考虑到一系列系统化与行业特定的电气化限制因素，比如：峰值负荷变动性加剧，电网欠发达，投资和行为障碍，创新障碍。

电动汽车、电力供热和可再生能源发电的普及将相应导致能源需求的季节性与日峰谷波动加剧。峰值负荷波动性加剧的问题可通过提高互连性和灵活度市场来克服，包括：

- 加大对电池等能量储存技术的投资（尽管成本较高，并且仅在短期能量储存方面具有技术可行性）

- 促进电网互连性，以形成更灵活的能源分配系统

- 提高储备发电容量，以准备满足无法预测的每日需求峰值

- 采用电力需求分级定价，以鼓励峰值期间节省电力和促进非峰值期间消费电力

缺乏电气化技术的配套基础设施将导致电气化产品的普及受阻，并削弱通过"实践中学习"降低成本的效应。针对电网限制的对策包括对充电网络的投资和引入效率指标：

- 对整个电动汽车体系给予直接支持—包括维护、维修和充电站

- 要求公共建筑物采用电气化技术，以累积技术经验，推动配套网络的建立

- 实施建筑、工业与交通运输业效率标准，以确保产品在最广泛的消费者与企业群中得到推广，从而减少总体电力需求，减轻电网压力

投资与行为障碍体现在投资者缺乏意愿投资电气化技术，因为电气化产品的投资回报率不确定。而消费者则可能偏好天然气或生物燃料。可以通过如下政策来克服：

- 针对消费者和供应者的税收优惠和补贴保持稳定性和一致性
- 实施有信服力的电气化政策，以减轻投资不确定性
- 建立产品网络，以促成一个流动性高的电气化工艺相关资产的二级市场形成，从而降低资产转售的不确定性
- 加大对能源服务企业的支持，鼓励在建筑和工业改造期间采用电热泵技术
- 创新方面，私有企业和个人通常不愿意为欠成熟的技术投入资源。因此，对于一些存在较大挑战的行业部门，为降低技术成本和提高电气化，必须提供创新支持：
- 增加研发、创新与示范方面的税收优惠和直接补贴
- 开发研发体系并支持"实践中学习"模式，以促进从实验室到产品商业化的技术过渡
- 将创新支持的重点放在一些存在较大电气化发展空间的领域（船运、重型卡车、航空）

（五）结论

事实证明，目前电气化水平已经达到能源需求差不多四分之一的中国已具备快速实现电气化的能力，到2050年，几乎一半的终端能源需求将由电能来满足。其电气化率将和许多经合组织国家相当。

随着中国经济的发展，消费者对更高质量能量形式的需求将增加，而技术与结构性变革将驱动进一步改变。历史经验表明，这些宏观因素将推动中国的电气化率从目前的23%增长至2050年的32%。

去碳化将进一步驱动电气化进程：电动汽车在交通运输业的普及以及电热泵在建筑的普及，将可能推动中国电气化率在2050年达到40%～48%。

为实现此预期目标，政策制定者可能需要实施一系列政策，以克服峰值负荷变动性加剧、电网欠发达、投资与行为障碍及创新局限等挑战。

专题三
中国能源技术革命研究

本专题国务院发展研究中心方面的负责人为产业部的杨建龙，壳牌方面的负责人为Martin Haigh（马丁·海），参与人为Vivid Economics的Philip Gradwell（飞利浦·格莱德维尔）、Cameron Hepburn（卡梅隆·赫本），壳牌中国的任先芳，中国科学院大学的段宏波、刘颖，中国科学院科技战略咨询研究院的莫建雷、姬强，中国石油天然气股份有限公司的李振宇。

能源一直是推动人类社会发展进步的重要基础。能源系统转型与经济社会变革之间是高度关联、相伴相生的。推动能源系统转型的因素有很多，能源技术革命毫无疑问是其中的关键之一。

为建立经济、安全和可持续的现代能源体系，世界各国都需要不断推动能源技术创新。虽然目前全球能源技术创新相对活跃，但距离实现能源技术革命的要求还有差距。比如，IEA于2017年发布的《跟踪清洁能源进展》报告在研究了22项技术的记分卡后发现，其中只有3项技术步入了大规模部署的轨道，12项技术仍待进一步创新，其余7项技术尚未步入部署轨道。由于当前能源行业的大部分新技术仍是以20世纪70年代前后涌现的一系列创新成果为基础，研究新时代条件下的能源技术创新问题就尤为重要。

一、准确把握能源技术革命丰富内涵

从发展规律来看，创新在时间上和空间上均匀分布的情形极为罕见，往往是蜂聚出现，而创新蜂聚则很可能会引发"技术革命"现象。技术革命，通常指代一种或一系列技术在较短时期内被另外一种或一系列技术所替代的变迁过程。这个过程覆盖了技术出现、应用和扩散的全过程，也会最终对经济社会发展带来重大影响。可以想象，人类社会至今为止已经发明了无数与能源相关的技术，但能够上升到能源技术革命高度的技术系统却屈指可数。因此，要准确理解能源技术革命的丰富内涵，必须综合多个维度和视角。

（一）能源技术革命是一个长期变量

一方面，从技术发展史的角度看，很多重大技术从最早出现到形成市场规模之间通常会有几十年的间隔。很多新技术从首次出现到市场占有率迈过1%的门槛，需要经过30年左右的时间，到大规模应用则需要更长时间。这样的典型例证很多，蒸汽机出现于18世纪末，但直到1880年，以蒸汽机为动力的工厂及手工作坊雇佣的工人人数，才第一次超过全部就业人数的50%（斯米尔，2015）；电动汽车最早可以追溯到19世纪30年代，全球第一辆商业化运营的电动汽车于1897年出现在纽约，但在后续的100多年里也没有实现突破式发展；现代石油工业诞生于1859年，但直到20世纪初才迎来高速发展期；压裂技术和水平井技术分别已有50多年和30多年的发展历史，但"页岩油气革命"直到国际金融危机之后才在美国出现。

另一方面，能够上升到技术革命高度的新技术系统，其核心技术系统的整个生命周期通常远远超过一个世纪，铁路系统、电力技术、汽车等都是典型事例（法格博格、莫利和纳尔逊，2009）。这些历史事实告诉我们，能源技术革命通常是一个长期变量而非短期变量，必须要从一个长期视角来把握能源技术革命问题。

（二）能源技术革命通常与工业革命高度关联

人类社会发展至今，已经经历了从薪柴到煤炭、从煤炭到油气两次能源革命，相应催生和伴随着蒸汽机、内燃机、电气化等重大技术与产业革命，推动社会生产力实现新跨越、人类文明实现新飞跃。正如弗里曼和苏特（2004）所总结的，在人类社会最近200多年的高速发展过程中，能源系统沿着水力、蒸汽、电气、石油、石油/天然气的脉络不断转型，是支撑康德拉季耶夫长波的重要基础。产生这种联系的一个基本逻辑是，通过技术革命等方式才能实现关键性能源资源要素价格的快速下降，也唯有如此才能支撑一些核心工业系统的推广普及，最终促进生产力的大幅提升。

表1　　　　　　　　　　　　　连续的技术变革波

长波或周期		主要基础结构的重大特征			
大约时限	康德拉季耶夫波	科学、技术、教育、培训	交通运输	能源系统	普遍与廉价的关键要素
第一次 1780～1840	产业革命：纺织品工厂化生产	学徒制、边干边学、意见分歧的学派、科学社团	运河、车行道	水力	棉花
第二次 1840～1890	蒸汽动力与铁路时代	专业机械与土木工程师、技术学院、大众初级教育	铁路（铁）、电报	蒸汽	煤、铁
第三次 1890～1940	电气与钢铁时代	工业R&D实验室、化学品与电气国家实验室、标准实验室	铁路（钢）、电话	电气	钢
第四次 1940～1990	汽车和合成材料的大批量生产（福特主义）时代	大批量生产行业的和政府的R&D、普及的高等教育	汽车公路、无线电和电视、航空航线	石油	石油、塑料
第五次 1990～？	微电子学和计算机网络时代	数据网络、R&D全球网络、终身教育和培训	信息高速公路、数字化网络	天然气/石油	微电子学

资料来源：弗里曼和苏特（2004）。

（三）能源技术革命会催生新的重要能源产业

这个结论，也是能源技术革命与工业革命高度关联的一个延伸。历史上每一次能源技术革命，最终都催生了新的重要能源产业，包括煤炭、油气等一次能源产业以及电力等二次能源产业。这些产业，至今仍然是支撑全球经济增长的重要支柱产业。以美国为例，最早出现于19世纪下半叶的石油、电力行业，至今仍对经济增长发挥着重要作用。以行业的人均R&D投入（选择标准是位于所有行业的前20%的水平）和拥有科学、技术、工程、数学专业高学位员工比例（选择标准是超过各行业平均水平）来综合衡量，美国目前共有50个高端产业，这些产业贡献了美国就业的近1/4（包括直接和间接）、美国GDP的17%、私人部门R&D投入的90%和全美专利的85%，还支撑了美国60%的出口（Muro等人，2015）。在这50个高端产业中，电力生产、传输、配送行业和油气精炼行业的规模分别居第2和第3位，合计占全部高端产业总增加值的16.1%。由此可见，每次能源技术革命都将催生一些有长期发展的重要能源产业。

综上，本文认为，能源技术革命通常将会在一个相对较短时期内集中出现，并产生长期性重大影响，包括可能推动工业革命实际发生、催生一些重要的能源产业等。

二、准确把握能源技术创新发展基本规律

能源技术革命是实现能源革命的必要条件。要推动重大能源技术的大规模部署应用，除了技术本身的发展之外，还需要一系列支持性因素的配套，包括对技术所提供服务的需求因素（例如清洁或安全能源）、技术所需原料的供给因素（例如技术成分或一次燃料），以及激励新技术投入部署的市场因素（例如新开放的、对新兴低成本技术提供优惠政策的市场），等等。当前，随着供给、需求和市场因素的不断成熟，触发能源技术革命的前景更加广阔，技术创新的边际影响也比以往更大。

（一）创新政策：基本结论

一项技术能否得到广泛应用，除了该项技术的具体特征之外，还受到需求、供给和市场等因素的共同驱动。因此，事前通常难以预测哪些技术将真正得到大规模应用。在这种情况下，为持续广泛的创新提供资金，与少数特定的技术将最终得到部署的不确定性之间，始终存在着矛盾。创新政策归根结底在于解决这种矛盾。

1.确定财政支持的优先对象

一般而言，政府对创新活动给予的财政支持应重点针对以下三个方面。一是早期

研究、开发和部署阶段，而非后期市场和大规模市场部署阶段。在这些早期阶段，融资规模通常相对较小，因此，有限的政府预算可支持更广泛的创新，尽管其风险也较高，但这是政府能承受的，因为其损失可由社会共同分担（这也是公平的，因为若创新取得成功，其利益也将由社会共享）。二是将产生新技术种类的基础性创新，而非特定技术的创新。三是资本密集度高、寿命长的技术，但前提是其他资本密集度低、寿命短的技术已被充分开发。这主要是因为资本密集度高、寿命长的技术创新面临的风险更大，并且试验难度更高。

2.鼓励和协调多元创新者

一般而言，政府对创新给予的制度支持应当重点针对以下三个方面。一是支持创新者生态圈。创新分为多个阶段，每个阶段需要用到不同的技能、资源，也需要不同类型的实体——从基础研发阶段需要的高校，到进入市场阶段需要的企业，再到大范围部署技术阶段需要的大型公司。因此，政策有必要确保这种多元化，而非试图在一个实体中实施整个创新路径。二是建立不同创新阶段之间的联系。政府可通过公布信息、支持创新网络等来促进不同实体之间的协调。如果生态圈中的某个部分相对薄弱，政府还可通过实施验证项目等方式介入，然后在创新路径中的下一个阶段将发现的结果交给实体。三是提供标准和基础设施使用权限。

3.持续开展评估和调整

创新是一种高度不确定的、动态的过程。因此，应当充分考虑新的调查发现和外部环境的变化，进而定期对特定创新给予的公共支持进行评估。但是，政府并非在所有情况下都适合对创新的成败进行评估。所有决策者都存在偏见，但政府更可能被这些偏见所左右，因为决策权通常是集中的。此外，由于政策制定者对相应技术的看法很可能与最终用户的看法有明显差异，因此随着创新成果的成熟，应当让这些创新成果逐渐暴露于市场竞争之中，因为最终是否成功需要依靠市场来予以检验。

4.能够快速接受失败

虽然政府在经济方面最适合承受创新伴随的风险，但与此同时，政府在接受失败方面所面临的体制障碍可能比私营部门更大。然而，长期的创新失败将导致经济成本增加，因此最好的情形其实是快速接受失败，以防止成本增加引发进一步失败的恶性循环。为此，不仅需要不断进行评估，还需要树立正确的认识，即认识到创新是一种动态的、不确定的过程，失败可能是好的结果，并快速接受失败。

（二）创新政策：案例分析

目前大部分引领低碳转型的技术早在40多年前就已开始开发，并且仍需要多年时间才能使能源体系发生实质性改变。例如，有关光伏发电的概念炒作早在1982年就已达到峰点，但光伏发电直至2015年才开始贡献全球电力的1.1%。

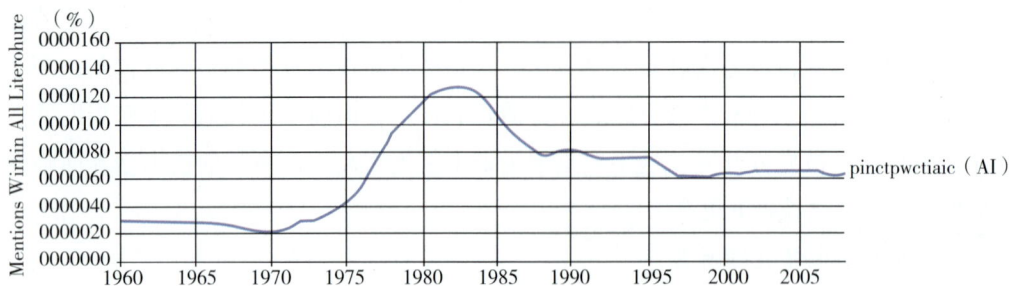

图1　光伏发电技术创新的周期非常长

资料来源：Google Ngrams。

为更好地阐述创新过程及相关挑战，以下将通过四个案例研究进行说明。这些案例涵盖多种类型的创新，包括：美国自1979年开始的合成燃料创新；美国自1990年开始的人类基因组计划（HGP）；欧洲和美国自20世纪70年代开始的早期风机开发；以及巴西自1975年开始的生物乙醇燃料创新。

表2　　　　　　　　　　所选的涵盖多种干预的案例研究及经验教训

	动机	干预	经验教训
合成燃料（美国，1979年）	因预期油价较高、能源安全利益和资本成本较高而获得支持； 通过将煤炭液化而生成，并作为石油替代能源； 1979年之后，原油价格预期将迅速上涨，这让合成燃料具有成本竞争力； 创新过程成本高昂，预期在长久以后才能实现收益，这一点阻碍了私营企业投资	受研发支持的激励作用，在缝隙市场中得到大规模部署； 政府在20世纪50年代到70年代提供了研发资金，但低油价限制了开发进展； 1980年到1986年：在政府补贴的支持下，在缝隙市场中得到大规模部署； 到1986年目标产量50万桶，初始预算122亿美元（1980年美元）	反映了为应对新形势而需要制定灵活的目标和政策； 当刚开始在缝隙市场进行部署时，油价已在下跌； 1985年——收益仅达到1986年目标收益的2%； 1986年——计划被取消，成本共计45亿美元（2010年美元）
人工基因组计划（美国，1990年）	如果某个私营公司抢先完成测序，则基因组信息的获取将由于专利而受到限制； 1986年——自动测序仪的介入，使得人类基因组测序变得可行； 相关数据对于药品生产商和医疗研究具有重大价值； 某家私营公司申请有关基因组段的专利，导致政府加速干预	政府启动相应测序计划，在测序方面与私营企业展开竞赛； 政府提供资金预计56亿美元（2010年美元）； 1990年计划正式开始，于2005年结束； 1998年Celera Genomics开始测序，公共计划加紧测序进展； 2000年公布草图，公共计划领先3天完成； 2003年全部公布	由政府取代私营部门提供资金的做法可能有用，但必须明确该计划对社会带来的利益； 到2012年，该计划产生的经济影响估计为9650亿美元； 为使这种干预具有正当性，该计划必须带来明确的利益； 据称，竞争帮助该计划控制在预算范围内并提前两年完成

续表

	动机	干预	经验教训
风机（全球，1970年代）	风力是一种清洁的替代性电力来源，但在20世纪70年代不具有竞争力； 在石油危机凸显能源问题后，市场对风力发电的兴趣出现增长； 缺乏高效的风机、发电资产寿命短，以及对污染外部效应不够重视，这些意味着，针对此技术的私营企业投资有限	不同国家采用了不同的方法，丹麦的方法被视为最成功； 美国：大型补贴计划，虽实现了产能，但不可靠并导致市场崩溃； 丹麦：重点放在支持小型风机、知识共享和市场支持； 德国：研发重点放在大型风机，但无重大市场支持，因此对未经证实和不确定是否可靠之技术的需求很少	不同阶段都需要获得支持，并且不同实体之间需要保持沟通，才能确保有效部署； 到1990年，德国在研发方面的投入比丹麦多5倍，但风电产量并不显著； 荷兰建立了一个充满竞争、不鼓励知识共享的市场； 美国的大规模补贴驱动了市场的繁荣，但由于缺乏标准，阻碍了可靠性，导致市场崩溃
生物乙醇燃料（巴西，1975年）	乙醇在巴西容易生产，可调节糖的价格并提高能源安全性； 1975年——20世纪70年代的原油价格和原糖价冲击催生了"国家乙醇"计划； 创新针对扩大乙醇生产规模和普及乙醇的使用，而非生产乙醇本身； 支持纯乙醇汽车和"弹性燃料"汽车的开发和部署	逐渐实施乙醇补贴、农业研发基金和乙醇燃料汽车支持； 有关向汽油中混合乙醇的强制性规定催生了需求； 通过低息贷款和保证价格，激励供给； 为农业研究提供补助金，以提高庄稼收成； 1986年——由于原油价格暴跌，乙醇保证价格降至平均生产成本以下	市场力量推动了成本削减，支持性技术对于该计划的成功至关重要； 1980年——对原油价格增长的预期意味着，未集中致力于提高效率； 1986年之后——补贴削减，导致生产链上下实行成本削减； 2004年之后——推出弹性燃料汽车，重新激活了该计划

资料来源：Vivid Economics。

1. 创新速度

创新是一个试验的过程，其进展速度主要取决于在给定研究预算下能开展的试验的性质和次数。广义而言，有四个因素决定了试验过程的特征，因而决定了创新的速度。这些因素可分为摩擦和资本特征两个方面。一方面是摩擦。包括：①复杂过程：从研发进展到市场部署的多个阶段，是一个不确定的、冗长的过程；②协作：将相关技术（聚类）或相邻技术（溢出）相结合，需要开展协作，而这种协作可能难以实现。另一方面资本特征。包括：①资本密度：最小可行单元的前期成本较高，限制了给定预算下的试验次数；②资本寿命：寿命较长的技术的迭代速度低于寿命较短的技术。

（1）摩擦因素

创新过程是复杂的，本质上是不确定的；创新过程由若干阶段组成，每个阶段具有不同的特征；创新的结果极少在创新过程一开始便已知，意外性是创新的一个基本特征。这些是所有技术均面临的共同问题，也充斥着各种摩擦问题。此外，投资者利益与社会利益的不一致，还将导致额外的摩擦。当存在外部效应时，这些问题最为突出。只要某项创新存在正向外部效应，投资就达不到社会最优水平。

在矫正这些摩擦和确保实现最优结果方面，政府应该扮演关键角色。动机不一致、创新风险高，以及投资参数在创新路径中不断变化的问题，都是可能导致对社会有利的创新无法进入市场部署阶段的摩擦。政府有必要帮助缓解这些摩擦，并帮助创新尽可能地实现最佳的社会结果，这也符合政府的利益。

（2）资本特征因素

资产的资本密集度是指最小可行单位的资本成本。模块化技术（例如，太阳能光伏电池）的资本密集度往往较低，需要大规模部署的技术（例如，核电厂）的资本密集度则往往较高。资本密集度更高，通常意味着面临的经济风险更大，所需的投资回收期越长。这会导致需求减少，而如果没有充分的需求，即使得到成功部署，创新也将无法实现盈利，进而导致创新投资减少、总体创新进展缓慢。资本寿命是指一项资产的有用期限，此因素也会因导致周转率降低、创造的"边干边学"机会减少，以及因产生的对新资本资产的需求减少，而导致创新成果的减少。

发电技术通常具有较高的资本密集度和较长的资本寿命，因而限制了试验的可能性，减慢了部署速度。政府可提供相关支持，以克服这些障碍。20世纪70年代的风机开发案例是一个典型案例。德国将重点放在开发超大型涡轮机，该技术资本密集度较高，但提高了经济潜力；而丹麦积极支持小型风轮机的开发。小型风机的复杂程度和资本成本均低于大型风机。由于复杂程度较低因而可开展的试验次数增多，验证风机失败的风险得到降低，学习速度得到提高，进而让丹麦风电技术得到更迅速的部署。这也即是，通过最小化可行产品，迅速建立新兴行业。

当前，能源体系演进的一大趋势是分布式利用。在这种体系中，技术的单位规模更小。自2009年以来，小容量发电设备投资持续呈现增长态势，多数主要市场的投资水平仍在提高。资本密集度较低的去中心化能源开辟了新的需求道路，让技术采用速度得到加快，从而为扩大创新提供了必要信号。

表3　　　　　　　　　　　　　　　可再生能源发电的案例

	创新障碍	公共干预案例
风机（全球，20世纪70年代）	风电技术的正向外部效应较大（能源安全性和清洁性），并且，发电资产的资本密集度高、资本寿命长，这些导致私营企业创新动机减弱	政府认识到潜在正向外部效应，并认识到，如果部署速度很可能较慢，则针对相应技术的私营企业创新不会发生
	发电资产的资本寿命较长，限制了研究的开展：周转率低意味着对风电产能的研究动机有限，因为风电技术的采用速度可能较慢	政府拥有必要的长期时间框架来实施针对资本寿命较长之技术的创新
	能源安全性和碳外部效应：受国际价格冲击之影响的可能性减小，碳排放减少	正向外部效应未被私营参与者内部化，导致与对社会最优的水平相比，私营企业投资动机减弱
	投资者生态圈初始范围有限：预期潜在采用者只有大型公用事业单位，因而投资偏好有限、需求减少	政府可引入更丰富的生态圈，并实施基于价格的政策和本将自然出现的激励（丹麦）
风力发电量占总发电量的百分比		资本寿命较高导致采用速度较慢，丹麦和德国在实施了初次研究项目之后，花了约20年的时间，才让风力发电量达到总发电量的10%；私营企业不具有足够长的时间框架来支持这些长期的创新，而政府拥有该框架

资料来源：EIA、IEA、Neij & Andersen，2012年。

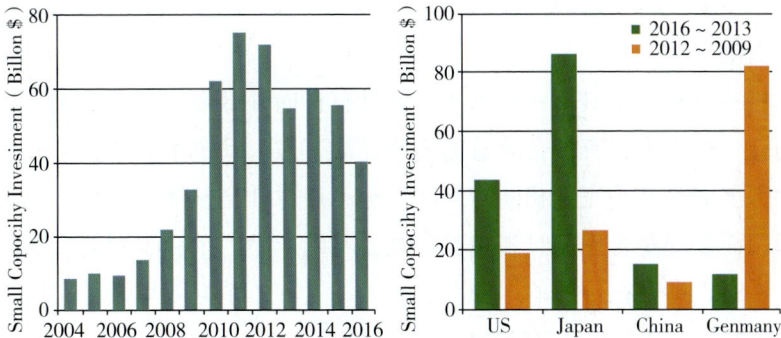

图2　小容量发电设备投资情况

备注：小容量发电设备被界定为总容量不超过1兆瓦的屋顶安装式太阳能光伏电池。

资料来源：法兰克福金融管理学院和彭博新能源经济资讯，2017年。

2.创新路径

要向大众市场中部署创新成果，必须经过多个阶段。每个阶段涉及不同的主体，也需要不同类型的支持。比如，在早期阶段，通常的支持是给予资金资助和优惠贷款；而当某种技术成功跨出验证阶段，则支持性基础设施、公共采购等成为更常见的干预方案。

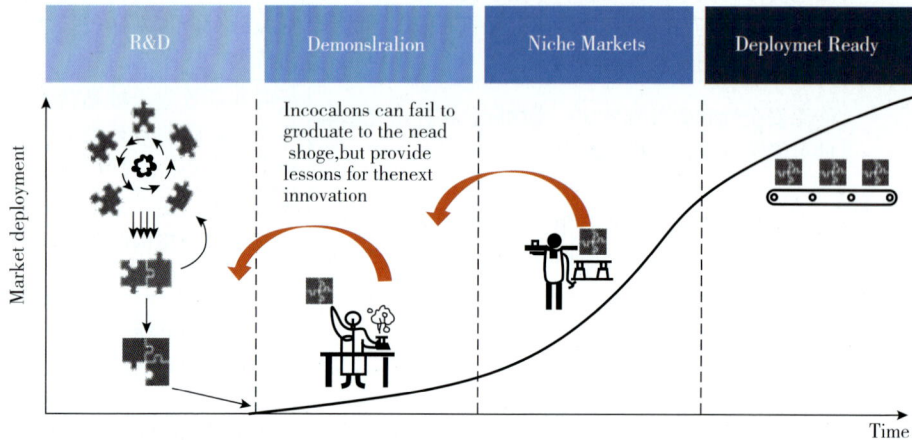

图3　创新路径的四个阶段

资料来源：Vivid Economics。

（1）不同阶段面临的挑战

每个阶段不断变化的特征和基础市场失灵，都会给创新过程带来挑战。阻碍创新的两大挑战，主要是每个阶段主体之间动机的不一致，以及资本需求及风险随着项目进展而不断变化。

一是动机不一致。动机不一致可能导致具有正向外部效应的技术无法获得充分的投资，反而让一些不太具有社会效益的创新存活下来。动机不一致还可能导致仿冒，导致市场中部署的是几乎完全相同的产品，这一点对社会整体而言会造成资源浪费，但对私营部门而言却是合理的。当相互竞争的不同产品因采用不同的标准或格式而不具有互操作性时，即存在仿冒的"创新成果"。这种体系的效率低于通用的、可互操作的体系。例如，电动汽车充电接口标准的多样化。

然而，如果存在网络效应或协力效应，则也可能出现积极协作。乙醇燃料案例是一个典型案例。在巴西，由于具有提高能源安全性和可能调控国内原糖市场价格的正向外部效应，乙醇燃料尽管成本高于进口原油，仍获得大量支持。乙醇燃料的广泛应用，得益于巴西政府通过乙醇汽油法令来刺激需求、提供乙醇输送基础设施，以及从支持商业创新转向支持弹性燃料技术而取得的成果。

表4 　　　　　　　　　　　　　　　**乙醇燃料的案例**

	创新障碍	公共干预案例
生物乙醇燃料（巴西，1975年）	乙醇燃料的价格通常高于进口原油，其社会效益不被私营部门重视	政府可同时创造需求和供给，从而建立新的市场，来驱动燃料使用状况向理想方向改变，从而实现社会效益
	缺乏支持性基础设施：1975年之前，不存在用于输送纯乙醇燃料的泵和管道	对于私营部门而言，这些基础设施产生的利益较小，因此，政府需要解决不存在支持性基础设施的现状
	能源安全性和价格调节的外部效应：受国际价格冲击之影响的可能性减小，对社会有利	这些正向外部效应未被私营部门主体内部化，导致私营主体的投资动机减弱（相比于对社会最优的水平）
	不存在对乙醇燃料的明确需求：乙醇可少量与汽油混合而不会产生不良影响，但在1975年之前，此方面的激励措施较少	政府可通过基于市场的政策和法规，减少需求
乙醇产量（十亿公升）	乙醇/弹性燃料汽车在新车注册量中的百分比（%） 	为响应混合法令，乙醇产量得到扩大，乙醇汽车的应用创造了需求；从1975年到1985年，乙醇产量增长了20倍，2000年到2010年之间，乙醇产量增长了近三倍； 主要驱动因素在于，通过燃料混合法令、优惠税收和针对乙醇/弹性燃料汽车的支持，创造了需求，否则，在价格较低的进口汽油供给充足并可作为完全替代燃料的情况下，私营部门不存在供应乙醇燃料的动机

资料来源：巴西汽车制造商协会（ANFAVEA），2012年；Meyer等，2012年。

　　二是不断变化的资本需求。每个创新阶段有着不同的风险水平和资本需求。只有拥有不同风险偏好和资本可用性的多元化的投资者，才能确保各个创新阶段都将获得充足的支持。如果找不到各个阶段的合适投资者，优秀的创新项目就可能陷入"死亡谷"中。

　　以人类基因组计划为例。该计划的融资水平随项目进展而不断提高。1988年，融资规模是5400万美元资金，四年后就扩大到2.9亿美元。在该项目的最后两年，年均融资额为5.5亿美元，是1988年初始水平的十倍。1998年，一家私营企业Celera Genomics宣布其有意介入基因组测序工作。此时，相关数据已公布，项目的可行性也得到验证。正是由于风险的降低，该项目才吸引了在之前的高风险阶段无法获得的私营部门投资。

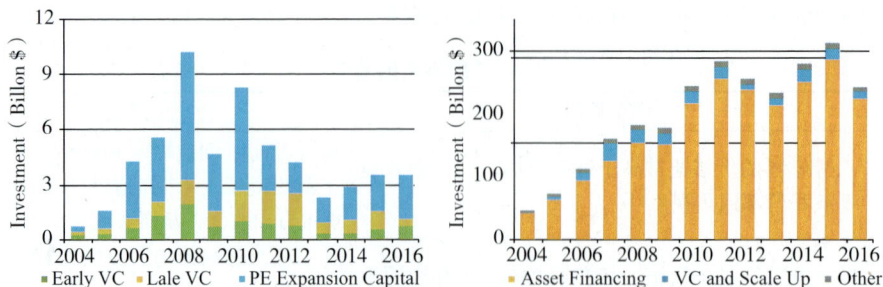

图4 可再生能源的实际资产部署成本

备注：扩张融资包括股权扩张资本和公共市场融资。

资料来源：法兰克福金融管理学院和彭博新能源经济资讯，2017年。

表5 人类基因组计划的案例

	创新障碍	公共干预案例
人类基因组计划（美国，1990年）	私营部门于1998年——也就是HGP计划首次启动后8年，相关技术已建立并且相关数据被公布之时，开始测序工作	政府资助确保了公众能够自由地查取相关基础信息，从而催生了医疗研究和基因组行业的新领域
	动机不一致：对于私营部门而言具有重大价值，但对于社会而言具有更大价值 申请相关信息专利可获得巨大利益，但让公众自由查取相关信息，可驱动未来医疗创新与研究，从而实现更大的社会效益	在Celera Genomics宣布其有意同时开展基因组测序工作之后，美国HGP计划工作组开始加大努力，以确保公众可自由地查取基因组序列信息
	风险较高且不断变化 HGP计划在历史上尚属首例，因而面临极大的不确定性——Celera在该计划启动8年后，也就是快速测序技术得到验证之后，才加入这场竞争中	虽然Celera Genomics同时开展该项目，但假若不利用已公布的数据，其测序工作将寸步难行
市场部署	研发阶段（1985～1990年）：自20世纪80年代开始讨论该计划；1986年首现快速测序技术；1990年开始研究工作； 验证阶段（1990～2000年）：Celera Genomics公司于1998年宣布开展一项竞争性项； 初步草图（2000～2003年）	研发阶段无私营部门资助者。该计划在研发阶段的风险水平和资本需求过高，以至于私营主体无法接受。当初步数据被公布，项目可行性得到验证之后，一家私营企业才愿意参与该计划

资料来源：ITIF，2014年；Tripp和Grueber，2011年；Waterston、Lander和Sulston，2002年。

（2）不同阶段的风险与回报

项目的风险较高或者资本需求较高，并不表明投资是糟糕的，因为其预期回报也可能较高——应当考虑风险、资本与回报之间的平衡。资本需求的增加和风险的提高都是投资者不希望看到的。因此，对于特定水平的风险和资本需求，必须有恰当水平的预期回报。

以美国发展合成燃料为例。私营部门对合成燃料工厂投资的预期回报与未来预期原油价格存在内在联系，因为这两种商品几乎可完全相互替代。鉴于原油价格存在较大波动性，以及以往的价格预测通常准确性不高，合成燃料面临一定程度的风险，再加上其风险资本较高，因此对于私营部门投资者而言不具有吸引力。而公共主体可承受较长的时间周期，再出于对保障国家能源安全的考虑，美国政府决定对一项大规模的合成燃料项目提供支持。

表6　　　　　　　　　　　　　　　　**合成燃料的案例**

	创新障碍	公共干预案例
合成燃料（美国，1979年）	合成燃料工厂的资本密集度极高，其利润依赖于较高的原油价格，而原油价格在长期而言才具有相对稳定性	政府可承受较高的资本成本、接受较长的时间周期，并且高度重视提高能源安全性这一公共效益
	资本密集度高：计划期间建造的6家工厂的平均成本为8.1亿美元	新企业拥有必要的资本来研究和部署合成燃料技术
	正向外部效应：能源安全性效应；受国际价格冲击之影响的可能性减小，对社会有利	这些正向外部效应未被私营部门主体内部化，导致私营主体的投资动机减弱（相比于对社会最优的水平）
	高风险：利润依赖于原油价格的长期增长；合成燃料是原油的替代品，因而需要有较高的原油价格才具有盈利性	这导致项目的高度不确定性进一步提高，并导致回报周期延长——只有公共机构才具有所需的长期眼光，为项目提供资助
原油价格（现行每桶美元价格）	实际原油价格： 	高度不确定性阻碍了私营部门的投资多份《年度能源展望》对原油价格的预测表明，合成燃料面临较高风险。只有原油价格较高，合成燃料才具有经济意义，但原油价格预测每年都会出现显著变化。因此，合成燃料的经济效益不确定性过高，不足以激励私营部门投资。政府重视合成燃料对提高能源安全性的社会价值，因而更愿意为项目提供资助

来源：Anadon、Nemet和Schock，2012年；EIA，2005年。

（3）简要总结

政府或公共机构的角色是，通过经济干预和非经济干预，最大程度减少动机不一致和资本需求不断变化的挑战。政府可通过各种政策来应对这些挑战，并改善创新的社会结果。具体包括，作为投资者直接进行经济干预，对有限的投资者生态圈构成补充，或者对阻碍具有社会效益之项目获得投资的动机不一致状况进行平衡。此外，还包括多种非经济干预，例如，培养创新投资文化、确保生态圈中的所有相关主体之间存在牢固的关联，以及通过中游投资方案和运作标准来提供市场支持。

3.干预政策

（1）界定和评估

创新过程中的低效情况，让公共干预变得必要——然而，评判干预成败的标准并不完全如此。应当认识到，创新是一个试验性的过程：虽然发现可行的技术是此过程的一个方面，但创新固有的不可预测性和不确定性意味着，无法保证所支持的技术是"胜出"的技术。即使技术未能进入大众市场，但仍具有价值，则也会产生间接的溢出效应并积累经验教训。因此，完全根据新技术广泛应用的最终直接结果来评判干预政策的成败，并不能提供最优的环境来确保创新的成功。探索创新的动态路径及最终结果，是更好地了解和评估干预政策的关键。

一是事后评估创新项目。在创新项目完成之后，其最终结果将根据创新成果所实现的社会价值和相应技术是否进入市场部署来评估。事后评估可消除不确定性，并揭示创新项目的实际社会价值及其所获支持的范围。产生较高社会价值的创新通常旨在创造一种全新或改进的服务，或者具有显著的正向外部效应。

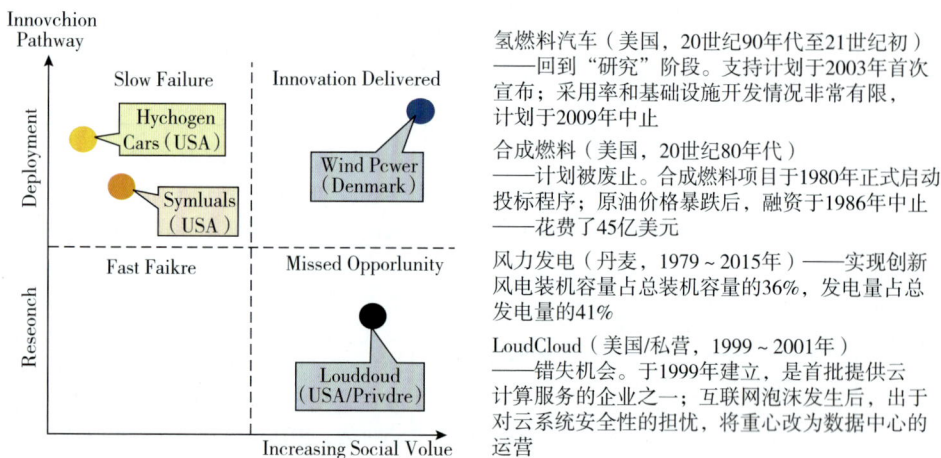

氢燃料汽车（美国，20世纪90年代至21世纪初）——回到"研究"阶段。支持计划于2003年首次宣布；采用率和基础设施开发情况非常有限，计划于2009年中止

合成燃料（美国，20世纪80年代）——计划被废止。合成燃料项目于1980年正式启动投标程序；原油价格暴跌后，融资于1986年中止——花费了45亿美元

风力发电（丹麦，1979～2015年）——实现创新风电装机容量占总装机容量的36%，发电量占总发电量的41%

LoudCloud（美国/私营，1999～2001年）——错失机会。于1999年建立，是首批提供云计算服务的企业之一；互联网泡沫发生后，出于对云系统安全性的担忧，将重心改为数据中心的运营

图5　可根据创新的最终结果来评估创新

资料来源：Anadon等，2012年；C-Net，2009年；Neij和Andersen，2012年；《纽约时报》，2009年。

总的来看，最终进入部署并创造出较高社会价值的项目，或者快速失败的项目应当被视为值得投资的项目。创新体系的复杂性意味着，在创新过程一开始，无法确定地识别哪些项目能创造较高的社会价值。一旦发现某个项目将无法创造足够的社会价值，因而不值得继续予以支持，则应当立即停止该项目，以最大承担减少资源浪费。技术的最终部署仅仅是一个通常较长期的、充满高度不确定性的过程中的一个环节。

即使某项创新最终被界定为"缓慢失败"，也应当对导致该结果的路径进行分析，以避免在真正的原因可能是外在冲击而非政策不当的情况下，不公允地将此失败定性为公共干预不当造成的结果。

二是支持创新的动态过程。明智的公共政策不仅仅在于实现最终的快速失败或技术部署结果，还应当考虑到整个创新过程中采取的行动。政府的支持如何应对意外环境而改变，是成功的干预政策的重要部分，如果未完全认识到干预的动态性，则很容易忽视这一点。

首要是能够理性地应对冲击。任何情况下，都应当根据环境的长期变化，撤销支持或采取进一步行动。在对干预政策进行动态分析时，相比于最终结果，更需要考虑的是为应对环境变化及冲击而采取的行动。因此，需要建立一种普遍的认识，即失败是创新的一个特点，而且在特定环境下，先进创新项目的失败是可接受的。20世纪70年代，多个国家开发出风电技术，这些国家的经验让我们能够比较，在不同阶段采取不同类型的政策如何导致不同的结果。

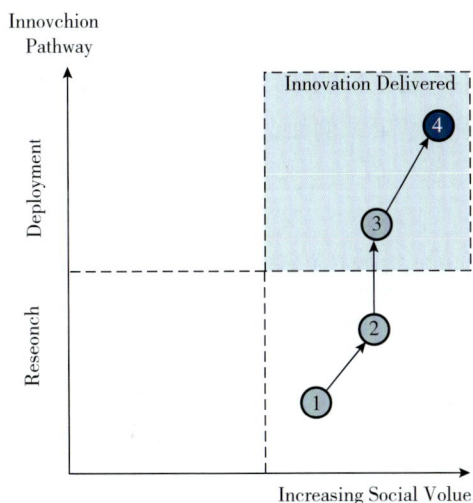

1）自19世纪起开始研究风力发电
- 在20世纪70年代的石油危机之后，给予更大重视

2）20世纪70年代：确定研究并建立正式标准
- Riso国家实验室——开展风轮机研究和认证
- 允许在用户、制造商和研究者之间进行有效的知识共享
- 专注于较小的、可靠的设计，并准备后续放大

3）20世纪80年代：创建缝隙市场和提供支持
- 补贴制度、优惠税收和支持政策（风向图测绘、电网连接监管等）
- "风电合作团体"鼓励不同社区共享一台风轮机——散播范围扩大

4）20世纪90年代至21世纪初：扩大规模
- 风力发电量占总发电量的百分比从1995年的3%提高到2005年的18%，再到2014年的41%
- 持续开发大容量涡轮机

图6　丹麦成功地实现了风力发电创新

资料来源：Irena-GWEC，2013a；Neij和Andersen，2012年；IEA，2016年。

创新路径中的有效的动态干预应当能够确保，避免每个阶段的恰当市场信号被过度优惠的政策所淹没。务必在创新过程中的每个阶段，让创新恰当程度地暴露于竞争之中，以便充分利用市场信号来指导干预决策。提供过于慷慨的预算，或者在创新路径中的晚期阶段限制创新成果与其他技术的竞争，可能导致技术的可行性无法被检验，从而难以做出公允的评估。

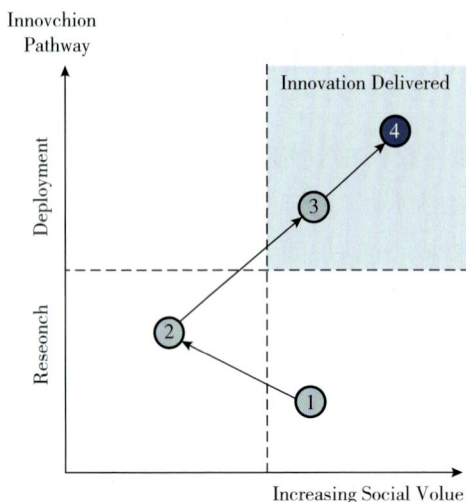

1）自19世纪起开始研究风力发电
  - 在20世纪70年代的石油危机之后，给予更大重视
2）20世纪70年代至1980年：研究并开始使用大规模风轮机
  - 研发重点针对大型风轮机，未获得有力的市场支持
  - 未经证实的、可靠性不确定的技术面临较低的需求/投资动机
  - 1983年——Growian涡轮机：3兆瓦，世界最大，但5年来运行时数只有420小时
3）20世纪90年代：转向丹麦模式
  - 所制造的风轮机基于丹麦的设计——因技术转移和知识溢出而受益
  - 1990年——推出针对可再生能源的上网电价和优先调配
4）21世纪初：可再生能源补贴计划获得支持
  - 采用更全面的补贴计划——目前，风电占全球发电总量的20%
  - 逐渐降低补贴并转向招标机制（对于新装机容量）

图7　德国最终实现了风电装机容量的成功部署

资料来源：Irena-GWEC，2013b；Neij和Andersen，2012年；EIA，2014年。

此外，还要确保以正确的方式解释这些信号，并确保相关主体随时间而理性地调整看法。即使当信号较明显时，偏见或动机不一致也可能导致预期发生倾斜并导致非理性的看法。解决方案的一部分是，避免仅根据结果（例如，技术进入部署阶段）来界定创新干预政策是否"成功"。

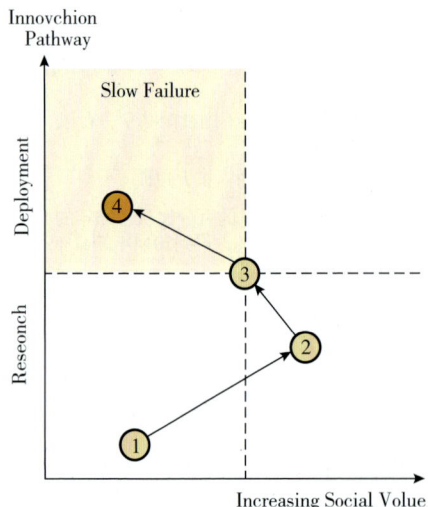

1）1925～1956年：首次开展合成燃料研究
  - 因成本较高，20世纪50年代，试点工厂被关闭
2）20世纪70年代：石油危机，开始研究合成燃料生产技术
  - 1978年到1981年，布伦特现货价格从14美元增长至37美元
  - EIA预测趋势将继续（到20世纪90年代增长至60美元），让合成燃料具有未来可行性
3）1980～1985年：设定合成燃料产量指标，授予6份合同
  - 前总统卡特批评政府对石油危机的应对措施不足，从而潜在地推动了大规模项目的实施
  - 设定到1987年达到500000桶/天的指标——此指标未考虑到原油价格
  - 原油价格于1980年达到顶峰，之后逐年下降，但仍然持续进行招标——缺乏灵活性
4）1986年：原油价格暴跌，项目被终止
  - 原油价格于1986年下跌至14美元
  - 产量不到500000桶/天指标的2%
  - 总支出45亿美元（2010年美元）

图8　美国的合成燃料创新最终缓慢失败

资料来源：Anadon等，2012年；Deutch和Lester，2004年。

340

美国合成燃料产能部署案例表明，当指标过于僵化而不根据新信息做调整时，可能出现问题。美国合成燃料项目并未对急剧下跌的原油价格采取应对措施，而是致力于开发在预期时间框架中不再具有可行性的产能，未能将重心转向于开发在新背景下具有更大价值的替代性技术。

表7　　　　　　　　　　　　合成燃料计划本可能实现更好的结果

	干预	结果
合成燃料（美国，1979年）	合成燃料研发计划 ■ 20世纪70年代，多个采用新工艺的研究与验证工厂获得资助 ■ 资助金额达76亿美元 ■ 在补贴支持下开展招标（1979年） ■ 初始的两阶段计划获得880亿美元资金 ■ 项目关停之前，仅花费45亿美元 ■ 6个项目获得资助——贷款或价格保证	未达到产量指标，项目被取消 ■ 1985年产量仅达到50万桶指标的2%，1986年，项目被取消知识创建——技术溢出 ■ 全球合成气产量中，约66%利用了美国计划中采用的技术 ■ 价格保证让有关这些新技术的多年数据及经验得到收集 导致美国未来大规模验证项目招致厌恶
原油价格（现行每桶美元价格）	经验教训 实际原油价格	政策需要灵活应对不断变化的环境：每年，预测原油价格均下降，显然，中期而言，合成燃料项目不再具有效益或必要性。招标仍持续开展，难以实现的产量指标仍未调整——从1981年到1985年，新工厂得到改善 获得了经验教训——假如将重心从产能部署转向验证和测试，可能更具有效益

资料来源：Anadon、Nemet和Schock，2012年；EIA，2005年；Deutch和Lester，2004年。

（2）经济手段干预

创新政策的途径之一是提供直接的经济支持。这些行动可采取资助的形式，即政府作为主要研发活动的资助者或投资者进入创新市场，或者采取非直接帮助的形式，即帮助改善投资生态圈、建立对投资的长期激励和开发中游领域。这样做可确保，当外部效应导致投资动机倾斜时，对社会有益的创新仍能获得资助。政府应当利用自身的投资回报周期远长于任何私营投资者这一优势，（因而最适合）对不确定性较高、效益具有广泛性、采用率较低、回报周期较长的项目提供支持。能源发电技术基本属于此类别，在此方面，政府干预可产生明显的有利影响。

此外，政府还可向私营部门投资者授予对收益流的排他性权限，以替代政府直接融资措施。如果创新可实现充分的利润，则可激励私营部门予以投资。例如，通过专利可实现在某个期限内对相应创新成果的垄断，此措施在医药开发领域得到了非常有效的应用。再如，在价格受监管的行业（例如，电网行业），可对价格公式进行调整，以激励创新。在高度竞争的行业，政府可通过主动以高于正常价格购买新产品（如果新产品符合创新规格）来支持创新。利用公共采购来回报创新的做法，一直在能源效率等领域获得有效的结果。

表8   **HGP也有机会成功**

	干预	结果
人类基因组计划（美国，1990年）	能源部和国立卫生研究院提供的资金共计56.4亿美元。资助金额随时间而增多，可能原因在于来自私营部门的竞争。美国联邦每年资助金额	到2012年，HGP对经济的影响预计为9650亿美元 人类基因组研究不断获得公共资助 2004～2010年，HGP之后，联邦资助金额达72亿美元 推动了基因组行业的发展 ■ 1993年到2000年，相关领域就业人数几乎翻番，增长了约13000人 ■ 2003年完整基因序列数据得以公布之前的3年，就业人数增长了约13000人
	经验教训：如果某项创新具有根本的重要性，则政府有理由与私营部门直接竞争 政府显然有机会将项目移交给私营部门，以利用市场力量 出于对可能出现的专利问题的担忧，公共部门完成了整个项目	

资料来源：ITIF，2014年；Tripp和Grueber，2011年；Waterston等，2002年。

当投资者生态圈非常有限，无法确保创新在所有阶段都获得良好支持时，政府也应当进行干预。政府可进行干预，以防止优秀的创新陷入"死亡谷"中。然而，创新中途失去资助的原因也可能仅仅是不具有价值。政府面临信息不对称问题，因此，政府应当采取务实的态度，不应高估自身辨别创新是否具有价值的能力。然而，是由政府"挑选胜者"，还是让市场力量来决定对哪些创新提供投资，这两者之间需要权衡。

在巴西，当补贴减少后，乙醇生产效率迅速得到显著提高，这反映了市场力量的优点和"挑选胜者"的潜在后果。当项目于1975年首次实施时，根据对未来原油价格的预测，政府决定持续提供慷慨的补贴，并坚信随着时间的推移，乙醇将自然而然变得具有竞争力。在1985年的经济困境和1986年的原油价格暴跌之后，政府调减乙醇的保证价格，导致乙醇产量出现了项目启动以来的首次下降。直到此时，乙醇生产效率才开始迅速且持续地提高。从1985年到1995年，生产成本下降了45%，该期间平均成本比1975年到1985年期间的平均成本低40%左右。通过提高农业产量、扩大蒸馏机组和使用废副产品提供热量和能量，整个供应链都实现了效率提升。这一提升幅度在70年代是可能出现的，但之前由于过度保护性的政府政策而并未出现。

表9　　　　　　　　　　补贴减少，导致巴西乙醇生产效率提高

	干预	结果
生物乙醇燃料（巴西，1975年）	混合法令：自1978年开始，一直规定按20%的比例混合乙醇 为生产商和消费者固定乙醇价格：1986年，下跌至平均生产成本以下；1997年和1999年，解除对不同类型乙醇的管制，但通过对原油征收高额税收，对乙醇燃料提供间接支持 农业研发预算：1973年，一家国有农业研究公司Empbara成立；对乙醇燃料汽车实施优惠税收政策；对蒸馏厂提供低息贷款；提供纯乙醇基础设施	乙醇产量和使用量得到大幅提高：2010年，乙醇产量达280亿公升，占全球总产量的约30%；2014年，乙醇使用量占公路能源使用量的19.2%，而1975年仅为0.5% 成本逐渐下降：乙醇生产成本削减了一半以上 自1975年开始，净补贴总额估计为350亿～1360亿美元（取决于所选的美元基准年份）
	经验教训	
乙醇生产成本（2005年美元，每公升）	乙醇产量（十亿公升）	应当利用市场力量来驱动学习和成本削减 在1986年价格保证发生紧缩后，效率开始出现显著提升。1985年到1995年，生产成本下降45%，相比之下，1975年到1985年，生产成本仅下降6%。在此期间，总产量保持相对平稳——规模经济并非这些效率增益的明显驱动因素

资料来源：Goldemberg，2007年；Meyer等，2012年；IEA，2016年。

（3）非经济手段干预

更加多元化的私营投资者群体可缓解创新路径中不同阶段之间过渡时出现的问题，以及创新的固有不确定性。因此，培养创新投资文化，鼓励更多主体参与，有助于将项目与投资者进行匹配。此措施有助于解决资本需求及风险在创新路径的不同阶段不断变化的问题。

确保不同主体与投资者之间保持牢固的关联，将有助于项目在不同阶段之间的转移，并可能通过技术集群和溢出而产生效益。不同主体之间建立更好的关联，有助于缓解投资者之间信息不对称的问题，以便随着创新在路径中的进展，更轻松地将创新移交给更合适的投资者。不同主体之间的牢固关联还可鼓励不同行业之间展开合作，从而实现溢出效应，即技术被用于其初始目标应用以外的应用。集群和溢出都可能增加创新的使用途径，从而提高技术的影响力并增强对创新的激励。为此，可指定特定机构负责设定标准和收集研究成果，以鼓励不同主体之间进行知识共享和合作。对于新技术而言，可靠性是一项至关重要的因素。建立非营利性机构来制定相应标准，是一种审慎的措施，可避免出现对可靠性失去信心的情况。

丹麦与德国在风轮机研究与部署方面的经验对比，反映了全局性支持的重要性和非经济干预的影响。丹麦的Riso国家实验室负责开发风机的认证流程，以及进行测试和开展研发活动。因此，该实验室可协调业内不同主体、政策与研究之间的互动，并在必要时为制造商提供技术协助。丹麦还实施了有力的市场支持政策，鼓励广泛主体采用风电。20世纪80年代，德国高度专注于研发，但缺乏对可靠性的恰当考虑，并且缺乏针对风电初始部署阶段的其他支持措施。最终，丹麦的风电研发支出远低于德国，但其风电采用率和使用率远超德国。

表10	丹麦与德国风轮机发展对比	
	干预	结果
风轮机（全球，20世纪70年代）	70年代和80年代晚期，提供研发支持：不同国家对不同规模风轮机的支持和关注程度各不相同 通过上网电价和贷款提供支持，以创建市场：丹麦和美国实施了大范围的补贴，以鼓励风轮机被采用 制定标准和开展认证：丹麦Riso国家实验室制定了标准并鼓励知识共享 其他市场支持活动：风向图测绘、电网连接监管等	丹麦：早期部署成功，目前成为发电量最大的发电模式（2014年占41%） 德国：开始时失败，但吸取了失败教训，并通过转向丹麦模式，部署了大量风电装机容量 美国：早期大范围部署，但缺乏标准，导致可靠性差、公众信心低，并导致市场崩溃；1986年，加州风电装机容量占全球总装机容量的90%，但其中仅38%按计划运行
	经验教训	
	德国：所有阶段都需要获得支持——仅较高的研发支持是不够的，在风电研发方面，德国的开支一直高于丹麦；研发落后于部署：德国专注于大型风轮机，市场支持政策有限，导致可靠性差、投资兴趣低。 丹麦通过由其国家实验室制定标准、鼓励知识共享，以及提供广泛的市场支持政策，取得成功。	

资料来源：Neij和Andersen，2012；IEA，2016年；IEA，2015年。

三、影响全球能源技术发展变革的主要因素及其潜在走势分析

从历史经验来看，影响能源技术发展走势的因素有很多，有些是横跨各个不同时期的相同因素，如满足更高质量生活的需求等；有些则是与特定时期高度相关的差异化因素，如新的地质资源发现、环境保护意识的崛起、其他技术的发展扩散以及一些偶发事件等。

（一）影响全球能源技术发展走势的主要因素

下文重点讨论在新的时代背景下，将会影响能源技术发展的主要因素。

1.数字化、智能化技术与能源领域的深度融合

国际金融危机无疑给全球经济带来了巨大冲击。根据世界银行的统计，2009年全球实际GDP同比负增长，这是自20世纪60年代以来的唯一一次[①]。但从积极的方面来看，人们普遍意识到数字化、智能化技术的发展扩散很可能会对生产生活带来颠覆性影响。

近几年来，关于人类社会即将或已经迎来新工业革命的论述集中涌现，产生了广泛的社会影响。代表性观点包括以下几个：一是"工业4.0（Industrie 4.0）"。它认为，人类社会已经经历了分别以蒸汽机、电力、电子和IT技术的应用为特征的工业革命的前三个阶段，目前正进入以信息物理系统（Cyber-Physical Systems）为技术特征的、工业革命的第四阶段（Industrie 4.0 Working Group，2013）。工业4.0将对全球制造业乃至更大范围内带来诸多影响，包括满足个性化需求、提高生产灵活性、实现最优化决策、提高资源生产率和效率、通过新的服务创新价值机会，等等。二是"工业互联网（Industrial Internet）"。它认为，工业革命带来的无数机器、设备组、设施和系统网络，以及互联网革命中涌现的计算、信息与通信系统方面最近的强大的进步，将引领人类进入继工业革命、互联网革命之后新的工业互联网革命时代（通用电气公司，2015）。工业互联网的精髓体现为三大元素，即智能机器、高级分析和工作中的人。工业互联网的影响不仅仅局限于工业部门，还将广泛涉及交通运输部门、医疗部门以及政府部门等。预计到2025年，工业互联网能够影响全球经济体量的50%，以名义货币计价大约为82万亿美元。此外，GE认为，工业互联网的兴起就是对能源资源

[①]　这种影响还在持续。根据世界银行的统计，以2010年不变价美元计算，2009～2015年期间，全球GDP总量从63.12万亿美元增长到75.24万亿美元，年均增长2.97%；与之相比较，2002～2008年期间，全球GDP总量从51.95万亿美元增长到64.22万亿美元，年均增长3.6%。

稀缺性的直接回应。三是"新工业革命（New Industrial Revolution）"。2016年召开的G20杭州峰会通过了《二十国集团新工业革命行动计划》。该计划认为，"正在兴起的这场新工业革命，以人、机器和资源间实现智能互联为特征，由新一代信息技术与先进制造技术融合发展并推动，正在日益模糊物理世界和数字世界、产业和服务之间的界限，为利用现代科技实现更加高效和环境友好型的经济增长提供无限机遇"；而且"新工业革命有潜力提高生产率和竞争力，减少能源和资源消耗，从而更好地保护环境，提升资源利用效率"。

数字化、智能化技术与能源领域的深度融合，对能源技术发展有着多方面重要影响。一是催生了能效管理、智能电网等先进技术的发展应用，带来能效的显著提升。比如，先进能效管理技术已经表现出精确量化、平台处理、系统解决、集中式与分布式相结合等新的发展趋势，在工业、交通、建筑等领域的应用也越来越广泛。总体上看，这些技术的应用会有助于减少能源消耗。据国际电信联盟（ITU）估计，ICT技术能够帮助全球减少15%～40%的碳排放，ICT技术运用到其他行业所带来的节能量是其自身行业能源消耗的5倍（马化腾等，2017）。二是提升了大部分现有能源技术的全生命周期效率，促进能源技术的绿色化发展。以传统的石油采掘业为例，通过利用"虚拟钻探"的数字技术，壳牌公司近期在阿根廷的钻井成本降到540万美元，而几年前还是1500万美元；尽管如此，从整个行业来看，石油行业收集的地震相关数据仅有5%在勘探活动中被使用，而钻井平台的有关数据被生活过程利用的比例甚至不足1%（The Economist, 2017）。事实上，几乎所有传统能源技术都面临着数字化时代带来的发展契机，与此同时几乎所有新的能源技术也都与数字化发展休戚相关，数字化、智能化技术对能源技术发展变革发挥着至关重要的作用。

（二）全球能源消费需求仍将呈现增长态势

过去的半个多世纪里，全球能源消费呈现持续增长态势。根据BP的统计，在1965～2016年期间，全球能源消费总量从3730.7百万吨油当量增长到13276.3百万吨油当量，增长了2.56倍。但是这种增长是相当不均衡的，其中OECD国家的能源消费总量从2641.3百万吨油当量增长到5529.1百万吨油当量，增长了1.09倍；而非OECD国家的能源消费总量从1089.5百万吨油当量增长到7747.2百万吨油当量，增长了6.11倍。2007年，非OECD国家的能源消费总量首次超过OECD国家的能源消费总量，且两者之间的差距在持续拉大。造成这种结果的原因是多方面的，对OECD国家而言，主要是总体进入后工业化时代、能源效率的大幅提高等，对非OECD国家而言，主要则是工业化进程的快速推进。

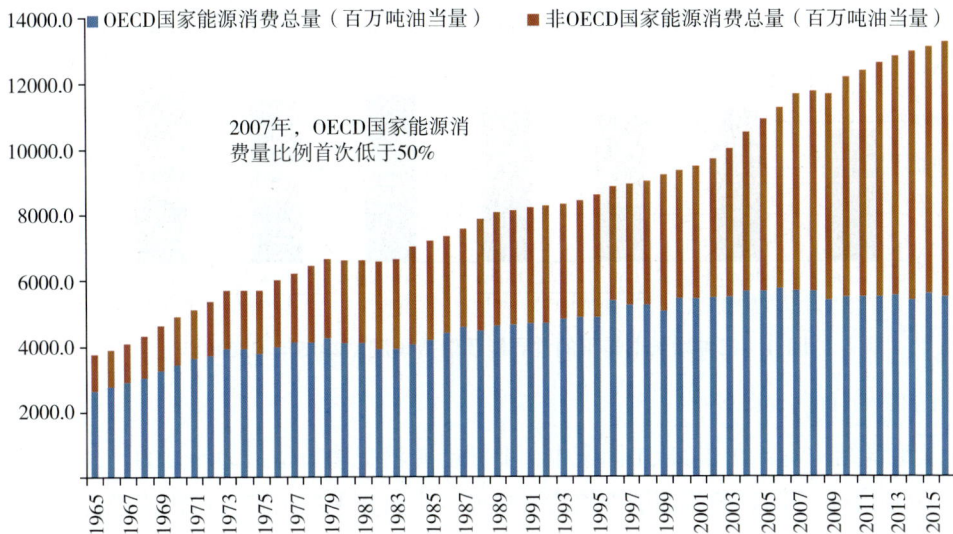

图10 OECD与非OECD国家能源消费总量变化（1965～2016）

数据来源：BP（2017）。

从未来的发展趋势看，考虑到很多后发国家将开始工业化进程等因素的影响，全球能源消费总量预计还将呈现持续增长态势。据统计，2015年，全球有56个工业化经济体①，31个新兴工业经济体和78个发展中经济体（联合国工业发展组织，2015）。至少在目前的发展轨迹上，这些后发国家将开启的工业化进程都是带有能源密集特征的。

按照一些研究预测，全球能源消费将从2015年的575万亿英热单位（Btu）增长到2030年的663万亿Btu和2040年的736万亿Btu。其中，OECD国家的能源消费将会保持稳定；但是非OECD国家快速的经济增长、人口增长及更多地接入能源市场，将会贡献全球大部分的新增能源消费。虽然全球能源消费总量和结构在不同的经济增长情景下会有一些变化，特别是发展中经济体的增长存在一定的不确定性，但是整体趋势是相对稳定和一致的。

---

① 按照联合国工业发展组织的定义，将经济体称为"工业化经济体""新兴工业经济体"或"发展中经济体"的依据是经调整后的人均制造业增加值。如果某个经济体经调整后的人均制造业增加值高于2500美元或者人均GDP（以购买力平价计算）高于20000美元，则被称为"工业化经济体"；如果某个经济体经调整后的人均制造业增加值在1000～2500美元或者该经济体在全球制造业增加值中的比例高于0.5%，则被称为"新兴工业经济体"；其余所有为"发展中经济体"。

World energy consumption in three economic growth cases
quadrillion Btu

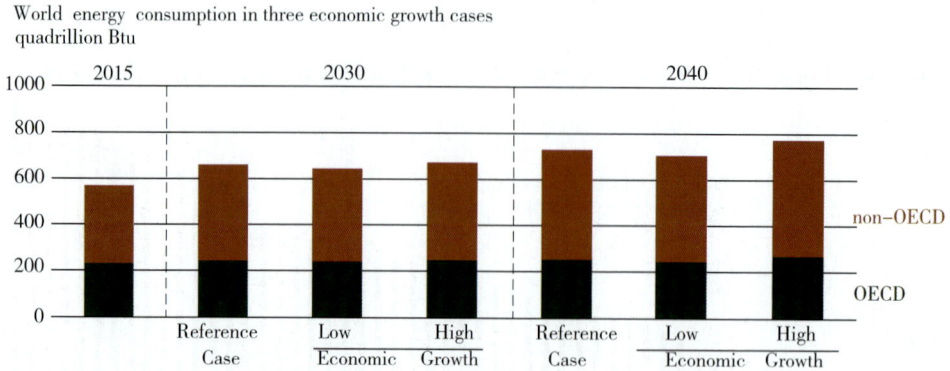

图11　三种增长情景下的世界能源消费预测（2015年和2040年）

数据来源：EIA（2017）。

从地区结构看，在非OECD国家中，亚洲能源消费增长是最为明显的。2015～2040年，非OECD亚洲国家的能源消费将增长51%。非洲和中东国家人口快速增长和国内丰富的能源资源也将驱动能源消费增长。相比之下，OECD国家利用新技术提高能源效率，将保持能源消费总量温和增长。

Non-OECD energy consumptionbyregion
quadrillion Btu

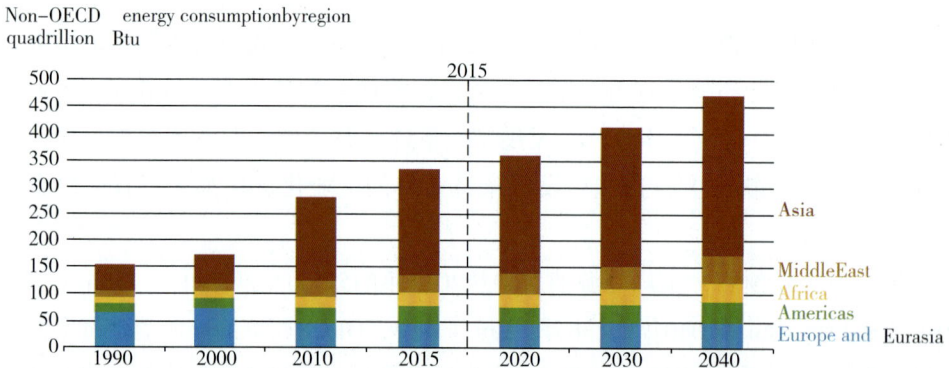

图12　分地区的能源消费预测（2015年和2040年）

数据来源：EIA（2017）。

分产业看，能源密集型制造业和非能源密集型制造业的能源消费总量仍将保持相当速度的增长。

这种增长态势，对全球能源转型及技术发展有着不同影响。一方面，这为很多新能源技术的发展应用提供了市场空间，也对能源技术创新起到了积极的促进作用。但另一方面，煤炭、石油等传统能源在相当长时间内仍将占据重要地位，整个转型不可能一蹴而就，此消彼长的过程将长期存在。

Wordld energy consumptionbyindustry
quadrillionBtu

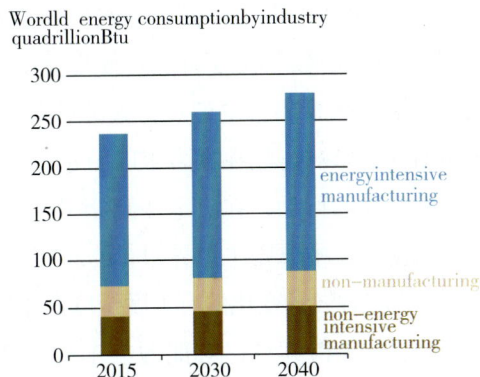

图13　按产业分世界能源消费（2015年和2040年）（万亿英热单位）

数据来源：EIA（2017）。

（三）应对气候变化的全球合作力度仍存在很大不确定性

应对气候变化，是当今时代特有的挑战。目前已经有大量证据表明，人类活动对地球的气候产生了重要影响，不做出改变的结果可能是灾难性的。有总结显示，拒绝（人为因素导致气候变化）这一结论的论文数量在已发布的研究中微不足道，而这一比例也随着时间的推移而出现轻微的下降趋势（世界银行，2015）。

近年来，为应对气候变化问题，全球主要国家采取了一系列行动。2015年12月，《联合国气候变化框架公约》近200个缔约方在巴黎气候变化大会上达成《巴黎协定》，这是继《京都议定书》后第二份有法律约束力的气候协议。2016年11月正式生效的《巴黎协定》，推动形成了2020年后全球应对气候变化问题的制度安排，标志着各方将合力把全球平均气温较工业化前水平升高控制在2摄氏度之内、并为控制在1.5摄氏度之内而努力。2016年1月1日正式启动的《2030年可持续发展议程》，提出了17项可持续发展目标和169项具体目标。其中，"确保人人获得负担得起的、可靠和可持续的现代能源"，"建造具备抵御灾害能力的基础设施，促进具有包容性的可持续工业化，推动创新"，"建设包容、安全、有抵御灾害能力和可持续的城市和人类住区"，"采用可持续的消费和生产模式"，"采取紧急行动应对气候变化及其影响"等多项可持续发展目标都与能源的生产、输送和消费以及应对气候变化问题紧密相关。此外，一些经济体还在积极推进碳税和建立碳交易体系，在国家层面也为应对气候变化作出贡献。

但需要特别指出的是，正如世界银行（2015）所总结的，"如果我们尝试着找出一个人们普遍不在乎的典型问题"，这个问题很可能就是气候变化。这是因为气候变化隐含着几个认知错觉。气候变化是缓慢的，而个体对气候的判断却基于他们近期的观察；意识形态和社会忠诚会对人们如何接受有关气候变化的信息具有影响；人们倾向于忽视或不充分认识以概率数字表现出来的信息；人类对当前的关注远远超过对未来的关注，而许多气候变化最糟糕的影响可能在很多年以后才发生；一些风险处于模糊状态，面对未知状况时一些人避免采取行动；在决定任何分配应对气候变化的负担时，个体和组织通常采取符合自身利益的公平原则（世界银行，2015）。这些深深扎根于人类认知层面的思维方式，都制约着应对气候变化的有力度全球合作的产生和维持。

全球应对气候变化行动的力度和节奏，对能源技术的创新发展方向有着重要影响。应对气候变化的很多行动，最终都会落脚到对新的、更加绿色低碳的能源技术的研发、应用和扩散。因此，全球能否就应对气候变化达成更有约束、更有力度的行动方案，直接影响着以新能源技术为重点变革现有能源系统的历史进程。

（四）基于自然禀赋及综合考量的国家间竞争

如前所述，能源技术革命最终会催生新的重要产业，而这会对国际竞争格局产生重要影响，因此各主要国家对此都给予高度重视。近年来，主要能源大国均出台了一系列法律法规和政策措施，采取行动加快能源技术创新，力图在未来的全球能源格局和竞争中占据有利地位，并借此增强国家竞争力。这些竞争，无疑对实现能源技术的多元化创新发展是有利的。

美国发布了《全面能源战略》等战略计划，将"科学与能源"确立为第一战略主题，提出形成从基础研究到最终市场解决方案的完整能源科技创新链条，强调加快发展低碳技术，已陆续出台了提高能效、发展太阳能、四代和小型模块化核能等清洁电力等新计划。美国还设立先进能源研究计划署和能源创新中心等新型能源研发创新平台，以支持变革性能源技术开发和有效整合产学研各方资源，推动清洁能源技术革命和产业升级转型。

日本陆续出台了《面向2030年能源环境创新战略》等战略计划，提出了能源保障、环境、经济效益和安全并举的方针，继续支持发展核能，推进节能和可再生能源，发展新储能技术，发展整体煤气化联合循环（IGCC）、整体煤气化燃料电池循环等先进煤炭利用技术。福岛核危机后，日本于2014年更新了《能源基本计划》，调整了能源科技的发展重点，提出加快发展可再生能源，减少核能的利用。此外，《能源环境技术创新战略》设立了2030年和2050年的能源与环境技术创新计划，不仅加大了对新能源技术的研发投入，还对研究开发体制进行了改革和强化，旨在保持日本在全球能源技术的领先性和应用优势。

欧盟制定了《2050能源技术路线图》等战略计划，突出可再生能源在能源供应中的主体地位，提出了智能电网、碳捕集与封存、核聚变以及能源效率等方向的发展思路，启动了欧洲核聚变联合研究计划。2015年9月，欧盟委员会公布了战略能源技术一体化计划（ISET–Plan），推动低碳能源系统的转型。类似的，德国在宣布"弃核"之后，将可再生能源技术和能效提升技术作为发展的重点，全面调整了能源技术开发和应用的方向。

国家间竞争在很多具体领域中都有体现。比如，主要汽车强国都在加快新能源汽车的发展。美国通过《电动汽车大挑战蓝图》和《智能交通系统战略计划（2015—2019）》等计划，推动新能源汽车和智能交通体系的发展。欧盟通过《欧盟2020年战略创新计划》和《智能交通系统发展行动计划》，发展低二氧化碳排放和智能交通体系。日本的《下一代汽车战略2010》和《日本汽车战略2014》都将新能源汽车、低耗能汽车作为发展的重点。中国的《能源技术革命创新行动计划（2016—2030年）》也将电动汽车储能技术、无线充电技术作为能源技术革命的重点。

（五）偶发事件带来的不确定性

相比一般性的规律，偶发事件可能对历史进程有着更为重要的影响。能源技术发展也是一样，有很多偶发事件决定了创新的方向和速度。大体而言，这些偶发事件可以分为自然偶发事件和政治偶发事件两个基本类别。

第一，在自然偶发事件方面，一些不可预测的自然灾害相关可能改变人们都相关能源技术的态度。例如，2011年东日本大地震后，世界上最大核电站之一的福岛核电站发生放射性物质泄露，导致全球范围内关于核电技术的关注，一些国家公开宣布"弃核"，取而代之于其他的能源技术。这些政策及实践的示范效应将对能源革命的技术结构产生直接的影响。事实上，自此之后，核能在全球范围内的发展都受到很多质疑。

第二，在政治偶发事件方面，政府的更替也对本国及国家之间的能源技术合作框架带来不确定性。例如，特朗普当选美国总统后，提出的"美国优先能源计划"提出加大对国内页岩气、石油、天然气和煤炭等传统能源的开发，并宣布退出《巴黎协定》。这些举措不仅对美国能源技术的发展方向造成直接的效果，而且对全球范围内能源技术变革和合作带来了难以估计的不确定。

（六）助推型监管的潜力不容忽视

随着对人类思维和行为模式的认识不断深入以及相关证据的不断积累，政府和

NGO组织等在改变能源消费、促进商业模式创新等方面都可以有更大作为，这也对能源技术创新发展有着综合性影响。

以美国Opower公司的实践为例，该公司将"家庭能源报告"寄往用户的住处，为他们提供他们自身的能源消费与其邻居的能源消费有何不同的反馈（也提供关于能源消费的简单信息），这种干预手段使得能源消费平均下降了2个百分点，相当于短期内电价提高11%～20%所达到的效果（世界银行，2015）。这种方式成功的核心，就在于人们重视社会规范对自身行为的约束，在一个以节能为社会规范的社会里，人们了解相关信息后会更倾向于做出遵守社会规范的行为。

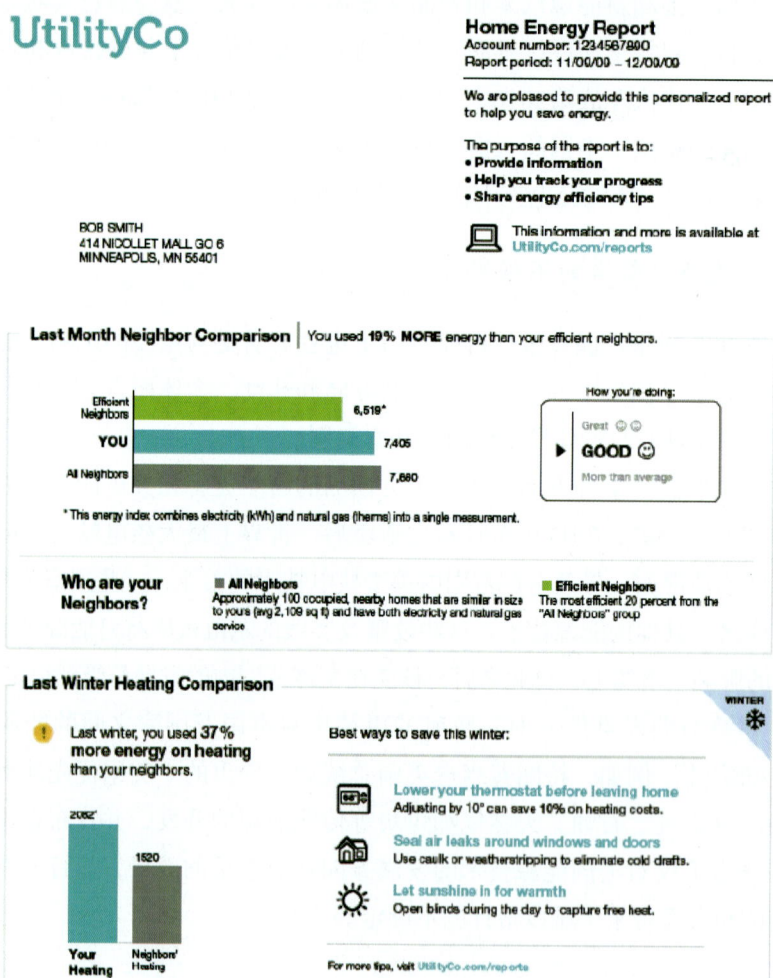

图14 UtilityCo的家庭能源报告提供了邻里能效比较

资料来源：Allcott和Rogers（2012）。

事实上，除借助社会规范的力量之外，适当的信息披露、设定合适的默认选项等新型干预措施，都能起到很好的作用。这些干预措施，普遍都更具成本收益，其积极作用不容忽视。

四、全球能源技术变革将出现的新趋势

主要包括以下两个方面。

（一）经济增长将与能源消费实现"脱钩"

由于能源技术发展进步、全社会整体能效水平提高、数字化手段对经济增长的贡献增大等多方面原因，过去几十年中，全球能源消费的年均增速明显低于经济增长的年均增速。1965～2015年，全球GDP（2010年不变价美元）的平均增长率约为3.33%，而同期全球一次能源消费仅平均增长了2.54%。一些国家如丹麦和一些区域如美国加州，在过去几十年中已经实现了在不提高能源消费量前提下的经济增长。

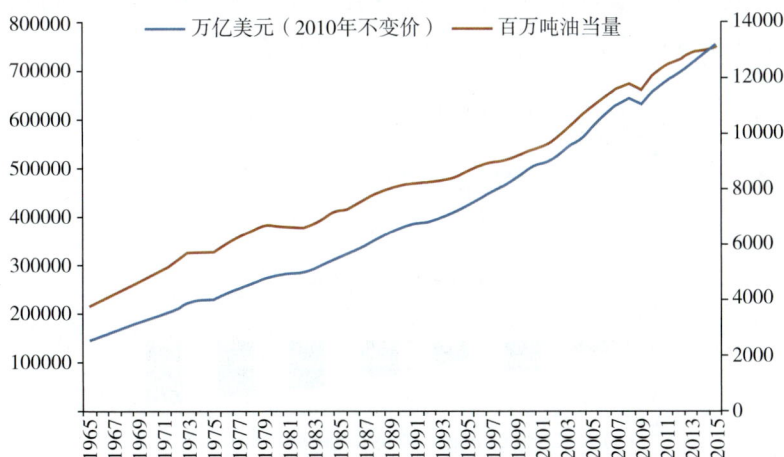

图15　全球经济增长与能源消费的关系（1965～2015年）

数据来源：BP、世界银行；作者计算。

从未来发展看，发达经济体的能源密度仍将保持下降；以金砖国家为代表的高增长发展中国家也将转向更低能源密度的产业结构，导致能源密度出现更为明显的下降；中东和非洲国家可能是未来主要的人口和经济增长区，但是能源密度的下降也将有助于减少能源的相对消费强度。

Energyintensity,percapitaDP,andpopulationgrowthinselectedregions
averageannualpercentchange,2015–2040

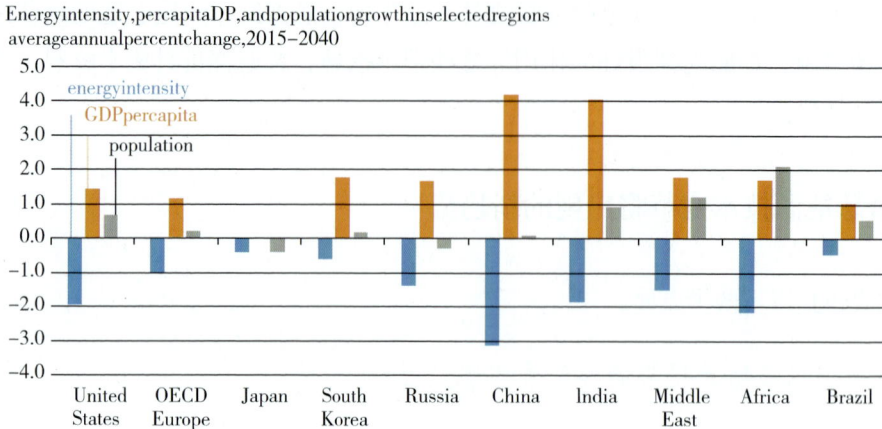

图16　分地区能源密度、人均GDP和人口增长（2015～2040年）

数据来源：U.S. Energy Information Administration（2017）。

总的看，随着未来经济增长将主要依靠生产效率增长驱动，而不是依赖于要素和能源的投资驱动，全球范围内经济增长与能源消费之间的"脱钩"将为更为明显。根据《能源展望2017》，未来20年，世界经济仍将维持年均3.4%的增长速度，其中75%的增长来自生产效率的拉动，能源密度还将进一步下降。

Growth in GDP and primaryenergy

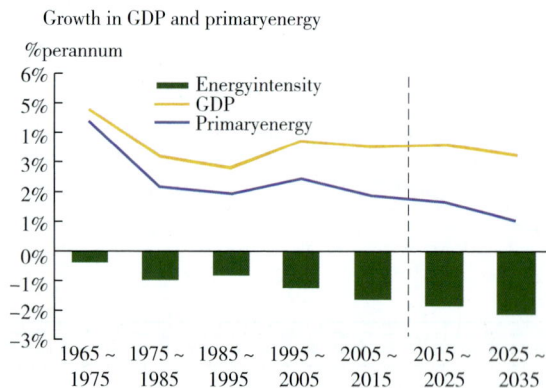

图17　GDP增长与一次能源增长（2015～2035年）

数据来源：BP（2017）。

（二）一些清洁能源技术正在实现突破

能源技术的突破是孕育中的新一轮科技革命和产业变革的重要组成部分。得益于清洁能源的技术进步和商业化基础设施的完善，一些清洁能源技术逐渐具备了示范推广应用的条件，将对全球能源格局带来持续的变化。国际能源署（IEA）预计，到2030年前后，可再生能源将超越燃煤发电，成为全球最大电力来源；到2040年，可再生能源电力将占所有新增发电容量的一半以上。从燃料结构来看，生物燃料和电力已部分替代石油（史丹，2016）。

近年来，清洁能源技术的突破和应用是多方面的，更加体现绿色低碳的特征，其技术的扩散应用对推动全球能源转型意义重大。760℃超超临界燃煤发电技术实现了净能源效率提升14个百分点，同时减少30%的CO_2排放量（IEA，2013），整体煤气化联合循环技术、碳捕捉与封存技术、增压富氧燃烧等技术快速发展；燃气轮机初温和效率进一步提高。H级重型燃气轮机已实现商业化，机组联合循环发电净效率达到了新的高度。非常规油气勘探开发技术在北美率先取得突破，页岩气和致密油成为油气储量及产量新增长点，海洋油气勘探开发作业水深记录不断取得突破；中国页岩气勘探开发 取得重大突破，煤层气勘探评价、产能建设、开发和技术攻关等方面取得了重要进展，储量产量快速增长。中国三代技术正式全面接替二代技术，逐渐成为新建机组主流技术，四代核电技术、小型模块式反应堆、先进核燃料及循环技术研发不断取得突破。（刘先云和张春宇，2016）。可再生能源正逐步成为新增电力重要来源，电网结构和运行模式都将发生重大变化。光伏效率不断提高，公共事业领域和住宅屋顶的光伏发电全生命周期平均均摊成本继续下降（总报告撰写组，2017），光热发电技术开始规模化示范；风电利用技术基本上进入成熟阶段，生物质能利用技术多元化发展趋势明显，产业化水平不断提高，促使生产运行成本不断降低。抽水蓄能、铅酸蓄电池技术已经成熟，蓄热、压缩空气蓄能、电容和超级电容技术基本成熟或已实现了商业化（桑丽霞等，2014）。新能源汽车全球保有量在2016年底已经超过200万辆，氢燃料汽车示范应用也在不断推进。

五、国际经验

本部分旨在总结国际经验教训，从而探索创新技术被成功用于推动能源体系变革所需的条件。能实现大规模应用的技术，不仅需要技术发展的助力，还须受益于一系列支持性因素。对12种技术的创新和应用模式进行分析后，我们发现，技术的成功应用通常需要满足下列四个条件：技术创新达到使应用具有可行性的水平、能提供技术所需的投入、对技术所提供的服务有需求、拥有支持应用的市场条件。

纵观近代以来G20国家的能源革命，大部分是由经济增长、能源安全问题、新市场激励或冲击而非技术引发。20世纪70年代以来发生的能源革命，主要是由以下因素所推动的。一是供应因素。包括当地能源资源（最大的革命性变化往往源于极端情形，即过于丰富或极度短缺）、与能源贸易的联系（这通常需要在进出口能力上进行必要的投资）等。二是需求因素。包括经济高速增长（这是推动变革的主要因素之一，因为此时有能力也需要进行投资建设能源网络，而一旦建成，能源选择即被固定）、消费者对能源服务及更清洁、更灵活燃料的需求（这会引发快速变革，尤其是当伴随着新的低成本能源供应时）等。三是市场因素。包括开放的能源市场（当新的或现有的能源基本成本结构发生改变，但这些改变由于能源行业监管而无法影响到技术选择时，这一点尤其重要）等。此外，现有的能源体系容易受到冲击，也会引发能源革命。

除供应、需求和市场因素外，重大能源技术的成功应用还受以下两个因素的影响。一是资本密集度。资本密集度高的技术（如核电）需要大型企业才能部署，而资本密集度低的技术（如生物燃料或CNG汽车）可由个人部署。二是网络化强度。网络化强度高的技术（如海上油气）需要众多投资者，这通常得由技术开发者以外的企业来完成；网络化强度低的技术（如发电技术）可直接整合到已有网络中，这意味着该技术的应用无须依赖能源体系中的其他要素。

从国际经验来看，高资本密集度和低网络化强度的技术通常在能源革命中扮演着重要角色。这些技术常被用于适应能源需求的快速变化，如对更多、更安全或更清洁能源的需求。这是因为政府通常有责任满足这些需求，它们倾向于支持可整合到已有网络中的、大型和成熟的单燃料技术（如核电或煤电）的应用。

（一）基本认识

历史证明，新技术可促使能源体系发生革命性改变。几个世纪以来，技术一直在明显地转变能源体系。作为世界上第一个工业化国家，英国历史可以很清楚地证明这一点。1763年蒸汽机的发明开启了工业革命，致使煤炭需求增长；1908年福特T型车的发明开启了一段降低运输成本的时期，致使石油需求上升；1956年世界首个商用核电厂Calder Hall的启用，致使一次电力供应增加。这都表明，能源体系从根本上依赖于技术，因此技术的重大变革与能源体系的重大变革有密不可分的联系。

近几十年来，导致能源技术创新势在必行的因素不断涌现。空气污染已成为备受关注的问题。20世纪50年代，英美等国通过清洁空气法，到70年代末，《长距离跨境空气污染公约》等国际协议开始达成。70年代的石油危机使得能源安全问题变得突出。随着1997年《京都议定书》的通过，气候变化成为备受关注的国际性议题。这些必要因素，结合整个全球经济日益提高的技术复杂度，促使创新活动达到较高水平。然而，这并未促使能源体系发生重大变革。自80年代以来，就一次能源而言，生物质、煤炭、石油和现代能源载体之间的相对份额始终维持不变。

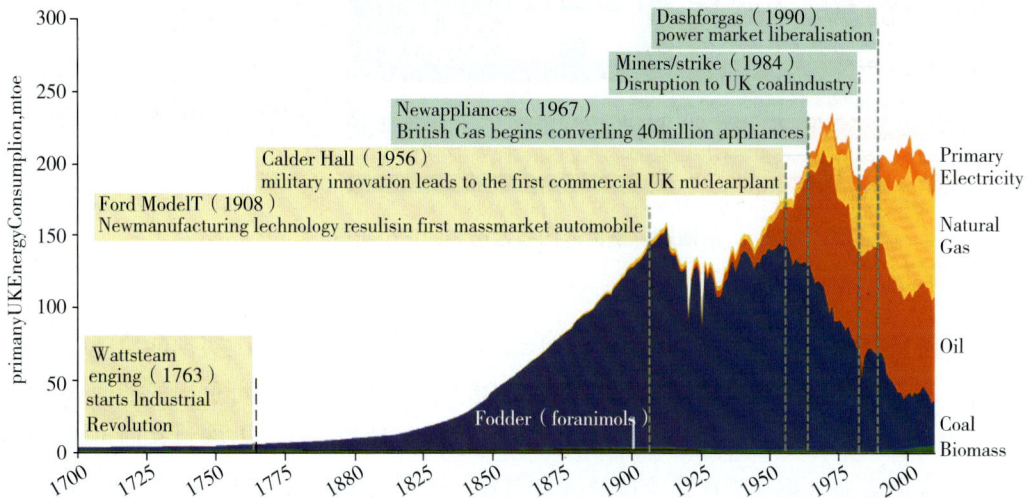

图18 英国历史证明新技术可引发革命性的能源体系变革

资料来源：Vivid Economics based on Fouquet, R.（2014）。

其他因素似乎已成为革命性转变的触发者。这些变革虽然通常用到新技术，但并非总是由这些技术的开发所引发。在英国，1967年对清洁空气和温暖家居的需求，使得超4000万台家电集中从煤气转为使用天然气；1984年，旷工罢工几次破坏煤炭供应链；90年代，由于市场开放使得最新发明的联合循环燃气轮机（CCGT）技术首次参与竞争，电力行业经历了"向天然气冲刺"时期。在这些变革中，技术只是起着支持性而非主导性作用。

最近几十年的经验表明，技术对能源革命的贡献分不同阶段。一是创新阶段。创意开始作为解决所发现问题的解决方案，并开始通过设计和检验被付诸实践。二是应用阶段。有潜在采用者的市场开始应用和广泛接受技术。三是改变阶段。决定能源生产和消耗的一次能源或二次能源载体结构发生转变。一项技术若想推动能源革命，必须经历这三个阶段的发展。

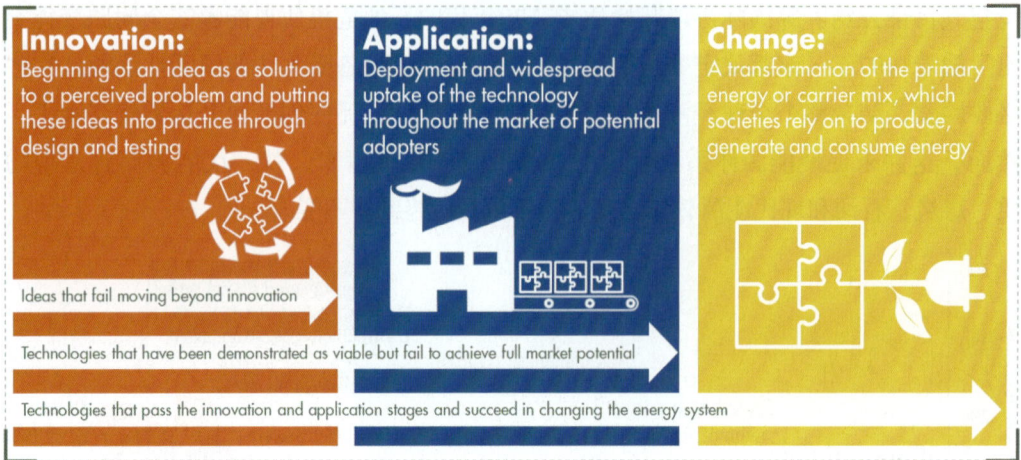

Innovation:
Beginning of an idea as a solution to a perceived problem and putting these ideas into practice through design and testing

Ideas that fail moving beyond innovation

Application:
Deployment and widespread uptake of the technology throughout the market of potential adopters

Technologies that have been demonstrated as viable but fail to achieve full market potential

Change:
A transformation of the primary energy or carrier mix, which societies rely on to produce, generate and consume energy

Technologies that pass the innovation and application stages and succeed in changing the energy system

图19　重大能源技术必经的三个阶段

资料来源：Vivid Economics。

　　了解新技术如何能被成功用于产生革命性的体系变革，对中国实现能源革命至关重要。和其他各国一样，中国也面临提供低碳、低污染、安全和可负担的能源这一重大挑战。要想解决这一挑战，必须从根本上转变能源结构，从化石燃料转向可再生能源。技术创新通常被视为这种变革的触发因素。近年来风电和太阳能光伏（PV）技术成本的迅速降低可支持这一观点。然而，技术的快速进步并未转变能源体系，而在变革已实实在在地发生的国家，我们可以看到它们竭尽全力地为技术的大规模应用创造有利条件。这一经验表明，政策制定者必须考虑到技术以外的、引发革命性能源体系变革的因素。

　　成功的创新是关键的第一阶段，是一个受益于政策支持的过程。创新是个涉及一系列利益相关方的复杂过程，至少包含四个不同阶段。一是研发阶段。创意得到开发和整合。二是验证阶段。检验被成功整合的创意，看它们是否能交付可行的产品。三是利基市场阶段。在小范围内——通常是在新产品的性能可以压倒已有选项的成本优势的区域——应用新技术，从而为全面进入市场做准备。四是广泛应用阶段。技术实现批量生产，成本可与已有选项竞争。在每个阶段都有很高的失败风险，技术通常倒退回更早的阶段，唯有结合新创意或支持才能继续向前发展。

　　国际上加速创新的最佳实践经验是个重要且内容丰富的主题，值得重点探讨，因为中国也具备许多应该得到充分利用的创新能力。然而，本部分侧重于探讨创新技术如何才能得到成功的应用。这是因为，如果不具备实现成功应用的条件，创新成果就会被浪费，而这些实现成功应用的条件与中国实现能源革命的目标密切相关。

（二）国际经验借鉴

以下将在量化分析并评估技术在实现能源体系变革中作用的基础上，提出相关的国际经验及对中国的启示。

1.量化分析

（1）定义革命性能源技术

因为技术和能源革命都很复杂，因而用于检验技术在过去能源革命中的角色的方法也很复杂。我们认为，革命性能源技术指的是，能转变决定能源生产和消耗的一次能源或二次能源载体结构的科学知识应用。下图显示我们的研究如何聚焦于作为一般技术子集的能源技术，而在能源技术中，我们的研究进一步聚焦于能转变燃料结构的革命性能源技术。本研究不涉及能扩大能源生产或消耗规模的能源技术。这些技术虽然重要，但中国和其他各国未来几十年的主要挑战是改变能源结构，而非扩大规模。因此，我们只重点探讨能改变能源结构的技术。

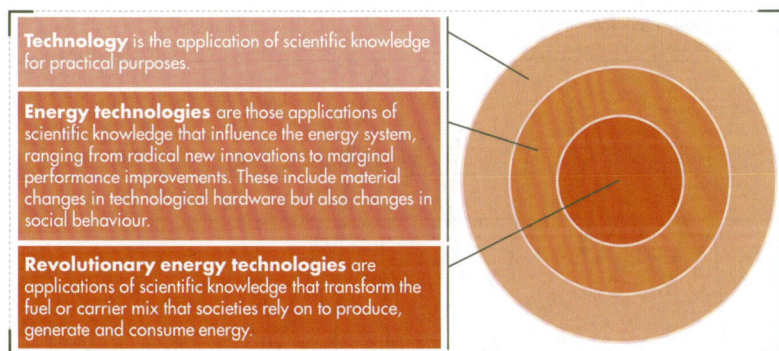

图20　对革命性能源技术的定义

资料来源：Vivid Economics。

（2）定义创新力度

接下来，以"热度"和研发力度为指标来量化创新力度。一方面，用该技术自1970年以来在英语书面资料中被提及的次数来量化"热度"。该数据来自Google Ngrams，该数据库包含2012年以前在被Google Books项目数字化的书面资料中被提及的所有词语。另一方面，用IEA关于1970年以来OECD国家的公共研发支出数据量化研发活动。为定量分析创新力度，我们研究了以下12种技术：生物燃料、碳捕集和封存（CCS）、储能、燃料电池、地热发电、水电、氢能、工业能源效率、核裂变发电、核聚变发电、可再生能源发电和运输能源效率。针对每种技术，我们不仅分析它的热度情况和研发支出，还尽可能地分析它在各个G20国家的应用情况。通过分析这些间隔期，我们可验证何时何地技术能在创新之后快速实现应用。如果间隔期长，说明必须落实其他因素才能实现技术应用。

需要说明的是，并非所有技术都有合适的应用数据。譬如，核聚变等技术只有小范围的应用，工业能源效率等其他技术没有全面的应用数据集。此外，有些技术因为应用水平太低未能改变能源结构，但仍被行业认为是革命性技术。比如，风能和太阳能等可再生能源发电常被描述为可推动能源体系发生革命性改变，而其发电容量的快速增加可支持这一观点。然而，由于可再生能源发电在能源结构中的占比很小，能源结构转向可再生能源发电的速度还无法企及历史上转向天然气或核能的速度。我们认为，革命的评判标准应是它对能源结构的影响。这个视角是我们所有分析依据的核心，因为我们要研究需要采取什么行动才能将技术具有革命性意义的评价和热度变为能源体系的革命性改变。

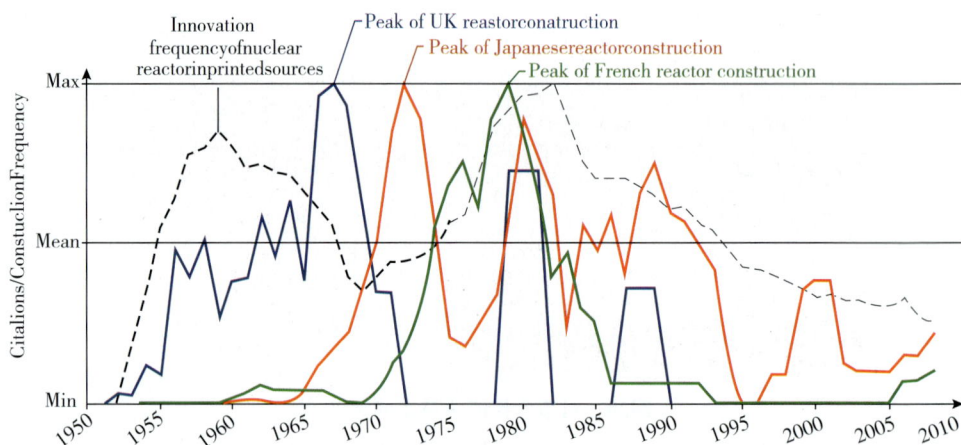

图21　一项技术从提及到应用的间隔期

资料来源：Vivid Economics。

我们分析主要技术群。一项技术（如核）可能包括一系列技术子类和世代。比如，核反应堆可以是Magnox反应堆、压水核反应堆（PWR）、沸水反应堆（BWR）、高级气冷式反应堆（AGR）或快中子增殖反应堆（FBR）。以上每个反应堆类型又由一系列技术组成。主要技术群内的发展可对技术应用产生显著影响。上图显示，核电在各国投入应用的时间有差异，这部分归因于各国采用的不同技术具有不同发展路径。英国最开始建造核电厂是用Magnox反应堆，日本是用BWR和PWR，法国是用

PWR。因此技术的子类对于了解它的应用很重要。然而，本研究因为两个原因只聚焦组合技术群。第一，从能源革命的角度上讲，重要的不是哪个技术子类获得成功，而是哪些技术能快速取得成功并实现规模化。第二，虽然历史分析可为这种微观层面创新提供许多经验教训，但它大大增加了复杂度，并且存在幸存者偏差。

（3）定义能源体系变革

下文以"变化率"来量化能源体系变革。能源体系是指一次能源转变为二次燃料载体（主要为电力和成品油）、再被最终应用领域（主要是建筑、工业和运输）消耗的整个能量流。该能源体系的每个要素（譬如从一次能源到发电的过程）都有特定的燃料结构。只有燃料结构在十年内发生了显著改变，我们才认为能源体系的某个要素已发生革命性转变。我们通过计算一个数字："变化率"，来识别世界各国能源体系要素和整个能源体系的革命性改变。数据是大部分国家在1971和2014年间的年度数据，及一小部分拥有数据的国家在1960和2014年间的年度数据；数据来源是IEA的《2016年世界能源供需平衡报告》。计算变化率有两个关键步骤：一是明确燃料结构的显著改变；二是按统一标准计算显著改变的幅度，使各国之间具有可比性。

我们用Wild Binary Segmentation算法寻找燃料结构的显著改变。该算法可通过燃料结构变化率差异找出"不寻常"的改变。即，该算法可确定燃料结构变化率相比其正常变化率是否存在统计学显著改变。由于燃料结构因为价格小幅变动等因素每年会有大量差异，因此这种检验非常有必要。针对每个国家的能源体系的每个要素，Wild Binary Segmentation算法可提供燃料结构发生显著改变的年份区间。然后再将被算法认定为显著的年份之间的能量流的燃料份额变化率相加，计算显著变化幅度。针对能量流（如一次能源到发电）中的每种燃料，计算在被算法认定为显著的年份之间它的燃料结构份额绝对变化率。再将这些绝对变化率相加获得能量流的变化率。将能源体系每个要素的加权变化率相加，获得整个能源体系的变化率，其中，加权系数为该能量流中的绝对能量与最终消耗时的绝对能量之比。

通过分析1970年以来G20国家的能源体系变革，我们找出技术在能源体系变革中起重要作用的案例共性。我们用变化率数据集找出各国在特定时期内在数量上最大的能源体系变革。我们再研究这些变化最大的时期，以弄清在我们分析创新和应用时找到的因素（技术、需求、供应或市场）中，哪些可以引发变革。我们还评估在这一系列最大变革中起重要作用的技术特点——即使技术并非触发因素。我们从这一评估中得出的结论被形成框架，用于描述在国际经验中已使创新技术被成功用于推动实现能源体系革命的条件。

2.经验借鉴

在分析G20国家能源体系的一次能源、电力、工业、运输和精炼、建筑这五个要素变化的基础上，我们主要得出以下结论。

（1）推动能源技术得到成功应用的因素

热度、研发力度与应用之间的间隔因技术而异，这表明有些技术拥有其他技术不具备的支持性因素。第一，热度在研发支出之前达到高峰，研发支出在应用之前达到高峰。这表明，技术是在其潜力被认识到的许多年之后才对能源体系产生影响，而技术的实际应用带来的变化并不能获得和最初的创新同样多的关注。第二，不同技术在热度、研发与应用之间的间隔方面有显著差异。尽管可再生能源发电通常被认为具有推动能源革命的意义，然而自1974年以来，核能的提及次数比可再生能源多1.6倍，研发支出多7.6倍，发电量多89倍。

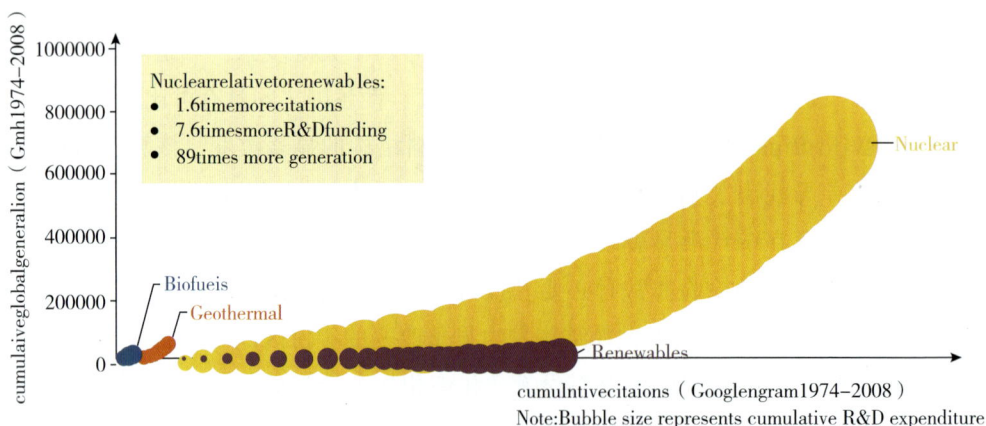

图22 "热度"通常不会转化为研发和应用

注：气泡大小表示研发支出额度。

资料来源：Vivid Economics。

能实现大规模应用的技术不仅需要技术发展的助力，还须受益于一系列支持性因素，包括：技术创新达到使应用具有可行性的水平、能提供技术所需的投入、对技术所提供的服务有需求、拥有支持应用的市场条件。技术要想从创新发展到应用再发展到改变能源体系，需要所有因素同时存在并相互配合。

以美国致密气发展为例。这个案例表明，供应、需求、市场和技术因素出现的顺序如何决定革命性改变何时被触发。美国致密气发展速度明显很快，2000年第一次大规模生产，接着采用水力压裂技术，从2006年开始产量快速上升。然而，这种快速革命是由存在已久的因素支持的。地下致密气的供应早在数百万年前就已存在，而地上的勘探和生产（E&P）行业已经成熟，并且凭借服务于广大消费者的广泛管道网络，美国的天然气需求已然存在数十年时间。美国还拥有成熟的开放式天然气市场，这对任何能满足需求的技术都是利好。应该说，正是这个市场因素引发了页岩气革命，因为当天然气价格因供应紧缺的前景上升时，水力压裂技术才在足够大的范围内得以应用从而改变能源体系。从变化率看出，美国能源生产的燃料结构在20世纪70年代和80年代有明显变化，直到天然气价格上升时，变化率才上升到历史最高点。

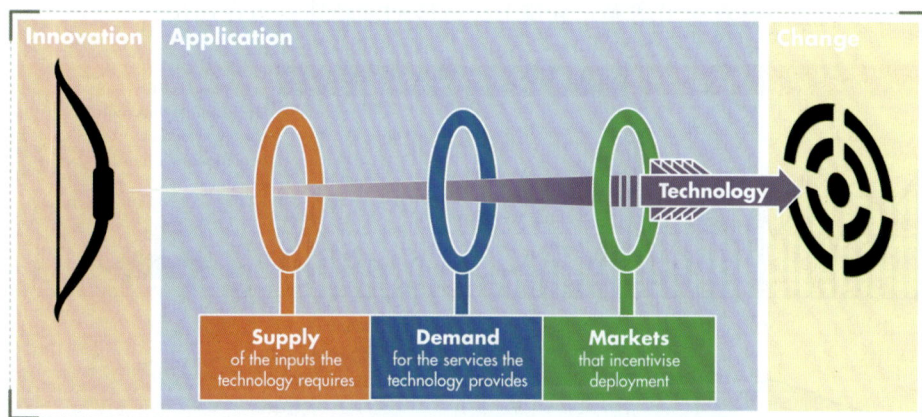

图23　技术、需求、市场因素共同作用才能推动变革

资料来源：Vivid Economics。

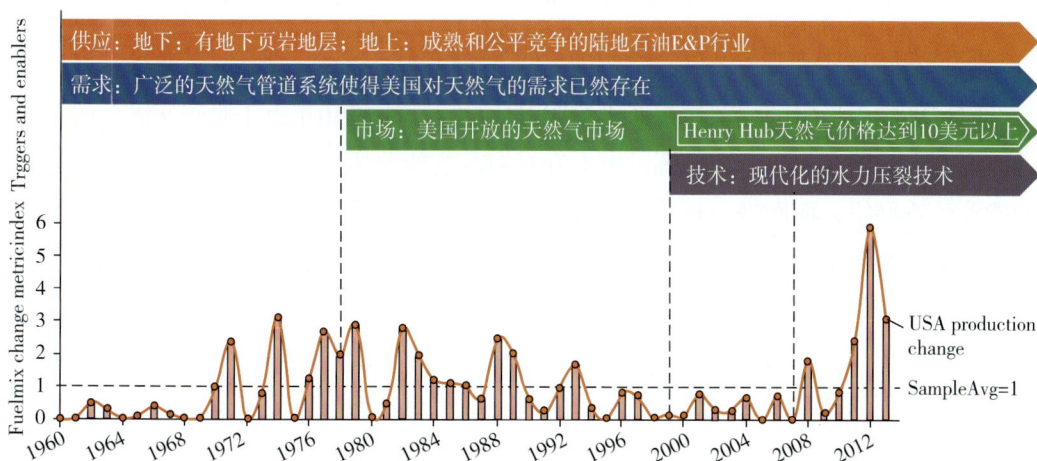

图24　需求、市场和技术因素出现的顺序如何决定革命性变化

资料来源：Vivid Economics。

还需要着重说明的是，将技术应用的必要因素压缩成4个，是对复杂过程的有效简化。能源体系是个复杂的体系，这意味着引发体系变革的因素有许多，但相互之间几乎没有明确和直接的联系。由于技术、供应、需求和市场因素的差异可呈现技术结果之间的大部分差异，因此这种简化是很有用的。

（2）技术发展在推动能源革命中的作用

从1960到1985年，能源体系在燃料结构变化率和能源消耗量上都经历了显著变化。然而，自1985年以来，G7国家的燃料结构一直相对稳定，能源需求也是一样——尽管在70年代能源研发支出增大，且整个经济体的创新速度也在加快。

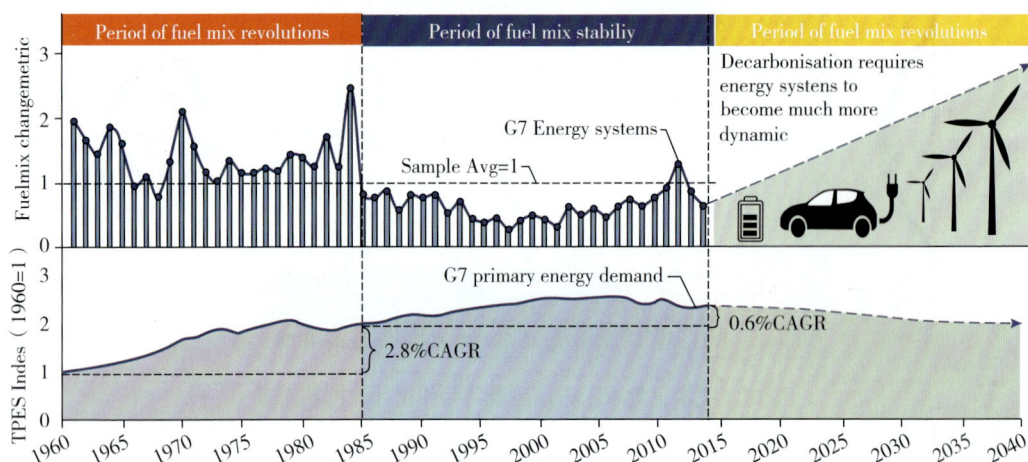

图25　过去40年的能源体系基本保持稳定

资料来源：Vivid Economics。

与过去30年稳定的能源体系形成鲜明对比的是，未来30年由于脱碳所需要的革命性改变。多数国家倾向于在能源需求上升时期改变能源体系，因为这个时期会建造新的能源传输网络，而网络一旦建成，燃料选择即被固定下来。近期能源革命主要发生在中上游，而满足能源使用需求的燃料结构在1985年之前的重大改变之后始终相对稳定。在1985年以前的时期，建筑和工业的燃料结构变化对整体变化率的贡献很大。然而，自1985年以来的几十年内，变化率主要是受生产和进口方面的变化驱动。运输在整个时期内都以石油为主要燃料。这表明，下游燃料结构因配送网络而被固定，这是未来的一大挑战，因为目前在能源使用中使用的燃料（如运输用石油、工业用煤炭和建筑供热用天然气）必须被改变后才能实现气候缓解目标。

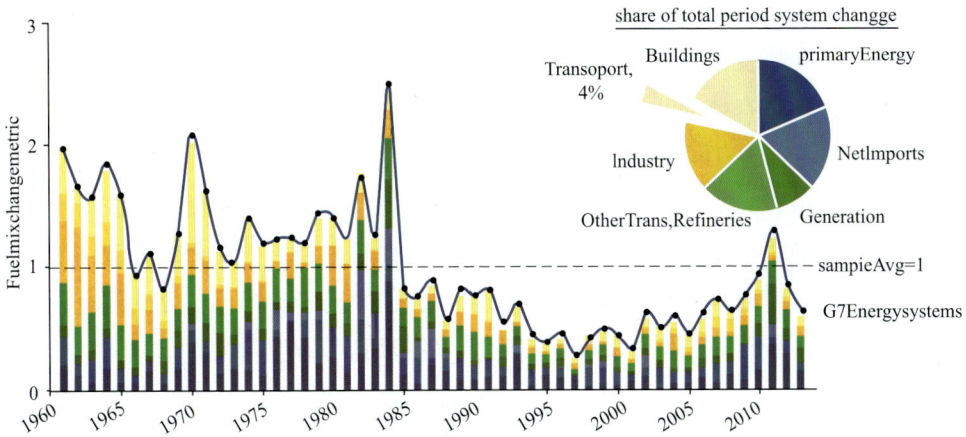

图26 G7国家能源变革主要发生在上游领域

资料来源：Vivid Economics。

综观G20国家中的能源革命，大部分是由经济增长、能源安全问题、新市场激励或冲击而非技术引发。下图中红色指代供应引发型革命、蓝色指代需求引发型革命、绿色指代市场引发型革命、紫色指代技术引发型革命（案例中实际并没有）。

Rank	Primary Energy	Power	Industry	Transport/Refining	Buildings
1st	UK, 1970-1980 ↑ Oil & Gas (North Sea)	IDN, 1999-2010, ↑ Coal & Geothermal (Economic growth)	IDN, 1999-2010, ↑ Coal & gas (Economic growth)	ZAF, 1980-1982 ↑ Coal (CTL Apartheid)	KOR, 1990-1994 ↑ Oil (Economic growth and strong currency)
2nd	KOR, 1981-1991 ↑ Nuclear (Energy security)	KOR, 1981-1991 ↑ Nuclear (Energy security)	TUR, 2000-2010, ↑ Gas (Pipeline and LNG)	IND, 1970-1988 ↑ Oil (Shift from rail to road)	DEU, 1990-1991 ↓ Coal (Collapse of East German coal mining)
3rd	FRA, 1974-1991 ↑ Nuclear (Energy security)	FRA, 1974-1991 ↑ Nuclear (Energy security)	MEX, 1994-2010 ↑ Electricity & Coal (NAFTA)	CHN, 2008-present ↑ Gas & Electricity (Market making)	TUR, 2000-2010, ↑ Coal & Electricity (Low cost alternatives to biofuels & oil)
4th	ITA, 2000-2010 ↑ Biofuels & Renewables (Decarbonisation)	GBR, 1990-1998 ↑ Gas & Nuclear (Dash for gas)	UK, 1970-1976 ↑ Gas (North Sea)	BRA, 1982-1986 ↑ Biofuels (Energy security)	UK, 1970-1976 ↑ Gas (North Sea)
5th	IDN, 1999-2010 ↑ Coal (Economic growth)	JPN, 2011-2014 ↓ Nuclear (Fukushima)	FRA, 1980-1984 ↓ Oil (Oil shock)	ARG, 1992-1995 ↑ Gas (CNG market making)	FRA, 1980-1984 ↑ Electricity (Nuclear programme)

图27 G20国家能源变革普遍非因技术引发

资料来源：Vivid Economics。

（3）革命性能源技术的一般特征

通过分析我们发现，除开拥有支持性的供应、需求和市场因素外，技术的成功应用还受以下因素影响：一是资本密集度。资本密集度高的技术（如核电）需要大型企业才能部署，而资本密集度低的技术（如生物燃料或CNG汽车）可由个人部署。二是网络化强度。除初始技术投资外，网络化强度高的技术（如海上油气）还需要众多参与者投资，这通常得有技术开发者以外的企业来完成。网络化强度低的技术（如发电技术）可直接整合到已有网络中。

在国际经验中，高资本密集度和低网络化强度的技术在能源革命中扮演着重要角色。这些技术常被用于适应能源需求的快速变化，如对更多、更安全或更清洁能源的需求。这是因为政府通常有责任满足这些需求，它们倾向于支持可整合到已有网络中的、大型和成熟的单燃料技术（如核电或煤电）的应用。

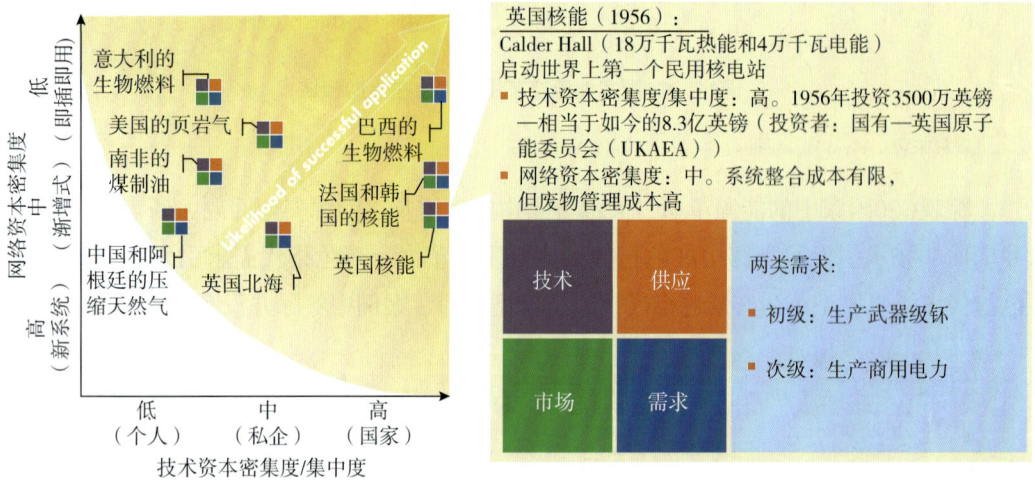

图28　革命性技术往往依赖于大型国有投资和/或需要不断递增的网络投资

资料来源：Vivid Economics。

六、一些重点能源技术的发展现状及潜在影响

这部分对一些对中国而言尤为重要的能源技术的发展走势做出分析，并研究其对中国实现能源技术革命的意义所在。

（一）智能电网

1.智能电网发展现状及展望

新一轮能源革命正在孕育当中，大规模利用清洁可再生能源，实现绿色、智能、可持续的能源系统成为发展趋势。智能电网集成了新一代能源技术、信息技术、控制

技术和材料技术，是实现能源系统绿色、智能、可持续发展的关键，其重要性得到广泛认可。

（1）中国发展现状

中国政府出台激励政策，并把智能电网纳入战略规划，推动智能电网建设。2014年11月，国务院发布《能源发展战略行动计划（2014—2020年）》[①]，提出智能电网是能源科技创新的重点领域。2015年7月，国家发展改革委、国家能源局发布《关于促进智能电网发展的指导意见》[②]，提出智能电网是实现能源生产、消费、技术和体制革命的重要手段，是发展能源互联网的重要基础。2016年2月，国家发展改革委、国家能源局、工业和信息化部印发《关于推进"互联网+"智慧能源发展的指导意见》[③]，提出建设以智能电网为基础的综合能源网络。2016年4月，国家发展改革委、国家能源局发布《能源技术革命创新行动计划（2016—2030年）》[④]与《能源技术革命重点创新行动路线图》[⑤]，提出发展智能电网输变电及用户端设备。

中国智能电网发展注重发、输、变、配、用和调度等环节的整体性、协调性发展。中国国家电网公司2009年提出建设以坚强网架为基础，以通信信息平台为支撑，以智能控制为手段，包含电力系统的发电、输电、变电、配电、用电和调度各个环节，覆盖所有电压等级，实现"电力流、信息流、业务流"的高度一体化融合的坚强智能电网[⑥]。中国南方电网公司在新能源、柔性直流输电、智能变电站、配电、分布式电源接入、微电网、用电及信息通信领域开展技术研究，建设具有高效、可靠、智能、绿色的3C（Computer、Communication、Control）绿色电网，多层次实现电网建设的效率最大化、资源节约化和环境友好化[⑦]。

（2）美国发展现状

美国政府在2007年《能源独立与安全法案》中[⑧]，设计了美国智能电网的战略推进框架。2009年7月，美国能源部发布《智能电网系统报告》[⑨]，系统提出智能电网的范

---

① Advanced Metering Infrastructure and Customer Systems，https：//www.smartgrid.gov/recovery_act/deployme.

② 国家发展改革委、国家能源局："关于促进智能电网发展的指导意见"，2015，第1页。

③ 国家发展改革委、国家能源局、工业和信息化部："关于推进'互联网+'智慧能源发展的指导意见"，2016，第5-7页。

④ 国家发展改革委、国家能源局："能源技术革命创新行动计划（2016—2030年）"，2016，第6页。

⑤ 国家发展改革委、国家能源局："能源技术革命重点创新行动路线图"，2016，第67-69页。

⑥ 坚强智能电网，https：//baike.baidu.com/item/%E5%9D%9A%E5%BC%BA%E6%99%BA%E8%83%BD%E7%94%B5。

⑦ 南方电网公司："2016年企业社会责任报告"，2016，第19-27页。

⑧ U. S. Congress，"Energy Independence and Security Act of 2007"，2007，293-304.

⑨ DOE，"Smart Grid System Report"，2009.

畴、特征与指标体系。2011年4月，美国电力科学研究院发布新版本的《智能电网成本与收益评估报告》[1]，提出智能电网的投资成本和收益测算方法。2014年5月，美国发布《作为经济可持续增长路径的全方位能源战略》[2]，提出大力发展太阳能、风能、地热等可再生能源，其中智能电网对实现未来低碳愿景具有重要推动作用。2016年1月，美国能源部公布电网现代化新蓝图，旨在将传统能源、可再生能源与储能、节能措施整合，确保电网稳健，不受网络攻击和气候变化的威胁[3]。

美国智能电网强调弹性、可靠性、可负担性、柔性和可持续性五个特点。当前电网主要由大型电厂由高压线路由远方送到本地配电网，然后分送工业、商业、居民等用电客户，以单向潮流为主。未来智能电网仍然需要大型电厂作为电源支撑，但其包含大量分布式可再生电源和储能装置，并能够通过通信控制平台协调分布式电源、电动汽车、智能家居等不同类型负荷，将不再以单向潮流为主。

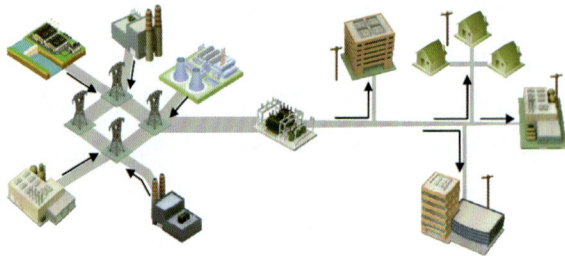

图29　传统电力系统形态[4]

图30　未来的智能电网形态[5]

① EPRI, "Estimating the Costs and Benefits of the Smart Grid", 2011.
② Executive office of the president of the United Stated, "The All-Of-The-Above Eenergy Strategy as a Path to Sustainable Economic Growth", 2014, 第31–39页。
③ 国网能源研究院：《国内外电网发展及新技术应用分析报告》，中国电力出版社2016年版，第22–23页。
④ EPRI, "Estimating the Costs and Benefits of the Smart Grid", 2011, 第1–2页。
⑤ EPRI, "Estimating the Costs and Benefits of the Smart Grid", 2011, 第1–2页。

（3）欧洲国家发展现状

随着欧盟2020年"20-20-20"目标[1]的确立，建设智能电网成为欧盟实现"能源气候一揽子计划"的重要推动力量。2011年4月，欧盟委员会发布《智能电网：从创新到部署》[2]，确定推动未来欧洲电网部署的政策方向。2014年7月公布了新的泛欧"未来十年电网发展规划"草案[3]，设立2030年为重要水平年，制定了欧洲电网的总体发展路径。在此基础上，2016年9月，欧洲输电商联盟发布第四版十年电网规划[4]，持续推动欧洲智能电网发展。

由欧盟委员会发起、欧洲两大电网运营商联盟参与制定了《欧盟电网构想实施路线图》[5]，构建了未来电力系统。欧洲智能电网一方面注重电网广泛互联，实现电力高速通道，实现风电等可再生能源的大规模消纳；另一方面突出可再生能源的分散式供应，强调先进的测量和控制手段以及高效的市场机制配合，保证电能的实时平衡和冗余备用。

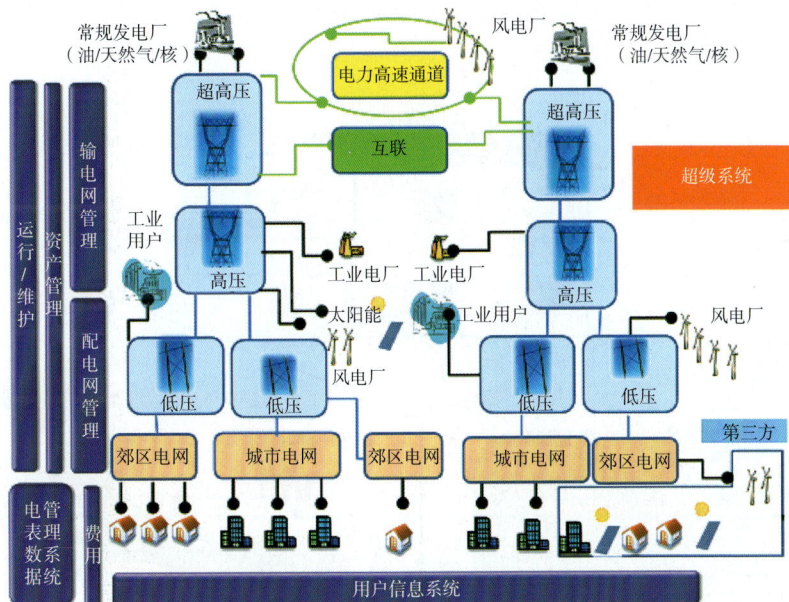

图31　2050泛欧电力系统形态[6]

①　European. Commission，"Energy-2020：A strategy for competitive，sustainable and secure energy"，2010，第18-20页。

②　European. Commission，"Smart Grids：From Innovation to Deployment"，2011.

③　Entso-e，"Ten-Year Network Development Plan 2014"，2014.

④　国网能源研究院：《国内外智能电网发展分析报告》，中国电力出版社2015年版。

⑤　国网能源研究院：《国内外智能电网发展分析报告》，中国电力出版社2013年版，第39页。

⑥　国网能源研究院：《国内外智能电网发展分析报告》，中国电力出版社2013年版，第39页。

（4）日本发展现状

日本政府将智能电网作为推动可再生能源发展、提高电力基础设施抵御各类风险能力以及实现经济增长的关键途径。2016年2月，日本经济产业省发布《能源革新战略》[①]，提出通过加大能源投资、提高能效、扩大可再生能源比例、降低温室气体排放实现2030年能源结构优化，从而完成日本全国GDP达600万亿日元的目标。

日本认为智能电网应允许大规模分布式电源接入，以传统电源与输配电网的一体化运行技术为基础，灵活应用高速通信网络技术，综合分布式电源、蓄电池等用电侧资源，实现电能供应的高效率、高质量和高可靠性。按照区域范围，日本智能电网划分为国家范畴、区域范畴和家庭（建筑）范畴三个层次。每一层次中，智能电网的特征要素和功能定位各有差异。国家范畴在集中式和分布式电源同时接入电网情况下，强调构建坚强的输配电网络；区域范畴针对可再生能源发电依赖天气条件的特点，强调利用能量管理系统维持区域供电平衡；家庭和建筑范畴重点关注用电数据的采集和电能最优控制[②]。

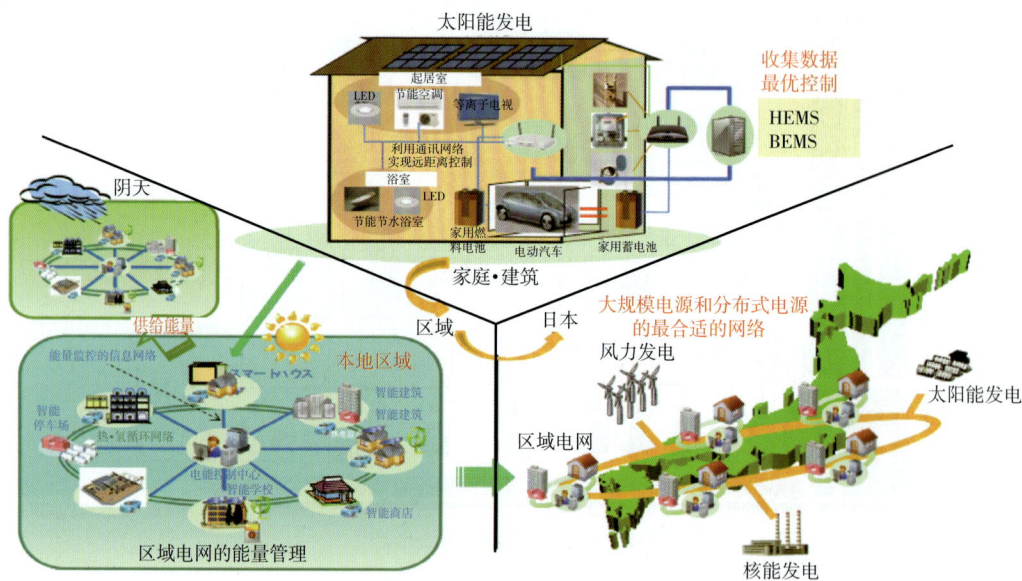

图32　日本智能电网[③]

---

① 经济产业省："エネルギー革新戦略"，2016，1–2页.

② 国网能源研究院：《国内外智能电网发展分析报告》，中国电力出版社2012年版，第40–46页。

③ 国网能源研究院：《国内外智能电网发展分析报告》，中国电力出版社2012年版，第40–46页。

2.智能电网共性技术

智能电网技术是智能电网发展的重要推动力。配售电侧是智能电网技术创新的重点领域，其中高级量测系统、高级配电自动化、微电网、智能用电等技术领域，频繁出现在世界主要国家智能电网发展技术路线图当中。

（1）简要概述

第一，高级量测体系。高级量测体系（Advanced metering infrastructure，AMI）是集成了智能电表、通信网络和数据管理的综合系统，实现电网和用户之间的双向通信。高级量测体系为用户提供分时段或即时的计量数据，如用电量、电压、电流、电价等信息，便于用户高效用电，并为电网协调运行提供支撑[①]。典型的高级量测体系框架如下图所示。

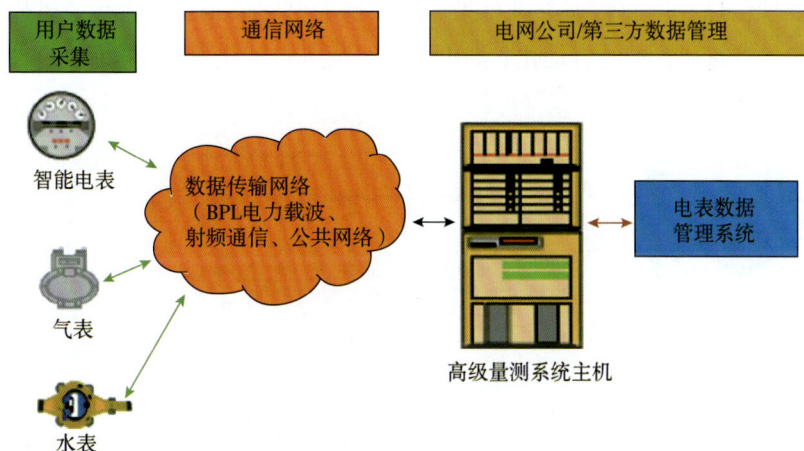

图33　高级量测体系框架[②]

高级计量体系能为电力公司提供延伸至客户终端的通信网络，并利用高级量测体系上送的数据提升电网可控性和可观性，是实现智能电网非常重要的基础。根据客户需要，高级量测体系能够实现电压、电流、功率等多种计量功能，支持远程接通或断离控制、双向计量、定时或随机计量读取。同时，高级量测体系也可以作为通向客户室内网络的网关，为客户提供实时电价和用电信息，实现室内用电负荷的控制，为需求响应提供基础。

高级量测体系在降低能耗、削峰填谷、停电恢复等方面具有显著效益。据资料显

---

① Advanced Metering Infrastructure and Customer Systems，https：//www.smartgrid.gov/recovery_act/deployme.

② EPRI，"Advanced Metering Infrastructure"，2007，第1页。

示，高级量测体系能为客户带来1.35美元/月到3.00美元/月的收益；美国PG&E公司在安装高级量测体系之前为停电电话每年出动车辆人员48000次，安装之后大大减少了车辆人员出动次数，每年可节约费用4300万美元。

目前，欧美发达国家广泛开展高级量测体系的研发和工程实践，实现了客户用电信息自动采集、计量异常监测、电能质量监测、用电分析和管理等功能。2009年，中国全面启动用电信息采集系统建设和智能电表推广应用工作，先后发布了24项用电信息采集系统技术标准和12项智能电能表技术标准。截至2015年底，中国国家电网公司系统累计安装智能电能表超过3亿只[①]。

第二，高级配电自动化。高级配电系统自动化（Advanced Distribution Automation，ADA）利用电力电子、计算机、通信及网络技术，将配电网拓扑信息、运行数据、历史数据及地理信息、用户数据等进行集成，实现配电网设备正常运行及事故状态下，监测、保护、控制和管理的自动化。典型的高级配电自动化形态及功能如下图所示。

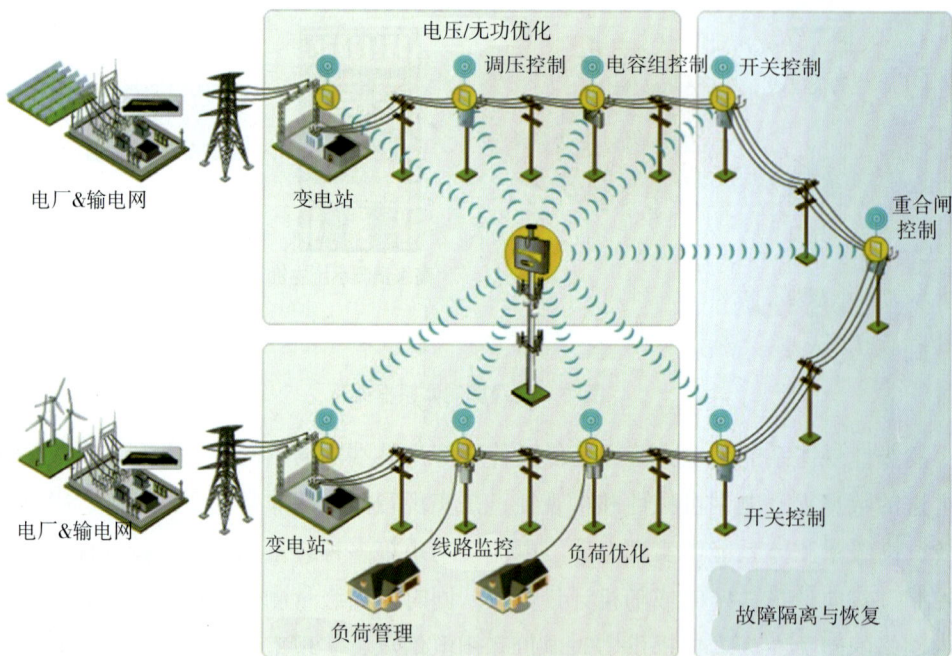

图34　高级配电自动化形态及功能[②]

---

①　"2016年中国智能电表行业发展概况及市场前景分析"，http://www.chyxx.com/industry/201606/426731.html（2016）。

②　Distribution Automation，http://ruggedcom.net.ua/applications/electric-utilities/da.html。

　　高级配电自动化系统充分考虑分布式电源、储能系统、电动汽车充放电设施、需求响应等的影响，实现对配电系统自动化控制，可以提高供电可靠性，减少停电恢复时间，缩小非故障停电区域，是智能配电网的重要组成部分。同时，高级配电自动化通过与智能电网其他组成部分协同运行，能够改善系统监视、无功与电压管理、降低网损和提高资产使用率，也能够为运行调度、维修作业等的优化安排提供辅助支撑[1]。据统计[2]，美国AEP俄亥俄州电力公司利用配电自动化系统，使客户停电次数降低45%，使客户停电时间缩短最高大达到51%，显著缩短了客户平均停电时间。同时，高级配电自动化系统通过降低停电故障后的巡线车辆使用，实现减少二氧化碳、氮氧化物等气体排放的目的。

　　美国、英国、法国、新加坡、日本等主要发达国家着力发展配电自动化系统，其中日本走在配电网自动化发展前列。1999年全年日本的平均停电时间已达到3分钟/户[3]。中国已全面推进配电自动化建设，中国国家电网公司经营区域内，2016年城市配电自动化覆盖率超过30%[4]。

　　第三，微电网。微电网（Microgrid，MG）是由分布式电源、储能装置、能量变换装置、相关负荷和监控、保护装置汇集而成的小型发配电系统。微电网通过控制实现网络内部的电力电量平衡，可以并网或独立运行，相对于外部电网表现为单一的自治受控单元。微电网可以由一个用户或一群用户组成，也可以由一条配电线路上的分布式电源、负荷等组成，还可以由一个变电站所属的分布式电源、负荷等组成。

　　微电网可以提高配电网接纳高渗透率分布式能源的能力，提高配电网的安全、经济运行水平，对实现智能电网与用户间的灵活互动意义重大。微电网的功能主要包括：一是自治运行。微电网具备自治运行的能力，电能自给自足，稳定运行。二是降低电源波动性。平抑发电与用电的波动，维持微电网与大电网并网点的功率和电压稳定。三是提供辅助服务。可以通过提高发电量或减少负荷的方式，为公共电网提供辅助服务。

　　微电网技术的日益成熟可以提升分布式电源消纳水平，减少化石能源消耗，减少环境污染。同时，微电网与公共电网间灵活的并列运行方式能够起到削峰填谷作用，提高电网设备利用效率。目前，发达国家已对微电网技术有了较为深入的研究，建

---

① 余贻鑫、栾文鹏："智能电网"，载于《电网与清洁能源》，vol. 25，p. 5，2009年第25期，第10–11页。
② AEP Ohio，"Final Technical Report，"2014，第169–216页。
③ 刘勇、韩文："从日本配电网建设看我国配电网的发展"，https://wenku.baidu.com/view/e6b524cbfc4ffe473268。
④ 国家电网公司："社会责任报告"，2016，第36–37页。

设了一批典型试点工程，包括荷兰的Continuon's MV/LV facility项目、葡萄牙的EDP's Microgeneration facility项目、美国的Mad River Park项目、日本爱知县微电网项目等。中国也有一些微电网试点工程建成投运，包括中新天津生态城智能营业厅微电网试点工程、河南财专微网工程、广东佛山冷热电联供微电网系统、浙江东福山岛风光储柴及海水淡化综合系统等。

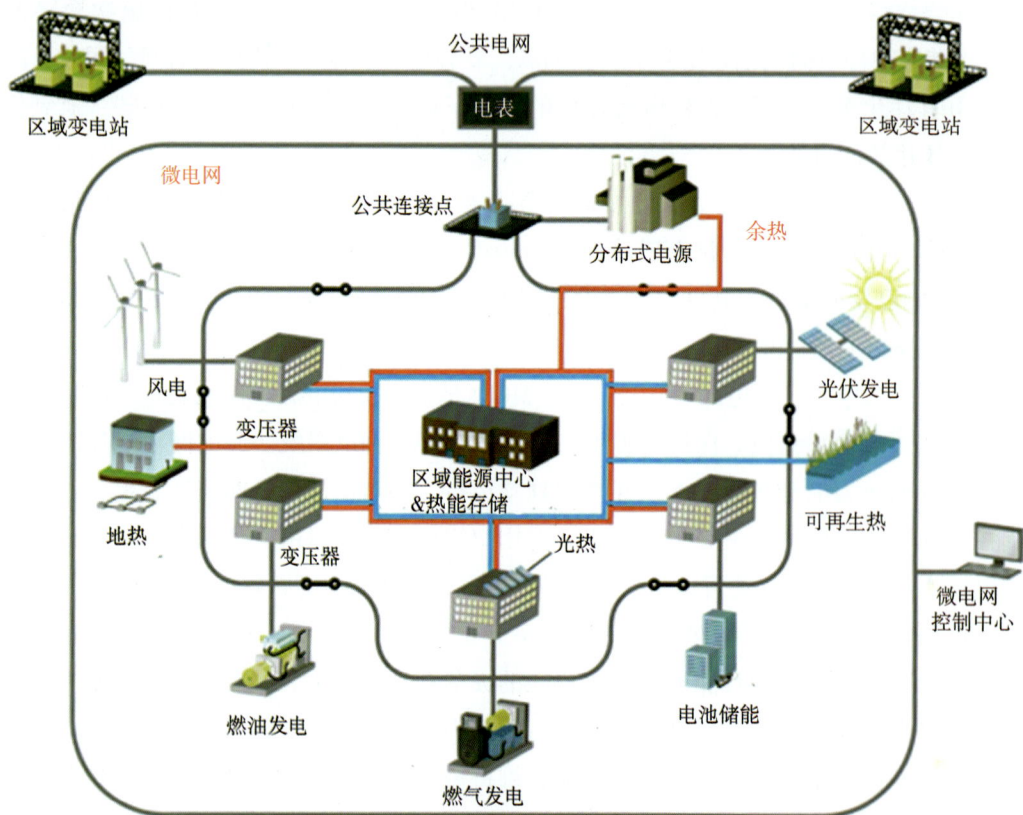

图35　微电网示意图[①]

第四，智能用电。智能用电通过引导客户用电方式调整，实现电力资源的最佳配置，达到负荷移峰填谷、降低客户用电成本的目的，提高供电可靠性和用电效率，是体现智能电网优势的重要领域。随着智能家居、电动汽车等用电设备功能不断灵活，需求响应、电动汽车充放电等领域的技术将持续发展，推动双向智能用电服务不断灵活多样。

---

① 　NYPrize：Building Community Microgrids in New York. http：//earthdesk.blogs.pace.edu/2014/02/03/nyprize-building-community-microgrids-in-new-york/，（2014）.

需求响应（Demand Response，DR）是指用户针对市场价格信号或者激励机制做出响应，改变电力消费模式的市场参与行为。需求响应主要有基于激励的需求响应和基于时间的电价策略两类。基于激励的需求响应在系统过负荷时，向减少用电的客户支付费用，起到削减负荷的目的；基于时间的定价策略通过向客户提供电价信息，引导用户改变用电需求。

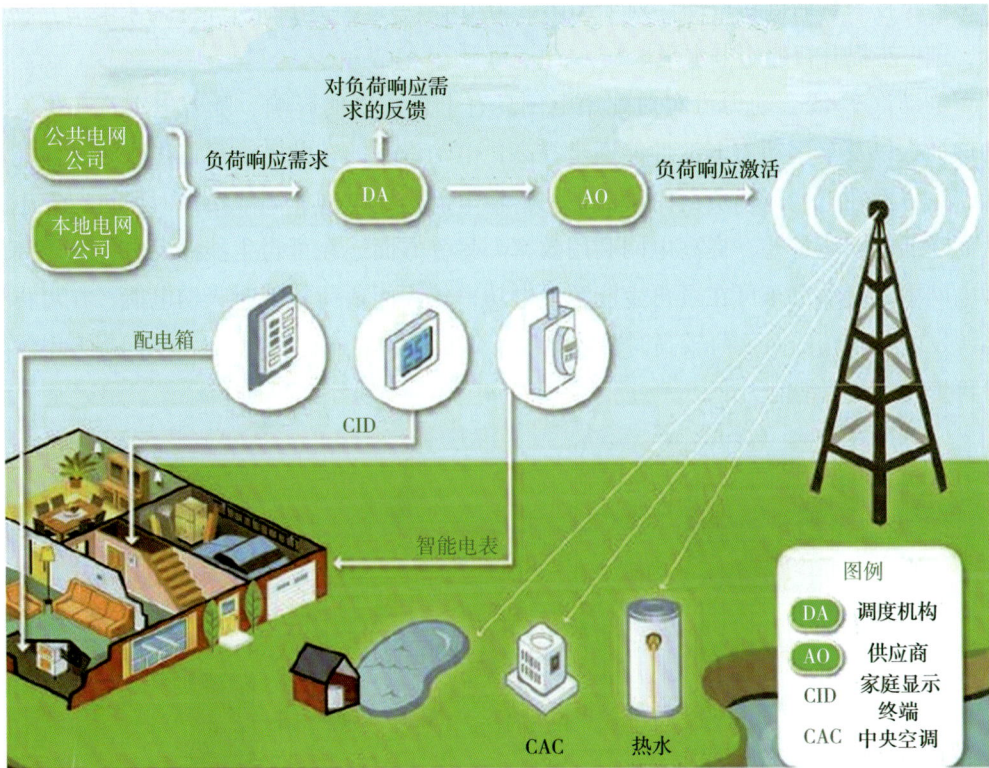

图36 需求响应[①]

电动汽车的快速发展是未来配电系统需要重点考虑的因素之一。电动汽车相关技术大致可以两类：一类为电动汽车自身技术，包括：电池管理、电机技术、动力控制、安全防护等；一类为电动汽车充放电技术，包括：电动汽车充换电技术、电动汽车与电网双向互动技术、电池梯级利用等。

智能用电技术发展对提高设备利用效率、节约运维成本、减少能源消耗等具有积极作用。就需求响应而言，在短期电力市场可以平滑负荷曲线，减少供电成本，特

---

① Rodan Energy，"Demand Response and Smart Grid in Ontario"，2012，第11页。

别是在电力短缺和高批发价时，需求响应可以调节过高的批发价格，平抑价格波动。在长期电力市场中，需求响应一方面可以减少电力峰值需求，避免或减缓电力新增投资；另一方面可以利用客户对电价的响应，提升电力系统安全稳定运行水平[①]。美国在需求响应方面取得了丰富的经验，颁布了自动需求响应标准（OpenADR）。中国从1998年陆续开展需求响应研究，并开展试点应用，取得了较好效果。2016年，中国发布《能源技术革命创新行动计划（2016—2030年）》[②]，提出研究基于需求响应互动技术，进一步提升智能用电水平。

电动汽车/混合动力汽车对配用电侧具有十分重要的影响。随着电动汽车保有量的增加，以及车用动力电池性能逐步提高，电动汽车的车载电池可以作为移动储能单元，一方面在电网高峰负荷时段向电网传输电能，在电网非高峰负荷时段进行充电，从而降低电网峰谷差，提高电网利用效率。另一方面，在可再生能源发电比重较高的微电网中，电动汽车可在可再生能源发电功率较大而负荷较低时吸纳电能，在可再生能源发电功率较低而负荷较高时释放电能（Vehicle-to-grid，V2G），从而提升电网对可再生能源的消纳能力。

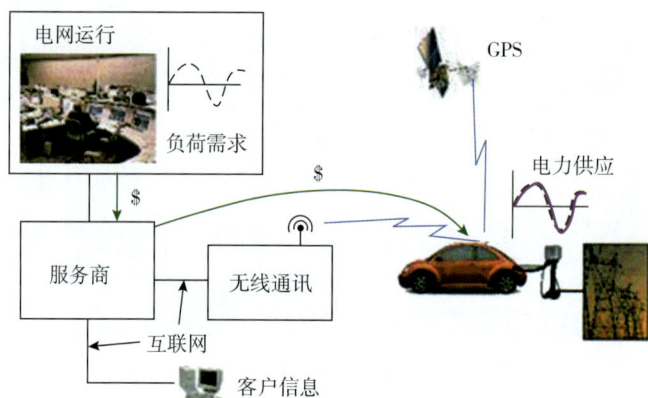

图37　电动汽车V2G示意图[③]

从能源利用角度看，电动汽车或者混合动力汽车比化石燃料汽车更为高效。在美国，智能充电设施建设能够使电动汽车的行驶里程占轻型汽车的比重提高9个百分点

---

① 赵欣、高山："美国电力市场中的需求响应与高级计量"，载于《电力需求侧管理》，2007年第9期，第68-69页。

② 国家发展改革委、国家能源局："能源技术革命创新行动计划（2016-2030年）"，2016，第8-10页。

③ A market study on Hybrid vehicles and the concept of V2G. https://www.dolcera.com/wiki/index.php?title=A_market_study_on_Hybrid_vehicles_and_the_concept_of_V2G.

（从64%提高到73%），相比这些车直接使用化石燃料，使用电能可使能源消费量下降2%～5%[1]。当前，中国已建立具有自主知识产权的电动汽车充换电设施标准体系，并加快城市和高速公路快充网络建设。已建成京哈、京港澳、京沪、沪蓉、沪渝、环首都、环杭州湾等"六纵六横两环"高速公路快充网络，覆盖城市95座、高速公路1.4万千米。

（2）典型示范工程

第一，俄亥俄州智能电网示范项目。俄亥俄州智能电网示范项目（AEP Ohio GridSMART® Demonstration Project）包含高级测量系统、用户系统、配电线路自动重构等九个技术示范领域，具有一定代表性，其高级量测体系和需求响应在减少碳排放、降低PM2.5、提高电网运营效率等方面取得了显著示范效果。

表11　　　　　　　　　　　俄亥俄州智能电网示范项目基本情况一览表[2]

名称	数量
社区居民	10万
工商业从业人员	1万
负载峰值：	
夏季	800兆瓦
冬季	650兆瓦
电量销售总数：	350万兆瓦时
居民用电	120万兆瓦时
工商业用电	100万兆瓦时
变电站总数	16
配电线路总数	80
配电线路总长度	3000英里
输电线路总长度	0英里

启用高级量测体系后，平均每月CO_2净排放量减少16.91吨，全年共减少406吨。通过高级测量体系，AEP公司避免了电表上门抄表，每月可减少5694英里的行车距离，每年减少68326英里的行车距离。按照每英里行车平均产生423克二氧化碳折算，可减少二氧化碳排放2.408吨/月，每年可减少28.903吨。

---

[1]　DOE，"The Smart Grid: An Estimation of the Energy and CO_2 Benefits"，2010，第25–27页。

[2]　AEP Ohio，"Final Technical Report"，2014，第6页。

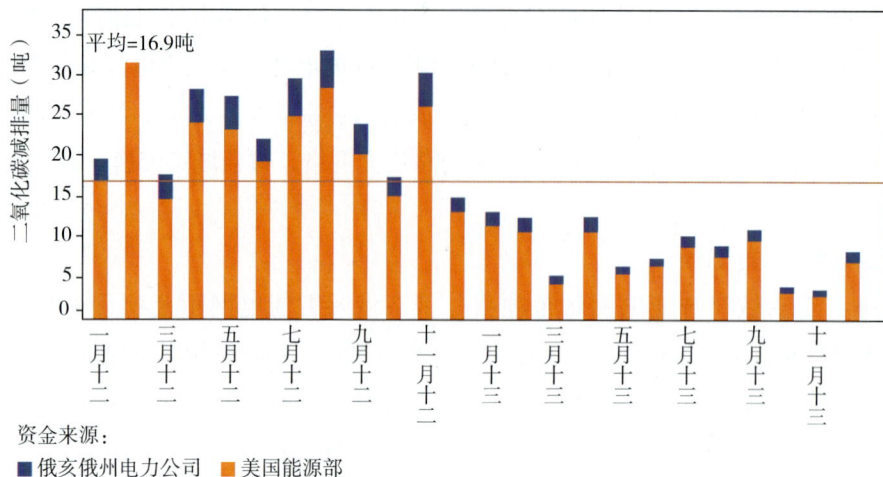

图38 启用高级量测体系后二氧化碳排放的减少量[1]

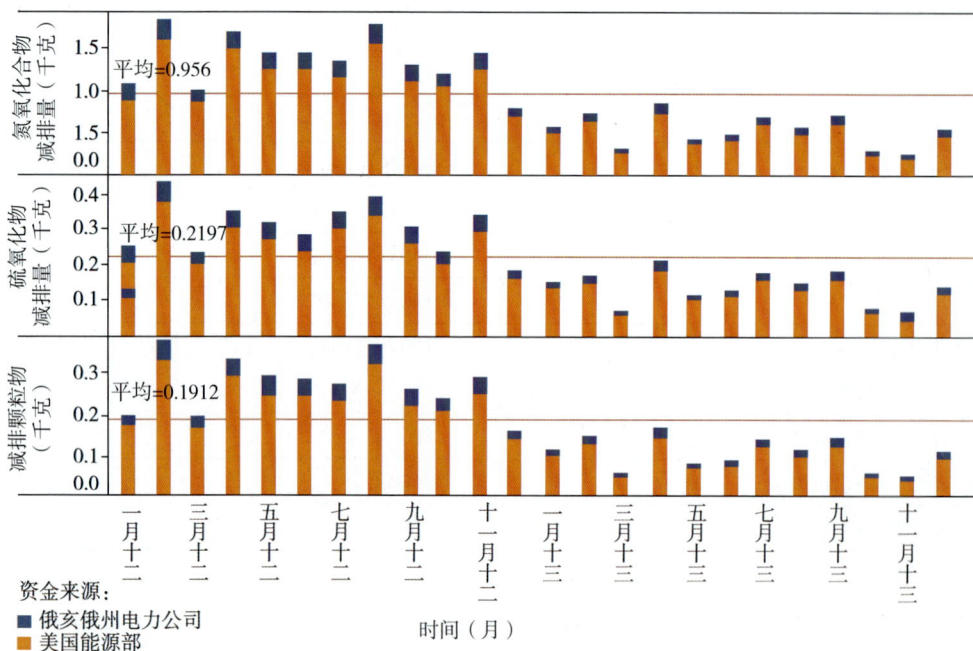

图39 启用高级量测体系后的空气污染物减少量[2]

与此同时，平均每月NOx减少量0.956千克，两年中减排NOx共计22.9千克；平均每

---

① AEP Ohio，"Final Technical Report"，2014，第35页。

② AEP Ohio，"Final Technical Report"，2014，第39页。

月SOx减少量0.220千克，两年中减排SOx共计5.3千克；平均每月颗粒物（PM2.5）减少量0.191千克，两年中减排PM2.5共计4.6千克。

示范项目的需求响应包括SMART ShiftSM、SMART Shift PlusSM、SMART ChoiceSM等不同用电模式，其中SMART ShiftSM、SMART Shift PlusSM为客户提供用电合同议定的不同时段的电价信息，SMART ChoiceSM为客户提供每5分钟更新一次的准实时电价信息，用以引导用户用电行为。需求响应在减少能源消耗、削减负荷尖峰及减少化石燃料排放量等方面表现出积极作用。

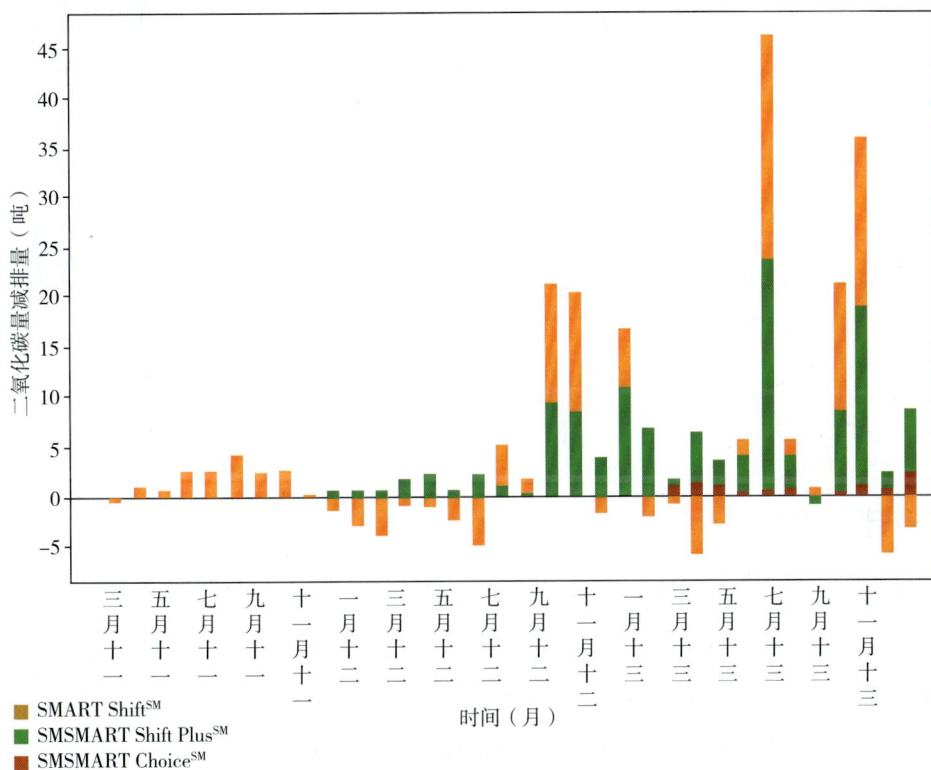

图40 SMART Shift^{SM}、SMART Shift Plus^{SM}和SMART Choice^{SM}三种情况下每月减少/增加的 CO$_2$排放量[1]

根据上图，SMART ShiftSM、SMART Shift PlusSM用户使用较少的电能，也排放较少的二氧化碳。据计算[2]，三种不同用电模式可减少二氧化碳排放近196吨。

---

[1] AEP Ohio, "Final Technical Report", 2014, 第115页。
[2] AEP Ohio, "Final Technical Report", 2014, 第115–116页。

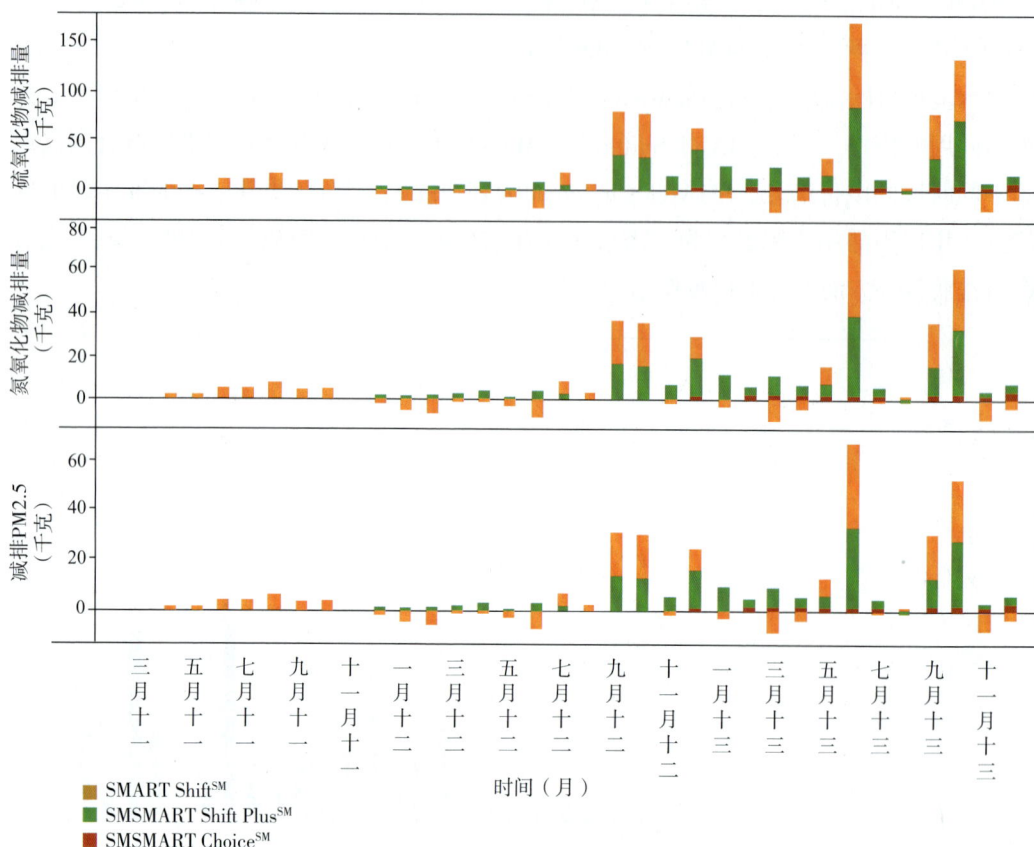

图41 SMART Shift^SM、SMART Shift Plus^SM和SMART Choice^SM三种情况下每月减少/增加的SOx、NOx和PM2.5排放量[①]

根据上图，SMART ShiftSM、SMART Shift PlusSM用户整体消耗电能较少，共计减少SOx排放量近749千克、NOx约335千克和PM2.5排放量约284千克。

第二，中新天津生态城智能电网综合示范工程。中新天津生态城智能电网综合示范工程由分布式电源接入、微网及储能系统、智能变电站、配电自动化、设备综合状态监测系统、电能质量监测系统、可视化平台、用电信息采集系统、智能小区/楼宇、电动汽车充电设施、智能营业厅、通信信息网络等构成。

---

① AEP Ohio，"Final Technical Report"，2014，第118–119页。

图42　中新天津生态城智能电网综合示范工程总体框架①

在分布式电源接入方面，区域内太阳能发电40兆瓦，生物质能发电10兆瓦，风能发电125兆瓦，动漫园二号能源站燃气三联供发电1.489兆瓦，各类能源以分布式接入为主。在微电网及储能系统方面，微网及储能系统是由30kWp光伏、6千瓦风机构成分布式电源，以15kW×4h锂离子电池作为储能设备，以10千瓦照明和5千瓦电动汽车充电桩为微网负荷，通过微网能量管理系统实现智能控制。通过配电自动化、设备在线监测、智能调度、智能变电站等技术，生态城供电可靠率将达到99.999%，电压合格率100%，N-1通过率100%，综合线损率降低了1.18%，能源供应更加可靠②。

中新天津生态城智能电网综合示范工程以验证智能电网新技术、规范和设备性能，综合宣传展示智能电网理念为主要目的，其经济性主要体现为节约建设投资、降低线损增益、提高供电可靠性增益、降低运行维护成本、提升运营效益等方面的综合效果。据资料③，生态城智能电网示范工程运行后，每年可累计减少1074.32吨燃油消耗，节约标煤5929.7吨，可减少CO_2排放18488.2吨。

---

① 国网能源研究院：《国内外智能电网发展分析报告》，中国电力出版社2013年版，第103-106页。

② 【智能生态城全纪录】部署篇："中新天津生态城智能电网综合示范工程建设回顾"，http://www.sgcc.com.cn/ztzl/newzndw/sdsf/09/254912.shtml，（2011）。

③ 国网能源研究院：《国内外智能电网发展分析报告》，中国电力出版社2013年版，第103-106页。

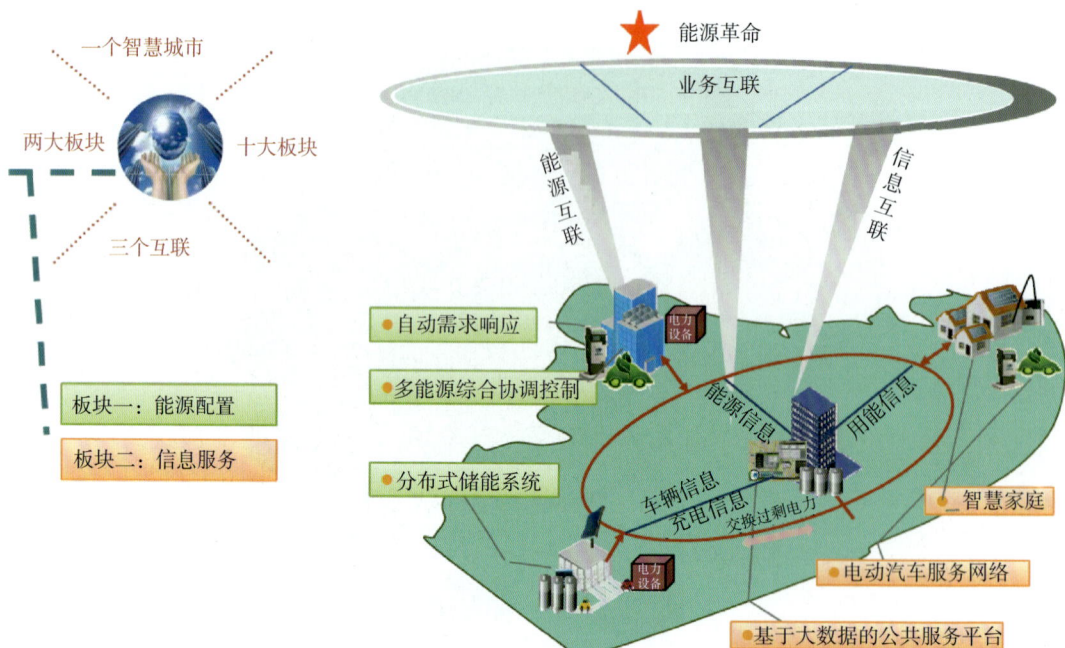

图43　中新天津生态城智能电网综合示范工程示意图[1]

第三，河南财专微网工程。河南财专微网工程位于河南财专新校区。该工程结合7栋学生宿舍楼，设计建设了380千瓦的光储联合微网系统。其中，光伏发电系统380千瓦，储能系统规模为$2 \times 100kW/100kWh$，微网系统控制范围为财专4号配电区学生宿舍及食堂配电系统，包括3路光伏发电系统、2路储能系统及32路的低压配电回路，并与调度机构进行通信。运行过程中，当微网内的光伏发电大于负荷需求时，储能系统将多余光伏发电存储，尽量减少光伏发电向公共电网送电；在用电高峰期，储能系统向微网中的负荷供电，尽量减少使用公共电网电能[2]。

根据河南财专附近地区年日照量，光伏发电可为用户提供每年约88万千瓦时发电量，为河南财专每年节省电费49.28万元。按照该电站20年运营期计算[3]，累计发电2000万千瓦时，总计可节省电费1120万元。同时，微电网充分利用光伏发电，具有环保效益。按照试运行情况，项目年均发电量将达到233.6万千瓦时，25年内累计产生电

---

① 【智能生态城全纪录】部署篇："中新天津生态城智能电网综合示范工程建设回顾"，http：//www.sgcc.com.cn/ztzl/newzndw/sdsf/09/254912.shtml，（2011）。

② "河南首个分布式光伏发电及微网运行控制试点工程联调成功"，http：//news.163.com/11/0214/09/6SRI3GBM00014AED.html。

③ "河南首个分布式光伏发电及微网运行控制试点工程联调成功"，http：//news.163.com/11/0214/09/6SRI3GBM00014AED.html。

能5840万千瓦时，直接产生经济效益3270.4万元。与火力发电相比，相当于累计节约标准煤约21030吨，减排39960吨二氧化碳、684.5吨二氧化硫、615吨氮氧化物、975吨粉尘和19565吨灰渣[①]。

3.基本展望

智能电网发展对新能源开发利用、节能减排具有重要促进作用，是以新能源利用为特征的新一轮能源革命的重要推动力。据IEA统计[②]，2030年由智能电网带来的能源节约、能效提升效果，可以产生CO_2减排效益超过8.4亿吨，由可再生能源并网、电动汽车充电等产生的CO_2减排效益超过3亿吨。随着人们对智能电网的探索将不断深入，技术创新与融合将推动智能电网内涵形态不断丰富。

一是智能电网发展速度持续加快。与2000年相比，2030年全球电力需求将翻一倍[③]。为满足不断增长的电力需求，智能电网投资将持续增大。据IEA预计[④]，中国智能电网投资在2020年前将达到至少960亿美元。而全球智能电网建设在2030年前将需要投入2万亿美元[⑤]。

二是新能源装机占比不断增大。气候变化问题已得到全世界的高度关注，大部分国家将温室气体排放作为能源战略的重要依据，根据温室气体目标反推新能源发电占比。IEEE预测，2030年风能、太阳能将供给超过1/3的世界电力能源[⑥]。欧盟提出"27/27/40"目标，即相比1990年，2030年欧盟可再生能源占比达到27%、能效提升27%、温室气体排放下降40%。日本经济产业省发布《能源革新战略》提出2030年可再生能源占比达到22%～24%，以实现2030年温室气体排放量与2013年相比减少26%的目标。随着能源技术不断创新，中国的风能、太阳能、生物质能、地热能、海洋能等相关利用技术，将在效率、成本以及灵活性等方面持续取得突破，风、光、储、小型燃气轮机等多能源互补的分布式能源系统将大规模应用，并实现系统间的高效集成，支撑中国2030年非化石能源占一次能源消费比重20%左右目标实现。

三是电网信息化、智能化程度越来越高。随着间歇式能源大规模并网，客户要求不断提升，电网运行需要考虑因素将更为复杂。为提高电网的可观可控性，信息化、

---

① "河南首个分布式光伏发电及微网运行控制试点工程联调成功"，http：//news.163.com/11/0214/09/6SRI3GBM00014AED.html。

② IEA，"Technology Roadmaps：Smart grids"，2011，第28页。

③ IEA，"Technology Roadmaps：Smart grids"，2011，第26页。

④ IEA，"Technology Roadmaps：Smart grids"，2011，第21页。

⑤ "全球智能电网市场到2030年将投资2万亿美元"，http：//smartgrids.ofweek.com/2012-01/ART-290010-8470-28595501.html。

⑥ IEEE，"IEEE VISION FOR SG 2030"，IEEE2013，第80-81页。

自动化技术将不断深化应用，推动电网运行控制的智能化水平不断提升。IEEE认为[1]，电网和ICT技术的充分融合将提高电网监控速度约1000倍，ICT相关设备将成为电网现代化建设投资的重要组成部分，2030年在世界范围内实现电网现代化需要约6.9万亿美元，其中约1.7万亿为ICT相关设备投资，占总费用的1/4。2030年，中国智能电网将实现信息流与电力流的高度融合，成为高效集成的信息物理网络。基于该信息物理网络，电力系统的协调控制将更加具有全局性，源-网-荷协同更为智能高效，复杂大电网运行更加安全稳定。同时，低成本、量子级的通信安全控制技术成为突破重点，智能电网信息安全问题得到有效解决。

四是供需方双向互动持续深入。"大云物移""互联网+"与电网深度融合，为丰富电力客户服务内涵提供了广阔空间。依托服务创新，构建共生、共赢商业生态圈，电力企业可以在提高客户黏性的同时，获得平抑负荷波动、减少电网投资等多重效益。据《2030能源电力远景》研究报告[2]，随着需求响应技术的发展，2030年欧盟需求响应将达到日负荷的10%，从而降低电网容量需求10%、后备容量需求35%，相应节约70亿和250亿欧元。电动汽车方面，据IEA预计[3]，2030年全球范围内纯电动轻型车和混合动力轻型车年销售量将超过2000万辆。日本政府《日本振兴计划》提出，2030年将日本新能源汽车比例提升至50%～70%。近年来，中国电动汽车上下游产业链得到持续发展，整车制造、充换电、电池制造等领域相关技术不断取得突破。未来，电动汽车充电将更加快速便捷，高储能密度、低成本储能技术将不断创新发展，从而推动大容量分布式储能系统商业化运行，紧密衔接电网调峰提效。同时，不同能源品种将在区域内互联，实现高低能源品味的综合利用，推动能源消费水平不断提升。

五是能源利用效率不断提升。智能电网建设能够推动能源节约化发展，提升能源利用效率，并由此产生显著的环境和经济效益。据美国《全方位能源战略》报告[4]显示，只要完成70%以上的能效提升目标，就能使美国在2013～2030年期间累计CO_2减排30亿吨，节约数千亿美元的能源投资。欧盟研究表明[5]，通过能效提升，2030年能够削减欧盟14%的负荷需求，从而减少55%电网容量需求和31%的备用容量，节约约2990

---

① IEEE, "IEEE VISION FOR SG 2030", IEEE2013, 第58页。

② European Climite Fundation, "Power Perspectives 2030– On the road to a decarbonised power sector." 2015, 第11页。

③ IEA, "Technology Roadmaps: Smart grids," 2011, 第12页。

④ Executive office of the president of the United Stated, "The All–Of–The–Above Eenergy Strategy as a Path to Sustainable Economic Growth," 2014, 第8页。

⑤ European Climite Fundation, "Power Perspectives 2030– On the road to a decarbonised power sector." 2015, 第53页。

亿欧元电力投资。当前，中国能源利用效率有待进一步提升。下一阶段，能效技术体系将朝着一体化、智能化的方向不断完善，工业、建筑、交通等重点领域成为突破重点，梯级利用等能源综合利用技术进一步发展，有关能源监测计量体系更加科学，推动能源系统综合使用效率大幅提升。

4.问题与建议

（1）存在的问题

一是体制机制有待进一步完善。智能电网建设是系统工程，涉及经济、社会、政策、法规、科技等多个方面，利益相关方众多，涵盖电力系统全产业链，也包括政府部门、电力用户、装备服务供应商、金融机构、科研咨询、协会组织等。随着智能电网建设的深入推进，不同相关方存在不同的利益和发展诉求，需要进一步完善现有的管理体制、价格机制、定价方式、投融资机制等，统筹兼顾多方利益，满足智能电网及其相关业务的建设和发展要求。

二是核心技术有待进一步突破。中国已掌握了部分智能电网核心技术和装备，并实现国产化，但在一些关键基础技术和核心装备上仍然依赖于国外，尤其在直流、电力电子、可再生能源发电等产业这种倾向比较明显，关键技术和设备在性能提升和降低成本方面还有较大的空间。另外，智能电网的行业和国家标准体系尚未形成，在智能电网国际标准方面仍然显得滞后。

三是商业模式亟待进一步创新。成功的商业模式可以促进智能电网发展，也能够充分展现智能电网成效。当前，电动汽车智能充电服务、可再生能源发电与储能协调运行、智能用电一站式服务、需求响应等新业务及增值业务不断涌现，但其经营服务模式还不成熟，盈利能力仍然较弱，这已成为智能电网相关业务商业化推广的重要瓶颈。

（2）一些建议

一是统筹兼顾推动智能电网发展。发挥政府在智能电网创新体系中的主导作用，坚持统一规划，发挥电力企业、装备制造企业、用户等市场主体的积极性，在合作共赢的基础上合力推动智能电网发展。研究落实支持智能电网发展的财税、科技、人才等扶持政策，逐步建立科学完善的电价体制，充分体现供用电质量、考虑调频调峰等辅助服务、兼顾电力容量市场。加强国际交流与合作，推动智能电网技术、标准和装备走出去。

二是加大智能电网核心技术创新力度。加大智能电网关键技术研发与应用力度，关注"大云物移"、人工智能等新技术手段，加强前期科研投入，大力鼓励原始创新，积极探索新理论、新方法、新技术。加快建立系统、完善、开放的智能电网技术标准体系，加强国内标准推广应用力度。加强智能电网标准国际合作，支持和鼓励企业、科研院所积极参与国际行业组织的标准化制定工作，加快推动国家智能电网标准国际化。

三是大力推动智能电网商业模式创新。充分发挥市场在资源配置中的决定性作用，建立产业联盟，促进形成统一规范的技术和产品标准，推进电网、社会企业、用户多方合作共赢的智能电网建设运营模式构建，促进电力能源服务业的创新变革。开展互联网与能源领域结合的模式和路径探索，融合互联网理念，创新智能电网商业模式创新。

（二）新能源技术

1.全球新能源技术发展现状及展望

（1）新能源概念及典型技术类型

新能源目前没有统一的定义。一般理解，新能源是有别于传统"旧"能源的新的能源资源和技术。广义而言，新能源包括新的能源资源和技术，主要可分为四类：新的能源资源开发、新的能源转换利用技术、新能源利用技术和关键支撑技术。狭义而言，新能源为新的能源资源，通常可分为非水可再生能源、非常规能源、远景能源（包括天然气水合物可燃冰、核聚变能等）三大类。本报告所指新能源为狭义概念，而且重点是非水可再生能源。

非水可再生能源包括太阳能、风能、生物质能、地热能、海洋能等。发电是非水可再生能源的主要利用形式之一，各种非水可再生能源资源都可以通过发电实现其终端利用。随着技术的成熟，非水可再生能源的发电规模也在不断扩大。

风能：从发电类型来看分为陆上风电和海上风电。陆上风机制造技术已完全成熟，随着欧洲一些国家陆上风电开发趋于饱和，风电开发逐渐由陆上走向海上，由近海走向深海。风能是目前技术最成熟、最具规模化开发条件和商业化发展前景的新能源。

太阳能：从利用方式来看分为太阳能热利用、太阳能发电等，其中太阳能热水器和太阳能光伏发电是目前最成熟的利用技术。太阳能光伏发电是根据光生伏特效应，将太阳能直接转化为电能。太阳能热发电是利用太阳的直接辐射，采用聚光技术将太阳光聚焦在吸热器上，加热吸热器中的传热介质，通过高温的传热介质在蒸发器和过热器中使水转变为高温高压蒸汽，再通过汽轮发电机组进行发电。

生物质能：具有发电、供热（供气）以及生产液体燃料等多种用途。从燃烧方式来看分为混燃和直燃两种方式。混燃方式可以直接利用现有设备，或略做设备改造，设备利用率高，基本不会由于生物质生产的季节性特点造成设备闲置，提高了设备利用率，经济效益也更高。

地热能：可用于采暖、发电等多种用途。在地热采暖方面，浅层和水热型地热能供暖（制冷）技术已基本成熟，浅层地热能应用主要使用热泵技术。在地热发电方面，高温干蒸汽发电技术最成熟，成本最低，高温湿蒸汽次之，中低温地热发电的技术成熟度和经济性有待提高。

海洋能：利用方式很多，目前主要用于发电，具有潮汐能发电、波浪能发电、潮流能发电、温差能发电和盐差能发电等技术类型，开发成本普遍很高，其中潮汐能发电技术相对最成熟、最具竞争力。

（2）全球新能源技术应用分析

第一，全球新能源技术发展总体情况。依据技术成熟度（技术发展阶段），目前各类新能源技术发展可分为四个阶段。一是商业化阶段，指已经实现商业化并获得普遍接受，但市场规模尚小，未来发展潜力较大的。如风电、太阳能光伏发电等。二是示范阶段，已成功工业示范，但在市场方面还存在种种问题，处于商业化的前夕。如聚光太阳能热发电等。三是接近示范阶段。技术试验成功，处于工业示范前夕，或技术示范接近成功。如第二代生物质燃料等。四是待验证阶段。技术原理已被认同，但离商业化尚远。如核聚变、可燃冰等。

当前来看，风电和光伏发电是发展规模大、前景看好的技术。风电和光伏发电具有以下几个特点：一是成本可以预期，随着技术进步以及规模的扩大，未来成本和常规电源相比可具备竞争性；二是资源情况相对清楚，资源潜力较大；三是中国土地资源丰富，可以满足大规模发展需要，风电和光伏发电对水资源的要求不大，对环境的影响也非常有限。

综合考虑技术成熟度、资源潜力、开发成本等因素，本报告重点对风电、光伏发电和光热发电进行重点研究，其他类型新能源技术仅做简单分析。总体看，风力发电进一步向大容量风机、低速风机方向发展。太阳能发电技术取得新的突破，不同类型的太阳能发电技术效率持续提高。

第二，风电技术进展。全球风电单机功率持续增大。从20世纪80年代开始，发达国家在风力发电机组研制方向取得巨大进展，最大单机容量75千瓦，轮毂高度20米。90年代，单机容量达到300~750千瓦，轮毂高度约30~60米，并在大中型风电场中成为主导机型。进入21世纪以来，为获取更多的风能资源，有效利用土地，单机容量在兆瓦级以上，轮毂高度约70~100米的风电机组逐渐成为主力机组。

轻型高塔筒技术助力低速风机发展。高塔筒是未来针对低风速、高切变风电场的关键技术。目前，维斯塔斯风机制造商在轻型高塔筒技术创新走在世界前列，采用全钢材料，120米高塔筒重量仅为226吨，相比与其他市场全钢或钢混材料塔筒，重量下降超过30%。金风、通用电气、西门子等风机制造商120米高塔筒风机大部分处于实验机型阶段[①]。

第三，光伏发电技术进展。根据电池材料和制造工艺的不同，光伏发电技术可分为晶硅电池技术、薄膜电池技术以及新型电池技术。

一是晶硅电池技术。目前晶硅电池技术路线是主流，分为单晶硅和多晶硅，各种晶体硅电池生产技术呈现多样化发展态势。目前实现规模化生产的普通结构铝背场单晶和多晶硅电池的平均转换效率已分别达到19.8%和18.5%，使用PERC电池技术的单晶和多晶硅电池效率更高，分别约高出0.5个百分点。N型晶硅电池技术开始进入小规模量产，技术进展较快。对于采用新结构、新技术的单晶和多晶硅电池效率未来仍有较大的技术进步空间，将进一步提高，使用PERT技术的N型晶硅电池、HIT异质结电池和IBC等背接触电池将是未来电池发展的主要方向。

二是薄膜电池技术。多种薄膜电池产业化技术已逐步成熟，发展前景广阔。薄膜电池主要包括硅基薄膜、铜铟镓硒（CIGS）、碲化镉（CdTe）、砷化镓（GaAs）等。其中，硅基薄膜电池技术创新空间有限，近年来市场份额不断降低；目前薄膜电池以碲化镉CdTe薄膜电池和铜铟镓硒CIGS薄膜电池为主，电池实验室最高转换效率已经超过了22%，产业化技术逐步成熟，发展前景广阔。砷化镓电池由于成本较高，目前还未实现大规模量产。

第四，光热发电技术进展。根据收集太阳辐射方式的不同，太阳能热发电技术可分为塔式、槽式、碟式-斯特林和线性菲涅尔式四种类型。

一是槽式光热发电。槽式光热发电是最早实现商业化运行，也是目前全球商业化运行电站中占比最大的技术形式。槽式光热发电系统的技术现状为：一是结构简单、成本较低；二是可通过多个聚光-吸热装置的串、并联组合，构成较大容量的光热发电系统；三是聚光比不高，一般在50~80，传热介质温度也难以提高，一般在400℃左右；四是槽式系统热传递回路长、热损耗大，系统综合效率较低，约为11%~15%。

---

① 国网能源研究院：《中国新能源发电分析报告》，2017年，第36~39页。

　　二是塔式光热发电。塔式光热发电系统的技术现状为：一是聚光比较高，一般在300～1000之间，容易实现较高的系统运行温度（500℃～1400℃）；二是塔式光热发电系统的热传递路程短、热损耗少，综合效率高，目前可达到14%左右；三是太阳能塔式发电适合于大规模、大容量商业化应用；四是塔式光热发电系统一次性投入大，装置结构和控制系统复杂，成本较高。

　　三是碟式光热发电。碟式光热发电系统的技术现状为：一是聚光比高，一般为1000～3000，运行温度可接近1000℃，峰值光电转换净效率可达到30%；二是碟式发电系统功率较小，一般为5～50千瓦，单位造价昂贵；三是发电成本不依赖于工程规模，既可以作为分布式发电系统使用，也可以建成兆瓦级的电站并网发电。

　　四是线性菲涅尔式光热发电。线性菲涅尔式发电系统是简化的槽式发电系统，其发电系统的技术现状为：一是聚光器采用平面反射镜代替抛物面槽式反射镜，聚光器离地面近、风载荷低、结构简单，布置紧密，用地效率更高；二是由于吸热管无须进行真空处理，降低了技术难度和成本，系统总成本相对较低；三是系统聚光比较低、运行温度不高、系统效率不高。

　　目前光热发电多种技术类别中，槽式光热发电技术总体上处于成熟阶段；塔式光热发电技术处于成长期末期、成熟期初期阶段，未来发展潜力较大；菲涅尔式和碟式光热发电仍处于示范运行阶段，处于技术的成长期。因此，未来光热发电技术仍然有较大发展空间，进一步提高装机容量和发电效率、降低经济性是主要趋势。

　　（3）相关技术发展趋势展望

　　第一，风机将采用更长、更轻的叶片，采用模组化设计制造，提高发电效率，此外无齿轮箱的直驱风电机组占比有望进一步提高。

　　一是风机的叶片更长、更轻，采用模块化。随着低风速风资源地区开发成为未来热点，通过增大单位千瓦的扫风面积来捕捉更多的能量成为风机研发的重点。就过去十年来看，主流风机机型的风轮直径增加了70%，单机额定功率也增加了50%～100%。目前低风速风机的风轮直径平均在116米，预计十年后风机风轮直径将达到平均160米，扫风面积可以增加一倍，年利用小时数有望增加一倍。但也带来另一个问题，超长叶片在复杂地形的风电场运输、吊装的难度将大大增加，不但会增加修路、堆放、吊装等建设成本，还可能带来安全隐患。因此，催生了模块化的叶片技术，可以简化生产工艺流程、保证出厂质量、便于运输和安装。

　　二是无齿轮箱的直驱风电机组占比有望进一步提高。近年的风电技术发展中，无齿轮箱的直驱方式是一个研究热点，分为励磁直驱和永磁直驱两种形式。采用励磁直驱无齿轮箱系统的德国ENERCON等公司，拥有国际市场8%左右的市场份额，机组性能稳定、技术成熟。永磁直驱方式没有齿轮箱，避免了一些机械故障点，并能解决永磁部件在长期强冲击振动和大范围温度变化条件下的磁稳定性问题。

第二，光伏发电的技术发展趋势为提升电池转换效率和降低电池生产成本。

一是电池转换效率提升。目前单晶硅太阳能电池片的转换效率约为19%，但成本较高，应用量也较少。多晶硅电池片已经历了三代技术，目前第三代多晶硅电池片效率约为18%左右。随着新技术的持续引入，晶硅电池效率仍在逐步提升。PERC（钝化发射极背面接触）电池通过在电池的背面增加电介质钝化层提高电池的转换效率。

二是电池生产成本降低。竞争的日趋激烈正在倒逼电池片生产企业采用多种方式降低生产成本。首先，通过依托技术进步提升转换效率降低生产成本，经验显示电池转换效率每提升1%可降低7%的成本，多采用MWT（金属电极绕通）技术、IBC技术等。其次，通过降低物耗来降低材料成本，电池片加工环节的材料成本主要是浆料，由于浆料价格与银等大宗商品挂钩，下降难度较大，因此企业多通过降低单位浆料用量来降低成本，如镂空主栅结构、细栅线结构等。然后，降低硅片厚度是减少硅材料消耗、降低晶硅太阳电池成本的有效技术措施之一。三十多年来，太阳电池硅片厚度从70年的450~500μm降低到180~200μm，降低了一半以上，对太阳电池成本降低起到了重要作用。最后，使用低成本替代物降低材料成本。

三是并网光伏电站趋于大型化、规模化发展。分布式建筑光伏发电系统得到推广应用，离网式光伏发电系统应用范围将进一步扩大。并网地面光伏电站向百万千瓦级发展，目前已有单站规模超过100万千瓦的在建光伏电站。分布式建筑光伏系统具有不占土地，降低输电投资和损耗、美观节能等优点，且多位于负荷中心，可就近上网，是未来光伏发电系统重要发展方向。离网式光伏发电系统在偏远无电地区，在通信、交通、照明等领域的应用规模将进一步扩大。

第三，规模化太阳能热发电技术路线将由槽式逐渐向塔式等高聚光比、高光热转换效率的技术发展。

未来光热发电技术仍然有较大发展空间，进一步提高装机容量和发电效率、降低经济性是主要趋势。塔式发电技术具有聚光比高、系统容量大、效率高等优点，是目前光热发电技术研发和应用的热点。未来塔式光热发电有望成为未来大容量光热发电主流技术，将推动全球光热发电规模化发展。碟式光热发电技术效率高，未来主要应用在分布式发电系统。

"大容量-高参数-长周期储热低成本"是未来提升光热发电系统效率的发展方向。关键技术的研究主要集中在以下几个方面：一是提高发电效率，通过提高系统运行温度提高发电效率；或者通过扩大电站规模，规模越大，吸热器热损越小，发电效率越高；二是降低太阳岛成本，主要依靠降低单元部件成本和优化设计；三是采用长周期储热，即在太阳能热发电站采用大规模储热系统，保证电站能够24小时连续发电，以适应电网需求；四是减少电站自身能耗，即减少电站用水量以及辅机的寄生电力消耗；五是采用空冷技术，降低电站用水量。

2. 中国新能源技术发展现状及存在问题

（1）中国新能源技术的发展环境

一是新能源技术具有强大的应用市场支撑，以市场推动新能源技术的快速进步。2016年，中国新能源持续快速发展，装机容量规模再上新台阶，新能源发电装机容量达到23772万千瓦，占电源总装机容量的14%，16个省区新能源成为第二大电源。其中，风电并网容量14864万千瓦，太阳能发电并网容量7742万千瓦，生物质能发电并网容量约1166万千瓦，分别占新能源发电并网容量的62%、33%、5%[①]。光伏发电新增装机容量首次超过风电，占全球光伏发电新增装机容量的一半，风电发电量首次超过美国位列世界第一。中国风电和光伏发电年度新增装机容量已连续多年位居世界第一位。

二是新能源技术标准逐步建立，对技术发展具有规范作用。2011年，国家能源局组织成立能源行业风电标准化技术委员会，印发《风电标准体系框架》[②]，主要包括6大体系，涵盖风电场规划设计、风电场施工与安装、风电场运行维护管理、风电并网管理技术、风力机械设备、风电电器设备等。2014年，国家标准化管理委员会发布7项太阳能发电相关国标，主要涉及太阳能电池组件的质量及性能测试等方面。

（2）中国新能源技术的发展现状

第一，风电技术。基本形成兆瓦级风电机组设计制造技术体系。大型风电机组整机及部件设计制造是风电装备制造业的核心技术。风电全产业链基本实现国产化，产业集中度不断提高，多家企业跻身全球前十名。风电设备的技术水平和可靠性不断提高，基本达到世界先进水平。目前，中国基本形成了3.6兆瓦以下的风电机组整机及关键零部件的装备设计制造技术体系，初步掌握5兆瓦、6兆瓦风电机组整机

---

① 国家电网公司：《国家电网公司促进新能源发展白皮书2017》，第4-11页。

② 《国家能源局关于印发〈风电标准建设工作规则〉〈能源行业风电标准化技术委员会章程〉和〈风电标准体系框架〉的通知》（国能科技〔2010〕162号）。

集成技术。

低速风机风轮直径长度持续加大。目前中东部地区低风速区域成为当前中国风电开发新热点。中东部地区平均风速低,大规模开发需要应用低速风机技术。低速风机能够在较低的风速时达到额定功率,从而提高风能的利用效率。2013年,一批超低风速型风电机组问世,使得占中国风能资源60%以上的低风速区域具备了很好的开发价值。

第二,光伏发电技术。中国光伏发电产业已形成多晶硅提纯、硅棒/硅锭/硅片/电池片/组件和系统集成等完整的产业链,产业规模迅速扩大,处于世界领先水平。光伏发电产业已成为中国具有国际竞争优势的战略性新兴产业。在多晶硅方面,2015年中国多晶硅生产保持持续增长势头,全年正常生产的多晶硅企业达16家,产能达19万吨(不含物理冶金法),产量16.5万吨,占全球总产量的47.8%,有4家企业生产规模位居全球前十。在硅片方面,2015年中国硅片总产能约为64.3GW,产量约48GW,同比增长26.3%,约占全球总产量的79.6%,全球生产规模最大的前十家企业有九家均位于中国大陆。在晶硅电池片方面,2015年中国电池片总产能约为49GW,产量约为41GW,同比增幅24.2%,产量全球占比约66%,中国大陆有7家企业跻身全球产量排名前十。在组件方面,2015年中国组件总产能71GW以上,组件产量达到45.8GW。中国大陆有6家企业位居全球生产规模前十[1]。

第三,光热发电技术。太阳能热发电站一般由聚光系统、吸热系统、热力循环系统、发电系统、蓄热系统共同组成。光热发电的关键设备主要涉及聚光反射镜、集热器和储热系统。聚光反射镜是光热发电的核心部件,技术发展的重点是提高反射面加工精度、研制高反射材料;集热器是影响热吸收效率的关键部件,主要有真空集热管和腔体吸收器两种;储热系统是实现光热发电系统规模化和连续运行的关键,主要储热材料是导热油、熔盐和金属材料。

总体来看,太阳能热发电所需的设备和材料国产化率可达90%以上;国内生产的关键设备和材料的技术水平与国际水平相差不大,仅缺少长期运行的检验,譬如槽式光热发电镜场部分及控制系统、塔式光热发电定日镜制造技术等;但是,槽式光热发电旋转接头、塔式光热发电管材、高温熔盐、泵轴免维护的熔盐泵等关键设备和材料还依赖进口。

---

① 中国光伏行业协会:《中国光伏产业发展路线图(2016年版)》,第2-4页。

（3）中国新能源技术发展存在的问题

第一，风电基础理论研究薄弱，关键设备"非中国芯"问题仍未解决，部分核心装备和关键材料依赖进口。中国风能产业技术的进步多是依赖引进消化吸收、集成创新实现的，但是在空气动力学计算、流场分析、载荷计算等基础能力，以及大型风电机组设计、风机轴承、主控系统、变桨系统等部分高端技术上仍与国外有较大差距。譬如，国外主要的整机制造商已经完成4～7兆瓦级风电机组的产业化，8兆瓦级的风电机组样机已进入安装测试阶段，欧美整机设计公司均进入到10兆瓦级整机设计阶段，并开始探索研究20兆瓦机型方案，中国仍与国外存在一定差距。

第二，光伏技术面临能否在新一轮高效电池技术竞争占据主动的严峻挑战。全球范围内来看，IBC（全背电极接触）技术、HIT（电池表面钝化）技术、PERC（钝化发射极背面接触）技术、MWT（金属电极绕通）技术、双面电池技术等高效电池技术都在快速发展，已接近产业化，但中国在这些高效电池的还与世界先进水平存在一定差距，尤其是IBC和HIT高效电池。

第三，光热发电技术经济性还需提升、实践经验不足、技术标准体系不健全。中国目前还处于光热发电技术试点示范阶段，设备制造技术和工程开发技术尚不完善，整体开发技术仍有很大提升改进的空间，单位容量投资成本也仍然偏高。光热发电产业相关的设备制造、设计施工、运行维护标准体系尚不健全，有待通过项目建设运行积累经验[①]。因此，即使国家出台了支持政策，但仍仅有为数不多的槽式和塔式光伏发电项目投运和在建。

（4）中国新能源技术应用展望

第一，中国风电技术应用展望。到2030年，风电成本进一步下降，已低于常规电源水平，装机规模进一步扩大。中国风电产业仍将保持快速发展态势，但增速变缓，2030年发电装机容量将超过4.5亿千瓦。从技术发展水平上看，更长更轻的叶片、一体化传动链、模块化叶片、更高更轻更易安装的塔筒等技术将获得推广应用。从成本趋势上看，到2030年，风力发电平均度电成本相比目前下降幅度将超过35%，达到0.35元/千瓦时。

第二，中国光伏发电技术应用展望。到2030年，光伏发电成本进一步下降，已低于常规电源水平，装机规模进一步扩大。中国光伏产业将保持快速发展态势，2030年发电装机容量将超过4亿千瓦。从技术发展水平上看，光伏电池转换效率得

---

① 参考：黄其励、张正陵、张克、李琼慧、黄碧斌：《2016中国战略新兴产业报告》风电产业章节和太阳能发电章节。

到进一步提升，商业化应用的单晶硅电池效率将达到25%、多晶硅电池将达到21%；薄膜电池的发电效率将达到18%左右。从成本趋势上看，到2030年，中国光伏发电平均度电成本相比目前下降幅度将超过50%，达到0.31元/千瓦时，已经比风电更具竞争力。

第三，中国光热发电技术应用展望。到2030年，塔式光热发电技术逐步成熟，推动全球光热发电开始进入规模化发展阶段。中国光热产业步入快速发展时期，2030年装机容量有望达到3000万千瓦。从技术发展水平上看，塔式光热技术进一步成熟，在吸热器方面，空气、固态粒子工质吸热器将逐步得到应用；在储热技术方面，陶瓷、固态混凝土等技术得到开发，但熔盐储热技术仍将是大规模光热电站的主流技术。从成本趋势上看，塔式光热发电平均度电成本相比目前下降幅度将超过40%，降至0.42元/千瓦时，接近光伏发电，具备一定市场竞争力。

3.新能源技术发展对中国实现能源技术革命的作用

一是新能源技术发展已成为保障中国能源安全可持续供应和应对气候变化的重要手段，是推进能源转型的重要支撑。国际地缘政治复杂、跨国能源流向格局将发生重大改变，保障能源安全已成为各国能源战略的核心。全球气候变化问题是全人类面临的巨大挑战。全球陆地风能资源和太阳能资源远远超过人类社会全部能源需求。随着技术进步和新材料应用，风能、太阳能、海洋能等新能源开发效率不断提高，技术经济性和市场竞争力逐步增强，将成为世界主导能源，欧美发达国家都提出了未来实现新能源和可再生能源电力比重达到80%的路线图。

二是新能源技术发展已成为中国具有一定国际竞争优势的战略性新兴产业。新一轮能源技术革命推动能源发展由"资源依赖型"转向"技术依赖型"，能源电力技术创新成为世界各国提升核心竞争力、争夺新的发展制高点的重要领域。作为能源电力技术创新的重要部分，风电、太阳能等新能源技术创新是全球能源科技和产业的重要发展方向，新能源产业是具有巨大发展潜力的朝阳产业，也是中国具有一定国际竞争优势的战略性新兴产业。大力发展新能源已上升为国家战略，成为顺应能源生产和消费革命的发展方向。

三是新能源已成为推动第三次工业革命的强大动力。以新能源和可再生能源替代化石能源成为主要能源将是新工业革命的重要内容，能源科技创新支撑的新能源体系与信息技术的融合开启了第三次工业革命的大门，并将构建以智能电网为支撑的能源互联网。新能源开发利用技术、储能技术、电力互联技术、插电式及燃料电池电动汽车技术将成为第三次工业革命的五大支柱。新能源和智能电网也成为能源发展的新动向。

4.促进新能源技术发展的政策建议

一是加大科技投入力度，攻克关键软件和设备的研发及设计制造，提升中国自主产权技术和制造水平。建立国家级风能技术研发中心，整合各种资源，充分发挥各机构优势，实现优势互补，形成合力，开展风能基础性理论和共性关键技术研究，为企业解决一些共性技术难题。一是开展国家支持的技术研发活动，通过可再生能源发展基金和国家科技攻关项目，支持先进的大型风电机组和低风速机组等风电关键技术的研发。二是重点建立叶片、传动系统等风电零部件国家级公共研发和试验平台，为风电机组性能改进和风电场设计运行等研发活动以及风电设备的检测认证活动，提供有力的技术支撑。

二是推动光伏发电技术创新，加强光热发电关键技术的研发和储备。一是加强光伏发电技术创新。继续注重提升光伏电池转换效率、降低光伏电池生产成本、提升光伏组件效率，争取有所突破，努力实现与环境生态和谐发展。同时，推动数字信息技术和太阳能发电技术的进一步融合，提升智能化水平，譬如太阳能发电功率预测、更智能的逆变器、基于大数据的电站云管理技术。二是加强光热发电关键技术的研发和储备。加大对聚光镜跟踪控制器技术、光热电站发电控制技术、光热电站设备成套和系统集成技术的研发投入；开展适合中国西部地区的聚光镜和集热器关键技术、高温蓄热技术、高效蓄热传热介质材料和热电转化动力循环系统等关键技术研究。大力提高关键材料、技术及工艺水平，提高系统整体发电效率，降低成本，使中国逐步成为最重要的太阳能热发电关键产品制造国和太阳能热发电技术应用国。

三是选择近中期具有一定潜力的新能源技术类型，加快建设一批示范工程，促进技术进步。针对光热发电、海洋能发电等近中期具有一定潜力的新能源技术类型，组织开展或继续建设一批示范项目，快速积累规划、设计、施工、运营和管理方面的经验，为政策研究、产业技术发展、提高国际竞争力和降低成本奠定基础。示范工程可尝试不同的技术路线，寻找出适合中国地理环境和气象条件的最佳方案，积累建设和运行经验，为推广应用打下基础。

四是注重新能源技术与智能电网、储能和"互联网+"等技术密切结合、协调发展。一是中国将智能电网作为促进可再生能源发展与利用的重要保障，也是中国未来电网发展的主要方向，是促进新能源开发利用的关键环节。智能电网的建设，不但可服务于可再生能源发电的接入，包括分散的分布式电源接入及大规模风电场等的接入，还可服务于可再生能源发电的消纳。二是通过互联网促进能源系统扁平化，推进能源生产与消费革命，提高能源利用效率，推动节能减排。推进能源生产智能化，建立能源生产运行的监测、管理和调度信息公共服务网络，加强能源产业链上下游企业的信息对接和生产消费智能化，支撑电厂和电网协调运行，促进非化石能源与化石能源协同发电。三是储能系统可以有效地抑制新能源发电功率波动，平滑出力，是保证新能源发电并网运行的关键技术和重要方式；同时国内外的大量研究和工程实践也说明，大规模储能技术是解决新能源发电消纳难题的重要技术措施。

（三）储能

1. 世界储能技术发展现状及趋势

（1）全球发展现状

经过十多年的培育发展期，储能技术目前已进入高速发展期。据不完全统计，截至2017年，全球已投运储能项目累计装机规模为169.2GW。其中，抽水蓄能的累计装机占比最大，占比为97%；电化学储能项目的累计装机规模位列第三，为2244.4MW，占比为1.3%。全球新增投运电化学储能项目的装机规模为94.4MW，同比增长551%，环比增长50%。

从地域分布看，英国、澳大利亚、美国、中国市场发展迅猛。2017年，在全球新增投运项目中，英国、中国和日本是装机规模排在前三位的国家，项目几乎全部应用在集中式可再生能源并网和辅助服务领域；在新增规划或在建项目中，澳大利亚、美国和英国是装机规模排在前三位的国家，主要分布在集中式可再生能源并网和辅助服务领域，比重达到91%。

从应用领域看，截至2017年，全球新增投运储能项目中，辅助服务领域的装机规模最大，为31.5MW，比重为33%。项目主要集中在欧洲的英国、德国和比利时等国家，例如英国的布里斯托尔和达灵顿调频储能项目等，储能以独立电站或者与燃气轮机联合运行的方式参与欧洲的平衡市场，提供一次调频服务。

从目前储能市场容量来看，抽水蓄能仍占绝对优势，电化学储能市场份额在快速增加，发展前景良好。抽水蓄能市场份额都占绝对优势，占全球市场的98%。近年来，电化学储能市场份额增长迅速。其中，从全球市场来看，排名前三位的电化学储能分别是锂离子电池、钠硫电池和铅蓄电池，分别占53%、29%和9%；从中国市场来看，排名前三位的电化学储能分别是锂离子电池、铅蓄电池和液流电池，分别占57%、28%和10%。

当前主流的储能技术主要包括四大类，新的前沿技术不断涌现。先进大容量电储能技术（特指在电力系统中，容量在千瓦级以上，综合性能比较优越的技术）具体分四类，包括物理储能、化学储能、电磁储能以及其他类。物理储能主要包括抽蓄、压缩空气、飞轮储能等；化学储能是这几年发展最快的，也是大家最关注的，主要包括铅蓄电池，锂离子电池、液流电池、钠硫电池等；电磁储能包括超级电容、超导储能等，其他类的包括燃料电池、金属空气电池等。此外，很多技术还在不断完善和创新过程当中，称为前沿技术，基本分两大类，一类是在传统技术上做的一些改良或者优化，比如锂硫电池，液化空气储能；另一类是新型的技术体系设计开发，如锂空气电池、铝离子电池等。

（2）全球发展趋势

储能即将成为能源领域重要的变革力量。据IEA预测，美国、欧洲、中国和印度到2050年将要增加310 GW并网电力储存能力，至少需投资3800亿美元。麦肯锡的研究则将储能列为到2025年将产生颠覆性作用、对经济发生显著影响的技术，预测市场价值将达0.1万亿~0.6万亿美元。

美国、日本、欧洲等已从国家层面在储能技术领域进行研发布局，研究机构相关的技术研发和示范活动进展迅速，电网运营商等公用事业机构、大型能源设备制造企业及一些中小型科技企业看好储能产业的市场前景，纷纷进入这一领域。

IEA发布的《储能技术路线图》指出，储能技术在大部分能源系统中极具价值，但不同储能技术的成熟度大相径庭；目前部分小规模储能系统在偏远社区和离网应用中具有成本竞争力，而大型蓄热技术在满足许多地区的供暖制冷需求上具有竞争力；市场设计是加速储能技术部署的关键；同时，还需要加强对储能技术研究开发的公共支持。

欧盟委员会在技术路线图的基础上提出了《欧盟能源技术战略规划》《能源技术材料战略规划》（Materials SET Plan），并发表了《低碳能源技术材料路线图》，作为欧盟能源技术战略规划技术路线图的补充和扩展，其中详细描述了欧盟未来10年推进11项能源技术（风电、光伏、太阳能热发电、地热、蓄电、电网、生物能、化石能源、氢能和燃料电池、核裂变能以及建筑节能）发展的关键材料研究和创新活动。

《低碳能源技术材料路线图》指出，储能是一项重要的技术，可以提高欧洲电力系统的可管理性和灵活性；目前，大多数储能技术过于昂贵，在系统规模的广泛部署和集成方面技术性能不足；材料往往限制性能提高，而这也是安全和可靠电网中存储技术经济性、有效性和可靠性选择方面的决定因素；将存储技术带入商业成熟阶段，并加快过渡到大规模商业化是一项优先任务。

蓄电材料路线图提出了一项全面的研究和发展计划，针对低成本、安全和可持续的电化学、电解质结构材料，具有超级电化学、热学和力学性质，能够在极端工作条件下工作，循环寿命长，为欧洲面向能源技术（如锂离子电池、氧化还原电池、压缩空气储能、抽水蓄能）和电力技术（如电解电容、超导磁储能和飞轮）提供具有工业潜力的创新电池/系统设计和制造工艺。这项计划重点是发展新的电化学途径和新兴技术（如金属空气电池、固态电池、液态金属系统等）概念验证。路线图提出4个工业试点项目来示范产业规模高速、低成本双电层电容、锂离子电池、飞轮转子和电机，以及高温压缩机材料和用于压缩空气储能（CAES）蓄热容器的耐高热量和压力的介质材料；5个试点项目用来测试和验证这些先进存储技术的重复使用和耐用性，包括在不同市场环境操作条件下兆瓦或更大规模全钒氧化还原系统替代产品。这是对建立泛欧洲研究和创新网络的补充，广泛集合更大范围内的技术和研究以及创新活动的工业和科研资源，同时建立一个针对固定应用的安全测试机构网络。路线图还建议建立电化学和存储领域的教育和培训中心。

2. 中国储能技术发展应用现状

（1）中国储能技术相关政策的发展历程

自2005年以来，中国储能相关政策经历了一个逐步发展的过程，从早期的技术探索、到技术路线及产业指导意见，再进一步落实到机制配套。中国早期政策主要集中在对电池材料及技术的科研经费支持和技术验证，从科技攻关、项目应用的角度推动储能发展。随着储能技术的进步与市场应用，国家陆续印发电力体制改革及能源相关政策，进一步培育储能发展的电力市场环境，构建储能发展的激励通道，落地配套机制。

总体上，从国家能源战略和产业发展规划的角度，明确储能发展定位。从《"十三五"国家战略性新兴产业发展规划》《可再生能源发展 "十三五"规划》《能源发展"十三五"规划》到《能源技术创新"十三五"规划》，明确了储能的发展定位和发展方向。

针对具体现实问题，出台了若干配套政策支持储能发展。如《国家能源局关于促进电储能参与"三北"地区电力辅助服务补偿（市场）机制试点工作的通知》《关于促进储能技术与产业发展的指导意见》等专门的储能的政策，针对不同的具体问题，在不同区域不同阶段，提出了试点思路及指导建议，为储能行业健康发展奠定了基础。

2016年出台的《关于促进电储能参与"三北"地区电力辅助服务补偿（市场）机制试点工作的通知》，提出各省（区、市）选取不超过5个电储能设施参与电力调峰调频辅助服务试点；鼓励发电侧、用户侧各类企业参与；提出按效果补偿原则。

表12　　　　　　　　　　　　　中国支持储能相关发展政策

日期	部门	文件	主要内容
2005.11	国家发改委	《可再生能源产业发展指导目录》	目录提出将2项电池项目作为重点开发项目之一，推动储能技术的试点应用
2009.12	全国人大常委会	《中华人民共和国可再生能源》修正案	提出支持新能源和储能产业政策
2010.09	国家电网公司	《国家电网公司"十二五"电网智能化规划》	智能电网建设
2010.12	南方电网公司	南方电网公司支持新能源发展若干意见》	新能源与储能技术应用
2011.12	国家能源局	《国家能源科技"十二五"规划》	将开发储能和多能互补系统的关键技术，列为能源科技发展目标
2012.01	中国财政部 科技部 国家能源局	《关于做好2012年金太阳示范工作的通知》	考虑储能装箔适当增加补助
2014.11	国务院办公厅	《能源发展战略行动计划（2014—2020年）》	首次将储能列入9个重点创新领域之一，要求科学安排储能配套能力以切实解决弃风、弃水、弃光问题
2014.12	国家能源局	《国家能源局综合司关于做好太阳能发展"十三五"规划编制工作的通知》	建立分布式光伏发电、太阳能热利用、地热能、储能以及天然气分布式利用相结合的新型能源体系
2015.03	中共中央 国务院	《关于深化电力体制改革若干意见》	明确提到鼓励储能技术、信息技术的应用来提高能源使用效率
2015.07	国家能源局	《关于推进新能源微电网示范项目建设的指导意见》	储能作为微电网的关键技术，多次被重点提及
2016.03	中共中央 国务院	《"十三五"规划纲要》	大规模储能被列入能源关键技术装备。规划同时提出要支持战略性新兴产业发展，大力推进高效储能与分布式能源系统等新兴前沿领域创新和产业化，形成一批新增长点。实现新型储能装置等核心关键技术突破和产业化，发展分布式新能源技术综合应用体，促进相关技术装备规模化发展。八大重点工程提及储能电站、能源储备设施，重点提出要加快推进大规模储能等技术研发应用

续表

日期	部门	文件	主要内容
2016.03	国家能源局	《国家能源局关于推动电储能参与"三北"地区调峰辅助服务工作的通知（征求意见稿）》	明确给予储能独立的电力市场主体地位。指出要合理配置电储能设施。鼓励发电企业、售电企业、电力用户、电储能企业等投资建设电储能设施。鼓励各地规划集中式新能源发电基地时配置适当规模的电储能设施，实现电储能设施与新能源、电网的协调优化运行。鼓励在小区、楼宇、工商企业等用户侧建设分布式电储能设施
2016.04	国家发展改革委 国家能源局	《能源技术革命创新行动计划（2016—2030年）》	增强储能调峰的灵活性和经济性，推进能源技术与信息技术的深度融合，加强整个能源系统的优化集成，实现各种能源资源的最优配置，构建一体化、智能化的能源技术体系。要重点发展分布式能源、电力储能、工业节能、建筑节能、交通节能、智能电网、能源互联网等技术
2016.06	国家发展改革委 工业和信息化部 国家能源局	《中国制造2025——能源装备实施方案》	确定了15个领域的能源装备发展任务，主攻先进核电装备、油所勘探开发装备、燃气轮机、智能电网、储能装备等先进电力装备等重要领域
2016.11	国家发改委 国家能源局	《电力发展"十三五"规划》	先进电网技术与储能技术位列十八个重点任务之一。《规划》指出开展大容量机电储能、熔盐蓄热储能、高效化学电池储能等多种储能示范应用，大幅降低单位千瓦建设成本，加快推广应用
2016.11	国家能源局	《国家电力示范项目管理办法》	提出电力示范项目将单独纳入国家电力建设规划，并对示范项目的申请、评估与优选、审批等都做了明确规定。其中，系统储能项目也包含在申报范围之内。办法明确示范项目享有《国家能源局关于印发国家能源科技重大示范工程管理办法的通知》（国能科技〔2012〕130号）所明确的支持政策
2016.11	国家发展改革委 国家能源局	《能源发展"十三五"规划》	提出要集中力量在可再生能源开发利用，特别是新能源并网技术和储能、微网技术上取得突破，全面建设"互联网+"智慧能源，提升电网系统调节能力，增加新能源消纳能力，发展先进高效节能技术，抢占能源科技竞争制高点

续表

日期	部门	文件	主要内容
2016.12	国家发改委	《可再生能源发展"十三五"规划》	提出了八大主要任务之一的就是推动储能技术示范应用，开展可再生能源领域储能示范应用，提升可再生能源领域储能技术的技术经济性
2016.12	国务院	《"十三五"国家战略性新兴产业发展规划》	提出推动新能源产业发展，加快发展先进核电、高效光电光热、大型风电、高效储能、分布式能源等，加速提升新能源产品经济性，加快构建适应新能源高比例发展的电力体制机制、新型电网和创新支撑体系，促进多能互补和协同优化，引领能源生产与消费革命
2017.03	国家能源局	《关于促进储能技术与产业发展的指导意见（征求意见稿）》	第一次明确了储能在中国能源产业中的战略定位，并提出未来十年储能领域的发展目标同时强调了储能的五大任务和重点发展项目
2017.03	国家能源局	《2017年能源工作指导意见》	积极推进已开工项目建设，年内计划建成苏州辉腾、西藏尼玛、大连融科（部分）、比亚迪长沙园区、山西阳光、贵州毕节等储能项目。扎实推进南都电源镇江能源互联网、苏州高景科技、苏州锦祥、苏州工业园区、南都电源、阳光电源、阳光三星与天合光能、中天科技、大连融科（部分）等具备条件的项目。做好二连浩特、猛狮科技、协鑫集成等储能电站项目前期工作
2017	中国智慧能源产业技术创新战略联盟储能专委会、中国价格协会能源和供水价格专业委员会	储能补贴政策征求意见会议（第一、二、三轮）	液流电池储能补贴建议、全钒液流电池储能补贴建议、宁德时代储能补贴建议、力神储能补贴建议等 根据第一次会议的反馈，各企业储能补贴的意见有很大差异，其争论重点主要在补贴方式上。在年内的第三次储能补贴政策征求意见会议上将进行充分讨论，形成有效的综合反馈意见，推动储能行业的发展

　　2007年出台的《关于促进储能技术与产业发展的指导意见（征求意见稿）》，进一步明确了中国储能发展的路径及应用场景。未来将根据不同应用场景研究出台针对性补偿政策，出台纳入补偿范围的先进储能技术标准并实施动态更新，研究建立分期补偿和补偿退坡机制。结合电力体制改革，将研究推动储能价格政策。同时，提

出发展时间表：第一阶段是"十三五"期间，建立试点示范项目，研发一批重大关键技术与核心装备，初步建立储能技术标准体系，探索一批可推广的商业模式，培育一批有竞争力的市场主体，以推动储能由研发示范向商业化初期过渡；第二阶段是"十四五"期间，储能项目广泛应用，实现商业化初期向规模化发展转变，成为能源领域新增长点。

储能产业关注度提高，定位逐步清晰。国家出台的多项能源规划政策，包括"十三五"规划纲要、《能源发展战略行动计划（2014—2020年）》《能源技术革命创新行动计划（2016—2030年）》等，都将储能作为未来重点研究和发展领域之一。与此同时，近期开展的可再生能源就近消纳试点、电力辅助服务试点和售电侧改革试点中，储能都扮演非常重要的角色。

（2）中国储能技术发展现状

"十二五"期间，中国储能技术及产业发展呈现三大特点。一是储能技术"百花齐放、协同共存"，储能成本呈持续快速降低的态势。随着未来技术成本下降，新技术、新材料不断研发。二是示范应用逐步向商业示范转化，储能应用领域逐步清晰。"十二五"期间，储能示范应用可分为两个阶段。2011～2013年，示范项目主要目的是进行技术和应用效果验证，缺乏经济性考量；2013～2015年，示范应用开始探索商业模式、验证投资回收期，逐步向商业化示范转化。与此同时，储能应用领域逐步清晰，主要应用领域除上述提到的发电、辅助服务、输配电、可再生能源以及用户侧之外，电动汽车以及能源互联网的整合应用是目前值得重视的新兴领域。三是储能产业涌现多种应用模式，探索大规模商业化发展途径。2015年，中国电化学储能装机总量为141.1MW，2010年仅为2.4MW。在装机快速增长的同时，储能产业链不断完善，厂商投资积极性提高。储能产业呈现三种主流商业应用模式，各模式下存在多个盈利点。例如，风光电站配置储能减少弃风，提供辅助服务获得补偿费用，用户配置储能，通过峰谷电价差套利等。

当前，储能发展不断提速的态势已日趋明显。据不完全统计，截至2017年，中国已投运储能项目累计装机规模为27.7GW。其中，抽水蓄能的累计装机占比最大，为99%，电化学储能项目的累计装机规模紧随其后，为318.1MW，占比为1.1%，相比去年增长18%。中国新增投运储能项目的装机规模为22.8MW，同比增长114%。

从地区分布看，华东地区新增投运项目的装机规模最大，为12.2MW，比重为53%，项目全部应用于用户侧领域，且以储能在工业园区内的应用为主，帮助企业以过峰谷价差套利的形式节省电费。

从应用领域看，新增投运项目全部应用在集中式可再生能源并网和用户侧领域，且用户侧领域的装机规模最大，为17.8MW，比重为78%，同比增长67%，环比增长287%。

3.储能技术对实现中国能源革命具有重要作用

一是储能技术可能是解决大规模清洁能源消纳难题的终极方案。储能是能源变革的重要因素，特别是大规模可再生能源进入能源系统后，由于其供给不稳定，给原有的传统能源消费带来很大冲击。在各国可再生能源迅猛发展的势头下，储能的重要性越来越凸现。当前北美、欧洲的很多国家以及中国，都把储能技术的发展作为未来新能源革命的重要内容。当前，中国弃风、弃光、弃水、限核问题严重，每年超过1000亿度电白白浪费。在能源变革的新时代，如何把不稳定的能源供给和能源消费融合在一起，除了借助智能电网、物联网、大数据分析管理等信息技术手段外，储能可以充分衔接波动式生产与波动式需求。

二是储能技术是推动信息技术与能源技术深度融合的重要力量。电力作为融合人类动力源与智力源的重要桥接力量，是兼具信息与能源特质的重要载体。然而受制于电力即发即用的特性，电力的应用领域极大地受到了限制，不得不需要同步电源、输配网络、安全稳定等一系列基础设施。一方面在空间上，限制了能量的移动及拓展，只有依附与庞大的基础网络的区域，才能够的利用能源。另一方面，在时间上限制了能源的使用范围，只有发电侧发出电力的同时，才能够应用电力。储能技术，拓展了能源利用空间范围，挣脱了能源利用的时间束缚，使得能源可以自由得与信息充分融合，为各类信息决策、与方案执行提供了前所未有的力量。

三是储能技术将是开启电力智能革命的关键因素。我们正处于信息变革驱动的技术革命，正在迎来对人类智力源的全面替代。电力既是能量载体，也是信息的载体，由电力与电子融合的泛电力网，是动力与智力深度融合的重要平台。伴随着储能技术与电力市场改革协同进化，一方面可以将大范围的可再生能源运用于全社会的工业生产活动中，另一方面将数据存储、信息处理、决策分析，植入到工业体系中，成为开启电力智能革命的重要引擎，继而承担起推动能源革命，用绿色能源升级工业文明的历史使命。

4.储能技术发展的战略定位和政策建议

一是明确储能技术在能源革命中的战略定位。现代能源体系是2035年中国基本实现现代化的重要支撑。能源技术革命是中国构建现代能源体系的重要引擎，在未来二十年技术革命的关键时期，电力革命成为能源革命的主战场。储能技术将是引爆电力革命的关键技术，也是各争夺的技术占制高点。物理储能、化学储能、氢能及燃料电池、储热技术将在竞争中获得发展，并最终竞争胜出一到两种技术。储能将在大范围应用于电力系统，并全面颠覆目前的电力系统的组织结构、商业模式、并构建一个全新的现代化能源电力体系。

二是尊重规律把握好技术与制度协同进化的发展思路。对于储能技术而言，要稳定预期、持续反馈。不同的市场形态，对储能的适用优势存在差异。储能是各种灵活性资源的一种，不同的灵活性资源，在不同的市场形态中，所能发挥的作用也存在较大差异。在尚不需要调频服务的低端市场形态下，储能仅能参与低端的灵活性服务，巨大的差异性优势难以凸显，储能的价值发挥。储能当前所面临的最大的瓶颈仍然是高成本，意味着应用场景从消费测移动源突破，是现实选择。意味着储能只有在消费侧、移动动力端才会有较大的市场。其他领域的增速相对有限。储能务必与其他储热控制等技术进行配合，才会发挥综合优势，要避免单兵突入。要作为一种配套的服务作为配电网、园区、以及各类运用场景中的重要一环，要作为能源综合服务商的一种服务之一，避免出现单兵突进。

三是持续推进有利于发现储能价值的市场机制建设。确定近期具有成本效益的利基市场并支持在这些领域的部署，激励现有储能设施的改造以提高效率和灵活性；通过消除价格扭曲和产生利益叠加打造良好的市场和监管环境，支持还没有广泛部署的技术开展示范项目和处于早期发展阶段的储能技术研究开发，包括高温蓄热和可扩展电池以及混合储能系统。充分利用市场机制，挖掘抽蓄电站功能潜力。基于"谁受益、谁分担"的市场经济原则，调整两部制电价机制，容量费用由电网公司、发电侧进行分摊，电量费用由发电侧分担。电网公司承担部分计入电网运行成本，发电侧承担部分通过低谷电量招标的方式将费用传导至发电企业。同时，结合电力市场化改革进程，研究完全竞争市场条件下的电力辅助服务价格体系、价格标准和竞价规则，逐步引导抽水蓄能电站参与市场化运营，使抽水蓄能电站运行功能的市场和经济价值

四是构建储能产业发展相适应的法律标准体系。建立中国与国际标准对标库，并随着储能技术进步进行递增式修订，完成已建储能设施的评估，定量化评价在特定区域和能源市场的储能价值；开展国际和国家层面数据合作以加速研究、监测进展和评估研发瓶颈。结合试点项目经验，完善相关行业标准。由于目前储能系统应用经验不足，建议在结合国际经验和国内调研的基础上，出台储能产品与技术标准、储能电站验收标准等标准的暂行版，帮助储能产业发展规范、有序、安全。未来随着试点项目的增多，完善储能标准体系。

（四）远距离输电

1.远距离输电发展动因及技术特点

（1）远距离输电发展动因

许多国家和地区都存在能源资源和负荷中心不均衡的情况。用电负荷中心地区经济增长快、人口集聚程度高，电力需求基数较大并且增长快，而这些地区通常能源资源并不丰富。而能源蕴涵丰富的地区往往由于经济和人口体量的原因，总体用电水平并不高。例如，俄罗斯约80%以上的发电能源集中在东部地区，西伯利亚地区水利资源丰富且蕴藏大量煤炭，而全国电力负荷中心却位于西部的欧洲部分。中国的电力需求重心长期位于东中部地区，而各类能源资源主要分布在西部和北部地区，比如煤炭资源主要分布在西部和华北地区，水能资源的主要分布在西南地区，风能、太阳能等新能源也主要分布在西部、北部地区。

这种资源和负荷不均衡的现象由能源资源的地理分布所决定，也在社会经济发展历史中形成并逐步强化，客观上需要实现电力大规模、远距离、高效率输送。远距离输电技术正是满足上述需求的有效解决方案。

（2）远距离输电技术特点

按照电压等级、输电距离、输电方式等特点，远距离输电技术主要可分为以下几类：超/特高压交流技术；超/特高压直流技术；柔性交/直流输电技术；多端直流输电技术；其他新型输电技术如分频输电、超导输电、半波长输电等。

目前，大型电力系统中使用最普遍的输电技术就是电压等级为10～220千伏的交流输电网络。当输电距离超过数百公里后，低电压和交流输电方式引起的损耗将大大增加。这种情况下，或提高电压等级，或同时将交流电转化为直流电进行输送，就形成了超高压交/直流输电技术。超高压一般指电压等级在330～765千伏之间的交流输电技术和电压等级在±500～±660千伏之间的直流输电技术。

特高压输电是在超高压输电的基础上发展而来。对于交流输电，特高压指1000千伏及以上电压等级；对于直流输电，特高压通常指±800千伏及以上电压等级。与超高压输电技术相比，特高压输电技术具有输送容量大、距离远、效率高的特点，可以满足大容量、远距离的跨区输电要求，以及实现远距离的电力系统互联。

在超高压和特高压输电技术的基础上，为适应不同应用场景，还发展出了柔性、多端直流、分频、多相、超导输电、半波长输电等多种新型输电技术。

2.全球远距离输电技术发展现状及趋势

（1）全球远距离输电技术应用分析

第一，技术发展。20世纪60年代起，世界主要电力大国开展了一系列的远距离输电关键技术和设备制造研究工作。苏联、日本、美国、意大利等国家先后提出发展特高压输电规划、设计、试验和设备研制等工作，取得了一些成果。

苏联是世界上最早开展特高压输电技术研究的国家之一，也是迄今为止除中国外唯一拥有特高压交流输电工程运行经验的国家。苏联从1980年开始着手建设连接西伯利亚、哈萨克斯坦和乌拉尔联合电网的1150千伏特高压交流输电工程，将东部地区的电能送往乌拉尔和欧洲部分的负荷中心。工程于1985年正式按额定电压带负荷运行，后因技术上有缺陷降压至500千伏运行。

美国对于特高压技术的研究和试验相对完善，尚未在工程中采用。1974年，美国电力公司和通用电力公司在匹茨菲尔德的特高压试验站进行可听噪声、无线电干扰等实测。美国电科院于1974年建设的1000～1500千伏三相试验线路，通过试验运行获得了电磁环境、铁塔安装试验、变压器设计等方面经验成果。邦纳维尔电力局从1976年开始在莱昂斯试验场和莫洛试验线路上进行相关研究。

日本从1988年开始建设1000千伏输变电工程，1999年建成2条总长度430公里的1000千伏输电线路和1座1000千伏变电站。第一条是从北部日本海沿岸原子能发电厂到南部东京地区的1000千伏输电线路，称为南北线（长度190公里）。第二条是连接太平洋沿岸各发电厂的1000千伏输电线路，称为东西线路（长度240公里）。由于负荷增长停止不前，该线路一直降压运行。

意大利1984年开始在萨瓦雷托试验站建设3公里的1050千伏特高压输电架空实验线路，1995年10月建成后，在系统额定电压（标称电压）1050千伏下运行至1997年12月，取得了一定的实验运行经验。

第二，工程实践。近年来，欧洲、非洲、亚洲、美洲等地区积极开展远距离输电技术的工程实践建设和远景规划，目标是通过电网互联和可再生能源开发输送实现更大范围内的资源优化配置，比较典型的包括欧洲电网十年规划、美国Grid 2030计划、印度、巴西、以及"一带一路"沿线国家的超高压/特高压输电工程等。

欧洲十年电网规划[①]：欧洲输电网运营商联盟（European Network of Transmission System Operators for Electricity，ENTSO-E）于2014年7月公布了新的泛欧"未来十年

---

① https://www.entsoe.eu/Pages/default.aspx.

电网发展规划（Ten-Year Network Development Plan，TYNDP）"草案。TYNDP草案从"泛欧"视角将2030年作为实现2020—2050年欧洲能源目标的重要水平年，提出输电网络建设需求和发展问题，并通过立法保障，明确了该规划的强制指导性。依照TYNDP 2014，欧洲需投资1500亿欧元用于建设和改造泛欧电网约48000公里的高压输电线路，将北海附近多个区域的可再生能源发电利用交直流电网互联，输送至欧洲大陆中南部，未来可再生能源的大规模开发利用将进一步促进远距离、大容量输电技术和泛欧互联大电网建设。按照规划方案，2030年欧洲电网的平均输送容量将翻倍。

图44 欧洲十年电网规划示意[①]

巴西美丽山电站送出工程[②]（特高压直流技术）：巴西发展特高压的主要动因是开发国内水电资源，其水电资源主要集中在北部亚马孙河及其直流，负荷中心位于东南部地区的里约热内卢和圣保罗地区，水电基地与负荷中心距离达到1000～2500公里，水电外送需要依托特高压大容量、远距离的输电技术优势。

2014年2月，中国国家电网公司与巴西电力公司组成的联营体中标巴西美丽山

---

① 图片来自TYNDP计划官网：http://tyndp.entsoe.eu/。

② 中国商务部官网：http://www.mofcom.gov.cn/article/i/jyjl/l/201507/20150701052029.shtml。

±800千伏特高压直流输电线路项目。该工程从巴西欣古河送至埃斯特雷图，线路长度2092公里，是美洲第一条±800千伏特高压直流输电线路，工程建成后可将巴西北部的水电资源直接输送到东南部的负荷中心。

2015年7月，中国国家电网公司独立参与巴西美丽山水电±800千伏特高压直流送出二期特许经营权项目竞标，中标项目30年特许权经营权。该工程是巴西第二大水电站——美丽山水电站（装机容量1100万千瓦）的送出工程，将新建一回2518公里的±800千伏特高压直流输电线路、两端换流站及相关配套工程，输电能力400万千瓦，计划于2020年正式投入运行。

图45 巴西美丽山特高压直流工程[1]

印度（特高压直流技术）[2]：为满足东北部水电和中部火电外送需求，印度启动建设了两项±800千伏特高压直流工程：比斯瓦纳特恰里亚利—阿格拉输电工程，线路长度1728公里，及坚巴-古鲁德社格拉输电工程，线路长度1365公里。两项输电工程用于将印度东北部8个州邦的剩余电力输送给电力短缺的北部地区，这样既可以为北部工业

---

① 全球能源互联网发展合作组织：《全球能源互联网发展战略白皮书》，2017年2月22日，http：//www.chinasmartgrid.com.cn/news/20170223/622201.shtml。

② 何大愚："印度电力建设及其特高压交直流输电规划"，载于《中国电力》，2008年第02期。

发展提供电力，又可以为经济发展落户的东北部地区创造经济效益。

同时印度正在进行1200千伏特高压交流研究和试验工作，规划建设6回特高压交流线路，到2020年通过1200千伏特高压交流输电线路实现全国电网同步互联，在全国范围内消纳东北部水电资源。

埃及EETC500千伏输电线路项目[1]（拟建）：埃及EETC 500千伏输电工程是"一带一路"倡议下中埃产能合作首个成功签约项目，工程长度约1210公里，投资7.6亿美元，是埃及规模最大、电压等级最高、覆盖范围最广的输电线路工程。项目由中国国家电网公司所属中电装备公司以EPC模式建设，建成后将大大提升尼罗河三角洲地区燃气电站电力送出能力，全面增强埃及国家电网整体网架结构安全性，对促进埃及经济发展、电力能源合理利用意义重大。同时，该项目还将积极推动埃及乃至中东地区电源、电工装备、原材料等上下游产业发展，为埃及当地创造约7000个就业岗位，实现中埃双方产能合作与互利共赢。

巴基斯坦默蒂亚里–拉合尔直流输电项目[2]（拟建）：默蒂亚里—拉合尔输变电项目属于中巴经济走廊能源合作优先实施项目清单，计划先期建设默蒂亚里—拉合尔输变电工程，采用高压直流输电技术输电，送电距离约900公里，输送容量400万千瓦。项目由中国国家电网公司将以BOOT模式（建设、拥有、运行、移交）投资建设，解决巴基斯坦南部地区电力送出瓶颈问题，缓解中部负荷中心缺电现象。

以色列–塞浦路斯–希腊跨海直流工程[3]（多端柔性直流输电技术，在研）：以色列、希腊和塞浦路斯电力互联计划于2012年1月宣布，线路传输容量达到200万千瓦，期望充分利用三国能源资源，解决以色列、塞浦路斯和希腊部分地区的电力短缺问题。该海底电缆项目耗资约40亿美元，第一阶段以色列和塞浦路斯之间329公里的电缆连接工作预计将于2017年开始，2019年完工。连接希腊克里特岛到阿提卡的项目第二阶段将于2020年开始部署。连接塞浦路斯到克里特岛的第三阶段和最后阶段施工，即电力互连项目预计于2022年完全建成。一旦建成，它将超过刚刚落地的英国–挪威海底电缆项目成为全球最长的海底电力电缆。

美国 Grid 2030计划[4]：该计划源自2003年6月美国能源部输配电办公室《电网2030——电力的下一个100年的国家设想》的报告。该报告中明确提出了未来美国电网

---

[1] http://www.ceec.net.cn/art/2017/6/12/art_11096_1397882.html.

[2] http://news.xinhuanet.com/2015-04/24/c_1115084585.htm.

[3] http://news.cableabc.com/world/20160129054485.html.

[4] https://energy.gov/oe/downloads/grid-2030-national-vision-electricity-s-second-100-years.

的发展远景，强调了全国联网及与加拿大和墨西哥联网的重要性，可以实现在更大范围内的电力优化配置。该计划包括三部分内容：①建设国家电力骨干网。通过建设大容量输电走廊，形成连接美国东西海岸，以及北部加拿大和南部墨西哥的全国骨干互联网。②建设区域互联电网。区域电网接入国家电力骨干网，各个区域电网内部通过交流或直流线路加强互联，相邻的非同步运行区域间通过大容量直流背靠背工程进行连接。③建设局部、小型和微电网。局部电网通过区域电网接入全国电力骨干网，通过实时监控和信息交换使得电力市场能够实现全国范围的即时交易，用户能够实现定制电力。

（2）相关技术发展趋势展望

第一，远距离输电技术的未来发展方向和技术需求。随着电力需求不断增长、各种新能源开发与并网需求增加、用电智能化以及环境要求日益严格等趋势发展，传统的输变电方式难以满足未来的电力输送要求。很多国家都积极开展了超/特高压输电技术及其他新型输变电技术的研究工作，并提出了多种输变电方式的概念和构想。

特高压输电技术具有容量大、经济输送距离远、能耗低、占地省、经济性好等优势，未来安全性进一步成熟后是应用前景最好的远距离输电技术。对于其他新型输变电技术，虽然现阶段存在某些技术障碍，并没有得到大规模工程应用，但这些新型输变电方式在一定情况下相较于传统输变电方式具有独特的优势，随着技术发展和进步，这些新型输变电技术有望逐步得到工程实践和普及应用。对各种输电技术的未来发展趋势展望如下。

一是特高压输电技术。特高压输电未来将向交直流混联电网发展。特高压交流与特高压直流都是特高压电网的组成部分，在电网中的应用各有特点，两者相辅相成，互为补充。直流仅有输电属性，不能构成网络，特高压交流除具有输电属性外，最重要的是具有网络属性，能够跟踪发电厂和用户需求的变化，在各种运行方式和故障状态下，实时保障电力系统安全、稳定运行，保证用户的安全、可靠用电。从输电距离来看，特高压交流的经济适用范围为1000~2000公里，当输电距离超过1500公里时，直流输电方案在经济性方面占有明显优势。从电网特点看，特高压交流可以形成坚强的网架结构，理论上其规模和覆盖面是不受限制的，对电力的传输、交换、疏散十分灵活；特高压直流是直达快车，不能形成网络，必须依附于坚强的交流输电网才能发挥作用，在受端电网直流落点过多，也存在着安全隐患。

因此，特高压直流定位于大型能源基地的超远距离大容量外送技术；特高压交流定位于更高一级电压等级的网架建设和跨大区联网送电，可与超高压电网共同构成各区域电网主网架，在各自合理的容量和距离范围内发挥电力输送的功能。

二是柔性输电技术。从柔性直流的应用领域来看，世界范围内已投运的工程多用于风电场并网、城市中心高质量电能供电、偏远地区和海岛联网等，未来发展前景也将主要围绕这几个方面展开。柔性输电可以起到改善新能源电能质量的作用；对一些偏远地区，负荷较轻，日负荷波动较大，输电距离较远，对于这些地区供电采取交流输电和传统高压直流输电技术，技术和经济实施难度较高。采取柔性直流输电技术，可以通过直流电缆将交流主网中高效电厂的能源传送到偏远地区和孤岛负荷，在推动当地经济发展的同时，也彻底消除了电厂自身的环境污染问题。

三是多端直流技术。多端直流输电系统能够实现多个电源区域向多个负荷中心供电的输电需求，比采用多个两端直流输电系统更加经济，可充分发挥直流输电的经济性和灵活性。例如西藏水电，将是中国未来重要的接续能源，开发规模巨大，但输电走廊紧张，且藏东三江上游的单个水电规模较小，因此可利用多端直流输电形成多个送端的优势，将三江上游规模较小的电源汇集，通过多端直流输电方式送至多个受端，形成多送端、多受端的直流输电系统。世界上已有若干个多端直流输电系统投入运行，多端直流输电技术具备工程实用性。近年来，随着两端直流输电技术的日臻完善，越来越多的国家开始积极探讨和研究多端直流输电技术的工程应用，多端直流输电工程将在今后多个国家的远距离、大容量电力输送中发挥重要作用。

四是超导输电技术。目前的示范和应用都是在配电系统领域，电压等级较低，输电距离较短。近年来，各国都在研究超导电力技术在远距离输电领域的应用，例如，荷兰已开始额定电压达50千伏的超导电缆的研究；韩国也在推进高温超导输电的进程；美国开始了基于第二代高温超导材料的三项电阻型及饱和铁心型的高温超导限流器的研制工作。超导输电技术可能向超导直流方向发展。与超导交流相比，超导直流输电效率更高，因为它没有交流损耗；并且在相同的输电容量下，直流比交流具有更高的性价比。中国和日本在超导直流输电方面都开展了实验，中科院电工所在建用于电解铝厂供电的示范项目。

五是分频输电技术。分频风力发电系统已成为海上风力发电系统研究的一个新潮流，具有更经济、可靠的优势，尤其适用于大规模远距离海上风力发电系统。国外分频风电系统相关研究仍处于理论仿真阶段，分频风电系统值得进一步深入研究以及实际应用推广。柔性分频输电系统是分频输电技术和电力电子技术灵活、高效的结合，在系统构成、控制运行、提高系统传输能力、系统无功和谐波等方面均有其特点和优势。特别对水电开发尤有技术经济优势，应用前景良好，值得更深入、全面的研探。

六是半波长输电技术。半波长交流输电是指输电的电气距离接近1个工频半波长，即3000公里或2600公里的超远距离的三相交流输电。无损情况下的半波长交流线路就像一台变比为-1的理想变压器，首端电压和末端电压大小相同、相位相反，适用于超远距离、超大容量的电力输送。早在1940年，苏联的A.A. Wolf等人提出了半波长交流输电方式。作为一种特殊的超长距离的交流输电方式，与常规交流输电（数百公里）相比，半波长交流输电有一些截然不同的特性和显著的优势，如无须安装无功补偿设备、无须设中间开关站、输送能力强、造价低于常规特高压直流等。目前虽然半波长输电还没有示范工程建成，但特高压半波长输电具有较好经济性，在技术上没有不可解决的问题，未来具有发展前景。

第二，远距离输电技术类型选择与具体国情影响。多年来各国开展的一系列超高压/特高压输电关键技术和设备研制工作，为后续远距离输电技术的发展应用奠定了基础。大规模、远距离电力输送是推动特高压输电技术应用的主要动力，因此具体的技术类型选择也明显受到各国国情和电力发展趋势的影响。

未来世界电力需求的增长主要来自非经合组织国家。在印度、巴西等发展中国家，电力消费呈现刚性增长态势，有建设大型电源基地，远距离、大容量向负荷中心输电的需求，特高压交/直流技术有较为广阔的应用前景。

北美、欧洲等国电力需求增速较低，而这些国家电力消费结构继续向低碳、绿色转型发展，有开发大型风电、太阳能等清洁能源基地的规划，多端直流、柔性交/直流、特高压交流等先进技术可用于构建更高电压等级和更灵活的输电网，使得可再生能源电力能在更大范围内消纳。

3. 中国远距离输电技术发展现状及趋势

（1）中国远距离输电技术的发展环境

中国能源资源与负荷中心呈逆向分布的国情，决定了远距离输电技术在中国具有广阔的应用空间。中国能源资源的总体分布规律是西多东少、北多南少，能源资源与负荷中心分布不均衡的特征明显。中国大型能源基地主要集中在"三北"和西南地区，当地负荷水平偏低，与东中部负荷中心之间的距离达到1000～3000公里，超出传统超高压输电线路的经济输送距离。未来电力生产和消费地区不均衡的情况将更为突出，能源流规模和距离将进一步增大，面临大规模、远距离、高效率电力输送的挑战。

远距离输电技术也是解决东中部地区严重生态环境问题的重要手段。当前，中国东中部地区的环境承载能力已基本达到极限，雾霾等重污染事件频发。通过发展远距离输电，统筹考虑东西部环境承载能力，加大西部、北部煤炭产区燃煤电厂建设和电力外送力度，将煤炭资源更高比例地转化成电力，并远距离输送至东中部地区，提高电力在东中部地区能源消费中的比重，既可以缓解东中部地区的环境压力，充分利用西部、北部地区的环境容量空间，又可以减少全国的环境损失，具有较大的环境效益。

政策层面，国家高度重视能源转型的方向和质量问题，在确保安全底线的基础上，出台了系列政策和规划方案推动远距离输电技术发展。2005年以来，发展特高压先后被纳入《国家中长期科学和技术发展规划纲要（2006—2020）》[①]（2006年）、《中华人民共和国国民经济和社会发展第十二个五年规划纲要》[②]（2011年）等国家相关战略规划。

2014年发布的《能源发展战略行动计划（2014—2020年）》[③]提出，清洁高效发展煤电，推进煤电大基地大通道建设，发展远距离大容量输电技术，扩大西电东送规模，实施北电南送工程。同年国家能源局下发了《国家能源局关于加快推进大气污染防治行动计划12条重点输电通道建设的通知》[④]，要求抓紧推进12条重点输电通道相关工作，其中含"四交五直"特高压工程和3条±500千伏输电通道。

2016年，能源局发布《电力发展"十三五"规划》[⑤]提出：坚守安全底线，科学推进远距离、大容量电力外送，构建规模合理、分层分区、安全可靠的电力系统，建设特高压输电和常规输电技术的"西电东送"输电通道。按照"十三五"规划，2020年可新增约1.3亿千瓦的西电东送输电能力，电力流达到2.7亿千瓦左右，每年可减少东中部地区标煤消费1亿吨以上，可有力支撑受端地区节能减排和大气污染治理。

（2）中国远距离输电技术的发展现状

中国对特高压技术的跟踪研究始于20世纪80年代，从2004年底开始集中力量开展大规模研究论证。近几年，中国特高压技术发展取得了重大突破，全面掌握了特高压核心技术和全套设备制造能力，实现了特高压变压器、电抗器、6英寸晶闸管、大容量换流阀等关键设备的自主研发制造，先后建成了晋东南—南阳—荆门1000千伏特高压

---

①　http://www.most.gov.cn/mostinfo/xinxifenlei/gjkjgh/200811/t20081129_65774.htm.

②　http://www.gov.cn/2011lh/content_1825838.htm.

③　http://www.mlr.gov.cn/xwdt/jrxw/201411/t20141119_1335668.htm.

④　http://www.zjdpc.gov.cn/art/2014/6/2/art_981_653664.html.

⑤　http://www.nea.gov.cn/2016-11/07/c_135811086.htm.

交流试验示范工程及其扩建工程，云南—广东（500万千瓦级）、向家坝—上海（700万千瓦级）±800千伏特高压直流示范工程并长期保持安全稳定运行，标志着中国特高压输电技术已经成熟，具备了大规模应用的条件。

截至2017年6月，中国特高压工程已建成投运18个、在建（包括核准）2个，其中特高压交流工程7个，特高压直流工程13个，线路总长度近3万公里。拥有世界最高的交、直流输送电压等级，以及世界上输送容量最大、送电距离最远的特高压输电工程（准东–皖南±1100千伏特高压直流输电工程）。

表13　　　　　　　已建成特高压工程（截至2017年6月）（单位：万千瓦 千伏）

直流	项目	起点	落点	容量	电压等级	开工日期	投产日期	线路长度
1	锦屏–苏南	四川	江苏	720	±800	2009	2012	2100公里
2	溪洛渡–浙西	四川	浙江	800	±800	2012	2014	1700公里
3	向家坝–上海	四川	上海	640	±800	2007	2010	1907公里
4	哈密–郑州	新疆	河南	800	±800	2012	2014	2210公里
5	宁东–绍兴	宁夏	浙江	800	±800	2015	2016	1720公里
6	酒湖直流	甘肃	湖南	800	±800	2015	2017	2383公里
7	晋北–江苏	山西	江苏	800	±800	2015	2017	1119公里
8	锡盟–泰州	蒙西	江苏	1000	±800	2015	2017	1628公里
9	上海庙–山东	蒙西	山东	1000	±800	2015	2017	1240公里
10	楚穗直流	云南	广东	500	±800	2006	2010	1412公里
11	普侨直流	云南	广东	500	±800	2011	2015	1400公里
1	晋东南—南阳—荆门	山西	湖北	500	1000	2006	2009	1×654公里
2	皖电东送	安徽	华东	600	1000	2011	2013	2×656公里
3	浙北–福州	浙江	福建	300	1000	2013	2014	2×603公里
4	锡盟–山东	蒙西	山东	700	1000	2014	2016	2×730公里
5	蒙西–天津南	蒙西	天津	600	1000	2015	2016	2×608公里
6	淮南–南京–上海	华东环网		600	1000	2014	2016	2×738公里
7	榆横–潍坊	陕西	山东	600	1000	2015	2017	2×1048公里

表14　　　　　　　在建特高压工程（截至2017年6月）（单位：万千瓦 千伏）

直流	项目	起点	落点	容量	电压等级	开工日期	预计投产日期	线路长度
1	准东–皖南	新疆	安徽	1200	±1100	2016	2018	3324公里
2	扎鲁特–青州	蒙东	山东	1000	±800	2016	2018	1234公里

送电距离最长的已投产特高压直流输电工程——酒泉—湖南 ± 800千伏特高压直流输电工程：2015年6月3日开工建设，途经甘肃、陕西、重庆、湖北、湖南5省（市），新建酒泉、湘潭2座换流站，换流容量1600万千瓦，线路全长2383公里，该工程是目前世界上送电距离最长的特高压直流输电工程。该工程是重点服务风电、太阳能发电等新能源送出的跨区输电通道，建成后将构建西电东送大动脉，实现甘肃风电、煤电的大规模开发、打捆外送和大范围优化配置，有效缓解华中地区用电紧张局面。

中国首个特高压交流工程——晋东南—南阳—荆门1000千伏特高压交流输电试验示范工程：线路长640公里，一期工程于2009年1月投运，是世界上第一条实现商业运行的特高压交流输电工程。2011年12月二期工程投运，工程输电能力达到500万千瓦，每年可输送电量250亿千瓦时。工程连接华北、华中两大电网，已成为中国南北方向的一条重要能源输送通道，实现冬季华北地区煤电资源的北电南送、夏季华中富余水电的南电北送以及事故支援等功能，取得了十分重要的经济和社会效益。

输电距离最长的已投产特高压交流工程——榆横—潍坊1000千伏同塔双回特高压交流输电工程：2015年5月12日开工建设，途经陕西、山西、河北省、山东4省，全线双回路架设，全长2 × 1049公里。该工程是迄今为止输电距离最长的特高压交流工程，作为华北特高压交直流主网架的重要组成部分，将促进陕西与山西能源基地开发与外送，提高华北地区电网承载能力，有效缓解中东部电力紧张局面。

（3）中国远距离输电工程的经济社会效益

第一，晋东南—南阳—荆门特高压交流输电工程。作为世界首条1000千伏特高压交流工程，晋东南—南阳—荆门交流特高压试验示范工程投运8年来，发挥了显著的电网资源调配作用。冬季枯水季节，湖北通过特高压接受北方火电输入，夏季丰水季节，又通过特高压将西南四川富余水电送到华北电网，缓解了山东等地的缺电状况。水火互济的电力输送模式，不仅有效避免了丰水期的弃水问题，提高了清洁能源的利用率，也减少了华北的煤炭消耗。

湖北化石能源匮乏，全省煤炭储量不足全国的1%，98%的发电用煤需要从外省购入；水电资源基本开发完毕并大量外送，全省用电量60%依靠火电，能源制约的瓶颈问题日益突出。晋东南—南阳—荆门交流特高压为湖北新增北方火电供应500万千瓦，每年可减少电煤运输700余万吨，相当于支援了一个葛洲坝电站。截至2016年10月底，工程累计输送电量556亿千瓦时，最大输送功率达572万千瓦，有效缓解了湖北电网缺电局面。经测算，特高压输电到湖北的电价，低于目前湖北火电标杆电价0.02 ~ 0.07元/

千瓦时，价格优势明显。根据国际绿色和平组织发布的报告推算，特高压每输送1亿千瓦时电能，可使负荷中心减排PM2.5约7吨，PM10约17吨，减排二氧化硫、氮氧化物约450吨[①]。

第二，皖电东送特高压工程。皖电东送淮南至上海1000千伏特高压交流工程已经投运4年，对淮南和华东地区带来了多方面效应。从电厂角度来看，淮南发电企业通过特高压工程每年向华东输送电能约240亿千瓦时，销售收入170余亿元，年利税约30亿元，极大地拉动了地方经济发展。从煤矿企业角度来看，长途运输变就地消纳，每吨煤炭就地消纳30元/吨，远低于运往上海的运费70元/吨，而且大幅减少了运输途中造成的污染，以前淮南马路上烟尘滚滚、运煤大货车排长队拉煤的景象一去不复返。皖电东送特高压工程建成后，受端上海、浙江地区除了新增受电能力600万千瓦、新增受电240亿千瓦时外，每年可以节约燃煤消费1080万吨，相当于长三角地区少投运了6台100万千瓦级火力发电机组，每年减少上海地区二氧化碳排放2100万吨、二氧化硫5万吨、氮氧化物5.6万吨，可以显著改善环境空气质量[②]。

（4）目前存在主要的问题

总体而言，中国特高压具备了世界先进的技术实力和生产能力，形成了一定核心竞争力，但是仍存在一些问题。

一是特高压电网增大了电力系统的复杂性，一定程度上增加了特高压电网的潜在风险，需要建立有效的防范措施体系保障系统安全性。交直流互联与新能源占比增大叠加，电网特性发生了深刻的变化，大电网逐步呈现出形态愈加复杂、区域电网间相互影响与依赖愈加明显、电网中不确定因素逐渐增加等特点，使电网运行面临更多、更复杂的风险因素。如±800kV直流发生闭锁同时换相失败，会产生800万千瓦功率冲击，是常规直流的3~4倍；直流换相失败还要多次再启动，会产生2100万千瓦瞬时功率冲击和800万千瓦反复功率冲击，对电网造成风险[③]。随着电压等级不断和新能源渗透率不断提高，安全性风险有增大趋势。

二是国产特高压设备与国际先进技术仍存在差距，部分关键零部件仍然依赖进口。许多关键零部件国外厂商自己调试，不向中方开放，图纸资料、用户手册和软件等备品配件供货渠道单一，各种板卡和备品备件需要后期维护等，这些都给特高压工

---

① 中国经济新闻网：特高压建起"电力高速路"带来巨大经济效益[N], http://power.in-en.com/html/power-2269268.shtml.

② 新华网：从皖电东送算特高压经济环境效益账[N], http://news.xinhuanet.com/2016-11/01/c_1119830177.htm.

③ 汤涌：第五届中国电力发展和技术创新院士论坛发言，2017-04-27, http://shupeidian.bjx.com.cn/news/20170428/822880.shtml.

程的运行和维护都带来了一定的困扰，也大大提高了工程的运维成本。

4.远距离输电技术对中国实现能源革命的作用

（1）远距离输电技术在能源革命中的作用

远距离输电技术是中国清洁能源发展的战略支撑，是建设全国市场、优化资源配置的重要载体，也是现代电网体系的关键构成。

第一，发展远距离输电技术承载全国范围内的大规模电力流。由于中国能源资源与负荷逆向分布，中国未来将形成多受端、多送端的跨区电力流格局，并且电力流的规模将越来越大，输送距离越来越远，输送的能源类型也将越来越丰富。因此，需要加快发展远距离输电技术，统筹规划合理的电力流向和规模，满足送端地区和受端地区的电力需求。

第二，发展远距离输电技术有利于区域互联，显著提高跨流域水电互补、跨地区余额调剂、错峰避峰、水火互济、减少备用等综合效益。通过特高压输电技术，加快电网建设和区域互联，能够实现跨流域水电互补、跨地区余额调剂、错峰避峰、水火互济、减少备用等显著综合效益。通过电力跨区配置，东中部受端地区可减少煤电建设，新增电力供应以当地建设的核电、区外来电为主，并合理配置调峰电源，促进电源结构的优化调整，促进清洁能源的开发与利用。

第三，发展远距离输电技术，扩大清洁能源的消纳范围和接纳能力。由于清洁能源具有不可控性、间歇性、远离负荷中心等特点，电网在接纳清洁能源时存在以下问题：一是对系统调峰能力提出更高要求；二是清洁能源富余地区消纳规模有限。这些特性决定了，只有在更大范围内实现消纳，才能充分利用全国范围内的调峰资源和新能源消纳空间。这就意味着，要推动水、风、光资源的优化配置，必须大力推进远距离、大容量、低损耗的远距离输电技术发展。

（2）中国中长期电网发展格局

中国生产力与能源资源逆向分布的特征，决定了大电网是未来发展方向。中国现有华北-华中、华东、东北、西北、南方、西藏6个交流同步电网，是基于行政管理区划和电力就地平衡逐步形成的。目前各区域电网之间联系较为薄弱，大范围配置资源能力不强。

结合中长期电力流规划，在现有电网格局基础上，国家电网公司提出电网网架发展方案，中长期来看，将国家电网优化为西部（西北+川渝藏）、东部（"三华"+东北三省+内蒙古）两个特高压同步电网，形成送、受端结构清晰，交、直流协调发展的格局[1]。

建设跨流域、跨区域的特高压主网网架可以实现更大范围的水火互济、风光互补、大规模输送和优化配置，有效解决中国西部地区清洁能源的大规模开发和消纳难题，保障清洁能源高效利用，解决东部地区的可持续发展问题。

5.推动远距离输电技术发展的战略定位和政策建议

（1）战略定位

远距离输电技术是建立"以电为核心"现代能源体系的关键技术。中国能源结构调整，要求以电力为中心，提升能源之间相互转化的能力，实现能源的综合利用。近年来，中国能源安全形势严峻，化石能源日益短缺，能源需求不断增大，对外依存度偏高，环境污染日趋严重。解决当前能源发展面临的突出问题，保证国家能源安全，关键在于坚持以电力为中心的能源战略。通过大力发展远距离输电技术，一方面可以充分发挥电力的能源交换枢纽作用，方便多种能源之间相互转化，实现能源的综合利用，确保用户侧能源消费的安全性和可靠性。另一方面，以电力运输代替一次能源运输，缓解煤炭石油运输紧张问题，扩大可再生能源发电规模，能够充分利用中国的可再生能源资源，实现可再生能源的大规模生产和远距离运输，最终实现对化石能源的替代。

远距离输电技术是推动"走出去"战略的优势领域。中国是当今世界上特高压项目建设和投产最多的国家，具备丰富的工程经验，通过特高压工程建设培养了一批特高压产品研发和工程实施的人才队伍。总体上讲，中国特高压电力装备制造具备了世界先进的技术实力和生产能力，随着巴西美丽山等海外特高压直流工程的顺利开展，中国特高压直流技术已经成功走出国门，成为高铁之后的又一张"国家名片"。

在特高压国际标准领域，中国也占有主导地位。目前已有三项由中国主导制定的IEEE特高压标准正式出版，包括交流1000千伏及以上系统电压调节及无功补偿导则（IEEE P1860）、交流1000千伏及以上电气设备现场交接试验导则（IEEE P1861）和交流1000千伏及以上输电系统过电压与绝缘配合的推荐经验（IEEE P1862）。2013年，IEEE特高压交流输电系统技术委员会成立，中国担任主席国并主导委员会工作，助推中国特高压输电技术及装备输出，显著提升中国在世界电网标准领域的影响力。中国特高压标准成为国际标准，标志着中国特高压技术达到国际领先水平。

---

[1] http://www.sgcc.com.cn/xwzx/gsyw/2015/12/330711.shtml.

远距离输电技术是落实"一带一路"倡议、实现与周边国家能源互联互通的重要基础。基础设施互联互通是"一带一路"建设的优先领域。在尊重相关国家主权和安全关切的基础上，沿线国家通过加强基础设施建设规划、技术标准体系对接，可以逐步形成连接亚欧非之间的基础设施网络，加强能源基础设施互联互通合作，推进跨境电力与输电通道建设。依托远距离、大容量、低损耗的远距离输电技术，打造"一带一路"经济带输电走廊，实现亚太地区电力电网基础设施的互联互通，共享能源电力发展成果。针对"丝绸之路经济带"沿线各国资源禀赋各异、能源经济互补性较强的特点，中国可以发挥区位优势，通过远距离输电技术将周边国家富裕电力送至中国负荷中心，促进周边国家经济发展的同时给中国带来低成本电力供应。同时，提高"一带一路"沿线国家电网转供能力，将保障互联互通电力的安全可靠送入。

（2）政策建议

一是以大规模可再生能源基地集中开发外送为契机，推动特高压及各类新型远距离输电技术研究。以中国风电、水电、太阳能基地的大规模开发并网为契机，为实现全国及跨国范围超大容量、超远距离的电力输送和可再生能源消纳，研究特高压技术装备，重点探索特高压交流技术装备、特高压直流技术装备，在一些特殊应用场景，受特殊条件和极端环境的限制，常规输电技术难以满足应用需求，需要研究新型输电技术装备，重点探索半波输电、超导输电、无线输电、管道输电等新型输电技术。

二是加强特高压电网控制和仿真技术研究，降低故障连锁反应等安全性风险。目前特高压输电技术主要面临三点安全性挑战：一是电力电子特征凸显，连锁故障风险增加，多时间尺度动态过程相互影响，稳定形态更加复杂，仿真分析难度加大；二是故障对互联电网联络线的冲击日趋严重，功率波动引发全网连锁故障风险显著增大；三是受电源结构深刻变化影响，受端电网电压稳定问题日益突出。未来需要加强相关技术领域研究，掌握电网特性的仿真分析技术，互联电网联络线功率分析与控制，受端电网电压稳定评估与控制技术，降低特高压电网安全性风险。

三是巩固特高压"走出去"技术优势。在保持直流技术国际领先的基础上，进一步巩固已"走出去"的优势，形成"中国制造""中国引领"的国际一流品牌，在目标市场扩大企业影响力，为后续中国的特高压交流输电技术和设备走出国门打下良好基础。

四是坚持全面、科学、系统地评估远距离输电技术经济社会综合效益，有序发展特高压输电技术。特高压电网具有安全风险高、投资和建设规模大的特点。对国家重大工程的评估，应该科学、系统地全面评估经济性、安全性和社会综合效益。根据特高压电网的投入产出关系，在构建经济、安全、社会综合效益指标体系的基础上评估特高压电网，有序发展特高压输电技术。

五是加强特高压工程的前期规划和论证工作。特高压输电技术实现了中国在世界输电领域的多个引领，但是作为一项创新技术，特高压输变电工程又具有其自身的特点，尤其需要科学严谨的前期研究工作。特高压电网工程从前期规划设计到最后投入运行一般都需要5-8年甚至更长的时间，且通常需要跨越多个省份，输送距离较远，跨省协调工作量大，安全风险高。因此，在各个规划期都应组织相关研究机构论证特高压电网的发展问题，并保证规划期内根据边界条件的变化，及时滚动调整特高压电网的具体目标和实施方案。

（五）核电

未来十年是核电发展的关键分水岭。自第一次石油危机爆发至三哩岛核事故，全球建造投运的约170台机组，到2020年已达到40年运行寿期，如不考虑延寿情况，大量机组将集中退役。意味着未来十年，全球近三分之一核电满寿期退役，新建核电能填补旧核电退役，新增核电能否顺利实现产业接续，将成为关键问题。

1.全球核电发展的基本历程

（1）全球核电发展呈现周期性波动特征

世界核电发展历程，就是核事故爆发及解决的过程，呈现周期性波动特征。20世纪六七十年代核电出现了第一轮增长期，全球经济高速增长和能源供应短缺推动了核电快速发展，部分年份的核电投产机组曾超过30台，随后受到三哩岛等核事故影响，核电发展放缓。20世纪90年代末核电出现了第二轮增长期，对三哩岛、切尔诺贝利事故的反思，推动了核安全技术不断进步，安全监管日臻完善，气候变化与能源安全问题促使核电再次受到青睐，全球核电迎来新一轮发展期，至日本福岛核事故爆发，核电再次进入低潮。日本福岛核事故引发了人们对核电安全的进一步思考，纷纷对核电安全技术及监管方式提出更高的要求，核电进入第三轮波动周期。

（2）历次重大核事故对核电发展的影响

历次重大核事故对核能发展产生深远影响。一是规模上，装机增量显著缩水，但对发电存量影响较小。切尔诺贝利事故后，核电年均增量由25台降低到不足5台；但核电年发电量并未减少，相反随着针对安全运营的投入增加，非计划停堆次数减少，容量

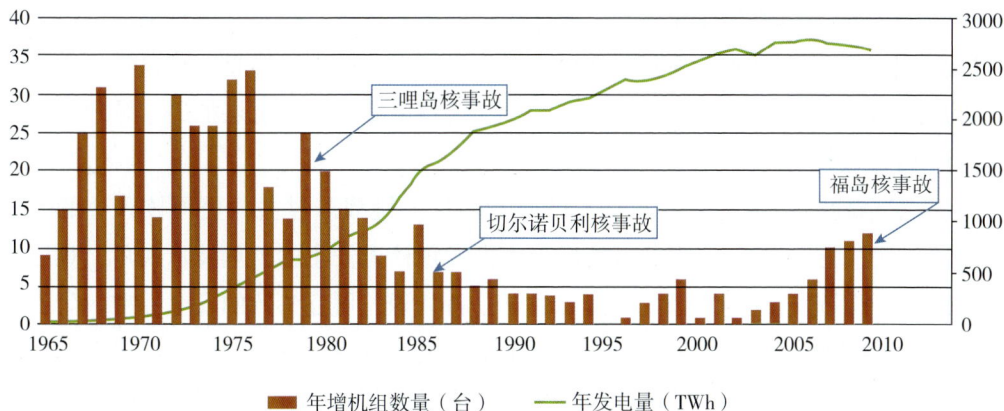

图46　核电年均装机规模及发电量

因子提高，发电量不断增加。二是技术上，推动核电技术不断升级。针对人因误事故，完善操作序列，杜绝操作失误；增加"纵深防御"的技术屏障，促使二代技术持续改进，推动三代、四代核电的研发，显著提升核安全技术水平。三是体制上，核安全监管日臻完善。三哩岛事故后，美国建立了企业安全文化、INPO行业安全自律、国家监管三大系统，保障核电全面、全程监管。切尔诺贝利事故后，国际原子能机构升级核安全标准，完善运行规程，公布《通报核事故公约》和《核事故与辐射紧急情况援助公约》，建立国际核能责任体系。四是政策制定中，更加注重风险沟通及公众参与。核电技术的复杂性，让普通民众不可避免存在认知屏障，产生抵触情绪。核事故后，民众对核辐射产生强烈担忧，各国政府开始注重风险沟通及公众参与，以赢得公众对发展核能的战略认同。

（3）核电发展是安全问题不断暴露并解决的过程

历次核事故中的问题不断暴露、又不断解决的过程，构成核电安全发展的内在规律，也形成了核电发展的周期。核电技术从最初关注工程设备，到人因操作，再到当前应对自然灾害，构成了核电技术不断发展的主线。工程设备的可靠性不断增强，操作流程不断规范，逐渐取代了人的行为。下一步妥善应对自然灾害，处理好灾害引起的"剩余风险"，将成为核电第三轮周期发展的重要方向。

（4）核电的特殊性使核电安全发展面临诸多挑战

在本轮发展周期内，核电的特殊性使得核电安全发展面临诸多挑战。核电是高度敏感、重大事故影响深远，需要配套国家现代治理能力的清洁绿色的跨代能源。这种特殊性对科学决策水平、公众参与、安全监管等方面提出了更高要求。例如，政治决策与技术决策的考虑范畴存在差异，科学决策的定量依据支撑不足，核电科学决策水平有待提升；公众沟通缺乏共同的话语体系，过于专业的技术信息，难以转化为普通民众的安全感；可再生能源成本快速下降，加之核电安全监管层层加码，导致核电发展的经济性面临挑战等等。

生态安全标准空白是核电安全发展面临的重大挑战。过去，美国核管会的安全标准曾发挥过重要作用。三哩岛事故后，人们发现核电安全的工程技术视角，难以有效缓解人们对不确定风险的恐慌，需要建立具备共识、可互参照的安全标准。为此，美国核管会创造性地提出了核电安全的两个千分之一目标：一是对核电周边个体，因核事故导致立即死亡的风险，不应超过全社会成员因其他事故导致同类风险总和的千分之一；二是对核电周边的个体，因核电运行所导致的癌症死亡风险，不应超过其他原因导致的癌症死亡风险总和的千分之一。在过去三十多年的发展中，基于两个千分之一目标框架下的安全标准体系不断成熟完善，为核电长期的安全发展提供了重要保障。

当前，两个千分之一标准已难以满足人们日益提升的安全需求。福岛事故后，这一标准的不足已愈加显现。从实践情况看，目前全球核电站的安全运行情况，均满足两个千分之一的目标要求，特别是福岛事故，并未出现因核辐射导致人员死亡的事件，所增加的癌症死亡风险仍在全社会可控的风险之下，但民众仍难以接受核电。也就是说，核电的发展，并未增加全社会个体死亡及诱发癌症的总体风险的千分之一，但是公众对核电的忧虑却未见减少。究其原因，三十多年前所设定的两个千分之一的安全标准，在当前难以满足人们日益提升的安全需要。对日本福岛事故的质疑包括对海洋生态的影响，而在中国内陆核电质疑声中，也有对长江生态影响的担忧。然而，有关生态安全的相关要求，却并未包括在两个千分之一的安全目标范围内。

生态安全标准空白，引发了一系列问题。人们关心核电对周围水体及水产品的影响，特别是担心核事故对生态的影响。然而基于传统工业安全标准的评估体系，难以有效度量相关生态影响，也很少涉及各类工业领域生态影响的综合比较。安全基准的缺失，使得安全描述的参照难以统一，公众对核电的信心难免摇摆。此外，由于缺乏定量的生态安全目标，安全标准提升的科学依据也显不足，导致一些安全设施层层加码，核电建设运营的成本不断攀高，其真实的效果也难以评估。上述问题不断传递并累积，最终进入核电决策，增加了核电决策的复杂性。

2.主要国家核电发展历程及其启示

（1）长期稳定明确的核电发展战略是推进核电发展的必要条件

法国把核电定位为能源发展的重要战略选择。法国政府在首次石油危机后，公布了著名的"电力全部使用核能的政策"，并确立了标准化和系列化的发展路线与规划，此后逐渐用核电站替代了化石燃料电站，直到核电占电力需求的3/4。法国从70年代至今一直保持核电发展的连续性，赢得了先发优势，走出了一条自主化的成功之路。

日本核电的战略定位清晰明确。《原子能开发利用长期计划》是日本核电开发和利用的基本纲领。该计划从1956年开始制定，每5年修订更新一次。1978年起将核电定位为本国21世纪的"基轴能源"，使公众和企业界对国家政策具备了清晰的认识，促进了核电工业体系、基础研发和核燃料配套体系的建立与完善。日本在切尔诺贝利后的二十年间，从一个核电技术引进国，发展为核电技术出口国，核电也为经济建设提供了约三分之一的电力。

韩国的核电规划导向，加速核电自主化发展。韩国为实现核能长期政策目标，自1997年起每5年制定一次《全面核能促进计划》（CNEPP），内容包括：长期核政策目标、基本方向、各领域目标、预算及投资计划等。明确的产业规划导向，对集中韩国有限的人力资源和财政资源，全面实现核电自主化和创新民族自主品牌，加强核领域竞争力起到积极促进作用。

（2）政府出台各种支持性政策促进核能的兴起与发展

美国出台优惠政策，鼓励核电建设投资。1955～1962年，在核电起步阶段，美国原子能委员会明确界定了政府与企业各自的职责，先后4次出台优惠政策吸引私营企业参与核电建设，带动了核电投资，促进了核电大发展。美国核管会还修订许可证发放制度，简化审批程序，大大提高了核电发展的效率。进入21世纪后，美国国会颁布《国家能源政策法》，规定有关税收减免、贷款保证及投资支持政策，以鼓励企业投资建设核电。

日本在核电发展不同阶段，采取各种税费优惠，减低核电综合成本。技术上，与电力公司合作建设各系列的首台机组，负责新技术的研发至中试阶段，成熟后再转给企业投入应用。财税上，通过财政手段筹措相关投资费用，例如《促进电力发展税法》规定特种账户，逐年对核电等新兴能源给予税收优惠。

印度采取政府补贴和财政支持方式，降低企业风险。印度原子能部2004～2005年用于支持核能发展的财政预算达到9.63亿美元，其中原子能项目预算为5.4亿美元，核电项目的预算达到4.24亿美元。

（3）持续稳定的规模发展有利于形成配套完善的核电工业体系

核电投资业主、提供核电核心技术和设备的主供应商，以及负责工程设计与管理的专业化工程管理公司（AE公司）构成核电工业体系的三大主体。各主要核电国家为适应核电发展的需要，分别在不同时期对工业体系进行了必要的改组和调整，逐步形成了符合国情的核电工业体系。在推进工业体系调整方面总体上呈现出以下几个特征：一是政府导向；二是核电产业相对集中控制；三是市场化方向；四是注重主供应商、业主和AE能力培育。

美国早期由大企业主导，形成多业主、充分市场化的发展模式。早期，少数公司主导。20世纪中叶，西屋、GE等公司在参与军用核动技术开发的基础上率先掌握民用核动力技术，成为核电主设备供应商。核电起步之初由主供应商联合AE（工程管理）公司向业主提供总承包服务。发展期，多元并存。20世纪70年代美国核电高速发展，更多有实力的专业化工程管理公司（AE）进入核电工程建设业务领域，以灵活多样的方式为核电业主提供工程项目服务，迅速成为美国核电建设市场主体。也有部分更具雄心的、自主推进规模发展的核电业主企业，选择自行承担工程建设和管理功能，从而形成了"业主+AE"模式。由于美国国家大、市场化成熟、中小电力公司多，形成了上述多元化的混合体制。

法国引进管理，结合国情形成单一业主兼AE、主供应商分设的体制。法国引入美国技术和管理的同时，结合国情全面改组原有核工业体系，形成了目前的核电工业体系架构，分工如下：原子能委员会专门从事军用核技术和核基础研发，核燃料循环业务由专业化公司负责经营，原子能委员会与法国电力公司等以股份制形式组建法玛通公司，后重组为阿海法集团，发展成为全球最具实力的核岛主供应商。法国电力公司作为业主与AE一起，全面负责全国所有核电站投资、建设和运行。

日本工业基础雄厚，加速消化形成多业主、主供应商兼AE的体制。日本在决定发展核电时已经有比较发达的工业基础，三菱、东芝和日立等企业从美国西屋和GE引进技术后，很快成为核电主供应商集团，向业主提供核电建设的"交钥匙"服务。日本分区供电模式，九大电力公司在先期取得核电建设和运营经验后，开始各自独立开发和投资核电站，借助主供应商强有力的支持，形成了以各区域电力公司为业主、分区发展的格局。

韩国政府主导，逐步放开，形成业主与AE及主供应商一体化的体制。韩国电力公司作为唯一的核电业主，独立承担投资、建设和管理的多重角色，并在政府主持下持有韩重（斗山重工前身）41%股权，着力扶持其向核岛主设备供应商方向发展。在实现自主化目标之后，韩国电力公司又将韩重股份转出，使主供应商实现相对独立的市场化经营运作。

（4）引进技术再创新是后发国家实现自主化发展的成功之路

从引进技术到自主化发展的过程中，部分相对后发的核电国家在实践中创造了许多成功经验，尤其是法国和韩国一些类似的共同做法值得借鉴。

一是政府合理组织和庞大投入，提高本国的核能技术自主化水平。在引进成熟技术基础上，政府出资组织或资助企业以合作的形式进行核能技术研发，直到进入中间试验或商业化阶段，为实现自主化发展。日、韩等国对引进技术和自主研发方面的投入进行了较为合理的安排；在引进技术和自主研发的投入资金比例方面，韩国为1：4，日本为1：8。

二是在推进自主化发展的过程中坚持以政府为主导，统筹安排相关人力物力，高效推进自主化。主要包括：政府主导对工业体系进行适应性调整；支持主供应的培育和形成；组织专业化的AE力量，对设计、设备供应管理、建设和运行经验反馈三种能力进行整合。

（5）保证公众享有对核能相关重大事项的知情权与决策参与权

在核电发展的各个重要环节上，欧美各核电国家都把充分尊重公众的知情权与决策参与权作为确保核能顺利发展的重要社会条件。世界各核能大国都建立了核能发展与核电安全管理决策的公众介入机制。

美国核电站立项前有两轮公众调查，公众享有否决权，同时地方议会也得以参与。美国原子能法明确规定了公众听证制度，涉及许可证的准予、暂停、废除、建造许可、运输控制等的申请，以及与许可证相关法规颁布等活动，都要执行听证程序。

法国核电站立项之初，有一轮由社会各个层面的人群通过互联网、社区专题会议、地方议会等形式参加的全民讨论程序。法国核电安全当局高度强调核电决策的公开透明，对公众客观地提供核情报。法国政府有关部门建立核电站周围社区居民的福利优待，使核电站周围400万个终端用户能及时了解核电站的真实情况，特别是核电的风险评估、信息交流和管理水平。

日本自1996年以来也实现了公众否决权。由公民投票决定是否可以在本区域内新建核电站。日本的核电安全当局通过网页向公众公开核设施事故、放射性控制等情况。

（6）建立相关法律体系保证核能健康有序发展

完善的法律体系为政策制定提供依据。世界各主要核电国家在发展之初都制定了《原子能法》，并且随着核电的发展相继制订各分支领域的专业法，由此组成完善的原子能和平利用法律体系，使国家制订相关政策时有法可依，最大限度减少了决策随意性。

美国于1946年颁布《原子能法》，后于1954年进行修订。该法对民用和军用核活动的各个领域都给予明确规定，内容涉及核材料使用和管理、核设施开发与研究、组织管理体制、国际活动等相关各方的权责利等。

日本于1955年制定《原子能基本法》，规定了管理机构和研发机构的设立、核矿物的开发和取得、核燃料管理、反应堆管理、专利发明、辐射危害的防止、补偿等方面的内容。

印度早在1948年颁布《原子能法》，1962年修订，规定所有核电及相关核燃料循环活动全部由中央政府控制，体现出印度政府对原子能事业的宏观管理要求。韩国、法国等核电国家也都建立了较为完整的原子能法律体系。

（7）以权威独立的监督管理为核活动与核设施安全提供保障

各核电发达国家高度重视核辐射安全监管，建有相对独立的核安全监管机构，为其提供人力、物力和财力支持，确保在安全监管法律框架下有效实施，有效保证核设施建设和运行的质量与安全。

美国核管制委员会（NRC）负责对全美的民用核设施、核材料实施独立的核安全监督管理，下设独立的两个咨询委员会及一个核安全与执照审议团，负责就有关核安全监管重大问题提出咨询意见及举办听证活动。国家从经费和人员配备等方面确保NRC各项职责的有效履行。

法国核安全监管机构主要是核安全与辐射防护总局（DGSNR），负责制定实施民用核设施安全领域政策和措施，代表国家保障法国核安全和辐射防护安全，向公众通报核安全信息，下设辐射防护与核安全研究院（IRSN）作为主要技术后援单位，负责核设施及有关活动相关的研究、审评和鉴定。同时，法国在各主管部门和原委会之间设立总统/总理领导下的跨部委机构，以协调核电工业政策与军民结合等重大问题，避免核监管机构做出不利于核电工业发展的片面决定。

日本核安全监管机构由内阁府、文部科学省和经济产业省组成，并担负有不同的核安全监管职责。内阁府下设原子能委员会和原子能安全委员会分别负责对原子能的研究、开发及利用政策的审议，以及对行政部门所实施安全审查的再审查，并举办公众听证会。文部科学省负责发电以外其他类型核设施安全监管。经济产业省设立的原子能安全保安院（NISA），负责对能源设施及其工业活动进行核安全和工业安全监管。

3. 构建中国核电安全发展战略

（1）核电安全发展的科学内涵

人类从古至今始终面临安全的问题，总体呈两种安全态势：一是自然因素导致的生存安全威胁，如野兽威胁、自然灾害、饥饿等；二是人为因素导致的安全威胁，如旨在争夺生存空间的人类战争、超越自然承载能力的盲目发展，大量温室气体排放导致的全球气候变暖问题等。

安全是对风险可接受程度的度量，是相对而非绝对的概念。安全是一定范畴下的利益和代价的平衡，是动态而非静态的概念。评价安全水平时，须有统一的尺度，即如何度量安全。考虑安全问题时，须从其发生的可能性和其导致的后果两方面来衡量。科学界多数接受用"风险"的概念来度量一件事情的安全水平：风险=事件发生的频率×事件导致的后果。

本质上，安全是指将风险控制在可接受的程度，不可能完全消除风险。核安全所涉及的内涵因素以技术为主。一是核电厂的技术安全。这是核安全所涉及的各方面中最清晰的部分，经过五十余年的发展和大量研究，人们可以对核电厂安全的绝大部分问题给出合理的技术解答，也可对核电厂的安全水平给出定性和定量的评估。二是核能利用的全过程中对放射性危害的有效技术防御。有效的技术防御应贯穿两条主线。项目全周期，即选址、设计、制造、建造、调试、运行和退役；燃料全周期，即核资源的开采、冶炼、制备、发电、后处理及处置。

（2）构建新时代核电安全发展战略总体思路

总体思路：以提高国家安全、能源安全、生态文明为出发点，探索核电生态安全体系，引领全球核电发展梯队，建设世界先进一流的核安全体系、核能工业体系、核能科技自主创新体系、核燃料闭合循环体系，打造核电强国。

第一，把核能放在能源发展的重要位置。未来很长一段时间，中国将在面临能源转型"两线"作战。一线战场，解决能源需求问题，完成工业化、城镇化。二线战场，面临的生态环境治理的压力愈加严峻。这将决定着中国迫切需要有份额的清洁能源。核能对于中国的能源发展不可或缺，是中国战略必争的能源支柱之一。

第二，把生态安全放在核电发展的重要位置。坚持安全第一的根本方针，确保公众、生态的安全。核事故具有突发性、难以恢复性、极度敏感性以及修复艰巨性等特点，核电对安全性的要求远远高于其他能源产业，一旦出现核事故，不但影响当前核电发展势头，而且会危及社会稳定乃至政局稳定。中国已向国际社会承诺，担当核安全的国家责任。

第三，建立全过程全行业的核电安全体系。核电安全贯穿核能开发、利用的全过程并涉及全行业。独立的安全监管是确保安全的重要措施，但归根结底，安全来源于良好的选址、设计、制造、建造、调试、运行和退役。必须建立和完善"全过程、全行业"的核电安全体系，把生态系统纳入核电安全的考虑范围。在核电设计、建造、运行等方面具有先进性，保障稳定持续的电能供给能力。保障全寿期、全产业链、燃料循环全体系全面协调可持续发展。依托科技产业项目，完成自主化任务，全面提升中国核电科技研发、装备制造水平。制定和完善核电法规体系，健全和优化核电安全管理机制；完善核电监管体系，加强在建及运行核电厂的安全监督检查和辐射环境监督管理。建立健全国家核事故应急机制，提高应急能力。建立核能重大科技、重大技术装备、重大示范工程和技术创新平台"四位一体"的国家核能科技创新体系。以百万千瓦级先进压水堆为主，积极发展高温气冷堆和商业快堆和小型堆等新技术。同步完善核燃料供应体系及后处理体系，满足核电长远发展需要。

第四，探索核电的生态安全标准。探索核电的生态安全标准是中国跻身世界前列的历史使命。中国有望在第三轮核电波动周期中，跻身全球核电发展第一梯队。历次波动发展期也是新老交替的历史窗口期。当前全球正处在第三轮周期中，核电技术梯队正在逐渐发生更替，俄罗斯、韩国的核电技术在全球市场仍然获得了较高的认可，中国也开始进入英国的核电市场。构建生态安全标准也是工业文明迈向生态文明的重要阶梯。在各类变革举措中，标准的建立，使得矛盾可以度量，有利于凝聚力量取得突破。建立生态安全标准，将为工业文明的自我变革奠定重要基准，成为文明转型的关键一步。任何一轮文明的诞生，往往是在最为困难环境下成功应战的结果。福岛核电事故将全球工业文明的短板，暴露在了更加突出的位置。从这个意义上讲，核电工业已被推到工业文明转型的历史前沿。

在宏观思路上，可考虑按照三步走路径，探讨构建"三个千分之一"安全目标框架下的核电生态安全标准体系的总体路径。

第一步，聚焦人民群众的核心关切，择选典型评估对象，开展试点示范，建立核电生态安全标准的培育机制。在做好公众健康风险评价、放射性环境影响、热污染环境影响评价的基础上，进一步聚焦群众的核心关切，根据实际情况择选典型评价对象开展试点示范，扩展比较其他工业活动的影响，结合现有数据和事实，开展生态安全风险评估试点，初步建立以数据和事实为基础的可对话、可质询、可优化的生态安全标准培育机制。

第二步，丰富生态安全目标的内涵，加强评估能力和机制建设，构建核电生态安全标准的升级机制。在总结试点示范经验的基础上，丰富生态安全目标的内涵，有序拓展风险评估的领域与对象，通过规范安全评价导则等方式加强评估能力建设，通过信息公开、公众参与等多种形式，构建核电生态标准有序升级的更新机制。

第三步，夯实风险数据基础、完善生态风险评估体系，拓展建立核电生态保险和再保险体系，构建生态安全标准、核电技术、生态安全保险三者互动制衡的良性发展机制。随着数据及事实的不断累积，生态风险评估体系的不断完善，需择机考虑引入核电生态保险和再保险体系，大幅提升国家生态风险评估能力和风险防范化解能力，使之成为国家现代治理能力的重要组成部分。依托各类风险的综合比较，通过成熟的风险评估体系，将核电生态安全标准提升，传递到生态保险的浮动变化，反哺核电升级的技术投入，最终形成技术投入、标准提升、生态责任三者良性互动的发展机制。

4.核电安全发展的路径及对策

（1）建立安全、权威、稳定、高效的核能发展战略体系

以"战略必需、生态安全、标准引领、协同稳步"为指导方针，充实完善"确保安全基础上高效发展核能"的发展战略政策体系。以全面、协调、可持续发展的科学发展观为指导，制定一个具有强制性、权威性的发展战略规划，经过充分的、科学的论证，涵盖核电的战略定位、发展方针、发展目标、技术路线、技术研发、产业布局、核燃料循环配套、资源保障、设备制造自主化、人才培养等重要内容，真正成为国家能源规划的重要组成部分。

一是坚持用科学发展观积极推进核能发展，提升核能在中国能源发展战略中的地位，将核能纳入国家能源发展规划。

二是要加强核能战略规划的研究和制定工作，落实组织及经费，切实搞好核能发展战略规划，合理确定核电发展规模，明确建设重点，优化项目布局，编制颁布具有权威性的国家中长期核能发展规划。

三是要规范战略规划实施的主体及程序，明确政府部门、企业及科研机构的职责和权利，使战略规划得以真正实施，落到实处，收到好的效果。

四是围绕"自主设计、自主研发、自主制造、自主运营"进行战略研究、政策讨论、制订规划计划过程中的一些重大战略决策问题，重大技术路线、技术政策问题，凝结到国家的政策文件中去，落实到建设项目。

（2）建立以《原子能法》为核心的核能法律法规体系

亟须建立原子能法律体系，相关重大决策以及核活动的开展提供法律依据。中国

自提出制订《原子能法》以来已经20余年，历经几起几落，直到今天，《原子能法》的调整原则尚在进一步论证中，与核能发展相关领域的专业法更是缺位。立法严重滞后使得核能发展遇到的矛盾和问题不得不依靠临时发布政策来调节，这种状况与中国核电发展的要求是很不相称。

一是抓紧《原子能法》起草工作，为核能发展提供法律保障。注重原子能法的有效性和可操作性，在核事故的信息通报方面，要在立法中明确信息通报的及时性和真实性，也要确保信息的全面性。

二是相关专业立法配套工作按轻重缓急有序推进。核损害赔偿、乏燃料管理、放射性废物管理等法规，都应尽快出台。力争在2020年前，建立起一个比较完善的原子能法律体系。

三是完善核电安全法规和制度，严格安全执法和监督，严肃劳动纪律.和操作规程，加强核事故应急体系建设，确保核电安全平稳运行，做到万无一失。

（3）建立分离、独立、权威、专业的核电安全监管体系

依据各国核监管改革趋势，针对中国存在的现实问题，确立"分离、独立、权威、专业"的四项核电安全监管改革方针，防微杜渐，增强核安全监管能力，以适应未来中国核电规模发展的需要。

一是职能适当分离。中国核电的行业管理与安全监管部门在形式上基本实现了分离，因而当前的主要工作应当是部门职能的明确。

二是强调专业性的立法与专业性职能。针对核能的立法应当既包括推动核能发展的内容，也包括保障核电安全的内容，任何一方面的缺失都会影响核电产业的健康发展。极为重要的一点是，核电安全保障除了基本的核设施与核材料安全监管等之外，还应当包括第三方核责任的承担与核应急。

（4）探索构建满足三个千分之一安全目标框架下的核电生态安全标准体系

建议在宏观思路上，可考虑按照三步走路径，探讨构建"三个千分之一"安全目标框架下的核电生态安全标准体系的总体路径：

第一步，聚焦人民群众的核心关切，择选典型评估对象，开展试点示范，建立核电生态安全标准的培育机制。在做好公众健康风险评价、放射性环境影响、热污染环境影响评价的基础上，进一步聚焦群众的核心关切，根据实际情况择选典型评价对象开展试点示范，扩展比较其他工业活动的影响，结合现有数据和事实，开展生态安全风险评估试点，初步建立以数据和事实为基础的可对话、可质询、可优化的生态安全标准培育机制。

第二步，丰富生态安全目标的内涵，加强评估能力和机制建设，构建核电生态安全标准的升级机制。在总结试点示范经验的基础上，丰富生态安全目标的内涵，有序拓展风险评估的领域与对象，通过规范安全评价导则等方式加强评估能力建设，通过信息公开、公众参与等多种形式，构建核电生态标准有序升级的更新机制。

第三步，夯实风险数据基础、完善生态风险评估体系，拓展建立核电生态保险和再保险体系，构建生态安全标准、核电技术、生态安全保险三者互动制衡的良性发展机制。随着数据及事实的不断累积，生态风险评估体系的不断完善，需择机考虑引入核电生态保险和再保险体系，大幅提升国家生态风险评估能力和风险防范化解能力，使之成为国家现代治理能力的重要组成部分。依托各类风险的综合比较，通过成熟的风险评估体系，将核电生态安全标准提升，传递到生态保险的浮动变化，反哺核电升级的技术投入，最终形成技术投入、标准提升、生态责任三者良性互动的发展机制。

（5）加大科研投入，提升核科技基础能力

统筹安排、加大核科技能力建设的投资力度，确保对重大核科技项目、核科技研究试验基地建设的投入，保持核基础科研的稳定经费支持。

一是扩大关键性学科和基础性学科的投入，以积极推进大型先进压水堆国家重大专项的立项，并以落实大型先进压水堆科技示范工程为龙头，加强对三代技术的研究开发投入力度，在2020年前形成中国品牌的大型先进压水堆批量建设能力，为后续核电的更大规模发展打下坚实基础。

二是加强以设计建造原型快堆核电站及其燃料循环技术的研究开发。加强资金投入，支持核能自主创新中的基础研发和引进技术的消化吸收。

三是充分利用全国高校和科研院所的核专业教育资源，统筹规划，建立结构合理、质量优异、竞争开放的核专业教育体系，加强高级专业技术人才、经营管理人才和高级专门技能人才三支人才队伍建设。

四是通过实施各类人才工程，创新人才工作机制，营造用好人才的环境，加强国际合作与交流，拓宽人才成长渠道，最大限度地发挥高层次人才的领军作用，加强科技创新团队建设，提高核科研人员待遇，加大对各类人才的激励力度，充分调动人才的积极性，不断提升创新创造能力。

（6）建立科学决策互动机制，赢得民众对核能的战略认同

重视民众在核电发展决策中的知情权和参与权。提供风险收益的评估信息，允许民众参与核电研讨，在互动决策中，满足国家战略框架下能源、社会、生态协调发展

要求。全方位多渠道科学疏导舆情民意，消除核恐慌。鼓励独立社团等第三方力量参与监督，建设能源教育基地，定期举办免费科普宣传，提振安全信心。

一是行业管理决策部门应珍惜并重视民众对核电的信任，重视民众在核电发展决策中的知情权和参与权。允许民众参与核电计划的研讨过程，在与利益相关方的互动决策中，满足国家总体战略框架下的能源、社会、生态的协调发展目标。

二是安全监管部门如环保部核安全局应进一步增强自己的监管力度，建立透明通报途径，消除民众顾虑。增设核电监控设施，提升辐射信息公布的透明度，降低核电民众的担忧，提升民众的信心。为民众提供核电风险收益的评估信息，帮助人们更好地理解核电的风险及益处。

三是加大对认知敏感群体科普宣传，消除非理性认知。加大对核电的科普宣传，特别对基本辐射知识、切尔诺贝利等核事故的真实危害进行科学的介绍和客观的反映，以减弱多年来核事故谣言造成的负面影响。

四是注重发挥社团组织的公众影响力和感召力。尽最大努力让当地社团（社区）参与进来，通过多元化的媒体宣传，以及发挥他们的公众影响力，增强公众信任，赢得广泛支持。

五是针对性增加核电周边民众的福利水平，解决民众困扰。当地政府当会同环保部、核电企业，对民众所关心的切身利益出发，建立长效健康档案，消除民众不必要的心理恐慌情绪，同时对流域热污染、居民电价等问题进行研究，通过多种形式进行必要的福利补偿。

（六）非常规天然气

1.世界非常规天然气发展现状与趋势

（1）非常规天然气的概念与分类

所谓非常规天然气资源，是指现今无法用常规方法和技术手段进行经济性勘探开发一类天然气资源，其特点是资源规模大、储层物性差，一般孔隙度小于10%，渗透率小于$1 \times 10^{-3} \mu m^2$（邹才能等，2011）。

一般说来，非常规天然气主要包括致密气（致密砂岩气简称）、页岩气、煤层气和天然气水合物等。致密气是指较常规储层更致密的砂岩（碳酸盐岩、火山岩）地层中聚集的天然气，中国称之为低渗透、特低渗透或超低渗透天然气。煤层气是指主要以吸附方式存在于煤层中煤的表面和微裂隙中的天然气。页岩气是指以游离和吸附方式存在于页岩内部微小孔隙、裂缝及矿物、有机物表面的天然气。天然气水合物是指天然气与水在低温高压条件下形成的固态结晶物，又称可燃冰（胡文瑞，2012）。

（2）主要国家非常规天然气发展现状

第一，致密气。全球致密气资源丰富，分布范围十分广泛。据美国联邦地质调查局研究结果，全球已发现或推测发育致密气的盆地大约70个，资源量约210×10^{12}立方米，亚太、北美、拉丁美洲、苏联、中东—北非等地区均有分布。

全球已有美国、加拿大、澳大利亚、墨西哥、委内瑞拉、阿根廷、印尼、中国、俄罗斯、埃及等十几个国家和地区进行了致密气藏的勘探开发。其中，北美地区的美国和加拿大在致密气勘探开发方面处于领先地位。美国致密气勘探开发始于20世纪70年代末。当时，美国天然气产量大幅下滑，供需失衡加剧，美国政府出台一系列税收优惠和补贴政策以鼓励非常规气体能源和低渗透气藏的开发。在政策的扶持下，美国致密气勘探开发率先取得重大突破，1990年致密气产量突破600亿立方米，1998年突破1000亿立方米，2010年达到1754亿立方米，约占美国天然气总产量的29%，成为美国天然气产量构成中重要的组成部分。目前，美国进行致密气开发的盆地主要是落基山地区的大绿河盆地、丹佛盆地、圣胡安盆地、皮申斯盆地、粉河盆地、犹因他盆地、阿巴拉契亚盆地和阿纳达科盆地。加拿大致密气主要分布在西部地区阿尔伯达盆地。1976年加拿大钻成第一口工业致密气井，随后发现的霍得利、牛奶河气田进一步证实了该区致密气良好的发展前景，并发现特大型致密气田。目前，加拿大致密气分布面积6400平方公里，地质储量大约为42.5×10^{12}立方米。

关键技术突破是北美致密气快速发展的主要推动因素。20世纪90年代，通过综合运用水平井钻井、欠平衡钻井、完井和气层保护等技术，北美致密气产量迅速提升，新技术的应用使产气率得到了大幅度提高。

第二，页岩气。世界页岩气资源丰富，可能与常规天然气相当。目前世界范围内对页岩气资源尚没有进行全面评估，大多是根据现有地质资料估算得出的资源量。据Rogner（1997）早期的不完全估算，全球非常规天然气资源量约922万亿立方米，其中近半数为页岩气资源，达到456万亿立方米，主要分布在北美、亚洲、拉美、地中海、澳大利亚等地区。美国能源信息署（EIA）最新发布的结果显示，包括美国在内的世界10个地理区域的42个国家、95个页岩气盆地共137套页岩地层，页岩气地质资源量约1013万亿立方米。页岩气技术可采资源量220.69万亿立方米，相比2011年公布的结果，页岩气技术可采资源量增加了33.67万亿立方米。

目前，全球已有30多个国家陆续开展了页岩气资源前期评价和基础研究，其中，美国和加拿大实现了大规模商业化开发，中国进入了规模化开发阶段，其他国家仍处于页岩开发起步阶段。美国是世界上页岩气资源勘探开发最早、技术最成熟的国家。2015年美国页岩气产量达到4382亿立方米，页岩气产量占美国天然气总产量的47%，成为美国天然气供应的最重要的组成部分（图47）。

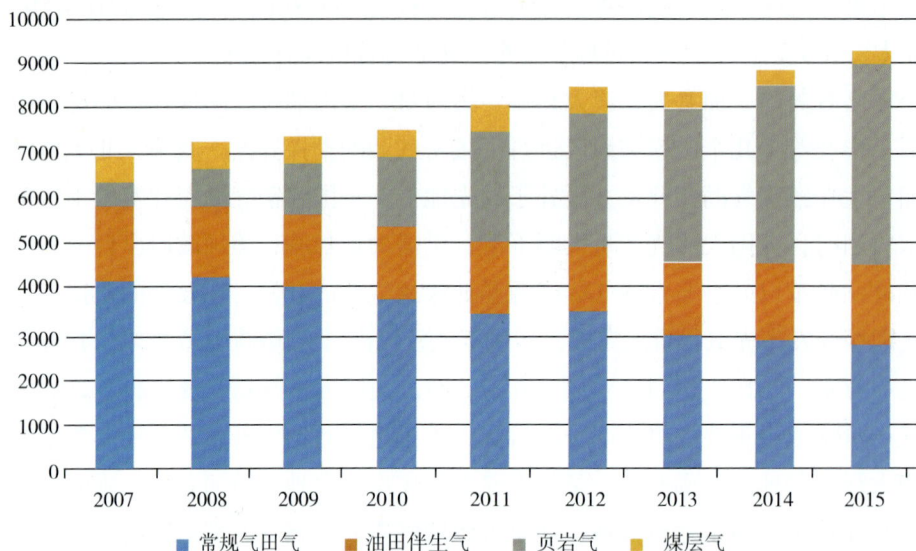

图例：■ 常规气田气　■ 油田伴生气　■ 页岩气　■ 煤层气

图47　美国分品种天然气产量（2007～2015年）

数据来源：美国能源信息署网站。

技术和政策共同推动美国页岩气快速发展。美国页岩气革命成功引发了全球对美国经验的追捧和研究，一般认为，影响美国页岩气革命的五大主要因素是技术、政策、市场、监管和基础设施。

首先，技术进步是第一推动力。由于技术的不断创新，美国页岩气开采成本仅为常规天然气开采成本的一半。据调查，美国鹰滩一口水平段在1500米左右的页岩气井，钻完井周期不到20天，钻完井及压裂成本在0.86美元/立方英尺。

其次，优惠政策给予大力扶持。美国政府投入大量资金或设立专门的研究基金资助页岩气前期技术研发和勘探研究。据估计（中国能源网，2012），从20世纪80年代初至今，美国政府先后投入了60多亿美元进行非常规气的勘探开发活动，其中用于培训与研究的费用近20亿美元。同时，美国政府将对传统油气上游开发的税收优惠政策也移植到页岩气开发领域，对油气行业实施五项税收优惠（包括无形钻探费用扣除、有形钻探费用扣除、租赁费用的扣除、工作权益视为主动收入、小生产商的耗竭补贴等），大大地鼓励了中小企业的钻探开发投资，有力地扶持和促进了页岩气的勘探开发。

再次，开放的市场环境积极促进。美国页岩气勘探开发市场成熟，主体多元化，竞争机制健全。目前有数千家页岩气公司，仅钻机就有2000多台，85%的页岩气产量由中小公司生产。中小公司在率先取得技术和产业突破后，大公司则通过收购和兼并中小公司参与进入市场，形成了中小企业与大企业有机接替、专业化分工与协作的有机结合、产业链各环节资本高效流动的市场竞争环境。

另外，合理监管做重要保障。美国政府十分重视页岩气勘探开发中的监管问题，并将监管权力合理下方给州政府。政府对跨州能源营业活动的监管权分属联邦和州两级。在两者规定冲突的情况下，以联邦法规优先；当联邦标准低于州标准时，则同时实施两套规定。在页岩气监管上，联邦政府通过环境和跨州管道准入监管进行有限介入，何处开采、何时开采、气井标准等实际监管权则下放至各州。

最后，完善的基础设施和第三方准入给予支持。美国天然气管网和城市供气网络十分发达，大大减少了页岩气在开发利用环节的前期投入，降低了市场风险。据EIA统计，目前美国本土48个州管线长度达49万公里，其中，州际管道34.9万公里，州内管道14.1万公里。同时，实行天然气开发和运输的全面分离，管道运输价格受到监管，而天然气价格则完全放开，有力支持了页岩气开发的商品化。

第三，煤层气。世界煤层气资源丰富、分布广泛。根据国际能源署的资料，全球煤层气资源丰富，广泛分布于俄罗斯、加拿大、中国、美国和澳大利亚等国家（表15）。

表15　　　　　　　　世界主要国家煤层气资源量（万亿立方米）

俄罗斯	加拿大	中国
17～113	18～76	37
美国	澳大利亚	德国
22	8～14	3

数据来源：IEA。

美国、加拿大、澳大利亚煤层气率先发展。20世纪90年代美国率先实现了煤层气的大规模开发利用。2007～2009年期间，美国煤层气产量超过560亿立方米，达到历史最高水平，占天然气产量7%。随后逐年下降，至2015年降至335亿立方米，占天然气产量的3.6%。继美国之后，加拿大和澳大利亚的煤层气开发也实现了突破，走上了商业化道路，但是其产业规模远远小于美国。加拿大煤层气产量自2004年后迅速增加，2010年达到75亿立方米，占天然气产量的6%。澳大利亚2005年煤层气产量只有18亿立方米，2010年产量继续快速攀升至74亿立方米，增长了近40%，占澳大利亚天然气供应量的13%以上。

关键技术的突破和经济性的实现是决定煤层气开发走上产业化道路的两大主要因素。一方面，理论和技术突破是煤层气产业化发展的首要条件。20世纪70年代，美国政府投入了约4亿美元，在圣胡安（San Juan Basin）、黑勇士（Black Warrior Basin）两大盆地开展基础理论研究，总结提出了"解吸—扩散—渗流"的核心理论，形成了"排水—降压—采气"的工艺技术流程，完成了煤层气相关基础理论体系的初步构建。之后十年，美国政府进一步加大研究投入，完成了全国范围内的煤层气资源评价，并花费60亿美元进行钻井试验，基本解决了煤层气开采技术可行性问题，提供了煤层气产业化的重要基础条件（工程院，2012）。加拿大发展经验也证明勘探开发技术的突破是煤层气产业发展的先决条件。加拿大通过有针对性地开发适用于本国煤层气资源条件的技术攻关，在多分支水平井、连续油管压裂和氮气泡沫压裂等技术上取得重大突破后，才使单井产量大幅提高，进而实现了大规模生产。另一方面，30年补贴哺育煤层气产业健康成长。美国政府通过税收补贴政策支持煤层气开发项目，补贴来源为依照《原油意外获利法》（Crude Oil Windfall Profit Tax Act）收取的专项资金，即通过对传统能源行业征收暴利金解决非常规能源开发的投融资问题。这项补贴政策分为两个阶段，第一阶段从1980年到2002年，对1980～1992年期间生产的煤层气实施补贴；第二阶段从2003年开始，根据新法案（Energy Policy Act of 2003），补贴门槛是单井产量不高于5.67万立方米/日（2×10^6立方英尺）。政府补贴力度最高时曾达到煤层气市场销售价格的1/2。30年期间美国政府用于煤层气补贴的资金高达数十亿美元。

第四，天然气水合物。据估算，水合物的含碳量为全球已知化石燃料含碳量的二倍以上，是下一代的战略能源。目前，已有多个国家和地区进行了水合物沉积层的调查和研究，并在多个国家和地区的130多处发现了水合物。世界上首次试采天然气水合物的国家是苏联。20世纪70年代，苏联在西伯利亚麦索雅哈（Messoyakha）运用降压法和抑制剂注入法试采水合物。之后，加拿大、美国、日本也先后实施了天然气水合物的钻采工程试验，并取得了重要进展。其中，2008年加拿大Mallik天然气水物试采项目的成功，表明降压法对于水物合物生产是一种正确可取的方法。

2.中国非常规天然气发展状况与存在问题

（1）中国非常规天然气发展现状

第一，致密气。资源潜力大。邱中建（2012）采用类比法，初步评估中国致密气技术可采资源量为10万亿立方米左右，目前累计探明率仅18%，加快勘探开发进度，仍具有很大潜力。中国致密气主要分布在鄂尔多斯盆地和四川盆地，其次是塔里木、准噶尔和松辽盆地，约占资源总量的90%。

关键技术基本成熟。近年来，通过借鉴世界致密气开采的直井、丛式井、水平井分段压裂技术等关键技术，中国致密气开发技术取得长足进步。经过压裂改造，单井产量达到1万～2万立方米/日，产量迅速提升。以苏里格中区气田为例，平均单井日产量1万立方米，单井稳产4年，技术经济性达到较高水平。

储量和产量快速增长。近年来，中国致密气地质储量年增3000亿立方米，产量年增50亿立方米，呈快速增长态势。2011年底，致密气累计探明地质储量为3.3万亿立方米，已占全国天然气总探明地质储量的40%；可采储量1.8万亿立方米，约占全国天然气可采储量的1/3。2011年致密气产量达256亿立方米，约占全国天然气总产量的1/4，成为中国天然气勘探开发中重要的领域。

第二，页岩气。中国页岩气资源潜力大。尽管中国页岩气资源量尚未真正摸清，国内外学者对页岩气资源潜力进行初步估算，估算结果都表明，中国页岩气资源丰富、类型多、分布广、潜力大，勘探开发前景好，具有加快勘探开发的巨大资源基础。2012年3月，国土资源部公布"全国页岩气资源潜力调查评价和有利区优选成果"，中国陆域页岩气地质资源潜力为134.42万亿立方米，可采资源潜力为25.08万亿立方米（不含青藏区）。2015年，根据国土资源部资源评价最新结果，全国页岩气技术可采资源量21.8万亿立方米，其中海相13.0万亿立方米、海陆过渡相5.1万亿立方米、陆相3.7万亿立方米。

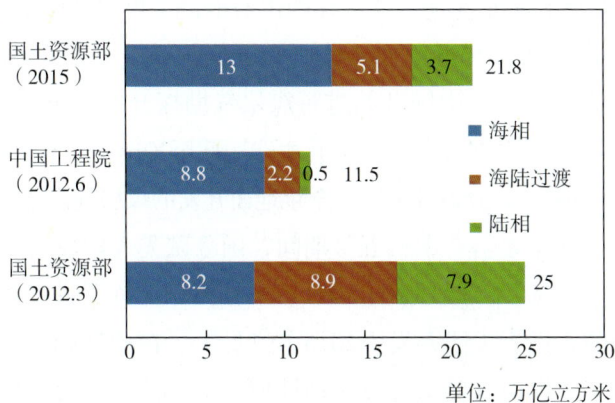

单位：万亿立方米

图48　中国页岩气可采资源量预测结果比较

勘探开发取得突破性进展。截至2015年，全国共设置页岩气探矿权44个，面积14.4万平方千米，探明地质储量5441亿立方米。四川盆地及周缘大批页岩气井在志留系龙马溪组海相页岩地层勘探获得工业气流，证实了良好的资源及开发潜力；鄂尔多斯盆地三叠系陆相页岩地层也勘探获气。在全国范围内建立了多个页岩气国家级示范区，即中石化重庆涪陵示范区、中石油的四川长宁—威远示范区、中石油滇黔北昭通示范区、延长石油的陕西延安陆相页岩气示范区。2016年，全国页岩气产量78.8亿立方米，仅次于美国、加拿大，位于世界第三位，焦石坝、长宁—威远和昭通区块实现了商业化规模开发。截至2016年底，全国页岩气勘探开发累计投入88亿元，完钻探井50口、开发井92口。

政策机制保障加强。2012年，财政部、国家能源局出台页岩气开发利用补贴政策，2012～2015年，中央财政按0.4元/立方米标准对页岩气开采企业给予补贴；2015年，两部门明确"十三五"期间页岩气开发利用继续享受中央财政补贴政策，补贴标准调整为前三年0.3元/立方米、后两年0.2元/立方米。2013年，国家能源局发布《页岩气产业政策》，从产业监管、示范区建设、技术政策、市场与运输、节约利用与环境保护等方面进行规定和引导，推动页岩气产业健康发展。"十二五"期间，探索建立了页岩气合资合作开发新机制，中国石化和中国石油分别与地方企业成立合资公司，开发重庆涪陵、四川长宁等页岩气区块。

第三，煤层气。煤层气资源丰富。根据国土资源部2015年动态评价结果，全国煤层气地质资源30.05万亿立方米，可采资源量12.5万亿立方米，全国分5个大区，华北区资源最丰富，地质资源占比46%，可采资源占比41%；中国煤层气资源主要分布在鄂尔多斯、沁水等盆地。2016年，全国新增煤层气探明地质储量576.12亿立方米，较上年大幅增长，除了鄂尔多斯和沁水盆地，首次在四川盆地提交煤层气储量。

煤层气产业较快发展。20世纪90年代，在开展煤矿瓦斯治理和天然气供需缺口日益增大的双重因素推动下，中国开始进行煤层气勘探开发的研究和实践活动，并在"十一五"期间实现了煤层气的小规模产业化生产。截至2016年，全国煤层气勘探开发投入15.91亿元，共钻探井87口、开发井97口，全年地面开发的煤层气产量44.95亿立方米。

产业政策体系基本建立。"十二五"期间，国务院先后印发《关于进一步加强煤矿瓦斯防治工作若干意见》（国办发〔2011〕26号）、《关于进一步加快煤层气（煤矿瓦斯）抽采利用的意见》（国办发〔2013〕93号）。在此基础上，有关部门发布了《煤层气产业政策》《煤层气勘探开发行动计划》等文件，出台了煤矿瓦斯发电增值税即征即退等优惠政策，不断推动完善煤层气产业政策体系。重点产煤省制定实施配套扶持政策，山西、陕西省在中央财政补贴基础上对抽采利用煤层气（煤矿瓦斯）再补贴0.1元/立方米；湖南省每建一座瓦斯发电站奖励80万～100万元；安徽、河南、贵州等省安排专项财政资金支持煤矿瓦斯抽采利用。

第四，天然气水合物。中国蕴藏有丰富的极地冻土带砂岩和海底砂岩天然气水合物资源，目前估算储量总计83.7万亿立方米，主要集中在南海海区和青藏高原冻土带。目前，中国已取得天然气水合物开发的突破性进展，"蓝鲸一号"钻井平台已投入生产，20项关键技术创新实现突破，并在全球首次实现泥质粉砂型可燃冰的安全可控试采。2017年5月，中国首次在南海成功试采了天然气水合物，连续试气点火60天，累计产气30.9万立方米，创造了产气时长和总量的世界纪录。

（2）存在的问题与挑战

尽管中国非常规天然气进入了快速发展期，但仍存在技术、体制、政策、经济性等多方面障碍。

一是开发技术尚未完全掌握。中国煤层气资源赋存条件复杂，开发技术要求高，对于高应力、构造煤、低渗透性煤层气资源开发，在基础理论和技术工艺方面尚未取得根本性突破，低浓度瓦斯经济利用和采动区地面抽采等技术也有待进一步提高。页岩气方面，深层开发技术尚未完全掌握，对川南地区埋深超过3500米的资源开发面临较大挑战。

二是市场竞争不足。当前，致密气、煤层气和页岩气勘探开发集中于少数中央企业，其他社会资本进入渠道不畅，难以形成有效产量。矿权重叠长期存在，煤层气"先采气、后采煤"政策缺少刚性约束，页岩气有利区矿权多与已登记常规油气矿权重叠。此外，技术服务市场不发达，不利于通过市场竞争推动勘探开发技术及装备升级换代，实现降本增产。

三是扶持政策激励效应趋于弱化。煤层气增值税先征后返等扶持政策在有的地区仍落实不到位，页岩气补贴标准较"十二五"期间有所下降，致密气尚未出台补贴政策。加之国家连续多次大幅调整天然气价格，天然气价格随之下降，削弱和冲抵了税费减免、财政补贴等政策的扶持效果。

四是勘探开发经济性有待提升。页岩气井单井投资大，实施周期长，且产量递减快，对页岩气开发企业具有较大的资金压力和投资风险。煤层气随着开采深度增加，地应力、瓦斯含量和压力增大，煤层透气性降低，瓦斯抽采难度进一步加大。部分区域致密气资源条件较差，开发成本偏高，产出投入比较小，经济效益很差，甚至亏损。

3.非常规天然气在推动能源革命中的作用

积极发展非常规天然气，既是支撑油气行业未来可持续发展的关键，又是跟随和引领世界油气生产革命的抓手，对于保障中国能源供应安全、推动能源生产和消费革命、培育壮大相关产业发展都具有重要意义。

非常规天然气是中国天然气增产的重点和保障天然气供应安全的主力。据预测，中国天然气产量将由2015年的1350亿立方米增长到2030年的3500亿立方米，其中增量的80%以上由非常规天然气贡献。未来，随着天然气进口规模的快速增长，对外依存度将随之升高，2020~2030年将超过40%，2050年可能进一步增至50%以上。受资源条件制约，中国常规天然气产量增长潜力十分有限，非常规天然气是保障2030年前对外依存度在50%以下的绝对主力，加大非常规天然气开发力度对于保障天然气供应安全具有重要意义（表16）。

致密气和页岩气是最重要的两个增长点。美国非常规天然气发展的经验证明，致密气和页岩气是非常规天然气的两个最重要的增长极。中国致密气储量情况相对清晰，勘探程度较高，开发技术相对成熟，具备加快开发利用的优先条件。预计2020年前后，中国致密气将构建系统配套、高效、低成本的技术体系，鄂尔多斯、四川和塔里木盆地进入产量增长高峰，到2020年形成370亿立方米的产量规模。到2030年，准噶尔、松辽、吐哈、渤海湾和柴达木等盆地致密气勘探开发也取得突破性进展，致密气产量达到1000亿立方米。中国页岩气资源丰富，勘探开发已取得阶段性突破。预计2020年前后，中国四川和云南等地海相页岩气加速发展，涪陵、长宁、威远、昭通等勘探开发示范区取得重点突破，2020年产量达到300亿立方米。到2030年，南方古生界海相富有机质页岩地层和北方湖相、海陆交互相的富有机质泥岩地层的勘探开发或将全面突破，实现800亿~1000亿立方米的页岩气产量规模。

天然气水合物有望成为引领世界油气生产革命的关键品种。我中国已取得天然气水合物开发的突破性进展，关键技术实现突破，钻井平台世界领先，并在全球首次实现泥质粉砂型可燃冰的安全可控试采，这说明中国天然气水合物开发已处于世界领先地位。过去20年，北美通过水平钻井和水力压裂技术的广泛应用引领了世界页岩油气革命。未来，中国也将依托不断发展的技术和装备，力争在2030年左右率先实现商业性开采，在天然气水合物勘探开发领域形成较强的国际竞争力，引领新一轮世界油气生产革命。

表16　　　　　　　　　**未来中国天然气供应能力（亿立方米）**

	常规气	致密气	页岩气	煤层气	国产气合计	进口气	对外依存度
2015	1260		46	44	1350	614	31%
2020	1300	370	300	100	2070	1500	42%
2030	1300	1000	800	400	3500	2500	42%
2050	1300	1000	1000	400	3700	4300	54%

数据来源：《天然气发展"十三五"规划》，中石油勘探开发研究院。

积极、有序地推进非常规天然气勘探开发。中国非常规油气天然气资源品种多、储量丰富，是支撑行业未来可持续发展的关键。但不同类型资源品质差异大、技术储备程度不同、开采工艺有别，应积极、有序推进。一是优先加快致密气开发，实现对常规资源有效接替。在技术上，重点突破薄储层的直井分层压裂和水平井分层压裂等大型压裂改造技术和低成本钻完井技术，形成系统配套、高效、低成本的技术体系；在政策方面，通过进口仪器税收优惠、勘探费用冲抵上缴税费、适当减免企业所得税等方式，进行一定程度的政策扶持。二是加大页岩气、煤层气投入力度，成为天然气增产主力。加快研究形成与中国页岩和煤层储藏相适应、成熟的且具自主知识产权的勘探开发理论与技术，加快全国页岩气和煤层气资源潜力调查与评价，突破地震解释、随钻测量、旋转导向、压裂监测等勘探开发关键技术和设备。三是将天然气水合物作为战略接替资源，力争尽早实现商业化开发。力争用10年左右时间完成资源普查和开发研究，2030年左右进入商业性开采，力争在天然气水合物勘探开发领域形成较强的国际竞争力。

4.战略定位和政策建议

一是明确定位非常规天然气为促进天然气产量增长的主力军。国家发布的《能源生产和消费革命战略（2016—2030）》，对中国天然气的发展方向和目标已有了明确的阐述，当前一方面要执行好国家已确立的战略部署，同时要制订明确面向2050年的国家天然气发展战略，明确将非常规天然气定位为促进天然气产量增长的主力军，明确其战略目标以及实现的具体路径。油气的传统发展之路是，依靠高投入和资源的相对稀缺性，来攫取巨额垄断利润。面对可再生能源越来越强有力的竞争，油气发展必须转型并进行革命，走低成本绿色开发之路，在战略高度上将低成本绿色发展作为油气革命的主线。

二是深化油气行业的体制机制改革。目前国土资源部已将页岩气列为独立矿种，并进行了探矿权招标，引入了非油气和民营企业，打破了油气上游领域长期被几大石油公司垄断的局面，在油气改革方面迈出了重要的一步。然而，由于70%以上的非常规油气资源和常规油气资源赋存区域重叠，这部分资源最优质的区域尚未引入招标，仍由三大石油公司和延长石油公司负责勘探。下一步应推进对存量油气区块的矿权管理改革，建议通过招标、拍卖、挂牌等市场配置手段管理探矿权和采矿权，同时配套完善矿业权评估制度，竞争性定价制度和矿权转让管理制度，以建立规范的矿业权市场，吸引更多的企业投资和开采油气资源，增加中国油气产量。

三是提高技术创新能力和产业装备水平。较强技术创新能力和较高产业装备水平是支撑油气生产革命的必要条件。建议通过加大科技联合攻关和对外合作，引进、消化、吸收、创新先进技术，掌握适应中国非常规油气资源特点的勘探开发生产技术，加快形成具有中国特色关键技术与装备体系，并实现规模化应用，全面提升本土化装备制造的技术水平，形成自主知识产权。具体而言，在勘探开采技术上，加大钻完井、储层改造和微地震监测等非常规开发关键技术攻关，重点研究攻克适合东海深层—超深层近致密砂岩、稠油以及南海深水油气勘探开发技术等。在装备上，以非常规和海洋油气资源开发装备为重点，支持大型酸化和压裂装备、半潜式钻井/生产平台、钻井船、自升式钻井平台、浮式生产储卸装置、物探船、水下生产系统等关键系统和设备研发。

四是加快天然气价格机制改革。为加快中国天然气发展，应尽快推进天然气价格机制改革，将能由市场竞争形成价格的环节尽快放开价格管制，从而激发市场活力，自然垄断的管道环节由政府监管来定价，从而保障市场公平。稳妥尽快地将井口价和终端用户（除居民）气价放开由市场形成价格，管道输配价由政府监管定价，全面推广居民用气阶梯气价，合理调整居民气价水平，实行可中断用户价格和峰谷气价，对气电价格实行调峰电价。

五是尽快规范和完善财税政策。当前资源约束逐步趋紧，体现资源价值和稀缺性关键在于基于探矿权和采矿权价款及使用费改革，全面落实矿产资源有偿取得制度，推进矿业权的市场化配置。通过市场化配置矿业权可以使矿业权的确定直接与资源的储量、品质等客观因素相关，在资源初始勘探开发阶段明确体现其价值，同时企业取得矿业权后在利益驱动下将尽力去提高资源开采过程中的回采率，形成良好的制度驱动机制。同时，为促进环境保护，调整能源结构是当前重要任务，而天然气是中国近期能源结构调整倚重的能源品种，为促进天然气，尤其是潜力巨大的页岩气、煤层气等非常规资源勘探开发，有必要采取税收优惠政策鼓励，具体可从资源税优惠或减免、以气为主的企业所得税、增值税优惠等予以考虑。

六是加强非常规天然气勘探开发的环境监管。当前，中国已经进入环境污染事件集中高发期，人民群众对环境敏感度不断提高。未来，随着非常规天然气产量的不断提升，环境风险将进一步加大，相关环境问题必须引起高度重视，避免开发过程出现大的污染事故和群体性事件，防止对产业发展的冲击。由此，政府必须在开放准入的同时，创新环境监管制度，承担起监管的责任。统筹管理机构设置与职能，保障环境监管的高效实施；加快完善中国油气开发环境监管的法律、法规、技术标准和规范等的制定和落实工作；加强环境监管基础能力建设与环保技术研发，为实施监管提供技术支撑；健全信息公开制度，拓宽公众参与渠道；提高环境污染惩罚标准，完善奖惩机制。

七、战略和政策

（一）中国能源技术政策演变的主要特征

1.能源技术战略取向，伴随能源宏观形势变化呈现四个不同发展阶段

能源行业是重要基础性经济部门，既对社会经济活动提供重要的物质支撑，也受到宏观经济大势的影响。改革开放以来，随着中国经济发展的不同阶段，能源行业也形成四个不同特色的历史阶段，并形成了相应的战略取向与政策配套。

一是中国能源发展战略的初期探索阶段（1978～1993年）。改革开放以后，为了尽快增加能源供应，国家通过加大能源投资来加速能源工业发展，但由于能源基础设施建设周期较长，因此能源严重短缺成了制约中国经济发展的瓶颈。在这一阶段，中国能源战略的指导思想主要是扩大供应，能源技术战略更多聚焦生产部门的技术引进学习，以解决煤炭、电力等能源供应短缺的问题。

二是中国能源发展战略的调整稳定阶段（1994～2003年）。20世纪90年代末开始，中国能源"瓶颈"对国民经济发展的制约基本上解除。这一时期，中国经济增长从过热实现了软着陆，能源供需关系也出现了多年未能达到的平衡状态，能源供需的"相对过剩"，改变了中国严格控制能源消费的政策，能源技术战略更多侧重提升能源生产的供给质量，注重技术改造升级，并开始关注能源能源消费侧，国家在适当控制生产的同时，采取了优化调整能源消费结构、鼓励清洁能源的技术战略与政策。

三是中国能源发展战略的快速扩张阶段（2004～2012年）。进入21世纪以来，随着中国工业化、城镇化进程的不断加快，中国高能耗工业迅速发展，导致能源需求和消费急剧上升。能源供需矛盾的重大变化促使中国对能源战略的重新思考，能源发展的总体思路也更加明确。能源技术战略在传统的勘探开发技术基础上，进一步关注工业、交通、建筑等多部门的能源技术，并开始愈加注重节能技术创新与推广。

四是能源全面优化升级阶段（2012年至今）。随着中国经济进入新常态，能源需求总量减速换挡，能源发展的主要矛盾发生显著变化，能源发展的主要矛盾已由满足基本供应转化为人民日益增长的美好生活用能需要和能源不平衡不充分的发展之间的矛盾。从以往能源"量"的增长，向能源发展的"质"的提升转变，依托先进的科技创新，深入贯彻绿色发展理念，提高能源发展质量，成为必然要求。

表17 中国各历史时期能源战略取向

发展时间	能源战略取向
"六五" 时期	大力加强能源节约与能源开发，适应国民经济增长的需要。贯彻因地制宜、多能互补、综合利用、讲求实效的方针，搞好农村能源合理使用和节约
"七五" 时期	坚持开发和节约并重，在价格、税收、信贷等方面采取措施，加快能源生产建设，降低能源消耗，使能源紧张逐步缓解继续贯彻因地制宜、多能互补、综合利用、讲求实效方针，努力搞好农村能源的合理使用和节约
"八五" 时期	坚持开发与节约并重的方针，把节约放在突出位置；实行因地制宜、水火电并举和适当发展核电的方针；加快统配煤矿建设，贯彻稳住东部地区、发展西部地区的方针；加强农村能源基础设施建设
"九五" 时期	坚持节约与开发并举，把节约放在首位；大力调整能源生产和消费结构；提高能源生产效率；坚持能源开发与环境治理同步进行，理顺能源产品价格以电力为中心，以煤炭为基础，加强石油天然气的资源勘探和开发，积极发展新能源。加快农村能源商品化进程，形成产业和完善服务体系。因地制宜，大力发展小型水电、风能、太阳能、地热能、生物质能
"十五" 时期	以煤炭为基础，积极开发煤层气资源，加大洁净煤技术研究开发力度；实行油气并举，努力发展海洋石油，提高天然气消费比重积极利用国外资源，建立海外石油、天然气供应基地，实行石油进口多元化。建立国家石油战略储备，维护国家能源安全。加强城乡电网建设和改造，推进全国联网，深化电力体制改革，逐步实行厂网分开、竞价上网；积极发展水电，适度发展核电；积极发展风能、太阳能、地热等新能源和可再生能源
"十一五" 时期	坚持节约优先、立足国内、煤为基础、多元发展，优化生产和消费结构，构筑稳定、经济、清洁、安全的能源供应体系有序发展煤炭，积极发展电力，加快发展石油天然气，大力发展可再生能源；强化能源节约和高效利用的政策导向，加大节能力度
"十二五" 时期	推动能源生产和利用方式变革，构建安全、稳定、经济、清洁的现代能源产业体系推进传统能源清洁高效利用，加快新能源开发，在保护生态前提下积极发展水电，在确保安全基础上高效发展核电，发展智能电网，扩大油气战略储备

从上表中可以明显看出，自"六五"提出要大力加强能源节约与能源开发，适应国民经济增长的需要，发展到"十二五"要求推动能源生产和利用方式变革，构建安全、稳定、经济、清洁的现代能源产业体系；从"七五"强调加快能源生产建设，降低能源消耗，使能源紧张逐步缓解，发展到"十二五"要求推进传统能源清洁高效利用，在保护生态的前提下积极发展水电，在确保安全的基础上高效发展核电，加快新能源开发，发展智能电网，扩大油气战略储备。这足以证明中国能源发展已经成功探索出了一条具有全面性、协调性、可持续性的中国特色能源发展道路。正是在上述能源发展的宏观战略背景下，形成相应的能源技术战略及政策体系。

2.中国能源技术战略与政策，呈现出产业与科技互相促进的两条脉络

中国能源技术战略与政策经历了从传统计划经济政策向市场经济政策的转变过程。政策的演变，受到多方面因素的影响，既包括国家的经济发展战略、自然资源储备开发状况和社会能源消费需求，也包括中国各行业部门的划分等制度性因素。随着政策制定主体职能大变迁，中国能源技术战略政策和政策从两条脉络发展开来。

一是从能源产业维度。主要是依托早期的煤炭部、核工业部、电力部、石油部、计委、信息委、经贸委等职能部门，从煤炭、石油、电力等分品种的工业生产部门推进。随着机构调整，逐步依托国家发改委、国家能源局、工信部、住建部、交通部等部门推动能源技术战略，领域也从早期的能源生产领域，逐步拓展到建筑、交通等能源消费领域。例如，1986年，国务院发布了《国家能源技术政策要点》，主要从煤炭、石油、天然气、水电等分品种能源品种提出技术政策要求，具体包括：加速煤炭开发，提高油田开发的经济效益，优先开发水能资源，合理利用石油和天然气资源，改进石油加工和油品分配；改进煤加工、燃烧、转化技术和产品分配等。进入20世纪90年代，国家又陆续出台了《中国节能技术政策大纲》，开始关注能源需求侧问题，将节能技术作为能源技术发展的优先主题，重点攻克高耗能领域的节能关键技术，引导社会投资节能技术应用。

二是从能源科技维度。主要依托科技部教育部等机构，围绕基础学科、技术创新，产业培育等领域制定了一系列技术创新战略与创新政策，为能源科技提供了重要的创新基础。例如，2005年，科技部牵头制定了《国家中长期科学和技术发展规划纲要》，把能源技术放在优先发展位置，按照自主创新、重点跨越、支撑发展、引领未来的方针，加快推进能源技术进步，努力为能源的可持续发展提供技术支撑。研究的重点主要表现在以下的几个方面：一是要加强对煤的高效开发和清洁利用的研究；二是开展解决液体燃料短缺问题的研究；三是展开可再生能源利用的研究；四是展开节能技术的研究。

3.中国能源技术创新发展取得一定成效，也存在明显不足

近年来，中国能源科技创新能力和技术装备自主化水平显著提升，建设了一批具有国际先进水平的重大能源技术示范工程。初步掌握了页岩气、致密油等勘探开发关键装备技术，煤层气实现规模化勘探开发，3000米深水半潜式钻井船等装备实现自主化，复杂地形和难采地区油气勘探开发部分技术达到国际先进水平，千万吨炼油技术达到国际先进水平，大型天然气液化、长输管道电驱压缩机组等成套设备实现自主化；煤矿绿色安全开采技术水平进一步提升，大型煤炭气化、液化、热解等煤炭深加

工技术已实现产业化，低阶煤分级分质利用正在进行工业化示范；超超临界火电技术广泛应用，投运机组数量位居世界首位，大型 IGCC、CO_2 封存工程示范和 700℃超超临界燃煤发电技术攻关顺利推进，大型水电、1000kV 特高压交流和 ±800kV 特高压直流技术及成套设备达到世界领先水平，智能电网和多种储能技术快速发展；基本掌握了 AP1000 核岛设计技术和关键设备材料制造技术，采用"华龙一号"自主三代技术的首堆示范项目开工建设，首座高温气冷堆技术商业化核电站示范工程建设进展顺利，核级数字化仪控系统实现自主化；陆上风电技术达到世界先进水平，海上风电技术攻关及示范有序推进，光伏发电实现规模化发展，光热发电技术示范进展顺利，纤维素乙醇关键技术取得重要突破。

虽然中国能源科技水平有了长足进步和显著提高，但与世界能源科技强国和引领能源革命的要求相比，还有较大的差距。一是核心技术缺乏，关键装备及材料依赖进口问题比较突出，三代核电、新能源、页岩气等领域关键技术长期以引进消化吸收为主，燃气轮机及高温材料、海洋油气勘探开发技术装备等长期落后。二是产学研结合不够紧密，企业的创新主体地位不够突出，重大能源工程提供的宝贵创新实践机会与能源技术研发结合不够，创新活动与产业需求脱节的现象依然存在。三是创新体制机制有待完善，市场在科技创新资源配置中的作用有待加强，知识产权保护和管理水平有待提高，科技人才培养、管理和激励制度有待改进。四是缺少长远谋划和战略布局，目前的能源政策体系尚未把科技创新放在核心位置，国家层面尚未制定全面部署面向未来的能源领域科技创新战略和技术发展路线图。

中国能源技术战略政策和其他的产业政策一样经历了从计划经济体制向市场经济体制的演变。在传统计划经济体制下，中国能源政策直接作用在能源相关产业上，直接在能源产业的结构、产业组织、产业布局等重要的方面发挥作用。当时尽管不强调能源技术政策，只有产业计划，实际上可以说是没有"政策"的能源技术政策。

（二）新时代下全球能源面临变革转折点，出现引领全球能源发展重大机遇窗口

1.中国曾有幸抓住要素重塑的历史机遇期

生产要素重塑的质量，直接影响生产力的发展质量。过去四十年来，中国抓住了全球化带来的劳动力要素市场化配置的机遇期，以家庭联产承包责任制为起点，以县域竞争为引擎，依托制造业的繁荣，带动了整个工业体系的发展，实现了农业国向工业国的历史性转变。以家庭为单位的承包形式，改变了土地要素的分配标准，打开了劳动力要

素向工业领域流动的闸门。分税制改革引发的县域竞争，形成了"比学赶帮"的集体习得，借助于全球化的历史进程，工业体系得到充分而难得的历练，中国升级为世界的工厂，中国人民逐渐富了起来。然而，能源资源要素市场发展滞后，粗放的开发利用造成了严重的生态环境问题，呈现出人民对美好生活需要与发展不平衡不充分之间的矛盾。

2.新一轮以电力智能革命引领的工业革命已初现历史窗口

能源与信息正在加速深度融合，技术创新进入高度活跃期，世界能源经济格局正在发生重大变化。未来四十年，能源、信息要素的优化配置，将成为助推工业文明再次升级的重要力量，而能源电力作为融合人类动力源与智力源的重要桥接力量，将在助推中国从富起来向强起来伟大跨越中发挥重要的历史性作用。每一轮技术革命，都是社会发展动力的替代期，也是大国更替的窗口期。过去三百年，以蒸汽机、电动机为代表的两轮能源变革驱动的技术革命，实现了对人类动力源的全面替代，也相继塑造了英国、美国的大国地位。我们正处于信息变革驱动的技术革命，正在迎来对人类智力源的全面替代。电力既是能量载体，也是信息的载体，由电力与电子融合的泛电力网，是动力与智力深度融合的重要平台。电力智能革命，将在未来的历史长河中彰显越来越重要的作用。电力市场改革是启动电力智能革命的重要引擎，承担着将智能决策植入工业体系、用绿色能源升级工业文明的历史使命。世界主要国家均把能源技术视为新一轮科技革命和产业革命的突破口，制定各种政策措施抢占发展制高点，增强国家竞争力和保持领先地位。如，美国发布了《全面能源战略》，日本出台了《面向2030年能源环境创新战略》等计划，欧盟制定了《2050能源技术路线图》等。

3.把握住能源信息深度融合的历史机遇，将直接影响中国现代化强国的战略的实现历史时点

科技决定能源的未来，科技创造未来的能源。能源技术创新在能源革命中起决定性作用，必须摆在能源发展全局的核心位置。围绕可能产生重大影响的革命性能源技术创新和对建设现代能源体系具有重要支撑作用的技术领域，明确今后一段时期中国能源技术创新的工作重点、主攻方向以及重点创新行动的时间表和路线图。能源技术政策是国家技术政策的一部分，它是一个国家或政党在一定历史时期，为实现政治、经济和社会目标，，从历史条件和现实情况出发所制定的能源技术方面的行为准则。能源技术政策是国家总政策的一部分，它确定了一国能源发展方向，是指导能源产业发展的战略和策略原则。能源技术创新作为建设创新型国家的重要内容，中国未来一段时期八大重点产业技术创新方向之一，是推动产业迈向中高端，有效应对国际竞争的关键手段，能够为创新型国家建设提供重要技术支撑。

（三）推动实现能源技术革命的战略和政策

1.总体目标

到2020年，能源自主创新能力大幅提升，一批关键技术取得重大突破，能源技术装备、关键部件及材料对外依存度显著降低，中国能源产业国际竞争力明显提升，能源技术创新体系初步形成，支撑中国经济社会全面进入小康社会。

到2035年，建成相对完善的能源技术创新体系，能源自主创新能力全面提升，能源技术水平整体达到国际先进水平，支撑中国能源产业与生态环境协调可持续发展，进入世界能源技术强国行列。

2.发展思路

把自主创新摆在能源科技创新的核心位置，加强能源领域基础研究，强化原始创新、集成创新和引进消化吸收再创新，重视颠覆性技术创新。发挥市场在科技创新资源配置中的决定性作用，强化企业创新主体地位和主导作用，促进创新资源高效合理配置。加快政府职能

从研发管理向创新服务转变。坚持重点突破，瞄准制约能源发展和可能取得革命性突破的关键和前沿技术，依托重大能源工程开展试验示范，推动能源技术创新能力显著提升。健全政产学研用协同创新机制，鼓励重大技术研发、重大装备研制、重大示范工程和技术创新平台四位一体创新，坚持统筹国际国内能源科技开放式创新。

3.政策保障

推动能源技术革命，需要制度、政策、市场相互作用、协同演进，保障能源技术革命高效推进。国家层面要制定国家能源科技创新及能源装备发展战略，企业层面要以企业为主体、市场为导向、政产学研用相结合，人才层面要加强能源人才队伍建设，鼓励引进高端人才。具体来看，需要加强以下几个方面保障机制。

一是要完善能源技术创新环境。要尽快建立健全能源领域相关法律法规及科技成果转化、知识产权保护、标准化等配套政策法规。完善能源技术项目全生命周期闭环评价体系，加强事中事后监管和服务，突出创新绩效评价。

二是要激发企业技术创新活力。建立健全企业主导的能源技术创新机制，激发企业创新内生动力，激发"大众创业、万众创新"良好局面。

三是要夯实能源技术创新基础。深化能源领域科研院所分类改革和高等学校科研体制机制改革，培育一批具有宏观战略思维和市场思维的复合型管理人才。

四是要完善技术创新投融资机制。积极发挥政策性金融、开发性金融和商业金融

的优势，加大对能源技术重点领域的支持力度。

五是要创新税收价格保险支持机制。实施有利于能源技术创新的税收政策，完善能源企业研发费用计核方法，切实减轻能源企业税收负担，针对能源技术创新示范工程落实资源、能源、土地等要素和产品价格优惠政策。

六是要深化能源科技国际合作交流。制定能源技术创新国际化战略，积极开展全方位、多层次、高水平的能源技术国际合作。结合"一带一路"倡议，依托重大能源项目，推动中国先进能源技术、装备和标准成为引领全球能源发展的中国标准。

专题四
中国能源体制机制革命

本专题国务院发展研究中心方面的负责人为产业部的石耀东，壳牌方面的负责人为Angus Gillespie（安格斯），参与人为Vivid Economics的Philip Gradwell（飞利浦·格莱德维尔）、Cameron Hepburn（卡梅隆·赫本），国务院发展研究中心的李维明、陈健鹏、周健奇，国家发展和改革委员会能源研究所的刘小丽，中国矿业大学的樊静丽、吴璘。

体制机制创新是中国能源系统转型与革命的关键环节，也是难点和焦点所在。习近平主席2014年6月在中央财经领导小组第六次会议上指出，中国要推动能源体制革命，打通能源发展快车道。坚定不移推进改革，还原能源商品属性，构建有效竞争的市场结构和市场体系，形成主要由市场决定能源价格的机制，转变政府对能源的监管方式，建立健全能源法治体系。

长期以来中国能源系统的可持续发展面临诸多体制机制性障碍，如自然垄断和行政垄断突出，市场竞争不充分（其中，油气行业、电力行业垄断程度较高），社会资本参与程度偏低；在能源价格管理上，政府对石油、天然气、电力存在一定价格管制，市场在资源配置中的决定性作用未充分发挥，资源产品价格存在一定程度的扭曲，等等。针对这些体制机制问题，在过去的二三年里，中央政府密集地出台了一系列具有顶层设计意义的指导性文件和改革路线图，如《中共中央国务院关于进一步深化电力体制改革的若干意见》（2015年3月）、《中共中央国务院关于推进价格机制改革的若干意见》（2015年10月，加快推进能源价格市场化）、《关于深化石油天然气体制改革的若干意见》（2017年5月）、《能源体制革命行动计划》（2017年7月）等，明确了深化能源体制改革的目标、方向、路径和保障机制。

随着这些规范性指导意见、行动计划以及相应的配套性专项改革举措[①]的出台，中国能源体制机制改革进入快车道，并取得了积极进展。

中国能源领域的体制机制改革是一项艰巨的系统工程，不可能一蹴而就。正如本合作研究项目的中方负责人暨国务院发展研究中心主任李伟所强调的那样，在全球能源革命的背景下，中国要实现清洁、低碳、安全高效的现代能源体系目标仍需要解决一些深层次的矛盾和问题[②]。在这一章节中，课题组将围绕如何展开和深化中国能源领域的体制革命和制度创新展开技术性研究和讨论，并提出一系列建设性政策建议。

---

① 例如电力改革的配套文件包括《关于推进输配电价改革的实施意见》《关于推进电力市场建设的实施意见》《关于电力交易机构组建和规范运行的实施意见》《关于有序放开发用电计划的实施意见》《关于推进售电侧改革的实施意见》《关于加强和规范燃煤自备电厂监督管理的指导意见》等。

② 国务院发展研究中心主任李伟在2017年能源大转型高层论坛上的讲话，2017年8月19日。

一、能源体制性变革的影响因素及其新趋势

（一）能源供需形势：全球能源供大于求，亚洲新兴经济体能源需求增长强劲

国际、国内能源市场供需相对宽松是能源体制改革的一个重要前提条件。历史经验表明，在能源需求快速增长、供需偏紧的时期，很难进行深层次的能源体制改革，因为保证能源供给，满足能源需求是第一要务。近年来，受世界经济增速放缓和产业结构调整等因素影响，能源需求疲软，另一方面，受"页岩革命"和高能源价格背景下大规模投资建设等因素影响，能源供应能力不断提高，全球能源供过于求，能源价格持续低迷，如果没有地缘政治的干扰，短期内能源供应将相对宽松。中国也是如此，经济进入新常态，增速放缓导致能源需求增长放缓，煤炭、电力、石油等主要能源行业产能过剩，难以再像过去那样出现大幅度波动和规模性短缺的现象，此时，为推进体制改革，提高能源利用效率创造了一个相对稳定的内外部环境条件。

近年来，随着中国能源资源需求增速放缓，全球能源供需矛盾有所缓解。中国的能源需求预计在2035年以前将以不到年均2%的速度增长，远低于2000年以来8%的年均增长率，这归因于我国更为缓慢的经济增长和能源效率的改善以及经济消费模式的改变。中国能源的需求也将越来越少地依赖于高能源密集的工业部门。中国未来的能源需求将与经济结构调整的程度密切相关，结构调整幅度越小，能源需求就会越多。经济结构调整幅度越大，比如到2035年转变为更为接近于美国的经济结构，可能将导致更弱的能源需求。随着世界经济的发展，对于能源的需求也将持续增加，并且在2014年至2035年间，预计几乎所有的新增能源都被快速发展的新型经济体消费。BP《2035年世界能源展望（2016）》预测，2014年至2035年，世界一次能源消费预计年均增长1.4%，全球能源消费总量到2035年将增加34%。随着经济发展进入新阶段，中国能源需求的增长将放缓，并转向更可持续的增长率。在展望期内的后十年，中国将贡献不到30%的全球能源增长，与之相比，在过去十年间，这一比例为60%（BP，2016）。

观察全球一次能源生产结构（如图1所示），我们发现近十年的石油，天然气，煤炭的生产量占比都呈现一个稳定的趋势，其中2016年石油生产占比约为38.95%，天然气为28.55%，煤炭生产占比约为32.50%。

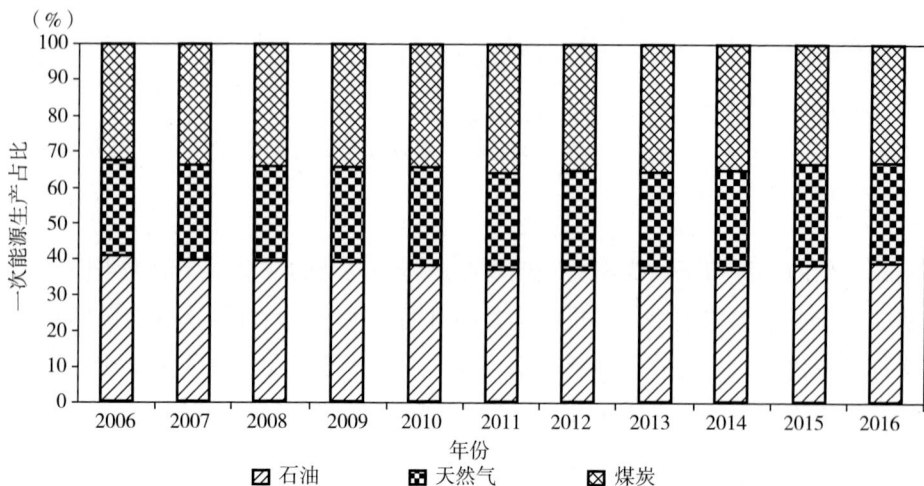

图1 全球一次能源生产量占比

数据来源：BP（2017）。

从生产量上来看（如图2所示），石油和天然气在近十年呈现一个稳中有升的态势，而煤炭生产量在近几年却有所下滑，以煤炭为主的能源生产国家都开始纷纷寻找可替代性能源，能源体制正在逐步演化。

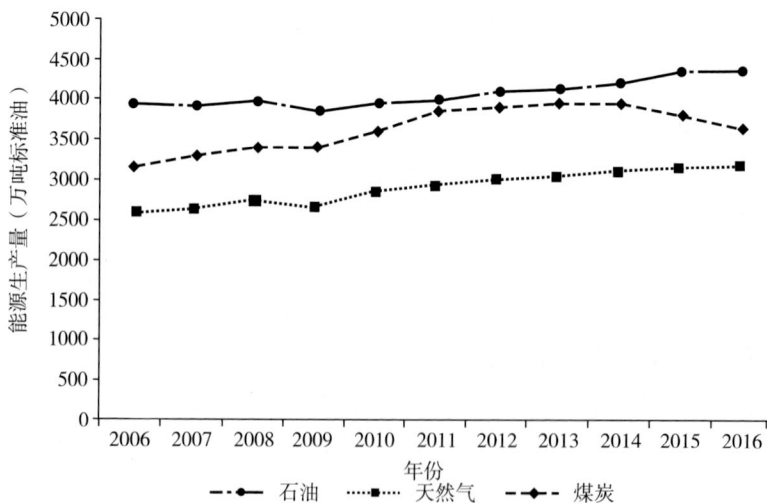

图2 全球一次能源生产量

数据来源：BP（2017）。

全球一次能源消费结构（如图3所示）在2006～2016年变化不大，其中石油占比最大，2016年占到了33.27%。虽然现如今为了减少二氧化碳排放，各个国家都在减少化石能源的消耗，但是2006～2016年的总体能源消费结构并未出现大幅改变。但与此同时，可再生能源的规模在不断发展壮大而且其生产的格局正在发生转变。2016年可再生能源继续保持最快的增长速度，不考虑水电，可再生能源增长了12%（包括风电、地热、太阳能、生物质能、垃圾发电和生物燃料，不包括水电）。虽然低于15.7%的可再生能源十年平均增长水平，但这仍是有史以来最大的年增加量（增加5500万吨油当量，超出煤炭消耗量的减少量）。同年中国超越美国成为世界最大的可再生能源生产国，而亚太地区则超越欧洲和欧亚大陆成为可再生电力最大的生产地区。虽然目前可再生能源目前仅占一次能源的4%，某些可再生能源如核能、水能等资源消费量年均增速仅为2.64%。但是可以预见，新型能源仍是能源变革的主要驱动因素，对未来经济发展的推动作用不容小视。

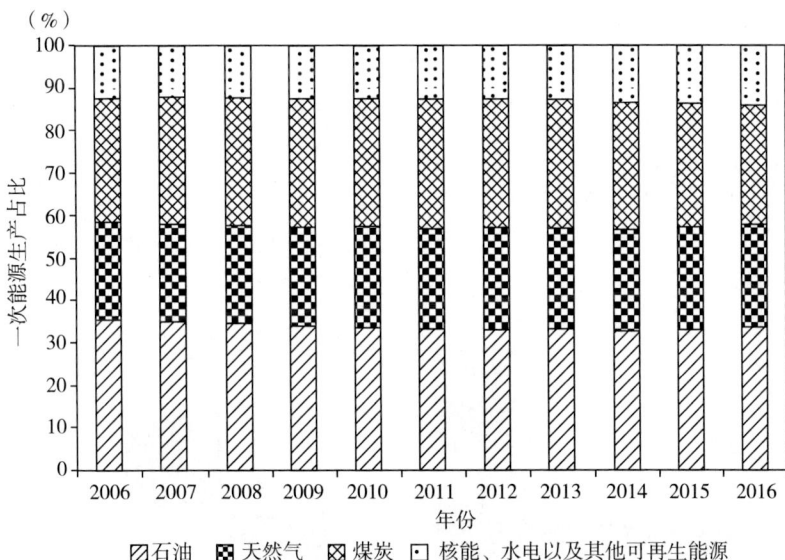

图3　全球一次能源消费量占比情况

数据来源：BP（2017）。

展望今后能源供需形势，由于目前的全球石油价格一直处于低位运行中，并且还在持续下降，这将导致全球石油需求迅速增加并抑制石油生产国的石油供给，石油市场将逐渐恢复平衡。如图5所示，从需求来看，其增长完全来自新兴经济体，中国和印度占世界能源需求增长超过一半。相比之下，经合组织对石油的需求继续稳定下降。从供应量上来看，非欧佩克组织是供应增长最主要的来源，其供应增长为1100万桶/

日，而欧佩克组织的供应增长700万桶/日。所有非欧佩克组织供给的净增量都来自于美洲：美国页岩油、巴西深海石油和加拿大油砂（BP，2016）。

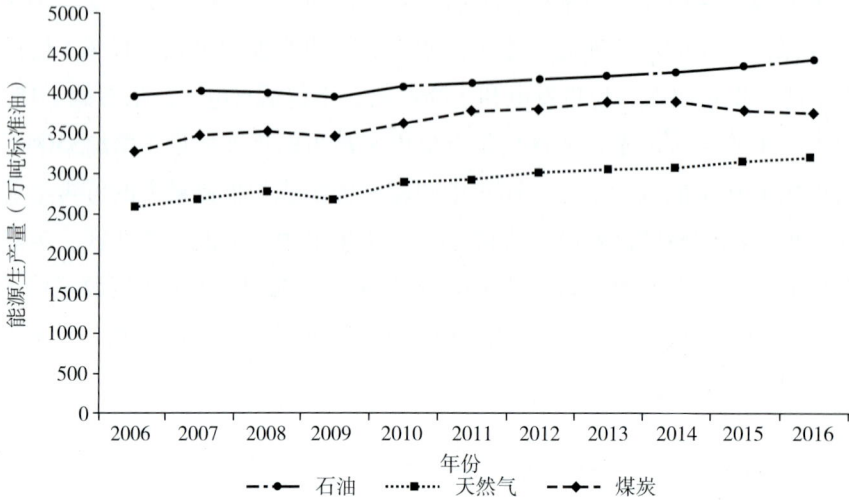

图4　全球一次能源消耗量

数据来源：BP（2017）。

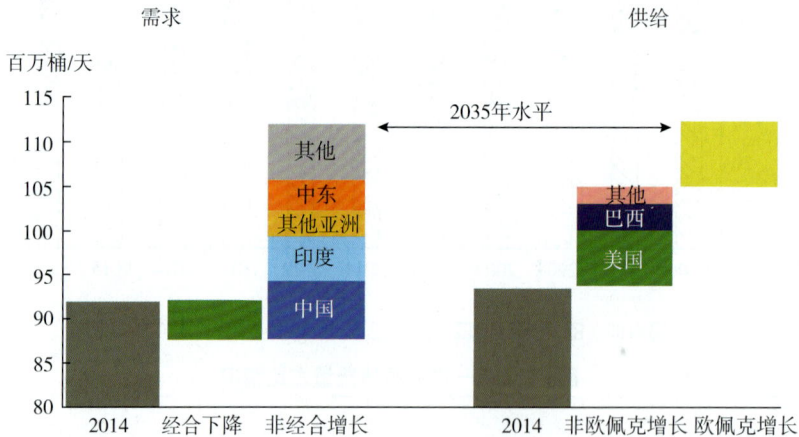

图5　2035年全球石油需求与供给关系

数据来源：BP（2016）。

据估计（BP，2016），2014～2035年间，全球对天然气的需求增长达到将达到年均1.8%，使其成为增长最快的化石能源，这种稳健的增长得益于充足的供应和环境政策支持。其需求的增长主要来自新兴经济体，中国和印度一起贡献大约30%的增量，中东贡献超过20%，这些增长的需求被用于工业化过程的工业用气和发电需求，与之相比，经合组织天然气消费的增长更集中于发电行业。受全世界页岩气增长支持，天然气供应增长强劲，页岩气在展望期内将以年均5.6%的速度增长，其在天然气总产量中的比重到2035年将接近四分之一。在展望期前半段，几乎所有页岩气产出的增长都来源于美国，此后，中国的页岩气产量增速将不断提高，以至于到2035年，中国将成为对页岩气产量增加贡献最大的国家。全球煤炭需求预计急剧放缓，在2014～2035年内将增长仅为年均0.5%，这在很大程度上是由于中国煤炭消费随着其经济再平衡而减速造成的。尽管如此，中国仍然是全球最大的煤炭市场，在2035年将消费几乎全球煤炭供应的一半。因为国家的经济社会发展需要廉价能源的支撑，印度则展现了最大的煤炭消费增长（4.35亿吨油当量），取代美国成为世界第二大煤炭消费国。虽然印度和东南亚地区煤炭需求的强劲增长可以抵消美国和欧盟需求量的下降，但不足以像过去的中国一样推动全球煤炭市场的繁荣。

主要受亚洲的增长推动，全球水电和核电将稳步增长，增长速度分别为年均1.8%和1.9%。从国家供应来看，在展望期内中国水电前所未有的发展将迎来终点，预计将以年均1.7%的速度增长。巴西将提供第二大的水力发电增长（仅次于中国），取代加拿大成为世界第二大的水力发电国。中国核电增长迅速，将达到年均11.2%，比中国过去20年间水电发展的速度更快，预计到2020年将翻一番，而到2035年将增加至现在的九倍。

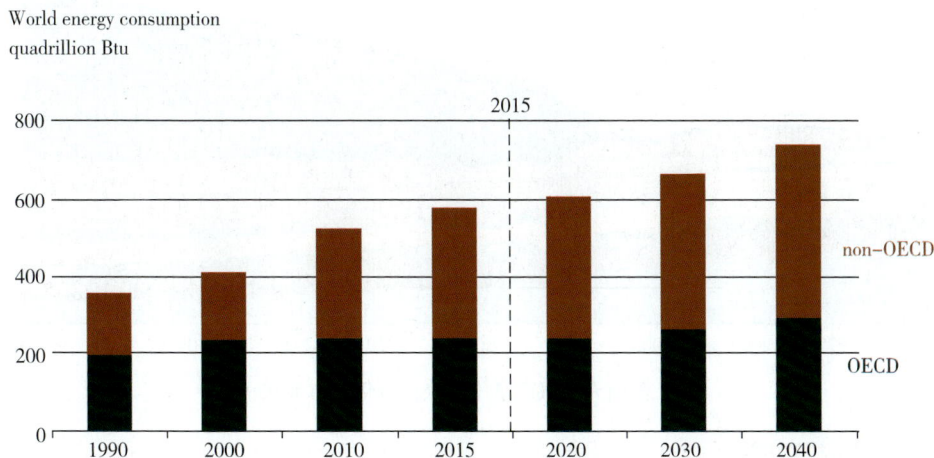

图6 OECD与非OECD国家能源消费量

数据来源：EIA（2017）。

根据美国能源信息署（EIA）公布的《世界能源展望2017》，如图6所示，预计到2040年，全球能源消费将较2015年增加28%，其中超过一般的增长都来自亚洲非OECD国家（包括中国和印度）。随着亚洲新兴经济体的快速崛起，其强劲的经济增长带动了能源需求的增长，亚洲国家之间的能源需求竞争也必将凸显。因此，面对能源供需格局新变化，国际能源发展新趋势，紧抓"一带一路"重大战略机遇，推动国际能源合作，深化能源体制改革显得尤为重要。

（二）世界能源格局重大调整：能源供给呈现多极化，区域能源合作更加丰富

受益于页岩气革命，美国、加拿大、巴西和委内瑞拉等美洲国家丰富的油气资源得以开发利用。2005年以后，美国页岩气产量占其天然气总产量的比重快速上升，从2006年的1万亿立方英尺、占比5.4%，猛增到2015年的15.2万亿立方英尺、占比达56%[①]。2009年美国天然气产量超过俄罗斯，首次成为全球第一大天然气生产国。预计2040年美国页岩气产量超过20万亿立方英尺，占其天然气产量的一半以上[②]。与此同时，美国新探明天然气储量不断增加，总储量估计为2300万亿立方英尺，以现有消费水平计算，可维持供应近100年。

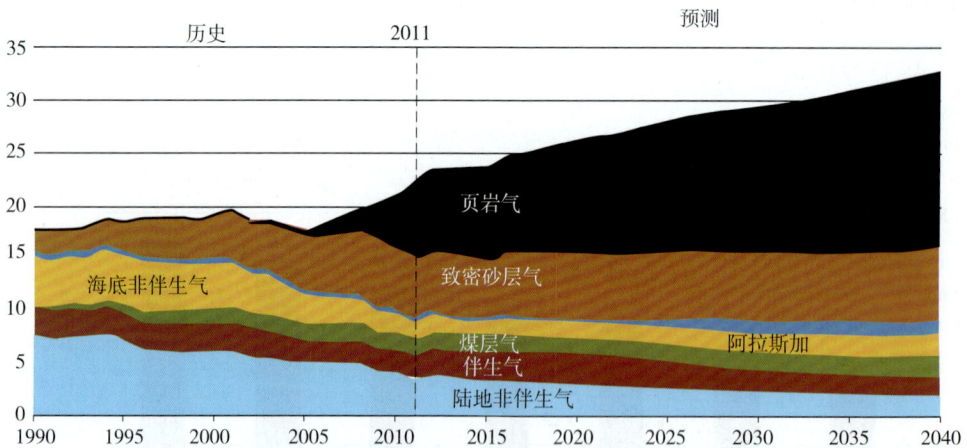

图7　美国天然气产量（单位：万亿立方英尺）

数据来源：IEA（2017）。

① 数据来源：https://www.eia.gov/dnav/ng/ng_prod_shalegas_s1_a.htm。
② 资料来源：美国能源信息署，2017年度能源展望早期报告，http://www.eia.gov。

随着油气产量大幅上升，美国喊了数十年的"能源独立"有可能从政治口号变为现实。美国石油对外依存度已从2005年的60%下降到2016年的25%[1]。美国国家情报委员会预测，2030年前美国将实现能源独立，成为石油自给国和主要的天然气出口国。另外，更值得一提的是加拿大。以2015年剩余可探明储量计，加拿大的石油储量为1721.9亿桶，占世界总探明储量的10.1%，仅次于沙特阿拉伯和委内瑞拉。其中以油砂资源最为丰富，目前世界上所探明的油砂资源中，约95%集中在加拿大的阿尔伯塔省，依托油砂等非常规油气和大面积陆上及海域的常规油气，加拿大可能成为新的能源超级大国，据IEA预测数据（IEA，2017），到2030年加拿大的石油产量将达到30～60百万桶/日。美洲能源的高地崛起，进一步加强了能源供应的多极化趋势。

美国"页岩革命"掀起了世界页岩气投资热潮。美国2011年对本国及32个国家的页岩气资源进行了评估，2013年再次进行评估时，将评估范围扩大至美国以外的41个国家的137处页岩地层，评估内容上除页岩气外把页岩油也包括在内。这次评估认为，全球页岩油、页岩气资源非常丰富，分别占全球原油和天然气可采储量的10%和32%；页岩油储量最丰富的国家中，俄罗斯第一，美国第二，中国、阿根廷、利比亚紧随其后；页岩气储量最多的是中国，阿根廷、阿尔及利亚、美国、加拿大、墨西哥、澳大利亚的储量也很丰富[2]。目前，欧洲、澳大利亚加大了对页岩气的勘探开采力度，中国页岩气开发也进入大规模商业化开发阶段。据国际能源署预测（IEA，2012），2035年非常规天然气产量将接近全球天然气产量的一半，大部分来自中国、美国和澳大利亚，届时中国页岩气产量将达到130亿立方英尺/日（BP，2016）。

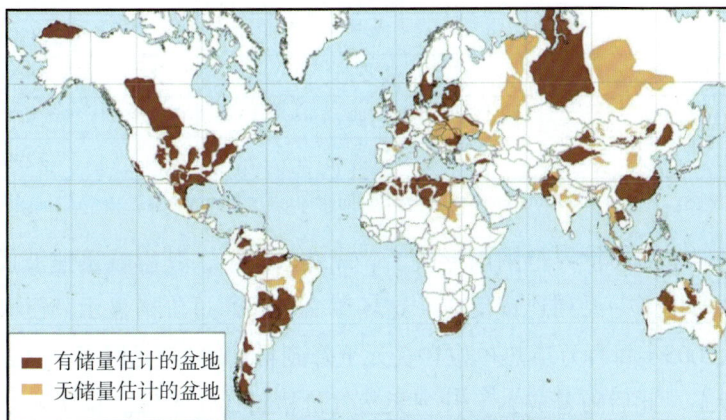

　　　　图8　世界页岩油和页岩气盆地分布图[3]

图例：
■ 有储量估计的盆地
■ 无储量估计的盆地

---

① 数据来源：https：//www.eia.gov/tools/faqs/faq.php?id=32&t=6。
② 资料来源：https：//www.eia.gov/analysis/studies/worldshalegas/pdf/fullreport.pdf。
③ 资料来源：https：//www.eia.gov/analysis/studies/worldshalegas/pdf/fullreport.pdf。

表1　　　　　　　　　　　　　2013年页岩油储量前十国家[1]

排名	国家	储量（亿桶）
1	俄罗斯	750
2	美国	580
3	中国	320
4	阿根廷	270
5	利比亚	260
6	澳大利亚	180
7	委内瑞拉	130
8	墨西哥	130
9	巴基斯坦	90
10	加拿大	90
	世界	3450

表2　　　　　　　　　　　　2013年页岩气储量前十国家[2]

排名	国家	储量（万亿立方英尺）
1	中国	1115
2	阿根廷	802
3	阿尔及利亚	707
4	美国	665
5	加拿大	573
6	墨西哥	545
7	澳大利亚	437
8	南非	390
9	俄罗斯	285
10	巴西	245
	世界	7299

资料来源：https://www.eia.gov/analysis/studies/worldshalegas/pdf/fullreport.pdf。

美国的页岩革命在世界范围内形成了"蝴蝶效应"，其影响迅速波及全球，在能源及相关领域产生了一系列连锁反应。这场革命首先通过价格显示其巨大威力。美国天然气价格从2005年每百万英热单位10美元下降到目前的3美元以下，从2012年以后一直处于下跌状态。此后随着成本上升，天然气价格将逐年上涨，但上涨幅度不大，预计每年2.4%左右，2040年达到7.8美元。与亚洲和欧洲相比，美国天然气价格在较长时期内具有明显优势。据估算，美国如出口液化天然气，液化、运输、气化等成本计算在内，每百万英热单位可控制在10美元以内，相比目前亚洲16美元和欧洲12美元左右的价格，仍具有较大竞争力。随着美国逐步放开天然气出口，其对世界天然气市场的影响将逐渐显现出来（IEA，2017）。

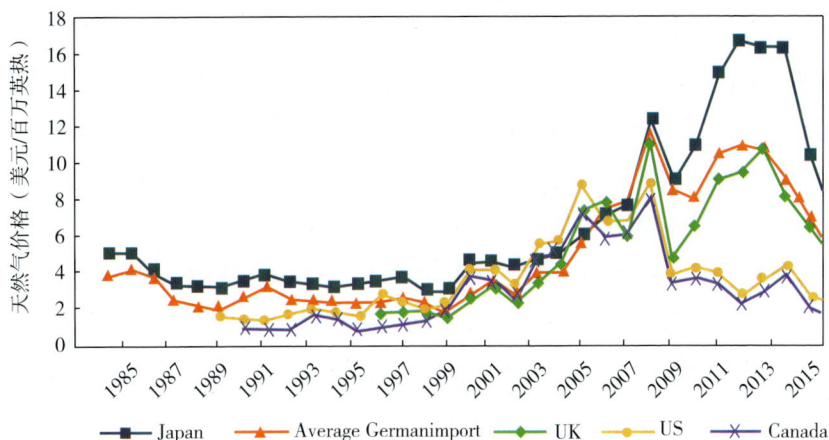

图9　天然气进口价格（美元/百万英热单位）

数据来源：BP（2017）。

　　天然气价格低位运行，导致大量燃煤电厂纷纷弃"煤"用"气"，使美国煤炭和电力价格大幅下挫，能源成本不断下降。这给美国制造业和化学工业复兴带来了机遇。几年前由于天然气价格高昂关停在美国业务的化工企业重启建厂计划，以低廉的天然气为原料生产乙烯、合成氨、化肥和柴油燃料等产品。如陶氏化学公司计划投资40亿美元，扩大其在美国的化工业务。钢铁等能源密集型产业也加速回流美国。

　　总之，美洲非常规油气资源的大规模开发利用，使其成为继中东、苏联、北非之后，全球最重要的资源输出地之一。而美洲油气的输出将一定程度上打破过去几十年欧洲与俄罗斯之间的能源贸易格局，降低欧洲对俄罗斯能源的依赖，形成多元化的进口格局；而俄罗斯为保障能源输出，势必加强与东亚和南亚国家的能源合作。欧洲对俄罗斯能源依赖的降低，将使欧美的政治、经济、军事同盟进一步稳固；俄罗斯与中国以及亚洲其他新兴经济体之间的政治、经济合作，也会因贸易的拓展得到进一步加强。我国也通过"一带一路"倡议加强能源合作，"一带一路"覆盖了两大优质化石能源富集区：俄罗斯—中亚地区和海湾地区，以及能源技术先进、绿色能源使用广泛的西欧地区。以"一带一路"倡议为契机加强国际能源合作，将促使中亚经济圈、东北亚经济圈、东南亚经济圈、欧洲经济圈、美洲经济圈形成有效连接，打造合作共赢的区域能源共同体。

（三）生态环境保护与应对全球气候变化成为国际共识：清洁低碳能源发展趋势不可逆转，碳减排国际责任不容推脱

大规模化石能源开发利用带来的生态环境挑战，主要体现在对大气环境的严重影响、加剧破坏水资源环境、增大对生态系统的影响等方面。化石能源利用排放了大量的SO_2、NO_x、烟尘等污染物。目前，全球每年SO_2排放总量约9×10^7 t（IEA，2017），导致大量的土壤和河流酸化，建筑和古迹被侵蚀，我国硫沉积超过临界负荷的土壤面积已约占国土面积的30%。能源利用排放的NO_x对陆地、河流和海洋生态系统以及臭氧层有较大的影响，目前城市交通、火电排放的NO_x成为PM2.5的主要来源。同时，火电、交通及其他工业排放的颗粒物持续增加，容易诱发大面积雾霾天气，威胁人类的健康。能源开发利用带来了水资源大量消耗和污染的问题。据国际能源署（IEA）发布的《世界能源展望》数据（IEA，2017），目前全球有20%的人口居住在水资源短缺地区，当年世界能源生产耗水量达6×10^{11} t，约占当年世界总用水量的15%，能源发展面临着水资源短缺掣肘。能源开发利用容易造成水资源污染问题，包括煤炭利用的废水排放、油气开采引起的海洋和地下水污染等。同时，传统能源大量开发会破坏地表植被、地形地貌，可再生能源和新能源利用还面临生产过程排污、光学污染、核废料处理等严峻问题。

化石燃料燃烧排放了人类活动所能产生的绝大部分二氧化碳。随着能源消费不断增长，二氧化碳排放也随之增长，目前并没有得到有效控制。根据联合国政府间气候变化专门委员会（IPCC）《气候变化第五次评估报告》（IPCC，2014），地球大气中的二氧化碳浓度达到了392ppm（2012），全球平均温度在近百年内上升了0.74℃。报告指出，气候系统变暖是毋庸置疑的，目前从全球平均气温和海温升高、大范围积雪和冰融化、全球平均海平面上升的观测中可以看出气候系统变暖是明显的。据美国国家海洋和大气管理局监测数据（如图10所示），2017年7月全球大气中的CO_2，平均浓度突破400ppm大关，较100年前提高了40%左右。一些气候研究专家认为，二氧化碳浓度达到400ppm是气候变化发生不可逆转改变的临界值，超过该临界值后，全球气温将上升2℃。

全球变暖对地球生态系统的影响是负面的。2016年全球表面平均温度继续刷新最暖纪录，高出工业革命前1.1℃，自从有现代气象观测记录以来，历史上的17个最暖年份中，除1998年外，其他16个最暖年份就是21世纪的16个年份。全球气候变暖并非只是让人们在日常生活中感到冬天变暖，夏天高温天气变多，也造成了地球"第三极"青藏高原上的冰川消融减退、南北极冰带减少等重大环境危机。研究表明，若全球平均气温升温超2℃，许多适应性差的物种将面临灭绝；若平均升温超4℃，粮食产量会

大减，渔业生产力也会大大降低，全球粮食安全将面临巨大风险[①]。除此以外，全球气候变暖增强了极端天气发生的频率和强度，加快了冰川这一地球上最大淡水水库的融化及退缩速度，加快了海平面上升的速度，这意味着数以千万计的人口将面临洪水、干旱、台风、饮用水减少以及海中岛屿和低洼沿海城市被淹没等环境威胁。世行专家指出，极端天气造成的损失正在不断增加，20世纪80年代年均损失为500亿美元，而过去10年的年均损失已接近2000亿美元[②]。有科学家预言，全球平均气温到21世纪末至少还要再上升3℃，将导致大量物种灭绝。

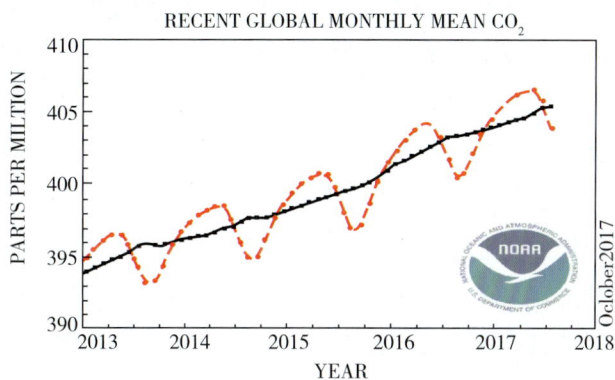

图10 全球大气中二氧化碳浓度月度平均值

数据来源：NOAA（2017）[③]。

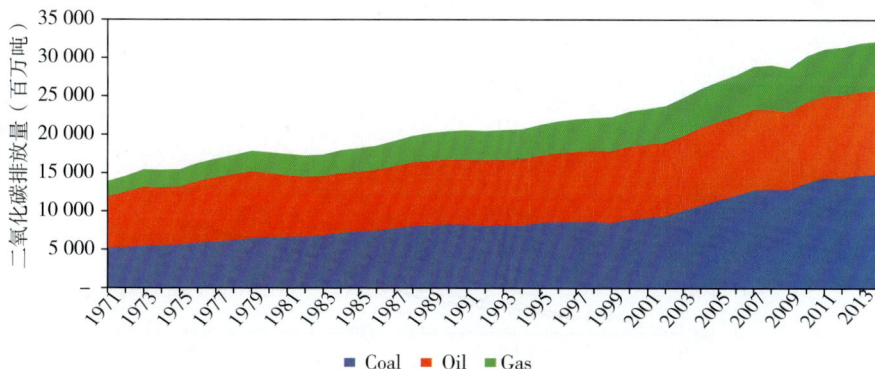

图11 全球化石燃料二氧化碳排放情况

数据来源：IEA（2016）。

[①] 资料来源：http://www.ccchina.gov.cn/Detail.aspx?newsId=68179。

[②] 资料来源：http://news.china.com.cn/world/2013-11/20/content_30647909.html。

[③] 数据来源：https://www.esrl.noaa.gov/gmd/ccgg/trends/global.html。

从1992年的《联合国气候变化框架公约》，到1997年的《京都议定书》，再到2015年的《巴黎协定》，国际社会关于气候变化议题和温室气体减排的努力已超过25年。《巴黎协定》为削减温室气体的排放设定了"宏伟目标"，确立了2020年后以国家自主贡献为主体的国际应对气候变化机制安排，重申了《联合国气候变化框架公约》的共同但有区别的责任原则。《巴黎协定》是国际社会在历史上首次达成共识、同心协力应对气候变化问题，是世界政治体系首次对环境威胁做出了"合乎比例"的应对方式，让政界和学界在这一问题上站在了同一个认知高度。虽然其过程充满波折。特朗普政府相继在2017年6月宣布退出全球应对气候变化的《巴黎协定》和10月撤销奥巴马政府推出的气候政策《清洁电力计划》，为全球应对气候变化的通力合作带来阻碍，其在气候问题上的倒退和不作为遭到了国际社会的广泛批评。对于全球各国而言，要达到减排目标，就必须逐步减少化石能源使用。但关于应对气候变化的国际谈判异常艰难，发达国家和发展中国家就气候保护目标、减排责任、财政投入等方面尚未达成一致。美国作为工业化最发达、人均累计碳排放量最高的国家理应承担其相应的责任，其退出的决定只不过是再次利用霸权主义和各国讨价还价的政治伎俩，是美国新总统特朗普回馈自己那些石化企业、原油生产国等政治盟友的礼物，无法影响大局，与此同时虽然气候变化谈判的背后隐藏着很多政治和经济方面的博弈，但这些都不会改变历史发展的进程和趋势。

指数（1970=100）

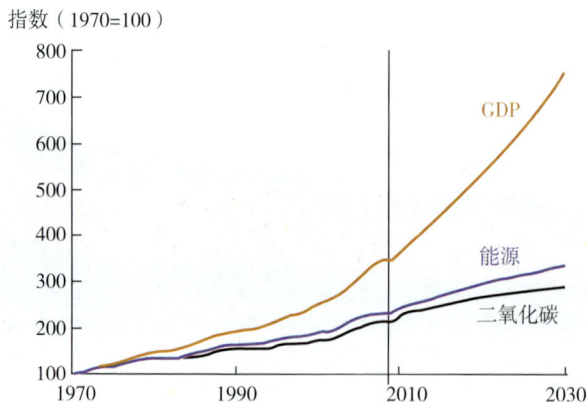

图12　GDP、能源消费与二氧化碳排放

社会对于治理环境污染及应对气候变化的紧迫感为能源体制改革提供了操作空间。当前，雾霾等环境污染以及日益凸显的能源约束已让公众切身感受到能源消费对环境产生的负外部性，整体而言公众支持通过推动体制改革治理雾霾，缓解能源约束。与此同时，公众一方面会愿意选择更加清洁的能源消费方式，另一方面也会比较愿意为环境治理分担成本。这样，能源体制改革比较容易获取公众的理解和支持。国际经验也表明，民众对清洁发展的认可，可以倒逼政府和企业清洁发展，20世纪70年代美国的环保革命就是一个很好的例子。

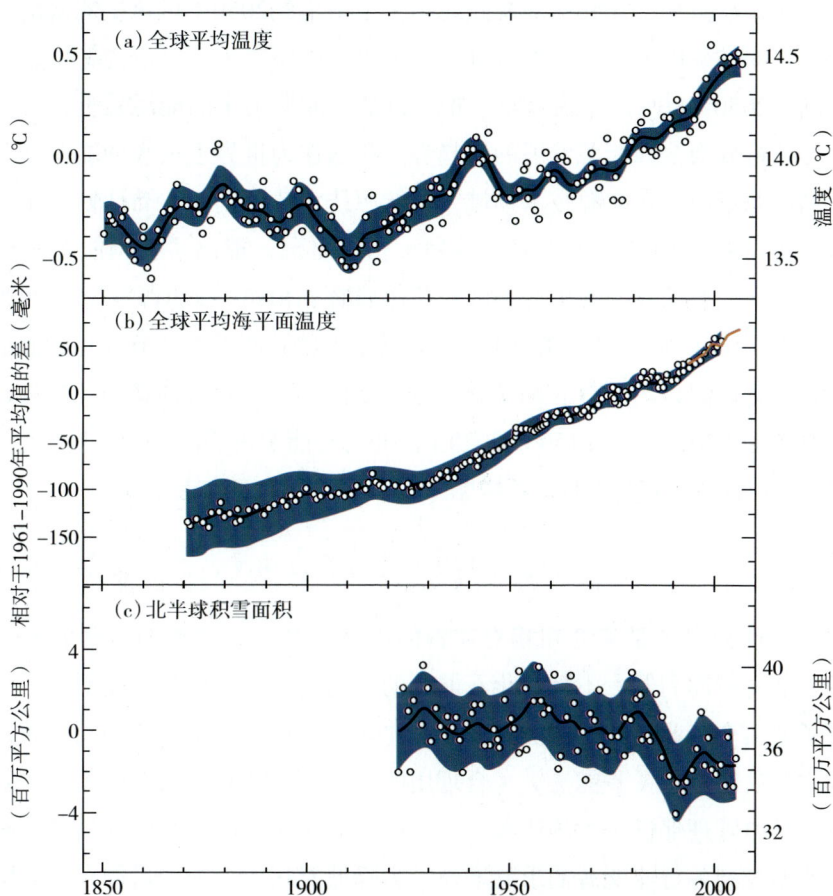

图13　全球平均气温、海平面和北半球积雪面积变化①

进入21世纪，全球开启一个绿色能源时代。世界各国能源转型的基本趋势是由以化石能源为主的传统能源结构向以清洁低碳能源为主的可持续能源体系转变，发达国家的能源供应中可再生能源等低碳能源比例不断提高。日本早在1974年就制定了"新能源开发计划"，政府加大投资开发利用太阳能、地热能、合成天然气、氢能等，尤其是把发展太阳能定位为国家战略。2004年日本出台"新能源产业化远景构想"，提出在2030年前把太阳能、风能等新能源技术扶植成市场产值达到3万亿日元的支柱

---

① 资料来源：IPCC第四次评估报告，http://www.ipcc.ch/pdf/assessment-report/ar4/syr/ar4_syr_cn.pdf。

产业，将日本石油消费占总能源消费量的50%降至40%，新能源上升到20%，日本能源绿色生产开始真正成为国家重点培养和发展的大工业。最近几年，欧美国家通过采取"目标导向和系统视角"率先提出了面向2050年以可再生能源为主的能源转型发展战略。例如，欧盟在《2050年能源路线图》中提出到2050年可再生能源消费量占到全部能源消费的55%以上。美国能源部在《可再生能源电力未来研究》中指出，可再生能源可满足2050年80%的电力需求。推动以清洁能源为主的能源系统，特别是电力系统重大变革将成为全球能源发展的大趋势。我国作为世界上最大的能源消费国也在进行着一场能源革命，在能源技术领域，《能源技术革命创新行动计划（2016—2030年）》和《能源技术创新"十三五"规划》相继出台，提出了我国能源科技中长期十五大创新方向。根据《能源生产和消费革命战略（2016—2030）》，到2020年，即中国共产党成立100周年前夕，我国将根本扭转能源消费粗放增长方式。能源消费总量控制在50亿吨标准煤以内，煤炭消费比重进一步降低，非化石能源占比15%；单位国内生产总值能耗比2015年下降15%。2030年，非化石能源占能源消费总量比重达到20%左右，天然气占比达到15%左右，新增能源需求主要依靠清洁能源满足。

（四）健全的法制：现代能源市场体系的有力保障，能源变革的指导方针

发达国家能源发展是建立在相对完善的市场体系上，完善的法制体系也是发达国家能源发展先行的利器，不管是化石能源的节约利用还是促进新能源发展，发达国家都制定了覆盖全产业链的法律法规体系。比如，在化石能源节约利用方面，日本在减排过程中先后制定了《节能法》《合理用能及再生资源利用法》《废弃物处理法》《化学物质排出管理促进法》等法案，通过严格的法律手段，全面推动各项减排措施的实施，严格控制各行业能源需求的增长。为降低能耗，美国先后颁布了《国家节能政策法规》《国家家用电器节能法案》；在减排方面，美国先后颁布了《清洁水法》《清洁空气法》《固体废弃物处置法》等。

在新能源立法方面，发达国家一直处于世界领跑者的地位。英国政府相继出台了《2008年英国气候变化法》《2011年英国能源法》等法律法规，内容主要包括绿色方案、提高能源效率、发展低碳技术。美国众议院通过了《2009年美国清洁能源与安全法》，旨在着力发展清洁能源和确保美国能源安全。2011年日本众参两院通过了《再生能源特别措施法》，旨在促进新能源技术革新，减少对核电的依赖。德国出台的《可再生能源法》规定新能源占全国能源消耗的比例最终要超过50%，2009年3月通过的《新取暖法》，扶植重点逐渐向新能源下游产业转移。

发展可再生能源是大势所趋。据国际可再生能源署的报告显示，截至2016年初已有173个国家制定了可再生能源发展目标，146个国家出台了支持政策。其中丹麦提出到2050年全部摆脱化石能源的依赖，德国提出2050年可再生能源占到全部能源消费的60%。

我国目前还没有一部《能源法》来为能源保驾护航。2016年5月，国家能源局印发《能源立法规划（2016—2020）》，确定《能源法》《电力法（修订）》《煤炭法（修订）》《石油天然气管道保护法（修订）》《石油天然气法》《核电管理条例》《海洋石油天然气管道保护条例》《国家石油储备管理条例》《能源监管条例》等"五法四条例"为能源立法重点推进项目。随着能源行业的发展，能源安全保障与能源监管之间不相协调的问题日益突出，能源监管遭遇越来越多的挑战，而解决此问题的重要一环，便是以此为契机，在《能源法》立法中贯彻综合管理监管理念，推动能源行业监管体制改革。

近几年，我国新能源产业发展逐渐进入快车道。目前风能、太阳能发电装机容量已位居世界领先水平。但是在发展过程中也存在一些问题比如一些地方的弃风弃光、地热资源的破坏性开采，新能源发展管理体制和运行机制还有待理顺。这些问题的解决很大程度上需要依靠政策与法规的调整。其他国家的法律法规的出台对中国均有借鉴意义。

（五）能源科技革命：信息化、智能化、能源互联网等孕育新突破

我们处在一个能源格局巨变的时代，这个时代是技术变革的时代，能源技术不断突破，能源结构发生颠覆性改变；这个时代是体制变革的时代，电力市场的不断开放，能源行业的现有业务模式及盈利模式即将面临巨大的冲击；这个时代是"互联网+"的时代，互联网与能源不断融合，非传统竞争对手不断涌现，正加速行业的颠覆过程。

美国著名趋势学家杰里米·里夫金认为，一场通信与能源革命性的结合正孕育第三次工业革命。以互联网（包括物联网）、大数据、云计算等先进技术为核心的信息通信技术，通过重塑能源生产、传输、销售和利用方式，催生了能源互联网的形成。以智能电网为载体的能源互联网，是互联网发展延伸到能源和传统工业领域的必然结果，通过应用云计算、物联网、大数据和电子商务等新技术，将实现人、物、能源之间的全程互联和广泛互动，将电网中分散、孤立的能源、信息等流动性因素统一管理起来，不断推动电网生产管控由壁垒向协同、由分散向集中、由自发向可控、由孤岛向共享转变，带动业务和管理创新能力的提升。能源互联网使能源与信息融合发展，

必将带来技术与产业的变革，产生广泛而深远的影响。

为探索能源互联网，国内外很多政府及企业进行不断尝试。美国FREEDM项目借助于电子技术的发展成熟，建立具有智慧功能的能源网络构架吸纳大量分布式能源，验证了能源互联形成独立运行体系的可能性。德国eTelligence项目运用互联网技术构建一个能源调节及实时电力交易系统，利用对负荷的调节来平抑新能源出力的间歇性和波动性，提高对新能源的消纳能力。验证了通过实时电力交易系统调节能源配置的可能性。在我国，国家电网提出了"全球能源互联网"的概念。是以特高压电网为骨干网络、以输送清洁能源为主的全球互联的坚强智能电网。但更多的探索还是利用分布式能源与微电网的有机融合。例如，协鑫的分布式微能源网和新奥的泛能网是通过产业链延伸，打造区域多能互补能源互联网。协鑫以光伏、热电联产为主导，同时布局天然气、智慧能源；而新奥是以燃气为主导，同时往燃气的深度加工——发电、冷热供应方向发展。

对于传统电网企业来说，能源互联网带来的挑战是实实在在的。尤其是增量配网的放开与能源互联网的开放性及共享性将会极大地削弱电网的控制力。优质客户会因为更加有竞争力的产品和服务而流失，从国外电改后其主要电网不断流失客户的事实中可以得到印证。因此，对于传统电网企业来说，必须转变思想，积极参与竞争，在需求侧守住增量配电网，积极开拓三联供等综合能源业务；在供给侧则可以顺势把握住国家政策，大力开发清洁能源；同时关注和孵化有潜力的竞争性产业，迅速打通产业链，因此传统电网企业需要"积极转型，打造市场竞争的实力"。

对于传统发电及其他能源类企业，能源互联网时代是挑战和机遇并存。发电企业逐渐从幕后走到前台直接面对客户，因此势必面临多样化的业务类型。由于电力需求增长的下滑，应适时转变思路，从原先与发电企业的单一横向竞争逐渐转变成多环节竞争。传统发电企业应关注清洁能源发电，积极布局综合能源业务，关注分布式能源，为需求侧响应系统提供决策支持，从而进一步在能源互联网中抢占优势地位。总之，对于传统能源类发电企业是要"面向客户，走向终端市场"。

对于新能源企业来说，能源互联网将带来巨大的经济利益，并且不少新能源企业已经从中得名得利。不过由于传统能源企业"稳健"的特性，目前还主要是在尝试阶段，有些还是在观望阶段，竞争尚未完全显现。因此新能源企业应乘此机会大力发挥自身优势，努力创造标杆项目，制定行业标准以抗衡未来能源巨头的反扑。总之，对于新能源企业来说是要"灵活机智（制），积极引导产业的走势"。

对于电力设备企业来说，能源互联网对正在践行《中国制造2025》的企业无疑是提出了更高的要求。对于设备企业，解决能源与"互联网"融合深度不足，支撑和推进电力装备制造的升级换代发展是当务之急。同时可以考虑与其他企业一起合作，在物联网及人工智能方面积极发力，共同开发智能化的解决方案。总之，设备企业需要积极"升级换代，发挥智造优势"。

对于互联网及信息技术企业来说，能源大数据是未来能源互联网非常重要的基石。2016年4月国家发改委印发了《关于推进"互联网+"智慧能源发展的指导意见》，其中明确提出"发展能源大数据服务应用"，对信息技术企业提出了要求和期望，在大数据的集成和安全共享、业务服务体系和行业管理与监督体系三方面提出了要求。但是由于能源大数据共享和交易仍然是一个刚萌芽的状态，如何有效获取能源大数据，并把能源大数据与其他大数据进行融合，最大化能源大数据的价值，需要互联网及信息技术企业进一步深入探讨和研究，寻求与各方的利益最大化。总之，对于互联网及信息技术企业来说是要"有效融合，深挖（能源）数据的价值"

（六）新能源开发存储技术取得进步：可再生能源利用成本下降，利用方式趋于完善，电力系统低碳化进程加速

据彭博新能源财经《2017年新能源展望》显示（BNEF，2017），太阳能发电及陆上风电成本将在2040年前分别进一步下降66%及47%，可再生能源将在2030年前实现比大多数化石能源电厂更低的运营成本。报告显示，全球电力系统的低碳化进程相比去年的预测结果更为快速——全球范围内的碳排放将在2026年达到顶峰，2040年的碳排放水平相比2016年进一步降低4%。该报告的主要作者SebHenbest表示："今年的报告显示出全球电力系统的绿色化势不可挡，这得益于太阳能和风电成本的快速下降以及包括应用在电动汽车内的等多种电池技术在平衡电力供需中日益增强的作用。"报告分析指出，太阳能和风电将主宰未来电力系统。预计新增可再生能源的投资总额将在2040年前达到7.4万亿美元，占全球新增发电投资总额10.2万亿美元中的72%。其中，太阳能投资占2.8万亿美元，装机容量将跃增14倍；风电投资占3.3万亿美元，装机容量将增加4倍。到2040年，风电和太阳能将占全球装机总容量的48%及发电量的34%，分别较目前的12%和5%有巨大提升。

太阳能将为煤电带来更大范围的挑战。当前光伏发电的平准化成本仅为2009年的四分之一，预计到2040年将进一步下降66%。到2040年，一美元可以购买相当于现在2.3倍的太阳能电力。太阳能在德国、澳大利亚、美国、西班牙和意大利已经至少与煤电价格持平。

陆上风电成本快速下降，海上风电成本下降更快。得益于开发经验日益丰富、竞争加剧、风险降低、大型项目和大型风机的规模经济效应凸显等因素，海上风力发电成本将在2040年前大幅下降71%。与此同时，陆上风电成本将在过去8年已经下降30%的基础上进一步降低47%，这归功于风机成本的下降和效率的提升及更精简的运维流程。

电池等新型灵活性容量将助力可再生能源发展。预计现阶段到2040年之间，用于储能系统的锂离子电池市场规模将至少达到2390亿美元。电厂级储能电池在灵活调峰领域与天然气发电装机的竞争将日益激烈。据国际可再生能源机构（IRENA）发布的新报告（IRENA，2017），到2030年，固定应用的储能电池成本可能下降高达66%。此外，电池价格下滑可能刺激储能电池装机容量增长17倍，开辟了一些新的商业和经济机会。

电动汽车将支撑用电需求并助力电网平衡。到2040年，电动汽车产生的电力需求将分别占欧洲和美国发电量的13%和12%。电动汽车可以在可再生能源发电峰时和批发电价处于低位时灵活充电，将有助于电力系统更好地消纳太阳能和风电等间歇性能源。电动汽车的发展将推动锂离子电池的成本在2030年前下降73%。同时电动汽车（EV）蓄电池等领域的固定式电力储存可以直接驱动能源使用部门的快速脱碳。

同时家用光伏系统受到业主青睐。到2040年，屋顶光伏将在澳洲、巴西、德国、日本、美国和印度的发电量中分别占到24%、20%、15%、12%、5%和5%。加之大型可再生能源的发展，对现有大型煤电和天然气电厂的需求将受到挤压。尽管电动汽车带来的用电需求有所增加，这些大型化石燃料电厂仍将面临盈利压力。

（七）全球能源资源治理机制加速变化：由二元博弈走向合作共赢

20世纪下半期的全球治理具有典型的二元博弈特征，博弈主体是代表石油生产国利益的石油输出国组织欧佩克（OPEC）和代表西方石油消费国利益的经济合作发展组织（OECD）下属的国际能源署（IEA）。进入21世纪后，随着各国对能源安全的关注度不断增强，全球能源治理得到了新的发展，主要表现在治理机制逐渐完善，作为最重要的国际能源组织，IEA的目标已经由成立之初单纯的"防止出现石油供应中断"，转变为"在保持和提高系统应对石油供应中断的基础上，促进合理的能源政策，在全球范围内加强与非成员国家、行业和国际组织和合作关系，操作一个永久性的国际石油市场信息系统，提高世界能源供应和需求结构，通过开发替代能源和提高能源利用效率，促进国际能源技术协作，协助整合环境和能源政策。"为此，IEA采取了一系列措施：加强了与OPEC的交流与磋商，以共同推动国际石油市场的稳定；依托八国集团

（G8）的平台，建立了与俄罗斯以及G8峰会特邀与会的中印等新兴市场国家的合作关系；高度重视提高能源使用效率和推广清洁能源，以应对全球能源发展和气候变化的严峻形势。2012年，IEA提出了建立"高效能源世界"的六项基本原则，其中包括能源效率必须通过强化测量和经济效益公开透明，以及各国政府必须提升能源效率地位等当前亟待解决的能源问题（IEA，2012）。

全球能源治理是伴随着世界能源工业的发展而发展起来的。经过了150多年的历史洗礼，能源工业已经成为世界文明进步的主要推动力，能源产业几乎是各个大国的基础产业之一。与此同时，随着世界能源市场的成员逐渐增多，全球能源治理变得越来越复杂。虽然当前的全球能源治理以"合作共赢"为主流，然而能源所具有的经济政治等多元属性决定了全球能源治理的长期性和艰巨性。一方面，世界能源消费从化石能源向可替代新能源的转型需要几十年的时间，其间全球围绕着化石能源生产、运输和消费的博弈将难以停止，甚至有可能愈演愈烈，这极大地影响了国际能源合作的进行，特别是能源生产国和消费国之间固有的结构性矛盾使它们难以开展深入的对话与合作。另一方面，无论是现在还是未来，主权国家仍将是全球能源治理的主导力量，无论是全球能源治理的机制建设，还是能源技术变革和新能源的开发推广，它们必将发挥不可替代的重要作用。

（八）全球能源巨头加速转型发展：积极布局新能源产业，打造综合性能源企业

近年来，随着环境问题日益突出，推进能源消费向低碳化和清洁化方向发展已成为全球重要共识。各国为推进能源消费结构调整，纷纷加大政策扶持力度，使得全球新能源产业取得长足发展，装机容量不断攀高，同时，技术成本也在快速下降，投资回报率稳步上升。BP、壳牌、道达尔等国际石油巨头自20世纪90年代开始相继投资新能源，但是自2009年后，因国际油价持续上升而获利丰厚，石油巨头纷纷减少了新能源投资，或者退出部分新能源业务。2014年6月以来国际油价暴跌并持续低迷，给世界石油工业带来了沉重的打击，世界石油巨头也未能幸免，经营陷入困境。受制于供需基本面的不利影响，油价长期在低位徘徊。为了培育新的业绩增长点和增强公司抗风险能力，国际石油巨头积极调整业务发展战略，重新谋划新能源布局。

BP是涉足新能源领域最深也是最广的国际石油巨头，始终维持着一定规模的新能源投资。BP将生物燃料作为公司未来在新能源方面的主要发展方向，BP认为，到2035年，全球汽车数量将增长至18亿辆，即目前的一倍，届时尽管石油供应相对充足，但

气候变化和碳排放的压力将进一步增加，而生物燃料将可以很大程度上缓解这一问题（BP，2017）。BP还是欧洲和美国两个全球最大氢示范项目的能源合作伙伴，拥有超过40年的制氢经验，超过10年的汽车加氢站试运营经验。BP与中国科技部的氢能合作项目进展顺利，已在北京建成中国首座加氢站。风电是BP规模最大的可再生能源业务之一，目前BP在美国七个州经营了14个风电场，产能为2.2千兆瓦。

新能源相关技术研发现在已经占到壳牌年度研发预算的五分之一，新能源有望成为未来重要的增长型业务。壳牌与Cosan合资成立的Raizen生物燃料公司已发展为巴西第三大生物燃料公司，年均生产20多亿升生物乙醇和200多亿升其他工业及运输燃料。在氢能方面，壳牌计划在2023年前建设390个氢气零售站点，其中230个站点使用壳牌产品。壳牌在美国、荷兰等国家拥有多个风电场，风能年发电量超过500兆瓦。在2017年10月，更是计划收购动汽车充电站运营商New Motion，该公司在西欧地区拥有3万多个电动汽车充电点，作为老牌石油劲旅，这一潜在交易凸显出荷兰皇家壳牌对汽车能源未来趋势的预期。

道达尔公司在低油价下计划在新能源领域每年投资5亿美元，并计划到2035年将其新能源市场份额增加到15%～20%，太阳能业务规模达到全球前三。道达尔是欧洲领先的生物燃料生产商，生物燃料开发始于1992年，发展了两大类第一代生物燃料，由乙醇生产的乙基叔丁基醚（ETBE）和植物油甲酯（VOME）。目前道达尔正在开发第二代生物燃料。2011年道达尔以14亿美元收购了全球第二大太阳能电池板制造商Sunpower公司66%的股份。Sunpower公司在2014年实现净利润2.46亿美元，已经成为道达尔的业绩支柱。2016年道达尔以9.5亿欧元收购了法国电池制造公司Saft Groupe，该公司在镍镉电池、高性能一次性锂电池、锂离子卫星电池等领域处于全球领导地位[①]。

众多传统能源巨头在推进自身改革发展的同时，对能源尤其是新能源的技术进步产生了深远影响。

二、我国能源行业发展现状

2016年，我国能源供需形势总体比较宽松，能源领域供给侧结构性改革快速推进，能源结构调整持续取得进展，但煤炭、煤电、炼化等传统行业产能过剩仍十分明显，清洁能源发展面临较大困难。

---

① 资料来源：http://www.kesolar.com/headline/90023.html。

（一）能源消费小幅增长，能源结构调整取得显著进展

2016年，全国能源消费总量43.6亿吨标准煤，同比增加6000万吨标准煤、增长1.4%，较"十二五"和"十一五"期间年均增速分别降低2.2%和5.3%。

一是煤炭消费大幅下降，散煤下降幅度更大。从总量上看，2016年全国全年煤炭消费量为37.8亿吨，同比减少约1.85亿吨、下降4.7%，是自2014年以来连续第三年下降，拉低了能源整体消费增幅。从增长速度来看，2011～2015年，我国能源消费总量增长了7.4%，年增不足1.5%，与21世纪以来能耗总量年均7.9%的增速相比，我国在近年来成功遏制了能耗总量的高速增长，能源消费粗放浪费的模式明显改观。从能源消费强度上来看，五年来下降明显，"十二五"期间我国单位国内生产总值能耗下降了18.2%，超额完成既定目标。2016年又下降了5%，我国正在以越来越小的资源代价来支撑经济社会发展。分行业消费看，2016年1～11月，电力、钢铁、建材、化工及其他行业耗煤量同比分别下降0.4%、下降0.6%、基本持平、增长7.2%和下降10.7%，占同期煤炭消费总量的比重分别为47.9%、16.3%、13.8%、7.2%和14.9%，同比分别增加0.6、0.1、0.3、0.6个百分点和减少1.5个百分点。其他行业煤炭消费减少主要在于近两年治理大气污染政策，推动分散煤炭消费量下降。2016年以来，京津冀等地区开展燃煤锅炉节能环保综合改造、利用余热和浅层地热能替代燃煤为居民供暖等重点工程，减少燃煤消费。煤炭减量替代试点范围进一步扩大，由京津冀、长三角、珠三角重点区域逐步扩展到三大重点区域以及辽宁、山东、河南，项目层面逐步由电力项目扩展到非电项目。

二是电力消费增速企稳回升，第三产业及居民用电增幅较大。根据国家能源局数据，2016年全社会用电量为5.92万亿kWh，同比增加2825亿kWh，增长5.0%，其中第三产业、城乡居民电力消费增速分别为11.2%和10.8%，远远高于第二产业2.9%的增速，贡献了全社会电力消费增量的56%。自2009年以来，电力消费增速经历三次台阶式下滑变化，目前企稳回升。

三是成品油消费保持增长，汽油柴油消费分化严重。2016年我国经济结构调整进程加快、消费结构继续升级，成品油消费保持增长态势。根据国家发展和改革委员会运行局数据，全国成品油消费量2.89亿吨，同比增长5%。其中，受汽车消费提升拉动，汽油消费高速增长12.3%；受宏观经济形势和产业结构调整影响，柴油消费延续下滑，同比降低1.2%，但工业用柴油消费逐步回暖，呈现增长趋势；在民航需求拉动下，航空煤油消费增速继续保持高位，同比增长10.4%，但受高铁运输影响增速回落近7个百分点。受成品油消费拉动及原油大幅进口影响，2016年全国石油表观消费量5.56亿吨，同比增长5.5%。

四是天然气消费回暖，但在能源消费中的比重仍较低。据国家统计局数据，2016年，全年天然气表观消费量2086亿立方米；同比增加155亿立方米，增长8.0%，同比增加4.6个百分点。但天然气在一次能源消费中占比仍然较低，约为6.3%，仅比21世纪初提高约4个百分点。天然气价格市场化改革加快推进，大气污染治理进程加快，多地煤改气工程陆续投产，并推广建立居民用气阶梯价格制度，理顺居民用气价格。另外主要行业天然气消费量显著回升，据国家统计局统计，2015年天然气消费总量最高的部门为电力，煤气和水生产和供应业，达到了352.7亿立方米，同比增长81.06亿立方米，较2014年增长约30.87%。

五是非化石能源消费大幅增加，占比显著提升。2016年，全部商品化非化石能源利用量约5.41亿tce，占全国能源消费总量的12.4%，再加上非商品化新能源部分，这一比重达到13.3%，比2015年增加了1.3个百分点，与2011年相比，上升了约5个百分点。初步估计一次电力消费量约17010亿kWh，同比增加1710亿kWh，增长11.2%，非化石能源消费增量近6000万tce，为增量的第一贡献来源（肖新建等，2017）[①]。

通过采取综合措施，2016年中国能源结构进一步优化。煤炭消费比重连续三年下降，非化石能源成为新增能源消费的主力。一次能源消费中，煤炭、石油、天然气和化石能源消费量比重分别为62.0%、18.3%、6.4%和13.3%，分别比2015年下降1.7个百分点、持平、提高0.5个百分点和提高1.2个百分点。由于中国在近十年的能源生产和消费模式的转变，能源市场供求关系出现了变化，进而导致能源体制的变革。

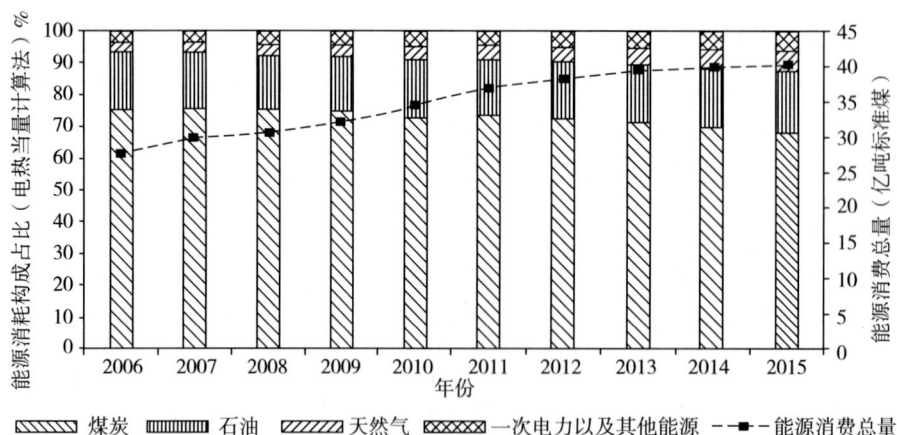

图14　能源消费总量与占比

数据来源：国家统计局（2017）。

---

① 肖新建等："2016年我国能源形势分析和2017年形势展望"，载于《中国能源》，2017年第3期。

（二）能源生产较大幅度下降，清洁能源供应能力显著增强

2016年，我国一次能源生产总量约34.6亿吨标准煤，同比下降4.2%。煤炭、原油产量均出现大幅下降，天然气和一次电力生产略有增长。

全年煤炭生产量大幅下降，下半年有所回升。2016年全国原煤产量为34.1亿吨，同比减少3.4亿吨，下降9.0%，与过去三年煤炭消费量持续下滑趋势相同。从不同时段看，随着8月、9月份释放部分先进产能和安全高效产能，煤炭生产量在第四季度明显回升，国务院印发的《关于煤炭行业化解过剩产能实现脱困发展的意见》，要求从2016年起3年内原则上停止审批新建煤矿项目、新增产能的技术改造项目和产能核增项目，确需新建煤矿的，一律实行减量置换，通过煤炭去产能的持续推进，化解煤炭过剩产能2.9亿吨，对煤炭价格回稳起到了平衡作用。

原油产量明显下滑，原油加工量保持增长。2016年，受国际油价低位运行影响，国内原油生产企业进一步压减低效、无效产量。根据国家统计局数据，全年原油产量1.99亿吨，同比下降6.9%，自2010年以来首次低于2亿吨，年降幅也首次超过千万吨。受原油"双权"放开刺激，加之在汽车和航空需求拉动下，国内原油加工量较快增长，达到5.41亿吨，同比增长3.6%。其中，地方炼油企业集中的山东原油加工量达到1.01亿吨，成为首个突破亿吨的地区。全国成品油产量估计为3.45亿吨，增长2.4%。

天然气产量小幅增加，页岩气高速增长，煤层气生产加速推进。2016年，受国内天然气需求增速下降、进口量大幅增长影响，常规天然气产量1369亿立方米，同比小幅增长1.7%，增速继续回落。页岩气生产延续了良好发展势头，全年产量70亿立方米，同比增长52.2%。煤层气发展缓慢，地面抽采量45亿立方米，同比微增1.7%，利用量42亿立方米。煤制气产量16亿立方米，同比增长14.3%。2016年煤层气（煤矿瓦斯）产量达到179亿立方米，利用量88亿立方米，与2010年相比分别增长96%和148%。

电力装机规模进一步增大，非化石能源占比提高。据中电联数据，截至2016年底，全国发电装机容量16.5亿kW，中国水电发电装机容量3.3亿千瓦，同比增长3.92%，发电量11748亿千瓦时，同比增长5.58%；核电发电装机3364万千瓦，同比增长23.83%，发电量2132亿千瓦时，同比增长24.39%；并网风电容量14747万千瓦，同比增长12.79%，风电发电2409亿千瓦时，同比增长29.78%；并网太阳能发电容量7631万千瓦，同比增长80.91%，太阳能发电665亿千瓦时，同比增长68.51%。全国水电、核电、风电、太阳能发电等非化石能源发电装机占全部发电装机的36.6%，发电量占全国总发电量的29.14%。当年新增装机1.2亿kW，其中火电4836万kW、风电1930万kW、光伏发

电3454万kW、水电1170万kW、核电720万kW，新增非化石能源装机占新增发电装机的60%，连续四年超过一半以上，电源结构继续优化。全年发电量5.99万亿kWh，非化石能源发电占比达到28.4%，同比增加1.5个百分点，新增发电量相当于两个三峡水电站全年的发电量，非化石能源已成为主力新增电源（肖新建等，2017）[①]。

从占比上看，中国的一次能源生产量在2006~2015年的结构分布情况如图15所示。其中，原煤生产量在逐年下降，但仍旧是中国能源生产的主体部分。2015年，一次能源生产量中，原煤的生产量占总一次能源生产量的78.2%。其他能源的占比均超过10%，其中天然气的生产量的占比在逐年上升，年均增速为5.27%，2015年天然气的一次能源生产量已经占到总一次能源生产量的5.3%。一次电力及其他能源的年均增速达到了6.94%，并有可能进一步增长。其他能源的占比也在增加，这与我国能源结构变革有关，天然气和其他可再生能源将在未来扩大市场份额，并有可能继续扩大其生产量的占比。

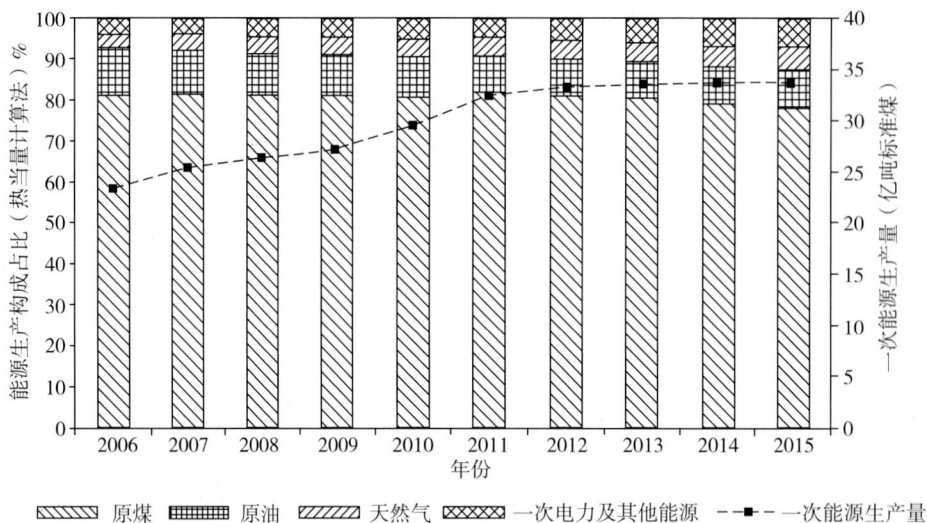

图15　中国一次能源生产量与占比

数据来源：国家统计局（2017）。

对于我国来说，在能源市场上要逐步发展以太阳能、风能、水能、核能、生物质能以及其他清洁能源为主，煤炭、石油等化石能源为辅的能源供应结构，鼓励厂商加大清洁能源技术与生产投入，给予清洁能源优先进入市场交易资格，提高清洁能源在

[①] 肖新建等："2016年我国能源形势分析和2017年形势展望"，载于《中国能源》，2017年第3期。

能源供应中的权重，对化石能源生产供应施行税收、金融政策调控，节约国内常规化石存量资源的开发。

（三）节能提高能效政策逐渐发力，双控目标初见成效

推进生态文明建设过程中，节能和提高能效是关键。节能和提高能效不是简单的少用能源，而是通过重塑生产生活方式、调整经济结构、优化产业布局、增加清洁高效能源比重、改进能源利用效率等措施，提高能源生产率、增强产业竞争力，构建高效的现代能源体系。通过节能和提高能效可为绿色低碳发展提供空间，还将有力支撑"两个一百年"奋斗目标的实现。

国务院印发了《"十三五"节能减排综合工作方案》，对"十三五"节能工作进行了总体部署，提出到2020年，全国万元国内生产总值能耗比2015年下降15%，能源消费总量控制在50亿吨标准煤以内，并将"十三五"能耗总量和强度"双控"目标分解到各省（区、市）。2016年，受国务院委托，国家发改委会同有关部门组织开展"十二五"省级人民政府节能目标责任评价考核，各省（市、区）明确了2016年和2017年度能源消费总量和强度控制目标。2017年，受国务院委托，国家发改委汇同有关部门对2016年度省级人民政府能源消费总量与强度"双控"目标完成情况进行了现场考核评价。国家发改委、科技部、工业和信息化部、财政部等12个部门联合印发《"十三五"全民节能行动计划》，提出实施节能产品推广行动等"十大"节能行动，全面推进各领域节能工作。相应节能管理制度也相应出台，《节能监察办法》《固定资产投资项目节能审查办法》《节能标准体系建设方案》《能源效率标识管理办法》相继出台，加强了节能领域的制度建设。

在政策支持下，我国开始深入推进重点领域节能，2016年，能效"领跑者"行动继续开展，国家发改委、质检总局发布了家用电冰箱、平板电视、转速可调型房间空调能效"领跑者"产品目录。国家发改委安排中央预算内投资，支持开展重点用能单位能效综合提升、重点行业节能改造、同能源管理推进、城市道路照明、机场车站码头节能综合改造等节能重点工程。发布《重点用能单位节能管理办法》，推动开展重点用能单位"百千万"行动，推进全国重点用能单位能耗在线监测系统建设。积极开展用能权有偿使用和交易试点。住房和城乡建设部深入开展绿色建筑行动。交通运输部推进现代综合交通体系建设，建立健全绿色交通制度和标准体系。

据统计，经过各方努力，2016年能源消费总量得到有效控制，全国单位国内生产总值能耗同比下降同比下降5%，超额完成2016年目标任务，实现节能量2.3亿吨标准

煤，相当于二氧化碳排放约5亿吨。

（四）化石能源价格触底反弹，电力价格继续下调

2016年，国际能源市场供大于求的局面有所缓解，国内能源供给侧改革不断推进。受此影响，主要能源品种价格触底后反弹，但出现分化。

煤价上半年小幅上涨，第三季度大幅上扬，年底基本平稳。2016年上半年，煤炭价格小幅反弹，至6月底，环渤海5500kcal/kg动力煤价格指数达到401元/吨，较年初增加30元/吨。7～10月，煤炭价格进入快速增长通道，至10月底，煤炭价格超过600元/吨，较年初增加236元/吨。第三季度末开始，国家陆续投放了一批先进产能，中间商也陆续释放囤煤，市场供应大量增加，11～12月煤价基本处于缓慢下行走势，年底煤碳价格比全年最高点下降了14元/吨，煤炭市场趋于稳定。

国际油价触底后震荡上升，国内成品油价格相应上调。布伦特原油和WTI价格在2016年初跌至27.88美元/桶和26.21美元/桶的年内最低点，随后逐步回升，年底涨升一倍，均超过50美元/桶。但市场供需宽松，基本面再平衡慢于预期，此外，美国页岩油成本降低、效率提高等也制约了油价上涨空间。2016年国内成品油全年25个调价周期中，仅5次下调、10次上调，其余10次未作调整。全年来看，汽油累计上涨1015元/吨，柴油累计上涨975元/吨。

国际天然气价格持续走低，进口天然气价格明显下降。2016年全球气价整体下跌，北美亨利港、英国NBP和日本LNG进口年均价格分别为2.49美元/Mbtu、4.64美元/Mbtu和6.8美元/Mbtu，分别同比下跌5%、30%和36%，三地差价明显缩窄。根据海关总署统计，我国全年天然气进口平均价格为305美元/吨，比2015年下降了27%。其中，进口管道气均价270美元/吨，同比下降31%；进口LNG均价343美元/吨，同比下降24%。

电力价格继续下调，有效降低了实体经济成本。2016年1月实施了煤电价格联动，下调燃煤机组上网电价3分/kWh，并同幅度降低了一般工商业销售电价，减少企业用电支出约225亿元。下调可再生能源发电上网电价，一、二、三类资源区陆上风电上网标杆电价每千瓦时降低3分、四类资源区降低1分；一、二类资源区光伏发电标杆电价每千瓦时降低10分、三类资源区降低2分，减轻新能源补贴资金增长压力。输配电价改革试点通过严格的成本监审，减少输配成本16.3%。

（五）主要能源品种进口快速增长，油气对外依存度均创新高

在国际能源低价环境背景下，2016年，我国煤炭、原油、天然气等进口快速增

长，增幅均超过10%，拉动油气对外依存度快速提升，成品油出口也迅猛增加。

国内煤价强势反弹带动煤炭进口强劲回升。受石油等大宗能源商品价格影响，国际煤价涨幅有限，且海运价格相对便宜，导致东南沿海地区进口煤炭具有价格优势，推动煤炭进口强劲回升。尤其自5月份以来煤炭进口持续处于高位，全年累计进口2.56亿吨，同比增长25.2%，出口878万吨，净进口2.47亿吨，同比增加4800万吨，增长24.2%。

原油进口大幅增长，对外依存度再创新高。2016年，受放开原油进口权和补充石油储备影响，全年原油进口大幅增长，进口量3.81亿吨，已与美国基本持平，同比增加超过4500万吨，增速达13.6%。受原油进口大幅增长拉动，我国石油对外依存度已达到64.4%，同比增加3.9个百分点。

成品油出口迅猛增加，成为亚太地区第三大出口国。2016年，在国内需求增长有限的情况下，成品油出口增长较快，全年净出口成品油3255万吨，同比增加1120万吨。出口量占全国原油加工总量的10.7%，占亚太国家当年油品净出口总量的17.9%，同比提升5.2个百分点，仅次于日本和韩国。

天然气进口恢复高速增长，对外依存度大幅攀升。2016年，随着国际天然气市场价格走低、国内市场消费回暖、很多长协合同进入执行期，天然气进口恢复增长，但值得指出的是，这是以压减国内气田产量为代价的。根据国家统计局数据，2016年全年天然气进口量约745亿立方米，同比增长21.9%，尤其是LNG进口大幅增加了110亿立方米。天然气对外依存度达到34.2%，同比增加3.1个百分点。

（六）能源企业利润差异化明显，石化及电力行业可持续发展压力较大

2016年，受主要能源品种价格走势影响，各类能源企业经营业绩差异较大，煤炭企业经营状况大幅改善，油气企业上游出现亏损、中游持续盈利，煤电企业利润下滑，非化石能源企业损失较多。

煤炭企业状况大幅改善，经营压力有所减小。2016年上半年，煤炭价格小幅度恢复性上涨，带动煤炭企业经营状况有所改善。1～4月，煤炭开采和洗选业实现利润总额9.6亿元，同比下降92%。但自5月份开始，逐月同比大幅增长。全年累计利润总额为1090.9亿元，同比增长223.6%。与同期采矿业利润总额同比下降27.5%相比，全年煤炭采选业利润总额占采矿业利润总额的60%，煤炭企业经营形势大为好转。

油气企业经营业绩表现各异，勘探开发出现亏损，炼化板块大幅盈利。根据中国石油经济技术研究院数据，受国际油价低位徘徊影响，2016年上游勘探开发业务比重较大的中国石油利润同比大幅下降94.34%；同样以上游业务为主的中国海洋石油，上

半年大幅亏损77.35亿元；受惠于国家成品油价格政策调整，炼化业务占比较高的中国石化则实现利润增长11.2%。在低油价环境下，国内外石油企业业绩普遍呈现不同程度下降，实施削减投资、降低成本、提高运营效率等是石油企业的共同选择。

煤电企业利润空间降低。2016年，受上网电价连续多次下调、电煤价格上涨、市场交易电价大幅下降、发电设备利用率降低等多重因素影响，煤电企业利润空间受到明显挤压。根据中电联统计，2016年1～11月，五大发电集团共实现利润542亿元，同比下降45%，其中煤电板块利润下降67.4%。分项来看，初步测算上网电价下调、煤炭价格上涨和发电小时数下降分别导致全国煤电行业利润减少1100亿元、70亿元和74亿元。

受消纳困难影响，非化石能源企业损失较大。2016年，非化石能源发电上网受限问题突出，全年约有1500亿kWh的清洁能源电量无法有效利用，而被白白浪费，相当于减少约600亿～800亿元的营业额，非化石能源企业利润明显受到影响。此外，新能源补贴拖欠也给企业带来了较大的财务损失，初步估算2016年可再生能源补贴缺口已超过600亿元（肖新建，2017）[①]。

（七）煤层气产业发展向好，面临的挑战亟须解决

2016年11月24日，国家能源局发布了《煤层气（煤矿瓦斯）开发利用"十三五"规划》。作为煤层气产业的第三个五年专项规划，该规划是指导"十三五"时期我国煤层气（煤矿瓦斯）开发利用工作的纲领性文件。"十三五"是我国全面建成小康社会的决胜时期，也是能源结构调整的关键时期，能源供给多元化、结构清洁化发展趋势明显。煤层气产业面临的机遇和挑战并存，总体来讲，机遇大于挑战。

一方面，产业外部发展形势总体有利。国家实施能源供给侧结构性改革，提高非化石能源和天然气的生产消费比重，将天然气占一次能源消费的比重提高至10%，鼓励大力发展煤层气。国家实施创新驱动战略，关键技术装备国产化步伐加快，制约煤层气开发的技术瓶颈有望取得重大突破。国家对煤矿安全生产的要求越来越严，标准也越来越高，这就要求必须把煤矿瓦斯抽采作为防治瓦斯事故的治本之策。我国已向国际社会郑重承诺，2020年单位国内生产总值二氧化碳排放较2005年下降40%～45%，2030年左右二氧化碳排放达到峰值，对控制温室气体排放提出了更高要求。这些因素都为产业加快发展提供了难得的历史机遇。

---

① 肖新建等："2016年我国能源形势分析和2017年形势展望"，载于《中国能源》，2017年第3期。

另一方面，产业发展仍面临一些问题急需解决。当前，煤层气产业仍处于初级阶段，规模小，市场竞争力弱。近年来，煤层气价格受天然气价格调整影响降幅较大，抵消了财政补贴的激励效应；加之生产成本逐年提高，勘探开发投资放缓，煤层气地面产量、煤矿瓦斯利用率与社会预期差距较大。一些地区天然气输气管道对煤层气没有做到公平开放，部分开发项目输送利用配套工程滞后。高瓦斯和煤与瓦斯突出矿井数量多，随着矿井开采延深，瓦斯抽采难度进一步加大，瓦斯灾害威胁日趋严重，事故时有发生。煤矿抽采的瓦斯浓度低，利用难度大。这些问题需要在"十三五"期间下大力气逐一解决。

（八）"一带一路"能源建设稳步推进

2013年9月和10月，国家主席习近平分别在访问哈萨克斯坦和印度尼西亚期间，提出建设"新丝绸之路经济带"和"21世纪海上丝绸之路"的重大倡议，合成"一带一路"倡议。

能源合作是"一带一路"倡议的重要基础和支撑。"一带一路"连接着欧亚两大能源消费市场和中东、中亚、俄罗斯等主要能源输出国。"一带一路"覆盖两大优质化石能源富集区：俄罗斯-中亚地区和海湾地区，以及能源技术先进、绿色能源使用的广泛的西欧地区。共建"一带一路"，有利于促进欧亚大陆能源市场的稳定，有利于助推国家实现能源绿色转型。

2016年，"一带一路"建设列入"十三五"规划。2016年3月，《中国人民共和国国民经济和社会发展第十三个五年规划纲要》发布，"一带一路"建设作为国内区域协调发展、对外开放发展和积极参与全球治理的重要内容列入其中。

其中，《能源发展"十三五"规划》中指出，统筹国内国际两个大局，充分利用两个市场、两种资源，全方位实施能源对外开放与合作战略，抓住"一带一路"建设重大机遇，推动能源基础设施互联互通，加大国际产能合作，积极参与全球能源治理。推进能源基础设施互联互通。加快推进能源合作项目建设，促进"一带一路"沿线国家和地区能源基础设施互联互通。研究推进跨境输电通道建设，积极开展电网升级改造合作。

《电力发展"十三五"规划》中指出，要充分利用国际国内两个市场、两种资源，积极推进电力装备、技术、标准和工程服务国际合作，根据需要推动跨境电网互联互通，鼓励电力企业参与境外电力项目建设经营。

《煤炭工业发展"十三五"规划》中指出，全方位加强煤炭国际合作，提升煤炭工业国际竞争力。稳步开展国际煤炭贸易，推进境外煤炭资源开发利用，扩大对外工程承包和技术服务。积极稳妥推进煤炭国际产能合作，结合境外煤炭资源开发需要，开展配套基础设施建设和煤炭上下游投资，实现合作共赢。

《石油发展"十三五"规划》中指出，提升国际石油合作质量和效益，优化投资节奏和资产结构，探索境外投资领域、投资主体多元化和合作方式多样化，加强能源与金融的深度合作，提升企业"走出去"水平。优化和推进俄罗斯—中亚、中东、非洲、美洲、亚太等区域油气合作。加强"一带一路"沿线国家基础设施互联互通合作。

《天然气发展"十三五"规划》中指出，落实"一带一路"建设，加强与天然气生产国的合作，形成多元化供应体系，保障天然气供应安全。建立完善跨境天然气管道沿线国家保证供应多层面协调机制，重视跨境管道安全保护。促进与东北亚天然气消费国的合作，推动建立区域天然气市场，提高天然气价格话语权。

《可再生能源发展"十三五"规划》中指出，推进可再生能源产业链全面国际化发展，提升我国可再生能源产业国际竞争水平，积极参与并推动全球能源转型。紧密结合"一带一路"沿线国家发展规划和建设需求，适时启动一批标志性合作项目，带动可再生能源领域的咨询、设计、承包、装备、运营等企业共同走出去。

（九）能源改革工作积极推进

1.煤炭领域供给侧结构性改革政策密集出台，加速推动去产能

一是政策密集出台，明确煤炭行业去产能方向。2016年2月初国务院7号文出台，确定了产能退出目标，3月至7月间，相关部门分别从职工安置、奖补资金管理、新增产能用地用矿、环境保护约束等方面，陆续出台了8项配套改革政策，明确了政策支持方向。在《2017—2021年中国煤炭行业去产能深度分析及发展战略研究报告》中进一步指出，虽然目前我国煤炭消费需求大幅放缓，但从中长期看，煤炭行业发展有空间，有市场，有前景。煤炭行业要抓住机遇，煤炭供给侧结构性改革，积极争取政策支持，主动淘汰落后产能、化解过剩产能，推动煤炭行业转型升级。

二是煤炭产能退出取得重大进展，完成"十三五"期间任务的近六成。在国家文件及其配套政策支持下，通过严格治理不安全生产、严格控制超能力生产、严格治理违法违规建设，以及实施配套奖补措施等方式，2016年退出煤炭产能累计约2.9亿吨，完成"十三五"期间退出产能任务近60%。2017年3月，政府工作报告指出，今年要再推出煤炭产能1.5亿吨以上，压减钢铁产能5000万吨左右。同时要淘汰、停建/缓建煤电

产能5000万千瓦以上。

三是煤炭产能减量重组进展有限。2016年，全年减量重组煤炭产能进展不大，初步估计规模不到1000万吨。主要原因：一是被兼并企业历史包袱较重、工人就业保障困难，通常选择直接退出，来获取国家奖补资金；二是重组方上半年资金缺乏，下半年虽有重组资金支持，但额度与预期相差较大，重组进程缓慢。

化解煤炭过剩产能是落实中央供给侧结构性改革"三去一降一补"任务的重要内容，也是社会上比较关注的问题。按照党中央/国务院决策部署，煤炭行业深入推进供给侧结构性改革，加快化解煤炭过剩产能，通过严格控制新增产能、加快淘汰落后产能、有序退出过剩产能、严格治理违法违规建设和超能力生产/实施减量化生产等措施，煤矿违法违规建设生产行为得到有效遏制，煤炭产量回落，供应过剩局面有所缓解。

2016年7月以来，随着煤炭去库存阶段的结束，以及煤炭需求阶段性增长，出现了煤炭价格过快上涨、局部地区煤炭供应偏紧的情况。近期局部地区结构性供应紧张，是火电出力增加、冬储煤增加、公路治超和铁路结构调整，以及去产能，控产量、治理违法违规等多种因素叠加的结果。但要看到，在目前市场条件下，煤炭需求没有大幅度增长，前11个月煤炭消费量同比仍下降了1.6%。而灾害严重、资源枯竭、技术装备落后、不具备安全生产条件、不符合煤炭产业政策的煤矿以及30万吨/年以下落后小煤矿仍大量存在，去产能任务依然艰巨。

2.电力体制改革各项任务全面铺开，取得明显进展

一是初步形成覆盖全国（除西藏外）的多模式试点格局。其中，21个省份开展了电力体制改革综合试点，9个省份和新疆生产建设兵团开展了售电侧改革试点，3个省份开展了可再生能源就近消纳试点。

二是输配电价改革实现了省级电网全覆盖。2016年出台了输配电定价成本监审办法，核减电网企业不相关资产、不合理成本，建立了对电网企业的激励和约束机制。公布了12个省级电网输配电价，电网历史成本平均核减比例为16.3%。

三是有序放开发用电计划。2016年，基本完成了交易机构组建，在28个省区市建立了中长期电力交易机制，开展跨区跨省直接交易试点，组织电力用户与发电企业直接交易，建立优先发电、优先购电制度。2016年全国大用户直购电、跨省跨区竞价交易、售电侧零售等市场交易电量突破10000亿kWh，约占全社会用电量的19%。

此外，建立了市场主体准入退出机制和新型监管制度，开展了增量配电业务改革试点，并将燃煤自备电厂纳入监管范畴。

3.石油改革"全面推进、重点突破、先行试点"

一是试点推进油气矿权管理改革。在2015年新疆试点常规油气区块勘查公开招标基础上，2016年10月确定新疆为能源综合改革试点省份，重点推进放宽油气领域市场准入。

二是原油"双权"改革进一步深入。2016年获得原油非国营贸易进口资格和进口原油使用资格的企业数量进一步增加，进口原油配额大幅提升。针对改革中出现配额倒卖等违规问题，在原油非国营贸易进口允许量总额不变情况下，明确了分批下达、追加调整以及严格考核的新分配原则，有效保证了进口原油资源合理配置，维护了市场健康发展。

三是炼化"去产能"政策加码，加快油品质量升级。2016年，国家发布《关于石化产业调结构促转型增效益的指导意见》《石化和化学工业发展规划（2016—2020年）》等多项政策，推进解决炼化产能绝对过剩与结构性过剩并存问题。出台税收优惠政策，鼓励加大成品油出口力度，化解当前国内成品油产量难以消化问题。油品质量升级加快推进，2016年东部地区11省市已全面供应国V标准车用汽、柴油，2017年将进一步推广至全国。

四是根据市场发展完善成品油定价机制。2016年，针对国际原油价格大幅下跌、国内油气生产遭遇一定困难的局面，对成品油定价机制作出调整，设定国内成品油价格调控下限，有利于防止今后油价上涨带来的潜在风险。

五是石油国企改革加速，鼓励社会资本进入。2016年，中国石油将工程建设业务重组上市，中国石化推动石油工程服务区域化重组，中国海油将自身炼化企业进行了整合。石油国企还积极引入社会资本发展混合所有制，如中国石化将川气东送天然气管道有限公司50%的股权转让。

4.天然气领域的改革工作加快推进，成效显著

一是天然气价格市场化改革取得新进展。在2015年完成国内天然气价格改革"三步走"的基础上，2016年天然气价格改革继续深入推进，明确储气设施定价政策，推进化肥用气价格市场化，开展福建省天然气门站价格改革试点。除少量涉及民生的居民用气外，占全国天然气消费总量80%以上的非居民用气门站价格已实现主要由供需双方自主协商决定。市场化定价推动天然气价格相应下降，有效减轻了企业用气负担。

二是稳步推进加强天然气输配价格监管工作。按照"放开两头、管住中间"的改革思路，2016年在天然气输配监管工作方面先后出台了多项政策，包括制定了天然气

管道运输价格和定价成本监审管理办法，要求跨省输气管道经营企业必须在2017年6月1日前实现财务独立核算；出台了规范地方天然气输配价格监管办法，引导各地纷纷出台配套政策，主动降低终端用气价格。

5.出台了促进可再生能源发展的重大政策，建立了量化考核机制

一是出台了可再生能源开发利用目标引导制度。2016年，第一次对国家非化石能源比重指标做了定量分解，明确了各地发展和消纳可再生能源的量化要求，建立了衡量各省市可再生能源消纳规模的量化标准和依据。

二是建立了风电、光伏发电全额保障性收购管理制度。2016年，发布了可再生能源发电全额保障性收购管理办法，公布了分区域风电、光伏发电的保障性收购年利用小时数，这是落实法律及电力体制改革要求的一项重要制度设计，也将是解决新能源消纳及新能源未来参与电力市场的重要制度依据。

三是提出了可再生能源绿色证书及交易制度。将绿色证书作为各供（售）电企业完成非水电可再生能源发电比重指标情况的核算凭证。随着电力体制改革不断推进，以及碳交易市场的建立，绿色证书交易制度的市场环境逐步改善，绿证也会成为风电等可再生能源项目新的资金来源的一个渠道。

6.国有能源企业改革加速，顶层设计与试点实践结合紧密

一是提出了"1+N"顶层设计，"1"是《关于深化国有企业改革的指导意见》（2016），10项改革试点全面铺开，由国务院国企改革领导小组直接组织开展。"N"是发展混合所有制经济，改革和完善国有资产管理体制，国有资产监督防止国有资产流失，法制建设，功能界定与分类，功能界定与分类，股权和分红激励，剥离国有企业办社会职能和解决历史遗留问题，国有资产交易监督管理，结构调整与重组，违规经营投资责任追究，员工持股试点等等。

二是完善公司治理体系之董事会建设试点。落实董事会职权试点进一步扩大，将在宝武、国投和中广核开展；市场化选聘经营管理者和职业经理人制度试点，将在国投、中国通号等中央企业二级企业开展；投资、运营公司试点增点扩面，新增神华、宝武、中国五矿、招商局、中交、保利等6家企业作为国有资本投资公司试点单位，国有资本运营公司试点在诚通、中国国新开展，"两类公司"试点企业合计达10家。

三是开展兼并重组试点，推进深度融合。2015年5月，经国务院批准，中电投和国家核电重组为"国家电力投资集团公司"，资产将超过7000亿元，年营业收入超过2000亿元，打破中核集团和中广核集团在核电方面的垄断格局，成为三大上下游一体化的大型核电集团。未来其核电业务将IPO，成为中国最大核电集团。

三、能源体制现状及存在的问题

（一）能源法治体系

1.发展现状

总体上看，我国的能源发展尤其是能源体制正向法治化方向改进。我国能源法律体系的框架已初步形成，为能源发展与政府管理提供了法律依据和保障；能源执法是我国能源管理的重要内容，行政执法是能源执法的主要方式；能源领域的司法、守法、法律监督等仍处起步阶段。

（1）能源法律体系的框架已经初步形成

我国能源法律框架具有效力上的多层级、结构上的复杂性、内容上的分散性，并且新旧法规并存。

从立法种类上看，主要包括：法律、行政法规（含法规性文件）、部门规章、强制性标准规范、地方性法规和国际公约等。从立法层级上看，主要包括：国家层面的立法机构、国务院及组成部门以及地方立法机构和地方政府等。从效力上看，法律、行政法规相对比较原则，部门规章往往对具体领域、环节有较细的要求，标准规范则很明确地规定了目标限制与程序合规性。

从调整对象上看，涉及了能源发展的众多参与者：生产商、贸易商、消费者、各级政府及其他能源参与主体。从权责规定上看，对各参与者的权责规定分散于众多能源立法中，对微观经济主体权责的规定更为明确，对政府权责的规定相对宏观。

从调整内容上看，包括：能源勘探开发、加工转换、流通运输、消费利用及外部影响等。从相互关系看，我国能源立法是生态文明法治建设的一部分，下游的调整内容更多还与环保及应对气候变化立法相关联。

（2）执法已经成为能源管理的重要内容

能源执法是我国能源管理的重要内容，行政执法是能源执法的主要方式。

从执法体制上看，主要能源执法机关包括：中央和地方政府的发展改革（价格）、能源、国土资源、环境保护、安全生产等主管部门，商务、海关、质监等部门也有不同程度参与。

从执法手段上看，主要以分级执法模式并依靠监督管理等行政手段实现。除有明确依据的监管外，其他执法手段更多表现为命令控制，与调控职能难以明确分开。

从执法能力上看，中央政府强于地方政府成为普遍现象。执法队伍的规模难以适应能源事件，执法人员素质难以适应专业性要求。

从执法效果上看，通常与执法能力具有相关性。由于执法依据不明确，对全国性能源基础设施的执法往往难以有效实施。由于能源执法不独立，地方政府的能源执法经常受到干扰。

（3）司法、守法、法律监督等仍处起步阶段

能源司法建设刚刚起步。由于长期以来行政执法，真正从司法途径解决的能源事件凤毛麟角。对能源事件的最终决定往往以行政裁定为主。

能源守法更多依靠自律。守法体系建设处于初级阶段，行业自治机构起到了重要作用。以单向型的能源法规科普宣传为主，互动型的公众参与已经起步。

法律监督尚处初级阶段。法律监督体系基本空白，一些NGO等社会组织的活动起到一定作用，但规范化的体系建设任重道远。

2.问题分析

总体上来看，我国现有能源法律法规体系的不协调、不一致等问题依然有待改善；过于依赖行政执法、司法实践较少、惩戒力度不足、执法不严等现象依然存在；能源法治与能源改革的协调性不足，将成为能源革命的重要瓶颈。

（1）能源法律法规体系依然存在诸多问题

结构不完整，能源基本法和重要领域专门法长期缺位。一方面，能源基本法长期缺位对于我国能源可持续发展不利。作为能源基本法，能源法在整个法律体系中起着统领全局的作用。目前我国《能源法》尚处于征求意见阶段，历经多年讨论仍尚未正式推出。另一方面，一些重要领域的专门法长期缺位，导致在石油、核能等重要能源领域的建设、管理和运营方面不能有效规范和依法监管。我国尚无石油、天然气的领域专门法，同时也缺少天然气供应法、热力供应法等能源公共事业法，缺乏对能源产品销售、服务的规范。

内容不健全、可操作性差，部分立法滞后且修订缓慢。首先，部分能源法律法规仍带有计划经济的色彩，部分法律内容也已与现阶段市场经济发展不相适应。如：《电力法》中缺少有关电力交易规则、电力形成机制、电力建设的规定，《煤炭法》中也有诸多内容已无法适应当前煤炭工业的发展，需要尽快对其进行修改和完善。其次，我国能源法律法规制定过于原则，可操作性比较差，而目前仍有很多法律法规缺乏必要的实施细则和配套法规。必须承认，可操作性差很大程度上是权责不清所致，有必要在能源基本法及行政体制改革中厘清能源领域各环节政府与市场的边界。另外，相当数量的专门法是部门立法，尤其是行政法规，部门利益明显。

各种法律缺乏必要的衔接，包容性、协调性不佳。我国能源行业具体业务的规定分散在效力等级不同的法律、行政法规、地方性法规和部门规章之中，由于缺乏统一的指导原则，各个法律法规之间缺乏必要的衔接，使得不同层级的法律法规在同一业务的设定方位、管理权限、具体实施细则等方面存在着不相一致的情况。

（2）能源执法权相对分散且依赖于行政手段

行政执法实践远多于司法实践。受能源立法与行政体制的约束，我国能源执法更多地通过行政手段完成。在改革开放以来的能源法治实践中，通过司法途径解决的能源法律问题凤毛麟角。一些执法依据明确、权责明晰的能源法治问题，多数通过能源监管（参见后文）实现。一些通过行政执法实现的政策目标，如淘汰过剩产能等，往往通过地方政府实现，严格意义上说这些能源实践于法无据，主要目的是出于落实政府的调控职能。

执法权责分散。我国能源执法权分散于不同的政府和部门，多由能源政策制定和监督管理部门负责。能源经济领域执法权分散于发展改革委、国家能源局等，社会领域执法分散于环境保护部、质量主管部门和安全生产主管部门等。从执法主体上看，执法权又涉及地方政府的相应机构。我国能源执法与环保执法分离，尤其是能源上中游领域。

执法能力与效果较差。我国能源执法队伍与能力不足，尤其是基层能源主管部门，执法队伍规模小、专业性差、执法不独立等问题较严重。执法依据不完备与执法能力不足导致执法效果较差，对违规行为恶劣、无视规章制度的企业缺乏震慑性处罚手段，存在企业违规成本低、执法机构监管缺位、执法不严等问题。

一方面，能源执法常态化程度不足，轻过程执法不足。我国能源执法实践多限于对能源活动后果进行突击性或定期性的执法，对全生命周期能源活动的过程执法严重不足。

另一方面，对违法能源活动的处罚力度不足。我国的能源执法通常更重视纠正行为，对所造成后果的惩罚往往相对较轻。突出表现在经济性执法领域，对有违公平竞争行为的处罚与其违法收益相比甚少。在社会性执法领域，对违规排放的行为的处罚力度过轻，违法成本严重低于治理成本。

（3）能源法治与能源改革的协调性不足

能源法治尤其是能源立法滞后，阻碍能源体制改革进行。我国已有的一些关键的能源立法制定时期较早，长期没有修订，已不适应能源发展的需求。由于这些能源立法的掣肘，之前能源领域不同层级的改革并不彻底，改革效果对整个能源系统中的改善作用也被湮没。尽管先改革后立法的实践可以取得局部突破，但并未做到立法与改革有机衔接，实质是于法无据的改革。

部分能源立法的价值取向不符合能源体制改革方向。从市场角度看，我国现有的部分能源立法源于"以供保需"的能源供需形势，具有较明显的"重供给轻市场"的特征，以越来越不适应逐步市场化的能源供需。从政府角度看，现行能源立法对能源领域政府定位、政府权责的规定并不明晰，在政府的规划、监管、调控等职能赋权及与市场的关系甚至连原则性描述都较少。

能源立法权责界定不明确，导致能源体制改革无法可依。多数能源立法对能源领域政府与市场的界限缺乏界定，对政府在能源领域的公共治理职能缺乏明确赋权，对能源领域其他参与主体的权责缺乏明确表述，突出表现在一些网络型自然垄断领域的规划、运营、监管上。

（二）能源管理体系

1.发展现状

总体上看，我国的能源管理体制在上中游领域已走向相对集中，协调管理成为常态；能源调控与政策作用加强，调控与干预仍难分清；能源规划逐步强调平衡性，计划性减弱、市场性加强；能源战略日益受到重视，能源储备体制日益完善。

（1）上中游管理已走向相对集中，协调管理成为常态

经过历次的机构调整，我国的能源管理机构已从分散走向相对集中。

国家能源局是我国最主要的能源主管部门。国家能源局是发展改革委管理的副部级国家局。对涵盖电力、煤炭、石油、天然气、核电、可再生能源等主要能源品种的能源领域进行行政管理。主要职责：①负责起草能源有关的法律法规送审稿和规章，拟订并组织实施能源发展战略、规划和政策，推进能源体制改革，拟订有关改革方案，协调能源发展和改革中的重大问题。②组织制定能源产业政策及相关标准，批准能源固定资产投资项目。③组织推进能源领域技术进步。④负责核电管理，拟订并组织实施规划、标准，提出审核意见，组织核电科研，组织核电厂应急管理。⑤负责能源行业节能和资源综合利用。⑥负责能源预测预警，发布能源信息，参与能源运行调节和应急保障。⑦监管电力市场运行，规范电力市场秩序。⑧负责电力安全生产的许可监督管理、可靠性管理和电力应急工作。⑨组织推进能源国际合作，核准或审核能源境外重大投资项目。⑩参与制定与能源相关的资源、财税、环保及应对气候变化等政策，提出能源价格调整和进出口总量建议。

重组后的能源局内设12个机构，国家能源局机关行政编制240名，司局领导职数42名，体机构及其职责如下表所示。与之前对比，此次的能源局内设就整合涉及了两个较大变化：

第一，市场监管司和电力安全监管为能源局重组后新增的两个司。实际上，电力安全监管司承担着前电监会的职能，而市场监管司是电力安全监管司的职责扩大：即将监管范围扩至新能源、煤炭、油气等领域，同时承担着推动能源市场化建设的职责。新增的市场监管司与其他机构的工作职责上看，能源局将逐渐主导能源体制改革与能源市场建设。

第二，原能源局政策法规司、电监会政策法规部组成法制和体制改革司，其主要承担能源法律法规体系、能源监管体系、能源体制改革措施等方面重大问题的研究。

表3 我国国家能源局内设机构表

机构名称	机构主要职责
综合司	负责机关日常运转工作，承担政务公开、安全保密、信访，以及能源行业统计、预测预警等工作，承担国家能源委员会办公室的总和协调工作
法制和体制改革司	研究能源重大问题，组织起草能源发展和有关监督管理的法律法规、规章送审稿，承担有关规范性文件的合法性审核工作，承担行政执法监督、行政复议、行政应诉等工作，承担能源体制改革有关工作
发展规划司	研究提出能源发展战略建议，组织拟定能源发展规划、年度计划和产业政策，参与研究全国能源消费总量控制工作方案，指导、监督能源消费总量控制有关工作，承担能源综合业务
能源节约和科技装备司	指导能源行业节能和资源综合利用工作，承担科技进步和装备相关工作，组织拟定能源行业标准（煤炭除外）
电力司	拟定火电和电网有关发展规划、计划和政策并组织实施，承担电力体制改革有关工作，衔接电力供需平衡
核电司	拟订核电发展规划、计划和政策并组织实施，组织核电厂的核事故应急管理工作
煤炭司	拟订煤炭开发、煤层气、煤炭加工转化为清洁能源产品的发展规划、计划和政策并组织实施，承担煤炭体制改革有关工作，承担国家石油、天然气储备管理工作，监督管理商业石油、天然气储备
石油天然气司	拟订油气开发、炼油发展规划、计划和政策并组织实施，承担石油天然气体制改革有关工作，承担国家石油、天然气储备管理工作，监督管理商业石油、天然气储备
新能源和可再生司	指导协调新能源、可再生能源和农村能源发展，组织拟订新能源、水能、生物质能和其他可再生能源发展规划、计划和政策并组织实施

机构名称	机构主要职责
市场监管司（新增）	组织拟订电力市场发展规划和区域电力市场设置方案，监管电力市场运行，监管输电、供电和非竞争性发电业务，处理电力市场纠纷，研究提出调整电价建议，监督检查有关电价和各项辅助服务收费标准，研究提出电力普遍服务政策的建议并监督实施，监管油气管网设施的公平开放
电力安全监管司（新增）	组织拟订除核安全外的电力运行安全、电力建设工程施工安全、工程质量安全监督管理办法的政策措施并监督实施，承担电力安全生产监督管理、可靠性管理和电力应急工作，负责水电站大坝的安全监督管理，依法组织或参与电力生产安全事故调查处理
国际合作司	组织推进能源国际交流与合作，按分工承担同外国能源主管部门和国际能源组织谈判并签订协议有关工作，拟订能源对外开放战略、规划及政策，协调境外能源开发利用
机关党委（人事司）	承担机关和区域能源监管机构等直属单位的人事管理、机构编制、队伍建设、纪检监察等工作，负责机关和在京直属单位的党群工作

我国地方能源管理体制由两个层次组成，分别是6个地区性能源局和12个地方能源办。但由于地方能源管理体制是原电监会下设的电力监管机构划归国家能源局进行垂直管理的，所以我国地区能源局与地方能源办的主要职责还是电力行业监管为主。

发展改革部门主要管理能源项目批准、能源价格制定与监督管理。发展改革委及国务院负责重大能源项目（含基础设施）批准，发展改革委负责制定中央政府管制的能源价格（主要是上中游）并进行监督管理。地方政府发展改革部门负责地方能源项目批准，地方发展改革（物价）部门制定当地能源价格（主要是下游消费侧）。

能源产业链一些相关的政府管理职能分散于其他部门。如：国土资源部直接管理石油、天然气、天然铀矿业权；中央及地方国土资源主管部门分级管理煤炭矿业权；国家煤监局（国家安监总局）负责煤炭的勘探开发安全管理等，国家安监总局（煤监局）负责能源领域的常规生产安全；海关管理能源进出口。此外，国资委负责行使大型能源国企的出资者职能。

分级管理、协调管理成为常态，统筹协调能力有所增强，管理效能有所改善。在目前体制下，协调管理成为常态，一些重大的能源政策由发展改革委、国家能源局等部门经商其他部门发布或联合发布。除了具有特殊性（安全性）的核电、煤炭以外，国家能源局基本上可以统筹协调各能源品种的管理，有利于在横向上与发展改革委、纵向上与地方政府协调对全国能源进行统筹管理，并在规划、调控、监管上更有效地履行政府职能，尤其是政策法规制定及建议。

组织机构	管理内容
表4	我国能源管理的机构设置与管理职能（2014）
国家能源委	国家能源发展战略、重大问题、重大事项
发展改革委	统筹规划、应对气候变化、信息；节能、清洁能源发展机制、可再生能源和新能源开发利用、节能减排示范与推广
能源局	信息、战略、规划、战略储备、核事故应急管理、体制改革、国际合作；能源装备与科技、能源行业节
国土部	资源管理（矿业权）
水利部	农村水电战略、规划、体制改革、对外合作、信息；小水电项目、农村电网、技术
工信部	核事故应急管理、核工业规划、国际合作；核工业科研、重大技术装备、节能减排；机动车燃油经济性，新能源汽车发展
科技部	技术研究、基础理论研究；组织实施科技规划、推进油气管道技术进步
财政部	燃油税、可再生能源发展、瓦斯利用、节能产品等相关的财税政策
建设部	节能建筑、城市污水与沼气
农业部	沼气、生物质能、太阳能推广
交通部	绿色交通规划与实施
环保部	用能机具末端排放与污染治理

资料来源：据"三定方案"与政府官网整理。

（2）能源调控与政策作用加强，调控与干预仍难分清

一方面，政府调控与政策作用逐步增强。通过节能减排考核促进转方式、调结构，通过淘汰落后和过剩产能控制能源消费总量，通过税收等手段激励新能源和清洁能源发展。尽管这都是政府主导的强制性手段，但确实在短期内取得了较好的成效。对于生态文明建设与能源可持续发展来说，政府调控与政策的激励（约束）作用仍将至关重要。

另一方面，市场准入的政府干预仍广泛存在。政府在能源领域和环节进行选择性控制，对于能源建设项目的投资规模、区位选择、装备水平、贸易方式、产品采购等诸多环节，存在较多较强的准入门槛；中小企业相对于大企业、外资企业相对于内资企业而言，面临的准入限制更多。

（3）能源规划逐步强调平衡性，积极融入经济社会发展

规划职能时能源体制中重要的政府职能，能源规划越来越融入整个经济社会发展。

在规划出发点上，从单纯"以供保需"向考虑供需平衡转变。我国能源市场已进入多元竞争时代，能源替代在多层次发生，供需情况变化较快。能源市场已非过去单纯的供给侧决定，消费侧正对能源供需起到越来越重要的作用。

在规划性质上，从计划命令性向指导性转变。以前的能源规划从供给侧出发，只要抓住重点领域能源国企就可实现。随着能源市场化和企业改革，以前计划命令式的规划职能正逐步弱化，能源规划的指导性快速增强。

在规划程序上，规划制定逐步科学化、规范化、民主化。"十二五""十三五"的实践证明，政府非常重视规划前期的预研究，并广泛征求各界意见，力争使能源规划尽量符合能源发展各参与者的共同利益。

（4）能源战略日益受到重视，并成为重大决策依据

我国重视能源战略，能源战略作为能源重大决策的依据。中央和地方政府分别制定了各能源品种、环节、领域的发展战略，一些重要领域还制定了中长期发展战略。《能源发展战略行动计划（2014—2020年）》（国办发〔2014〕31号）为未来能源战略的实现提出了具体落实的主要任务和保障措施。

（5）能源储备得到重视，应急能力提升

从主管部门上看，能源储备由中央政府能源主管部门负责。从储备类型上看，化石能源的储备主要是实物储备（能源产品储备），能源资源储备尚难以应对突发能源事件。从能源品种上看，我国的能源储备主要是石油和煤炭。我国的石油储备具有战略储备的性质；煤炭由于自给率高，并没有明确提到战略储备的高度；天然气储备主要应对供气调节，天然气储气库规模很小且仅用于调峰。

石油储备作为国家的战略储备由国家能源局负责，国家石油储备基地的建设与管理，承担战略石油储备收储、轮换和动用任务，监测内外石油市场供求变化。已建立家石油储备中心，国家石油储备基地的建设与管理，承担战略石油储备收储、轮换和动用任务，监测内外石油市场供求变化。从普及程度上看，国家储备（战略储备）已经启动，商业储备基本上未开展。

天然气储备主要用于供气调节，我国的天然气储备难以满足正常需求。在目前价格机制下，天然气供需处于从供不应求到供过于求的过渡期的紧平衡阶段，由于建设规模小、调峰价格机制缺失，我国用于调峰的天然气储备规模与能力还不能满足国际经验值。2014年底国产气产量的增长及下游需求疲软导致几个液化天然气接收站的库存水平较高，但没有足够的空间来存放更多的现货。

煤炭储备地位逊于石油储备，可基本定位为商业储备，我国煤炭应急储备体系建

设已经开始起步。多省份已开展煤炭应急储备工作，大型煤企、电企、港口已建立煤炭应急储备点。当前我国火电企业普遍以15天的煤炭存量为正常存量，7天为警戒线，发电企业电煤库存量不能低于20天用量。现行煤炭应急储备体系在管理体制方面，主要由国家发展改革委、财政部会同交通运输、铁道、能源等部门负责管理工作，我国煤炭工业协会、国家电网公司等单位承担煤炭市场监测预警和信息支持；在运行模式方面，由承储企业通过建立专门国家煤炭应急储备库，在其承储基地完成国家分配的承储任务，可以概括为"国家宏观统筹调控、企业港口具体承担"；在储备动用方面，在发生严重自然灾害和重大突发事件时，国家发展改革委、财政部根据省级人民政府申请或中国煤炭工业协会、国家电网公司等单位的建议以及其他应急需要，做出动用决定，向承储企业等有关单位下达动用指令；在储备轮换方面，与正常生产经营、周转相结合，以先进先出、以进顶出的滚动方式进行，并确保每季度至少轮换一次；在资金来源方面，国家煤炭应急储备所需资金，可由承储企业向银行申请贷款，同时国家对新建、改扩建储备点建设项目给予投资补助，并对完成储备任务的承储企业，中央财政对国家煤炭应急储备贷款或占用资金给予利息补贴，对场地占用费和保管费等管理费用予以定额补贴。

此外，我国能源应急体制为应对能源突发事件、确保能源安全稳定供应而设立，对能源保障进行临时性决策、协调、管理等，应急管理的核心是"煤电油运保障工作部际协调机制"。我国能源应急管理体制具有分散性、临时性特征，且央企承担了重要的应急管理职能。一是发展改革委对能源应急管理具有最高主导权，同时肩负能源调控行政权。二是国家能源局肩负能源应急保障职责，负责石油储备管理并指导国家石油公司具体落实，承担原电监会主导的电力行业应急管理工作。三是国家安监总局负责牵头实施煤炭、石化等重要能源领域的生产安全与应急救援工作。另外，国防科工局承担我国核应急工作。地方政府的综合管理与能源主管部门配合中央政府进行能源应急管理工作。在解决"2008南方雪灾""煤电之争""区域性油（气）荒"等能源突发或紧张的事件中，我国的能源应急管理曾发挥了重要作用。

2.问题分析

总体上看，我国现有管理体制缺乏统一管理、层级较低；分散管理、权责不明、职能交叉重叠依然突出；战略、规划、政策等职能及各部门管理协调性较差；重审批、轻服务未能根本改变；能源储备与应急缺乏社会参与。

（1）缺乏统一管理，尤其是独立的高层级能源管理机构

目前，中国能源领域管理部门众多且分散，职能交叉重叠问题依然突出。

从机构设置上看，分散管理、政出多门依然存在。目前，能源领域多部门共管现象相当严重。国家能源委员会成立目的是加强能源战略决策和统筹协调，但受到机构设置和组织方式等因素的限制，国家能源委员会的职能没有得到充分发挥，无法对各部门的管理工作进行有效协调。国家能源局负责能源总体规划和发展以及能源领域的监管，然而在相关领域能源管理职能又分别分散在工信部、水利部、农业部、安检局、环保部及商务部等部门。这种政出多门的管理模式不仅增加了协调成本，而且也极易造成职责不清、相互制约、管理效率低下等问题。

从权责安排上看，权责不明在横向、纵向同时存在。横向表现在上中央政府各部门间，纵向表现在中央与地方政府间。一是我国能源相关的管理机构据"三定方案"履行职能，赋权依据尚不属于依法执政，能源基本法缺位使得能源管理机构的权责没有法律层面上的授予。二是能源监管机构是能源管理部门的内设机构，这种"政监合一"缺乏独立性，也有碍能源执法的有效进行，地方能源监管受到地方政府的干预较大。三是除油气外，地方能源管理体制各具特点，分级管理的能源领域中央与地方管理部门缺乏有机衔接和协调，地方能源管理体制各具特点，突出表现在监督管理上。一些实行分级管理的能源领域，在国家能源局－地方政府这个链条上也有政令不畅的问题。

从管理层级上看，副部级定位不利于统筹协调，一些能源重要问题难以统一意见或政策效果不佳。我国的能源管理机构依然属于副部级，不及水利、国土等其他正部级资源主管部门。在一些重大能源决策上，依然要附属于发展改革委。副部级的定位使得国家能源局难以有效发挥协调作用。能源量价协调是需要统筹协调的典型案例，国家能源局主要负责能源中"量"的部分，发展改革委依然掌控能源价格制定与管理职能，有违能源领域的"量价相关性"，一些能源领域调整"量"的政策与调整"价"的政策互相掣肘的现象依然存在，有某一部门单独出台的政策往往效果不佳。

（2）管理方式陈旧，重审批且审批烦琐，公共服务不足

能源行业尤其是上中游的投资准入审批烦琐，行政效率较低。能源上中游投资规模往往较大，同时涉及重大生产力布局和跨区域的协调问题，纵向分级管理、横向分散管理造成了审批烦琐，一些条件设定使得非国有资本难以进入。央企进入后还将面临与地方政府的关系问题，属地管理与利益分配间的矛盾较突出。

能源领域公共服务不足，突出表现在信息公开上。一是政府信息公开不足，一些部门行政许可、法律法规的更新内容缺失、实效不足，对行业发展产生直接影响的发文、通知公开程度严重不足。二是对企业尤其是网络型自然垄断行业（如油气电网）

的强制性信息公开制度尚未建立，信息公开平台缺失。三是基础资料公益化管理制度缺失，突出表现在基础性研究领域。如我国油气资源基础资料汇交制度虽已出台多年，但由于执法不严，管理部门难以获得并统一管理数据资料，数据库建设与信息公开滞后，严重影响了矿业权管理流程的综合集成和数据共享。

（3）能源规划的协调性、前瞻性不足，难以适应供需平衡

不同层级、不同领域、不同环节能源规划的协调性较差。有些互为条件。部分规划（尤其是地方性规划）对能源供需的考虑不足。一些领域规划缺乏有效落实，多周期连续未能完成。中央政府纵向规划与地方能源规划之间协调性较差。能源规划供给侧往往完成情况较好，消费侧执行程度较差。能源规划与执行的后评估严重滞后。

能源规划重视供需量的平衡，对价格影响消费考虑往往不足。虽然制定能源规划时也考虑社会经济发展背景下能源需求规模和结构的变化，但在目前油气、电力尚由政府干预价格的体制，价格变化往往不能及时反映市场供求，规划执行中价格往往对市场产生较大的抑制作用。另外，能源量价管理分由国家能源局、发展改革委负责，这种分散的管理体制也认为分割了能源供需量价的有机联系。

电力规划与输入能源规划不协调的现象也越来越严重。突出表现在发电利用小时上，2014年我国多种发电设备平均利用小时数创出历史新低。除了经济乏力导致用电需求不足外，电力装机的布局也存在问题，典型的例子就是红沿河核电2号机组在满足条件的情况下推迟并网发电，规划建设时对东北电网供电量考虑不足，核电建设的长周期性，使得电力装机与电力需求之间误差的不确定性进一步增大。

（4）能源战略缺乏国家层面顶层设计与可落实的具体支撑

我国目前仍缺乏国家层面统一的、基于"顶层设计"的中长期能源战略。尽管《能源发展战略行动计划（2014—2020年）》已经公布，但国家层面的能源战略并不明确。地方能源战略与国家层面纵向能源战略缺乏协调性，战略对规划的指导意义较差，战略缺乏具体的落实机制与政策支撑。

能源革命需要明确的目标、路线图、具有协调性的保障措施和相对稳定的政策。能源革命、中长期能源战略在经济社会的动态发展与同步改革中进行，需要配套措施，包括：政府职能转变、财政体制改革、科技体制改革，动态发展中的各类改革有些互为条件。

（5）储备与应急体系滞后，社会参与程度不足

在能源储备方面，石油和煤炭的储备实践反映了我国能源储备的共同问题，包括：一是缺乏强有力的战略储备立法保障，不同层级、不同品种能源储备中的政府与

市场边界、能源流参与主体的权责关系没有清晰的法律界定。二是管理体制尚不健全，能源储备的收储与释放条件仍待完善，其中价格是关键，存在监管缺位问题。三是储备模式有待完善，静态化的储备模式使得储备成本过高、储备规模相对有限。四是储备管理信息化程度低，信息公开不足，重点是储备能力和储备量。五是储备库（基地）布局合理性有待提高，储备能源的物流环节仍需加快建设。六是实物储备集中于大型能源央企，油气商业储备进展缓慢。

能源应急方面，我国能源应急管理主要应对国内的、局部的、短期突发的能源事件，尚难以有效应对全球性、影响更深、更广的能源事件。一是能源应急管理更大程度上对能源突发事件进行能源保障工作，具有明显的临时性，管理体制与管理工作的常态化不足。二是能源管理具有分散性，尚缺乏国家层面、集中统一的管理和协调，对某个能源品种或环节的重大突发事件针对性较强，对于多品种、全局性的能源事件应对能力较弱，能源应急的地域范围限于国内，应急管理的国际化尚需推进。三是能源应急物资保障体系建设滞后，石油储备距离IEA90天的石油安全标准仍有不小差距，电网和天然气管网的规模和能力不能满足能源转型背景下的应急需求。四是能源储备与应急立法工作仍然滞后，相关制度尚需完善，包括：动用及收储制度、监管制度、后评估制度、信息化制度、资金管理制度等。

我国的能源储备与应急领域的信息公开程度与社会参与程度较差。由于缺乏信息公开制度，能源领域的参与者难以及时准确获得这方面的信息。由于商业储备的强制性不足，没有建立合理的储备价格机制，社会资本缺乏进入该领域的积极性。

（三）能源市场体系与流通体制

1. 发展现状

我国能源市场体系与流通体制垄断依然严重，体制与机制是根源，网络设施是重点。总体上看，我国的能源市场体系尚未真正建立，目前仍处于初期阶段；不同能源品种市场化进程不一，煤炭已率先实现市场化，油气下游开放程度较大，上中游的各种垄断依然严重，电力中下游的输配售环节市场化迫在眉睫；网络型自然垄断领域的体制性障碍成为阻碍能源流通体制改革的主要瓶颈。

（1）石油、天然气市场的竞争性有所加强，资源垄断依旧

寡头竞争/垄断竞争的市场格局已经形成并有所固化。经过1998年石油天然气行业的改革重组及后续的一系列相关改革和政策调整，延续至今，我国已基本形成了以四大集团为骨干、众多不同所有制和不同规模石油天然气企业并存的上下游、内外贸、

产输销的生产和流通格局，以中石油、中石化、中海油和陕西延长石油（集团）为寡头的寡头竞争/垄断竞争市场体系。

下游市场主体多，竞争初现。一方面炼化、批发、零售环节竞争性加强。中海油、中化等有原油资源的国有企业近年来加快在炼油领域布局，这不仅增强了炼化环节的竞争性，而且由于中海油、中化等企业在下游分销环节资源有限，随着中海油和中化投资兴建的炼厂建成投产，也将有利于批发、零售环节竞争性的增强。另一方面，成品油批发准入条件放宽，参与主体多元化。中海油、中化和一些民营企业相继获得成品油批发资格，成品油市场竞争格局较21世纪初已发生一定变化，市场的竞争性也在增强。

"三桶油"资源垄断依旧，制约其他市场主体发展。从市场结构看，原油、天然气国内资源全部集中在以中石油、中海油为主的国有石油企业；批发权主要由中石油、中石化和中海油主导，近年来炼油产业、成品油和天然气批发环节的竞争性有所增强；零售环节市场主体众多，但由于资源市场被中石油、中石化和中海油所主导，四大集团以外的其他社会成品油、天然气经营单位均不具备完整的市场主体地位，资源甚至是市场方面均需要依附于四大集团。

（2）"新电改"已经展开，"新电改"电力市场有待落实与深化

总体上看，电力市场已历经十余年的探索与实践，分环节"小改革"不断进行，并已取得较好成果。2002年我国实现了电力工业厂网分离，逐渐形成发电、输配、售电的三环节电价。2004年出台标杆上网电价政策，统一制定并颁布各省新投产机组上网电价。

我国电力领域的主要问题集中体现在市场结构方面：一是我国发电环节已呈现多元化竞争格局，国有及国有控股企业占据绝大部分，主要国有发电公司有五大发电集团和四小发电集团，"五大四小"发电装机占全国的比例接近60%，此外，还有一些地方政府全资和控股的发电企业；二是我国目前的输配售电市场尚未放开，基本上各个地区的供电都是由当地的垄断电网企业供应，其中央企电网售电量及占社会总用电量的比例超过80%；三是我国电力市场未形成独立的市场化交易模式，在发电侧引入了竞争，但在输电、配电、售电环节仍为垄断经营，拥有输配电网的电网公司既是电网运营者又是电力经营者，垄断购电和售电业务；四是目前发电计划在各级政府与厂、网的统筹协调下制定，已成为调控政策、节能减排、行政意志等多重因素左右的行政分配模式。

"新电改"方案已经以《关于进一步深化电力体制改革的若干意见》（中发

〔2015〕9号文，以下简称《意见》）形式发布，所提出的"建立健全电力行业'有法可依、政企分开、主体规范、交易公平、价格合理、监管有效'的市场机制"的基本目标也契合实际需求，"新电改"改革的重点和基本路径可以概括为"三放开、三加强、一独立"，体制框架设计为"放开两头，管住中间"，跟预期基本相同。总体而言，本轮电改方案是比较务实的，综合考虑了改革需求和可操作性原则，相比于2002年的"5号文"，更具有现实意义。

（3）煤炭已率先实现市场化，电煤长协价有待市场检验

煤炭市场彻底终结"双轨制"，可以说已将实现市场化。除电煤外，我国煤炭的其他领域已实现市场化，自2013年起，取消重点合同，取消电煤价格双轨制，标志着煤炭市场已率先实现市场化。尽管表面上"市场煤"和"计划电"的矛盾看上去得以解决，但近期经过艰苦谈判后和各方拖鞋后确定的电煤长协价，还有待市场检验。

2.问题分析

总体上看，我国现有能源流通体制垄断依然严重，行政性垄断与自然垄断并存，一次能源上游领域的投资准入、资源获得等环节行政性垄断突出。油气领域（尤其是上中游）有限的市场参与者影响产业整体效率。

（1）石油、天然气市场上中游垄断影响产业链整体效率

在油气领域上游环节垄断局面仍未打破。尽管"三桶油"间的市场有一定互相渗透，但石油行业20世纪末形成的"上下游分割、内外贸分治、海陆分家"的格局相对稳固，现行法规与管理客观上强化了这个格局。主要表现在：

一是市场准入不公平。市场主体地位不平等，非国有投资主体难以进入，难以形成公平竞争的市场环境，既不利于提高石油天然气行业的效率和油气企业的竞争力，也不利于提高国内石油天然气资源的勘探开发力度。

二是市场分割较严重。上、中、下游之间和每个环节内部出现局部垄断性市场，导致市场分割，难以形成统一开放的市场体系。

三是市场发育滞后。全国性的石油天然气探矿权和采矿权交易市场、管道容量交易市场、储备市场、期货交易市场等尚未建立，导致市场配置资源的功能难以充分发挥，资源利用率有待进一步提高；作为石油天然气消费大国缺乏在国际石油、天然气定价中的话语权。

（2）诸多问题交织阻碍真正电力市场形成

《意见》只是一个纲领性和指导性文件，真正落实《意见》内容、深化体制改革、实现改革目标，还需要各方面的政策法规、操作文件来配套。电力流通领域需要

配套来解决的问题主要有：电网企业和相对独立的电力交易机构定位亟待明确，输配电价仍未实现单独核定，公益性以外的发售电价格由市场形成有待分步实现，电价交叉补贴有待逐步减少，主体、跨区域市场机制建设有待从双边交易市场突破，售电侧改革改革有待稳步推进并有序向社会资本开放配售电业务，改革成果有待立法保障。

（3）煤炭市场仍存在流通障碍，分散管理较为严重

从体制上看，煤炭是管理最为松散的能源品种。虽然政府对煤炭市场的干预已经很少，但流通领域仍存在诸多问题。一是多部门参与管理，煤炭流通环节复杂，流通成本居高不下。二是铁路运能紧张、运力配置不合理等运输瓶颈问题突出。三是煤炭物流管理滞后，缺少新兴煤炭流通主体和物流中心。四是煤炭流通过程监管不力，污染和损耗问题较严重。此外，煤炭领域质量控制不力也阻碍煤炭市场的可持续发展。

从环节上看，煤炭流通仍有障碍。一是煤炭物流总体上呈现"西煤东运""北煤东调（南运）"格局，经济转型的不平衡有可能强化这种供给与消费的时空差异。二是铁路运输在煤炭物流体系中的地位更加凸显，这对新疆、蒙东的煤炭更为重要。三是水运是北煤南运的重要方式，煤炭水运量逐年上升，流向正发生重大变化。

从管理权上看，煤炭仍是所有一次能源品种中管理最为分散的。中央政府、地方政府、煤炭协会等均有一定行政权力进行煤炭管理。虽然简政放权取消和下放了一些行政审批项目，但分散管理的局面仍未明显改善。

（四）能源价格机制

1.发展现状

能源价格方面政府干预仍然较深，各环节价格引导和反映市场不力。总体上看，我国的能源价格体制存在共性问题，集中反映在价格形成、价格构成、价格监管及量价协调管理上；一次能源的上游领域价格已逐渐放开，政府对重点终端能源商品价格的干预依然较多；石油、煤炭基本实现市场化，天然气价改仍需继续深入。能源税收、能源财政制度与政策发挥了重要的阶段性作用，对终端能源价格产生了重要的积极影响。

（1）能源价格体制存在共性问题，严重制约能源体制改革

能源价格改革多年来一直稳步推进，但深层次矛盾始终未能根本解决，扭曲的要素价格造成资源错配、结构失衡和粗放发展。"以调代改"的虽在特定阶段、具体环节取得局部成功，但短期顺价和调价未能形成整个能源系统的长效定价机制与合理能源比价。

能源价格集中反映了我国能源体制的种种弊端，是能源体制改革的核心。我国能源产品价格不合理，价格改革滞后，严重制约了我国转方式、调结构的顺利进行。在管理体制上，能源规划和供需平衡主要由国家能源局负责，价格制定与管理主要由发展改革委负责，这种量价分离的管理体制也是造成我国能源价格问题的重要原因。

我国能源价格体制主要存在以下共性问题：

一是价格形成机制不合理，政府干预价格程度仍然较深，不能反映能源商品的真实价值，竞争性的能源领域和环节市场化定价尚不普遍。由于历史原因和能源资源的特殊性，我国能源资源性产品价格长期都是由政府直接制定或进行严格管制，能源价格不能有效地反映能源资源的供给与需求，不能反映能源的稀缺性，抑制价格配置资源的作用。

二是价格构成不合理，全成本核算没有得到很好推行，税收占比不合理。主要表现在目前的能源资源性产品价格构成中，成本项目确实或成本标注偏低，没有或者不完全反映能源资源生产过程中的资源消耗的合理补偿、开发过程中造成的环境污染所需要的治理成本以及生产安全成本，外部成本没有内部化。不同能源产品的税收部分与能源成本组合不能反映能源产品的合理比价关系，导致有些能源产品缺乏对用能主体的成本约束，不利于能源结构的调整。

三是价格监管机制不健全，监管能力、信息公开问题等阻碍价格监管有效实现。一方面，价格监管机构在履行价格监管职能时，对自然垄断环节的价格监管往往缺乏真实的成本信息采集与反馈机制，价格与成本核算与监督能力薄弱；价格监管机构存在人、财、物、信息化等保障不足问题；价格监管的透明度与公众参与不足。另一方面，垄断定价导致的不透明及交叉补贴是难以实现有效监管的重要原因。一些能源品种或环节严重缺乏成本和价格监管，局部形成严重的价格垄断，突出表现在自然垄断的电网、油气管网等领域。

四是能源价格存在脱节现象，导致价格传导不顺，各环节价格矛盾突出，影响市场有效配置能源。能源各领域以及领域内各环节的改革不协调，价改进度不同，价管方式不同，造成了不同能源品间、同类能源不同环节间的价格存在较严重的脱节现象，电力领域尤为明显，如销售电价与电力成本脱节、输配电价与上网电价脱节。此外，国内外市场价格关系的管理薄弱。政府定价对市场的应对缺乏及时性，在国际市场上的价格话语权也严重缺失。

五是量价分离管理分离客观上放大了价格机制的缺陷。在管理体制上，能源规划和供需平衡主要由国家能源局负责，价格制定与管理主要由发展改革委负责，这种量价分离的管理体制也是造成我国能源价格问题的重要原因。在供给偏紧的情况下这种量价分离的后果并不明显，但在能源供需多元化或的背景下，尤其是能源价格市场化改革的过渡期，量价分离的管理模式越来越不适应能源发展的需要。

（2）上游领域价格渐进式放开，重点终端能源商品政府仍干预

我国能源上游领域或资源侧特定环节的价格已逐渐放开。煤炭、石油已经依次放开，其中：煤炭上游价格已放开多年，原油价格已依据国际油价自主确定，天然气价格"市场净回值法"天然气定价机制的实施，上游井口价上已名存实亡。发电价格从"一机一价"发展到标杆价格，政府的干预正逐步减少。

我国能源下游领域尤其是重点终端能源商品价格仍受政府干预。尤其是天然气和电力终端价格，由于存在对网络型自然垄断的基础设施的严重依赖，以及这些能源品种普遍服务的公共属性，这些品种的终端价格仍然由地方政府制定，区域性定价特征明显。

（3）石油、煤炭基本实现市场化，电力、天然气价改任务艰巨

一是石油价格基本实现市场化，国内原油价格由生产企业参照国际市场价格协商或自主确定。国家石油公司间互供原油价格由购销双方按国产陆上原油运达炼厂的成本与国际市场进口原油到厂成本相当的原则协商确定。国家石油公司供地方炼厂的原油价格参照两个集团公司之间互供价格制定。中国海洋石油总公司及其他企业生产的原油价格参照国际市场价格由企业自主制定。

二是成品油价格基本实现与国际油价接轨，尚存政府有限干预。通过移动平均的政府指导定价实现与国际油价接轨，政府更多地通过税收政策干预终端油价。2013年3月26日公布了完善后的国内成品油价格形成机制，成品油调价周期由22个工作日缩短至10个工作日，取消挂靠国际市场油种平均价格波动4%的调价幅度限制。总体看，我国现行成品油价格形成机制遵循与国际油价接轨的基本原则，但为了保持国内油价的相对稳定，实行政府指导价。现行成品油价格机制的主要内容包括五方面：一是成品油价格区别情况，实行政府指导价或政府定价。二是汽、柴油价格根据国际市场原油价格变化每10个工作日调整一次。三是根据国际原油价格变化情况，调整加工利润率，并据此调整成品油价格。四是国家发展改革委制定各省（自治区、直辖市）或中心城市汽、柴油最高零售价格。五是确定了批零差价。

三是天然气领域初步建立了反映市场供求和资源稀缺程度的价格动态调整机制。我国管道天然气已于2011年起逐步实行"市场净回值法"天然气定价机制，但管道天然气价格受制于气源价格与管网输配。"市场净回值法"天然气定价机制的施行在理

顺天然气与可替代能源比价关系上走出了关键一步。我国天然气仍属于供方强势的非竞争性市场，天然气终端气价由气源价格、中央政府制定的长输价格、地方政府制定的配售气价等共同决定。多因素决定管道天然气受制于气源价格与管网输配，与可替代能源相比，天然气价格的竞争力具有不确定性。LNG价格已经市场化，但作为调峰气化后再进入管网的资源价格尚无定论。

四是电力价格利益关系复杂，市场化改革议而不决。我国电价分别从发电侧和需求侧等分别考虑，采用较严格的政府定价模式。我国现行电价体系主要包括上网电价、输配电电价和售电电价。现行电价体系主要是从供电侧以及发电侧两个方面考虑：在发电侧方面，不同的发电企业根据地区的实际状况制定不同的上网电价，发展改革委制定标杆电价。在供电侧方面，地方政府对不同的用电种类制定不同的销售电价，大工业电力用户通常使用电度电价以及基本电价两种电价，居民电价实行分户阶梯电价。

五是煤炭价格实现了市场化，以电煤价格为代表的煤价双轨制已完成历史使命。《国务院办公厅关于深化电煤市场化改革的指导意见》（国办发〔2012〕57号）的颁布标志着历经了20余年的煤炭双轨制正式结束，自2013年起，取消重点合同，取消电煤价格双轨制，发展改革委不再下达年度跨省区煤炭铁路运力配置意向框架。

2.问题分析

总体上看，我国政府干预能源价格程度仍然较深，终端能源价格引导和反映市场供求关系及商品属性不力；目前的定价机制难以反映"量价互动"的关系，价格形成的透明度较差；能源税收制度与能源财政补贴制度尚不能很好引导能源生产和消费。

（1）成品油价格机制"透明度"与"时效性"问题并存

尽管成品油价格已经实现准市场化，但"机制透明"与"调价滞后"的矛盾并未根本解决。流通环节无风险套利行为客观上加剧了市场供应的不稳定性，对成品油市场的稳定运行带来一定冲击，特别是在油价波动幅度较大时，这种冲击就更为明显。基于交易市场定价的成品油价格机制将能有效解决上述问题，政府可通过税收等手段进行干预。

（2）天然气市场化定价机制缺失，气价难以反映商品属性

天然气市场化定价机制缺失，不同领域气价不合理，总体上看气价难以反映商品属性，气价改革并不能独立完成，需要与管网改革相协调。

一是市场净回值法的定价水平不合理。由此确定的各省气源价格明显偏高，现行政策确定的门站价最高限价基本上代表了各省的气源价格。研究结果表明，这种价格

水平比天然气全成本高约30%左右，具有较大的盈利空间，但却造成对下游产业生存空间的挤压，不利于大幅提高天然气的消费比重。

二是天然气调价政策不完善，居民生活用气价格偏低。北京、河北、上海、自2011年起出台的天然气价格调整政策，均不调整居民生活用气价格，使其长期处于低位，造成居民低价用气的心理预期。而用量巨大且多数可中断的工业用气价格明显高于居民用气。

三是天然气价格体系不完善，价格机制扭曲现象突显。可中断气价、峰谷气价、储气价等缺乏明确的定价机制和具体的实施管理办法，对如何测算成本和定价、由谁监管缺乏具体的规定，实际中难以执行。

（3）电价改革是能源价改的难点和电力体制改革的核心

电价改革有赖于整体电力体制改革，重点需解决以下问题：

定价机制不合理。从上网环节看，上网电价完全由政府核定，缺乏市场竞争性，难以调动电力企业的积极性；从输配环节看，电网没有独立的输配电价，电网收入从销售电价与上网电价的差价中获得；从销售环节看，销售电价分类和定价不合理，难以反映用户需求，用户用电缺乏选择性；从跨区送电看，未形成调动送受双方积极性的有利机制。总体来说，我国电价主要由行政核定，还没有建立科学的电价形成机制和传导机制，不能真实反映供需关系和生产成本。

交叉补贴问题严重。从上网环节来看，水电企业上网电价给火电等其他能源发电补贴严重；从销售环节看，不同地区（城市补贴农村地区），不同行业（工商业用户补贴居民和农业等用户），不同电压等级（高电压等级用户补贴低电压等级用户）和不同负荷率（高负荷率用户补贴低负荷率用户）等类型交叉补贴，用户电价不能合理反映真实的供电成本，起不到引导用户合理高效用电的作用。交叉补贴的存在同时也阻碍了发电侧和销售侧市场化的推进。

此外，煤炭价格虽已实现市场化，但价格构成并未反映外部性，有赖于通过环境税、资源税等制度改革进行调整。

（五）能源监管体系

1. 发展现状

我国能源监管体系独立性、专业性仍然不足，监管能力尚难保障市场公平运行。总体上看，我国的能源监管的组织机构层级低、多层次，权责安排不明确、分散化；监管内容以经济性监管为主，社会性监管由弱转强；采取"政监合一"模式，监管能力较弱，监管与执法效果有待提升；监管法律法规体系初步形成。

（1）监管职能呈分散化、多层次，经济性监管层级较高

从总体上看，我国的能源监管具有分散化、多层次特征。具体表现为：一是多部门分散监管，横向分工（准入、投资、成本、价格等）；二是纵向分工（具体能源品种产业链）；二是多层次（上至国务院、中央部委，下至地方政府等）；三是经济性监管与社会性监管分置。

能源领域经济性监管层级高，主要集中于中央政府。我国油气、煤炭、电力、核电等经济性和社会性监管职能分散在众多职能部门，不同环节的经济性监管职能主要集中于中央政府组成部门。如：电力监管的市场准入、成本、价格等监管职能分散在发展改革委、财政部、能源局等不同部门。即使是同一个经济性监管职能也肢解在不同职能部门，比如电力投资监管涉及的部门包括发展改革、国家能源局、地方政府部门。

重要的监管职能集中于发展改革委、国家能源局。作为宏观经济管理部门，发展改革委实际上行使了重要的监管职能，客观上运用了监管手段来协调经济社会发展。2013年新组建的国家能源局强调了加强能源监管，监管工作的重点是"完善能源监督管理体系，加强能源监督管理，推动能源消费总量控制，推进能源市场建设，维护能源市场秩序"（见表5）。

表5　　　　　　　　　　我国能源监管的机构设置与管理职能（2014）

组织机构	监管内容
发展改革委	价格监管、投资（准入）监管
能源局	技术标准、投资（准入）监管、市场（秩序）监管、电力安全监管、普遍服务监管
水利部	农村水电技术标准
财政部	能源相关的财务准则、会计规章
安监总局（煤监局）	能源相关的（生产）安全监管
工信部科工局	核材料进出口审查与管理、核材料（流通）管制
环保部核安全局	环境监管、核安全监管
质监总局	质量标准、产品标准
商务部	成品油市场准入标准、成品油市场监管

资料来源：据"三定方案"与政府官网整理。

（2）监管内容以经济性监管为主，社会性监管由弱转强

能源领域是政府监管的重点领域。我国的能源监管从计划性监督管理脱胎而来，

尚处于初级阶段，经济性监管占据了大部分内容，与之紧密联系的能源利用中的社会性监管相对较弱，能源领域的经济性监管与社会性监管处于分离状态。

一般意义上的能源监管更多的是经济性监管，我国的能源监管以经济性监管为主。目前我国能源领域的经济性监管主要包括市场准入、价格、投资、成本、市场交易秩序等监管，上述职能往往分散于发展改革委、国家能源局等部门。总体上看，对准入、投资监管严格，交易秩序监管效果一般。经济性监管的层级相对较高，除煤炭外，其他能源品种通常由中央政府执行。

我国越来越重视能源领域的社会性监管。对能源领域的环境、安全、健康等涉及外部性和公益性问题的监管职能相对集中于环境保护、安全生产等部门，该社会性监管往往实行属地管理。

（3）采取"政监合一"的监管模式，监管职能相对较弱

我国在能源监管机构设置上主要采取"政监合一"模式。这一模式反映了能源监管职能与其他能源管理职能的关系。即监管职能与规划、政策、调控及公共服务职能集中在同一部门，主要集中于发展改革委和国家能源局等。这些部门往往既制定电力、天然气、煤炭等能源工业领域的投资、运行、管理政策，同时又对这些政策的执行与落实情况进行监管。虽然在内部机构设置上相对独立，设立了一些监管司局，但从整体上看，监管职能仍弱于规划、政策、调控等其他职能。

但长期看，特别是能源价格机制逐渐完善之后，"政监分离"仍将是未来管理模式的发展趋势。无论是"政监合一"还是"政监分离"，都应进一步加大能源监管力度，逐步提高能源领域准入门槛，完善技术标准、环保要求及安全标准，加强能源项目的过程管理和能源企业的安全监管。进一步扩大能源监管的范围，加大对于具有自然垄断特点的行业和部门成本监管力度。

（4）监管法规体系初步形成，成为依法监管的重要保证

一方面，我国的能源监管法规体系初步形成。法律、行政法规、部门规章、规范性文件及强制性标准与规范等构成了监管依据，这些法规在各自领域发挥了调整、规范能源发展的作用，成为依法监管的重要依据。

另一方面，我国能源监管的法律依据分散于各个能源立法中，能源领域某一局部可能受到多个能源监管立法的同时规范。第一，直接作为能源监管依据的法律主要有：《矿产资源法》《电力法》《煤炭法》《节约能源法》等。在其他相关立法中也有一些涉及能源监管的法律规定，如《水法》《环境保护法》《放射性污染防治法》《安全生产法》等。第二，国务院及国家部委各部门颁布了大量的条例和部门规章，

作为能源各领域、各环节具体的监管依据。如：《电力监管条例》（2005年）、《电力安全事故应急处置与调查处理条例》（2011年）等，原国家电监会陆续出台了60多部监管类规章和160多个规范性文件。第三，强制性标准与规范规定了重要领域和环节的具体目标限值和程序，是最为直接的监管依据。

2.问题分析

总体上看，我国能源监管不独立、层级低，专业性与监管保障不足，监管能力难以适应现代能源市场需求，突出表现在重点领域缺乏统一和有效的监管，尤其是网络型自然垄断领域。

（1）监管机构层级低、不独立、监管权责安排分散

一是目前尚无高层级的独立能源监管机构。由于多年来始终采用"政监合一"的监管模式，能源监管一直没有一个相对独立的机构专门负责。监管职能不独立，严重影响监管职能的发挥。由于多年来始终采用"政监合一"的监管模式，能源监管一直没有一个相对独立的机构专门负责。

二是现有监管部门层级较低。履行能源监管职能的主要部门中，国家能源局为司局级部门，发展改革委甚至是处级部门。仅有国家核安全局相对独立，其层级为环境保护部代管的国家局，但核安全监管有其特殊性，不能完全与能源监管相比较。

三是在机构设置上，国家层面缺乏一个统一行使能源监管职能的部门。分散监管影响了能源监管体系监管合力的发挥，从而使得"谁都在管却谁也管不住"的现象经常出现。2013年新组建的国家能源局被赋予能源监管职能，但当前参与油气、电力、煤炭、核电、可再生能源监管的国家政府部门多达10多个。

四是在监管效率上，监管职能过于分散，加大了监管工作综合协调的难度，在一定程度上牺牲了监管效率和行政效率。各个职能部门之间、中央与地方政府之间在能源监管工作中的矛盾与冲突在所难免。如：对于价格、成本、质量这样的监管内容而言，要求协同配合才能取得理想的监管效果，但当前实际情况是价格监管由国家发改委负责，成本监管由财政部和能源局负责，服务质量和标准监管由能源局负责。这种职能划分方式违背了价格监管、成本监管和服务质量监管的内在关联性，在当前部门各自为政、信息不共享的情况下，难免影响监管效率，影响了国家能源政策的有效实施。

（2）重点领域缺乏统一和有效监管，尤其是上中游

一是在重点能源领域，缺乏统一监管和有效监管。电监会对电力的监管取得了较好成效，其根本原因就是独立、专业、统一的监管。在石油、天然气、煤炭等重点能

源领域，监管分散并呈现碎片化，缺乏统一监管，不利于进行专业化监管，影响了各领域的监管效果。

二是一些重要环节监管不到位，尤其是网络型自然垄断领域。如：在油气、电力领域对占据市场优势地位的企业可能滥用市场权利的行为缺乏有效监管。

三是能源监管与环境监管之间有较大的真空地带。在可再生能源领域尚未对可再生能源发展造成的资源与环境问题进行监管；油气勘探开发的社会性监管，事实上能源与环境监管部门均未实质性涉足，从行为和效果上看，基本依靠企业自律。

（3）监管依据不完备，难以满足现代能源监管需求

多方面原因造成我国能源监依据不完备，重要领域能源法缺位或法律法规滞后，难以满足现代能源监管需求。主要表现为：

一是重要立法缺失，监管法律体系不完整。最重要的是能源基本法缺失，2007年底形成的《能源法》（征求意见稿）到目前为止仍无出台的时间表。其次是能源监管法缺失，能源监管权责安排与职能设置缺乏高层级法律依据。另外，一些重点领域法律缺失，导致大量法律空白。如：《石油天然气法》和《原子能法》长期缺位，能源消费领域立法也接近在空白。

二是立法陈旧，修订缓慢，不适应能源发展和监管需求。像《煤炭法》《电力法》部分能源法规立法理念陈旧，实质上仍为传统的"行政管理法"，油气领域的立法具有应急性、临时性和滞后性的缺点。一些与能源相关的立法修订缓慢。如：由于尚存理论争议或涉及其他非能领域，《矿产资源法》的修订历经多年，讨论多稿，仍未有出台迹象。

三是缺乏必要的实施细则和配套法规，可操作性差。如：《煤炭法》一些颁布较早的油气立法存在调整边界不清、权责确定不清、适用范围与条件不确定等问题，同时有没有具体的实施细则和配套法规，直接可操作性，使得能源监管工作难以践行有法可依。

（4）政府监管力量缺、不专业，社会力量监管缺失

总体上说，我国政府层面的专业能源监管队伍不专业，监管力量缺乏；社会监管力量基本空白。

一是监管队伍不专业。目前的国家能源局成立了专业监管司局，希望将电力监管的成功经验推广到其他能源领域（尤其是化石能源领域）。在技术经济特征与监管需求，石油、天然气与电力有着很大不同，我国的油气监管尚处于初级阶段，与世界先进监管水平的差距比电力监管更大，煤炭监管又是具有中国特色的领域，电力监管的

经验与做法难以直接借鉴甚至应用于化石能源领域。

二是监管保障能力差。除了国家能源局的两个专业监管司局，原国家电监会下属垂管派出机构虽划归国家能源局并定位为专业监管机构，从其人员专业性、机构布局与队伍规模上都难以应对多能源品种、多监管需求、广泛分布的多监管对象的现实监管需求。此外，我国能源监管队伍还面临监管经费较少、装备技术水平与信息化程度不足等问题。

三是社会性力量的监管基本缺失。如NGO等民间组织等，没有合法定位对能源进行监督，难以获得有效信息和渠道。

四、我国能源体制改革进展、矛盾与系统设计

（一）推进中国能源体制改革迫在眉睫

首先，当前我国的能源供给压力持续增加。伴随着我国经济的崛起，在主要发达国家能源消费总量趋于下降的情况下，我国的能源需求却在不断增加，并超越美国成为世界第一大能源消费大国。这导致了由于我国"富煤贫油少气"能源禀赋限制，能源供应能力有限，无法满足日益增长的能源需求，使得能源市场的供需缺口不断拉大，且并没有表现出逆转的迹象。为了保证能源供给，我国石油和天然气的进口依存度不断攀升。与此同时，我国能源进口地区较为集中，容易受到国际动荡局势的影响，面临较大的安全风险。能源供给的不可持续性使未来能源发展存在很大的不确定性，带来了不容忽视的能源安全问题。

其次，我国能源性产品的价格形成机制不合理，市场信号未能准确反映市场供求和资源稀缺情况，更无法反映环境污染等外部性成本。能源价格非市场化扭曲，管制下的低能源价格导致能源需求过量，阻碍了稀缺资源的有效配置。我国的经济结构长期以来以第二产业为主，高耗能产业能源消费占工业消费比重很高，使得我国的能源强度是世界平均水平的1.55倍（2016），大大拉低了我国的经济增长效率。

第三，大量的能源消耗也给我国带来了严重的环境污染和生态破坏问题。从直接影响来看，能源的不当利用所排放的废水、废气一方面加剧了环境污染，损害了生物多样性；另一方面使得气候环境的恶化，导致酸雨、灰霾等极端天气的频繁发生。从间接影响来看，在全球低碳化的潮流大势中，居高不下的环境污染物排放量严重影响了我国国际形象的树立；并且对我国的出口、就业、财政收入、投资以及整体经济增

长产生了一定的抑制作用。

第四，我国现有的能源体制仍存在与生产力不相适应的问题。经过长期发展，目前我国已成为世界上最大的能源生产国和消费国，形成了煤炭、电力、石油、天然气、新能源、可再生能源全面发展的能源供给系统，技术装备水平明显提高，生产生活用能条件显著改善。然而，能源市场结构缺乏竞争、能源价格形成机制不顺畅、能源法律体系建设滞后、政府监管不到位等问题均影响我国能源产业的进一步发展。我国经济要实现从能源—资源—污染密集型增长方式转向更加健康的创新驱动型增长方式，从注重数量与速度转向更加注重增长质量。

能源体制革命是能源革命的重要组成部分，能源体制革命的目标是由确保能源供给、治理环境污染、调整经济结构、应对价格冲击、保障能源安全五个维度构成。

第一，能源体制革命利于提高本国能源供给能力。能源乃一国发展之根本，安全之大忌。在我国"富煤贫油少气"的能源禀赋，以及核能、风能和太阳能发展能力不足的情况下，理顺能源体制对我国新能源的快速发展，保障能源长期稳定供给具有重大意义。

第二，能源体制革命利于有效降低能源产业的环境压力。伴随着能源消费的持续增加，我国能源领域所造成的污染排放问题也愈发严重。尤其是近年来，在国际上，气候变暖和能源领域的生态价值受到广泛关注；在国内，酸雨、灰霾等极端气候也已经给人民的生命健康带来了极大的威胁。推进能源体制革命有利于促进能源产业内实现"优胜劣汰"和效率水平的持续提高，推动能源产业清洁化、绿色化发展，进而降低能源产业的资源环境压力。

第三，能源体制革命利于促进经济结构转型。我国近三十年来粗放式的经济增长不仅导致了能源消费结构的固化，而且导致了能源资源的浪费和低效利用。因此，优化经济结构的有效方案需要进行逆向推理，即可以通过能源体制革命促进能源的清洁、高效利用，推动经济结构转型，从而保证经济的持续高效运行。

第四，能源体制革命利于减轻能源价格对企业和居民的冲击。有效的能源价格一方面能够准确反映市场供求关系，保证企业的生产和消费，促进资源的有效配置；另一方面在反映资源稀缺情况、确保资源有效利用的同时，一定要兼顾居民对价格的可接受性，保障社会的公平性与可持续性。

第五，能源体制革命有利于保障能源安全问题。在国际政治经济形势日益复杂的情况下，能源供应是否安全关乎我国经济能否畅通平稳运行。此外，能源利用安全问题也是涉及我国社会能否持续进步的重要因素。能源体制革命以市场机制为基础，通过价格杠杆促进能源供求平衡，从而形成合理的能源需求，保障国家的能源安全。

（二）我国能源体制现状与突出矛盾

改革开放以来，我国对能源开发利用的主体、市场准入、价格、投融资、外贸、管理体制等方面进行了一系列改革。能源领域单一投资主体的格局逐步打破，以供保需的规划模式与计划性行政管理模式逐步向兼顾供需方向改进，能源价格改革向前推进，能源市场初步建立，个别能源领域已初步实现市场化，能源发展的体制环境不断改善，对保障能源供需平衡、促进社会经济发展发挥了重要作用。具体领域，煤炭行业，放开煤炭价格、解决政企不分、确立企业的市场主体地位等方面的改革，极大地激发了市场活力，带动煤炭行业经历了黄金十年（2002～2012年）的发展期。油气行业，1998年重组三大油气公司、逐步放开市场准入和价格等方面的改革，健全了石油天然气产业体系，石油产量多年来稳居世界前十位。电力行业，2002年组建两家电网公司、五家发电集团以及设立国家电力监管委员会等方面的改革，基本破除了独家办电的体制束缚，初步解决了指令性计划体制和政企不分、厂网不分等问题，形成了发电市场主体多元化竞争格局。这些改革有效解放了生产力，促进了能源行业发展。

但要看到，从当今世界能源发展大势和我国全面深化改革的要求来看，现行的能源体制既不适应推进能源生产和消费革命的需要，也不适应社会主义市场经济发展的需要，仍存在一些亟待解决的深层次矛盾和问题，主要有以下五个方面。

1.现代能源市场体系尚未形成

改革开放以来，我国经济体制由有计划的市场经济逐步过渡到社会主义市场经济体制，并进行了投资、财税、价格等一系列经济制度的改革。能源行业虽然也进行了相应的改革，但一些领域和行业改革进展缓慢，政府和企业界限不清，政府对能源经济活动干预较大，不同所有制不能平等竞争，缺乏统一的市场准入标准。政府在煤炭、石油资源的探矿权、采矿权的取得上仍然起着主导作用，管理不到位，市场流转不规范。公开、透明、规范、开放的能源市场准入制度还远未建立，煤炭、石油、电力等市场分割严重。核准制仍然更多地表现为一种行政审批，项目核准往往倾向于大型国有企业，对民营企业、外资企业实行了较高的准入标准，形成进入壁垒。同时，能源的生产量具有计划指令性，政府仍然制定发电量计划、油气排产计划。在改革开放30多年后的今天，作为企业，既不能决定价格，又不能决定产量，是个非常值得深思的问题。此外，能源市场机制不健全，能源税制不够完善，促进新能源可再生能源发展的综合性财税政策不协调，支持能源产业发展的财政补贴、财政贴息、税收优惠等手段单一。在经济全球化的大背景下，国内市场和国际市场的融合度不够，缺乏具有一定国际影响力的区域性国际能源市场。

能源领域产业组织结构不尽合理，一些重要领域难以形成有效竞争。从总体上看，不同能源品种（尤其是能源供应领域）的产业组织差异较大，有的缺乏充分的市场竞争，非国有资本进入困难，有的则竞争过度，甚至产能过剩。突出表现在油气领域，"三桶油"分别在陆上油气开采与管网运营管理（中石油）、炼油化工与成品油销售（中石化）、海上油气勘探开发（中海油）上具有明显优势，一体化产业特点下各自短板也十分明显，一些重要的领域和环节难以形成有效竞争，因竞争导致的行业整体效率提升有限。另外，油气领域炼化环节的产能过剩也越来越明显。

总体来看，市场结构不合理，市场体系不健全，部分领域存在垄断经营、网运不分、主辅不分、调度和运行不分、限制竞争等问题。我国能源企业大多为大型国有企业，民营资本进入的较少，能源市场主体不健全；在煤炭、石油和天然气资源矿业权的取得上仍主要由政府行政主导，缺乏统一的市场准入标准和公平的市场竞争法则，不同所有制企业不能平等竞争；电网企业依然输配售一体化经营，尚未建立公平规范的市场竞争机制；油气产业基本实施勘探、开发、炼油、输送、进口、销售一体化运营，多元化主体在产业链不同环节参与竞争的格局尚未形成；包括石油、天然气产品的现货和期货市场体系还未建立起来，区域性国际能源市场国际影响力缺乏。

2.能源价格形成机制仍不健全

市场化方向改革进展缓慢，缺乏科学的价格形成机制，成品油、天然气、电力等价格仍主要由政府行政决策制定；价格构成不合理，管网等基础设施成本核定不尽科学，生态环境等外部性成本尚未实现内部化；价格扭曲问题突出，居民用电、用气等价格长期低于成本，交叉补贴现象普遍。能源税制不够完善，资源税的构成和水平仍不合理，煤炭、石油和天然气、可再生能源的综合性财税政策不协调，支持新能源产业发展的财政补贴、贴息和税收优惠等手段单一，价财税体系不能真实反映能源产品市场供求关系、稀缺程度及对环境的影响程度。

政府仍然干预能源市场，价格无法高效配置能源资源。市场条件下最有效率的信息就是价格信号，准确、灵活的价格信号可以有效调节供需、引导投资、优化资源配置。除了煤炭外，其他能源产品都尚未建立起市场化的价格形成机制，上网电价、销售电价仍然依靠政府制定，成品油价格虽然实现了与国际接轨，但定价权仍未由市场竞争决定。我国当前的能源价格不能有效反映供求关系、资源稀缺程度和环境的损害程度，无法有效发挥对于消费、投资和资源配置的引导作用。我国能源行业经过十多年的改革，已初步在煤炭领域打破垄断，实现了竞争，然而在油气行业、输配电领域，仍然呈现出国有企业"一家独大"的局面，民营企业缺乏公平竞争的环境，多元化的市场主体尚未形成，企业缺乏提高效率的动力，资源配置效率低下。

3.政府管理越位和缺位并存

政府和市场的关系尚未理顺，政府职能转变迟缓。一方面，政府对市场干预太多，市场管理过于微观具体，偏重于项目审批；项目审批程序比较繁杂，部分项目审批权限下放没有让行政审批方式得到改变，用规划代替审批、网上审批、部门联审等工作有待加强。另一方面，能源战略前瞻性研究不够，与"两个一百年"奋斗目标相辅相成的能源战略不够清晰；能源规划缺乏科学性权威性，指导性可操作性欠缺，规划之间不能有效衔接，项目审批与规划落实脱节。

政府重审批影响企业活力，公平的市场规则仍未形成。能源行业虽然也进行了相应的改革，但一些领域改革进展缓慢，政府和企业界限不清，政府对能源经济活动干预较大，不同所有制不能平等竞争，缺乏统一的市场准入标准，一些能源行业民营经济发展不足，国有经济比重过高，没有形成有效的市场定价机制，等等。2004年，我国推出核准制取代审批制，其目的在于厘清政府和企业职责，简化流程，规范政府和企业投资行为。然而，在实际操作中，核准制仍然更多地表现为一种行政审批，而且相比成熟发达国家的行政许可，这种行政审批存在着诸多问题，项目核准时，往往倾向于大型国有企业，对民营企业实现了较高的准入标准，形成进入壁垒。

4.能源政府监管尚不到位

能源监管体系独立性仍显不足，多部门分散监管，职责不清，市场准入、价格、投资、成本、市场交易秩序等监管职能分散于发展改革委、能源局等部门；监管职能相对较弱，对石油、天然气、煤炭、新能源、能源互联网等的专业性监管力量明显不足；基于规则的有效市场监管缺失，对油气管网的安全监管、矿业权退出转让和第三方公平接入的市场监管以及对资源科学开发、清洁生产和合理利用的行业监管不到位，专业性监管力量、技术手段、标准规范等监管能力和水平难以满足传统能源与新能源并存和能源转型发展需要。

缺乏独立专业的监管机构。现行的"政监合一"的分散监管模式对能源领域的总体监管尤其是市场监管效果并不明显。监管法律法规体系建设滞后，依法监管仍有障碍，能源法治推进受影响。

能源监管的综合协调能力不强。各个部门之间、中央与地方政府之间在监管目标、利益及步调上不一致，进而导致部门间的综合协调能力不强。由于监管职能分散，监管机构面临职能缺失和监管真空问题。能源监管的重事前准入审批、轻事中事后监管。政府监管的重点集中在项目审批环节，项目中及项目后监督与管理则相对较弱，导致社会性监管不足。政府将监管的重点放在投资准入、产品和服务价格、产品和质量服务、生产规模等经济性监管，而对资源保护、安全、环境、质量等外部性问题的社会监管相对薄弱。法律依据不足，缺乏严格的能源监管标准和科学的监管手段，监管方式单一。

中游传输的自然垄断领域定位不清、监管不力，突出表现在电网、天然气管网方面。电网企业独家垄断电力买卖并与传输相捆绑，区域电力市场建设进展缓慢，电价改革滞后，输配分离和竞价上网未能实现。天然气传输未能实现有效监管，公平接入难以实现，大油企垄断基干管网投资建设，输配售气存在较严重的捆绑与内部交易，部分地区管网形成区域性垄断。

5.能源法制体系并不完善

法律体系结构不完整，能源基本法长期缺位，部分立法滞后且修订缓慢；法律内容不健全，可操作性差；一些具体规定分散在效力等级不同的法律、行政法规、地方性法规和部门规章之中，由于缺乏统一的立法指导思想和基本原则，各层级具体规定之间缺乏必要的衔接，部分部门规章一定程度上体现部门的利益。同时，过于依赖行政执法，惩戒力度不足、执法不严等问题比较突出。

当前，我国面临着日益严峻的资源环境约束、温室气体减排压力、能源安全形势和能源技术革命的挑战。我国环境承载能力已达到或接近上限。我国应对气候变化的自主行动计划要求2030年左右实现碳排放达到峰值。未来能源消费量将持续攀升，我国的水能、风能、太阳能等清洁资源丰富却未得到有效利用，能源总量和结构调整的压力十分巨大。石油、天然气对外依存度将分别达70%和40%左右，并成为中东的第一大油气进口国，保障能源安全的形势日趋严峻。在能源技术领域，全球能源互联网、泛能网等技术的发展将颠覆原有能源行业的分工，出现高开放性的新兴业态，也会颠覆性地改变原有的一些能源行业市场规则，倒逼政府改变管理方式，催生产业组织创新、商业模式创新和政府管理方式创新，对能源体制革命提出新的要求。

总之，无论是从解决上述矛盾和问题的角度，还是从应对新形势、新挑战的角度，推动我国能源体制革命不仅必要，而且紧迫。当前正值国际能源价格低位运行，各方面对改革已形成共识，必须抓住这一重要时间窗口，尽快启动能源体制革命。

（三）我国能源体制革命的系统设计（2030年）

1.指导思想

深入贯彻党的十八大、十八届三中、四中、五中全会和十九大精神和习近平总书记系列重要讲话精神，以建设生态文明这一中华民族永续发展的千年大计为指导，以加快转变能源发展方式为主线，遵循"创新、协调、绿色、开放、共享"发展理念，按照发挥市场在资源配置中的决定性作用、更好发挥政府作用的要求，着力破解制约能源可持续发展的体制机制障碍，创建面向全球化、面向市场竞争、体系完整的现代能源体制和可再生能源优先与气体能源支持、分布式与集中式相互协同、需供互动、节约高效的现代能源体系，提供清洁低碳、安全高效的能源，满足国家经济发展、人民生活改善、生态环境优美的现代化进程需要。

2.基本原则

坚持市场主导。遵循行业特点和发展规律，区分自然垄断和竞争性环节，允许各类市场主体进入能源领域。着力构建"有效市场+有效政府"，加强市场建设，强化市场监管，维护市场秩序，鼓励公平竞争，激发市场主体动力和活力，建立现代能源市场体系。

坚持准入标准。在放宽市场主体准入限制的同时，科学确定安全、环保、节能等方面的准入标准，发挥改革对能源结构转型升级的促进作用，有效降低能源生产和消费对生态环境的损害，最大限度释放改革红利。

坚持能源安全。从我国是世界能源消费大国和进口大国基本现实出发，树立在开放条件下保障国家能源安全的观念，统筹国际国内两个市场、两种资源，创造接轨国际市场、分享国际资源、参与全球竞争的有利条件，积极参与全球能源治理，保障国家能源安全。

坚持惠民利民。坚持多目标统筹、多利益兼顾，把经济效益和社会效益有机结合起来，更加重视维护社会公共利益，使人民群众用上优质清洁、价格合理的各种能源，保障能源稳定可靠供应。

3.战略目标

市场体系完善。创建法制完备、统一开放、竞争有序的现代能源市场体系，形成以特大型能源企业为骨干、众多不同所有制和不同规模能源产输销企业并存的市场竞争格局，以切实解决市场主体地位不平等、市场分割、无序竞争等问题。

价格机制健全。竞争性环节市场价格由市场决定，具有自然垄断性质的管输等环节价格主要由政府监管，创建真实反映市场供求关系、资源稀缺程度及对环境影响程度的价格机制和财税体系，以切实解决当前价格政策和价格形成机制不合理等问题。

政府管理规范。厘清政府和市场的边界，创建行业发展战略、总体规划、法律法规标准、行业政策、能源储备与应急等职能相对集中、高级别的能源管理机构，做到"法无授权不可为、法无禁止即可为、法定职责必须为"，以切实解决当前缺乏统一、独立的高层级能源管理机构等问题。

市场监管有效。建成统一、独立、专业化的监管机构，形成权责明确、公平公正、透明高效、监管有力的现代能源监管体系，以切实解决当前"政监合一"、监管职能分散、监管职能缺失以及监管人员和力量严重不足等问题。

法制体系完备。形成以"能源法"为核心，以电力、煤炭、石油天然气等部门法为支撑，门类齐全、结构严谨、配套衔接、有机统一，能够保障国家能源安全和可持续发展的能源法律法规标准体系，以切实解决当前缺乏统一立法指导思想和基本原则以及法律体系中不协调、不一致、体系性不强等问题。

4.战略重点

创建现代能源市场体系。分离自然垄断业务和竞争性业务，完善市场准入，鼓励各类投资主体有序进入能源产业的各个领域。建立健全能源市场基本交易制度，分步建立全国统一市场与多个区域市场相互衔接，规则统一、功能互补、多层级协同的现代能源市场体系。建立调度、交易独立的电力系统运营机构，实施输电网与配电网业务和资产的有效分离。对油气、煤炭等资源矿业权完全采用招投标，通过市场竞争有偿取得。推进油气管网产权独立以及管道运输服务和销售业务的完全分离，全面强制推行管网等基础设施第三方公平准入。加快培育全球能源互联网、泛能网和综合能源服务市场，构建集中式能源、分布式能源以及储能设备、负载设备无差别对等互联的能源系统。

重塑能源市场价格机制。按照"准确核定成本、科学确定利润、严格进行监管"的思路，以成本监审为基础，以科学定价机制为支柱，建立健全以"准许成本+合理收益"为核心的约束与激励相结合的垄断行业定价制度，实现科学化、精细化、制度化、透明化监管，促进垄断行业健康可持续发展，合理降低垄断行业价格。放开竞争性环节市场价格，形成由市场决定的价格机制。实施"管住中间，放开两端"的电力价格机制，建立完善独立、基于绩效的激励性输电和配电价格体系，严格执行并适时完善省级电网输配电价制度。加快推进跨省跨区专项输电工程和区域电网输电价格改革。研究核定增量配电网和地方电网配电价格，加快形成完整的输配电价监管体系。研究制定输配电成本和价格信息公开办法以及分电压等级成本核算、归集、分配办法。研究建立电力普遍服务、保底服务的成本回收机制，妥善处理并逐步减少政策性交叉补贴。放开成品油以及天然气价格，由市场竞争形成，除配气管网外，其他油气管道等基础设施收费逐步实现市场化。建立完善对生活困难人群和一些公益性行业的定向补贴和救助机制。消除价格的交叉补贴现象，健全能源价格监管制度，形成各种能源品种之间合理的比价关系。

创建高效能源管理体制。设立国有自然资源资产管理和自然生态监管机构，统一行使全民所有自然资源资产所有者职责，统一行使所有国土空间用途管制和生态保护修复职责，统一行使监管城乡各类污染排放和行政执法职责。综合运用规划、政策、标准等手段，对行业发展实施宏观管理。厘清政府和市场的边界，制定完善的"权力清单、负面清单、责任清单"，有效落实规划，明确审核条件和标准，规范简化审批程序，继续取消和下放行政审批事项，切实减少政府对微观事务的干预。着力解决可再生能源消纳问题，将跨省跨区输送纳入国家能源战略制定的长期跨地区送受电计划中，发电计划完全放开，保证各地区按风电、光伏发电最低保障收购年利用小时数安排新能源发电；健全调峰和备用辅助服务市场机制，充分激励火电灵活性改造和调峰/储能电源的建设；建立现货市场，以充分发挥可再生能源发电边际成本低的优势。

创建有效能源监管体系。推动"政监分离"改革，设立独立、统一、专业化的监管机构，健全中央和省两级、垂直的监管组织体系。明确监管责任，主要负责经济性监管，加强社会性监管，确保以管网为核心的网络型基础设施等自然垄断环节的公平竞争。加强监管能力建设，创新监管方式，提高监管效能，维护公平公正的市场秩序。

创建现代能源法制体系。制定"能源法"，明确能源领域其他法律法规的制定和修订的基本依据。修订《电力法》，研究制定"石油天然气法"，尽快完善《煤炭法》，明确电力、煤炭、石油和天然气战略规划的制定、实施、评估、监督和调整依据。实施好《节约能源法》《可再生能源法》，建立和完善统一监管机制、协调机制、综合决策机制和社会参与机制。研究制定"能源监管条例"，制定和完善能源监管规则、规定、方法、程序。

五、石油天然气行业的体制改革

（一）我国石油天然气行业改革进展

党的十八大以来，我国油气领域市场化改革步伐明显加快，一系列油气领域改革政策和措施相继推出，涵盖了上游准入、市场化定价、管网改革、市场监管、原油进出口管理等。2017年5月中共中央、国务院又出台了《关于深化石油天然气体制改革的若干意见》（以下简称《意见》）。《意见》的出台从顶层设计上指明了我国油气领域体制改革方向、目标、路径和任务。油气领域改革的各项举措有效地增强了市场活力，促进了市场对油气资源的合理配置，为国内油气产业持续稳步发展打造了良好政策环境。

1.上游资源矿权改革试点积极推进

由于我国长期实行常规石油天然气勘查开采专营体制，油气矿业权高度集中在少数大型国有油气企业，社会资本难以参与上游资源勘探开发，加之矿权流转和退出制度不健全，导致矿权市场未能有效运行，圈占现象较为严重，引发了我国油气勘探开采效率低、投入不足等一系列问题。为解决上述问题，近年来国家在一些省份以招标、拍卖、挂牌方式有序推进了油气矿权管理试点改革。

页岩气区块实行公开招标。继2011年向社会资本开放首轮页岩气招标后，2012年9月，国土资源部又如期启动了第二轮页岩气招标活动。两轮页岩气区块招标，共出让24个区块（实际中标区块21个），总面积为20002平方千米，分布在重庆、贵州、湖北、湖南、江西、浙江、安徽、河南8各省（市），中标企业涵盖了以中国华电、中国神华为代表的大型国有企业、以重庆市能投集团和铜仁市能投集团等为代表的地方投资的能源集团以及以华瀛山西和泰坦通源为代表的2家民营企业。

常规油气区块矿权改革取得突破性进展。2015年，国土资源部对新疆境内6个常规石油天然气勘察区块进行了公开招标出让，包括国有石油企业、地方能源公司、民用石油化工企业在内的13家企业参与竞标。2017年底国土资源部委托新疆国土资源交易中心将新疆5个油气勘查区块矿权以挂牌方式公开出让。出让的矿权首次设定期限为5年，较2015年的招标勘查有效期延长2年，允许民营企业报名。这两次以招标和挂牌方式的常规油气勘探区块公开出让，将新疆作为油气上游改革的试点，旨在加大油气勘查开采投入力度，促进油气上游投资主体多元化。区块的公开招标，打破了上游勘探开采由国有石油公司专营的局面，标志着我国油气资源上游板块改革迈出了实质性的一步。

探索开展了页岩气、煤层气勘查区块竞争出让新模式。以"省部联合"形式开发省内的页岩气资源，探索开展页岩气勘查区块竞争出让新模式。贵州、山西等省与国土资源部签署省部协议，推进省内页岩气、煤层气资源开发。2017年8月，国土资源部委托贵州省政府组织拍卖出让安页1井所在的正安区块，加快推进正安区块页岩气勘查开采。除贵州外，在其他省区也筛选了一批页岩气勘查区块，拟进行竞争出让。同年11月山西省国土资源厅公开招标出让了本省10个煤层气区块探矿权，总面积约2043平方千米，山西蓝焰煤层气集团有限责任公司等7家地方公司分别获得10个出让的探矿权。此举是矿业权制度改革以来全国出让的首批煤层气矿业权，对调动地方政府的积极性和激发了市场活力起到了一定的作用。

出台多项配套政策继续深化矿权改革。2017年4月和6月《矿产资源权益金制度改革方案》《矿业权出让制度改革方案》分别获得通过，要推进矿业权竞争性出让，严格限制矿业权协议出让，建立符合中国特点的新型矿产资源权益金制度。《天然气发展"十三五"规划》指出，实行勘察区块竞争出让制度和更加严格的区块退出制度，公开公平地向符合条件的各类市场主体出让相关矿业权，允许油气企业之间以市场化方式进行矿业权转让，逐步形成以大型国有油气公司为主导、多种经济成分共同参与的勘察开采体系。

2.价格市场化改革快速推进

我国天然气价格实行分级管理，国家发改委价格主管部门管理各省门站价格，门站以下销售价格由地方政府价格主管部门管理。天然气价格由出厂价、城市门站价格[①]和终端用户价格[②]构成。其中出厂价、主干管道输送费和城市门站基准价格由国家发改委制定，地方管道配气费由省级政府价格主管部门制定，城市终端用户价格由省级物价主管部门制定。

党的十八大以来，我国天然气价格市场化改革稳步快速推进。按照"管住中间、放开两头"的总体思路，在快速提高气源和销售等竞争性环节价格市场化程度的同时，加强了自然垄断环节的输配价格监管，基本上构建起天然气产业链从跨省长输管道到省内短途运输管道、再到城镇配气管网等各个环节较为完善的价格监管制度框架。

确定目标，试点先行，分步实施，全面理顺非居民用气价格。"十二五"期间，天然气价格改革完成了"三步走"。2011年，在广东、广西（两广地区）率先开展了天然气价格形成机制改革试点，将天然气价格管理由出厂环节调整为门站环节，实行最高上限价格管理，并将定价方法由"成本加成"定价改为"市场净回值"定价，建立起天然气与燃料油、液化石油气等可替代能源价格挂钩的动态调整机制。2013年，在总结广东、广西试点经验基础上，在全国范围内推广天然气价格形成新机制，并采取存量气和增量气分步调整的方式，先确定增量气价格与可替代能源挂钩的定价

---

① 城市门站价格=出厂价+管道运输费。
② 终端用户价格=城市门站价格+地方管道配气费。

机制，后分三步调整存量气价格挂钩。2015年初，利用国内外市场较为宽松的有利时机，实现了存量气和增量气价格并轨。至此，通过实行"三步走"的价格改革，全面理顺了非居民用气价格。

择机逐步理顺居民用气价格。基于对民生的慎重考虑，长期以来我国居民与非居民天然气门站价格管理实行"双轨制"。自2010年以来，居民用气门站价格一直未做调整，目前居民平均门站价格水平低于非居民平均用气约20%。随着国内外市场形势变化和非居民用气价格改革深入，以及居民与非居民不协调的定价机制使得价格管理难度与日俱增，也成为影响近期天然气供应安全的制约因素。为解决居民与非居民天然气门站价格"双轨制"的问题，2018年5月国家发改委出台《关于理顺居民用气门站价格的通知》，决定居民用气由最高门站价管理改为与非居民用气相适用的基准门站价格管理，价格水平与非居民用气基准门站价格水平相衔接，并允许供需双方以基准门站价为基础，在上浮20%、下浮不限的范围内协商确定具体门站价格。考虑到个别省份居民与非居民天然气价格差过大，国家价格主管部门允许其分步实施，2018年最多上调价格不得超过0.35元/立方米，剩余价差一年后理顺。至此，居民与非居民用气实现了"价格机制衔接"和"价格水平衔接"，天然气竞争性环节价格基本由市场主导形成。

市场导向，有序放开，稳步推进市场化改革。根据国内外能源市场供求及价格变化情况，2013年国家发改委放开了页岩气、煤层气、煤制气等非常规天然气价格，2014年9月放开了液化天然气气源价格，2015年4月又放开了除化肥企业外的直供用户用气价格。2016年，先后放开化肥用气价格，储气服务价格和储气设施天然气购销价格由市场决定，并在福建省开展门站价格市场化改革试点。2017年，明确所有进入交易平台公开交易的气量价格由市场交易形成。

经过近几年的"小步快跑"方式的改革，国内天然气价格市场化程度显著提高。改革前，国内天然气价格基本由政府管理。改革后，占国内消费总量80%以上的非居民用气价格实现由市场主导形成，其中50%以上完全由市场形成，30%左右实行"上浮20%、下浮不限"的弹性机制。

改革管道运输定价机制，构建输配领域全环节价格监管体系。为了改变我国长期以来缺乏明晰完善的天然气管输定价和监审机制的局面，国家发改委于2016年10月颁布了《天然气管道运输价格管理办法（试行）》和《天然气管道运输定价成本监审办法（试行）》（以下简称《办法》），遵循"准许成本加合理收益"的原则，对价格监管的范畴、对象，价格管理的方法、程序，以及部分核心指标做出具体规定。通过确立新的天然气管输定价方法，从过去"一线一价"转变为基于政府公开的成本核定和定价公式核定管道运输价格，并厘清了不属于管输成本的开支，统一规范了计价问题，为未来开放第三方准入提供了清晰可查的收费准则。针对天然气配送环节价格监管规则不健全，配气价格尚未单独核定、各环节成本和价格没有清晰界定，导致配气价格水平差异较大、少数地方价格偏高等问题，2017年6月，国家发改委印发《关于加强配气价格监管的指导意见》（以下简称《指导意见》），明确了配气价格的制定方法，确定了重要指标参数的选取范围，提出了加强监管的具体要求，并建立了成本约束机制和建立激励机制，同时推进企业信息公开。《指导意见》的颁布进一步建立起下游城镇燃气配送环节价格监管框架，从而构建起天然气输配领域全环节价格监管体系。除有利于识别并降低目前一些地区存在的过高的配气价格，减轻用户用气负担，也为未来配售分离、配气管道的第三方开放打下基础。

输配价格监管政策出台，价格监管取得初步成果。2017年上半年，国家发改委按照统一方法、统一原则、统一标准对13家天然气跨省管道运输企业的定价成本进行了监审。在成本监审的基础上，同年8月，核定了长输管道运输价格，核定后的管道运输平均价格下降15%左右，减轻下游用气企业负担100亿元左右。地方输配价格方面，陕西、江苏、浙江、河北、云南、江西等地纷纷按照国家要求，制定省内输配价格监管规则，并降低省内管道运输价格和配气价格，已累计减轻企业负担40亿元以上。通过输配价格的监审，不仅促进了管道运输企业降本增效，减轻了用气企业负担，促使产业链各环节收益更趋合理，而且最为重要的是有效地推动了管网公平开放，促进天然气市场化交易。长输管道运输价格核定后，2家管道运输企业第一时间主动宣布向第三方开放管道。

3.基础设施准入进一步开放

目前我国基础设施利用的体制机制问题已严重地阻碍了其高效使用和市场主体的公平竞争。为此，2014年4月国家发改委和国家能源局出台了《天然气基础设施建设与运营管理办法》和《油气管网设施公平开放监管办法（试行）》，明确提出"国家鼓励、支持各类资本参与投资建设纳入统一规划的天然气基础设施"，"允许第三方借用天然气基础设施（包括LNG接收站）"，"油气管网设施运营企业在油气管网设施有剩余能力的情况下，应向第三方市场主体平等开放管网设施，提供输送、储存、气化、液化和压缩等服务"。并且"油气管网设施运营企业应在互惠互利、充分利用设施能力并保障现有用户现有服务的前提下，按签订合同的先后次序向新增用户公平、无歧视地开放使用油气管网设施"。该政策出台后，在相关政府部门的协商下，石油企业拥有的LNG接收站向第三方的开放使用取得了一些进展，如中国石油开放大连、唐山LNG接收站和永唐秦管道，向北京燃气集团提供LNG进口接卸、存储和气化代输服务，2016年累计代输4.5亿立方米；中国石油曹妃甸接收站接收1.5万吨中国燃气进口的尼日利亚LNG，液来液走；中国石化为昆仑燃气、中国燃气、华润燃气、山西国化能源等企业共代输天然气2.1亿立方米；中国海油利用广东省内天然气管网，为江门华润公司、东莞新奥公司共代输天然气5400万立方米。

为了进一步加强油气管网设施公平开放的监管、提供管网设施公平开放的信息基础，2016年9月国家能源局发布了《关于做好油气管网设施开放相关信息公开工作的通知》，对公开主体、公开内容、公开方式和监督管理等进行了明确规定。中海油、中石化和中石油按照政策要求，先后在官方网站上公开了其拥有的长输管道、LNG接收站等全部基础设施信息，一些地方省份也开始向社会公开其省内的管网信息，如山西省等。历经三年实现的天然气基础设施信息公开，为设施的公平开放和监管工作提供了基本条件。

4. 原油"双权"改革不断深入

我国原油进口分为国营贸易和非国营贸易，国营贸易企业资质由国务院批准，进口不受数量限制；非国营贸易实行配额管理，企业进口资质条件和数量由商务部管理。目前国营贸易主要由中石化、中石油、中海油、中化等大型企业控制。非国营贸易进口允许量总额设定了"上限"，且进口原油只能进入按规定程序批准建设的炼厂加工。2012年以前，拥有非国营贸易经营权的企业有20余家，进口原油占国内进口原油总量的10%左右。进入2012年后，我国开始放开管制向市场化方向改革，将原油进口权向特定企业（中国化工集团）开放，2014年6月原油进口权开始向民营企业（新疆广汇石油有限公司）开放，商务部同意以份额油回运资质给予其非国营贸易经营权及20万吨进口配额。

2015年以来，我国加速了原油"双权"的改革进程，允许符合条件的地炼企业获得原油非国营贸易进口资质和进口原油使用资质。2015年2月，国家发展和改革委发布了《关于进口原油使用管理有关问题的通知》，允许符合能耗、质量、环保和安全等基本条件的原油加工企业，在淘汰一定规模落后产能或建设一定规模储气设施的前提下使用进口原油，这标志着原油进口权正式有条件开放，油气改革"破除垄断"开始提速。2018年32家地方炼厂（未含中化工旗下地练）获得首批原油进口允许量9000万吨以上，约占首批配额12312万吨的约75%，较2017年实际下发的9173万吨大幅增加。2015年7月，商务部发布《关于原油加工企业申请非国营贸易进口资格有关工作的通知》，规定拥有进出口经营资质和成品油批发经营资格的原油进口企业，符合能耗、质量、环保、安全、仓储等资质条件，可以申请获得原油非国营贸易进口资质。截止2016年8月，共16家企业获得原油非国营贸易经营权，共计6257万吨。

原油"双权"的进一步放开，是对原有石油进出口管理体制的一个重要调整，为形成竞争有序、主体多元、透明公开的炼油市场提供了制度基础。自原油"双权"逐步放开后，给中小石油公司带来了在贸易、金融和物流等各个领域的新发展机遇，民营炼油企业开工率明显提高。根据部分市场调研机构的统计，山东地区炼油企业的平均开工负荷率已由2015年6月份的41.2%提高到2017年上半年的60%。

5.石油天然气交易中心建设稳步推进

建设天然气交易中心，是推进天然气价格形成机制改革和提高我国天然气国际定价话语权的重要手段。国家在天然气行业发展的重要文件中，如《天然气发展"十三五"规划》《关于明确储气设施相关价格政策的通知》《关于福建省天然气门站价格政策有关事项的通知》和《关于推进化肥用气价格市场化改革的通知》，多次提到天然气交易中心的作用，鼓励天然气供应企业和天然气用户进入石油天然气交易中心等交易平台，通过市场交易形成价格，实现价格公开透明。

近年来国家积极推动天然气市场建设，成功在上海、重庆搭建了一东一西两个市场化改革平台。上海石油天然气交易中心于2014年12月组建，2015年7月试运行，2016年11月正式运行。2015年天然气单边交易量超过65亿方，2016年交易量突破150亿方，占全国天然气消费总量的比重达到8%左右，2017年双边交易量突破500亿立方米。目前上海天然气交易中心已实现沿海地区12个省市的LNG竞价交易，累计成交量17.48万吨。竞价产生的价格充分反映了当地LNG供需形势和供求关系。2017年9月，交易中心开展了国内首次管道天然气竞价交易。交易中心运行以来，对衔接供需双方、形成合理市场价格发挥了重要作用，影响力与日俱增，国内外广泛关注。重庆石油天然气交易中心2016年8月启动筹建，2017年1月12日揭牌成立，2018年4月试运行。目前，新疆、中卫、深圳、湖北等省市也在积极研究建立区域天然气交易中心。

天然气交易中心的建设，既是油气价格市场化改革的重要成果，又是深化改革的重要支撑。虽然目前交易规模不大，但是交易中心以市场化方式对资源进行优化配置和为下游用户提供平等竞争的机会作用正在得到了较为广泛的认可。

积极推进石油期货市场建设。虽然我国是世界上原油第一大进口国，第二大消费国，第四大生产国，但我国在原油市场上影响力仍然不强，且我国还长期承受"亚洲溢价"的问题。发展石油期货不仅有发现价格的功能，推动国内成品油定价机制改革，而且有助于消除"亚洲溢价"，对冲石油金融风险，也有利于推进人民币国际化进程。作为国内首个对外开放的期货品种，2018年3月26日原油期货在上海期货交易所子公司上海国际能源交易中心（INE）于正式挂牌交易。从目前的交易规模和活跃度来看，上海原油期货运行总体形势良好。

（二）石油天然气体制机制方面存在的主要问题

伴随着"十八大"以来改革政策和措施的密集出台和实施，我国石油天然气市场化改革取得了积极进展，完善了油气定价机制，促进了市场对油气资源合理配置，理顺了产业链一些环节利益关系，增加了油气供应能力，提高了油气资源利用效率。但是与我国推动能源生产和消费的战略和全面深化改革的要求相比，现行的石油天然气行业体制方面仍存在着一些亟待解决的深层次矛盾和问题。主要表现如下。

1.市场化体制不健全，市场竞争不够充分

一是勘查开采领域行政性垄断问题突出，制约了油气生产能力的提高。目前我国实行石油天然气勘探开发专营体制。根据1998年国务院出台《矿产资源勘查区块登记管理办法》与《矿产资源开采登记管理办法》，明确规定从事油气资源勘查开发的企业需经国务院批准，目前仅有中石油、中石化、中海油、延长石油四家获得批准。在油气矿权方面，长期实行油气矿权登记制度，上述四家公司事实上已经形成对有力区块的全覆盖。当前全国已经登记的油气矿权面积共400万平方千米，属于中石油、中石化、中海油三大石油公司的探矿权面积有390万平方千米，占97%以上；已经登记的油气采矿权面积约11.8万平方千米，属于三大石油公司的采矿权面积有11.7万平方千米，占全部已登记采矿权面积的99%。近几年来，我国在页岩气、煤层气勘查区块开展了竞争出让新模式的探索，并在新疆试点公开招标常规油气区块，但是油气矿业权依然高度集中在少数大型国有油气企业，市场竞争非常有限，导致企业市场化程度低，运营效率偏低等问题。又由于油气矿权流转和退出机制不健全，以及缺乏监管和后续处理办法，油气矿业权无法在市场上流转，社会资本难以进入，未能形成多元化的、充分有序竞争的现代油气勘查开采体制机制，导致油气资源勘探开发投入不足，圈而不采问题依然存在，一定程度上制约了国内油气产量提高和成本下降，不利于激活资源潜力。

二是基础设施投资主体单一和投资准入尚未完全放开，导致基础设施建设滞后于市场发展。我国天然气管网大型干线和支线工程主要由三大石油公司投资建设，区域内支线主要由三大石油公司和地方资本投资建设，仅中石油一家建设投资的管道就占

天然气管网总投资的70%以上。由于管网投资主体单一，我国天然气管网建设明显滞后。"十二五"期间我国共完成天然气干线、支干线管道建设约2.58万千米，仅达到规划目4.4万千米的58.5%。尽管管网投资建设不足已阻碍天然气供应，但受投资准入尚未完全放开、项目审批周期长等因素制约，民营天然气企业仍难以作为单独的市场主体进入管网投资建设，致使我国天然气管网投资建设的巨大潜力难以释放，不仅管网建设的规模、速度跟不上发展需求，管网投资建设的效率和效益也有待大大提高。在地方管网方面，一些成立了省级管网公司的省份明确宣布省管网公司统一建设运营省内天然气管网，基本排除了其他企业投资该省天然气管网建设的可能性，有些省份虽然没有明确制定排他性政策文件，但在项目审批中执行省管网公司垄断的政策。在储气设施方面，目前我国地下储气库建设主体和投资主体较为单一。目前已建和运营的12座储气库均为两大石油公司拥有，港华燃气联合6家民营燃气公司合资建设了1座储气库，但尚未形成工作气量。

三是天然气基础设施高度一体化，制约了下游市场的发展。由于我国天然气行业尚未实现输配、输售分离，仍是上中下游高度一体化的垄断经营模式。例如，在上游天然气供应方面，中国石油、中国石化和中国海油三大油气企业约占98%；在油气管道主干线中，三大油气企业约占95%左右，在目前全国17个已投运的LNG接收站中，三大油气企业接收能力占总能力的90%。由此可见，三大油气企业既是管网和LNG接收站的所有者、运营者，也是产气、购气和售气的主体。由于管网建设投资审批必须落实气源和市场，上游垄断在管网投资方面形成了难以逾越的门槛，制约其他主体进行管网投资。此外，上游垄断还间接限制了大用户的直购交易，制约了国外进口气的增长，影响了天然气下游市场的发展。

四是基础设施互联互通程度低，第三方开放未能有效实施。在我国天然气管网主干线中，三大油气企业占据绝大部分，但彼此间互联互通较差。而省级管网大多由省属国有企业和三大油气企业合资建设，一般由省属国企控股，与国家主干管网互不隶属，互联互通程度也不够。在第三方开放方面，近年来，随着油气上下游市场逐步走向多元化，基础设施难以公平准入的问题日益凸显，不仅新增市场主体难以接入管网和得到公平服务，甚至央企之间也存在一定困难。究其原因，在上中下游垂直一体化的经营模式下，管道是大型油气企业内部联系勘探、进口、销售的生产环节，管道经营主体与上游资源供应主体、下游销售主体是天然的利益共同体，掌握上游资源的大型油气企业即不愿意失去利润较为丰厚的中游管道运输市场，也不愿意在市场销售方面受制于人，为此缺少对外开放的动力和压力，这是管网难以实现公平接入的根本所在。在LNG接收站方面，在一体化经营模式下，LNG接收站被大型油气企业视为一个供气点，而不被视为公共基础设施，以及长协高价气的消纳问题和公平开放与上游企业保供责任冲突，导致LNG接收站没能有效对第三方公平开放。综上，现行的油气管网体制不能满足市场化改革的需要，已成为制约天然气行业持续健康、快速发展的严重瓶颈。

2. 市场决定价格的作用发挥不充分、不平衡

一是竞争性环节仍未实现市场化定价。现有大部分成品油、天然气价格仍采用政府定价，不完全由市场决定。由于成品油定价机制透明和调价滞后的矛盾尚未得到根本解决，导致成品油价格机制还难以完全真实反映国内油气市场供求关系、资源稀缺程度和环境损害程度，难以对油气资源的有效开发利用和合理消费形成有效的激励、约束作用。在天然气价格形成机制方面，目前天然气销售门站价格为政府基准定价，包括出厂价（进口采购气价）和管输费，这种将两者绑定到一起的定价模式不利于管网设施的第三方公平准入。虽然2018年5月出台的《关于理顺居民用气门站价格的通知》，将逐步理顺居民与非居民用气门站价格，基本消除交叉补贴问题。但是，若考虑到供应居民用气设施成本明显高于工商用户问题，居民用气价格还是低于供气成本，依然未能彻底消除交叉补贴问题。此外，部分地区销售价格调整滞后于门站价格调整，不能及时反映上游市场的变化。

二是天然气价格体系有待完善。从供应侧看，长期以来，由于地下储气库投资成本高，垫底气投资缺少回收途径，而又缺乏调峰气价、未能形成储气服务和调峰气量市场化定价，我国储气库建设严重滞后市场发展。根据《2017年国内外油气行业报告》显示，截至2017年底，我国累计建成12座储气库（群），地下储气库调峰能力达100亿立方米，工作气量80亿立方米，约占2017年天然气消费量2373亿立方米的3.4%，而国外发达国家天然气储气库工作气量占天然气总消费量的20%~30%水平，也明显低于12%左右的世界平均水平。储气调峰能力严重不足的短板已成为导致2017年底全国大规模"气荒"的重要原因。从需求侧看，因现行价格政策中缺乏可中断气价、峰谷气价等具体管理办法，制约了本可以缓解峰谷差的可中断用户的发展的积极性。

三是交易中心建设处于起步阶段。建立天然气交易中心，有利于推动天然气定价机制市场化改革，还原能源商品属性，形成主要由市场决定天然气价格的机制。虽然上海石油天然气交易中心已经正式运行，重庆石油天然气交易中心开始试运行，但是我国天然气交易中心仍处在发展初期阶段，现货交易刚刚起步，期货交易尚未开展。

现货交易规模相对较小，2017年上海石油天然气交易中心双倍交易量突破150亿立方米，也仅为全国天然气消费量的6.3%。然而，与美国和欧洲相比，仍有较大差距；竞价交易少，目前在上海石油天然气交易中心的管道天然气交易仍主要参考国家发展改革委制定的各省门站价，竞价交易大多限于液化天然气交易，规模较小；交易主要还是协商交易，交易模式仍在探索；交易中心提供的服务类型有待多元化，交易制度有待完善；制约交易发展的天然气价格政策因素、上游竞争性市场尚未形成、管网尚未独立和基础设施第三方公平开放未能有效落实等问题依然存在。由此可见，目前天然气交易中心只能发现交易量，尚不能真正发现和提供市场基准价格。为此，短期内，交易中心难以取代政府基准定价成为新的价格基准。

3.政府管理和监管有待加强

我国油气行业管理体制改革取得显著成效，但在管理内容、管理手段、监管等方面仍有很多问题亟待解决。

在资源开发利用、油气供应安全、环境保护等管理内容方面，偏重准入资质审核管理，对项目执行过程及效果的管理不足。在信息管理、对有助于产业升级的基础性技术等方面的公共服务缺位，有些重要信息没有事前及时披露。政府对市场干预过多，管理过于微观具体如重视投资审批、价格制定和产量控制。中央政府与地方政府的权力、责任和利益不匹配，中央政府权力大责任小，地方政府权力小责任大，造成行业管理效率和效果欠佳。

油气战略长期缺位。产业规划布局（重大项目）、产业政策、标准规范、法律法规等多种手段互相支撑不足，缺乏统筹性、协调性，难以形成合力。如天然气发展战略定位不明确，对天然气利用清洁性的质疑有待进一步澄清。石油天然气行业的规划与其他规划的协调性不强，如国土规划、海洋规划、自然保护区规划等，仅限于程序性征求意见，对核心内容对接不足；再如国家油气管道建设规划没有纳入地方政府的土地规划和城乡建设规划，为规划实施过程中的协调工作造成困难。行业协会的作用发挥不足。

监管体系不完善。一是我国油气行业监督管理职责相对分散，相关部门之间、中央政府部门与地方政府部门之间存在政策目标差异和步调不同步等问题，工作协调难度大。二是监管工作界面不明，监管效率偏低、效力偏弱。法律法规缺失，问题处理依据不足，监管工作缺乏应有的强力支撑，一定程度上影响了监管的效力。如：我国目前没有能源法、油气法或天然气法，管网公开准入相关政策均以"通知""办法"等形式由部委下发，法律法规层级不高，导致天然气基础设施第三方公平准入落实程度不高。三是监管主体、监管手段单一，难以满足"放管服"改革的需要，政府监管部门主要依靠行政性的强制手段，政府以外其他社会群体的同业监审作用没有得到有效释放。

（三）石油天然气体制改革目标和思路

1.总体思路

全面贯彻党的十九大和十九大二中、三中全会精神，以习近平新时代中国特色社会主义思想为指导，统筹落实"创新、协调、绿色、开放、共享"发展理念，坚持以供给侧结构性改革为主线，有序地推进油气行业全产业链改革，包括勘查开采、管网运输、流通、炼化、企业改革、政府监管及油气法规废改立等环节。同时，厘清政府和市场的边界、处理好企业、市场和政府之间的关系，使市场在资源配置中发挥决定性作用和更好地发挥政府作用。

2.基本原则

坚持社会主义市场经济改革方向。充分发挥市场配置资源的决定性作用，遵循油气行业特点和市场发展规律，打破油气行业壁垒和垄断，在竞争环节允许符合准入条件的国内各类市场主体进入，促进有效竞争，使各类市场主体在竞争中做优做强，提高行业整体效率和市场及企业活力，提升油气保障能力。同时，要更好发挥政府在宏观调控、市场监管和服务方面的作用。

坚持问题导向、有序推进。油气是国民经济的重要组成部分，油气行业的改革直接关系到经济发展、资源环境安全、人民生活和社会稳定，需要充分考虑改革对社会经济的正面和负面影响，为此，遵循行业特点和市场经济规律，坚持问题为导向，通过整体设计，明确改革的方向和目标，整体部署和重点突破相结合，先试点后推广，对上、中、下游各环节有序推进改革。

坚持油气供应安全。从我国是世界油气生产和消费大国基本现实出发，树立在开放条件下保障国家能源安全的观念，统筹国际国内两个市场、两种资源。一方面要立足国内，加大国内油气资源调查评价和勘查力度，有序、经济开发各种油气资源，不断提升国内油气供应能力；另一方面，积极参与和开发国外资源，进一步推进进口油气资源供应多元化，降低进口风险，提高油气供应安全性。

坚持惠民利民。坚持多目标统筹、多利益兼顾，把经济效益和社会效益有机结合，更加重视维护社会公共利益，提高油气供应能力和产品质量，努力降低油气开发、进口、利用成本，使人民群众用上优质清洁、价格合理的油气资源。

3.改革目标

紧紧抓住全面深化油气体制机制改革的战略机遇期和国际油气市场总体宽松的供需态势和较低油气价格的时机，按照党中央、国务院《关于深化石油天然气体制改革的若干意见》的总体要求，推进石油天然气全产业链市场化改革，争取在2030年前后建成公平竞争、开放有序、有法可依、监管有效、市场对油气资源配置起决定性作用和更好地发挥政府作用的现代油气市场体系，加快提高油气供应保障能力和油气资源利用效率，尽快实现能源代际更替，使人们能够享用经济合理的油气资源，实现能源生产和消费革命战略目标。

建立市场对资源配置起决定性作用和更好地发挥政府作用的油气行业体制。加大改革力度，还原油气商品属性，油气价格最终由市场供需关系决定，国家不再干预油气生产企业经营和价格，而政府管理更多转向制定战略、规划、政策和市场规则，创造公平公正市场环境，同时，政府加强对市场准入、交易行为、垄断环节、价格成本等各环节的监管以及完善监管标准、监管规则和监管程序，形成规范有序、公开透明的监管体系。

提高油气供应保障能力和油气资源利用效率。深化全产业链改革，释放竞争环节市场活力和主要油气企业的活力，推进技术创新，降低全产业链供应成本，提升资源接续保障能力、国际国内资源利用能力和市场风险防范能力、集约输送和服务能力、油气资源利用效率、油气战略安全保供能力及全产业链安全清洁运营能力，保障油气供应安全。

加快实现能源代际更替。引导石油合理消费，大规模增加天然气利用，尽早将天然气培育成主体能源之一，实现能源生产和消费革命战略目标。

4.石油天然气行业体制机制改革的途径

为实现上述改革目标，应该重点从以下几个方面推进石油天然气体制机制改革。

（1）改革油气矿权管理体制，促进矿权市场建设

按照"立足市场、放开主体、加强监管、完善税费"改革思路从以下几个方面推进油气矿权管理体制改革。

明确油气资源国家所有，坚持矿权一级管理。为确保油气资源能被有序、稳定、高效、绿色的勘探开发和有效配置利用，应坚持油气资源矿权一级管理。但是，可在总结贵州、山西等地以"省部联合"形式试点推行的页岩气和煤层气勘查区块竞争出让新模式的经验和教训的基础上，再选择部分省份推进页岩气、煤层气矿权审批下放，调动地方政府积极性，推进我国页岩气、煤层气资源勘探开发。此外，为了解决

央地长期存在的税收分配不均的矛盾，需完善油气权益中央和地方分享机制，改革油气资源类税费分配模式，促进资源开发惠及地方。

改革油气勘探开发专营体制，放开矿权市场。2017年国务院颁布的《矿业权出让制度改革方案》已明确指出我国矿业权（包括油气的探矿权和采矿权）将由登记制改为招标制，要求一律采取招牌挂方式，严格限制协议出让，并由市场决定矿业权出让收益。可见，我国油气勘查区块将全面实行竞争性出让。建议国家主管部门尽早出台矿产资源国家权益金制度的相关配套政策，并结合我国油气勘探开发规律，对陆域、海域油气勘查区块、非常规油气及难动用资源等制定差异化的探矿权和采矿权收益基准价和基准率。

放开市场主体。在坚持油气矿业权国家一级管理基础上，总结新疆第一、二批常规油气区块探矿权招标出让试点工作经验，将试点工作推广到其他省份，允许在中华人民共和国境内（不含港澳台）注册、最终绝对控股股东或最终实际控制人为境内主体，且具有一定资金能力的内资公司，具有良好的财务状况和健全的财务会计制度，能够独立承担民事责任，都可以成为油气的矿权人，进入上游开发领域进行勘探开发，打破油气上游垄断格局。但是，在确定招标企业时，应在确保安全和环境要求的前提下，综合考虑资金实力、技术实力两个方面，而不是只单方面的根据承诺投入资金来确定中标企业，避免价高者得的简单评标原则，确保真正有志于油气事业的企业获得出让的区块，同时避免给后期监管造成被动。在总结页岩气、新疆等油气探矿权招标改革和山西煤层气矿业权改革等试点的经验和教训的基础上，研究采矿权放开的市场化改革，尤其是三大石油公司拥有的大量未动用且短期内无开发计划的储量，吸引多种所有制中小企业参与开采，合理、高效地开采油气资源。鼓励非公有制企业与资金、技术实力优势明显的企业组建混合所有制合资机构，通过合资机构参与油气矿权投标。鼓励非公有制企业合资组建油气勘探开发企业，整合资源，联合参加油气矿权投标。通过矿权改革，最终形成由多元主体共同参与的勘查开采体系，让市场决定资源配置。

制定合理的矿权持有成本，理顺资源收益关系。针对不同地域、不同矿种、不同勘探阶段的油气资源地区，制定不同的最低勘查投入标准。考虑到目前探矿权持有成本很低，为了加大"圈而不勘"的区块退出力度，吸引其他投资参与资源勘查，应提升第一年、第二年的最低勘查投入标准，适当提高第三年的最低勘查投入标准，但对勘查难度大、风险高的区块可降低勘探投入和探矿权使用费，例如，非常规油气资源勘探开发难度远大于常规油气资源，依据各区块地质条件、评价难度和勘探周期的差异，可对非常规油气资源勘查区块执行较低的最低勘探投入标准和探矿权使用费，并按照年度勘探整体投入来确定探矿权整体是否满足最低勘探投入。此外，制定适合于我国的油气区块矿权的持有成本（如提高探矿权使用费）和缴付国家的提成费（即权益金）的比例，理清油气行业的矿权对价。同时，改革现有的油气税费制度。

加快矿权流转和储量转让制度，提高资源利用效率。区块流转包括退出区块的出让、存量区块的转让和企业间流转三个部分。一是制定限制区块退出办法，强化退出。①采取经济手段，提高探矿权占用费用。②采取行政手段，探矿权每次延长时强制性退出一定比例，或者在同一盆地内进行等面积置换。同时，建议结合油气勘探的规律性、周期性和不同地区勘探的难易程度等实际情况，推行"差异化"管理，如塔里木盆地、四川盆地地表地下地质条件和施工条件复杂、钻井周期长的盆地，探矿权投入考核标准应有别于其他盆地或地区，适当延长考核的年限和延续登记时间。二是完善存量区块转让管理办法。虽然目前对存量区块已有转让管理办法，但因缺少配套的评估机构和实施细则，导致至今没有发生油气区块转让的先例。建议研究制定符合国际惯例、公平合理的储量有偿使用规定、价值评估方法等规则，培育具有国际水平的储量评估机构，为促进矿权流转和储量交易创造条件。三是加快企业间存量区块的流转。在总结已有内部存量区块流转成功案例的基础上，如大庆进入塔东等合作模式，允许四大油气企业间以市场化方式进行区块转让和储量交易，以盘活现有矿权资源。

建立退出补偿机制，促进矿权流转。为了鼓励企业将"圈而不勘"的区块探矿权退出，为其他投资者腾出空间，应对退出区块的企业前期投入给予补偿。若企业退出的探矿权，被其他企业进行申请登记，申请登记的企业应该对前期持证企业的投入给予一定的补偿，补偿标准可以按照地震勘探投入、研究投入、钻探投入等分类制定补偿标准。

改革对外合作经营权，提高国内油气生产能力。取消三大国有油气企业陆上对外合作专营权，允许其他企业在国家监管下自主决定对外合作相关事宜，调动企业积极性、引进资本、先进技术和管理经验，提高国内油气，特别是非常规油气的供应能力。稳步推进海上合作经营权的放开。可先在中石油和中石化企业进行试点，根据试点开展情况，研究海上油气矿权开放的对象、资质、门槛和步骤，逐步完善相关法规和政策。

加强地质资料管理，建立地质资料信息共享机制。上游资源开放的同时，国家应加强地质资料的管理和共享。建议由国家指定全国地质资料馆，赋予其权利完善和实施油气地质资料的统一汇交制度，有权要求不同所有制的企业（包括国家石油公司）严格履行汇交地质资料的义务。同时，对各类不涉密的地质资料，对所有企业公开，以便资料和信息共享。

建立信息法规制度。定期或者是不定期的公布区块运行、流动情况，确保地质资料公开公平公正，为新的投资主体进入油气领域创造条件。

（2）加快推动油气管网运营体制改革，构建独立多元的油气管网体系

油气管网运营体制改革的思路是"分步推进国有大型油气企业干线管道独立，实现管输和销售分开。完善油气管网公平接入机制，油气干线管道、省内和省际管网均向第三方市场主体公平开放"，着重解决目前我国天然气基础设施建设滞后、建设和运营主体单一、互联互通程度低、运输和销售业务捆绑、第三方公平准入难以有效实施等制约我国天然气快速发展的核心问题。通过全面深化改革，建立"统一规划、运销分离、独立运行、公平准入、投资多元、互联互通、经济高效、监管有效"的油气管网体系。力争到2020年，实现油气管道独立，基本形成全国"一张网"，支撑石油天然气产供储销体系建设；到2030年基本建成现代油气管网体系，实现石油天然气产业链各环节协调快速发展的最终目标。

加快推进管道独立。油气管道等基础设施是连接油气产业上下游的纽带，管网改革是关系到上下游改革成效的重要环节，也是备受社会关注的焦点、热点。国外成熟天然气市场化国家对管道等自然垄断行业体制改革的做法是，将管道与上游、下游业务分离，并进一步分拆管道企业的捆绑式销售功能，管道企业独立运营，只提供管输服务，为构建竞争高效的油气市场提供了支撑。因此，实现油气管道独立，不仅符合油气产业发展规律，为基础设施实现公平接入提供最有力的保障，也将有利于管输成本的监管，推动形成高效管道服务市场，同时也将有利于推动整个行业的市场化改革。

近两年，受低油价和低气价、天然气消费增速放缓，以及三大石油公司经营收入大幅下降的影响，尤其是受管道改革预期的影响，管网基础设施建设增速和投资上游勘探开发的积极性明显下降。如何不加快改革，不但严重制约天然气管道的建设，而且对天然气安全供应产生不利影响。另一方面，随着油气行业体制改革的深入，非油企业及民营企业将进入上游市场开展油气资源勘探开发和从事油气进口业务、社会各类主体也将投资建设管道等基础设施和天然气交易市场发展的需要，对管道等基础设施，尤其是天然气基础设施的第三方公平准入需求将会越来越大，为此，管道独立运营，势必有利于油气基础设施第三方公平准入，也有利于推动整个行业的市场化改

革。课题组认为，目前亟须加快对国有大型油气企业干线管道等基础设施方面的改革，尽早出台我国油气管网运营机制改革方案，实现管道独立，促进管道业务发展，进而推动天然气市场快速发展。

积极推进地方管网改革。要完善法规，强化监管，保障公平准入。国际经验表明，第三方公平准入政策能够平衡中游管道所有者和上下游生产与消费之间的经济利益，不仅有利于发挥基础设施的作用，还有利于吸引资本投入基础设施建设领域。为了鼓励社会资本有意愿投资建设我国油气基础设施，提高油气基础设施利用率，进而提高整个油气产业效率，建议油气基础设施（包括油气干线管道、省内和省际管网、LNG接收站、地下储气库等）运营企业均向第三方市场主体公平开放，提供运输服务。为保障油气基础设施第三方准入有效落实，国家能源主管部门尽快完善《油气管网设施公平开放监管办法》和《天然气基础设施建设与运行管理办法》，制定《天然气基础设施公平开放实施细则》，对基础设施运营企业如何保障独立运行、公平公正地为所有用户提供管道运输等各种服务、对接入标准制订和信息公开、违反公平开放的法律责任等提出了具体要求，为切实推进管网公平接入提供制度基础。同时建立监管机构能够依法对申请从事基础设施运营和申请准入的上、下游用户进行资质审查批准的高效制度，对拒不执行第三方公平开放、第三方准入歧视等行为加大查处和通报力度。

逐步放开限制，促进多元投资。根据2017年国家发改委和能源局颁布的《中长期油气管网规划》，原油、成品油、天然气主干管道里程在"十二五"末2.7、2.1、6.4万千米的基础上，2025年，我国油气管道总里程将达到24万千米，其中原油和成品油管道将达到7.7万千米，新增2.9万千米；天然气管道将到达16.3万千米，10年内年均新增1万千米。由此可见，今后10～15年仍将是油气管道建设的高峰期。由于油气管道建设属于资金密集型行业，未来我国管道建设规模巨大，仅由三大油气企业单独出资进行管道建设，显然会对我国管道发展形成滞后，进而制约天然气市场快速发展。所以应逐步放开社会资本进入管网建设领域的限制，让更多的社会资金有动力进入管道建设和运营领域。为此，应从以下几个方面进行改革。一是进一步深化基础设施投资项目审批制度改革，放宽审核条件和标准，简化审批程序，鼓励、吸引社会资本参与投资建设纳入国家和省统一规划的天然气基础设施。二是对第三方公平准入的新建管道投资在合理范围内优先审批。三是对投资回报较低的重要联络线项目配套一定低息、免息贷款或财政补贴，以此在不增加用户成本的情况下提升投资者收益。四是允许各类投资主体以独立法人资格参与LNG接收站、储气库等相关设施的投资建设和经营管理，有效解决LNG接收站和储气库投资运营主体单一、建设滞后等问题。

制定相关标准和规划，实现管网互联互通。政府应结合原油、天然气、成品油等油气管道特性，对相应管道的投资、建设、运营、收费等标准进行统筹设计，编制并动态完善管网布局和建设的控制性规划，重点加强省内和省际管网统筹规划，促进管道互联互通，为实施有效监管提供有力支撑。对各种来源的入网天然气制定统一标准，保证管网中气体质量稳定、可用和安全。借鉴国外成熟管理经验，合理确定管网中新建管道的压力等级，制定统一的用气设施设计制造参数和气量计量标准，从技术层面保障管网互联互通。

加强输配价格监审，降低输配成本。一是按照"管住中间、放开两头"的总体思路，建立健全以"准许成本+合理收益"为核心、约束与激励相结合的定价制度，加强天然气管输和城镇燃气配气环节定价管理、成本监审和价格监管，准确核定独立的输气成本和配气价格，取消各环节不合理的成本和不合理的收费，降低长输管道、省内和省际管道成本及配气成本。二是加快推进城镇燃气企业配气、销售、工程服务等业务之间的财务独立，在此基础上，进一步从法律上剥离，保证配气价格独立核算，降低输配成本。三是尽快赋予大用户自由择气权，以立法的形式，允许在现有省管网、地方支线或城市燃气市场专营权地区内"符合直供条件的大用户"自由购气。在现有管道能力不足、不允许第三方准入或管输费用过高的现状下，允许"符合直供条件的大用户"在履行完现有供气合同的前提下，申请自建直供专线，以此倒逼省管网降低成本、提升竞争优势、提高效率。四是建立独立的省内天然气市场监管，在国家天然气市场监管机构的指导下，负责相关市场监管机制制定，对燃气管网公平准入、价格、产品和服务质量、安全等实行行业独立监管，维护天然气市场秩序。

同步推进地方管网改革。目前我国地方管网公司存在的主要问题是一些省级管网统购统销，输配层级过多，强制管输或代输，管网公平准入难，抬高终端用气价格，影响天然气市场发展。可见，地方管网改革也是我国油气管网市场化改革的一个关键环节。因此，在推进长输管网的改革的同时，应该同步推进地方管网改革，否则长输管网的市场化将功亏一篑。地方管网的改革必须实行天然气管道企业独立运营，管输与销售分离、第三方公平准入。一是针对不同省份管网运营机制的情况，加快推进省级管网企业的独立运营，管输和销售业务分离，省管网企业不再经营气源、不再买气和卖气，只负责天然气输送。二是省级管网企业必须实行第三方公平准入，为所有用户提供管输、气化、液化和压缩服务。三是放开地方管道建设权，鼓励社会各类资本参与纳入省内统一规划的天然气基础设施建设，根据油气资源和需求情况合理安排省内管网建设速度。坚持"宜管则管、宜罐则罐"原则，用气规模小的地区以"罐"为主，避免管网过渡超前建设。四是通过制定统一的管道技术标准、在联络线的运价测算中设置合理的最低负荷率指标等，推动省内不同气源输气管道间互联互通，保障供气安全。五是对一些输配层级多的省份，应加快推进供气环节扁平化改革，减少中间环节，降低输配费用。在促进供应侧公平竞争的同时，鼓励用户通过与气源企业直接谈判确定用气价格。

（3）分阶段稳步推进油气价格改革，加快推进天然气交易中心建设，最终实现油气价格市场化完善油气定价机制，逐步放开油气价格

按照"放开两头、管住中间"价格改革思路，我国油气价格改革的方向应该是完善成品油价格形成机制，发挥市场决定价格的作用；逐步放开天然气气源和终端销售价格，健全低收入群体价格保障机制，建立市场竞争为主导的油气定价机制，政府只监管自然垄断的管网输配气价格，保留在油气价格异常波动时的调控权和突发事件后采取价格干预的权力，实现政府职能由定价到监管的转变，最终实现油气价格市场化。

进一步完善成品油价格机制。经过几轮渐进式价格机制改革，我国的成品油定价已逐渐趋向于市场化。从当前及未来的国际能源市场环境看，随着未来石油供需持续宽松和替代能源快速发展，石油正由其战略属性回归到商品属性，为成品油定价市场化提供了良好的外部条件；从国内环境看，成品油市场具备了"三化"特征：一是市场主体多元化，民营炼化企业和成品油流通企业、加油站发展迅速，其市场占有率已经基本与中国石油、中国石化和中国海油三大国有企业平分秋色；油气体制改革步伐加快，向民营等社会资本开放已成定局，油气生产运营主体呈现多元化；原油进口配额逐步放开，以民营为主的地方炼厂获得的原油进口配额已超过1亿吨，使得成品油的油源多元化。二是竞争常态化，当前炼油行业产能过剩已成不争的事实，导致成品油市场竞争加剧，让原油和成品油国家指导价部分失去了存在的意义。三是价格调整常态化，随着原油和成品油市场化定价机制的不断完善和中国经济的快速发展，普通百姓和各行各业对价格的承受能力已经明显增强，成品油价格调整已经不是一个社会敏感问题。由此可见，推动成品油定价市场化已经具备了充分条件。建议2020年前全面放开国内成品油价格，由市场供需关系来决定价格。同时加强对价格、油品质量和税收监管，进一步完善反垄断执法体系，防止形成垄断价格，维护市场公平秩序。

分阶段稳步推进天然气价格市场化改革。目前我国按"市场净回值"方法在全国实行了城市门站基准价管理、推行了输配气价格改革以及实现非居民与居民气价并

轨，为最终形成由市场竞争决定价格水平的天然气价格机制奠定了基础。考虑到油气行业各环节改革的推进情况、改革影响的广泛性和市场形势的不确定性等因素，建议根据我国天然气市场不同发展阶段，按照"先试点后推广""先增量后存量""边理顺边放开"的实施步骤分阶段稳步推进市场化改革，以最终实现公开、公平、竞争有序的天然气价格市场化改革目标。

近期，一是完善价格体系。居民与非居民用气基准门站价格并轨后，各地价格主管部门应根据各省居民用气消费情况和其对天然气价格的承受能力、燃气企业经营状况、合理的输配气环节成本分摊机制，完善居民阶梯气价的管理办法，确定各档的用气量和气价水平，同时建立天然气上下游价格联动机制；尽快建立可中断气价、峰谷气价、调峰价格等价格政策。从保障天然气稳定供应，尤其是解决北方冬季天然气稳定供应的角度出发，出台"可中断气价"，促进可中断用户的发展，弥补我国储气设施建设滞后的短板；通过制定不同用气区域和用户时段的"峰谷价格"，引导市场的天然气储备设施建设，利用价格杠杆引导天然气用户合理"削峰填谷"。二是积极落实2018年4月份出台《关于加快储气设施建设和完善储气调峰辅助服务市场机制的意见》中关于储气调峰辅助服务市场建设要求，由市场竞争确定储气设施天然气购销价格，并合理疏导城市燃气企业自建自用的储气设施成本。三是加快修订计量标准和计价方式，由按体积计价改为按热值计价，从而协助解决不同来源天然气因品质不同而入网难和基础设施第三方准入难的问题，同时实现与国际天然气贸易体系全面接轨。此外，应从技术、管理两方面加强对计价违法行为的监督检查。四是开展探索推进天然气终端销售价格放开试点工作。在总结福建省开展门站价格市场化改革试点经验和教训的基础上，根据市场发展条件，如上游主体多元、气源多元、基础设施完备，选择四川、重庆、江苏等省市开展试点天然气终端销售价格放开试点，为后期全国放开天然气销售价格先行先试。

中远期，在上游经营主体多元化、基础设施第三方公平准入实现和天然气交易中心价格基本能反映市场供需关系后，取消城市门站价格管制，全面放开气源和终端销售价格，由市场供需关系确定价格，政府价格主管部门只监管自然垄断环节的跨省长输管道、分支管道、省内管道、市内管道和配气管道的运输成本和价格，最终实现公平、竞争有序的天然气价格改革目标。

加快推进天然气交易市场建设。近中期，加快培育上海和重庆石油天然气交易及区域天然气交易中心市场，形成中国天然气现货价格指数。一是鼓励已完全市场化定价的非常规天然气（煤层气、页岩气）通过平台交易的方式进行气气竞争，利用市场化方式分配气量；同时鼓励企业将管道富裕容量、LNG接收站富裕容量、储气服务和储气设施购销气量在交易中心交易，提高基础设施建设运营者的经济效益，体现调峰气价值。二是尽快培育起包括天然气供应商、独立交易商、大用户、地方燃气公司等在内的市场交易主体，促进市场交易规模的稳定增长。三是加快引导非居民用气进入天然气交易中心，力争用2～3年时间全面实现非居民用气的公开透明交易。四是在加快培育上海和重庆石油天然气交易的同时，有序推进区域交易中心建设。在新疆、深圳、京津冀、中卫、湖北等主要油气生产地、市场消费中心和基础设施枢纽地等培育区域交易市场，但需秉承'各有侧重、互为支撑、适度竞争、协同发展'的原则有序推进这些地区的天然气交易中心建设。五是鼓励天然气即期和年内中远期现货挂牌与竞价交易，推动"气气"竞争和价格发现，使价格能够充分反映市场供需关系、可替代能源价格变化和季节价差等市场因素，尽快形成中国天然气现货价格指数。远期，力争把上海天然气交易中心建成面向亚太地区乃至全球、具有国际影响力的天然气交易市场。在天然气现货市场发展到一定规模，且油气上游、下游领域主体多元且充分竞争、基础设施互联互通和公平开放的基础上，择机推出天然气期货交易、期权交易等天然气品种的金融交易，建成金融交易与现货交易互相补充，共同发展，并能涵盖亚太地区乃至全球的交易、信息和金融服务的综合性天然气交易市场，形成中国乃至亚太地区的天然气现货和期货价格指数，影响全球天然气市场。

（4）进一步完善油气财税政策，建立多方利益平衡的财税关系

财税制度改革的思路是厘清各种利益关系、重点支持和引导非常规油气及深海油气资源等开发、调整中央和地方分税关系、促进资源绿色开发利用，建立多方利益平衡的财税关系。

尽快给予致密气补贴政策。我国致密气地质资源量25万亿～30万亿立方米，是常规天然气资源量的45%～50%，动用程度50%，开发潜力大，是我国天然气最为现实的接替资源。但是，致密气开发因必须采用水力压裂技术才能获得工业产能，其开发成本是常规天然气的2～4倍且单井产量低和稳产期短。建议国家财政给予新投产气井的致密气产量0.2元/立方米补贴。

继续支持页岩气补贴政策。页岩气仍将是未来国内天然气产量增长的重要领域，为此，延续对页岩气开采补贴对我国页岩气的大力发展尤为重要。建议根据页岩气储层特征，研究页岩气差异化财政补贴。即，对南方海相3500米以浅页岩气开发有力区、南方海相3500以浅低效页岩气资源、南方海相3500以深页岩气资源，以及陆上及海陆过渡相页岩气资源分别给以不同的补贴。

建立差别化税费政策。为了降低我国不断攀升的油气对外依存度，提升国内油气供应保障能力，对于非常规油气资源、低丰度油气资源、深水油气资源、三次采油、油气热采，给予差别化税费政策，合理确定税费负担，鼓励企业加大开发投入，促进以上资源的有效开发，提高国内油气供应。

调整中央和地方油气资源类税费分享机制。由于地方税的税源分散、征管难度大、收入不稳定，制约了地方发展油气的资金保障。另一方面，随着我国经济的快速发展，地方政府对石油作为资源开发产品要求分享税收、支持地方经济及民生建设的诉求愈来愈强烈，为此，建议改革油气资源类税费分配模式，适度调整油气领域增值税和所得税等主要税种的比例，促进资源开发惠及地方。确立环境产权制度，建立生态补偿机制和环境付费机制，对资源开发主体、利用主体开征碳税或环境税，增加地方财政收入。

设立风险勘探基金，开辟战略接替领域。国家从石油税收中每年拿出 30 亿 ~ 50 亿资金设立风险基金，政府主导开展新区风险勘探；政府通过购买服务方式依托油公司实施风险目标准备、钻探，取得战略发现后，通过市场招标方式出让，出让资金转入风险基金，形成长效机制。

制定支持储气库建设的财税政策。储气库建设滞后已成为严重制约我国天然气供应安全的主要因素之一。建议在储气调峰任务、地区经济承受能力较弱的地区，通过中央预算内资金支持等多种方式，政府参与投资建设储气库。按照较低税率征收储气库增值税，近五年安排税费返还支持储气库前期建设。

（5）规范政府管理，创建有效油气监管体系

为了更好地发挥政府在宏观调控、市场监管和服务方面的作用，实现油气行业体制改革目标，促进油气行业健康发展，应切实转变政府职能，创新监管模式。

提升科学管理水平。一是规范政府管理的范围和方式。政府管理更多转向制定战略、规划、政策和市场规则，创造公平公正环境，减少对市场和企业的直接干预。二是科学合理地编制规划。油气规划的编制要遵循经济规划和产业发展规律，加强油气规划与经济金融发展、土地利用、基础设施建设、环境保护、安全生产、交通运输和科技创新等规划的统筹衔接。坚持科学合理规划，充分发挥规划的引导和约束作用。健全科学合理的规划编制机制，提升规划的权威性和科学性。完善规划的动态调整机制，依法加强环境影响评价工作。三是加强行业标准的制定。综合运用规划、政策、标准等手段，对油气行业发展实施宏观管理。四是优化政府服务，建立能源信息公共服务平台和油气地质资料信息共享平台，在科技创新等领域突出政府引领作用。

创建有效油气监管体系。推动"政监分离"改革，设立独立、统一、专业化的监管机构，健全中央和省两级、垂直的监管组织体系。可考虑在人大系统设立独立的能源集中监管体系，明确监管责任，主要负责经济性监管，加强社会性监管，确保以管网为核心的网络型基础设施等自然垄断环节的公平竞争。提高政府监管效能，将监管重点放到市场准入、交易行为、垄断环节、税收缴纳、价格成本、安全环保等环节和活动，综合运用法律、行政、规范、公众等手段协同监管。

尽快推进油气相关法规废改立。按照市场在资源配置中其决定性作用和更好发挥政府作用的要求，对已有法律中与当前油气行业发展脱节的、矛盾的甚至妨碍油气体制改革的规定，应予以删除、修改，为油气矿业权改革松绑。例如尽快修订《中华人民共和国矿产资源法》及其实施细则、《矿产资源开采登记管理办祛》《矿产资源勘查区块登记管理办法》《矿产资源开采登记管理办法》以及《中华人民共和国环境保护法》等法律法规中不适用市场体制的条款。同时，建议尽快研究和出台《石油法》和《天然气法》，规范涉及石油、天然气业务的企事业单位的经营行为、政府的监督管理行为和其他利益相关者的行为，加强石油、天然气资源的合理开发利用和保护，促进石油天然气行业及相关行业的健康发展。及早完成能源监管条例的制定，明确监管机构地位和作用，界定监管机构职责范围，确立监管工作程序和决策机制，规范信息披露要求和争议解决机制，细化监管违规的处罚条款。使监管工作有法可依，也使监管具有权威性，同时，业要避免监管滥权，从法律法规层面支撑油气监管体制的建设。

六、煤炭行业体制变革

（一）全球煤炭体制变革的进展与趋势

1.越来越多的国家实施"弃煤"战略

减少燃煤排放已成为全球合作治理的一项重要内容。国际社会对全球共同应对环境污染和气候变化保持着高度一致，《巴黎协定》就是在195个国家认同的基础上获得通过的。2017年6月，美国正式宣布退出《巴黎协定》，并于8月份向联合国递交退出文书，招致广泛批评。减少污染物排放已经成为大势所趋，并且是全球治理的重要合作领域。美国的退出，不会动摇全球气候治理的决心，也不会改变其国内清洁能源发展的进程，目前并没有对全球减排造成实质性影响。煤炭属于碳含量较高的化石能源，减少煤炭消费也因此成为全球合作减排的焦点问题。

越来越多的国家采取了"弃煤"战略。一是大多数欧洲国家开始推进淘汰燃煤电厂进程。拥有约3500家成员企业的欧洲电力工业联盟计划，欧洲电力行业将在"2020年以后不再投资新建燃煤电厂"。这一计划已获得26个欧盟成员国的支持。欧盟国家领导人在2014年10月就"比照1990年水平削减40%温室气体排放"的减排目标达成一致意见，同意逐步取消对煤炭行业的投资，进而取消对化石能源的资助。例如法国从2015年5月开始不再向"不具有碳捕获与储存技术（CCS）的海外燃煤电厂"提供金融支持，重要金融机构也不再投资煤炭开采项目；挪威主权基金从2015年6月开始逐步撤离对煤炭企业的投资；苏格兰在2016年3月关闭了最后一台燃煤电厂，英国、芬兰、葡萄牙、奥地利等国家将分别在2025年、2020年、2030年全部淘汰燃煤电厂。此外，欧盟国家还计划到2018年结束国内的煤炭相关补贴，奥地利、英国、比利时、芬兰等国相继采取了"电力行业去碳化措施"。二是经合组织成员国统一严格控制补贴燃煤电厂技术出口。34个经合组织成员国在2015年11月达成协议，将限制补贴燃煤电厂技术出口，只补贴"符合最严格环保标准"的燃煤发电厂，并将在此后收紧对煤炭行业的融资支持。三是美国、加拿大等国家也逐步减少了对煤炭行业的政策支持。美国早在经合组织之前就开始限制出口煤炭技术，美国主要银行已停止支持煤炭项目，包括美国进出口银行、世界银行和欧洲投资银行等。加拿大在2011年8月硬性推广燃煤电厂的碳捕捉和封存技术，并有可能在2050年前淘汰全部燃煤电厂，加拿大国内已有多个地区相继出台了"电力行业去碳化措施"。四是多个国家开征资源税。丹麦、芬兰、瑞典、挪威等北欧四国是最早征收资源税的国家。加拿大艾伯塔省政府自2017年1月1日起对每吨碳排放征收20加元（约15美元）的税，法国从2017年开始对火力发电征收碳税。

概括起来，加速"弃煤"的相关政策主要有两类：一类是从供应侧发力，出台相关限制性政策，减少煤炭生产；二类是从消费侧发力，明确提出新能源发电的比重和时间节点，减少煤炭需求。

2. 煤炭的战略定位呈现分化趋势

虽然全球对合作减排高度认同，但很多国家对煤炭的依存度依然较高。例如德国能源结构中的煤炭占比超过20%，电源结构中的煤电占比超过40%；韩国能源结构中的煤炭占比在30%左右，电源结构中的煤电占比接近40%；印度能源结构中的煤炭占比约为50%，电源结构中的煤电占比约为60%。我国是少数以煤为主的国家之一。目前，能源结构中的煤炭占比约为63%，电源结构中的煤炭占比超过70%。另有少数国家对煤炭的依存度有可能不降反升。日本较为典型。目前，日本能源结构和电源结构中的煤炭占比均为25%左右。到2030年，日本煤炭在能源中的占比有可能提高到30%、在电源结构中的占比有可能达到26%左右。

一些国家基于能源供应的安全性等因素考虑，有加大煤炭利用的趋势。例如日本，在福岛核电站事故之后制定了新的能源计划，将利用10年左右的时间新建41座燃煤发电厂以确保能源安全。印度为保障国内日益增长的能源需求，同时促进经济发展，计划逐年提高煤炭的产年量，并出台了环境和土地审核、采矿权向民营资本开放等政策措施。

不同国家对煤炭行业定位存在差异。大多数国家都在积极减少燃煤排放，并通过多种方式优化能源和电源结构，但对煤炭"去"与"留"的态度不尽相同，主要是受资源禀赋、产业结构、发展阶段等因素的影响。很多国家不可能在中短期内大幅降低煤炭利用比重。例如德国和美国，"弃煤"政策遭到了煤炭等传统行业的抵触。日本增加电煤比重，是处于能源安全的考虑。与自身的发展阶段相对应，印度的煤炭消费正处于较快速上升期，相关政策也是以刺激煤炭供应为主。

3.借助于消费侧激励政策，煤炭被清洁能源加速替代

鼓励清洁能源发电。不论是"弃煤"国家、中短期内仍然保持较高煤炭依存度的国家，还是强化煤炭利用的国家，都在积极参与全球减排治理，出台相关政策鼓励清洁能源发电。北美地区预计在2025年前将清洁能源的消费比重提高到50%；阿根廷计划首期投资风电、太阳能、生物质能和小型水电等项目约21亿美元；瑞典计划在2040年100%使用绿色能源；德国通过高能效退税政策、设备引入财政支持政策等鼓励分布式能源发展，预计可再生能源发电量占总用电量的比重在2025年将达到40%～45%、在2035年将进一步提高到55%～60%；英国通过补贴、信贷和智能计量等措施支持分布式能源发电项目；意大利采取能源税、信贷、高价上网、消费补贴等优惠政策支持分布式能源发电项目，分布式电源的上网回送价格比居民零售电价高出50%；智力新能源发电比例将在2035年达到50%、在2050年达到70%。

随着清洁能源发展条件不断改善，政府的鼓励政策也在发生转变。最为明显的是多国政府正在或将要取消清洁能源发电的补贴政策。清洁能源发电技术越来越成熟，发电成本逐步降低。与此同时，传统化石能源的环境成本在不断加大。鉴于此，一些发达国家开始取消面向发电和上网环节的清洁能源补贴政策。这也是为了更好地促进清洁能源电力行业的发展。例如德国，在2016年6月取消了可再生能源上网电价优惠政策。欧盟将从2017年起强制限制成员国对可再生能源产业进行补贴。未来，政府将在

越来越成熟的清洁能源发展环境中更多地发挥市场机制作用，对清洁能源替代煤炭的鼓励性政策将逐步转变为对能源高效发电的激励性政策。

4.煤炭行业的政府支持依然存在

很多国家曾经以煤炭为主导能源，至今仍拥有完备的产业基础和众多从业者，因此仍然需要不同程度的政府支持政策。美国在2015年启动了"机会、就业与经济振兴伙伴"倡议，为煤电行业走出困境提供必要的资金支持。美国新一届联邦政府的"美国第一能源计划"要点包括做到能源自给自足、取消"气候行动计划"、支持并振兴煤炭清洁发展等，这些政策将有助于振兴煤炭行业。日本实施增加燃煤电厂计划的同时，配套出台了提高燃煤节能减排科研投入、支持火电站技术改造和升级换代等政策。

政府支持的侧重点是技术创新和节能减排。分析各国的煤炭支持政策发现，政府并非单纯地支持扩大煤炭份额，而是更多地支持创新煤炭燃烧技术，实现节能减排。清洁能源替代煤炭将是一个较长期的过程，而且燃煤发电具有成本低、技术成熟等优势，因此各国在优化能源结构和电源结构的同时，也在积极支持燃煤领域的节能减排技术创新，希望通过最大限度地降低燃煤排放实现高碳能源低碳化利用。

5.企业破产与并购不断出现

煤炭企业的破产与并购事件时有发生。清洁能源对煤炭替代加速、国际经济形势自2008年全球金融危机爆发之后多年持续低迷，中国的煤炭需求量从2014年开始负增长，以上三大主要因素导致全球煤炭市场供大于求的局面不断加剧。美国的爱国者煤炭（Patriot Coal）、沃尔特能源（Walter Energy）、阿尔法自然资源公司（Alpha Natural）和阿奇煤炭（Arch Coal）先后在2012年、2015年和2016年申请破产。拥有百年开采史的全球最大煤炭企业皮博迪能源公司（Peabody Energy）也未能幸免，在2015年4月加入煤炭企业破产行列。没有破产的煤炭企业经营形势不容乐观，大多数因为长期亏损到了破产边缘。例如美国穆雷能源（Murray Energy），为扭转亏损局面在2016年宣布大规模裁员；东欧最大私营煤炭新世界资源公司（New World Resources）2015年净亏损约2.336亿欧元；中国煤炭企业在2015年的亏损面超过80%。2017年，中国经济趋稳向好，国内原煤产量回升，1～9月份的累计同比增速为5.7%，与2016年同期相比较大幅度提升16.2个百分点。但中国煤炭行业的低效产能、债务、国企改革等结构性难题依然存在。大型煤炭企业的整合重组重新提上议程，并出现了沿产业链纵向整合的新趋势。8月，中国国内最大的煤炭企业神华集团与中国国电集团公司宣布合并重组为国家能源投资集团有限责任公司。一些地方国有煤炭企业也在探索横向、纵向的整合之路，希望通过资源优化重组整体提升企业竞争力。

国际财团纷纷剥离煤炭业务。2015年，世界第五大能源公司法国道达尔（Total）终止了煤炭生产和销售业务；自2013年以来，澳大利亚煤矿巨头力拓（RioTinto）剥离的煤炭资产总值超过47亿美元，并以超过6亿美元的价格出售澳大利亚Bengalla煤矿40%股权；2016年，全球矿业公司英美资源公司（AngloAmerican）剥离60%资产，出售位于澳大利亚昆士兰州博文盆地的道森煤矿（Dawson）51%股份以及福克斯雷煤矿（Foxleigh）70%股份；2016年，瑞典政府全资控股的德国第三大能源供应商大瀑布电力（Vattenfall）宣布将逐步退出德国煤炭市场；2016年，全球最大主权财富基金挪威石油基金出售了52家煤炭相关公司的股份，涉及的与煤炭相关的投资金额高达90亿~100亿美元。

一些煤炭企业抓住机遇寻求扩张。例如南非爱索矿业以3.82亿美元收购法国道达尔（Total）退出的煤炭资产，比1年前的收购报价低了0.45亿美元；印尼国有煤炭公司（BukitAsam）从2016年开始进入澳大利亚煤炭市场，收购了力拓在澳大利亚最大的煤矿之一，将业务成功拓展至澳大利亚。

破产、并购是企业的商业行为，同时也是政府宏观调控的重要手段。国际煤炭企业的资产重组是行业持续下行至底部区间的必然结果，正在改变着全球行业体制格局。

（二）近年来中国能源体制变革的进展、现状与总体评价

1.行业下行背景下中国煤炭体制变革在多领域推进

2010年至2016年是中国煤炭行业的历史转型期，行业增长由高速转变为中速，体制变革多点推进并不断深入。2002年至2012年，中国煤炭行业经历了"黄金十年"，煤炭产量高速增长，年均增速接近10%。2012年以来，中国经济增速换挡，煤炭行业产能过剩，煤炭市场从供不应求较快转变为供大于求。煤炭产量增速在2013年大幅下滑至0.74%，从2014年开始连续3年负增长，在2017年才重新回至正增长区间。在整体下行背景下，煤炭体制变革在多个领域不断深入推进。

煤炭价格"双轨制"并轨。长期以来，中国煤炭价格实行的是"双轨制"。买卖双方通过市场自主交易的煤炭"随行就市"，采取的是市场化的定价机制，这部分煤炭被称为"市场煤"；纳入国家重点企业名单的煤炭生产和火电企业仍然通过计划机制在一年一次的"全国煤炭订货会"上交易煤炭，这部分煤炭被称为"计划煤"。在煤炭"黄金十年期"，"计划煤"价格比"市场煤"价格低200元左右，从而导致持续

多年的"煤电之争"。中国从2013年开始取消了"全国煤炭订货会",意味着"双轨制"并轨。目前,中国煤炭市场已全面市场化。

深化煤炭行业"放管服"改革。当前,中国行政管理体制改革的一项重要内容是"简政放权、放管结合、优化服务"。早在2013年,煤炭行业的相关主管部门就取消了"煤炭生产许可证核发"和"设立煤炭经营企业审批"两项行政审批项目。多个地方政府也相继出台了相关政策,进一步下放审批权限、提升行政监管水平。政府的煤炭行政监管方式正在朝着市场化和信息化的模式转变,政府职能更侧重于行业服务。

落实以"去产能"为重点的煤炭供给侧结构性改革。中国煤炭行业新一轮产能过剩问题在"十二五"期间开始显现,在2015年最为突出。2011年11月9日至2016年1月13日,环渤海湾煤炭价格指数(BSPI)从853元/吨跌至371元/吨,跌幅高达56.51%。根据统计局数据:煤炭开采和洗选业销售利润率从2011年5月的14.06%降至2015年12月的1.76%,并在2015年8月达到1.55%的最低点。2015年,大中型煤炭企业亏损面超过90%。中国煤炭行业具有开采历史悠久、规模庞大、从业人员众多等特点,曾经在国民经济中占有重要支柱地位。行业较快、大幅下行带来金融、社会等一系列风险,对中国经济整体企稳形成不利影响。煤炭行业也因此成为新常态下中国供给侧结构型改革的关键领域之一。当前阶段,煤炭行业结构性改革的重点是"去产能",主要目的在于控制产能总量,优化供给结构,实现"减少无效供给,增加有效供给"的改革目标。2016年2月,国务院出台《关于煤炭行业化解过剩产能实现脱困发展的意见》,明确了煤炭行业"去产能"的目标。2016年,中国共压减煤炭产能2.9亿吨,超额完成2.5亿吨的年度计划目标。2017年,中国仍将继续落实煤炭"去产能"目标,全年将压减煤炭产能1.5亿吨。

强化煤矿安全管理。煤矿安全管理一直是煤炭行业体制变革的重点领域。2010年以来的变革重点在于整顿小煤矿、改革煤矿安全管理体制和加大安全投入三个方面。首先是整顿小煤矿。方式主要有两个,其一是对不符合安全生产要求的小煤矿直接关闭。截至2015年底,中国共关闭了3000多处年产量30万吨以下的小煤矿。其二是对符合安全生产要求但规模较小的煤矿由大企业兼并重组。山西省从2009年开始实施这一计划,在2012年基本完成,共减少矿井数量1545个。其他煤炭大省,也相继开展大企业兼并重组小煤矿的。例如河南省在2010年大力推进466个小煤矿的兼并重组工作;河北省从2011年开始加大小煤矿整顿力度,在"十二五"期间通过兼并重组、资源整合的方式累计关闭小煤矿237个;山东省从2012年启动煤炭企业兼并重组和强化小煤矿关闭工作,2015年煤炭矿山数量比2010年减少了52个。其次是改革煤矿安全管理体制。

重点之一是在垂直管理、分级监察的基础上，更加明确了煤矿安全生产管理的责任主体。监管部门、各级政府以及煤炭企业对煤矿安全生产管理均承担有相应责任。尤其是企业管理者担负的责任，不断被细化和强化。再次是加大安全生产投入。这项投入已经成为煤炭企业的基础管理投入，被逐年扎实推进和落实。

严格煤炭消费侧大气污染物排放监管。近年来，中国政府不断加大对大气污染的防治力度。煤炭燃烧是大气污染物的重要来源之一，燃煤电厂和钢铁企业成了政府监管的两大重点领域。一是建立监控系统。2010年以来，中国政府着手建立覆盖全国的国控重点污染源自动监控系统，并不断完善。二是完善制度体系。中国政府自2015年1月1日开始实施重在全面严格监管的最新《环境保护法》，自2016年1月1日开始实施《大气污染防治法》，为排放监管提供法律保障。三是提高标准。中国政府分别在2012年和2015年两次大幅提高钢铁行业的排放标准，钢铁大省河北省实行了特别限值标准；在2014年大幅提升火电厂大气污染物排放标准，并通过激励性政策积极引导火电厂实施超净排放。四是减少燃煤消费。京津冀区域的大气污染较为严重，减少区域内的煤炭消费是当前政府治理的一个主要手段。北京大规模启动"煤改气"工程，北京、天津、廊坊、保定市计划在2017年10月底前完成"禁煤区"建设任务，石家庄、唐山、邯郸、安阳等重点城市实施采暖季钢铁产能限产50%的临时性限产政策。

实施煤炭行业税改新政。2010年以来，煤炭行业税收改革主要有两项。一是改革煤炭资源税计征方式。从2014年开始，煤炭资源税由从量计征改革为从价计征，时清理相关收费基金。煤炭资源税改革的目的在于清费立税，通过灵活的税收调节机制实现资源高效利用，促进煤炭产地加速发展方式转变。二是实施"营改增"。这项税改与资源税改革不同，不是煤炭等部分行业的税改，而是全国范围的税收改革，是指将缴纳营业税的应税项目改为缴纳增值税。"营改增"从2016年5月开始全面施行，煤炭行业与其他各行业一样，已经全面改革到位。"营改增"是中国在1994年实施分税制改革以来的又一项重大税改，主要目的在于实现结构性减税，减轻中小企业税费负担，解决大中型企业重复纳税问题。

国有煤炭企业改革提速。中国煤炭行业出现大面积亏损，主要因素是市场供大于求，也有国有煤炭企业包袱重和多数非煤业务赢利能力弱的原因。因此，中国政府将加速国有煤炭企业改革作为实现行业脱困的一项重要举措。同时，加速国企改革也是煤炭行业供给侧结构性改革的重要一环。一是试点改组国有资本投资公司。中央和地方国有煤炭企业相继成为国有资本投资公司改革试点，目前正处于方案制定和实施阶段，国有资本管理体制和机制以及组织结构正面临重大变革。二是推动资源整合与兼并重组。2010年之前，山西、陕西、黑龙江、河北一些煤炭主产地整合国有煤炭资源，成立了地方国有煤炭行业大型企业集团。2010年之后，河南等地又进一步对区域内煤炭资源进行整合。2010年前后，为提高地方煤矿安全生产水平和运营效率，各煤炭主产地相继推动国有煤炭企业整合民营煤炭资源。步入"十三五"，中央所属煤炭企业的资源整合开始启动。2016年，国务院国有资产监督管理委员会出台新规，要求非专业涉煤央企退出煤炭行业，将煤炭资源划转至煤炭央企。目前，中央煤炭企业正在探索产业链上下游整合的新路径。例如神华集团与中国国电集团公司宣布合并重组为国家能源投资集团有限责任公司。三是分离国有煤炭企业办社会职能。国有煤炭企业办社会是上一轮国有企业改革的遗留问题。为减轻经济下行阶段煤炭企业的负担，各级政府开始重启煤炭企业分离办社会职能改革，并取得积极进展。四是推动"瘦身健体"。与煤炭"去产能"相结合，地方政府与地方国有煤炭企业积极谋划压减"衰老矿井"和"僵尸产能"，优化企业业务结构。五是推动混合所有制改革。在国企改革的国家统一部署下，国有煤炭企业也在探索混合所有制改革的实施路径，并有望在"十三五"期间取得进展。

2.现阶段的体制变革具有市场化和行政化双重特点

煤炭市场体系越来越完善，流通监管主要以市场化为主。煤炭价格全面放开以及"煤炭生产许可证核发"和"设立煤炭经营企业审批"取消，标志着中国煤炭市场化改革迈出了的重要一步。煤炭市场的竞争属性愈发明显，煤炭市场的中介服务组织也更为成熟。为满足市场竞争的服务需求，相关政府部门的监管方式也逐步向市场化转型：一是针对煤炭市场的发展制定、修订相关的法律法规、规章政策、标准；二是打造服务于宏观政策和微观经营的市场信息系统，实时监测并分析煤炭市场运行动态；三是出台煤炭交易、煤炭物流、煤炭储备等领域的规划以及相关引导和鼓励政策，通过煤炭市场体系建设加速煤炭流通的市场化进程。

政府对煤炭行业"去产能""稳煤价""保安全"的行政监管也在不断强化。在流通环节逐步市场化的同时，中国政府对煤炭行业监管的行政手段也在强化，主要体现在"去产能"和"稳煤价"政策领域。一是自2016年以来，国家加大了"去产能"的政策力度。2016年1月份，国务院明确：去产能工作要"率先从钢铁、煤炭行业入手取得突破"，要用"法治和市场化手段""较大幅度压缩煤炭产能"。为落实去产能计划，国务院于这一年的2月5日印发了《关于煤炭行业化解过剩产能实现脱困发展的意见》。之后，涉及人力资源、金融、安监、国土、质检、税务、财政、环保等领域的配套文件陆续出台，煤炭、钢铁主要生产省、市、自治区也分别明确了去产能的目标、计划和具体措施。在政策的强力推进下，煤炭行业2016年去产能计划全部提前完成。行政手段对市场回暖阶段的去产能发挥了主导作用。2016年以来，煤炭市场回暖主要得益于五个方面：第一，宏观经济缓中趋稳、稳中向好；第二，在之前的市场下行期以市场调节为主的产能退出和产量下降减少了当期市场供应量；第三，法律手段逼退部分落后产能；第四，政府严控新增产能；第五，2016年出台的一些限产措施有效控制了价格快速回暖背景下的企业产量，例如煤炭行业的"276工作日"制度等。第一个因素是大前提，第二、三因素必不可少，但市场供应趋紧阶段的政策影响更为关键，加速了煤炭行业的市场回暖。同时，国内产量也没有随着市场价格的较快上升而大幅、快频波动。2016年，全国原煤产量同比下降9.4%。二是政府密切关注价格波动，出台相应措施平抑煤价。煤炭"去产能"工作取得成效后，煤炭价格出现一定幅度的上涨。政府为"稳煤价"，积极引导大客户之间签订长期协议，以低于市场价格的大客户直供合同价交易，在一定程度上抑制了煤炭价格的过快上升。三是政府加强对煤炭安全生产的行政监管。重点之一在于管好企业责任人，这其实也是行政监管的强化。

　　煤炭国企改革已经启动。中央煤炭企业和地方国有煤炭企业已经在国家国有资本管理体制改革的部署下开始着手改革相关事宜，包括开展国有资本投资公司改革、混合所有制改革等项改革，并配套推进组织结构调整、制度建设、机制创新等项工作。央企延产业链纵向整合已经有了实质性突破。地方国有煤炭企业的老矿退出、国有资本投资公司转型、机构调整等相关改革也在逐步展开。

　　煤炭企业大力推进转型与创新。步入经济下行期，中国煤炭企业对能源产业发展趋势和自身问题有了深刻认识，非常重视企业的转型与创新，主要从两个方面优化业务结构。一是调整传统业务，积极退出煤炭、煤电、煤化工、煤机等低效产能，在上述领域重组内部资源，实现合力突围；二是谋划新兴业务，着手布局现代服务、智能制造领域，提供研发等资源保障，力争有所突破。

　　煤炭行业的税费依然偏重。营改增改革后，煤炭企业集团一些业务的税负下降了，例如装备制造业，但还有一些业务由于可抵扣项少而增加了税负。整体看，营改增后的税费呈增长趋势。资源税改革后，不同地区的从价计征税率不同、资源相关费用上缴标准也有差异。一些煤炭企业的资源税费负担明显加重。两项改革之后，煤炭企业相关税费负担同时加重的例子并不少见。

3.中国煤炭行业体制变革仍存在诸多难点

　　市场化改革纵深推进与行政手段强化存在矛盾。主要体现在四个方面。

一是政府监管职责和企业治理边界之间的矛盾。政府与市场之间存在边界，政府调控重在宏观，不能干预微观的企业经营管理。政府和企业是行政、社会、经济三元治理的两个层级，不能互相等同，也不可相互替代，而应共同合作。市场化改革是要分清政府与市场的边界，只有让政府归位、让企业就位，才能发挥好市场的决定性作用。如果行政手段强化的度没有把握好，很容易混淆政府监管和企业治理，主要体现为政府监管的职责有时不到位、有时又越位，以致宏观调控越界，直接跨过企业治理的边界干预到企业的生产经营。这种情况在"稳煤价"和"保安全"工作中有体现。政府相关部门鼓励大型煤炭企业与大客户以合同价格交易的做法还是对煤炭企业形成了一定的干预，不利于煤炭价格市场化形成机制的建立；强化煤炭企业安全管理责任的方法仍然是把煤炭企业当作行政管理的对象，与煤炭企业的市场主体职责存在矛盾，不利于国有资本管理体制变革。

二是"去产能"持续推进的中长期部署与市场供应趋紧的中短期趋势之间的矛盾。2017年，煤炭行业从行业整体亏损转变为全行业盈利，加大了进一步深化"去产能"的难度。表面看，两大行业市场出现供应趋紧，但供应趋紧的一个主要因素是政府的相关强制措施抑制了市场的供应能力，而非实际生产能力的大幅下降或市场需求的显著回升。因此，"去产能"工作还需持续推进。但企业经营形势的好转，以及政府"去产能"政策的普遍性，让一些低效产能、缺少市场竞争力的产能有了生存空间。

三是减少无效供给、增加有效供给的目标与低效难去、高效难进的效果之间的矛盾。企业"去产能"不可避免会遇到人员安置与债务处置难题，地方政府和金融机构也会出台一些保护性措施避免社会和金融风险转化。一些低效产能虽然缺乏市场竞争力却可以长期存在。此外，中国政府的行政调控在2016年以来的"去产能"中发挥了重要作用，但也存在"一刀切"的问题，在一定程度上限制了高效产能的发展。

四是市场化、法治化的调控原则与行政手段发挥主要作用的现实之间的矛盾。中国政府强调发挥市场的决定性作用，并不断完善和深化政府"放管服"改革。但在煤炭市场宏观调控的实际执行过程中，仍然存在行政手段为主的情况。为实现环保和安全生产目标，一些地方采取行政指导下的"一刀切"做法，既缺乏法律依据，也给先进企业、合规企业造成了不必要的经济损失。此外，目前政府鼓励的煤炭合同价格也存在着个问题。政府取消煤炭价格"双轨制"的目的是为了放开煤炭市场的政府价格管制，形成市场化的煤炭价格形成机制。大客户之间以低于市场价格的合同价格交易是符合经济规律的市场行为，但如果合同价格不符合当期的煤炭价格走势，或者与市场价格之间的价差过大，则说明合同价格的形成并非是市场供需的结果，而是受到了政府宏观调控的影响。目前的合同价格在某种程度上与当年的计划价格相类似，政府还没有建立起真正意义的市场化平抑煤炭价格的机制。

新常态下中国煤炭流通监管制度面临新的挑战。流通的载体是市场，煤炭市场的变化必然会对煤炭流通产生深远影响。政府对煤炭流通环节的监管正在面临新形势下的新挑战。一是缺少现代化的煤炭流通监管制度体系。煤炭流通主体数量大、分布散、规模小，涉及的诸多领域专业性较强，这些都增加了政府监管的难度，但目前的监管制度还不能做到广度上的全覆盖。第一，政策约束难以对每一个流通主体发挥效用，侧重于交易秩序和煤炭质量的监管不能做到对复杂市场的全方位监督与约束。第二，中央与地方在煤炭流通监管中还未形成明确的分工协作，在一定程度上弱化了监管制度体系的完善度。第三，煤炭辅助市场发育滞后，成为制度建设的薄弱环节，重点表现为合同履约低、市场信息过于分散、市场信用评价机制不健全、金融监管缺位等方面。二是缺少通过煤炭流通监管制度对供需结构进行优化的市场化载体。煤炭流通监管既要让已经形成的市场化的煤炭价格形成机制发挥作用，又要能够做到平抑市场价格的波动，但目前缺乏有效的载体。平抑价格波动的方式不是干预企业生产经营，否则将会扰乱市场化的价格形成机制，而是以市场化的手段改善供需结构。目前的煤炭流通监管制度能够让监管部门及时获取煤炭市场信息，实时掌握市场动态，却不能让制度反作用于市场结构的优化。三是缺少制度对煤炭流通方式转变的引导作用。煤炭供给侧的结构优化必然会对煤炭流通产生深远影响。未来的煤炭流通不再仅限于煤炭贸易以及将煤炭从一地运至另一地，而是会向着高端领域拓展。原煤的附加值将在流转过程中得到提升，物流将朝着更为现代化的方向发展，资金流和信息流的服务也将由弱转强。煤炭流通监管制度不仅是对流通环节的规范与约束，还应该通过制度的实施发挥对流通方式转变的引导作用。但目前的煤炭流通制度还没有涵盖流通服务的高端领域，缺少面向未来的制度设计。四是缺少系统性的满足绿色、低碳消费需求的煤炭流通监管制度。针对下游对煤炭利用的新需求，煤炭流通监管制度重点强化了对煤质的规范、对散煤燃烧的限制，同时也出台了支持洁净煤燃烧的相关鼓励政策。以洁净煤为例：洁净煤的发展对我国煤炭生产和消费方式转变、行业新动能形成有较强的现实意义，但洁净煤监管制度的系统性不足，还需要根据我国煤炭流通的现实格局进一步强化并创新。其中既需要约束性制度也需要激励性制度。第一，与洁净煤在工业领域燃烧利用相配套的供热系统改革滞后；第二，限制类监管制度的执行不严，让一些消费企业或消费个体有了违反制度的可乘之机；第三，激励类监管制度对洁净煤技术创新、工业和民用设备更新、消费补贴等激励措施不到位。

国企改革难度大，人员、债务包袱重，制约了煤炭企业的创新和转型。中国煤炭行业体制变革与国有煤炭企业改革密切关联。国有煤炭企业在中国煤炭行业中占有重要地位。中国煤炭产量排名前十的煤炭企业全部是国有企业，2017年1～9月份的产量合计为10亿吨左右，占全国大型煤炭企业原煤产量的比重超过60%。大型国有煤炭企业具有规模大、业务多、开采历史较长的特点，不同程度拥有需要退出的低效产能，包括煤炭业务低效产能，也包括其他业务低效产能。很多企业的低效产能问题已经非常突出，由此导致传统业务人员富余、集团资产负债率高，并进入了人员和债务包袱越重、低效产能退出难度越大的"怪圈"。2017年，国内经济形势趋稳向好对国有煤炭企业转型和创新发挥了难得的缓冲作用，让结构性难题凸显的企业有了转型和创新的时间与空间。良好的企业内部环境是国有煤炭企业转型和创新的基本保障，首先需要止损内部亏损源，同时，还要通过体制机制创新激发企业创新活力。这就涉及煤炭行业体制变革中的国有企业改革层面。国有煤炭企业改革在实际操作过程中遇到了很多困难，"人往哪里去、债该如何还、钱从哪里来"等现实问题还缺乏解决之道，制约了全行业体制变革的进程

4.中国煤炭行业体制变革的总体评价

煤炭行业是中国较早开启市场化改革的行业，从20世纪80年代至今，煤炭行业的体制变革一直没有"停步"，只是不同时期有不同的特点。2010年以来，中国经济逐步从高速增长转向中高速增长的新常态，环保治理达到了历史最高强度，煤炭市场形势也从供不应求转变为供大于求，再到当前的"去产能"和"减排放"背景下的供应趋紧。市场形势的转变加速了行业体制的市场化变革，但与此同时，企业经营困难和大气污染防治的压力也促使政府不断加大以行政为主导的宏观调控力度。

当前阶段，中国煤炭行业体制变革的特点可总结为：市场进步、调控强化、改革发力。一是煤炭行业的市场化步伐稳步向前。煤炭行业政府主管部门先后取消了煤炭价格"双轨制"以及"煤炭生产许可证核发"和"设立煤炭经营企业审批"两项行政审批。与此同时，煤炭企业积极探索从煤炭生产企业向能源供应企业转型，煤炭市场的物流、信息流、资金流等流通服务水平日益提升。在政府和企业的双重促进下，煤炭市场体系日趋完善。

二是政府宏观调控的力度明显加大。政府通过行政计划压减产能，在较短时间内取得了化解产能过剩、扭转煤炭行业经营形势的显著成效。政府部门还将"去产能"政策与"减排放"政策相结合，以"限煤""去煤"为主，推动煤炭供给侧改革。同

时，政府为抑制煤价的较快回升，也采取了一些调控措施，包括鼓励煤炭企业与大客户履行合同价格。

三是国企改革纵深推进。为解决国有企业亟待解决的矛盾和问题，中国政府从破除深层次的体制机制障碍入手，大力推进国有企业改革。2015年以来，国企改革文件相继密集出台，逐渐形成了1+N政策体系。2016年，国务院国有企业改革领导小组组织开展"十项改革试点"工作，对本轮国企改革的主要内容作了很好的总结。国有煤炭企业改革的焦点主要集中在国有资本投资公司改革、混合所有制改革、非专业涉煤央企剥离煤炭业务、重组整合等方面。目前，央属煤炭企业改革进展较快，地方国有煤炭企业改革的进程有快有慢，但已经整体启动。上述改革是煤炭行业体制变革的推动力，同时也是基本保障。

2010年以来，中国煤炭体制变革呈现出新的特点，有成功的经验，也有不足，总体评价为：行政手段的短期效果明显，长期看存在弊端，最终还需要建立一个与长期目标相一致的管理体制。

2010年以来的煤炭市场出现了一轮幅度较大的下行波动，同时也面临着前所未有的环保压力。一方面，市场从供不应求转变为供大于求，是有利于推进市场化改革的，煤炭价格"双轨制"正是在下行初期得以取消；但另一方面，市场大幅下滑也导致了大面积的行业亏损，稳增长和防风险尤为迫切，所以在市场和环保的压力下，行政调控必不可少。因此，2010年以来的中国煤炭体制变革既有市场的进步，也有行政的加码。而且行政手段在2016年之后发挥了更大的作用，不仅作用于"去产能"和环保，还包括供需结构优化之后的"稳煤价"。短期看，效果较为显著，煤炭行业的盈利能力在2016年整体恢复，煤炭价格也没有出现过度上行波动。但行政调控强化的弊端也在显现。中国煤炭供需不仅要看总量结构，还要看区域结构，行政"去产能"很容易形成局部地区和特殊煤种在一定时间内的供应紧张；行政"去煤"，在减排的同时也带来了民生问题；鼓励大客户采取合同价格交易，一旦价差达到一定值就可能重新出现有可能形成合同价与市场价的新的"双轨制"。中国煤炭体制改革的主要目标不是"去产能""稳煤价"，而是推动煤炭市场化改革，建立完善的煤炭市场体系。其间，政府根据煤炭市场形势采取行政调控必不可少，但行政机制还是不能取代市场机制，不能影响市场机制优化结构、发现价格的基本功能，而是要与市场机制有机结合。因此从长远看，中国需要建立一个与长期的市场化目标相一致的煤炭行业体制，处理好市场与政府的关系。

（三）未来改革的基本思路与路径选择

1.总体思路

煤炭行业体制变革需要解决好当前制约行业发展的主要矛盾，改革首当其冲，基本思路：根据中国经济的总体态势，正确理解煤炭行业在国家经济社会发展中的地位，以建立市场主导、运行高效、制度完善的煤炭行业现代化管理体制为长期目标，通过改革促进变革。坚持问题导向，将改革的重点聚焦于六个方面。一是处理好煤炭行业长期管理体制与中短期政策之间的关系，中短期政策要服从长期改革目标，避免为了应急扰乱变革的进程；二是根据煤炭的基础性地位和煤炭行业的支撑性作用，明确政府的煤炭调控基本职能在于平抑波动和防范风险；三是在完善煤炭市场体系建设的前提下利用好市场和法律手段，把握煤炭行业行政调控的度，避免越过政府和市场的边界；四是根据煤炭市场体系建设的实际情况，找准当前新的突破口，发挥"牵一发而动全身"的改革功效；五是调整煤矿安全管理的权责界定，完善和规范煤炭企业的公司治理；六是发挥国有资本对煤炭行业结构的优化功能，提高行业运行质量。

2.处理好煤炭行业长期管理体制与中短期政策之间的关系

煤炭行业体制变革应遵循长期目标，但行业市场存在中短周期，由此形成长期体制改革与中短期调控有机结合的问题。从长期看，中国煤炭市场不可能永远保持供不应求的局面，必将呈现供应适度大于需求的格局，而且供应适度大于需求也更有利于煤炭市场体系的完善。但从供不应求到供应适度大于需求需要经历一个过程，其中必然会有"阵痛"。中国的煤炭市场从2012年开始呈现下行态势，历经了4年左右的时间，直到2015年才运行到了本轮下行周期的底部区间。市场具备自调节能力。在供需失衡的2012～2015年间，很多缺乏竞争力的中小型煤炭企业先后退出了市场。但在2015年，煤炭行业已经开始大面积亏损，如果完全依靠市场自调解将会出现更为严重的煤炭企业关停潮，等到自主恢复至较为合理的供需水平仍将经历一个更长期过程。此时，需要政府有所作为。中国政府围绕煤炭"去产能"，采取了一系列政策措施，在1年左右的较短时间内取得了较好成效，煤炭市场甚至开始供应趋紧。市场的大幅下滑和较快趋紧，也带来了"稳煤价"的问题。与长期的历史价格比较，2016～2017年的煤炭价格上行波动幅度并不大，仅处于历史中游水平，但却对当期的大宗原材料市场造成了较大影响。"稳煤价"再次被摆上了政府议程。"保安全"也存在长期目标与中短期成绩之间的问题。从长期看，煤矿安全生产管理需要依法而治，只有建立起了完善的法治体系才好形成长效的安全管理机制。但在中短期内，政府责任人会因追求煤矿安全管理的绩效而强化人治，并将管理的责任更多地向企业倾斜。在煤炭行业体制变革的过程中，中央政府制定的是各项改革的长期目标，但相关政府部门在实际执行过程中还会出台应对中短期问题的政策和措施。中短期，甚至是带有应急性的政策和措施与长期改革目标相背离的情况并不少见。因此，推动长期的煤炭行业体制变革，首先要处理好煤长期管理体制建设与中短期应急政策之间的关系。具体而言：煤炭行业管理体制变革还是要坚持长期的目标，中短期政府调控必不可少但不能以牺牲长期的体制变革目标为代价。实践证明，不利于长期变革的中短期调控虽然也能在较短时间内取得成效，但同时也会形成新的瓶颈，阻碍长期变革进程。

3. 明确政府的煤炭调控基本职能

今后较长的一段时间内，煤炭行业依然是中国的基础能源，但在能源消费中的占比将逐步下降。根据未来的消费趋势，煤炭行业在中国经济中的地位还将继续发生变化，稳定支撑作用仍在，只是曾经的支柱作用会进一步弱化。稳定支撑作用的形成源于两个方面：一是对能源供给的稳定支撑。煤炭在中国具有资源禀赋优势，是中国利用成本较低的能源，仍将保持较高的能源消费比重。二是对经济社会的稳定支撑。煤炭行业的从业者、资产、债务等的存量规模庞大，对中下游工业企业和相关服务行业的连锁效应较强，行业保持稳定运行具有重要意义。鉴于煤炭行业的基础能源地位和经济社会稳定支撑作用，政府有必要对中短期市场波动进行宏观调控。政府调控煤炭市场的基本职能在于平抑煤炭价格的异常波动以及防范经济、社会和安全风险。两项基本职能存在一定关联性，煤炭价格如果不发生异常波动，经济和社会风险大规模发生的概率相对较低。但即使价格较为平稳，煤矿关停、员工失业、资不抵债等经济和社会风险也会发生。还有安全风险，更是需要重点调控。

4. 利用市场和法律手段，把握煤炭行业行政调控的度

行政调控更多的是针对中短期问题，容易为了短期绩效而影响长期目标，归根到底还是没有把握好行政调控的度。政府"看得见"的手越过了政府与市场的边界，直接干预到了煤炭企业的生产经营。煤炭行业所处的地位发生了变化，煤炭市场也已经具有了较高的开放度，政府调控煤炭市场的手段也应随着煤炭行业体制变革的不断推进而相应调整，以市场和法律手段取代行政指令或其他行政约束。把握好行政调控的度，是需要以完善的煤炭行业制度体系作为前提条件的。只有在标准、法律等基本制度健全的情况下，政府才拥有成熟的市场和法律手段。因此，利用好市场和法律手段必须持续完善煤炭市场体系，让成熟的煤炭市场制度成为政府调控的手段。

5.找准新的突破口，进一步完善煤炭市场体系

2010年以来，中国煤炭市场体系建设取得了不小成绩。价格"双轨制"取消后的价格形成机制更趋市场化，一些区域和地方煤炭交易市场日益成熟，煤炭运输、交易、金融、信息等服务的专业化水平不断提升，铁路运力短缺现象得到根本性改善。但煤炭市场体系仍然有不完善之处，例如库存标准不健全、库存管理不规范、信息系统不联通、成品供应不精准等。这些都属于煤炭流通领域的问题，充分体现了我国煤炭流通制度不完善、流通监管手段缺乏的现状。完善的煤炭市场体系是政府以市场和法律手段实施宏观调控的前提条件，因此需要把进一步完善煤炭市场体系作为煤炭行业体制变革的基本保障。关键是选择好当前的突破口。库存标准、库存管理、信息建设和精准供应是四个有待完善的方面，其中的信息建设较为关键。煤炭市场信息是政府流通监管的重要载体，包括煤炭交易、库存、流向、需求等煤炭市场的全方位信息，能够带动其他三项工作的有序开展，可以作为当前完善煤炭市场体系的突破口。

6.调整煤矿安全管理的权责界定

防范安全风险是政府宏观调控的重点领域。煤矿安全管理的情况较为特殊，政府监管跨越政府与市场边界的矛盾也最为突出。很多大中型煤炭企业集团的煤矿隶属其子公司。对于国有煤炭企业集团，国资委行使出资人权利。《安全生产法》中关于煤矿安全管理责任的界定与《公司法》关于不同层级人员的权责界定存在一定的矛盾。根据《公司法》，股东的主要权责并不是安全管理。煤炭行业体制变革的大方向是市场化和法治化，《安全生产法》如何更符合市场规律也是煤炭行业体制变革的一个焦点问题。而且，目前的煤矿安全管理权责规定，也不符合我国正在进行的国有资本管理体制改革的大方向。长期考虑，煤矿安全管理的权责有必要重新界定。法治化的原则在于"法"，而非"人"。煤矿安全管理的情况特殊，可对权责进行适度调整，减轻出资人的行政管理负担。

7.发挥国有资本对煤炭行业结构的优化功能

当前，中国国有企业改革的一项重点内容是完善国有资本管理体制。很多国有煤炭企业已经明确定位为国有资本投资公司，从"管资产"转变为"管资本"，从产业资产运营转变为产业资本投资。这一变革将对未来的煤炭行业体制产生重大影响。由此带来的两项重点任务是公司治理进一步规范和混合所有制改革。上文强调的调整煤矿安全管理的权责界定，就是从未来公司治理规范的角度提出的。混合所有制改革是与国有资本流动相辅相成的。未来，国有煤炭企业的国有资本可立足行业结构优化，做到有退有进，提升煤炭行业的运行质量。

（四）深化煤炭体制改革的政策建议

1.优化煤炭宏观管理部门机构设置

中国煤炭体制变革依托于政府的职能转变。政府部门只有真正实现简政放权、放管结合、优化服务，才能实现促改革、稳宏观、育动能的制度创新目标。政府职能应突出引导和服务职能，这是基本要求，也与煤炭市场基本功能的发挥密切相关。

引导职能可重点发挥两重作用：政府监管部门站在我国经济稳增长、调结构的战略前沿，利用监管制度的约束和激励作用，引导煤炭市场结构优化；发挥市场对上、下游的"中枢作用"，引导煤炭生产和消费方式变革。

服务职能的主要作用是：政府监管部门利用煤炭市场宏观调控平台将决策服务职能和公共服务职能相统一，服务于中央宏观调控、服务于产消协同发展、服务于流通资源共享。

相关政策建议是：抓住本轮"深化党和国家机构改革"的有利时机，重组政府宏观调控管理部门，优化职能配置，强化政府部门对煤炭等能源行业的宏观战略、对煤炭市场的监测预测预警和依法监管职能，减少对微观主体的行政干预。

2.完善监管制度体系

当前，中国煤炭体制变革面临的第一个挑战就是监管制度体系不完善。形成符合我国国情的煤炭流通监管制度体系，是制度创新的重要内容。建议：

一是煤炭流通监管制度建设应与集中有分、央地协同、强化自律的监管体制相适应，可由多个部门、不同层级、不同主体共同参与，包括综合监管部门和其他政府部门、中央政府和地方政府、行政主体和协会主体等，同是也要发挥社会主体的创新积极性。

二是监管制度要做到对煤炭市场的多领域覆盖，除了煤质监管，还应考虑商流、物流、资金流和信息流的监管。

三是多领域监管的方式是"有限监管"，而非"全能监管"，是在不同专业领域中选择关键性的环节实施重点突出的高效监管，可考虑设计监管的重点制度模块，例如质量标准监管、环境保护监管、合同履约率监管、信用监管、风险监管、流量与流向监管以及煤矿安全生产监管等。

四是煤矿安全生产监管还要与国有资本管理体制改革相匹配，利用好信息化、智能化手段，考虑公司治理的边界问题，减轻股东和出资人的行政管理负担。

3.构建现代化市场信息网络

煤炭行业体制变革离不开信息技术和通信技术的支撑。构建煤炭市场信息网络的目的很明确，就是要建立煤炭市场宏观调控平台，为政府监管提供载体和数据。建议：

一是建立集产能综合评价数据和产能监管信息于一身的产能信息大系统，集成不同部门的产能信息，形成立体式、实时性的产能数据网络，为政府产能治理提供技术支撑和科学依据。从目前的以定点企业定期上传排放数据为主，转变为企业与区域数据相结合的实时传送，发挥立体式、实时性网络的信息比对功能，及时发现信息造假企业并及时纠偏，并采取发达国家惩罚信息造假企业的普遍做法将环境信息虚假申报归入法制范畴。激励社会组织、个人共同参与到产能监管中来，设立安全的举报渠道，实现政府治理的多元化监管。

二是支持煤炭流通智能化发展，实现煤炭物流和加工环节的可视、煤炭市场重要信息的可集以及监管制度体系重要指标的可评。

三是将行业智能化发展与煤炭综合物流园区建设和煤炭市场体系建设相结合，在不同的流通节点建立集中化的数据实时采集点。

四是突破行政管理的条块壁垒，设计好调控平台的数据接口，实现不同主管部门、地方政府部门的数据汇总。

五是与煤炭行业协会和大数据企业合作，打造煤炭市场信息网络的智能大脑，用大数据提升煤炭流通监管的市场化水平。

4.加快推进煤炭流通改革

中国煤炭流通环节的改革历经了30多年的时间，并取得了较好的成效。但煤炭流通改革并没有系统化的进行，只是在部分领域展开，主要是煤炭价格形成机制改革、煤炭市场体系建设、煤炭监管方式转变等方面。

新常态下，煤炭市场发生了根本性变化，煤炭流通改革面临着来自于行业内部和外部的多重压力。监管制度创新的总体目标之一就是促进包括煤炭流通环节在内的改革。监管制度作用于行业外部，最终还是要催发行业改革的内生动力。考虑到煤炭行业的基础性作用，中央政府应对煤炭流通改革重视起来。建议：

一是将煤炭行业供给侧结构优化以及发展方式转变与我国的大气污染防治、能源消费革命、传统行业新动能培育综合考虑，系统性研究煤炭流通改革。改革的内容应体现煤炭流通环节的整体性，涉及商流、物流、资金流和信息流。唯有顶层设计、系统实施，才能充分发挥煤炭流通监管制度创新的价值。

二是激励流通主体创新。煤炭行业变革要培育行业发展的新动能，因此监督制度要做到约束与激励并重，不能重约束、缺激励。激励的重点是煤炭流通主体的技术创新和模式创新，包括洁净煤加工技术、物流和加工可视化技术、信息集成技术、流通模式创新等。可考虑创建创新的示范项目。

5.着力深化国有煤炭企业改革

抓住煤炭行业供给侧结构性改革和国有资本管理体制改革的政策契机，加速煤炭行业存量资本的"瘦身健体"，去除煤炭和非煤领域的各类低效产能。同时，促进资本的双向流动，在退的同时适度进，优化煤炭行业内部结构，提升煤炭企业运行质量，以改革促进创新和转型。退出低效存量的一个可行途径是与债转股政策相结合。

"人"和"债"是传统工业企业低效难退的两大障碍，目前看，"人"的问题可以得到妥善解决，"债"的问题很难突破。当前退出低效存量的重点是"债"。缓解债务困境、减轻短期还债压力的政策以债转股为主，可将退出低效存量与债转股政策相结合。

目前问题在于：一是真正需要"止血"的低效资产无法实施债转股。以前，实施债转股的资产很快进入了新一轮盈利周期，但现阶段背负较高债务的低效资产已经没有多少市场价值了。金融机构实施债转股是建立在盈利预期基础之上的，是希望对企业有潜在盈利能力的资产实施债转股，而不是那些已经没有发展前景的低效资产。二是实施债转股的实体是大集团，不是大集团内部低效资产的运营主体。21世纪初，实体企业的业务相对单一，大集团是主要的债务人。但现在的情况不同了，大集团业务多元，低效资产的债务人基本是该资产的运营主体而非大集团。如果仍然以大集团为单位实施债转股，通常无助于解决低效资产退出遇到的债务难题。建议：

一是明确新时期的债转股政策目的，不仅仅是为了降低企业资产负债率，最重要的是要提升实体经济的运营效率，其中包括结合债转股减少低效资产。

二是建立低效资产处置平台，可以大集团为基础，也可以地区为基础，将低效资产打包并优化重组，统一实施债转股政策。

三是创新金融机构退出渠道。可用好"去产能"的金融政策，借力国有资本投资管理体制改革以及混合所有制改革，多渠道、市场化拓展金融资本的退出。

七、电力行业的市场化改革

（一）电力改革市场化改革的经验考察

英国研究智库Vivid Economics和壳牌国际专家团队考察了全球电力市场化改革的经

验，并结合中国电力系统现阶段面临的突出矛盾，对未来中国电力改革提出了建议。

1.电力市场自由化演变历程与效果

壳牌国际高级经济学家Mallika Ishwaran博士在为 2017 年中国发展论坛撰写的《中国与世界：通过结构性改革进行经济转型》研究报告中，对全球电力市场改革进行了归纳总结。她指出，电力市场改革已历经几十年的发展，电力市场自由化改革（如在美国和英国）的最初设计目标是，确保能源价格可承受和保障能源供应（或能源两难困境）。从 20 世纪 90 年代的英国开始，许多国家根据"标准市场设计"准则放开其电力市场。这些准 则涉及私有化、竞争性批发发电和零售供电市场、第三方以公平条件接入输配电网络，以及从发电和零售供电剥离输配电网络的所有权。自由化的前提始终是鼓励竞争和竞价，以此作为降低电价和推进供应多元化从而保障供应的一种方式①。

表6 　　　　　　　　电力市场政策重点、措施和结果的演变

	20 世纪90年代能源"两难"困境	21世纪前10年能源"三难"困境	21世纪前10年"三难"困境重新平衡	现在和未来整合
政策重点	■ 提供价格可承受的电力、同时保障电力供应的两难困境	■ 低碳电力，往往以牺牲价格可承受性和供应保障为代价	■ 低碳电力成本控制 ■ 新市场，加强供应保障	■ 政策可信度与连贯性 ■ 整合工业和能源战略
政策措施	■ 分拆、私有化和放松管制 ■ 天然气和煤炭供应链的进一步全球化	■ 针对可再生能源的特定技术、固定价格补贴，例如上网电价 区域电力市场的一体化	■ 技术中立补贴，通过竞价进行竞价采购 ■ 容量市场支付化石燃料发电，以提供后备	■ 更多市场：能源、平衡、容量和碳 ■ 绩效和创新奖励，包括电力网络
结果	■ 企业新进入 ■ 增加发电燃料的多样性 ■ 批发能源市场实现价格竞争和供应保障	■ 购买力不确定，因为成本下降快于补贴更新 ■ 批发市场不再提供所有需要的服务	■ 购买力提高 ■ 能源商业模式的快速变化和企业的新进入 ■ 政策转变加大投资风险	■ 更大、更快、更智能市场，面向所有服务 ■ 快速的创新和投资周期 ■ 供需弹性

资料来源：Mallika Ishwaran荷兰皇家壳牌有限公司，《结构性电力市场改革助力零碳经济》，2017年3月。

电力市场自由化的第一阶段：肇始于1990年的英国。重点是分拆，即将发电和零售活动与输配电的自然垄断剥离。同时，电力企业开始私有化进程，特别是在供应

---

① 荷兰皇家壳牌有限公司，《结构性电力市场改革助力零碳经济》，2017年3月。由壳牌国际高级经济学家 Mallika Ishwaran 博士为 2017 年中国发展论坛《中国与世界：通过结 构性改革进行经济转型》 编写。

链上的竞争性领域。英国电力市场自由化模式自1991年开始延伸至挪威、智利、阿根廷、新西兰和澳大利亚，并于1994年开始从加利福尼亚蔓延至整个美国。欧洲委员会在1996年发布指令，鼓励欧洲更多国家实行自由化。

在20世纪90年代自由化之后，"标准市场设计"的理念强调最大限度地发挥竞争的作用，而不是政府的干预，以优化发电和零售的调度和投资。尽管通过竞争可以最大程度地降低发电和向消费者供电的生产成本，但具备自然垄断性质的电网基础设施最好通过受监管的单一公司来实现。

电力市场自由化的第二阶段：进入21世纪初，第二阶段的改革开始启动，区域一体化、协调性和环境目标被愈加重视。欧盟委员会和美国联邦能源监管委员会开始通过制定最佳实践促进标准市场设计，并推动跨境贸易。在应对气候变化的挑战过程中，政策制定者面临的能源"两难"困境已演变成能源"三难"困境，即提供价格可承受的、可靠的零碳电力。当前的自由化电力市场（原本设计的目的是为了达成能源"两难"困境目标）面临诸多困难。可再生能源的可变性和高初始成本需要大量的政府补贴（影响价格可承受性），并且其与化石燃料发电的经济性对比削弱了批发电力市场激励投资和平衡供需的能力（影响供应保障）。

因此，随着各国开始对其电力供应进行脱碳及可再生能源渗透率的提高，世界各地的电力市场处于不断变化的状态。德国是可再生能源利用的先行者，但由于燃煤电厂仍然是保障供应的低成本渠道，其在能源供应脱碳方面举步维艰。

英国在21世纪第一个十年中期实施了第一阶段的电力市场改革，但不得不迅速调整政策，以控制成本并保障充足的电力供应。这造成了从2015年到2020年高达1000亿英镑的电站投资计划的不确定性（占同期英国基础设施支出的60%）。

近年来，市场改革创新开始着眼应对平衡能源"三难困境"的挑战，重点放在可再生能源补贴竞标和按装机容量支付补贴以控制成本，以及鼓励新的解决方案以实现弹性和改善电网管理。

需要进一步改革以实现净零排放电力系统。弹性电力供应尚不足，随着更多电力终端应用（例如运输）实现电气化（可能加剧峰值负荷），对弹性的要求将会更高。目前，诸如电池等配置要求多项收入来源以实现经济可行性，需要改变整个电力供应链中的价值分配方式。与此同时，可再生能源设备的制造和能源资产之上技术层的建设，例如通过智能电表和物联网，将转型与净零排放能源系统相结合，实现更广泛的产业战略目标。

要对日益复杂的净零排放电力系统实现有效协调，最有效的方式是更大程度依托市场。但由于低碳电力的挑战，相应的市场结构将不同于以往的"标准市场设计"[①]。

2.应对可再生能源发电的市场挑战

全球能源系统的改革还有一项重要任务就是应对可再生能源发电的市场挑战。太阳能和风能等可变可再生能源是净零排放电力系统至关重要的一部分，但其具有破坏当前所配置自由化电力市场有效运行的特性。

可变性。许多低碳电力技术的一个关键特征：它们是可变发电机。这意味着它们在"可行"的基础上发电，而不是按需发电，即它们需要阳光的照耀或者风的吹动才能发电。要弥补这种可变性并且以保障供电的方式让可再生能源发电并网，就离不开弹性发电和/或存储容量。此外，即便是在阳光照耀和风吹动的情况下，风能和太阳能等可变可再生能源亦可能经常偏离预期水平，需要更大程度地实现电力供需之间的短期平衡，以校正预测误差。电力系统经设计可管理可变性。但随着可再生能源渗透率提高，对更高频次和更高强度平衡的需求也可能增加。

低运行成本。风能和太阳能等可变可再生能源在建成后，其边际运行成本非常低甚至为零。这一点再加上其可变性（或间歇性），已经对现有自由化批发电力市场的效率，以及这些市场对容量建设的长期投资能力产生影响。具体而言，以其运行（或边际）成本竞标批发电力市场的可再生能源拉低了平均电价。在较低的平均价格下，传统发电厂发现难以收回成本，并且需要额外的激励来投资于管理可再生能源 间歇性所需的长期容量。这削弱了批发电力市场提供能源供应保障以及实现三难困境中其他两个目标的能力。

区位限制。与传统的（基于化石燃料）发电厂相比，可再生能源在位置方面的灵活性相对较低，需要投资于电网延伸和扩展，以消纳并支持可再生能源发电并网。它们可能位于远离用电中心的地方，风能和太阳能的最佳位置只是恰巧靠近城市地区，并且需要电网基础设施来连接供给与需求。小型可再生能源发电设施（例如屋顶太阳能），可以将电力出售给当地配电网络，但需要电网投资以实现畅通的新型双向电力传输。

表7总结了自由化电力市场的演变进程以及消纳可再生能源比重显著上升所需的新市场信号。

---

① 荷兰皇家壳牌有限公司，《结构性电力市场改革助力零碳经济》，2017年3月。由壳牌国际高级经济学家Mallika Ishwaran 博士为2017年中国发展论坛《中国与世界：通过结构性改革进行经济转型》撰写。

表7	净零排放世界中需要的额外电力市场激励
NZE电力系统的特点	所需的信号
低运行成本 ——可再生能源在能源市场竞价低，推动价格下行	收入来源用于投资于产能建设
可变性 ——产量处于不断变化中，不一定按需提供	具有高时间分辨率的强稀缺性信号，激励弹性
区位限制 ——发电地点可能远离用电中心	强区位信号；足够的电网投资

资料来源：荷兰皇家壳牌有限公司，《结构性电力市场改革助力零碳经济》，2017年3月。由壳牌国际高级经济学家 Mallika Ishwaran 博士为 2017 年中国发展论坛《中国与世界：通过结构性改革进行经济转型》编写。

3.构建高效净零排放电力市场

大多数国家可能会根据相应的成本降低和效率提高，实行高效的电力市场结构政策（就降低投资和电价而言）。随着能源利用电气化的提升和电力供应的脱碳，这些利益只会有增无减。

实现高效净零排放电力市场的进展，将取决于某个国家的具体情况，例如其经济发展水平和国内能源禀赋。让我们来看看本研究范畴的七个国家（澳大利亚、巴西、中国、德国、印度、英国、美国），其中大多数正在取得进展。例如，沿着供应链分拆以加剧竞争和利用市场价格（图16）。但目前这些价格信号并不是太成熟。只有在澳大利亚和美国的ERCOT，价格才提供强大的区位和时间信号，并且无论在哪个市场，消费者都无法接触到实时价格。中国和巴西在这方面表现最不尽人意，其国有企业之间的竞争有限。

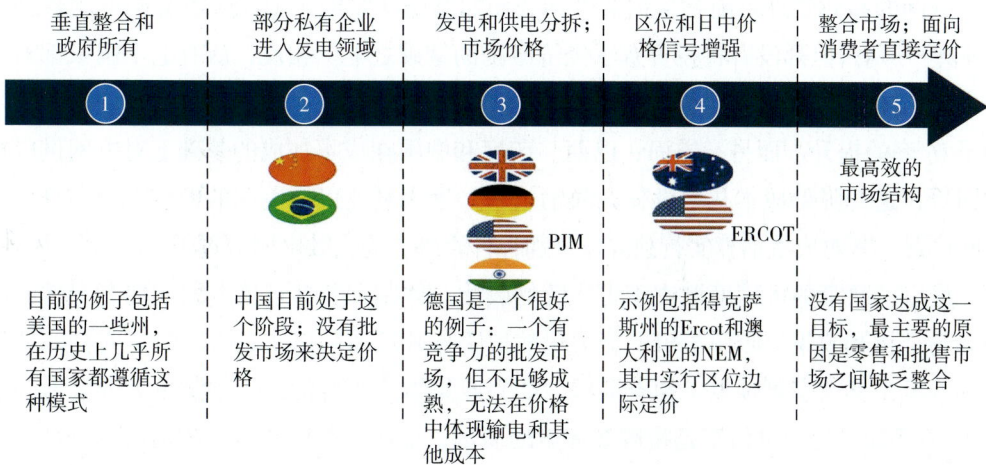

垂直整合和政府所有	部分私有企业进入发电领域	发电和供电分拆；市场价格	区位和日中价格信号增强	整合市场；面向消费者直接定价
①	②	③	④	⑤
		PJM	ERCOT	最高效的市场结构
目前的例子包括美国的一些州，在历史上几乎所有国家都遵循这种模式	中国目前处于这个阶段；没有批发市场来决定价格	德国是一个很好的例子：一个有竞争力的批发市场，但不足够成熟，无法在价格中体现输电和其他成本	示例包括得克萨斯州的Ercot和澳大利亚的NEM，其中实行区位边际定价	没有国家达成这一目标，最主要的原因是零售和批发市场之间缺乏整合

图16　实现高效电力市场结构的进展

资料来源：Vivid Economics。

在脱碳进展方面，目前推动脱碳的是政府行为而非燃料之间的市场竞争（图17）。政府倾向于通过确定可用补贴的水平来决定可再生能源的发展程度，但之后希望通过竞争的方式来分配这种补贴。实现电力部门脱碳的最有效途径是，通过稳健的碳价格和随后的市场竞争来确定可再生能源的发展程度。在这方面，只有实行差价合约和碳价下限的英国最接近。德国和中国在脱碳方面表现卓越，通过强有力的政府参与实现，但成本高昂。

微不足道的政策行动	特定技术、固定价格，例如上网价。	技术中立、可变价格，例如竞争性分配或义务	技术中立、批发价格管制	技术中立、价格与排放相关，例如稳健的碳价
①	②	③	④	⑤
				最优碳定价
本研究中的所有国家都采取了一些行动，因而不在这一范畴	中国的大型风电补贴或德国强大的上网电价补贴（FiT）计划推动可再生能源大幅增长，但可能是低效的	可交易的可再生能源证书或可再生能源容量竞拍。德克萨斯和澳大利亚实行可再生能源义务政策	英国的差价合约就是一个例子；原则上提供相对高效的可再生能源投资	如果碳价完全内化，可再生能源可以在批发市场直接竞争，从而实现高效的发电结构

图17 碳定价与燃料来源市场竞争的进展

资料来源：Vivid Economics。

电网的高效管理目前是根据监管指令而非激励实现的（图18）。各国电网管理安排千差万别，但都没有将投资置于经济激励的基础之上。相反，所有七个国家都对电网供应实行不同程度的监管。英国和德国的效率最为突出，其以绩效为基础的监管带动了效率的提升。而另一方面，巴西、印度和中国在成本加成的基础上对电网供应提供回报，这对降低成本几乎没什么激励效果。澳大利亚以及美国的PJM和ERCOT处于中间位置，其对成本估算实行独立监督和标杆管理，为高效电网管理带来间接压力。

最后，政策的可信度取决于更广泛的政治、体制和公共环境。即使拥有有效的电力市场结构和政策，吸引投资的能力仍然取决于政策风险以及是否对特定安排的持续性（或至少其改变可预见）抱有期望。如果政策被视为可信的，这将最大限度地降低投资的感知风险。可信度是指政策环境的质量，取决于制度能力、政治可预见性、公众的支持以及电力市场服务目标的协调性。政府还可以采取额外措施来提高可信度并降低投资风险，例如通过主要立法（如英国的《2008年气候变化法案》）、撰写法律合同、提供担保以及发布关于首次投资业绩的信息。

垂直整合和政府所有	与以成本为基础的监管分拆	分拆和独立监督	基于绩效的监管	基于经济激励的投资
①	②	③	④	⑤
		PJM ERCOT		高效电网管理
目前的例子包括美国的一些州，在历史上几乎所有国家都遵循这种模式	拆分之前，许多国家实行成本加监管；即使在分拆后，中国仍然保留了这样的系统	通过监管机构独立审查成本，成本加监管可能更有效。德克萨斯州、PJM和澳大利亚实行这种模式	绩效监管通过以结果而非成本为基础的报酬鼓励进一步提高效率。英国已经转向这种模式	没有国家做到这一点，可靠性（而不是效率）仍然是首要考虑因素

图18 实现电网高效管理的进展

资料来源：Vivid Economics。

随着可再生能源渗透率的提升和更多地依赖电力作为能源载体，政策制定者要确保电力市场有效运行，以提供价格可承受、可靠和低碳电力的压力只会有增无减。从政策制定者的角度来看，在净零排放世界中运行良好和有效的电力市场具有两个关键特征[①]：

提供有效价格信号的市场结构（针对短期电力调度和该领域的长期投资）；

纠正市场失灵 和支持电力市场有效运行 的能源和环境政策。

这两个因素对于净零排放电力市场的有效运行是必要的。如果没有这两个因素，实现能源"三难"目标的难度和成本将大大提升。例如，在技术成本迅速下降的背景下，相对于政策制定者而言，市场在获得必要的投资方面更具竞争力也更为高效，但政策制定者在提供必要的监管和政策框架以支持这些市场的有效运行方面发挥着根本性的作用。

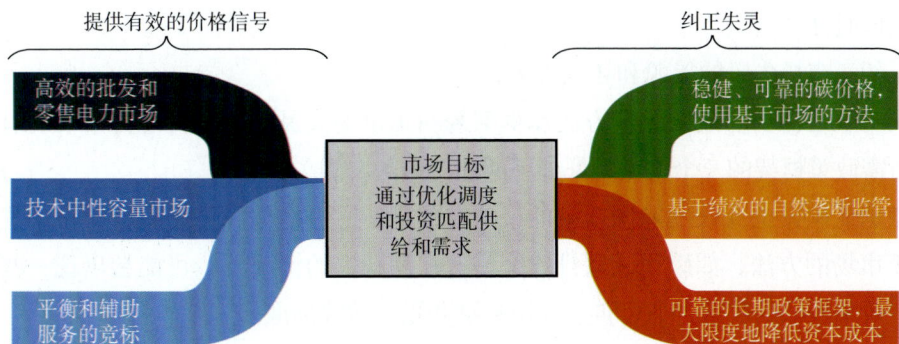

图19 净零排放世界的高效电力市场结构和政策

---

① 这部分内容取自荷兰皇家壳牌有限公司高级经济学家 Mallika Ishwaran 博士2017 年3月为中国发展论坛《中国与世界：通过结构性改革进行经济转型》编写的研究报告《结构性电力市场改革助力零碳经济》，2017年3月。

4.提供有效价格信号的市场结构

常规发电批发和零售电力市场的价格信号涵盖能源供应服务范围：电力供应、发电容量投资，以及电力供需之间的平衡。可变可再生能源仅提供能源，并且是间歇性地提供。这使得容量和平衡的重要性愈加明显。这些服务可能需要市场，因为它们不再作为传统上由单一发电资产提供并通过批发和零售电价支付的捆绑销售的一部分提供。

下面讨论有效价格信号的三项要求（图19左侧）。

高效的电力市场：通过批发和零售电力市场的持续自由化（包括最大程度实现供应多样性的大空间综合市场），以加强竞争和保障供应，并且通过更高程度的分时定价和区位定价以及更短的结算周期，以增加价格信号的强度和特异性，从而实现有效电力调度。

容量投资：通过技术中立的容量市场（包括供应和需求措施以及足够的处罚，以确保合同容量的交付），其中通过容量提供者之间的竞争，产生新容量投资的有效价格信号。仅靠批发和零售市场的短期价格信号本身并不足以激励实现可再生能源高渗透率的长期容量投资，因此需要容量市场。

还可能需要竞争性平衡服务，例如短期、特定电网的平衡和弹性服务，以消纳可再生能源。需要这些来补充批发和零售市场的价格信号——其可能受制于保护最终用户免于意外价格峰值的政治经济考虑或预测错误。以竞价方式采购这些服务将至少为其提供成本，并鼓励创新地利用新技术，例如电池和推动需求侧响应的技术。随着发电厂调度所需的时间缩短，对这样一个市场的需求可能降低，批发和零售电力市场变得更具即时性。

5.纠正市场失灵的能源和环境政策

同时，还需要有效的政策方法和框架来纠正市场失灵，以支持电力市场的有效运行。所需政策框架的三个关键特征如下所述（图19右侧）。

激励低碳发电或鼓励能源效率的最佳方式是，通过稳健和可靠的碳价格，优选通过基于市场的方法，如碳税或碳排放交易。在其缺失的情况下，可能会出现一些成本较高、效率较低的政策，如可再生能源补贴和强制绩效标准。

要处理输配电网络的自然垄断，最有效的方式是通过单一公司的独立所有权，其绩效由独立的监管机构监管。虽然这是一个成熟的监管经济和政策领域，但仍然需要发展，将需求和供应电力的消费者纳入具有自然垄断特性的电网弹性基础设施（如大型存储和联网），提供电网延伸和拓展以消纳可再生能源的投资所需回报，并实行智能电网创新激励机制。

在影响电力市场的能源和环境政策范围内保持一个稳定的、可预见的、可靠的政策 框架，对于最大限度地降低资本成本，并激励对该行业进行必要的长期投资至关重要。考虑到所需投资的长期性、大规模和资本密集性，在追求净零排放世界的道路上，最小化政策风险更为关键。例如，最近的迭代电力部门改革和学习周期让投资 者感到不安，即使技术已经成熟到大规模应用的程度。有必要在政策制定者需要对新情况做出反应与长资产寿命期间需要稳定收入之间取得平衡，例如，通过实现政 策的可预见性，即提前公布变更情况，并且以特定的环境变化为条件。

（二）七个国家采用政府管控或市场机制的情况①

英国Vivid Economics研究所为课题组撰写了电力市场改革的国际经验专题报告，他们试图通过对七个国家的案例分析来说明任何选择政府管控或市场机制来管控电力体系。下文将基于图20所列的框架和图21所列的主要市场失灵状况，对英国、澳大利亚、巴西、德国、美国（PJM——覆盖东北部13个州，和德克萨斯州的ERCOT）、中国和印度的电力体系管控情况进行比较。具体细节可参见附录，目前的国际背景可总结为下述主要观察结果：

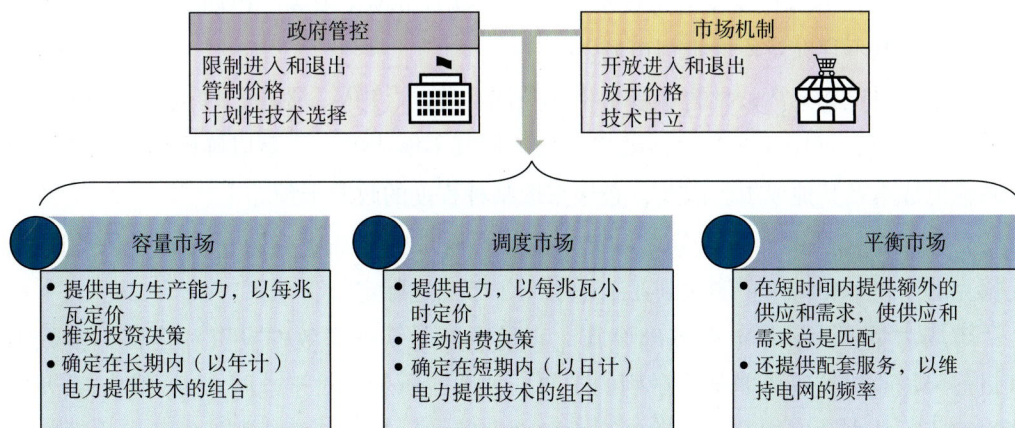

政府管控	市场机制
限制进入和退出 管制价格 计划性技术选择	开放进入和退出 放开价格 技术中立

容量市场	调度市场	平衡市场
● 提供电力生产能力，以每兆瓦定价 ● 推动投资决策 ● 确定在长期内（以年计）电力提供技术的组合	● 提供电力，以每兆瓦小时定价 ● 推动消费决策 ● 确定在短期内（以日计）电力提供技术的组合	● 在短时间内提供额外的供应和需求，使供应和需求总是匹配 ● 还提供配套服务，以维持电网的频率

图20　电力体系由三个市场组成，可通过政府管控或市场机制进行管理

资料来源：Vivid Economics，低碳电力市场：国际经验教训，为国务院发展研究中心与荷兰皇家壳牌集团联合组成的能源市场课题组编制的报告，2017年4月。

---

① 此部分内容由Vivid Economics研究所完成。参见Vivid Economics，《低碳电力市场：国际经验教训》，为国务院发展研究中心与荷兰皇家壳牌集团联合组成的能源市场课题组编制的报告，2017年4月。

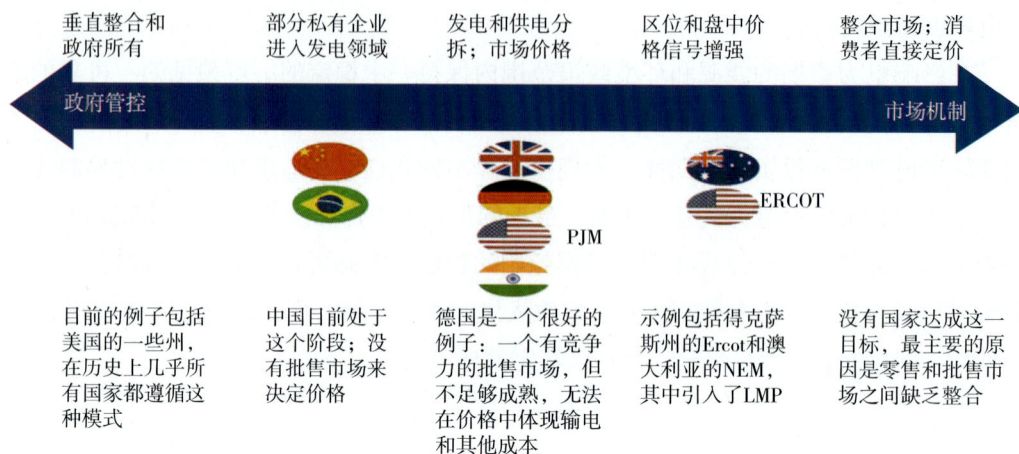

图21　大多数国家正缓慢从政府管控转向市场机制，有望随着脱碳加快速度

资料来源：Vivid Economics，《低碳电力市场：国际经验教训》，为国务院发展研究中心与荷兰皇家壳牌集团联合组成的能源市场课题组编制的报告，2017年4月。

电力市场的结构：多数国家正在缓慢从政府管控转向市场机制，如图21所示，随着可再生能源的逐渐普及，这种趋势预期将加速。虽然没有任何国家已实现完全自由和一体化的市场，但多数国家在过去三十多年一直在朝着这一方向发展。我们观察到，市场结构存在三种主要原型：

受政府管控的、存在发电市场准入限制的电力市场（中国、巴西）。中国目前属于此类别，其不存在竞争性批售市场。

发电与供电相分离；批售市场价格（英国、美国、PJM、德国、印度）。德国是一个典型的例子：该国存在竞争性批售市场，但其不够成熟，不足以确保市场价格恰当反映输电成本及其他成本。因此，必须采取某种程度的政府干预。

市场自由化程度提高，节点与价格信号不断加强。在极少数情况下，例如Ercot（德克萨斯州）和NEM（澳大利亚），引入了节点边际定价。

市场力量：为确保电网基础设施（自然垄断）获得高效的投资和运营，多数国家目前采用直接监管而非基于激励的工具，如图22所示。对于电网，可采取一系列监管方案——从由政府拥有并运营，到由独立的服务运营商组成的分拆行业，由政府监管服务提供成本。为避免道德风险，可采用基于绩效或激励的监管。然而，如图22所示，在市场化图谱中，最先进的国家（德国和英国）选择了基于绩效的监管，例如，英国价格上限。中国位于该图谱的另一端——尽管中国电力行业发生了分拆，但该国仍然以成本加监管模式运营。

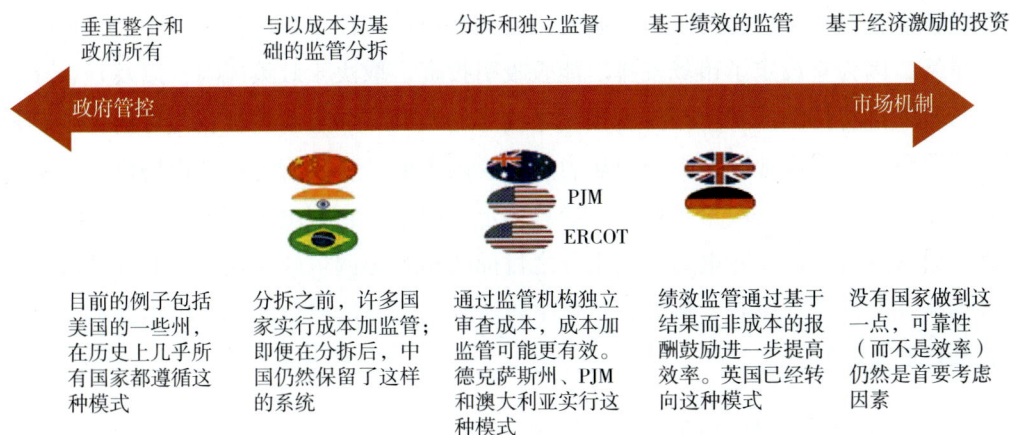

垂直整合和政府所有	与以成本为基础的监管分拆	分拆和独立监督	基于绩效的监管	基于经济激励的投资
政府管控				市场机制
目前的例子包括美国的一些州，在历史上几乎所有国家都遵循这种模式	分拆之前，许多国家实行成本加监管；即便在分拆后，中国仍然保留了这样的系统	通过监管机构独立审查成本，成本加监管可能更有效。德克萨斯州、PJM和澳大利亚实行这种模式	绩效监管通过基于结果而非成本的报酬鼓励进一步提高效率。英国已经转向这种模式	没有国家做到这一点，可靠性（而不是效率）仍然是首要考虑因素

图22　市场力量在很大程度上是通过监管而不是激励机制来管理，尤其是对电网的管理

资料来源：Vivid Economics，《低碳电力市场：国际经验教训》，为国务院发展研究中心与荷兰皇家壳牌集团联合组成的能源市场课题组编制的报告，2017年4月。

　　脱碳：向低碳化的过渡目前受政府管控，而非市场机制所驱动，如图23所示。鉴于实施碳定价面临政治上的约束，一些国家推出了其他能同时保持竞争和指导清洁发电投资的方案。在图谱的市场化程度较高的一端，这些方案包括，低碳发电合约拍卖（例如，巴西和英国目前实施的此类拍卖）。在图谱的另一端，中国采用了更传统的方式，即通过有针对性的固定价格措施（例如，补贴），激励可再生能源投资。

微不足道的政策行动	特定技术、固定价格，例如上网电价补贴	技术中立、可变价格，例如竞争性分配或义务	技术中立、批售价格管制	技术中立、价格与排放相关，例如稳健的碳价
政府管控				市场机制
本研究中的所有国家都采取了一些行动，因而不在这一范畴	中国的大型风电补贴或德国强大的上网电价补贴计划已推动强劲的可再生能源发展，但可能是低效的	可交易的可再生能源证书或可再生能源容量拍卖。德克萨斯和澳大利亚实行可再生能源义务政策	英国的差价合约就是一个例子；原则上提供相对有效的可再生能源投资	如果碳价完全内化，可再生能源可以在批售市场直接竞争，从而实现高效的发电结构

图23　目前在大多数国家，脱碳由政府管控而非市场机制所驱动

资料来源：Vivid Economics，《低碳电力市场：国际经验教训》，为国务院发展研究中心与荷兰皇家壳牌集团联合组成的能源市场课题组编制的报告，2017年4月。

政策信誉取决于广泛的政治、制度与公共环境。即使在自由化市场中，政策仍然非常重要，因为它设定了市场安排。能否吸引投资，取决于政策风险，以及是否存在关于特定安排将持续或发生至少可预测之改变的预期。如果政策被视为可信，则感知投资风险将最大限度地降低。与市场力量和脱碳类似，从政府管控到市场机制，信誉不存在量级，因为它是政策环境的一项总体定性因素。它取决于制度能力、政治可预测性、公众支持，以及各电力市场服务之目标的相互协调。政府还可采取额外措施来提高信誉并降低投资风险，例如，出台主要法规、编制法律合同、提供担保和公布有关首例投资业绩的信息。

（三）电力体制转型的全球性趋势

近年来，越来越多国家的能源发展重心转向清洁能源，这使得全球范围内的可再生能源发展速度加快，能源消费结构进一步优化，绿色低碳、清洁高效的发展成为电力增长的主要方式。面对世界能源经济变革的新形势，许多国家已经从市场模式、市场机制、监管政策等方面采取了新的措施。

1.适应能源转型和清洁发展需要，创新市场模式和运作机制

随着可再生能源占比的不断提高、能源转型的深入推进，传统的电力市场模式面临新的冲击。世界很多国家纷纷对电力市场模式进行优化调整，不断优化调整市场规则与交易机制、丰富交易品种、完善市场体系，以便更好地实现促进跨国资源配置和电力充分竞争、引导新能源和低碳发电投资、满足消费者需求、促进新技术应用等目标。

2015年，欧盟发布《新型能源市场设计报告（征询意见）》，提出建立适合欧洲能源联盟的新型电力市场机制，包括建立跨国短期电力市场和吸引投资的长期电力市场、健全适应可再生能源的市场机制、完善跨国容量机制、加强批发和零售市场协调，以及进一步加强区域合作、建立统一电力市场、实现欧盟范围的能源供应安全等。德国通过新的《德国电力市场法》，推动构建能够适应未来以可再生能源为主的电力市场2.0，包括强化价格信号调节作用、进一步开放平衡市场、鼓励需求侧管理、建立公平的输电费用分摊机制、建立容量备用机制等，以实现更灵活、更高效的电力供应和更高的电力保障能力。

2014年，英国新一轮以低碳发展为核心的电力市场化改革正式实施，举行了首次差价合同拍卖和容量市场拍卖，并对相关规则和交易机制进行了修订。美国加州改进了实时市场，以15分钟市场替代了小时前市场，并推出能源不平衡市场，以适应可再

生能源的出力特点。

2.市场范围持续扩大，形成大范围资源配置平台

为更好地促进可再生能源发展、增加能源供应多样性、保障能源安全，跨区跨国大范围资源配置需求突出，电力市场交易范围持续扩大。美国西南电力库（SPP）电力市场范围持续扩大，WAPA-Great平原、Basin电力和Heartland平衡地区加入SPP，美加跨境电力交易规模持续增长。各欧盟成员国不断深化自身电力市场建设、加强区域能源合作，拉脱维亚、爱沙尼亚、立陶宛等国家共同签署了"波罗的海能源市场互联计划（BEMIP）更新备忘录"；欧洲五大电力交易所共同签署了开发欧洲统一跨国日内交易平台的协议，进一步在日内环节优化跨国/跨区交易计划，推动欧洲统一市场建设；欧洲16家电网运营商明确中西欧（CWE）和中东欧（CEE）的电网将建立统一的日前市场；西巴尔干6个国家签署了区域电力市场合作备忘录；欧洲-地中海电力市场交易平台正式启动，将促进地中海联盟国家的电力市场和电网整合；欧盟和土耳其加强双方在能源市场融合、可再生能源开发等领域的合作。

3.高度重视能源基础设施建设，支撑大范围电力市场建设

随着电力市场范围的不断扩大和清洁能源的大规模开发利用，世界各国不断加大资金支持力度，推进跨国电网建设和升级改造，以支撑大范围电力交易的开展和资源优化配置。美国跨州高压输电项目（GrainBeltExpress）获得部分州政府批准，该项目斥资20亿美元，长度为780英里（约1255千米），主要目的是为了整合并输送堪萨斯州风电资源。欧盟已提出到2020年所有成员国跨国输电能力至少占本国发电容量的10%，2030年达到15%的目标，未来将重点建设连接伊比利亚半岛、波罗的海区域、爱尔兰和英国的输电线路。为实现该目标，欧盟成立西南欧高级工作组，拟通过提供技术支持和定期监控等手段，推动西班牙、法国和葡萄牙等国家能源基础设施建设，加强伊比利亚半岛与欧盟其他地区互联互通；连接立陶宛、波兰和瑞典的两条新建输电线路正式投入运行，首次实现了波罗的海国家与瑞典、波兰电网的互联；连接以色列、希腊和塞浦路斯电网至欧洲大陆电网的欧亚电力互联项目进入实施阶段。近年来为适应天然气发电和风电的快速发展，澳大利亚持续加大跨区互联电网的建设，据AEMO预测，到2030年需要在输电网投资240亿澳元，在配电网投资1200亿澳元。俄罗斯推进与朝鲜的能源桥建设项目，同时，加快同周边国家如阿塞拜疆、白俄罗斯、格鲁吉亚、哈萨克、蒙古、拉脱维亚、立陶宛、乌克兰和爱沙尼亚等国家的电网并联工作。

4.进一步加强监管机制建设，保障电力市场有效竞争

随着电力市场化改革的推进，各国逐渐认识到强有力的监管是电力市场有效竞争

的重要保障。加强监管机构建设，根据市场中出现的问题不断完善监管内容和方法，是近年来电力市场化改革的重要趋势。美国联邦能源监管委员会发布了关于完善批发电力、容量和辅助服务市场价格的政策和规程，并将根据最新通过的"电力需求侧管理办法"对进入市场的需求响应资源实施监管；德国电力市场2.0提出由联邦网络管理局负责发布监管办法，并且至少每两年发布关于电力批发市场情况的报告，使市场滥用与垄断行为的监管更加公开透明；日本参院全体会议通过了《电气事业法》等的修正案，确定改革第三阶段方案，明确将成立独立的电力监管委员会。澳大利亚发布全国能源市场改革路线图，提出将有效监管电网企业的投资行为和确定电网业务的合理回报率作为本次改革的重要内容。美国联邦能源管理委员会（FERC）分别颁布了关于市场监管和分析以及加强电力市场信息披露的相关规则，要求各区域电力批发市场及时上报批发市场每日的报价和出价、边际成本估计值、金融输电权、内部的双边合约等市场信息，并及时向公众公开电力销售和输电等消息，提升电力市场价格的透明度，确保用户得到合理电价。为促进低碳电源发展、给用户提供可负担的电能供应，英国在新一轮电力市场化改革方案中提出对低碳能源实行政府定价、以差价合约参与市场和建立容量市场以促进电源投资等举措，政府也正在考虑对输电费用机制进行调整，以便更为合理地反映不同发电机类型的输电成本，特别是反映可再生能源出力间歇性带来的成本。

（四）近几年中国电力变革的进展与评价

1. 新一轮电力体制改革的问题共识

从政策背景来看，2013年11月，十八届三中全会通过《中共中央关于全面深化改革若干重大问题的决定》。《决定》明确提出，"经济体制改革是全面深化改革的重点，核心问题是处理好政府和市场的关系，使市场在资源配置中起决定性作用和更好发挥政府作用"；"国有资本继续控股经营的自然垄断行业，实行以政企分开、政资分开、特许经营、政府监管为主要内容的改革，根据不同行业特点实行网运分开、放开竞争性业务，推进公共资源配置市场化"；"完善主要由市场决定价格的机制。凡是能由市场形成价格的都交给市场，政府不进行不当干预。推进水、石油、天然气、电力、交通、电信等领域价格改革，放开竞争性环节价格"。2014年6月，中央财经领导小组第六次会议首次提出"四个能源革命"，即能源消费革命、能源供给革命、能源技术革命和能源体制革命，其中对于能源体制革命，明确提出"还原能源商品属性，构建有效竞争的市场结构和市场体系，形成主要由市场决定能源价格的机制"。

从电力行业发展来看，自2002年以"厂网分开"为标志的电力体制改革以来，电力行业市场机制缺失问题较为突出。主要表现为：交易机制缺失，资源利用效率不高；价格关系没有理顺，市场化定价机制尚未完全形成；政府职能转变不到位，电力监管体系不能进行有效监管，各类规划协调机制不完善；发展机制不健全，新能源和可再生能源开发利用面临困难；立法修法工作相对滞后，制约电力市场化和健康发展；市场信用体系发育较慢。

维维德研究所（Vivid Econoic）在考察对比了中国电力行业管理体制与OECD国家的差异后指出，中国电力行业的体制框架十分复杂。没有哪一个机构对电力行业拥有完全的控制权，或者有权协调其他机构的行动。此外，与经合组织国家的监管机构不同，中国的电力监管职能由受国家发展改革委管理的国家能源局来行使，并非一个独立的机构。这种管理体制带来的一个问题是，中央与地方层级的规划与定价决策可能受到政策目标的影响。电力网络自上而下的规划方法，以及省级与区域电网企业之间缺乏协调，可能导致做出低效的投资决策，并导致发电与输电投资之间无法进行良好的协调。这种投资模式会导致发电量出现囤积，即供电量充足，但因输电容量有限而无法输送至电力稀有区域。因此，虽然中国拥有庞大的可再生能源（例如，太阳能和风能）发电容量，但有大量可再生能源正在缩减，导致总体电力成本和碳排放量增加（Vivid Econoic，2017）[①]。

在维维德研究所的专家看来，中国能源系统向低碳化和去中心化的转型有可能加剧这些低效性，并造成新的挑战。随着中国经济与能源行业去碳化的发展，以可承受的成本来保持电网的高水平盈利能力将变得越来越难。此外，电力资源的去中心化要求电网企业在智能功能方面做出大量投资，并且对基础设施的跨网络高效规划与交付造成挑战（Vivid Econoic，2017）[②]。

2.新一轮电力体制改革的路径分歧

在各方对电力行业存在的问题和电力体制改革的必要性达成共识的同时，在改革应选取的路径上产生了分歧，分歧点主要集中于电网公司在电力市场中的定位。

一种观点认为，新一轮电力体制改革应延续2002年电力体制改革的路径，完成上一轮改革周期没有完成的改革任务，包括输配分开、调度机构从电网公司中独立、交易机构从电网公司独立、核定输配电价、建立以区域电力市场为主体的电力市场和加

[①] Vivid Econoic，Electricity grids in transition，Final Report，Report prepared for DRC-Shell Markets Revolution Work Stream，October 2017.

[②] 同上。

速建设电力现货市场。

持有此种观点者，大多认为现有电网公司输配售一体化和电网、调度、交易一体化的模式不利于竞争性电力市场的建立，主要的原因是电网公司定位不清、权力过于集中和太庞大以至于无法进行有效监管，进而他们认为建立竞争性电力市场的前提是对电网公司进行重构。基本的重构思路如下：将电网公司的电网资产和非电网资产进行有效区分，将电网资产中的输电和配电资产进行产权分离，核定输电和配电的成本并分别制定可以有效落地的输电价格和配电价格；将调度机构从电网公司中独立出来，作为一个被政府直接监管的中立机构，认为调度是"公权力"而不是电网企业的权力；组建多方参与的电力交易中心，作为电力市场的组织机构，可以探索电力调度中心和电力交易中心的融合，即调度交易一体化；为避免电力市场的省间壁垒和省内市场的寡头垄断情况，需要建立以区域电力市场为主体的电力市场体系；尽快建立电力现货市场，认为"无现货、非市场"。

另一种观点认为新一轮电力体制改革应针对目前我国电力行业突出的现实问题，以问题为导向制定切实有效的改革方案。此种观点的持有者认为，电力改革是一个持久和逐步完善的过程，以拆分重组为标志的"激进式"改革并不能有效解决电力行业的现实问题，反而会对电力安全稳定供应造成影响。

此种观点的持有者提出的渐进式的改革思路如下：以"放开两头、监管中间"为基本模式，在可竞争的发电和售电环节逐步引入竞争，发展多元化市场主体，创造公平竞争环境；在自然垄断的电网环节，适应电网发展的客观规律，保持输配一体化管理，保持电网和调度交易统一管理，加强政府监管，提供公平高效的网络服务。健全法律体系、转变政府职能、完善监管体制，建立科学的电价机制，构建统一、开放、竞争、有序的电力市场体系，形成市场配置与宏观调控有机结合、科学高效的电力运行机制。

最终的改革路径以第二种观点为基础，吸收了第一种观点的部分内容。

3.新一轮电力体制改革的目标与任务

以中发〔2015〕9号文为标志的新一轮电力体制改革，以问题为导向，重点围绕解决电力行业市场机制缺失问题，提出了我国深化电力体制改革的目标和任务。

根据中发〔2015〕9号文，新一轮电力体制改革的目标和主要任务如下：

电力改革核心是还原电力商品属性。电力改革的目标是建立健全电力行业市场体制、理顺价格形成机制、有序放开竞争性业务、实现供应多元化、控制能源消费总量、提高能源利用效率、提高安全可靠性、促进公平竞争和促进节能环保。

电力改革的主要任务是"三放开、一推进、三强化"。即有序放开输配以外的竞争性环节电价，有序向社会资本放开配售电业务，有序放开公益性和调节性以外的发用电计划；推进交易机构相对独立；强化政府监管、强化电力统筹规划、强化电力安全高效运行和可靠供应。

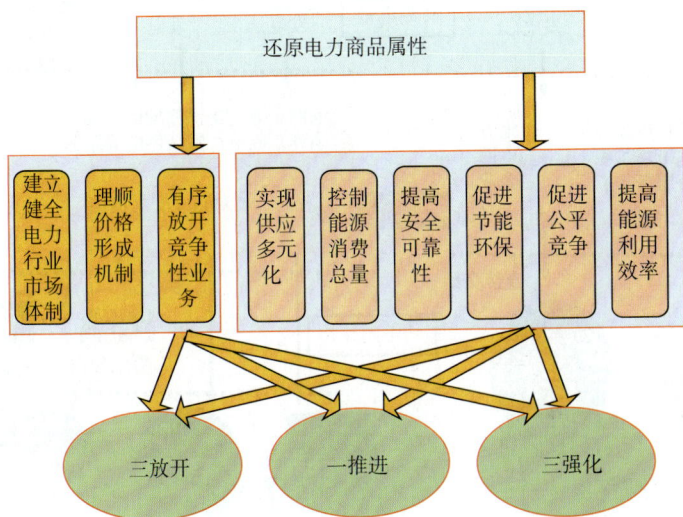

图24　新一轮电力体制改革的目标与任务

总体而言，"三放开、一推进、三强化"是围绕建立电力市场机制而展开。放开竞争性环节电价的目的是建立市场价格机制；放开售电业务和发用电计划的目的是建立发电侧和售电侧市场竞争机制；建立相对独立交易机构的目的是为市场提供公平高效的交易组织服务和交易平台；三强化的目的是转变政府职能，构建电力市场的有效监管体系；输配电价改革、增量配电投资业务放开的目的是针对电力市场的物理基础--电网环节，加强监管、促进配电网发展。

表8	新一轮电力体制改革的改革举措、对象和目的	
改革举措	改革对象	改革目的
放开竞争性环节电价	价格机制	建立市场价格机制
放开售电业务和发用电计划	竞争机制	建立发电侧和售电侧市场竞争机制
建立相对独立交易机构	交易平台	为市场提供公平高效的交易组织服务和交易平台
强化政府监管、强化电力统筹规划、强化电力安全高效运行和可靠供应	监管保障	转变政府职能，构建电力市场的有效监管体系
输配电价改革、增量配电投资业务放开	物理基础	针对电力市场的物理基础，加强监管、促进配电网发展

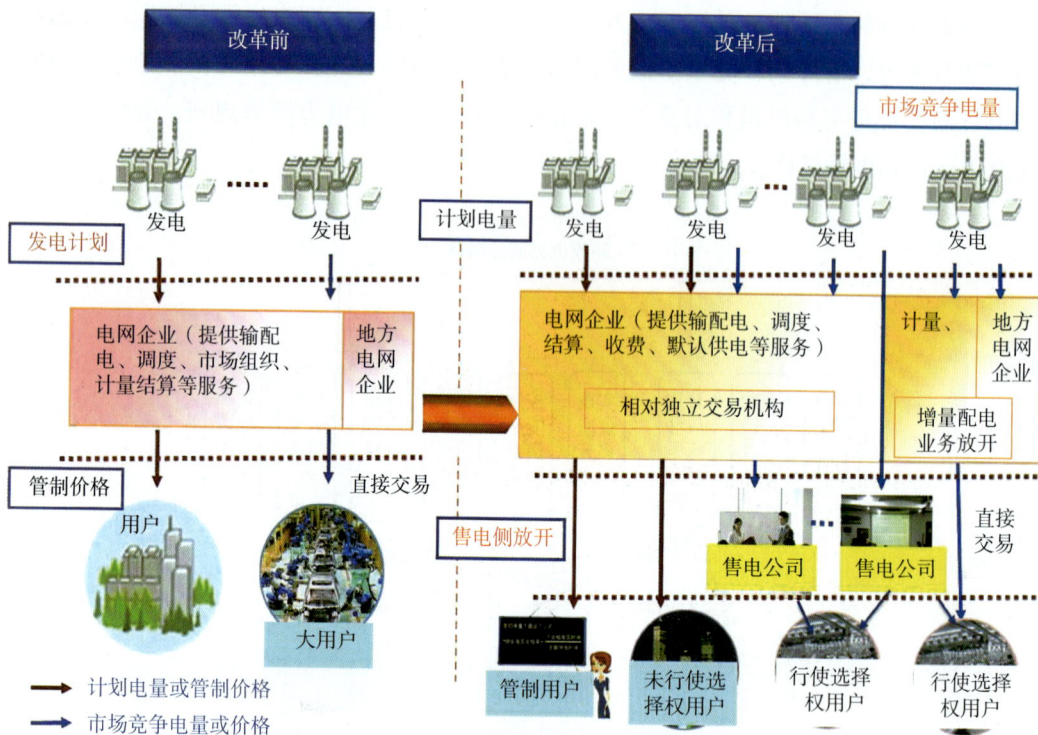

图25　改革后电力市场竞争格局

4.新一轮电力体制改革的最新进展

（1）改革政策制定情况

中发〔2015〕9号文确定了电力体制改革的目标和主要任务，2015年11月公布的6个核心配套文件明确了具体改革的"施工图"，国家发改委、能源局等部门正在制定相关实施细则，其中社会各界高度关注的《售电公司准入与退出管理办法》和《有序放开配电网业务管理办法》已于2016年10月11日公布。

《关于推进输配电价改革的实施意见》主要有三个目标：一是建立规则清晰、水平合理、监管有力、科学透明的独立输配电价体系；二是按照"准许成本加合理收益"原则，形成输配电价形成机制；三是明确政府性基金和交叉补贴。其主要有如下核心内容及要求：

《关于推进电力市场建设的实施意见》的主要目标是推动电力供应使用从传统方式向现代交易模式转变，在全国范围内逐步形成竞争充分、开放有序、健康发展的市场体系。其主要有如下核心内容及要求：

表9	《关于推进输配电价改革的实施意见》的相关要求
核心内容	具体要求
逐步扩大输配电价改革试点范围	■ 凡开展电力体制改革综合试点的地区，直接列入输配电价改革试点范围； ■ 允许在输配电价核定的相关参数、价格调整周期、总收入监管方式等方面适当体现地区特点
认真开展输配电价测算工作	■ 对于试点地区，国家发改委统一组织成本监审，以有效资产为基础测算电网准许收入和分电压等级输配电价。试点地区建立平衡账户，实施总收入监管与价格水平监管； ■ 对非试点地区，研究测算电网各电压等级输配电价
分类推进交叉补贴改革	■ 逐步减少工商业内部交叉补贴，妥善处理居民、农业用户交叉补贴； ■ 过渡期间，由电网企业申报各类用户电价间交叉补贴数额，经政府价格主管部门审核后通过输配电价回收； ■ 输配电价改革后，核定分电压等级输配电价，测算并单列居民、农业等享受的交叉补贴以及工商业用户承担的交叉补贴
过渡期电力直接交易输配电价政策	■ 已制定输配电价的地区，电力直接交易按照核定的输配电价执行； ■ 暂未单独核定输配电价的地区，保持电网购销差价不变的方式，确保电力直接交易和售电侧改革顺利推进

表10	《关于推进电力市场建设的实施意见》的相关要求
核心内容	具体要求
市场构成	■ 主要由中长期市场和现货市场构成； ■ 中长期市场主要开展多年、年、季、月、周等日以上电能量交易和可中断负荷、调压等辅助服务交易； ■ 现货市场主要开展日前、日内、实时电能量交易和备用、调频等辅助服务交易； ■ 条件成熟时，探索开展容量市场、电力期货和衍生品等交易
市场模式	■ 主要分为分散式和集中式两种模式； ■ 分散式以中长期实物合同为基础，发用双方在日前阶段自行确定日发用电曲线，偏差电量通过日前、实时平衡交易进行调节； ■ 集中式以中长期差价合同管理市场风险，配合现货交易采用全电量集中竞价
市场体系	■ 分为区域和省（区、市）电力市场，市场之间不分级别。 ■ 区域电力市场包括在全国较大范围内和一定范围内资源优化配置的电力市场两类。其中，在全国较大范围内资源优化配置的功能主要通过北京电力交易中心、广州电力交易中心实现。 ■ 现货市场在一定范围内资源优化配置的市场和省市场开展，同一地域内不重复设置开展现货交易的电力市场
市场主体	■ 包括各类发电企业、供电企业（含地方电网、趸售县、高新产业园区和经济技术开发区等）、售电企业和电力用户等。参与市场交易的用户应为接入电压在一定电压等级以上，容量和用电量较大的电力用户
市场运行	■ 规定了交易组织实施、中长期交易合同、日前发电计划、日内发电计划、竞争性环节电价形成、市场结算、安全校核、阻塞管理、应急处置、市场监管等内容
信用体系	■ 要求建立市场主体信用评价制度、年度信息公示制度、守信激励和失信惩戒机制

《关于电力交易机构组建和规范运行的实施意见》的主要目标是落实中发9号文"构建有效竞争的市场结构和市场体系"要求，推动建立相对独立、规范运行的电力交易机构。其主要有如下核心内容及要求：

表11 《关于电力交易机构组建和规范运行的实施意见》相关要求

核心内容	具体要求
职能定位	■ 交易机构不以营利为目的，在政府监管下为市场主体提供规范公开透明的电力交易服务； ■ 主要负责市场交易平台的建设、运营和管理；负责市场交易组织，提供结算依据和相关服务，汇总电力用户与发电企业自主签订的双边合同；负责市场主体注册和相应管理，披露和发布市场信息等
组织形式	■ 将原来由电网企业承担的交易业务与其他业务分开，按照政府批准的章程和规则组建交易机构； ■ 交易机构可以采取电网企业相对控股的公司制、电网企业子公司制、会员制等组织形式
市场管理委员会	■ 建立由电网企业、发电企业、售电企业、电力用户等组成的市场管理委员会。按类别选派代表组成，负责研究讨论交易机构章程、交易和运营规则，协调电力市场相关事项等； ■ 市场管理委员会实行按市场主体类别投票表决等合理议事机制； ■ 市场管理委员会议结果经审定后执行，国家能源局及其派出机构和政府有关部门可以行使否决权
体系框架	■ 有序组建相对独立的区域和省（区、市）交易机构。区域交易机构包括北京电力交易中心、广州电力交易中心和其他服务于有关区域电力市场的交易机构。鼓励交易机构不断扩大交易服务范围，推动市场间相互融合
人员和收入来源	■ 提出交易机构人员可以电网企业现有人员为基础不断充实，高级管理人员由市场管理委员会推荐，依法按照组织程序聘任；交易机构可向市场主体合理收费，主要包括注册费、年费、交易手续费
与调度的关系	■ 交易机构主要负责市场交易组织，调度机构主要负责实时平衡和系统安全。日以内即时交易和实施平衡由调度机构负责。日前交易要区别不同情形，根据实践运行的情况和经验，逐步明确、规范职能边界

《关于有序放开发用电计划的实施意见》的主要目标：一是建立竞争有序、保障有力的电力运行机制，实现电力电量平衡从计划手段为主逐步过渡到以市场手段为主，更好地发挥市场的决定性作用；二是通过建立优先发购电制度，切实保障居民等无议价能力的用户用电，保障公益性调节性电源发电优先上网。其主要有如下核心内容及要求：

《关于推进售电侧改革的意见》的主要目标：进一步在售电环节引入竞争，向社会资本开放售电业务，扩大用户选择权范围，多途径培育售电主体，形成多家买电、多家卖电的竞争格局。其主要有如下核心内容及要求：

表12　　　　　《关于电力交易机构组建和规范运行的实施意见》相关要求

核心内容	具体要求
建立优先购电制度	■ 优先购电适用范围：一产用电、居民生活用电，以及三产中的重要公用事业和公益性服务行业用电； ■ 优先购电权的保障措施：一是发电机组共同承担；二是加强需求侧管理；三是实施有序用电；四是加强老少边穷地区电力供应保障
建立优先发电制度	■ 优先发电适用范围：一是纳入规划的可再生能源发电、调峰调频电量和热电联产机组"以热定电"电量；二是水电、核电、余热余压余气发电以及跨省区国家计划、地方政府协议和历史形成的送电量； ■ 优先发电权的保障措施：一是留足计划空间；二是加强电力外送和消纳；三是统一预测出力；四是组织实施替代，同时实现优先发电可交易
切实保障电力电量平衡	■ 安排优先发电：优先安排可再生能源保障性发电；根据电网调峰调频需要，合理安排调峰调频电量；合理安排热电联产机组、水电、核电、余热余压余气发电； ■ 组织直接交易：尽可能确保用户用电负荷特性不得恶化，避免加大电网调峰压力；直接交易不得影响保障供热的需要；水电比重大的地区，直接交易应区分丰水期、枯水期电量； ■ 容量扣除方法：为调动发电企业参与积极性，直接交易电量折算发电容量时，可根据对应用户最大负荷利用小时数、本地工业用户平均利用小时数或一定上限等方式折算
积极推进直接交易	■ 在具备条件的地区开展电力市场建设试点，在非试点地区按照《关于有序放开用电计划的实施意见》开展市场化交易。提出了保持用电负荷特性、避免非理性竞争的要求
有序放开发用电计划	■ 逐步放大发电直接交易比例：现阶段可以放开110千伏及以上工商业用户；下一步可以放开全部35千伏及以上工商业用户；具备条件时，可以放开全部10千伏及以上用户； ■ 促进建立电力市场体系：逐步放宽用户、售电企业和发电企业参与直接交易的准入条件，加大市场形成电量规模； ■ 不断完善应急保障机制：鼓励享有优先发电权的企业和用户自愿进入市场。可再生能源电源可以在领取补贴的情况下参与市场竞争，并通过可再生能源配额制等方式予以保障

表13　　　　　　　　《关于推进售电侧改革的意见》相关要求

核心内容	具体要求
售电侧市场主体	■ 售电公司分为三类，第一类为电网企业的售电公司，第二类为社会资本投资增量配电网，拥有配电网运营权的售电公司，第三类是独立的售电公司，不拥有配电网运营权、不承担保底供电服务。 ■ 电网企业、符合条件的发电企业、符合条件的高新技术产业园和经济技术开发区、分布式电源和微网业主、供水、供热、供气等公共服务行业、节能服务公司、社会资本和民营企业等可投资成立售电公司，从事售电业务

续表

核心内容	具体要求
售电侧市场主体准入与退出机制	■ 市场主体准入与退出采用公示和信用承诺制度，不实行行政审批，但应进入省级政府公布的年度目录，并在交易机构注册。售电公司需按照《中华人民共和国公司法》进行工商注册，具有独立法人资格
市场主体业务及交易方式	■ 售电公司以购售电为核心业务，还可从事合同能源管理、综合节能和用电咨询等电力增值服务； ■ 售电公司可与发电企业自主双边交易，或通过交易平台集中交易，再向用户售电，与用户协商确定电量和价格。分布式电源或微网的用户可委托售电公司代理购售电。参与市场交易的用户购电价格由市场交易价格、输配电价（含线损和交叉补贴）、政府性基金三部分组成。 ■ 电网企业负责提供计量、抄表、收费、结算、报装、抢修等各类供电业务。承担市场主体的电费结算责任，保障交易电费资金安全。电网企业作为保底供电商，承担其供电营业区内保底供电服务
增量配电投资业务放开	■ 鼓励以混合所有制方式发展配电业务。向符合条件的市场主体放开增量配电投资业务。 ■ 社会资本投资增量配电网绝对控股的，即拥有配电网运营权，同时拥有供电营业区内与电网企业相同的权利，并切实履行相同的责任和义务。 ■ 同一供电营业区内可以有多个售电公司，但只能有一家公司拥有该配电网经营权，并提供保底供电服务
建设售电市场信用体系与风险防范机制	■ 建立市场主体信用评价机制和黑名单制度。政府可在市场发生严重异常情况下对市场进行强制干预

《关于加强和规范燃煤自备电厂监督管理的指导意见》的主要目标：逐步推进自备电厂和公用电厂同等管理，推动自备电厂有序发展、促进清洁能源消纳、提升能源利用效率、维护市场公平竞争。其主要有如下核心内容及要求：

表14　　　　　《关于加强和规范燃煤自备电厂监督管理指导意见》相关要求

核心内容	具体要求
强化规划引导，科学规范建设	■ 明确新（扩）建燃煤自备电厂（除背压机组和余热、余压、余气利用机组外）的规划、优选、核准、建设以及接入电网等方面原则上与公用电厂的要求相同。此外，还提出禁止公用电厂违规转为自备电厂等要求
加强运行管理，参与辅助服务	■ 并网自备电厂要严格执行调度纪律，主动承担维护电力系统安全稳定运行的责任和义务；要按照"两个细则"参与电网辅助服务考核与补偿
承担社会责任，缴纳各项费用	■ 企业自备电厂自发自用电量应承担并足额缴纳政府性基金以及政策性交叉补贴，各级地方政府均不得随意减免或选择性征收。拥有并网自备电厂的企业应按约定的备用容量向电网企业支付系统备用费，备用费标准分省统一制定
加强综合利用，推动燃煤消减	■ 推动可再生能源替代燃煤自备电厂发电

续表

核心内容	具体要求
确定市场主体，参与市场交易	■ 拥有自备电厂但无法满足自身用电需求的企业，按规定承担国家依法合规设立的政府性基金，以及与产业政策相符合的政策性交叉补贴后，可视为普通电力用户，平等参与市场购电
落实责任主体，加强监督管理	■ 从明确主体责任、加强组织协调、开展专项监管、强化项目管理、规范运行改造和加强监督检查等方面对自备电厂的责任划分、监督管理等提出要求

《售电公司准入与退出管理办法》对售电公司准入、退出、分类、业务范围等做了明确而具体的规定，对规范售电市场具有重要的指导作用。

表15　　《售电公司准入与退出管理办法》的相关要求

核心内容	具体要求
准入机制	■ 明确售电公司准入条件，以注册认定代替行政许可的准入方式，按照"一承诺、一公示、一注册、三备案"的方式进行市场准入； ■ 已具有法人资格且符合售电公司准入条件的发电企业、电力建设企业、高新产业园区、经济技术开发区、供水、供气、供热等公共服务行业和节能服务公司可到工商部门申请业务范围增项，并履行售电公司准入程序后，开展售电业务； ■ 除电网企业存量资产外，现有符合条件的高新产业园区、经济技术开发区和其他企业建设、运营配电网的，履行相应的准入程序后，可自愿转为拥有配电业务的售电公司
业务范围	■ 售电公司可向用户提供包括但不限于合同能源管理、综合节能、合理用能咨询和用电设备运行维护等增值服务，受委托代理用户与电网企业的涉网事宜
市场化交易	■ 可以采取多种方式通过电力市场购售电，可以自主双边交易，也可以通过交易机构集中交易。售电公司可以自主选择交易机构跨省跨区购电。同一配电区域内可以有多个售电公司。同一售电公司可在省内多个配电区域内售电
信用体系建设	■ 建立完善售电公司信用评价制度；建立电力行业违法失信行为联合惩戒机制

《有序放开配电网业务管理办法》对增量配电投资放开做了明确的限定，对增量配电市场有明显的促进作用。

表16　　《有序放开配电网业务管理办法》的相关要求

核心内容	具体要求
规划引领	■ 增量配电网项目纳入地方政府电力管理部门编制的配电网规划； ■ 增量配电网络需要经省级及以上规划确定，保证增量的配电网业务符合国家电力发展战略、产业政策和市场主体对电能配送的要求
竞争开放	■ 鼓励社会资本积极参与增量配电业务，通过市场竞争确定投资主体
权责对等	■ 社会资本投资增量配电网业务并负责运营管理，应遵守国家有关技术规范标准，在获取合理投资收益的同时，履行安全可靠供电、保底供电和社会普遍服务等义务

续表

核心内容	具体要求
配电网范围	■ 满足电力配送需要和规划要求的增量配电网投资、建设、运营及以混合所有制方式投资配电网增容扩建； ■ 除电网企业存量资产外，拥有配电网存量资产绝对控股的公司，包括高新产业园区、经济技术开发区、地方电网、趸售县等，可向地方电力主管部门申请并获准开展配电网业务，拥有配电网运营权
配电网运营	■ 社会资本投资增量配电网绝对控股的，即拥有增量配电网运营权；符合售电公司准入条件的，可开展售电业务； ■ 电网企业控股增量配电网拥有其运营权，在配电区域内仅从事配电业务。其竞争性售电业务，应逐步实现由独立的售电公司承担； ■ 发电企业及其资本不得参与投资建设电厂向用户直接供电的专用线路，也不得参与投资建设电厂与其参与投资的增量配电网络相连的专用线路

（2）改革进展情况

在电力改革试点方面，截至2016年底，国家发改委已批复云南、贵州、山西、广西、北京、湖北、四川、辽宁、陕西、山东、安徽、河南、新疆、宁夏为电力改革综合试点省份；广东、重庆、新疆生产建设兵团、福建、黑龙江、河北为售电侧放开专项试点省份；甘肃、海南、上海为电力体制改革试点单位。

在输配电价改革方面，2015年在内蒙古、安徽、湖北、宁夏、云南、贵州6个省级电网开展了输配电价试点；2016年4月，北京、天津、河北南网、冀北、山西、陕西、江西、湖南、四川、重庆、广东、广西12个省级电网，以及国家电力体制改革综合试点省份的电网和华北区域电网列入输配电价改革试点范围；2016年8月，国家发展改革委明确，将输配电价改革试点范围扩大到除西藏以外的所有省级电网，基本实现全覆盖，新增加的14个省级电网，并于2017年1月底完成成本监审工作。

在售电侧改革方面，2015年3月，首家售电公司–深圳市深电能售电有限公司注册成立。2016年10月《售电公司准入与退出管理办法》（简称"《管理办法》"）印发后，允许已有公司申请业务范围增项并履行准入程序后开展售电业务，售电公司数量激增，3个月内总数增长了3.5倍。截至2016年底，根据"全国工商局企业信用信息公示系统"，全国已成立了5410家售电公司。

在交易机构改革方面，截至2016年底，国家级电力交易机构北京电力交易中心和广州电力交易中心挂牌成立，完成32家（除海南和西藏外）省级电力交易中心组建工作，搭建了覆盖全国的交易平台。

在增量配电改革方面，2016年8月，国家发改委和国家能源局正式发文要求各省上报增量配电放开试点，尽快在全国落地100余家增量配电试点，引导社会资本尽快进入，同时要求尽量考虑以混合所有制的方式放开增量配电；2016年11月，国家发展改革委和国家能源局确定延庆智能配电网等105个项目为第一批增量配电业务改革试点项目。

在市场化交易方面，广东省以月度和年度竞价为主要内容的电力市场建设推进较快。截至2016年9月份，广东省完成电力直接交易量为439.6亿千瓦时（平均降价0.033元/千瓦时），超过全年420亿的计划值；其中广东月度竞价交易共成交电量159.8亿千瓦时（平均降价0.073/千瓦时），完成全年140亿竞价电量的目标。

截至2016年9月底，广东开展了7次月度集中竞价交易，总成交电量159.8亿千瓦时。售电公司从13家增至154家，售电公司成交电量占到70%，发电企业让利幅度从4月份最高的0.148元/千瓦时，降至9月份的0.037元/千瓦时。

表17 广东省2016年3～9月竞价交易成交情况

	成交电量（亿千瓦时）	售电商成交电量占比（%）	发电企业降价（厘/千瓦时）
第一次交易	10.5	64.85	125.55
第二次交易	14.5	68.68	147.93
第三次交易	14	82.92	133.28
第四次交易	18.7	62.07	93.90
第五次交易	26.6	75.50	58.87
第六次交易	35.5	75.86	43.38
第七次交易	40.0	75.00	37.42

（五）未来的改革思路与路线图[①]

"电力市场"实际上是多个市场，存在多种市场失灵的情况。这些市场的主要目标是，通过优化调度和投资来匹配供应和需求。目标的实现基于电力、容量和平衡市场，其应对市场失灵的形式包括碳定价的外部性、天然垄断的监管，以及对政策可信度的需求，以支持长期、持久的投资决策。这些市场结构和失灵将存在于未来净零排放的世界，但其相对重要性和复杂性将随着电力需求的增加和可再生能源供应比重的提升发生改变。

---

① 鉴于《中共中央国务院关于进一步深化电力体制改革的若干意见》（中发〔2015〕9号）作为今后一个时期深化中国电力体制改革的总体蓝图已经颁布施行，发展改革委、国家能源局等部委陆续出台了专项行动方案。在这部分章节中，我们更多地吸纳了国外专家，特别是维维德研究所和壳牌国际专家团队的意见和建议，有助于我们从国际专家的视角来分析电力改革的未来方向和行动。

虽然上述市场效率（在价格信号方面）和政策效率（在纠正市场失灵方面）的六个特征从设计的角度来看是必不可少的，但其重要性根据区域、国家和当地的情况而不同。例如，那些拥有大量非间歇性、低碳发电禀赋的国家[①]，将不太需要实施所有六个要素，尽管它们仍然可能需要在有效定价机制和支持性政策框架方面取得一些进展。这些国家对短期平衡和辅助服务市场的需求不高，可能要求不那么复杂的容量市场[②]。但对于大多数依靠可变可再生能源实现电力脱碳的国家，电力部门的改革将面临重大压力。

对于中央计划经济体（例如中国），面临的挑战将是实现市场力量和政策干预之间的适当平衡。一方面，基于"五年计划"进程的中央规划提供了政策确定性、供应保障，以及将成本负担从消费者分散到系统其他部分的能力。然而，另一方面，通过有效的市场设计和支持性政策框架，市场力量可能成为一种成本更低也更具适应性的方法，尤其是在动态和不断变化的电力需求和技术背景下。考虑到在本世纪下半叶实现净零排放所需的可能规模和变化速度，这种适应性方法的价值甚至更大。

实现高效净零排放电力市场的进展将不会一帆风顺，随着各国尝试不同的方法，其可能在不同地区以不同的速度发生。例如，英国和德国就采用了不同的方法，前者依托容量竞拍，后者则着眼于创建战略储备，从而在系统中提供长期产能和弹性[③]。但前进的方向是明确的，许多国家已经在构建更有效的电力市场结构和政策方面取得进展，这在很大程度上得益于其所提供效率提升的驱动。随着能源使用电气化程度更高、通过降低成本并提供可靠电力供应的方式实现电力脱碳的需求更迫切，这种趋势只可能愈演愈烈。

1.改革的难点及解决的思路

新形势下，电力市场建设面临六个亟须解决的难点问题：

一是如何在电力市场中促进电力资源的大范围优化配置。如何设计有效的市场机制将西部富集的电力资源输送到东部负荷中心；如何让市场对清洁能源进行合理定价；如何设计有效的辅助服务市场机制，促进清洁能源的跨省跨区消纳。

解决思路是：

从市场范围来看，设计全国统一电力市场，使资源在全国范围内自由流动。

在实践上，从省市场起步，逐步推进省市场之间的深度融合，用市场机制打破省

---

① 例如，挪威的水电、巴西的生物能源、法国的核电，以及美国等国家的大量化石燃料与碳捕集和封存潜力。

② 例如，应对季节性间歇性，而不是与风能和太阳能等可变可再生能源相关的更频繁的间歇性。

③ 战略储备通过保持可用的退役或老一代（通常是火力）发电厂来提供容量和弹性，而容量竞拍为系统的长期容量和弹性提供固定收入。

间的交易壁垒。

丰富跨省区交易的品种，从中长期交易起步，逐步引入跨省区的现货交易；增加市场交易主体，引入用户、售电公司等参与跨省区交易。

建立促进清洁能源跨省区消纳的市场机制，逐步引入跨省区调峰等辅助服务市场机制，加大清洁能源跨省区交易电量。

二是省市场如何起步。如何在设计电力市场时既符合电力市场的一般原则，又能考虑各省在市场理念、市场环境和市场成熟度方面的差异；如何协调计划和市场的关系；如何协调中长期交易和现货交易的关系；如何协调省内电力资源和外省电力资源的关系；如何选择现货市场开放的时机。

解决思路是：

按照因地制宜的原则，结合本省发电市场力、电力供需结构、市场建设经验和技术条件以及新能源发展状况等情况选择合适的电力市场模式。

按照循序渐进的原则，在交易周期上先中长期后现货交易，逐步丰富各类交易品种，逐步放开电量交易空间。

三是如何解决省级电力市场建设过程中存在的市场力问题。部分省级市场如浙江、青海已存在较严重的寡头垄断现象；在供给侧改革背景下，能源类中央企业重组的可能性较大，由此会加剧省级电力市场的市场力问题。

解决思路是：

通过耦合或融合的方式扩大电力市场覆盖范围，降低电力市场中发电企业的集中度。

建立严格的监管制度，对发电集团的市场集中度设置比例上限，强制占比过大的发电集团公开信息。

在电力市场建设初期，限定单个发电集团申报电量的最高限，抑制市场力。

拆分或者强制拍卖市场集中度过高的发电集团资产。

四是省市场如何演化成国家市场。各个省市场基于本省现实情况的演化路径选择和配套措施。

解决思路是：

在市场范围上，按照单个省——送受端几个省的耦合或者融合——全国顺序进行国家市场的建设。

在融合方式上，按照省市场互相开放——省间市场交易准入逐步放开——市场规则逐步统一的方式融合单个省市场。

在市场设置上，按照"先中长期市场，后现货市场"的次序建设省间市场和全国市场。

五是如何解决历史形成的以省为价区的问题。部分传统低价区省份在参与国家市场后可能出现本省电价上升的现象，可能引发社会风险。

解决思路是：

按照循序渐进的原则，从省市场起步，逐步扩大市场范围，逐渐实现各个市场的价格趋同。

在市场建设之初，针对工业用户可保留一部分低价电，避免在市场建立之初利益调整过大。

对居民等公益性用户设立电价缓冲和保护机制。

六是如何处置搁浅成本的问题。电力市场建设过程中，可能出现部分原来受到计划保护的发电企业利益受损甚至破产，进而造成投资成本无法回收的现象。例如按照计划模式投资建设、尚未完成还本付息的电厂由于成本高在市场竞争中处于劣势地位，可能无法回收投资成本。

解决思路是：

发展差价合同、中长期合同、期货等多种电力产品，规避电价波动风险，保证各参与市场竞争机组的稳定收益部分。

在短期内仍旧保留的计划电量的分配上，优先考虑尚处于投资成本回收阶段的机组和已经完全回收投资成本但经营困难的机组，使其获得一部分稳定的利用小时数。

按照改革成本共同分担原则将相关机组与各发电集团分别进行资产重组。

2.改革要坚持的几条原则

为实现自由化电力市场的经济效益，国际最佳实践提供了一套高效配置电力网络的原则[①]：

一是继续对大范围的电力体系进行完全自由化。高效投资和运营大范围的电力系统是高效配置电力网络的必要条件。这就要求对适合开展竞争的行业（燃料生产、发电、零售行业）实施自由化、利用市场获取关键服务（容量、平衡），以及对外部效应（例如空气污染和碳排放）进行定价。

二是实现网络供应商动机与公共政策目标的统一。通过控制电力网络企业的垄断行为和确保价格反映相应成本，使电力网络提供商的动机与提供可靠且可负担的电力

---

① 此部分内容由英国Vivid Economics研究所提供。参见Vivid Economics，Low carbon power markets：lessons from international experience，DRC-Shell Markets Work Stream，Report prepared for Royal Dutch Shell plc，2017。

供应目标一致：

改革电力网络机构。电力网络企业的垄断属于自然垄断，不存在通过竞争性市场进行配置的范围。因此，务必要确保其动机与公共政策目标一致。垄断企业存在减少新基础设施投资和收取高于成本之价格的动机。国有企业可能存在优先实现短期政治目标（而非长期公共政策目标）的动机。这些动机可通过对电力网络实施机构改革来缓解。一种方案是通过由独立监管机构实施基于业绩的监管，转变电力网络企业的动机。另一种方案是通过成立一个独立系统运营商（ISO），将电力网络的运营与所有权相分离。英国和欧洲大部分国家目前采用了基于业绩的监管方式，而美国则在其输电系统（例如，在PJM（美国东北部输电系统）、加利福尼亚州和纽约州输电系统）中采用ISO模式。

考虑采用区域定价。高效的电力网络投资与运营需要利用有关电力网络拥塞的信息。如果实施了区域（节点或分区）定价，则有助于揭示网络拥塞成本。美国多个州、阿根廷、智利、爱尔兰、新西兰、俄罗斯和新加坡采用了节点定价，而多数欧洲国家和澳大利亚则采用了分区定价。然而，区域定价有利也有弊。重要的是，一旦在电力网络用户中完全实施了分时定价，则区域定价是最有效的。

三是采取进一步措施来迎接去碳化体系的挑战。能源需求电气化以及电器效率的改进，将加剧未来输电容量需求的数量和位置的不确定性。只要提供了充分的投资激励，蓄电等灵活的资源和需求对策可取代新电力网络投资。

为输电规模的可再生能源发电指定战略分区，以减小规划与投资的不确定性。可再生能源的来源可能距离需求中心较远，因此需要在输电方面做出大规模的投资。发电量和发电位置的不确定性可通过分区来缓解。

确保有可得的收益来鼓励采用灵活资源提供全套系统服务。去碳化所需的灵活资源将促进多种系统服务（例如平衡响应和频率响应）的发展，但如果这些服务不存在对应的市场，则可能出现投资不足的情况。西部的多个电力市场成为需求缩减市场，让灵活资源得以实现收益。

四是通过投资于去中心化资源的协调及其控制、平衡、安全与数据流，准备开发去碳化电力系统及其相关数字化。

协调对去中心化资源的投资。独立开发商若缺乏对其他开发商之计划的了解，可能做出与其他开发商类似的投资，从而造成过度投资或者（若开发商厌恶风险）投资不足。这两种情形都将造成低效的结果，因此，我们需要对此类问题进行协调。解决方案包括，为多边资源规划和当前获许可资源的公布制定正式流程（例如，西班牙和爱尔兰输配电系统运营商采用的相应流程）。

确定如何控制去中心化资源。虽然如今的配电网络大部分属于被动式，但主动式配电网络能够适应分布式资源。随着电力系统变得越来越主动和复杂，单个系统运营商可开始依赖于虚拟电厂等中间商以及配电系统运营商等合作伙伴，来协调系统平衡。之后，可采用具有新的计算要求、管理规则和机构特点的新控制系统，以反映新的运营脆弱性。

平衡数据透明度与安全性。随着信息通信技术（ICT）基础设施的扩张，来自电力系统的数据量不断增多。数据系统需要自身的基础设施，以便公众使用，从而促进竞争和优化运营。与此同时，数据在不同资源中的分布也会带来网络攻击和隐私泄漏等新的风险，需要通过充分的协议来解决。

3.改革路线图

英国维维德研究所及壳牌国际专家对未来中国电力网络方案的开发，提供了相关路线图建议，该路线图基于下列指导原则：

强大的市场需要强大的政府。基于市场的解决方案有可能确定和实现具有成本效益的投资和电力系统的运营。然而，如果有强大的政府积极地确保企业动机与公共政策目标的一致，则市场和自然垄断的电力网络都将从中获益。可通过划分角色（分拆）或严格监管来保证电力网络企业动机的一致性。

体制框架可逐步制定。批售制度改革具有挑战性和冲击性。在开始时，可通过对当前实践进行小范围的改变和实施小规模的试点项目来获得充分的概念验证，从而建立对大范围改革的共识。

该路线图反映了下列信息：

（1）立即行动

继续实施市场自由化计划。国务院发展研究中心（DRC）与壳牌的联合研究活动的第1个阶段得出了关于电力市场自由化计划的建议；与之一致的是，中国的十三五规划旨在改善电力体系，让市场在资源分配中起主导作用。务必要继续实施市场自由化计划，以实现更先进、更高效的电力体系。

理性制定投资规划。明确界定可靠性和经济效率的衡量指标，有助于电力网络规划者识别高效投资。与此同时，采用受益者付费原则，可鼓励做出可提高生产效率的投资，避免转移国家资源来刺激区域发电量。在全国和区域层面结合采用这些方法，将促进发电服务的互连与共享。

对投资进行协调。采用一个通用的投资框架，以便协调发电规划与电力网络投资，从而治理战略决策和市场企业。例如，该框架可载明大规模可再生能源发电分区以及小规模分布式发电等替代模式的角色。

实施智能系统架构。为实现可负担的去碳化，智能的分布式资源至关重要。在建设分布式资源之前，可首先制定用于管理这些资源的系统架构。系统架构至少包括：智能电表的部署（以便在配电网络引入针对电力用户的分时定价）、上游信息与通信架构，以及用于开发智能电网技术解决方案的研发架构。

（2）转向高效定价机制

取消对价格的管制。对于决策制定者而言，反映成本的定价是高效投资与运营的信号。可循序渐进地取消对价格的管制，即根据前期改革是否取得成功，确定是否实施进一步价格改革。价格改革可在上游开始，并发展到下游，首先针对原料燃料，然后依次针对发电、入网和零售。如果在取消管制之前，批售价格上涨至零售价格以上，则还需要规定保护零售商的措施。

制定不同输电系统之间的协调贸易方案。利用价格来确定不同省份与区域输电系统之间的互连流向，从而传递有关哪些省份或区域可能从新投资中获益的信号。价格可刺激低成本的电厂应对需求。

实施分时定价。分时定价让电力用户和灵活资源能够应对发电成本和需求的变动。分时定价也可循序渐进地实施，从一些规模较大的电力用户（例如，有灵活生产计划的工业设施）开始，最后对智能家用电器予以实施。

考虑区域定价。类似地，区域定价也是高效投资与运营的信号，但其有利也有弊。中国可考虑在实施了分时定价之后，采取区域定价。换言之，在需求峰值被拉低时，立即传递地理网络限制的信号。分区定价是统一定价与完全节点定价之间的一个潜在中间步骤。

保护终端用户。取消对零售电力的管制，可能导致零售商采取寻租行为，进而推高用电价格。当电力用户不乐意转换供应商或者因某种原因导致竞争无效时，可能出现此情形。在取消对零售电力价格管制的同时，可制定关于保护电力用户的政策。

（3）开始市场验证

开展小规模试验。开展小规模试验有助于在竞争条件下获得新的输电投资、新输电资产的替代性非电网资产、配套服务等。采用竞争性招标或拍卖来开展这些试验。这些试验可提供概念验证与经验，以及创新的、具有成本效益的解决方案。为取得成功，采购试验必须是公开的、透明的。

循序渐进地引入市场采购。如果竞争性采购试验取得成功，则可扩大规模，并在恰当情况下，在每个输电系统中，循序渐进地引入大范围的市场采购。市场采购有助于揭示有关多种技术发电的相对成本及优势的信息。

（4）做出体制方面的选择

建立输电网络的体制。方案包括，保持现状、强化市场采购角色，以及采用监管下的TSO模式或者ISO模式。国际经验尚未表明监管下的TSO模式或ISO模式中哪个更优，因此，重要的是尽早采取一种优质的体制模式，而非从中选择较优的一个。

为去中心化资源选择一种控制模式。在一开始，当资源的数量较少时，输电系统运营商或许能够直接控制这些资源。然而，随着资源数量的增多，以及分时与区域定价变得越来越复杂，当单个运营商模式的计算、商业与合同能力可能超出范围时，可能需要采取新的控制模式。

八、构建统一的、充满活力的全国性碳市场

在碳总量和碳强度的双控目标下，中国提出计划在2018年启动全国统一碳市场，市场将覆盖钢铁、电力、化工、建材、造纸和有色金属等重点行业。全国碳排放交易市场的建设，中国将成为国际碳排放交易市场的重要组成部分，我国的碳减排压力将通过市场手段得到极大缓解。全国碳排放交易市场的实施，将会带动传统产业加快转型升级，提高中国低碳产业的国际竞争力[1]。

2011年10月，国家发改委下发《关于开展碳排放权交易试点工作的通知》，批准在北京、天津、上海、重庆、湖北、广东和深圳七个省市开展碳排放权交易试点工作，七个省市碳市场试点于2013年6月至2014年6月间陆续开市，中国相继在深圳、北京、上海、天津、广东、湖北、重庆等地建立了7个碳交易市场。2016年1月，国家发改委发布《关于切实做好全国碳排放权交易市场启动重点工作的通知》，提出全国碳市场第一阶段的拟涵盖石化、化工、建材、钢铁、有色、造纸、电力、航空等重点排放行业。但由于在碳配额的制定上，中国碳市场采用的基准线法比历史法严格，对技术数据要求高，为了保证碳交易能在2018年启动，纳入行业可能在最初的8大行业基础上有所缩减。

根据目前各试点的碳市场进展，在未来的中国碳市场建设中，应着力完善法律和

---

① 刘钧炎、傅京燕，"广东碳市场实践对建立全国统一碳市场的启示"，载于《科技管理》，2016，36（13）：237-242+254；薛睿，"《巴黎协定》格局下的中国碳市场应对"，载于《生态经济》，2017，33（02）：45-48+128；彭स震、常影、张九天，"中国碳市场发展若干重大问题的思考"，载于《中国人口·资源与环境》，2014，24（09）：1-5。

监管体系、妥善协调总量设置和配额结构、建立统一的交易平台和定价机制、优化全国碳市场设计，以期对我国的碳市场建设和改进提供依据和参考。

（一）综述

碳市场是实现具有成本效益之减排的关键工具。碳减排符合所有国家的利益，因为减排成本低于气候变化不受约束情况下将产生的成本。减排成本可通过碳市场得到最大限度的降低——尤其是当碳市场构成经济体碳减排的主要驱动因素、碳价格在冲击下保持稳健，以及碳价格能激励长期投资的情况下。

然而，为实现相互竞争的目标，通常需要在碳政策中做出权衡。碳市场（例如，排放交易体系（ETS））有助于实现与改善空气质量和资源效率等其他政策目标一致的利益。然而，碳市场也可能对产业竞争力等政策目标产生不利影响，或者受到冲击的破坏——例如，当经济衰退导致许可证供过于求时，碳价格激励长期投资的能力将受到削弱。这些相互竞争的目标通常是合理的，冲击是预期将发生的。因此，政策制定者面临的挑战在于，在设计碳市场时，如何将这些影响考虑在内，同时避免减损碳减排的成本效益。

我们将能够适应多个相互竞争之目标和冲击，同时能够保持成本效益的碳市场称为"稳健的"碳市场，而将无法达到此目标的碳市场称为"脆弱的"碳市场。不幸的是，在国际经验中，大多数碳市场都属于脆弱的碳市场，因为它们在应对相互竞争的目标和冲击的过程中，由于采用抵消性政策而陷入"转型陷阱"，导致碳市场遭到进一步削弱。由于中国的ETS在2017年实施时，将使得碳价格在全球范围覆盖的碳排放数量翻番，因此，当务之急是确保碳市场的稳健性，否则，碳市场可能会失去支持，从而导致脱碳努力严重受挫。

国际经验表明，在设计碳市场时，可通过引入某些特点来确保碳市场的稳健性。碳市场有四组设计方案。这些方案涉及：①指标和上限等碳单位的设定，②配额的分配，③市场的治理，例如，覆盖范围、碳银行业务、抵消交易、价格管制和交易安排，以及④与其他脱碳政策的政策交互。通过对欧盟ETS、美国区域温室气体倡议（RGGI）、新西兰ETS和美国加州ETS等案例进行分析，我们总结了在这些设计方案中，哪些选择将有助于实现稳健的碳排放市场。

中国似乎将慢速已经启动全国碳排放交易市场；因此，应当考虑采用价格管制和明确的改革路径，以降低陷入转型陷阱的风险。在碳定价的早期阶段，常常需要进行设计上的权衡，若权衡不当，可能导致碳市场的脆弱性。这意味着，严格的价格走廊等主动的价格管理方式可用于确保在市场发展的同时，保持激励。此外，还可通过发出指示气候政策方向的信号，为这种管理方式提供支持。例如，通过立法来实施特定的改变，可提供有关政策方向的明确指引，有助于维持价格，以及在发生价格冲击时，维持公众对碳市场的支持。

随着中国ETS下一阶段的规划，政策制定者应当考虑，中国应当为碳市场采取渐进式方法还是革命性方法。气候变化的某些方面要求在渐进式方法与革命性方法之间达到平衡。根据所需达到的减排速度和水平，中国需要发生革命性的改变，然而，鉴于这种改变涉及的复杂政治，以及体制能力的局限性，渐进式方法可能更具有可行性。选择采取何种方法由中国政策制定者决定。我们通过四组设计方案，提供了这两种方法的具体路线图，以明确（无论采取渐进式方法还是革命性方法）需要采取的行动和需要达到的改革速度。第4节所示的这些路线图反映了第3节所述案例中吸取的国际经验中的最佳实践。

表18阐述了对中国采取渐进式方法与革命性方法的预期。中国若采取渐进式方法，则将通过为企业提供帮助和提供较低但稳定的价格来缓慢建立碳市场；若采取革命性方法，将通过强有力的价格支持和少量帮助，让ETS迅速成为经济决策中的一支核心力量。

表18 渐进式改变和革命性改变在方案设计的各个方面可能各有不同

	渐进式	革命性
创建	■ 基于国情的目标设定，到2030年逐步转向全球碳目标 ■ 自下而上的上限设置——至2020年 ■ 2050年后的净碳中和	■ 到2020年，转向有约束力的绝对目标和自上而下的上限设置 ■ 目标符合2050年之前实现全球净碳中和的目标
分配	■ 到2020年，从溯往转向基于生产的配额 ■ 仅对排放密集型产业提供支持，高支持率，随时间推移逐渐下降 ■ 剩余单位的拍卖	■ 尽快结束溯往，立即制定流程层面的基线 ■ 支持仅限于排放密集型，面临碳交易的行业，并迅速下降 ■ 到2030年实现100%拍卖
治理	■ 从低（10～20美元）价格下限或MSR开始，还可能包括价格上限，均缓慢上升 ■ 覆盖范围从发电企业和主要工业能源用户开始 ■ 缓慢地转向与国际合作伙伴对接	■ 高（＞40美元）价格下限迅速上升 ■ 立即覆盖所有能源、交通和工业排放，具有全面的碳银行业务 ■ 2025年覆盖农业和土地部门 ■ 近期与有意愿的国际合作伙伴对接
政策交互	■ ETS作为广泛政策组合的一部分，其他政策在2030年前占主导地位 ■ 碳市场在经济决策中逐渐变得更有影响力	■ 到2025年，ETS在投资决策中起着直接的重要作用，成为脱碳投资的主要驱动要素 ■ 其他政策符合脱碳目标

资料来源：Vivid Economics。

无论中国为碳市场采取渐进式方法还是革命性方法，国际经验提供的一些主要经验教训均可供中国吸取借鉴：

开发ETS需要考虑三个关键问题。要创建多少单位、如何予以分配，以及如何管理这些单位的交易？

排放单位的供给应当反映出长期气候政策问题的性质，为此，需要转向能反映所需达到的全球绝对减排单位的上限和指标；

部分拍卖对于早期价格形成而言非常重要，但可能逐渐转向全部拍卖；

分配免费排放许可证可能是必要的，但可通过基准测定和仅向受成本转嫁限制的行业进行分配而减少成本，为此，解决数据约束是首要任务；

ETS的早期"学习"阶段带来特定的价格冲击风险，因此，可能需要实施价格管制；

广泛的覆盖范围可提高市场效率和稳定性，因此，应当在政治可行情况下尽快实现广泛的覆盖范围；

最好从一开始就通过全面的碳银行业务来支持投资——只要上限不会产生"热空气"；

设计能稳健抵抗冲击的ETS是成功的必要条件，迄今为止，由于在应对周期性、技术性和/或供应性冲击方面的设计不佳，一些ETS的有效性被削弱，因而表现出脆弱性；

对早期数据收集的投资有助于改善政策结果和优化ETS设计。

总体而言，对于中国而言，目前是吸取国际经验和实施稳健碳市场的重要机会。虽然中国即将实施的ETS的设计已基本敲定，但相关修改预期到2020年才完成。因此，中国可利用未来这几年的时间，通过其ETS初始阶段的实施总结经验，以便决定采取渐进式路径还是革命性路径，并应当在吸取国际经验最佳实践的基础上，进入其ETS的下一阶段，以确保设计的稳健性，并考虑到ETS可能面临的相互竞争的目标和冲击。实际上，中国碳市场从2011年开始7个碳交易试点开始，逐步过渡到2017年全国性碳市场建设。

（二）简介

1.政策目标、市场失灵和权衡

为应对气候变化，能源体系需要发生转变。世界能源结构依赖于化石燃料的现状并不符合《巴黎协定》将全球气温上升幅度控制在2℃以内的目标。如果要实现这一目标，各国必须采取行动，确保通过低排放的能源提供各自未来的能源需求。

为实现这一转变，需要对低排放技术及实践的开发与部署做出大量投资。能源行业是资本密集型行业，严重依赖于前期成本较高、寿命较长的资产。此外，有多种技术可用于提供低碳能源，具体包括核电和水电等成熟技术，以及太阳能、风能和电池蓄能等快速发展的技术。这意味着，旨在推动能源转型的政策必须既能调动投资资金，又能提供一种在不同的相互竞争的技术和提供商之间做出选择的机制。

不同低碳能源的成本可能大不相同。这些成本将由一系列不同的因素决定——包括（举例而言）技术开发情况、不同能源技术的地理位置，以及与这些技术之实施相关的网络与学习效应。这意味着，虽然有许多不同的方案来实施能源转型，但这些方案的成本可能大不相同。

以具有成本效益的方式缓解气候变化，可释放部分资源用于其他用途，从而让社会能寻求更广泛的机会提高人们的幸福感。减缓气候变化仅仅是社会寻求实现的众多目标中的一个，除此之外，其他目标还包括提高人们的物质生活水平、提高就业率和人们的幸福感。然而，实现这些目标都需要产生一定的成本。通过减少实现减缓气候变化所需的成本，可让更多的社会资源用于实现其他目标。

由于需达到的气候变化缓解水平可能随时间而提高，因此，既定政策组合的成本效益将变得越来越重要。如果要避免发生危险的气候变化，那么，在未来30年，必须加快实施气候变化行动，以实现温室气体来源与碳汇之间所需达到的平衡。这意味着，缓解水平将迅速提升，缓解的成本构成将上涨。因此，按绝对价值计算，成本高昂的政策组合与具有成本效益的政策组合之间的差距将随着时间的推移而加大。为限制缓解气候变化之措施对实现其他政策目标的影响，应当日益加大对成本效益的关注。

由于需要一个具有成本效益的机制来确定不同的、相互竞争的缓解方案并在其间进行分配，因此，许多管辖区已转向市场力量。在此过程中，可利用个别激励政策来确定适合某个特定背景的缓解方案。市场让不同个体的决策过程得以聚合，进而确保考虑到尽可能广泛的信息和缓解方案，从而减少向低碳能源结构转变时产生的增量成本和总体成本。

不同的政策目标并非相互孤立地存在，某个的目标的实现进展可能会对社会实现其他目标的能力产生影响。对于缓解气候变化的目标而言，正是如此，因为以具有成本效益的方式实现减排，在让某些政策目标变得更容易实现的同时，也可能让其他目标变得更难以实现。例如，在以具有成本效益的方式实现气候缓解目标的同时，会减少颗粒物的排放，因而可改善当地的空气污染。然而，这也可能让其他目标变得更难以实现，例如，如果某个碳价格在一个管辖区得到应用而在另一个管辖区未得到应用，则可能更难以保持产业竞争力。

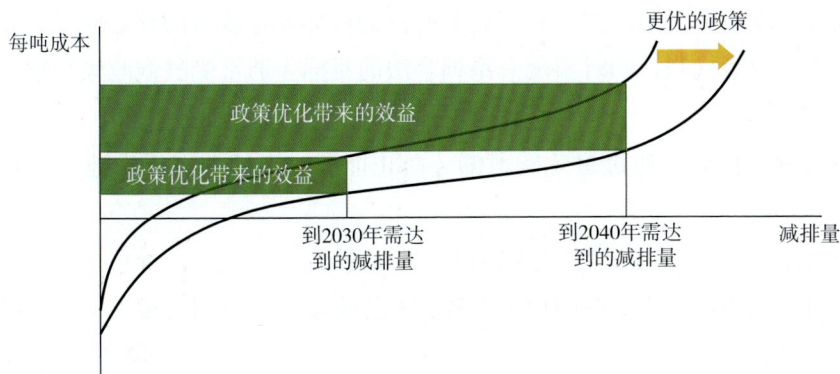

图26　气候政策优化带来的效益将随时间而增加，因为低成本的缓解已基本实现，更多缓解有待完成

资料来源：Vivid Economics。

多种市场失灵和不同政策之间的相互影响，让实现有效的气候政策变得更加困难。碳定价就是一项通过旨在将未被定价的气候变化的外部效应内部化来解决市场失灵的政策。然而，对于气候政策而言，其他外部效应也具有相关性，例如：

——协调失灵，可能导致低排放能源技术的研发与商业化投资不足；

——网络效应，可能对低排放运输的扩张形成障碍；

——信息不对称，意味着提高能源效率的机会未被充分开发。

对于不同的市场失灵，可能需要采用不同的政策干预，并非所有干预都彼此相容。例如，通过上网电价补贴来鼓励对低排放技术的投资，可能导致能源行业的减排和碳价格的降低。这意味着，在不同目标之间，以及在用于实现这些目标的政策组合之中，需要做出权衡。

图27　实现具有成本效益的减排可让某些目标变得更容易实现，但需要与其他目标相权衡

资料来源：Vivid Economics。

平衡和实现多个受约束的、相互竞争的社会目标，是政府的核心职责。政府寻求利用不完善的政策机制，同时实现一系列合法的目标。通常受气候政策影响的政策目标包括：

经济目标。例如，通过避免碳泄漏，防止能源成本的上涨反常地导致竞争力的下降；

社会目标。例如，确保转型成本得以公平地分摊；

环境目标。例如，所实施的特定缓解方案将决定当地范围发生的污染减排的协同效益；

政治目标。例如，由于社会的不同阶层将以不同的方式受到影响，因此，气候政策的选择可能会对政府的政治支持产生影响。

潜在相互竞争之目标的存在意味着，可能必须做出权衡，并由社会偏好决定不同目标的相对估值，以及将在既定限制下实现的这些目标的偏好数量。

两个相互竞争之目标之间的必要权衡可以一个边界来表示。此边界表示可在何种最大程度上实现这两个相互竞争之目标的不同组合。此边界上的任意一点表示在既定的一组特定社会偏好条件下的潜在最优社会结果。该结果将进一步反映在或多或少可能实现这些目标的不同政策设计中。

实现社会目标需要权衡，但若权衡不当，往往会导致结果欠佳。如果政策导致的结果在社会目标边界以内，则每个目标的实现程度均低于可能程度。例如，图28中的红点显示的是一个低成本效益、低竞争力的结果，这两个结果均可通过向边界靠近来改善。

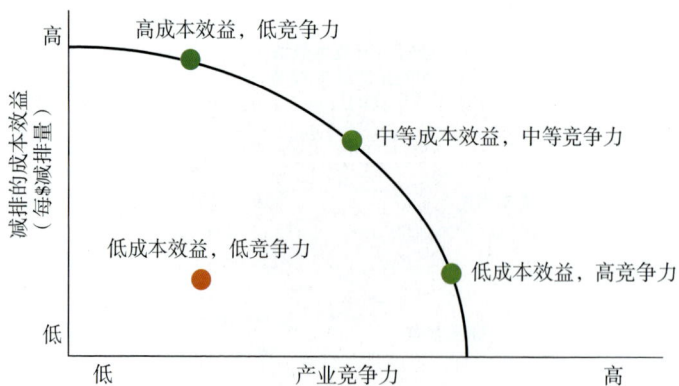

图28　社会目标边界表示两个目标在既定社会偏好下的所有潜在最优结果

资料来源：Vivid Economics。

2.脆弱的碳市场和"转型陷阱"

到目前为止，一些碳市场尚未达到各自的既定目标。在多个碳市场，持续的低价削弱了对新兴低排放技术的投资激励，导致政策制定者转向相互重叠的政策工具。

由于政策制定不力，导致脆弱的碳市场无法从经济冲击中复苏。碳价格应当致力形成既高效又稳健的价格信号。高效的碳价格足以以最低的成本，实现必需的、经改变的生产与消费模式。稳健的碳市场还将确保，该价格信号具有长期稳定性和可预测性。这一点是必要的，以反映温室气体排放权的长期稀缺价值，并驱动对新技术的投资和资本，以促进未来成本的下降。相比之下，脆弱的碳市场将无法以最低的成本，提供驱动长期减排所需的激励。在受到冲击之前，碳市场的脆弱性可能并不明显。然而，迄今为止，几乎所有碳市场都曾遭受某种形式的冲击，并因之而变得低效。

有一系列冲击可能对碳市场产生负面影响，具体包括：

需求冲击。例如，欧盟经济衰退导致产业需求、产量和排放量减少；

供给冲击。例如，CER和ERU形式的信用供给过剩，导致欧盟ETS的碳价格低迷；

技术冲击。例如，页岩气革命改变了美国东海岸能源产业的结构，并导致RGGI的碳价格低迷。

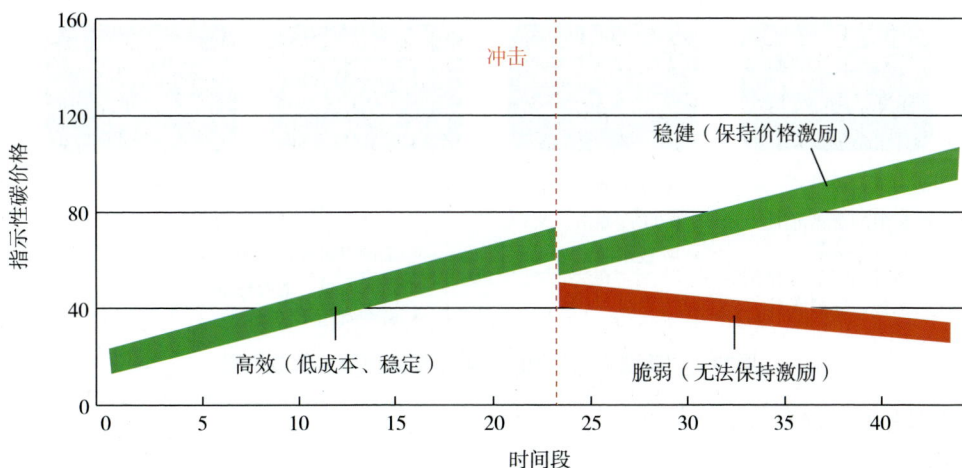

图29　有效的碳价格同时具有高效性和稳健性

资料来源：Vivid Economics。

政策制定者往往通过"慢速启动"来控制新政策遭致的反对。慢速启动在不同背景下的要素可能有所不同，然而，大多数慢速启动情形的特点都是，试图限制资源在经济体的不同群体之间进行重新分配。例如，在某个慢速启动情形中，可能对现有企业的免费配额进行"溯往"、将覆盖范围限定为少数排放来源，或者通过使用国际单位或抵消交易，获得大量低成本减排权。

当其他目标因短期内成本效益超过碳市场而获得更高优先级时，会发生慢速启动。鉴于在设立新的税项和改变产业竞争力过程中可能出现的政治挑战，慢速启动阶段可能尤其侧重于增加政治支持。此做法可限制碳定价在短期内对实现其他政策目标的影响，但在未来，当碳市场获得认同和政治支持时，政策制定者可能计划加强该影响。然而，这些政策也可能导致系统脆弱性，这意味着当出现冲击时，可能导致持续的低价格。

慢速启动可能让新建立的碳市场特别容易陷入"转型陷阱"。当政策制定者决定慢速启动碳市场改革，但经济或技术冲击扰乱了改革进程，使本可强化的市场转向次优均衡状态时，即出现转型陷阱。在这种情况下，碳市场的信誉可能降低，并出现对引入重叠性措施的支持，例如，通过上网电价来支持可再生能源投资。这些重叠性措施的扩散将进一步导致碳市场价格的下跌，从而促成一种自我强化的循环，导致碳价格持续偏低，如图30所示。

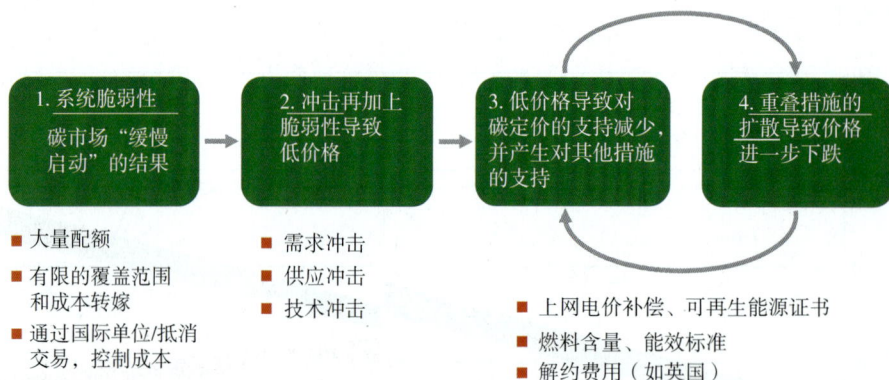

图30　"转型陷阱"说明了碳市场如何陷入低效均衡

资料来源：Vivid Economics。

转型陷阱有助于解释碳市场迄今的持续低价现象。经证明，碳价格不足以驱动对新兴低碳技术及资产的投资，相反，这些投资主要受到基本可再生能源发电要求、能源效率标准和上网电价等重叠性政策的激励。

中国可借鉴国际经验教训，以开发稳健的碳市场，并避免陷入转型陷阱。如果设计得当，碳市场可用作实现减排并同时实现其他目标的、具有成本效益的机制。国际经验为中国提供了一系列适用的经验教训，可帮助中国考虑碳市场的角色，以及如何改进市场设计及未来运作。

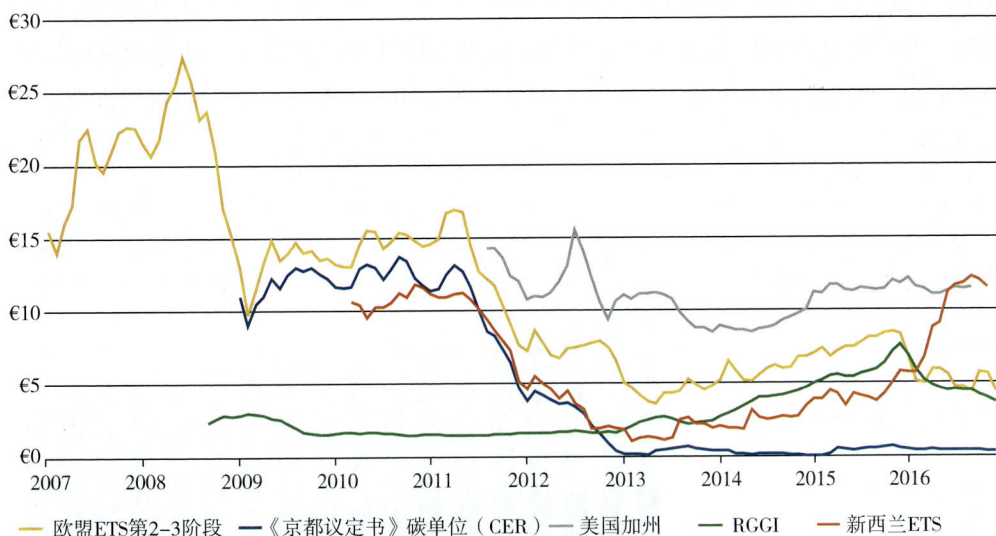

图31　碳市场经历了持续低价状态

备注：欧盟ETS第2和第3阶段的价格是指最常用的合约类型——12月份期货合约的结算价格，RGGI价格取自季度拍卖结果，新西兰ETS价格经过图形数字化，仅供参考。RGGI拍卖价格被折算成公吨。所有价格均使用月平均汇率换算为欧元。

资料来源：洲际交易所和金融数据平台Quandl（2016年）、洲际交易所（2016年）、气候政策倡议（2016年）、RGGI（2016年）和国际碳行动合作组织（2016）。经合组织提供的汇率（2016年）。

（三）国际经验

建立碳市场是一个设定碳单位的创建规则、决定如何分配碳单位、设定市场治理与交易规则，以及管理碳市场与其他政策之间相互作用的过程。

——创造碳单位是确定指标和上限的过程；

——分配碳单位涉及决定免费碳单位的分配数量和方式，以及运用拍卖等提高收益的分配机制；

——治理包括有关覆盖范围和成本转嫁的规则、碳银行业务、使用国内和国际抵消交易、与其他排放交易系统对接、采用价格管制，以及碳市场的设计对二级市场开发的影响；

——管理政策之间的相互作用需要考虑碳价格以及补充性、重叠性和抵消性政策的恰当角色。

1.创建碳单位

有关指标和覆盖范围的决定将在很大程度上决定ETS的上限——可创建的碳单位的数量。指标将决定相应管辖区的长期排放轨迹，进而决定碳市场中碳单位的长期供给情况。上限将决定碳市场在每个合规期限新增的排放单位的数量。这些数量的计算方法通常是，将排放量指标减去ETS未覆盖之行业（即未覆盖的行业）的预期排放量，如图32所示。

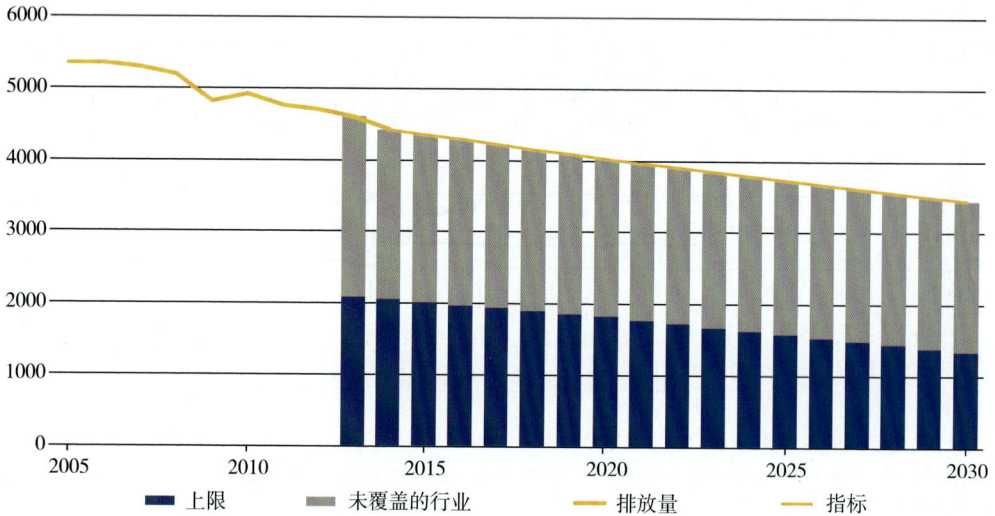

图32　有关指标和覆盖范围的决策在很大程度上决定了ETS的上限

资料来源：欧盟统计局（2016年）提供的2005年至2014年排放量数据；2014年排放量上限和欧盟委员会DG Clima（2016年）提供的线性减缩因数；Vivid Economics的其他计算结果。

为确保排放量不超出管辖区的指标，在设定上限时，必须考虑到未覆盖之行业的排放量。为此，需要根据对经济状况和缓解政策在未覆盖行业之影响的评估结果，估计这些排放量的可能轨迹。在欧盟，根据减碳努力分担决议，未覆盖行业的排放量也被纳入指标范围，从而提供了有关潜在碳排放轨迹的进一步指引。

管辖区通常会高估未来排放量的轨迹，因为对保守假设的偏好造成对延续当前趋势的投射偏见。这可能对碳市场的运作产生实际影响。例如，2006年，欧盟预测能源使用量将继续增长，然而，之后发生的经济衰退导致能源使用量和排放量迅速减少，如图33所示。对能源行业持续增长的假设意味着，欧盟2020年的排放量指标并不像最初预期的那样雄心勃勃（从偏离正常水平的角度而言）。意外结果——冲击的影响可通过调节许可证供给或需求、维持相对稳定的价格轨迹来缓解。

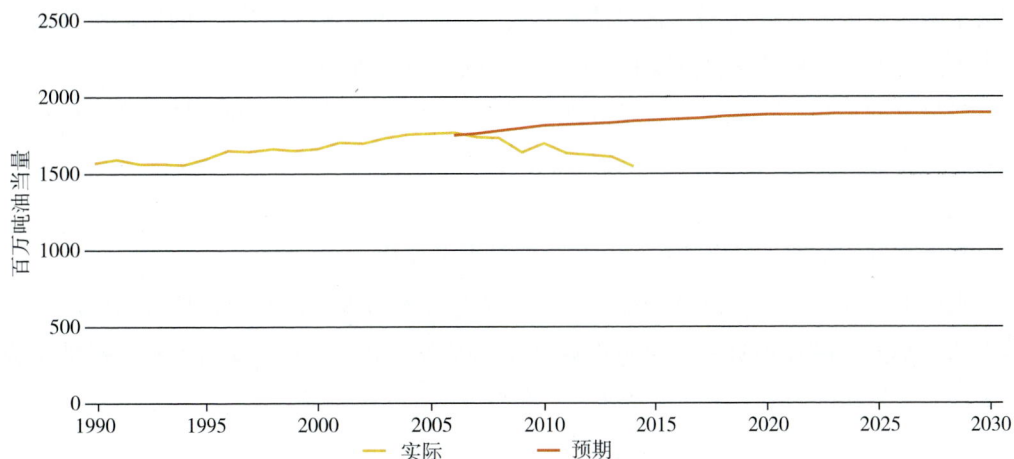

图33　对能源使用量持续增长的预测可能导致欧盟采用较低的指标

资料来源：欧盟委员会（2006年）和欧盟统计局（2016b）。

对于短期市场冲击，最好通过调整上限来应对，而结构性供给过剩应当通过调整指标来矫正。上限与指标的设定安排应当向市场指明未来上限轨迹的明确方向，同时保持灵活性，以便应对不断变化的状况。下文有关价格管制的章节将探讨市场稳定性储备和应急储备等基于规则的供给机制。

上限设定机制应当向市场指明未来上限轨迹的明确方向，同时保持灵活性，以便在状况发生改变时予以迅速应对。灵活的指标与上限设定安排可包括，采用条件性指标、建立机构审查机制，以及采用主动的上限管理方法。

——条件性指标，让政府能够应对变化的形势。取决于价格的指标可在价格较低时，调高指标；

——利用机构机制来审查上限与指标，例如，澳大利亚气候变化管理局提供了有关排放量指标恰当区间的政府建议；

——在某个独立机构（例如"碳央行"）内部建立上限管理机制，以改变中期供给，从而管控价格。

2. 分配碳单位

分配决定了谁可获得碳单位以及需要为这些碳单位支付的价格（若有）。拍卖仍然是确立碳单位在一级市场中的价值的最佳方法。然而，在许多情况下，管辖区将向一些在碳价格机制下存在负债的企业免费提供配额，以抵消对竞争力的潜在影响和避免碳泄漏。当国内企业因面临不受同等碳价格约束的海外企业的竞争而无法转嫁其新增成本时，可能发生碳泄漏。这可能意味着，国内实现的减排被海外的增排所抵消，因为生产环节可转移到碳价格较低或者不存在碳价格的管辖区。

如果分配不当，可能导致过度分配，进而导致碳定价体系的脆弱性加剧。免费分配方法主要有两种：

溯往，提供的扶持与历史排放情况挂钩；

基于产量的基准，提供的扶持与实际产量水平挂钩。

溯往本身并不会导致过度分配，但其通常是导致过度分配和驱动低价格的广泛安排中的一部分。溯往本身并不会防止碳泄漏，因为无论产量水平如何，都将提供免费碳单位。在为其他分配方法确定基准时，溯往可用作过渡措施。

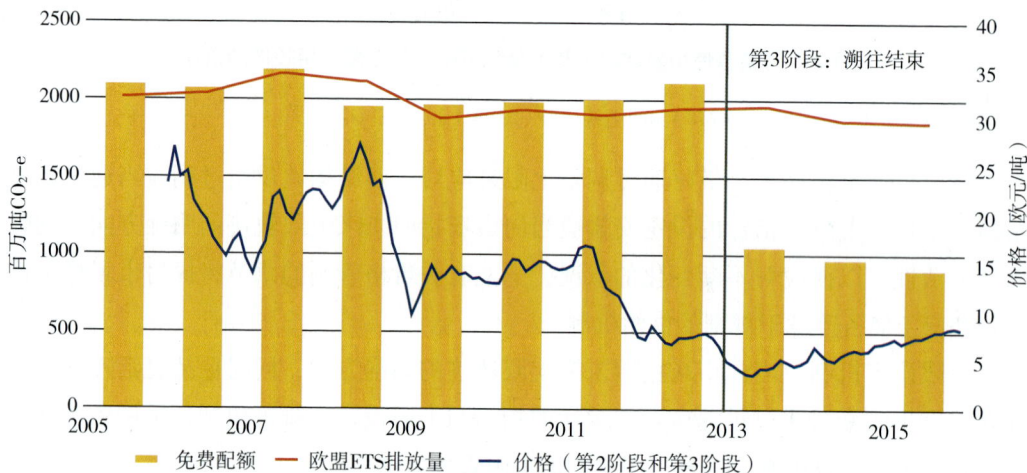

图34　欧盟ETS溯往导致过度分配，进而导致价格下跌

备注：欧盟ETS第2阶段和第3阶段的价格是指12月份期货合约结算价格。

资料来源：价格数据来自洲际交易所和金融数据平台Quandl（2016年），排放量和配额数据来自欧洲环境署（2016年）。

基准的设计决定了所采用的缓解方案：

工艺基准：根据用于生产特定商品之工艺的排放密度进行分配，以激励提高工艺效率；

产品基准：根据生产特定产品的平均排放密度进行分配，以激励技术替代；

行业基准：根据特定行业或产品类别的排放密度进行分配，以鼓励类似产品之间的替代，但很难实施。

不进行免费分配也可激励最终用途替代，即在相对价格发生变化时，选择消费不同的产品。总体而言，这意味着，从免费分配逐渐转向全部拍卖，将激励更广泛的国内缓解方案。

　　碳单位的拍卖获得的收入还可用于其他用途。这些收入可用于减少其他税收、增加政府总收入，或者与其他支出计划挂钩。例如，在欧盟，全部拍卖收入中至少有一半必须用于气候或能源相关的目的。

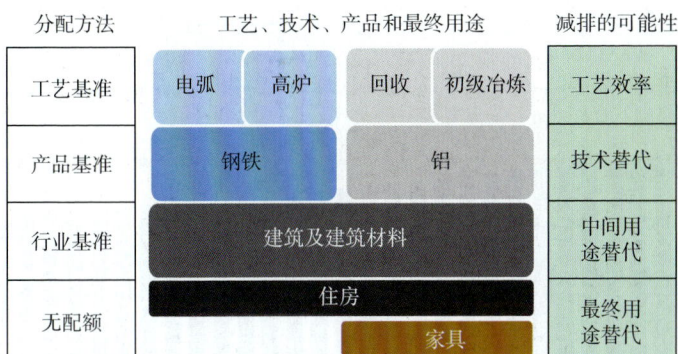

图35　向企业提供的扶持方式决定了减排的可能性

资料来源：Vivid Economics。

　　有多种设计特点可用于限制免费配额的数量并增加可供拍卖的碳单位数量。具体包括：

　　仅向特定行业提供配额，尤其是存在碳泄漏风险的行业。这些行业通常这通常是出口贸易型行业——这意味着，它们因面临海外竞争而不太可能实现成本转嫁，并且是排放密集型行业——这意味着，碳价格可能对其相对竞争力产生巨大影响。

　　差异化扶持率，以反映碳泄漏风险敞口的不同水平。因此，管辖机构可决定，对碳泄漏风险敞口不同的管辖区提供不同的扶持率。例如，澳大利亚ETS的差异化分配率就是基于行业的排放密集度。

　　设置限额，通过将配额限定在碳单位总数量的特定比例，对免费配额设置上限。例如，对于欧盟ETS的第3阶段，免费配额被限定在总上限的43%。

　　自动削减扶持，例如，澳大利亚ETS采用率碳生产率红利机制，以反映潜在自然碳效率随时间的改善，此机制使得扶持率每年降低1.3%。

　　评估，即对某个行业的成本转嫁能力及其碳泄漏风险敞口的证据进行独立的评估。可将这些复核作为一种正式的机制，并将其结果与扶持率直接挂钩，或者仅将其用作一个信息来源，让政府能够做出明智的决定。例如，澳大利亚生产力委员会的职责就是评估成本转嫁和碳泄漏风险。

图36显示了澳大利亚ETS中的中度排放密集型和高度排放密集型行业的扶持率。对高度排放密集型行业的扶持率起初达到基准水平的94.5%，而对中度排放密集型行业的扶持率起初为基准水平的66%。这两个扶持率均受碳生产率红利的影响，之后，扶持率每年下降1.3%。

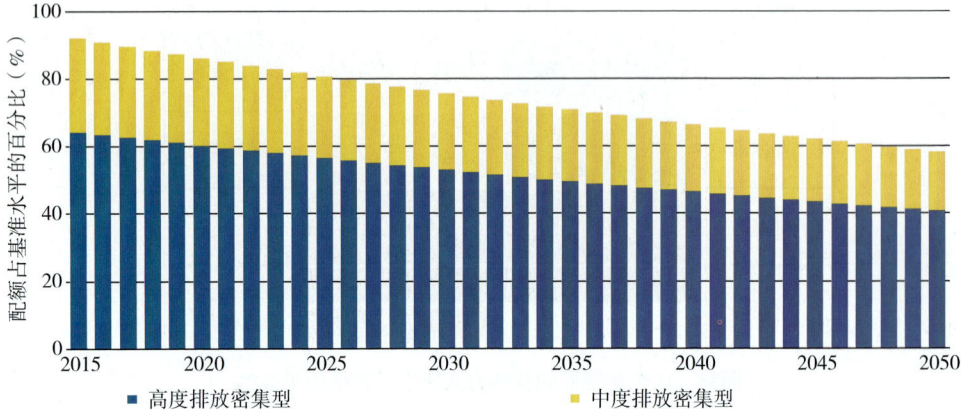

图36　澳大利亚ETS的差异化且不断减少的扶持标志着向拍卖方式的转变

资料来源：Vivid Economics。

3.治理碳市场

碳市场的治理规则对于碳市场的高效、稳健的运作而言至关重要。碳市场的治理可能涉及各种不同的决策和设计方案，然而，一些设计考虑因素适用于所有碳市场，并且尤其重要——具体包括有关下列事项的决策：

——排放单位的覆盖范围；

——排放单位的银行业务；

——利用价格稳定因素；

——为二级市场的发展提供的储备。

（1）覆盖范围

广泛的覆盖范围以及可鼓励成本转嫁和提高ETS效率的市场设计，有助于改善ETS的稳健性。覆盖规则决定了哪些部门和温室气体排放者负有碳价格责任，同时，通过旨在决定哪些用户将面临碳价格产生之成本和激励的广泛规则来决定成本转嫁。

广泛的覆盖范围和成本转嫁可通过激励更多的减排方案来提高市场效率。图37列举了一些可通过不同的覆盖范围和成本转嫁安排予以激励的减排方案示例。当覆盖范围有限，或者未发生成本转嫁时，这些方案未被考虑，这意味着，减排成本变得更高。

	供应商	成本转嫁至： 经销商	消费者
电力	减排方案： 改变发电能源结构	减排方案： 降低配电损失	减排方案： 降低消耗
工业	减排方案： 高效的资源开采	减排方案： 更清洁的生产工艺	减排方案： 改变消费选择
交通	减排方案： 改进汽车技术	减排方案： 改变车辆组合	减排方案： 少开车，多利用 公共交通

覆盖范围：（左侧纵向标注）

图37　有关覆盖范围的决策和成本转嫁水平决定了可用的减排方案

资料来源：Vivid Economics。

　　任何既定减排方案的潜在减排效果都将随碳价格的上涨而增强。这意味着，随着碳价格的不断上涨，如果某个特定的减排来源未获得激励，则相应的潜在减排方案将被忽视。反过来，这意味着，当覆盖范围有限，或者成本转嫁受到限制时，需要成本更高的减排方案，而在既定碳价格下实现的减排效果更低，如下图38所示。

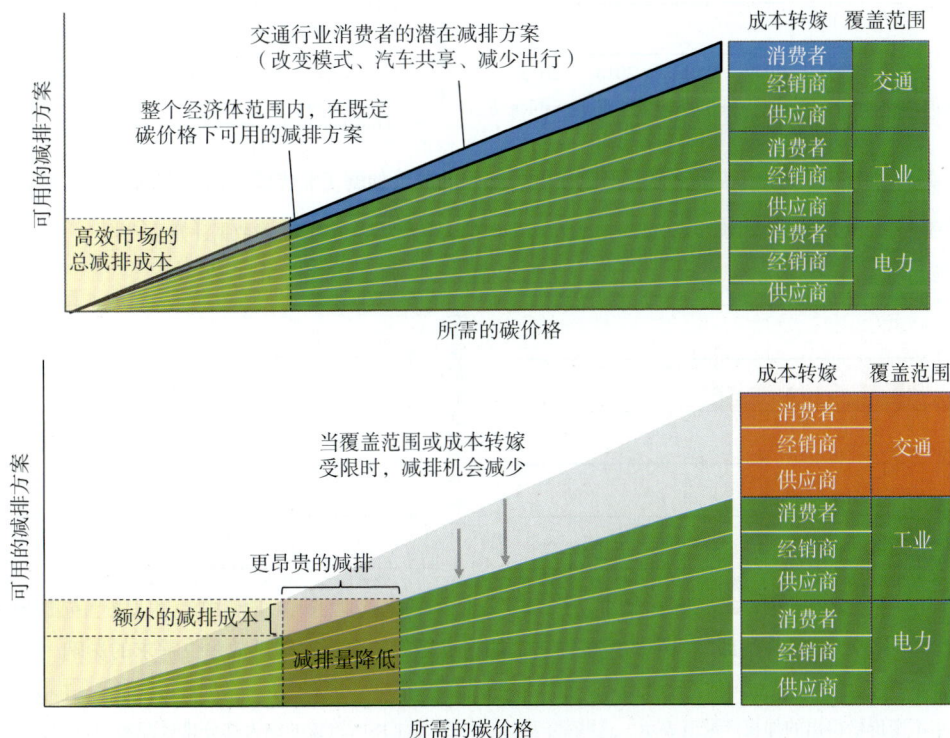

图38　当覆盖范围有限或者成本转嫁受限时，任何既定指标都将需要成本更高的减排方案

资料来源：Vivid Economics。

603

狭窄的覆盖范围将导致碳市场对行业特定冲击的风险敞口增大，进而导致稳健性降低。冲击通常会以不同的方式影响经济体的不同部分。

技术冲击往往会推动某个部门排放量的重大转变，而其他部门基本不受影响。例如，美国非常规天然气开采规模的扩张对美国电力部门的排放产生重大影响。这一点反映在美国仅覆盖电力行业的区域温室气体减排倡议（RGGI）的碳单位需求中。在RGGI覆盖的州，从2008年到2013年，发电排放量下降了30%以上，而其他部门排放量的下降速度则慢得多，如下图39所示。

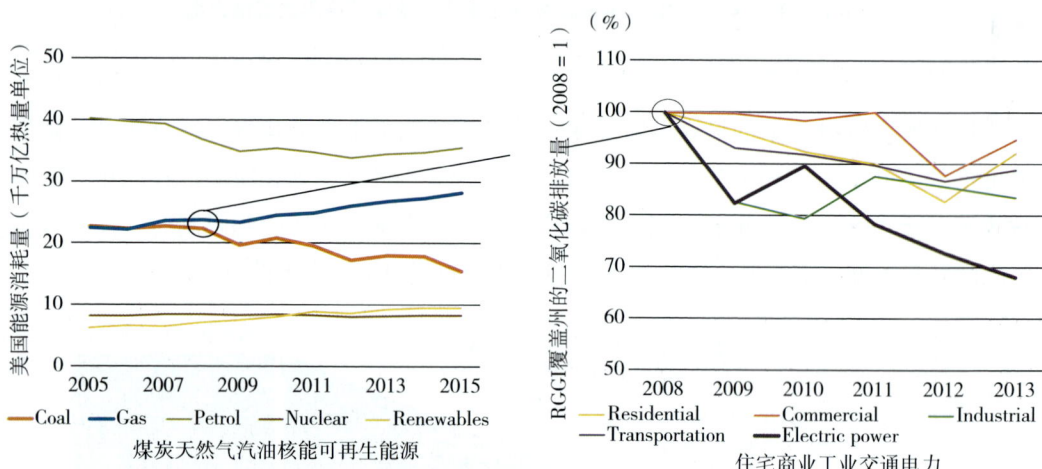

图39 RGGI覆盖州将覆盖范围限定在电力部门的决策加剧了非传统天然气技术冲击的影响

资料来源：根据美国能源信息管理局（EIA）（2016b）以及EIA（2016a）的数据计算的结果。

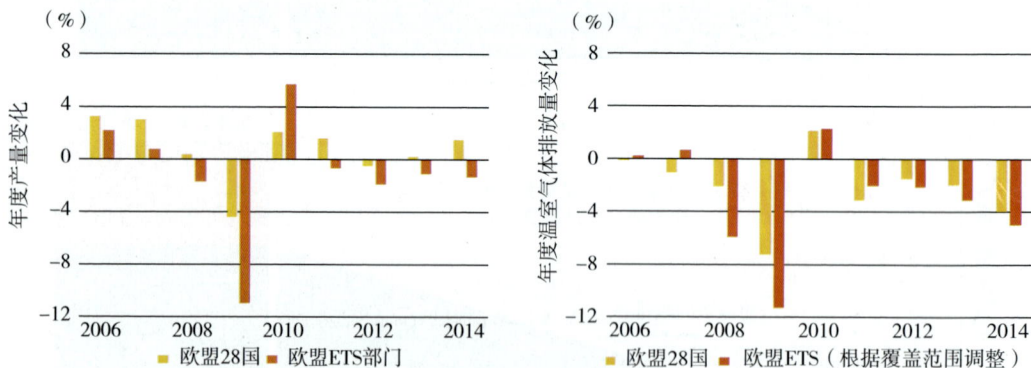

图39 欧盟ETS部门集中的产量冲击加剧了欧盟经济衰退对碳排放单位需求的影响

备注：欧盟ETS部门的产量水平以标准行业分类编码（NACE）17、19、20、23、24和35使用按行业分类的2010年不变价格得出的加权产量值表示。这些部门包括负责欧盟ETS所覆盖的绝大部分排放配额的行业，具体包括，造纸、可乐、精炼石油、化工、基本金属、其他矿物产品，以及电力和天然气供应行业。考虑到地理扩张和覆盖范围安排的改变，排放量数据经过相应调整，以确保年际一致性。

资料来源：经合组织（2016a）；欧盟统计局（2016b、2016d和2016a）。

经济冲击也可能集中在特定的部门。例如，欧盟ETS主要覆盖工业和能源部门的排放。这些部门在2007年至2008年的经济衰退中受到极大影响，其产量水平的波动远超出欧盟整体平均水平。这一点反映在排放量结果及欧盟配额需求中。需求的急剧下降是导致2008年价格下跌的主要原因，如上图39所示。

（2）碳银行业务

碳单位相关的银行业务既可通过促成跨时间的减排替代来提高ETS的成本效益，又可增强市场的稳健性。碳银行业务让企业能够储备碳单位，以备日后使用。这使得上限在合规期起到预算而非指标的作用。反过来，这意味着，当某个合规年度的排放量低于预期时，该年的碳单位仍具有价值，因为它们仍可用于解除碳负债。碳银行业务有助于在减排成本最低时减少排放量，从而提高效率，还可通过确保碳单位即使在冲击之后仍保留正价值，从而增强稳健性。然而，这也意味着，当冲击较大时，碳银行业务可能导致持续供过于求，进而让价格持续多年受到抑制。

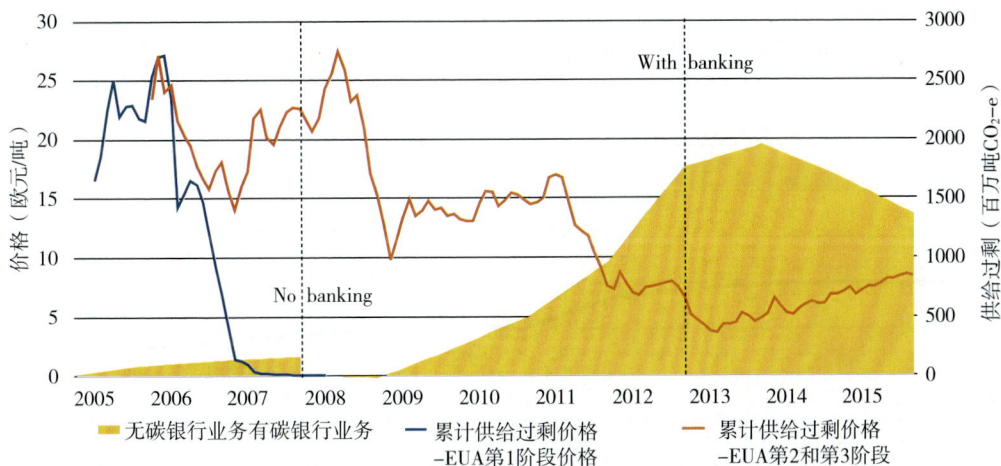

图40　尽管欧盟ETS供过于求，碳银行业务确保了价格为正

备注：欧盟配额价格基于12月份期货交割价格。累计供给过剩量通过将所分配的欧盟总配额（免费配额和拍卖配额）加上按照《京都议定书》交还的碳单位的数量，再减去核证排放量而得出。

资料来源：欧洲环境署（2016年）和洲际交易所及金融数据平台Quandl（2016年）。

欧盟ETS的经验证实了碳银行业务的重要性。在欧盟ETS的第1阶段和第2阶段，碳银行业务未获得许可，这导致在供给过剩的水平被公开后，价格跌向零点。之后，在ETS的第2阶段，欧洲面临经济衰退，导致工业产量大幅下降，进而导致供给过剩数量达到第1阶段的十倍以上。碳单位能够存入银行，表明碳价格仍较低，但仍大于零。然而，这也导致碳价格在ETS的第3阶段长期低迷，如上图40所示。

（3）对接和抵消

与其他排放交易系统或者与可靠的抵消机制对接，将提高碳市场的效率，并可能增强其稳健性。与其他ETS对接，通常可稳定多个碳市场的需求，因为此做法将多元的碳市场结合在一起，这意味着，总体排放量不再过于依赖某一个市场的经济环境。例如，欧盟总体排放量的稳定性远高于欧盟任何普通成员国排放量的稳定性，如下图41所示。对接可能对以下方面产生影响：

仅供给，例如，欧盟ETS和新西兰ETS采用了《京都议定书》的碳抵消机制；

仅需求，例如，澳大利亚ETS与欧盟ETS之间计划采取的单向对接；

供给与需求，例如，美国RGGI州与加州和加拿大魁北克省之间的对接。

仅影响供给的对接可能导致ETS内部的价格下降，但也可能成为通过低价格传导供给冲击的机制。仅影响需求的对接可能导致减排成本上涨，但也可能在需求或技术冲击下起到稳定价格的作用。影响供给与需求的对接意味着，冲击在不同市场之间传导，但其影响通常得到缓和。然而，当一个小市场与一个较大的市场对接时，较大市场的经济环境可能主导较小市场的经济环境。

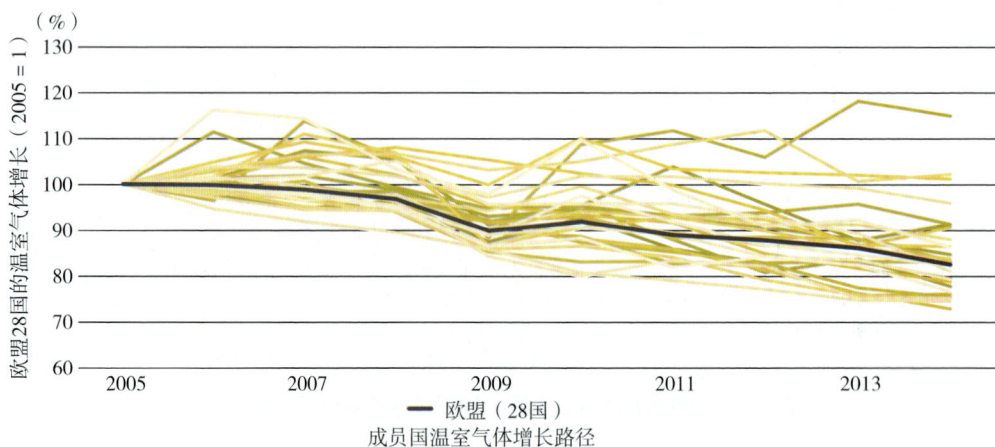

图41　通过市场对接，可抑制国家排放量的波动

资料来源：欧盟统计局（2016b）。

国际抵消交易可以低成本提供大量减排，并支持碳市场的扩张。然而，抵消交易通常面临质量问题，因为，通过项目或部门抵偿机制来确定实际减排水平仍然是较难的。因此，抵消交易通常受到一系列限制，以控制其对市场大范围运作的影响。这些限制主要包括两种形式：

定性限制，即仅允许在ETS中使用特定类型的单位（例如，欧盟ETS对《京都议定书》碳单位来源国的限制）；

定量限制，即限制可使用的特定类型单位的数量。当某条限制具有约束力（或者预期将产生约束力）时，定量限制将迫使价格发生偏离。

当采用了某条定性限制，或者当某条定量限制产生约束力时，价格可能发生偏离，这意味着，效率与稳健性之间可进行直接权衡。例如，2010年到2013年，新西兰碳排放单位的价格紧随《京都议定书》碳单位价格的变化而变化。然而，对《京都议定书》碳单位禁令的预期及该禁令随后的推行，导致价格在此期间之后发生偏离。在推行该禁令的过程中，新西兰在效率与稳健性之间做出了权衡——为实现与长期减排需求更一致的碳价格而放弃了低成本减排来源，如下图42所示。

图42　合规规则决定了相对价格

资料来源：洲际交易所（2016年）和国际碳行动合作组织（2016年）。汇率数据来自经合组织（2016b）。

（4）价格稳定因素

价格稳定因素可作为维持稳健碳价格信号（尤其在新市场中）的有用工具。在建立碳市场时做出的政策妥协意味着，碳市场可能特别容易受到经济冲击。可利用的价格稳定因素主要分为两类——取决于价格的温度因素和取决于数量的稳定因素。

取决于价格的稳定因素可在一条或多条价格条件得到满足时干预市场。此类稳定因素包括：

价格下限、拍卖储备价格和交还费——旨在维持最低价格或同等的价格激励；

价格上限和应急储备——旨在维持最高价格；

价格走廊——旨在确保价格始终在既定范围以内。

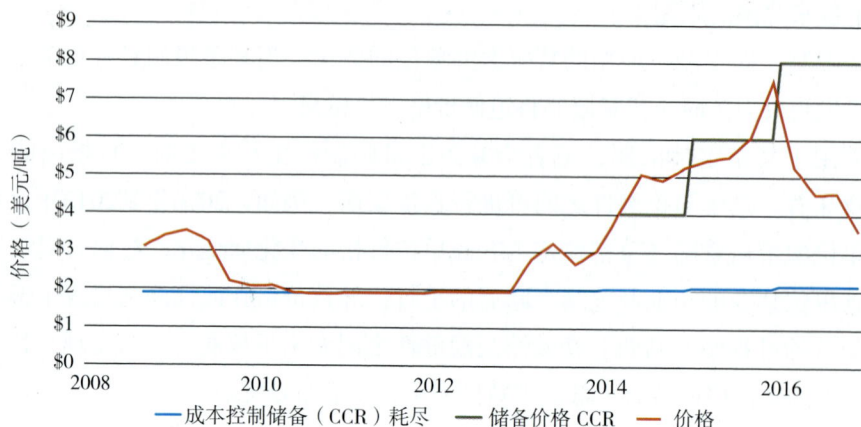

图43 "软"价格下限及上限可能导致价格偏离指标区间之外

资料来源：RGGI（2016）。

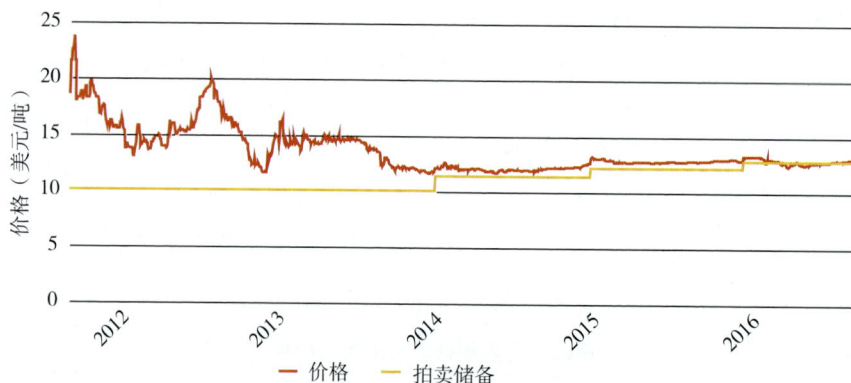

图44 美国加州拍卖储备价格限制了碳价格的下跌，但也导致收入下降

资料来源：《气候政策倡议》（2016年）。

大多数稳定因素都通过调节市场中的供需水平来达到某个特定的价格水平。当价格达到预定的特定水平时，作为最纯粹的稳定因素，价格下限将带来无限的需求，价格上限将带来无限的供给。更常见的是采用拍卖储备价格等软价格管制——通过设定某个最低的拍卖价格来限制供给，以及应急储备——在达到某个特定的价格水平时增加单位供给。价格走廊是指旨在同时维持最低和最高碳价格的稳定因素。美国加州ETS和RGGI都采用了拍卖储备价格和应急储备形式的价格走廊。这些政策对这些市场中碳价格的影响如图43和图44所示。

交还费并非旨在维持某个特定的价格，而是试图通过对为合规而交还的每个碳单位收取一笔额外费用，来维持最低价格激励。目前，英国采用了交还费措施，以鼓励减排水平超出由目前较低的碳价格驱动的水平。

取决于数量的稳定因素不太常见，主要例子是欧盟的市场稳定储备（MSR）。MSR旨在通过基于二级市场目前多余的碳单位之数量来调节供给，从而矫正碳市场中的供应失衡。当二级市场中碳单位的数量超出某个特定水平时，本将拍卖的碳单位被纳入MSR中。当市场中碳单位的数量低于某个预定水平时，MSR将重新引入之前保留的部分供给。由于MSR逐步撤回供给，因此，它可能更适合解决暂时性的供应失衡，而非结构性供给过剩。图45显示了MSR在既定的排放量示意轨迹下如何改变供给。

价格管制可能难以与其他政策机制相融合，而且在与其他市场对接时可能产生特殊困难。采用价格管制，让供给来响应价格，可能破坏对接的环境完整性。如果某个管辖区中触发了价格下限，价格管制可能导致供给增加到该辖区的净排放量超过正常经营情况下排放量的程度。价格管制还可能造成棘手的分配结果——若被触发，可能导致一个管辖区的资源向另一个管辖区的净转移。对价格管制进行协调，可在一定程度上解决这些问题。然而，协调过程也涉及其他复杂环节，例如，可能需要开发共同的拍卖平台，或者约定用于矫正汇率波动的方法。

图45　欧盟市场稳定储备通过调节市场中碳单位的数量来应对供给过剩或供给不足

备注：排放量示意轨迹仅供参考。累计供给过剩量通过将所分配的欧盟总配额（免费配额和拍卖配额）加上按照《京都议定书》交还的碳单位的数量，再减去核证排放量而得出。

资料来源：欧洲环境署（2016年）。

（5）二级市场的发展

政策设计可支持具有流动性和透明性的二级市场的发展，从而提高效率和改善价格发现。具体而言，市场设计应当旨在支持可缩减交易成本之主体的发展，并降低市场参与者承担的交易对手风险。

市场依赖于中央交易对手来降低合约的交割风险。活跃的排放单位交易要求市场参与者对其交易对手按约定交割碳单位或付款报以信心。在拥有众多买家和卖家的大规模市场中，对每个交易对手的财务风险进行评估可谓一项艰巨的任务。因此，市场往往依赖于受信任的中央交易对手来降低这些风险和促进交易。这些中央交易对手可确保各方均达到最低标准，并将在任一方出现违约时保证交割。中央交易对手通常同时支持场外交易和交换交易平台。

通过从场外市场交易转向基于交换的标准化合约交易，来实现成本削减。基于交换的交易通常在拥有大量买家和卖家的市场中开展，因为大量交易的聚集可带来更大的流动性。在欧盟ETS的第1和第2阶段，市场逐渐从场外交易转向基于交换的交易。基于交换的交易具有多个优点，包括可提供有关定价和降低成本的透明信号。下图46反映了欧盟ETS向基于交换之交易的转型。

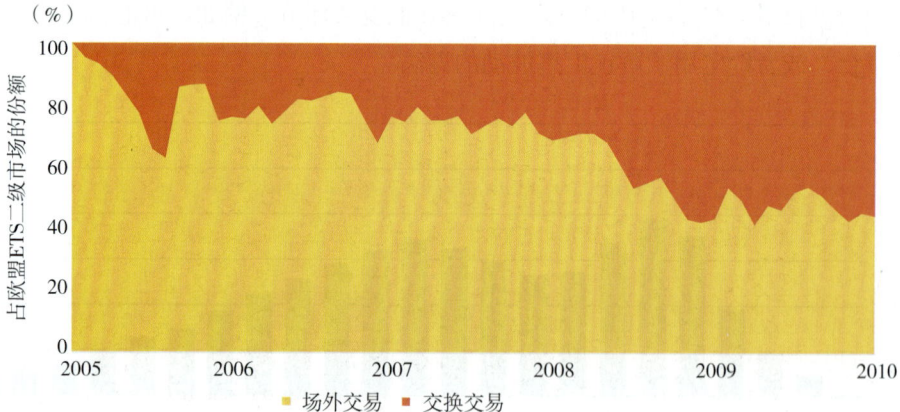

图46 随着市场逐渐成熟和参与度的提升，交易往往转向二级市场的交换交易

备注：由于没有可用的源数据，此图通过数字化方法创建，因此仅供参考。

资料来源：Kossoy和Ambrosi（2010年）。

期货市场的增长反映了对规避风险以及为寿命较长资产生成更长期价格信号的期望。在欧盟ETS的第2阶段和第3阶段，期货市场得到扩张，并开始与已提前运作多年的、具有流动性的期货市场合并，如下图47所示。目前，欧盟ETS二级市场中几乎所有的交易都是期货合约交易。最常见的交易合约的期限短于一年的12月份交割期货，而期限到2020年的12月份交割期货合约也存在大规模市场。

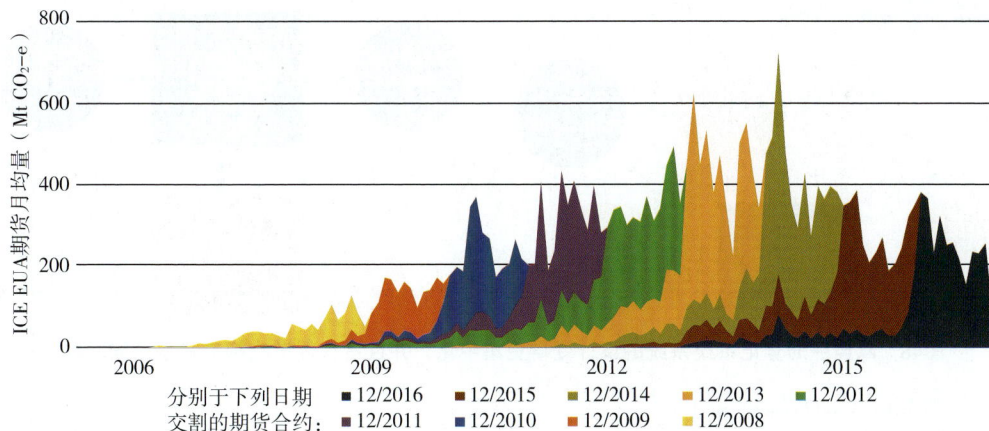

图47 期货市场的增长为风险管控和改善价格发现提供了新机会

备注：仅包括12月份交割的期货合约量。

资料来源：洲际交易所和金融数据平台Quandl（2016年）。

欧盟不断改进的体制和法规，为这些市场的发展提供了支持。在欧盟ETS的第1阶段和第2阶段，注册登记系统由各成员国管理，因而造成不同管辖区之间产生大量重复性工作。然而，碳单位的交易仅集中于其中少数几个与活跃交换平台对接的登记系统中（尤其是Bluenext交易所所在的法国的登记系统）。通过开放的市场准入来促进交易，从而让责任实体、金融机构及其他个人和商业单位能持有排放单位。2008年和2009年，现货市场的欺诈案例导致欧盟加强了监管，见现货市场作为金融产品市场予以监管，而之前将其作为大宗商品市场予以监管。现货市场出现的这些问题也加速了向从一开始就作为金融产品市场来监管的期货合约交易市场的转型。

在欧盟ETS的第3阶段，各成员国的注册登记系统被合并成一个统一的欧盟注册登记系统，以支持更高效、更成熟市场的发展。向集中化市场转型后，由于采用一套共同的流程和方法来评估注册登记系统，欧盟范围内的跨成员国交易变得更加容易。通过采用集中化报告，市场信息的透明度提升，市场参与者能更好地做出决策。欧盟注册登记系统还为交易平台新增了一种账户，简化了开展交换交易的流程，同时确保安全标准得以遵守。统一注册登记系统让注册登记系统对接工作能在指定情况下完成，因而可促进未来与其他碳市场的对接。下图48反映了注册登记系统设计的这些改进。

欧盟ETS第1阶段和第2阶段

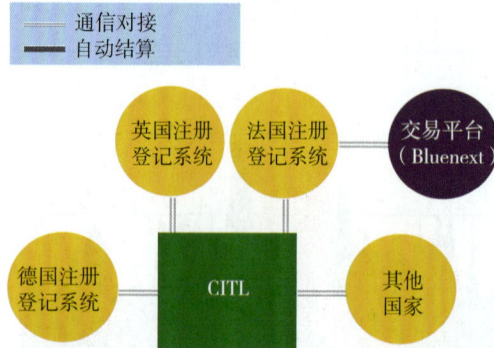

欧盟ETS第3阶段及后续阶段

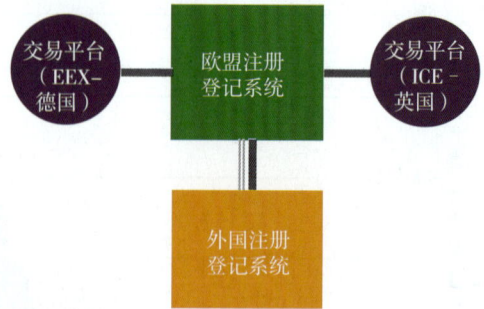

图48　欧盟注册登记系统系统的设计变得更集中化，并且旨在促进交换交易平台的发展

资料来源：Vivid Economics。

4.管控不同政策之间的相互作用

碳定价在广泛的政策组合范围内操作，其中许多其他政策将影响碳市场的运作方式及其高效减排的能力。影响碳市场运作的政策包括以减缓气候变化为直接目标的政策以及其他政策目标的政策，可分为三大类：

补充性政策——改善碳市场的运作并提高效率，进而降低成本和可能的碳价格；

重叠性政策——重复碳市场提供的某些激励。这些激励可能提高或降低气候政策的总体效率（具体取决于政策设计），但所有重叠性政策往往都会降低均衡碳价格；

抵消性政策——提供与碳市场提供的激励相反的激励。这些激励将降低气候政策的效率并提高价格。

图49概述了这些政策类别。

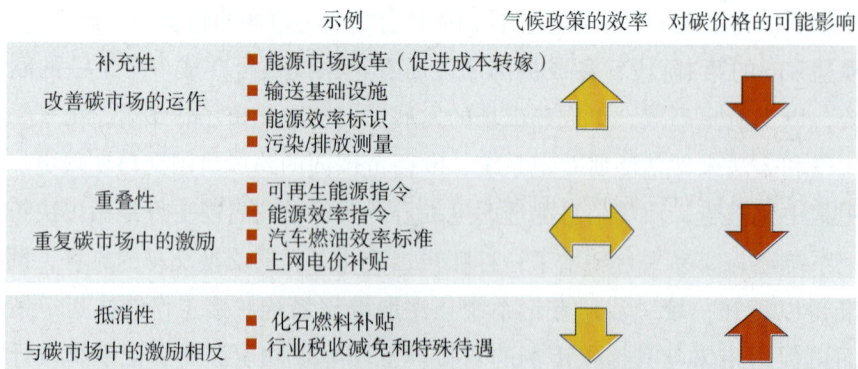

图49　气候政策的效率受碳定价与补充性、重叠性和抵消性政策之间相互作用的影响

资料来源：Vivid Economics。

（1）补充性政策

补充性政策是指通过解决可能阻碍碳市场高效运作的市场或监管失灵来改善ETS运作的政策。有多种多样的补充性政策可以多种方式改善市场运作，例如：

强制性能效标识，降低搜索成本，让人们在购买家用电器时能做出更好的决策。图50显示了在引入能耗标签和最低性能标准之后，新型冰箱的需求如何转向更高效的模型。

直接测量地下煤矿中的甲烷，以确保安全，以便相比于使用标准区域因素，更准确地对这些排放进行定价。

在许多情况下，除减排目标外，碳定价还可与补充性政策共同支持其他政策目标。这为实施更广泛的、旨在增强各政策业绩和支持可持续发展的一揽子改革方案提供了机会。

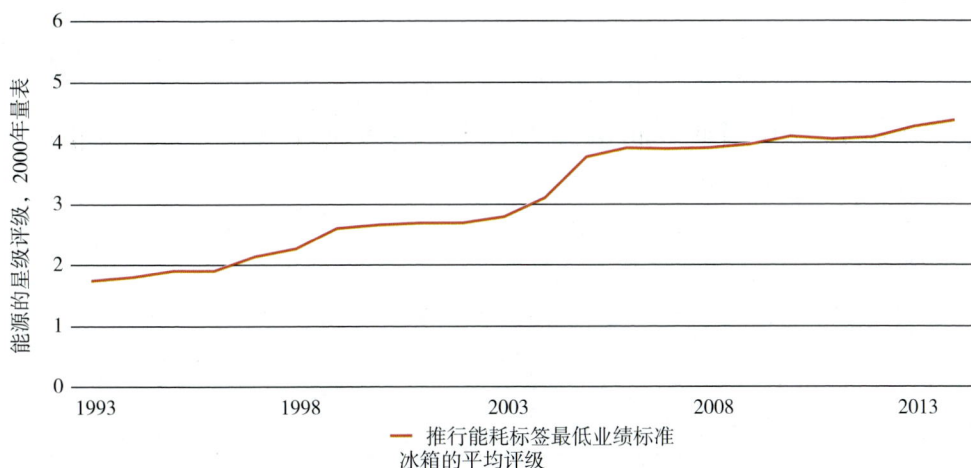

图50　标识可能有助于提高澳大利亚消费者选择节能冰箱的比例

资料来源：《能源效率策略》（2016年）。

（2）重叠性政策

重叠性政策可能对气候政策的效率产生积极或消极的影响。某些重叠性政策将提高效率，尤其是在解决真正的市场失灵情况下。例如，在没有指导的情况下，消费者通常会购买低效的、操作成本较高的电器。其原因有很多。例如，消费者可能希望节省与研究不同电器的相对性能相关的时间成本，因而不考虑其所选电器的环境和能源影响。或者，一些房东可能购买廉价但低效的电器，但这些电器对于需要为其较高的能耗付费的租户而言，总体成本较高。由于这些原因及其他市场失灵，许多国家通过推行能效标准，实现了具有成本效益的减排。这些标准提高了电器销售量，并且在许多情况下，对价格的影响很小。图51显示了美国对洗衣机产品推行能效标准所产生的影响——实现了能源消耗量的大幅降低，同时对价格没有明显的影响。

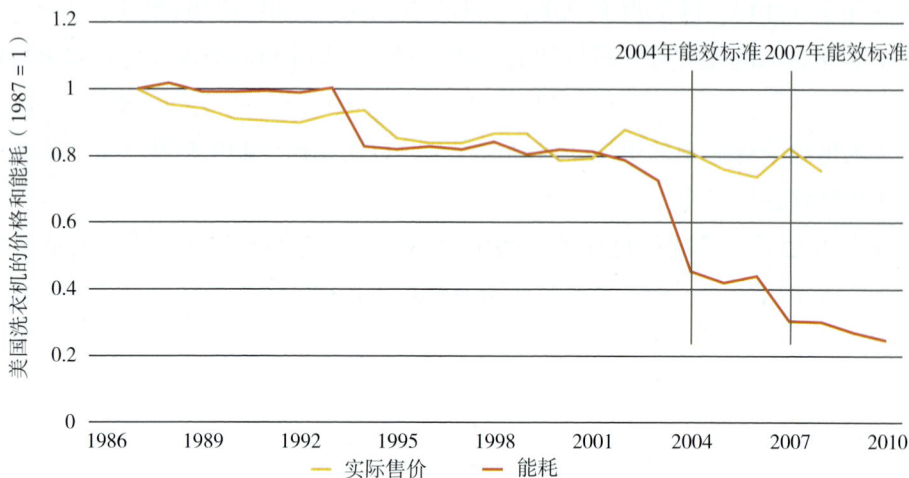

图51　美国的能效标准以低成本降低了能源消耗

资料来源：国际能源署（2015年）。

图52　美国加州的低碳燃料证书重复了碳价格激励，其较高价格导致碳市场的需求和价格均有所下降

资料来源：加州空气资源委员会（2016年）和《气候政策倡议》（2016年）。

在其他情况下，重叠性政策将导致碳定价系统的效率降低，尤其是当多个政策工具寻求解决同一个市场失灵问题时。例如，德国采用上网电价补贴的案例。德国向太阳能发电行业提供了慷慨的补贴，导致该行业显著增长。然而，这种形式的减排需要很高的成本，并且对ETS中的碳价格造成下行压力。

美国加州的低碳燃料标准案例反映了重叠性政策可能降低碳价格的有效性。燃料标准通过燃料证书的创建和交易来实施，以吨CO_2-e表示。因此，该政策重复了加州ETS的激励——也要求为运输燃料的燃烧排放交还碳单位。此举降低了气候政策的效率，因为它意味着，交通部门面临的有效碳价格高于经济体的其他部门。交通运输部门的这一更大的减排激励也对碳价格产生了下行压力。交通运输部门面临的实际碳价格与该政策覆盖的其他部门面临的实际碳价格之间的差异，如上图图52所示。

（3）抵消性政策

抵消性政策是指与碳市场产生的激励相反的政策。抵消性政策的最显著案例是化石燃料补贴。这些补贴的规模往往较大，并且仍在许多管辖区（同时也受ETS约束）内实施，如图53所示。其他抵消性政策可能不太显著，例如，城市流动政策抵消了碳价格的影响，尽管这并非其初衷。

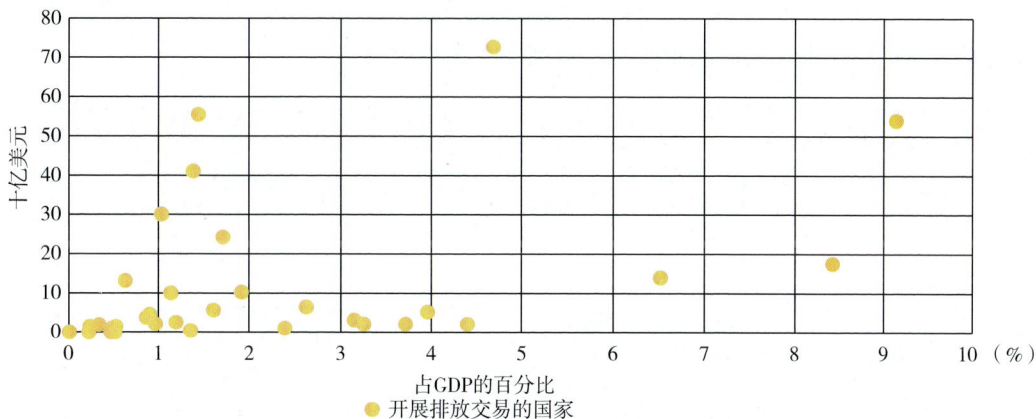

图53　许多国家仍然实行成本高昂的化石燃料补贴政策，这些政策抵消了碳市场的目标

资料来源：国际货币基金组织（2015年）。

在某些情况下，尽管抵消性政策对碳市场的运作存在影响，管辖区仍可决定继续实施抵消性政策。当管辖区判断，该政策对气候政策效率的正面影响远超过其负面影响，并且其他政策无法实现理想的政策结果时，可能发生此情形。

（四）碳市场的渐进式改变和革命性改变

碳市场的改变可以是渐进式改变或革命性改变。中国将很快建立碳市场。2017年12月19日，中国国家发改委宣布，以发电行业为突破口，中国碳排放交易体系正式启动。此前，国家发改委印发了《全国碳排放权交易市场建设方案（发电行业）》，这标志着中国国碳排放交易体系完成了总体设计，已正式启动全国碳排放交易体系，建设全国碳排放权交易市场，是利用市场机制控制和减少温室气体排放、推动绿色低碳发展的一项重大创新实践。然而，为应对冲击和不断变化的政策重点，该市场的设计可能会随着时间而发生改变。因此，有必要确定采取何种改变，以及这些改变将涉及的方面，以便考虑中国碳市场未来的政策方向。研究阐明，减缓气候变化举措的成本效益将变得日益重要，因为随着时间的推移，将需要实现更高水平的、更高成本的减排方案。这意味着，随着时间的推移，政策制定者可能需要从成本效益权重较低、其他目标权重较高的碳定价系统，转向对政策成本效益给予更高重视的碳定价系统。为此需做出的政策改变的性质将取决于政策问题的性质和中国的具体情况。

渐进式改变与革命性改变在速度、水平及/或影响类型方面可能有所不同。一般而言，如果改变迅速发生、影响较大，并且改变了系统的性质而非仅仅改变其效率或成本分摊，往往属于革命性改变。例如，通过能源体系和产业结构的根本性改革，实现2050年之前达到净零排放的政策改变，就属于革命性改变。

指标	革命性	渐进式
速度	迅速改变 （例如，2050年之前达到净零排放）	逐渐改变 （例如，2050年之后达到净零排放）
水平	影响大 （例如，较高碳价格， 行业结构的彻底改变）	影响小 （例如，较低的碳价格， 产业内竞争力的改变）
类型	改变系统的运作 （例如，开放能源市场）	改变效率或成本负担

图54 渐进式改变与革命性改变在速度、水平及/或影响类型方面可能有所不同

资料来源：Vivid Economics。

决定采取渐进式改变还是革命性改变，取决于所需达到的改变速度和水平、影响的确定性，以及其政治与体制可行性。当需要更快、更大的改变时，将需要采取革命性的方法。此外，还必须考虑影响的不确定性，当政策影响的不确定性较低时，风险规避型决策者可能偏向于渐进式改变。改变方案的政治可行性也很重要。例如，当改变需要做出较大的权衡，或者是否需要改变面临争议时，可能更适合采用渐进式改变。体制能力的水平也存在一定影响，因为当体制机构能力水平较高时，才能更有效地管控改变，并能够更好地应对不断变化的环境。

指标	革命性	渐进式
速度	要求更快的转变	可接受较慢的转变
水平	需要大的改变	变化的影响较小
确定性	影响在很大程度上是确定的	影响是不确定的
政治可行性	"无遗憾"或较小权衡，获得广泛支持	需要重大权衡，引起广泛争议
体制能力	系统和流程足以应对变化	能力局限使得改变较困难

图55　合适的政策改变方案取决于所需达到的改变速度和水平、影响的确定性，以及改变的政治与体制可行性

资料来源：Vivid Economics。

气候变化的一些方面表明，渐进式改变与革命性改变之间需要平衡。如果需要达到较快的减排速度和较高的减排水平，则意味着需要采取革命性改变，然而，这种改变涉及的政治复杂性和体制能力的局限性意味着，采取"快速渐进式改变"可能更为合适。

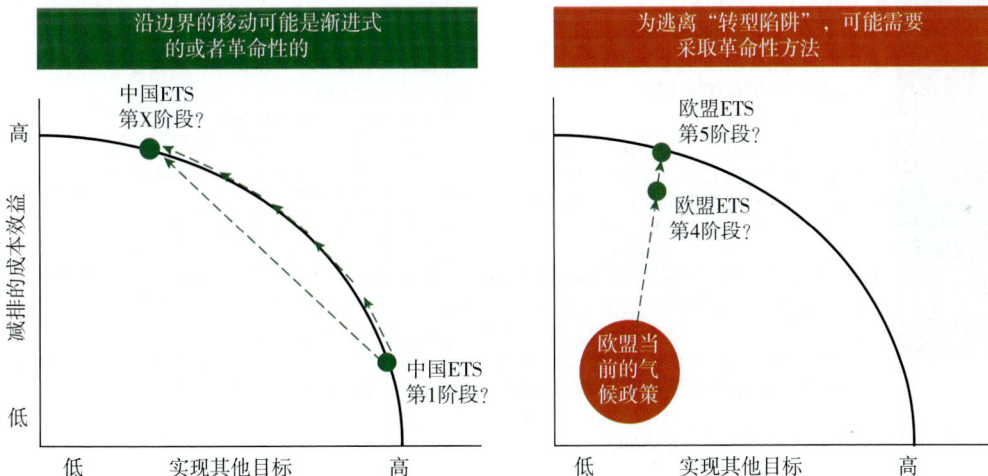

图56　选择渐进式改变还是革命性改变，取决于所处背景

资料来源：Vivid Economics。

为实现理想的结果，需要仔细考虑如何对改变方案进行排序，为此，各管辖区需要根据各自的具体情况做出选择。气候政策中的某些要素可能比其他要素更有利于革命性改变，因此，在对政策改变进行排序时，这些要素之间的相互作用构成一项关键的决定因素。

中国似乎将采取"慢速启动"排放交易的方案；因此，中国应当考虑，采取价格管制和明确的改革路径，以降低陷入"转型陷阱"的风险。在碳定价的早期阶段，常常需要做出权衡，若权衡不当，可能导致碳市场的脆弱性。这意味着，活跃的价格管控方法（例如，严格的价格走廊）可用于确保在市场发展过程中保持激励。此外，还可通过有关气候政策方向的信号予以支持。例如，通过立法来规定具体改变指标，有助于指明政策方向，从而在发生冲击时维持价格和公众对碳市场的支持。

从长远来看，应当以下列方式制定气候政策：

增强价格信号的明确性，ETS在经济活动中发挥着越来越大的作用，不同的部门和排放源面临着同等的价格信号；

加大国际关注，在决定有关广泛的全球减排需求的政策方面，国内环境的影响逐渐变小。

	渐进式	革命性
创建	■ 基于国情的目标设定，到2030年逐步转向全球碳目标 ■ 自下而上的上限设置——至2020年2050年后的净碳中和	■ 到2020年，转向有约束力的绝对目标和自上而下的上限设置 ■ 目标符合2050年之前实现全球净碳中和的目标
分配	■ 到2020年，从溯往转向基于生产的配额 ■ 仅对排放密集型产业提供支持，高支持率，随时间推移逐渐下降 ■ 剩余单位的拍卖	■ 尽快结束溯往，立即制定流程层面的基线 ■ 支持仅限于排放密集型，面临碳交易的行业，并迅速下降 ■ 到2030年实现100%拍卖
治理	■ 从低（10~20美元）价格下限或MSR开始，还可能包括价格上限，均缓慢上升 ■ 覆盖范围从发电企业和主要工业能源用户开始 ■ 缓慢地转向与国际合作伙伴对接	■ 高（>40美元）价格下限迅速上升 ■ 立即覆盖所有能源、交通和工业排放，具有全面的碳银行业务 ■ 2025年覆盖农业和土地部门 ■ 近期与有意愿的国际合作伙伴对接
政策交互	■ ETS作为广泛政策组合的一部分，其他政策在2030年前占主导地位 ■ 碳市场在经济决策中逐渐变得更有影响力	■ 到2025年，ETS在投资决策中起着直接的重要作用，成为脱碳投资的主要驱动要素 ■ 其他政策符合脱碳目标

图57　渐进式改变和革命性改变在方案设计的各个方面可能各有不同

资料来源：Vivid Economics。

图57概述了中国气候政策可能发生的渐进式改变和革命性改变。主要区别在于改变的速度，革命性方法较早采用更具成本效益的政策方法，并较早实现零排放。在革命性改变情况下，在稳健的价格走廊、广泛的覆盖范围和与国际合作伙伴的近期对接的支持下，碳定价成为短期新能源投资的主要驱动因素。

下面我们将更具体地阐述渐进式改变与革命性改变在碳市场设计方面的差异。

1.创建碳单位

指标与上限的设定密切相关，指标的变化通常自动反映在上限中。图57概述了有关创建碳单位的不同政策之间的相互关系和潜在排序。它反映了不同指标、上限和促成因素之间的关系，以呈现这两种潜在的改革路径。

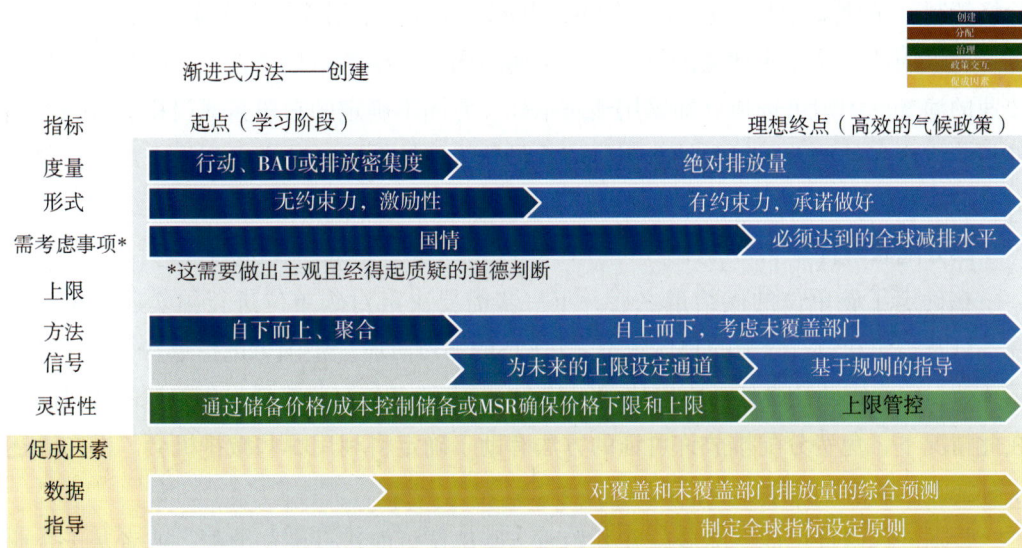

图58　渐进式与革命性方法在创建方面的排序

资料来源：Vivid Economics。

在这些情景中，随着时间的推移，指标从严重依赖于国情转向依赖于对稳定全球气候体系所需达到的减排水平的评估结果。随着时间的推移，减排指标量化指标或基于排放密集度的指标，转向基于绝对排放量的指标。在完成对排放量水平的稳健预测之后，才可能发生向绝对指标的转变，以便根据预期排放结果来调整未来指标。一旦确定绝对指标，中国即可选择从激励性的指标转向具有约束力的承诺。这可能包括有关就某个年份未达到排放量水平指标而予以弥补的承诺。在此阶段，中国可与国际伙伴合作，制定国家目标的设定原则，以实现所需达到的全球减排水平。这些原则可促进排放量指标决定因素从侧重于国家政治和经济情况向基于原则的全球减排份额的转变。

ETS上限遵循类似的进展，即从对覆盖行业排放量的自下而上的预估，转向基于所需达到的减排水平的计算。在ETS的学习阶段，管辖区可能没有足够的信息来设定一个可靠的上限，因而允许上限发生变化，例如，根据某个年份的免费配额水平而变化。然而，随着时间的推移，ETS上限应当发挥更大的作用，即确保国家指标得到实现，为此，需要根据在未覆盖部门的既定指标和预期排放量，自上而下地计算所需的上限。为向市场提供指导，中国可选择建立可指示未来上限在中期内的变化区间的通道。最后，中国可能就上限的计算过程，在各个管辖区采用一套统一的规则。

向二级市场投放的碳单位的数量可通过采用价格灵活性机制来进行调整。在早期操作中，采用的具体工具可能包括价格下限、应急储备或市场稳定储备。长期而言，价格管制可通过独立地或者与其他管辖区共同采用灵活上限管控来实施。

若采用革命性方法创建碳单位，将迅速转向更严格的指标条件，上限也会发生更快速的演变。中国可选择立即采用绝对指标，并因不确定的未覆盖部门排放量和覆盖部门响应产生的偏差予以弥补。当指标在早期阶段转向于反映需达到的全球减排水平时，将变得更加严格，同时，上限设定和价格管制的进展也将加速。

2.分配碳单位

在确定了碳单位的供给量之后，下一步需要决定对碳单位进行拍卖还是免费分配，以及拍卖和免费分配的具体数量。在ETS的学习阶段，中国可选择免费分配大部分碳单位，因为需要让责任污染主体承担其在ETS中的义务，并降低发生碳泄漏的风险。在此情况下，免费分配排放许可证的方法有助于确定将利用哪些减排机会。图59详述了分配方法的潜在排序。

数据的局限性可能意味着，在开始时，碳单位可能进行溯往分配，或者基于企业的历史排放情况进行分配。尽早放弃溯往分配，可释放更大比例的碳单位用于拍卖，并降低营利性出售配额的风险。

仅向成本转嫁受限的行业进行分配，可有效地避免碳泄漏，同时降低成本。为确定某个行业是否受到成本转嫁限制，首先需要收集设施和工艺层面的数据，以便评估排放密集度和交易风险敞口。这些数据还可用于基准测试，从而促进溯往分配方法的淘汰。随着时间的推移，对成本转嫁进行的定期独立评估可用于更精确地确定对碳泄漏风险最高的行业提供的扶持指标。

随着时间的推移，扶持水平应当降低，以鼓励提高效率和产品替代。为此，可按排放密集度及/或基于体制规则的机制，采取差异化扶持率，以逐步减少配额。长期而言，当碳市场的扩张和对接足以抵消碳泄漏风险时，市场应当转向100%拍卖模式。

如果采取革命性的分配方法，则首要任务是收集所需数据，以便评估成本转嫁能力和制定基准。在此情况下，碳市场将更迅速地转向更具成本效益的基准测定方法，并更早地转向碳单位的全面拍卖模式。

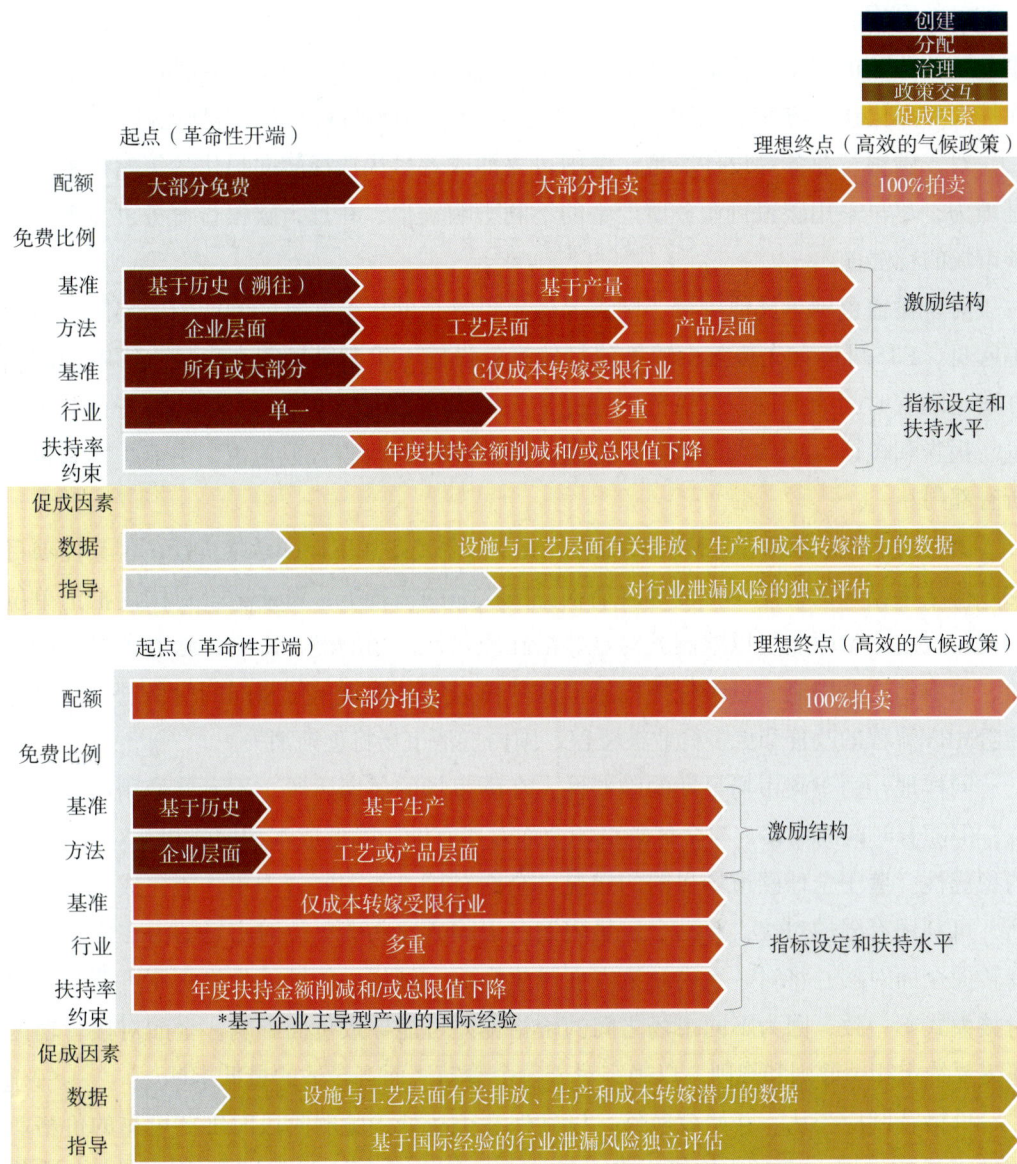

图59 渐进式与革命性方法在分配方面的排序

资料来源：Vivid Economics。

3.对碳单位的治理

碳市场的治理规则将决定其成本效益及其稳健性。随着需要达到的减排水平越来越高，转向高效的治理设计将有助于控制中国能源转型的成本。图60更详细地阐明了潜在改革时间安排与碳单位的分配及分布的关系。

随着时间的推移，ETS的角色可能从首先下学习机制，转变为在更广泛的政策组合中起重要作用的因素，并最终转变为经济体脱碳的主要驱动因素。这种转变将通过旨在扩大和深化碳市场对整个经济体决策之影响的市场规则的改变来得到促进。

对于碳银行业务等设计决策，中国可立即或者尽快选择转向最优的策略设置。这是因为，尽早采用碳银行业务所产生的不利影响较少，并且，碳银行业务可显著改善碳市场的稳健性。

对于覆盖范围等其他决策，则需要做出更复杂的权衡并且受到能力的局限。为简单起见，ETS可能首先覆盖少数排放量较高的设施，以激励可能产生最大影响的减排方案。随着时间的推移，覆盖范围可能扩大，以涵盖经济体中的所有能够进行准确测量、报告和核证（MRV）的部门，并且，随着MRV的改善，覆盖范围可能扩大到包括所有部门。

国内抵消碳单位可用在MRV稳健性不足，以致无法在ETS中承担责任，但具体项目的减排结果已知的行业。在慢速启动碳排放交易的情况下，可能适合对国内抵消单位的使用设定定量限制，以限制其对这些潜在脆弱性市场的潜在影响。随着市场逐渐成熟，可取消这些限制，以确保国内抵消碳单位以与其他碳单位相同的价格进行交易。随着MRV流程的改善和更多行业被覆盖，国内抵消市场将逐渐消失。

同样地，由于碳市场早期的脆弱性，在碳市场的早期阶段，不允许使用国际碳单位，但随着时间的推移，与全球碳市场全面对接有助于降低成本和增强相互对接的ETS的稳健性。鉴于全球碳市场目前的状况，全面对接可能需要若干年才能完成。在此期间，可利用有限的对接，并结合定量限制，以隔离这些碳单位对市场的潜在影响。选择转向全面对接，将对一系列政策方面产生影响。例如，传统的价格管制可能与全面对接模式不一致，因为不同市场之间的价格偏差可能导致负面影响。全面对接管辖区还需要约定相关原则和规则，以确定对于每个管辖区而言合适的最低指标。

价格管制应当从一开始就实施，以确保在市场处于脆弱阶段时维持可靠的价格。随着市场的发展，应当让价格更自由地变化，因为市场力量能够更好地确定合适价格。当管辖区对碳市场完成全面对接后，需要取消直接价格管制。此时，对接合作伙伴可选择授权某个独立的机构（例如，碳中央银行）以能够达到指标的方式管控上限，同时维持可靠的价格轨迹。

二级市场的发展应当迅速进行，以提高成本效益，并让责任实体能够抵消风险。在ETS的学习阶段，一些市场机构（例如，碳单位注册登记系统）的职能提升速度可能跟不上ETS的扩张速度。在此阶段，如果实施了严格的价格走廊，则二级市场的价格发现可能不太重要。然而，随着市场的扩张和价格更自由地浮动，必须制定机构与市场规则，以支持二级市场发挥重要作用。

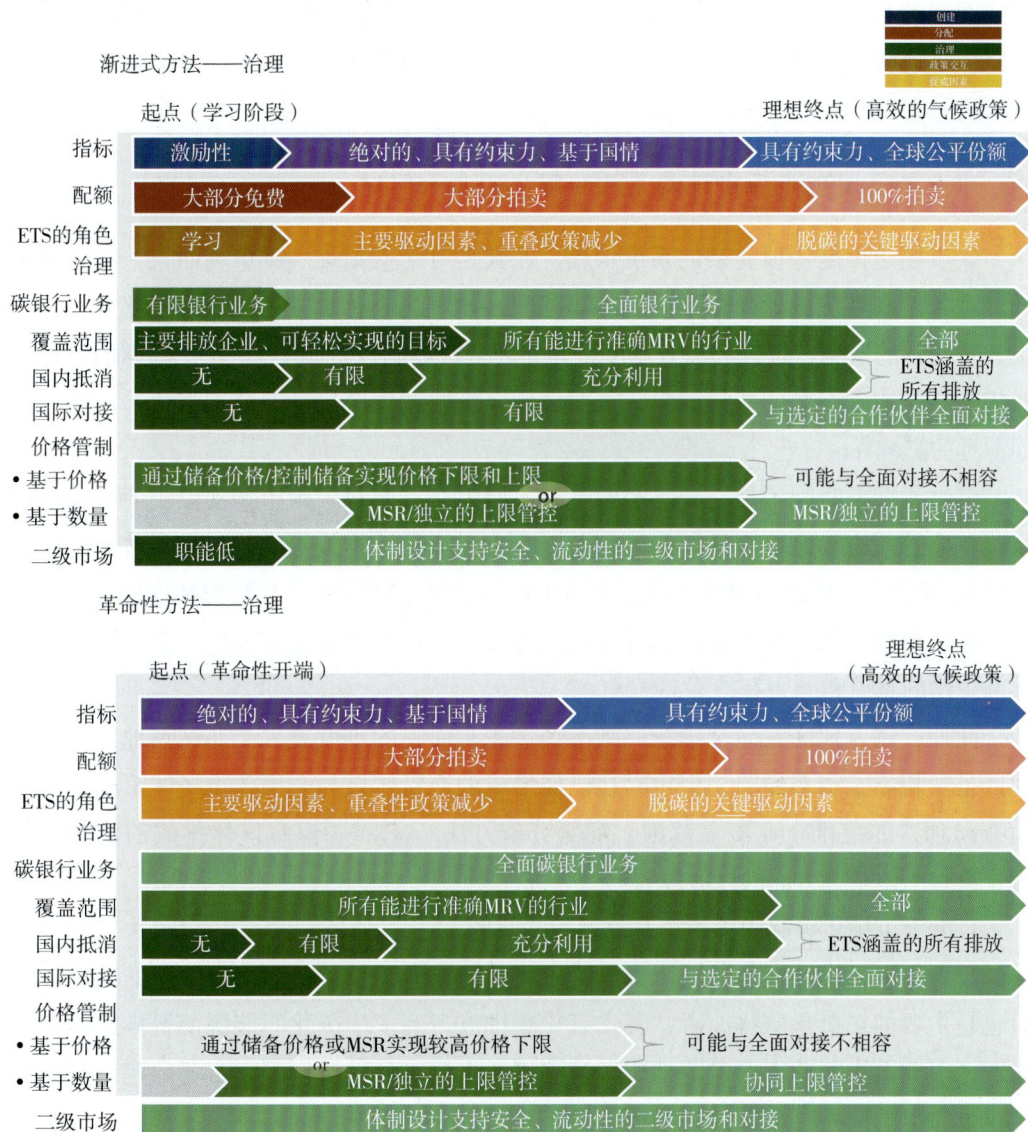

渐进式方法——治理

	创建
	分配
	治理
	政策交互
	促成因素

起点（学习阶段） 理想终点（高效的气候政策）

指标	激励性	绝对的、具有约束力、基于国情	具有约束力、全球公平份额
配额	大部分免费	大部分拍卖	100%拍卖
ETS的角色 治理	学习	主要驱动因素、重叠政策减少	脱碳的关键驱动因素
碳银行业务	有限银行业务	全面银行业务	
覆盖范围	主要排放企业、可轻松实现的目标	所有能进行准确MRV的行业	全部
国内抵消	无 有限	充分利用	ETS涵盖的所有排放
国际对接	无	有限	与选定的合作伙伴全面对接

价格管制
- 基于价格 通过储备价格/控制储备实现价格下限和上限 | 可能与全面对接不相容
or
- 基于数量 MSR/独立的上限管控 | MSR/独立的上限管控

二级市场 职能低 | 体制设计支持安全、流动性的二级市场和对接

革命性方法——治理

起点（革命性开端） 理想终点（高效的气候政策）

指标	绝对的、具有约束力、基于国情	具有约束力、全球公平份额
配额	大部分拍卖	100%拍卖
ETS的角色 治理	主要驱动因素、重叠性政策减少	脱碳的关键驱动因素
碳银行业务	全面碳银行业务	
覆盖范围	所有能进行准确MRV的行业	全部
国内抵消	无 有限 充分利用	ETS涵盖的所有排放
国际对接	无 有限	与选定的合作伙伴全面对接

价格管制
- 基于价格 通过储备价格或MSR实现较高价格下限 | 可能与全面对接不相容
or
- 基于数量 MSR/独立的上限管控 | 协同上限管控

二级市场 体制设计支持安全、流动性的二级市场和对接

图60 渐进式与革命性方法在治理方面的排序

资料来源：Vivid Economics。

采取革命性方法治理碳市场，可通过价格管制和上限设定，迅速转向更高级的市场设计，并设定更高的价格指标。此方法不存在学习阶段，而是从稳健的设计和规则开始。从一开始即允许开展碳银行业务，覆盖范围将实现最大化。随着在中期实施全面对接，市场将迅速转向国内抵消碳单位和国际碳单位的交易。在初始的较高价格下限或类似的基于数量的稳健工具，以及迅速下调的排放上限的支持下，市场将向低碳经济体迅速转型。体制设计与市场规则将确保二级市场在基于交换的交易和流动性期货市场的支持下高效运作。

（五）全国碳市场建设需关注和解决的几个问题

碳市场建设是一项复杂的系统工程，尤其是对于全国统一碳市场而言，需要完善的制度条件和系统设计，包括确定市场范围，设定配额总量，选择配额分配方式，建设相对完善的监测、报告与核查制度，建立健全市场调控机制等[1]。每个要素的设计与实施都会影响碳市场的减排效果，并对区域经济协调发展、产业结构演化等产生广泛而深远的影响[2]。

但由于准备时间不足、缺乏经验基础等原因，目前我国碳市场建设仍面临电价市场化、监管能力不足、交易机制不完善以及市场流动性较差等挑战。大多数地区还是依据行 政规章在建设碳交易市场；试点地区的总量总体偏松，导致配额价格有较大幅度下跌；市场交易活跃度不高，交易规模有限；市场监管体系需要进一步完善；市场参与主体的意识和能力有待提高[3]。

此外，试点地区在向全国统一碳市场过渡时面临的难度要大于非试点地区。试点地区虽然积累了很多经验，但也存在已经形成的交易体系与全国碳市场体系的统一与衔接问题，如控排企业覆盖范围、配额分配方法、MRV（温室气体排放的监测、报告、核查）体系等方面的过渡障碍[4]。

1.电价市场化等制约碳市场有效运行的问题

长期以来，中国电力行业以火电为主，电力行业不仅是一次能源消费的大户，同时也是主要的二氧化碳排放者，其二氧化碳排放占到了中国化石能源消费排放的40%左右，因此电力行业不可避免地成了被控排的主要对象，对全国碳市场的建议起着举足轻重的作用[5]。

---

① 张昕："地方融入全国碳市场面临的挑战与思考"，载于《中国经贸导刊》，2015（16）：74-76。

② 张昕、孙峥、蒙天宇、王颖："全国碳市场建设中地区差异性问题思考与建议"，载于《中国经贸导刊（理论版）》，2017（20）：30-31。

③ 邹春蕾："全国碳市场中心雏形初显"，载于《中国电力报》，2016-06-18（010）。

④ 李卓："试点地区向全国碳市场过渡的障碍"，载于《投资北京》，2016（04）：39-41。

⑤ 张礼兴："试点省市电力企业参与碳交易情况比较研究及建议"，载于《资源节约与环保》，2016（12）：16-17。

2015年3月，中央发布的电改"9号文"标志着电力体制改革进入新阶段。在过去近一年半时间里，包括加快推进输配电价改革在内的6个核心配套政策和一些其他配套政策陆续出台；与此同时，输配电价格改革试点也扩大到了深圳、蒙西，以及18个省份在内的20个地区，还有4个综合改革试点区和2个售电侧改革专项试点。毋庸置疑的是，电力体制改革已是离弦之箭，最终必将建立"主要由市场决定电力价格"的新机制，也将极大利好我国节能减排工作。

综合来看，"十三五"是电改攻坚期，也是碳市场开始运行的起步阶段，如何让碳市场在规则设计上与电力体制改革动态相容，是当前迫切需要解决的挑战[①]。按照李继峰的观点，在全国碳市场的规则设计中，考虑到我国正在大力推进的电价市场化改革，在发电碳排放量的核算和归属上应将其全部归入发电企业，并以此为基础进行碳市场其他相关规则的设计。

电价市场化对于提高碳市场有效性具有重要意义，其对于碳市场的减排作用主要有三个方面：一是促进发电企业技术进步和优化电源结构；二是促进碳市场范围内的电力用户节约用电；三是促进碳市场范围外的电力用户节约用电。根据我国行政管理部门的职责分工，电源结构的优化在很大程度上取决于能源主管部门对可再生能源发电的规划，因此碳市场的作用更主要地应体现为促进下游用户节电而带来的减排[②]。

碳市场中的碳价反映了其中企业主体共同完成减排目标的边际成本，也是衡量碳市场设计规则有效性的重要指标。完成相同的减排目标，碳价格越低证明规则设计越有效，反之亦然。以我国自2017年开始的碳市场为研究对象，通过CGE测算，在相同减排目标下，若存在电价管制，则碳价将比没有电价管制的情况高18%~32%。主要是因为电价管制限制了电力部门挖掘低成本减排潜力，相应增加其他部门的减排压力，进而导致总体上减排成本上升。因此促进电价市场化不但对电力行业减排有利，还将显著降低碳市场其他企业的减排压力[③]。

2. 碳排放监管能力难以支撑碳市场建设的问题

由于尚未推行强制性碳排放权交易制度，目前我国开展的碳交易仍然是以自愿形式为主，企业或个人出于社会责任、绿色发展或是销售渠道的需要，自愿购买一定的碳减排量。尽管部分省市如湖北、江苏等相继出台了一些地方性的碳排放权的交易法规，但国家层面上还没有具体立法，碳排放权的交易从检测审批到交易结算，还没有

---

① 李继峰："碳市场规则设计应适应电价市场化"，载于《中国能源报》，2016-09-12（004）。
② 李继峰："碳市场规则设计应适应电价市场化"，载于《中国能源报》，2016-09-12（004）。
③ 鲁政委、汤维祺："国内试点碳市场运行经验与全国市场构建"，载于《财政科学》，2016（07）：81-94。

统一的结算标准，缺乏有效监督。并且，自愿减排交易难以给予购买者长期持续的经济激励，制约了自愿减排市场更大规模发展①。

此外，在全国碳市场基本框架建立并开始初始运行后，应该有更加专业的机构对碳市场的各个模块来进行管理。比如说证监会来主导碳交易，认监会来主导第三方审核认证等。碳市场的建立涉及很多部门，但仍需要一个部门来协调各个部门调动全国的力量做碳市场的基础工作。在中国碳市场初期的建设，发改委能够承担统筹建设的责任。科学的方法是实行两级管理，中央负责设计与市场统一性相关的关键规则；在不影响全国市场规则统一的前提下，规则的执行都交由地方负责。

3.碳交易交易机制不完善的问题

与国际碳交易市场相比，中国碳交易产品的交易机制还不健全。到目前为止，国际碳交易的市场多种多样，既有场外交易机制，也有众多的交易所，既有由政府监管产生的市场，也有以自愿为基础的市场，它们在配额的分配方式、行业规定、减排认定机制等方面存在一些差异，导致不同市场之间难以形成直接的跨市场交易，国际碳金融市场高度分割。作为发展中国家，中国参与的清洁发展机制项目只能在一级市场进行交易，且必须通过国际碳基金，国内的子账户之间不可交易，也不能互相流动。国内项目与国际碳交易市场的隔绝状态，使得中国拥有的碳排放资源失去影响力，位于资金链和资源链的最末端。中国注册机制与联合国注册机制的脱节，使得清洁发展机制难以实现真正意义上的碳减排②。

此外，对于未来的全国碳市场来说，到底是在一家交易所集中交易，还是在统一规则下由多家交易所分散交易，目前尚存争议。

集中交易模式的优势是便于统一标准、集中管理，有利于价格发现；同时也契合我国节能减排行动"自上而下"的推进路径，便于国家主管部门灵活调整，使碳交易机制与其他能源气候政策形成合力。但由于拟建的全国碳市场预计将覆盖全球最大的40亿吨碳配额，巨大的体量对交易平台以及交易规则的设计完善提出了非常高的要求。在市场设立初期，单一交易平台如果存在交易规则的不完善，可能会对市场造成较大的冲击，也缺乏竞争机制，不利于促进规则相关服务的优化③。

分散交易的模式是指在严格统一的核算标准与交易规则下，由多个交易平台同时

① 王超瑛、甘爱平："我国统一碳交易市场建设中存在的问题及对策"，载于《对外经贸》，2015（08）：100-103+145。

② 冯为为："2017年全国将实施碳排放权交易机制"，载于《节能与环保》，2017（02）：34-35。

③ 王军纯："建设全国统一碳市场，打造中国绿色低碳体系的'高铁速度'"，载于《中国战略新兴产业》，2017（09）：48-49。

进行交易，通过自由竞争、优胜劣汰的方式，促进市场体系的成长和完善。分散交易是目前欧美碳市场所采用的主要模式：一是设定统一、明确、公开的碳排 放核算标准，保证不同市场交易的标的具有绝对的同质性，杜绝跨市场套利空间；二是设定统一的注册登记系统，保证跨市场交易信息的可靠性。在保证上述条件的前提下，允许多家交易机构同时开展碳交易，有利于交易平台之间引入竞争，倒逼提升服务水平和创新动力，加快我国碳市场的成熟和完善[①]。

此外，在分散交易模式下，地方交易平台可尝试构建"交易平台联盟"等合作机制，实现会员资格互认，或者借助金融机构经营网点实行代理开户等服务，优化开户注册和账户管理流程，提高跨市场交易便利度等方式，真正推动全国碳市场的一体化发展。

4.碳市场的流动性不高的问题

中国试点碳市场普遍存在流动性较差，成交量和成交额双低的问题。目前，大部分试点碳市场日成交量都偏小，虽然非履约期交易日无成交的情况在逐年减少，但日成交量只有数百吨甚至数十吨的交易日也不少见[②]。如此微弱的流动性，不但难以吸引金融投资机构开展稳定活跃的碳交易活动，也加大了市场被少数寡头操纵的风险。七个试点碳市场的交易仍然都以履约交易为主，常常出现履约期临近时量价齐涨、履约期过后交易惨淡的市场潮汐现象。在2013～2015年连续三年的履约期内，七个试点碳市场累计成交金额只有20多亿元人民币，这样的交易额对蕴含巨大碳减排潜力的中国而言远远不足，而2011年全球碳交易市场的规模就已经达到1760亿美元（其中欧盟碳交易市场占90%以上）。与欧盟碳市场拥有多种碳金融产品（期货、期权、现货远期产品等）相比，中国的碳交易产品品种单一，只有现货交易，没有必要的价格发现及风险对冲工具，碳交易市场还远不成熟[③]。

适度的流动性是形成合理价格，引导企业以成本效率减排的关键。没有流动性，想买配额的企业卖不出，想买配额的企业买不来，或者价格过高、过低，企业无法和自己的减排成本做比较，也就无法做出成本最小化的减排决策。为了提高流动性，配额总量必须从紧，市场参与者多元化，交易品种多样化，包括发展期货、期权等配额衍生品交易，起步价格不宜过高，政策具有连续性，让投资者对市场和减排政策有信心，加强控排企业碳资产管理培训，严惩违约企业[④]。

① 陈向国："马爱民：建设全国碳市场面临新的挑战和考验"，载于《节能与环保》，2016（07）：24-25。
② 鲁政委、汤维祺："国内试点碳市场运行经验与全国市场构建"，载于《财政科学》，2016（07）：81-94。
③ 姜睿："碳交易与中国碳市场展望"，载于《中国经济报告》，2017（05）：52-56。
④ 戴丽："理清思路，为建立全国碳市场做好充分准备"，载于《节能与环保》，2014（07）：32-33。

在保证流动性的同时，还应保持在公平的环境下进行交易，需要加强对交易过程中的风险控制和会员、以及工作人员的监督管理。在全国碳市场建设中，碳交易机构发挥着独特作用，由于试点阶段的特殊性，每个试点省市都设立市场交易机构。我们知道还有更多的地方表示对于建立交易机构的兴趣，在一个既定的市场内保持多个交易机构，有利于公平竞争，对于鼓励提高交易机构的服务水平是有利的；但是过多交易机构将导致平均盈利水平下降，有可能造成恶性竞争。还可能造成全国统一市场的割裂，出现地方保护主义，这是在我们全国碳市场建设过程中需要给予关注的[①]。

九、能源企业的战略转型与结构性改革

在全球能源转型的大背景下，无论是国际能源公司还是中国国有能源企业，都在进行着一系列重要战略转型，包括战略决策机制、组织架构、战略重点、全球布局、业务模式、金融与资产战略、数字化平台等等。在前文中，我们曾提到国际油气公司，如BP、壳牌、道达尔等都不断根据形势变化进行适应性战略调整。实际上，除了国际油气公司，全球电力企业特别是电网公司也在不断进行着制度创新。在这一节里，我们将首先重点介绍英国咨询机构——维维德研究所（Vivid Economics）为课题研究所作的关于全球电网公司转型的研究成果。

然后，我们还将展开对中国国有能源企业改革的讨论，因为深化国有能源企业改革也是中国能源管理体制变革中的重要一环。尤其是在中国经济增速换挡、产能过剩凸显、环保压力加大、能源结构调整的大背景下，中国国有能源企业改革是在国企改革和国有资产管理体制的总体框架下推进的。其改革的核心是要优化布局、提升效率、激发活力，改革的重点是建立起新时期能源领域的国有资本投资体制。不论是中央能源企业，还是地方国有能源企业，均已启动国企改革工作，取得了一定成效，也面临着改革困难，需要持续推进。

（一）全球能源企业的结构性改革——以转型中的电网企业为例[②]

低碳化、去中心化和智能化对全球能源系统转型提出了挑战，促使其必须加快进

---

① 张昕："落实有策，行动有力，扎实推进全国碳市场建设"，载于《浙江经济》，2016（12）：24-26。

② 这部分主要观点和内容取自壳牌公司领导下的英国Vivid Economics研究所为本课题组所完成的一份研究报告《转型中的电网》，参见Vivid Economics, Electricity grids in transition, Report prepared for DRC-Shell Markets Revolution Work Stream, Final Report, October 2017。

行一系列适应性的结构性改革，以更高效、更安全和更可持续地优化配置能源资源，特别是风能、太阳能等可再生能源，以实现宏伟的低碳能源战略目标。从全球范围来看，为应对新挑战而进行的结构性改革及相应的制度变迁的国际实践，对中国电力网络的市场化和低碳化改革具有重要的启示和借鉴意义。

1.高效配置电力网络的主要原则——最佳国际实践的启示之一[①]

为实现自由化电力市场的经济效益，国际最佳实践提供了一套高效配置电力网络的原则：

（1）继续对大范围的电力体系进行完全的市场化改革[②]。高效投资和运营大范围的电力系统是高效配置电力网络的必要条件。这就要求对适合开展竞争的行业（燃料生产、发电、零售行业）实施自由化、利用市场获取关键服务（容量、平衡），以及对外部效应（例如空气污染和碳排放）进行定价。

（2）将动机与公共政策目标相统一。通过控制电力网络企业的垄断行为和确保价格反映相应成本，使电力网络提供商的动机与提供可靠且可负担的电力供应目标一致：

改革电力网络机构。电力网络企业的垄断属于自然垄断，不存在通过竞争性市场进行配置的范围。因此，务必要确保其动机与公共政策目标一致。垄断企业存在减少新基础设施投资和收取高于成本之价格的动机。国有企业可能存在优先实现短期政治目标（而非长期公共政策目标）的动机。这些动机可通过对电力网络实施机构改革来缓解。一种方案是通过由独立监管机构实施基于业绩的监管，转变电力网络企业的动机。另一种方案是通过成立一个独立系统运营商（ISO），将电力网络的运营与所有权相分离。英国和欧洲大部分国家目前采用了基于业绩的监管方式（performance-based regulation），而美国则在其输电系统（例如，在PJM（美国东北部输电系统）、加利福尼亚州和纽约州输电系统）中采用ISO模式。

考虑采用区域定价（locational pricing）。高效的电力网络投资与运营需要利用有关电力网络拥塞的信息。如果实施了区域（节点或分区，nodal or zonal）定价，则有助于揭示网络拥塞成本。美国多个州、阿根廷、智利、爱尔兰、新西兰、俄罗斯和新加坡采用了节点定价，而多数欧洲国家和澳大利亚则采用了分区定价。然而，区域定价有

[①] Vivid Economics, Electricity grids in transition, Report prepared for DRC-Shell Markets Revolution Work Stream, Final Report, October 2017.

[②] 报告原文使用的词汇是full liberalisation，但我们认为，在中国电力系统体制改革的语境下，"完全的市场化改革"从内涵到外延具有更清晰的逻辑关系，故采用"市场化改革"这一替代词汇。

利也有弊。重要的是，一旦在电力网络用户中完全实施了分时定价，则区域定价是最有效的。

（3）采取进一步措施来迎接去碳化体系的挑战。能源需求电气化以及电器（electrical appliances）效率的改进，将加剧未来输电容量需求的数量和位置的不确定性。只要提供了充分的投资激励，蓄电等灵活的资源和需求对策可取代新电力网络投资。

为输电规模（transmission-scale）的可再生能源发电指定战略分区（strategic zones），以减小规划与投资的不确定性。可再生能源的来源可能距离需求中心较远，因此需要在输电方面做出大规模的投资。发电量和发电位置的不确定性可通过分区来缓解。

确保有可得的收益来鼓励采用灵活资源提供全套系统服务。去碳化所需的灵活资源将促进多种系统服务（例如平衡响应和频率响应）的发展，但如果这些服务不存在对应的市场，则可能出现投资不足的情况。西部的多个电力市场成为需求缩减市场，让灵活资源得以实现收益。

（4）通过投资于去中心化资源的协调及其控制、平衡、安全与数据流，准备开发去碳化电力系统及其相关数字化。

协调对去中心化资源的投资。独立开发商若缺乏对其他开发商之计划的了解，可能做出与其他开发商类似的投资，从而造成过度投资或者（若开发商厌恶风险）投资不足。这两种情形都将造成低效的结果，因此，我们需要对此类问题进行协调。解决方案包括，为多边资源规划和当前获许可资源的公布制定正式流程（例如，西班牙和爱尔兰输配电系统运营商采用的相应流程）。

确定如何控制去中心化资源。虽然如今的配电网络大部分属于被动式，但主动式配电网络能够适应分布式资源。随着电力系统变得越来越主动和复杂，单个系统运营商可开始依赖于虚拟电厂等中间商以及配电系统运营商等合作伙伴，来协调系统平衡。之后，可采用具有新的计算要求、管理规则和机构特点的新控制系统，以反映新的运营脆弱性。

平衡数据透明度与安全性。随着信息通信技术（ICT）基础设施的扩张，来自电力系统的数据量不断增多。数据系统需要自身的基础设施，以便公众使用，从而促进竞争和优化运营。与此同时，数据在不同资源中的分布也会带来网络攻击和隐私泄漏等新的风险，需要通过充分的协议来解决。

2.高效电力网络配置（efficient network arrangements）的路线图

各国在高效电力网络结构设计上形成的一些经验性和共性的制度安排，可以对中国电力系统同步推进大规模投资、市场改革和去碳化，有着重要的路线图式的意义。这种路线图应基于下列指导原则：

强大的市场需要强大的政府。基于市场的解决方案有可能确定和实现具有成本效益的投资和电力系统的运营。然而，如果有强大的政府积极地确保企业动机与公共政策目标的一致，则市场和自然垄断的电力网络都将从中获益。可通过划分角色（分拆）或严格监管来保证电力网络企业动机的一致性。

制度框架（institutional framework）可逐步制定。批售制度改革具有挑战性和冲击性。在开始时，可通过对当前实践进行小范围的改变和实施小规模的试点项目来获得充分的概念验证，从而建立起对更大范围的改革的共识。

该路线图提出以下建议：

（1）立即行动

继续推进市场化改革的整体计划。国务院发展研究中心与壳牌公司联合开展的第一阶段的研究提出了一揽子关于深化电力市场化改革的计划建议；与之一致的是，中国的"十三五"规划旨在进一步深化电力体制改革，让市场在资源分配中起主导性作用。务必要继续推进这些系统性的市场化改革计划，以实现更先进、更高效的电力体系。

理性制定投资规划。明确界定可靠性和经济效率的衡量指标，有助于电力网络规划者识别高效投资。与此同时，采用受益者付费原则（beneficiary pays principle），可鼓励旨在提高生产效率的投资活动，避免转移国家资源来刺激区域产出。在全国和区域层面结合采用这些方法，将促进更大范围的网络互连与发电服务共享。

对投资进行协调。采用一个通用的投资框架，以便协调发电规划与电力网络投资，从而治理战略决策和市场企业。例如，该框架可载明大规模可再生能源发电分区以及小规模分布式发电等替代模式的角色。

实施智能系统架构。为实现可负担的去碳化，智能的分布式资源至关重要。在建设分布式资源之前，可首先制定用于管理这些资源的系统架构。系统架构至少包括：智能电表的部署（以便在配电网络引入针对电力用户的分时定价）、上游信息与通信架构，以及用于开发智能电网技术解决方案的研发架构。

（2）转向高效定价机制

放开价格管制（deregulate prices）。对于决策制定者而言，反映成本的定价是高效投资与运营的信号。可循序渐进地取消对价格的管制，即根据前期改革是否取得成功，确定是否实施进一步价格改革。价格改革可在上游开始，并发展到下游，首先针对原料燃料，然后依次针对发电、上网和零售。如果在取消管制之前，批售价格上涨至零售价格以上，则还需要规定保护零售商的措施。

在不同输电系统之间创建协调的交易制度（harmonised trading arrangements）。利用价格来确定不同省份与区域输电系统之间的联结点的电力流向（interconnector flows），从而传递有关哪些省份或区域可能从新投资中获益的信号。价格可刺激低成本的电厂应对需求。

实施分时定价（time of use pricing）。分时定价让电力用户和灵活资源能够应对发电成本和需求的变动。分时定价也可循序渐进地实施，从一些规模较大的电力用户（例如，有灵活生产计划的工业设施）开始，最后对智能家用电器予以实施。

考虑区域定价（locational pricing）。类似地，区域定价也是高效投资与运营的信号，但其有利也有弊。中国可考虑在实施了分时定价之后，采取区域定价。换言之，在需求峰值被拉低时，立即传递地理上的网络限制的信号。分区定价（Zonal pricing）是统一定价（uniform pricing）与完全节点定价（nodal pricing）之间的一个潜在中间步骤。

保护终端用户。取消对零售电力的管制，可能导致零售商采取寻租行为，进而推高用电价格。当电力用户不乐意转换供应商或者因某种原因导致竞争无效时，可能出现此情形。在取消对零售电力价格管制的同时，可制定关于保护电力用户的政策。

（3）开始市场试验（market trials）

开展小规模试验。开展小规模试验有助于在竞争条件下获得新的输电投资、新输电资产的替代性非电网资产、配套服务等。采用竞争性招标或拍卖来开展这些试验。这些试验可提供概念验证与经验，以及创新的、具有成本效益的解决方案。为取得成功，采购试验必须是公开的、透明的。

循序渐进地引入市场采购。如果竞争性采购试验取得成功，则可扩大规模，并在恰当情况下，在每个输电系统中，循序渐进地引入大范围的市场采购。市场采购有助于揭示有关多种技术发电的相对成本及优势的信息。

（4）做出体制方面的选择

完善输电网络模式。方案包括，保持现状、强化市场采购角色，以及采用监管下的TSO模式或者ISO模式。受监管的TSO模式或ISO模式中哪个更优，还有待更多国际经验来提示。但更重要的是尽早采取一种高质量的体制模式，而非从中选择较优的一个。

为分散化能源选择控制模式。在一开始，当资源的数量较少时，输电系统运营商或许能够直接控制这些资源。然而，随着资源数量的增多，以及分时与区域定价变得越来越复杂，当单个运营商模式的计算、商业与合同能力可能超出范围时，可能需要采取新的控制模式。

专栏

电力系统供需平衡

下图反映了一个对存在电力网络限制的电力系统进行供需平衡的简单案例。在此案例中，系统运营商需要对通过一条容量有限的输电线路互连的两市电力系统进行平衡。以绿色、蓝色和紫色标识的数字代表系统运营商面临的平衡问题的输入。以红色标识的数字代表发电量。

在A市，发电厂可生产至多150兆瓦的电量。发电成本为10美元/兆瓦时。电力用户需求为50兆瓦。在B市，发电厂的容量是50兆瓦。发电成本是20美元/兆瓦时。电力用户需求为90兆瓦，超过了当地的发电厂容量。两市的电力用户需求都是稳定的，不随价格而变动。A市与B市之间的互连能承载至多80兆瓦的电量。

为最大限度降低系统总成本，系统运营商首先利用A市的廉价发电。A市的发电厂在满足当地需求后（50兆瓦），向B市导出80兆瓦（共计130兆瓦）。由于互连容量已达上限，需要使用B市的发电成本较高的发电厂满足当地剩余需求（10兆瓦）。因此，系统电价等于B市发电厂的成本（20美元/兆瓦时），总成本为2800美元（140兆瓦x20美元/兆瓦时）。

电力网络限制下的系统平衡案例图解

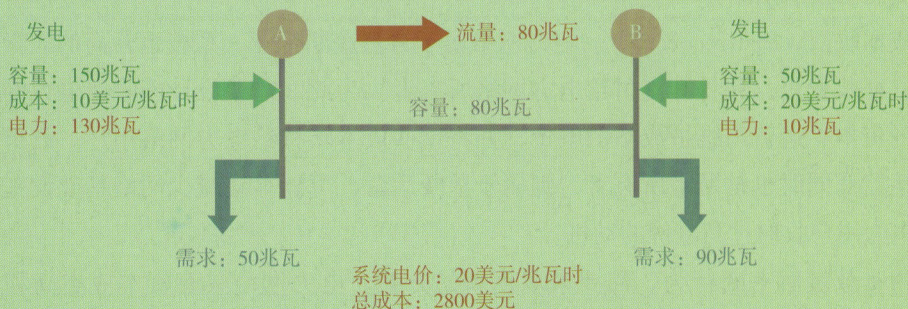

发电
容量：150兆瓦
成本：10美元/兆瓦时
电力：130兆瓦

流量：80兆瓦

容量：80兆瓦

发电
容量：50兆瓦
成本：20美元/兆瓦时
电力：10兆瓦

需求：50兆瓦

系统电价：20美元/兆瓦时
总成本：2800美元

需求：90兆瓦

电力网络限制下的系统平衡案例图解

资料来源：Vivid Economics。

3.电力网络提供商面临的挑战

随着电力系统的去碳化和去中心化，电力网络服务提供商面临挑战。随着电力系统的去碳化和去中心化，规划、交付、运营和成本回收方面将不断出现新的挑战。

（1）网络配置服务的挑战

高效配置的挑战涵盖规划、交付、运营和成本回收方面。电力网络的规划与交付方面的挑战因未来电力需求不确定以及电力网络投资与独立发电厂之间难以协调而产生。运营方面的挑战则因电力网络的容量限制、电力系统的复杂性和电力潮流的不可预测性而产生。成本回收方面的挑战因电力网络的自然垄断特点以及难以通过传统监管来缓解垄断行为而产生。

规划与交付（Planning and delivery）。电力网络的规划与交付面临未来电力需求不确定和电力网络投资与独立发电厂之间难以协调的挑战。首先，未来需求的数量和位置是不确定的，取决于人口增长、聚落形态的变化、工业结构的变化、技术与经济增长情况。电力网络规划者需要判断何种情况下必须部署电力网络资产。其次，虽然垂直整合的公用事业单位同时进行发电与电力网络投资的规划，但在自由化电力系统中，发电与电力网络投资分别由不同的机构来完成。假如没有协调，发电厂可能面临其收益因电力网络拥塞而减少的风险，电力网络可能面临发电厂资产利用不足的风险。

运营（operation）。电力系统的平衡因系统复杂性和电力潮流的不可预测性而面临挑战。由于存在众多发电设施与用电负荷，以及存在网络限制，因此，要得出每个来源的最优产量和用电量水平，需要进行复杂的计算。此外，由于电力网络遵循的物理规律，通过电力网络的准确电力潮流取决于每个发电厂的发电量和每个用户的用电量，而无法提前预测。

成本收回（cost recovery）。电力网络属于自然垄断行业，系统运营商的职责之一在于，征收费用，并将其支付给电力网络所有者。为此，需要设计能收回电力网络所有者的资本、运营与维护成本的电价，并将这些成本转移给电力网络用户。如果电力网络运营商同时也是网络所有者，则属于垄断运营，可能存在减少网络基础设施投资和向电力用户收取过高电价的动机。

为有效缓解垄断行为，需要采取创新的方案。电力网络具有资本成本高和规模经济的特点。因此，电力网络属于自然垄断行业，由单个网络服务于一片既定区域。缓解自然垄断中的垄断行为的传统方法是监管。然而，对于当前网络成本以及这些成本如何随生产效率的提高而降低，监管机构掌握的信息并不完善。根据监管类型的不同，电力网络企业可能存在夸大成本或过度投资的动机。

（2）未来的变化趋势：去碳化和去中心化

电力系统正向去碳化和去中心化转变，电力网络的高效配置需要考虑到这些因素。如图61中的归纳，电力系统主要特点的潜在变化可归为两大趋势：电力和广泛能源系统的去碳化；以及系统资源的去中心化。下文依次阐述了这些变化及其对电网高效配置之挑战的影响。

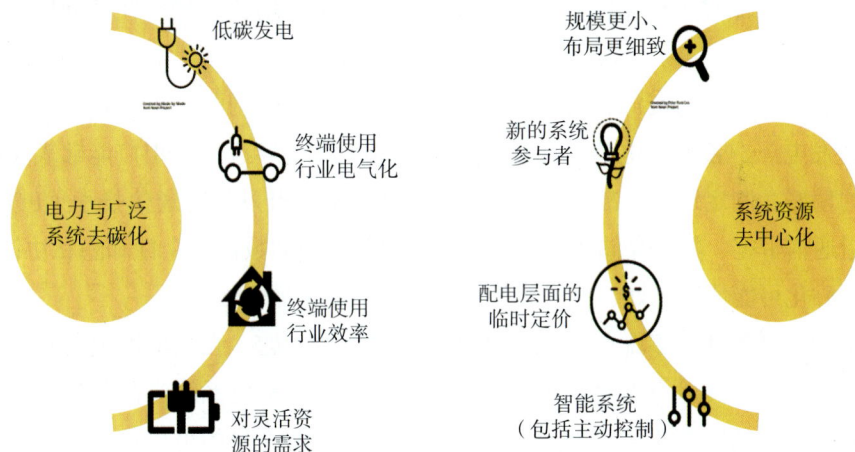

图61　未来电网将由去碳化和去中心化这两大趋势塑造

资料来源：Vivid Economics。

去碳化（Decarbonisation）。电力系统脱碳及其引致的更广泛的能源系统变化，涉及发电技术的转变和电力需求模式的深远变革。发电技术将从化石能源发电转向低碳发电——即利用碳捕集与封存、核能、生物燃料和可再生能源进行发电。电力需求将受到终端使用行业（尤其是供暖与交通运输业）电气化导致的需求增长，以及电器效率提升导致的需求下降的影响。随着低碳灵活资源（蓄电和需求侧响应）的出现，需求曲线也将发生转变，以平衡核能和可再生能源等相对不灵活资源的发电量曲线。

这些改变可能加剧电力网络基础设施规划与交付方面的挑战。鉴于终端使用行业电气化水平的不确定性，以及电器效率的改进，未来的需求量将更加难以预测。另一个不确定性因素在于，低碳灵活资源将在何种程度上拉低峰值需求，进而拉低电力网络的相应容量水平。

低碳灵活资源可替代新电力网络投资，并可降低电力网络总成本。然而，由于这些资源提供了不同的系统服务（平衡、频率响应、网络拥塞缓解），如果这些资源提供的各项服务没有对应的市场，则可能出现灵活资源投资不足的情况。

去中心化（Decentralisation）。去中心化涉及电力资源从输电系统向配电系统的转移。分布式电力资源涵盖发电、需求响应和蓄能三个方面。分布式发电包括风能和太阳能发电——越来越多地与配电网络（包括家庭层面）相连。需求响应是指根据系统状况，灵活运营电力设备；电动车有望大幅提高需求响应的潜力，因为它们能在发电量较高、需求较低时进行充电。去中心化的蓄能也可能增长，甚至在家庭层面也具有增长潜力。

为释放分布式电力资源，需要转向智能电网。智能电网的特点包括：可控制的电力资源（发电厂、蓄能、电器）在整个电力系统中占主导地位、用户能够表示对使用其设备的偏好、制定运营标准以便协调运营资源、充分开发信息通信技术（ICT，具体而言是指通信带宽、数据存储和计算能力），以及恰当的数据安全性和隐私协议。

去中心化可能使得规划、交付与运营方面的挑战更加严峻：

一是输电系统和众多配电系统之间可能出现协调问题。在当前的电力系统中，大部分新投资都出现在输电系统，因为投资者可获取有关输电系统当前与计划资源的充分信息来做出新的投资决策。然而，配电网络通常没有充足的可用信息，因此，资源向配电网络的转移将造成协调问题，投资者将难以明确了解系统需求，投资的后续潜在回报也不确定。结果可能是过度投资、投资不足、糟糕的技术组合，或者资源的空间分布情况不佳。

二是分布式系统的平衡将大幅提高计算需求。要优化整个电力系统的运营，必须确定系统中每个来源的最优发电量和用电量水平。由于在从输电系统的少数大型资源，到所有配电系统的所有资源中，可控资源的数量将增多，因此，这一优化计算的计算需求将增加。如果计算技术无法满足这些计算需求，则必须采取中级水平的控制，并且仅可实施部分优化。

最后，去中心化还将要求有效地管控数据隐私和网络安全风险。去中心化将伴随信息通信技术（ICT）在所有分布式资源中的大幅扩展，并且将带来数据隐私与网络安全风险。为此，可开发和实施相应协议来管理数据使用情况和管控这些风险。

4.面对挑战而实施的应对方案

为应对上述去碳化和去中心带来的各种挑战，电网公司需要采取有效的应对之策来确保网络高效配置。以往电力市场化改革的国际经验为我们提供了可资借鉴的应对方案，包括：

建立一套旨在将激励与公共政策目标相统一的体制模式：需要建立一套体制模式，用于缓解垄断行为，以及向电力网络提供针对相应网络基础设施投资的激励，以及高效运营这些基础设施的激励。

输电系统的战略规划：确定新输电投资的风险预测是一个复杂的过程，需要进行战略规划。

恰当水平的区域定价：为高效地投资并运营电力网络，必须了解当前的电力网络拥塞情况。

贸易商投资机制：相比于单一所有者的电力网络，有贸易商参与的电力网络可能获得更充足的投资。

（1）一套与公共政策目标激励相融的制度范式

需要建立一套制度范式，用于缓解垄断行为，以及向电力网络提供对相应网络基础设施投资的激励，以及对高效运营这些基础设施的激励。有两种体制模式能建立有效的机制：采用基于业绩之监管的输电系统运营商（TSO）模式，以及独立系统运营商（ISO）模式。图62反映了这两种模式之间的主要区别：TSO既拥有又运营输电系统，因而需要予以严格监管，而ISO是与电力网络所有资源所有权完全分离的系统运营商。此外，还存在一些中间模式，例如，系统运营商和输电系统所有者是在法律上相互独立的公司，但由同一家母公司所有。

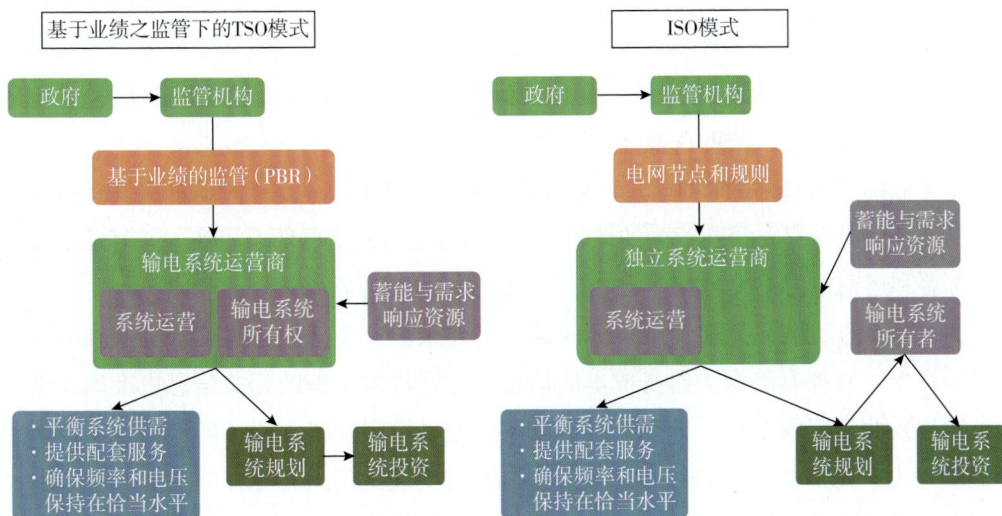

图62　输电系统运营商（TSO）模式和独立系统运营商（ISO）模式是系统所有权与运营的两种主要的替代性体制模式

资料来源：Vivid Economics。

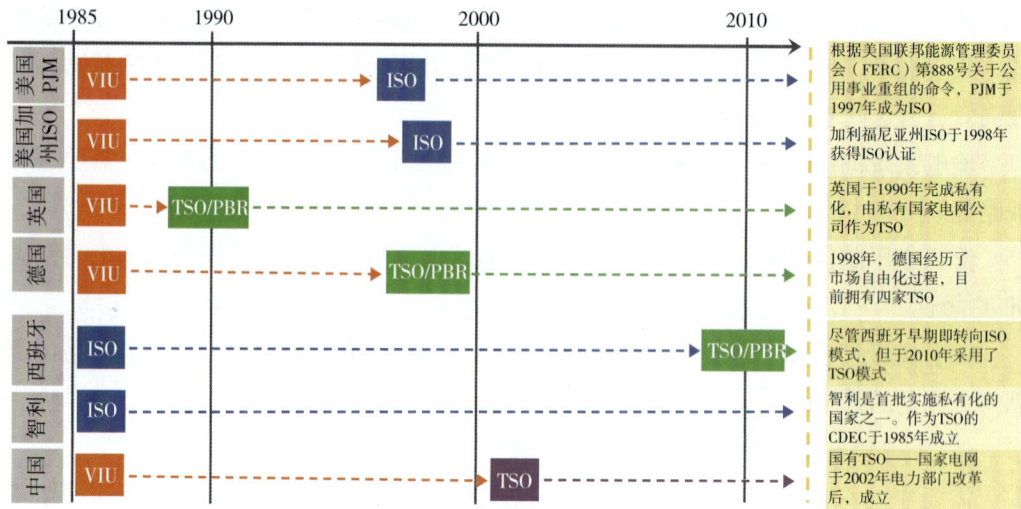

图63　多个国家在各自电力市场实现自由化之后，转向TSO和ISO模式

备注：垂直整合公用事业单位（VIU）、独立系统运营商（ISO）、输电系统运营商（TSO）、基于业绩之监管下的输电系统运营商（TSO/PBR）

资料来源：Chawla和Pollitt，2013。

　　如图63所示，大多数电力系统已从自由化之前的垂直整合的垄断型公用事业模式，转变为如今的上述体制模式之一。1985年，智利成为首个采用ISO模式的国家。英国于1990年从垂直整合模式转向基于业绩之监管下的TSO模式，德国于1998年予以效仿。根据美国联邦能源管理委员会（FERC，即美国的电力监管机构）的命令，美国的宾夕法尼亚州、新泽西州和马里兰州（PJM）区域，以及加利福尼亚州ISO（CAISO）于20世纪九十年代末，从垂直整合式结构转向ISO模式。

　　基于业绩之监管下的TSO模式。输电系统运营商（TSO）是一种既拥有又运营输电系统的实体，因而存在垄断行为的动机。TSO拥有电力网络的所有资产，并且还负责规划、部署和运营电力系统。TSO模式在大多数欧洲国家非常普遍。

　　为使TSO的动机与公共政策目标一致，需要采取基于业绩的监管。TSO难以监管的原因在于，其拥有的有关自身成本的信息比监管机构掌握的相关信息更准确。这一点可能导致两个问题之一。如果监管机构试图通过设定价格上限（即价格管制）来阻止垄断行为，则需要预估TSO为收回其成本而需要设定的价格水平。这样，TSO会出现夸大自身成本的动机，以取得超出其实际成本的价格上限——此问题称为"逆向选择"。在此情况下，TSO可减少投资，并继续设定较高价格。如果监管机构试图通过向

TSO补偿其成本外加受监管的回报（服务成本管制）来阻止垄断行为，则TSO就不会出现采取必要措施减少成本的动机，此问题称为"道德风险"。相比于这些方法，基于业绩的监管方式则寻求同时解决垄断利润和投资不足问题。一种基于业绩的监管范例是，设定价格（或收益）上限，并每年根据通货膨胀率和生产效率目标增长率予以调整。监管机构通过对TSO的历史账簿开展基准分析和具体研究，限制TSO夸大其成本。并且，TSO会出现降低其成本的动机，因为其将获得价格上限与其实际成本之间的差额（即利润）。

　　基于业绩的监管仍在不断改进，目前尚未出现公认的最优机制。有多种形式的基于业绩的监管得到应用，并且这些监管形式还在不断改进。例如，英国于1992年开始引入RPI-X（"零售价格指数减X"）机制，该机制最终于2013年被RIIO（"收益=激励+创新+发电量"）机制取代。基于业绩的监管的一大挑战在于其信息负担较重。监管机构必须审查TSO的账簿和业务计划，并开展基准分析。

专栏

英国实施的基于业绩的监管

　　英国于1992年对电力网络引入基于业绩的监管，即RPI-X机制，并最终于2013年，用更复杂的RIIO机制取代了该机制：

　　RPI-X机制。英国电力市场监管机构——天然气电力市场办公室（Ofgem）及其前身在2013年之前一直实施RPI-X机制。根据该机制，Ofgem通过开展成本预测来确定TSO为收回其成本而必须达到的基础收益。基于这一基础收益，Ofgem设定了一个价格上限，并每年根据统计基准分析得出的零售物价指数（RPI）和假定的生产效率目标增长率予以调整。在五年价格管制周期结束时，Ofgem重新设定价格上限，以确保TSO的节支效益传递到终端电力用户。在RPI-X机制中，TSO存在降低其成本的动机，因为其能够获得价格上限与其自身实际成本之间的差额（即利润），如图8所示。然而，RPI-X机制并未达到充分激励服务质量或创新的目的。因为在该机制下，TSO可通过降低服务质量来节省成本，并且，对于开发投资周期较长、长期而言可节省成本的新技术（例如智能电表），五年的价格管制周期未能给予充分激励。

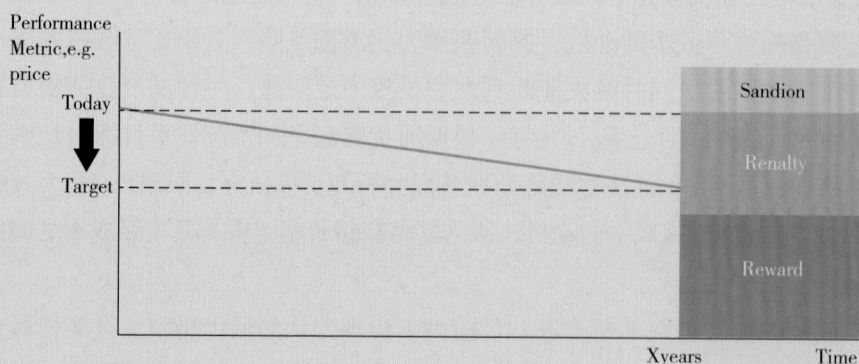

在RPI-X机制中，TSO采取措施降低其成本，因为其可从节支中获得收益

RIIO机制。2013年，为解决RPI-X机制存在的问题，Ofgem引入了RIIO（收益=激励+创新+发电量）机制。RIIO机制保留了RPI-X机制中的有效元素（例如，确定基础收益），并添加了广泛的创新与发电量指标。RIIO机制通过更充分地利用方案分析和情景规划，来确定发电量引导的业务计划产生的基础收益。在其业务计划中，企业对不同情景下用于实现长期发电量之方案的成本及利益相比较，并评估继续实施这些方案的价值。此外，经济和名誉上的激励强化了激励结构。Ofgem对达到发电量指标的企业给予奖励，并对未达到该指标的企业给予处罚。名誉激励不包括经济元素，但会影响Ofgem在后续审查期间对基础收益的评估。更长的八年管制周期可鼓励TSO关注于长期投资（例如，智能电表）。相比于RPI-X，RIIO提供了更广泛的业绩激励，但缺点是复杂性较高、透明度较低（Ofgem，2010年）（Jenkins，2011年）。

资料来源：Vivid Economics。

独立系统运营商。独立系统运营商（ISO）是与电力网络所有资源的所有权完全分离的系统运营商。ISO负责承担所有系统运营职能，包括按照电力网络的物理特点，在发电厂和电力用户中分配电力网络容量；进行剩余电力平衡，以确保电力被输送到最需要的地区；以及保持电力系统的稳定性。在ISO模式中，输电网络资源被一个或多个输电系统所有者（TO）拥有。ISO向发电厂及/或电力用户收取输电系统的使用费，并将这些费用支付给TO。通常，ISO还负责规划新的输电系统投资——要求TO开展这些投资，或者组织竞争性招标来促进投资的实现。ISO通常是非营利性实体。

将运营与所有权相分离，消除了系统运营商收取垄断价格的动机。ISO可能是非营利性组织，或者可能从系统运营收益中赚取利润。由于ISO赚取的利润并非由输电系统使用费收益或者输电系统投资成本决定，因而不存在收取较高电费（高于其为收回输电网络投资成本所需收取的电费）或者减少对输电网络资产之投资的动机。因此，与TSO不同的是，ISO无须受到基于业绩的监管。

ISO的职能可通过其授权来规定，其行为可通过一系列规则来约束。该授权可要求ISO最大限度地减少为达到既定可靠性标准而需要产生的总成本。该规则可约束——输电系统规划与投资流程、向新系统资源提供电网连接、电力网络新资产的竞争性招标的管理、电力网络使用费的征收，以及电力系统中的市场支配力的监控。

然而，最好能建立一套激励ISO的机制。要制定一套规则来完美地激励管理层遵守ISO的授权，换言之，要鼓励ISO实施输电系统的规划、投资和运营，以保持电力供应的可靠性与电力网络的经济效率之间可能达到的最佳平衡，是不太可能的。对ISO施加经济处罚，可能是一种不良的激励机制，因为相对于系统运营业绩不佳产生的福利损失，ISO的收益可能较少。因此，可能需要采用经过精心设计的管理层激励。

ISO模式在北美洲和南美洲十分普遍。智利、阿根廷和秘鲁是ISO模式的早期采用者。美国有大量ISO，每个ISO负责一片输电网络。

（2）输电系统的战略规划

新输电网络投资的设计是一个复杂的过程，需要进行战略规划。具体挑战包括：未来需求的数量及地点的不确定性、发电与网络投资者面临的协调问题，以及大量潜在的输电网络投资。这些挑战可通过战略规划来缓解。战略规划的主要特点包括：

界定新输电投资的目标。当明确界定了新投资的目标时，输电规划更有效。这些目标包括：可靠性（供应安全性和充分性）和经济效率（单位发电量总成本的减少）。界定这些标准，有助于衡量新输电基础设施的效益。

预估和比较每项拟定投资的效益。成本效益分析是辨识拟定投资能否达到投资目标的一项重要的规划工具。可靠性和经济效率可通过电力系统建模来评估，多种情景的建模有助于辨识哪些不确定的基础设施投资失败的代价最小。区域定价（若可采用，见第5.3节）可提供拥塞成本的明确信号，并且可证明电力网络投资的经济效益。

咨询所有利益相关者。由于投资成本由电力网络用户承担，因此，用户的动机是确保仅开发最有价值电力网络基础设施。通过咨询利益相关者，可获得来自发电厂、电力用户（市政、电力用户权益团图）和相连输配电系统的意见，以便开展成本效益分析。

（3）恰当水平的区域定价

要实现电力网络的高效投资，必须了解目前的电力网络拥塞情况。能显著缓解电力网络拥塞压力的新电力网络投资是尤其有价值的。

许多电力系统都运营一套统一的输电定价系统，该定价系统无法提供电力网络拥塞的信号。在统一定价系统中，无论拥塞程度如何，每个电力网络连接的电力价格都是相同的，因此无法反映是否需要投资开发能缓解拥塞的解决方案——例如，新电力网络投资、发电，或者替代新输电资产的非网络资产（例如，蓄电和需求侧响应）。虽然原则上，系统运营商可通过针对不同地点收取不同的输电费用，来发出这种投资需求，但如果电力价格并不提供网络拥塞的信号，则这些费用的费率是难以确定的。此外，统一定价会造成再调度成本——即当发现电力网络出现拥塞时，需要对一些原定负责发电的发电厂给予产量缩减的补偿。

节点定价有助于提供电力网络拥塞信号。节点定价（或区域边际定价）是一种在给定电力网络中某个连接（节点）的电力需求、输电限制和本地发电方案的条件下，反映在该节点处供应额外电力之成本的价格机制。当不存在网络拥塞时，总体需求在成本最低条件下得到满足，并且所有节点的电力价格都是相同的。当发生网络拥塞时，电力需求在成本较高的本地发电而非成本较低的其他节点发电的条件下得到满足，因而导致拥塞节点处的价格上升。因此，节点定价可反映是否需要投资开发能缓解拥塞的解决方案，例如，新电力网络投资、新增本地供应，以及替代新输电资产的非网络资产（例如，蓄电和需求侧响应）。下面的专栏简要阐述了节点定价。

专栏

节点定价（Nodal pricing）

下图反映了一个对采用节点定价的电力系统进行供需平衡的简单案例。在此案例中，系统运营商需要对通过一条容量有限的输电线路互连的、采用节点定价的两市电力系统进行平衡。以绿色、蓝色和紫色标识的数字代表系统运营商面临的平衡问题的输入。以红色标识的数字代表发电量。

在A市，发电厂可生产至多150兆瓦的电量。发电成本为10美元/兆瓦时。电力用户需求为50兆瓦。在B市，发电厂的容量是50兆瓦。发电成本是20美元/兆瓦时。电力用户需求为90兆瓦，超过了当地的发电厂容量。两市的电力用户需求都是无价格弹性的，不随价格而变动。A市与B市之间的互连能承载至多80兆瓦的电量。

为最大限度降低系统总成本，系统运营商首先利用A市的廉价发电。A市的发电厂在满足当地需求（50兆瓦）后——这正是为何A市节点价格等于本地发电成本（10美元/千瓦时）的原因，向B市导出80兆瓦。由于互连容量已达上限，需要使用B市的发电成本较高的发电厂满足当地剩余需求（10兆瓦）。因此，B市节点价格等于本地发电成本（20美元/兆瓦时）。总成本为1600美元（=140兆瓦×10美元/兆瓦时+10兆瓦×20美元/兆瓦时）。

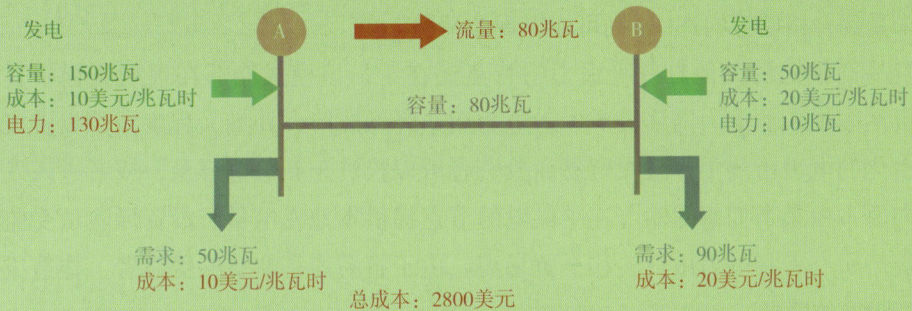

发电
容量：150兆瓦
成本：10美元/兆瓦时
电力：130兆瓦

A　　流量：80兆瓦　　B

容量：80兆瓦

发电
容量：50兆瓦
成本：20美元/兆瓦时
电力：10兆瓦

需求：50兆瓦
成本：10美元/兆瓦时

总成本：2800美元

需求：90兆瓦
成本：20美元/兆瓦时

节点定价可反映在给定节点供应额外电力的成本

资料来源：Vivid Economics。

然而，节点定价有利也有弊。首先，将电力市场细分成较小的本地市场，会提高每个节点供应不足之发电厂的集中度，因此可能导致电力系统易受市场支配力的影响。某些作者对此观点提出质疑，并认为，电力网络架构是市场支配力的主要驱动因素，而非定价机制。节点定价也可能降低长期合约（例如，输电网络的经济权利和差价合约）中的流动性。美国通过将节点价格纳入交易中心价格的平均计算中，以便向市场参与者提供流动性，从而解决此问题（NEPP，2015年）。

分区定价（Locational pricing）——另一种形式的区域定价，可提供统一定价与节点定价之间的有用妥协。分区定价可通过将节点聚合成分区，来解决大量节点带来的复杂性问题。与节点定价中的调度类似，系统运营商首先根据不同分区之间的输电限制来调度发电量。如果某个分区中的输电线路出现拥塞，则系统运营商必须重新调度该分区的发电量，以缓解拥塞情况。因此，在提供电力网络拥塞信号方面，分区定价可实现节点定价的一些优点，但无法完全消除与统一定价相关的再调度成本。

一旦完成实施了分时定价，则可考虑采用区域定价。采取广泛的变革，以通过蓄电和需求响应来提高电力系统的灵活性，有望降低需求量和发电量峰值，从而自动减少电力网络拥塞（相对于非灵活的电力系统）。为使这些变革充分发挥效果，必须在所有系统资源（包括终端用户）中充分实施分时定价。

（4）贸易商投资机制

贸易商投资者进入电力网络，有可能带来比单个所有者的电力网络更充足的投资。贸易商输电投资者是输电项目的第三方开发商。如果实施了区域定价，则当新输电连支的使用费收益超过投资成本时，贸易商输电投资者会出现投资开发新输电连支的动机。因此，原则上，贸易商竞争有可能通过投资于现任所有者不愿意投资的领域，提高输电基础设施的充足性。如果电力网络的现任所有者是不受监管的垄断企业或者未受到合格监管的TSO，则可能出现此情况。

贸易商模式的其他具有吸引力的特点还在于，该模式能够在规划流程中，向新输电资产中加入非电力网络资产、为电力用户降低风险，并最大程度减少投资成本。在自由化的电力市场中，潜在贸易商投资者可以投资于新输电容量，或者进入发电市场，向原本由某个拥塞的输电连支供电的节点提供本地发电量。投资风险从受监管的输电资产所有者和电力用户转移至贸易商。由于贸易商是节支的受益者，建造成本也可最大限度的降低。

然而，单靠贸易商投资并不足以确保电力网络的总体充足性，因而从反面强调了精心设计的体制模式的重要性。输电投资具有规模经济效应，大规模容量投资相比小型投资的相对成本溢价较小。由于大规模的容量投资能以较少的额外成本带来显著的额外利益，因而在社会角度被认为是可取的；然而，由于这些额外利益体现在降低的区域价格中（因为拥塞率降低），因而对于私人投资者而言不太具有吸引力。在此情景中，贸易商往往会减少对新电力网络容量的投资。或者，在ISO体制模式下，ISO还可通过规划新电力网络容量，以及通过竞争性招标流程以最低成本实现新投资，来确保电力网络的总体充足性。

美国、澳大利亚和阿根廷已实施贸易商输电投资模式。在美国，贸易商投资模式得到联邦能源管理委员会（FERC）第1000号命令的推崇，近年来，有一些项目正在进行或者已完成。几乎所有贸易商主导的投资均针对"互连"——即不同电力网络之间的连支。在此情况下，贸易商减轻了不同系统运营商之间的协调与成本分配问题。

5.用于应对未来调整的电力网络方案

在此我们将探讨用于应对未来去碳化和去中心化转型的新方案。这些方案包括：

战略发电分区：战略发电分区可协调输电与发电资产的投资，并将远程可再生能源与一些较大的人口中心相连接。

灵活服务市场：蓄电和需求响应等灵活资源可替代新电力网络投资，并提供一系列不同的系统服务。每种系统服务的一些简单市场会反过来回馈这些灵活资源并避免投资不足。

去中心化资源的控制体系：目前的配电网络大部分是被动式配电，但为了适应分布式资源，需要转变为主动式配电。分布式资源会增加电力系统的复杂度。如果电力系统过于复杂，以至于单个系统运营商无法予以平衡，则将需要采用一套资源控制层级结构，由虚拟电厂和配电系统运营商等中间层级与输电系统运营商交互。该资源控制层级结构可反映计算需求、体制特点和运营脆弱性。

协调去中心化资源的投资：对发电与蓄电资源的投资应当符合整个电力系统的需求。去中心化的电力系统可能无法向投资者提供有关系统需求的充分信息，因而投资低效风险。采用协调投资方式可缓解这一风险。

有关系统状况及资源的公开数据：需要让市场参与者在一定程度上获取市场信息，才能促进公平竞争环境的形成。数据交换可作为高效运作的能源系统的一部分，但需要确保其安全性和可获取性。

适应未来创新：电力网络的创新包括新电力网络结构和点对点电力贸易，这些创新将带来巨大利益。可通过试点项目和早期筹资来推动实施这些创新。

（1）战略发电分区

发电系统和广泛能源系统的去碳化加剧了电力网络基础设施规划与交付的挑战。新输电投资的能力将难以确定，因为随着终端使用行业电气化和电器效率的改进，电力总需求的不确定性增大，并且，随着灵活资源导致发电量与用电量曲线更平滑，峰值需求的不确定性也增大。发电集中化（即与输电网络相连接）程度将难以预测。

在许多国家，可再生能源位于远离大型人口中心的地点，因而需要大规模的输电投资。例如，在英国，大部分电力需求位于英格兰南部，而大部分陆地风电资源位于苏格兰，大部分海上风电资源则位于北海。

在自由化的电力系统中，发电与网络投资的投资者面临协调问题。虽然在自由化的电力市场中，垂直整合的公用事业单位能够同时规划发电与网络投资，但发电投资与电力网络投资分别由不同的机构开展。这一点导致了协调问题的出现，即发电投资者面临其收益可能因网络投资不足而减少的风险，而电力网络投资者则面临发电厂对其新投资利用不足的风险，因而可能进一步导致投资不足的问题。

此协调问题可通过战略发电分区来缓解。如果战略决策是利用远离大规模人口中心的大量可再生能源，则发电投资者可能获得投资于该能源的激励。为此，必须由具有充分权限决定输电与发电投资地点的政府部门等机构制定一项总体战略规划。此外，还必须建立一套可靠的长期制度，开发电力网络连接，降低发电厂的搁浅资产风险。例如，在英国，英国水域内有九个不同规模的海上风电场分区被指定为用于开发33 GW潜在海上风电发电容量的分区。相关海床权利的法定所有者——Crown Estate（皇冠地产）让可再生能源开发者为获得开发这些分区内海上风电场的排他性权利而进行竞标。然后，由电力网络战略小组——一个聚集电力网络主要利益相关者（包括Crown Estate）的高层论坛，根据未来发电量的预期位置，确定为满足未来需求而需要哪些主要输电投资。图64显示了通过此流程确定的一些区域。

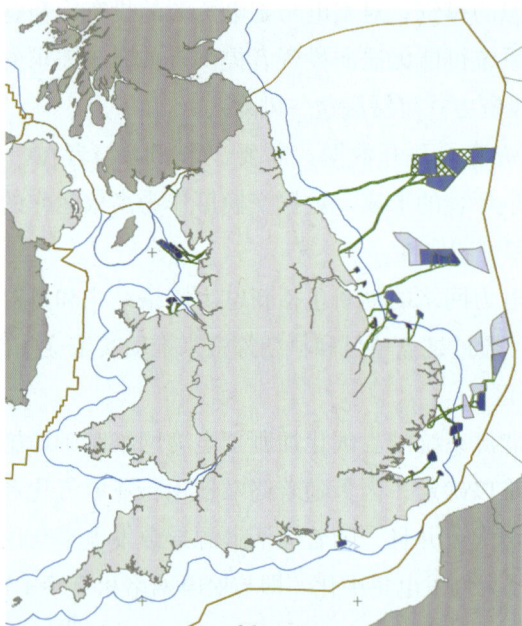

图64 英国被指定用于开发可再生能源发电容量的海上风电场分区

资料来源：The Crown Estate，2017。

（2）灵活服务市场

去碳化需要用到一些灵活的资源，例如，蓄电和需求响应，这些灵活资源可提供用于替代新输电资产的非电力网络资产。电力网络属于成本高昂、寿命较长的资产，相应投资在发电量与需求量的未来空间与时间变化曲线不确定的状况下做出。使蓄电和需求响应等灵活资源能够在可能情况下替代新电力网络投资，或者将新电力网络投资推迟到发电量与需求量的未来曲线更清晰之时，将变得越来越重要。如前所述，节点定价可提供非电力网络资产的区域信号。

灵活资源可提供一系列系统服务，并可就每种服务而获得回馈。除了替代或推迟新电力网络投资之外，灵活资源提供的服务还包括电力系统平衡和系统稳定性。为提供平衡服务，蓄电可将多余电量保存到被需要之时，需要响应则可将需求转移至发电之时。为提供系统稳定性，蓄电和需求响应可调节系统电压和频率。为了让灵活资源按能够实现最大利益数量进行部署，相应机制将根据这些资源提供的系统服务，对其给予回馈。

这些系统服务对应的一组简单市场可分配现有的灵活资源并发出投资需求的信号。蓄电与需求响应已在主动参与多个批售市场的供需平衡。然而，系统稳定性市场通常开发不足，以至于灵活资源无法充分参与其中。系统服务的采购机制一般将这些服务视为过去一直提供这些服务的火力发电厂的资产，因而这些机制通常未对一些新的低碳灵活资源开放。近年来，相关机构试图建立适用于灵活资源的采购机制，但结果造成一套复杂的、由多种相互不一致的机制组成的混杂制度。例如，在大不列颠，某些蓄电设施可提供一种称为"增强型频率响应"的短期辅助服务，但这些设施被禁止参与电力容量机制。为确保有充足的投资来提供非电力网络资产，需要有一组简单的市场来回馈灵活资源提供的各项系统服务。

（3）去中心化资源的控制模型

目前的配电网络大部分属于被动式配电，为适应分布式资源，需要转变为主动式配电网络。由于配电网络中的电力需求通常不具有灵活性，输电系统中的发电厂可根据需求灵活的运营，并保持系统安全性。由于去中心化的电力资源（分布式发电、蓄电和需求响应）部署在配电网络中，这些资源也需要灵活的运营。

分布式资源提高了电力系统的复杂度。电力系统运营的优化涉及找到电力系统中每个来源的最优发电量与用电量。传统的、集中化的电力系统通常包括少量与输电网络相连的大型发电厂、供应商和需求灵活的大型工业电力用户。然而，去中心化的电力系统将包括大量分散的小型资源。待优化的资源的数量可能按几百万的倍数增加。

如果资源受控制时的时间分辨率提高，则计算需求也将相应地增加。例如，从每小时转变为实时（每秒）处理所有调度与用电操作，会将最优系统平衡的计算需求提高3600倍。

如果电力系统过于复杂，以至于单个系统运营商无法予以平衡，则将需要采用一套资源控制层级结构。去中心化电力系统的完全优化将产生庞大的计算需求。如果计算技术无法满足这些需要，则将采用分布式系统控制。

虚拟电厂与配电系统运营商在资源协调层级结构中发挥作用。虚拟电厂（VPP）也称为聚合商，可协调（聚合）去中心化的资源，并对这些资源进行单独协调，以便让输电层面的系统运营商处理净发电量（或用电量）。如果电力系统较复杂，则可能需要采取两层以上的资源协调，例如，由一些VPP协调其下面层级的小型VPP的活动。配电系统运营商是负责直接（或通过中间VPP）协调给定配电系统中所有资源的VPP。

层级式资源控制方式仅可提供对电力系统的空间优化。为对整个电力系统进行优化，必须由单个优化代理了解每个系统资源的需求与供给曲线。如果没有任何单个代理了解所有这些信息，则仅可进行空间优化，因为可得信息对应的资源组不得不单独进行优化。必须通过不同资源组之间的市场来协调其运营，以平衡整个系统。然而，在去中心化市场中的价格发现过程在多个迭代交易中随时间而发生的同时，电力系统的供给与需求曲线会实时变化。因此，多个层级的资源协调之间的市场仅可提供对电力系统的空间优化。

必须做出关于如何协调分布式资源的决定——有多种可能性。下文探讨了四种可能的运营配电系统层级的分布式系统资源的模式，并且图65对这些模式做了阐述。这些模式包括：

整体系统运营商。此模式仅涉及一个控制层级。TSO负责对整个电力系统进行受限制的调度。换言之，TSO负责输电与配电系统层面的所有系统资源之间的、成本最低的调度，同时需要考虑到这两个网络层面的容量限制。在此模式中，配电网络运营商仍负责各自当前的、对配电网络进行基本规划和运营的简单职能。

整体系统运营商与配电系统运营商。此模式包括两个控制层级。首先，TSO对整个电力系统进行经济调度，包括对输电系统进行受限制的调度。换言之，TSO负责输电与配电系统层面的所有系统资源之间的、成本最低的调度，但仅考虑输电网络层面的容量限制。其次，配电系统运营商（DSO）根据配电网络层面的容量限制，对分布式资源的运营进行调节。

虚拟电厂与配电系统运营商。此模式涉及三个控制层级。首先，虚拟电厂向输电层面的系统运营商提供其所运营资源的发电或需求缩减的贸易报价曲线。其次，输电层面的系统运营商负责对输电系统进行受约束的调度。第三，配电系统运营商（DSO）根据配电网络层面的容量限制，对分布式资源的运营予以调整。

配电系统运营商。此模式涉及两个控制层级。首先，配电系统运营商作为配电层面的唯一VPP，负责控制配电层面的所有系统资源，并对整个配电系统进行受限制的调度。DSO向输电层面的系统运营商提供其所运营资源的发电与需求的竞价或报价曲线。其次，输电层面的运营商负责对输电系统进行受限制的调度。

最少 ——————— 输配电接口与控制层级数量之间的相关度 ——————→ 最多

| 整体系统运营商 | 整体系统运营商与DSO | DSO与VPP | 以DSO为中心 |

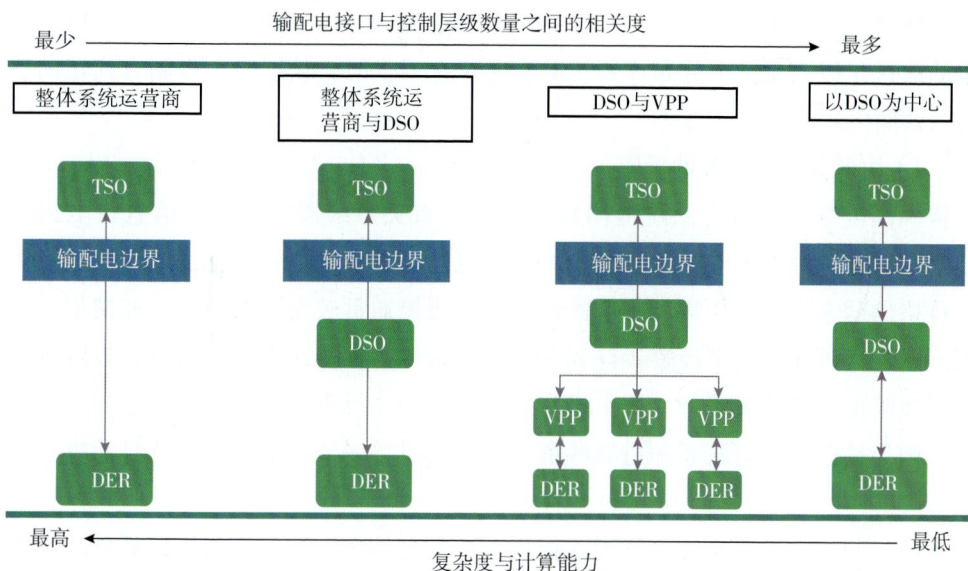

图65　多种可能的运营分布式能源的模式

备注：TSO：输电系统运营商，DSO：配电系统运营商，DER：分布式能源，VPP：虚拟电厂。
资料来源：Vivid Economics。

　　此决定的主要标准是每种模式的计算要求、机构特点和运营脆弱性。如上所述，对于计算要求较高或者计算技术改进不大的系统，将需要采用较多层级的资源协调模式，而对于计算需求较低或者计算技术得到大幅改进的系统，将需要采用较少层级的资源协调模式，并且，对于计算技术得到充分开发的系统，将需要采用整体系统运营商模式。此外，还需要考虑到对具体机构特点的偏好。例如，整体系统运营商与配电系统运营商模式涉及通过单个运营商来协调资源。电力用户可能存在（或没有）对价格、服务质量和隐私的担忧。如果存在这些担忧，电力用户可能偏向于由多个VPP控制资源的模式，让这些VPP争相满足客户的需求。最后，面对信息通信技术（ICT）故障（例如，网络攻击造成的故障），这些模式可能存在不同程度的脆弱性。

　　在信息通信技术（ICT）能力得到充分开发之前，可能一直需要采用层级式资源控制方式。虽然短期来看，分布式资源数量相对较少的电力系统的优化或许能够由单个运营商完成，但一旦部署了充分数量的分布式资源，相应的优化工作量可能十分庞大，单个运营商可能无法完成。为确保在计算技术的改进速度未能跟上计算要求的提升速度时，能适应分布式资源数量的增长，可在早期即建立控制层级结构。即使计算技术提升到整个分布式系统可由单个运营商优化的程度，系统控制在时间分辨率上的提高（例如，从每半小时处理到实时处理）将造成计算需求的大幅度增加。仅当计算技术的改进足以满足整个分布式系统的实时优化要求时，从层级式控制方式转向整体系统运营商模式才是可行的。

（4）协调分布式资源的投资

资源高度集中的电力系统能向投资者提供有关系统需求的充分信息。电力系统需要定期对新资源做出投资（例如，新的发电厂等）。理论上，开发商会根据批售市场的价格信号来投资于新资源。这些新投资的规模通常较大。原则上，此情形会造成协调问题，即可能有多个投资者计划开发类似资源（投资过度），或者，投资者可能因厌恶风险而与其他投资者一样未投资于某个资源（投资不足）。实际上，这些风险很小，因为输电系统运营商知道哪些资源开发不足并等待接入电网，并且能够公开此信息。

然而，分布式电力系统可能无法提供这些充分信息，因而面临投资低效的风险。由于资源转向配电系统层面，上述协调问题同样可能产生。这是因为，除非采用了恰当的规程，否则，不会有哪个单独的市场参与者完全了解系统的所有电力网络中有哪些资源投资不足并等待计入电网。因此，同样会产生投资低效的结果：投资过度、投资不足、技术组合不佳或者资源的空间分布不佳。

投资低效风险可通过协调规划新资产的方式来缓解。如图66所示，这一点可通过正式的资源规划与决策流程，或者通过提供相关信息的方式来实现：

西班牙和爱尔兰引入了由输配电层面的系统运营商实施的正式资源规划与决策流程。这些流程包括，与TSO和DSO进行正式协调，并共同规划基础设施与发电投资。例如，在西班牙，一些地区管理机构建立了"评估委员会"。在这些委员会中，管理机构、TSO、DSO和开发商协调处理投资计划与入网请求。TSO和DSO共同分析和审批投资计划。这样，TSO和DSO可最大限度地降低电力网络开发和项目成本以及项目风险。爱尔兰采用了集体处理方式，即首先批量收集开发商的投资计划，然后将其提交给TSO和DSO审议。之后，TSO或DSO对其系统最适合采用的计划进行处理。此方式可协调输配电系统的开发，并高效分配稀有容量（Eurelectric，2013）。

另一种方式是提供充分的信息。例如，通过强制要求投资者向一个关于投资规划与入网许可申请的公开数据库进行注册，可让投资者了解未来资源管线，并根据预期系统要求来评估潜在投资。

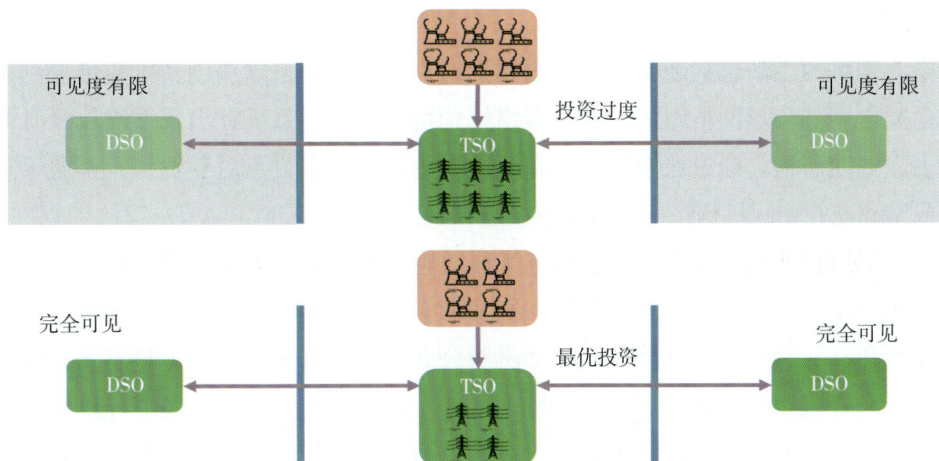

图66 协调式方法可确保对电力系统资源进行高效投资

备注：TSO：输电系统运营商，DSO：配电系统运营商。

资料来源：Vivid Economics。

（5）有关开放接入和公共数据的系统状况及资源

随着信息通信技术（ICT）基础设施的开发，可用的数据及信息的数量正在扩增。建筑物中的智能电表可跟踪每秒钟的能源消费曲线，因而可作为有关能源消费与用户行为的新信息来源。在电网中，传感器和广域网可监测电网的可靠性，从而提供有关电网状况的实时信息。

需要让市场参与者在一定程度上获取市场信息，才能促进公平竞争环境的形成。例如，欧洲能源监管委员会（CEER）已发现，可获得的信息有限，是新市场参与者进入市场时面临的一大障碍（欧洲能源监管委员会，2016年）。在未来，能否获得有关分布式资源和网络状况的信息，也可能变得越来越重要。这些信息也可能为系统平衡的新机会提供基础，因为新的参与者可能进入市场并寻找更高效的平衡解决方案。

数据交换可作为未来高效运作的能源网络的一部分，但需要予以谨慎管理，以缓解数据可被访问时面临的风险。数据交换是对有关客户用电模式、可用的分布式资源、本地电价和电网状况的安全存储。这些数据的可用性带来了隐私风险，因而需要达到可访问性与保护之间的平衡。为采用数据交换，必须做出恰当的机构安排。例如，如果参与电力系统服务市场的DSO负责提供数据服务，则会为自身给予优先权限。长远来看，ICT的开发可能导致由集中式管理机构运营数据这一模式变得不再必要，在电力贸易转向点对点层面的背景下，尤其如此。

（6）适应未来创新

电力网络的创新包括新型网络结构和点对点电力贸易，这些创新可能带来巨大效益。由微电网和分形网格组成的新型网络结构可提高电力系统在出现系统故障时的复原能力，如前所述。通过区块链等分布式数据管理平台进行点对点贸易，有助于降低交易成本和减轻中间机构在电力市场中的重要性。

这些创新可通过旨在实现目前和未来高效电力网络的方案来促进实施。大多数实现了彻底自由化的电力市场均为开发、证实和采用创新成果提供了支持环境。具体而言，需要建立一种能将系统运营商的动机与公共政策目标相统一的体制模式，以消除目前的参与者阻止普及创新成果的动机。此外，还需要采用一种对去中心化资源进行控制的模式，以便为新型网络结构和点对点电力贸易等创新成果提供参与电力市场的机会。

随着时间的推移，上述及其他创新成果可能驱动或促成一些较大的转变，从而引发电力系统的重大重组。有必要对新技术和业务模式进行监视，以便恰当地调整政策和监管，从而实现价值和解决风险。

——新型电力网络架构。微电网和分形电网属于创新型电力网络架构。这两种新型网络架构均具有相比传统配电网络的辐射状连支更高的复原能力。微电网可通过发电冗余配置实现复原能力，而分形电网可通过网络基础设施来实现复原能力。

微电网是一种由发电源和需求源组成的、部分自给自足型的小规模电力网络。微电网可与本地配电网络相连接，并根据系统状况，导入或导出电力，也可与配电网络断开连接，并作为一个孤岛运营。由于微电网可在一定程度上满足其自身的需求，因此，面对大范围系统故障，例如，因网络攻击造成的故障，微电网具有更高的复原能力。相比于辐射状网络，并且非常适合用于医疗、军事设施或数据存储等重要领域。由于微电网是自给自足的，因此，其所需的现场发电量多于传统电网。在微电网中部署现场发电，可能导致大范围电力系统中的发电资产的总数量增多，这意味着在一定程度上会造成资产冗余程度和成本的提高。原则上，如果发电装机容量充足，并且仅服务于孤岛时的基本荷载，则可缓解冗余。微电网可聚合其虚拟电厂（PPP）等资源，以协调电力贸易与大范围电力系统。这种聚合可通过中央控制器，或者可能通过各个微电网资源之间的点对点通信（无需中央控制器）来完成。图67显示了具有上述部分特点的微电网的结构。

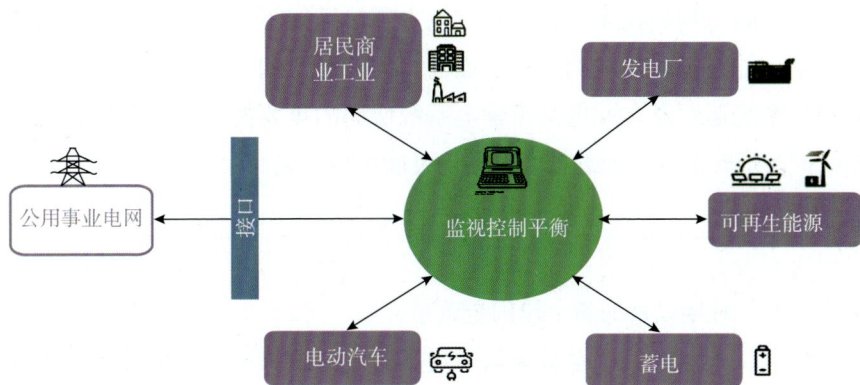

图67　微电网包含发电和灵活资源以及电力需求资源

资料来源：Vivid Economics。

分形电网（A fractal grid）是目前尚处于概念阶段的一种电力网络结构。分形电网集辐射状网络的经济性（冗余度最低）与网状网络的复原能力（节点通过多个连支来连接）于一体。分形电网通过采用一种分形或递归模式——即多个具有相同结构的连支组以"母子"关系连接在一起，来实现这些特性。如果单个连支出现故障，并不妨碍不同节点之间的电力潮流，并且，这种分形架构可适应能在大范围系统故障时成为孤岛的微电网。分型电网的支持者声称，城市中大部分空间区域均已建立分形结构，因此，在城市中建立分型电网系统是比较容易的。目前已有多个分型电网示范项目。例如，CleanSpark的分型电网项目已建立一种将不同的微电网以母子关系相连接的联合结构。分型电网中的微电网可与其他微电网共享其发电和服务，以削减峰值需求，从而提高整个系统或孤岛本身的可靠性，以便独立地管理其发电量和荷载。此外，加利福尼亚州彭德尔顿军营的分形电网示范项目和Nreca的敏捷分形电网项目也是母子关系的微电网的案例。

——点对点电力贸易。点对点电力贸易让小规模发电、蓄电和需求资源的所有者都能参与电力市场。目前，电力贸易在发电厂与大型电力供应商之间开展。如前所述，虚拟电厂也可能进入电力市场。此外，点对点电力贸易的发展可能促进小规模发电、蓄电和需求资源的所有者参与电力贸易。点对点电力贸易目前正在通过一些小规模的微电网试点项目来开展。例如，纽约布鲁克林的微电网项目将发电厂、配电线路、电池及荷载源相连接，并通过区块链分布式记账来跟踪贸易及电力潮流。

如果点对点贸易得到普及，中间机构在运营电力系统方面的重要性将降低。Shioshansi等评论者认为，区块链可自动地使大量分布式资源主动参与，以至于不再需要虚拟电厂等中间机构。在未来，点对点电力贸易可能不仅发生在微电网内部，还发生在配电网络（并可能在输电网络）层面的不同资源之间。理论上，充分的自动化效应有可能降低系统运营商在配电甚至输电系统层面的重要性，但系统运营商在管理网络限制和维护系统安全性方面的核心作用仍可能保持下去。

（二）中国新一轮国有能源企业改革的政策分析

1."十二五"时期以来的新一轮国企改革

2013年11月，十八届三中全会审议通过了《中共中央关于全面深化改革若干重大问题的决定》（以下简称《决定》），翻开了本轮国企改革的崭新一页。习近平总书记在关于《决定》所作的说明中，对国企地位和改革背景给出了清晰阐述："国有企业是推进国家现代化、保障人民共同利益的重要力量。经过多年改革，国有企业总体上已经同市场经济相融合。同时，国有企业也积累了一些问题、存在一些弊端，需要进一步推进改革。"关于国企地位，《决定》强调："国有企业是推进国家现代化、保障人民共同利益的重要力量。"关于改革进一步深化的重点，《决定》明确："完善国有资产管理体制，以管资本为主加强国有资产监管，改革国有资本授权经营体制，组建若干国有资本运营公司，支持有条件的国有企业改组为国有资本投资公司。"

对于深化国企改革的重要举措，《决定》提出：一是"积极发展混合所有制经济"。"允许更多国有经济和其他所有制经济发展成为混合所有制经济"，"国有资本投资项目允许非国有资本参股"，"鼓励非公有制企业参与国有企业改革，鼓励发展非公有资本控股的混合所有制企业"。二是"推动国有企业完善现代企业制度"。"准确界定不同国有企业功能"，"国有资本加大对公益性企业的投入"，"继续控股经营的自然垄断行业"，"根据不同行业特点实行网运分开、放开竞争性业务"；同时，"健全协调运转、有效制衡的公司法人治理结构"。

此后，习近平总书记多次谈到国企改革问题，在此有必要做系统回顾。

2014年3月，在参加十二届全国人大二次会议安徽代表团审议时的讲话时指出："发展混合所有制经济，基本政策已明确，关键是细则，成败也在细则。要吸取过去国企改革经验和教训，不能在一片改革声浪中把国有资产变成牟取暴利的机会"。

2014年8月，在中央深改组第四次会议上指出："国有企业特别是中央管理企业，在关系国家安全和国民经济命脉的主要行业和关键领域占据支配地位，是国民经济的重要支柱，在我们党执政和我国社会主义国家政权的经济基础中也是起支柱作用的，必须搞好。"

2015年6月，在中央全面深化改革领导小组第十三次会议指出："坚持党的领导是我国国有企业的独特优势"，"把国有企业做强做优做大，不断增强国有经济活力、控制力、影响力、抗风险能力"，"防止国有资产流失"，"加快形成全面覆盖、分工明确、协同配合、制约有力的国有资产监督体系"。

2015年7月，在吉林调研时指出："国有企业是推进现代化、保障人民共同利益的重要力量，要坚持国有企业在国家发展中的重要地位不动摇，坚持把国有企业搞好、把国有企业做大做强做优不动摇"，"要深化国有企业改革，完善企业治理模式和经营机制，真正确立企业市场主体地位，增强企业内在活力、市场竞争力、发展引领力"，"推进国有企业改革，要有利于国有资本保值增值，有利于提高国有经济竞争力，有利于放大国有资本功能"。

2016年5月，在中央财经领导小组第十三次会议指出："要推进国有企业改革"，"特别要强调的是，处置国有企业中的'僵尸企业'本身就是推进国有企业改革，就是国有经济战略型调整"。

2016年7月，在全国国有企业改革座谈会上的讲话中指出："国有企业是壮大国家综合实力、保障人民共同利益的重要力量，必须理直气壮做强做优做大，不断增强活力、影响力、抗风险能力，实现国有资产保值增值。要坚定不移深化国有企业改革，着力创新体制机制，加快建立现代企业制度，发挥国有企业各类人才积极性、主动性、创造性，激发各类要素活力。"

2016年10月，在全国国有企业党的建设工作会议上的讲话指出："国有企业不仅要，而且一定要办好。各地区各有关部门和广大国有企业要按照党中央关于推进国有企业改革发展的决策部署，适应国内外经济形势发展变化，坚持有利于国有资产保值增值、有利于提高国有经济竞争力、有利于放大国有资本功能的方针，推动国有企业深化改革、提高经营管理水平，加强国有资产监管，坚定不移把国有企业做强做优做大。"

2017年10月，习近平总书记在党的十九次全国代表大会上的报告中对国企改革相关问题作了简明而又系统的阐述："要完善各类国有资产管理体制，改革国有资本授权体制，加快国有经济布局优化、结构调整、战略性重组、促进国有资产保值增值，推动国有资本做强做优做大，有效防止国有资产流失。深化国有企业改革，发展混合所有制经济，培育具有全球竞争力的世界一流企业。"

李克强总理也多次谈到国企改革问题。例如：

2015年9月，在深化国有企业改革和发展座谈会上提出："向非国有资本退出一部分符合产业政策、有利于产业升级的项目，这有利于改善民生，补上公共产品和公共服务的短板，同时也有利于提高国有资本配置和运行效率。"

2016年3月，在政府工作报告中指出："要以改革促发展，坚决打好国有企业提质增效攻坚战。推动国有企业特别是中央企业结构调整，创新发展一批，重组整合一批，清理退出一批。推进股权多元化改革，开展落实企业董事会职权、市场化选聘经营者、职业经理人制度、混合所有制、员工持股等试点。深化企业用人制度改革，探索建立与市场化选任方式相适应的高层次人才和企业经营管理者薪酬制度。加快改组组建国有资本投资、运营公司。以管资本为主推进国有资产监管机构职能转变，防止国有资产流失，实现国有资产保值增值。赋予地方更多国有企业改革自主权。加快剥离国有企业办社会职能，解决历史遗留问题，让国有企业瘦身健体，增强核心竞争力。"

2016年5月，在国务院常务会议上指出："要以改革促发展，以'壮士断腕'的勇气和决心，坚决打好打赢中央企业'瘦身健体'提质增效的攻坚战。"

2017年12月，国务院常务会议上指出"要贯彻党的十九大部署，着力深化国企改革，在实现国有资产保值增值上下功夫"。

2．国企改革的"1+N"政策体系逐步形成

2013年11月，《中共中央关于全面深化改革若干重大问题的决定》发布。当年12月30日，由习近平总书记任组长的中央全面深化改革领导小组成立。2015年8月，中共中央、国务院联合印发了《关于深化国有企业改革的指导意见》（以下简称《指导意见》）。在《指导意见》的大顶层框架下，关于国企改革的相关政策密集出台，形成了较为完整的新一轮国企改革"1+N"政策体系。"1"是指《指导意见》，是总体思路。"N"项政策主要包含党的领导、国资管理体制、混合所有制、国企分类、现代企业制度、监督、历史遗留问题等几大重点领域。N项政策体系的主要政策如下：

2014年8月审议通过《关于合理确定并严格规范中央企业负责人履职待遇、业务支出的意见》；

2015年1月实施《中央管理企业负责人薪酬制度改革方案》；

2015年3月出台《关于进一步深化电力体制改革的若干意见》；

2015年9月出台《关于国有企业发展混合所有制经济的意见》；

2015年9月出台《关于在深化国有企业改革中坚持党的领导加强党的建设的若干意见》；

2015年9月审议通过《关于鼓励和规范国有企业投资项目引入非国有资本的指导意见》；

2015年10月出台《关于改革和完善国有资产管理体制的若干意见》;

2015年10月出台《关于加强和改进企业国有资产监督防止国有资产流失的意见》;

2015年11月颁布实施《关于印发电力体制改革配套文件的通知》,相关配套文件:《关于推进输配电价改革的实施意见》《关于推进电力市场建设的实施意见》《关于电力交易机构组建和规范运行的实施意见》《关于有序放开发用电计划的实施意见》《关于推进售电侧改革的实施意见》和《关于加强和规范燃煤自备电厂监督管理的指导意见》;

2015年12月出台《关于国有企业功能界定与分类的指导意见》;

2015年12月出台《关于进一步规范和加强行政事业单位国有资产管理的指导意见》;

2016年3月实施《国有科技型企业股权和分红激励暂行办法》;

2016年3月出台《国务院关于印发加快剥离国有企业办社会职能和解决历史遗留问题工作方案的通知》;

2016年7月实施《企业国有资产交易监督管理办法》;

2016年7月实施《关于推动中央企业结构调整与重组的指导意见》;

2016年8月实施《关于建立国有企业违规经营投资责任追究制度的意见》;

2016年8月出台《关于国有控股混合所有制企业开展员工持股试点的意见》;

2016年8月实施《关于完善中央企业功能分类考核的实施方案》;

2016年8月出台《关于支持国有企业改革政策措施的梳理及建议》

2016年10月实施《关于做好中央科技型企业股权和分红激励工作的通知》;

2016年12月审议通过《关于开展落实中央企业董事会职权试点工作的意见》;

2017年1月出台《关于创新政府配置资源方式的指导意见》;

2017年1月出台《中央企业投资监督管理办法》;

2017年4月出台《国务院国资委以管资本为主推进职能转变方案》;

2017年4月出台《国务院办公厅关于进一步完善国有企业法人治理结构的指导意见》;

2017年4月出台《关于做好2017年中央企业"三供一业"分离移交国有资本经营预算申报和清算工作的通知》;

2017年5月出台《关于深化石油天然气体制改革的若干意见》;

2017年7月出台《中央企业公司制改制工作实施方案》。

3．重点工作稳步推进

一是从2016年开始重点实施"十项改革试点"。这十项试点工作主要在央企中开展，力争通过试点形成好的经验，起到"以点带面、以点串线"的作用。这十项试点工作分别是：

——以改革国资管理体制为主要目标

国有资本投资、运营公司试点：投资公司试点有中粮集团、国投公司、神华集团、宝钢、武钢、中国五矿、招商局集团、中交集团和保利集团等；运营公司试点有诚通集团、中国国新等。

中央企业兼并重组试点：中国建材和中材集团、中远集团和中国海运、中电投集团和国家核电等。

——以发展混合所有制为主要目标

部分重要领域混合所有制改革试点：重要领域包括电力、石油、天然气、铁路、民航、电信、军工等。第一批有9家试点、第二批有10家试点、第三批有9家试点。28家试点分别是中国联通、中国电信、中国中车、中国中铁、中国铁建、中国铁总、中航集团、东航集团、南航集团、国家电网、南方电网、中国电建、中国核建、中国能建、国家电投、哈电集团、中石油、中海油、中石化、中国船舶、兵工集团、兵装集团、中船重工、航发集团、航天科工、中国航天、中航工业、中国建材等。

混合所有制企业员工持股试点：神华集团、中国机械、宝武集团、中国远洋、中粮集团、招商局集团、中国节能环保集团、中国建材、中国建筑科学研究院、中国中铁等企业三级子公司。

——以完善现代企业制度为主要目标

落实董事会职权试点：中国节能、中国建材、国药集团、新兴际华、宝武集团、国投和中广核集团等。

市场化选聘经营管理者试点：宝钢集团、新兴际华、国药集团、中国节能、国投、中国通号等。

推行职业经理人制度试点：宝武集团、新兴际华、中国建材等。

企业薪酬分配差异化改革试点：人社部计划在2018年开展。

——以防范国有资产流失为主要目标

国有企业信息公开工作试点：中粮集团、中国建筑、国家电投、南航等。

——以解决历史遗留问题为主要目标

剥离企业办社会职能和解决历史遗留问题试点：选择部分地方省市开展试点。

二是推进央企兼并重组。央企兼并重组是优化国有资本布局、调整产业结构的一项重要举措。在十项改革试点之中就有此项。6家试点企业均已完成重组，中国建材和中材集团合并成立中国建材集团、中远集团和中国海运合并成立中国远洋海运集团、中电投集团和国家核电合并成立国家电力投资集团公司。此外，近几年的央企兼并重组还有几例：中国南车和中国北车合并重组为中国中车，中冶集团并入中国五矿，中国外运长航集团并入招商局集团，港中旅与国旅重组为中国旅游集团，中国轻工、中国工艺并入保利团，宝钢集团与武钢集团重组为宝武集团，神华集团与国电集团重组为国家能源投资集团等。

三是化解煤炭行业过剩产能。国有煤炭企业"去产能"是供给侧结构性改革的重要内容。2016年7月，国务院国资委明确了中央企业化解煤炭过剩产能的基本思路。第一，明确提出"去产能"的目标。利用5年时间压减央企煤炭产能15%，利用2年时间压减10%。第二，明确提出除专业煤炭企业和电煤一体化企业外，其他涉煤中央企业原则上退出煤炭行业。目前，煤炭央企均以完成2016年和2017年的"去产能"目标，国投和保利集团已将煤炭业务划拨中煤集团。除了中央煤炭企业外，地方国有煤炭企业也积极落实"去产能"工作，均完成了2016年和2017年的"去产能"计划目标。

（三）国有能源企业改革的思路与进展

1.重点思路

在对中国新一轮国企改革的讲话精神和相关政策进行梳理后，可以总结出国有能源企业改革的基本思路。主要体现在以下六个方面：

一是仍然以保障国家能源安全作为一项重要目标。中国是世界能源生产和消费大国，能源供需的总量结构基本平衡。但需求总量大，而且在经历了经济下行周期后，需求量已基本平稳，并仍将在一段时间内保持小的增幅。再加上受到国内资源禀赋、长距离输送等客观因素约束，能源的季节性短缺、局部短缺等结构性短缺很难避免。因此，保障国家能源安全仍然是本轮国有能源企业改革的重要目标之一。今后中国能源供给结构将在立足国内基本条件的基础上不断优化，确保国家能源安全的前提不会改变。

二是强调做强做优做大。习近平总书记不断强调，要"理直气壮""坚定不移"把国有企业做强做优做大，推动国有资本做强做优做大。规模大是国有能源企业的特征之一，今后仍将保持。根据国家统计局数据，截至2015年底，国有煤炭企业、国有石油和化工企业、国有电力企业的总资产在国有工业企业总资产中的比重约为47.2%，职工人数占比约为40.2%。三大类国有能源企业的总资产在工业企业总资产中的比重约为18.03%。中央所属能源企业有"三桶油"、刚刚由神华集团和国电集团重组成立的国家能源投资集团、中煤集团、中电投集团和国家核电合并成立的国家电力投资集团公司、华能集团、华电集团、大唐集团等，此外还有一大批正在发挥地方经济支柱作用的地方国有能源企业。这些企业具备了较好的产业基础，拥有规模、技术、市场等优势，体现了国有资本在能源领域的战略布局。今后，如何提升发展的质量，在做大的基础上做强做优是改革与发展的重点。同时，中央能源企业以完善现代企业制度为目标的相关试点工作顺利推进，为地方国有能源企业的机制改革和管理提升发挥了较好的示范作用。

三是明确国有资本在国有能源企业的布局方向。2016年7月实施的《关于推动中央企业结构调整与重组的指导意见》中明确：中央企业要在"在国防、能源、交通、粮食、信息、生态等关系国家安全的领域保障能力显著提升"，"在重大基础设施、重要资源以及公共服务等关系国计民生和国民经济命脉的重要行业控制力明显增强"，"在新能源、新材料、航空航天、智能制造等产业的带动力更加凸显"。具体而言：

第一，对重要江河流域控制性水利水电航电枢纽等领域以及石油、天然气等领域实行国有独资或控股，对石油天然气主干管网、电网等自然垄断环节的管网以及核电等领域实行国有独资或绝对控股，对煤炭行业大力压缩过剩产能。

第二，鼓励电力、新能源、油气管道等领域的相关中央企业共同出资组建股份制专业化平台。

第三，鼓励煤炭、电力、冶金等产业链上下游中央企业进行重组。上述政策内容基本勾勒出了国有资本在能源领域的布局思路。

四是改组国有能源企业为国有资本投资公司。建立起新时期能源领域的国有资本投资体制是新时期国有能源企业改革的重点，落实到企业微观，就涉及选择合适的国有能源企业改组为国有资本投资公司。国有资本投资公司的功能在于：通过国有资本在能源领域的进退流动优化国有资本布局、集聚国有能源企业优势，全面提升运营效率和国际竞争力。央企的国有资本投资公司试点中就包括有国投公司和神华集团。《关于推动中央企业结构调整与重组的指导意见》中也给出了"形成国有资本有进有退、合理流动的机制"的目标以及"中央能源企业改组组建国有资本投资、运营公司"的思路。一些地方也确定了煤炭等省属能源企业为本地国有资本投资公司的改革试点。

五是鼓励国有能源企业发展混合所有制。发展混合所有制是国有资本管理体制改革以及国企内部机制改革的一项重要举措。"1+N"政策体系中也包含有专门的政策安排，例如2015年9月出台《关于国有企业发展混合所有制经济的意见》，2016年8月出台《关于国有控股混合所有制企业开展员工持股试点的意见》。在其他文件中对国企混合所有制改革也多有涉及。《关于推动中央企业结构调整与重组的指导意见》中，在强调保持国有资本在重要行业和关键领域的控股地位的同时，也明确要支持非国有资本参股。2015年3月出台的《关于进一步深化电力体制改革的若干意见》中提出，要"稳步推进售电侧改革，有序向社会资本放开售电业务"。"鼓励社会资本投资配电业务"，"逐步向符合条件的市场主体放开增量配电投资业务，鼓励以混合所有制方式发展配电业务"。2017年5月出台的《关于深化石油天然气体制改革的若干意见》中提出，要"完善国有油气企业法人治理结构，鼓励具备条件的油气企业发展股权多元化和多种形式的混合所有制"。在煤炭领域，神华集团已被选定为央企混合所有制改革的试点之一。

六是深化国有能源企业的供给侧结构型改革。让国有能源企业"瘦身健体"是当前中国供给侧结构性改革的重点领域，目前主要涉及三方面。

第一，攻坚国有能源企业改革的"深水区"。主要是指深化电力体制改革和石油天然气体制改革。相关政府部门分别在2015年的3月和11月出台了《关于进一步深化电力体制改革的若干意见》以及《关于推进输配电价改革的实施意见》《关于推进电力市场建设的实施意见》《关于电力交易机构组建和规范运行的实施意见》《关于有序放开发用电计划的实施意见》《关于推进售电侧改革的实施意见》和《关于加强和规范燃煤自备电厂监督管理的指导意见》等配套文件，在2017年5月出台了《关于深化石油天然气体制改革的若干意见》。两项改革均明确了未来行业市场化的大方向。

第二，稳步推进以煤炭、煤电行业为代表的"去产能"工作。从2016年开始，国家加大了煤炭行业"去产能"的力度，化解煤炭过剩产能也成了国有能源企业改革的重点工作之一。2016年2月，国务院印发了《关于煤炭行业化解过剩产能实现脱困发展的意见》。之后，涉及人力资源、金融、安监、国土、质检、税务、财政、环保等领域的配套文件陆续出台，煤炭主要生产省、市、自治区也分别明确了"去产能"的目标、计划和具体措施。2016年7月出台的《关于推动中央企业结构调整与重组的指导意见》也提出，要以煤炭等行业为重点，"大力压缩过剩产能，加快淘汰落后产能"。2017年7月，十六部委联合出台《关于推进供给侧结构性改革防范化解煤电产能过剩风险的意见》，开始启动煤电行业"去产能"工作，提出：在保障电力安全供应的同时，要"从严淘汰落后产能""清理整顿违规项目""严控新增产能规模"。"鼓励和推动大型发电集团实施重组整合，鼓励煤炭、电力等产业链上下游企业发挥产业链协同效应""。明确煤电行业"去产能"的目标是："十三五"期间，全国停建和缓建煤电产能 1.5 亿千瓦，淘落后产能 0.2 亿千瓦以上。

第三，加快解决中央企业的历史遗留和企业办社会问题。例如在2016年3月出台了《国务院关于印发加快剥离国有企业办社会职能和解决历史遗留问题工作方案的通知》，同时将剥离企业办社会职能和解决历史遗留问题作为十项改革试点之一。在《关于推动中央企业结构调整与重组的指导意见》中也明确提出，要加快剥离央企的办社会职能和解决历史遗留问题。

2.主要进展

国有能源企业的改革工作按照上述六大思路有序推进，取得了不同程度的进展。具体见下表。

表26　　　　　　　　　　　　国有能源企业改革进展情况汇总

重点思路	主要进展
保障国家能源安全	履行保供职责以及能源与技术储备职责
做强做优做大	已完成新一轮重组的国有能源企业目前运营稳定； 新的企业重组工作仍将在央属以及地方国有能源企业间推进； 从行业内整合向产业链整合转变； 通过精干主业、淘汰落后和低效产能、剥离企业办社会职能等措施"瘦身健体"； 进一步完善现代企业制度，发挥好党组织的作用，防止国有资产流失
优化国有资本布局	明确了不同能源领域国有资本投资的思路； 推动国有能源企业横向、纵向整合重组，例如神华集团与国电集团的合并； 在涉煤中央企业原则上退出煤炭行业的政策出台后，国投和保利集团已将煤炭业务划拨中煤集团
改组为国有资本投资公司	央属的国投公司和神华集团被列入国有资本投资公司改革试点，相关体制和机制改革工作正在推进； 一些地方国有能源企业也被列入了本地国有资本投资公司改革试点，改革方案多在制定之中
开展混合所有制改革	不同程度地在二级或三级子公司开展混合所有制改革
深化供给侧结构型改革	进一步深化电力体制改革和石油天然气体制改革的文件出台，市场化的大方向基本明确； 煤炭行业国有能源企业"去产能"年度计划连续2年超额完成； 推进煤电行业"去产能"； 历史遗留和企业办社会问题正在加速解决，一些国有能源企业已经完成了此项工作。例如中石油和中石化剥离企业办社会职能涉及油田两百余万户，两家企业"三供一业"分离移交工作任务量占全部央企任务总量的1/3。各省属国有能源企业所在地方也先后出台了这项改革工作的时间表，山东、河南、河北、陕西等地的一些国有能源企业已经完成任务目标

（四）国有能源企业改革的三点总结

1.新一轮国有能源企业改革的重点是提升国有资本在能源领域的投资效率

此次国企改革重在国有资本管理体制，具体到国有能源企业即是提高国有资本在能源领域的投资效率。在新的管理体制下，政府和企业的边界更加清晰。政府作为国有资本出资人不管理具体的资产经营，这是企业的事情，而是管好资本，是利用资本的可流动特性不断优化国有资本布局，在合理的流动中提高国有资本回报。因此，改革的内容包括三个层面：

一是相关政府部门的国企监管职责和相互关系将会优化设计；

二是与之相适应的国企内部改革将会深化推进；

三是政府将向国企授予一定的管理和投资权力，即相应的"授权"和"放权"。具体到国有能源企业，就是要通过国有资本在重要领域、优势领域、特殊领域的"进"和"保"，以及在低效领域的"退"，优化国有资本在能源行业的布局，提高对出资人的资本回报。

在国有资本管理体制改革的大制度框架下，国有能源企业需要开展改组国有资本投资公司、建立与新的管理体制相适应的现代企业制度和内部机制、开展混合所有制改革等一系列的内部改革。国有能源企业是否改组为国有资本投资公司，需要根据具体情况而定。此次央企改革试点中，能源领域只有国投公司和神华集团两家企业被列为国有资本投资公司试点。不论是定位为国有资本投资公司，还是定位为产业集团，国有能源企业的内部体制和机制都要根据新的国资管理体制进行相应改革。原因就在于，国有资本管理体制改革的目标是提高国有资本的投资回报。混合所有制改革试点中就包括了石油、石化和电力行业的央企。

2.国有能源企业做强做优做大的关键是做强

做强做优做大国有能源企业是保障国家能源安全和社会稳定的现实需求，并拥有产业基础。中国是能源消费大国，在石油、天然气、煤炭三大化石能源领域与全球供应市场保持着密切贸易合作。需要强调的是，能源供应不仅仅是经济问题，还具有社会责任。一是国有能源企业肩负着保供的社会责任；二是国有能源企业由于员工总数庞大，所在地区往往是"因能源而生"，因此还肩负着稳定员工就业和促进地区产业结构调整的社会责任。在经济和社会双重重任下，国有能源企业需要做强做优做大，而且经过多年的发展，也拥有较好的产业基础，具备了做强做优做大的基本条件。

在做强做优做大中，做强排在首位，也体现出做强的难度最大。国有能源企业已经具备了大规模的特征，但大不等于优、不等于强。历史负担重、债务利息偏高、资源运营能力不强、利润率较低等问题普遍存在。提高国有资本在能源领域的投资回报，意味着国有能源企业的运营效率必须提升。

因此，本轮国有能源企业改革的关键是要在做大的基础上，优化国有能源企业的业务、人员、资产、资本等内部结构，强化管理、运营、投资等内部能力。国有能源企业通过优化和强化，可以充分发挥规模和产业优势，逐步发展成为具有国际竞争力的能源企业。

3.当前国有能源企业改革还存在诸多难点

以国有资本管理体制改革为重点的本轮国企改革在稳步推进，虽然取得了一定成效，但也面临着不小的困难。其中，国有能源企业的改革较受关注，难点主要体现在以下方面。

一是国有资本对无效、低效能源资产的退出存在制度障碍。国有能源企业业务规模庞大，都开展了多元化经营，不同程度存在无效、低效资产。对这部分资产，国有能源企业可以通过国有资本退出的方式"止损"，实现"瘦身健体"。"管资本"的体制改革、"去产能"的供给侧结构性改革也出台了相关支持政策。但国有资本退出无效、低效国有能源资产的难度依然较大，主要是"人向何处去""债该如何还"和"资产难保值"。无效、低效的资产都对应有运营主体，一旦退出，国企员工需要分流和安置，主体债务需要及时处置。目前看，在中央政府、当地政府和国企的重视下，员工分流和安置问题可以通过多种渠道解决，但债务处置很难实质性解决。或是长期搁置，或是转为了无效、低效资产运营主体母公司的债务负担。这其中也涉及银行的债务结构，因此制度突破的难度较大。关于资产的市场化估值也很难实现。无效、低效资产的价值肯定不高，并且是国有能源企业的巨大亏损源，当退则退。但受国有资产保值增值要求的约束，在估值时基本无法做到按照实际市场价值测算，估出的价值难以被社会资本所接受。

二是电力体制改革和石油天然气体制改革进展较慢。两项改革虽然是行业管理体制改革，但由于行业内的企业以国资为主，因此与国企改革密不可分。两大改革都涉及部分业务领域的放开。混合所有制改革试点中也列入了两大行业的央企。改革进展缓慢的压力主要来源于三个方面：第一，市场放开后对能源安全供应的影响；第二，打破现有利益格局对传统企业的影响；第三，中国市场体系仍需要不断健全。三个主要因素很难在短时间内突破，改革方案的完善与落实也需要一定的时间和政府的决心。

　　三是国有能源企业投资管理能力不足。国有能源企业曾是重生产的产业集团，在新的国有资本管理体制下，不论是定位为国有资本投资公司，还是仍然保持产业集团的定位不变，都需要发挥好国有资本的投资职能。但国有能源企业在这方面的智力储备明显不足，不仅仅是缺少资本投资的人力资源和经验积累，相应的内部管理体系也不到位。组织架构可以逐步建立和优化，难度大的是机制改革。

　　释放国有能源企业的活力是提升运营效率的重要保障。内部的机制改革与大的体制改革相辅相成，当国有资本管理体制改革还没有完全到位的情况下，包括国有能源企业在内的国企机制改革也很难到位。这其中涉及国资管理部门的职责界定、相关政府部门的分工设置以及政府对国企的授权与放权等问题。这些来自外部的问题目前仍在改革进程之中，不可避免会影响到企业内部机制改革。

　　四是混合所有制改革有难度。国有能源企业的混合所有制改革试点主要是二级、三级的非核心业务的子公司，在更大范围内铺开的难度也很大。这次的混合所有制改革，主要是指国有资本向社会资本开放，强调的是国有与民营的混合。这类混合不是简单的股权加减，需要不同的治理机制相互融合。民企不一定能够接受国企的国有资本管理体制和机制，国企也不一定能够适应民企的管理方式，体制的融合是最大的障碍。此外，混合所有制改革还存在向民营资本开放什么业务和国有资产如何评估定价的难题。民企看中的业务未必开放，需要引入民资的业务未必具有吸引力，基于国有资产保值增值而定的资产价格很可能会高于民资的预期。这些都是混合所有制改革的现实难题。

专题五

中国的能源国际合作与全球能源治理

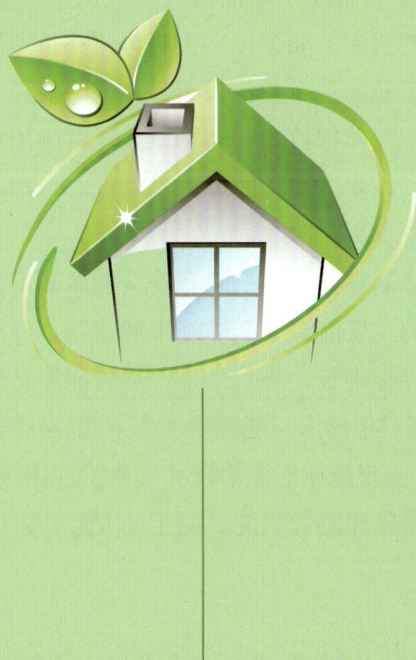

本专题国务院发展研究中心方面的负责人为产业部的魏际刚，壳牌方面的负责人为Peter Webb（皮特·瓦伯），参与人为英国皇家国际事务研究所能源资源环境组的Rob Bailey（罗伯·贝利）、DanielQuiggin（丹尼尔·奎根），国务院发展研究中心的洪涛，中国社会科学院的陈金晓。

一、概要

当前，全球能源格局正在发生重大调整，全球能源体系在需求、供给、技术、结构、市场、投资等方面正发生重大转型。多数国家普遍要求改善空气质量、减少排放、降低污染。全球能源治理和全球能源合作必须适应新的变化，促进全球能源向清洁、低碳、经济、高效、安全、可靠的方向转型，推动全球能源的高质量发展。

（一）全球能源治理变革方向：确保满足未来需求

过去，能源安全的重点一直在于原油与天然气的供应安全与价格稳定，并相应催生了一套全球能源治理的机制。如今，三大趋势正在重塑国际能源合作与治理的性质及重点。一是，多数国家政府及企业认识到，在保障能源安全的同时，还必须在国际范围内采取快速减少温室气体排放的行动。二是，各国国民对空气污染的担忧。三是，鼓励低碳方案的政策，技术进步和能源价格降低。全球能源治理要适应新市场的实际情况和能源结构的转变，以保持有效性。

然而，全球能源治理体制在促进向低碳、安全能源转型的能力方面存在两个重大缺陷。一是，国际能源署的主要能源安全体制未涵盖新兴经济体，而新兴经济体在能源消费中占有很大份额，且呈增长之势。二是，尽管能源行业在全球温室气体排放中占三分之二左右，但是气候目标尚未与能源治理体系充分挂钩。

G20的长期议程有助于实现全球能源治理和气候治理体制协调发展，这需统一G20的使命，逐步建立G20的领导和监督职能，制定G20能源部长会议议程，设立能源秘书处。

（二）全球能源治理的重点之一：面向低碳、安全能源转型的投资机制

优化能源快速转型期间的投资分配，同时维持石油天然气供应安全性和电网可靠性，需要明确的市场信号和将转型风险纳入资金成本。目前存在的问题包括：全球覆盖范围和碳定价水平不足，燃油补贴导致投资决策偏差，资本市场对转型风险知之甚少等。

随着主要的重工业开始实行碳定价机制，通过其他领域广泛采用碳定价机制确保公平的国际竞争环境，符合各国的利益。通过转型确保充足的全球油气勘探开发投资，特别是避免供应危机，符合各国的利益。

宣传碳定价机制，将转型风险纳入财政决策的趋势不断增长。G20成员国相互合作，支持制定、采纳和实施金融稳定理事会（FSB）下设气候相关金融信息披露工作组（TCFD）；支持逐步取消矿物燃料补贴；通过经验共享多渠道推广碳定价机制，澄清联合国气候变化框架公约（UNFCCC）下市场联动机制；探索采用边境调节措施（BAM），鼓励大范围采用，减少碳泄漏。

（三）全球能源治理的重点之二：面向未来能源体系的金属和矿产品供应安全

金属和矿产品对面向未来能源体系的制造技术和基础设施至关重要，金属和矿产品供应安全问题越来越引起业界重视。与石油天然气或农产品市场相比，金属和矿产品市场的信息贫乏，治理改革滞后。

价格可承受的原材料供应安全对确保各国经济安全至关重要。

供应链中断和贸易争端可通过以下方式避免：各国携手提高整个供应链的信息、数据和价格透明度；支持与既有和新兴生产国开展对话，开发双赢技术和投资方案，促进贸易发展和预防出口限制。

循环经济战略有助于减少对关键材料的长期进口需求。未来的国家战略规划应重视金属和矿产品回收技术的研发，以提高原材料的利用率。

通过与本地区邻国建立非传统联盟，以进一步降低对关键金属和矿产品的依赖程度，支持针对依赖关键金属和矿产品的低碳能源技术的替代技术开展研发和试点。

（四）全球能源治理的重点之三："从分子到电子"转变期间的电力可靠性

清洁能源技术成本大幅降低正在加速"从分子到电子"转变。能源安全的本质也在发生变化，尤其是以电力为中心的能源体系需要实时管理系统可靠性。国家间电网互联互通可以降低电力成本，提供贸易机会。

（五）国际能源合作的战略构想

国际合作对于全球实现能源目标十分重要。要加强应对未来50年能源安全的全球挑战，同时促进能源行业向低碳化发展，各国政府单独行动将难以有效应对。

下图的矩阵显示了建议的国际合作方案。横轴表示从双边主义到多边主义，纵轴表示从市场导向型合作到更具方向性的政策干预。

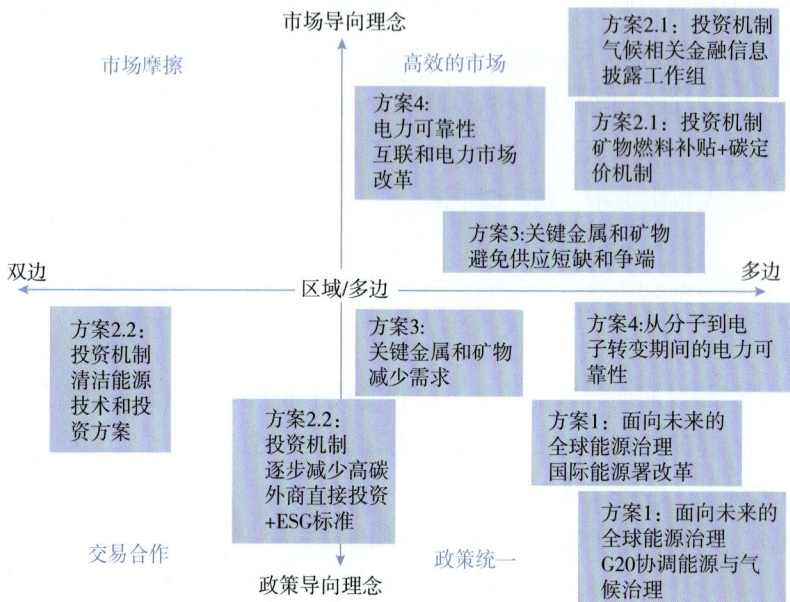

图1　国际能源合作战略路线构想

如图1所示，每个方案均是一揽子解决方案的一部分，因为很多方案可以一起实施，而且某些方案的实施有赖于其他领域的进展。尽管这些方案涵盖一系列市场导向型和政策导向型理念，很少方案基于交易合作模式。区域主义和多边主义之间的方案则以制定、加强和推广通用规则和规范举措的形式出现。

改革推进需要耐心，因为很多方案的成功有赖于能源行业以外的广泛政治合作，尤其是中国与美国和其他国家的关系，双赢通常需要妥协。"一带一路"倡议通过制定面向沿线国家的规则提供了区域和多边治理平台，也为国与国之间的双边交易提供了舞台。

G20在很多方案中发挥着核心作用。G20为中国和伙伴国在国际组织改革和建立新国际组织方面取得良好绩效提供了可行道路。G20成员国在很多关键领域有着举足轻重的地位，比如排放、能耗、投资和研发。另外，G20在诸如基础设施、绿色金融、投资和矿物燃料补贴等相关领域已提出相关建议。

G20可以发展成为全球能源治理的关键治理平台与机制，但这非一朝一夕之事。各国需加大努力，构建和支持G20的全球能源治理能力。

（六）中国应开展面向未来、多方共赢的能源国际合作，在全球能源治理中承担更大的责任

中国是全球能源生产、消费和贸易大国，能源对外依存度不断提高。中国的发展，对全球能源格局产生了重大和深远的影响。而且，中国在全球能源技术应用方面开始扮演着领导者角色。作为一个制造大国和低碳技术出口国，中国将从快速实现全球低碳化中受益。作为一个受气候风险影响较大的国家，中国将从全球加速减少温室气体排放中受益。作为世界最大的能源消费国，中国将从韧性更强的国际能源市场中受益。

中国要建立稳定、有效、可持续的能源供应体系，必须实施更具包容性的国际能源合作战略，推动多方共赢。战略上应从多层次的国际能源合作对象、多渠道的国际能源合作形式、多元化的国际能源合作方式、多领域的国际能源合作内容、多任务的国际能源合作进程等方面深入推进国际能源合作。

作为全球领先的经济体、最大的能源消费国和温室气体排放国，中国在推动全球能源治理改革中具有独特作用。

中国应担负起全球能源治理的大国责任，推动改变由发达国家主导的全球能源治理格局，使全球能源治理机制具有更广泛的代表性，更大程度反映发展中国家和新兴国家的利益，推动构建全球能源命运共同体，实现中国与世界的多赢；公平承担减排责任；推动能源革命，引领能源转型，持续推动对外开放。

一是深度参与国际能源治理机构的合作与改革。以完善全球性国际制度的基本规则为着眼点，积极主动的倡议或主导国际机制的修改、完善新机制的制定，提高议程创设能力，成为全球规则的参与者和主要制定者，以机制建设促进国际秩序的建设，进一步融入国际能源市场体系，深度参与全球能源治理，成为国际社会负责任、建设性、可预期的积极建设者。

做好顶层设计，制订进一步参与全球能源治理的全面战略与路线图，研判不同情景下中国参与全球能源治理的成本收益风险，明确参与方式与路径，改进完善参与措施、形成配套支撑体系；积极响应国际社会对中国参与全球能源治理的期待，如IEA的石油应急响应机制、改善统计数据质量等，并结合自身的能源战略，承担相应的国际责任；建立应对国际能源问题的内部会商机制，在重大的国际问题上达成一致意见，由被授权部门进行国际会商，更有力的表达中国的观点；与G20新兴经济体携手合作，推动国际能源署改革。制定参与主权国家的国际能源会议和活动清单，明确名称与时间、性质与内容、参会部门及官员级别、参加目的等。

二是促进区域能源安全、协同能源安全与经济社会共同发展。通过区域与多边合作，形成利益共同体，增进能源共同安全。与全球性或区域性等机构深度合作，建立稳定的能源供需协作关系和利益纽带。参与区域多边治理，促进区域能源协同安全，促进相关各方能源经济共同发展。处理好区域与多边层面不同治理角色之间的关系。坚持平等互利与推进双边合作，夯实多边合作基础。在提高能源安全的同时，避免因国际能源署改革可能失败而遭受损失。

三是加强参与全球能源治理的能力建设。增强主动塑造国际能源议题的能力，关键议题尤其要代表新兴经济体和发展中国家（"软实力"）；增强熟练运用国际能源规则的能力，尤其是国际能源贸易与金融投资的法律与国际规则；优化国内能源治理与能源外交的现代化政府架构的能力，尤其是国内能源管理体制改革与国际能源合作机制；增强国际化能源治理人力资源培养与储备；增强能源企业参与国际能源市场活动、全面服务于国际能源市场的能力（"硬实力"）；积极借助非官方力量和国际力量，构建讨论平台，加强参与全球能源治理的研究能力建设。

二、前言

全球能源体系正在发生重大变革，全球能源治理[①]（机构、机制及规则）和国际能源合作必须适应这些改变。鉴于多边机构组建或相关改革的交易成本高昂，过去的改变通常是缓慢、渐进的。然而，突发的经济危机和能源安全危机偶尔会引发较剧烈的改变——在1973年石油危机之后最为显著。

多数国家的政府及企业认识到，在保障能源安全的同时，还必须采取快速减少温室气体排放的行动。空气质量是驱动变革的另一个重要因素，特别是在发展中国家和新兴经济体。同时，政府鼓励低碳、清洁能源的政策，也在促进技术进步和降低能源价格方面发挥着重要作用。

通过转型实现《巴黎协定》中将全球温升幅度控制在2℃以下的目标，同时确保能源安全，对各国、相关组织和能源政策制定者来说均是一个重大挑战。如果没有统一的国内行动和空前规模的合作，世界不可能看到技术利用和资本分配方面发生的结构性变化。

能源市场和投资转型正在改变能源选择的条件。随着交通运输和供热的电气化程

[①] 参见查塔姆研究所-国务院发展研究中心报告《引领新常态：中国和全球资源治理》第3页，了解全球资源治理（包括能源治理）的综合定义，访问：https://www.chathamhouse.org/sites/files/chathamhouse/publications/research/2016-01-27-china-global-resource-governance-preston-bailey-bradley-wei-zhao-final.pdf。

度日益提高，政策重点开始从分子治理与安全向电子治理与安全转变。电网的扩展，电动汽车（EV）的快速部署和储能容量的增长，有可能完成一次自我强化循环，形成新贸易模式和新依赖关系。

确保能源安全符合各国利益。放眼全球，一些新形势值得关注，如中国的影响不断增强，欧盟对石油进口的依赖程度逐渐加大，北美页岩气革命后能源独立时代的兴起。随着能源选择转变，能源政策和国际合作的重点范围正在扩展，包括电网治理和跨境电力贸易，以及面向低碳经济的关键金属和矿产品供应安全，比如锂、钴和镍。

各国政府在能源治理与合作方面也有广泛的战略利益，从经济效益到生活质量，包括清洁空气和水。不论国家对海外进口的依赖程度如何，还是作为能源出口国，相关政策与国内能源选择密切相关，而且面临越来越多的公众监督。表1介绍了主要经济体的一些主要战略利益、能源转型的安全与合作新视角，以及可能的影响。

各国政府需要综合利用单边、双边和多边模式有效应对挑战。但是，确保各方在多边背景下有效参与和联合，需要在短期和长期投入重要的政治资本。这种模式可以帮助降低管理各种双边关系和新国际规范相关的高交易成本，提供统一的国际合作结构。

除了《巴黎协定》，多边论坛取得进展的过程一直缓慢而复杂。各国政府需要尽早开始构建多边合作基础，同时利用单边、双边模式加速多边合作进展，填补现有能源治理架构的缺口。这些合作模式需要保持弹性，灵活地适应不断变化的政治经济环境、气候变化和新信息。

需要开展务实合作——在很多情况下，需要在现有机构和组织内部加强合作；在其他情况下，需要携手推进现有机构和组织改革。比如，二十国集团在全球GDP、全球一次能源需求和全球排放中所占比例分别超过80%，而且有能力在各个方面推动变革，包括投资、基础设施、能源可及性和矿物燃料补贴。相比之下，随着油气需求的重心从其经合组织成员国向新兴市场转移，日益复杂的能源体系打破了能源生产国和消费国之间的界线，这使得国际能源署（IEA）的影响力正在弱化。

专栏1

关于国际合作和全球能源治理的定义

全球治理和国际合作尚不存在官方定义，本报告将这两个词界定如下。全球治理是"国家政府、市场主体、监管机构或立法机构组成的联合体在某个正式或非正式的多边组织内实施，此类组织、结构和机制内部做出的决策不仅会影响国家法律、条例及标准等硬性规则，还会影响准则和文化惯例等软性规则。规则可能自下而上地形成（例如，互联网治理），也可能自上而下地形成（在联合国内）。"

相比之下，国际合作则是一套较宽泛的协作行为，其中的协议是非正式的，并且强制合规要求较低。国际合作通常通过外交渠道来议定，而全球治理往往以多边形式实施。实际操作中，全球治理与国际合作之间存在相当大的重叠，例如，中国与美国在第21届联合国气候变化大会举行之前的非正式对话或合作促进了《巴黎协定》的签订。

人们普遍认为，能源体系正在发生革命性的改变。然而，各国如何通过全球能源治理（机构、机制及准则）和国际能源合作予以应对，尚不明确。由于多边机构的改革或者新组织的组建涉及较高的交易成本等原因，过去的改变一直是缓慢、渐进式的，但偶尔突发的经济危机和能源安全危机会引致较剧烈的改变——在1973年石油危机之后最为显著。

构建长期的联盟关系及其支撑结构，往往是一个循序渐进的过程，因为不同民族国家的目标要达成统一，需要经历多轮谈判。关键问题在于，全球能源治理的革新过程是否反映出重塑当今能源技术与生产国—消费国机制的主要趋势及驱动因素。另一个关键问题则是，在此过程中，中国将扮演什么角色？

国际合作的战略方向。在全球加速能源转型以改善空气质量和减少排放的背景下，中国需要在实现持续的能源安全与电力网络可靠性等方面做出很多重要的战略决策。这些战略与一系列单边至多边方案一起呈现，从而提供可能的政策导向型或市场导向型合作框架，如图1所示。

所有行动均需要政府引导，特别是市场导向型或政策导向型方案的初步设计和实施。市场导向型方案通常旨在实现基于规则的商业贸易，确保能源市场公平竞争。政策导向型方案意味着政府将在其中发挥更直接的作用，比如战略石油储备或双边投资框架。

总的来说，通过合作机制或多边协议不断扩大能源市场参与度，中国可以帮助更多国家获得持续、互利的成果。中国的领导力可以为互信和行动意愿提供基础。

伙伴国家的成本、利益和风险将随着大国参与多边组织的程度而变化。如果中国主要关注单边行动和多个双边协议，那么国际社会对多边模式的信心就可能降低，导致能源安全脆弱、交易成本增加、贸易瓦解、海外投资建设和减排进展缓慢等问题。如果美国退出基于规则的贸易和广泛的多边协议，那么这种风险将进一步增加。

中国需评估加入任何多边协议的"代价"，比如逐步提高透明度，正像既有成员会考虑中国的加入或扩大参与度（比如表决权缩水）带来的影响。中国在国际能源合作中的潜在领导作用对"一带一路"倡议（BRI）有特殊意义。其中，诸多伙伴国家之间的互信和参与将为双赢模式奠定基础。

鉴于许多多边组织关注市场开放度，中国还需考虑注重国内和国际层面的政府干预。尽管国际合作与治理可以采取命令和管控方式，但多边组织往往旨在促进形成共同规则和机制，确保市场高效运作。如果中国持续推动从数量型向质量型增长转变的政策，构建更加开放的国内市场，那么加强国际合作和参与全球能源治理多边组织不仅是自然而然的行动，而且是惠及各国的行动。

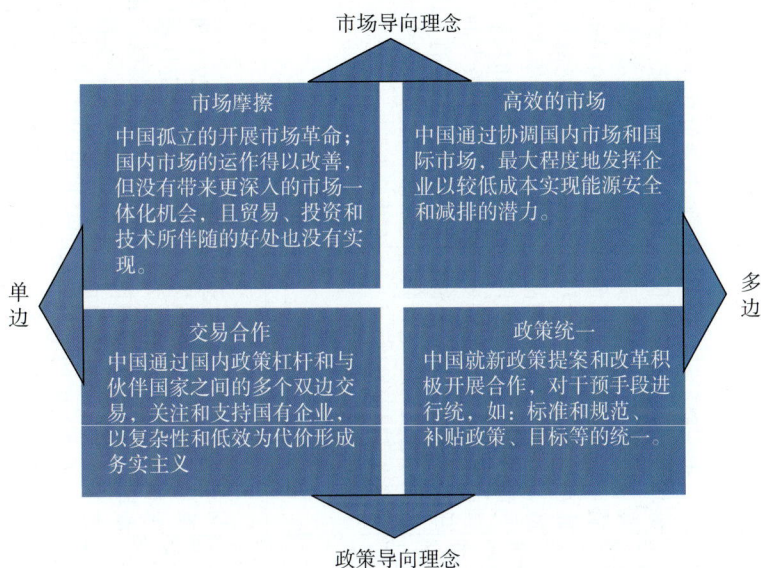

市场导向理念

市场摩擦
中国孤立的开展市场革命；国内市场的运作得以改善，但没有带来更深入的市场一体化机会，且贸易、投资和技术所伴随的好处也没有实现。

高效的市场
中国通过协调国内市场和国际市场，最大程度地发挥企业以较低成本实现能源安全和减排的潜力。

单边

多边

交易合作
中国通过国内政策杠杆和与伙伴国家之间的多个双边交易，关注和支持国有企业，以复杂性和低效为代价形成务实主义

政策统一
中国就新政策提案和改革积极开展合作，对干预手段进行统一，如：标准和规范、补贴政策、目标等的统一。

政策导向理念

图2 可以考虑中国未来战略国际行动的两个关键变量

在这种背景下，本报告提出关于全球能源治理合作的四个重点方面：

（1）确保全球能源治理满足未来需求——探索中国与国际G20伙伴共同采取的可能治理与合作行动，推进国际能源署改革并使G20在全球能源治理中发挥核心作用。

（2）面向低碳、安全能源转型的投资机制——探讨投资和市场机制，确保中国在面向日益复杂的能源行业目标时可以加快优化资本分配，同时维护传统能源安全。

（3）面向未来能源体系的金属和矿产品供应安全——探讨中国可以采取的供应侧和需求侧措施，避免供应短缺和贸易争端，最大限度减少额外的开采需求。这两类措施可以防止未来限制清洁能源利用。

（4）从分子到电子转变——探索区域供应战略，一旦得到采纳，中国可以加速电力市场协调和贸易；以及有助于实现需求侧平衡的国际基础设施标准化和投资战略。随着电气化程度不断提升和可再生能源发电加速发展，这两类战略将提高未来电力网络的可靠性。

表1 主要经济体的关键战略利益和新能源安全与合作视角的潜在影响

	贸易依赖性	面向低碳能源的关键战略金属可及性	跨境电力贸易与互联互通	清洁能源技术领先优势	能源—国际合作的重要组成部分
中国	石油安全是重中之重。作为世界上最大的石油净进口国，中国高度关注中东（50%进口石油来自中东）和一些战略海上枢纽（霍尔木兹海峡和马六甲海峡）的不稳定局势。作为国际能源署联盟国，中国并未正式参与国际能源署应急机制。天然气重要性不断提升。俄罗斯—中国天然气管线将于2020年启用。页岩气发展比预期缓慢。目前，中国是世界第三大LNG进口国，主要来自澳大利亚和卡塔尔	中国的一系列大宗商品依赖全球市场。到2020年，多达39/45的主要矿物类型可能依赖进口。金属和矿物市场的重要主体。中国是稀土元素的主要生产国，也是大多数金属的重要经济与参与国。循环经济政策可以大幅减少进口需求和矿产品消耗，特别是当本国的金属和矿产品市场比预期更早达到饱和	“一带一路”沿线国家不断增强互联互通。中国计划通过超高压输电电路投资增加中国西部地区的近可再生资增加中国西部能源投资（比如，中压距离出口，欧盟）。中国的国内战略对接。中国海外战略与海外电力需求要与“一带一路”国内电力市场改革需求。雄心勃勃的沿线国家互联互通计划同时推进或提前推进	雄心初初但具有相对性的可再生能源目标：到2020年，非化石能源消费占比达到15%，2030年达到20%；可再生能源发电装机容量到2020年达到680GW。挖掘低碳市场潜力。中国是世界上最大的太阳能光伏电池制造商。比亚迪是世界上最大的电动汽车生产商	推进能源治理是G20的一项重要议题，并且在2016年G20杭州峰会上被列入议程。“一带一路”倡议将在电力网络互联材料的会中寻求开采关键材料。现今，中国在应对全球气候变化中发挥着领导作用。全球加速实现低碳领导化对中国带来巨大的战略利益。中国仍然十分关键—加强与俄罗斯、中东和澳大利亚的双边关系
美国	走向能源独立？页岩气革命为能源行业带来颠覆性变化。美国石油净进口量相当于美国石油消费量1970年25%左右，这是自1970年以来的最低水平。复苏走向美国向没落的煤炭行业是责任务。美国政府面临的一项重要任务。日益增加的可再生能源的竞争力不断增强，煤炭行业复苏面临重大挑战	美国依赖外国稀土资源为能源问题的问题。“切实存在的问题”美国过度依赖中国的稀土资源（70%以上包括的稀土资源依赖进口，其中89%包括间接进口）。近年来，在美国开采这些矿产并经济的做法，其中一座主要经济开采矿法已破产倒闭	与区域邻国的电力行业联系日益增加。美国从加拿大和墨西哥进口的电力不断增长。近期开展和提议双向的输电贸易。美国的电力网络向互联并不完善。三大主要互联电力网络很大程度上独立运行，相互之间的输电十分有限	下放领导权。29个州要求电力公司在规定日期内提高可再生能源发电占比。118市社区供电长期承诺，支持实现可再生能源100%利用可再生能源的目标。美国的能源目标是城市和州政府做出退出的风险在于，美国相对于处在清洁能源前沿的国家的工业竞争力下降	页岩气革命已经改变了美国的能源政策。石油进口得到控制，天然气行业出口不断增长，主要是由于出口限制措施。煤炭在低成本替代能源的冲击下首当其冲。尽管如此，美国的能源安全程度仍高于几十年前。最大的风险在于，美国相对于处于清洁能源前沿的国家的工业竞争力下降

续表

	贸易依赖性	面向低碳能源的关键金属可及性	跨境电力贸易与互联互通	清洁能源技术领先优势	能源—国际合作的重要组成部分
欧盟	天然气安全是重点问题—约90%的石油需求通过进口满足（包括挪威），而且欧盟的石油进口支出是天然气的五倍。但是，天然气供应应更集中：几乎一半的进口天然气来自俄罗斯。由于能源结构和供应途径不同，欧盟各成员国的国家利益各不相同	欧盟加大对原料供应的关注力度，并且已确定该地区域高科技制造业使用的27种"关键原料"。除了保持竞争力，欧盟推动可再生能源发展同样需要这些原料。该战略旨在支持生产、效率和贸易领域的一系列行动	引导电力市场整合—互联互通和市场整合。适用于整个欧盟的规则有助于电力贸易增长和提高效率。欧盟鼓励各成员国根据"能源联盟"的要求，加强与邻国的互联互通。各成员国正在学习大规模整合可再生能源，但对电力合同的影响尚未得到解决	清洁能源技术对实现气候目标和提升竞争力至关重要。欧盟可再生能源指令规定，到2020年，整个欧盟的能源消耗中至少有20%来自可再生能源。英国、法国和德国已宣布禁售国内燃机（ICE）汽车的日期，促进电动汽车推广	欧盟担忧的主要问题包括：俄罗斯天然气进口、不断增加的网络安全风险和可再生能源对现有电力公司业务模式的影响。但是，可再生能源、电动汽车和节能措施也带来重大机遇。由于能源结构和产业结构不同，欧盟各成员国的国家利益各不相同
日本	自福岛核电站关闭后，日本几乎所有的矿物燃料均依赖进口，占能源消费的90%左右。日本还是世界上最大的石油和液化天然气进口国。高度依赖中东海运通道，和海上关键枢纽。三分之二的矿物燃料进口穿过中国南海	由于稀土资源来源单一，日本已采取措施推动进口稀土进口多元化。日本的目标是确保60%的稀土资源来自中国以外的国家，并且已经从印度进口少量稀土。对于其他主要经济体来说，面临同样的问题，包括提升高科技行业竞争力，实现可再生能源份额的目标和稀土在军事领域的应用		可再生能源对减少化石能源进口和核能占比，实现能源结构多元化至关重要。福岛核泄露事故发生后，日本于2012年开始大规模推行上网电价机制	能源安全是俄罗斯和日本考虑就争议领土达成和解的一个重要因素

续表

	贸易依赖性	面向低碳能源的关键金属可及性	跨境电力贸易与互联互通	清洁能源技术领先优势	能源—国际合作的重要组成部分
印度	尽管国内资源丰富，印度高度依赖海外燃料。由于高度依赖80%的石油依赖海外进口。由于石油战略储备有限，印度长期面临供应中断风险。印度是世界第五大LNG进口国—14MMTPA液化天然气主要用于电力行业和肥料生产。尽管煤炭储量丰富，煤炭仍是世界上最大的进口国（澳大利亚和印度尼西亚）	印度可能高度依赖中国进口关键材料。一份评估报告指出了满足印度不断增长的经济需求所需要的13种关键材料。除非印度国内能够生产这些关键金属料，否则将依赖进口，特别是中国。促进新兴科技行业的发展和实现关于再生能源、LED和电动汽车的雄心勃勃的目标，这些材料必不可少	扩展能源获取渠道和维持电网稳定性是国家优先要务。目前，印度2.4亿人口无电可用，正在努力推进村庄通电工作。印度某种程度上存在电力过剩，但停电似乎是"家常便饭"。需要加强跨邦电力整合。印度已率先通过推广LED提高效率和减少电网压力	印度将快速成为低碳技术领导者。印度设定如下目标：到2022年，可再生能源发电装机容量增至175GW，其中太阳能100GW、风电60GW、生物能10GW和小型水电5GW。2017年，印度光伏项目竞标报价达到2.62卢比/千瓦时，再创新低	印度将成为一个重要的全球能源市场主体。在未来几年大推动能源需求增长。能源安全问题的焦点在于中东石油进口。扩展和投资更好的基础设施是印度的头等大事。但是印度可承受的清洁能源和相关工业行业正向价格可承受的清洁能源转移
巴西	推动增加出口市场市场份额。巴西的石油出口不断增加，2017年初补日，较上年初达到146万桶日，创历史新高，增长65%。巴西石油公司将价近。巴西石油公司调至进口等价以下，以期重获市场份额。即便如此，成品油仍是巴西国内消耗量大，成品油仍是巴西最大的进口项目之一	2012年，巴西发现价值84亿美元的稀土矿；2016年，巴西石油公司稀土产量达到1,100年，稀土产量达到1,100MT，而2015年产量为880MT	巴西的部分电力系统与阿根廷、乌拉圭和巴拉圭的电力系统互通。这些互联将在某国存在电力过剩，而另一个国家发生电力短缺的情况下或者生电力短缺的情况下紧急情况下启动	大规模可再生能源发电。巴西是世界第二大可再生能源生产国，其中水电在全国总发电量中的占比超过70%，但是从长远来看，气候变化引发的干旱可能是一项巨大挑战。巴西的能源效率计划要求电力公司每年投资2.5亿美元	巨大合作潜力。利用发电专长（巴西），智能电表和智能电子产品（中国）。中国企业在巴西能源行业拥有重大影响力。国外投资有可能参与巴西电力行业，出售资产竞标—巴西电力公司Eletrobras和Cemig计划剥离某些资产，包括巴西的一些水电资产

678

续表

	贸易依赖性	面向低碳能源的关键金属可及性	跨境电力贸易与互联互通	清洁能源技术领先优势	能源—国际合作的重要组成部分
沙特阿拉伯	试图减少对出口收入的严重依赖。传统上，沙特严重依赖矿物燃料出口，而目前油价下跌对沙特经济带来不利影响。"2030年愿景"旨在促进沙特经济多元化，减少对石油的依赖。Saudi Aramco首次公开募股意味着漫长征程迈出第一步		国有沙特电力公司（SEC）计划其所有发电站在2020年完成私有化进程	投资300亿~500亿美元，到2023年实现可再生能源年发电量达到9.5 GW。有望在2017年超越目标	2017年，沙特阿拉伯和中国深化能源合作，在石油国投资和可再生能源领域签订20多份合作协议。中国已讨论入股Saudi Aramco公司的相关事宜
韩国	由于国内能源储备不足，韩国约98%的矿物燃料消费依赖中国进口。韩国没有石油或天然气管线，国际石油完全依赖油轮LNG和原油运输。韩国的石油供应高度依赖中东。2015年，中东……	历史上，韩国一直严重依赖中国进口稀土，并且目前积极寻求实现进口多元化。由于稀土价格大压，韩国企业面临重大压力……		储能技术全球领导者，正在建设世界最大的储能体系。韩国严重依赖矿物燃料。但是政府已宣布相关计划，逐步淘汰燃煤电厂计划，逐步淘汰次燃煤发电和增加可再生能源发电占比……	自解除制裁后，韩国增加伊朗石油进口量——自2016年以来，原油进口量比增长26.5%。由于石油输出国组织要求限制石油产量，伊朗寻求增加其市场份额。近来，两国签订了关于能源合作的谅解备忘录

679

三、国际能源合作的新形势

（一）能源安全的重点过去一直在于原油与天然气的供应安全与价格稳定

保障能源安全历来被视为全球地缘政治的一项职能，一些进口依赖型国家将"以可承受的价格保障供应"设定为重要政治目标。如何避免出现燃料（尤其是在少数主要国家生产但在全球市场交易的原油）供应的严重中断，成为各国关注的焦点。在国家层面——尤其是在美国，能源安全的概念体现在"能源独立"这一愿景。

鉴于常规能源供应集中于少数区域，因此一些海上关键枢纽（例如，霍尔木兹海峡和马六甲海峡等）发生供应中断的风险备受关注。对主要天然气管线路径（尤其是俄罗斯与欧洲之间的管线路径）的依赖也成为各国关心的问题，但这些风险通常被视为重大双边或区域问题，而非国际社会管控下的风险。

"传统的"能源安全概念在过去十几年催生了一套机制，使得生产国和消费国分别整合为两大集团，以加强各自的谈判势力。自20世纪70年代以来，为解决进一步中断风险而设立的机构（尤其是国际能源署）一直被笼罩在燃料价格危机的阴影之下。国际能源论坛（IEF）以及近期的二十国集团（G20）会议为生产国与消费国之间提供了宝贵的对话空间，但鲜有具体政治措施出台。

近年来，经合组织（OECD）国家与新兴经济体（尤其是中国）努力扩展彼此之间的合作伙伴关系，因为后者并非IEA成员，但在全球需求中所占的份额迅速增长。OECD国家与中国、印度之间的联合协定（尤其是关于技术合作和知识共享的协定）的实施已取得显著进展，但现有国际组织在充分反映持续的能源格局演变，以及适应广泛的能源转型方面，仍然面临挑战。

（二）新趋势正在改变能源安全的性质

如今，三大趋势正在重塑国际能源合作与治理的性质及重点。

首先，随着人们对全球气候威胁认识的提高，以及对全国范围空气污染担忧的加深，多数国家的政府及企业认识到，在保障能源安全的同时，还必须在国际范围内采取快速减少温室气体排放的行动。联合国气候变化框架公约组织（UNFCCC）196个成员国于2015年12月一致通过《巴黎协定》之后，公布了2015年和2016年全球气温记录报告——该报告体现了将全球升温幅度控制在"与工业革命前相比不超过2℃、长期温升不超过1.5℃"。

　　这意味着，多数国家的中央政府、地方政府及市政府在国家能源规划（尤其是电力行业规划）中都应考虑到对气候友好或者低碳的方案。由于目前各国在《巴黎协定》中给出的承诺总额仍达不到2℃的目标，因此，2018年，国家之间将展开"促进式对话"，以便在该协定于2020年生效之前重新讨论这些承诺。然而，美国退出《巴黎协定》的决定（见专栏2）对此过程带来冲击，但也可激励其他缔约国以及美国自己的州政府及市政府提高承诺额。在美国公布其决定之后，欧盟、中国、印度及其他主要国家重述了各自的长期承诺。

　　长期而言，近几十年来，有关气候变化的政治活动在广度和深度方面均得以显著地扩展。事实上，自1997年以来，每四到五年，全球范围出台的与气候变化相关的法律政策在数量上就出现一次翻番，截至目前已超过1250项。每年出台的新法规及行政措施的数量于2010年达到峰值——其中127项获得通过，但于2016年跌至45项。近年来，此数量的增速变缓，表明工作重点开始转向法规的实施和整合。

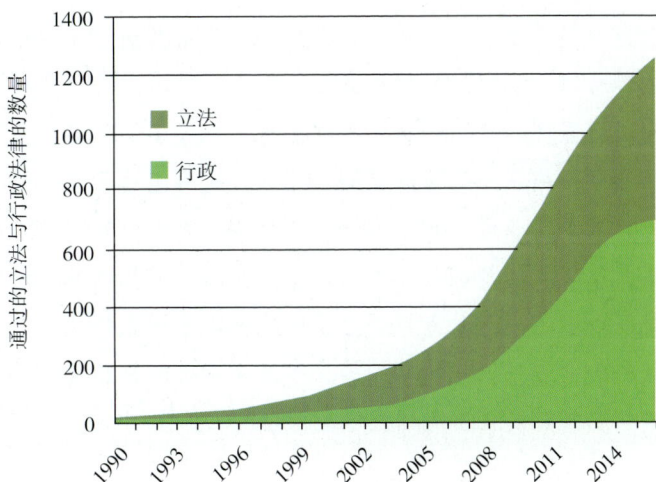

图3　159个国家通过的气候法律的累计数量

　　此外，国民对空气污染的担忧也是驱动上述改变的另一个重要因素，其他因素还包括本地环境的其他影响和水的稀缺性。世界卫生组织（WHO）预估，在全球污染中，有92%发生在空气质量低于世界卫生组织（WHO）指引建议的最低水平的区域，预计将导致每年300万人过早死亡。西太平洋和东南亚区域的过早死亡人数最多，其中88%因燃烧煤炭和生物燃料导致的空气质量恶化直接造成。煤炭淘汰政策给人口健康带来的裨益是显而易见的——在美国，1945年至1960年冬季全年龄段死亡率下降1%（直接得益于从使用煤炭到使用天然气的转型），新生儿死亡率下降3%。

专栏2

美国与《巴黎协定》

2017年6月，特朗普宣布美国将退出《巴黎协定》。此消息对于这份起草不到两年并且尚待实施的协定而言，可谓沉重打击——因为它失去了全球第二大温室气体排放国。然而，《巴黎协定》在起草之初已考虑到这种剧变。它有一套基于自主减排承诺的灵活结构。各国政府根据各自国情来设定各自的承诺额，而非通过如WTO贸易回合中的条件谈判来设定。因此，美国的退出并不会因影响其他国家的承诺额而有损该协定的稳定性。

此外，美国的退出似乎也不太可能触发多米诺骨牌效应。许多国家、城市和企业——包括美国12个州（占美国GDP的三分之一）和200多个市长——已确认实施《巴黎协定》的坚定承诺。在近期七国集团峰会中，"六国"（除去美国）在公报中重申了履行该协定的承诺。作为世界第一大和第三大温室气体排放国的中国和欧盟计划宣布就气候行动建立新的合作伙伴关系。作为第四大温室气体排放国的印度也再次确认了其履行《巴黎协定》的承诺。

美国的退出决定显然对全球排放量存在影响，但该影响可能低于预期，原因有三点。首先，美国即使决定不退出《巴黎协定》，也可能达不到其给出的、遭到特朗普总统批评的排放承诺。因为该承诺毕竟不具有约束力。其次，美国在气候变化方面的许多政策及监管行动均在州级层面制定和实施，并且许多州仍将遵守减排承诺。第三，减排将越来越多地受到市场力量的作用而非国家指标的引领。比如，由于有利于美国经济的发展，德克萨斯州的风电产量占美国总产量的四分之一。由于成本低廉，页岩气已将煤炭挤出美国发电能源结构之外。

另一个重塑国际能源合作的趋势体现在鼓励低碳方案的政策中。与此同时发生的还有显著的技术进步和价格下跌，这反过来推动着能源市场和投资的转型，改变着能源选择的条件。最显著的转型如美国的页岩气革命、可再生能源成本下降和电力行业数字化。例如，在驱动美国页岩气革命的新技术的助力下，原油产量已提高一倍以上——从2008年9月430万桶/天的低点，提高至2015年7月的960万桶/天。2014年末，由于原油价格暴跌，产量有所下降，但自2017年5月开始，产量保持在930万桶/天。众所周知，2016年到2017年，太阳能光电价格持续下降，尤其在印度价格下跌近40%。

能源市场和投资的转型驱动着第三次关键转变——从分子到电子的转变。随着新兴电力网络的扩张，电动汽车（EV）及存储容量的增长可能完成一次自我强化循环，并驱动新的贸易模式、新的漏洞和新的依赖关系的形成。此外，2016年至2020年，电动汽车锂离子电池的产能扩张将增长六倍以上，制造企业将以低价向固定式能源存储市场销售新型锂离子电池。

上述三种结构性转变或驱动因素正在挑战传统的能源安全概念并转移能源政策制定者的焦点。它们可分为实际上是高度互联的四个方面：

- 从燃料到技术：鉴于页岩气、可再生能源和需求侧的技术变革，竞争力的重点既在于如何保障燃料供应，也在于如何获取技术并占据领先低位。

- 从分子到电子：能支持以可再生能源进行多种规模的生产、将电池储能集成到电动汽车中并实现电网基础设施投资的高效而灵活的电力系统受到越来越多的关注。

- 获取其他矿产和金属：低碳能源格局下所需材料的转变将引发有关能源与资源治理的新问题。例如，锂、钴、稀土元素和贵金属等一些主要材料。

- 数字化颠覆：与其他行业类似，数字化技术注定带来从需求侧管理到自动驾驶汽车方面提升效率的新机会。与此同时，数字化也加大了人们对能源行业网络安全性的担忧。

（三）能源需求增长和能源可得性

事实证明，自1850年以来，全球一次能源消耗量增速一直非常稳定，保持在每年（2.4±0.08）%，似乎从未出现减缓。目前，人均消耗量在77吉焦左右，发达国家则为人均177吉焦。假如2100年预计的全球110亿人口消耗的能源与目前发达国家相同，那么，能源消耗量将增加五倍。这五倍的增加等同于1.9%的增长率，低于但非常接近于自1850年以来的历史增长率。相比于2014年，在国际能源署2040年2℃情景中，一次能源消耗量增长9%，显著偏离历史趋势反映的85%的增长。为达到该目标，必须加大对持续应用新技术的政策支持，加大对能源效率的投资。与此同时，我们可能即将进入"需求变革"，实现以更少的投入换取更多的产出。

让2016年12亿未通电人口获得电力并不是一项简单的任务。虽然未通电人口相比于2015年减少了1500万，但印度仍有2.44亿人、撒哈拉以南非洲仍有6.32亿人处于未通电状态。能源消耗的地理分布模式已发生显著转变，使得尤其是中国、印度及其他新兴经济体的能源消耗量增长驱动了自迈入21世纪以来几乎世界范围的增长。例如，

2000年至2015年，中国贡献了全球40%的原油需求量增长，而日本、美国和欧盟的原油消耗量则下降20%（图5）。

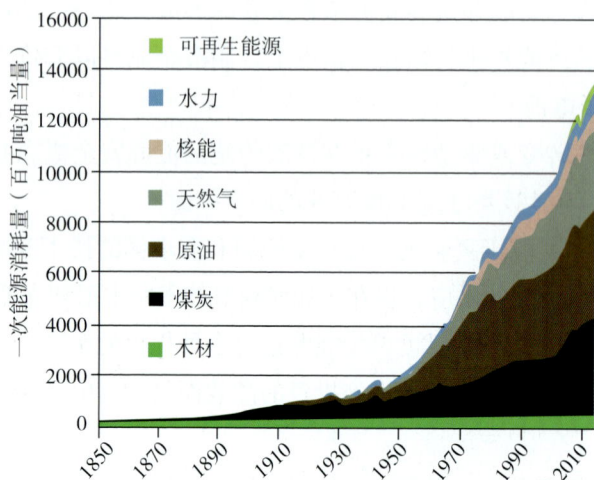

图4　1850年至2015年全球一次能源消耗量（按燃料类型）

资料来源：查塔姆研究所的分析结果。

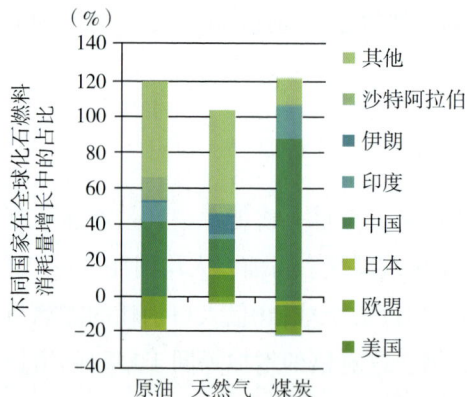

图5　2000年至2015年不同国家在全球化石燃料消耗量增长中的占比

资料来源：查塔姆研究所的分析结果。

近期的一些研究发现，人均财富或收入每增加1%，人均能源密集度即减少约0.3%，换言之，较富裕国家的能源密集度较低。此外，一些导致能源密集度降低的技术创新与一些导致人均财富增长的技术创新相互关联。换言之，能源密集度降低是因国家变得富裕所致，并非依靠减少产生相同财富所需的能源来实现。这种基于技术创造财富和降低能源密度的方式类似于东南亚各国正在经历的从工业驱动的增长转变为服务行业驱动的增长。电气化、更多地使用电子而非分子技术、数字化以及不断成长的物联网，都是这种从数量到质量转变趋势的例证。

专栏3

2℃情景中的关键领域和能源转型

各国承诺的自主减排贡献（NDC）的总额远达不到政府间气候变化专门委员会（IPCC）缓解路径要求达到的CO_2排放降幅。因此，为确保将全球升温控制在相比工业化前水平不超过2℃的范围以内，必须提高政治目标并扩展气候政策及立法。

再来看反映2016年全球气候政策的国际能源署的新政策情景（NPS）。到2040年，NPS情景中所需的一次能源消耗量比2℃情景多16.7%。可再生能源（不包括生物燃料和水力）发电量在能源结构中的占比将需要增加70%。与此同时，煤炭、原油和天然气消耗量将需要分别减少52%、30%和23%（图6）。鉴于过去25年，煤炭和原油消耗量分别增长了71.2%和42.5%，为实现这些消耗量的减少，必须实现投资趋势的扭转，以及化石燃料消耗量和产量的逆转。

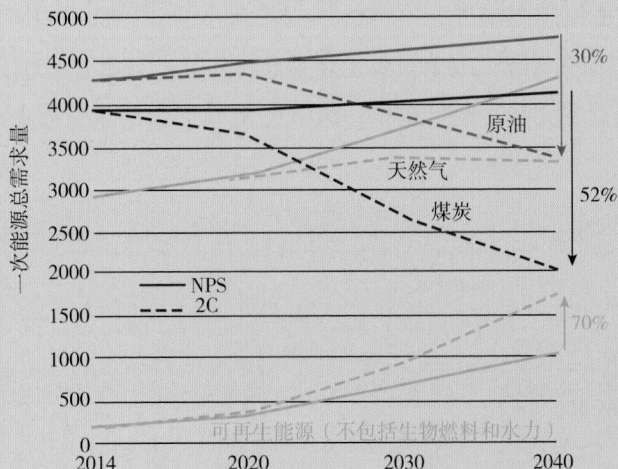

图6　全球能源结构

资料来源：查塔姆研究所的分析结果。

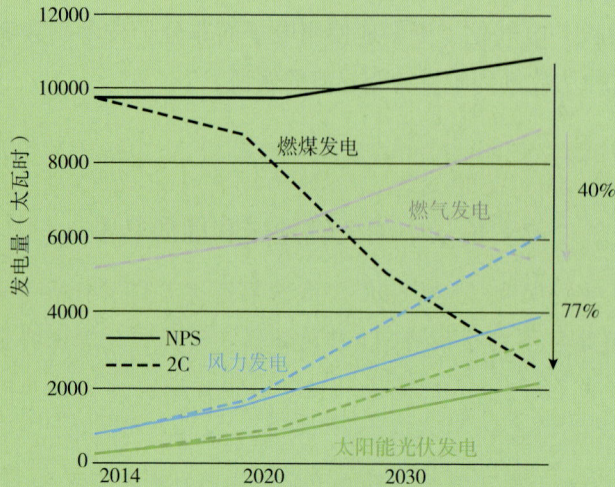

图7　全球发电量

资料来源：查塔姆研究所的分析结果。

　　重点在于确保能源基础设施获得恰当水平的投资。图8反映了NPS情景和2℃情景中不同类型燃料的累计资本支出额的差别，以及电力与能源效率行业中的额外投资。这种气候政策促成的紧迫形势加剧了一种强烈且日益普遍的说法——原油以及（可能）天然气行业面临困境。

　　目前，传统勘探生产（E&P）项目获得的投资处于历史低位。许多项目面临高昂成本和较高风险，再加上油价较低的原因，使得企业自筹资金实施新E&P项目的能力受到限制。

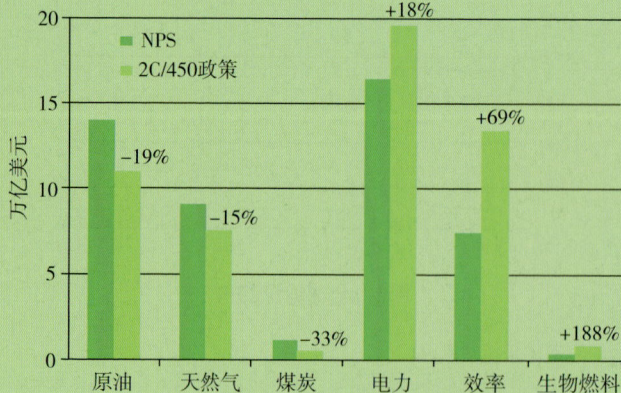

图8　2012年至2035年全球能源行业累计资本支出

（四）能源安全与能源合作的新概念

"传统"能源安全对话及机制（包括原油和天然气安全的对话及机制）将在实现能源安全的过程中（也许为期几十年）继续发挥重要作用。如今，这些对话及机制仍然是一些国家——尤其是需求量和出口量增长的国家的政策制定者关注的重点。使用这些工具面临的挑战在于，如何适应新市场的实际情况和能源结构的转变，以保持相关性和有效性。

同时，这些转变趋势的复杂性质意味着，一系列国际进程（尤其是与大规模财政转变相关的进程）中，需要实施针对主流能源的治理。例如，淘汰煤炭以及减少全球财务架构中碳负债等方面的压力将对全球能源体系产生深远的影响。

此外，鉴于能源市场、技术和政治方面的转变，现有架构中的差距可能日趋明显。针对能源效率和清洁技术的政策支持已成为国际能源署等机构的核心能力，与此同时，出现了一些专门支持可再生能源的新机构，例如，国际可再生能源机构（IRENA），以及"创新使命"与"能源突破"等倡议。然而至今，传统原油市场安全问题与较宽泛的能源安全概念之间一直存在分歧，可以说，该分歧目前已成为本质上的分歧。

通过改革来增强能源治理结构的合法性和代表性充满挑战。由于潜在条约改革、表决权及其他方面存在的困难等原因，一些快速增长的能源市场（包括中国）一直处于国际能源署的国际能源合作中影响力相对较小的窘境。这不仅仅是能源政策的问题，也反映出（例如）中国及其他新兴大国是如何努力在国际货币基金组织（IMF）和世界银行中传递声音，并反映出美国最初对亚洲基础设施投资银行（AIIB）的保留意见。

金融危机过后，二十国集团（G20）开始在能源领域承担更积极的角色，邀请一些成熟的和新兴的"能源大国"加入其中。G20着手研究"传统"能源治理（研究结果被归纳整理于"能源原则"中），而且为创新型治理改革提供了一个平台，这些改革对能源体系产生了全面的影响。改革涵盖的范围从G20气候相关财务披露工作组，到中国于2016年轮值主席二十国会议期间引入的绿色财政工作组。2017年，二十国集团会议轮值主席——德国将碳价格定为该会议的首要论题。

四、全球能源治理变革的主要驱动因素

（一）能源消费模式的转变和主要机构及主体角色的调整

　　随着能源市场中的新兴消费国逐渐取代了旧消费国的市场支配力，全球能源格局正在发生改变。2011年，非经合组织国家的原油需求量超过了经合组织国家的原油需求量。中国目前已成为世界最大的可再生能源投资国，投资额约为美国的两倍。新兴经济体不断增强的市场力量，以及全球和各国能源结构中的化石燃料份额的不断变化，引发了有关现有机制及主体的代表性和代理权的问题。有两个突出的例子，一个是国际能源署（IEA）——表决权份额反映的是20世纪70年代的消费水平，而新兴经济体并非其成员（尽管这些经济体近期探讨了合作安排）；以及亚洲基础设施投资银行（AIIB）——中国为解决现有国际安排中的认知差距而牵头组建的一个新组织。

　　如图9所示，1980年至2013年，IEA成员国的一次能源消耗量占比从61%下降至42%。同期，IEA成员国的一次能源产量占比也从41%下降至30%。这表明IEA履行其核心职能的能力削弱。2009年，IEA创建人之一Henry Kissinger向管理委员会报告了这一困境：

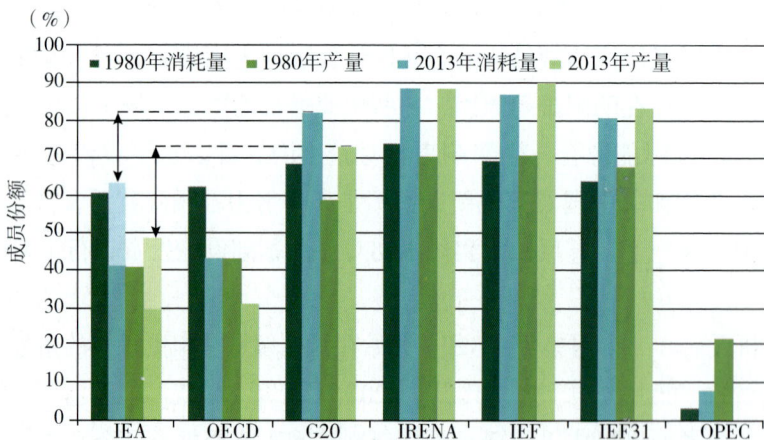

图9　部分国际能源与治理成员组织及其各自的一次能源消耗量和产量在全球总量中的占比

注意：1980年的成员组成以目前的成员组成表示。
资料来源：查塔姆研究所对EIA数据的分析结果。

　　"经合组织（和国际能源署）以外的国家目前在全球能源消耗量中的占比过半，这是一个重大的变化……问题在于，这些新兴的消费大国并不在IEA的合作框架以内，这意味着，IEA有效解决全球能源安全与气候问题的能力被削弱，另一方面也意味着，

这些国家被剥夺作为IEA成员本可享有的所有权益。"（Kissinger，2009）

如今，二十国集团（G20）——包括了许多IEA成员国，也包括了一些新兴经济体——在能源市场和温室气体排放中的占比显著增加。2013年，G20成员的一次能源消耗量占比为82%，产量占比为73%，温室气体排放量占比约80%。G20的一次能源消耗量和产量总体上比IEA或OECD高出近40%。即使中国加入IEA，G20的一次能源消耗量和产量仍将分别高出约18%和24%——这也是OECD与印度尼西亚、泰国、新加坡、摩洛哥和印度起草联合协定的一个原因。

当然，这些组织在性质和成员预期方面有明显的差异。IEA是一个基于条约的组织，其成员达成一系列规则和机制，这些规则和机制在理论上设定了一些具有约束力的义务（例如，90天原油安全措施）。相比之下，国际能源论坛（IEF）是主要石油生产国与消费国之间开展非正式对话的一个论坛。它促成了这些国家在"联合石油数据"倡议（JODI）这一重大方面的正式合作。

自从金融危机之后，G20开始在国际治理中发挥了更重要的作用，其同意在能源政策的多个方面采取行动，部分目的在于解决有关能源价格高企、易波动的担忧。几乎G20的每个主席国都引入或扩展了能源议程的范围，并提出了多方面的倡议——从化石

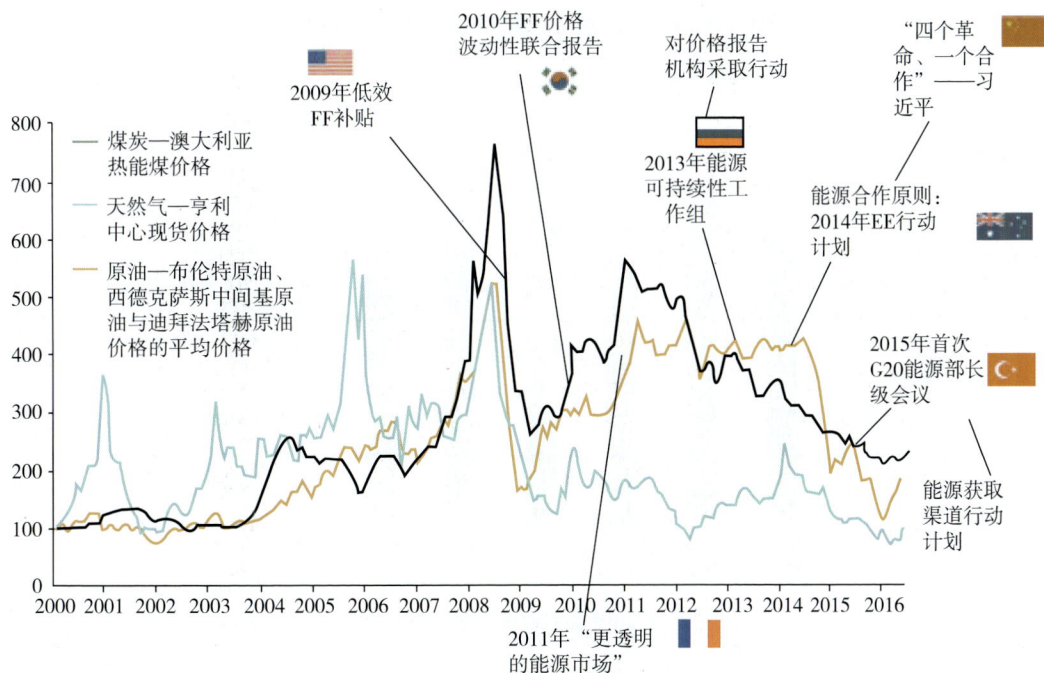

图10　G20能源倡议

燃料补贴、绿色财政、能源获取渠道，到鼓励数据分享。G20在推动实施这些议程方面成败参半，但仍是讨论补贴的主要论坛。

2014年，G20通过了"G20能源合作原则"，呼吁国际能源机构更多地接纳新兴经济体和发展中经济体。G20能源部长目前在举行定期会议，但由于G20是一个论坛而非机构，为实现有效的全球能源治理，该工作组可能需要一些支持性机构。G20另一方面的行动是G20能源可持续性工作组（ESWG）角色的整合。

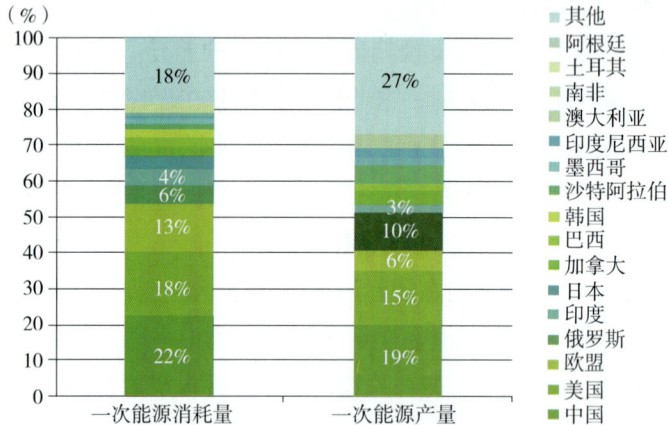

图11　G20一次能源需求量和产量占比（2013年）

资料来源：查塔姆研究所对EIA数据的分析结果。

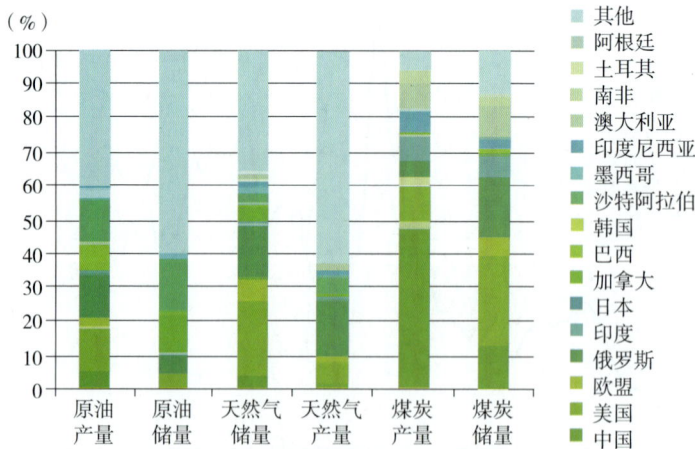

图12　G20储量和目前产量（2015年）

资料来源：查塔姆研究所对BP统计年鉴的分析结果。

（二）煤炭逐步淘汰过程中面临的挑战

人们普遍认同，逐步淘汰煤炭对于实现《巴黎协定》以及维护公众健康和本地环境至关重要。例如，伦敦大学学院（UCL）的分析结果表明，必须保留80%以上的全球煤炭储量，这样才有50%（即使运用碳捕集与封存（CCS）技术）的机会将全球升温幅度控持在"2℃以内"。

近期出现了一些多边（例如，世界银行与包括英国在内的跨政府）准则，其中约定，除非在最极端情形下，否则不得向燃煤项目提供资金。与此同时，经合组织成员国中出现了一项蓬勃发展的化石燃料撤资运动，旨在防止机构投资者及其他实体对煤炭及污染危害最大的化石燃料进行投资；该运动的影响范围目前涵盖700多个机构和大约54600亿美元受管理资产。

现实世界的趋势为这些有关煤炭未来的新兴准则提供了支持。第一个趋势是煤炭行业的衰落：在美国，煤炭已被廉价的天然气取代，皮博迪（Peabody）等大型煤矿运营商于2016年提交了破产申请。其他大型煤矿运营商则将各自的蒸汽煤资产剥离给"坏账托收银行"，例如必和必拓（BHP Billiton）分拆South 32，或者剥离给新兴市场的国有企业。Rio Tinto在2017年年初将其澳大利亚煤炭资产剥离给中国国有企业——兖州煤业（Yancoal）。第二个趋势是可再生能源价格骤降——即使在作为煤炭"心脏地带"的南非和印度等地区，可再生能源价格迅速下跌，尤其是可再生能源和风电的拍卖价格继续创下新低。

主要的煤炭生产-消费国在国内做出了类似的承诺，原因包括但不限于，这些承诺通常与国内产业重组和通过创新促进繁荣等范围较广的策略一致。根据IEA的报告，中国的煤炭消耗量在2013年可能已达到峰值，并且预计将在未来五至十年保持平稳——根据中国的第十三个五年规划和自主减排贡献（NDC）承诺，中国将致力控制煤炭的生产和消费，或许，甚至能提前实现NDC目标。

与此同时，印度的煤炭需求量的增速目前慢于预期——这一点十分重要。据IEA预期，到2040年，印度在全球燃煤发电需求中的占比将达到50%。随着印度煤炭库存的增长，印度国内生产商被要求放缓生产。印度开始征收煤炭税，其中40%作为可再生能源的补贴资金。东南亚市场——根据IEA的新政策情景，煤炭需求量到2040年预期增加两倍——在其提交的自主减排贡献承诺中，也设定了雄心勃勃的可再生能源目标。

专栏4

天然气的角色

目前的全球燃气电发站略低于40%，而燃煤电站的容量为55%。随着越来越多的可再生能源发电并入电网中，燃气电站能否迅速应对供需平衡的波动，将至关重要。在输出保持一致波动的条件下，燃气电站在经济和排放方面的表现均优于燃煤电站。

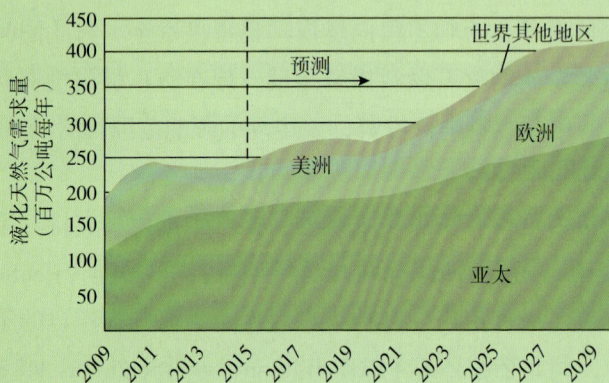

图13　不同区域的液化天然气需求量

资料来源：查塔姆研究所的分析结果。

中国的发展在全球范围内具有代表性——由监管机构监督天然气市场改革过程并由政府在第十三个五年规划中设定宏伟指标——到2020年实现消耗量接近翻番，即达到3500至3800亿立方米。为此，需要达到13%～15%的年复合增长率，鉴于2016年前10个月达到12%的增长，这一点似乎是可能实现的。2014年，电力行业在中国1870亿立方米的天然气需求量中的占比达到14%左右，根据第十三个五年计划，到2020年将增长至26%～29%。全球范围内，天然气发电产能从2000年的0.84太瓦增长至2015年的1.47太瓦，增长了75%，但仍低于1.85太瓦的煤炭产能。

在电力行业从煤炭向天然气转型的同时，可能伴随住宅空间供暖行业的转变。到20世纪80年代，煤炭在美国空间供暖能源需求中的占比不到1%。中国有些落后。2012年，在中国北部城市地区，住宅小区供暖系统覆盖了城市建筑面积的45%（世界最高），其中90%由煤炭提供。由于中国政府在减少地方空气污染方面面临的压力越来越大，第十三个五年规划提高了住宅行业天然气消耗量指标也不足为奇。在2016年第一季度，供暖行业从煤炭向天然气转型的力度大于预期，也使得中国天然气消耗量达到新高。

　　上述向天然气转型的前提应当是，在IEA 2℃情景中，2015年至2040年全球天然气消耗量保持14.1%的适度增长，或0.5%的年度增长。

（三）电力行业改革

　　在低碳、气候友好方案的政策鼓励下，可再生能源（尤其是风能和太阳能）得以迅速发展，这导致现有电站业务模式面临重大挑战，电力市场亟须改革。虽然电力市场主要由国家或地方当局来监管，但此方面的能源政策越来越需要结合技术合作和经验分享——尤其是如何从先行国家吸取成功的经验和失败的教训，识别市场背景的差异并设计恰当的对策。

　　在电力市场，可再生能源产量占比显著增长，电价大幅下跌。例如，在加利福尼亚州，2014~2015年，由于太阳能光伏发电量占比达13.2%，并网级太阳能发电量加权平均价格下跌了38.1%，导致燃气电价下跌25.5%。电价的下降是优胜劣汰的结果，即成本相对较高的化石燃料发电厂被可再生能源发电厂取代。可再生能源渗透率较高的电网中出现的这种电价结构性下降导致化石燃料发电厂需要在可再生能源发电量较低、化石燃料发电量可迅速提高产出期间提升其价值。

　　虽然可再生能源的价格持续下行，但即使在2014年，欧洲向岸风发电价格仍达到50美元/兆瓦时（无补贴），相比之下，化石燃料电厂的价格在45~140美元/兆瓦时。2016年8月，智利举行了电力拍卖，在拍卖中，太阳能发电电价以燃煤电价的一半赢得合同，导致电价暴跌40%。2016年12月，58个非OECD国家的太阳能发电的平均成本支出均跌至向岸风发电的平均成本支出以下，导致太阳能发电电价的跌速远超过多数分析师的预测，因而成为一个重大的里程碑事件。

　　化石燃料电厂成本上涨、同时可再生能源电厂成本下降的趋势是显而易见的。如图14所示，在2009年至2016年之间，全球燃煤和燃气电站的度电成本（LCOE）分别上涨63%和39%，而太阳能电站和向岸风电站的度电成本分别下降67%和20%。在中国，太阳能电站和向岸风电站的LCOE（目前已低于天然气电站）到2028年可能均低于燃煤电站和燃气电站。在美国，太阳能和向岸风电站的度电成本开始低于燃煤和燃气电站的时间可能早得多，或许在2024年就可实现。在德国，太阳能和向岸风电站的度电成本已低于燃煤和燃气电厂，而在英国，向岸风电厂的度电成本已低于燃煤电厂。

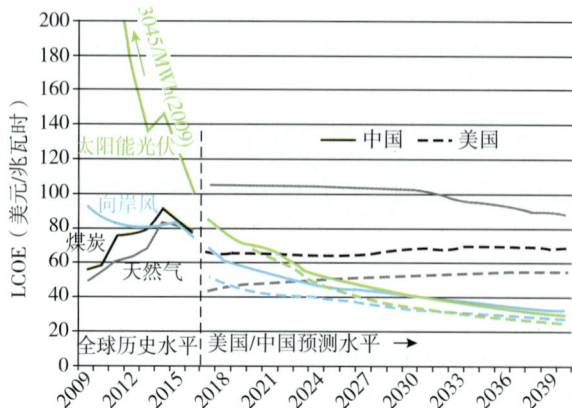

图14　多个发电厂的度电成本（LCOE）——全球历史水平以及中国和美国的预测水平

资料来源：查塔姆研究所的分析结果。

目前，42%的一次能源被用于发电，在最终用户消耗的最终能源中的占比为18%。随着越来越多地采用可再生能源发电，低碳能源治理将在确保能源安全、价格合理，以及提高空气质量和缓解气候变化方面发挥越来越重要的作用。如图15所示，可再生能源在能源结构中的占比从1999年的一个几乎可忽略不计的基数，增长至2015年占一次能源消耗量的2.8%。

全球范围内，2006～2015年，发电量增长了29.2%。同期，可再生能源发电量在总发电量中的占比从19.7%增长至24.2%。这种可再生能源发电量在供电量中的占比增长的趋势在欧盟尤其普遍——在这十年期间，欧盟的可再生能源发电量在其总发电量中的占比几乎翻了一番，从15.8%增长至30.0%。相比之下，中国的这一占比从2006年的16.1%增长至2016年的25.0%。

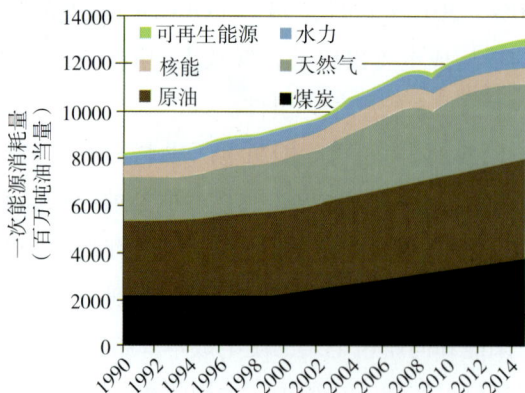

图15　全球一次能源消耗量

资料来源：查塔姆研究所的分析结果。

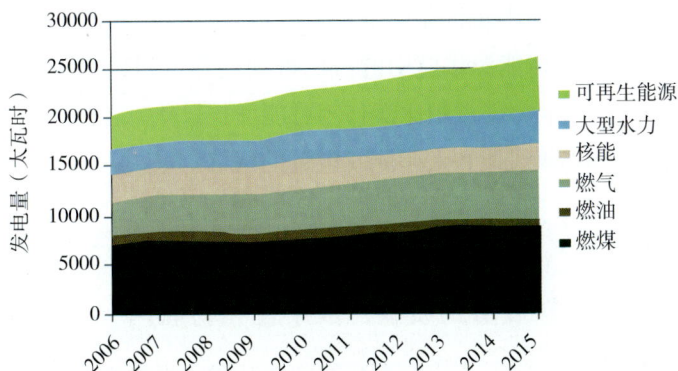

图16　全球发电量（按来源）

资料来源：查塔姆研究所的分析结果。

　　鉴于可再生能源在新增产能中的占比从2002年的8.5%增长至2015年的42.6%（图17），能源结构的上述转型，以及可再生能源在能源供应中的占比增长，似乎将持续并加速。全球范围内，中国已是并且似乎仍将是新增可再生能源产能及投资的唯一的最大贡献国。一些国际石油公司资本配置的改变反映了对这一转型的认可。例如，挪威国家石油公司已向离岸风能行业投资了23亿美元，并计划到2030年，将资本支出的15%～20%投资于可再生能源行业。

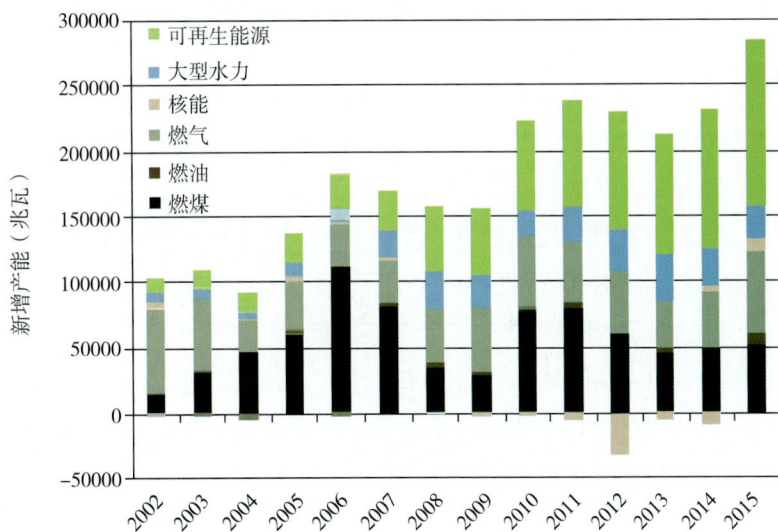

图17　2002年至2015年新增产能

资料来源：查塔姆研究所的分析结果。

　　未来15年，交通运输和供暖行业的电气化，以及从分子到电子的转型可能出现加速，并导致电力行业在全球能源供应中的占比得到提升。到2040年，预计全球车队中有25%是电动汽车，全球电力需求相比2015年可能增长11%。这相当于全球电力需求增长2700太瓦时，超过2015年风能和太阳能发电量的两倍。

专栏5

从数量到质量：数字化和物联网

　　电气化、数字化和物联网日益成为高附加值经济活动的核心。在许多国家，在经济从工业与基础设施驱动型增长转变为服务驱动型增长的同时，电力作为能源矢量的重要性不断提升。

　　增强电力体系的灵活性，是电力的服务与碳排放脱钩的前提，即能够在不影响供应安全的前提下，让一系列间断的、分离的低碳电力取代传统的化石燃料"基底负荷"发电。显然，电池能源存储（无论是固定式存储还是车载存储）将是支持这一灵活性的重要要素。

　　然而，能源行业数字化和物联网仍有望创造大量能效机会，同时增强能源服务的质量。DeepMind公司已证实，Google某数据中心的机器在寻找不可预见效能机会方面的学习能力得到提高，并且目前正在与国家电网公司（National Grid）开展试点项目。

　　智能能源家居的理念在于，将设备及电器通过智能仪表接入互联网。这些电器及设备既能向消费者提供更强的服务，同时又能对需求减少的信号做出响应，从而在需求端提供一种平衡和灵活性。一个标志性的例子是Nest恒温器，它能保证在主人到家之时，刚好完成房间的升温，从而在总体上减少供暖需求。

　　在英国，电力网络战略小组预测，智能的、数字化的电网将成为"彻底脱离当前电力体系运营的，同时需求端将得到广泛平衡"。到2020年，全球范围内预期将安装近8亿只智能电表。中国在2015年已安装4.47亿只智能电表。

　　需求管理的商业应用已在一些国家取得成效，但很有可能出现的情况是，只有当我们看到机器学习能力得到提高、设备得以创新并且系统能在住宅或办公室中将这些设备完美地集成时，其市场规模才会显现。

　　廉价的电力储能将推动新的能源选择，重塑能源治理。电动汽车电池成本下降使得固定式蓄电池更廉价，从而为可再生能源与存储实现的电气化交通创造了一个良性循环。过剩的电动汽车电池产能导致制造商开始以低价向固定式储能市场销售新型锂

电池。2016年，锂离子电动汽车电池提供了90%的并网级太阳能光伏固定式储能，在役或在运的锂离子储能接近1千兆瓦时。近期，电池制造商Saft和太阳能公司SunPower共获得投资25亿美元。2016年末，彭博新能源经济资讯（BNEF）称，预期未来电动汽车电池制造学习率可达到19%左右，这意味着，价格将在2025年跌至109美元/千瓦时，到2030年跌至73美元/千瓦时。

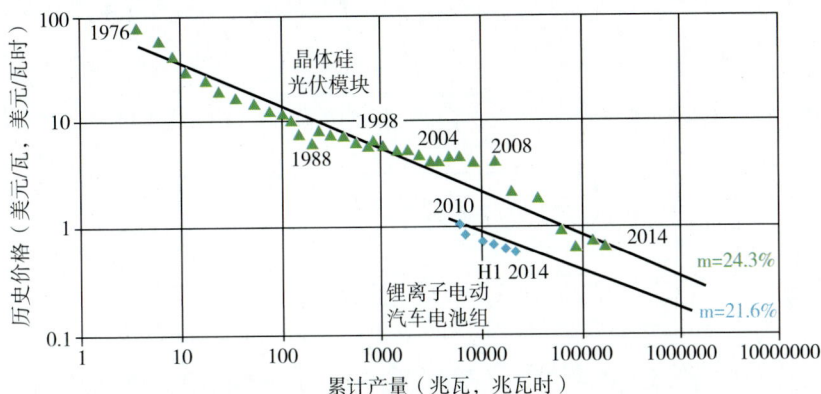

图18　斯万森定律——锂离子电动汽车电池经验曲线与太阳能光伏经验曲线的比较

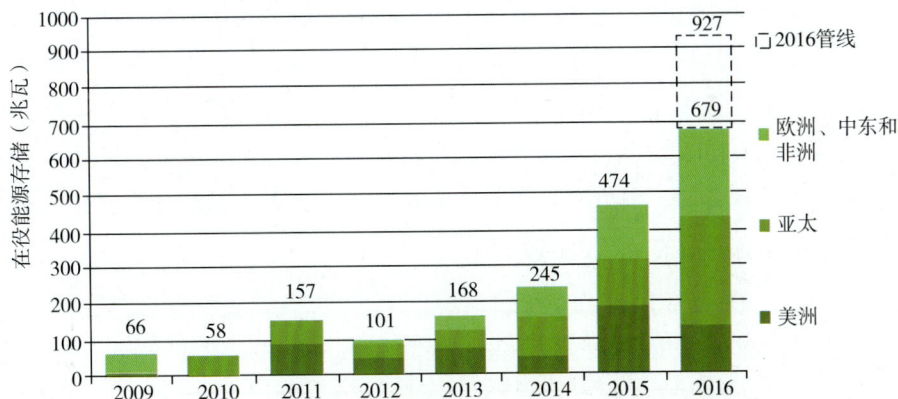

图19　2009年至2016年全球不同地区在役储能（兆瓦）

电网基础设施规划与容量分配方面的合作

为应对全球电力需求的增长，预期需要广泛扩大可再生能源的使用——大部分来自风能和太阳能等可变能源。

697

虽然多数国家使用可再生能源生产分布式电能和局部使用这些电能，将是去碳化能源的一个主要特点，但世界许多地区的季节性变化将导致人们需要大量储能，而且需要跨大陆大规模运输电力。因此，新地区之间更强的输电能力将是至关重要。

目前已有约12份区域电网，互连容量到2025年可能实现翻番（图20）。电力网络的扩张、互连和合作将是"一带一路"倡议中的一个主要考虑因素。电网的区域性扩张引发了一些有关投资安全、基础设施封锁和搁浅资产隐患等重要问题。

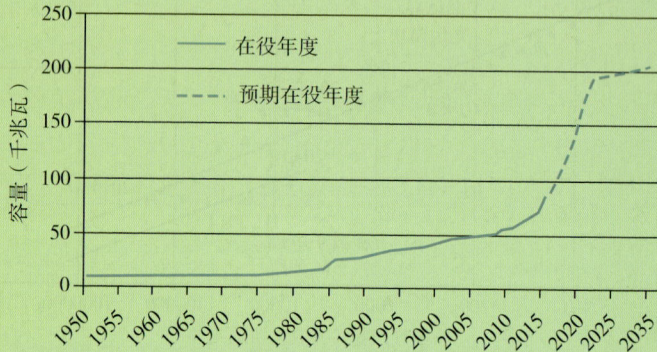

图20　HV互连容量的增长情况

为最大限度减小这些大规模基础设施项目中的投资风险，必须签订贸易协议并在区域范围内协调规划产量与存储容量。此外，为应对不断变化的需求模式，必须在区域范围内协调调度存储容量和电量，为此，必须通过一些新机构来管治电力市场的高效运营以及国家电力市场的改革和这些相邻区域之间的统一。欧盟为确保28个成员国的电网运营商、电力交换商与监管机构之间的有效合作而通过的"容量分配与阻塞管理"条例就是此方面的例子。

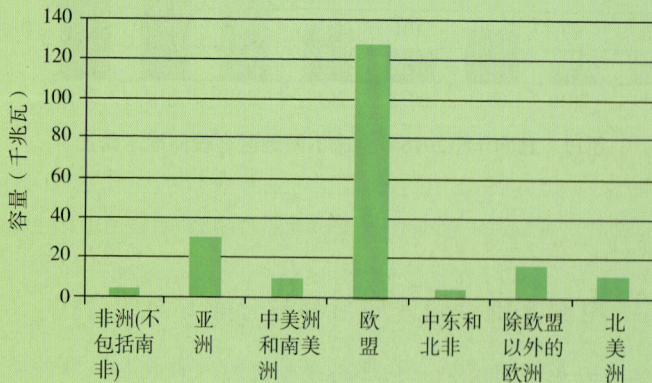

图21　2030年规划与在役区域互连容量

电力行业的改革与扩张引发了一个重大难题——可再生能源与电网治理的管辖机构并不明确。IRENA是一个于2009年组建的政府间组织，旨在促进可再生能源在世界范围内的使用，并解决本部分概述的一些挑战。德国政府领导组成一个"自愿联盟"来制定IRENA的使命。由于认识到，现有的能源机构更偏重于化石燃料，因此，IRENA致力成为全球可再生能源的知识来源、发表相关意见、提供相关政策建议，并作为成员国的一个网络中枢。IRENA面向欧盟所有成员国，拥有高度合法性，成员国在决策中拥有同等表决权。然而，其权威和技术能力仍然在一定程度上落后于IEA这样的"传统"能源治理机制和G20的政策议程。

（四）低碳能源转型中新出现的关键商品

由于彭博新能源经济资讯（BNEF）预期纯电动汽车（BEV）和插电式混合动力汽车的销量到2020年将超过200万部/年，人们越来越担心市场和供应链将如何应对电动汽车主要金属原料（例如，锂、钴、镍和锰等）需求的增长。由于这些原料难以替代，各国政府纷纷致力于防范供给短缺。虽然目前不存在任何物理稀缺性，但可能因这些资源集中于少数国家和地区而产生供给风险；图21阐述了这些原料的分布情况。

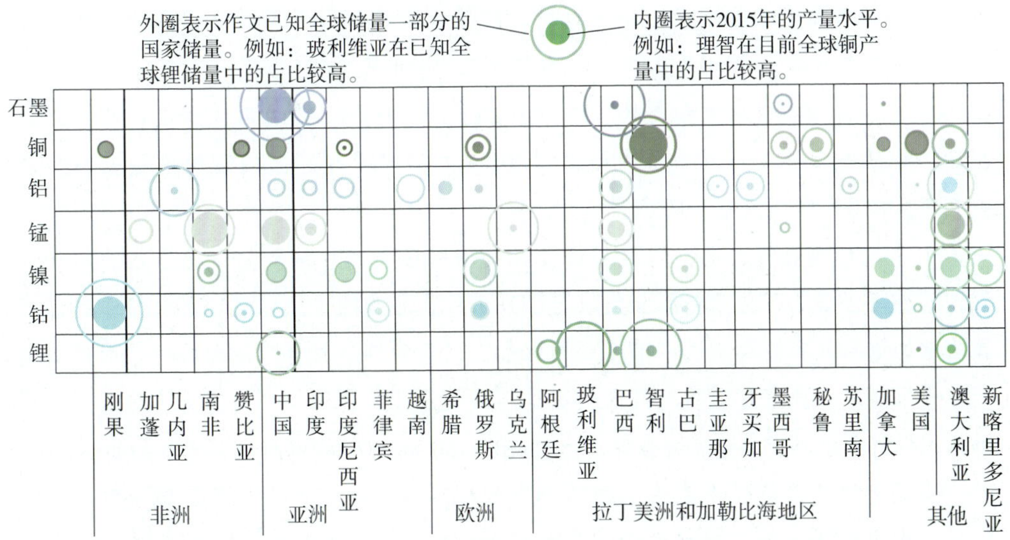

图22　2015年部分国家锂离子电池主要原料的产量和储量。外环区域表示作为已知全球储量一部分的国家储量，阴影圆圈表示该国2015年的产量x20（作为已知全球储量中的一部分）

急需的主要低碳金属的供应不大可能受到限制。因为有多项研究表明，锂的供应过程中出现的问题可能少于之前的预期。然而，在2030年和替代技术（例如，不含钴并且锂含量明显减少的锂硫电池）商业化之前、2025年之后，价格波动性和供应链瓶颈可能显现。过去5年，电池行业的大部分投资都流向了大型锂离子电池制造商。目前，先进电池领域约有100家企业争夺投资，平均每年获得500万美元。为了让全胜的赢家崭露头角和新一代电池技术早日到来，必须扩大投资规模。例如，加大对中美清洁能源研究中心和"创新使命"的财政支持，可能有助于实现这一目标。

尽管不大可能出现供应限制，但为了让电动汽车的价格与内燃机（ICE）汽车持平，锂离子电池的所有原料的总成本必须降低。鉴于预估的平价价格为100美元/千瓦时，并且原料成本目前在100美元/千瓦时左右。因此，降低原料总成本是十分必要的。在缓解潜在供应限制的同时，会自然地降低原料成本。为此，通过国际合作来促进主要金属及矿产储量与贸易数据的公开，并促进在用原料库存图的编制（以提高回收率），必将实现双赢。

专栏7

循环经济和资源效率

中国目前是并且将继续是一个资源依赖型经济体，因为随着经济增长步伐的放慢，原料需求必将继续增长。全球资源消耗量预期到2050年增长一倍以上，另一方面，资源效率预期到2030年将为全球经济节省29000亿美元/年。

特定原料人均需求量在哪个人均收入水平出现饱和，是可以确定的。在英国、美国、德国和日本，当达到人均GDP 1200美元的阈值时，国内钢材消耗量明显地饱和在人均0.5~0.8吨左右的水平。

由于饱和效应的出现，以及经济体在物理基础设施和消费品中建立初级原料库存，"循环经济"可作为将原料需求与GDP进一步脱钩的方法。在循环经济中，经济体内部的原料库存被再使用、再生产和再加工，成为再生原料，从而减少初级原料生产与开采需求。全球范围内，循环经济是新一代能源与资源生产力提升的核心——对于铝、钢材和水泥产量分别占全球总产量46%、50%和60%的中国而言尤其如此。

全国范围内，钢铁用能占能源总需求的10%。钢材的初级生产需要使用大量的焦炭。用电弧炉生产二次加工钢的产量，占钢材产量的29%左右。每生产一吨再生钢，可节省740千克煤炭、1400千克铁矿和120千克石灰岩，从而确保一次生产与二次生产之间达到最优组合——在中国及其他国家将能源及资源消费与经济增长脱钩的过程中，这一点尤其重要。

直线经济

开采 → 生产 → 分发 → 消费 → 废弃

废弃

循环经济

消费

分发

开采

生产

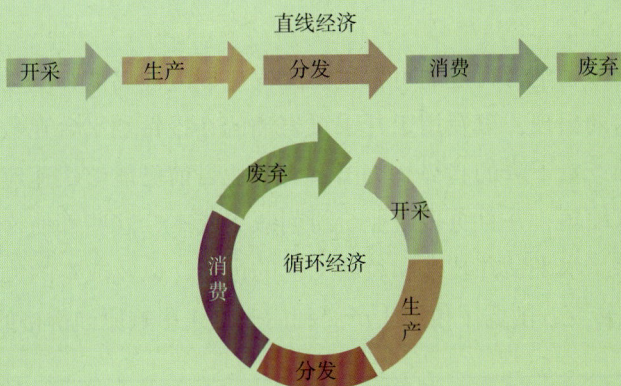

在全球层面捕获循环经济的效益，并非易事。虽然许多现有技术能在废弃原料环节实现循环的闭合，但具体过程会受到一些标准和监管的阻碍。2008年，中国通过了《循环经济促进法》，而2015年，欧盟通过了"循环经济系列方案"。国际层面，可重点关注不同管辖区在减少非关税壁垒和扩大循环产品及服务市场、投资及出口机会方面的合作。这一点可通过加强与G7资源效率联盟（于2015年组建的知识共享论坛）的联系来实现。

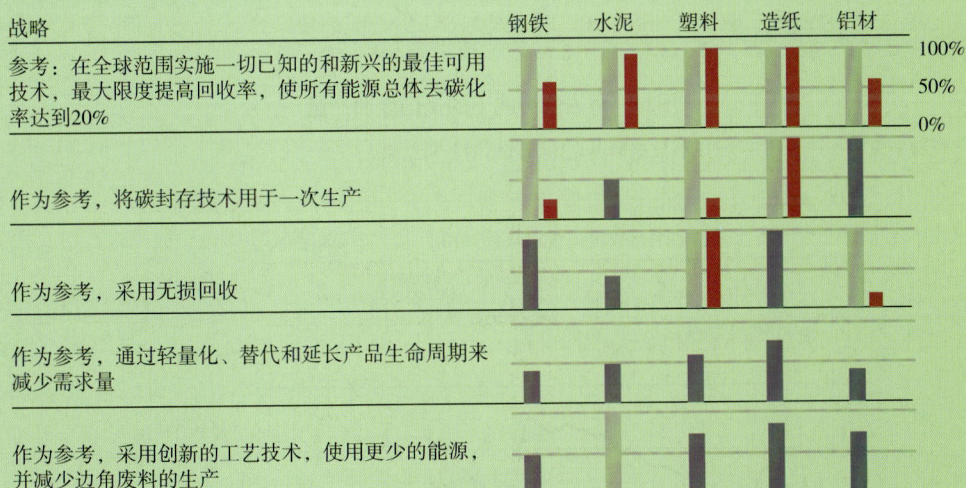

战略	钢铁	水泥	塑料	造纸	铝材
参考：在全球范围实施一切已知的和新兴的最佳可用技术，最大限度提高回收率，使所有能源总体去碳化率达到20%					
作为参考，将碳封存技术用于一次生产					
作为参考，采用无损回收					
作为参考，通过轻量化、替代和延长产品生命周期来减少需求量					
作为参考，采用创新的工艺技术，使用更少的能源，并减少边角废料的生产					

（图中标注：100%、50%、0%）

图23　未来不同战略下2050年五种主要原料预计排放量。蓝色条形表示为达到IPCC指标而必须在多大范围内实施战略。如果在100%范围内实施仍不足以达到IPCC指标，则红色条形表示超过指标的排放量

（五）石油政策的改变

新技术并不局限于电力行业的可再生能源发电、电池储能和电动汽车。如图24所示，水平钻井技术的出现，以及用于开采页岩油的在役钻油平台在数量上的扩展，已成功逆转美国原油产量下降的趋势。美国页岩行业目前已能够快速应对原油价格的波动，完工时间得以缩短，并且页岩企业纷纷削减了成本，这些都使得它们能够在低油价环境下继续生存。水平钻井技术和裂断工艺的进步，以及成本的大幅削减，促使原油市场发生结构性转变，削弱了传统生产商利用产量来影响原油价格的能力。

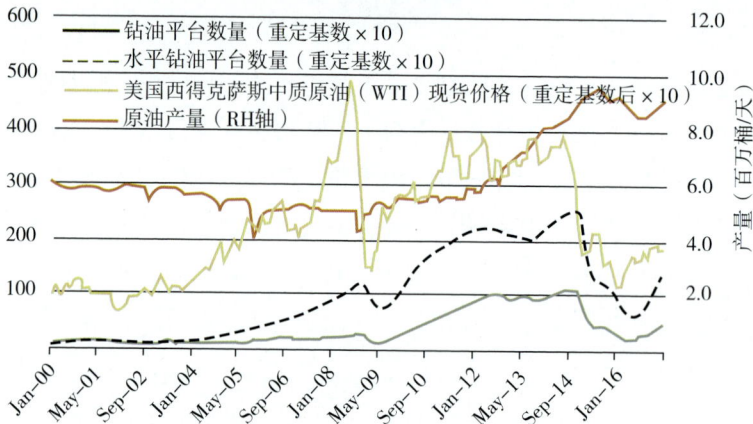

图24　页岩油影响下的美国原油产量

资料来源：查塔姆研究所对EIA数据和贝克休斯数据的分析结果。

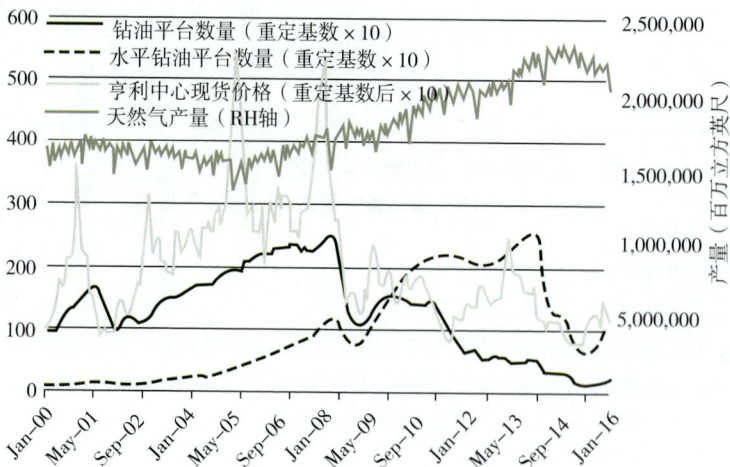

图25　页岩气影响下的美国天然气产量

资料来源：查塔姆研究所对EIA数据和贝克休斯数据的分析结果。

　　结合电动汽车行业的兴起和快速发展，上述转变对传统的"原油主导型"能源合作与治理构成了重大挑战。如图26所示，电动汽车时代的来临，可能导致目前的原油需求在10年内被取代至少2%，到2040年被取代14%以上。电动汽车时代的来临以及原油需求被取代的速度可能快于预期，从而加快能源治理摆脱原油主导型合作模式。为取代航空航海和石化领域的原油需求，还需实现进一步的技术创新。在全球原油需求达到峰值（可能在2020年出现）、保持平稳和出现下降后，国际社会对"原油主导型"能源合作与治理的关注可能开始转向。

　　与此同时，由于可获得的传统原油资源的控制权主要在国有石油企业（NOC）及其政府手中，跨国石油企业在地理或政治方面面临较大挑战的区域（例如，深水区或北极地区）勘探与生产的过程中，难以找到可行的业务模式，或者难以获得公众接受。2017年的计划支出可反映这一点——欧洲和美国跨国石油企业的计划支出分别减少7%和15%，而国有石油企业的计划支出增长了9%。此外，离岸支出在2016年减少34%之后，预期在2017年继续减少20%～25%，浮式钻井平台的数量从2016年的133台预期在2017年减少至120台。

图26　在电动汽车销售下被取代的原油需求量

资料来源：查塔姆研究所的分析结果。

　　与专栏7所述的能源从煤炭向天然气的转型以及交通运输行业电气化趋势一致的是，跨国石油企业越来越多地将焦点转向天然气。壳牌、英国石油公司和埃克森美孚在2016年第二季度的天然气产量在全球总产量中的占比分别为50%、47%和41%（图27）。相对于煤炭，天然气的二氧化碳排放量较少；然而，对气候的影响将取决于甲烷泄漏事故的管理情况。甲烷（CH_4）可加速气候变化，导致地平线在短期内出现全球变暖的风险比CO_2更大。天然气生产中的泄漏率达到1.5%，会导致天然气对气候的影响增大50%。近期的一份调查表明，天然气电站和炼油厂的泄漏率显著高于之前的预期——分别比预期多出120次和90次。

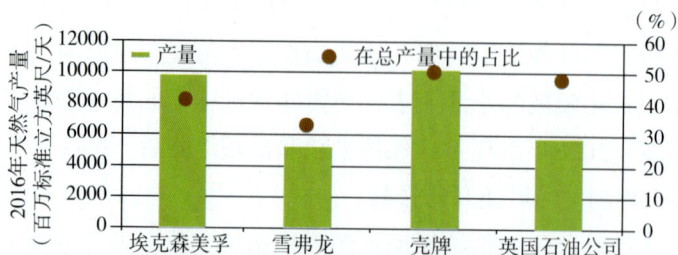

图27　跨国石油企业的天然气产量及其在总产量中的占比

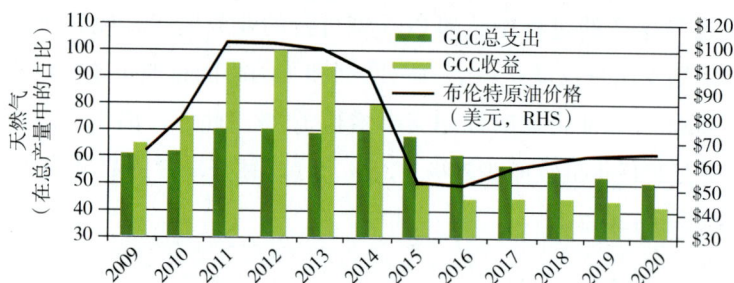

图28　GCC政府收益和支出（非原油GDP百分比，加权平均值）

在预算压力随负债和宏观经济波动性而增加的背景下，生产国原油价格的下跌导致油气产品在这些经济体中的角色被重新评估。国际货币基金组织（IMF）2016年的分析结果（图28）表明，海湾国家合作委员会（GCC）政府的收益随原油价格迅速下降。沙特阿拉伯已消耗超过1000亿美元并贷款175亿美元来为其预算提供资金。沙特阿拉伯加大力度致力实现国内能源结构的多元化，公布了价值300亿~500亿美元的太阳能与风能招标投资项目。

与此同时，对于向公民或工业提供消费补贴的国家，原油价格的下跌提供了财政方面的喘息空间，并可能反过来影响这些国家在油价恢复高位后对化石燃料消费给予补贴的意愿。OECD在2013年的化石燃料补贴为390亿欧元（603欧元/人）。2014年，全球化石燃料消费补贴为4930亿美元，同比减少390亿美元，其中，原油补贴在所有消费补贴中的占比超过一半。虽然化石燃料消费补贴在近年来有所下降，但长期以来，化石燃料消费一直受到支持。2003~2015年，157个国家的汽油加权平均净消费税总体上减少13.3%。在这157个国家中，有84个国家降低了消费补贴，或者提高了汽油税税率，但由于消费市场转向了维持补贴或汽油税税率较低的国家，全球层面的补贴改革的效果大打折扣。2009年9月G20于达成关于逐步取消"低效化石燃料补贴"的协定，之后自2015年开始，这20个国家的未加权平均净税收保持了不变。然而，在最近举行的G20会议上，这一承诺并未得到重申。

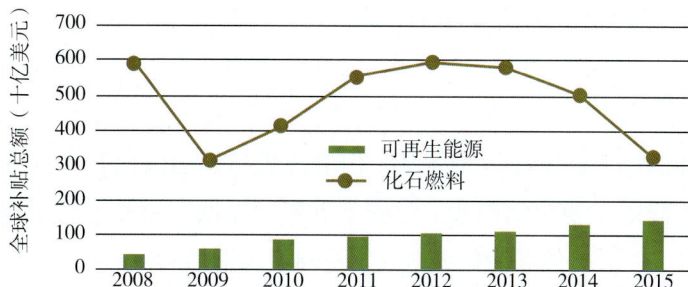

图29　全球化石燃料消费补贴和可再生能源补贴预估金额

专栏8

亟须采取合作行动的方面

下图概述了低碳能源安全转型中的、与重塑全球能源体系的主要趋势对应的、驱动能源转型的一系列"亟须采取行动"的方面。图中还提供了具体行动的典型示例，以便国际社会帮助实现这些方面。

图30　低碳能源安全转型中亟须采取行动的方面，以及有助于实现这些方面的具体行动举例

五、国际能源合作的基石

研究分析能源国际协定及行动要考虑全球治理与国际合作的五大基石——贸易、投资、创新、供应安全和跨境外部效应。

（一）贸易

尽管全球能源已开始发生深刻变革，但能源贸易仍然以化石燃料为主导。其中，中国的需求是市场的主要驱动因素。过去十五年，原油贸易额增长了14%，煤炭贸易额增长了一倍以上，天然气和液化天然气贸易额增长了约60%。

中国于2009年成为世界第二大原油进口国，并且即将超过美国，成为世界第一大原油进口国，在一定程度上反映了OECD国家需求下降和新兴经济体强劲增长的总体趋势。印度目前是全球第三大进口国，但其进口量比中国低42%。在美国油气革命的背景下，国际原油贸易的重心已转向东方，非IEA消费国在全球总需求中的占比日益增长。同时，非OPEC国家在全球总供应中的占比日益增长。包括中国在内的净进口国仍然高度依赖于来自海湾国家的原油。

随着美国和澳大利亚的新基础设施开始对卡塔尔的市场主导地位构成挑战，2016年，全球液化天然气贸易以五年来最快的速度增长。2009年至2015年，全球液化天然气进口量增长了30.5%，其中，APAC区域和中国在2015年全球2.45亿公吨的总需求中的占比分别为71.1%和8.1%。预期到2030年，全球需求增长将达到72.3%（相比于2015年）。世界第一大液化天然气工厂目前位于澳大利亚，其基础设施支出已达到2000亿美元。美国的出口量则一直受到美国切尼尔能源公司（Cheniere Energy）在路易斯安那州建立的液化天然气接收站（向日本和智利等市场输送液化天然气）的驱动。

这些新的LNG贸易流促成新双边贸易协定的达成——例如，美国与中国于2017年5月达成协定，将美国向中国出口的液化天然气纳入长期贸易合同。截至2017年3月，该数量占中国进口总量的7%。

为避免《巴黎协定》实施过程中遇到潜在障碍，以及为解决煤炭投资面临的潜在跨境财务风险，需要更清晰地了解煤炭市场以及煤炭生产国与消费国之间的关联。

自进入21世纪以来，煤炭贸易市场增长迅速，交易量（按重量）翻番至14亿吨左右，交易额接近1000亿美元——增长了四倍。煤炭贸易在全球煤炭消耗中的占比从2000年的18.5%增长至2014年的23.5%。如今六个煤炭超级大国在煤炭贸易市场占据了主导低位：澳大利亚和印度尼西亚（在出口总量中占60%左右），以及中国、印度、日本和韩国（在进口总量中占60%）。随着大量外商直接投资（FDI）流入亚太地区的煤炭开采、基础设施和发电容量，煤炭贸易得到稳固的支持。

　　贸易是国际合作的一个重要方面，不同国家之间可以通过贸易而相互获利——一方可获得更廉价的商品，同时另一方得以进入新市场。然而，贸易一体化的政治经济格局并不明确，虽然这些利益可能发生在经济层面，但贸易可能在行业层面产生赢家和输家，而出于产业发展战略考虑，一些国家的政府可能需要对特定的经济行业实施保护。因此，需要通过治理安排来"设定游戏规则"，即明确国家之间应该如何开展贸易——尤其是阻止设置针锋相对的壁垒，提供谈判与争议解决机制。在多边层面，这些规则由WTO制定。同时，不同国家之间存在大量区域性与双边贸易协定。

　　由于主权方面的考虑及其他因素，能源贸易（作为一种自然资源）在很大程度上超出了WTO的管辖范围。一些区域性协定（尤其是《能源宪章条约》和《北美自由贸易协定》（NAFTA）的"能源章节"）试图弥补这一缺口。然而，对于加工产品及其制造商，常规的WTO规则是适用的——因为这些与能源相关的贸易已成为某种政治战场。

　　虽然《关税及贸易总协定》（GATTS）条款不涵盖自然资源，但与自然资源相关的服务（勘探、开采、技术测试、运输）受到GATTS规定的约束，除非政府主管部门另有规定。这导致各国呼吁建立更具协调性的框架，指明哪些规则适用于哪些资源，以及某种资源必须具备哪些资格才能被视为商品或服务，并涵盖一些有关原油和天然气的重要问题（例如，投资保护）。

　　随着可再生能源对能源供应的重要性日益显著，并成为制造业竞争力的一个重要方面，低碳环保产品的关税面临越来越严格的审查，这导致其成本增加、扩散速度减慢。一些国家（此类产品贸易额占全球贸易总额的86%）在WTO会议上提出了关于消除这些关税的建议。与此同时，部分国家在一些面临激烈竞争的低碳产品方面陷入了严重的贸易争端。据预估，自2010年以来，WTO争端中约有14%或多或少与可再生能源相关。许多争议涉及一些国家和州用来支持国内工业发展的可再生能源补贴和"本土成分"要求；还有一些争端涉及太阳能电池板等低碳出口产品的定价。这些定价导致进口关税的提高。总体而言，这些争端导致价格提高，进而对可再生能源的发展造成不利影响。

　　与面临国际竞争的其他多数产品及服务不同，电力贸易属于特殊贸易。电力贸易并非是全球性的。此外，根据世界贸易组织（WTO）的分类，电力既被视为商品，也被视为服务，因而适用不同的关税及规则。电力跨境除了需要互连线路之外，还面临"市场耦合"的问题，即让不同市场之间能够开展高效的能源贸易（在此情况下，电力贸易）的安排。这些问题将根据双边与区域性安排予以管理，其中，范围最广的安排要属欧盟与其邻国之间的安排。

日益增长的电力贸易促成了越来越多的针对互联互通实现的电力贸易的协定。除了管辖贸易操作之外，这些协定还可缓解大型基础设施项目相关的投资风险。例如，2016年，由比利时、丹麦、法国、德国、爱尔兰、卢森堡、荷兰、挪威和瑞典组成的北海区域签署了一份能源合作协定，旨在建设所互连线路，以便扩大能源贸易，进一步整合各自的国家能源市场。2015年7月，欧盟全体通过了关于"容量分配和阻塞管理"的贸易条例，旨在将更多的可再生能源发电并入电网，并帮助28个欧盟成员国的电网运营商、电力交换商与监管机构之间有效地开展区域性合作。该条例预计为欧盟消费者节省25亿~40亿美元。

新技术（尤其是电池技术）的应用扩展，正在促进锂、钴、多晶硅和稀土元素（REE）等关键原料贸易的增长。高盛公司（Goldman Sachs）预估，插电式纯电动汽车（BEV）的市场占有率每增长1%，碳酸锂当量（LCE）需求将增长70000吨/年——大约等于目前LCE年需求量的一半。

然而，相比于能源商品，国际金属与矿产市场受到的管辖较少——透明度较差，并且当市场主体开展合作时，通常采用共谋的形式。此外，市场还经常受到单边出口管制的干扰。

（二）投资

由于资本从高碳能源转向低碳能源，以及对公用事业业务模式受干扰的担忧等原因，融资与投资体制很快成为能源治理的新前沿。在全球排放中，超过60%排放是由于寿命较长的基础设施的投资与运营造成的，这些基础设施有潜力锁定长远未来的排放。为实现IEA 2℃路径，到2035年，低碳电力基础设施年投资额需要增长2倍，能源效率投资需要增长7倍。如今，碳价格已被许多原油巨头用作投资筛选工具，并且受到越来越多财政监管机构和政策制定者的关注。

碳排放影子价格的上涨，化石燃料行业投资筛选范围的扩大，以及越来越多监管机构和政策制定者的关注。机构投资者高度关注去碳化出现的资产与业务模式的风险（尤其是所谓的"转型风险"）。主要的游戏规则改变者是G20金融稳定理事会（FSB）气候相关财务信息披露工作组（TCFD），该工作组发布了气候相关财务信息披露的建议。近期，投资者表决赞同埃克森美孚公布针对2℃指标下较低原油需求情景之影响的年度评估结果。该工作组实施路径的第一步如图31所示。如果气候相关财务信息的披露旨在鼓励投资组合再平衡，则财政政策制定者与监管机构之间必须做好协调。

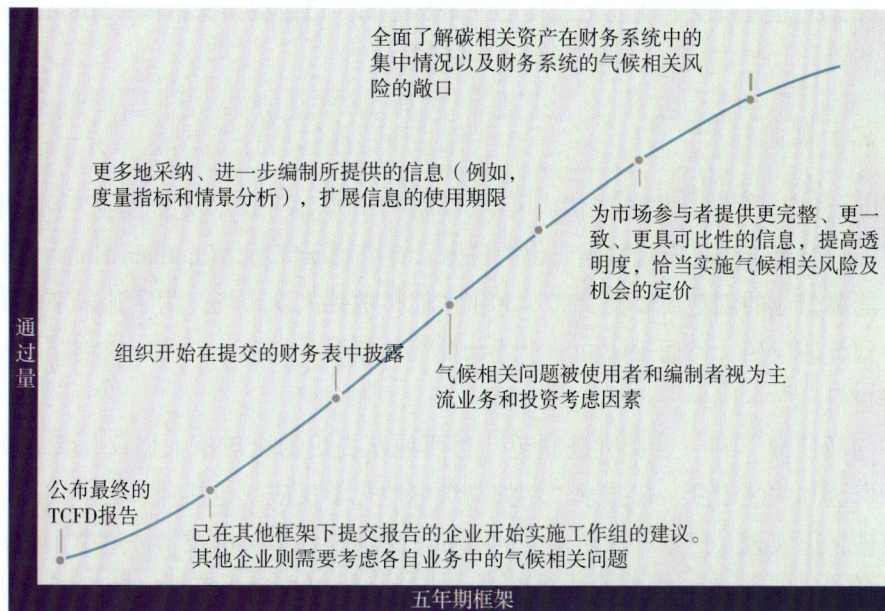

图31 TCFD有关气候相关财务信息披露建议的实施路径

此外，开发性金融机构和多边开发银行（包括亚投行和新开发银行（NDB））作为资本提供者的角色也开始受到关注。尽管多数机构正在通过某些措施，将气候变化归入各自投资组合与运营的"主流"，但具体进展参差不齐。在评估多边开发银行项目的社会与经济效果和可持续性时，缺乏通用的评估框架。

目前最大的治理挑战之一涉及煤炭开采与燃煤发电的金融流。多边担保的实施继续受到民间团体的审查；例如，自世界银行于2013年做出相关承诺以来，IFC据称已向41个新的煤炭项目提供融资。AIIB已声明不会投资于煤炭行业，但在澳大利亚等煤炭出口国家的大力游说之后，其有可能缓和这一承诺。与此同时，在G20用于向煤炭行业提支持供的约240亿美元进出口资金和一揽子发展融资中，日本、中国和韩国贡献了绝大部分。

IEA 2℃路径还将要求"搁置"无法完成整个生命周期运营的高碳资产，同时遵守剩余的碳预算。尽管投资能源基础设施方面的双边合作十分活跃，但缺乏相关规则或标准来确保投资与"低碳"这一首要目标的统一。G20会议可能有机会初步解决此问题，即建立有关全球基础设施倡议和TCRFD的规则与标准。

鉴于投资目标国的性质和"资源诅咒"机制的复杂性，以及资产运营与收回成本的漫长周期，油气投资通常面临重大政治风险。一些新型合作方式如通过某些制度设计、争议解决方法和设定规范（尤其是世界银行的多边投资担保机构（MIGA）和《能源宪章条约》（ECT）），有助于管控这些风险。

（三）创新

据IEA分析，尽管太阳能光伏、风电、LED灯和电池等技术发展迅速，但应用步伐仍然缓慢，以至于无法应对气候变化的目标。查塔姆研究所（Chatham House）的研究发现，能源行业的创新需要花费20～30年才能扩散到大众市场。为了让未来的创新更快地得到普遍应用，可通过建立一个公众投资的能源专利池，以便市场创新者能够有效使用专利。

"创新使命"和"能源突破联盟"是两项新提出的全球重大倡议，旨在扩大相关研发资金和关注于新一代技术（例如高级电池化学反应，包括金属与空气的化学反应）突破，以实现《巴黎气候协定》的目标。然而，许多关键技术被迫中止的原因并非缺乏研发，而是缺乏政策支持和投资。为达到临界应用水平，必须广泛地协调供应、需求与市场因素。例如，为了确保电动汽车、自动驾驶和无线充电技术迅速渗透到市场，不同领域之间必须采取合作并制定一致的标准和条例。

多数能源技术是复杂的全球技术体系的一部分。这些技术的应用通常并不遵循某种线性逻辑或者在单一行业内发展。许多突破性创新发生在不同领域的交叉点。例如，太阳能光伏技术的创新得益于消费类电子产品与工业电子产品的发展，而CSP的进步则衍生自航空与卫星技术。

IEA的《跟踪清洁能源进展》报告表明，许多必要的技术被迫中止的原因并非是缺乏创新，而是缺乏政策支持和投资。该报告还指出了哪些方面亟须采取行动来加速技术部署与应用。

大部分能源模型预计减排技术会大规模应用。例如，"生物能源和碳捕集与封存"（BECCS）技术或者"碳捕集与使用"技术。然而，技术的应用存在相当大的不确定性，并且可能需要进行权衡。电气化对系统层面的创新也构成了新的挑战。例如，降低电力存储成本、扩建电网基础设施与电力市场协调改革方面的战略可能需要进行协调统一。

新业务模式通过替代、数字化、共享和再利用等方式实现能源与资源节省的可能性受到越来越多的关注。中国和欧盟均制定了相应的循环经济战略，这些战略可用作彼此开展合作的平台。

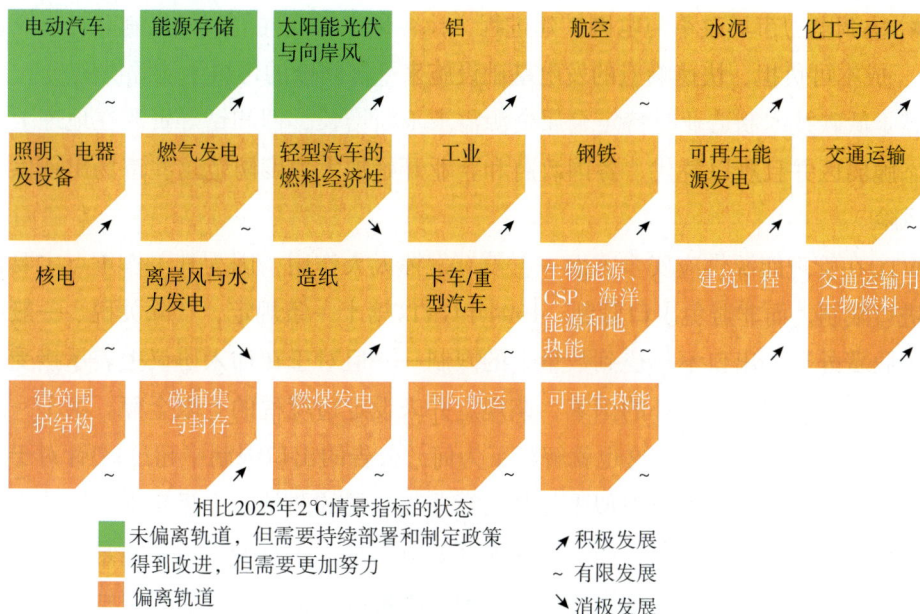

电动汽车 ~	能源存储 ↗	太阳能光伏与向岸风 ↗	铝 ↗	航空 ↗	水泥 ↗	化工与石化 ↗
照明、电器及设备 ↗	燃气发电 ↗	轻型汽车的燃料经济性 ↘	工业 ↗	钢铁 ↗	可再生能源发电 ↗	交通运输 ↗
核电 ~	离岸风与水力发电 ↘	造纸 ↗	卡车/重型汽车 ↘	生物能源、CSP、海洋能源和地热能 ↗	建筑工程 ↗	交道运输用生物燃料 ↗
建筑围护结构 ↘	碳捕集与封存 ↗	燃煤发电 ↘	国际航运 ↘	可再生热能 ↗		

相比2025年2℃情景指标的状态

■ 未偏离轨道，但需要持续部署和制定政策　　↗ 积极发展
■ 得到改进，但需要更加努力　　～ 有限发展
■ 偏离轨道　　↘ 消极发展

图32　清洁能源技术进展的分析结果

资料来源：国际能源署，《跟踪清洁能源进展》（2017）。

（四）供应安全

鉴于中东的不稳定局势在可预见的未来不太可能消退，传统能源供应紧缺局面可能即将到来，因此对于许多进口国政府而言，能源供应安全仍然是一项首要的政治任务。理论上，国际合作有助于通过制定相关规则及方式——明确各国政府在面对冲击时该如何协作，避免因疯狂争夺供应而加剧危机，从而管控重大供应中断的风险。然而，IEA成员国在能源贸易中的占比下降，导致IEA应急机制在面临严重供应冲击时，其有效性受到越来越多的质疑。带来的问题主要包括：新兴经济体能否及应该如何融入IEA体制？或者，区域性措施能否提供更实用的解决方案？如果能，如何管理这些经济体之间的协作？其他需要关心的问题还包括海上治理——尤其是对海上关键枢纽的治理。

与此同时，可再生能源的普及应用与电网改革对供应安全构成了新的挑战。主要问题包括：

■ 合作改进电池技术，提高季节性存储投资，以降低电力存储的成本；

■ 在区域和大陆范围内扩建电网基础设施，以解决供需失衡，挖掘将电力从可再生能源容量较高的区域出口或输送到其他地点的机会；

■ 协调电力市场改革与电网扩建进程，让容量市场或同等市场机制能提供充足、成本可负担、快速响应的发电基础设施来平衡间歇的可再生能源供应。

鉴于低碳技术制造业对特定金属资源需求不断增长，锂和钴等资源在地理上集中于生态脆弱区并且难以替代，各国政府和企业开始加大力度防范这些市场出现供应中断的风险。

WTO在管理能源供应安全方面一直没有发挥太大作用，因为其工作重点主要在于避免进口限制，而非避免出口管制。1994年GATT第十一条规定，"除关税、一般税收及其他收费外"，出口不得受到数量上的限制——但对于在加入协议中表示接受边境税的国家（包括中国）之外的国家，该规定并未设定边境税的上限金额。第十一条被解释为——不禁止出口税，这也就解释了为何"公告的出口限制中超过1/3针对于资源行业，并且自然资源的出口税似乎是其他行业出口税的两倍"。近年来，一些主要的原料供应国采取了出口管制。印度尼西亚开始对未加工矿石的出口实施禁令。越南也开始对铁矿石和铜的出口施加限制，巴西和印度征收的出口税近期也受到争议。2012年，美国、欧盟和日本向WTO提起针对中国稀土矿产出口配额的投诉，结果该制度于2014年年末被取消。WTO已收到多种关于在危机或价格急剧波动情况下自愿规避出口限制（以避免这些限制加剧恶化）的提案。

数据领域也是合作的一个重要方面。透明度较低的市场往往更容易趋向于不稳定，因为市场参与者对基本面的信心较低，相反更倾向于抢购和囤积等不规律的行为。IEF开始通过JODI倡议——AMIS软商品市场反映的一种方式，采取治理安排，以改善原油市场数据（尤其是股市数据）的透明度和可获取性。随着从分子到电子转型的继续，以及能源相互依赖关系与数据密集型电网的关联越来越紧密，对于能源合作与治理而言，数据的基础性地位将越来越显著。

（五）跨境外部效应

跨境外部效应必须通过合作来解决。教科书中通过合作与治理来解决跨境外部效应的案例，是旨在应对消耗臭氧气体的《蒙特利尔议定书》（见附件）。事实证明，气候变化更具有挑战，主要是因为初始阶段缺乏现成可用的低成本替代性技术，而且经济体内高碳（相比于高CFC）活动存在较复杂的关联。随着低碳技术成本的迅速下降，以及低碳政策的衍生效益获得越来越多的了解，应对气候变化行动对政治经济的挑战已显著缓解，推动了自主减排贡献方案的实行，即由各国政府根据各自在多边透明度与报告框架下的国内情况，单边确定各自的国家目标（见附件）。

　　《巴黎协定》的签署推动了碳定价合作——一种基于市场、外部效应内部化的机制。碳定价挂钩机制提供了一种扩大覆盖范围、降低去碳化成本和最大限度减少碳泄漏的方式。

专栏9

碳定价

　　能源转型委员会及其他许多评论者将碳定价视为一种驱动持续转型的必要要素。全球约13%的CO_2排放被纳入一种或其他形式的碳排放范围内，一般价格在10美元/公吨左右。未来几年，此覆盖范围可能扩大并且价格可能上涨，预期到2017年末，全球30%的排放将被纳入碳定价体系的范围，加拿大等国的底价在未来五年内将达到25美元/公吨。

　　许多碳排放交易体系（ETS）面临价格偏低和不稳定的情况，能源体系内变化效果将弱于预期。许多企业预期自身投资回报将受碳定价影响，因此采用影子价格。但由于ETS的发展情况弱于预期，引发了各国政府对企业放弃实施这些筛选措施的担忧。各国政府亟须扩大碳定价的覆盖范围，确保价格的稳定、可预见性。

　　碳定价范围的扩大（无论作为贸易体系还是税项）近期出现了新动向。碳定价领导联盟（CPLC）由21个国家、加拿大和美国的5个州，以及近140个全球企业集团组成。CPLC向全球各国政府提出了到2020年碳定价覆盖范围实现翻番、到2030年再次翻番的建议。此外，共和党领导的气候领导委员会近期建议，在美国境内设立40美元/公吨的碳排放税和碳红利计划，并将碳边境调节税纳入其中。

　　中国碳排放交易体系（ETS）正扩展到全国。有关中国区域性ETS试点中的补贴持有者能否转入全国性ETS的不确定性，对全国性ETS计划构成了阻碍。此外，相比于加利福尼亚州等其他ETS体系，中国的这些试点项目由于缺乏透明的市场信息而导致交易量的减少（相对于上限）。

　　虽然在中短期内不太可能实现全球范围的碳排放市场，但将现有的碳排放市场连接，是一种获得普遍接受、提高全国性市场有效性的方法。因此，政治方面需要考虑的一项重要举措是，未来如何将中国碳减排体系与欧盟或韩国市场相连接。如果形成碳排放俱乐部与其他ETS体系双边连接，则要提高中国ETS体系的透明度。考虑到中国ETS体系的潜在规模，如果该体系未能实现稳定有效的碳价格，则碳排放交易可能面临重大挑战，即难以说服国际政策制定者——继续开发碳排放市场是一条有效的气候政策路径。

六、全球能源治理变革方向：确保满足未来需求

当前全球能源治理架构主要从解决20世纪70年代石油危机所引发石油安全问题的协议演变而来。然而，随着油气需求重心从经合组织的IEA成员国向IEA组织范围外的新兴市场转移，这些机制的效力，特别是IEA的应急机制，正在变得弱化。

近来，由于能源行业的温室气体排放量达到全球总量的三分之二左右，低碳化转型已经被提上能源政策议程的核心。相关组织越来越重视低碳化转型分析，比如国际能源署、新设多边机构、德国主导的国际可再生能源机构（IRENA）等。世界银行等多边开发银行也扩大了对清洁能源的技术支持和财务承诺。

1990年达成的《联合国气候变化框架条约》和2015年签订的《巴黎气候协定》，尽管并不属于传统能源治理的范围，但均产生了深远影响。后者提供了全球气候新机制的支柱：衡量、报告减排与行动的透明框架；基本上将全球温室气体排放减至零与将温升幅度控制在2℃以下的长期目标；"承诺与评审"流程，各国政府通过该流程每五年更新其国家自主贡献（NDC）目标，以不断提高总减排目标。

将全球温升幅度控制在2℃以下的全球气候机制目标与管理向低碳、安全能源体系转型的挑战高度重叠，这意味着气候与能源治理协调发展的机会。必须扩大传统能源治理机构和机制的代表性，即使这些机构和机制专注于能源转型；如果国际能源署希望保持其影响力，扩展经合组织国家以外的成员是至关重要的。

专栏10

国际能源署增加新成员

国际能源署扩展成员，吸纳新兴经济体加入，面临的一个主要障碍是：《国际能源计划》（IEP）条约要求签约国为经合组织成员国。这意味着，国际能源署扩展成员将需要修改上述条约。这还要求对国际能源署成员国的表决权进行改革，目前表决权反映各成员国1973年的消费水平。这一举措必将产生"赢家"和"输家"，也将赋予即将加入的能源生产国（比如，中国）重要的表决权。

既可成为国际能源署成员国又不签署IEP条约的一种方法可效仿挪威：挪威与国际能源署签订单独的合作协议。根据该协议，挪威作为遵守国际能源署所有意图和宗旨的正式成员国，但是并未签订IEP条约。这种模式可以适用于新兴经济体。当然，这要求相关新兴经济体遵守与成员国相同的规则，包括关于数据共享和应急

石油库存协调的规定。

可以想象，国际能源署与新兴经济体可以就成员扩展路线图达成一致，制定双方实现政治上和技术上可行的合作关系需要达成的关键里程碑，可能包括：i）国际能源署在亚洲开设新秘书处，加强与亚洲能源消费国官员的联系；ii）国际能源署与中国在电力市场改革试点方面开展合作，提供技术支持，增强市级联系和展示其在石油市场以外的能力；iii）新兴经济体构建必要的技术和体制框架，满足国际能源署关于信息和数据共享、石油库存管理、需求显示和同意同业互查的要求。

（一）合作机会

中国是全球领先的新兴经济体，也是世界上最大的能源消费国和温室气体排放国，中国在推动全球能源治理改革中发挥着独特作用。

成果：有代表性地为全球能源治理机构提供协调能源治理和气候治理公共产品。

为实现这一成果，可以采取两条截然不同的战略合作路线：

（1）推进IEA改革，确保IEA更具代表性、更高效、更具针对性；

（2）协调全球能源治理和气候治理，促进向低碳、安全能源未来转型。

（二）G20作为改革论坛

G20是一个合适的推动全球能源治理改革的论坛。它在国际组织改革方面拥有良好业绩记录（全球金融危机发生后，新兴经济体通过G20实现国际货币基金组织改革），并且在建立新国际机制方面拥有丰富的经验，比如AMIS。G20成为经合组织和新兴经济体之间，以及化石能源生产国和消费国之间提供的对话平台。G20在关键"转型问题"上设定必要的"临界量"，比如能源消费和生产（分别占23%和19%）、排放（占全球总排放量的30%，美国排放量的2倍）和能源投资（21%）。

此外，G20议程的很多方面均具有高度相关性，包括2014年通过的《G20能源合作原则》（关于矿物燃料补贴改革的长期承诺）；2016年中国杭州G20峰会上首次提出的绿色金融；和通过金融稳定委员会（FSB）实现气候相关金融信息披露工作组（TCFD）进展。

通过G20推动改革进程并非没有挑战。首先，G20是一个非正式的政府间对话机制，未设立旨在提供支持和确保履行承诺的秘书处。其次，由于G20议程往往随着轮值主席国的重点任务发生变化，G20在保持专注方面有一定的困难。因此，任何雄心勃勃的能源治理改革议程均需要制定相关战略，并确保G20参与。

专栏11

加强亚洲石油安全[①]

亚洲的石油消费量占全球总量的三分之一，其中，亚洲约三分之二的石油消费依赖原油进口。

仅两个ASEAN+3国家（日本和韩国）是经合组织的国际能源署成员国。国际能源署的应急机制和义务规定，成员国必须拥有不少于90天石油净进口额的石油库存。

亚洲，甚至东盟，缺乏共同而非竞争性地应对供应中断的机制：大规模供应中断将导致抢购石油，国际油价大幅上涨。《东盟石油供应协议》（APSA）尽最大努力为经历供应中断的成员国提供相当于30天石油消费量10%的石油。这些工作可能包括协调石油库存释放，依赖东盟国家国有公司之间的合作。大规模供应中断可能对亚洲政府如何响应带来相当大的不确定性。鉴于《东盟石油供应协议》将于2023年到期，国际油价相对较低，现在正是推动区域战略石油扩展的好时机。如果发生供应中断，这将有利于市场稳定。APSA扩展协议可能包括：

- 将非国际能源署ASEAN+3国家的政府持有份额增加至IEA成员国同等水平：IEA成员国日本和韩国的石油库存是IEA"不少于90天石油净进口额的石油库存"目标的2倍以上；ASEAN国家的石油库存不到IEA目标的一半；估计中国的石油库存为50天左右的石油净进口额。
- 承诺协调释放石油库存，限制"免费使用"其他国家释放的石油库存。
- 承诺在原油供应中断期间按比例维持成品油出口。韩国、日本、印度和新加坡精炼中东原油，出口成品油。如果没有这一承诺，油品贸易将会中断，导致对原油的激烈争夺。
- 与中东和其他原油出口国就发生供应中断期间如何分配剩余原油达成谅解：分配给区域内的本国炼油厂还是按比例分配给所有客户。

鉴于东南亚国家联盟石油理事会（ASCOPE）参与ASEAN+3石油库存路线图（OSRM）论坛和能源安全论坛（ESF），ASPA的上述改进可以通过加强与这些论坛的交流来实现。

[①] John Mitchell，2017年10月。

（三）行动依据

作为唯一的石油库存释放与共享国际协调机制，如果国际能源署的应急机制要维持影响力，国际能源署扩展成员、吸收新兴经济体变得至关重要。另一种方案是，综合利用国家恢复力措施和生产国—消费国双边协议，这可能在出现重大市场混乱时带来不良"哄抢"风险。因此，更具包容性的应急机制符合所有石油消费国的利益。作为世界上最大的石油进口国，中国特别重视确保国际市场恢复力。同时，降低易受市场扰动影响的邻近石油进口国面临的风险，也将间接使各国从中受益。

协调气候和能源治理机制与全球达成一致的低碳化目标，有助于确保全球治理合理化，加强国际组织之间的密切联系。提高能源行业低碳化目标的机制和政治流程，为中国这个主要低碳产品（比如，太阳能光伏电池）出口国提供了重大市场机遇。这也符合习近平主席在美国宣布退出《巴黎协定》后表达的保护《巴黎协定》的愿望。

专栏12

《能源宪章条约》

《能源宪章条约》（ECT）具有法律约束力，建立国家间能源多边合作框架，涵盖贸易、运输、投资和能源效率。该条约包含争端解决程序。

《能源宪章条约》起源于俄罗斯与欧盟的关系，然而在2009年，俄罗斯宣布拒绝签署《能源宪章条约》。2015年，包括中国在内的72个国家（至今为止，83个国家）签署《国际能源宪章》（IEC），扩展并推进《能源宪章条约》的现代化进程。尽管《国际能源宪章》是一个政治宣言，并不具有约束力，但它是迈向具有法律约束力《能源宪章条约》国际版本的第一步。

关注国际仲裁案件导致中国加入《能源宪章条约》受阻。然而，随着"一带一路"倡议的作用和职责范围不断扩大，根据ECT/IEC制定 的一套通用规则和机制可能对中国十分有利，为谈判和协商提供共同基础并对尚未加入WTO 的"一带一路"沿线国家具有约束力。此外，具有法律约束力的《国际能源宪章》可以提供一种低成本交易方法，降低海外能源基础设施投资风险。考虑到中国对内对外投资保持平衡，并且在"一带一路"倡议的带动下呈加速趋势，中国加入《国际能源宪章》带来的裨益大于风险。短期利益主要在于在中欧和东欧国家（已经签署ECT）

进行投资，特别是在非WTO成员国。鉴于《能源宪章条约》起源于欧盟，缺乏ASEAN签署国，中国可以与欧盟和ASEAN+3加强合作，推动《国际能源宪章》发展为具有法律约束力的框架。

（四）战略路线

中国可以通过G20推进国际能源署改革，在G20的支持下正式形成协调全球能源治理和气候治理的长期议程。

1.IEA改革

中国与G20新兴经济体（包括其他成员国–印度和印度尼西亚）携手合作，在新兴经济体轮值的G20峰会上启动IEA改革流程（确保优先提上日程）。根据挪威的先例，制定新兴经济体五年"合作路线图"。挪威是未签署IEP条约的国际能源署联盟国，而非正式的成员国（见专栏3）。

推动加大IEA改革力度。首先通过合作加强区域能源安全，比如通过ASEAN+3（见专栏11）、《国际能源宪章》（见专栏12）和区域天然气合作（见专栏13），而区域能源安全具有某些结构性弱点。这将有助于提高能源安全，避免因IEA改革可能失败而遭受损失，如遭到IEA成员国阻碍。这也向IEA成员国发出这样一个信号：必须严肃对待强化能源安全治理。

专栏13

区域天然气安全[①]

亚洲是世界最大LNG消费市场，也是最重要的增量需求市场。在供应有限的时期，该区域的LNG现货价格极高。尽管未来几年LNG市场似乎会供过于求，但是买方仍不应该过于乐观。中国应将LNG市场供应充足视作促进形成区域框架、加强天然气安全和提高供应灵活性的合适时机。

这可能包括共同推动签订更灵活的合同，通过开放市场或更灵活的转售交货条款完成交易量。形成区域天然气而非石油定价中心，发布更准确的定价信息，调节不同市场的交易量。储气能力支持提高天然气市场的稳健性和灵活性。中国已经发

---

① Michal Meidan，2017年10月。

布增加储气能力的目标，可以与其他国家合作建设类似基础设施，然后在发生天然气供应短缺时可有效协调这些基础设施。考虑到东北亚的大买家集中程度高，该区域自然而然成为起点，但ASEAN+3也将提供一个便利框架，推进区域内消费国和生产国之间的合作。

时间表——IEA改革

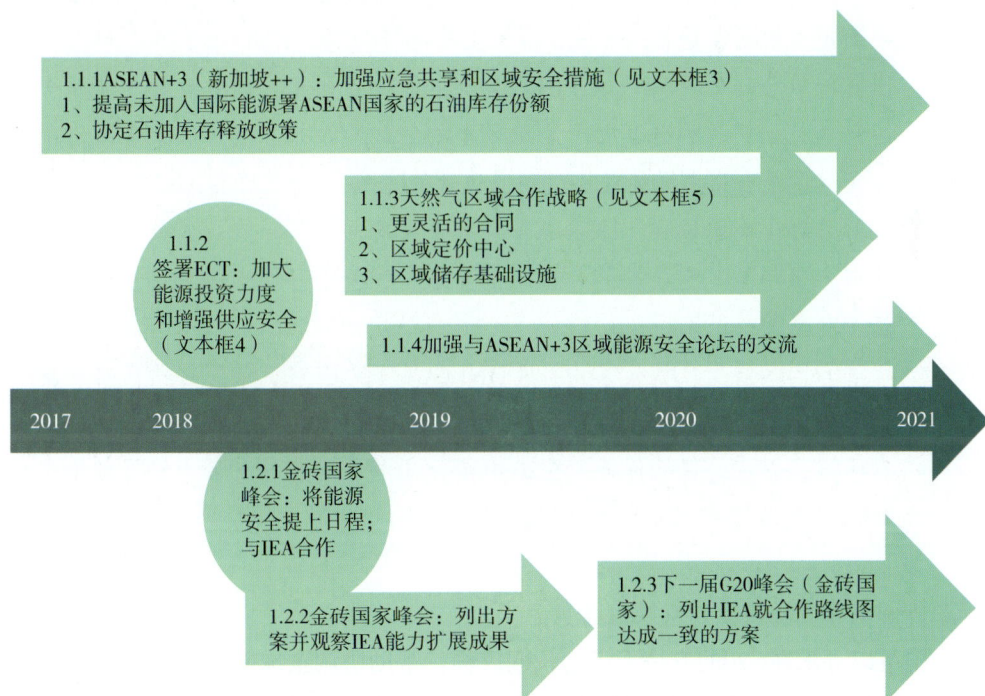

图33　战略路线行动计划时间表：推进IEA改革，使IEA更具代表性、更高效、更具针对性

专栏14

主要国际组织的使命宣言

- 《能源宪章条约》根据国际法提供一个独特的能源合作多边框架。旨在通过更开放、更具竞争力的能源市场运作促进能源安全，同时尊重可持续发展原则和能源资源主权。

- 国际能源署致力于为其29个成员国和其他联盟国确保能源可靠性、经济性和清洁性。使命涵盖四个重点方面：能源安全、经济发展、环保意识和全球参与。

- 国际能源论坛是一个促进与全球主要石油天然气行业主体开展关于能源的开放对话的中立平台，旨在帮助确保能源安全和透明度。

- 国际货币基金组织的根本使命在于，帮助确保国际体系稳定性。它通过三种方式履行使命：跟踪全球经济动态和成员国经济发展动态；向存在收支平衡困难的国家贷款；为成员国提供实际帮助。

- 国际能效合作伙伴关系（IPEEC）旨在加快贯彻实施能效政策和实践……帮助成员国明确和分享关于能源效率的实践和数据，便于决策者做出明智决策。促进国家之间缔结双边和多边协议。

- 国际可再生能源机构（IRENA）是一个政府间组织，支持成员国向可持续能源未来转型。它是国际合作的主要平台和关于可再生能源政策、技术、资源和金融知识库。

- 《联合国气候变化框架条约》（UNFCCC）为应对气候变化及其对人类和生态系统影响的多边行动奠定基础。

- 世界银行设定的目标包括：在2030年之前将全球极端贫困率降低到不超过3%；促进发展中国家实现共同繁荣和公平。

2.协调全球能源治理和气候治理

中国可以寻求在G20的支持下启动长期议程，帮助协调全球能源治理和气候治理机制，加快向低碳、安全能源未来转型。首先，基础工作可以寻求将G20定位为一个政治领袖论坛，通过做出一系列关于安全、长期低碳化的声明和承诺，以及共同努力提高NDC目标（见专栏16），来促进向低碳、安全能源未来转型达成共识。

G20可以跟进这项工作，发布全球能源治理改革议程，确保国际组织使命宣言与《巴黎协定》和可持续发展目标中向低碳、安全能源未来转型的共同目标保持一致（见专栏15）。这需要与构建G20领导和监督职能的工作相辅相成，通过①设立长期G20能源部长级会议系列；②通过在相关国际组织中设立能源秘书处职能构建机构能力。

提高NDC目标

缩小当前NDC目标承诺的减排量与实现《巴黎协定》目标所需要达到的减排量之间的差距，将通过《联合国气候变化框架条约》会议每五年启动的流程得到解决：政府逐步提高其NDC目标。

作为世界上最大温室气体排放国，中国对实施任何旨在提高NDC目标的可靠全球行动至关重要。中国的减排目标（和美国的减排目标）对在2015年《巴黎协定》签署准备阶段设定期望至关重要。尽管期待与现任美国政府达成中美类似的新减排目标并不现实，但中国可以寻求其他发达国家伙伴。

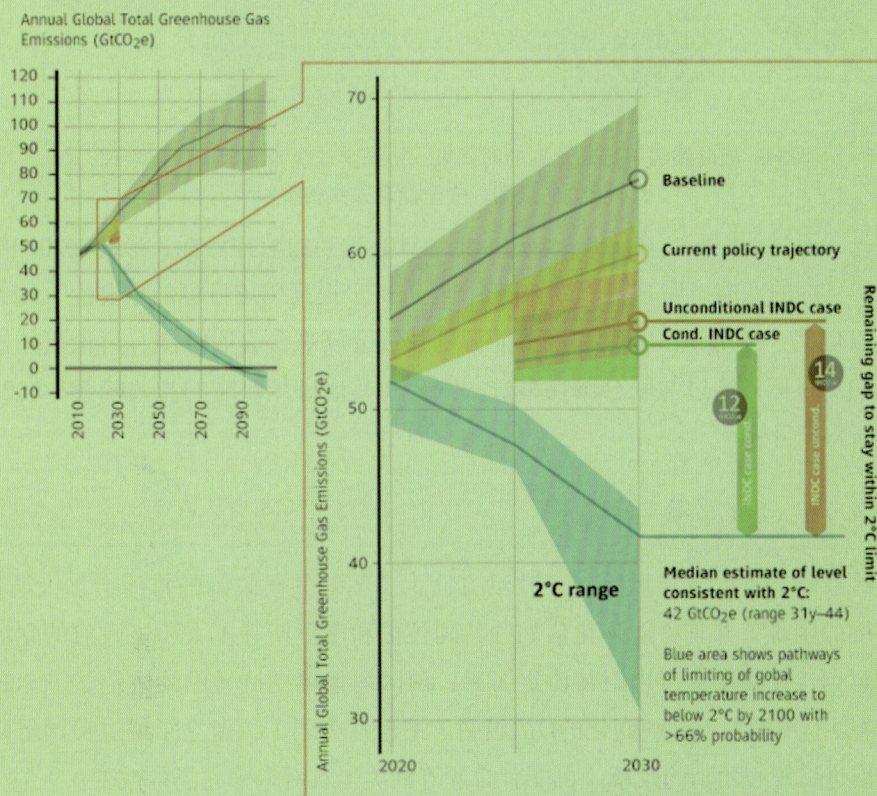

Annual Global Total Greenhouse Gas Emissions (GtCO₂e)

重要的是，中国利用本国的NDC目标提高其他发达国家的NDC目标，具有良好的经济意义。发达国家市场的低碳产品需求可以为中国制造商带来巨大的出口机会。

时间表——协调全球能源治理和气候治理

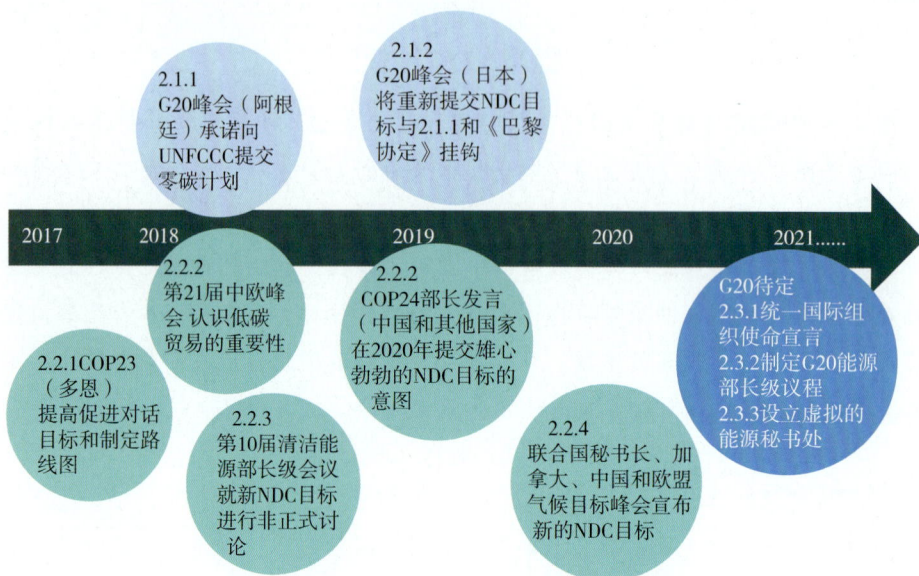

图34　战略路线下行动计划的时间表：协调全球能源治理和气候治理，促进向低碳、安全能源未来转型

首先，通过外交努力在G20逐步达成更加雄心勃勃的减排目标，最终在2020年发表关于NDC目标的意向声明，认识到在随后5年进一步提高NDC目标的重要性。相关支持活动可以包括：利用中欧峰会和清洁能源部长级会议平台表明意图，讨论更加雄心勃勃的新NDC目标；通过与联合国秘书长、欧盟和其他进步政府的相关峰会，在2020年初宣布新NDC目标。

（五）风险与障碍

这些战略行动的主要风险在于政治方面：美国对气候政策的排斥会加大通过G20推动进展的困难，并且可能强化诸如沙特阿拉伯和俄罗斯等不太积极政府的立场（但是应注意到，在美国退出《巴黎协定》后，两国均重申支持《巴黎协定》）。2017德国G20峰会上发表关于气候变化的G19声明（不包括美国），建立了绕过美国阻碍的先例。要推进更雄心勃勃的改革，可能有必要等到美国政府未来立场的改变。

其他政治风险与IEA扩展成员相关，特别是一些成员国可能因害怕其表决权缩水持抵抗态度。通过合作协议寻求IEA成员扩展，比如挪威，而非正式加入（这可能需要修改《国际能源计划条约》）。如果发生下一次能源危机，IEA成员国将从IEA成员和能力扩展中受益。

G20缺乏配套机构基础设施，这阻碍了其发挥能源转型领导和监督机制的作用。这个问题可以通过改革得到解决。设立秘书处职能，启动能源部长级会议，促进相关职能设立。然而，不愿意承担更多国际义务的政府可能会谨慎对待G20常设机构设立的事宜。

七、全球能源治理变革重点之一：面向低碳、安全能源转型的投资机制

政策制定者、中央银行、金融监管机构、机构投资者和金融人士越来越关注能源转型中的相关风险。快速能源转型期间的投资分配，维护石油天然气供应安全和电力网络可靠性，需要明确的市场信号和公平的竞争环境。

如果改革得当，很多投资机制、金融行业规则和市场结构均可提供这种明确的信号。这些机制、规则和结构大致分为两类：一是国际治理协议，帮助优化全球资本分配；二是国家内部约定，改进能源行业治理和资金、技术利用。

专栏16

能源体系优化资本投资的挑战

确保对石油天然气行业进行适当水平的投资，同时投资新兴可再生能源、电动汽车和电池储能领域，这是一种很好的平衡措施。据能源转型委员会（ETC）和《新气候经济》（NCE）预计，如果要将全球温升幅度控制在2℃以内，那么2015到2030年所有能源领域的投资额需达到21.3万亿美元，包括勘探、生产和分配。如图35所示，这意味着每年的平均油气投资达到5660亿美元，每年的可再生能源投资达到5000亿美元，这相当于较2016年支出分别增加31%和68%。

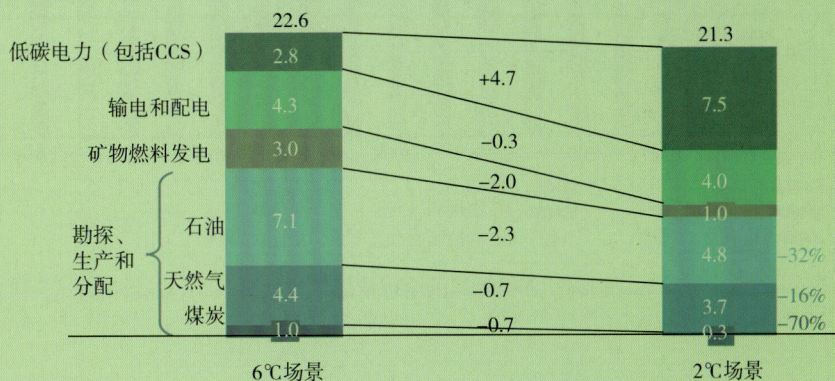

图35　2015～2030年能源行业投资需求，单位：万亿美元，常数：2010，美元

据估计，2015～2020年间，由于能源价格持续走低和全球需求疲软，上游石油天然气支出下降1万亿美元。由于钻井数量减少，2016年上游石油天然气投资下降26%，占行业总投资的三分之二。据预计，2017年海上石油天然气支出将下降20%～25%。然而，这些综合数字掩盖了应对国际石油公司和国有石油公司上游投资的商业风险面临的巨大困难。据预计，2017年欧洲和美国国际石油公司的投资将分别进一步缩减7%和15%，而国有石油公司投资计划增加9%。2026年可再生能源投资将下降23%，但是由于成本下降，可再生能源发电全球并网容量比以往都要高。可再生能源和石油天然气行业这两大趋势与将全球温升幅度控制在2℃场景下的投资要求背离。部分原因在于：市场未能接收到关于风险和裨益的正确信号，使得能源转型如何推进缺乏明确性。

市场和投资机制对技术选择有较大不可预见性，允许市场选择最优的技术。在市场提供公平竞争环境的基础上，按成本/收益评估气候风险，这种不可预见的立场应适用于清洁能源和矿物燃料技术。即便如此，某些技术的高资本成本和网络扩容成本要求提供更大的支持。例如，与中国"十三五"规划相关的技术包括海上风电或高压输电线路。在这些情况下，多边开发银行和公私合作模式可以用于引导更多投资，同时与具备特定技术专长的伙伴国家开展合作。

图36　各类燃料的全球能源供应投资

（一）投资机制的全球治理

投资政策的不协调不统一将使得能源安全和《巴黎协定》的长期目标难以实现。

金融稳定委员会（FSB）下设的气候相关金融信息披露工作组（TCFD）有可能改变该领域的游戏规则。工作组对企业提出的关于自愿、统一气候相关金融信息披露的建议，为面临低碳转型带来的商业模式和资产负债表风险（即所谓的"转型风险"）的投资者和其他市场主体提供更佳信息迈出第一步。这些建议可能需要进一步完善，比如关于在国有企业和开放程度较低市场的应用。企业在不同行业披露信息的指标需要进行测试和改进，不同地区和行业需要对这些指标使用的场景进行方法的标准化。尽管企业可能自愿采纳这些建议，但中国与G20国家的支持，将发出鼓励实施的强烈信号。

将转型风险纳入投资资本成本，有助于将投资合理分配到需要的领域，通过转型实现能源安全；但是减少信息披露带来的意外负面后果需要不同的管辖区和行业进一步完善相关建议。

能源产品和服务需求能对碳定价机制提供市场信号，发挥助力作用。这是实现低碳经济有效的机制。碳定价机制未能有效实施并扩展到全球覆盖范围，会大大阻碍实现国家气候政策和《巴黎协定》的国际承诺，损害所有国家的利益。碳定价机制作为交易体系或税收扩展在全球正呈现新的趋势。21个国家、5个加拿大省和美国州，以及近140家全球企业加入碳定价领导联盟（CPLC）。2017年1月，碳定价领导联盟建议各国政府到2020年将碳定价机制覆盖范围翻一番，2030年再翻一番。美国共和党领导的气候领导委员会近期提出，向在美企业的每吨碳排放征收40美元碳税和红利计划。

对于相矛盾政策与战略不当对建立稳定有效价格机制的影响，可以从早期实施碳排放交易体系（ETS）的国家中找到相关经验教训。比如，政策制定者试图平衡降低工业竞争力的影响，推行竞争政策或减少行业覆盖度，这可能逐渐削弱碳排放交易体系的成本效益和实现有效的价格。如果可以通过分享利用这些经验教训，加上合理设计和可靠的监测、报告和验证（MRV）程序，中国和其他国家成功实施碳排放交易体系的可能性将会增加。

碳泄漏可能会削弱碳定价机制的有效性，比如高碳行业结构调整鼓励资本和技术外流。区域和国际协调通过相关机制与碳排放交易市场接轨，比如《巴黎协定》第6条关于可转让配额的规定，可以最大限度减少碳泄漏。研究表明，在未接轨的欧盟碳排放交易体系中，能源排放泄露最高达到16%。然而，如果欧盟与中国的碳排放交易体系接轨，则中国碳排放交易体系建立后，能源排放泄露最高达到8.5%（见图37和图38）。然而，碳定价机制接轨并不简单，还存在一定风险。比如，欧洲、加利福尼亚和魁北克的碳排放交易体系接轨导致价格波动，而非价格稳定。这是因为每个管辖区的法规差异以及不同管辖区之间相互冲突气候政策的相互作用。

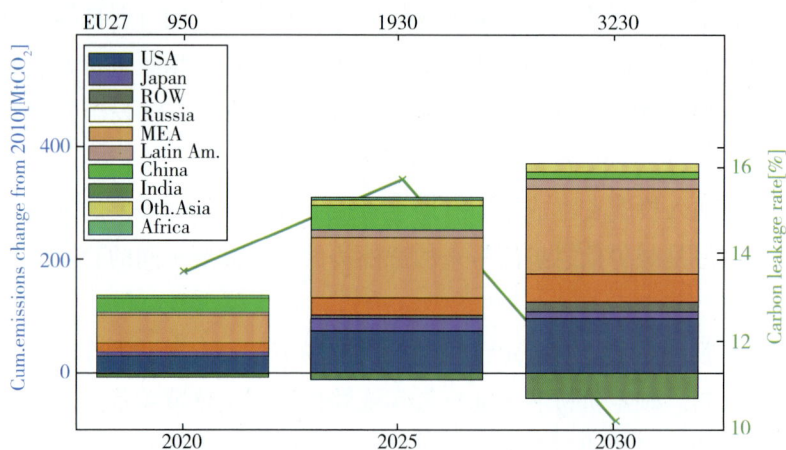

图37 欧盟碳排放交易体系未接轨：能源排放泄露最高达到16%

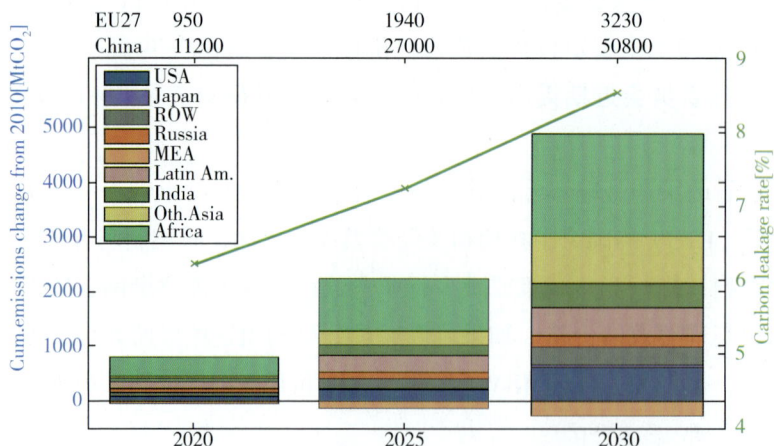

图38 欧盟中国碳排放交易体系接轨：能源排放泄露最高达到8.5%

另外，可以通过边境调节措施（BAM）推广碳定价和减少碳泄漏。未推行（充分）碳定价机制的国家向实施碳定价机制的国家出口时需缴纳补偿税，这会激励这些国家实施碳定价机制，以提高市场准入率。近来美国气候领导委员会关于征收碳税的提案还包括征收边境调节税的提议。立法人员认为，如果设计合理，WTO规则并不会妨碍实施边境调节措施。然而，这并不意味着受影响国家不会提出纠纷诉讼。

对矿物燃料进行补贴会削弱碳定价机制的有效性。通过不断加大多边努力逐步取消矿物燃料补贴，可避免形成或继续为高碳资本提供避风港。石油价格下跌为诸如印度尼西亚等国家提供了政治上和财政上的调整空间。随着矿物燃料价格暴跌，印度尼西亚成功地减少了对市民和各行业的消费补贴。在157个国家中，84个国家或者减少消费补贴，或者增加汽油税，但是随着矿物燃料消费需求继续向实施补贴政策或者减少汽油税的国家转移，全球范围推行矿物燃料补贴改革的进程仍然受到阻碍。

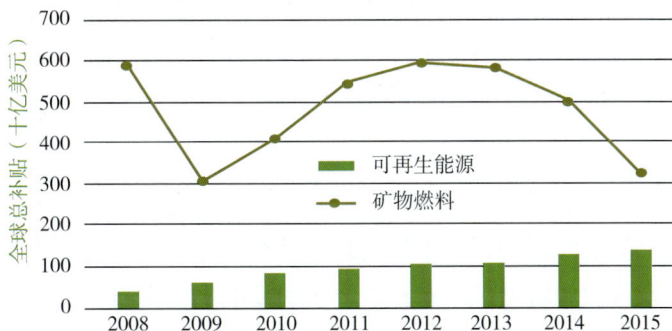

图39 全球矿物燃料消费补贴和可再生能源补贴估计值

1.合作机会

随着中国向外资进一步扩大开放国内市场，商业透明度和气候相关风险披露对树立国际投资者信心十分重要。中国正在建立世界上最大的碳排放交易市场，成功与否在某种程度上取决于尽可能减少政策冲突，特别是在涉及不合理的矿物燃料补贴 政策和碳泄漏相关影响的方面。

考虑到向市场经济过渡和国内经济迈向高质量增长的政治意义，对披露气候相关金融风险和制定有效碳定价机制的措施提供政策支持，符合中国的战略重心。

2.成果

完善全球市场风险披露结构和碳定价机制，优化全球能源体系各个方面的资本分配，维护能源安全，同时实现《巴黎协定》的目标。

为实现这一成果，可以采取两条截然不同的战略治理路线：

（1）与G20国家合作，支持完善、调整和实施金融稳定委员会TFCD提出的能源行业建议；

（2）支持逐步取消矿物燃料补贴和建立适合低碳、安全能源体系并且相互促进的碳定价机制。

3.通过G20和其他多边平台推动改革

鉴于TCFD由金融稳定委员会设立，而金融稳定委员会的成员包括所有G20主要经济体的央行行长，G20能够有效推动进一步完善和采纳TCFD建议。此外，尽管2017年G20汉堡峰会并未重申关于减少矿物燃料补贴的承诺，G20自2009年以来一直在全球补贴改革中发挥着关键作用。因此，中国可以吸取G20的相关经验，与其他G20主要经济体合作推进改革进程。

目前，国际上并未设立碳定价机制治理与协调"主管"机构或组织。中国可以与多个多边组织合作，扩展碳定价机制的效力，比如与UNFCCC开展关于可转让配额方面的合作，与欧盟和CLPC开展关于碳排放交易体系和碳定价俱乐部接轨方面的合作，以及与WTO开展关于边境调节措施方面的合作。

4.行动依据

就中国而言，提高资本市场透明度有助于建立外国投资者信心。从更广义的角度来说，作为主要的能源消费国，中国将通过转型优化能源行业资本分配中受益，帮助避免因投资者未认识到转型风险和投资要求引发的供应危机。作为碳定价机制实施国，中国对通过国际碳定价避免损害工业竞争力的问题也十分关注。

从中国伙伴国家的角度来看，中国政府支持TCFD建议、矿物燃料补贴改革和建立有效的碳定价机制，有助于促进TCFD建议的完善与实施。此外，随着经合组织对碳密集型行业惩罚力度加重与中国碳密集型出口商品的竞争优势达到某种均衡，中国的伙伴国家也将从中受益。

5.战略路线

（1）G20国家支持完善、调整和实施金融稳定委员会TCFD建议

完善和采纳TCFD框架可以通过中国加强与G20成员国和未来轮值主席国的合作实现，根据G20流程组建三方工作组。这可以在B20（20国集团工商峰会）峰会中将

FSB、能源部长对话和能源行业参与者联合起来，着眼于"应对"TCFD建议完善和实施面临的一些挑战。首先，可以（1.1）定义和测试披露指标，和（1.2）将不同地区和行业披露信息的能源场景方法标准化。这些建议还需要（1.3）适应公共财政，包括国有企业和政策银行；以及（1.4）为G20政府承诺采纳并促进金融稳定委员会TCFD建议实施造势。

时间表–TCFD建议完善、调整和实施

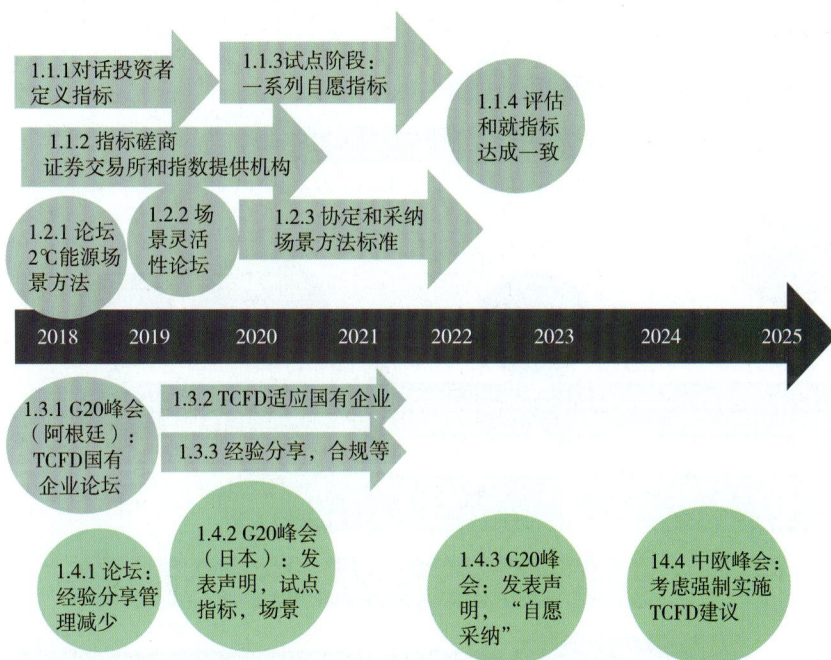

图40　战略路线下行动计划时间表：与G20国家合作，支持完善和采纳金融稳定委员会TFCD提出的能源行业建议

（2）符合需要的矿物燃料补贴和碳定价机制

国际协调逐步减少矿物燃料补贴的全球治理可以通过G20伙伴国家合作实现，促使（2.1）G20重新关注矿物燃料补贴。建立有效的碳定价机制可以通过中国加强与多个国际论坛的交流实现，鼓励（2.2）国际组织分享建立国内碳定价机制的最佳实践，和（2.3）加强国际合作，最大限度减少碳泄漏。

时间表

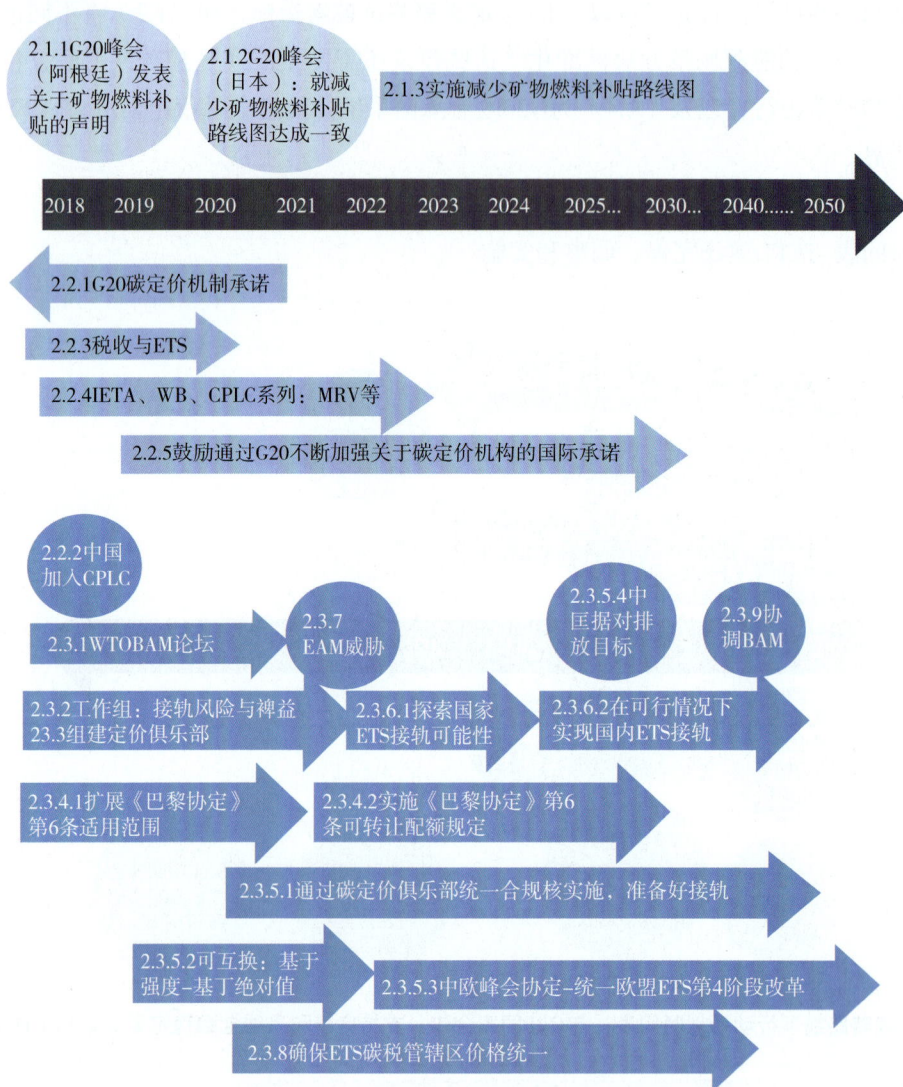

图41 战略路线下行动计划的时间表：全球逐步取消矿物燃料补贴和建立适合低碳、安全能源体系并且相互促进的碳定价机制；以及TCFD能源行业建议的市场信号

6.风险与障碍

就完善和采纳金融稳定委员会TCFD能源行业建议而言，树立信心的措施至关重要。国家层面，承诺完善金融稳定委员会TCFD指标和场景，有助于向市场发出明确的信息。强制采纳将在政治层面面临困难，但是强烈的国家支持可能没有必要。这正如

金融危机后金融稳定论坛提出的关于增强市场和体制恢复力的建议。

G20重新关注逐步取消矿物燃料补贴将面临与先前的补贴改革工作类似的障碍-报告机制不统一阻碍了补贴改革工作取得进展。此外，2017年美国的立场进一步阻碍了补贴改革进程，最终导致G20汉堡公报未能重申减少矿物燃料补贴承诺。美国对确保补贴改革成功十分重要。与中国合作评审过去补贴改革工作的进展，是十分必要的。

中国碳排放交易体系与其他管辖区接轨存在重大风险。如果这失败而告终，比如导致MRV问题、价格不稳定或长期价格暴跌，则可能使碳排放交易国际化遭受重大挫折。因此，与其他实施碳定价机制的管辖区合作，建立自由交易经济体俱乐部，同时非成员国实施BAM，可能是一种风险较小的鼓励推行碳定价机制的方式。

（二）关于国家能源行业投资的国际合作

过去十年，中国的"走出去"战略增加了海外能源行业的直接投资。未来十年，"一带一路"倡议会进一步促进中国资本流向能源资源和基础设施领域，提升新技术和基础设施价值链。据估计，这些投资规模可能高达9000亿美元。

要推进投资伙伴国家实现良好的能源行业治理。这有助于降低这些国家不稳定和投资不足的风险，加强中国的能源安全（见专栏17）。中国可以与伙伴国家合作，支持他们完成转型，特别是通过提供中国企业生产的低碳技术（见专栏18）。

中国处理"一带一路"沿线国家投资的方式，是衡量中国致力于确保本国和帮助国际伙伴实现绿色可持续增长承诺的重要因素。[1]借鉴以往经验，通过坚持高标准社会和环境治理和开发适当的风险管理工具，最大限度降低与东道国的投资争议风险和资产表现不佳的风险，是其中一个主要方面。实践中，中国石油公司支付的石油天然气资产成本比行业平均水平高20%左右。这种状况影响到中国油气和采矿行业外商直接投资的盈利能力，导致一些中国官员质疑这些投资的表现。

由于中国经济正在结构转型，高碳资本和技术在"一带一路"倡议的背景下寻求"安全阀"，避免"碳泄漏"是另一个主要方面。中国国家主席习近平在北京举行的第一届"一带一路"国际合作高峰论坛上提出建立"绿色发展国际联盟"；"一带一路"沿线国家"绿色"发展已被提上政策议程。

---

① 参见《新常态导航》，深入了解中国不断发展的外商直接投资和"一带一路"倡议理念。

专栏17

通过加强治理最大限度降低投资风险

东道国的矿物燃料和清洁能源基础设施投资风险，特别是在监管和治理结构薄弱的发展中国家，可以通过制定和实施强大的国际标准得到最大限度降低。这需要不断完善治理机制不断完善，最大限度降低一些与资源开发和贸易相关的负面治理和社会影响风险。如，采掘业透明度倡议（EITI）下资源收入的透明度，根据经合组织和中国五矿化工进出口商会（CCCMC）尽职调查指南证明原料供应链无冲突。

采掘业透明度倡议（EITI）旨在提高与资源相关政府款项的透明度。EITI透明度标准要求披露整条价值链的相关信息，收入如何到达政府手中并为经济做出贡献。市场越来越关注起源于多边银行的环境、社会和治理（ESG）风险框架，比如国际金融公司（IFC）的绩效标准。

中国并非EITI成员国，但是中国企业积极配合诸如伊朗和蒙古等过实施EITI。尽管该倡议的机制与中国的"不干涉"核心外交政策原则之间可能存在冲突，但是中国外交部已经同意该倡议的原则，而且中国在国际论坛上表示支持EITI。EITI可能是资源投资者开发的一套治理机制和技术能力中最引人注目的部分，旨在维护与东道国政府和社会的关系和投资，通常与多边银行合作。图42阐明了与油气开发相关的一些治理支持和能力构建方面。

图42 查塔姆研究所新石油生产国讨论组提出的增量资源治理改进建议

随着外商对"一带一路"沿线国家和发展中国家的清洁能源直接投资不断增加，支持矿物燃料投资的环境、社会和治理（ESG）风险框架同样意义重大。资本市场越来越多地将起源于多边银行的ESG标准，比如国际金融公司（IFC）的绩效标准，视作最低投资标准。又如，赤道原则适用于所有商业银行贷款，要求投资满足IFC绩效标准。随着低碳投资规模扩大和公私合作的重要性增加，这些风险消减工具同样适用于低碳投资。它们对中国主导的亚洲基础设施投资银行（AIIB）的发展也至关重要。亚投行承诺符合或超越同行设定的多边投资标准。

专栏18

一揽子投资和技术方案候选国

很多发展中国家，包括一些"一带一路"沿线国家，可以从一揽子清洁能源技术和投资方案中大大受益。气候脆弱国家论坛（CVF）的成员为受气候变化影响最大的国家，这些国家将从一揽子投资和技术方案中获益最多。48个CVF成员国承诺，确保"尽快"实现100%可再生能源生产，最晚在2030—2050年间实现这一目标。

在2017年5月举行的UNFCCC波恩气候大会上，CVF面临的压力加大。埃塞俄比亚代表该组织发表的正式声明内容如下：

"根据……《巴黎协定》，我们当然呼吁迅速扩大可预测、充足且可持续的融资，确保融资保持平衡且易获得，同时在发达国家的能力和技术援助下消减气候风险。"

在48个CVF成员国中，13个国家属于"一带一路"沿线国家。随着"一带一路"倡议纳入非洲发展中国家，这一数字增加到27个。考虑到中国有兴趣向"一带一路"沿线国家和非洲国家出口清洁能源技术，有必要确保中国企业保留其社会许可，为这些国家提供一揽子投资和技术方案，实现双赢合作。

1.合作机会

中国在与"一带一路"伙伴国家开展关于低碳、安全能源转型的合作方面发挥着独特作用–在清洁能源技术领域创建外商直接投资和能源基础设施建设框架。中国可以根据最佳实践标准，比如EITI，与其他国家合作，加强能源行业投资治理和透明度。

成果：伙伴国家实现稳定能源转型，促进因素包括：

- 协调多边银行（MDB）、政策银行和出口信贷机构（ECA）的投资组合标准和战略；

■ 面向发展中国家伙伴的一揽子投资和技术方案；

■ 支持能源行业实现良好治理。

为实现这一成果，中国可以采取两条有着内在联系的战略合作路线：

（1）多边协调，逐步减少高碳项目外商直接投资和发展融资，实施ESG标准国际最佳实践；

（2）制定与发展中国家、多边开发银行（MDB）和气候融资机构的合作战略，增加清洁能源技术可及性和可选发展路线。

2."一带一路"沿线国家是与金融机构和区域论坛合作的重点

"一带一路"沿线国家是开展这方面合作的重点，这一点显而易见。其他发展中国家团体的可再生能源技术需求根据b）得到满足，包括通过中非合作论坛（FOCAC）和气候脆弱国家论坛提出的非洲可再生能源计划（AREI）。另外，通过多边开发银行和国际协调和支持机制，比如经合组织发展中心和IRENA，与发达国家伙伴合作制定一揽子辅助投资方案。

3.行动依据

对中国的裨益包括：

■ 改善发展中石油天然气生产国治理，提高整体能源安全；

■ 通过加入EITI和参与技术转移项目，改进中国企业的"社会营业执照"；

■ 为"一带一路"沿线国家的可持续投资做出贡献。

对伙伴国家的裨益包括，利用气候融资和低碳技术；根据需要支持国家治理改革。

4.战略路线

（1）逐步减少高碳外商直接投资和发展融资，提高最佳实践ESG标准

逐步减少高碳行业外商直接投资，可以通过以下方式实现：中国致力于（1.1）建立BRI和G20工作组，统一多边开发银行和其他发展融资机构对矿物燃料和清洁能源技术的标准和战略，设定明确统一的转型路线图–亚投行可以发挥主导作用。第一步可以是承诺取消对未停煤炭项目的支持。同时，（1.2）提高能源基础设施外商直接投资的透明度和治理可以通过以下方式实现：实施EITI和推广关于清洁能源行业投资透明度和环境社会"良好治理"的"最佳实践"。

时间表——逐步减少高碳外商直接投资

图43 战略路线下行动计划的时间表：多边协调，逐步减少高碳直接投资和发展支持，提高最佳实践标准

（2）增加发展中国家的清洁能源技术利用

制定与发展中国家、多边开发银行（MDB）和气候融资机构的合作战略，通过提供一揽子技术和投资方案增加清洁能源技术可及性，通过以下方式实现：中国和"一带一路"沿线国家与欧盟、经合组织发展中心和国际可再生能源机构（IRENA）合作。该合作战略将（2.1）支持发展中国家进行关于清洁能源部署要求和创新融资方案的研究。"一带一路"沿线国家通过FOCAC和其他区域论坛（2.2）制定以区域为中心的清洁能源技术和投资方案。在国际层面，（2.3）建立关于融资可持续发展目标SDG7的国际工作组，包括部署承诺（可能与G20能源合作原则挂钩），将在非"一带一路"沿线国家进一步加强对清洁能源技术方案的支持。

时间表–增加发展中构架的低碳技术利用

5.风险与障碍

统一外商直接投资标准和战略，需要很多政治资本和时间、双边或多边开发银行合作，比如亚投行和主要政策银行，是实现成功的第一步。政府间和向政府付款存在很大的政治和商业敏感性，这使得提高矿物燃料和联合基础设施投资透明度的工作变得复杂化。

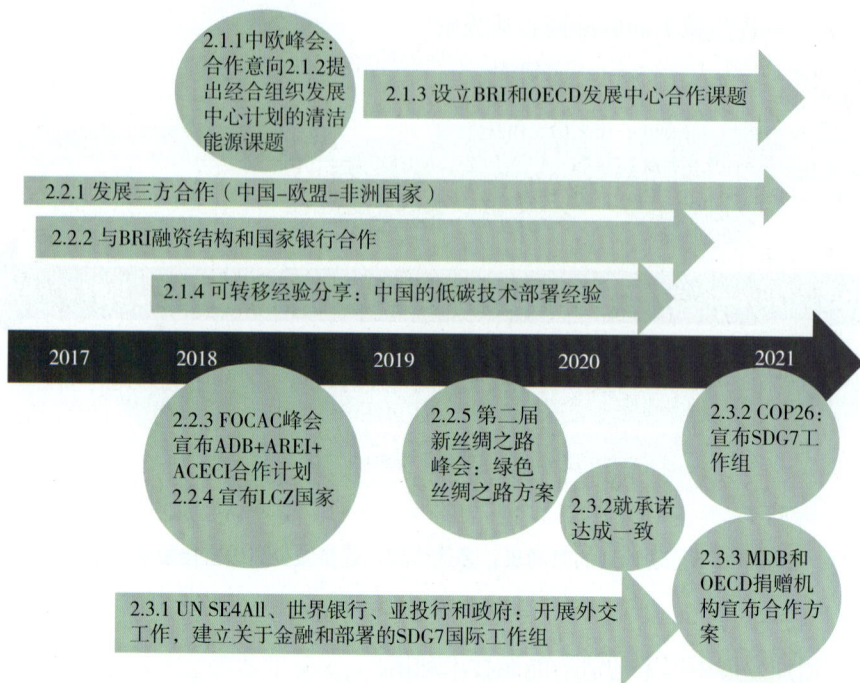

图44　战略路线下行动计划的时间表：制定与发展中国家、多边开发银行和气候融资机构的合作战略，增加清洁能源技术可及性

八、全球能源治理变革重点之二：面向未来能源体系的金属和矿产品供应安全

随着低碳能源技术部署速度加快，特别是电动汽车（EV）电池，诸如锂、钴、多晶硅和稀土元素（REE）等金属和矿产品需求快速增长。据高盛估计，电动汽车市场占有率每增加1%，碳酸锂当量（LCE）需求增长幅度将达到本年度需求的一半左右。

通常，金属和矿产品市场供应中断对消费者的影响比矿物燃料或食品市场供应中断的影响明显要小。因此，政策制定者对金属和矿产品市场的关注较少，而且与这些市场相关的监管和数据通常被视为反映国家竞争力的指标。与能源大宗商品相比，金属和矿产品市场的国际治理和合作相对较少。近年来，从出口卡特尔等反竞争做法到实行单边出口限制等一系列市场扭曲行为，已经暴露了金属和矿产品治理的很多缺口。

专栏19

世贸组织在解决金属、矿产品和能源资源争端问题上的局限性

尽管世贸组织为国际贸易协调和治理提供了主要的全球体制框架，自然资源贸易很大程度上并不属于世贸组织的职责范围。世贸组织文件中包含解决农业和纺织业相关问题的单独章节，但是没有自然资源相关的内容。一些区域协议试图填补能源行业这一缺口，尤其是《能源宪章条约》和《北美自由贸易协定》（NAFTA）的能源章节。此处引用贸易协定中"特殊对待"自然资源的若干原因。

1. 自然资源的地理分布极不平衡；生产很大程度上是固定的。

2. 国际法中承认资源丰富国家对其自然资源的主权控制，以及开发自然资源促进经济社会发展的权利。

3. 自然资源贸易通常被认为是涉及国家安全的主要问题。

4. 与大多数其他贸易商品相比，资源开采和消费会产生若干负外部性。

5. 很大比重的资源贸易一般在长期合同下进行，通常需要通过专门的基础设施，比如管线或LNG船。

根据WTO规则实行贸易限制的两个潜在理由包括：自然资源的"可耗竭性"和危害国家安全的可能性。但是，这些贸易限制必须以非歧视的方式实施。

近年来，很多主要原料供应商已经采取出口控制措施。印度尼西亚已经颁布禁令，禁止出口未加工矿石。越南也已出台铁矿石和铜矿出口限制措施，而近来巴西和印度征收出口税的举措引发广泛讨论。2012年，美国、欧盟和日本就中国稀土出口配额限制向WTO提起诉讼，而中国的稀土出口配额政策在2014年末终结。在发生危机或严重价格波动期间，出口限制往往会加剧危机，这种情形下各种资源避免出口限制的提议层出不穷。

随着分子向电子转变和大规模部署低碳能源技术，新的能源安全问题正在显现。第一，关键金属和矿产品供应链安全；第二，金属和矿产品生产、加工和回收层面新技术的可用性和利用。

很多金属和矿产品是低碳能源技术的重要组成部分，但是其"关键"程度则取决于多个因素。关键性取决于商品对经济增长的重要性及其供应短缺风险，不同商品对不同消费国的"关键"程度有所不同。以电动汽车为例，随着电动汽车市场占有率不断增加，电动汽车对中国解决城市空气污染问题的重要性日益显著。另外，它还对中国结构转型和成为高科技行业领导者至关重要，包括电动汽车和制造业。

由于电动汽车的年销量到2020年可能超过200万辆，人们越来越担心市场和供应链如何满足不断增长的电动汽车关键金属需求，比如锂、钴、镍和锰。由于这些材料难以替代，各国政府热切希望防止出现供应短缺。尽管目前尚未出现物资匮乏情况，但供应风险与这些资源集中分布在少数国家和地区相关。

（一）合作机会

确保金属和矿产品安全，促进清洁能源技术的不断发展，意味着加强与众多新供应链和生产国的联系。作为最大的金属和矿产品生产国、消费国和贸易国，和最大的可再生能源部件制造国，中国在引领建立多边金属和矿产品机构和政策程序中发挥着独特作用。同时，中国也是市场稳定的最大受益者，比如在2013年，1%的铁矿石价格变化可能导致中国的成本增加8亿美元。

成果：加强全球关键金属和矿产品供需协调和合作，有助于降低清洁能源技术部署中断的风险。

为实现这一成果，中国可以采取两条截然不同的战略合作路线：

（1）避免关键金属和矿产品全球供应链出现供应短缺和贸易争端，满足清洁能源部署需求；

（2）通过降低国家对关键金属和矿产品全球供应的依赖，最大限度减少额外开采需求。

（二）主要合作伙伴携手合作

加强金属和矿产品供应链治理意味着，主要相关机构建立合作关系，包括一些既有合作伙伴和一些新合作伙伴。在供应侧，例如，中国五矿化工进出口商会可以与欧盟委员会和美国地质勘探局（USGS）合作，两家机构已经拥有关于金属和矿产品储量和产量的相关数据和信息。

生产国和消费国之间开展对话同样至关重要，G20国家建设性地参与区域论坛，比如拉美加勒比共同体（CELAC）和中非合作论坛。在需求侧，基于循环经济的合作和关于二次材料的"突破资源联盟"，可以帮助减少一次原料需求。中国可以与CEM和Mission Innovation建立这种合作关系。

（三）行动依据

通过确保关键原料供应链中断和短缺不会破坏低碳技术发展和部署，两条战略路线可以帮助改善城市空气质量，支持制造价值链转型。最终，如果中国发展战略的很大部分内容与其电池和电动汽车出口国定位挂钩，则中国的经济安全将与必要原料的供应安全息息相关。

加强市场合作和提高透明度可以减少国际社会对中国金属储备的担忧。在生产层面，坚持高透明度和环境社会风险管理标准，可以帮助降低不良投资的风险，特别是"社会营业执照"因东道国投资短缺或违反劳工和环保法规行为受到影响。

从中国合作伙伴的角度来看，中国在稀土元素（REE）生产中占主导地位，这使中国成为任何金属和矿产品市场治理改革工作的关键合作伙伴。对中国及其合作伙伴而言，在回收、循环利用和替代技术领域加大创新和研发努力，有助于确保供应多元化和提高替代技术利用率。研发替代技术符合中国增强研发能力和创立新商业模式的目标。

（四）战略路线

（1）避免供应短缺和贸易争端

供应链中断和贸易争端可以通过以下方式避免：合作伙伴携手（1.1）提高整条价值链的信息、数据和价格透明度，同时（1.2）支持与既有和新兴生产国开展对话，制定双赢技术和投资方案，促进贸易和防止出口管制。解决产生的贸易争端需要中国与主要经济体合作，重申其遵守WTO规则和争端解决机制的承诺，同时通过长期合作弥补金属和矿产品贸易相关规则的缺口。

时间表–避免供应短缺和贸易争端

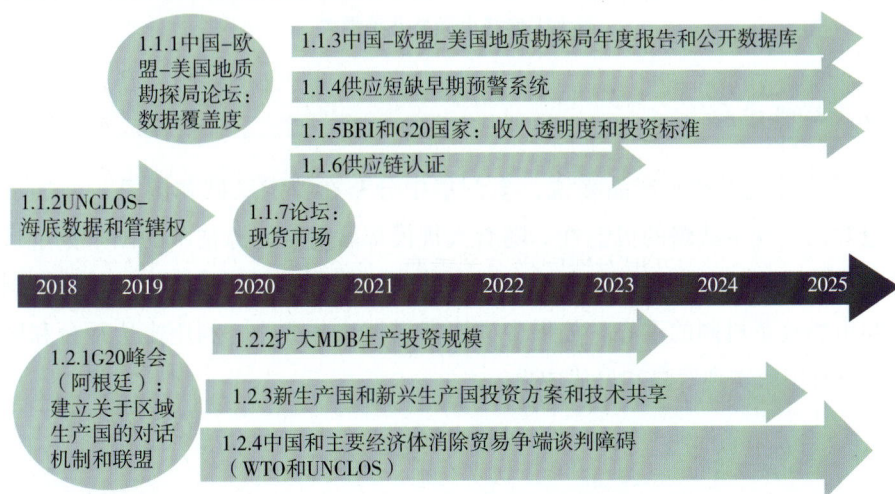

图45 战略路线下行动计划的时间表：避免关键金属和矿产品全球供应链出现供应链中断和贸易争端，满足清洁技术部署需求

（2）减少增加产量的需求

最大限度减少额外开采需求可以通过以下方式实现：（2.1）加快在用金属和矿产品回收和再利用技术研发、创新和部署，提高二次材料利用率。这项工作可由包括工业合作伙伴和国家机构的CEM"突破资源联盟"领导。各国未来规划应加大对这类技术研发的关注力度。例如，中国的循环经济战略可以帮助其减少对这些关键材料的进口需求。此外，与区域邻国建立非传统联盟，包括中国-欧盟-日本联盟，支持（2.2）研发高度依赖关键金属和矿产品的低碳能源技术的替代技术并开展试点工作，可以进一步降低对关键金属和矿产品的依赖。

时间表–减少增加产量的需求

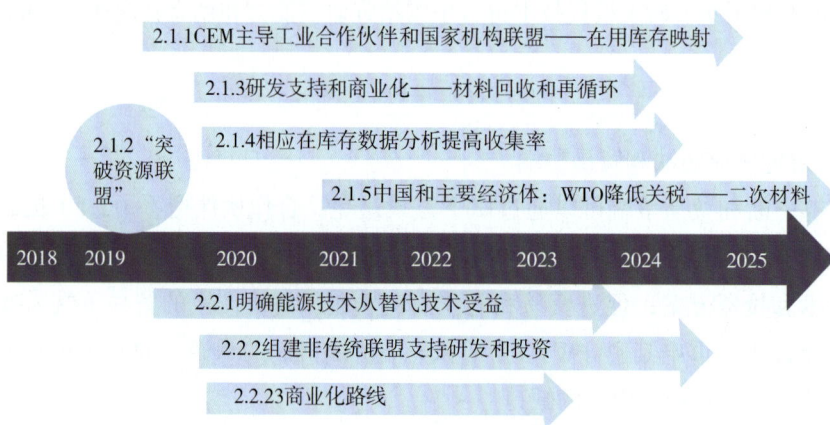

图46　战略路线下行动计划的时间表：通过降低国家对关键金属和矿产品全球供应的依赖，最大限度减少额外开采需求

（五）战略方向

对很多关键金属和矿产品来说，生产集中分布在特定区域和国家，增加了通过多个双边对话实现本战略的可能性。随着大规模部署清洁能源技术的国家数量日益增多，对确保关键金属和矿产品供应稳定感兴趣的国家自然会不断增加。尽管中国是这些对话和市场改革机制的重心，如果中国选择贯彻这一战略，利用多边平台和区域论坛可能在所有国家实现双赢和最优成果。

（六）风险与障碍

金属和矿产品市场数据共享在政治层面面临挑战，尤其是因为金属和矿产品市场与国家安全和金融市场密切相关（就储备和金属库存而言）。如果中国选择在这方面发挥主导作用，这将有助于增加互信和表明提高透明度的承诺。同时，对比如能源和食品等更敏感的领域也可能取得进展。

目前已建立相对较少的治理架构，因此扰乱或破坏国际规范的风险极小。价格相对较低使金属和矿产品市场的"热度"稍有减退，为治理改革提供了政治空间。中国已与澳大利亚、阿根廷、刚果民主共和国和智利建立了密切的贸易和投资联系，但是随着供应侧各个国家的地缘政治形势发生变化和获得资源合同的国际竞争加剧，需要很好地管理这些合作关系的敏感性。

九、全球能源治理变革重点之三："从分子到电子"转变期间的电力可靠性

太阳能光伏、风电和电动汽车电池组价格持续大幅下降，正在加快能源"从分子到电子"的根本转变。

早在2014年，欧洲陆上风力发电的成本为50美元/兆瓦时，没有相关补贴，而化石燃料电厂的发电成本为45～140美元/兆瓦时。各地区可再生能源发电成本比化石燃料发电厂越来越低的趋势显而易见，如图20所示。在中国，到2028年，太阳能和陆上风电的平均电力成本（LCOE）可能低于煤炭和天然气发电，而光伏电站和陆上风电场的成本目前已经低于燃气发电厂。在德国，太阳能发电和陆上风电成本已经低于煤炭和天然气发电，而美国可能在2024年初实现这一目标。因此，2002—2015年间，可再生能源发电占全球新增装机容量的份额从8.5%增加到42.6%，并不足为奇。

要实现供电安全或者确保可再生能源发电比重与较大的电力系统保持平衡，同时减少弃风、弃光现象，其中一个主要解决方案在于：通过互联电网增加电力贸易。尽管高压跨境互联电网容量正在迅速扩大：过去10年（到2015年末）电网容量增加81%，到2025年，这一数字可能翻一番，相对于可再生能源发电而言，中国和整个亚洲地区与邻国的电网互联容量十分有限。在欧洲，每千兆瓦时可再生能源发电包含约23MW互联容量，而中国与俄罗斯的互联容量相当于3MW/GWh[①]。根据已宣布或已计划启动的项目，这一数字将增加到9MW/GWh。提高电网互联程度将减少弃风（17%）和弃光（10%）现象，遏制四川和云南两省废弃水电量不断上涨的趋势。其

---

① 查塔姆研究所计算结果。

中，2016年四川和云南两省的废弃水电量分别达到142和314TWh，分别比2013年增加5倍和6倍。

电动汽车市场占有率也将大幅提升。2016年，电动汽车销量增长55%，比内燃机（ICE）汽车销量高19倍。过去6年，电动汽车锂离子电池成本降低四分之三，到2020年，随着全球制造能力有望提高6倍，电动汽车电池成本将再降30%。[①]驾驶电动汽车成本与ICE汽车达到同等水平指日可待。人们普遍认为，这一期待将在未来十年左右得以实现。据彭博社新能源财经（BNEF）预计，到2040年，电动汽车将占所有新汽车销量的一半以上，占路上行驶汽车总量的三分之一。据高盛预计，2030年全球电动汽车数量将达8300万辆，甚至OPEC也认为到2040年，全球电动汽车数量将达到2.66亿辆，比其2015～2016年预测数量翻了两番以上，见图49。

如果电动汽车未采用交错式充电方式，电动汽车的市场占有率将达到极限，因为电网发展和不断增长的尖峰需求将加大维持供电可靠性的难度。据英国国家电网预测，2030年电动汽车数量将达到900万辆，这将使电力需求增长8%左右。然而，如果电动汽车未采用交错式充电，尖峰电力需求将增长13%左右。智能交错式充电要求双向通信，目前的标准电动汽车充电站并不具备这一特性。

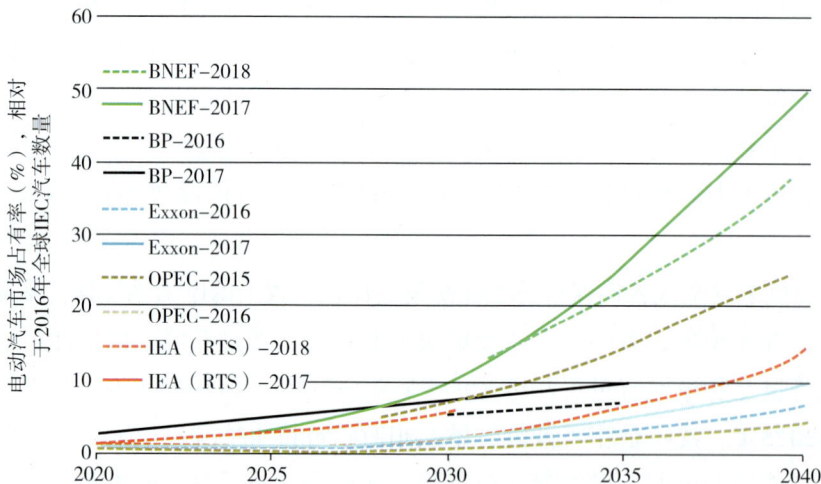

图47　全球电动汽车数量占2016年ICE汽车数量的百分比预测情况，以及过去几年这些预测值的增加情况

---

① 相对于2016年，基于企业公告。

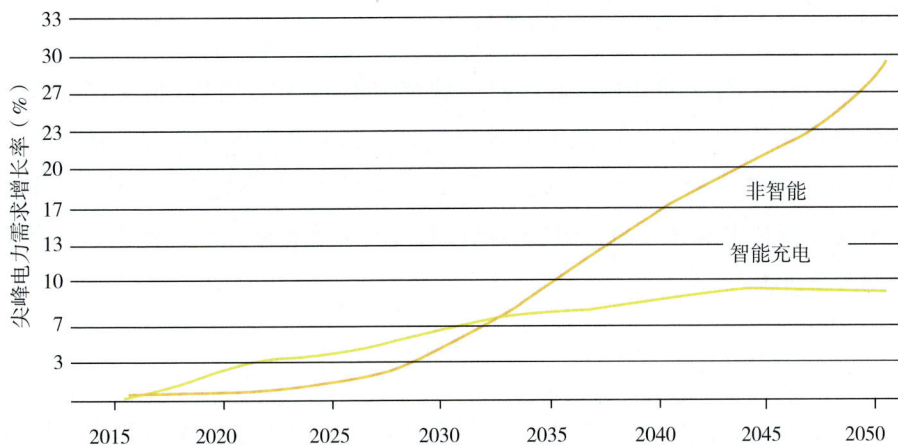

图48　英国电动汽车尖峰电力需求（按智能充电采用情况）

（一）合作机会

作为区域最大的可再生能源和电动汽车电池制造国及最大的可再生能源发电国，中国可以在合作和治理改革中发挥带头作用，促进电力并网。"一带一路"倡议提供了一个合适的合作论坛。

成果：区域电力系统能够支持大量可再生能源发电并网、利用多余电力和与数百万电动汽车联网。

为实现这一成果，通过互联线路实现不同区域电力系统互联的复杂性，要求政府在很多方面发挥带头作用。中国及其区域合作伙伴要求统一国家电力市场，通过互联线路有效进行电力贸易。避免资产搁置和确保未来实现大量可再生能源发电和高需求区域互联，需要制定区域规划，避免并入和断网。再者，随着电力市场互联程度日益提高，各区域加强监管可以有效降低网络攻击风险。

采用交错式智能电动汽车充电，以便在晚上车主驾车回家时分散电力需求，平衡和降低高峰需求，这需要统一国际充电基础设施标准。扩大锂离子固定电池储能技术部署，需要统一锂离子技术投资战略。

为实现这一成果，中国可以采取两条截然不同的战略合作路线：

（1）区域互联、协调和安全的电力市场支持通过互联线路实现跨境地电力贸易；

（2）通过国际合作加快电动汽车电力需求有效、智能管理，大规模部署极具成本效益的储能技术。

（二）战略性区域论坛推动改革进程

"一带一路"倡议可以为互联线路区域规划提供平台，同时携手国际合作伙伴学习和实施电力市场改革（EMR）的重要经验，满足电力市场有效互联的需求。与ASEAN+3加强合作有助于提高参与度和赢得区域合作伙伴的支持。在电动汽车充电和价格可承受储能技术部署方面，IRENA已准备好全力支持中国提出的倡议，在全球范围内推动改革进程。

（三）行动依据

尽管两条战略路线均可促进从分子向电子转变，改善空气质量和维持供电可靠性，中国及其国际合作伙伴可以获得更多利益或双赢成果。

电网互联和平衡提供了出口多余电力和降低电力成本的机会，中国可从中受益：区域电力贸易可为消费者节省成本，减少中国及其伙伴国家的容量裕度要求。能源互联合作可以在伙伴国家之间建立互信，创造更广泛的利益。

国际标准化智能电动汽车充电站可以通过减缓高峰需求增长，减少所有国家的电动汽车部署限制，同时减少不同电动汽车和充电基础设施制造商之间的互操作性限制，从而支持中国出口更多电动汽车。再者，中国及其伙伴国家均可从减少本地电网强化要求和提高可再生能源发电并网潜力中受益。减少电动汽车联网限制有助于改善城市空气质量，这对中国尤其有利。伙伴国家也能享受电动汽车进口成本下降带来的利益。

作为全球领先的锂离子技术、太阳能光伏电池和风力发电机制造国，出口量增加将使中国大大受益。

（四）战略路线

（1）区域跨境电力贸易

例如，中国可以利用"一带一路"倡议建立两个多边俱乐部，同时发挥作用建设互联线路，促进跨境电力贸易。与ASEAN+3论坛合作可能会进一步提高跨境电力贸易有效性。第一个俱乐部关注（1.1）规划和建设双赢互联线路。第二个俱乐部关注（1.2）统一区域国家电力市场改革（EMR），协调、调度和平衡（CDB）区域容量。中国可以同时与G20国家合作，组建（1.3）网络–电网安全多边机构，确保日益互联电力系统的安全。

时间表–区域跨境电力贸易

图49　战略路线下行动计划的时间表：区域跨境电力贸易

（2）智能电动汽车充电和部署极具成本效益的储能技术

中国可以与IRENA合作实现国际治理和（2.1）智能电动汽车充电站标准化；和（2.2）国际统一锂离子电池储能技术投资。

时间表

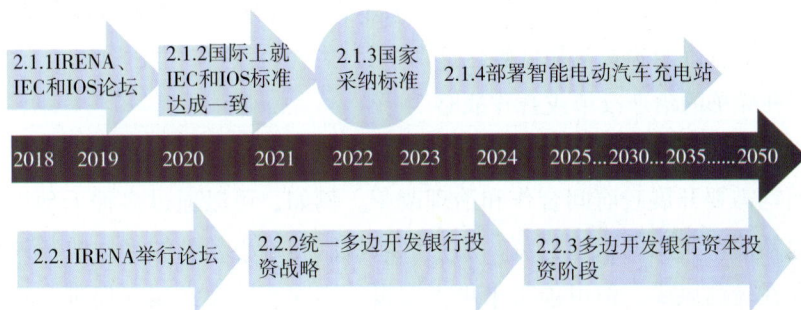

图50　战略路线下行动计划的时间表：智能电动汽车充电和部署极具成本效益的储能技术

（五）风险与障碍

一些国家可能不愿意受制于对出口电力的依赖，特别是考虑到本国反对建设互联线路。再者，相关国家可能反对ASEAN+3和BRI在规划互联线路方面拥有更多职责和权力，而且两个组织目前均缺乏相关技术专业知识。政治上可行的方案是中国国内高需求地区与供电能力较弱地区实现电网互联。

就电力市场改革和容量协调、调度和平衡（CDB）而言，区域电力市场改革阶段差异和统一改革的政治意愿很难克服，特别是考虑到目前国家监管机构缺乏执行能力和容量。鉴于此，电力市场改革可以采取分步方式，以便每个伙伴国家切实享受到渐进式改革的利益。

开展国际协调网络–电网安全的合作需要国家之间、国家和企业之间建立高度信任。从目前看来，这一点难以实现。但是，这并非开展电网互联合作的先决条件。

小结

本文探讨了中国可以采取的四种合作方案，帮助推动向供需侧均基于能源质量而非数量的低碳、安全能源体系转型。以下是若干结论：

1.国际合作对实现全球的能源目标至关重要

面对未来半个世纪加强能源安全和能源行业低碳化转型的全球挑战，仅靠各国政府单干是行不通的。如果各国政府在市场正常运作，更重要的是供应中断期间遵守共同的市场治理规则，那么能源安全–不论是石油天然气供应安全还是电网可靠性（互联程度日益提高），将达到最高程度。如果发生供应中断，这些框架有助于建立互信、降低系统成本和消减市场失灵风险。通过合作行动和协议统一标准、避免碳泄漏和扩展碳定价机制，最大限度增加低碳技术总需求低碳化成本，最大限度降低低碳化成本。不可孤立地看待能源安全和低碳化这两个目标：两者存在相互影响。

2.不存在完美的治理改革或合作战略

本文详细阐述了四个国际合作机会，当然可探讨的其他机会还有很多。显然，很多不同方面均需要开展政府间合作和治理改革。例如，可以通过多种干预机制寻求国际合作，包括简单实用的双边机制，加强区域机制和雄心勃勃的多边改革议程。尽管多边改革存在较高风险，但可能带来更大回报。不同方法通常相互促进，构成整体战略的不同组成部分：本文探讨的合作机会包括不同的双边、区域和多边元素组合。

3.为各国带来丰厚奖励

在低碳技术制造特定领域占有主导地位的国家，并有志将此优势扩展到绿色新技术领域，意味着这些国家将从其他国家的减排努力中受益–增加低碳技术出口。例如，随着中国的出口基数越来越依赖低碳技术制造，建立低碳技术使用的关键金属的强有力治理机制，对确保中国的长期经济安全十分重要。作为世界上最大的能源消费国和进口国，中国对建立有效的能源安全和电网互联治理机制有浓厚兴趣。中国的能源安全有赖于全球成功应对气候变化的努力，支持其他国家实现转型可能也是中国的一项优先要务。

4.双赢合作可行，但需要妥协让步

确保全球能源安全和低成本低碳化转型符合国际社会的共同利益，创造与实现合作共赢的机会。实现合作进展通常需要政治层面做出妥协让步。比如，国际能源署扩展成员不仅需要既有成员国做出让步，而且要求中国和其他新兴经济体提高数据透明度，就应急共享规则达成一致。

5.G20：挑战与机遇

G20为中国和伙伴国家推进改革提供了潜在平台。G20成员国在比如排放、能耗、投资和研发等很多关键领域，以及提出诸如基础设施、绿色金融、投资和矿物燃料补贴等相关领域的课题方面，发挥着举足轻重的作用。G20在推进国际组织改革和建立新国际组织方面取得了良好成绩。然而，G20也面临着重大挑战，尤其是缺乏机构能力和工作重点。从短期来看，最大的挑战在于政治层面，因为现任美国政府不可能支持本文探讨的很多改革。

6."一带一路"：合作平台

中国的"一带一路"倡议为与伙伴国家开展合作提供了各种机会：在能源安全方面，可以通过"能源宪章"；在低碳能源和基础设施方面，可以通过与多边开发银行合作；在电网互联方面……。中国有能力推进与"一带一路"相关的正式治理结构，但这需要考虑围绕"一带一路"（而非在全球层面）制定新治理协议的机会成本，以及"一带一路"沿线国家就其参与的现有机制（比如，ECT、IEA和ASEAN+3）之外的新治理协议达成一致的意愿。

7.中国的战略路线

中国如何寻求加强合作对中国来说是一个战略问题。一方面，中国可以根据与各国的双边协议采取务实的交易合作模式。另一方面，中国可以通过多边机构实现目标。每种方式均有利有弊，比如，尽管单独的双边交易可能更容易达成，但可能无法提供全球公共品，而且可能由于数量巨大而无法实现有效管理。另外，多边合作可能更适合提供全球公共品，但是协商或改革花费的时间较长。

前言部分出现的矩阵图显示了本文探讨的不同合作方案（如下所示）。

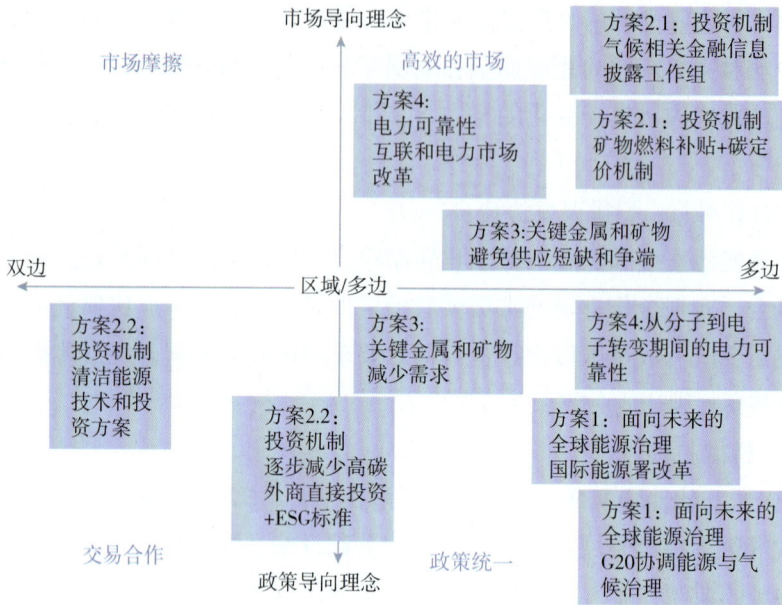

图51　每个国际能源合作和治理机会与单边主义到多边主义和政策导向到市场导向理念的联系

　　尽管这些方案涵盖一系列市场导向型和政策导向型手段，很少方案基于交易合作模式。区域主义和多边主义之间的方案以制定、加强和推广通用规则和规范的举措形式出现。

附录

附录1：全球治理多边组织、机制、机构和论坛一览表

	机制/流程/组织	相关职能	贸易	投资	创新	供应安全	对外投资
拥有能源/气候治理职责的主要机构	世界贸易组织（WTO）	贸易规则，包括环保产品协议；争端解决	●				
	二十国集团（G20）	能源合作原则和关于以下方面的活动：消除补贴；气候风险披露；人人享有能源	●	●		●	●
	经济合作与发展组织（OECD）	信息和政策指导，贸易和投资会议	●	●		●	●
	多边开发银行，比如世界银行和亚洲基础设施投资银行（AIIB）	政策和技术援助；投资担保（MIGA）；争端解决（ICSID）；投资标准（IFC）；天然气放空燃烧	●		●		

续表

	机制/流程/组织	相关职能	贸易	投资	创新	供应安全	对外投资
拥有能源/气候治理职责的主要机构	联合国开发计划署（UNDP）	气候适应性；能源可及性，恢复力					●
	双边投资条约（BIT）	贸易规则、诉诸仲裁	●	●			
	上海合作组织（SCO）	经济、安全和资源合作	●	●		●	
	北极理事会	政府间论坛（北极环境、航运）	●			●	●
	《联合国海洋法公约》（UNCLOS）	国际航运、边界争端和海洋环境					
	金砖四国（BRIC）	能源安全和能效合作		●		●	
主要能源和气候组织	联合国气候变化框架条约（UNFCCC）	根据国家自主贡献目标开展减排行动；投资		●			●
	联合国可持续发展目标（SDG）	比如，能源可及性		●			●
	国际能源署（IEA）	应急机制；技术路线图			●	●	
	石油输出国组织（OPEC）	生产配额	●				
	国际能源论坛（IEF）	部长级对话；数据（联合石油数据倡议）	●	●		●	
	国际可再生能源机构（IRENA）	政策和技术援助；技术	●	●	●		●
	《能源宪章条约》	贸易规则；燃料运输；争端解决；能源效率	●	●		●	
	采掘业透明度倡议（EITI）	收入透明度	●				
其他重要机构/流程	全球绿色增长计划（GGGI）	政策和技术援助			●		●
	Mission Innovation	为能源研发工作提供资金		●	●		
	清洁能源部长级会议	扩大清洁能源规模	●				
	国际排放交易协会（IETA）	国际温室气体排放交易框架					
	C40城市集团（C40）	交通运输；绿色建筑		●			
	气候和清洁空气联盟（CCAC）	改善空气质量					
	气候投资基金（CIF）	扩大气候、清洁能源投资规模		●	●		●
其他	金伯利进程；良金倡议；多德–弗兰克法案（Dodd–Frank）	供应链透明度	●				●
	赤道原则	投资标准		●			
	ISO（石油），Euro（汽车）	产品标准	●	●	●		
	ASEAN）& ASEAN+3	石油安全协议				●	
	联合海事工作组	海上通道安全	●			●	
	国际海事组织（IMO）	燃油效率、燃油标准和环境	●				●

附录2：相关机构和国际经验

表2 推进IEA改革，确保IEA更具代表性、更高效且更具针对性战略路线下的
相关机构和国际经验

	区域石油天然气安全	IEA改革流程
国际经验	《能源宪章条约》；《2016年G20能源部长会议北京公报》；G20能源合作原则	IMF先例；挪威先例；俄罗斯成为核能机构成员国
国家机构	中国国家能源局（NEA）；日本经济贸易产业省（METI）；韩国能源经济研究院（KEEI）；印度尼西亚；老挝；马来西亚；缅甸；菲律宾；泰国和越南	中国、印度和印度尼西亚（现有G20成员国）加上（比如俄罗斯、巴西、南非-伙伴国家），在G20上提出关于IEA改革的方案
非国家机构	ASEAN能源中心	
全球能源治理/多边机构	IEA；ASEAN+3；ECT；BRICS；OECD；东盟石油理事会	G20；IEA；OECD；IEP
全球能源治理改革	制定ASEAN+3石油应急共享机制	IEA条约改革，涉及OECD会员和表决权

表3 制定和采纳TCFD框架战略路线下相关机构和国际经验

	TCFD：确定指标	TCFD：场景方法	TCFD：适应国有企业	TCFD造势
国际经验	金融稳定论坛：增强市场和机构恢复力；《巴黎协定》；《蒙特利尔议定书》			
国家机构	G20成员国及其各自的金融……	G20成员国及其各自的……	G20成员国及其各自的国有企业……	G20成员国各自的金融……
非国家机构	交易所运营商；跨国能源和采掘企业	维持能源场景的跨国企业	国有企业	能源和采掘行业企业
全球能源治理/多边机构	WB；C40；FSB	IEA；ETC；FSB；UNFCCC；IPCC	FSB	CEM；C40；G20；FSB

表4 公共能源金融合理化战略路线下相关机构和国际经验

	G20重新关注逐步取消矿物燃料补贴	多边协调，逐步降低高碳外商直接投资和发展支持	分享关于建立有效碳定价机制的国际经验	关于最大限度减少碳泄漏的合作
国际经验	2009年G20峰会和流程	OECD MDB改革	ETS——英国、欧盟、澳大利亚、加拿大、加利福尼亚、韩国、巴西税——墨西哥、日本、南非	瑞士-欧盟；英国-欧盟；加利福尼亚-魁北克；气候领导委员会（BAM）
国家机构	G20成员国及其财政部	国家发展和改革委员会（NDRC）；中华人民共和国商务部（MOFCOM）或SASC	常见机构：中华人民共和国商务部；国家发改委和国家能源委员会	

G20重新关注逐步取消矿物燃料补贴	多边协调，逐步降低高碳外商直接投资和发展支持	分享关于建立有效碳定价机制的国际经验	关于最大限度减少碳泄漏的合作
非国家机构 国际石油公司和采掘业企业	国有企业	认证机构/验证机构（普华永道、毕马威）；矿物燃料企业、工业行业和电力公司	已经采用内部影子碳价的国际公司（比如，国际石油公司）
全球能源治理/多边机构 G20	OECD；WB；AIIB；IFC；ADB；WTO；IETA；第6条；GGGI；UNFCCC；CPLC；碳定价委员会；IMF；VCS		
全球能源治理改革 重新制定G20矿物燃料补贴改革计划	MDB投资标准和方案	G20和/或世界银行专门工作组；CPLC/碳定价委员会扩展成员	关于边境调节措施的WTO规则；CPLC/碳定价委员会扩展成员

表5　区域互联、协调和安全的电力市场支持通过互联线路实现跨境地电力贸易战略路线下相关机构和国际经验

	互联线路区域规划	区域统一国家电力市场改革，协调CDB	关于国际协调网络–电网安全的合作
国际经验	欧盟互联；美国洲际互联和Desertec项目	欧盟市场整合；欧盟容量分配和拥挤管理规范	乌克兰电网–网络攻击 美国能源部：关键能源基础设施的网络安全
国家机构	中国国家电网公司；中国南方电网公司；国家发改委；国家能源 中国商务部；国家发改委	电力行业监管机构（NEC）	
非国家机构	西门子；阿尔斯通	DNO；电力公司；电厂运营商	赛门铁克公司；霍尼韦尔公司；威瑞森
全球能源治理/多边机构	WTO；ECT；MIGA；ICSID；IFC；BIT	IEA；ECT；IRENA；IEF；GIZ；CEM；21世纪电力伙伴关系和ISGAN	IEA；IMPACT；ITU
全球能源治理改革	现有全球能源治理机构向中国和亚洲提供区域援助		IEA改革，制定关于网络安全的计划？

表6　通过国际合作加快电动汽车电力需求有效、智能管理，大规模部署极具成本效益的储能技术战略路线下相关机构和国际经验

	国际标准化智能电动汽车充电站	国际统一锂离子电池储能技术投资
国际经验	荷兰充电服务提供商：开放智能充电协议（OSCP）；GreenFlux和Enexis	特斯拉在加利福尼亚的部署；英国政府的电池部署投资；MDB改革
国家机构	中国国家电网公司；中国南方电网公司；中国国家发改委；中国国家标准化管理委员会	

	国际标准化智能电动汽车充电站	国际统一锂离子电池储能技术投资
非国家机构	DNO；电动汽车制造商	电池和电动汽车制造商（比亚迪；CATL）；DNO
全球能源治理/多边组织	IRENA；IEA；IEC；IOS；IEEE	世界银行；AIIB；ADB；MIGA；ICSID；IFC；CCCMC；CEM；Mission Innovation；GGGI；CIF；IFC；BIT
全球能源治理改革	当前国际标准设定有效、广泛的国际参与和采纳要求	协调改革/统一MDB投资标准和战略

十、中国的国际能源合作现状与战略

改革开放以来，中国经济持续快速发展，综合国力不断增强，成了世界第二大经济体。随着经济总量和规模不断扩大，中国的能源需求持续增长，中国已经成为全球能源生产、消费和贸易大国，能源对外依存度不断提高，中国在全球能源技术应用方面开始扮演着领导者角色。中国的发展，对全球能源格局产生了重大和深远的影响。与此同时，国际能源形势受到世界政治经济格局变动以及新一轮科技革命的影响，不断呈现出新的特点与变化，对不同国家带来新的机遇与挑战。任何一个国家，单靠自身力量来解决重大能源议题都很困难。如何通过国际能源合作，推进全球能源治理改革，保障各国能源利益，已成为新时期中国与各国的重大课题。中国如何构建国际能源合作战略、如何更好地参与全球能源治理，不仅事关中国自身的发展，更事关全球的未来。

（一）中国与主要能源贸易伙伴的关系

伴随中国经济总量不断增大的是快速增加的能源需求。能源国际贸易成为满足能源需求的重要途径，在对外贸易中的重要性日益突出。由于中国的能源对外依存短期内不会得到根本改变，中国能源进口贸易的重要性远大于能源出口贸易。能源贸易将在未来一段时期内发挥举足轻重的作用，成为支撑国内经济增长的重要力量。能源对外依存的提高，意味着国际能源格局对中国经济增长和能源安全的影响愈来愈大，中国与俄罗斯、中东、中亚、美国、东盟、拉美等主要能源贸易伙伴的关系至关重要。

1. 俄罗斯

能源出口是支撑俄罗斯经济的重要产业。2011年前，俄罗斯向亚太国家出口的石油仅约占其总出口额的3%，而天然气占5%左右。美欧对俄罗斯实施的经济制裁促使其加快了与亚太国家能源合作的步伐。中俄签署的《关于共同开展能源领域合作的协定》为两国在石油、天然气、核电、电力、煤炭等领域确立了广泛的合作关系。中俄石油运输方式主要有海运、铁路运输和管道运输等。由于中俄领土接壤，陆路管道运输是双方开展石油和天然气贸易最经济、最安全的方式。"中俄能源合作委员会"（2013年以前称为"副总理级能源谈判机制"）的建立，为中俄能源合作搭建了更高的新平台。

　　中俄最主要的能源合作项目是石油贸易，2015年中国成为俄罗斯石油的最大买主。中国海关总署公布的数据显示，俄罗斯于2016年首次取代沙特阿拉伯，成为中国最大的原油供应国。2016年中国原油进口量为3.81亿吨，同比增长13.57%。2016年俄罗斯对华原油出口增长近1/4，至105万桶/日。中俄能源投资与技术合作方式已从直接贸易升级为共同勘探、共同开发、共同分享利益模式，直至目前已实现全产业链合作，从产业上游的石油勘探与开采，延伸到下游领域。通过合资建立新公司、购买股权等方式，中国逐步参与俄罗斯的原油提炼、成品油加工、液化天然气加工和油气销售等领域，未来还将拓展至科技研发、装备制造和工程技术服务等领域（张金萍等，2017；翟立强等，2013）。

2.中东

　　中东地区包括沙特、阿联酋、伊朗、伊拉克、以色列等17个国家，是连通东方和西方的要道和枢纽，处于"一带一路"的交汇地带。

　　中国与中东的能源合作关系是中国能源安全的关键因素之一。随着中国经济的增长和能源需求的扩大，能源合作将成为中阿关系最具战略意义的领域之一，更是中阿关系稳定发展的重要基石。

　　中国从中东进口石油及相关产品始于20世纪90年代，随后中东逐渐发展成为中国最大的石油进口来源地，1996—2009年中东原油占中国进口总量的比例保持在45%～50%之间。2011年，中国从中东进口原油约1.3亿吨，占当年进口总量的50%以上。2013年，中国从中东进口原油达1.4654亿吨，占当年进口总量的52%。2014年，中国从中东进口原油达1.717亿吨，占当年进口总量的46%（潜旭明，2014）。

　　中国与中东国家的油气合作成果显著。中石油、中石化、中海油在伊朗和伊拉克建设多个大型油田项目，其中一部分已经投入运营。伊朗与中国的油气合作更是潜力巨大，包括数十个大型油气田项目和配套的工程建设、工程技术服务等。此外，中国还与中东国家在清洁能源培训等领域展开了合作（齐正平，2017）。

　　中国与中东国家的油气合作潜力巨大，"一带一路"倡议的提出为中国与中东的合作提供了难得的机遇。对接"一带一路"倡议、加强与中国的合作有利于中东国家发展国内经济的要求。另一方面，进入低油价周期的中东石油输出国更加依赖中国市场，因而扩大了彼此的合作空间。

3.中亚

地处欧亚大陆腹地的中亚五国（哈萨克斯坦、土库曼斯坦、乌兹别克斯坦、吉尔吉斯斯坦、塔吉克斯坦），自古就是连接中国与西亚、欧洲大陆的经济走廊核心区域，是丝绸之路经济带的枢纽。

作为世界重要的油气资源生产国和出口国，中亚国家油气资源储量丰富，仅次于中东和俄罗斯，居世界第三位，其原油出口占产量的70%以上。哈萨克斯坦2015年原油产量8560万吨，出口超过7000万吨；土库曼斯坦2015年天然气产量741.6亿立方米，出口超过500亿立方米。2000年以来，中国与中亚国家油气资源贸易合作不断加深，中亚国家逐渐成为中国油气资源的重要来源。目前，中国已成为哈萨克斯坦第三大石油进口国，乌兹别克斯坦和土库曼斯坦第一大天然气进口国。"十二五"末，中国从中亚国家进口石油总量占全部进口总量的1.85%，天然气进口总量占全部进口总量的48%。由于获得中亚国家的油气资源进口，中国的海外能源供给结构得到了有效的优化。中国从中亚国家进口的主要是初级能源产品。例如，2014年中国从中亚国家进口的石油占全部从中亚进口总额的34%，进口的天然气则占到36%；而中国出口中亚国家的能源产品主要是能源加工和制造品，如石油管材、石油机械以及化学产品等，分别占中国对中亚国家出口总额的 4.91%、5.15%和3.52%（胡健等，2017）。中国承建了包括吉尔吉斯斯坦、乌兹别克斯坦在内的多个中亚国家的输变电工程、热电厂、火电厂等施工项目（齐正平，2017）。

除了能源贸易，中国与中亚国家的能源合作也逐渐从单一的上游能源勘探开采走向上下游全产业链合作。今后合作的重点领域将集中在下游产业，如炼油加工业和石油化工业等。未来将进一步扩展到石油装备制造、生产性服务等能源关联行业。

中国与中亚国家的长期能源合作以互信为基础。"一带一路"倡议为中国和中亚国家的能源合作提供了新的平台和契机。借助"一带一路"倡议，中亚国家可以向东北亚、南亚和太平洋沿岸国家拓展市场，实现能源出口多元化。

4.美国

美国和中国是世界最大的两个能源生产和消费国。两国早在1979年正式建交时就将能源合作确定为两国的重要合作领域之一。近四十年来，尽管合作中存在诸多分歧和障碍，中美的能源合作不断拓展和深化，取得了很大进展。特别是进入21世纪后，美国实施的"能源独立"战略为能源和经济日趋全球化背景下的中美能源合作提供了前所未有的发展契机。基于美国在技术和资源等方面的优势，中国在天然气、核能和可再生能源等领域与美国的合作潜力巨大。

双边和多边能源合作机制使得中美在能源领域的合作不断加强和完善，例如，亚太经合组织下的能源工作小组机制、亚太清洁发展伙伴关系、碳封存领导人论坛等多边合作机制。始于2004年的中美能源政策对话是两国能源部门之间就能源形势、能源效率、资源与环境保护等议题展开讨论的重要平台，也是两国政府对话的重要渠道。由中国国家能源局、美国能源部和商务部联合主办的中美石油天然气工业论坛积极地推动了中美两国在石油和天然气领域的合作。2008年第四次中美战略经济对话签署了《中美能源环境十年合作框架》，能源合作首次成为会议的焦点（张司晨，2014）。

5.南亚与东南亚

南亚包括印度、巴基斯坦、孟加拉国、斯里兰卡等八国，其中有五国与中国接壤，而孟加拉国、斯里兰卡和马尔代夫位于海上丝绸之路沿线。东南亚处于中国—中南半岛经济走廊，是中国通往印度洋的重要通道。

由于中国在能源开发和装备制造等领域的明显优势，以及在煤炭开采、水电可再生能源等领域的技术实力，中国与南亚、东南亚的能源合作具有很强的互补性。

中国与东盟国家能源合作具有较好的基础。目前，中国南方电网（云南和广西）与老挝、缅甸、越南等国家的电网已实现互联互通，并开展了送电、购电和跨国抄表等业务，电力贸易初具规模。中国南方电网2009年开始向老挝送电，送电量年均增长38%，泰国也已经通过老挝购买中国云南的电力。缅甸最大的水电BOT项目——瑞丽江一级水电站6台10万千瓦机组于2008年10月正式并入中国南方电网向中国送电。电力贸易逐渐成为中国与东盟国家贸易的新增长点。

此外，中国与东盟国家的电源投资合作深化发展。近年来，中电投、华能、国电、华电、大唐、三峡等中国电力企业与东盟国家合作开发电力资源。例如，在老挝、越南以BOT方式建设水电站、煤电厂，合作运营菲律宾输电网等。中国电力企业2015年对东盟十国实际完成投资额（3000万美元及以上项目）共计3.17亿美元，新签大型对外承包工程项目（1亿美元及以上项目）合同额共计46.3亿美元。总体看，中国与东盟十国的能源产品及能源设备贸易显著。能源产品主要有原油、天然气、煤炭、焦炭、成品油等等，能源设备的进出口种类更加繁多，包括火电厂和水电站的成套设备、核电站设备、风电和太阳能发电等新能源设备等。中缅油气管道的开通实现了中国与东盟的区域油气互联互通，为中国开辟印度洋能源通道、促进油气进口多元化发挥了重要作用。中国与泰国在沼气发电、光伏发电、生物质发电等可再生能源领域展开合作（齐正平，2017）。

6.拉美

拉美地区油气资源丰富，但勘探开发程度低，为中国与拉美的能源合作和劳务输出等带来机遇，是中国石油"走出去"的起步地区之一。但由于拉美地区的资源国有化以及美国的地缘政治影响，中国与拉美的能源合作面临一定的难度。国际油价的攀升使得拉美国家摆脱美国控制的意识不断增强，并希望在资金、技术以及基础设施方面加强与中国的合作。

目前，中国与委内瑞拉、巴西、秘鲁、厄瓜多尔等拉美国家的能源合作项目主要集中在能源贸易、油气勘探开发、工程技术服务和劳务输出等领域，涵盖油气资源的勘探、开发、炼制、管道建设等方面。拉美国家在油气勘探开发以及工程技术服务等方面有很大的投资需求，希望通过能源开发利用，实现经济发展和出口市场的多元化。未来中国与拉美地区将进一步加深在油气勘探开发、新能源、能源技术、工程技术等领域的开放合作（潘习平等，2011）。

（二）中国国际能源合作面临的问题与挑战

国际能源合作是各国改进能源安全状况、维护能源安全、促进能源可持续发展的重要手段。能源合作可以使一国获得单独无法获得的利益或者比单独行动更大的利益。通过建立多方面的国际伙伴关系和多层次的国际合作机制，积极开展国际能源合作，维护中国与各国的国际能源利益，是切实保障中国与各国能源安全的关键。

中国的国际能源合作存在一系列现实与潜在的问题和挑战。

1.存在的问题

一是中国参与的国际能源合作大多为对话性合作与一般性合作。中国主要参与的是协调型或对话型组织，鲜有加入具有相应法律规则的同盟型或协作型国际能源组织，参与实质性国际能源合作组织较少，国际合作程度低。这既有相关国际组织存在一定程度排他性的原因，也有中国自身参与能力的原因。在区域层面，中国参与的有法律协议约束的合作多于对话性和一般性合作，国际能源合作程度相对略高，但仍有较多的区域能源合作组织尚未加入。在亚太地区，尽管中国在参与的国际组织（如亚太经合组织、上海合作组织、东盟等）中扮演了重要的角色，但亚太地区特别是东亚（包括东南亚、东北亚）地区的能源合作，缺少法律制度上的框架和相应的能源合作组织。

二是中国的海外能源投资尚处于起步阶段。从石油投资来看，中国的境外石油投资区域逐渐扩大，国际化经营从最初的油田生产管理和技术服务，发展到油田开发、工程建设、风险勘探、石油贸易、装备出口、油气资产收购等多项业务，逐步形成由小到大、由点到面的趋势。

三是中国在国际能源市场中缺乏定价权。中国在国际能源竞争中长期处于劣势，对国际能源市场缺乏控制力和影响力，只能被动接受国际石油价格的上涨。就定价机制而言，中国没有完善的石油期货市场，未能建立以风险采购为核心的进口石油价格形成机制，在国际石油定价上缺少话语权。在油价高涨的情况下，中国除了要支付涨价的部分外，还要支付比欧美国家多出来的"溢价"，原油进口成本居高不下，造成石油产品竞争力的削弱和企业利润空间的压缩，且提高了居民的消费支出。

四是在能源外交方面，中国面临的政治环境复杂，能源安全的政治风险甚至大于商业风险。中国巨大的石油需求和石油进口依存度给国际石油市场带来很大压力。中国在南海、东海开发石油资源导致地区性的资源冲突。中国能源外交的目的是实现传统的地缘政治战略利益，也会对美国主导的国际秩序形成冲击（樊瑛等，2008）。

另外，中国的国际能源合作还需要解决一系列相关的问题，包括跨国能源合作长远战略规划的制定、高层次的统一协调机制和国际合作风险担保机制的建立、金融和财税扶植政策的支持，以及技术支撑和基础性调研工作等（余建华，2011）。

2.面临的挑战

对于面临的挑战，主要是内部和外部两大方面。

就内部来说，主要是应对国际能源合作的准备不足。首先，中国能源企业往往擅长于国内项目的生产经营，但是国际化经营能力比较弱。不同于国内市场，国际市场在政治、经济、法律、社会环境等方面存在很大的不确定性。中国能源企业面临的一大挑战是，海外投资和并购处于起步阶段，知识和经验不足，如何盘活国际资产，如何优化整合所购资产并进行商务运作以获得良好的收益，是一大挑战。在产业布局、盈利能力等方面，中国能源企业的国际化程度相比于大型跨国能源企业差距明显。

其次，中国以直接的经济合作方式来获得能源的规模较小。除了能源相关的项目，在基础设施建设及制造业方面直接投资过多，在其他经济合作领域乏善可陈，资本运作手段单一。中国缺乏国际大宗能源商品贸易的经验，能源储备体系尚未真正建立，对国际油价缺乏有效调节，随时面临国际油价的波动。

再次，国际化人才储备不足。人才的国际化理念、知识、经验和水平是支撑企业国际经营能力，提升企业国际竞争力和国际化水平的关键。中国应大力加强国际化人才的培养和储备，为能源企业输送大量具有国际视野和国际商务能力的人才，为实现能源"走出去"不断壮大国际合作的中坚力量（马方方等，2015；樊瑛等，2008）。

就外部来说，一是合作观念存在冲突。各国在能源领域对于如何化解冲突、推进对话与合作存在不同的观念。汉斯·摩根索（2006）认为，国际合作不是解决国家安全问题的万能钥匙。迈克尔·T·克莱尔（2002）认为，各国之间在能源领域难以避免冲突，甚至可能会导致战争。新自由制度主义者认为，制约性、权威性和关联性的国际制度能够降低各国的交易成本，促成绝对收益驱动下的国际合作的形成（秦亚青，1998）；关于能源安全，能源短缺不仅不会引发冲突，还可以推动各国在能源治理机制上的国际合作，从而实现能源冲突的化解（孙霞，2008）。在现实中，多数国家的能源合作观念兼具或介于以上两种观念之间，对不同问题持不同的观点，形成了多边能源合作的发展格局。然而，西方游离于这两种观念之间的认知会在很大程度上限制和阻碍中国对能源治理机制的参与。

二是保障手段存在差异。能源领域的学者认为，能源安全可以通过市场和地缘政治两种基本手段来实现。市场手段使能源从战略商品转变为普通商品；地缘政治则强调能源的战略意义手段（Yuji Nakamura，2002）。对于中国确保能源安全的问题，支持市场手段的学者认为中国对外能源的依赖会促使其融入全球能源市场体系（Robert A. Manning，2000），而支持地缘政治观点的学者则认为中国为削弱其对市场的依赖会导致冲突并对国际能源市场的稳定构成威胁（Mamdouh G. Salameh，1995～1996）。吴磊（2009）指出，美国将中国的能源安全策略归为"战略性"范式，而将自身的能源安全政策归入"市场化"范式。曾中林、舒先林（2007）指出，美国的能源安全战略建立在"霸权稳定论"的基础上的绝对安全观，而中国的能源安全战略是建立在"和平发展论"的基础上的相对安全观。由此可见，各国在能源安全手段上的差异，是导致不信任进而阻碍能源合作的根本原因。

三是参与主体存在矛盾。参与全球能源治理的各方主体之间的矛盾、分歧和利益冲突会在很大程度上给能源治理机制带来负面影响。例如，中美之间长期的结构性冲突，致使中国对由美国主导的国际能源组织是否可靠心存疑虑；由于中俄在中亚能源合作上存在分歧，上海合作组织能源俱乐部难以顺利建立；中日之间的历史恩怨和矛盾阻碍了东北亚的能源合作进程（潘锐、周云亨，2010）。更有甚者，个别国家将能源问题泛政治化，利用能源来支配或控制他国外交和国际对话议程（赵庆寺，2010）。

四是国际竞争压力。尽管海外经营已经取得较大进展，但中国能源企业在资本运作、人力资源、技术设备、国际项目竞标、运作经验等方面与老牌国际石油巨头的差距依然很大。油气资源大国通常已经形成成熟的国际能源开发市场。发达国家凭借强大的国际化经营能力和雄厚的实力占据市场优势，并通过多样化的竞争手段形成相对垄断的地区和战略合作关系，使得这些国家的进入条件苛刻、竞争激烈，中国企业难以进入。

五是"中国能源威胁论"的危害。隐藏在能源资源背后的是国家之间的利益博弈和复杂的政治关系。由于国际能源问题的政治化，"中国能源威胁论"于21世纪初就在西方国家开始蔓延，宣扬中国不断扩大的能源需求将对地缘政治和国际能源安全造成严重影响。这种扭曲的错误论断在中亚、西亚、非洲和拉美的众多能源国家中又与"中国经济威胁论""新殖民主义论"等结合，竞相鼓噪，恶意中伤中国的国际能源合作行为。由于西方的恶意炒作和一些国家的无意盲从，"中国能源威胁论"对中国实施海外能源战略的外部环境带来了极大的破坏，也对中国与有关国家开展的能源合作造成了负面的影响。

六是有关资源国合作环境中的政治风险、安全风险、法律风险、基础设施薄弱等不利因素。以跨国油气开发合作为例，中国与有关资源性国家的合作面临诸多风险和挑战。亚非拉的油气资源国是中国国际能源合作的重要对象，但由于不少国家尤其是中东、北非、阿拉伯国家长期面临各种安全局势和新旧热点争端，社会政治动荡时常发生，国际合作环境严峻。中国与这些国家的合作，包括油气业务在内的能源经贸合作，面临巨大的风险。

七是在能源消费和进口结构上中国与周边国家存在一定的趋同性，与日本、印度、韩国等周边国家在国际能源市场上有较大的同构竞争。另外，由于历史遗留问题和某些现实政治障碍，目前东亚各国能源安全合作的启动和深化受到一定阻碍，区域合作机制难以完善（余建华，2011）。

（三）中国能源的国家利益

能源发展方面，《能源发展"十三五"规划》提出，抓住"一带一路"建设的重大契机，推进沿线国家与地区能源基础设施互联互通。全面实施能源对外开放与合作战略，加强国际产能合作，积极参与全球能源治理。

电力发展方面，《电力发展"十三五"规划》提出，推进跨境输电通道建设和跨境电网互联互通，鼓励企业参与境外电力项目，推进电力技术、装备、标准、电网升级改造和工程服务等方面的国际合作。

煤炭工业发展方面，《煤炭工业发展"十三五"规划》提出，推进国际煤炭贸易，扩大对外工程承包和技术服务，提高煤炭工业国际竞争力。推进煤炭国际产能合作，促进境外煤炭资源开发利用，开展上下游投资和配套基础设施建设，实现合作共赢。

石油发展方面，《石油发展"十三五"规划》提出，提升石油国际合作水平，探索多样化合作方式，拓展境外投资领域，优化投资结构，深化能源与金融合作。加强"一带一路"沿线国家石油基础设施的互联互通。

天然气发展方面，《天然气发展"十三五"规划》提出，推进与天然气生产国的合作，完善多层面协调机制，促进天然气供应多元化，加强跨境管道安全保护，确保供应安全。加强与天然气消费国的合作，加快形成区域天然气市场，逐步提高天然气定价话语权。

可再生能源发展方面，《可再生能源发展"十三五"规划》提出，积极推动全球能源转型，推动形成国际化可再生能源产业链，不断提高可再生能源产业国际竞争力。推动一批标志性合作项目在"一带一路"沿线国家落地，助力可再生能源领域的咨询、承包、装备等企业拓展海外市场。

专栏20

中国政府对气候风险的评估结果

气候变化的风险评估至少包括以下三方面：（一）未来全球温室气体的排放路径、（二）全球温室气体排放对气候的直接风险、（三）气候与人类系统的相互作用导致的风险（《气候变化：风险评估》，2015）。

（一）未来全球温室气体的排放路径

目前主要国家和地区的政策遵循中等至高排放量路径，即温室气体排放量在未来几十年持续增加，之后趋于平稳并逐渐降低。低排放量路径对技术创新提出了很高的要求，必须加快风能、核能、太阳能蓄热、生物燃料、碳储存、大规模节能技术等能源技术创新，否则难以在21世纪末实现排放量接近于零。

对煤炭储备和油页岩、甲烷水合物等的开采，增大了高排放量路径的可能性。任何排放量的累积都会对气候产生影响。除了近零排放量以外的任何路径都将随时间的推移导致风险持续增加。

（二）全球温室气体排放对气候的直接风险

气候变化的风险是非线性的，随时可能迅速增加。众多因素都有可能发生突变或不可逆转的变化，具有很大的不确定性。

任何排放量路径都有可能带来广泛的全球气温上升。人类对热应力的忍受力是有限的。现在的气候条件已经使得一些炎热的国家出现短期超过安全工作条件的情形，未来的气候条件甚至有可能超过热应力的人类致命临界阈值。农作物对高温的耐受性也是有限的。未来的气候条件若超过临界阈值，农作物产量将大幅下降。因此，气候变化将给全球粮食安全带来巨大风险。

水资源压力由于人口增长等因素而不断增加，在某些地区，气候变化可能会增加极端缺水的风险，农田遭遇极端干旱的概率也将大大增加。而在南亚和东亚，尽管气候变化会缓减水资源短缺，但与此同时却增加了发生洪水的风险，尤其是高排放量路径情景下。随着洪灾发生概率的增加，洪灾引起的损失将会加重，并且抬高完善防洪设施的成本。

气候模型表明，由于气候系统的惯性原理，如果全球气温持续上升2℃，全球海平面将随冰盖融化上升10~15米，但发生这一情况的时间仍有很大的不确定性。

专栏21

气候与人类系统的相互作用导致的风险

气候变化的风险是系统性的。气候与复杂的人类系统的相互作用可能导致最大的风险。极端天气事件的频繁发生极大地冲击了全球粮食安全。若加之政策和市场反应的冲击，将带来全球粮食市场价格的空前上涨。

气候变化也增加了极端事件发生的概率。例如，2007~2011年的叙利亚干旱事件，由于粮食出口限制、资源压力、国家内部治理不善等因素与气候变化的相互作用，导致了冲突和动乱。

极端的水资源和土地资源短缺可能导致地区冲突和大规模的地区迁移，从而增加国家失败的风险，甚至威胁到发达国家的稳定。

（四）未来中国的国际能源合作战略构想

中国要建立稳定、有效、可持续的能源供应体系，必须加强国际能源合作，实现多方共赢。在战略上应从多层次的国际能源合作对象、多渠道的国际能源合作方式、多元化的国际能源合作形式、多领域的国际能源合作内容、多任务的国际能源合作进程五大方面深入，如图52所示。

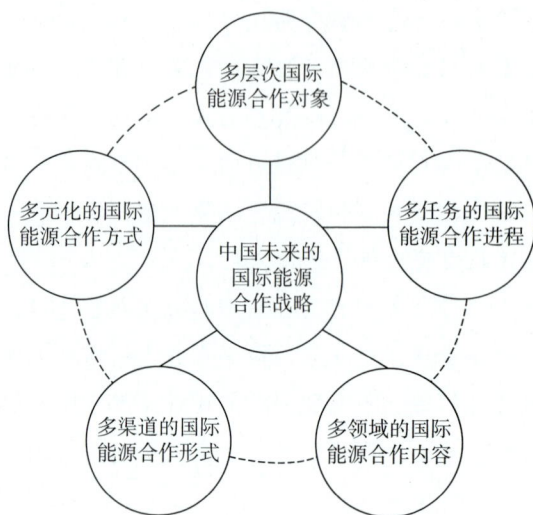

图52　中国未来的国际能源合作战略构想

1. 多层次的国际能源合作对象

国际能源活动的主体不仅包括能源出口国、进口国和过境国，还包括国际能源组织和跨国能源公司。中国在国际能源合作中需要有多层次的合作对象，除了与各国政府加强合作，还应与超国家组织、政府间组织、跨国非政府组织，以及跨国能源公司建立合作关系。目前主要能源出口国包括俄罗斯、波斯湾国家、拉美国家和北非国家等。由于能源出口国在国际能源合作中通常处于强势地位，要加强与能源出口国之间的合作，通过并购、参股、投标等方式与能源生产国进行能源项目合作。目前主要能源进口国包括美国、西欧国家、日本等。中国和能源进口国之间的竞争与合作潜力并存，因此要与原油消费大国（如美国、日本、印度等）加强沟通与合作，减少或避免摩擦。加强与国际石油输出和消费组织，尤其是国际能源机构（IEA）和石油输出国组织（OPEC）的合作，积极参与能源宪章会议、国际能源论坛、联合国会议等。与大型跨国能源公司开展国际能源合作，整合国际能源市场上的石油资源和有关渠道深化与跨国公司的原油资源合作，与国际石油公司和各国石油公司建立战略联盟，提升资源和项目的获取能力。

2. 多渠道的国际能源合作方式

中国在国际能源合作中应采取多边、区域、双边等多渠道的合作方式。多边能源合作是目前最重要的国际能源合作方式。中国要在国际能源秩序中争取更多话语权和更大影响力，必须广泛参与国际能源组织，加强多边能源合作与安全，推进多边能源合作法律规则的制定，充分利用既有的于己有利的规则，保障自身能源安全，谋求合理化利益。推动与能源输出国、消费国和过境国的广泛全球对话，建立和完善国际多边能源外交机制，实现全球能源利益的平衡和能源市场的稳定。

中国应加强区域能源合作，推动区域能源市场一体化进程。亚洲既是世界重要的能源供应地，又是快速增长的能源消费市场，在国际能源供需格局中地位极其重要，能源供需具有良好的互补性，这为亚洲能源合作的可持续性奠定了资源和市场基础。中国作为亚太经合组织（APEC）成员，应在能源活动框架内积极开展亚洲区域能源合作。中国未来应推动成立东亚能源合作组织，与东亚国家积极协调能源政策，将俄罗斯远东油气开发纳入东亚能源合作框架，维护东亚能源安全，谋求和拓展共同利益。中国应推进上海合作组织框架下的能源合作，保障各成员国的能源安全和经济可持续发展。

另一方面，中国应开展与各国的双边能源合作，建立良好的能源双边关系，为中国的国际能源合作奠定战略基础。中国应制定长期能源合作纲要，加强能源方面的共同外交，完善能源合作机制和对外经济政策等。石油和天然气外部供应的多样化是中国的能源战略要求，中国要发展与波斯湾、北非、黑海—里海、地中海等不同地区主要石油生产国的能源双边关系，加强能源对话，参与能源开发，扩大这些地区国家与中国的相互依存，通过签订自由贸易协定等方式加强经贸联系，保障向中国市场的石油安全输送。

3. 多元化的国际能源合作形式

中国的国际能源合作应采取能源贸易、协议合作、投资合作等多元化的国际合作形式。在国际能源贸易方面，中国应实施积极的能源进口战略，广泛参与石油资源富饶地区的竞争和拉美、西非、东南亚等地区的能源开发与合作，实现石油进口来源多元化，开辟质优、价廉、稳定的多种进口渠道，拓宽中国能源安全的国际空间。中国在加强能源铁路运输的同时，要不断拓展新的运输通道（尤其是管道运输），开辟新的海上通道，加强国际合作维护航运安全，积极探索避开咽喉地带的运输途径，实现海外石油运输通道多元化，确保海上运输的主导地位。积极参与国际石油期货市场交易，发挥进口大国优势，抑制价格波动的风险和影响，提高国内企业对外谈判水平，降低进口成本，争取国际石油定价话语权，提升中国在国际石油市场格局中的地位。

国际能源协议合作涉及能源技术和服务贸易能源勘探和开采、能源与环境、新能源开发等多方面内容，是国际能源合作的重点。中国应通过矿费税收制协议、产品分成协议、风险服务、联合经营等模式，积极参与国际能源协议合作，在广度和深度上不断推进与有关国家的良好合作关系。探索具体的能源合作项目，采取贸易与投资项目结合、合作项目与劳务输出结合、上下游结合等多种形式，在油气领域探索签订政府能源合作协议或意向性文件。中国企业可以发挥人力和技术优势，通过工程承包等方式，对产油国的石油进行勘探、开发和工程设计，按投入比例获取份额石油。

在国际能源投资合作方面，中国应鼓励国内企业通过直接投资的方式，努力开拓海外能源市场，扩大国际能源份额。通过与能源生产国签订双边投资协定，建立企业海外风险勘探基金，为国内企业开拓国际能源渠道提供保障。加快海外投资审批改革，完善海外投资的法律法规，切实保障企业的海外投资权和境外经营自主权。

4.多领域的国际能源合作内容

国际能源合作的内容涵盖油气资源的勘探、开发和运输、加工、储备和环保等多个领域。中国可以在能源使用、环保、节能、管理体制、法律法规等方面与世界展开广泛合作。能源的可持续发展要求中国提高能源的开发和利用效率，保障能源供给和保护环境。在对国际能源市场的依赖和影响不断增强的同时，中国给国际能源及环保产业带来巨大的发展机遇。巨大的能源需求要求中国采取全方位多元化的能源供应战略，加强替代能源技术研发和应用的国际合作，扩大可再生能源、清洁替代能源和新能源的应用。加强国际能源信息交流和数据共享，提高国际能源市场的透明度和稳定性。通过建立官方、企业界、学术界和民间等多层次的国际对话与交流机制，推动中国的国际能源合作关系迈向新台阶。

5.多任务的国际能源合作进程

一是构建新型国际能源治理平台。在"一带一路"框架下，设立国际性区域能源治理机构，扩展与现有全球能源治理机构的合作，完善对话协调机制，推动多边能源法律规则的改革进程，创新能源贸易规则和标准，建立新型国际性区域能源金融体系。二是实现基础设施网络互联互通。加强亚欧国际骨干通道建设，建设亚洲油气主动脉，开辟新的海陆联运航线，建设和完善跨境输电通道，构建全方位、多层次、复合型的互联互通能源网络。三是提升油气国际合作水平。深化全产业链合作，寻求油气资源共同开发，促进海外油气资源与通道多元化，培育世界级跨国油气公司和国际石油天然气交易中心。深度参与全球油气资源定价体系。四是加强清洁能源和节能技术合作，引领区域能源转型。提高高效、节能技术输出力度，加强能源技术创新合作与合作机制建设，推动区域可再生能源发展。五是推动装备和服务"走出去"。加强能源装备制造、能源服务和工程建设领域的国际合作，积极参与沿线国家页岩气、煤层气和海洋油气等勘探开发项目的设备招标，推动太阳能光伏板、风力发电塔等可再生能源装备走出去。鼓励国内能源智库广泛参与国际能源机构活动和相关研究、咨询、评估服务，为深化国际能源合作提供智力支持。

总之，中国应成为国际能源合作的积极参与者，通过国际能源合作促进未来全球能源的平衡。中国应将能源优势视为促进经济发展、谋求地缘战略利益的重要依托，积极主动开展能源外交，从中国的国家利益出发采取灵活的能源外交政策，与各类国际能源活动主体发展广泛的"能源关系"，保障中国能源安全，维护国际能源市场稳定，促进中国与世界经济可持续发展。

十一、中国在全球能源治理中的角色、责任与政策建议

（一）中国在全球治理变革的角色日益凸显

从局外到局内、从跟随到影响；能否推动与引领全球能源治理改革？

1.中国已成为全球最具经济和能源影响力的国家，且这种影响力仍将持续

（1）经济：中国已成为第二大经济体并将持续保持较快增长，全球影响深远

在经济增长方面，中国正进行结构调整，经济增长的规模、速度、质量仍将位居世界前列。——中国经济规模将超越美国，中印博弈等或将都需长期考量。

中国对外经济关系出现了新变化：一是从经贸小国到新兴大国的规模变化；二是比较优势转换的结构性变化。

中国将实施对外开放新战略，即新兴大国竞争力升级战略，从而实现国际竞争力升级和形成与国际社会互利共赢关系的新目标。国际竞争新优势、中国全面开放新格局，需要有效的全球治理以维护金融安全与资源能源安全。

（2）能源：中国已经成为全球最具能源影响力的国家，且该影响力仍有扩大趋势

在能源供需规模方面，中国处于全球能源事务的中心，是世界最大的能源消费国，未来最大的能源增长市场且正处于向低碳能源转型的转折点。这种影响在未来20年内将持续扩大。

（3）参照：对世界经济与能源的未来预期将成为中国能源全球影响力的重要背景

世界经济正在深度调整中复苏，仍面临较大的不确定性。与之相比，中国的经济增长与能源发展具有较大的确定性。全球能源治理体系加速重构，全球能源格局发生重大调整，能源生产消费国利益分化调整，竞争焦点向能源定价权、货币结算权、转型变革主导权扩展。

（4）包容：中国的参与对于全球能源治理体系的包容性与普适性改善至关重要

现有的全球能源治理体系已不能满足包括中国在内的新兴经济体参与全球能源治理的需求和全球能源供需新形势。主流治理框架的主要缺陷（存在治理"盲点"，或存在进一步碎片化的风险）——缺乏参与主体代表性、缺乏供需双方有效对话机制、无法应对能源供应多极化、无法满足高效应对气候变化、促进技术转移等多元化治理目标等。

全球能源治理架构正向包容性、多极化、多元化的新型能源治理格局演变，中国的参与对未来全球能源治理体系的普适性至关重要。治理框架改革要与未来治理相适配——能源贸易重心向亚太地区转移，兼顾应对气候变化为目标，长期还应关注电力。

中国参与有利于全球能源治理体系的改革，尤其是包容性与普适性的改善。传统治理机构与发展中国家进一步深化合作符合共同利益——中国是发展中国家和新兴经济体中体量最大、不可或缺的代表性国家。

以IEA等国际机构为代表全球能源治理机构正邀请新兴经济体深度参与合作，不仅对这些经济体有利，也有利于突出这些机构在全球能源治理体系中的地位。中国积极参与能源治理与国际合作并受到重视——中国的参与对未来全球能源治理体系的普适性至关重要。

2.中国正以更开放、更灵活且不失底线的姿态深度参与全球能源治理

（1）变迁：从局外到局内，从跟随到参与，中国在全球能源治理上影响作用越来越大

中国已从世界能源的无关者，经历了全球能源市场的被动反应者、跟随者，发展为全球能源治理积极参与及贡献者。中国在全球能源治理上影响作用越来越大，将成为全球能源治理改革谋划者、推动者与引领者？这是一个值得期待的问题。

展望未来，在经济实力显著增强背景下，中国将持续对外开放，包括能源在内的各个领域加深与全球市场的融入。中国与世界在能源安全上具有共同诉求——中国的能源安全与全球能源安全休戚相关，全球能源治理对于确保共同能源安全的作用日益增强，中国在全球能源治理上的作用也将越来越大。

（2）模式：中国的对外能源关系从自给自足到合作共赢，更加开放与灵活

从自给自足到合作共赢，中国的对外能源关系变迁是逐步对外开放、更深程度融入世界的过程。中国开放趋势明显，但依旧坚守底线，尤其是能源安全——尽管依靠市场是否可以确保常态下的能源安全仍有争论，但中国能源领域尤其是油气和电力领域的市场化改革趋势不可逆转。

（3）参与：中国更加积极主动参与全球能源治理，参与主流治理与主导区域治理兼顾

中国正积极主动、建设性地参与国际机构为主流的全球能源治理（如：中国与IEA、G20、UNFCCC的关系等），积累能源治理经验、提升参与能源治理的能力。中国还积极主导区域与多边治理，探索能源治理模式创新，寻求合作共赢。

近年来，中国已在参与全球能源治理中迈出了重要步伐。在中国与世界的双向开放中，中国迅速提高了参与全球治理的能力，但仍有差距。

（4）态度：越来越基于市场的、开放的能源安全观有利于中国参全球能源治理

在能源全球化的大背景下，中国需要充分发挥市场作用，在开放的能源安全观指导下保障常态下的能源安全。中国的能源安全问题的解决离不开国际能源市场和国际政治经济环境——中国的能源安全战略在某种意义上说是一种对外能源战略或国际能源战略，一个不应忽略的重点应当是如何全方位地参与国际市场竞争，通过利用市场化手段实现常态下的能源安全。

（5）重视：在战略和规划上中国更加重视国际能源合作与积极参与全球能源治理

《能源发展"十三五"规划》提出：统筹国内国际两个大局，充分利用两个市场、两种资源，全方位实施能源对外开放与合作战略，抓住"一带一路"建设重大机遇，推动能源基础设施互联互通，加大国际产能合作，积极参与全球能源治理。提出主要任务——务实参与国际平台和机构的重大能源事务及规则制订；加强与区域机构的合作，协同保障区域能源安全。

3.中国将对全球能源治理的未来产生不可或缺的重要影响并有望带动变革

（1）改革：双方务实改革并增加合作适配性是中国实质性参与主流治理框架的前提

目前，中国仍主要依托主流机制参与全球能源治理，实质性参与需要双方进行改革与妥协。中国参与IEA等国际机构主导的主流框架，需要双方努力，除了中国的意愿、能力和战略诉求外，全球能源治理需要更加包容性的治理框架，这些国际机构的自身改革已成为不可逆转的趋势。

（2）多选：目前中国仍在现有框架下参与全球能源治理，但已开始更加灵活的实践

中国主导或参与程度更深的治理机制不断创生，尤其是更为体现区域或多边国家共同点的治理机制。"一带一路"尤其是发展能源基础设施的推进与落实，将检验这个新兴治理框架的有效性和中国影响力。

（3）主动：中国将在未来与全球能源治理体系的关系中占有主动地位，条件仍需创造

参与意愿和自身能力是影响中国进一步融入全球能源治理体系的最主要因素，这都取决于中国的态度和战略选择。中国参与全球能源治理需要自身创造条件并对自身发展产生影响。一方面，在自身利益上，成本收益风险是否得到确定性回答将成为中国进一步融入全球能源治理体系的关键。另一方面，路径选择上，要考量是对现有机制的内部改良还是另起炉灶的彻底创新？

（4）影响：中国参与全球能源治理影响深刻而广泛，治理共赢的描述或将被重新定义

中国参与全球能源治理将对现有治理框架及其参与者产生深刻而不同的影响。一方面，中国的参与或行动对现有治理体系的目标和操作产生何种影响？另一方面，中国的参与对现有治理体系的参与者利益构成何种影响？综上，中国参与下治理共赢将被重新定义，中国参与全球能源治理的多方共赢问题必须得到明确而清晰的回答。

专栏22

全球能源治理的概念与内涵

本报告将全球能源治理定义为：全球能源合作的重要内容，是由一系列直接或间接影响能源生产、贸易和消费的国际性叙述、规范、规则以及正式和非正式组织。

1. 包括一系列以主权国家政府为中心的安排，包括多边公约、国际组织、区域组织和双边伙伴关系。

2. 包括那些由非国家机构扮演重要角色的安排，例如全球或区域能源交易所、仲裁机制、供应链倡议及其他安排。最近成立的与能源治理相关的机构往往包括各个不同利益相关方的联盟，包括政府、企业、国际组织、城市以及公民社会组织。这些利益相关方共同参与到一个有序、可预见的有关能源生产、贸易和消费的国际框架中来。

资料来源：本研究。

专栏23

典型治理体系的优缺点，与中国的关系及相互关系

1. 国际能源署（IEA）：优点是富有经验、专业性与执行力强，缺点是包容性

与发展性不足。与中国距离和关系？还需要创造多少条件（如OECD成员国等）及改革成本？

2. 二十国集团（G20）：优点是权威性与代表性强，覆盖大部分能源供需大国，缺点是专业性和执行力弱。缺乏常设机构，G20的能源可持续工作组（ESWG）会不会沦为大国领袖的能源政治秀场（能源背后的博弈及权重有多少）？

3. "一带一路"（B&R）：优点是中国推动并引领同时覆盖美洲外的大部分经济体，缺点是除了能源基础设施建设，在能源供需双方如何实现平衡与利益供应。此外，"一带一路"对对主流能源治理框架的影响及与IEA和G20的关系并不十分明确。

资料来源：本研究。

专栏24

中国参与全球能源治理的进程

中国参与全球能源治理的进程与全球政治、经济和能源格局变动紧密相关，广度与深度不断得以拓展。

改革开放前，中国处于所有国际能源机制之外。改革开放后，中国逐步融入全球经济，开启了参与全球能源治理的进程。1983年，中国成为世界能源理事会（WEC）成员。这一时期，中国不太熟悉国际规则，参与全球能源机制持谨慎的态度，以探索、学习国际规则为主。20世纪90年代以来，随着中国经济在全球的扩展，中国开始积极参与全球能源治理。1991年，中国加入亚太经济合作组织能源工作组。随后，还开展了区域能源合作机制。该时期中国参与国际能源治理并不深入，象征意义大于实际意义。进入21世纪，随着全球化进一步深入，中国开始尝试更加主动、深入地为全球能源问题作出切实的贡献，由积极参与转变为主动影响，通过担任成员国、联盟国、对话国、观察员国等，与国际能源署（IEA）、国际能源论坛（IEF）、石油输出国组织（OPEC）、能源宪章（Energy Charter）、国际可再生能源署（IRENA）和国际原子能机构（IAEA）等开展了多种形式的合作，在一些重大能源议题上发挥了重要作用。特别是，中国通过G20、金砖国家、亚太经合组织和上海合作组织，在一些重大能源议题上成为实质推动者。

中国目前也是许多国际能源机制的创始成员，如国际能源论坛、联合数据倡议组织（JODI）、国际能源合作伙伴关系（IPEEC）和清洁能源部长级会议（CEM）等。

中国积极参与并主办了众多国际能源会议。2015年11月，中国成为IEA联盟首批成员国。2016年在中国作为东道国举办了G20杭州峰会，全球能源治理成为G20重要议题。

资料来源：IEA，中国参与全球能源治理之路，2016。

专栏25

"一带一路"与能源国际合作及全球能源治理相互关系

能源合作是"一带一路"的重要内容，在战略层面上需要明确能源合作的定位以及其辐射和带动作用，明晰"一带一路"能源和对于深化国际能源合作与全球能源治理的作用。

1. "一带一路"可为区域能源国际合作带来红利：一是能源合作能够在"一带一路"战略实施过程中起到先导、辐射和带动作用；二是能源合作有利于形成共同发展的政治经济安全共同体，有利于推动能源区域合作。

2. "一带一路"能源合作积极稳妥推进需要创造条件，如：明确互利共赢、循序渐进的思路，合作和开放的共同理念，市场先行、企业为主体的合作方式，有效制衡、多边促双边的实施策略等。

3. "一带一路"能源合作的重点领域在于通过加强能源基础设施建设合作促进与区域能源合作安全：一是加强能源基础设施建设，推动油气电力设施互联互通；二是促进能源生产、加工、利用等领域合作，保障区域能源安全；三是推动构建区域能源合作平台和机制，提高能源合作与共同安全水平。

4. "一带一路"能源合作与当前主流全球能源治理的冲突与合作：一是"一带一路"对全球能源治理提出新要求，如：促进实现能源共赢的顶层性包容性利益协商平台、促进实现能源及基础设施互联互通的针对性专业化谈判平台、确保长效能源投资的灵活性竞争协调平台等；二是与"一带一路"能源合作相比，全球能源治理的不足更加明显，如：覆盖区域重合度与参与主体包容性较低，缺乏促进能源互联互通的多边协调机制，缺乏区域能源贸易和投资的便利化制度安排，缺乏保障长效能源投资的金融机制，缺乏及经济-政治-能源于一体的顶层对话机制。

5. 国际社会也对"一带一路"倡议目标及能源合作有所保留。认为须谨慎对待能源合作，尤其是从优势互补程度（能源供需关系）、辐射带动作用、地缘政治敏锐性等方面考虑。顾虑包括：对倡议目标的战略疑虑、对绿色可持续实施的疑虑、对市场先行项目落地高风险的疑虑等。

资料来源：本研究。

专栏26

中国须保持清醒认识，进行长远谋划

1. 要清醒地认识到未来全球能源治理变化趋势对中国等新兴经济体的利弊关系，这将影响中国参与意愿与能源战略。事关双方及全球能源治理其他参与者的妥协程度与利益博弈，以及中国深度参与全球能源治理的条件、成本、收益、风险、模式等。

2. 要清醒地认识到中国作为全球独一无二的能源需求仍然增长且与转型并存的发展中经济体大国的特殊性。中国的核心利益诉求与目前主流治理框架下各参与者（主要是发达国家）的价值取向存在的差异及程度，这需要准确的评估。充分认识这些差异的复杂性和潜在变化，这与中外各国的发展阶段差异及应对气候变化的压力与行动密切相关，复杂性远远超出了能源问题本身。

3. 清醒认识能源安全依然是中国参与全球能源治理的核心价值目标，是中国在能源对外关系上的"核心利益诉求"。说服中国相信市场可以充分保证常态下的能源安全并非短期可以见效，仍需要国内的市场化改革创造条件。中国的能源安全依然是目标导向，即能源供给的经济、充足、连续是首要目标，而效率、公平等则是第二层次目标。也就是说中国需要实现多元的能源安全，单纯通过加入国际机构主导的主流治理体系或协调机制，并不能自动实现中国在能源领域的"核心利益诉求"。

资料来源：本研究。

（二）中国在全球能源治理中的责任

对世界、多边、双边中国的责任；责任与话语权、影响力是否匹配？

1. 对世界的责任——中国应担负起全球能源治理大国责任

（1）全球能源治理方面，担负大国责任，可以实现中国与世界的多赢

以能源安全为核心积极参与并改善全球能源治理，协同处理好气候治理、贸易治理的关系。

（2）全球气候治理方面，中国已签署《巴黎协议》，公平承担减排责任

中国将按自己的节奏承担自主减排责任。能源转型依然是内在动力，内部减碳动力甚至超过外部，以低碳（长期目标）带动清洁（短期目标）、以清洁促低碳。

（3）国内能源转型方面，能源革命目标引领的能源转型正在发生

清洁化低碳化能源转型正在发生，中国受益全球也受益。如天然气等低碳能源的进口与消费，将促进中国的能源转型。

（4）国际能源合作方面，中国将持续对外开放并坚持积极主动与合作共赢

中国将积极参与主流治理框架下的全球能源治理与周边国家牵头的区域合作并行。推进"一带一路"能源基础设施建设，既有利于发展中国家尽早摆脱能源贫困也有利于中国能源装备行业发展。

中国已在战略层面提出了参与全球能源治理与国际能源合作的目标、方向和责任。明确指出：一是积极参与国际能源治理。二是积极承担国际责任和义务。推动全球能源治理机制变革，共同应对全球性挑战，打造命运共同体。巩固和完善中国双边多边能源合作机制，积极参与国际机构改革进程。

2.对区域和多边的责任——促进区域能源安全、协同能源安全与经济社会共同发展

（1）多边形式的国际合作是兼顾中国持续对外开放与全球化的重要选择

在全球能源市场高度一体化的今天，"在相互依赖的情势下，理性的、以自身利益为趋向的行为者将会把国际机制视为增加它们达成互利协议能力的途径。"

（2）中国有责任通过区域与多边合作，形成利益共同体，增进能源共同安全

中国有责任与全球性或区域性等机构深度合作，建立稳定的能源供需协作关系和利益纽带。中国参与区域多边治理，有责任促进区域能源协同安全，促进相关各方能源经济共同发展。

（3）未来中国有责任处理好区域与多边层面不同治理角色之间的关系

实践证明，中国有能力成为多边能源治理的推动者和引领者。不同治理框架的中国角色不同，未来中国有责任处理好不同治理角色之间的关系。

（4）中国有责任坚持平等互利与并推进双边合作，夯实多边合作基础

双边能源合作、多边与区域能源合作与能源治理、全球能源治理具有逐层递进的逻辑关系，可概述为"双边合作打基础，多边合作提质量，全球治理求大同"。双边合作的条件低更容易率先实现，是更广更深程度上国际能源合作与全球能源治理的基础。现阶段，中国有责任处理好与中国能源合作密切国家之间的关系。

中长期，中国有责任将双边能源合作推向更广更深的能源多边合作。

3.对中国的责任——提升中国能源安全程度，促进实现更包容的能源协同安全

（1）中国的全球能源影响力巨大，确保中国能源安全对全球能源安全至关重要

中国参与全球能源治理，在深度和广度上确保中国的能源安全。这对能源供需双

方都是有利的，包括中国在内有多方参与的全球能源治理具有更广泛的包容性，更有利于实现能源协同安全。

（2）加强能源国际合与全球治理将有利于中国的能源安全、能源转型和长足发展

中国政府提出了以互信、互利、平等、协作为核心的新安全观，其宗旨是超越差异和分歧，通过对话增进互信，通过谈判解决争端，通过合作促进安全。在全球层面上中国应以完善全球性国际制度的基本规则为着眼点，积极主动的倡议或主导国际机制的修改、完善和新机制的制定，提高议程创设能力，成为全球规则的参与者和主要制定者，以机制建设促进国际秩序的建设，进一步融入国际能源市场体系并深度参与全球能源治理，成为国际社会负责任的、建设性的、可预期的积极建设者。

（三）对全球能源治理的未来预判

全球能源治理改革体现包容性和面向未来，"理想"治理架构是否存在？

1.中短期看，体现包容性，推进主流治理机构的改革更为紧迫和有效

（1）全球治理框架与机制改革不能一蹴而就

确实需要创建全新机制与机构来完成全球能源治理的新使命。创新性的机制设计和新设机构将更有利于未来全球能源治理需求，但这并非能一簇而就。应清楚地认识到，新机制新机构的建立可以彻底解决现有机制和机构的很多问题，但新机制新机构的建立并非易事。

（2）现有治理框架及机制改革或将更加务实

全球能源治新秩序需要新机制和新机构是一个普遍共识，但这并不代表短期内要设立新机构。由于建设新机构成本高、耗时长，面临巨大的政治障碍，相比而言，改革现有机制和机构是更为现实的选择。这需要充分认识改革的困难，制定现有机制机构改革的路线图。

着力于改革现有机制和机构，使之适应新的变化趋势，这比新建机构或颠覆性创新机制更为有效。以IEA为代表的主流治理机构也应深化包容性改革，重置战略目标，向"全球能源机构"转变。一是吸纳更多的新兴经济体参与，支持OPEC国家的经济转型。二是推动金融衍生品市场与全球能源定价权改革，重新挖掘更具普适性的价值目标取向。三是培育共识与信任，谨防"扩编"后的利益分歧和行动力下降。

2.长期来看，覆盖能源贸易外的更广范围，面向未来的泛能源化趋势明显

（1）未来全球能源治理应致力于确保能源安全内涵泛化背景下的共同安全

更为包容、平衡的全球能源治理体系应面向未来，立足于巩固全球能源共同安全

观，致力于确保内容趋于泛化的能源安全。

（2）未来全球能源治理的新使命和新任务也将更体现多元、包容和平衡

更为包容、平衡的全球能源治理新使命应包括：完善治理框架，加强国际合作与政策协同；应对气候变化和地区污染挑战；衔接与能源相关的金融投资、大宗商品贸易、信息数据、技术进步与转移等。主要包括以下内容：①巩固全球能源共同安全观；②解决气候变化和地区污染等环境挑战；③加强多边国际合作机制，分享能源开发和使用的最佳经验；④充分利用现有能源治理机制；⑤共同构建新的国际能源合作框架，包括能源及金融合作框架；⑥将当前对大宗商品市场的金融分析延伸至能源领域；⑦就影响关键能源产区稳定性的政策开展对话；⑧提高能源市场透明度和统计数据质量；⑨建立有效的战略储备机制和合作方式；⑩改善能源贸易和能源投资公平性；⑪联合推动能源效率的提高、能源创新和新能源技术进步、推广、转移和应用。

3. 理想地看，"G20＋IEA＋……"是理想能源治理构架，能否一统天下

（1）不同组织和框架都具有全球能源治理的"基因"和领导力

尽管G20"务虚"、IEA"务实"，二者目前并不位于同一层级，或没有实质上的竞合关系，但是二者都具有全球能源治理的"基因"，已在引领全球社会发展、能源安全领域展现出不同的领导力。一是这两个权威的国际机构都由独立经济体（欧盟除外）构成，覆盖面与包容性强，可以更好地反映新兴国家和发展中国家的诉求，并有条件在能源生产国（包括OPEC国家）和消费国之间建立更加成熟、更稳定的关系。二是专业性、影响力、执行力等各有优势可取长补短，但双方都要为妥协而付出努力。既需要G20大幅提升其能源工作组影响力和执行力，也希冀于IEA向全球性机构的务实改革。同时双方应建立更为紧密的工作联系，比如：加强投资保护的国际法律和规则建设、支持新兴经济体和转型国家发展其低碳战略等，以及开展更为稳健的区域。三是协调油气输出国与进口国的关系至关重要且具有挑战性，如何平衡沙特、俄罗斯这些严重依赖油气出口的国家的利益关系以确保新治理框架下的行动一致性是新机构未来的工作重点。四是"二合一"的路径和新机构定位职责尚不确定，以后是否继续"扩编"等问题尚需考虑。另外，处理好与其他全球性国际机构的关系至关重要，这些机构包括能源领域的UNFCCC/1994、OPEC/1960、IEF/1991、CEM/2009、IRENA/2009、GCCS/2009、IPEEC/2009、ECT/1998&2015等，以及非能源领域覆盖面更广的OECD/1961、WTO/1995、IMG、WB等。

（2）融合的新治理机构仍需各方长期不懈地努力以消除利益诉求差异及政治风险等不确定性

以"Gx＋BRICS＋IEA＋其他"为基础的新治理机构组建模式的最大优点是充分考虑了包容性和代表性，有利于弥补不同经济体在能源领域的国际合作缺口和国际市场监管的空缺，缺点是需要各方长期不懈地努力。ERI认为BRICS＋G7可在平等会晤的基础上建立一个新的能源治理机构。这种机制可以以部长级会议为基础，提供对当前能源治理机构如IEA、WB和WTO的指导并实现广泛合作。建立这种机制的难度不容忽视，通过改革G20和IEA或可实现。另一种"组建"模式为G7＋BRIC（巴西、俄罗斯、印度、中国）＋6个国际机构（IEA、OPEC、UNFCCC、WTO、IMF和WB）。以"Gx＋BRICS＋IEA＋其他"为基础的新机构，其参与者代表性广泛，在经济与能源上覆盖了全球相当大的比例；在能源消费上覆盖了主要的发达国家和新兴经济体；在能源安全上覆盖了战略石油储备与危机管理、生产国联盟、消费国联盟、气候变化、能源市场、价格和金融监管、能源贫困与能源公平等问题。但由于参与主体众多、利益诉求差距较大，在各方促成合作而进行妥协时要考虑政治风险的不确定性。

4.未雨绸缪，正视全球气候治理的挑战，及早谋划全球能源治理未来应对

（1）未来20年，气候治理与能源治理的关系正变得越来越突出

越接近2030年的未来，能源与减碳的博弈将更为激烈，能源安全问题或被气候变化问题取代或覆盖，或将严重影响全球能源治理的地位。一是能源安全问题和气候问题"并轨"短期不会实现，化石能源在未来20多年仍将是全球主体能源，但不排除局部油气贸易流向的变化。二是新兴经济体在经济与能源上的同步转型，电气化水平上升、脱碳能源成本下降将促进电力对传统化石能源的替代，能源安全的重心将向电力安全过渡，应对能源安全与气候变化的行动将趋同。三是就目前看，全球能源治理与全球贸易治理相关，碳税征收的时空差异性很可能危及WTO自由贸易原则，也可能影响双边贸易利益。就各国发展的差异性来看，碳税及影响就要个案评价。应该看到，能源安全问题与气候变化问题的并轨趋势是一个长期过程。

（2）能源治理与能源治理的价值观取向将对发展中国家的能源安全产生影响

务实地看，能源领域应对气候变化的政策与行动约束力正逐步提升，主流全球能源治理价值观的转向，可能危及包括中国在内的新兴经济体的能源安全。发达国家乐见新兴经济体自主碳减排原则下的"巨大"贡献，但忽略了这些国家所付出的成本。如果过早对全球贸易的油气产品增加碳成本，将增加油气进口国的能源成本，客观上影响油气进口国的能源安全，实际上对油气出口国也不一定有利。

（四）政策建议

不同参与者都应积极创造条件，为全球能源治理改革做出贡献。

1.针对中国政府：制定战略、练好内功、积极参与、局部突破

（1）制定战略，深度参与目前国际能源治理机构的合作与改革

坚持遵守多边规范和国际规则、与国际社会共同面对机遇和挑战，积极包容地参与全球能源治理符合中国的利益。这需要研究制定参与国际能源合作与全球能源治理的国家战略，建议：一是做好顶层设计，制订进一步参与全球能源治理的全面战略与路线图，研判不同情景下中国参与全球能源治理的成本收益风险，明确参与方式与路径，改进完善参与措施、形成配套支撑体系；二是积极响应国际社会对中国进一步参与全球能源治理的期待，如IEA的石油应急响应机制、改善统计数据质量等，并结合自身的能源战略，承担国际责任；三是建立应对国际能源问题的内部会商机制，在重大的国际问题上达成一致意见，由被授权部门进行国际会商，更有力的表达中国的观点；四是制定参与主权国家的国际能源会议和活动清单，明确名称与时间、性质与内容、参会部门及官员级别、参加目的等；五是国家能源政策发布常态化、透明化，定期连续发布国家能源白皮书，重点宣传中国能源政策与能源对外关系；六是做好应对可能导致能源安全问题（如战争等）情况下的"托底"和应急制度安排（如战略石油储备等）。

（2）练好内功，进一步加强中国参与全球能源治理的能力建设

提升能源治理现代化的水平是中国进一步参与全球能源治理的必要条件。中国应进一步提升参与全球能源治理的能力。一是主动塑造国际能源议题的能力，尤其是代表新兴经济体和发展中国家的关键议题（"软实力"）；二是熟练运用国际能源规则的能力，尤其是国际能源贸易与金融投资的法律与国际规则；三是优化国内能源治理与能源外交的政府架构，尤其是国内能源管理体制改革与国际能源合作机制；四是增强国际化能源治理人力资源培养与储备；五是能源企业参与国际能源市场活动、全面服务于国际能源市场的能力（"硬实力"）；六是积极借助非官方力量和国际力量，构建讨论平台，加强参与全球能源治理的研究和能力建设。

（3）互相开放，培养对国际能源市场可保常态能源安全的信念

未来的全球能源治理将面对中国与世界程度更深的互相开放趋势。应增进国际能源市场可保常态下能源安全的认知，培养健康市场。一是国际能源市场可以确保常态化能源安全已成为全球共识且概率越来越大。能源（主要是油气）对外依存度已不再

是衡量能源安全的刚性标尺，在全球化与互相开放、全球能源转型与中国能源革命的多重因素下，能源紧缺或将不像以前那样形势严峻，通过国际市场采购的能源商品或许性价比比国内生产更高。二是在特定领域加强对中国能源资源的开放程度，这不仅涉及能源开发也涉及投资和贸易。界定国际合作的领域，提高开放程度，吸收国外的能源开发经验和先进技术，利用外资促进国内能源市场竞争力和活力的提升，实现能源开发的双赢。中国进一步融入全球能源市场，为全球能源安全与中国能源安全及东亚区域能源安全作出更大贡献。

（4）局部突破，兼收并蓄不同治理机构优点，分享中国成功经验

在"坚持多边合作模式，与国际社会携手前行"的原则下，中国参与不同的能源治理方式，成本收益风险不同，有可能在中国主导权更大的治理机制下率先取得突破（如"一带一路"能源合作）。尽管国际能源合作与全球能源治理内涵和边界不同，但不同治理机构的优点与中国的成功经验有利于全球能源治理机制的进一步完善。

2016年，中国与G20、IEA两大国际组织的能源合作关系取得突破。中国成为现阶段全球能源治理机构IEA的联盟国，标志着中国参与主流全球能源治理的实质性进展。G20是中国首次以创始国成员和核心国成员的重要身份参与的全球经济治理机制，为中国提升全球能源治理领导力提供了世界瞩目的中心舞台。

推动"一带一路"能源合作与全球能源治理改革融合协同，对于中国与主流全球能源治理机构（IEA）同样重要。建议：一是提升各方政策透明度，强化战略互信，包括：增信释疑避免战略猜疑，切实营造互利共赢局面，构建常态化能源合作机制等。二是可促进中国积极融入现有主流全球能源治理改革进程，包括：与现有主流国际组织充分合作并推行政策主张，深入参与现有全球能源治理机制的改革进程，积极融入多边能源法律规则的构建与改革进程，推动构建利益共享、风险共担、有序竞争的新兴合作模式与治理平台。三是积极推动创建不同治理平台间的创新与对话，增进能源治理平台互信交流，推动平台间对话合作机制，如："一带一路"与IEA、OPEC、SCO、EU、OECD、WTO等。

2.针对国际社会：务实开展主流治理体系的包容性改革

（1）现有全球能源治理框架不能满足全球化趋势，亟待提升包容性

现有能源治理机制不能有效解决能源领域的既有安全风险和新安全风险，以及能源投资面临的政治、法律、腐败等风险。一方面，部分能源治理机制是区域性或局部性治理，还没有走向全球；另一方面，大部分治理机制的治理手段有效性在下降、执行力较差。

尽管会出现波折，全球化趋势不可逆转，全球治理至关重要，全球能源治理是全球经济治理的重要内容。能源供需双方的命运融合政策越来越紧，尤其是在美国能源独立程度加深，发达国家油气消费接近达峰或处于高平台（进一步增长潜力有限），具有油气消费潜力的大国仅剩下中印两国的情况下，新兴经济体和发展中国家成为IEA和OPEC同时争取的对象。

面对全球化趋势和未来能源供需形势，能源安全问题或不再像以前那么严重，只有提升包容性，才能更好地应对新形势下全球能源治理的挑战。这种包容性改善，不仅是IEA框架覆盖更多的油气消费国，而且应该有更高层的框架统筹协调IEA与OPEC的关系，形成新的能源利益共同体。

（2）G20、IEA是当前全球治理的核心机构，其融合需要政治妥协

目前以IEA为核心的全球能源治理框架分为三个层次：第一或近似第一层次是以UN-G20为唯一代表的全球治理机构，并非能源治理机构，但层级高、覆盖性代表性强，可提出具有广泛共识、高屋建瓴、对能源具有影响力的政策导向。第二层次是以IEA-OECD为代表的专业性能源治理机构，目前是发达经济体的能源俱乐部，但非OPEC的Non-OECD国家已成为IEA的伙伴关系国家；OPEC是IEA的竞争对手，但影响力和执行力已现颓势；这层次的机构往往具有严密组织、较强的执行力和专业性。第三层次是以IRNEA、IEF、EC等为代表的新兴专业化能源治理组织，更多进行某个专业领域的纵向治理，这些组织往往和G20等高层次全球治理机构有合作关系。

第一、第二层次的融合需要政治妥协，G20-IEA的融合是长期过程。OECD国家在非能源领域的政治让步概率和程度将影响IEA的走向。以IEA为代表的主流能源治理机构的包容性改革需要更进一步，IEA与OPEC国家的利益协同比包容中国、印度等能源消费大国更加困难，需要在第一层次全球治理框架下才有实现可能，这是一个长期过程。

将全球能源治理更深融入社会经济共同发展对于未来治理机制十分重要。"一带一路"框架和机制的包容性与IEA能源治理的专业性具有较好的互补性，两个机制可以互相借鉴。将全球能源治理与参与者社会经济发展深度融合，有利于在更广更深程度上形成未来全球能源治理的共识。

（3）层级更高的G20-IEA能源治理框架有利于与气候治理相协同

G20-IEA框架下的全球能源治理，比现阶段IEA层级高、更包容，比现阶段G20的能源治理更有专业性和执行力。G20-IEA融合后的全球能源治理，高度、效力、包容性已基本上与全球气候治理处于一个层面。

短期内，气候治理的核心是能源转型与能源治理，G20-IEA框架有利于实现双赢。这对油气进口国的好处显而易见，对OPEC多家等油气出口国也能形成利益制衡，促进这些国家的发展转型。

长期看，气候治理的共识有利于能源供需双方共同找到新的共识。这种共识将超越以往的以油气安全为核心的狭义能源安全（足量持续、经济可承受），覆盖能源安全可持续性（绿色、效率、公平等）的内涵，有利于能源供需的低碳化绿色化转型。

3.针对其他利益相关者：放眼未来，谋划全球协同能源安全

（1）其他非能源国际组织也应与时俱进适应全球能源治理改革

WTO等应考虑贸易形式变化下的能源贸易规则。WTO贸易规则需要同步改革，以适应全球化趋势下对国际贸易所需的更加普惠、智能、高效、便利等要求。这些要求在能源方面主要表现为：一是石油贸易可能存在流向与贸易形式上的变化，天然气贸易或形成全球统一LNG市场；二是尽管油气生产国的国家控制力度较高，但油气上游的国际合作这类服务贸易规则的国际化与同质化已成为趋势；三是跨国甚至跨州电力贸易的愿景有可能成为现实，网络信息安全对于能源贸易可靠性越来越重要。

WB、IMF等应及早谋划低碳时代的投资方向。未来尤其是2030年后，全球油气消费可能达峰或处于高平台，进一步增长的可能性较小。在低碳的能源电力系统中，化石能源电源的负荷率或将进一步降低，存量化石能源投资尤其是电力投资的收益率不如从前将成为大概率事件。调整投资方向以确保或适应低碳情景下的能源投资可持续性将变得更为重要。

（2）未来全球能源治理框架及当前的"一带一路"都应给油气出口国提供转型发展的机会

在未来油气供应宽松的预期下，中国、印度处于俄罗斯、沙特等OPEC国家、美国（潜在油气出口国）的地理中心。相比之下，俄、沙等国更需要加快转型发展以摆脱过度依赖油气出口的局面。目前的"一带一路"覆盖了这两个代表性国家尤其是沙特等海湾产油国，"一带一路"为这些国家提供了除能源以外的整个社会发展与经济转型的机遇，中国正加强与海湾国家能源基础设施互联互通合作，并有望形成多边共识并具体落实到投资层面。未来的全球能源治理框架及主要机构也应在这方面付出努力，这需要谋求能源以外的更广泛共识，同时也需要更为广泛的全球治理来支持。

（3）放眼未来，只有实现能源消费国和能源出口国的全面而协同的转型，才能实现全球协同的能源安全

全球是一个整体。生产国、消费国、出口国等利益均应得到考虑，利益需要得到

平衡。但这需要国际组织、相关国家的长期、共同努力，多维度进行协同。全球能源治理在这个长期转型过程中将变得更为重要，而这需要全球能源治理体系不断改革、与时俱进。

附录3：原油应急措施的制定

1973年至1974年的阿拉伯石油禁运和首次油价危机引发了人们对因政治原因引起的长期大规模供应中断的恐惧。随着中东地区的政治局势变得更加脆弱，越来越多的人意识到并开始担忧国际原油贸易中涉及的多个运输枢纽（例如，霍尔木兹海峡和曼德海峡等）的意义及影响。

在此背景下，越来越多的人认为，供应安全最好应通过以增加储备为中心的协调措施来实现。第一项措施来自美国前国务卿亨利·基辛格发起的一项倡议，涉及国际能源署（IEA）于1974年11月的组建。此项措施的核心是IEA的"应急共享机制"。该措施要求成员国——当时基本上是OECD的成员国（法国起初不在其范围内，但后来加入该组织）保留90天消耗量的原油（原油及其产品）储备。之后，出台了一系列规则，用于规定这些库存的释放条件。欧盟委员会感到自身被IEA大幅超越（美国的倡议），之后推出了自己的类似要点的应急计划，但这两个计划之间的关系从未获得澄清。1978年，美国开始实施其"战略石油储备"（SPR）计划，即在路易斯安那州的盐穴中建设庞大的原油存储容量。SPR的实施引发了有关储备投机贸易角色的众多讨论，因为一旦SPR释放其库存，必将抑制全球市场的油价上涨。近期，受益于2014年6月以来的原油价格暴跌，其他国家（尤其是中国）开始建设各自的战略储备。

20世纪80年代，由于造纸/期货市场的发展，一些深入的供应安全措施得到有效实施。这些措施起初出现于非正式的期货市场，但之后于20世纪80年代末期，进入正式市场——纽约的纽约商业交易所（Nymex）和伦敦的国际石油交易所（IPE，后为洲际交易所（ICE））。这些措施让消费者（和生产商）能够通过对冲来抵御价格波动。

这些机制仅对少数情况进行了测试。第一种情况是与伊朗革命和伊朗-伊拉克战争相关的原油供应中断。该测试并非真实的测试，因为SPR虽已完成填充，但尚未建立物理泵送容量来弥补存量。在IEA决定不启用"应急共享机制"的存在较大争议的市场中，测试结果是，每个人都面临美国企业与日本企业之间非常激烈的竞争。结果是有效地引发了第二次原油价格危机。第二种情况是在伊拉克入侵科威特之后，伊拉克和科威特原油供应中断。此情况对油价的影响起初受到抑制，因为沙特阿拉伯拥有大量空闲容量并将其推入市场中。在1991年解放科威特行动开始时，IEA释放了库存，但其结果却是加剧了油价波动。2005年，为应对卡特里娜飓风及其对墨西哥湾原油运输造成的影响，IEA再次宣布释放库存，但接受者很少。

有关上述机制的有效性及其最优设计的学术文献中记录了相关激烈辩论。然而，行业内部人士达成的共识是，如果发生任何极其严重的中断（例如，关闭霍尔木兹海峡），IEA的计划将崩溃，因为各国政府寻求的是维护各自的国家利益。

资料来源：Paul Stevens，2016年11月。

附录4：国际可再生能源机构（IRENA）

IRENA是于2009年组建的一个政府间组织，旨在促进可再生能源在世界范围内的使用。德国政府认识到，现有的能源机构将可再生能源置于相比其他能源的劣势低位，因而领导组成一个"自愿联盟"来制定IRENA的使命。该联盟致力成为全球可再生能源的知识来源（包括可再生能源技术及专利），发表相关意见、提供相关政策建议，并作为成员国的一个网络中枢。IRENA面向欧盟所有成员国，拥有高度合法性，成员国在决策中拥有同等表决权。鉴于该组织主要负责信息方面的软技术工作，利益相关方和机构的参与度相对较高，成员国通常会派遣各自能源部门（而非气候或环境部门）的官员参加IRENA委员会会议。

尽管如此，IRENA的创建起初受到阻力。劝阻的理由多种多样，包括对可再生能源的保留意见、害怕触犯化石燃料及核能行业利益相关者的利益、对在现有国际组织处于低效和僵局状况下创建新国际组织持有的怀疑，以及对成员国经济负担的担忧。多个IEA成员国——包括法国、英国、美国、加拿大、意大利、日本和澳大利亚不希望成为IEA的对手；新兴国家提出了主权方面的问题；巴西则担心IRENA将企图限制其使用生物燃料和大型水电等能源。经过多年在获取政治支持方面的努力，多数劝阻者最终加入了IRENA。目前，其成员国有75个国家，包括中国和28个IEA成员国中的26个国家。

其中许多利益相关者表面上不太可能是支持者。这些利益相关者包括阿拉伯联合酋长国（UAE）和尼日利亚——这两个国家都是OPEC成员国。UAE承担了重要角色，为IRENA的多项倡议提供了资金支持，并在初始阶段，在德国的支持下，很大程度地维持了这些倡议。IRENA决定将总部设在阿布扎比，此决定发出了一个有关IRENA和可再生能源的强烈的政治信息——连原油出口国家也承认IRENA的经济潜力并愿意为之贡献一份力量。近年来，在油价暴跌后，这一消息变得更加强烈，迫使出口国重新考虑化石燃料在支持经济增长和政治稳定方面的作用。

附录5：G20在全球能源合作中的作用日益增强

在采取"自愿联盟"方式的全球治理倡议组织中，G20是最突出的一个。2008年的全球金融危机激发G20产生新的动力，促使G20将其工作范围从经济合作扩展为包括能源和气候变化在内的范围。与之前的能源治理转变类似，做出这一范围扩展，部分原因在于面临高油价和石油市场波动。对此，G20将消除能源市场的扭曲和低效确定为一道关键防线。此外，当非OECD国家的石油需求即将超过OECD，并且IEA的代表性和机构受到越来越多的质疑时，G20组建了一个包括成熟大国和新型大国（在一次能源总需求中的占比超过80%，在全球化石燃料贸易中的占比在50%以上）的论坛。

2009年匹兹堡峰会做出了关于淘汰低效和造成浪费的消费补贴的承诺。事实证明，设计一套强大的、政治上可接受的申报机制，是一项具有挑战性的任务，因为价格改革仍基本属于国家竞争力的一个方面。该承诺在概念框架上存在缺口——从缺乏对"补贴"构成要素的共识，到对"低效""浪费""理性环境"和"市场稳定"等术语的不同理解——导致现有补贴与需要被淘汰的补贴的申报情况出现不一致。尽管有人因此而质疑该承诺的有效性，但该承诺毕竟成功地使补贴问题成为一项国际议题，并有助于为改革创造长期条件。当油价暴跌时，许多国家的政府利用政治空间来实施消费补贴改革。

自从在2011年举行的圣彼得堡峰会上做出关于改善能源数据透明度的承诺，以及在2014年布里斯班峰会上通过G20能源原则以来，G20在能源合作方面发挥的作用一直在加强。或许最重要的是，尽管新兴经济体艰难地在多边层面上实施根本性改革，但它们一直能够通过G20，不断地促进能源对话。例如，2016年，中国借轮值主席G20会议，提出了"绿色财政"倡议。此外，"杭州共识"重申了"能源合作在促进经济增长方面对清洁能源未来和可持续能源安全的重要性"，反映了目前全球经济、能源与气候治理之间最清晰的关联。

附录6：案例研究——单干与合作行动

案例研究1：IEA

汇集的经济与政治资本比单个国家单单干动更有力量。为应对1973年原油危机，美国同时采取了单边与多边行动。在单边方面，美国禁止原油出口，这有助于在短期内降低和稳定油价。与此同时，美国在1974年成为IEA的创始成员，其核心是ERM——一个让消费者群体能够对石油生产商施加更大市场力量的多边组织和合作机制。美国单方面实行的石油出口禁令可以说是一种短期措施，旨在解决亟须解决的短期问题。IEA和ERM的组建和实施则比美国的单方面出口禁令耗时更长，但在实现稳定油价的预期目标方面可以说更加有效。

在2015年取消禁令之前，许多评论家认为，取消禁令将导致产量增加，因为生产国将开始向全球市场销售。美国对外关系委员会预估，美国的原油产量将增长120万桶/天，相当于让美国GDP增长1%。分清全球原油价格下跌对解禁后的美国石油行业的影响，与未解禁情况下，美国生产商原本会受到怎样的影响，具有重要意义。在2015年底解除禁令后，产量同比下降了50万桶/天，但假如未扭转单边措施，则下降幅度可能大得多。

这两种显然不同的做法反映出对同一问题同时采取的单边与多边对策。合作与单干之间的二等分在一定程度上属于逻辑谬误 —— 一些国家通常结合使用不同方法来达到同一目的。

IEA试图通过改革来提高在生产与消费方面的代表性，从而充分履行其职责，但这一改革构成了重大挑战。最重要的是，中国和印度等国家需要从准成员变为拥有完全权限的成员。然而，为克服这些障碍所需的共同政治意愿似乎并不存在。主要原因在于IEA过时的表决制度。简单地说，表决权份额根据1973年以来的原油消费数据而确定，这让中国和印度几乎没有表决影响力。如果更新到最近的原油消费数据，现有成员的表决影响力将大幅降低。IEA正式条约的修改将需要IEA成员国在各自国内层面进行审批，这可能会导致各国面临重大的国内政治挑战。如果目前IEA成员国有着共同的政治意愿和决心，那么这些障碍就可能通过各国的共同努力来克服。事实上，准成员之间的联盟将使总体政治资本更大，这一点可用来说服IEA对其表决制度做出修改。这一僵局背景引发了有关建立新机构或合作伙伴关系正式化的问题。

案例研究2：IRENA

对于不同国家组建形成新的国际机构的过程，文献中并无明确记录，因为新机构的组建往往与既有机构的分化并行发生，因此，这一点让此类过程变得更加复杂。显而易见的是，新的组织很难建立，特别是考虑到新的机构执行的职能可能与既有机构出现重叠，从而导致分裂。此外，新的机构需要较高的启动费用，而假若直接在既有机构内部办事和对既有机构进行改革，本可避免这些费用。

IRENA在2009年的成立有助于探索上述问题。德国、西班牙和丹麦劝说IRENA对化石燃料与核能方面给予的支持做出平衡，赞成对可再生能源技术给予更大支持。德国领导组建的"自愿联盟"（或者"不满国家联盟"，而非温和的共识）逐渐得到扩充，最终形成IRENA。在广义上，在IRENA组建阶段，各国自愿选择加入，以影响该机构的结构和目标。其中许多国家受各自的具体、特别的原因而加入。例如，奥巴马政府加入IRENA的原因只是为了及时证明，自身对碳排放方案采取的方针与布什政府的不同。

判定IRENA能否实现其目标还为时过早，但相比于在危机刺激下成立的联合国和布雷顿森林机构，IRENA的组建具有独特性，这种独特性是难以复制的。而且与国际能效合作伙伴关系组织（IPEEC）不同的是，IRENA是一个具有自身治理结构的实体。IPEEC与IRENA在同一时期组建，但IPEEC最终隶属于IEA，这一点再次说明了IRENA的组建具有独特性。原因可能是，IEA的机构改革成本超过了机构创建成本，导致IRENA成为一个拥有自身权利的实体。

案例研究3：碳交易

在国际或多边对策的制定中，单边行动可能发挥催化作用。英国和欧盟的平行ETS体系明确证实了单边与多边对策之间的这种相互作用。英国能够通过单干（或者单边行动），更快地实施碳交易，但随后将相关知识和专长运用到与欧盟ETS的合作及多边行动中。气候领导委员会最近提出的碳排放税提案也反映了这种催化效应，其中还包括关于边境调节税的建议；

> "进口和出口碳含量的边界调节将保护
> 美国的竞争力并惩罚其他国家的投机贸易，鼓励它们
> 采用自身的碳定价。"

此战略的优劣存在争议，但其意图是明确的——通过采取单边行动而无需多边合作，即可率先形成未来互连碳定价体系。美国做出的这种单边决定将对全球能源的贸易与治理产生深远影响。

尽管在理论上，边境调节税可以更迅速地实施，但不利的一面可能是引发贸易战。虽然边境调节税在技术上并非进口关税，但其不太可能符合WTO的规则。即便符合，其他国家也可能开始实行类似的边境调节税，以保护各自的出口产业，因而也可能引发贸易战，损害各国的国内增长。因此，多边的、较复杂的模式可能会带来更为理想的结果。多边对策可能涉及，通过制定有关《巴黎协定》第6条或《碳排放缓解机制》（EMM）规定的可转让碳配额或信用的国际会计准则，将不同的碳排放市场相互联结。为建立碳排放缓解机制，需要开展广泛的谈判并在中国等排放大国的带领下进

行。相比于有关边境调节税的单边提案，这些谈判可能需要耗费大量精力与时间。

案例研究4：原油泄漏

原油泄漏及其造成的环境危害问题是一大国际难题，因为跨越国界和海上航道的油轮在国际水域航行。原油泄漏情景是在危机或冲击刺激下产生国际对策的示例情景。1967年，在托里海峡遭遇海难的英国超级油轮为防止原油扩散而决定对油轮进行点火，此决定饱受争议。虽然该油轮被限制在英国境内，但原油泄漏会导致法国80千米海岸线最终受到污染；因此，英国国内这一行动属于单边行动。此事件导致了若干国际公约的签署，包括承认沿海国家"为防止海岸线因严重的、急迫的危险遭到原油污染"而采取单边措施的权利。在此案例中，单边行动促进了多边协定和标准的制定，反过来保护了各国采取单边行动的权利。20世纪70年代，为遵守双壳标准，美国单边强迫油轮进入美国港口，促成1973年MARPOL公约和1978年协定书的通过，使美国标准在国际范围得到扩展。

案例研究5：氟氯化碳（CFC）和《蒙特利尔议定书》

为防止平流层臭氧损耗而制定的氯氟化碳（CFC）禁令，反映了在单边贸易制裁的预知威胁的刺激下出现的多边对策。20世纪70年代初，随着南极上空臭氧空洞的扩大，公众开始担忧皮肤癌发病率的上升。到20世纪70年代中期，研究表明，氟氯化碳是造成臭氧空洞的原因。20世纪70年代至80年代期间，在美国的带领下，一些国家采取了国内行动，并开始禁止和减少对含有氟氯化碳的气溶胶的使用。相关国际谈判自20世纪80年代初即开始进行，但直到80年代中期才达到紧要关头。

欧洲和日本达成协议的一个主要动机是担心如果谈判失败，美国将采取单边行动并实施贸易制裁。《蒙特利尔议定书》于1987年获得签署，其明确削减了氟氯化碳在全球的生产和使用数量。值得注意的是，促使达成协议的另一个关键原因是，出现了氟氯化碳的可用替代品，从而限制了该方法在其他领域（尤其是气候变化领域）的可重复性。

然而，《蒙特利尔议定书》被广泛认为是世界最有效的环保条约。98%的臭氧消耗物质（ODS）的生产和消费现已终止，臭氧层预计将在未来50年左右恢复到南极出现臭氧空洞之前的状态，并在大约500年内恢复到工业化前的状态。同时，该议定书还对全球变暖速度的减缓做出了重大贡献——因为几乎所有臭氧消耗物质（包括氯氟化碳和氢氯氟碳化合物）本身是强大的温室气体，通常比氢氟碳化合物（HFC）更强大。

另一个突破于2016年10月，即当近200个国家同意逐步减少导致气候变暖的氢氟碳化合物（HFC）的全球排放量时达成。此协定是对《蒙特利尔议定书》的修改，具体要求富裕国家自2019年开始削减HFC的使用量，其他所有国家到21世纪40年代结束之前实现其消费量的大幅减少。此举措有助于防止到21世纪末，全球升温相比工业前水平超过0.5摄氏度（批注：根据原文译，但原文文意疑似有误。因为《巴黎协定》规定的2℃情景已很难实现）。

《蒙特利尔议定书》的大部分成功归功于其制度设计。臭氧制度的最高决策机构是MOP，其预备讨论在开放式工作组（OEWG）中进行。事实证明，与其他许多多边环境协定（MEA）中的机构相比，这些机构通常设有和谐的论坛，用于解决各方在政治、技术和财政方面遇到的主要问题。这种历来受重视的归属感对于解决争议而言是有帮助的（但不幸的是，如下文所述，这种积极的氛围尚未扩展到有关氢氟碳化合物的讨论，该讨论较为激烈）。

自最初建立时开始的近三十年来，臭氧制度目前已发展到成熟的阶段，其机构已建立完善，并且其主要目标——逐步淘汰臭氧消耗物质的生产和消费——已基本实现。然而，《蒙特利尔议定书》仍然面临若干挑战——不仅包括氢氟碳化合物使用量增加，还包括臭氧消耗物质的非法交易、存储的臭氧消耗物质的处置——这些仍然是重要的问题。然而，可以说，《蒙特利尔议定书》被普遍认为是一种非常有效的制度。然而，由此产生的必然结果是，臭氧保护问题在很大程度上导致国际议程仅受到有限的政治关注。

以上文字主要摘自Stephen O. Andersen，Duncan Brack和Joanna Depledge的查塔姆研究论文（2014）。

附录7：WTO与能源

虽然由153个成员国组成的WTO为协调和管理国际贸易提供了主要国际制度框架，但自然资源（包括化石燃料）贸易在很大程度上超出了其管辖范围（尽管某些规则对未开采的资源及相关服务存在影响）。WTO章程中包含一些针对农业和纺织品（但并非自然能源）相关问题的单独章节。一些区域性协定（尤其是《能源宪章条约》和《北美自由贸易协定》（NAFTA）的"能源专章"）试图填补这一缺口。此外，《跨大西洋贸易与投资伙伴关系协定》的谈判也为解决这些能源问题做出了努力。

贸易协定中指出了自然资源享受"特殊待遇"的若干原因。首先，自然资源的地域分布极不均匀，其生产地点大部分是不可移动的。将近90%的原油储量仅分布于15个国家。

其次，拥有这些资源的国家对其自然资源的主权控制及其出于经济和社会发展目的而开采这些资源的权利在国际法中得到认可（见1962年联合国第1803号决议）。第三，自然资源的贸易通常被出口国和进口国视为重大国家安全问题。第四，相比于其他大多数交易产品，自然资源的开采和消费会产生严重的负外部性。最后，大部分资源贸易在长期合同框架下进行，通常通过专用的管道或液化天然气运输船等基础设施来实现。自然资源的"枯竭"，以及对国家安全构成侵犯的可能性，为WTO规则中的贸易限制提供了潜在理由，但这些限制必须以非歧视的方式实施。

虽然这些理由可能被广泛接受，但在实践中，不同国家往往存在不同的解释或者这些解释之间的界限较模糊。最重要的是，自然资源在何节点变成可销售的商品，通常是难以辨别的，并且到目前仍然存在争议。更复杂的还有，虽然《关税及贸易总协定》（GATS）条款不涵盖自然资源，但与自然资源相关的服务（勘探、开采、技术试验、运输）受到GATS之规定的约束，除非政府主管部门另有规定。这些结果导致各国呼吁建立更协调的框架，指明哪些规则适用于哪些类型的资源，以及某种资源必须具备哪些资格才能被视为商品或服务，并涵盖一些有关原油和天然气的重要问题（例如，投资保护）。

另一个关键问题在于，虽然消费国的供应安全问题侧重于能否进口货物，但WTO关注的是如何避免进口限制。1994年GATT第十一条规定，"除关税、一般税收及其他收费外"，出口不得受到数量上的限制——但对于在加入协议中表示接受边境税的国家（包括中国）之外的国家，该规定并未设定边境税的上限金额。第十一条被解释为——不禁止出口税，这也就解释了为何"公告的出口限制中超过1/3针对于资源行业，并且自然资源的出口税似乎是其他行业出口税的两倍"。近年来，一些主要的原料供应国采取了出口管制。印度尼西亚开始对未加工矿石的出口实施禁令。越南也开始对铁矿石和铜的出口施加限制，巴西和印度征收的出口税近期也受到争议。2012年，美国、欧盟和日本向WTO提起针对中国稀土矿产出口配额的投诉，结果该制度于2014年年末被取消。WTO已收到多种关于在危机或价格急剧波动情况下自愿规避出口限制（以避免这些限制加剧恶化）的提案。

虽然资源市场的运作受到越来越多的关注，但拖延已久的多哈回合谈判不太可能在WTO会议上提出对开采行业的待遇做出重大改变，部分原因在于，WTO谈判中的大部分选民认为，"自然资源的获取权、使用权和监管权不在谈判范围以内"。GATT/WTO过去有关自然资源的谈判及文书（例如，普遍优惠制（GSP））主要针对于发展中国家对原料出口的依赖性和国际经济体系结构性不平等的潜在原因（"依附理论"）。在资源繁荣期间的讨论反映了对高昂的资源价格、极端价格波动、日益增强的贸易限制以及WTO争端解决机制解决资源贸易争端之能力的担忧。

附录8：核能是走向衰退还是复苏？

核能发电在全球电力供应中的占比已从2006年的峰值15.0%下降到2015年的10.8%。除了公众和政治上对核能安全的担忧之外，核能融资和核经济问题也阻碍了核能的应用。从潜在投资者的角度，核能漫长的建设周期和较高的资本支出，导致其风险回报预测结果处于非常不利的低位。到2013年，全球平均度电成本（LCOE）为93～94美元/兆瓦时，但2014年上涨至140美元/兆瓦时。2015年上半年的预估数据中，高点估值为258美元/兆瓦时，而在BNEF发布的2015年下半年预估数据中，高点估值上涨至290美元/兆瓦时。这是由于基础设施成本上涨至372万至750万美元/兆瓦区间的直接结果。同期，燃气发电机的建造成本在46万至165万美元/兆瓦之间。核能度电成本上涨近50%的原因在于，第三代反应堆的建造成本被低估。第三代反应堆的设计更加安全，因为其设计中融入了被动安全系统（而并非基于旧设计反复添加安全系统）。由于设计上的复杂性、延误原因和成本超支，预期成本上涨。

随着中国在新核部署方面积累更多经验，初始资本成本将可能下降。如果核能将在电力供应中发挥越来越大的作用，则有必要开展技术共享方面的国际合作，中国可能在其中发挥主导作用。

缩略语对照表

AIIB：亚洲基础设施投资银行

BNEF：彭博新能源经济资讯

CCS：碳捕集与封存

CERC：清洁能源研究中心

CPLC：碳定价领导联盟

EMM：减排机制

ERM：应急机制

ESWG：能源可持续性工作组

ETS：排放交易体系

EV：电动汽车，BEV：纯电动汽车

FSB：金融稳定委员会

GCC：海湾国家合作委员会

ICE：内燃机

IEA：国际能源机构

IEF：国际能源论坛

IOC：跨国石油企业

JODI："联合石油数据"倡议

IPEEC：国际能效合作伙伴关系组织

IRENA：国际可再生能源机构

NPS：新政策情景

LCE：碳酸锂当量

LCOE：度电成本

MDB：多边开发银行

MRV：测量、报告与验证

NDB：新开发银行

NEA：核能机构

NOC：国有石油企业

OECD：经济合作与发展组织

REE：稀土元素

SPR：战略石油储备

TCFD：气候相关财务信息披露工作组

WHO：世界卫生组织

参考文献

[1] 瓦科拉夫·斯米尔，2015，《美国制造：国家繁荣为什么离不开制造业》，机械工业出版社，中译本。

[2] 詹·法格博格、戴维·莫利、理查德·纳尔逊，2009，《牛津创新手册》，知识产权出版社，中译本。

[3] 克里斯·弗里曼、罗克·苏特，2004，《工业创新经济学》，北京大学出版社，中译本。

[4] 努尔·白克力，2016，"走中国特色能源发展道路——深入学习领会习近平总书记关于能源革命的重要论述"，《求是》。

[5] 通用电气公司，2015，《工业互联网：打破智慧与机器的边界》，机械工业出版社，中译本。

[6] G20，2016，《二十国集团新工业革命行动计划》。

[7] 马化腾等，2017，《数字经济：中国创新增长新动能》，中信出版集团。

[8] 联合国工业发展组织，2015，《发展报告2016》，中文版。

[9] 世界银行，2015，《2015年世界发展报告：思维、社会与行为》，中文版。

[10] 史丹，2016，"中国能源转型需要新措施"，《经济日报》，2016年8月18日。

[11] 刘先云和张春宇，"全球与中国核电市场的回顾与展望"，《世界能源发展报告（2016）》，北京：社科文献出版社，2016年。

[12] 总报告撰写组，2017，"世界能源发展现状、未来趋势及中国的能源发展战略"，《世界能源发展报告（2017）》，北京：社科文献出版社，2017年。

[13] 桑丽霞，吴玉庭，赵阳博和马重芳，"储能技术的发展现状及面临的机遇与挑战"，《国际清洁能源发展报告（2014）》，北京：社科文献出版社，2014年。

[14] 中关村储能产业技术联盟，全球储能市场跟踪报告（2017年三季度）

[15] 邹才能，陶士振，侯连华等. 非常规油气地质[M]. 北京：地质出版社，2011

[16] 胡文瑞. 我国非常规天然气资源、现状、问题及解决方案[J]. 石油科技论坛，2012（6）：1-4

[17] 中国能源网，中国页岩气开发与未来监管框架研究，2012年5月

[18] 邱中建，赵文智，邓松涛. 致密气与页岩气发展路线图[J]. 中国石油石化，2012（17）：18-21

[19] 左汝强，李艺. 加拿大Mallik陆域永冻带天然气水合物成功试采回顾[J]. 探矿工程（岩土钻掘工程），2017（44）：1-12.

[20] Scientific American，"Earth Flirts with a 1.5-Degree Celsius Global Warming Threshold'，"2016.

[Online]. Available: https: //www.scientificamerican.com/article/earth–flirts–with–a–1–5–degree–celsius–global–warming–threshold1.

[21] Grantham Research Institute on Climate Change and Enviroment, "The Global Climate Legislation Study, " 2016.

[22] Grantham Research Institute on Climate Change and the Environment and Sabin Center for Climate Change Law, "Climate Change Laws of the World database, " 2017. [Online]. Available: http: //www.lse. ac.uk/GranthamInstitute/Legislation.

[23] World Health Organization, "Ambient（outdoor）air quality and health, " WHO, 2016. [Online]. Grounding paper for Global Discussion Forum, June 2017–Not for citation or circulation 54
Available: http: //www.who.int/mediacentre/factsheets/fs313/en/. [Accessed: 15–May–2017].

[24] WHO Regional Office for Europe, "Residential heating with wood and coal: health impacts and policy options in Europe and North America, " 2015.

[25] R. A. Rohde and R. A. Muller, "Air pollution in China: Mapping of concentrations and sources, " PLoS One, 2015.

[26] The Guardian, "Indian solar power prices hit record low, undercutting fossil fuels." [Online]. Available: https: //www.theguardian.com/environment/2017/may/10/indian–solar–power–prices–hit–record–low–undercutting–fossil–fuels. [Accessed: 08–Jun–2017].

[27] Visual Capitalist, "China Leading the Charge for Lithium–Ion Megafactories." [Online]. Available: http: //www.visualcapitalist.com/china–leading–charge–lithium–ion–megafactories/. [Accessed: 08–Jun–2017].

[28] S. Sorrell, "Reducing energy demand: A review of issues, challenges and approaches, " Renew. Sustain. Energy Rev., vol. 47, pp. 74–82, 2015.

[29] Energy Transitions Commission, "Better Energy, Greater Prosperity, " 2017.

[30] B. Lee, "Are we on the cusp of a demand revolution?, " Hoffmann Centre for Sustainable Resource Economy, 2017. [Online]. Available: https: //hoffmanncentre.chathamhouse.org/article/are–we–on–the–cusp–of–a–demand–revolution/. [Accessed: 20–Jun–2017].

[31] Arnulf Grubler, "Technology and Global Change: Data Appendix, " 1997. [Online]. Available: user. iiasa.ac.at/~gruebler/Data/TechnologyAndGlobalChange/.

[32] British Petroleum, "BP Statistical Review of World Energy, " 2016.

[33] J. H. Brown et al., "Energetic Limits to Economic Growth, " Bioscience, vol. 61, no. 1, pp. 19–26, 2011.

[34] Z. Csereklyei, M. D. Mar, R. Varas, and D. I. Stern, "Policy Energy and Economic Growth: The Stylized Facts, " Energy J., vol. 37, no. 2, pp. 223–255, 2016.

[35] International Energy Agency, "World Energy Outlook, " 2016.

[36] J. Mitchell, V. Marcel, and B. Mitchell, "Oil and Gas Mismatches: Finance, Investment and Climate Policy, " Chatham House, 2015.

[37] T. Van de Graaf, "The IEA, the New Energy Order and the Future of Global Energy Governance, " Rising Powers Multilater. Institutions. Palgrave Macmillan UK, 2015.

[38] U.S. Energy Information Administration, "International Energy Statistics, " 2017. [Online]. Available: www.eia.gov/beta/international. [Accessed: 29–Mar–2017].

[39] NDRC and Grantham Institute, "Global Energy Governance Reform and China's Participation," 2014.

[40] McGlade and Ekins, "The Geographical Distribution of Unburnable Carbon," Nature, 2015.

[41] G. Lahn and S. Bradley, "Left Stranded? Extractives-led Growth in Carbon Constrained World for an overview," Chatham House, 2016.

[42] Fossil Free, "Divestment Commitments," 2017. [Online]. Available: https: //gofossilfree.org/ commitments/. [Accessed: 03-Apr-2017].

[43] Bloomberg New Energy Finance, "Power Capacity and Generation Data," 2017.

[44] Bloomberg New Energy Finance, "LNG supply & demand-H1 2017 update," 2017.

[45] Bloomberg New Energy Finance, "H2 2016 China Gas Market Outlook," 2017.

[46] IEA & BERC, "Building Energy Use in China," 2015.

[47] Energy Information Administration, "Electric Power Monthly," 2017. [Online]. Available: http: // www.eia.gov/electricity/monthly/#generation. [Accessed: 28-Mar-2017].

[48] Bloomberg New Energy Finance, "California gas worth 43% more than solar in 2016," 2017.

[49] Bloomberg New Energy Finance, "Power prices sag at sunrise as solar soaks California grid," 2014.

[50] Bloomberg New Energy Finance, "US power profits predicated on 'fat tail' price-hours," 2017.

[51] IRENA, "Renewable Power Generation Costs in 2014," no. January, p. 92, 2015.

[52] Bloomberg New Energy Finance, "Solar Sold in Chile at Lowest Ever, Half Price of Coal," 2016. Grounding paper for Global Discussion Forum, June 2017-Not for citation or circulation 55

[53] Bloomberg New Energy Finance, "World Energy Hits a Turning Point: Solar That's Cheaper Than Wind," 2016.

[54] Bloomberg New Energy Finance, "H1 2017 LCOE Update."

[55] British Petroleum, "BP energy outlook 2016," 2016.

[56] Bloomberg New Energy Finance, "Global EV sales outlook to 2040," 2016.

[57] Financial Times, "DeepMind and National Grid in AI talks to balance energy supply." [Online]. Available: https: //www.ft.com/content/27c8aea0-06a9-11e7-97d1-5e720a26771b?mhq5j=e3. [Accessed: 22-Jun-2017].

[58] Electricity Networks Strategy Group, "A Smart Grid Routemap," 2010.

[59] Global Smart Grid Federation, "Smart Meter Security Survey," 2016.

[60] Bloomberg New Energy Finance, "1Q 2017 Digital Energy Market Outlook," 2017.

[61] Bloomberg New Energy Finance, "2016 lithium-ion battery price survey," 2016.

[62] Bloomberg New Energy Finance, "H2 2016 Global Energy Storage Market Outlook," 2016.

[63] Bloomberg New Energy Finance, "Global HVDC and interconnector database and overview," 2016.

[64] Bloomberg New Energy Finance, "Lithium-ion batteries (part 2): the marketplace, supply chains & costs," 2015.

[65] Bloomberg New Energy Finance, "Global EV sales outlook to 2040." 2016.

[66] B. Simon, S. Ziemann, and M. Weil, "Potential metal requirement of active materials in lithium-ion battery cells of electric vehicles and its impact on reserves: Focus on Europe," Resour. Conserv. Recycl., vol. 104, no. September, pp. 300-310, 2015.

[67] L. Oliveira, M. Messagie, S. Rangaraju, J. Sanfelix, M. Hernandez Rivas, and J. Van Mierlo, "Key issues of lithium-ion batteries-From resource depletion to environmental performance indicators," J.

Clean. Prod., vol. 108, pp. 354–362, 2015.

[68] S. H. Mohr, G. Mudd, and D. Giurco, "Lithium Resources and Production: Critical Assessment and Global Projections," Minerals, vol. 2, no. 4, pp. 65–84, 2012.

[69] S. Ziemann, M. Weil, and L. Schebek, "Tracing the fate of lithium–The development of a material flow model," Resour. Conserv. Recycl., vol. 63, no. June, pp. 26–34, 2012.

[70] United Nations Environment Programme, "Resource Efficiency: Potential and Economic Implications," 2016.

[71] R. Bleischwitz and V. Nechifor, "Saturation and Growth Over Time: When Demand for Minerals Peaks," Prism. N° 34, no. November, 2016.

[72] World Steel Association, "Energy use in the steel industry," 2015.

[73] World Steel, "Sustainable Steel–Policy and Indicators," 2014.

[74] J. Allwood, "Sustainable materials–with both eyes open Sustainable materials–with both eyes open," 2012.

[75] P. Stevens, "International Oil Companies. The Death of the Old Business Model," Chatham House, 2016.

[76] Barclays, "Barclays E&P Spending Survey," 2017.

[77] T. Lavoie et al., "Assessing the Methane Emissions from Natural Gas–Fired Power Plants and Oil Refineries," Environ. Sci. Technol, 2017.

[78] Market Realist, "By How Much Does Shell Lead Its Peers in Natural Gas Production?," 2016. [Online]. Available: http://marketrealist.com/2016/09/by–how–much–does–shell–lead–its–peers–in–natural–gas–production/. [Accessed: 30–Mar–2017].

[79] International Monetary Fund, "Annual Meeting of Arab Ministers of Finance," 2016.

[80] Financial Times, "Saudi Arabia seeks $30bn–$50bn solar and wind energy investment," 2017. [Online]. Available: https://www.ft.com/content/d370829e–dbfe–11e6–86ac–f253db7791c6. [Accessed: 14–Mar–2017].

[81] International Energy Agency, "Energy Subsidies," 2016. [Online]. Available: http://www.worldenergyoutlook.org/resources/energysubsidies/. [Accessed: 29–Mar–2017].

[82] M. L. Ross et al., "Global progress and backsliding on gasoline taxes and subsidies," Nat. Grounding paper for Global Discussion Forum, June 2017–Not for citation or circulation 56 Energy, vol. 2, no. 1, p. 16201, 2017.

[83] Chatham House, "resourcetrade.earth," 2017. [Online]. Available: http://resourcetrade.earth.

[84] Z. Daojiong and M. Meidan, "China and the Middle East in a New Energy Landscape," 2015.

[85] World Trade Organisation, "World Trade Report 2010: Trade in natural resources," 2010.

[86] L. Baccini, V. Lenzi, and P. W. Thurner, "Global Energy Governance: Trade, Infrastructure, and the Di_usion of International Organizations," Int. Interact. Empir. Theor. Res. Int. Relations, vol. 39, no. 2, pp. 192–216, 2013.

[87] NERA Economic Consulting, "Global Energy Regulation," 2016.

[88] European Commission, "New electricity market rules allow efficient EU–wide electricity trading," 2015. [Online]. Available: https://ec.europa.eu/energy/en/news/new–electricity–market–rules–help–save–€4–bn–year. [Accessed: 31–Mar–2017].

[89] Financial Times, "Lithium: Chile's buried treasure." [Online]. Available: https://www.ft.com/

content/cde8f984−43c7−11e6−b22f−79eb4891c97d. [Accessed：20−Mar−2017].

[90] S. Bradley and J. Kooroshy， "Cartels and Competition in Minerals Markets：Challenges for Global Governance，" Chatham House，2014.

[91] The New Climate Economy， "The Sustainable Infrastructure Imperative. Financing for Better Growth and Development，" 2016.

[92] "ExxonMobil Investors Make History with Majority Vote on Climate Risk Disclosure." [Online]. Available：https：//www.ceres.org/news−center/press−releases/exxonmobil−investors−make−history−majority−vote−climate−risk−disclosure?utm_content=buffera10d0&utm_medium=social&utm_source=twitter.com&utm_campaign=buffer. [Accessed：01−Jun−2017].

[93] Task Force on Climate−related Financial Disclosures， "Phase I Report of the Task Force on Climate−Related Financial Disclosures，" 2016.

[94] H. Himberg， "Comparative Review of Multilateral Development Bank Safeguard，" 2015.

[95] Inclusive Development International， "Disaster For Us And The Planet：How The IFC Is Quietly Funding A Coal Boom，" 2016.

[96] Financial Times， "Australia lobbies China−led AIIB to add coal to lending priorities，" 2016. [Online]. Available：https：//www.ft.com/content/68ed504a−c110−11e6−9bca−2b93a6856354. [Accessed：15−Dec−2016].

[97] Han Chen et. al， "Carbon Trap：How International Coal Finance Undermines the Paris Agreement，" 2016.

[98] B. Lee，I. Ilian，and F. Preston， "Who Owns Our Low Carbon Future?，" Chatham House，2009.

[99] International Energy Agency， "Tracking Clean Energy Progress 2017." [Online]. Available：https：//www.iea.org/etp/tracking2017/. [Accessed：21−Jun−2017].

[100] N. Hirst and A. Froggatt， "The Reform of Global Energy Governance，" Imp. Coll. London，2012.

[101] M. Ruta and A. J. Venables， "International trade in natural resources：Practice and policy，" Annu. Rev. Resour. Econ.，2015.

[102] B. Lee et al.， "Resources Futures，" Chatham House，2012.

[103] Financial Times， "Nickel gains after Indonesia reaffirms ore export ban." [Online]. Available：https：//www.ft.com/content/08b57272−7002−11e4−a0c4−00144feabdc0?mhq5j=e3. [Accessed：09−Jun−2017].

[104] P. Collier and A. J. Venables， "International Rules for Trade in Natural Resources，" J. Glob. Dev.，vol. 1，no. 1，pp. 1−17，2010.

[105] J. A. Baker，T. Halstead，N. G. Mankiw，H. M. Paulson，G. P. Shultz，and T. Stephenson， "The Conservative Case for Carbon Dividens，" 2017.

[106] Global Economic Policy， "China's National Emissions Trading System Implications for Carbon Markets and Trade，" 2016.

[107] J. A. Caporaso， "International relations theory and multilateralism：the search for foundations，" Int. Organ.，1992.

Grounding paper for Global Discussion Forum，June 2017−Not for citation or circulation 57

[108] C. Emmerson and P. Stevens， "Maritime Choke Points and the Global Energy System：Charting a Way Forward，" Chatham House，2012.

[109] V. Vivoda，"Evaluating energy security in the Asia-Pacific region：A novel methodological approach，" Energy Policy，vol. 38，no. 9，pp. 5258-5263，2010.

[110] T. Van de Graaf，"Fragmentation in global energy governance：Explaining the creation of IRENA，" Glob. Environ. Polit.，no. January 2009，2013.

[111] D. Bodansky，"What's so bad about unilateral action to protect the environmnet，" Eur. J. Int. Law，vol. 11，no. 2，pp. 339-347，2009.

[112] P. M. Morrisette，"The evolution of policy responses to stratospheric ozone depletion，" Nat. Resour. J.，vol. 29，no. September 1987，pp. 793-820，1989.

[113] J. Selivanova，Regulation of energy in international trade law：WTO，NAFTA，and Energy Charter. Kluwer Law International，2011.

[114] Y. Selivanova，"Trade in Energy：Challenges for International Trade Regulation，" 2010.

[115] Bloomberg New Energy Finance，"H1 2015 Global Levelised Cost of Electricity Update，" 2015.

[116] Bloomberg New Energy Finance，"H2 2015 Global Levelised Cost of Electricity Update，" 2015.

[117] M. Schneider and A. Froggatt，"The world nuclear industry status report

[118] Mark Muro、Jonathan Rothwell、Scott Andes、Kenan Fikri and Siddharth Ku lkarni，2015，"America's Advanced Industries：What they are，Where they are，and Why they matter"，The Brookings Institute。

[119] Industrie 4.0 Working Group，2013，"Recommendations for implementing the strategic initiative INDUSTRIE 4.0"。

[120] The Economist，2017，"Oil struggles to enter the digital age"。

[121] BP，2017，"BP Statistical Review of World Energy 2017"。

[122] U.S. Energy Information Administration，2017，《International Energy Outlook 2017》。

[123] Hunt Allcott、Todd Rogers，2012，"The Short-run and Long-run Effects of Behavioral interventions：Experimental Evidence from Energy Conservation"，NBER Working paper。

[124] IEA Coal Industry Advisory Board，2013，《21st Century Coal：Advanced Technology and Global Energy Solution》。

[125] Anadon，L. D.，Nemet，G.，& Schock，B.（2012）. The US Synthetic Fuels Corporation：Policy Consistency，Flexibility，and the Long-Term Consequences of Perceived Failures. Retrieved from http：//www.iiasa.ac.at/web/home/research/researchPrograms/TransitionstoNewTech nologies/15_Anadon_US_Synfuels_WEB.pdf

[126] ANFAVEA.（2012）. Brazilian Automotive Industry Yearbook. Retrieved from http：//www.anfavea.com.br/estatisticas.html

[127] C-Net.（2009）. Loudcloud：Early light on cloud computing. Retrieved from https：//www.cnet.com/uk/news/loudcloud-early-light-on-cloud-computing/

[128] Deutch，J. M.，& Lester，R. K.（2004）. Making technology work：applications in energy and the environment. Cambridge University Press.

[129] EIA.（2005）. Annual Energy Outlook Evaluation 2005. Retrieved from https：//www.eia.gov/outlooks/archive/aeo05/evaluations/

[130] Frankfurt School of Finance & Management，& Bloomberg New Energy Finance.（2017）. Global Trends in Renewable Energy Investment 2017. Retrieved from http：//fs-unepcentre.org/sites/default/

files/publications/globaltrendsinrenewableenergyinvestment 2017.pdf

[131] （2007）. Ethanol for a Sustainable Energy Future. Science，315.

[132] （2015）. IEA Energy Technology RD&D Statistics. http：//doi.org/10.1787/enetech-data-en

[133] IEA.（2016）. IEA World Energy Balances.

[134] Irena-GWEC.（2013a）. 30 Years of Policies for Wind Energy：Lessons from Denmark. Retrieved from https：//irena.org/DocumentDownloads/Publications/GWEC_Denmark.pdf

[135] Irena-GWEC.（2013b）. 30 Years of Policies for Wind Energy：Lessons from Germany. Retrieved from https：//www.irena.org/DocumentDownloads/Publications/GWEC_Germany.pdf

[136] （2014）. Federally Supported Innovations：22 Examples of Major Technology Advances That Stem From Federal Research Support. Retrieved from http：//www2.itif.org/2014federally-supported-innovations.pdf

[137] Meyer，D.，Mytelka，L.，Press，R.，Dall'Oglio，E.，de Sousa Jr.，P.，& Grubler，A.（2012）. Brazilian Ethanol：Unpacking a Success Story of Energy Technology Innovation. Retrieved from http：//www.iiasa.ac.at/web/home/research/researchPrograms/TransitionstoNewTech nologies/13_Meyer_Brazil_Ethanol_WEB.pdf

[138] Neij，L.，& Andersen，P. D.（2012）. A Comparative Assessment of Wind Turbine Innovation and Diffusion Policies. Retrieved from http：//www.iiasa.ac.at/web/home/research/researchPrograms/TransitionstoNewTech nologies/11_Neij_Wind_Power_WEB.pdf

[139] The New York Times.（2009）. U.S. Drops Research Into Fuel Cells for Cars. Retrieved from http：//www.nytimes.com/2009/05/08/science/earth/08energy.html?mcubz=1

[140] Tripp，S.，& Grueber，M.（2011）. Economic Impact of the Human Genome Project. Retrieved from https：//www.battelle.org/docs/default-source/misc/battelle-2011misc-economic-impact-human-genome-project.pdf?sfvrsn=6（2014）. Electricity Capacity. Retrieved from http：//www.eia.gov/cfapps/ipdbproject/IEDIndex3.cfm

[141] Waterston，R.，Lander，E.，& Sulston，J.（2002）. On the sequencing of the human genome. Retrieved from http：//www.pnas.org/content/99/6/3712.full

[142] H-H.Rogner. An assessment of world hydrocarbon resources. Annual Review of Energy Environment，1997（22）：217-262

[143] EIA，World Shale Gas Resources：An Initial Assessment of 14 Regions Outside the United States，2011

[144] California Air Resources Board，2016. LCFS Credit Transfer Activity Reports. Available at：https：//www.arb.ca.gov/fuels/lcfs/credit/lrtcreditreports.htm.

[145] Climate Change Authority，2014. *Targets and Progress Review Final Report*，Available at：http：//www.climatechangeauthority.gov.au/files/files/Target-Progress-Review/Targets and Progress Review Final Report_Summary.pdf.

[146] Climate Policy Initiative，2016. California carbon dashboard. Available at：http：//calcarbondash.org/.

[147] Energy Efficiency Strategies，2016. *Whitegoods Efficiency Trends：A Report into the Energy Efficiency Trends of Major Household Appliances in Australia from 1993-2014.*

[148] European Commision，2006. *European energy and transport：Trends to 2030-update 2005.*

[149] European Commission DG Clima，2016. Emissions cap and allowances. Available at：https：//

ec.europa.eu/clima/policies/ets/cap_en.

[150] European Environment Agency, 2016. EU ETS data download, ETS_database_v22. Available at：http：//www.eea.europa.eu/data-and-maps/data/european-union-emissions-trading-scheme-10.

[151] Eurostat, 2016a. Annual detailed enterprise statistics for industry（NACE Rev. 2, B-E）. Available at：http：//ec.europa.eu/eurostat/en/web/products-datasets/-/SBS_NA_IND_R2.

[152] Eurostat, 2016b. Greenhouse gas emissions by source sector. Available at：http：//appsso.eurostat.ec.europa.eu/nui/show.do.

[153] Eurostat, 2016c. Gross inland energy consumption by fuel type（1000 tonnes oil equivalent）. Available at：http：//ec.europa.eu/eurostat/tgm/table.do?tab=table&init=1&plugin=1&language=en&pcode=tsdcc320.

[154] Eurostat, 2016d. Industrial production statistics（volume index overview）., 2（October 2013）, pp.2-4. Available at：http：//epp.eurostat.ec.europa.eu/statistics_explained/extensions/EurostatPDFGenerator/getfile.php?file=129.187.9.25_1411475938_26.pdf.

[155] IEA, 2015. *Achievements of appliance energy efficiency standards and labelling programs：A Global Assessment*, Available at：https：//www.iea.org/publications/freepublications/publication/4E_S_L_Report_180915.pdf.

[156] Intercontinental Exchange, 2016. Emissions CER Index. Available at：https：//www.theice.com/marketdata/reports/icefutureseurope/ECXCERIndex.shtml.

[157] Intercontinental Exchange & Quandl, 2016. EUA futures（December delivery）. Available at：https：//www.quandl.com/collections/futures/ice-eua-futures.

[158] International Carbon Action Partnership, 2016. Personal correspondence：New Zealand Unit prices 2010 to 2016 in $NZ Dollars.

[159] International Monetary Fund, 2015. How Large are Global Energy Subsidies? Country-Level Subsidy Estimates. Available at：www.imf.org/external/np/fad/subsidies/data/codata.xlsx.

[160] Kossoy, A. & Ambrosi, P., 2010. *State and trends of the carbon market*,

[161] OECD, 2016a. Gross domestic product, European Union（28 countries）, constant prices, national base year. Available at：https：//stats.oecd.org/index.aspx?queryid=60702Title.

[162] OECD, 2016b. *Monthly Monetary and Financial Statistics：Exchange rates（USD monthly averages）*. Available at：http：//stats.oecd.org/index.aspx?queryid=169#.

[163] RGGI, 2016. Auction results. Available at：https：//www.rggi.org/market/co2_auctions/results.

[164] U.S. Energy Information Administration（EIA）, 2016a. Monthly Energy Review：Primary energy consumption by source（annual）. Available at：https：//www.eia.gov/totalenergy/data/monthly/index.php#summary.

[165] U.S. Energy Information Administration（EIA）, 2016b. State Carbon Dioxide Emissions. Available at：https：//www.eia.gov/environment/emissions/state/.